国家社科基金
GUOJIA SHEKE JIJIN HOUQI ZIZHU XIANGMU
后期资助项目

佛典汉译评论与佛学中国化（上）

Criticism on the Chinese Translation of Buddhist Scriptures and the Sinicization of the Buddhism

赵秀明　著

北京师范大学出版集团
BEIJING NORMAL UNIVERSITY PUBLISHING GROUP
北京师范大学出版社

国家社科基金后期资助项目
出 版 说 明

　　后期资助项目是国家社科基金设立的一类重要项目，旨在鼓励广大社科研究者潜心治学，支持基础研究多出优秀成果。它是经过严格评审，从接近完成的科研成果中遴选立项的。为扩大后期资助项目的影响，更好地推动学术发展，促进成果转化，全国哲学社会科学工作办公室按照"统一设计、统一标识、统一版式、形成系列"的总体要求，组织出版国家社科基金后期资助项目成果。

　　　　　　　　全国哲学社会科学工作办公室

目　录

绪 论

　　佛教中国化是中国文化史上的一件盛事。佛学作为佛教的核心内容，随着佛教中国化的进程，一道融入中国文化，在这一过程中，佛典汉译事业起着"首开衢路"之功。而翻译是译经大师们遵循翻译评论的导向，逐步走向成熟的。佛典汉译评论作为汉文佛典的一部分，作为佛教中国化的理论成果，直接或间接推动着佛教中国化。因而讨论佛典汉译评论与佛学中国化这一课题，有待于佛学与佛教的关系以及佛学中国化与佛教中国化的内在联系的阐明。至于佛典汉译评论在佛教中国化进程中的作用，则是整个论述过程完成之后的结论，因此，这一点将在结论中予以揭示。

一、佛 学

　　"佛学"作为一个概念最初指佛教的学问。宋代叶梦得《石林诗话》卷下曰："始晋初为佛学者皆从其师姓，如支遁本姓关，从支谦学，故为支。"明代李贽《复邓石阳》云："一无紧要居士，能以几句闲言语，能使天下人尽弃妻子功名，以从事于佛学乎?"孟祥才《梁启超传》载："康有为的教学内容，不是当时通行的'四书'、'五经'、陈腐八股，而是以孔学、佛学、宋明理学为体，以史学、西学为用。"这些观点的佛学是很宽泛的概念，因而也称"释氏之学"。"释氏"为释迦略称，亦指佛或佛教。《晋书·何充传》载："于时郗愔及弟昙奉天师道，而充与弟准崇信释氏。"南朝梁沈约《究竟慈悲论》云："释氏之教，义本慈悲。"清代刘献廷《广阳杂记》载："余平生不信释氏之学，而梦中所见如此，殆不可解。"如姚鼐自谓"老年惟耽爱释氏之学"(《惜抱轩尺牍》)释氏之学，亦称"佛屠之学"，"佛屠"又译作"浮图"，梵语Buddha的音译，即佛陀、佛教、和尚、佛塔等。《后汉书·西域传》"天竺"载："其人弱于月氏，修浮图道，不杀伐，遂以成俗。"晋代袁宏《后汉纪·明帝纪》说："浮屠者，佛也。西域天竺有佛道焉。佛者，汉言觉。将悟群生也。"南朝梁范缜《神灭论》说："浮屠害政，桑门蠹俗。风惊雾起，驰荡不休。"清代恽敬《香山先生家传》说："论曰：先生之学，杂于浮图、老氏。"清代刘大櫆《游黄山记》写道："若有浮屠，持钵而倚于门间，是曰空相之庐。""佛屠之学"即佛学。王夫之《宋论·理宗》说："浮屠之学，流入中国，其说纤，其术悖，非得势不行也。故佛图澄之于石虎，鸠摩罗什之于苻坚，宝志之于梁，智顗之于隋，乃至禅学兴而五宗世继，擅名山之利者，必倚诏命，锡以金紫，宠以师号，没而赐以塔庙，加以美谥，而后天下之趋缁流也如鹜。奈之何为君子儒者，一出登朝，急陈其所师者推为教主，请于衰世之庸君奸相，徼一命以为辉光，与缁黄争美利，而得不谓之辱人贱行乎？"

佛学是智慧之学，它是对人生、宇宙进行探索的结晶，包含了丰富广博的真知灼见，尤其是它精要的哲学和深厚的美学，显示了佛教非凡的学术价值。佛学是佛教的一个部分，是佛教的理论和学术体现，是对佛教经典理论的传承和解释，在某种意义上，亦即佛教的哲学，因为佛学作为佛教经典哲学，本是佛教文化广泛传播的必然产物。吕澂《中国佛学源流略讲》"序论"说："中国佛学是随着由印度传来的佛教而产生的一种宗教哲学"，它是"既不同于中国的传统思想，也不同于印度的思想，而是吸取了印度学说所构成的一种新说"。（方立天、太虚、严北溟等学者都为"佛学"下过定义）。姚卫群著有《佛学概论》一书，认为佛教本由"三学"构成，戒学、定学和慧学，这是佛家学习和修持的内容，佛学自然包括这三方面的内容。作者在本书"自序"中说："若泛泛而言，所谓佛学主要指佛教教义中的理论性的成分。就本书而言，虽然也谈到戒学、定学、慧学三方面，但主要的内容还是属于传统佛教中的慧学部分。"这样界定佛学自然不失周妥，也不失为一种折中之论。

佛教本身是一种非常庞杂的多层次的文化复合体，是一个博大精深的思想体系。佛教典籍汗牛充栋，浩如烟海，它既是宗教，又是哲学。在其宏富浩瀚的佛教典籍中，佛教蕴藏着极其深刻的哲学本体论和认识论，包含着丰富的思想财富和学说价值，拥有极其庞杂的教义和哲学理论，其理论部分是整个宗教体系的核心。作为这个核心的佛学，它是佛家观察世界和指导学佛实践的思想体系和思维方法，它充满了极为丰富的智慧。这些智慧有对人生的洞察，对人类理性的思考，对人的心性的染净以及关于修行解脱等问题的论证，有对佛陀的三身、业力等问题广泛而深入的讨论，以及对体用相即和对心理作用等方面详细的分析；也有对世界的独到理解，对宇宙万法的实有假有、三世是否实有、时空无限以及宇宙万物本质的探索。任继愈指出，佛教的"逻辑分析、心理分析都相当细致，辩证法思想也相当丰富，比神学和中国封建哲学更精密"（《中国佛教史》）。事实上，释迦牟尼创立佛教的旨趣始终在于面对人生，以严密的逻辑和层层论证的方式，而求得一种理论的解释。因此，佛教虽然是一种宗教，其讨论的基础是神学，但其论证的方式则是哲学的。正是通过这种哲理性论证，它将人们对人生及宇宙的关切引向知识与智慧，从而建立起一个精致细密、博大精深的思想体系。

（一）佛学与佛教

佛教是释迦牟尼创立的，以三法印、四谛、八正道、十二因缘等为主要教义，主张一切众生普同一等，具有独立的教徒组织、清规戒律、仪轨制度和活动形式，并具备"佛""法""僧"三宝的宗教体系。这个体系以"戒"（戒律）、"定"（禅修）、"慧"（教义）构成，其中"慧"和佛法之学是为佛学，是佛教的理论和义学思辨，是研究和探讨佛教文献典籍、思想体系、源流发展及相关内容的一门学问。佛学是佛教的重要部分，佛学研究也是我国传统的治学内容之一。佛教又以"信、解、行、证"为修行的四个步骤，其中"解"就是研究佛学，"行"就是努力实行，主张行解并重，即知行合一。可见佛教与佛学是一体的两面，是理论与实践的统一，两者是相辅相成的。佛教以佛学为内容，凭借佛学的支持和充实，与只重形式与仪式的一般宗教区别开来；反之，佛学也依赖佛教的弘扬和实践，使佛学不独对人类生活有所裨益，而且有助于人群社会。基于此，学者们大多从两个方面看待佛教这个有机的融合体。

1. "义理"与"信仰"之说

方广锠《佛教志》认为佛教有"义理"与"信仰"两种形态，前者与高僧佛教相联系，后者与民众佛教相联系。高僧佛教以探究诸法实相与自我证悟为特征，民众佛教以功德思想与他力拯救为基础。他指出：

> 佛教作为一种宗教，既有比较精细、高深的哲学形态，也有比较粗俗、普及的信仰形态。由此，它能够适应不同层次人们的不同需要。我把前一种形态称为"佛教的义理层面"，把后一种形态称为"佛教的信仰层面"。义理层面的佛教以探究诸法实相与自我证悟为特征，以大藏经中收入的印度译典及中国高僧著述为依据，以追求最终解脱为主要目标；而信仰层面的佛教则以功德思想与他力拯救为基础，以汉译典籍中的信仰性论述及中国人撰著乃至诸多疑伪经为依据，以追求现世利益为主要目标。

高僧佛教在中国佛教史上居于主导地位，它的兴衰决定中国佛教的兴衰。但民众佛教也为中国佛教奠定了雄厚的群众基础，是中国佛教绵长生命力的基本保证。高僧佛教是灵魂，民众佛教是躯壳。从佛教初传期始，高僧佛教与民众佛教的分野已见端倪。当时人们把佛教等同于"清虚无为"的黄老之学，可归为高僧佛教的范畴；而把浮屠与老子一起祭祀，实为民众佛教的滥觞。义理性的高僧佛教是决定中国佛教诸主要方面的基本标志，它的衰落也标志着中国佛教的衰落。

2. 民间佛教与士大夫佛学之分

邵勤之指出，佛教本身的博大精深就意味着它具有多向度开展的可能性：它可以在民间以简单的，甚至机械的因果报应思想，用与占卜方术相结合的形式展开，却也可以在士大夫阶层以玄理清谈的方式展开。民间信仰的主体是各阶层民众，士大夫佛学的主体是知识精英。民间信仰主要体现佛教中那些神秘的、下意识的、超自然的内容，知识阶层关注的则主要是学理的、思想的层面（《道安与佛教的中国化》）。

潘桂明《中国居士佛教史》认为"士大夫佛学"这一特定概念主要是指中国古代那些以儒学为根基的、有较高文化层次的士大夫阶层对佛教的理解和认识。士大夫阶层是隋唐以来，特别是宋代以后明显处于思想、文化主流地位的社会阶层。宋代以后的士大夫普遍研读佛典，其热情甚至超过某些僧人。很多人并非有诚挚的佛教信仰，而是以治学态度来研究佛教的。士大夫佛学的一个重要特点是将中国文化中固有的理性、人本精神和佛教中超尘脱俗的精神结合起来，逐渐形成和发展出具有独特理论价值的心性学说。理性主义要求从可知的现实经验出发来判断事物的存在和真伪，所谓"六合之外，圣人存而不论"就是这种态度。佛教本来有一个庞大的神灵系统，它的生死轮回、因果报应等教义，都与中国传统的人本和理性观念相违背、相矛盾。佛教传入中国之后，围绕着这些方面，展开过激烈的思想交锋。到了宋代，很多士大夫倾向于以人本和理性来衡量和解释佛教，这标志着在对佛教改造的基础上，于思想观念层面所形成的认同。

如果说佛学是处于佛教的核心部分，那么知识人士便是佛学承担者的主体。他们对佛学中国化起着持续而实质性的推动作用。佛教传入中土，一开始就是以做学问和译经的方式发挥影响。虽然中国佛教思想的发展演变，受到各种因素的影响和制约，如佛经传入和翻译的条件，社会政治环境的变迁以及文化思潮背景等，但是其中最重要的因素莫过于传统知识人士的文化取向和精神状态。因为博学的佛教人士是佛教思想发展演变的文化条件，如魏晋南北朝的佛教学者对佛教学派和宗派的形成与发展起过直接作用，他们融通内外学术，积极推进儒释思想融合，促使佛教沿着思辨化、理性化方向发展。正是南北朝后期依据佛教经论而展开的学派建设，从学术性角度保证了佛教思想的成长，并对推进文化思想进步有所创建。西晋人士参与的各项译经活动，很大程度上与佛教般若学的兴趣有关，而竺叔兰的译经，则出自对般若学与玄学的会通深意。隋唐时期，佛教学者智𫖮、吉藏、玄奘、窥基、法藏、澄观、宗密、湛然等所体现的哲学思辨能力和学术理论素养，不仅远在儒道两家之上，而且也超过了多数印度佛教学者。张方平曾说："儒门淡泊，收拾不住，皆归释氏。"（《宗门武库》）所谓"儒门淡泊"，指的就是传统儒学缺乏哲学品格，尤其是它的心性之学未能进入哲学思辨层面，而历代知识人士之所以归于佛学，正是因为佛学的抽象思维水平远高于儒家。从智𫖮的宇宙实相论、人生本质论、人性善恶论、道德实践论等哲学思辨中可以得到确切的验证。他们都比较重视佛教理论的探讨，具有将教义学术化的倾向，从而显示出某种理性化色彩。可见，传统文化对佛教教义和思想理论的吸收传播，首先是由上层知名知识人士，即"名士"担当的。也就是说，这些知识人士基于高度的传统文化素养和对佛教哲理的敏锐洞察力，一开始就担起了对印度佛教予以理性化阐释的重任，即担当起佛教本土化的主要任务。

事实上，佛教的生存在于其"学"。没有"学"的支撑，仅有宗教的形式和外壳，难以流传久远。因而佛学各派别均要致力于"学"的努力，都要探索义理。禅宗虽以"不立文字"为宗旨，但它并不摈弃对佛典义理的探究，它所反对的只是拘泥于佛典上的文句，而忽略在平时的一机一境上，见性自悟。玄畅《五运图》云："菩提达摩唱言'不立文字'，然而，释迦之经，本也；达摩之言，末也。背本逐末，良可悲哉。"南朝梁时期，菩提达摩来华，传授"二入四行"禅法的同时，将四卷本《楞伽经》传付慧可，并叮嘱说："我观汉地，唯有此经，仁者依行，自得度世。"（《高僧传·慧可传》）可见，菩提达摩虽然以传佛心印为主，但他并不排斥经典，而是把经典上的教说当作开悟修行者禅机（籍教悟宗）的重要手段。《楞伽经》通过佛在楞伽山答大慧菩萨一百零八问的方式，着重阐述了一切众生都含有如来清净心（如来藏）以及自心现量境界的理论，这一理论与禅宗建立的直指人心、见性成佛的禅法要旨是契合的，于是成为早期禅宗十分推重的一部经典。

3. 义理与实践之别

徐文明认为，虽然佛学已为学者立下了教、理、行的修学次第，但佛学者因为各自的资质兴趣和学养背景不同，往往有所偏向，于是形成不同类型的佛学。有重义理和重实践等区别（《中国佛教哲学》）。作为佛学弟子来说，义理的探讨是为了将佛陀所要开示的真实事理，充分、完整地表达出来，如阿毗达摩虽然着重于论证"法"的自性、定义、关系等，但是其本意仍然在于"谛理的现观"，最终归于修证。而重修证的佛学，主要是从利益众生的角度，重视佛学的适应性、实效性，所以对事相的分别比较少，如初期大乘以般若、三昧、解脱门、陀罗尼、菩提心等作为中心，来表达发趣、修行、证入的历程。虽然存在种种不同的侧重，但都是佛学的根本，都以义理和知识与实践经验相结合为中心。中国佛学其实已经非常明显地表明了这一点，如天台宗智顗的教观并重，这是中国佛学的优良传统。历代《高僧传》将中国僧学分为十科，其中翻译、义解、读诵便属于义门；而习禅、明律、感通、遗身、护法、兴福都属于实践门；最后一科"杂科"则是指僧学的外学修养，旁及世间经书、治世语言、礼乐文章等，无不兼通。

（二）佛学的理论性质

佛教传入中土后，逐渐发展成为十几家学派，学术成果辉煌。佛教精于思想传播和学术研究，重视开展理论争鸣和观点交融。这使得佛教的理论性质十分突出，中国佛教的每一步发展和所取得的重大进展，始终与学者的研究和关注紧密相联。每一时代佛学的现状，学僧的面貌，都直接关系到佛学中国化的广度与深度。

1. 佛教是一门重视理论研究的宗教

作为一种源远流长的世界性宗教，印度佛教本身即重视理论研究。阿育王时代，僧团内部开始从律制的争执发展为义理的辩论。印度佛教的"大乘"和"小乘"之分导致其所宗义理多有差别，在佛教宗派的论战中，教义分歧日益增大，学理分析渐密，各自形成妙尽玄奥的理论体系。传入中国后，佛教影响中国社会生活诸多层面，是中国社会科学研究中的一项重要内容。佛教在中国已经流传了近两千年，一部大藏经有近两亿字，实际上是一部中国历史思想文化的百科全书，其中蕴藏着丰富的思想理论和学术文化。中国佛教富有重视学术文化创新的优良传统，以教内的高僧硕学为代表的传统佛学，把学术研究和荷担弘法结合起来，研究阐发，探索立论，撰写著作，绵延不绝，源远流长。无论是学派还是宗派，都有自己的佛学理论。这种理论既是对印度佛学的继承，又融合了中国传统思想。例如，天台宗依据《妙法莲华经》，把印度中观派佛教理论家龙树视为本宗初祖。但学术界认为该宗的理论先驱应是北齐慧文与南岳慧思，实际创始人为智顗。慧文是禅师，确立了一心中观空、观假、观中的"一心三观"禅法。慧思依据《法华经》旨意阐发"诸法实相"理论。智顗继承慧思止观双修传统并加以创造性发挥，融合南北学风，创立教观总持、解行并进的新学风，以"一念三千"与"圆融三谛"来论证"诸法实相"的新理论。智顗一生著述甚丰，在其著述中经常自由发挥经义，以至后代学者有讥他误解佛典的。其实，这正是他创宗立说的方法。创立三论宗的吉藏，一生勤于著述。该宗主要以三论立宗，其主要理论是诸法性空的中道实相论。为了论证这一理论，他们提出破邪显正、真俗二谛、八不中道三种法义。该宗主张一切众生本性湛然，本有佛果觉体，因被烦恼客尘所蔽，所以流转生死；而只要拂除客尘，自然显出湛然寂静之本有觉体。

一种文化的特性与特色，很具体地表现在思想学术、社会生活乃至风俗习惯之中。佛教典籍浩瀚，内涵丰厚，思想深邃，经过中国佛教高僧大德长期持续的译经弘法，注释撰述，佛学成为了一门专门学问，并与儒学和道学鼎足而三。中国社会的知识阶层一般也把佛教视为一种学术思想学习钻研，且有所得。经过知识分子的研究，又使佛学思想广泛渗透到思想文化的各个方面，进而使佛教在思想文化领域里的影响持久扩大。学术研究是文化创新的基础，文化创新是学术研究的结果。中国佛教高僧大德通过学术研究，不断取得新成果，获得新创造，从而推动了佛教的发展。在中国，传统意义的佛教义解，主要是注疏经、律、论，在"述而不作"中表达自己的理解与观点，当然也有一些专门性的著作。而且这些佛教义解僧人，都是从自己的信仰与经验出发，通过注疏、论著，来达到实践与弘法的目的。魏晋时期的般若学研究，南北朝佛教义学的兴盛，隋唐佛学的辉煌，都与义解的繁荣分不开。

学术研究和文化创新是中国佛教的优良传统，也是中国佛教不断发展的内在动力和历久不衰的重要生命力。东汉明帝永平年间，印度佛教东传我国，因流行不广，人们将佛陀与黄帝、老子并祀，视佛教之咒术与神仙道之神秘力量等同。自公元四世纪左右，开始有研习理解佛教的格义佛学产生。道安曾校订、注释佛典，编纂经录，制定义轨，奠立了中国佛教的基础。中国佛教最早的经典目录《综理众经目录》，即成于其手。南北朝时，开始正式地研究汉译佛典。最早引起中国佛教学者兴趣和注意的佛教思想是般若空论和因果报应论。开始，般若空论在教外知识界中并未引起强烈反响，因果报应论还受到儒家学者的激烈反对，并由教内外的因果报应之辩发展到神灭神不灭之争。经过这场争论，中国佛教学者把理论建设的重点从形神关系转移到身心关系，从论证灵魂不灭转向成佛主体性的开发，着重于对佛性、真心的阐扬，此后中国佛教就转到心性论轨道上来。隋唐时代高僧大德重视佛教学术研究，各自独立判别印度佛教经典的高下，选择某类经典为本宗崇奉的最高经典，并结合中国的固有思想，加以综合融通，进而创造出新的宗派。佛教宗派的创立，极大地推动了中国佛教的空前繁荣与发展。中国化色彩最为鲜明的天台、华严和禅宗诸宗充分表现了理论的创新精神。天台宗重视《法华经》，倡导方便法门，并融合中国固有的"万物一体"观念，建立实相说。华严宗法藏阐扬万事万物圆融无碍的思想，宗密更把儒道思想纳入佛教思想体系，以阐扬万法圆融无碍观及人类本源的学说，为华严宗人生解脱论提供理论根据。禅宗依佛教和儒家的心性论，并吸收道家的自然主义思想，标举"见性成佛"的宗旨，更是充分表现了文化的独创精神。这些宗派体现了佛学研究与弘扬对佛学中国化的巨大作用。

正是佛学思想家、哲学家，以及佛教学者、佛经译者和评论家对佛学的研究，推动了中国佛学的发展。道安、鸠摩罗什、慧远、僧叡、道生、昙鸾、真谛、萧衍、智𫖮、窥基、吉藏、玄奘、法藏、澄观、湛然、宗密以及延寿等人都已完整、系统地表述了各自的哲学构思。而禅宗重视主体的体认，强调自家身心的解脱，则为中国佛学注入新的生命。禅宗以"教外别传"相标榜，以恪守"不著文字，不执文字"（《大方广宝箧经》），"以心传心，皆令自解自悟"（《坛经·行由品第一》）的传经方法和认识方法，认为"梵我合一"，一切皆空的境界，绝非语言文字可以析解，只能靠人的内心的神秘体验。但是，禅宗的这一基本特质，并非否定经典义理、闻思正见的重要性，也不否定佛经所说的成佛标准。其实，佛教禅定本重于反省、分析，从而观察到一切法空，空无有"处"即是"定"。因而禅宗虽然强调成佛在根本上与语言文字无关，但也并未放弃语言文字，只是不希望受到语言的钳制，因此禅宗也主张不必离于语言文字，只要不滞于语言文字即可。自北宋开始，禅宗尤其是临济宗兴起了"文字禅"和"看话禅"，表现出明显的义理倾向，不少禅师走上从文字和语录上追求禅意的道路，便是对不重义学风尚的反驳。所以，在禅教一致思潮影响下，宋代禅宗形成以语言文字为特色的禅法"文字禅"。这是一种通过参究禅门语录、公案以把握禅理的修持方式，强调以语言文字学禅、教禅、参禅、悟禅，从而改变了轻视佛教经典和语言文字的禅风，最终促成了禅学的发展。禅学越来越文字化和义理化，重视学术争鸣。禅师们热衷于创作各种灯录、语录，在说禅时一般以不点破语中意趣为原则，刻意追求语言文字的华丽，竞相在文字表达技巧上绞尽脑汁，把文字说得玄远幽深。从"不立文字"到"不离文字"，禅意由不可言说变成了依附于语言文字，从而使禅法日益成为知识精英的文字义学。至净土法门的流行，不仅激发了汉地信仰佛教的感情，为佛经走入社会提供了方便，而且愿生西方的提倡，促使人们寻本溯源，直接体验纯粹的佛学，回归佛教本来面目。这些思潮都为宋明理学的综合创新提供了丰厚的思想资源。

佛学理论研究的深入，也带动了其他研究。20 世纪初，佛教学术研究在佛教界和学术界通常被称为"佛学研究"。此"佛学"意谓佛教，特别是其思想学说，是一家之学或一种专门的学问。对这种学问进行研究，称为"佛学研究"，当今学界佛教学术研究包括翻译、注释、目录、典籍整理、教史撰写、辞书编纂、教义研究等。日本佛教学者木村泰贤称中国佛教的一大特质就是"学问的"（学术化）（《原始佛教思想论》）。赵朴初在《中国佛教协会三十年》中指出，注重学术研究，为当今应发扬的中国佛教三大优良传统之一。

佛教重视理论研究。在中国，南北朝以前，尚有"南学北禅"的差异。《世说新语·文学》记载："褚季野语孙安国云：'北人学问渊宗广博。'孙答曰：'南人学问清通简要。'支道林闻之，曰：'圣贤固所忘言，自中人以还，北人看书如显处视月，南人学问如牖中窥日。'"《隋书·列传第四十》"儒林"也曾有此类评述："大抵南人约简，得其英华，北学深芜，穷其枝叶。"但随着隋唐的统一，南北佛教风尚的差异逐渐缩小，佛教学者们苦思冥想，把佛理析解成了一门精而又精，玄而又玄的精微玄妙的理论体系。部派佛教时期，因诸外道诘难，而发展出对抗外道的精细理论，使佛教义理趋于烦琐而理论化，因理论的需要及响应外道，也不得不做出正面的构建。佛教为了达到追求涅槃的目的，十分注重智慧，准确地说，佛教就是靠智慧修度，因此佛学也就是智慧之学。这种对智慧的追求丰富了人类思维认识的能力，正是促进人类文明进步的重要因素，这就是佛教的"般若智"。般若智慧的特点是"非有非无，亦有亦无"，这种双遣双非思想方法的归趣就是无住为本，圆活无滞。佛教自身也具有很强的理论性质，佛教的三藏十二部经典，包括八万四千法门，真谛和俗谛两大部门，在时间方面贯穿了过去、现在和未来，在空间方面穷尽了三千大千世界，是一种严谨完美的理论体系。佛教慧学中那些体现人类智慧的概念和命题，极富理论价值与方法论意义，其对概念的分析而达到的深刻而独到的见解，其经由逻辑分析和心理分析而达到的细致精微，以及辩证法思想的精致全面，构成了佛教极为精密的哲学体系。这个巨大的哲学思想宝库，思辨性强，理论成熟，正是这一理论性质使佛教的学理层面十分突出。在理论形态上，佛学不仅典籍浩繁，宗派林立，而且体系博大，思想广远，论证精密，被人们誉为智慧之花。佛教学者终生研习经教，钻研名相，诠释义理，以求得真义和理论圆满为终极目标。

汤用彤指出：佛学在中国的表现，一为理论，二为解除生死问题，三为表现诗文方面的佛教思想（《隋唐佛学之特点》）。其理论性质居于首位，表明佛学在中国主要是其理论而不是其信仰受到中国人的推崇。梁启超曾说："佛教者，实不能与寻常宗教同视者也。中国人惟不蔽于迷信也，故所受者多在其哲学之方面。而佛教之哲学，又足与中国原有之哲学相辅佐也。中国之哲学，多属于人事，国家上，而于天地万物原理之学，穷究之者盖少焉。英儒斯宾塞尝分哲学为可思议、不可思议之二科，若中国先秦之哲学，则毗于其可思议者，而乏于其不可思议者也。自佛学入震旦，与之相备，然后中国哲学乃放一异彩。宋明后学问复兴，实食隋唐间诸古德之赐也。"（《论中国学术思想变迁之大势》）基于中国占统治地位的儒家学说政治化以及中国政治儒学化的文化情境，任何其他学说，包括佛道学说，都在其学术的层面与儒学发生交融，因此在学术层面的宗教学说，由于它对中国哲学乃至整个中国文化所表现出的相补性和适应性，得到学者的重视而充分发展。

2. 繁复的名相

佛教有纷繁而艰深的名相（概念）及其繁难的含义，并对这些概念名相有精细的分析。《藏乘法数》和《诸乘法数》等书深究名相之学，至明代《诸乘法数》，从一心起到八万四千法门止，凡二千一百余目，概记明出处，间亦引用外书名数解释。圆瀞广采"内典之文、旁及百氏"，"详加订定、续入而汇次之"，集《教乘法数》四十卷，以天台宗义为主，与《贤首法数》相对待，从"一心"开始到"八万四千法门"终止。此外又有一如等集注的《大明三藏法数》五十卷，引据各书，解释甚详。以后寂照又以《大明三藏法数》为主，糅集其他各种法数而重编《大藏法数》共七十卷。这些法数，内容广泛，虽以佛学为主，也广泛涉及外道、儒家以及世间学术等。例如，圆瀞《教乘法数》叙述中表现出浓厚的折中思想，不仅三教合一，而且内外杂糅。其"三宗名教"条云："一、儒，《元命苞》云：'教者效也，上行下效也。'二、释，《四教义》云：'说能诠理，化转物心。'三、道，《老子》云：'处无为事，行不言教。'""三教无我"条云："一、儒，孔子以谦光之义；二、释，佛观五蕴皆空；三、道，老子以长而不宰。"此二例都是三教合一的例子。至于以五方配五色（卷十八）、二上二下（卷四）、四蛇性异诸方亦二（卷四）、五行配五方五时五星五常五戒（卷十七）等条，又参以阴阳术数家言，显示其内外杂糅的治学方略。

就此，梁启超在《佛典之翻译》中指出："翻译之事，遣词既不易，定名尤最难。全采原音，则几同不译。易以汉语，则内容所含之义，差之毫厘，即谬以千里。折中两者，最费苦心。"汤用彤《汉魏两晋南北朝佛教史》也指出："对于中国人来说，要精通佛法，有两点困难。第一是名相概念的辨析，第二是微言大义的领会。佛教专有的名相丰盈繁多，所包含的义理又十分微妙，这些概念如不精通，就很难了解经义的要旨。学问之事，是失之毫厘，谬以千里。"这在初期翻译中造成的许多歧义，往往是由于对其细微之处的理解不同或是错误理解而造成的。正如陈文帝所说："法雨一味，得之者参差，法雷一音，闻之者差别。"（《妙法莲华经忏文》）

3. 圆活的思辨

佛学重视思辨，具有高度的辩证思维，有细致入微的逻辑演绎和心理分析，如中观佛学是佛学辩证思维模式的集大成者，因其创始人龙树等主张观察问题综合二边、合乎中道而得名。中观佛学的核心思想是空观论、八不说和二谛说。中观学采用的思维方法就是运用不断否定的方法，把空贯彻到底，这就是鸠摩罗什译籍的核心。又因为"空"与"中"是联系在一起的，所以鸠摩罗什所传佛教哲学的精髓也就是一个"中"字。佛教善于运用一种双遣方法，它与辩证的否定之否定方法不同，否定之否定到双重否定为止，即达到一种肯定。而双遣的方法则要对这种双重否定加以否定，并且连这种否定本身也要给予否定。在中观学者看来，一旦肯定了某种意思便是落入一偏，因此，只有不断否定下去，才可达到"中观"。它与老、庄的"此亦一是非，彼亦一是非"式的"无"还停留在没有分化的原始混沌的状态更不同，它经过多重否定之后所悟出的"空"与"有"则是对"有"与"无"的双重超越与克服，表面上看似乎是回到了起点，其实已发生了质的飞跃。昙影在《中论序》中说："会通二谛，以真谛故无有，俗谛故无无……涉中途，泯二际。""中"就是泯灭一切差别，统一一切对立。慧远也用二谛的统一来揭示中道，他在《大智论抄序》中说："其为要也，发轸中衢，启惑智门，以无当为实，无照为宗……则二谛同轨，玄辙一焉。"鸠摩罗什翻译的《中论》中的"不生亦不灭，不常亦不断，不一亦不异，不来亦不去"就很好地阐释了"空"的理论。在鸠摩罗什所翻译的《金刚经》中，这种思辨方式运用得更为普遍。《后汉书·西域传》载："清心释累之训，空有兼遣之宗。章怀太子注：'不执着为空，执着为有。兼遣谓不空不有，虚实两忘也。'"这种思想有利于人们在处理种种对立概念时，始终坚持辩证法，防止走入极端，产生偏执，同时又能灵活圆通，不受任何挂碍。恩格斯给予佛教思想以极高的评价，称誉它处于人类辩证思维的较高发展阶段上，并指出它对主体与客体、现象与本质、理性与直觉等认识上诸重大问题的探讨，都对人类认识的发展有着启示意义（恩格斯《自然辩证法》）。

中观学派的"四句"逻辑是佛家圆活思维模式的最好体现。为了阐释语言的认识功能，中观学通常从印度传统逻辑学的角度，用"四句"表述的逻辑判断形式，以显示实相超越四句，不可言说。四句有多种表述方式，如有、无、亦有亦无、非有非无；是、非、亦是亦非、非是非非；常、无常、亦常亦无常、非常亦非无常；实、非实、亦实亦非实、非实非非实。《中论·涅槃品》云："分别推求诸法，有亦无，无亦无，有无亦无，非有非无亦无，是名诸法实相。"这些都是四句的表达方式。中观学派要求"理超四句"，通过"离四句""绝百非"，达到对最高真实的体悟。《中论·观法品》中有四句偈"一切实非实，亦实亦非实。非实非非实，是名诸佛法。"其所表达的意趣是：一切事物都是真实的，一切事物都是不真实的，一切事物既是真实的又是不真实的，一切事物既非真实的又非不真实的。在佛学逻辑中，这四句涵盖了所有判断形式（肯定、否定、复肯定、复否定）。在中观学派看来，既然认为语言和思维不能获得最高真实，也就必然要超越这四句判断。依据中观学派的认识，四句形式的表达可以穷尽一切语言方式，若超越此四句表达，便属"离四句""绝百非"，即远离语言文字、概念定义、逻辑推论。"百非本空，四句常寂"（《中观论疏》），赞宁的"六例"就是成功运用中观学"四句"模式的尝试。

4. 严整的逻辑

佛教的理论思维具有严密的逻辑性和周密的推理方法，理论缜密，体系严谨。佛典比较注重形式逻辑，善于构筑庞大的理论体系，其中以众多概念作为支点，如鸠摩罗什所译龙树《大智度论》《中论》《百论》等，都是思虑周密、辨析周详、体制宏大的作品。佛经的论藏文体就是对经文的注释、解说、充实和发展。这种文体注重推理和辩论，讲究条理和论证。其特点就如《文心雕龙·论说》中所指一般，是重在发挥理论，"弥论群言，精研一理"，"叙理成论"，同时又须"师心独见"。在语言技巧方面就是要"说贵抚会，弛张相随"，"顺情入机，动言中务"，"敷述昭情，善入史体"，"喻巧而理至"，"飞文敏以济辞"，而"辞忌枝碎"。这些都是佛家论著的共同特点。又如鸠摩罗什所译龙树著名的"三论"，中国的佛学著作如僧肇的《肇论》，法琳的《辩正论》等，都是思辨性极强的结构体系。其论述就是吸取佛家著述的思路，条分缕析、步伐严整、层层深入、步步拓展。梁启超就曾指出过，"佛教是建设在极严密极忠实的认识论之上的"（《佛陀时代及原始佛教教理纲要》）。如专题论述佛性、因果、神形、僧伽、仪式、三教等的著作，都是条理清晰、体系严密的论辩。天台宗创始人智𫗭独创的释经方式"五重玄义"，即不论哪一部佛经，都从释名、辨体、明宗、论用、判教五个方面对佛经进行剖析，层层深入、鞭辟入里。佛家专门论述翻译的著作同样体系完整、逻辑严密，如法云的《名句文法篇》，彦琮的《辩正论》等。

（三）佛学的哲学智慧

作为解脱学说的佛学，归根到底是以哲学为理论基础构建其理论思想的。佛教的世界观和人生观都是其整个思想体系的核心。在中国，占主导地位的学说是儒学，而儒学是高度政治化的，因而任何其他学说，包括佛道宗教学说，大都主要在其学术层面与儒学发生交融，这就加大了佛教在学术层面的含量，这从佛教对中国哲学乃至整个中国文化所产生的影响上可以看出。印度佛学重理论、分析；中国佛学重综合、圆顿。中国文化缺少细密的逻辑分析和精确的概念，对于形而上的本原的追问，缺乏明晰的思路和层次，佛教恰好弥补了这一不足。在知识论方面，儒家有重直觉轻理智的传统，所以孟子提出"四端"之说，王阳明则倡"良知"，其实都是诉诸于直觉的道德判断，而对于理性的知识，则多少存着排斥的态度。佛学重学理和方法，讲究条科分明，比中国古来一般文章更注意概念的定义分析，也注意在定义的基础上进行连续的推论，以得出所要达到的结论。对于某一问题的解决，常简明地区别为几种不同的情况，然后逐一加以说明。例如，僧肇行文的文风，雄辩有力，明显受到佛学因明学和逻辑学的影响。这一特质影响中国的理论著述注意概念的定义分析，重视发挥推理的力量，析理清晰。刘勰能够自如地运用"圆融"思维方法，与他早年曾跟随僧祐在山东莒县定林寺编《弘明集》，研读和整理佛经十多年，有密切的关系。陈寅恪说："自得佛教之裨助，而中国之学问，立时增长元气，另开生面。"王国维《论近年之学术界》指出："佛教之东，适值吾国思想凋敝之后。当此之时，学者见之，如饥者之得食，渴者之得饮……"这都表明佛教重视理论的特点。这种特点有助于人们探讨各类现象事物的内部规律，启发人们恰当地处理其中的一系列矛盾，深入地认识问题的本质。

佛学包含宗教哲学的思辨内容，它具有完整的概念、范畴系统以及在命题构建中严密的逻辑推论方式。像唯识学、天台宗、三论宗、华严宗等都具有系列概念、范畴系统以及丰富的哲学命题。中国佛教学者如僧叡、道生、萧衍、智顗、窥基、吉藏、玄奘、法藏、澄观、湛然、宗密等，对繁荣和发展中国佛教哲学思想贡献甚大，他们提出并阐述的概念、范畴、命题，不仅丰富了佛教哲学思想，也代表了当时学术文化的高峰，如僧肇、智顗、吉藏、玄奘、窥基、法藏、澄观、宗密等人的佛学著述，不仅显示了他们在构建哲学体系上的建树，而且体现了他们的哲学思辨水平和对宇宙人生的领悟能力。因此，潘桂明认为，"应以哲学的反思去认识它、解释它，在哲学史和思想史的大背景下研究佛学。比如，对于禅宗提倡的那种非概念、反逻辑的直觉体悟，需要我们运用近代科学的思维、理性的方式加以重新认识，不必随顺它的心性自觉的顿悟理路；在对表象予以击节赞叹的同时，自觉揭示表象背后的本质，方可实现真正的学术进步"（《中国佛教思想史稿》）。他还进一步指出：

> 在中国哲学史长期教学过程中，我同样意识到，佛教哲学和佛教思想作为中国古代哲学、传统文化思想的重要组成部分，也期待着哲学史、思想史的研究者重新审视佛学的地位，考察佛教的理论思维形态、哲学思辨方式，关注佛教思想的发展演变以及衰颓原因。佛教思想的研究理应成为中国哲学研究的基础部分之一，若没有（或者缺乏）佛学的基础知识训练和总体精神把握，则难以深化中国古代哲学的现代研究。六朝以后的中国古代哲学，无处不为佛学的精神所渗透，佛学的思维方式、思想方法，佛学的思考对象及其范畴，佛学的多数概念、命题，已经成为中国哲学史的重要内容。也就是说，佛教思想在中国哲学史和思想史中的地位已是不争的事实，佛教思想史在当今中国哲学史和思想史研究中的意义理应得到足够的重视。

哲学是理论化、系统化的世界观，是自然知识、社会知识、思维知识的概括和总结。方立天《中国佛教哲学要义》一书以中国哲学思想及印度佛教哲学思想的发展为参照系，以哲学观念和范畴的研究为核心，追寻了中国佛教哲学的全部体系结构，将中国佛教哲学的思想体系分解为人生论、宇宙论和实践论三大部分，并探讨了组成这三大部分的不同思想元素，分析了这些元素在佛教哲学体系内部的相互联系与作用方式，以及与外部的儒、道等传统思想的相互联系及作用方式。作者还研究了中国佛教哲学体系在整个中国佛教及其文化体系，乃至在整个中国哲学及思想文化体系、社会政治领域中的地位与作用，首次从总体上构建起中国佛教哲学的完整体系。潘桂明《中国佛教思想史稿》一书对中国佛教思想的发展予以全面追溯和整体性描述，指出在这个漫长过程中佛教思想展开的基本线索，解答佛教中国化中出现的各种疑难问题，同时通过对佛教诸多概念、范畴和命题的辨析，指出它们如何对儒、道两家思想产生深远影响，从而对两千多年的佛教思想发展变化进行综合考察和论述，分析整理佛教思想演变的全部过程，揭示这个过程所体现的深厚内涵、思维特点及精神实质。作者认为：佛学包含宗教哲学的思辨内容，它具有完整的概念、范畴系统，以及在命题建设中严密的逻辑推论方式，不仅唯识学如此，即使天台宗、三论宗、华严宗也有系列概念、范畴系统以及大量哲学命题，因此需要以哲学的反思精神去认识它、解释它，在哲学史和思想史的大背景下研究佛学。郭朋《中国佛教思想史》论述了佛教自西汉之际传入中国，历经隋唐，直至明清的漫长历史。在这漫长的历程中，佛教在完成其自身发展、演变的过程中，不断同中国传统哲学思想交涉，作为外来宗教，终于成为具有中国特点的宗教；在思想领域，佛教与儒、道两家既相互矛盾、斗争，又相互吸引、融合，最终形成成熟的佛教哲学。

佛教本是一种形而上的思想体系，佛学就是一种特殊的思辨哲学。为了适应对信徒说教及与外道辩论的需要，并随着佛教理论思维水平的不断提高，历代佛教思想家日益从人生和世界观的高度阐明教义，从而日益增添了哲学色彩，丰富了哲学内容。佛教哲学有着丰富的内容，它由本体论、真理观和方法论三个密切联系统一不可分的方面构成。这个思想体系包括相互独立、相互照应、递进发明的宇宙生成论、知识论和人生论，涉及对时空、心性、体用等问题的探讨，其特点是以人心论为核心，以涅槃寂静揭示出般若菩萨境界。在这个体系中又贯穿许多概念，其中一个最基本、最核心的概念就是"缘起"。缘起论是佛教理论的基石和核心，其他各种理论都是缘起论的展开。释迦牟尼在理论上提出"此有彼有，此生彼生；此无彼无，此灭彼灭"的缘起法则。缘起说体现了一种朴素的对立统一思想，显示佛教对宇宙与人生、人生与心性的根本看法，强调了宇宙万物相互联系，认为万物互为依托而存在，没有无来由的存在。自原始佛教哲学开始，释迦牟尼即以"缘起论"审视人生哲学，并认为世界上一切现象都是因果关系，也就是相互联系、相互依赖、互为条件、互为因果的。章太炎说佛教的优越"一方在理论极成，一方在圣智内证"（《论佛法与宗教》）；孙中山认为"佛学是哲学之母，研究佛学可补科学之偏"(孟庆鹏《孙中山文集》),这些论述概括出佛教哲学精致的理论思辨的特点,这一特点刺激人们探索彼岸世界,寻求新的出路。

二、佛学中国化与佛教中国化

佛教中国化是佛教在中国传播与发展过程中,基于各种需要,特别是为适应中国传统文化而逐步改变自身,最终形成具有中国意蕴和气派,具有华夏民族风格与特色的佛教的历史过程及其结果与文化现象。佛学中国化是伴随佛教中国化而完成的学理和思维层面上的融会,或顺应汉地学术思想的改变和文化结晶。在世界三大宗教中,佛教以其丰富复杂的学术思想与浩如烟海的佛典,建立了自己渊深弘富、周密精微的理论体系。这些思想资源经过中国佛经翻译家及佛学家们的译介与吸收,发展成为中国佛学。从哲学的层面探讨佛与儒、道的相互渗透融和,分析其宗教思想或教义的变化乃至完全中国化,这是佛教中国化的一种体现,即佛学的中国化体现。

(一)佛教中国化是全方位推进的结果

佛教在中国之所以能够扎根,就在于它适应、会通、融合了中国的传统文化,其中包括中国的语言文字、文学艺术、风俗习俗、价值观念、政治思想、文化学术以及思想哲学等各方面,从而重构了具有中国文化特征的佛教模式。因此,佛教中国化是一个多层面、全方位推进的过程。由于中国传统文化内涵丰富而广博,而佛教本身也是一个由众多要素构成的复杂体系,既有宗教的信仰,又有思辨的哲学,还有相应的礼仪制度、僧伽组织、宗教伦理和修行方式等,因此,佛教的中国化必定是多层面全方位的。它不仅表现在宗教信仰、神学理论等方面,而且还表现在礼仪制度、组织形式和修行实践等众多方面。佛教作为一种宗教,本有其独特的宗教信仰、理论学说和修行方式。其义学教理更广泛涉及历史、哲学、美学、文学、艺术及语言等各领域,因此佛教的中国化,也一同涉及相关领域。印度佛教传入中土,逐步中国化,成为中国文化的一个组成部分,不可能仅在某一方面成功地完成中国化,而必须是整体式的推进,涉及佛教各方面的变革,包括理论学说和信仰模式,甚至众多的佛教艺术门类等。只有从整体上全面系统的中国化,佛教才能完成中国化进程。佛学是佛教的主要组成部分,佛学中国化最能体现佛教中国化的历史面貌和真实进程与程度,最能揭示佛教中国化的演变规律和特点。

(二)佛学中国化是佛教中国化的主导方面

佛教中国化是一个内涵广泛的课题,它不是狭义的专指佛教教义,而是广义地综合佛教教义、佛学、文学与艺术的中国化。它既指佛教教理、教义的中国化，也指佛教制度、仪轨的中国化，还指佛教文学艺术的中国化，是"戒定慧"诸要素内在和谐的统一运动。但是，从深层次上考察，佛教的中国化则主要是教理、教义的中国化，是"慧"的要素在中国化过程中起了主导作用，并扮演了相当重要的角色。这种慧学与中国的思辨哲学相结合，向学术化发展，对教义愈研愈精，促使佛教本身达到高度的繁荣。佛教传入中国时面临一个民族传统文化高度发展的社会，从一开始这个社会的知识阶层就把佛教当成一种思想学说来接受，每一部新的经典一经译出，不久即传遍全国，讲、录、注、述，蔚然成风，在教理、教义的研究方面很快就达到很高的水平。大乘佛教传入中国后，教义的研究始终是发展的主流，由此引起南北朝佛教学派和隋唐宗派的繁兴，使佛教中国化最终得以完成。

佛教在汉地的传播与影响，关键取决于其理论水平，因此佛学达到的高度是判断其中国化的主要依据之一。禅宗以实践体验性之禅统摄戒定慧，将释译佛经的佛学转移到佛教实践，只是"戒"的中国化。禅宗史上的"文字禅"正是对这一趋向的反拨，它将走入极端的"不立文字"与"自性"再引回到理性上来，真正主导了禅学的发展方向，并发挥其多方面的理论作用和社会功能。"文字禅"就是"以翰墨作佛事"，以语言文字为手段、媒介或对象的参禅学佛。它通过广泛引用传统佛教典籍和禅宗经典，借助细密的考证和详细的讲解，把公案、颂文和经教三者结合起来，对文本中的每一句话进行细致考证，借文字说禅，表明禅既可以通过文字"普告"学者，学者也可以通过文字去"明鉴"禅意。这说明一门宗教的发展和传播，理论上的形态总是占据重要地位的。而随着佛教的发展，佛经越来越多，"慧"的地位越来越显赫，更要求人们从理论上把握它。方广锠指出："义理层面的佛教在我国佛教史上处于主导地位，它为佛教提供了高水平的骨干与活泼的灵魂，它的兴衰决定了中国佛教的兴衰。"（《中国佛教文化大观》）这说明佛学在中国佛教的发展中起着主导作用。

佛教与中国文化的结合，关键是作为文化核心内涵的佛学与中国文化的结合。被誉为"中国佛教开山之祖"（梁启超《佛典之翻译》）的安世高和支谶，就是以佛典译者的姿态出现于中国佛教史上的。安世高译出印度小乘禅学，开中国禅学之源；支谶译出大乘般若学典籍，开中国性空学说之先。两位译者分别代表印度大小乘两系学说同时传入中国。梁启超指出，佛教是"建立在哲学的基础上的。我国的宗教践行者也多是以求得'正见知'为务的"（《佛学研究十八篇》）。这就是说，中国人接受佛教，首先和主要的是接受佛教的理论，即佛学方面。因此，印度佛教传入中国后，首先是其学理哲思和般若智慧受到中国人的重视和青睐，激发一代代学者潜心研习，终身译释。中国人正是重视佛教哲学的思辨性，使得佛学逐步在汉地传播发展。佛学最初在西汉末进入中土，道家思想正以取代儒家思想之势兴起，于是佛学用道家学说比附解释其理论而引起中土民众的重视和研究兴趣，佛学的思想意境通过道家之说而为华夏民族所理解和接受。同时，佛学注重探讨时空、心性、体用等深邃广泛的内容，弥补了中国学人对未知世界的回避，从而引起了中国思想家对佛学的兴趣。但在初期，由于当时的佛学并未以其真实面貌出现在中国学人面前，人们也只是开始关注它的思想境界，并未有深入的研究。两晋南北朝时期，佛学乘玄学之风，逐步发展壮大，在学人们寻求佛学本义的过程中，最终超越玄学。至隋唐，佛学真正以独立姿态进入思想领域，佛教便自立于中华学术文化之林。

自从东汉以后，佛教逐渐传入中国，作为佛教基础理论的佛学，也就逐渐渗透进中国思想文化中。佛教由于会通了中国固有的哲学思想精华而获得了中国的思想内核，正式形成了中国的佛教哲学。中国本有的儒家、道教等固有思想，系以士大夫为中心，逐渐深植于中国人心中的，而佛教正是通过士大夫精于学理的品格，与中国哲学思想结合起来，逐步中国化的。这一方面表现在佛教与儒家思想相结合。儒家思想不是单纯的哲学理论，它更是一种伦理化的思想体系，与民众的生活方式有密切的关系。佛教与儒家思想结合不仅解决了与意识形态的融合，也解决了与民众生活方式的联结。为使佛教在汉地文化思想中有一席之地，佛教学者在佛经的翻译及教义的阐释等方面，做出了调和和让步，逐步认同儒家思想和王权政治，使某些方面带有儒学的色彩。另一方面表现在融合道家哲学、顺应魏晋玄学。西晋以后，佛教僧侣学者大都利用老庄玄学的概念来译释佛经。因而，佛教哲学又依附玄学，进而与之合流，在玄学思潮准备的土壤中发展起来，并以其思辨的繁复与巧密超过玄学，并且最终取代玄学。道家是中国主要的传统哲学派别，以老子和庄子为代表，主张"道法自然"，讲究"无为而治"，追求个人精神和绝对自由，主张只要"虚静恬淡，寂寞无为"，物我两忘，就可以成为逍遥自得的"真人"。玄学是继承、改造和发展先秦至两汉以来道家、儒家等思想的一种新的意识形态，其中心思想是讲"天人之际"，即天道和人事及其相互关系的理论，也就是讲宇宙"自然"和社会"名教"的关系的理论，所以它既是哲学，又是社会政治学。玄学在形式上复活了老、庄思想。玄学家们运用其改造过的老、庄思想来注释《论语》《周易》等儒家经典，并把《老子》《庄子》《周易》并称"三玄"。依据对老庄思想的不同发挥，形成了以何晏、王弼为代表的"贵无"派，以裴頠为代表的"崇有"派，以郭象为代表的"独化"派三大派别。印度大乘般若学的主旨在于论证客观方面诸法"缘起性空"，又肯定主观方面的智慧能够洞察这种"性空"，两方面结合起来即构成一种"空观"理论。这种理论与汉地当时流行的玄学颇相近，并得以相互汇合。但两者毕竟源自不同的文化背景和思维模式，因此般若学在中国传播和流行之前，首先经过了文字"格义"的阶段。格义方法的盛行，促使了东晋时佛教般若学"六家七宗"的产生。"六家七宗"中的"本无""心无""即色"三家基本与魏晋玄学中的"贵无""崇有"与"独化"三大派别相对应。两晋时代的佛教义学，学风也和玄学相似，关心的主要不是佛学概念的解释和般若学本义的阐述，而是对般若思想的自由发挥，因此，新说不断出现。

任何一种宗教首先都必须从理论上说清楚，有理论做基础，再经学者的诠释和推动，最终方可获得广大民众的理解和信仰。在佛教中国化中，大多数高僧都是上层知识界出身，他们研究义理，推动理论研究和思辨，从而也推动了佛学中国化，如道安、鸠摩罗什、智顗、吉藏、智俨、玄奘等高僧，虽然自身不乏禅修体验，但却首先以翻译、讲经和佛学研究奠定其历史地位。正是他们的学术研习，带动了民间佛教的发展。而即使是民间一般的信仰，也总有其经典依据，需要理论的营养和支持。例如，观世音菩萨自早期的伟丈夫相到南北朝后逐渐塑造成唯一以女性形象出现的菩萨，满足汉地信众的心理需求，而这种改变正是依据经文里说他有三十种应身，即他能根据众生的不同需要而显现不同的身形。《法华经·普门品》上说：

> 若有国土众生应以佛身得度者，观世音菩萨即现佛身而为说法。应以辟支佛身得度者，即现辟支佛身而为说法；应以声闻身得度者，即现声闻身而为说法……应以长者、居士、宰官、婆罗门妇女得度者，即现妇女身而为说法。

可见，佛教作为一种宗教，必须有世界观、人生观、价值观方面的深刻的理论作为支持，特别是在与各种异质思想，即"外道"作思想交锋时，这一点就显得特别重要。佛教在印度与"六师外道"的论辩及在中国与儒道二家的论衡，都促使佛教形成和发展出一套严密、深刻的宗教理论，这套理论在佛教中占有很突出的地位，以致在某种程度上逐渐遮掩了佛教的信仰本色。

（三）佛学传播历史奠定佛教中国化模式

佛教中国化表现为佛教哲学与中国固有哲学合流融通，也就是说，佛教中国化不是以"教"的形式，而是以"学"的形式体现出的中国化模式。佛教在中国的传播，需要教义的输入才能使中国学人了解其内容和意义，因而教理的传入是佛教输入中国最根本的标志。作为一种成熟的，并且能在异域文化中传播发展的宗教，它首先必须有成熟的理论（教理），这是佛教的灵魂。只有学理部分传入汉地，并在汉地发生影响和作用，才能最终成为中国文化的一部分。所以只有到了东汉安世高、支谶译出禅学与大乘经典，佛学教义教理传入汉地，佛教才真正作为一种宗教传入中国社会。而此前，没有经典的译释和研究，自然只能将佛教当成神仙方术看待。尤其为使佛教在中国发展壮大，必须要在中国内部营造一种深入探讨佛教教义的机遇和氛围，要对佛教做全面的研究和正确的理解，要对整个佛教思想体系做由表及里，即由形式到内容的渐进和深入的分析、阐发。

佛教初传汉地，仪礼制度并未与佛教义理一道传入，当时来华的学僧主要专注于佛教义理的传授，并不是特别注重于形式。因为佛教初传入中国，信奉佛教者不多，佛教僧侣们的主要任务不是建立规范的佛教仪礼，而是如何让人们接受佛教。为了佛教的自身发展，他们没有专注于可能会使民众远离佛教的过于规范的仪礼制度。慧皎《高僧传·昙柯迦罗传》记载："于时魏境虽有佛法，而道风讹替，亦有众僧未禀归戒，正以剪落殊俗耳。设复斋忏，事法祠祀。迦罗既至，大行佛法。时诸僧共请迦罗译出戒律，迦罗以律部曲制，文言繁广，佛教未昌，必不承用。乃译出《僧祇戒心》，止备朝夕。更请梵僧立羯摩法，中夏戒律，始自乎此。"其后中国佛教学者不断翻译佛教戒律典籍，至南北朝中期，《十诵律》《四分律》《僧祇律》《五分律》诸律部依次译出并流传开来，戒律制度在中国逐步完善起来。之所以如此，一方面是由于中国社会自汉末始，社会文化情境需要佛教作为心理慰藉，而不是规范的仪礼制度，另一方面是佛教仪礼制度的规范，特别是传戒仪式的规范不仅与中国传统文化相冲突，甚至还影响到社会统治的基础。因而义理的传播成为汉地佛教传播的先驱，也成为佛教中国化的基本模式。

在佛教中国化的过程中，佛教的儒学化主要表现在外来佛教与中国正统思想的合流，而在传统诸子百家之学中，老庄道家在传统文化的发展中始终是与儒家相融互补的,其哲学在魏晋时期则发展为玄学。因而对于有"哲学的宗教"之称的佛教而言,仅此还是不够的,因为这还不足以充分表现佛教的特有价值。佛教在其发展中逐步形成一套精致的思辨哲学,它传到中国以后也必须通过中国化而进入传统的哲学思想领域。而道家"有无"观的发展,形上思维已经达到相当高的水平,其影响也很大,"何晏、王弼,祖述玄宗,递相夸尚,景附草靡。"(《颜氏家训·勉学篇》)这为佛学中国化准备了思想资源。而本体、境界、人生等也正是佛学与老庄、玄学的共有命题,于是吸收道家思想使佛学中国化,是当时佛教学者共同致力的中心活动。"夫《般若》理趣,同符《老》《庄》。而名僧风格,酷肖清流,宜佛教玄风,大振于华夏也。"(汤用彤《魏晋南北朝佛教史》)因此,佛教经过老庄玄学化过程,从佛教初传时便借助老庄道家的玄思来阐发佛理,运用其相对思想和得意忘言等方法论证佛学,并通过对道家自然论与修养论的融合,加深与中国思辨哲学的会通。汉译佛经从一开始就借用了许多传统道家的术语。安世高所译《安般守意经》用"气"来概括"四大",代指"人身",用"无为"来表示涅槃义。支谶在其译出的《道行般若经》中则用"本无""自然"等概念来表示般若性空之义,《照明品》将"诸法性空"译为"诸法本无",《泥犁品》中则说"一切法悉皆自然"。这样的译法,就从文字上乃至义理上将佛道沟通了起来。魏正始以后,玄学盛行。由于般若学假有性空的理论与老庄玄学谈无说有的思想特点颇为相似,"故因风易行"(道安《道行般若经序》),得以繁兴,并与玄学合流而产生了玄学化的六家七宗。正是通过与玄学的合流,佛教正式登上了中国学术思想的舞台。佛学家僧肇借助鸠摩罗什译出的《中论》《十二门论》和《百论》等系统发展般若思想的佛典,在批判总结玄佛合流的基础上,创立了比较准确地把握印度佛教原义的中观般若思想体系,但其思想和方法仍然深受老庄玄学的影响。僧肇以后,竺道生会通般若学和佛性论,并在此基础上提倡顿悟说,进一步把佛教哲学理论中国化。经过南北朝百多年的发展,到隋唐佛教各宗派建立以后,中国佛教哲学的发展便不再依赖于印度佛典的翻译,各宗派的创始人大都通过对佛典的注释来阐发自己的思想,组织自己的思想体系。

禅宗主张"不立文字",中国南禅一系的禅修方法中的"无念、无相、无住"法门,是一种中国化程度很深的思想,但它是与《金刚经》中的"应无所住而生其心"经文思想一致的。禅宗所运用的"逻辑"也主要是佛教般若学的否定性逻辑。神秀把禅修的方便法门与经教会通起来,称之为"方便通经",门下有五方便门:一为依《大乘起信论》而立的总彰佛体门,以心体离念而成佛。离念就无心，无心就无色，色心清净，是为佛体。二为以《法华经》开智慧门，通过无念不动，由定发慧，以开发众生本有的佛知见。三为依《维摩经》显不思议解脱门。因该经强调菩萨于不动中说法，定中有慧，是不思议，又说无思无想为解脱。四为依《思益经》说心不起离自性为正性门。该经说心不起即为无心，无心即是无境，无境即得诸法本质。五为依《华严经》见不异门。该经说一切诸法无异，若具备无差别智慧，即得解脱。五方便门的禅法是神秀强调离念法门，重视经教的重要表现。可见，每门都有明确的经典依据。所以说，即使是像禅宗这样表面上只重禅定实践而高度中国化的佛教宗派，依然要有"学"的基础。从某种意义上说，禅宗也是佛学传播历史奠定的中国化模式的结晶。

第一章　佛典汉译评论的诞生

　　佛典汉译评论是佛经翻译家、评论家及佛学研究者运用特定的评论理论和方法对译经现象和译典及译者进行分析推理，最终形成某种评价，得出某种结论并总结译经经验，归纳提炼译经思想的精神活动与结果。佛典汉译评论是整个佛典汉译事业中极为重要的组成部分，对于译经事业的发展和译经质量的提高起着举足轻重的作用。它对译经活动具有认识和实践的双重意义，为佛典汉译提供系统的价值体系和方法体系。佛典汉译评论一方面通过总结翻译经验与方法，从中提取带有规律性的观点，以高屋建瓴、指点迷津的理性功能直接指导佛典汉译，一方面又指导读者阅读经典，理解义理，推动义学研究与佛学普及，同时开展译经思想论争，推动翻译研究，促进译经活动繁荣发展。随着译经事业的演进，为适应佛学的时代发展需要，涌现了不少翻译评论人物和评论思想。在众多的译经大师、译经评论家及佛教学者中，有的具有较为系统的评论学说，已获得众所公认的地位；有的思想脉络完整，对当时和后世的评论都产生了深远影响；还有的虽不以译经评论家名世，但是他们的评论思想和主张对于译经评论也有一得之见。各家论者按照自己的观点和理想、趣味和经验、能力和学养，借助佛学与传统的认识论、方法论、思维模式，对译经的本质、标准与策略进行不同的审视与探索，由此产生了系统的、具有自身特征的译经评论。

第一节　"佛典汉译评论"概念的建立

　　僧祐《出三藏记集》载道安"铨品译才""妙典可证"，可以说，佛典汉译评论最初的概念已基本确立。"铨品译才"是对译经大师的评价。"铨"为衡量，"品"即评论。魏晋时人物品评之风甚炽，有"品题"概念，专指评论人物，定其高下。道安的品评译才，实为对译者的评论。"妙典可证"是对经典的考校，"证"有指出过失之义，如《战国策》载："士尉以证靖郭君，靖郭君不听"。可见，自道安，译经评论概念已经很明确了。其概念与"佛典汉译评论"在本质上是一致的。中国的佛经翻译自东汉至清初，培育了我国古代自成体系的佛典汉译评论。佛学家或译经大师们关于译经的论述，并未正面以理论建设的方式提出翻译理论，大多是在直接面对译本或译者及译经现象的批评、评判中，表达自己的观点和见解的。也就是说，他们的见解都是译经评论。这些评论是评论者（家）以阅读鉴赏佛经译典为基础，以翻译文本为中心所做的理智判断和价值评估。在评论具体的译本及译经现象中，必定要依据一定的译经经验、一定的译经观念和评论理论，选择一定的切入角度和阐释手段，运用一定的价值尺度。可见，译经评论既与阅读鉴赏发生联系，又和理论保持密切关系，同时还与译经实践紧密相联。

一、佛典汉译中关于翻译的理论性文字本质上都是评论

译经评论具有理论性，注重客观性，具有明确的目的性，它着眼于分析、判断和研究，与作为评论主体的评论者或评论家的理性认识和冷静思考有关。这就是说，译经评论是一项理论性很强的活动，它需要在阅读经典的基础上，充分占有材料，以客观公正的态度，经过认真的分析和合乎逻辑的推理，力求得出正确的结论。这样的译经评论，不是主观臆断的结论，也不是一般经典读者阅读时的纯粹的主观感受、想象和体验，或自由随意、仁者见仁、智者见智的观点。在主体素质上，译经评论者需要比译者或一般读者更高，至少是同等水平的双语与佛学能力，并要具备超过译者的理论水平。在评论对象上，评论具有多向性，除了对译者、译本的解析，还包括对译史和某种译经思想的宏观把握，对某种评论原则的阐释，以及对译论的评论。

译经评论有其自身的规律，即它具有独立性。首先，译经评论总是直接面对新的和现实的译经实践，随时都会对某些既定的译经原则的保守性提出挑战。因此，对于出色的评论者来说，既定的译经原则所提供的观点绝不是一成不变的教条，他不仅可以在评论实践中灵活地运用译经原则中的种种观点，还可以根据阅读的译本重新审查它，认定这些原则的时效与适用的范围，甚至修正、改写乃至完全否定这些观点。其次，作为精神活动的佛典汉译，具有鲜明的开拓性、灵活性、创造性、探索性和情感性特征，它不可能按照译经原则按部就班地进行。所以，正是在这样的背景下，评论显示了自身的独立地位。即一方面，译经评论作为中介，连接译经原则和实践；另一方面，它又整合从实践经验中总结出来的某些原则和规律性认识，使实践中的感性经验材料便于用理论的理性思维的模式来驾驭。这样，经由具体的评论使实践中的现象层面的论题能够擢升到理论层次，同时又生动形象地解释具体的译经是如何运

用译经技巧和译经理论的，这是单纯的译经实践和译经理论都无法达到的。译经历史上凡有新的译经观念的出现、译经理论体系的形成、译经客观规律的揭示，都是在大量译经评论活动之后，在材料的积累、思想的酝酿等条件逐步形成的基础上才得以实现的。于是，译经评论面对现实的译本，运用一定的译经理论，发表自己较为完整的意见，充当了理论与实践的中介。

译经评论首要的是对译本施以评价，这意味着它与译经艺术和技巧密切相关。这种相关性表现在如下两个突出的方面。一是译经艺术及其译本是评论的前提和目标，其价值是评论的着眼点，因此，译经评论的价值取向，对译经艺术及其译作的判断和评价，便具有对译作及其艺术技巧做出鉴定和筛选的意义，并通过这种鉴定和筛选，力图制约和影响译经艺术的发展趋势。在译经史上，一种译经思想和技巧、某种译作和风格的勃兴并形成一个时代的译经主潮，除去社会历史和文化习俗等因素外，往往得力于一定的译经评论。这种评论以其鲜明的肯定或否定的评价形成某种导向或规范，直接影响译经事业的兴衰和发展。晋代兴起的意译风格，就与当时评论的导向密切相关。当然，译经活动本身也促使一定的译经评论的成熟、变化、更新和完善。二是译经实践作为一种特殊的精神活动，具有个体化创造的特点。评论既然以译作为主要的评价对象，就必然要从中寻求、发现、总结这种译作的翻译经验和艺术规律，给予一定的价值判断，从而将个体的翻译经验上升为一种带有普遍意义的总结，推动翻译事业总体上的繁荣、发展和进步。这表明译经评论与译经实践的联系主要体现在评论以实践为基础和对象，并指导实践推动实践。但二者的区别也是明显的，首先是二者的性质不同。评论主要是在感性体验的基础上的理性活动，本质上是理性的，而实践主要是渗透着理性的感性活动，本质上是艺术的。其次是目标不同。译者一般只关注原本中的意义，他们先理解它，然后以熟练的手段艺术地加以再现。而评论者则是通过具体译本的阅读和研究，进而认识、了解译本和译者，以对具体译本的品评、分析进而影响译者的翻译。再次是二者的使命不同。译家在准确理解原文后，将自己精心结构的译本呈现给读者，基本完成了使命。而评论者的目的除了通过研究译作和原作来规范、引导译者外，还要考察与翻译有关的众多现象，参与理论建设，构筑自己的理论体系等。由此可见，评论者并不一定要履行译师的职责，也就是说，评论者在认真阅读译本，仔细对照原本后，根据一定的翻译观念与相关理论，指出译本问题症结，肯定其优点，并在尽可能的情况下明示应采取的方法技巧，为译者改进译文提供思路。

即使有的评论者立下了翻译规则或标准，但依然是在评论的基础上归纳出来的，它们只是在客观上起到了理论的作用。例如，道安《摩诃钵罗若波罗蜜经抄序》中的"三不易"，是他自己的归纳和提炼，但这"三不易"是他基于"五不翻"基础上提出的。而"五不翻"正是道安总结和评价前人译经时，归纳出的五种译经方法。这五种方法是此前及当时译者为传播佛学，译经时尽量使译文比较接近于汉文的规格而采用的具体翻译手段。彦琮《辩正论》赞扬道安"详梵典之难易（三不易），诠译人之得失（五失本），可谓洞入幽微，能究深隐"，即指"五失本"是对前期译本的评论。这是五种不符原文的失误，因为初期译经，既没有合格的译者，又无现成的佛学术语可以参照，译者只能参照本土概念和汉地民众接受水平以及译者本人的学养和偏好释译佛经。道安认为这五种方法，有违佛典原义，因而称其为"失本"。这五种"失本"广泛涉及修辞、语法、文体、风格、叙事等，而这五种情形都是语言形式。梵汉语言语系不同，语言的差异必然在词法、句法以及行文方式上表现出来。道安意识到形式是意义的有机组成部分，认为语言形式也是翻译之本，丧失了原文形式就等于失了"本"。这个"本"应当是指翻译的经文的要义。可见，道安的"五失本"是他通过比较研究前期译经所作的总结，其本意既不是想作为标准，也并非作为方法提出，而是译经评论。

有的关于翻译的论述看似是论者正面建立的理论体系，如彦琮的"译者八备"，多被学者看成其翻译主体素质理论的建构。事实上，佛典翻译的历史进程早已清晰地昭示人们，译经的质量关键在于译者的素质，译者在佛经翻译及其中国化进程中扮演着重要的角色。因而佛学的兴衰掌握在译者手中，正所谓"不遇渊匠，殆将坠矣"（《出三藏记集·大品经序》）。僧祐论早期译经时说："义之得失，由乎译人；辞之质文，系乎执笔。或善胡义，而不了汉旨；或明汉文而不晓胡意……所以旧经文意，致有阻碍，岂经碍哉？译之失耳。"他指出从来"法由人弘，人因法兴"，"道不自弘，弘必由人"，充分证明了译者在佛经翻译中的关键作用。因而佛学界把从事译经的僧侣称为"译经僧"，把精通梵汉语言，从事译经的法师称为译经三藏或三藏法师。慧皎《高僧传·佛图澄传》引伪中书著作郎王度奏章说："往汉明感梦，初传其道，唯听西域人得立寺都邑，以奉其神。其汉人皆不得出家，魏承汉制，亦修前轨。"这应该是初期汉译佛经质量不高的根本原因。汉地译者没有懂得佛学义理的人，而外来僧学又不通汉语，翻译质量自然不能保证。由此导致人们对佛学的认识暗昧不清，对佛学义理的理解背离原义。只有隋唐以下的译经才真正保证了质量，因为有了懂佛学义理的中国人，在教理的理解上就不需要依赖外籍学僧了，且无梵汉语言障碍，如彦琮、玄奘、不空、义净等，均可独立主译。彦琮被称为"译经大德"，所著《辩正论》论译者"十条""八备"，正是从评述历代译经及译论到经验总结而成的。彦琮早已在其他著述中总结过前人译经。他在《众经目录》中说："前写后译，质文不同。一经数本，增减亦异。"法经《众经目录》也指出当时译经"世变风移，质文迭举"。而从根本上说，这都是出于译者素质。彦琮正是基于这些研究而提"八备"。他在对汉末以下的翻译史的回顾和评议中，首先评论了道安的"五失本""三不易"，接着指出文本的翻译应该"先觉诸贤，高名参圣。慧解深发，功业弘启。创发玄路，早入空门。辨不虚起，义应雅合"。这应该是佛学事业发展的理想状态，然而佛学经典的翻译是一个渐进发展的过程，不能一蹴而就。他说："但佛教初流，方音鲜会。以斯译彼，仍恐难明。无废后生，已承前哲。梵书渐播，真宗稍演。其所宣出，穷谓分明。"这里，彦琮客观地评论前人的翻译成就，虽然翻译存在种种困难，从历史的角度看，翻译还是带来了佛学事业的发展，一代一代译人的努力使僧俗对佛经有了基本的理解。接着，他粗略地评价了历代的译文质量：

> 汉纵守本，犹敢遥议；魏虽在昔，终欲悬讨。或繁或简，理容未适。时野时华，例颇不定。晋、宋尚于谈说，争坏其淳；秦、凉重于文才，尤从其质。非无四五高德，缉之以道。八九大经，录之以正。自兹以后，迭相祖述。旧典成法，且可宪章。展转同见，因循共写。

这是对从汉代以下译文质量发展的历史状况的回顾和总结，基本上概括了北朝和隋初佛经翻译的历史发展。由此，他发出感慨："且儒学古文，变犹纰缪。世人今语，传尚参差。""凡圣殊伦，东西隔域。难之又难，论莫能尽。"这样译者的重要性及其素质便凸显出来。他指出："佛教初流，方言鲜会，以斯译彼，仍恐难明。"认为备受前人推崇的汉魏译经仍有不足，而达到这种认识有赖于后来"梵书渐播，真宗稍演"，方法是"聊因此言，辄铨古译"。彦琮不仅看到译者创业之始，"或繁或简，理容未适；时野时华，例颇不定"，还注意到时尚对译风的影响："晋宋尚于谈说，争坏其淳；秦凉重于文才，尤从其质。"他批评晋宋秦凉以后因循守旧的译法，指出"留支洛邑，义少加新；真谛陈时，语多饰异"，批评他们"莫问事非"。彦琮十分清楚译主的主导地位："若令梵师独断，则微言罕革；笔人参制，则余辞必混。"因此他还要求译者："必殷勤于三复，靡造次于一言；岁校则利有余，日计则功不足；开大明而布范，烛长夜而成条。"在此基础上，彦琮提出"八备"。他认为"护显之辈，岂偏盛于晋朝"，用以说明良材可求。慧皎《高僧传·摩罗刹(竺法护)传》记载法护："外国异言三十六种，书亦如之，护皆遍学，贯综诂训，音义字体，无不备识。"又说："护公出经，多参正文句。《超日明经》初译，颇多烦重，承远删正文偈，今行二卷。"可见法护虽为译人楷模，但并非八德皆备。慧皎《高僧传·法显传》载法显归国后，"遂南造京师，就外国禅师佛陀跋陀罗，于道场寺译出《摩诃僧祇律》《方等泥洹经》《杂阿毗昙心(论)》，垂有百余万言"。"又沙门法显于西域所得《僧祇律》梵本，复请贤译为晋文，语在显传"。法显个人如具"八备"，他就不会请佛陀跋陀罗译经了。因而彦琮提出"八备"，讨论译经人应具备的条件。

再如玄奘"五不翻"，依然是基于评论前人译经的总结。由于佛学概念术语翻译的准确与否直接关系到佛学在中国的传播，进而关系到佛学的兴衰，历代译经大师和佛学思想家都有所关注并表述过相关见解。"五不翻"概念早在灌顶已经确立，以图寻求音译途径。玄奘在《大乘玄论》一书中第三卷"涅槃义三门"就"涅槃"一词的翻译做过细细梳理，当时就"涅槃"一词有种种译法：有的音译，有的意译。音译的又用词各不相同(四家)，意译的(六家)也各述己意。这种各自为政的译法，显然不利于佛经翻译事业的开展。这实际上是对前人或时人译经的评论。玄奘的"五不翻"正是灌顶译经评论的发展。

二、作为学术行为和理论结晶的"佛典汉译评论"

基于上述认识，"佛典汉译评论"也径称"译经评论"或"佛经翻译评论"。汉代桓谭《新论·正赏》说："评者，所以绳理也。"《刘子·正鉴》更将评论与鉴赏相别："赏者，所以辨情也；评者，所以绳理也。"表明汉人已经确立了"评论"的地位。评论，即批评议论，《世说新语·德行》"武帝谓刘仲雄"注引王隐《晋书》谓："刘毅字仲雄……亮直清方，见有不善，必评论之，王公大人，望风惮之。""评论"，从学术角度看，具有两方面的意义：作为行为活动，意为批评或议论；作为行为的结果，指批评或议论的文字。在长期的佛典汉译过程中，评论者针对译本质量或译经风格，指陈得失，这是评论活动；在这样的活动中，他们留下了丰富的评论文字，并形成了一门学问，这就是佛典汉译评论。这种翻译评论是他们依据一定标准对译本和译人以及译经现象（包括译经进展、理论思潮和文质流派）所做的研究、分析、认识、评价和判断，它是整个佛经翻译事业中极其重要的一部分，它直接指导佛经翻译，同时又将评论中对于翻译现象所得出的规律性认识上升为翻译理论。

佛典汉译评论一面针对译经实践，为理性思考提供佐证材料；一面展开理论思考，贯彻逻辑推理，提出独到的、具有思想性和学术性的见解，作为译经研究，实则成为一门学问。它处在译经理论和实践之间，译经理论依靠它提炼和总结，实践依靠它指导和推动，其理论品格十分明显。译经评论随着佛经译经事业的兴盛而发展，又随着人们对翻译现象的深入探索而成熟。早期支谦、康僧会就提出一些评论原则。支谦的"雅"，反映了他对翻译辞章修养和语言形式的重视。康僧会的"规同矩合，义无乖异"，强调了对原本的忠实。这些看法共同奠定了翻译的忠实性和重视译语可读性两大传统。稍后道安、慧远以折中思想探索翻译方法。至彦琮、玄奘、道宣、赞宁、智旭等，逐渐形成了比较完整的佛典汉译评论体系。

第二节　"佛典汉译评论"的学科性质

从上述分析可见，作为译经研究的佛典汉译评论，实已成为佛学中国化进程中的一门学问，是一门在佛经翻译事业中逐步发展成熟的独立的德业。历代高僧传体例分为十科：译经、义解、习禅、明律、护法、感通、遗身、读诵、兴福、杂科。这十科实为十门独立的学问，各有专攻。而译经评论虽然重点在于译经，但它又广泛涉及其他各科，可见其学术含量之高。

一、跨学科性质的佛典汉译评论

佛典汉译评论是一个跨学科领域，涉及佛学、历史、哲学、语言学、文学和翻译等学科。它首先是翻译学中的课题，翻译学包括翻译史、翻译理论、翻译评论和翻译鉴赏四个领域，佛典汉译的特殊性决定了佛经翻译研究中的评论是极其重要而又具有特色的研究课题。佛典汉译关涉佛学，它本就是从佛经翻译中诞生的，翻译的内容、形式以及译经大师都与佛学息息相关，佛学的世界观、审美理想、审美趣味、审美经验、审美能力、思维方式以及价值尺度都是评论者们时刻信守的理念。佛典汉译评论遵循历史学的原理，按照佛经翻译的历史线索梳理、诠释、提炼历代评论者的思想、观点，具有很强的历史感。自然，翻译首先是语言的转换，而佛经也是广义的文学作品，无论是经，还是论，抑或律，都是佛教学者以饱含审美的态度写下的文字。例如，马鸣的《佛所行赞》在古印度就是杰出的文学作品，字少义多，如义净所说，能使"读者心悦忘倦"。因此在翻译中，译者总是力图传达出原本的美学元素。康僧会的"共显神融"（《出三藏记集·安般守意经序》），鸠摩罗什的"天然西域语趣"（赞宁《译经篇论》），玄奘的"穷神尽妙"（《谢皇后施袈裟杂务启》），无不是在追求佛典的美学性格。佛学更是一种哲学，宗教与哲学本是相伴而生，又共同发展的。

二、佛典汉译评论是中印文化的融合体

佛典汉译评论也是佛学思想与中国传统学术相互融合的一门学问。中国佛学的哲理基础，主要基于唯识学、真常学和中观学以及儒家思想的"心性说"和道家思想的"体用说"等。唯识学和真常学奠基于玄奘的翻译和诠说。唯识理论从认识论角度，将心识（主体）原初具有的覆藏功能（藏识或阿赖耶识）作为变现或衡量一切存在的真实性标准，认为一切各别的对象及观念都只是阿赖耶识种子的一种转变形式。中观学从否定事物的相对稳定性角度，根本否定事物存在，从而说明一切皆空的佛学"真谛"。中观学包含了辩证法的积极因素。"心性说"和"体用说"部分与儒家人道思想和道家天道思想相统一，佛学则以之构建其各不相同的解脱成佛论与宇宙生成论。

译经评论以佛学理论与中国传统思想为基础，又以译经自身性质为依归，以历朝各代译经大师及佛教学者对译本译人的评论为主体，构成自身的思想体系。第一，佛学和佛经的广泛传播，佛教哲学被译经大师和佛教学者用于解释经典、分析义理、评价译本和指导译经；第二，伴随佛学传入的古印度经藏语言学及其传播思想，被用于翻译实践；第三，佛教学者为了传播佛学，译经成为首要环节，而随着译经事业的发展和佛学传播的要求，需要翻译评论作为指导；第四，译经质量直接关系到佛学的存亡，由此促使佛教学者以评论为导向督促、引导译经者提高译本质量；第五，自佛经翻译始，译者及佛教学者总是力图提高译本质量以增强传播时效，因而不断总结自己的经验并借鉴前人经验；第六，历代有不少译者，一方面潜心研习佛学，一方面又有汉文化背景，他们以梵汉思想相结合指导译经实践，丰富了评论的内涵。第七，译经评论不

仅是译者关注的课题，更是佛教学者探索义理、研究教理的内容，因为佛典是翻译过来的，汉译佛典的终极义旨是经过译者大脑过滤和消化后的结晶。研究佛学本义和理论的真义（原来意义的寻究）以促使佛典的中国化，都必须理解印度原典的内容在译本的体裁等方面所做的调整，考察译者翻译时的删增改换等手段。因为佛经翻译是按照中国人的思维去理解经义的，加入了译经者的选择意图和翻译策略，也反映出译经者在一定的历史时期或特定的背景下，将原典、翻译经典及外典的文章、词汇、思想按照编纂者的意图摘译、剪裁，甚至删改，以表达自己独特的观点，或为一定的目的服务，依循国人固有的思维方式、文化传承和风俗习惯，具有中土经典的特点，这在某种程度上已经改变了原创经典的义旨。尤其是汉地译人汲取了传统思想的内容，扩大了佛经的范围和内容，如历代译场为了翻译的谨严，都设有"证义"以审查译出的佛典忠实通顺。就是因为经过翻译的佛典，往往会使人望文生义。译经评论总是关注译本是否等于原本，如果背离原本，是怎样造成的。这都是佛教学者随时需要思考的。基于以上七个方面的分析，佛典汉译评论应运而生，并逐步发展成熟。

三、佛典汉译评论的独特性质

佛典汉译评论具有其特殊性，形态上看它是零散的、经验式的、随感式的、直觉式的，但它实际上在深层隐含着一个潜在的体系，那就是对译经共同规律的揭示。佛典汉译评论通过对译本和译者及译事的评价、判断，灵活运用自己提炼出的理论规则解释和评价译经现象，又时刻注意翻译动向，成为呼应翻译变革与发展的重要力量。随着佛学和佛经的广泛传播，译经评论随之发展成熟，评论者运用它解释译经现象、指导译经，而译经大师们也自觉参照这些评论，将其用于自己的译经实践之中。译经评论者也潜心研习佛学，并用于指导评论研究。如此，评论与实践相互照应，共同发展。

佛典汉译评论和自身所提炼的理论规则水乳交融地交织在一起。大多数篇章不是纯粹的理论分析，而是针对具体的翻译和译本，特别是针对翻译现象所做的评价和判断，内在包含于整个佛学发展历史之中。评论者对译经理论的总结，首先是通过相对散漫的"评点"，"评点"更多的是"评"，表明译经理论和评论不能截然分开，体现出译经理论与评论的高度一体化，理论就是评论，评论也就是理论。就理论看，它对译经评论具有指导作用，反过来，评论之中也反映某种理论。这从佛经翻译实践看，理论和评论难解难分，共同发展。本来，理论和评论属于两个有机联系但又完全不同的概念，各属于翻译研究的不同领域。然而在实际的生成、发展和研究中，它们相互依赖、相互包容。佛经翻译真正体现了这一规律。译经理论是对评论、实践的升华与概括，又反过来指导评论。评论介于理论和实践之间，它一头通向理论，一头通向翻译实践，是沟通理论与实践的桥梁。它连接实践，研究具体译本和翻译现象，既可评价翻译，又可为上层的理论提供思维材料，以丰富理论，构建理论。它通向理论，为的是为实用批评提供思想、理论和研究方法以及评价的标准与尺度。评论贯通理论与翻译实践，就形成了由下而上的升华与提炼和从上到下的反射与观照的双向同构格局。理论不能凭空产生，它植根于具体的评论实践中，没有评论做基础，会造成理论的空悬。反过来，没有一套理论、概念、评价标准和方法做指导，评论会显得浮泛和平庸。

四、佛典汉译评论是译经事业中的重要学科

在佛典汉译事业中译经评论是重要的学科，它的发展常常会立竿见影地影响整个译经事业，并随时促成译经理论的总结和经验提升。及时的正确的评论可以为译者指出不足，指明方向，使译者及时校正；它的滞后也会导致译经质量的退化和译经事业的萧条。佛典汉译评论从译经实践出发，又反作用于译经实践。一方面，它影响译经大师正确或错误地认识译经活动，并理解佛经翻译的性质、特点和规律，从而促进或阻碍译经事业的发展；另一方面，它又通过对译本的分析和评论，影响读者对译本的理解和接受，从而直接影响译本社会作用的发挥，也就是佛学的传播效果。正确的评论，对译经实践的发展起着重要的促进作用。如注重忠实而又讲究可读性的观点，既有助于译本准确表达原本义旨，又保证了译本的可读性，从而为推动佛学的传播开辟了道路。"折中"的观点正有这种好处，而一味求质或偏文，都会影响经本义理的传达，如支谦求"雅"，译文"颇从文丽"，频招后人微词。僧叡批评其《大明度无极经》译文："颇丽其辞，仍迷其旨。是使宏标乖于谬文，至味淡于华艳。虽复研寻弥稔，而幽旨莫启。"（《出三藏记集·思益经序》）正确的、能够反映翻译规律的评论，不仅对同时代个别译者的翻译起到支持、鼓励和指导作用，而且对同时代译者的翻译倾向、策略和技巧，以及原本的选择等，也可以产生很大的影响，甚至进而改变一代的翻译风尚和译本风格。当然，正确的评论也可以帮助佛教信众准确地理解佛经，这是佛学中国化的前提。佛典汉译评论更是集中地反映了特定时期佛经译者乃至

佛教学者的译经思想和阅读情趣，并影响信众经本接受趣味的发展，也影响一定时代佛学义旨的面貌。译经评论在分析、评价译人译本的同时，也涉及对当时佛学状况的评论，因此它还可以帮助佛经接受者理解佛学，从而影响佛学的发展道路，也影响接受者的思想。

第三节　"佛典汉译评论"的两大构成领域与五大发展阶段

佛典汉译评论作为发挥独立功能的学说体系，有其自身的思想资源，并有自己的历史，经历了自身的发展阶段和发展规律。这些内容又表明佛典汉译评论是一门独立的学科，它在整个佛教和佛学事业中，具有不可替代和不可忽视的作用及地位。

一、佛典汉译评论的两大构成领域

佛典汉译评论主要由两大领域构成：一为经藏中的语言学及传播观点，它们可谓是准翻译评论思想。二为译经大师和佛教学者及评论家们融合传统与印度文化形成的新观念、新思想，它们是经过转化的评论理念。

（一）经藏中的语言学及传播观点

大藏经中有丰富的语言学思想和传播学思想，涉及翻译、语言修辞、语言政策等。因为佛学既对佛学者有语言学方面的修养要求，对传法也积累了丰富的经验和见解。佛学发源于古印度小邦迦毗罗卫国，向境外传播，突破语言文字众多的障碍，成为跨越民族国家的世界性宗教文化，已形成自身的传播理念。成功传播佛学正是佛教学者的主要德业、根本修养和终极目标。而传播学与翻译学有着千丝万缕的内在联系，成功的翻译就是成功的文化传播。佛学在中国的传播本身又首重译经，佛经翻译既是传播佛教的手段，又是佛学扎根于中国的前提。在佛学经藏语言学和传播学中，有译著也有汉地人士的论著，涉及内容广泛，它们在评论和实践上都具有广泛的应用空间。佛学在向汉地实施传播的过程中，面对中国本土文化和语言差异的阻碍，为扩大自身在时间空间上的影响，妥善处理传播中的各种社会关系，译师们不仅在佛经汉译中创制了一套有效的译本，而且这种有效的译本在语言表达、思维方式、当下利益等方面与接受者保持亲近，从而保证了传播经教的成功。此外，还采用了灵活有效的传播策略，创立了完善的译经策略和评论体系。这些译经策略和评论体系也直接影响佛经翻译的组织形式及翻译的标准、策略、方法与技巧，从而使佛经翻译在不同时期彰显出不同的特点，达到佛学中国化的目的。与中国传统文化水乳交融的高水平佛经翻译，使越来越多的人接纳了佛学及其教化思想。

佛学在传播中也形成了自成体系的语言文字学理论和政策。佛学之所以能够成功传入中国，并成为中国化的佛学，其中一个主要的原因，就在于佛学有自身适合其经教传译的语言文字学理论及政策，用以指导印度以及中国的佛教学者对佛典的学习和传译，并适于做世界性的公开传播的语言文字学理论。印度有"字母的花园"之称，有多达数十种文字，书写着不同的语言和方言。佛学有自己的语言学，它在语法学上有三个基本概念：文身（文字）、名身（指词类。名，就是指事物的名称；身，积聚义，就是单字与单字结合在一起组成词，三个单字以上组成的词，叫多名身）及句身（句子）。汉地佛教学者也正是通过梵语学习，正确理解佛学，使译本不断完善。慧皎《高僧传》载朱士行通晓西域各国三十六种语言文字，彦琮、玄奘都深通梵语。佛学诸经论能够超越种姓、阶级、民族、国家而广泛传播，主要得益于通过佛学经典，尤其是佛学悉昙学的传播、翻译，令有关印度的语言文字学得以东传，使译经大师能由此而学习掌握悉昙梵文之学，并深入研究印度语言文字，对比梵汉，从而推动佛学传播。由此可见，语言、翻译、传播，紧密相联，共同促进佛学传播。

（二）融合传统与印度文化形成的新观念和新思想

佛典汉译评论是佛学思想文化与中国固有文化相互吸收融合而形成的独特的理论体系。首先，佛学的传播为中国带来了哲学和文学等方面的新内容，佛学深刻的哲学思想正是文学、美学等理论可以借鉴的内容，有些佛学理论本身就包括了美学，由此直接启发译者将译经评论与译经实践的内在规律相联系，从而总结出翻译技巧和理论。借用传统文化赋予新的思想，以适合经本的评论，适应经典翻译规律，这是一种新创。传统概念经过改造，使其意义发生变化，结合佛学附上特殊的含义，使"借语用之，取意则别"。正是梁启超所谓"或缀华语而别附新义"，"或存梵音而变为熟语"（《翻译文学与佛典》），传统与印度文化的有机结合、佛学与汉语的融会，有时很难区分出各自的元素，如"中道"融合了儒家中庸与佛学"中观"理论，不易分出其中差别。玄奘"五不翻"的评论思想，本是基于儒家"正名"理论，但"正名"思想已与其中的佛学相融合。

二、佛典汉译评论的五大发展阶段

佛典汉译评论与佛典汉译一道，共同经历了一千余年的发展历程。

译经评论与译经实践具有内在的密切关联和统一，二者相互促进。就前者言，即使是最高层次、最为抽象的评论也与操作层面的实践有着千丝万缕的联系。就后者言，译经活动都有评论的指导，从对所译内容的选择到翻译方法的实施、翻译标准的把握等，都有学理性和形而上的思考分析，即使是一个简单的翻译技巧，也是与其相应的哲理相联系的。佛典汉译评论自身的成长经历了如下五大发展阶段。

（一）萌发阶段

自东汉至魏晋为萌发阶段，此时佛经翻译尚少，译经事业也没有形成规模，虽已有安世高、支谶、支谦等重要译师，但因佛学传播不广，研究译本者少，而且也未形成稳定的译风，佛学名相以及翻译法式等一切都还处于起步和开拓阶段，评论所依据的研究对象不成熟，评论自身自然只能处于萌发状态。

（二）奠基阶段

两晋时期为奠基阶段，也是评论的成长期，佛学有了长足发展，主要经本都已翻译，不同的翻译风格逐步形成，研究译本和佛学义学成为一时风尚。随着义理的探究，深入译本已成为人们关注的重心，由此带来译经评论的迅速成长。

（三）形成阶段

南北朝时期为形成阶段。此时期佛学开始独立，评论者们也开始以佛学思维和佛学义理审视译本，佛学的独立和评论相互影响，由此形成了真正意义上的佛典汉译评论。

（四）发展阶段

隋唐五代时期为发展阶段，也是真正的"产生期"，因为隋唐两朝，佛学逐渐进入中国人的思想，直到融入其骨髓化为血肉，评论者们自觉把自己体验和理解的佛学理论运用于评论中，并结合传统思想时时创造新的评论观念。不过，也正是由于隋唐佛学事业及其翻译正处于蓬勃发展和兴旺发达之中，译经评论也自然还未完全沉淀为历史，新的翻译现象，新的经本，随时产生新的课题，都需要随时有新的评论予以说明。

（五）成熟阶段

宋代为成熟阶段，因为佛典汉译至于宋代，印度佛典已完全传入，汉地各种译本，包括古译旧译新译都可以作为评论者讨论和评价的资源，尤其是有了可比较的条件，而且佛学理论、佛学概念等也已为汉地学者所熟悉，佛经的翻译程式已确立，名相的译法已稳定，所以评论者可以将全部佛学典籍尽收眼底，进行全面的研究。正是基于此，赞宁、智旭的评论方可以放眼历史，通览古今，自然显得发达而成熟了。

第四节　佛经翻译实践对译经评论的呼唤与促动

随着佛典汉译的发展与成熟，译出的经卷浩如烟海，很有必要从理性上对这些译本进行总结，指出问题，以使翻译事业顺利开展。对佛经的翻译促使佛经译家对自己的翻译实践自觉地进行经验总结和理论探讨，带动了翻译评论的发展。

一、译经实践需要评论

译经在佛经典籍中指翻译佛教经典，又作翻经。中国的佛经翻译事业是一门很古的学问，同时也是一件成就非凡的文化盛事。广义而言，译经并不限于经藏，律、论的翻译也都称为译经。古代佛经翻译是指将梵本（胡本）等佛典翻译为汉文。由于梵（胡）汉语言悬殊，佛典义理深微，译经既是佛教传播最重要的环节，也是最困难的工作。特别是随着译经事业的发展及佛教在中土的传播，佛教人士对译出经本的要求不断提高，这一切都需要有及时的评论和指导，以规范译经活动和提高译经水平。

（一）译经评论与译经实践相互促进

佛典汉译评论作为对译经，包括译家、译本、译经流派、思潮、风格等一切翻译现象和译经活动的裁判、评价、论说的行为，发挥着两方面的作用，一是根据译经实践的需要而产生并随译经发展而发展；二是具有自身的独立品质和形式，从而构成评论的价值和意义。它随着译经事业的发展而确立，并形成一种与译经活动并行不悖的独立形态。最初的译经评论与译经实践是综合为一体的，它是在译经实践中孕育、萌芽、成长后并逐渐分离独立出来的。评论文体和形式与佛学研究结合为一体，诸如经序、注疏、书信等，既可作为佛学义理看待，也可作为译经评论对待。翻译评论和实践总是结合在一起的，评论的产生虽在实践之后，但是只要翻译实践在发展中一有问题和缺点，自然会有人看到而指出、纠正。同时，只要翻译实践一旦产生作用或影响，也自然会有人肯定它的成绩和作用。这就是说，评论是应翻译实践发展的需要而产生的，也是伴随翻译实践发展而独立的。而一旦独立出来，它作为学术行为和理论成果，便与译经理论具有同等意义和同等功能。因为在评论过程中，评论本身也需要建设，人们很容易凭各自主观的爱好，妄加论断，使评论变得没有准的，这就更需要评论的理论做根据。评论的理论一旦形成，它又可以指导评论，同时也可以指导译经实践。这样，译经评论担负起指导评论和译经实践的作用。

译经实践不仅直接催生译经评论，而且推动译经评论最终发展成熟。慧皎《高僧传·鸠摩罗什传》云："既览旧经，义多纰缪，皆由先译失旨，不与胡本相应。"道宣《续高僧传·玄奘传》亦云："前代所译经教，中间增损，多坠全言。"既然后人发现初译的错误，为提高翻译质量，必然开展翻译评论。这是从译经实践中产生评论的逻辑起点。从实践中产生的评论也不断推动译经实践的发展。佛经汉译，从不成熟到成熟，不仅是译者辛勤摸索的结果，更是评论指导的结晶。在译经事业不断发展的过程中，一些译经家们为了提高翻译质量，不断创建了一些译经规则，使翻译实践不断脱离盲目状态。历代译经评论不断演进演化，反过来证明译经活动自身也在演化，从一个侧面反映了评论对佛典翻译事业发展的影响作用，表明译经评论的不断总结和译经方式的不断改进是佛典翻译运动不断深化的表现。综观佛典汉译历史，译经评论与译经实践的进步总是相伴而行的。初期译经不多，翻译经验不足，翻译评论与技巧尚未成熟，因此译经质量也不高。尤其是初期译者语言学知识匮乏，对梵汉语言句式、文法文体方面各自特点了解甚少，缺乏研究，更没有自觉进行译经评论总结的研究者，翻译实践中自然捉襟见肘。随着历代佛经翻译家在译经活动中不断探索，总结经验，提高评论水平，虽然就某个译经家而言，翻译水准参差不齐，但从总的趋势来考虑，佛经的翻译质量随着评论的进步不断提高，尤其是隋唐时期，译经评论基本成熟，译经事业也臻于鼎盛。

佛典汉译评论的发展和成熟还有一层特殊的含义，那就是，实践越深入、越广泛，译经质量越高，佛学思想也就越成熟，进而促进评论成熟。因为翻译评论不是一种孤立的现象，它需要哲学做基础，又因为佛典汉译评论与佛经翻译的特殊关系，而更需要佛教哲学做基础。初期译经质量不高，也就没有成熟的佛教哲学理论，因为此时的佛教义理及其哲学精神都还处于一种朦胧状态，中国学人基本上没有清醒地认识到佛教义理的本义到底是什么，到底具备哪些有价值的理论，进而不能产生成熟的译经评论。中期因为鸠摩罗什本人及其弟子对义理的精通，故他们的传译是很准确的。这从当时学人们对性空、中道等重要思想的准确理解可以看出。尤其是"中道"学说已深入人心，左右着翻译家们的思想和价值观，使得这一时期的评论注重"厥中"。但鸠摩罗什所译局限于龙树、提婆二人之学，还属于印度初期大乘的思想，龙树的"中道"依据"空"义成立，难免有执空的一面。这种学说一面主张一切皆空，一面提倡中道，理论上也很难自圆其说，因而受到无著的批评，批评他是"顽空"。这种"偏执"使此时的翻译质则"辞质胜文"，如竺法护；文则"删削重复"，如鸠摩罗什，这都是执着思想影响下所产生的译经实践和评论。后期因为玄奘、义净、不空等译经大家对印度佛学进行了准确而系统的传译，各派佛教哲学次第传入，这就保证了佛学的全貌与系统的完整，使中国佛学发展到全面成熟的阶段。他们不仅准确地翻译了这些重要的原典，而且对其都有极深湛的研究，这就使得他们能够把握佛学思想的精髓，从而保证他们在开展翻译评论、掌握翻译策略时，都有深厚的哲学基础。尤其是玄奘将中观学在龙树之后的新发展介绍给国人，即无著建立的完备的"中道"理论。玄奘的独传之学因明与瑜珈，也为他提供了学术思想中的辩证精髓。而晚年所译《成唯识论》一书，又是他自己以其"晚年定论"的哲学思想为裁决标准有所取舍而杂糅编译的，是体现其哲学思想的总结融汇之集籍，它集中而深湛地反映了玄奘哲学思想中的辩证法。这深刻的辩证法与玄奘博宗诸家、兼收并蓄的博大胸怀相融合，使他的思想能够远离任何局限性，达到圆融的境界。

　　（二）译经评论指导译经实践

　　由于西域的胡语经典和后来直接从印度传入的梵文经典在语言文字等方面与中国语言、文化及哲学存在着巨大差异，给翻译带来种种困难，这便需要评论总结经验，建立规范，以指导译经实践。译经评论虽然产生于译经实践，但译经评论一旦形成，就会以稳定的观念形态影响翻译实践，并推动译经实践走向成熟。译经评论对译经实践的指导体现在完整的译经活动中：译经之始，译经评论使译者了解和把握译经的规律性，使译者能够实现对自身的认识，指导自己按照规律去从事译经，并使译者在动手翻译之前就确立既符合自身需要和能力，又符合接受环境的目的、方针、计划、步骤和措施，对译经实践做出正确的预见；译经之中，译经评论使译者按照意愿及时而自觉地调节、调整自己的活动，指导自己选择实现目标的最佳行为方式，以适应译经事业的需要；译经之后，译经评论使译者将局部经验上升为理论，超越局部实践的局限。可见，每一种译经评论在一段相对稳定的时期内总是成功地指导着佛典汉译的实践的，从而使译者的理论倾向直接反映在他的译经实践中，形成其译本的总体面貌。支谦的译文"颇从文丽"，是因为他重"雅"的评论思想，当然也是因为"以季世尚文"；维祇难与竺将炎的译文"近于质直"，因为他们所依据的指导思想是佛言"依其义不用饰，取其法不以严"，因而主张"传经者，当令易晓，勿失阙义，是则为善"。

从佛典汉译历史看，译经评论在译经实践中始终发挥着重要的作用。佛典汉译大致经过初期、中期和后期。初期，翻译质量不高，既因翻译实践规模很小，也源自翻译评论的缺失。彦琮指出："佛教初流，方言鲜会，以斯译彼，仍恐难明。""或简或繁，理容未适；时野时华，例颇不定。""例颇不定"一句，准确地指出了此时的译经没有统一完善的标准，缺乏恰当有效的方法。中期，译经质量有所提高，主要是译者素质有了极大改善，竺法护、鸠摩罗什、真谛等人既精通梵胡，又通晓汉语，且精于佛理，但译经质量仍是"十得九八，时有差违"，其原因也就在于这时期的翻译评论导向的"差违"。虽然道宣赞扬鸠摩罗什"善披文意，妙显经心，会达方言，风骨流便，宏衔于世，不亏传述"。但鸠摩罗什有过分求文之弊，实则有违于翻译的基本原则和方法。翻译不是自由著述，文或质的标准，不能一任己出，需视原文而定，这就是鸠摩罗什最要害的问题。在后期，由于玄奘、义净、不空等译者两全通达，佛学精深，译文精湛，忠实准确，从而使印度佛学的传译达到最高峰。道宣赞扬玄奘说："世有奘公，独高联类，往还震动，备尽观方，百有余国，君臣谒敬，言义接对，不待译人，披析幽旨，华戎胥悦。唐朝后译，不屑古人，执本陈勘，频开前失。"还称赞他的翻译，"都由奘旨，意思独断，出语成章，词人随写，即可披玩"。赞宁《宋高僧传》赞赏此期的翻译是"后则猛、显亲往，奘、空两通，器请师子之膏，鹅得水中之乳，内竖对文王之问，扬雄得绝代之文，印印皆同，声声不别，斯谓之大备矣"。指出玄奘、不空"两通"之"大备"，的确是译者的关键。但是，玄奘、不空之所以翻译"大备"，也得益于译经评论的发达和成熟。

梁启超曾在《佛典之翻译》一文中清楚地意识到佛经翻译实践与理论的关系，他认为译业进步，当是理论指导之结果，它们之间有着极为密切的关系。他指出初期译经质量不高："割裂重沓，不成系统。""伪谬浅薄，在所不免。""所译不成系统，翻译文体亦未确立。""佛译初兴，口笔分途，口授者已非娴汉言，笔受者更罕明梵旨。则惟影响掇拾，加以藻缋，冀悦俗流。"（梁启超《翻译文学与佛典》）原因是译学尚未确立。中期译经大有进步，经典丰富，成绩斐然，佛教的门户壁垒，从此确立。至此，"译学渐独立矣"。后期译经臻于完美，"译事亦造峰极"，"译学进化之极轨矣"，在于译学的成熟。他所指"译学"，包含翻译评论，其中如"翻译文体"，即译经之中的文体评论。

二、译经实践产生译经评论

从梵(胡)文字翻译成汉文,不仅是跨语系的转换,更是跨文化、跨思维的转换。把梵文、西域文佛经译成汉文,完成西域及天竺思想表述形式的汉化转换,是移植和借鉴外域思想文化,实现其与汉文化沟通、契合的努力。在实施这项巨大文化工程的译场中,来自西域、天竺的高僧大德和本土硕学名儒,组成卓越的学者群体,通过品味、理解、比较、选择、论证、表达、润色,在不同的语言文字构筑的文化体系之间,寻找最佳的译经方式。他们共奉的宗旨是求真务本,提倡周密严谨的学风,终于使得两种文化相交融。在当时的思想文化界,许多大师主持的译场、组成的学派或宗派,成为众所景仰的学术净土。佛典汉译评论即发源其间并传承至今。纵观我国千余年的佛典汉译活动,译经评论的开展,基于译师们总结自己与他人的翻译实践经验。中印两国语言文字的悬殊,审美价值的不同,思想文化的差异,为佛典汉译带来极大困难,时刻促使佛经译者思考翻译问题,也促使评论的发展。

(一)译经评论是译经实践经验的总结

实践成就一方面得益于评论指导,同时又催生并提升评论水平。译经质量的提高有赖于翻译经验的不断总结。佛学义理的汉译,既要为中国传统所接受,又不能完全迎合中国文化,具有复杂的辩证性。在将梵(胡)译为汉文的两种文化系统的语言转换中,怎样做到不失本义而又文质兼备易为读者接受,是每个译经家都要面临和需要解决的难题。佛典汉译从译师、经典的来源,到语言文字、译文体例的抉择等,皆为棘手难定的问题,所以从译经开始,就有了这方面的思考与讨论。随着佛经翻译的发展和兴盛,译师们在翻译上得与失、甘与苦、喜与悲中有了更深的感受。有的自觉考察不同语言的不同构造和特点,不断总结翻译过程中的经验教训,并把目光焦点对准翻译文体,讨论直译、意译之得失。把这些经验和思考通过评论逐步提升到理论高度,最终建立起一些符合翻译规律的原则和标准。为顺应时代的需要,也不断地提出改进及创新的方案。由此在翻译的认识和方法上,各门派大师在实践中不断思索,不断调整,不断选择,创造发挥,逐步形成了鲜明的译经评论。

最早明确开展翻译评论的是以维祇难、竺将炎等为代表的尚"质"。支谦在《法句经序》中还将这一思想追溯到老庄的"书不尽言,言不尽意","美言不信,信言不美",因而"今传胡义,实宜径达"。慧皎《高僧传·安清传》曰:"天竺国自称书为天书,语为天语,音训诡蹇,与汉殊异。"其实非仅天竺国自称，在汉人看来其书其语亦如"天书""天语"。支谦的《法句经序》指出，因为语言文字的"名物不同"，所以需要翻译；而唯其"名物不同"，所以"传实不易"；唯其知道了"传实不易"，所以才能引起翻译的评论，提出解释的方法。可见，译者在翻译实践活动中遇到这样那样的问题，自然就会以理性方式探讨并做出回答，这就是评论。随着翻译实践的深入，译者开始注意翻译的规律与方法，并开始总结翻译经验，这就出现了翻译实践向评论的升华。

（二）译经评论与译经实践相始终

自有佛经翻译始，便有评论的出现。史载佛典汉译始自《四十二章经》，其"序"云：

> 昔汉孝明皇帝，夜梦见神人，身体有金色，项有日光。飞在殿前，意中欣然，甚悦之。明日问群臣：此为何神也？有通人傅毅曰：臣闻天竺有得道者，号曰佛，轻举能飞，殆将其神也。于是上悟，即遣使者张骞、羽林中郎将秦景、博士弟子王遵等十二人，至大月氏国，写取佛经四十二章，在第十四石函中，登起立塔寺。于是道法流布，处处修立佛寺。远人伏化，愿为臣妾者不可称数。国内清宁，含识之类，蒙恩受赖，于今不绝也。

早期经序一般都有译经质量的评价，但此"序"没有。佛典汉译评论史上似乎直到支谦才有较为明确的评论表述，但译者们的指导思想是存在的，只是没有形成文字。从后人们对这一时期所译经典中的描述，可以看出译者们翻译评论的萌芽。慧皎《高僧传·安清传》评价安世高译籍："义理明晰，文字允正，辩而不华，质而不野。"道安认为："此经世高所出也。辞旨雅密，正而不艳。比诸禅经，最为精悉。"支谶所译《般若道行经》《般舟三昧经》"贵尚实中，不存文饰"。说明初期译经有的偏质有的偏文，这种偏向本是翻译思想指导下的结果。其实，从观念到形成文字，需要一个过程。到了支谦，这一过程基本酝酿成熟，所以他的《法句经序》便径直将竺将炎和维祇难的观点反映出来："佛言，依其义不用饰，取其法不以严"；"美言不信，信言不美"；"书不尽言，言不尽意。"这反映了当时用崇直质、求朴实、重取"义"而不用"饰"的译法传达佛经思想，反映了与当时尚"文雅"的不同倾向。然而，过度尚质，难免文体不通，语词艰涩，不利传诵，且有"秦人好文"之实，译经一旦忽略接受群体的习惯、文化等问题，势必影响佛学思想的理解和传播。于是有求"文"者，以"雅"来纠正"质"的译风。支谦倡"文",其译经"颇从文丽",试图扭转"质直"译风。这种倾向和中外结合的思想,非临时想起,而是酝酿已久的。也就是说,是始终伴随其翻译活动的,并在翻译活动中形成。

佛经翻译初期,实践和评论都处于摸索之中,经验既不充分,译经思想也未成熟,各种观点相互交错。从评论角度看,这时期佛经翻译的兴盛促进了评论的开展和研究。总的来说,各种译经观点都有其合理之处,也有其相适应的环境。历代译经实践,各种译法也总是交相辉映的,不存在所谓初期偏质,中期偏文,后期文质调和的现象。因为各种译法都是与译者自身条件和观念联系在一起的,也都是与所译经本性质相关联的,更与时代风尚有关系。每一个时代,总有众多译者致力于佛典汉译事业,也有不同性质的经本被翻译出来,自然会有种种不同的译法。尤其是译经方法和标准,始终是佛典汉译中最关注的,偏文偏质,各有其生存环境和适应范围,致使文质思想共同发展,交相为用。后汉安世高、支谶多直译,力求保存经典的本来面目;三国支谦、康僧会崇意译;西晋竺法护、无罗叉重直译;东晋鸠摩罗什重意译,首在弘扬和阐发佛旨经义,既"使中土诵习者易于接受理解",又不失"天然西域之语趣"(赞宁《宋高僧传》)。慧远重直意调和,崇尚"厥中",认为"文过则伤艳,质甚则患野"(《出三藏记集·大智论抄序》)。南朝真谛多采用直译方式,文字难免有"艰涩"之处,但他是以讲解经义为主要目的,因而译文多少带了些他自己的见解。从这种意义上说,他的译经又带着意译的烙印。玄奘不仅通晓梵文,更深得佛学经义的要旨,可谓"学尽梵书,解尽佛意"。因此,在翻译佛典时能"出语成章""览文如己,转备犹响"(道宣《续高僧传》)。梁启超称赞玄奘说:"若玄奘者,则意译直译,圆满调和,斯道之极轨也。"玄奘的译经实践和思想解决了译经中"隐昧无象""幽绪莫寻"之类的难题。不空幼年时来到中国,学习中国文化,精通梵汉语言,译文通俗易懂,"所翻经论,皆洞精微",如《仁王护国般若波罗蜜多经》,真谛译为《仁王般若经》,不空将其译为《仁王经》,是意译的典范。

(三)历代译经评论相互继承

各个时期的翻译评论并非各自孤立,而是前后有机联系、相互继承和不断发展的,从而形成了完善的评论体系。正是有了这个体系的指导,才使得译场不断完善,译经质量不断提高。支谦在《法句经序》中反映的"文""质"问题,始终为后人所关注,"文""质"之争一直成为佛经翻译评论的两种主要流派。直到南齐,《众经别录》(作者未详)在每经之下用简明的词句标明一经宗旨,并标出文质字样,作为对译本的评价。可见当时人们对译经质量的重视和依赖。直到慧恺，这对概念才发生变化。慧恺在《摄大乘论释十五卷序》中说："法师既妙解声论，善识方言，词有隐而必彰，义无微而不畅。席间函丈，终朝靡息。恺谨笔受，随出随书。一章一句，备尽研核。释义若竟，方乃著文。然翻译事殊难，不可存于华绮；若一字参差，则理趣胡、越。乃可质而得义，不可使文而失旨。故今所译，文质相半。""乃可质而得义，不可使文而失旨"一句似乎是宁质勿文，因为质而得义，文则失旨。但接着说道："故今所译，文质相半。"朱志瑜认为此观点似乎意识到"质"只是一种理想，难以达到，于是退而求其次。事实上，"文质相半"意为"又文又质"或"不文不质"（《中国佛典译论选辑评注》）。文、质作为两种相互依存而又相互对立的概念，分则并立，合则两亡。至此，"文质"开始失去其作为翻译标准的意义了。慧恺的"文质相半"论与其说是调和，不如说是彻底放弃了或者说推翻了"文质"的标准，更表明"文质"作为译经标准概念已经开始发生了变化，意味着新的概念将要诞生。

　　每个时代的译经评论都是建立在前人基础之上的，他们或从译者主体修养入手，或从梵语特点着眼，或从梵（胡）汉语言对比探讨，在翻译评论上有所创新。这些总结者，可以说是有意识的译经评论家，他们的评论更具有概括性，更具有理论的品格。他们不仅看到了中外语言之不同，同时还认识到各自古今文体之差异，由此展开的译经评论，自非经验之谈。道安通过评论和总结前人译经"五失本"之事，归纳出"三不易"之要，大略说明了梵文的体制，一直为人所遵循。僧叡笔受于鸠摩罗什译场，他早年追随道安，受其教诲前后达八年之久。他在数篇经序中多次缅怀道安，情真意切，感怀备至。他在《喻疑》中指出，在道安之前，汉地佛学虽有相续不断的经典翻译和义理阐述，但直到道安才达到较高水平。他写道："附文求旨，义不远宗，言不乖实，起之于亡师。"而认为鸠摩罗什虽然在译经事业上有更多作为，但那是基于"大法后兴之盛"的客观环境，而且还是建立在道安等汉地学者提供的译本基础之上的。在《大品经序》中，他一方面赞扬鸠摩罗什译经的贡献，另一方面又时时回忆道安的教诲。他说："亡师安和上凿荒途以开辙，标玄指于性空，落乖宗而直达，殆不以谬文为阂也。亹亹之功，思过其半，迈之远矣。"认为道安佛学是在荒漠之中开辟的道路，并对般若性空之学已有所涉及，应肯定其特殊的功绩。他又写道："执笔之际，三惟亡师'五失'及'三不易'之诲，则忧惧交怀，惕焉若厉，虽复履薄临深，未足喻也。"执笔于鸠摩罗什译场而以道安思想为译经指南，正表明道安理论的正确性。僧叡在鸠摩罗什译场执笔之际,他首先想到的是道安对译经的经验总结,表明对他的佛学素养、译经贡献、道德人格以及如实修行的敬仰。而僧叡对鸠摩罗什,则有直率批评,如他在《思益经序》中说:"详听什公传译其名,翻覆辗转,意似未尽,良由未备秦言名实之变故。"这是因为汉语毕竟不是鸠摩罗什的母语,其经文汉译也自然难免失洽。汉地僧徒就佛学义理对天竺或西域高僧提出异议和批评是不多见的。僧叡的评论并非随意为之,而是建立在他对佛教思想的深刻把握的基础上的,是他对佛教思想史分析和推演的结果,表明他已经具备独立研究佛学的条件和能力。

彦琮对道安的"五失本""三不易"也深表赞赏,认为"详梵典之难易(三不易),论译人之得失(五失本),可谓洞入幽微,能究深隐妙"(道宣《续高僧传·彦琮传》)。但又指出道安的评论仍然不够完备:"安之所述,大启玄门,其间曲细,犹或未尽。"于是他"更凭正文,助光遗迹",进一步对道安"五失本""三不易"的描述做出细化,提出"十条",让后来人对原文进行文本翻译时应该注意语言文体类别,从正面表述,翻译过程中对原文具体分析时应该注意十个方面的语言现象:"字声一,句韵二,问答三,名义四,经论五,歌颂六,叹功七,品题八,专业九,异本十,各疏其相。"这是翻译中的十大难点。道宣在《大恩寺释玄奘传论序》中详尽地评论了历代译经。他肯定了道安、彦琮的翻译评论,指出:"道安著论,五失易窥;彦琮属文,八例难涉。斯并古今通叙,岂妄登临。"认为晋宋以后的译经,往往以讹传讹,而且习惯成自然,知错难改。至宋,赞宁主持编撰的《宋高僧传》总结了从南北朝至宋朝五百余年间三十八位译经高僧的翻译实践和翻译评论,由此也阐述了自己独特的翻译见解,对于翻译的性质、翻译的历史、翻译的方法、翻译的标准等,都进行了深刻的讨论。其中确立的"六例四句",讨论的是译经时遇到的六大类情况(六例),以及每一大类情况的四种处理方法(四句),并在具体论述的过程中触及不少前人没有弄清的问题,如胡语、梵言的区别等。

第五节　众多译经家、译经评论家及佛学家的研究

译经评论的开展和所取得的成就,是历代译经家、评论家和佛学研究者共同创造的结晶。译经评论产生的第一基础和起点是实践,没有翻译实践,就不可能有翻译评论,而开展评论的最终目的是指导实践。依照理论与实践的关系,二者是相互依赖、相互作用和相互满足的,即实践产生评论,又需要评论的指导。但是,从实践中产生评论,评论又回

到实践以指导实践，这个过程的实现是有前提的，其中一个最重要的条件就是研究者的参与。因为按照理论发展的一般原理，理论的发展过程是从问题到观察再到假说，最终形成理论。这就是说，理论的发展过程是先有人们在实践中提出了问题，然后再对其进行观察，继而开始提出各种假说，最后经过实践检验，直至某些假设转化为理论。当环境发生变化，又出现新的问题时，产生新的假说和理论，由此带动新一轮的理论发展过程。可见，在这个发展链条中，理论是研究者在大量的实践基础上逐步归纳、总结出来的。佛典汉译评论也遵循这一规律。评论的研究者主要有译经家、译经评论家和佛学家三类人群，他们作为理论和实践的中间环节，身兼二任，既是实践的评论者，又是理论建设的参与者。

一、佛经译者的评论

开展翻译评论的，首先是致力于译经实践的译经大师。自东汉至清末，有 200 多位译经家及数以千计译经助手主持或参与翻译印度佛学原典，他们在长期的佛典翻译实践中，经历漫长的探索，积累了丰富的经验，并把这些经验提升到理性高度，建立起一些符合翻译规律的原则和标准，这其中，借助翻译评论是唯一途径。支谦、鸠摩罗什、玄奘等以及许多不知名的译者，为译经评论做出了重要贡献。

支谦对维祇难和竺将炎翻译的《昙钵经》（后名《法句经》）做出了理论评价，阐述了自己的评论理念，反映了当时几种不同的翻译思想。钱锺书在《管锥编》中指出："严复所论译事三难：信、达、雅，三字皆已见此。"鸠摩罗什之前，汉译佛典数量已很"浩繁"，但译文"多滞文格义"，"不与胡本相应"（《高僧传·鸠摩罗什传》）。为使佛经真义得到广泛流传，使诵习佛经者能易于理解接受，鸠摩罗什改变此前朴拙的古风，由直译改为意译，以达意为主，着意经义再现，不拘泥形式。他在长安时，主持译出经论三十五部二百九十四卷。这些译典大多义理忠实，文字可诵。而译经中选择翻译术语更难，如何用汉语名词把梵语意蕴都表达出来，实令翻译家煞费苦心，往往一个术语的确定需要几代翻译家的反复斟酌、审思体味，才能取得认同。从佛教初传至鸠摩罗什译经时，佛教义理已为社会很多人理解，译经时可以更多地选用更符合佛教原义的词汇。在这种情况下，他对旧译本重加订正，通过音译法，重新定名，去掉那些援引中国当时流行的玄学术语，纠正旧译，避免混淆佛学的基本思想，如阴、入、持等，改为众、处、性。并对旧译失当处，逐一校正，使之

"义皆圆通，众心惬服"，由此而使佛教义理得以在中土能更广泛流传。慧皎《高僧传·鸠摩罗什传》载："什每为叡论西方辞体"，意谓鸠摩罗什深通梵语音韵，并为僧叡讲解、分析"西方辞体"的特点及佛经汉译的疏失。他还直率地批评"支（谶）、竺（法护）所译，多滞文格义"。鸠摩罗什崇尚意译，他曾形象地把翻译比作嚼饭喂人而"失其藻蔚，虽得大意，殊隔文体"。因此，他一改此前的尚质译法，不拘原文体制，自由变易，务在达旨，既自然生动又契合妙义。其译经"曲从方言，趣不乖本"，"既华梵两晓，则游刃有余地也"（梁启超《翻译文学与佛典》）。他尤其注重译文信实与美文的和谐统一，讲究辞旨婉约，自然流畅，声韵俱佳。在这种主张下译出的译籍，注重传达思想的同时注意了表现原文的文体与语趣。道宣《续高僧传》对他的译文评价很高："后秦童寿，时称僧杰，善披文意，妙显经心，会达言方，风骨流便。宏衍于世，不亏传述。"梁启超曾评价说："凡什公所译，对于原本，或增或削，务在达旨。"（《翻译文学与佛典》）

玄奘发现国内的唯识系统经论很不完备，很多地方先辈高僧悬疑未决，当时的贤者大德也没有令人信服的论证，因而西去取经学法，回国后翻译所赍经典。他在《谢赐假营葬启》中批评前代的译经说："正教东传，道阻且长，未能委悉，故有专门竞执，多滞二谛之宗，党同嫉异，致乖一味之旨，遂令后学相顾，靡识所归。"玄奘针对佛教术语在翻译过程中出现的意义失真，总结了前人各方面的经验，鉴于旧译时代注重文采而不忠于原典的缺失，认为有些词语是不能翻译过来的，只能译音。为此，他系统地归纳了五种情况，称为"五不翻"，严谨的译经评论，为佛教术语的音译确定了一条界线。他将前代支谦、昙摩鞬、无罗叉、竺法护以及鸠摩罗什译本全都重译或改译，使其辞义较前期所有译本更加圆满。玄奘谙熟天竺语言和风土人情，并深究佛教典籍，精通佛教义理，因此他的译经质量超过了历代。玄奘译经，弃骈取散，以朴素的通俗文体真实传达出佛经的内容和风格，直译和意译完美结合，又"音不讹""语不谬"，做到了"义不失""理不乖"。这与他所立"五不翻"原则是极有关系的。玄奘还在译经中成功地运用了"补充法、省略法、变位法、分合法、译名假借法、代词还原法"（马祖毅《中国翻译通史》）等翻译技巧，解决了诸如"隐昧无象""幽绪莫寻"之类的难题。

二、译经评论家的评论

严格说，译经评论基本上都是译经评论家们的贡献，他们的翻译评论大都来自佛经评论，并主要通过评论建立自己的理论。可以说，佛经翻译评论和理论是一体化的。而佛经评论家的身份又多是佛学家，他们首先是佛教学者，他们是在佛学研究中讨论佛经翻译问题的。因此说，不存在严格的独立意义上的佛经评论家。例如，道安，是一位佛教学者，梁启超《翻译文学与佛典》认为"安为中国佛教界第一建设者"。也有少数是从佛经翻译意义上展开评论的，支谦就是通过译经评论构建自己的观点的。这些评论家有译场主持者，如道安、赵政、慧常、慧远等；也有参与译经的主要助手，尤其是笔受和润文，如道生、僧肇、慧恺、法藏、道宣、吉藏、窥基、智旭等。

　　道安的出现，使佛教界为之一变，评论界也为之一变。这其中在于他主持译经大业，并总结前人译经实践与理论，初步形成译经评论体系。慧远是道安的弟子，道安曾说："使道流东国，其在远乎！"(《高僧传·慧远传》)对其承负在中国弘扬佛道的重任，满怀信任和期待，认为佛法在中土，将会因慧远而得到更好的弘传。慧远"既入乎道，厉然不群。常欲总摄纲维，以大法为己任"(《高僧传·慧远传》)。慧远作为东晋中后期继道安以后中国佛教的重要领袖，面临着种种严峻的挑战。当时，佛教在中国已有重大发展，佛教的学说、制度和生活规范与中国固有的儒道学说、礼制和生活方式的矛盾也日益凸显出来，并引发王朝官员及士大夫的质疑和问难，这就要求佛教界对此进行回应和解答。同时，佛教来自印度，如何结合中国文化，适应中国人的"根性"，有效地传播佛教，也有待继续探索和不断完善。针对诸如此类问题，慧远从出家沙门与国家政治、佛教律仪与世俗礼制、僧人整肃与社会协调、佛学理论建设与中国化方式、内外合明与究极境界，以及精勤修持与山林僧团等六个方面，以极具创造性的探索，有力地推进了佛教在中国的发展。尤其是他像道安一样，组织译经，为佛教传播打下了坚实的基础。正因为组织译经有功，道安和慧远被梁启超誉为"译界无名之元勋"(《翻译文学与佛典》)。

　　道安是中国佛教史上第一位大思想家，他首在长安网罗义学高僧，组织译场，弘法译经。道安在长安的七八年当中，除了经常讲说之外，最主要的是组织译经。他一生主持翻译佛教经典共十四部一百八十三卷。如昙摩难提翻译《中阿含经》《增一阿含经》《三法度论》，僧伽提婆翻译《阿毗昙八犍度论》，鸠摩罗跋提翻译《毗昙心论》《四阿含暮抄》，昙摩鞞翻译《摩诃钵罗蜜经抄》，耶舍翻译《鼻奈耶》，他都亲自和竺佛念、道整、法和等参与翻译，并亲任校译，有时对于不正确的译文还加以考正或劝令重译。道安常与法和诠定音字，详核文旨，这样自然就进入翻译评论，而且注重译本的实际情况。道安不通梵文，却写了不少佛经的注释书，以序跋、注解、文章等形式对译作加以评论。他往往用极精练的字句点明译本的精华所在，并对其思想展开深一层的探讨。尤其是他撰写的各种佛经注疏，显示了对教理的深刻研究。汉译佛典，或卷帙太多，研读不易；或意义深奥、译文隐晦，了解甚难。因此，没有对佛经的注释，一般读者很难通达其意。道安通过寻文比句，遍注群经的方式，依据印度原有法数敷宣弘法，传播教理。他的注经理论和实践奠定了佛典注释的坚实基础，共注经十九部二十二卷，内容涉及大小二乘经律论三部，且所注之书，别自为部，不与本经混淆，主从分明。道安正是在注经中，深入细致地研究前人译经（这当然是出于他研究义理的需要和目的）在总结前人翻译得失基础之上归纳总结出"五失本""三不易"理论。梁启超《翻译文学与佛典》认为，中国佛学界关于翻译文体的讨论始于东晋道安。所谓"翻译文学程序，成为学界一问题自安公始也"。他指出，道安虽不通梵文，但是对于旧译诸经，能正其谬误。因为道安极富于理解力，最忠实于学问。后来，精通梵文的鸠摩罗什看了道安所正诸经，也不得不叹服其所正者皆与原文吻合。道安对前人译经的评论，既注重译本的实际情况，又有自己的译经思想。

道安对于佛典翻译的组织，贡献巨大，也可以说当时每部译品都灌注着他的心血。所以梁启超誉之为"中国佛教界第一建设者"，是包含他这方面的贡献的。道慈在《中阿含经序》中说："昔释法师（道安）于长安出《中阿含》《增一》《阿毗昙》《广说》《僧伽罗叉》《阿毗昙心》《婆须蜜》《三法度》《二众从解脱缘》，此诸经律凡百余万言，并违本失旨，名不当实，依稀属辞，句味亦差。良由译人造次，未善晋言，故使尔耳。"这是说道安主持组织《增一》《阿毗昙》等经的创译。他协助赵政主持前秦的佛经译场，组织中外学僧翻译佛经。在两人的监译之下，僧伽跋澄等著名译家译出了新从天竺与西域传入的小乘说一切有部经的经典，共十四部一百八十三卷，凡百余万言，为沟通中印文化做出了独特的贡献。僧祐《出三藏记集·道安法师传》说："安外涉群书，善为文章。长安中衣冠子弟为诗赋者，皆依附致誉，与学士杨弘仲论诗风雅，皆有理致……译出众经百余万言，常与沙门法和诠定音字，详核文旨，新出众经，于是获正。"

道安在长安组织了由国家正式资助和监督的大型的译经事业，开创了佛典汉译的新局面，也为鸠摩罗什译场奠定了基础。道安还曾劝苻坚迎接鸠摩罗什，此事关系中国文化的发展，影响极大。在道安的组织和倡导下，从苻秦建元十八年至太安元年，仅三四年时间，就译出百余万言经典，而且各译典都有道安写的序，有的序文阐发经义，有的评论译文质量，有的总结翻译经验，如他在《阿毗昙心序》中叙述了译经原委：建元十九年，僧伽提婆来到长安，释法和请求译出，佛念译传，慧方、僧茂笔录，法和整理。自四月二十日开始翻译，至十月二十三日译完。但参与的译人中，有的混入不同的译词，鱼目混珠，"龙蛇同渊，金鍮共肆"的情况，比比皆是，法和不满意，自己也认为不可，于是就让僧伽提婆再行译出。由此经过四十六天而完全校译一过，几乎有四卷是全重译的，共十九万五千二百五十字。僧伽提婆为译这部经典花费了很多的心血。说明道安等人对这次译经的投入和认真。但是，就在译经过程中，发生了苻秦与慕容氏之间的战争。长安战乱一起，译经工作受到严重影响，许多经典在匆促间都没来得及做细致的校订。不久，道安去世，译经订正完全停止，原译稿本也只好无可奈何地搁置下来。因此，后人对这次译经的质量多有批评，并且对多数的经典都做了重译。后来参加重译的江南沙门道慈，在他参加重译的《中阿含经序》中说道安在长安译的二经六论及部分戒律，"凡百余万言，并违本失旨，名不当实，依稀属词，句昧亦差。良由译人造次，未善晋言，故使尔耳"。

道安在译场中，首创译场制度，组织中外高僧协力翻译佛经，其译著对佛学在中国的传播影响深远。在道安的努力下，推动了佛典汉译事业的发展。梁启超在其《翻译文学与佛典》中说："虽未尝自有所译述，然苻坚时代之译业，实由彼组持。苻坚之迎鸠摩罗什，由安建议；《四阿含》《阿毗云》之创作，由安组织；翻译文体，由安厘正。故安实译界之大恩人也。"佛经翻译至东晋，数量已相当可观，然而"旧译"的经文，往往多有讹谬，使人索解不易，而讲说佛经者，又每每仅叙其大意，以便转读。于是道安在组织译场主持译经的同时，考校译本，诠解文义，注释了二十余卷佛经。僧祐在《出三藏记集·道安法师传》中赞其："穷览经典，钩深致远；其所注《般若》《道行》《密迹》《安般》诸经，并寻文比句，为起尽之义，乃《析疑》《甄解》，凡二十二卷。序致渊富，妙尽玄旨；条贯既叙，文理会通。经义克明，自安始也。"道安是从事佛典翻译的主持与校雠的，每部经典译出之后，他都亲手校订，序其缘起。其十五篇经序，是他对翻译评论的独特见解与研究。他注经时说过："方言殊音，文质从异，译胡为晋，非出一人，或善胡而质晋，或善晋而未备胡。"（《出三藏记集·新集安公注经及杂经表录第四》）因梵汉文字不同，所以感到"每至滞句，首尾隐没"的苦恼。

道安之前，有的佛典译者将佛经看得极为神圣，认为绝对不可侵犯，形成与汉儒治经相类似的固守佛典文句的依语滞文的学风。有的译者又随意变更经本，不遵守原文，致使经文失本。东晋以后，论者们批评这两种学风，并着重论及言与理，即语言与义理、真理的关系，还直接涉及语言本质。道安首先批评了恪守文句的习气。他在《道行经序》中揭示了文与理、句与义、辞与旨、文与质的矛盾，指出考文征理、察句验义的方法会导致佛典根本旨趣的迷惑。因此他主张"忘文全质，大智玄通"。道安强调语言文字具有相对性和局限性，绝不可执着黏滞。同时道安又批评前人译经不守信实的危害，这就是他的"五失本"总结，意谓五种不遵守原文失去梵文原型的情况，也就是前人汉译佛经中因遇到语言障碍而有五种谬失。这"五失本"涉及翻译中的语言结构、风格文采、内容神韵、原文旨义、艺术效果、民族心理以及文化特质等议题，他的评论是译经史上的一个里程碑。道安对翻译的研究是通过对同本异译的比较而进行的，译场的实践经验与总结使他对翻译的认识日渐成熟。道安开展评论的目的在于更好地传播佛学，因此可以说评论的观点是他在传播佛学中的附属品。他由此而提出"三不易"理论，即由于时代、地域、习俗差异带来语言转换的困难，强调语言必须适应当时读者的实际情况和需要，也就是佛典必须适应僧俗的需要，以便传播佛学思想。道安虽然只是总结前人译经的五种谬失，但他总结的角度却涉及语言的时代化、地域化、大众化，这也是他的语言观。钱锺书在《管锥编》中认为，"吾国翻译术开宗明义，首推此篇"，支谦的《法句经序》仅"发头角而已"。道安的总结本是对前人译经的评论，但成了对翻译实践规律性的认识，几乎奠定了一种普遍遵循的范式，对以后的翻译产生了深刻影响。梁启超指出："后世谈译学者，咸征引焉。要之翻译文学程序，成为学界一问题，自安公始也。"(《翻译文学与佛典》)

　　在道安之后，支敏度也从五个方面评论了历代译经。他通过比较《维摩经》三个译本，指出："或辞句出入，先后不同；或有无离和，多少各异；或方言训古，字乖趣同；或其文胡越，其趣亦乖；或文义混杂，在疑似之间。"陈福康《中国译学史》指出支敏度将异出经的区别归纳为五点：(一)语法上的斟酌，词语排列语序不同("辞句出入，先后不同")；(二)篇章上的调整，主次侧重删削不同("有无离和，多少各异")；(三)修辞上的选择，用词方俗古雅不同但意义相同("方言训古，字乖趣同")；(四)理解不同或原文版本不同，译文文字不同，意义也不同("其文胡越，其趣亦乖")；(五)语义含混有歧义，各家理解有所不同("文义混杂，在疑似之间")。这五种情况与道安"五失本"大同小异。他最后指出："若此之比,其途非一。若其偏执一经,则失兼通之功;广批其三,则文繁难究……若能参考校异,极数通变,则万流同归,百虑一致。庶可以辟大通于未寤,阖同异于均致。"希望能疏通不明白的地方,如果两个底本有程度上的不同,则用一种类似于取平均数的方法。这里所谓"均致"与慧远所谓"厥中"完全同义,只是用语有别。

慧远在庐山译经弘法,"三十余载,影不出山",在其影响下,庐山成了东晋时期与金陵并称的两大佛学中心。东晋佛学三大系列的毗昙、禅法、三论,"为之宣扬且特广传于南方者,俱由远公之毅力"(汤用彤《汉魏两晋南北朝佛教史》)。他在庐山主持译业,被视为东晋南北朝与长安并列的两大译场。他以庐山为中心,延揽僧伽提婆、佛陀跋陀罗等天竺西域高僧译经:"葱外妙典,关中胜说,所以来集兹土者,皆远之力也。"(《出三藏记集·慧远法师传》)他"每慨大教东流,禅数尤寡,三业无统,斯道殆废"(《出三藏记集·庐山出修行方便禅经统序》)。南方佛教中,禅典和律典都缺,慧远有感于此,曾派弟子法净、法领等人西行求经,带回不少梵本。慧远又请来译僧翻译这些经典,请佛陀跋陀罗译出《达摩多罗禅经》,"禅法经戒,皆出庐山,几且百卷",促使禅学在南方流行,经文重点阐述数息观和不净观的修习,属小乘学说。慧远认为,该经要旨在于"图大成于末象,开微言而崇体",从禅法的切身体验进入对佛教根本精神的认识。请僧伽提婆译出小乘毗昙学经典《阿毗昙心论》和《三法度论》,僧伽提婆先在长安译经数年,汉语的水平提高很快,这时,发现原在长安的译文,不够确切,法和也发现了前译的不少错误,慨叹不已。于是二人商量重译,经过五年时间,将《阿毗昙》《毗婆沙》又重新加以译订,又校订了《八犍度论》。《阿毗昙心论》和《三法度论》是僧伽提婆最擅长的佛典。此译去华存实,务尽本旨,慧远读后,宝而重之,并特为此二论撰写了序言,盛赞其内容博大精深,其功用恢宏宇宙,其教化弦歌潜移,几乎达到空前的程度,而对僧伽提婆的译文质量之高亦是赞誉有加,"序"中说:"自昔汉兴,逮及有晋,道俗名贤,并参怀圣典,其中弘通佛教者,传译甚众。或文过其意,或理胜其辞,以此考彼,殆兼先典。后来贤哲,若能参通晋胡,善译方言,幸复详其大归,以裁厥中焉。"(《出三藏记集·三法度经序》)在长安,《十诵律》因故只译出三分之二,后来精于此律的昙摩流支来华,于是慧远遣弟子昙邕写信请昙摩流支译出剩下的部分,所以《十诵律》的完备,也得益于慧远的努力,此律也得以在南方流传。

慧远"善属文章",一生著述五十余篇;他与鸠摩罗什往返书信问答,据刘宋陆澄撰《法论目录》记，有十余篇。通过主持译业，尤其是抄录《大智度论》，慧远对文质两种不同的翻译风格有着比较透彻的体会和研究。他认为主"文"和主"质"固然有各自的特征和优点，而一旦过度就有缺憾，"文过其意"或"理胜其辞"都会影响翻译质量。因为"文过则伤艳，质甚则患野"。于是"简繁理秽，以详其中，令质文有点，义无所越"。就是说，要详略得当，繁简有序，文质兼备，不失本义。从而做到"文不害意"又"务存其本"（《出三藏记集·三法度经序》）。这就是慧远的"厥中"之论。他既批评文派一味意译，"文过其意"之失，也批评质派胶于直译，"理胜其辞"之缺。应该"以此考彼""参通胡晋""详其大归"，最后"以裁厥中"，完成翻译。慧远的中道思想源于他将儒学的纲常名教与佛学的出世观念相结合，既让本土封建宗法制度迁就传统鬼神学说，又调和佛教大小乘宗派矛盾，基于此，他的佛学思想把许多对传统文化有用的因素融会贯通、兼收并蓄。他对佛学中道的理解是："其为要也，发轸中衢，启惑智门，以无当为实，无照为宗。无当，则神凝于所趣；无照，则智寂于所行。寂以行智，则群邪革虑，是非息焉；神以凝趣，则二谛同轨，玄辙一焉。"（《出三藏记集·大智论抄序》）他认为，《大智度论》是从"中道"出发，启迪智慧；"以无当为实，无照为宗"，则是它的中心。"无当"指无确定而实在的认识对象，"无照"指无主观着意的认识活动。如果能够认识到对象本是虚无所有这一实理，主观上又无着意的活动，那么作为"智"之主体的"神"就不会为对象（所趣）所左右，"神"之"智"亦不会再对对象做什么分别（所行）。这样，一切邪思和是非观念全都熄灭了，世俗认识和对佛教真理的认识（二谛）也就统一了。这里，慧远用"二谛"的统一来解释"中道"，对对象要求"无当"，对认识要求"无照"，基本上是符合《大智度论》解释的般若性空思想的。

慧远抄略过《大智度论》。鸠摩罗什所译《大智度论》是百卷的大著，而据《出三藏记集》卷十的"大智释论序"（僧叡）和"大智论记"的记载，百卷本也非全译，而是略去了全本的三分之二的内容。这说明《大智论》是在中国编辑而成的经典，但编撰而成的百卷本仍然过于庞大，所以为编辑更简略的版本，慧远又编出《大智论抄》二十卷。慧远之所以出此抄本，完全是为了让人们学习教理时能够简单明了地理解要点。《出三藏记集·新集抄经录》云："《般若经问论集》二十卷（《大智论抄》。或云《要论》，或云《略论》，或云《释论》）。右一部，凡二十卷，庐山沙门释慧远以论文繁积，学者难究，故略要抄出。"慧远《大智论抄序》对此给出了更详细的说明："……而文藻之士，犹以为繁，咸累于博，罕既其实……则知圣人依方设训，文质殊体……远于是简繁理秽，以详其中，令质文有体，义无所越。"抄经也是一种译经，是翻译的一种形式。佛典译出后，有人根据某一经典抄撮其要旨，从而成为一种新的经本，此为抄经。抄经活动表明中国的佛教学者欲真诚地实践佛教。抄经一般不会改变经典的基本内容，只是在经典的形式上变得更容易为中国人所接受。这与佛教的实践活动有关联，与中国"述而不作，信而好古"的传统也不矛盾，所以佛教史上抄经是很常见的。《出三藏记集·略成实论记》云："齐永明七年十月，文宣王招集京师硕学名僧五百余人，请定林僧柔法师、谢寺慧次法师于普弘寺迭讲，欲使研核幽微，学通疑执……公每以大乘经渊深，满道之津涯，正法之枢纽，而近世陵废，莫或敦修，弃本逐末，丧功繁论。故即于律座，令柔次等诸论师抄比《成实》，简繁存要，略为九卷，使辞约理举，易以研寻。"可见，此论的翻译也属于抄经。

慧远在《大智论抄序》中也指出鸠摩罗什翻译的不足，他说："……童寿以此论深广，难卒精究。因方言易省，故约本以为百卷。计所遗落，殆过参倍。而文藻之士犹以为繁。"在为觉贤所出的《禅经》作《庐山出修行禅经统序》时，他曾批评鸠摩罗什所学并未融贯，而给予"为山一篑"的评语。《高僧传·慧远传》曾云慧远广为搜纳译本，而使葱岭以西的佛典得聚全至汉土。慧远在庐山所请译三藏，共有三部——《阿毗昙心论》《三法度论》及《禅经》，这三部皆为部派佛教所传。他又曾命弟子法领等人西行远求经本，得梵经二百余卷。公元 418 年，觉贤在道场寺译出的六十卷本《华严经》，即是法领所携回的这批梵经经本之一。慧远在庐山三十年的译经成果及著作，隋代费长房《历代三宝纪》卷七已有所整理，唐道宣《大唐内典录》所载录"一十四部三十五卷论赞"，即依于费长房此录而来。依《佑禄》及《高僧传·慧远传》所载，慧远曾在庐山译出二论（《阿毗昙心论》四卷及《三法度论》三卷）、一部经（《禅经》二卷），共计译出三部三藏。而与有部关系密切的《十诵律》，其译出也深受慧远关注。弗若多罗在长安译出前三分之二时，未竟而逝，慧远常以为憾。此律翻译时由弗若多罗口诵，鸠摩罗什译为晋语，后昙摩流支至关中，应慧远延请，与鸠摩罗什于长安补译此律。

赵政、慧常与道安一同主持译场，也是佛典汉译史上重要的译经评论家。赵政是当时学兼内外的知名学者和佛弟子，后来出家名道整，尤精经律。赵政曾与著名求法高僧法显西行求法，到达印度西北及中印的那竭国等佛教发源地和佛教的中心区域恒河流域。赵政在长安主持前秦苻坚官方译场，协助道安并直接参与翻译小乘诸典。《高僧传·晋长安昙摩难提》载，"坚臣武威太守赵政，欲请出经"；"其时也，苻坚初败，群锋互起，戎妖纵暴，民流四出，而独得传译大部，盖由赵政之力"。"先是中土群经，未有四含"，又时值关中动乱，赵政"慕法情深，忘身为道"，便由他出面，请道安等高僧协助僧伽提婆、昙摩难提、僧伽跋澄等协力分工，较有组织地开展译经。译《阿毗昙毗婆沙经》，请僧伽跋澄口诵经文，昙摩难提笔录为梵文，佛图罗刹，精通汉语，担任宣译，译成汉语，智敏笔录为汉文。译《婆须密经》，僧伽跋澄、昙摩难提、僧伽提婆三人共诵梵本，竺佛念宣译，慧嵩笔录。口说与笔录之间增加宣译人，是译事的一大进步。其译场分工较周密，考校亦认真，既为当时的翻译事业做出了贡献，也为鸠摩罗什的大规模译场打下了基础。慧常曾西行至南天竺，路过凉州时，发现竺法护所译《光赞般若经》，即抄出托人辗转于晋太元元年五月送达襄阳交给道安。

　　赵政和慧常还将佛教经典与本土儒学经典相比拟，不仅看到了中外语言的差异，同时还认识到各自古今文体的悬殊，并以此提出评论观点。赵政的译经观点是："《尔雅》有《释古》《释言》者，明古今不同也，昔来出经者，多嫌胡言方质，而改适今俗，此政所不取也。何者？传胡为秦，以不闲方言，求知辞趣耳，何嫌文质？文质是时，幸勿易之。经之巧质，有自来矣；唯传事不尽，乃译人之咎耳。"（《出三藏记集·鞞婆沙序》）慧常的戒律翻译思想是："戒犹礼也，礼执而不诵，重先制也，慎举止也。戒乃径广长舌相三达心制，八辈圣士珍之宝之，师师相付，一言乖本，有逐无赦。外国持律，其事实尔。此土《尚书》及与《河》《洛》，其文朴质，无敢措手，明祇先王之法言而慎神命也。何至佛戒，圣贤所贵，而可改之以从方言乎？恐失四依不严之教也。与其巧便，宁守雅正，译胡为秦，东教之士犹或非之，愿不刊削以从饰也。"（《出三藏记集·比丘大戒序》）

　　也有不少从严格译经评论意义出发，开展译经评论的历代僧学，如僧叡、僧祐、彦琮等。僧叡是鸠摩罗什译经的重要助译，他曾说："什所翻经，叡并参正"。鸠摩罗什译经，常与他商谈梵汉文体同异等问题。僧叡注重对实际技巧的研究和探索，具体提出了翻译中对原文语言和译文语言的研究，即佛经翻译中的"名实"问题。僧叡对文质问题表达了自己的见解，主张文体应文质相宜，指出："然文过则伤艳，质甚则患野。野艳为弊，同失经体。"主张佛经翻译的目的是"表发翰挥，克明经奥，大乘微言，于斯炳焕"。僧祐《出三藏记集》一书共收载自《四十二章经序》以至《法集杂记铭目录序》一百二十篇，其作者包括康僧会、道安以至僧肇、慧远等名家，记载了这些经典翻译的基本情况以及当时人们对它们的研究。他在对佛经资料进行整理时进一步指出："自前汉之末，经法始通，译音胥讹，未能明练。故'浮屠''桑门'，遗谬《汉史》。音字犹然，况于义乎?"(《出三藏记集·胡汉译经音义同异记》)他认为以前佛经名词不少音译有误，更不用说对原意的了解上出现差错了，由此在名实的基础上提出了胡、汉两种语言在音、义上的同异。他提出："译者释也，交释两国。"(《出三藏记集·胡汉译经音义同异记》)他不仅对胡汉语言不同而造成的翻译困难做了详细论述，也对自汉至梁的翻译成绩做了具体评价。《出三藏记集·集三藏缘记》，讲佛经翻译中的梵(或胡)汉音义的同异问题，认为在译经史上鸠摩罗什及其弟子、昙无谶、佛陀跋陀罗译得最好。最后列出新旧译经中对几个名称的不同译法，如"世尊"曾译为"众佑"；"菩萨"译作"扶萨"；"五阴"译作"五众"等。

彦琮综合前人的理论认识，并提出自己的新解，将对翻译方法的讨论引到对译经者个人素质和修养的关注上来，构建了十分完备的译者理论"八备"说，就八个方面对译经家的素养修为提出了要求。这八个方面不但对基础知识、专业知识、语言功底等方面提出了严格的要求，而且更注意到人格修养和襟怀抱负对译经事业的重要作用。彦琮曾用支敏度合本的方法，将昙无谶、耶舍崛多、真谛三家《金光明经》译本对勘，认为"旧虽三译，本疑未周，长想梵文，愿言逢遇"，为使"文义宛具"，"以为规矩"，他"合二谶罗什耶舍四家大集四本为一部，作六十卷。非止收涓添海，亦是聚芥培山"。道安的"五失本"着重论述了梵文与汉文的差异，他认为还不够全面，并提出"十条要例"，主张根据这十条来辨析两者的不同，掌握翻译的尺度，且分析了翻译的种种缺陷。彦琮从胡本转译过来的经典中谬误重重，认为译经必须依据梵文原本。他认为：合格的佛经翻译者只有具备了丰富的历史、地理和语言学知识，才能区别不同原文本语言——西域文字"胡"和印度文字"梵"之间的区别，否则就连道安这样为佛经翻译做出巨大贡献的人也会"不分梵胡"。彦琮的《辩正论》是佛经翻译史上全面论述翻译的主体即译者本身应具备的基本素质问题之著作，"可谓深探本源"(梁启超语)。"八备"将译者的人格修养和学识修养看成译德译才的完美结合。只有德才兼备，方为合格的译者("八者备矣，方是得人")。梁启超谓"此不惟商榷译例，而兼及译才译德，可谓名论矣"。汤用彤谓"凡此诸项，即执以绳现代之翻译，亦为不刊之言"(《隋唐佛教史稿》)。

三、佛学家的评论

佛学家包括佛教思想家、佛教史家、佛教思想评论家、佛教音义学家、佛教著述家、佛教经录学家等。随着佛学在中国的传播与发展，兴起了佛学著述，疏注译经，释解义理，由此形成了对中国佛教史具有划时代意义的"义学"，一时名僧辈出，学派林立。至隋唐，佛学空前发展，佛学宗派林立，造就了一大批有素养的佛学人才。这些佛学者纷纷撰写佛学论著，以佛学家姿态登上历史舞台，以至在南北朝至隋唐间中国思想界最突出的人物多属于佛学家。佛教义理的研习也盛况空前，整个魏晋时期，佛教般若学和涅槃学两大系统的研究主宰了当时的思想界，如支遁、道安、慧远、鸠摩罗什、道生、僧肇等。这种"佛学在中夏之盛"，"西方教理登东土学术之林"的盛况，正如汤用彤所言："天下学术之大柄，盖渐为释子所篡夺也。"(《汉魏两晋南北朝佛教史》)这就为译经事业和评论提供了学术基础。隋唐以前，佛经释义、佛典翻译主要还是依靠印度和西域的学者。翻译方面虽已有中国学者参加，但译主多为外国僧人。由于译主和助译在语言方面的隔阂，致使翻译质量难免不受限制。隋唐涌现了智𫖮、吉藏、法藏等杰出人物，彻底改变了以往局面。所以开展译经评论的也有佛教史学家如僧肇、道生、道宣、赞宁等。

僧肇是鸠摩罗什译场助手，对佛学理论贡献甚大。自龙树"三论"由鸠摩罗什系统译出后，研究者群起，而僧肇被称为"解空第一"。《高僧传》称其"善解方等，兼通三藏"，鸠摩罗什称他为"法中龙象"。鸠摩罗什在评价僧肇所撰写的《般若无知论》时曾言："吾解不谢子，辞当相挹。"这个评语既表达出鸠摩罗什对自己的般若学造诣有着充分的自信，也承认僧肇对般若义理的表述和阐发更胜过自己，肯定他对般若的理解符合自己的看法，而且文辞优美。僧肇所用的方法就是鸠摩罗什所传来的中观学，其特点是用相对的方法来论证世界的空无，也就是有无双遣，有无并存，合有无以构成空义。这种有与无统一，不落两边的方法就是中道，也就是中观。僧肇还从认识论、本体论角度阐述了名号，即名相概念问题，提出"假号"说，指出名相概念不能反映、表诠客观的真实性，并从多方面论证语言文字的虚假性和限度，他指出："诸法假号不真"；"言迹"不能表达"至理"；"般若义者，无名无说"；"名无得物之功，非名也；言也象也，影响之所攀缘也。"但他同时又肯定语言文字的价值和工具性作用，他说："言虽不能言，然非言无以传。"认为语言文字虽不能真正表达真理，但不通过语言又无从传教。基于这些思想，他指出支谦、竺法护等人译经"理滞于文，常恐玄宗坠于译人"，而赞扬鸠摩罗什"陶冶精求，务存圣意，其文约而诣，其旨婉而彰，微远之言，于兹显然"(《出三藏记集·维摩诘经序》)。在《百论序》中赞扬鸠摩罗什"质而不野，简而必诣，宗致划尔，无间然矣"。在《佛说长阿含经序》中又赞扬竺佛念"黜华崇朴，务存圣旨"。

　　道生也是鸠摩罗什译场的主要助译之一。他能准确而深刻地领会鸠摩罗什所传般若思想。他曾提倡"慧解"和"顿悟"，以道家得意忘象的理论，契入佛理的领会，认为"入理则言息，但象虽以尽意，而不可有所得。言虽以理诠，而不能有所执。盖扫相即以显体，绝言乃所以表性"。他在谈实相时说："至象无形，至音无声，希微绝朕之境，岂有形言哉。"（《法华疏》）又说"真理自然"，"理既不从我为空"（《注维摩经》），"不偏见，乃佛性体。不偏则无不真"（《集解》）。他认为语言文字只是诠表教理的工具，绝不可恪守执着。他明确提出："夫象以尽意，得意则忘象。言以诠理，入理则言息。自经典东流，译人重阻，多守滞文，鲜见圆义。若忘筌取鱼，始可与言道也。"从方法论高度，结合本土固有哲学的言、象、意关系的观点，强调"言以诠理，入理则言息"是译经和学佛的根本方法与途径，指出只有懂得废言契理的道理，才可言佛道。由此纠正了此前译经中"格义"的偏差，对创造性译经起到极大的促进作用。

　　华严学者法藏曾数度参加翻译，曾参与实叉难陀、义净和澄观翻译《华严经》，博涉教诲而极意谈"圆"，宣说重重无尽、圆融无碍学说。他的圆融思想对于翻译标准研究具有很大的启示意义。三论宗创始人吉藏在《十二门论疏》中将《论语》与《老子》配合解释佛学概念，"一一皆用玄儒两书语以显佛法义"。澄观有"华严疏主"之称，一生内涉佛理，外学儒道，"博览六艺图史、九流异学、华夏训诂、竺经梵字，及四围五明、圣教世典等书，靡不该洽"。他曾协助般若翻译南印度乌荼国送来的《华严经》后分梵本，译成四十卷，由他审定，也题名《大方广佛华严经》，世称四十《华严》，并作疏解；又曾参与不空译《守护国界主陀罗尼经》。澄观治学，主张"心融万有"，强调诸宗融会，禅数一致。天台宗创始人智顗为学重在教轨双运，解行并重。他应用五重玄义诠释经题，述为《法华玄义》。又以四释疏注文句，述为《法华文句》。四释为：因缘释、约教释、本迹释、观心释。他为本宗人学佛制定十项原则，除要求吃透基本教理、系统把握佛学理论体系外，第九条就是要求把梵文原著译成汉语时，不可有语言和理论上的不通之处（《摩诃止观》）。

　　道宣在佛学上的主要成就是他对《四分律》的开宗弘化以及综括诸部会通大小乘的创见。他自谓所撰律学著作，"包异部诚文，括众经随说，及西土圣贤所遗，此方先德文纪，搜驳同异，并皆穷核；长见必录，以辅博知，滥述必剪，用成通意"。道宣这一综览诸说成一家言的学风，受到当时佛教界的广泛推重。受到大乘唯识说影响，他以《四分律》会归大乘的主要论据，提出"圆教戒体"说，主张《四分》圆融三学。智升《开元释教录》称他"外博九流，内精三学，戒香芬洁，定水澄奇，存护法城，著述无辍"。由于道宣参加译经，并兼考证西域方舆，对译经评论有极深的造诣和独到的研究，所以他的《续高僧传》在每一门之后都有一段"论曰"，来表明自己的翻译观，如论译经在佛教史上的地位，他认为："翻译之功，诚远大矣！"但自汉至唐的译经，他觉得"多信译人，事语易明，义求罕见"。这是因为双通梵汉两语者很少，像鸠摩罗什这样的译师，能够"妙显经心，会达言方"的不是很多。这也可见译事之难。论及佛教义学在中国的展开，道宣首先推崇道安，称他"首开衢路"，"凿荒途以开辙，标玄旨于性空，削格义于既往，启神理于来世"。

赞宁是佛学史家，《佛祖历代通载》称其"习南山律，著述毗尼，明人谓之律虎"。当时的名僧有"四虎"之称，契凝号称论虎，义从号称文虎，晤恩号称义虎，赞宁号称律虎。《释氏稽古略》卷四载，赞宁于太平兴国三年随吴越王入朝，帝赐"通慧大师"称号，敕住左街天寿寺。去逝后宋徽宗追谥为"圆明大师"。赞宁著作甚丰，内容涉及儒、释、道三家，主张三家调和。咸平元年著《大宋僧史略》三卷，书首南宋僧人法道序称："宁师内外博通，真俗双究，观师所集《物类相感》，志至于微术小伎，亦尽取之，盖欲学佛遍知一切法也，崇宁四年，敕加命号，曰东京左街僧录、史馆编修、园明通慧大师，以旌其学行。师之所著，唯《大宋高僧传》三十卷与《僧史略》三卷，奉敕入藏颁行，外余多湮没。兵火之中得斯藏本，佛法事理、来历纪纲，舍此事而弗知也。"赞宁虽未直接参与译经，但他沿着道安"五失本""三不易"及玄奘"五不翻"思想，进一步将译语的确定分为六种情况（"六例"）来处理，就梵语、胡语、汉语等问题深入研究，总结汉译佛典的来源、语本、翻译方式及译文差异，区分译本的语言类别，表现了中国佛学者对翻译语言问题的重视。从这个意义上说，赞宁也是一位杰出的译经评论家。《宋高僧传》中尤其"译经"一科关于翻译家的事迹、学派、翻译的经过、译品的好坏等都做了全面的评论。

智旭是明代著名佛学家，与莲池、紫柏、憨山合为明代四大高僧。智旭学说注重融合兼通，性相融合，儒佛兼修。他将禅、天台、净土统一起来，主张禅、教、律三学会通，同条共贯，认为如果不明此理，自立门户，则有碍佛教宗旨。他认为心性不在内外中间，不属过去未来，不可以用色香味触法等感性的知识去认识，也不能用所谓亦有亦无、非有非无的方法来认识，只能靠悟。智旭对经论文字有正确的看法："不泥语言文字，亦不悖语言文字。"(《洗心说》)他在《灵峰宗论》中倡"文字性空"，"性空即是实相；实相离一切相，而即一切法，所以不离文字而得解脱"，"又依实相、观照、文字三般若而论，三者非三非一，因一切法皆是实相，皆是观照，皆是文字"。智旭一生曾系统地研究过禅宗、天台宗、律宗、净土宗等各宗派教义，著作达五十一种、二百余卷。二十七岁起，智旭先后阅律三遍，大乘经两遍，小乘经及大小论、两土撰述各一遍。鉴于"南北两藏，并皆模糊失次，或半满不辨，或经论互名，或真伪不分，或巧拙无别。虽有宋朝《法宝标目》，明朝《汇目义门》，并未尽善尽美"，于是积二十余年心血撰《阅藏知津》。其"叙"云："顾历朝所刻藏乘，或随年次编入，或约重单分类，大小混杂，先后失准，致使欲展阅者，茫然不知缓急可否。故诸刹所供大藏，不过缄置高阁而已。纵有阅者，亦罕能达其旨归，辨其权实。佛祖慧命，真不啻九鼎一丝之惧。而诸方师匠，方且或竞人我，如兄弟之阋墙，或趋名利，如苍蝇之逐臭，或妄争是非，如痴犬之吠井，或恣享福供，如燕雀之处堂。将何以报佛恩哉？唯宋有王古居士，创作《法宝标目》，明有蕴空沙门，嗣作《汇目义门》，并可称良工苦心。然《标目》仅顺宋藏次第，略指端倪，固未尽美，《义门》创依五时教味，粗陈梗概，亦未尽善。旭以年三十时，发心阅藏，次年晤壁如镐兄于博山，谆谆以义类诠次为嘱。于是每展藏时，随阅随录，凡历龙居、九华、霞漳、温陵、幽栖、石城、长水、灵峰八地，历年二十七祀，始获成稿。"全书对大藏经进行全盘整理，重新组织，在编纂体例方面多有创建，解说佛典一千七百零九部，成为历代大藏经解题目录中影响最大的一部著作。

第六节　中国佛学的发展对佛典汉译评论的孕育和促动

佛典汉译评论不能孤立的发展，它受到时代文化背景和其他学术理论的制约和影响。佛典汉译评论作为对佛教典籍的分析和理性评价，它尤其需要佛学理论做基础，吸收其学理营养，获得理论上的支持和指导。因此，佛学在中国的发展状况直接影响到佛典汉译评论的发展。

一、佛学理论在中国的发展

代表着印度古代文明和精神价值之一的佛教在两汉交替之际，特别是东汉初期传入中国，经过魏晋南北朝，在与中国传统文化的相互激荡和融合中，逐步转型，至隋唐最终完成了中国化进程，成为中国传统文化的一部分。中国佛学是佛教中国化的产物，它在中国的发展体现着佛教中国化的成熟度。佛学在中国的发展成熟经历了两汉时期的酝酿、魏晋南北朝时期的发展、隋唐时期的繁荣和五代以后守成的历程。

（一）两汉——佛学的黄老之学与方术神灵化及儒学化

汉代自汉高祖至文帝、景帝五六十年休养生息政策的实行，至汉武帝时，经济繁荣，国家富裕。在思想、文化领域，先是西汉初期，黄老刑名之学占据主导地位，符合与民休息的需要。而汉初的黄老思想，已经是"因阴阳之大顺，采儒墨之善，撮名法之要"。及至淮南王刘安召集门人编写《淮南子》，意欲以黄老思想为依据，重新构架一个思想世界的新领域，也是西汉黄老思想的一个反映。汉武帝执政以后，儒家思想开始受到重视。《史记·儒林列传》载："及窦太后崩，武安侯田蚡为丞相，绌黄老、刑名百家之言，延文学儒者数百人，而公孙弘以《春秋》，白衣为天子三公，封以平津侯。天下之学士靡然向风矣。"儒家占据了主流，学者们以"五经"为基本经典。在黄老之学盛行时，儒家博士仅仅"具官待问，未有进者"。至董仲舒时，提出天人合一、君权神授、兴太学、置明师、重教化等"罢黜百家，独尊儒术"的思想。董仲舒的思想，不仅强调了思想文化统一对于国家安定的重要作用，而且确立了汉代儒学转变的思路。后经过汉昭帝始元六年的"盐铁会议"和汉宣帝甘露三年的"石渠阁会议"，儒家思想一步步地占据国家意识形态的主位。但是，从西汉到东汉，尽管黄老思想、儒家思想先后占主导地位，阴阳五行学说、法家思想、名家思想及农家、兵家等思想仍然在并行发展。佛教在这种文化背景下传入，必然会受其影响。

1. 佛学与黄老及方术神灵化

黄老之学在西汉初年曾为显学，文帝、景帝皆以黄老清静之术治天下，与民休养生息，形成了以黄老道家思想为主的政治学说。直至武帝"罢黜百家，独尊儒术"以后，黄老之学才在政治上失势，渐与神仙方术、阴阳五行学说相结合，逐步由研究治国经世的政治术转向研究长生养性的养身术，并向神仙方术之道转化。东汉时，黄老之学又演变成黄老道术。佛教来华之时，盛行神仙方术巫风正是汉代一个重要的文化现象。《后汉书·方术列传上》载："汉自武帝颇好方术，天下怀协道艺之士，莫不负策抵掌，顺风而届焉。"东汉，"光武尤信谶言，士之赴趣时宜者，皆骋驰穿凿，争谈之也"。汉代也是经学思想盛学时期，经学家们重视师承，他们倾尽全部精力整理、注释及传授儒家经典，使儒家经典神圣化和宗教化。这种恪守师法与家法的学术风气，禁锢了文士们的思想，也影响了当时的佛学研究。于是佛教译经者在译经中往往采用中国道家、阴阳家的重要术语来翻译佛典的理念。一些黄老道术的用语、概念被运用到当时译出的佛经当中，如把佛教中表示断除一切烦恼达到彻底解脱境界的"涅槃"译为"无为"；把大乘佛教所说的绝对实在和审实无虚的真理"真如"，译为"本无"。在神灵观念上，印度佛教中虽然也有神通等内容，但一向不占重要地位，因为信奉佛法、励志修行是为了解脱，若以神通为追求的目标，那属于佛教所斥的外道。但佛教传入中国以后却往往有意识地将这一方面的内容凸显出来，借以迎合并依附中土的种种神仙方术。在传为中土第一部汉译佛典的《四十二章经》中，就把佛陀描绘为"轻举能飞"的"神人"，把小乘佛教修行的最高果位"阿罗汉"描绘为"能飞行变化，旷劫寿命"。介绍佛教的著作《理惑论》中也以道家神仙家之言来解释佛陀，认为"佛乃道德之元祖，神明之宗绪"，极似神仙道术之士所讲的"神人""真人"。在灵魂、报应观念上，印度佛教本是主张"无我"的，认为人是"五蕴"和合而成，没有独立自存的恒常的主体，死后也没有不死的灵魂。但中国却自古以来就盛行灵魂不灭、鬼神报应的观念。佛教自传入起就对这种思想和观念有所融合。安世高在翻译佛经时，有意无意地会将道家的术语借用过来，如《大安般守意经》把"息"与"气"联系在一起。此时译经还有融合儒家思想的倾向，如《佛说尸迦罗越六方礼经》中，"六方"与传统主奴尊卑等级观念相附会；"五德"与"夫为妻纲"的儒学正统观念相联系；《善生经》中表达出"父为子纲"的说教等。还有如《阿含正行经》，就把佛教的轮回说与中土的灵魂观相结合，用中土方术改造小乘佛教，使小乘佛教从专重十念、启迪慧观变为炼养成神、长生不老。传译大乘经典的支谶则称得首楞严三昧者，可具一切神通，"示现于般涅槃而不永灭，示诸形色而不坏色相，遍游一切诸佛国土而与国土无所分别"。康僧会在所译《察微王经》中更是认为"魂灵与元气相合，终而复始，轮转无际，信有生死殃福所趣"。因此，在汉魏时的佛教译经中，"无我"（同时否定肉身之我与精神之我）就被译成了"非身"（仅否定肉身之我）。由于当时许多人都认为"佛之有无，寄于神理存灭"，因而在南北朝时佛弟子与反佛者曾围绕着神灭与神不灭展开了一场思想理论上的大论战，在中国思想界产生了巨大影响。

　　佛典汉译有意识地依附中国传统文化，从佛教教义的诠释、佛经的翻译、学术研究等各个方面弱化自身特点，客观上把佛与道纳入同一个华夏文化系统之中，消解了人们对外来佛教的拒斥心理，淡化了佛教作为"夷狄之教"可能引起的汉族民众的排外意识。原始道教的早期经典《太平经》只把佛教作为本门中"不中师法""失道意"沦为"霸道"的异端，而不是一种独立的宗教，通篇没有一个字上升到"华夷之辨"的高度。这就使佛教不至于在传入之初即与强大的中国本土主流文化发生正面冲撞，从而使佛教与中国本土传统文化的冲突降到了最低点，有效地保护了初传时还很弱小的佛教势力，使其得以在中国立足，并寻求发展壮大，也使佛教得到了那些想长生不死和求得神灵福佑的人士的欢迎，如道家因佛教的禅定之学与其呼吸吐纳等修道方法有相似之处，而将佛教引为同道。楚王刘英"诵黄老之微言，尚浮屠之仁祠"，"晚节更喜黄老，学为浮屠，斋戒祭祀"，将黄老和浮屠等量齐观。汉桓帝也在"宫中立黄老浮屠之祠"，都把浮屠（佛陀）视为神灵，通过祭祀而向佛陀祈求福祥。同时也为佛教广泛传播开拓了道路，不仅为佛教登上中国思想文化的舞台奠定了基础，也为民间佛教在中国生根发芽提供了重要因缘。而更重要的是其黄老之学的内容，多为知识人士熟悉、理解，知识人士的加盟，易使佛教向理性化方向发展；其方术仙道、斋戒祠祀，多为民众所趋奉，易使佛教在民间扩散。由此推动佛教在学理（雅）与信仰（俗）两个层面平行发展。

但借助中土思想译介佛典使得佛教大师们许多努力多与传播佛学无太大关系。尤其是对皇室的过度依赖，使得佛教的命运掌握在统治阶层手中，与统治者的喜好和朝代的兴衰紧密联系在一起，往往会影响佛教自身的独立发展。更为重要的表现在掩盖，甚至改变佛教的精神和佛学本义，从而使得佛教失去自身个性和宗旨，造成时人对佛家学说的误解，甚至将黄老与浮屠并提，认为佛学是黄老之学与方术祠祀相类似的意识形态，致使早期传入的佛教，一直没有获得独立的祭祀地位，而是依附于中国传统宗教。佛教人士对这种"黄老浮屠"并祀状况的认同，必然导致佛教祭祀礼仪的变形。慧皎在评论三国魏地的佛教时说："魏地虽有佛法，而道风讹替。亦有僧众未禀归戒，正以剪落殊俗耳。设复斋忏，事法祠祀。"（《高僧传·昙柯迦罗传》）用佛教兴盛时期完整严密的清规戒律来衡量，早期汉地佛教的确有许多变形失真的地方。所谓"道风讹替""剪落殊俗"正是黄老浮屠并祀、佛弟子迎合屈就神仙方术，以致以讹传讹的直接后果。当时社会上还出现"老子化胡说"。《后汉书·袁宏传》中直接说"浮屠者，佛也。西域天竺有佛道焉。道者，汉言觉，其数以修慈心为主，不杀生，专务清静。"说明当时知识界对佛的认识，渗透了道家虚无无为的固有理解，而这就是东汉社会一般人士所理解的佛教。《理惑论》就认为"魂神固不灭矣，但身自朽烂耳"。这些看法，后来经慧远的"神不灭论"和"三报论"以及梁武帝萧衍的"神明成佛论"等的系统论证发挥，在中土产生了极为广泛而深远的影响。

　　裴俊在《佛教中国化的历史特征》一文中指出，佛学来自古印度宗教，其所赖以产生和流传的古代印度社会历史背景和中国社会历史条件不完全相同，其内容结构、思想方法和常使用的概念范畴，也都和中国固有的学术思想有所不同，如用"五阴"翻译构成人的五类因素，就含有阳尊阴卑的贬义。北魏太武帝灭佛时，谓胡本无佛，"皆是汉人无赖子弟刘元真、吕伯强之徒，援乞胡之诞言，用老庄之虚假，附而益之，皆非真实"。在这里魏太武帝仍不能把佛教与老庄加以区分，这在当时的士大夫中是具有代表性的。一些译师在译介禅经时有意使用一些道家方士的名词术语。例如，用道家的"守一"来表达佛教通过集中精神观想佛教义理的"禅定"，把通过禅定而达到的境界描绘为犹如中国的所谓成仙得道，等等。其实佛教禅法与传统的神仙道术有本质的不同，禅学追求的是超脱生死轮回，而神仙道术是以消灾避祸、养生延命为主要特征的，两者的相似性只在于都具有某种神秘性和超越性；修行方法和修行结果在表面上也有一定的相似性。因此，尽管早期禅师大力显扬神通妙用，但这并不是禅的真精神所在。所以佛教一旦开始自立，发展到一定的程度而在实力上可与道教抗衡，坚持自身独立性的时候，就与儒、道发生了排斥和冲突。佛学学者也编造了老子为释迦牟尼弟子的传说，说释迦牟尼生于周昭王时，远远早于孔子和老子，以抬高佛教。这种说法最后形成了《清净法行经》，把老子、孔子、颜回看成菩萨的出现，称儒童菩萨为孔丘，光净菩萨为颜回，摩诃迦叶为老子。这种三圣出现说，在东吴支谦的《瑞应本起经》，南北朝僧顺的《释三破论》和道安《二教论》中均有体现。反映了佛教不甘受拘于道教，而力图自立门户的努力，但其将孔子等列入佛教，又可以说是佛教不得不对中国文化做出的让步，这是佛教中国化的重要体现。

　　2. 佛学的儒学化

　　早期佛教依附黄老之学和方术灵神化，为佛教在信仰和行证层面的中国化克服了障碍，为其与广大民众的宗教观念和宗教行为相结合开拓了道路，而佛教的儒学化则为中国佛教的思维品格、社会伦理及心性学说等奠定了基础，并为知识人士接受佛教进一步创造了条件。自董仲舒提出"罢黜百家，独尊儒术"以来，儒学成为中国文化的主流，也是西汉以来在中国古代社会中长期占主导地位的思想意识形态。佛学一直对儒学是官方意识形态抱有清醒的认识，把说服和争取的重点放到儒家一边。针对儒家对佛教的批评和破斥，佛学采取和平的"护法"自卫手段自我辩护，而所辩护的内容重在佛学可以"辅教"，即可以辅助朝廷和儒家的道德教化，以利于社会秩序保持安定。

洪修平在《论中国佛学的精神及其现实意义》中认为，本来，佛教在价值追求和思想理论方面与中国传统思想文化，特别是与传统儒家伦理观念存在较大差异，但由于儒学的主流意识地位，佛教不得不儒学化。这种儒学化的主要表现在两个方面：一是寻找相似点，采取比附等手法，对儒家伦理名教进行妥协与调和，尤其是对儒家人文精神和心性学说融合与沟通，以强调两者一体，本来不二。二是调整乃至改变佛教自身，以求与儒家伦理相适应，如引用中国固有的思想或概念来比附、译释佛教义理。比如，佛经中的主体是"有情""众生"，而儒家则把人放在宇宙的中心位置，主张"人为贵"；"天道远，人道迩"，因此不少译本把"有情""众生"译为"人""人民"。儒家伦理主张男女有别，授受不亲，对两性关系比较忌讳。受此影响，《华严经》在翻译"拥抱""接吻"等词语时，都不采用意译的方法，将其音译为"阿梨宜""阿众"。在一些汉译佛经中，还增加了佛经原文没有的伦理说教，如流传最广的三国曹魏时译的《无量寿经》中，多有忠、孝、节、义、信等用语；又如《长阿含经·善生经》中的"父母所为，恭顺不逆"，"父母正令，不敢违背"；《六度集经》中的"君仁臣忠，父义子孝，夫信妇贞"都是译者增加的，目的是援儒入佛，将儒家思想点缀、嫁接到汉译佛经中，使佛教巧妙地在中国固有的传统文化的土壤里潜滋暗长，并被逐渐认同、接受。

佛家有"五戒"的戒律名数，是佛教在家男女教徒应该遵守的五条戒律，即不杀生、不偷盗、不邪淫、不妄语、不饮酒。而传译者以及研习者有意将此五戒和儒家的仁、义、礼、智、信这"五常"一一比附，作为等值的观念来阐述。北魏昙靖所著《提谓波利经》即将两套原本不同的概念体系作类比和融合，展开同等层面上的论证。佛教的五戒不仅是五常，它也是阴阳五行；五脏、五色、五星、五岳等这样一些属于中国传统文化中直观思维的对象，和儒家的道德价值取向，一起融入佛家义理概念之中。这种儒佛拟配的方式，一直延续到后世佛教人士的解经讲学之中。魏收《魏书·释老志》中即言："其始修心则依佛、法、僧，谓之三归，若君子之三畏也。又有五戒，去杀、盗、淫、妄言、饮酒，大意与仁、义、礼、智、信同，名为异耳。"这里是将佛家的"三归""五戒"与儒家之"三畏""五常"比照附会。颜之推在《颜氏家训·归心》中对此做了延伸阐述："内外两教，本为一体，渐积为异，深浅不同。内典初门，设五种禁；外典仁义礼智信，皆与之符。仁者，不杀之禁也；义者，不盗之禁也；礼者，不邪之禁也；智者，不酒之禁也；信者，不妄之禁也。"

佛教初入中国时，很少有佛典翻译，佛教以道家的黄老思想为依托，作为黄老的附庸，以自然无为为宗旨，佛教义理遂不见其真面目。严格说，这样的译本并未真正传入印度佛学思想，所谓的佛经译本也只不过是披着佛学外衣的中国传统思想。佛学于是依道傍玄，中国学人也只是以传统思想比附、曲解佛教，因而也就没有独立的、纯正的佛学理论。反映在译经评论上也仍然是传统术语和传统思维模式及传统评论方法，如支谦《法句经序》中所载儒、道两家之言，不仅显得支离零碎，不成系统，而且缺乏分析和说明，不具备说服力。

(二)魏晋——佛学的老庄玄学化

经历了西汉董仲舒神话儒学和东汉末年对谶纬神学的破斥后，到了魏晋时代，由于神学化趋于荒诞，经学迂腐琐碎，作为正统的儒学由于思想僵化而失去垄断地位，代之以形而上的玄学兴起。玄学从儒道那里汲取了中国传统文化的理性精神，在东晋时代成为一种清谈与析理。这种析理依靠的是形式逻辑的推演，它启发人们独立思考，在磨砺人们的理性思维方面自然起到了很大的作用。玄学以王弼为代表，重理性与思辨，主张"以无为本、举本统末"。随着"贵无"玄学的兴起发展，性空般若佛学也曾风靡一时，大乘佛学也开始初步放出了它的思想异彩。

魏晋时期，佛典翻译增多，佛学理论开始为汉地学者所了解，促使佛教有了长足发展，在佛教成为国教的背景下，连续在东晋十六国至南北朝出现了中国佛教的两个信仰高潮。在逐渐明了浮屠与黄老并非一致之后，中土人士开始以道家学说认识佛教，并试图将二者融为一体。这种努力的最大表现是，作为佛典传译及佛教传入的高僧大德，在译释讲解佛典义理时，援引老庄概念学说，在两种思想体系之间寻找融通，以助教义畅达，形成"格义"佛学。汤用彤认为"格义"是一种"用原本中国的观念对比(外来)佛教的观念，让弟子们以熟悉的中国(固有的)概念去达到充分理解(外来)印度学说(的一种方法)"，是"中国学者企图融合印度佛教和中国思想的一种方法"。(《汉魏两晋南北朝佛教史》)

玄学关注本体论，关注本末体用，以"忘言忘象得意"的方法取代了此前烦琐注经、象数类比的方法，摆脱了烦琐哲学的支配，解放了思想，发展了哲学思维。老子的世界观认为"道"是宇宙的本体，是产生天地万物的根源，所谓"道生一，一生二，二生三，三生万物"(《老子》第四十二章)。老子"贵道虚无"的主张与佛经教理"色空"说的一致，以及老子天道观与佛教天命论在根本上的契合，在佛经翻译的方法论上产生了直接而深远的影响。这种影响最直接的结果就是佛经翻译中"格义"法的采用，即把佛典名相同中国《老子》《论语》《庄子》等经典典籍中的概念进行比较，把相同的概念固定下来，以此作为理解佛学名相的规范。道安以前译家多用"格义"的方法翻译和阐释佛典，其结果常常使译文机械生硬，出现诸多费解，致使义理改变。在玄学化历程中，佛学历经"格义""六家七宗"和"不真空论"三个阶段后，终于从开始的依傍玄学、补充玄学直到最终超越玄学，成为魏晋思想界的主流。格义与六家七宗广泛吸收道家思想，为后人进一步创立独立的中国佛学作了必要的理论准备。

因为玄学有不同的派别，对佛教《般若经》的"空"的意义也有不同的解释，从而形成了当时佛教的"六家七宗"，即解说"空"的七个学派，也是用魏晋玄学比附般若学空论格义的结果。玄学是儒家的老庄化，它所探讨的中心是"本末""有无"的问题。玄学的"无"是指无形无名的绝对本体，般若学的"空"是针对无自性、无实体而言的。何晏、王弼贵"无"，以"无"为本，把老子萌芽态的本体论发展为较成熟的本体论体系；裴頠崇"有"，认为"有"是"自生"的；郭象扬弃与综合"无""有"二家，创"独化"论，以万物"自生无待"的"独化"，取代了崇"有"论的"凭乎外资"的"自生"，以"自己而然，则谓之天然"及"玄冥"，取代了贵"无"论的"无"是万物存在的根据，以机制、境界本体取代了实体性本体。本无宗的代表是道安，不但玄学色彩很浓，甚至本体论与生成论依然混沌未分。直接以老子"有生于无"解空，空与万物，是宇宙生成的母子关系。道安曾在为耶舍翻译的《鼻奈耶》所作的"序"中阐述道："自经流秦土，有自来矣……以斯邦人老庄教行，与方等经兼忘相似，故因风易行也。"反映出道安和当时人是把"空"观和玄学本论相比附等同的。南齐时张融主张佛道一致："道也与佛，逗极无二，寂然不动，致本则同，感而遂通，达迹诚异。"周颙对此批评道："言道家者，岂不以二篇为主；言佛教者，亦应以般若为宗。二篇所贵，义极虚无；般若所观，照穷法性。虚无、法性，其寂虽同，住寂之方，其旨则别。"（《南齐书·顾欢传》）这是就般若学说与老庄学说是否存有异同发生的争论。赞其同者看到其同，言其异者洞察其异，说明两者的确存在一定程度的相似性，但是仍然有它们自身的内涵的规定性。

依傍玄学时期的佛学，学者们的研究一方面是力图全面传播外来佛学思想，一方面对佛学初步诠释、理解、消化和吸收。因此这个时期的佛学尚处于孕育时期，学者们从外来佛教在中国社会文化环境中生存发展的需要出发，对传统思想文化主要表现为尽力迎合、依附、妥协与调和。但随着佛教力量的增长，佛教也力图从对传统思想文化的依附中独立出来。在对佛学经典与教义的解释与消化中，学者主要依据汉译佛经的思想进行整理，当时出现的判教学说就是在这种情况下产生的。由于印度不同历史时期、不同思想背景的佛教经典在较短时期内大量译入，加之这些经典本身在内容和旨趣上又存在一定的差异，甚至相互矛盾，这在客观上给中土人士理解佛经的主旨和整体风貌带来困惑。同时，中土佛经翻译借用中土本有的儒家和道家哲学及传统学术思想，也往往带来对佛经原义的误读，这也增加了人们认识和理解佛经、佛说的难度。佛典汉译的这些特征及其所带来的困惑，客观上要求从思想上系统整理汉译佛经，以解释并消解佛教理论体系中的自相矛盾或不能自圆其说之处，帮助人们形成关于佛经、佛学的系统而整体的认识。

道安的理论探索是佛学中国化的真正开始。他的注解和理论探索为佛学的中国化，亦即中国佛学宗派的创立奠定了基石。由此印顺说道安是"确树此一代之风者"（《中国佛教史略》）。道安在佛学研究史上，批评格义，破除障碍，为开创纯正的佛学研究打下了坚实基础。"格义"方法是以玄学的观点剪裁佛教义理。道安也曾套用玄虚贵无派的本体论和论证方式，解释安世高系统的禅学，从而建立了他"本无宗"的般若学理论。"本无"一词，源出王弼《老子注》中的"以无为本"说。"以无为本"是一种本体论学说，认为"无"虽然无形、无体、无名，但却是世界万物的本原和本体，万物即由"无"所派生。但道安始终没有忘记阐明佛学的基本立场，以免让自己像其他学者那样偏离太远。随着佛教的广泛传播和中国佛教人士对佛学典籍的深入研究，尤其是道安在发展佛教宗义的同时，看出中国传统的哲学概念和佛教概念不能完全吻合，特别是逐渐发现依靠玄学思想解释佛经已经开始阻碍佛学的进一步传播，于是指出格义之弊。这一问题的提出，对佛教的发展有着重要的理论意义，极大地提高了中国佛教的理论水平。可以说，在中国佛教史上，道安结束了一个旧时代，他使般若学与玄学划清了界线。由于佛教面貌已渐趋清晰，佛教哲学理论也初显雏形，所以他有"五失本""三不易"的评论建树。

（三）南北朝——独立佛学研究的开始

南北朝时代的佛学，由于地域的分裂而有"南义""北禅"的各自特点。南朝佛学继承东晋佛学的传统，偏尚玄谈"义理"。"江东佛法，弘重义门"，"佛化虽隆，多游辩慧"之说，即反映了这个特点。当时涅槃、成实、三论等学说都十分流行，关于涅槃与佛性，顿悟与渐悟等议题，也辩论得很激烈。同时，佛教界和知识界，也因为因果报应和神灭论等理论议题展开了论辩。北朝佛学的特色是重视修禅、持戒的宗教修行。鸠摩罗什来华后，大乘空宗思想的准确传译以及对般若、涅槃诸学义理的研讨，使佛学开始独立发展，佛教理论日益繁荣，大乘佛教的基本精神与主要观念已为国人所掌握。《宋书·列传·夷蛮传·天竺迦毗黎国传》载："元嘉十二年，丹阳尹萧摹之奏曰：'佛化被于中国，已历四代，形像塔寺，所在千数。'"汤用彤说："两晋《庄》《老》教行，《般若》《方等》与之兼忘相似，亦最见重于世。及至罗什传授三论，僧肇解空第一，《般若》之学，已登峰造极。夫圣人体无，然无不足以训，乃渐以之有。肇公以后，《涅槃》巨典，恰来中国，于是学者渐群趋于妙有之途，而真空之论几乎渐息。竺道生初精于《般若》，晚盛谈《涅槃》。真空妙有，契合无间。其后《涅槃》大兴，而《般若》衰竭。于是谈者乃忘真空，而常堕于一边。"（《汉魏两晋南北朝佛教史》）这些学说影响到翻译评论，出现了道安、鸠摩罗什、僧叡、慧远等知名翻译评论家。

东晋时期，竺法护较为全面、准确地将般若、宝积、华严、法华、大集等大乘经典介绍过来，使国内学者的研究有了更多的经典可据，于是佛教便逐步摆脱传统黄老、玄学思想的影响，独立发展起来，直至与中国传统思想相抗衡。至鸠摩罗什在长安组织译经，把译经事业推向又一高峰。鸠摩罗什译出《法华经》《维摩诘经》《般若经》与《十地经》《成实论》以及"三论"等哲学性论著，与其同时流行的还有《涅槃经》《阿毗达摩心论》《胜鬘夫人经》等。这些出自鸠摩罗什及其他译者的翻译典籍，成了推动佛学中国化的原动力，使中国佛学开始从印度佛教中独立发展起来，开始了正式的汉译佛典研究。在鸠摩罗什之前，佛学真正的义理还没有被中国学僧所阐释，佛学在中国还没有成为一种独立的学术思潮。因为在鸠摩罗什之前的译文，都是"格义"式佛学，汉译佛典的乖本、违理，都是因格义过程中外典概念不能切合内典事数，导致经义的损耗变形的。陈寅恪在《支敏度学说考》中分析说：

> "格义"与"合本"皆鸠摩罗什未入中国前事也。什公新译诸经即出之后，其文精审畅达，为译事之绝诣。于是为"格义"者知新义非如旧本之含混，不易牵引传会，与外书相配拟。为"合本"者，见新译远胜旧文，以为专据新本，即得真解，更无综合诸本参校疑误之必要。遂捐弃故技，别求新知。所以般若"色空"诸说盛行之后，而道生谢灵运之"佛性""顿悟"等新义出焉。此中国思想上之一大变也。

由鸠摩罗什及其学僧推广起来的中国佛学的义理之学，为中国佛学宗派的创立奠定了基础，中国佛学开始有了自己独立的形态。这种形态就是南北朝时期在中国广为发展的佛学的义理之学。这种义学风潮和众多的学派，把中国佛学的发展推上了高潮，而中国佛学也正是在这种风潮中成熟起来的。经过南北朝近三百年的发展，中国佛学逐渐从理解和诠释印度佛学的传统中走出来，以求探寻中国佛学自己的发展道路，并最终借南北一统的形势，创造性地建立起中国本土的佛学体系。此时译介的重要经典是般若经典，尤其是八千颂般若与二万五千颂般若的翻译，阐述大乘佛学空观思想。般若经典的"空"，为中国佛学者也留下了空间，他们可以从经文中阅读出自己的意义。鸠摩罗什准确译出般若学的重要经典，中国佛学出现历史性转折。中土僧侣很快发现，此前对佛教的理解与正法相去甚远。日益增多的梵文经典的翻译，使中土佛学僧侣开始接近佛学的本意。于是，学者们力图放弃道家概念，以确立纯正的佛学语汇。学者们的著述即体现出寻求佛学本意的努力，创造性地在印度佛学经典所提供的语言与概念内思考。由此，印度佛学与传统文化的论争趋于激烈。僧祐《弘明集》总结出六大论题，一是经义回还往复，难以理解，数量庞大，并且无法证实。二是当人死亡时，其灵魂亦消亡，因此不存在那种三世之说（前世、今世、来世）。三是没有人见过真正的佛陀，而且由他派生的各种规则没有什么益处。四是古代没有佛教的教义，它的出现只是汉代的事情。五是这种教法属于边鄙蛮夷之地，不适合中国风俗。六是佛教教义在中国的汉与魏并不重要，只是到了晋代才开始兴盛的。根据这六点疑问，灵魂信仰就不能成立。而其中有四个方面是关于佛教经典与中国经典的差异的。

正是这些系统的佛经翻译，促使学者围绕特定经典探求经义，展开创造性研究，从而使道安首创的义学进一步发扬光大。鸠摩罗什所译"三论"，使本已沉寂下来的般若学"复得辉光"，但此时的般若学已不是比附老庄的虚无学说，而是印度龙树、提婆一派所倡"毕竟空"的中观学。所云中观，是既不像有部那样单纯执"有"，也不似方广部那样单纯执"无"，而是认为一切事物自俗谛看是"有"，从真谛观照其实相则是"空无"，"有"不过是其幻象而已，这就是"二谛"说。可见，古天竺的中观学说已经达到了"有""无"相互包含的水平。鸠摩罗什所译《妙法莲华经》《维摩诘所说经》等，"会一实究竟"，其佛学思想和在信仰实践方面所产生的影响之大，则是其他任何一部佛经所无法比拟的。鸠摩罗什所译《成实论》《金刚经》《阿弥陀经》《十诵律》等经，又为中国佛教后来的发展，提供了新的理论经典依据。

佛教义理的准确传入为中国僧学提供了新的人生观、生死观、价值观，并引发了相关的论辩。这些论辩主要涉及魏晋南北朝时代的两大基本理论：因果报应之辩和神灭神不灭之争。经过论辩和思想交锋，佛教既坚持众生的命运决定于自己的"业"（行为）和"业力"（召感果报的力量）的基本理念，同时又与儒家典籍中的报应观相沟通，形成了中国化的果报思想。关于神灭神不灭的议题，印度佛教早期排斥灵魂不灭说，后又多认为，人的灵魂是不断变化的意识状态之流。中国佛教则在中国传统的实体性思想影响下，结合祖宗崇拜、灵魂鬼神观念以及气论等思想，高扬灵魂不灭论，以实有的灵魂，即不灭的神为永恒的主体，为中国佛教轮回转世和修持成佛提供了理论基石。同时，沙门不礼敬帝王与封建皇权及儒家纲常的对立也随之突出。佛教学者与儒学人士就其展开论辩，逐渐在二者之间求得一种人们可以接受的观点，既维护了佛学的纯正性，也保持了与儒学的沟通渠道。

鸠摩罗什至长安主持道安所奠定的译经道场，一时精英会集，译出大量的佛典。中国译经制度自道安奠基，至鸠摩罗什确立，已基本达到完备。正是鸠摩罗什译经及其对这些经典的解说，对汉译译语的统一，以及译场所培养造就的一大批"硕学高僧"，从根本上改变了中国佛学的面目，使 个真正的中国佛学的清晰轮廓展现在中土佛教学者的面前，中国佛学从此步入了大发展的时代。鸠摩罗什不但是一代译经大师，而且还是一位学识渊博、思想深邃的佛教思想家，他与其门下学僧成了早期佛学中国化的完成者，成为中国化佛学臻于成熟并独立发展的里程碑式人物。

僧叡是鸠摩罗什译场的主要译经助手，在佛学研究与译经事业中都卓有成就。自东晋起，受般若学中观思想的启发，中国佛教思想呈现迅速发展态势。僧叡凭借自己深厚的佛学理论，精确把握佛教思想史的发展脉络，既充分肯定了鸠摩罗什中观学的思想，又提出建设性意见，并对佛教思想的发展方向予以展望。他在《喻疑》中对鸠摩罗什有关无神无佛性的主张有过委婉地批评。他认为，"佛之真我法身常存，一切皆有佛之真性"。他基于"双遣双非""不执两边"的"中道"思想方法，深信《大般泥洹经》与《法华经》一样，是出自印度的"真本"。他在《喻疑》中表达了对《大般泥洹经》的推崇，认为是"大化不泯，真本存焉"，但遗憾的是，时而有"人情小惑"者，"嫌其文不便者，而更改之"。

僧肇开启了印度佛教空论阐发的第二个阶段。他凭借自身传统文化的底蕴，又借助其语文与哲思天才，用六朝特有的文丽辞章把般若思想淋漓尽致地表达出来，使得中土人士能够充分的理解。他所撰写的《肇论》，是阐扬般若思想的文章，被誉为中国历史上堪与庄子的《齐物论》《逍遥游》相比肩的最优美的哲学文字。这些优美的文字清晰地展示出般若学玄妙的哲理，厘清了数百年来中土人士对般若正理的种种滞碍和曲解，把中土的大乘般若学推向了一个新的顶峰。僧肇的"不真空"论针对般若学派中心无、即色、本无三家谈"空"时的偏颇，认为说"有"，并不是指有真实的物体，说"无"，也不是指绝对虚无。"空"并不是离开具体事物独立存在的东西，而是寓于万物之中（"立处即真"），与万物相即而不相离的。他对般若中观空论重新作了阐发，由于符合印度佛教般若空论本义，而被认为是真正的印度佛教中国化的阐述。特别是他巧妙地将中观空论的性空与假有、真谛与俗谛、世间与涅槃相统一的思想，与中国固有文化所提倡的真理在具体事物与日常生活中的思维方式和实践原则相融合，所提出来的"道远乎哉？触事而真！圣远乎哉？体之即神"的思想，还为后来中国佛学坚持在生活中悟理的实践修持方向提供了依据。

竺道生运用玄学方法，将佛学研究引向创造性阐发。东晋法显所译《大般泥洹经》有"一切众生，皆有佛性"之说。竺道生据此提出"一阐提"（信不具足，善根断绝的恶人）也有佛性。类似说法在北凉昙无谶所译《大涅槃经》虽有，但是此经当时尚未传到南方。竺道生的推论在当时属"孤明先发"。后来《大涅槃经》传到江南，竺道生的说法得到印证。他还提出"顿悟论"，意谓使自己本有的佛性顿时显发，亦即见性成佛。竺道生将本体论与心性论相沟通，在大乘佛教的框架内论证了人的本性源于世界的本体，超凡入圣在于使自己本有之性显发，推动了中国思想界对心性论的探索研究。事实上，鸠摩罗什传播的般若中观学说，尽管在早期取得了表面上的胜利，但并未受到中国佛教学者的特别重视和持久关注，而竺道生的涅槃学说，却因不断汲取中土各类思想资源，在中国佛教思想界发挥着主导性的作用。竺道生不仅反对依次逐渐证悟成佛的说法，而且还明确提出"忘象息言"，他说："夫象以尽意，得意则象忘；言以诠理，入理则言息。"（《高僧传·竺道生传》）又说："象者理之所假，执象则迷理；教者化之所因，束教则愚化。"（慧琳《龙光寺竺道生法师诔并序》）竺道生认为，一切事象都是"意""理"的假象，一切语言都是表达理的工具，佛教运用语言是借助语言的方便来教化众生，是权宜之法，若一味执着事象，征名责实，固守教化，就不能得意入理，是与顿悟相违背的。这也就是竺道生"彻悟言外"与"象外之谈"的直觉方法。竺道生的佛学理论已开启了禅宗思想渊源。他结合涅槃学与般若学，打通宗教与信仰，沟通儒学与佛教，不仅为禅宗奠定了理论基础，也直接影响了宋明理学，尤其是陆王心学的"心性论"。

慧远在庐山写下的著作，据《高僧传》记载，有论、序、铭、赞、诗、书、集等，曾集为十卷，五十余篇，其中较重要的有《沙门不敬王者论》《明报应论》《三报论》等，以及一些序文和书信。慧远曾说："每寻畴昔，游心世典，以为当年之华苑也。及见老庄，便悟名教是应变之虚谈耳。以今而观，则知沉冥之趣，岂得不以佛理为先？苟会之有宗，则百家同致。"（《与隐士刘遗民等书》）《高僧传》载：慧远大师未出家前是"博综六经、尤善庄老"的学者，后来听道安讲《道行般若经》（《小品般若经》同本异译），谓："儒道九流，皆糠秕耳！"即感觉到佛法中的胜义远非孔孟、老庄所能及，表明他已看到佛学与传统的差异。在与何无忌论沙门祖服是否合礼的问题时，他又说："道法之与名教，如来之与尧孔，发迹虽殊，潜相影响，出处诚异，终期则同。"（《沙门不敬王者论》）这是他力图融合内外的努力。类似的话早在《易》及《史记·太史公自序》中就已有表达，如"天下百虑而一致，殊涂而同归"。慧远既曾为儒生，其观点自然渊源有自。他在给鸠摩罗什的信中，把法身与法性、涅槃都看成同一个概念，都是真实的存在，体现了他与鸠摩罗什佛学上的分歧。因为鸠摩罗什主张，既然一切皆空，所谓法身也是空的。鸠摩罗什严格按照印度佛教理论来解释，而慧远则以其中国文化的背景展开独特的思考。

慧远是继道安之后的中国佛教领袖，慧远对毗昙学的传布，以及禅经的翻译，都做出过重要贡献。《出三藏记集·慧远法师传》说："初经流江东，多有未备，禅法无闻，律藏残阙。远大存教本，愤慨道缺，乃令弟子法净等远寻众经。逾越沙雪，旷岁方还，皆获胡本，得以传译。"点明了慧远对佛典翻译和传播的贡献。慧远过去所修习的《般若经》思想中，对于解得在轮回当中，在因果报应的设准下，受报主体如何能够保持相续性，同时能保有其同一性，几乎都没有正面的回答。两晋以来，东来的小乘论典渐多，所带来的声闻毗昙论典，对慧远来说，其对名相详尽的诠解，正是以佛法研究佛法，取代"格义"的最好途径。并且基于诠释业报理论的需求，慧远吸收毗昙论典施设受报主体的思想，以弥补《般若经》系统中不谈受报主体之不足。对于慧远来说，毗昙学不仅是以佛法研究佛法的最佳选择，而且昙毗论典中所假名施设的受报主体，又为慧远弘法时对学人说明三世业报的不虚，提供了直接而积极的思想依据。慧远重视毗昙学，最大的动力是源于其师承道安对"格义"佛学的超越，反对时人以习用的中国传统思想的词汇来解释佛教名相，甚至进而以为二者等同之错误传法的情形，因此，他力求采用"以佛法研究佛法"的态度来解经。道安也曾赞叹毗昙学为佛学基础，并期待有解释佛典名义的佛书来到中土。当时，天竺义学家僧伽提婆来华，于是他请其翻译疏释佛经的毗昙论典，这是对佛典名相详加诠解的论书，是可以用来纠正"格义"不当比附的重要经典，于是大加弘扬。

（四）隋唐——创造式的佛学研究

始自隋代，佛教的南北两大体系逐渐融合。南方佛教的思辨化和北方佛教的实践性，至此达到有机的统一。据隋炀帝所说毗昙、三论、成实、释论和地持，与吉藏所说摄论、十地、大智度及成实，说明隋代流行的佛教学说已高度传统化。唐代三教并弘，三教关系也得到初步融合，逐渐形成了三教鼎立的局面。三教在各自的发展过程中也都深切地感受到了相互补充、相互融合的必要性，因而表现出强烈的融合他人理论精华的主观意向。隋唐至宋明时期，佛教思想已成为占据统治地位的意识形态，佛教哲学已发展成熟，对义学理论的理解准确无误，同时又是中国佛教学说创造发挥的隆盛时代，几乎成为了中国文化思想的主流，并完成了佛学中国化进程。佛教哲学已发展成熟，因而此时的翻译评论与实践都达到了前所未有的高峰。

隋唐代以成熟的佛经翻译著称，尤以玄奘、义净、不空、实叉难陀、菩提流支、善无畏、金刚智、般若为著，史称"唐代八大翻译家"，其中玄奘、义净、不空被佛教史书列为"四大译师"之列。玄奘翻译的瑜珈典籍，义净翻译的戒律学说，不空翻译的密教经典共同构成了佛教的全貌，使得这一时期的佛学研究完整而系统，带来了佛学理论在这一时期的完全成熟。到这一时期，早期南北朝的诸学派，经过综合及淘汰，逐渐发展成大乘八大宗派：天台宗、法相唯识宗、律宗、华严宗、密宗、净土宗、三论宗和禅宗。各个宗派都是在调和融合中国传统儒、道思想的基础上创立的，他们在全面把握佛教各种经典教义的基础上，融会各派，提出自己的独立教义，并发展到能独立自主地自由发挥的成熟阶段。

就佛学研究而言，随唐是中国佛教的成熟时期，佛学立足自身，融合吸收，独立创造，形成了自己的体系及融合印度佛学与中国传统文化的稳定模式。其中在佛教哲学上理论严密而系统，对佛教学说做出过发展创造的主要有三论、天台、法华、唯识、华严等宗。这些佛教宗派在创宗立说中，将中国道家和玄学的本体论与印度大乘佛教的以空、真如或佛性为本体的宇宙论会通结合，且依据般若中观学说的"不二法门"，提出现象与本体圆融无碍，"真俗不二"，"体用相即"的佛教哲学。并依据色与心、能与所、正报与依报不二的理论，把本体论与心性论融会贯通，确立真如佛性不仅是宇宙万有的本源和本体，而且也是人的觉悟基因，在论证中又吸收了儒家人性论的思想。同时把儒家的善恶伦理规范和道德说教，吸收到佛教中的最通俗最易于为民众接受的善恶报应和轮回的说教之中，在统摄人的精神世界和制约人的行为方面起到了儒家所起不到的作用。不少佛教思想家如神清、宗密在融合吸收传统思想的同时，还提出了三教融合、三教一致的观点，如宗密站在华严宗的立场上，将儒道思想作为初步的人天教，纳入自身的思想体系中，肯定包括儒道在内的其他各家学说都是真理认识的一部分，都可以归入华严教义中来，而华严宗则是对以往各种认识的最高概括和总结。天台宗以《法华经》为中心，参以其他大乘经论，本着中国传统的"大一统"思想，尝试以"教判"（宗教思想史批判学）方法，将大小乘一切佛教，作了"矛盾的统一"。智𫖮认为《法华经》包摄了一切佛教精义，因此天台宗是属于"圆教"，即最深、最高的佛教。至此，中国佛教以接受神异的印度佛教为其开端，至天台宗的开创，真正成为中国知识学人的宗教。由此使佛教各家各派的理论也得到了进一步的融合发展。一些学派通过判教，立足自宗，批判、总结、会通不同经典、不同学派的思想，在此基础上形成了各具特色的宗派佛学理论体系。这些体系基于圆融观念，立足于自身，融合吸收传统儒道思想的同时，维护了中国佛学的主体性。

（五）五代以后——融合式的佛学研究

唐代中叶是中国古代社会的一个转折点，至五代以下，中国封建宗法社会逐步进入调和发展期，至宋，已完全进入平稳发展的文化形态。佛学完全融入传统文化之中，为中土哲学所吸收融会。尤其是宋以后佛学在隋唐五代的基础上，不断充实和发展，并完成佛学转型，与传统思想文化内外融合、渗透合一。宋以后，受三教融合思想影响，中国佛学研究发展呈现出一种新的态势。由于新儒学适应古代社会强化中央集权的需要而成为官方正统思想，佛道二教基本上处于依附和从属地位，隋唐三教鼎立的局面已逐渐为儒家为主体的三教合一所代替。加之佛教的一些基本观点和方法已为儒家所吸收，其自身的发展则不像隋唐以前那样有着鲜明的自身形象。而这一时期佛教在理论上更强调与儒、道的融合，宣扬三教一致论，特别是加强与儒家思想的融合，如天台宗人孤山智圆提出"修身以儒，治心以释"（《闲居篇·中庸子传上》），认为儒佛相为表里，可以互补。宋以后，佛教与道教的融合也日趋紧密，乃至在僧人中不断出现"好道"的标榜和"重道"的提倡。在儒、佛、道三教进一步融合的同时，佛教内部各宗之间的相互融摄更趋紧密，从最初的禅教一致发展到后来的各宗与净土合一，最后以禅净合一为中心形成了禅净教大融合的总趋势。三教融合及佛教内部禅净教合一的趋势表明中国佛学的圆融精神得到了广泛而充分的发展。佛教对儒家思想的融合也使中国佛学的伦理精神得到进一步发展。最重要的体现就是这一时期佛教孝亲观得到充分发展，宋代禅僧契嵩所著的《孝论》将孝道提到了"天地之大本"的高度，表明佛学真正融入中国传统精神之中。

二、佛学思想及其对于译经评论的价值

成熟的译经评论总是稳固地建立在坚实的哲学基础之上的。以哲学为依托，译经评论体系逐步完善，一个条理健实、思想深刻、概念明晰、范畴缜密、逻辑严谨的专门领域逐步建立起来。佛学是由本体论、真理观、方法论和修养论四个密切联系、统一不可分的方面构成的学说体系。佛学成熟的本体论和真理观，精致的"中观"学说和辩证的"缘起"理念，以及般若性空的事理不二、圆融无碍思想和完备的修养理论，从方法、标准与真理观等各方面都较少传统思想那种板结与黏滞，因此都为翻译评论提供了较为完备的哲学依据。因此，虽然译经评论也重视传统文化的因素，但既然作为佛经翻译，佛学自然是佛典汉译评论所要依赖的首要因素。

（一）本体论

在哲学史上，本体论是阐述世界万物的根据的学说。所云"本体"，就是指一切存在的根本凭借与内在依据。"本体"具有超越性、无限性和终极性的特点。在哲学层面上，本体论表达了人类思维及其所建构的全部科学对确定性、必然性、简单性和统一性的追求，正是在这个意义上，哲学本体论的追求既是不可避免的，也是无法取消的，更是不可或缺的。从哲学理论构建的角度讲，所有哲学思辨都是对于世界缘起的回答以及心物、空有、理事之间关系的探讨，缺乏对本体论问题的探讨，任何一种哲学都不可能是成熟完备的。佛教哲学自身的发展就有力地证明了这一点。初期空宗佛学不承认有任何本体，因而导致它理论上最终陷入绝境。唯识学提出"识"来试图对此进行弥补，但因其"识"并非主体的识，是必须通过外界的、不稳定的熏习才能"转识成智"，所以难以保证识的转化。这样，本来具有本体意义的"识"又陷入"空"，所以也不是彻底的本体论。真常学提出了本身就是圆满具足，毫无欠缺，常住不变的真如

佛性，补救了唯识学的不足，使佛教哲学本体论最终走向成熟。

在本体论议题上，真常学自成一家，建立了自己的本体论学说，将佛教理论发展到了完备阶段，这是真常学的理论贡献。所谓"真常"，又称"真如""法性"等，是本性真净的真常心体，是一切万有的真实相状。"真如"，为梵文 Bhūta-tathatā 的译名，真实而如如，一般解释为绝对不变的"永恒真理"或宇宙万物的本体，真实本质，真实性相。早期佛经译籍将"真如"译为"本无"或"无为"，甚至创造出一个"本无宗"来。后又译为如如、性空、无为、实相、法界、法身、法性、实际、真实、真性、实相、佛性等，其总的概念是指真实无妄永恒不变的真理或本体。后玄奘翻译为"了别真如"，也有译为"心真如"。"真如"作为一个哲学用语，用来表示"如是如是地呈现""如是呈现的状况"，是事物（法，梵文 Dharma）之所以为此而不为彼的那个性质，也就是事物的真实本质。佛陀住世时，经常自称"如来"（Tathāgata），也是来自这个字根。"真如"的最早理论详述见于《解深密经》，有七真如：流转真如，相真如，了别真如，安立真如，邪行真如，清净真如，正行真如。《解深密经》云："佛告曼殊室利菩萨曰：善男子！若于诸地波罗蜜多，善修出离，转依成满，是名如来法身之相。"《成唯识论》卷九说："'真'，谓真实，显非虚妄；'如'谓如常，表无变易。谓此真实，于一切位，常如其性，故曰真如。"龙树《大智度论》说："法性者，诸法实相，除心中无明诸结使，以清净实观，得诸法本性，名为法性，性名真实。"在分别说部宗义、龙树《摩诃般若释论》和五位百法等理论中，"如"即"真如"属无为法。《成唯识论》上说："'真'谓真实，显非虚妄；'如'谓如常，表无变易。谓此真实，于一切位，常如其性，故曰'真如'，即是湛然不虚妄意。"用现代哲学的语言表述，就是万物之本体。真常学提出真如缘起论，谓宇宙万有是真心（真如）的生起和显现，主张真如为宇宙万法的本体。真常学的真如也是涅槃的异名，涅槃是佛教追求的最终目标，所以真如即是佛教所追求的最终目标。同时真如又是真常学本体的异名，因而真如也就是它所追求的最高真实，是佛教哲学对象的中心范畴。唐韬《摩罗小品》说："有人说佛的主旨只有一个字：空，我以为有一点不空，那就是对真理的发掘。"佛陀认为，因难以用语言表示真实正观诸法真实的法性，故而只好以"如""如实""法如""法尔"等来形容它。佛学理论认为，众生的根器不同，而现实中佛学名相又深奥难通，因而，在翻译家思维、运用佛学语言、表达佛学名相、令众生接受佛学理论的过程中，难免对概念名称有所增减，难能恰到其位。为了正确地表示宇宙真实名相的真情实意，只能用"如"或

"如如"来形容，意即"就是那样子"的意思，如此翻译方能恰到好处。

佛学本体论思想的确立对于译经评论中明确和认识翻译的本质，明确翻译作为一门学科和所研究的对象，具有很重要的指导意义，有利于翻译本身的研究，这是大乘学说的发展给予人们的启示。翻译方法可以而且必须圆通灵活，不执不住，但翻译的本质不能有丝毫的含糊。一旦放弃翻译的本质思考，必将最终导致翻译本身的消解，致使翻译无法生存。钱锺书认为，必须"正确认识翻译的性质，严肃执行翻译的任务"，这是最基本的翻译研究原则，是保证翻译正确发展的前提。译经评论家们始终坚持翻译的"宿本""案本""求真"等，就是翻译本体论的体现，也是佛教哲学本体论影响的反映。正因如此，佛经的翻译事业才得以健康地发展，直至最终走向"圆融"和完美。同时，真常学也影响人们的思维方式与审美情趣。佛学以性空为的，以超脱立宗，但又必须有所执着，因为一味谈空，无限的超脱，最终会走向反面。以释迦牟尼创教传教而言，其间就充满了对真理的执着追求。后起的无论哪一家宗派，都有一个对人生、对真理的终极关怀，但这种对真理的执着追求，并不妨碍他们认识和方法上的多元性和灵活性。天台宗的"止观双修"，华严宗的"理事圆融"，打通本体与现象，融贯主体与客体的精神可以指导翻译评论正确把握标准与方法、手段与目的的辩证统一关系，最终达到"事理圆毕，出来增减不得"的境界（徐芳《天界觉浪盛禅师全录序》）。

（二）真理观

对于真理观的论述以唯识学最为突出。唯识学因倡导"唯识无境"义理而得名，宣说"阿赖耶识缘起"理论，玄奘大师所创立的唯识宗最能表达这一学的意趣。唯识学认为世界并非"一切皆空"，作为成佛主体的"识"是存在的。为了论证这一理论，唯识宗提出"三性"说。其中对"圆成实性"的论述，最早从真理意义上较为系统地论述了"圆"这一范畴。从圆成实性是万法的真实体性这一命题来看，圆，就是圆满，遍于一切现象，没有缺减，不生不灭，没有变异。此后，"圆融"思想的发展经历了"二谛圆融"到"圆融三谛"，直至华严宗的"六相圆融"的发展历程。至华严宗将"圆融无碍"作为认识的最高境界，并系统论述了"圆"，将"圆"的义理推向极至。这就是华严宗重重无尽、圆融无碍的说教，这是比以往各宗更为直截了当的圆融哲学。他们认为宇宙中的万事万物都是相即相入，相互依恃，圆融无碍的，是你中有我，我中有你的统一体。这就是法藏的结论："一切缘起法，不成则已，成则相即镕融，无碍自在，圆极难思。"（《华严经文义要决问答》）一句话，天地万物一体，彼此圆融和合。"圆融"学说用普遍联系、一体性、整体性和相对性的观点，揭示了本体和现象、现象和现象之间的多重的复杂的关系。它把整个宇宙视为一个既统一，又具有相对性的整体。而基本摆脱了空有两宗教的理论矛盾。道宣所创律宗，在理论上也盛倡"唯识圆教"，对圆融学说也有所发展。道宣参加玄奘译场，负责润文，深受唯识学影响，所以他在其所立的三教三宗中，都表现出对"唯识圆教"和"唯识圆宗"的推崇。同时他又以其渊博的学识，兼取诸家，所以对"圆"的论述也极有哲理意趣。这使他在翻译理论与批评中始终坚持圆融论，为佛经翻译思想走向圆满做出了贡献。

从"圆融"这一深刻的哲理，又引发出丰富的美学思想。这就是追求完美，以"圆融"作为终极的理想境界。按照佛学的解释，"圆"就是大和谐，大相通，互不妨碍，完全统一。一句话，"一即一切，一切即一"。这是佛学的最高审美标准。同时，在佛学看来，"圆"的其中一义还有相互通融，不落一端，这就是"如来不在此岸，不在彼岸，不在中流"之意。就是说连"中谛"（"中流"）也不执着，"中谛"与真、俗之间均是融通的。可见，这种"圆"，是一种左右逢源、毫无挂碍之美。所以说，"圆"既揭示了标准意义，又体现了方法作用，这样，"圆"作为佛教哲学命题的提出，形成了自身独有的思维方式、审美方式及其艺术世界的建构方式，它以包含美学、心理学、修辞学等多学科交叉产生的理论能量，显示出丰富奇异的色彩。由于"圆"在佛教美学中具有完整深邃的含义，表现在技艺的纯熟与艺术生成形态的成熟上，遂成为高级艺术的审美形式。玄奘"直译意译，圆满调和"，"水乳无乖，一味和合"；不空"义了宗极，伊成字圆"；义净"辞理文质相半，妙谐深趣，上符佛意，下契根缘，利益要门，斯文为最"，都是这种境界的写照。

（三）方法论

在方法论的建树上，大乘中观学的成就最高，后来唯识学又有所发展，但根本思想没有改变。中观学又称空宗，是以其思维方法上的不落一边、行乎中道而得名的。中观学作为佛教哲学方法的根本，有两个重要思想，一是般若，二是性空。般若学说就是将客观世界的虚妄不实与主体智慧紧密联系起来所形成的"空观"方法论和认识论。般若思想之所以受到佛教的重视，就在于"般若智慧"的法空无自性说，平等地看待一切事象的性质，始终保持"性空""不执""无住"等基本精神。佛学对空的重视，目的在于教导人们对一切存在都保持怀疑和批判的理性精神，彻底看空看透世界的诸法实相，不要有任何执着。

"中道"的方法，早在《中阿含经·晡利多品罗摩经》中就有记载，释迦牟尼觉悟成佛后第一次向五比丘讲法时就是阐述他的中道观。他提出了"舍此二边，有取中道"的观念，即只有遵行不偏不倚的"中道"才是合理的、正确的修行方法。为此，他又提出"八正道"，强调正确的思维、学习和行动。这"正道"就是不持极端，主张调和的"中道"。但在佛陀涅槃后，佛家内部发生了各种争执，其集中表现就在于由执"有"执"无"而产生"边见"。"中道"学说就是为恢复佛陀本义而提出的，其创始人是古印度思想家、哲学家和"辩证法"大师龙树，他从《摩诃般若波罗蜜经》全经的中心《三假品》（法假、受假、名假）理论中受到启发，认为般若经的整个精神就是以假成空，由假显空。这样了解到对一切事物的认识都是依据假名，并无实在自性，就可以认识空性，这就是空观，也就是中观。为了彻底阐述这一中观理论，龙树通过八不否定、四句逻辑和二谛原则三个核心理论进行组织，使之系统化。中观学的这一方法代表了印度哲学的高峰，又显示其全面的"辩证法"精神，所以高振农认为佛教哲学"比起中国古代和欧洲的哲学来要充分得多"（《近现代中国佛教论》）。

中观学方法论的哲学辩证意义在于，首先，它不是超出"有""无"之外，与"有""无"对立的形而上的形态，而是包含有与无在内的"空"，是有与无的对立性的克制和超越。正由于它克服了二元性，所以才成为真正的空。这是从打破了"有"与"无"的终极之后升华出来的一种"无相"的空。这种无相的空，正好说明空的思想是辩证的。其次，它始终坚持将两个或多个命题统一起来加以考察，形成二律背反的模式，打破那种"非此即彼"的定式弊端，既使两个相反的命题都同样能够成立，又使其达到自相矛盾的状态，最终使这些命题都不能成立。这样采用二难推理与多难推理的形式，揭示矛盾的普遍性，以达到无所执着的境界。再次，它既承认矛盾着的两个方面，又同时否定它。其否定的过程就是通过正、反同时排除的一次性质变进行的。从这个模式出发，可以推论任何两个相反的命题或判断，也将同样地发展到合二为一，最后彻底取消矛盾，达到空。最后，只讲"有"和"无"，这只看到现象，中观学既讲"有""无"，也讲"非有""非无"，这就触及了事物的本质。

中观学又包含了丰富的美学意蕴，这就是无滞无碍，自由通脱的艺术的辩证法和美学"活法"的原理，所以为各种艺术理论所推崇。翻译艺术正是在这一点上与之相通的，所以很快为译经评论家改造成翻译方法和技巧，形成翻译中的"中道"说。"中道"的美学实质意味着它既不执空的一极，也不执有的一极，而是结合空与有的内在关系做全面的辩证观察。这种圆活折中、不落一偏、不即不离的思想方法，与翻译艺术中自由无碍、灵活运用的方法具有契合之处，因此它启发翻译家们恰当处理翻译中文与质、雅与俗、形与神、言与意、信与美等一系列对立矛盾时，从中道出发，兼顾两头，又脱离两个极端，奉行不偏不倚的道路和方法，同时又灵活自如，圆通无碍，由此得到"至解"。如"文而不越，约而义显"（道安）；"质而不简，文而不繁"（陈文帝），最终"以裁厥中"（慧远），"折中适时，自存法语"（赞宁）。翻译手法如玄奘，"笔则笔，削则削"，灵活自如，正如宋濂《千严和尚语录序》所说，"禅师之道不实不虚，不有不无，不中不边"。这种不落有无中边的法则正是翻译艺术的真谛，也正是如玄奘一代大师所达到的境界。

（四）修养论

佛学的最高修养目标是直证宇宙实相，获取佛学真理而普度众生，所以佛学的修证要求也极为严格而全面，修养方法和途径也极为完备。有"三学""六度""四念""三智""八正道"等。其中"八正道"是佛祖所说的八种通向涅槃解脱的正确方法或途径，是大小乘并弘的学问和要求。《中阿含经》《俱舍论》《大乘义章》等典籍记载，释迦牟尼在鹿野苑向五弟子所传"八正道"，具体内容为：

一、正见（对佛教真理四谛等的正确见解）

二、正思维（对四谛等佛教教义的正确思维）

三、正语（修口业，不作一切非佛理之语）

四、正业（住于清净之身业）

五、正命（符合佛教戒律规定的正当合法的生活）

六、正精进（勤修涅槃之道法）

七、正念（起心动念，明记四谛等佛教真理）

八、正定（修习佛教禅定，心专注一境，观察四谛之理）

"八正道"可使人从迷界此岸达到悟界彼岸，故又称"八筏"或"八船"。正语、正业、正命属于"戒"；正念、正定属于"定"；正见、正思维属于"慧"。至于"正精进"则是起激励作用的，因此与其他七"正"均可相通。因此"八正道"又归结为"戒、定、慧"三学。三学又归结为三业，即正见、正思维、正念属"意业"；正语属"语业"；正业、正命、正精进、正定属"身业"。这是因为佛教认为人的生死轮回、成佛入圣，均由自身所造之"业"决定，因此"业"的理论在佛教思想中显得极为重要。总起来说，"八正道"告诫人们要按照佛教的教义学说进行思想和生活，任何言行都必须符合佛教教理，通过这样不断地实践和修习，最终达到佛教最高的精神境界。

综观佛学典籍，佛家有极为严格的修行规范，以确保修行主体的完美，综归起来就是"戒、定、慧"三学。道安《比丘大戒序》中说："世尊立教，法有三焉：一者戒律也，二者禅定也，三者智慧也。斯三者，至道之由户，泥洹之关要也。戒者，断三恶之干将也；禅者，绝分散之利器也；慧者，济药病之妙医也。"道安的话概括了三学的目标和意义，并揭示出三学是相互联系、依次推进的连续性过程，是佛教学说的不可分割的组成部分。"戒"，旨在防止身、口、意三不净业，促发善行。"定"，即禅定，谓专注一境而不散乱的精神状态，佛学以此作为取得确定之认识，作出决定之判断的心理条件。"慧"，指通达事理、决断疑念，取得决断性认识的那种观念和精神作用的佛学智慧，能使修持者断除烦恼、迷妄，以获得解脱。戒学和定学属于实践部分，慧学属理论部分，所以佛学本身是包含实践和理论两个方面的。用现代观念阐释，戒学属于人格修养，定学属于身心健全，慧学属于学识涵养。

佛学倡导内在超越，因此很重视人的主体性思维及其人格的完美。人格修养和素质的建构是佛家的道德、行动规范，是对人的完美化的造就和设计。佛学在"六度"中提出"精进"，要求学人具有勤勉奋进，勇猛直前的顽强精神，按照佛学的行动规范和理想目标毫不懈怠地去行动和追求。这种积极奋进的生活态度在《长部经第二十二经》中又用"立志、努力、奋发、精进、集中心力"体现出来。正是这种精神体现了佛家积极向上的态度，培养了佛教中不屈不挠，不畏一切艰难险阻的精神品格和高尚的人格魅力。那些不畏艰险，怀着一腔热忱，以法忘躯的西行求法者，被鲁迅誉为"中国人的脊梁"（《且介亭杂文·中国人失掉自信力了吗》）。在"四念"（身念、受念、心念、法念）中，佛家主张自身精神的彻底解脱和完美净化，也是人格修养的重要理论。《起信论》提出"熏习"，指一种法对另一种法的连续熏染而留下的影响作用，这实质上是提倡一种修习不止、精进不懈的奋斗精神，强调作为主体的人在诸法中的关键作用，实际上也是唯识学思想的反映。

佛学的人格修养理论都反映在译经评论对译者的要求之中，直接影响译者人格理论的建构。要求译人重视德业的修习，以佛学修养理论建构译者素质。鸠摩罗什《答秦王姚兴》说："今恒标等德非圆达，分在守节，少习玄化，伏膺佛道，至于敷析妙典，研究幽微，足以启吾童稚，助化功德。"辩机《大唐西域记赞》称赞玄奘"体上德之祯祥，蕴中和之淳

粹，履道合德，居贞葺行。"这都是重视佛门僧人的道德修养。具体运用
到译人，那就是翻译态度和敬业精神，如慧远《三法度序》赞扬僧伽提婆
"志在分德，诲人不倦"；僧肇《维摩诘经序》称罗什译经时，"手执胡文，
口自宣译，道俗虔虔，一言三复，陶冶精求，务存圣意，其文约而诣，
其旨婉而彰，微远之言，于兹显然"，僧叡《大品经序》中亦称："法师手
执胡本，口宣秦言，两释异音，交辩文旨，秦王躬览旧经，验其得失，
咨其通途，坦其宗致。与诸宿旧义业沙门……等五百余人，详其义旨，
审其文中，然后书之。"这些记载都是佛经译者们精益求精的真实写照，
体现了他们完善的人格和高尚的境界。王国维在《文学小言》中提出："无
高尚伟大之人格而有高尚伟大情绪者殆未有也"，傅雷提出译者应有"宗
教家一般的虔诚"（《翻译经验点滴》），都是强调人格的重要性，实为中肯
之言。

佛学尤为重视学识涵养。佛学"三智"（一切智、道种智、一切种智）
不仅要求佛学者具备入佛所需要的一切智慧，达到智慧圆明无上的境界，
而且还能遍知世出世间法，深彻诸法总相等一切真实，通达教化众生的
法门以及利益众生的技艺，这是极高的要求。例如，《华严经》认为仅有
佛学基本知识的修养远远不够，因此指出："非但以多闻，能入如来法。
如人水所漂，惧溺而渴死。于法不修行，多闻亦如是。"在学识上，佛门
要求僧俗必须具备丰富的学养，才能证得无上智慧。因此，释迦牟尼
要求弟子不但精通佛法，而且应该"学不厌博"，吸取当时印度文化的
一切精华，深究世俗学问。《地持论》说："若智明上智，能速受学者，
于日月中常以二分学佛法，一分学外典。"佛教的全部学问"五明"中有
"四明"属于世间学说。五明是：声明（语言文学音韵之学），工巧明（工
艺技术算历之学），医方明（医药养生之学），因明（逻辑论理之学），内
明（佛教自身之学）。《大乘庄严论》说："若不勤习五明，不得一切种智
故。"据义净《南海寄归内法传》对印度佛学教育的记载，儿童六岁开始
学习"声明"，二十岁毕业，而后再学习"因明"和古印度文化巨典四吠
陀书。对这些知识，"法俗悉皆通学，如其不学，不得'多闻'之称"。
另据《十地品》载：

　　佛子，此菩萨摩诃萨为利益众生故，世间技艺靡不该习，所谓
文字、算术、图书、印玺、地水火风，种种诸论，咸所通达；又善
方药疗治诸病，癫狂、干消、鬼魅、蛊毒，悉能除断；文笔、赞咏、
歌舞、伎乐、戏笑、谈说，悉善其事；国城、村邑、宫宅、园苑、

泉流、陂池、草树、花药、凡所布列、咸得其宜；金银、摩尼、真珠、琉璃、璧贝、璧玉、珊瑚等藏，悉知其处，出以示人；日月星宿、鸟鸣地震、夜梦凶吉、身相休咎、咸善观察，一无错谬；持戒、入禅、神通无量、四无色等及余一切世间之事，但于众生不为损恼，为利益故，咸悉开示，渐令安住无上佛法。

修行菩萨的佛徒要证入菩萨五地须得博洽诸学，兼擅百艺，宏通文学，音乐，舞蹈，戏剧，杂艺，园艺，建筑，工艺，造型等等，且善于谈吐，观察，否则，便过不了此等第五地，登不上更高境界，无从安住无上佛法。佛教对学人的知识学业竟有如此全面的要求，然而这还不是最高的境界，它距佛还相差五大巨阶。

总之，佛学通过"三学""三业"及"八正道"的戒治，学人们在举止（身业）、语言（口业）和心理（意业）三方面表现出完整的人格品质，达到"八法不动如山王"（玄奘译《维摩经·佛国品》）的修养目标。（"八法"指煽动和动摇人心的八种障碍物：利，衰，毁，誉，称，讥，苦，乐）因此，在后期的佛学界，佛家的修养理论又归结为道风和学风。道风即人格精神方面的修养，学风主要是学习方法，都关系到佛学的命运和前途。

三、译经评论的发展与成熟依赖于佛学理论的发展与成熟

哲学是对世间心物（万法）的概括与抽象，是任何一种意识形态的理念核心。任何一种理论观念，必然是在某种哲学思想所决定的一定的认识论指导下形成的。有时，这种哲学思想或美学观念不一定随时成文成理，但也并不是毫无痕迹的。明代李梦阳《空同子》中有一段话说："王维诗，高者似禅，卑者似僧，奉佛之应哉，人心系则难脱。"所谓"系则难脱"，正是说明哲学所起的潜在制约作用。佛学与佛教哲学相联系，佛学理论的成熟制约着译经评论的成熟。

（一）译经评论主体与佛学的因缘

作为终日沉浸、熏陶于佛学之中的译者及评论家，精通佛学，晓畅义理，他们自觉运用佛学来阐释翻译观点，指导翻译实践。同时，翻译佛经，首先须有较高的佛学素养，这才能翻译准确，否则是离经叛道。佛教的思想观念、思维方法、美学趣味、价值尺度等一整套模式规定着他们的翻译实践和评论，影响着他们的世界观、价值观以及修持目标。他们借助佛学的本体论、真理观、认识论、方法论、思维模式来对翻译的本质、方法与标准进行审视与探索，自觉运用佛学意念和语汇，以佛

教的道理思想融于翻译观念之中，潜移默化于翻译艺术和技巧，并成为翻译实践与理论批评的有机部分。从翻译实践上来看，对佛教义理如果不精通，也无法翻译。道安"三不易"中的第三点就说："阿难出经，去佛未久，尊者大迦叶令五百六通，迭察迭书；今离千年，而以近意量裁，彼阿罗汉乃兢兢若此，此生死人而平平若此，岂将不以知法者猛乎……"（《摩诃钵罗若波罗蜜经钞序》）"生死人"即未得超脱的平凡人，而佛陀的所有义理都是他在悟道超脱之后的说教，普通人对其教义没有经过切身修持和体会，心境没有达到佛的层次，因而对义理也就缺乏切身的理会，由他们来翻译也就很难忠实准确。这就决定了佛经翻译评论与佛教哲学有着密切的关系。

（二）佛学的成熟状况制约评论的发展

佛学在中国的发展经历了三个主要时期，并最终发展成熟。每一个时期的佛学状况直接反映出译经评论的面貌。

第一个时期。翻译的经典有小乘佛学也有大乘佛学，中国学人对大乘性空思想虽未真正理解，但对小乘中一些基本教义及佛陀的原始教义是有所领会的，如佛陀所总结的修行佛法的四条原则：依义不依语（不要被文字演说所困缚）；依智不依识（不要被相对而立的感觉和理论所迷惑）；依了义经不依不了义经（不要被一些具体场合的随机说法所困扰）；依法不依人（不要耽于偶像崇拜而忽视亲修实证）以及《毗尼母经》上的教义："佛告比丘：吾佛法中不与美言为是，但使义理不失，是吾意也。"佛陀本人就是这样强调经文的思想内容的，因此，该时期的翻译和评论最强调的就是对原文的理解、重视和忠实，这就直接催发了初期的"案本"评论。案本就是看译本是否符合经义原旨，稍后又用"文""质"两个重要概念来涵盖翻译方法、风格和标准。

第二个时期。自鸠摩罗什至长安，准确地翻译了大乘般若学空宗理论，中道学说在中土得到广泛传播，孕育出翻译的"中道"论。这个时期与先期有一大不同之处就是当时佛教界重要人物都是翻译家、理论家和义学家具一身，并涌现了一大批以中国学者为主的佛教理论家，即所谓义学沙门。这就使得他们在进行翻译评论时，更深刻，更全面。例如，以鸠摩罗什为代表的中观学派，促使评论的折中思想发展。僧肇在其《鸠摩罗什法师诔》中称赞罗什："伟哉大人，振隆圆德，标此名相，显彼冲默，通以众妙，约以玄则，方隆般若，以应天北。自公形应秦川，若烛龙之曜神光，恢廓大宗，若曦和之出快桑，融冶常道，尽重玄之妙，开邪悟俗，穷名教之美。言既适时，理有圆会，故辨不徒兴，道不虚唱，斯乃法鼓重震于阎浮，梵轮再转于天北矣。"指出了罗什准确弘扬般若经典的历史功绩以及罗什本人对经义理解的圆融。"圆德"和"圆会"正表明罗什在学识修养上的完美与对经典的准确理解。用这种思想来指导翻译，那就是在文质的问题上不得执着，应该"惟时所宜耳"。道安已提到过"不质不文"一说，但道安似乎是仅从儒家之"中道"而言的，这不一定符合翻译的忠实性原则。因为孔子讲"中庸"二字，把它视为最高的标准，而佛家为双向、不断否定的思维方法，既不只讲有，也不只讲无，而是讲非有非无，亦有亦无，有无双遣，有无并存，合有无而构成空义。这种"中道"更加超越，没有任何执着，显然更加符合翻译的艺术规律。罗什尊奉"有无之说，惟时所宜耳"的中观学思想，给此期的翻译评论带来了新的话题，也使翻译评论产生了质的变化。慧远的包容思想使他的佛教思想把许多对治世学问有用的元素融会贯通，兼收并蓄。他对儒家的纲常名教与佛教的出世观念的结合，对封建宗法制度的容让，对鬼神学说的迁就，对佛教大小乘宗派矛盾的调和，与他对翻译的折中思想都是一致的。刘勰有"动极神源，其般若之绝境乎"之赞叹。对此，恩格斯也充分肯定了佛教哲学的辩证法意义及其所达到的高度，并历来受到中国学术界的高度重视。有了中道观念，人们便试图用更高的范畴来概括"文质"问题，以便使两种译法融合起来，这就出现了"神""味"等范畴。

第三个时期。译经评论重点转入盛谈"圆融"，这是因为此时期的佛学经典已经全部译出，中国僧学已在准确理解印度佛学的基础上，加以发展创造，佛学各宗派理论都已转入融合诸家学说，统一各派思想的时期，各派都崇奉"圆教"学说，正如辩机在《大唐西域记·记赞》中称此时期是"园方为圆之世"，因此人们用"圆"来衡量译作与译者。

梁启超在整理佛典汉译时，对这三时期已有过简要的概括。他的《佛典翻译》一文认为，第一时期是"所译不成系统，翻译文体亦未确立"。第二时期是"佛教之门户壁垒，于兹确立"，因而"译学渐独立矣"。第三时期则是"全体佛教之全盛期，诸宗完全成立，卓然为'中国的佛教'之一大建树，而译事亦造峰极"。可见他已隐约地感觉到佛学理论的进步与译经评论的某种内在联系了。

(三)佛典理论的思维模式推动评论的演进

佛学对于中国古代文化的影响，表面上看加之于哲学、科学、文学、书法、绘画等诸方面，但其巨大和深刻之处，正在于思维模式。因为思维是深层的，深层的思维模式往往决定人们对各种文化现象的观察和建构。中国传统的思维模式是"天人合一"论，夏商周三代是"天""神"的世纪，思想界强调对"天""帝"的信仰。自孔子起出现一重大转折，开始把视野转向现实世界，把眼光转向人，而对鬼神敬而远之。此后，中国思想界的视角为之一变，由对人事的探求代替了对天道的信仰。当然，夏商周三代所奠定的"天神"思想和天命观念并未因为孔子的"人学"而退出思想界，这便促使中国古代传统哲学探讨"天""人"关系，提出"天人合一"。至汉代董仲舒，其学说的基本思维模式，就是"天人感应"，而"天人感应"的思想基础则是"天人之际，合而为一"（《春秋繁露·深察名号》）。宋儒的思维特点，更是一条把天道伦理化和把伦理天道化的道路，形成"天人一体"论。说中国传统哲学是一种政治化、伦理化的哲学，原因在于这种政治、伦理哲学的特定的思维模式在"天"，是"天"演化的产物，而佛学思维模式则是"真如本体"论。原始佛教最基本的思维方式是从"缘起"的角度反对传统婆罗门教的"大梵"本体思想。至部派佛教，从原始佛教的反对一切本体、实体，逐渐产生出一个带有一定实体性质、类似中国古代灵魂的"补特伽罗"。到了大乘佛教，由"般若实相"孕育出"如来藏""佛性我""法界"等，完全是一种本体了，这种本体，既是宇宙的本体，又是一切诸法包括众生的本体，尽管佛经里用了许多诸如"即有即无""非有非无""超相绝言""忘言绝虑"等字眼来形容它。这表明大乘佛教已是一种本体论的思维模式（"大梵本体"），显然作为整个佛教理论基石的"缘起"思想学说没有被推翻。在佛学本体论影响下，宋明"新儒学"的思维方式完全认为"天道"和"心性"本是一体，都是"理"或"心"的体现。从张载的"太虚无形，气之本体"（《正蒙·太和篇》）至程颐的"体用一源，显微无间"（《易传序》）；从朱熹的"圣人与天地同体"（《中庸注》）到陆九渊的"宇宙便是吾心，吾心便是宇宙"，都是一种本体论的思维模式或以本体论为依托的政治、伦理哲学。这表明中国传统儒学至唐宋以后，在思维模式方面已逐渐由"天人合一论"变为本体论。可见，在传统儒学那里，虽然是以"天人合一"的思维模式为依托，但这种"合一"、"天人"并非原本是一体，多少带有二物合而为一的味道，亦即"天道"是源，"人道"是流；"天道"是本，"人道"是末。人要达到与天道合一的境界，必须通过"尽心""思诚"。到了宋儒，才提出了"天人本无二，更不必言合"的思想。此中关键，就是佛教本体思维模式及其"反本归极"修行方法的影响。

1. 毗昙学与"格义"佛学

毗昙即阿毗昙，音译为阿毗达摩，意译为对法、无比法、大法、论等。它是解说和论证佛经义理的一种体裁，启发人们成就佛教智慧。《俱舍论》卷一说："净慧随行名对法，及能得此诸慧论。"以名相分析和理论阐述并重，佛教学者据此而创立义学体系。东汉时，安世高的译籍中就有小乘毗昙，汉末流行了一个时期，时称禅教学。但汉魏时期尽管有毗昙学典译出，却属于一般性介绍，不完整、不系统。自苻秦时期，大倡佛教，西域各国的僧人不断东来传教，毗昙学典在长安被翻译出来，继而得到研究和弘传。道安和慧远极为重视译介和提倡《毗昙》，后道安受苻坚之迫而入关，在长安开始组织译经事业。先是僧伽提婆应道安同学法和之请，译出《阿毗昙八犍度论》三十卷，其后僧伽提婆东下洛阳，译出《阿毗昙心论》十六卷。太元十六年（391 年），僧伽提婆受慧远之请，于庐山重译《阿毗昙心论》，改为四卷，同时又重译了《三法度论》。研习《毗昙》的热潮由此而在南北两地兴起，毗昙学派开始形成，毗昙师也开始出现。刘宋元嘉十年（433 年），僧伽跋摩重新译出注解《阿毗昙心论》的《杂阿毗昙心论》，毗昙学自此而趋于兴盛。

　　东晋以后，学者逐渐对带有玄学性质的佛学失去兴趣，这就预示着要有一种新理论的出现。思想敏锐的高僧们发现细致烦琐的毗昙，正是一种可以替代玄学的新工具。毗昙学虽然从表面上看远离了政治，但从思想上却适应了社会潮流。这样，细致烦琐的毗昙便代替清谈玄学而流行起来，以致稍后译出更为精细烦琐的《杂心论》。毗昙经典译出后，道安、慧远掀起了一个译介阿毗昙佛典的高潮，开始了一个新阶段的研究，佛教史上称为毗昙学。东晋译出的阿毗达摩论书多种，主要有前秦僧伽提婆于建元十九年（383 年）译出《阿毗昙八犍度论》即《发智论》三十卷，东晋太元十六年（391 年）译出《阿毗昙心论》四卷；南朝宋僧伽跋摩等于元嘉十二年（435 年）译出《杂阿毗昙心论》（简称《杂心论》）十一卷等。这些著作译出后，迅速流传，说一切有部毗昙学由此方兴，并相继出现兼习或专习毗昙的学者。诸师都以《杂阿毗昙心论》为要典，认为它是有部毗昙的总结。直到真谛译出《俱舍释论》后，一些毗昙学者转而研究俱舍学，成为俱舍师。这时，毗昙学才因无力与其他学派抗衡而渐趋衰落，至唐玄奘重译《俱舍论》后，毗昙学才最终沉寂。

　　说一切有部毗昙先传译于北方，道安为重视毗昙学的第一人，他曾与僧伽跋澄共译《鞞婆沙论》（《广论》）并著《八犍度论序》和《鞞婆沙论序》，倡导研习。道安在《阿毗昙》中说："其说智也周，其说根也密，其说禅也悉，其说道也具。周则二八用各适时，密则二十迭为宾主，悉则昧净遍游其门，具则利钝各别其所。以故为高座者所咨嗟，三藏者所鼓舞也。"对这部经的评论达到了无以复加的地步。道安又说，凡是天竺来华的僧人，没有不以此经为根祖，以《鞞婆沙》为准则，歌咏最有余味的，可是在八荒以外，葱岭川西，要想得到这部经典，却始终没有见到。认为这部书的译出，是佛学界一件渴望的事。南方自僧伽提婆重译《阿毗昙心论》，经慧远的提倡，庐山涅槃学者道生，慧远之弟慧持，以及慧观、慧义、昙顺等即相从研习。僧伽提婆到建康自讲阿毗昙义，一时名僧云集，对于南方义学的影响尤大，成一时的风气。到了南朝宋时，《杂心论》译传，南方毗昙之学愈盛。早期专门介绍毗昙，并以此影响南北佛学界的主要代表就是僧伽提婆，他认为这是进入佛学内部继续深造的关键。

毗昙的特点是内容丰富，解释名相清楚，便于领会佛教概念的实际含义。它的表达方式，主要是分别解析"法相"。"法相"是指事物具有质的规定性并表现为一定的相状。因此，分别解析法相，便是探究事物的本质与现象的关系。《阿毗昙心论·界品》说："法者，持也，持自性故名法"；"相者，相貌也。"又说："诸法离他性，各自住己性，故说一切法，自性之所摄。"这是对于法相的结论性颂文，意思是说，一切法分析到最后，就再也不能分了。道安认为《阿毗昙八犍度论》称毗昙"其说智也周，其说根也密，其说禅也悉，其说道也具"，故有"微显阐幽"之效。又认为《阿毗昙》为学佛者所尚的原因有三条："以高座者尚其博，以尽漏者尚其要，以研机者尚其密"，所以"其将来诸学者，游盘于其中，何求而不得乎？"（《阿毗昙心序》）这就是说，《阿毗昙》将佛教的精神全部贯彻其中，是学佛的根本法门，既有理论上的贡献，又能指导具体实践。此外，道安还特别注意到该论对概念辨析和具体修行的意义，他说："密者，龙象翘鼻，鸣不造耳，非人中之至恬，其孰能与于此也！要者，八忍、九断，巨细毕载，非人中之至练，其孰能致于此也！博者，众微众妙，六八曲备，非人中之至懿，其孰能综于此也！其将来诸学者，游盘于其中，何求而不得乎！"慧远认为，《阿毗昙心论》的组织结构中有自己的特色，它包括三个方面，他说："《阿毗昙心》者，三藏之要颂，咏歌之微言；管统众经，领其宗会，故作者以心为名焉……又其为经，标偈以立本，述本以广义；先弘内以明外，譬由根而寻条，可谓美发于中，畅于四肢者也。发中之道，要有三焉：一谓显法相以明本，二谓定己性于自然，三谓心法之生，必俱游而同感。俱游必同于感，则照数会之相因；己性定于自然，则达至当之有极；法相显于真境，则知迷情之可反。心本明于三观，则观玄路之可游。"（《出三藏记集·阿毗昙心序》）"显法相以明本；定己性于自然；心法之生，必俱游而同感"，表明该论确实以解明法相为根本，而其目的则是使人们领会佛教的基本教义，所谓"法相显于真境，则知迷情之可反"。该论《界品》着重阐述一切法相，其第二颂说"若知诸法相，正觉开慧眼"，就是这一意思。而讲到法相，又不能只讲形相而脱离其本质的"自性"，所以"定己性于自然"，就是讨论事物的质的规定性的"自性"问题。认识了"自性"，"则达至当之有极"，亦即真正了解了法相，认识了世界。

赖永海《中国佛教通史》中指出毗昙学也有其缺陷。首先，由于佛教部派的分裂，毗昙学变得复杂化并向各自的方向发展，其原因，一方面是由于各部之间已存藩篱，难以调和。各部论主，有属小乘的，有的大、小兼学，有的则回小向大，放弃了原来的主张，论书的思想和内容因此复杂化。另一方面是因为各部所依语、文的不同，而形成部执之别和义理差异。例如，说一切有部，使用的是梵文；南方的上座部，使用的是巴利文；而化地部，因部主在出家未证罗汉果之时为婆罗门，因而采用吠陀语来弘法；大众一系使用的是俗语，因语言文字的分别，造成异说与纷争。部派中的执法者又往往依"己见"定是非，这些情形都是造成教团分裂的主要因素。其次，毗昙学本非完善的佛教学说。罗什的义学思想是申斥小乘一切有部学说。他早年研习有部经论，后改小向大，专务方等，曾说，"吾昔学小乘，譬人不识金，以瑜石为妙矣"（僧祐《出三藏记集》），深知小乘佛学的弊端。《高僧传》载鸠摩罗什译出《成实论》后，"令叡讲之。什谓叡曰：此诤论中有七变处文破毗昙，而在言小隐，若能不问而解，可谓英才"。罗什当时翻译《成实论》，理由之一是看到其中七处破毗昙。其所云《成实论》有七处破毗昙，也正因为此论破有部而为入大乘的过渡作品，罗什将其译出。《大乘大义章》中驳有部义时说："但阿毗昙法，摩诃衍法。所明各异。如迦旃延阿毗昙说。幻化梦响，镜像水月。是可见法。亦可识知三界所系阴界入所摄。大乘法中幻化水月。但诳心眼。无有定法。"明确指出大小乘之异，小乘认为"幻化梦响"是有能见与所见的，所以大乘则破，"幻化水月"只不过是众生心中妄念颠倒而生，实无定法可见。《智论》载，部派佛教时期，对于佛说或佛制，予以论议和解析的，有三种论门分别，即毗昙门、空门及鹍勒门，三种论门各具特点，成鼎足之势。但《智论》也论及这三种论门的缺陷：毗昙门堕于"有见"，空门（少分大乘的）堕于"无见"，鹍勒门堕于"有无"。按照龙树的观点，此三论门都非中道说，均非不二法。因此，在他所著的《智论》里，破斥小乘毗昙、少分之大乘及诸外道。《智论》所云三种论门亦即三种论议方法。因此，毗昙学虽然因其概念性质有助于当时学者弥补"格义"的不足，但其思维方式仍未摆脱"格义"式的概念对应和比附。所以尽管道安和慧远已发现"格义"的不足，但实际上仍在运用"格义"。

僧叡以佛教思想家的视野，总结了佛学理论在中国的发展规律。指出在罗什之前，般若学的发展经历了"格义"和"六家"两个阶段。格义的本质体现在中国文化对印度佛教的接受方式中，存在于早期佛教中国化的基本原则中，同时也凸显在名士的特殊作用中。僧叡在《喻疑》中说："昔汉室中兴，孝明之世，无尽之照，始得挥光此壤于二五之照，当是像法之初。自尔已来，西域名人安侯之徒，相继而至。大化文言，渐得渊照边俗，陶其鄙倍。汉末魏初，广陵、彭城二相出家，并能任持大照，寻味之贤，始有讲次。而恢之以格义，迂之以配说。下至法祖、孟详、法行、康会之徒，撰集诸经，宣畅幽旨，粗得充允视听暨今。附文求旨，义不远宗，言不乖实，起之于亡师。"他在《毗摩罗诘提经义疏序》中，既对道安性空学说有"最得其实"的肯定，也认为他的般若学有不足之处，指出他对般若"炉冶之功，微恨不尽。当是无法可寻，非寻之不得也"的弱点。所云"无法可寻"，当指道安对中观学派核心理论尚无彻底的把握，这关系到学术环境和师资相承等方面的条件，如中观学派主要著作《中论》《百论》《十二门论》《大智度论》等尚未译出。在僧叡看来，直至道安时代，仍未摆脱格义的方式。他批评道安佛学"附文求旨"，"恢之以格义，迂之以配说"，认为它虽然"义不远宗，言不乖实"，但是与真实的佛法还是有一定的距离的。他又指出："自慧风东扇，法言流咏以来，虽曰讲肆，格义迂而乖本，六家偏而不即。"（《毗摩罗诘提经义疏序》）其《大品经序》说："亹亹之功，思过其半，迈之远矣"，明显不满当时的佛学状态。这种情况，自罗什起才有所改变，但也没有真正摆脱格义的影响。

不过，相对于般若学其他各家而言，道安的本无宗被佛教界认为比较符合性空原意，但是道安早期般若学主要接受的是支谶所译《道行般若经》的影响，而支谶的翻译曾明显受到道家思想影响。此经在借用"本无"术语翻译般若学概念"性空""真如"时，由于民族思想文化的差异性，未能彻底把握佛学的本意。随着《般若经》类译本不断译出，造成学者们对般若学理解的偏差，以致形成魏晋般若学的许多派系。道安本无宗"本无"概念的确立，明显受到《道行般若经》的影响，他的般若学具有"凿荒途以开辙，标玄旨于性空"的意义，有可能达到"最得其实"的高度。

以格义方式译经、讲诵、注疏，注重文义的贯通，容易流于唯章句是务，产生种种误解，"弥增疑昧"，从而违背佛学的旨趣。道安也力图纠正格义的缺陷，他选择转而译介毗昙，因为毗昙采取给概念下定义的方法来表达佛理，其准确性是"格义"所不能比拟的。

"格义"佛学的形成，是佛教学者和佛经译者运用"格义"方法的结果，而"格义"的方法又是评论者或佛教学者建立的译释佛典的原则。格义即用中国的传统义理来比附经中的义理，是以一种移花接木的策略容纳和接受异质文化，是一种学习或理解新思想的方法。《哲学大辞典》对"格义"的解释是，"将佛经中名相与中国固有的哲学概念和词汇进行比附和解释，认为可以量度（格）经文正义"。格义翻译方法风行一时，原因是它与玄学学风正相吻合，有其存在的社会文化基础。"格义"最初为广陵、彭城二相应用。僧叡在《喻疑》中说：

> 昔汉室中兴，孝明之世，无尽之照，始得辉光此壤。于二五之照，当是像法之初。自尔已来，西域名人，安侯之徒，相继而至，大化文言，渐得渊照边俗，陶其鄙倍。汉末魏初，广陵、彭城二相出家，并能任持大照。寻味之贤，始有讲次，而恢之以格义，迂之以配说。

僧叡在这里指出了东汉佛教传播的四大历史事件。第一，汉明帝时，朝廷的容纳和某种程度的认同，使得佛教获得顺畅发展的契机。第二，明帝之后至桓帝时期，西域、天竺学僧大量翻译佛经，推动佛经传播向纵深发展。第三，汉末魏初，广陵相、彭城相出家，"任持大照"，弘扬佛法，表明佛经进一步获得上层人士的接受。第四，汉末魏初，在各种讲经法会中，中土人士以中土固有的思想、学说，甚至名词概念来解释佛教教义。借助义解，学僧竺法雅也明确使用。慧皎《高僧传》说：

> 少善外学，长通佛义，衣冠仕子，咸附谘禀，时依雅门徒，并世典有功，未善佛理，雅乃与康法朗等，以经中事数，拟配外书，为生解之例，谓之格义。乃毗浮、昙相等，亦辨格义，以训门徒。雅风彩洒落，善于枢机，外典佛经，递互讲说，与道安、法汰每披释凑疑，共尽经要。

汉译典籍是不同于本土文化的思想学说，其玄旨深奥莫测，翻译后还需要注解，而注解又需要知识背景，注解者都有自己的知识背景，当一种外来思想在概念范畴内与本土没有与之对应的情况发生时，"格义"应用而生，它正是运用了注经者的知识背景的结果。由此，不仅是广陵、彭城二相，竺法雅、道安、慧远等学者也都借"格义"研习佛学，教授学生。竺法潜"至年二十四，讲《法华》《大品》，既蕴深解，复能善说……潜优游讲席三十余载，或畅《方等》，或释《老》《庄》"。孙绰评价名僧于法兰云："兰公遗身，高尚妙迹，殆至人之流，阮步兵傲独不群，亦兰之俦也。"又有道立"少出家，事安公为师，善《放光经》。又以《庄》《老》三玄，微应佛理，颇亦属意焉"。格义方法以中国传统文化中相类、相通的概念为例证，说明佛教教义不仅不与中国固有文化相抵牾，而且有相通甚至暗合之处，以"取珠还椟"的方式把外来佛学中国化。陈寅恪认为支敏度等人创设"心无义"方法，"取外书之义，以释内典之文"，与"格义"之法，性质近似，同源殊流。他还进一步指出，"取典外书以相拟配……实为赤县神州附会中西学说初祖。"（《金明馆丛稿二编》）"格义"融汇了各个时期中国古代社会盛行的主流思潮，糅合了中国传统哲学思想与印度佛教理论。

　　格义是译经的指导方法，是译经大师凭借中国传统的哲学思想体系去解读佛教，从系统的高度把握佛教理论，然后借助中国传统哲学，如用《老子》《庄子》《周易》等著作里的词汇、术语、概念来翻译佛经。词对句当的粗浅格义，不免有牵强附会、生搬硬套、生吞活剥之嫌，但这是佛学翻译初期不可逾越的阶段。后来，佛学家逐步放弃格义，开始从理论体系的角度高屋建瓴，去诠释佛学思想，探寻佛学真义，发挥佛教的微言大义，逐渐阐发自己的理论要旨，使佛学脱离中国传统哲学的依附而走上独立发展的道路。格义译经方式，用中国特质和风味的概念表述佛教，虽然非常有利于中外文化的交流与融合，却导致经本内容的真实性不足。因为外道与佛典是两种根本不同的思想体系，概念的内涵和外延都有很大差异，以此译彼，无异于缘木求鱼。《四分律》记载佛陀不许"以外道言论而欲杂糅佛经"。《五分律》记载佛言说："听随国音诵读，但不得违失佛意，不听以佛语作外道语。"既然格义是"以经中事数，拟配外书，为生解之例"，因而其迂拙牵强，可以想见，故为有识者所不取。随着传入中国的佛教典籍的增多和中国佛教学者对佛教义理的理解能力的不断提高，格义之法便随佛教义理的渐次流行和发展而逐渐为中国学僧所认识。道安首先批评"格义"之法："因共披文属思，新悟尤多。安曰：'先旧格义，于理多违。'先曰：'且当分折逍遥，何容是非先达。'安曰：'弘赞理教，宜令允惬，法鼓竞鸣，何先何后！'"于是采用会通不同译本的方法研究、讲解般若经典，但道安也未完全放弃格义。至鸠摩罗什译经，才完全屏弃格义，因为罗什的异国文化背景和对佛学的准确把握使他少受到汉文化的制约，而真正认识到了格义的弊端，为求得原初义理，他创立佛教专用名词。《高僧传》称"其新文异旧者，义皆圆通，辞喻婉约"，表明罗什译经基本上是印度纯正的经典，也表明佛学在中国的表达方式，已积累到可以进行自我审视和自我反省的地步了。僧叡《毗摩罗诘提义经疏序》云："格义迂而乖本，六家偏而不即，性空之宗，以今验之，最得其实。"表明罗什译经的准确。自鸠摩罗什起，佛经开始脱离玄学，走上独立的意义追寻之路，而他也被誉为中国化佛学臻于成熟并独立发展的关键人物。

玄奘译经同样去除了格义弊病，他已明确指出前人译经的问题，总结出"五不翻"，其目的在于纠正"格义"式译法。玄奘通晓梵汉语文，并深究佛教典籍，精通佛教教义，他对"各名相的安立，文义的贯练，莫不精确异常，而且矫正旧译的讹谬，遂在中国译经史上开辟了一个新纪元"（吕澂《中国佛学源流略讲》）。他曾邀请道士成玄英、蔡晃等人参与译场，但成、蔡等人与玄奘产生了很大的争执，原因即在于成玄英、蔡晃认为《老子》和大乘佛教是相通的，"道"应翻译为"菩提"，而玄奘则认为"佛道两教，其致天殊"，道家的"道"没有达到"菩提"的境界，应翻译为"末伽"。成玄英等还认为《老子》思想深邃，要翻译后期道教诸家的注序才能便于理解。玄奘敏锐地觉察到了道教和早期道家的分别，认为后世道教用导引练气、扣齿津咽注释《老子》有违本意，拒绝翻译。他说："观《老》治身、治国之文，文辞具矣，扣齿津咽之序，其言鄙陋，恐将西闻异国，有丑乡邦。"在这场翻译之争中，玄奘既没有因为朝政的推崇和道教学者的争辩而混同佛、道，也没有将贬低《老子》思想的注序加以翻译，客观上维护了原著的思想体系。但真正从理论上指出"格义"问题的是赞宁，他在《宋高僧传》中写道：

> 或曰："翻梵夹须用此方文籍者，莫招滥涉儒雅之过乎？"通曰："言不关典，非子史之言，用其翻对，岂可以委巷之谈而糅于中耶？故道安云：'乃欲以千载之上微言，传所合百王之下末俗'，斯为不易矣。"或曰："汉魏之际，盛行斯意，致使陈寿《国志》述临儿国云：'浮屠所载，与中国《老子经》而相出入。盖老子西出关，过西域之天竺，教胡为浮屠。'此为见译家用道德二篇中语，便认云与《老子经》互相出入也。

赞宁指出："是知若用外书，须招此谤……今观房融润文于楞严，僧肇征引而造论，宜当此诮焉。苟参鄙俚之辞，曷异屠沽之谱？然则糅书勿如无书，与其典也，宁俗。傥深溺俗，厥过不轻。折中适时，自存法语，斯谓得译经之旨矣。故佛说法多依苏漫多也。"可谓是对前期以格义方法诠释、译弘佛学的人物的一次全面总结，连僧肇的佛学造诣也深受讥评而未能幸免，这说明，译经评论通过建立方法指导译经实践，使之走向成熟。

2.《大乘起信论》的思维模式促使"格义"消解

《大乘起信论》意为发起大乘信根，是一部大乘佛法概要。史载该论为马鸣造，真谛译。《大乘起信论》依照《华严》《密严》《胜鬘》《楞伽》《涅槃》等佛教如来藏系思想而提炼出心性本觉的学说，全书言简意赅，文义明整，概念严谨，通过"一心二门"的心性学建构，层层展开染净互熏的流转与还灭，明显地表现出对南北朝以来大乘佛教的中观、瑜伽、如来藏等各家学说的吸收与融摄，并有意识地超越各家的争论，融会贯通，曲成无遗。从佛学内部说，《大乘起信论》发展了印度原有的空、有二宗，以染净同于一心，心性不二，以及一体二面等理路，通过体、相、用三大的不二关系，沟通了生灭变化的现象与永恒真理，从而克服了印度空、有二宗的各自局限，也突破并发展了如来藏系学说。

圣凯在《〈起信论〉"一心二门"思维模式与宋代理学》一文中认为，《大乘起信论》的中心教义为"一心，二门，三大，四信，五行"。"一心"指"众生心"（摩诃衍法），即是人性本具的如来藏自性清净心。它同时蕴含着两方面的属性：一方面它有清净无漏的善性，另一方面也表现出染污有漏的恶性。论中称为"一心开二门"：心真如门和心生灭门。此论以众生心为逻辑起点，依从心真如到心生灭与从心生灭到心真如二对应的双向思辨理路，建构了一个包融五个理论层面的佛学心性论思辨体系。论中以真如缘起模式的宇宙生成论为其理论基础，从由静生动的思辨方式出发，以真如、阿赖耶识、意识为基本范畴，经由依次递进的三个层次阐述了从本体界到现象界的生成过程，精心建构了真心与唯识路向的宇宙生成模式，缜密地论证了万法唯心的真常唯心论宇宙观，对现实世界人生痛苦做出了独具特色的哲学解释。作为《大乘起信论》整个理论建构的基石，众生心是本论所立的大乘法体，它总摄了一切此岸世界有漏染法与彼岸世界无漏净法而兼具互为依存的两重特质，即真如本体自性和作为其德相与作用之表现的生灭流转的现象界的原因、依据与条件，由此双重特质亦即"真如相"与"生灭因缘"。二门即心真如门和心生灭门，前者显示真如本体，后者示现真如本体派生的现象。《大乘起信论》的"一心二门"思维模式不仅表现在本体论上，而且表现在心性论上。《起信论》依阿赖耶识为现实人生的根本，认为心生灭为本为依的生灭门中，含摄有清净与杂染，随染与还净的两面。而阿赖耶识即为不生不灭与生灭的矛盾统一，在统一中而不失不生不灭与生灭的差别性。所以，在众生的生灭心中，具有一分本觉的如来藏真心，也具有一分不觉的杂染心，这也就是佛性与人心的统一。

《大乘起信论》"一心二门"思维模式表现出了"不二"与"二"的辩证："不二而二，又同又异"；"一即一切，一切即一"。正因为这种"不二而二"的思维模式，所以现实界所呈现的种种差别，都是本然实存心源的表现。这种创造性的思维模式在中国哲学中具有重要意义，不但深深影响了后来的中国佛教，而且经过儒佛道三家的冲突与融合，通过禅宗与华严宗的传载，在本体论、心性论方面对宋代理学产生了深刻的影响。赖永海在《中国佛教通史》中总结出《大乘起信论》"一心二门"思维模式上的九大特征：第一，学理性。真如是大乘佛学的本体化，无疑具有理论的品格。第二，形上性。真如是大乘佛学形上化的提升，是远离一切形下现象的形上本体，是超越现实的先验存在。第三，浑整性。真如作为形上本体远离一切现象，必然是一种无形、主客不分的浑整境界，它"离言说，离名字相，离心缘相"，"离一切差别之相"，不能为以名言判断为认知方式的主观意所把握。第四，本觉性。真如是大乘佛学的本体化，所以本来具有无上佛智：它作为万法所从出的世界本体和无分别的浑整境界，摄一切法而不为所染，乃自明其体而遍照物，具备"无分别智"和"一切种智"的真如智慧，无所不知而显"智净相"。第五，自足性。真如自体远离染法、空所依傍，不假外缘其体自足，"无有可遣……亦无可立"，是一自为自在自足的绝对存在。第六，恒常性。真如又是大乘佛学的恒常化，它"无有变异、可破坏"，"非前际生，非后际灭，毕竟常恒"，是无始无终、万劫不坏的永恒存在。第七，存在性。《大乘起信论》把大乘佛学当作自为自在自足的绝对存在，并非只是将它置于不可思议与不可言说的境地，而是使之周遍存在化而成为宇宙万法的普遍本质规定：它周遍存在于宇宙间一切精神与物质现象中，是无所不摄的周遍理体。第八，完满性。就其无物不包、无法不摄的广大洪深而言，真如"无有增减"，"毕竟常恒"，"从本已来，自性满足一切功德"，是无所欠缺的完满实体。第九，造作性。潜在于真如自性中的完满功德只有凭借其造作性才能显现于外。这种造作即心真如门通于心生灭门而能起"一切世出世间法"的势用。依此势用说来，真如本体是宇宙间一切现象赖以产生的总根源。真如本体的造作性产生了形上本体与形下现象，即本体界与现象界的沟通，而这一沟通的中介，就是心真如与心生灭和合而成的阿赖耶识。

《大乘起信论》的构造与行文简洁而精要，书中步步展开呈现的大乘教义广泛而深奥，涵盖南北朝为止已经形成的大乘佛学主要思潮，囊括中观、唯识、如来藏等说在内。该书作者有意跳过传统以来的大乘各说，予以融会贯通，并立一家之言。它是法藏乃至宗密的华严宗如来藏缘起论的性起化和圆教化最为显著的思想资粮，更对天台宗的理路发展与分化构成一个根本关键，影响所及，带来了天台的山家、山外两派的对立。智顗佛学通过"一念三千"的哲学体系，向人们展示圆融统一的理想境界，这个境界超越心与物、主体与客体、本质与现象的二元对立，贯彻了《起信论》即体即用的一元思维方式。

3. 唯识学的概念辨析最终放弃"格义"之法

如果说智顗主要是借助《大乘起信论》思维模式诠释佛学义理，使佛教理论研究摆脱概念文字的"格义"，那么玄奘借助《成唯识论》的翻译，运用唯识学原理，使佛典汉译最终摆脱了"格义"译经方法。《成唯识论》为护法造，是解释《唯识三十论》的书。《唯识三十论》是世亲晚年精心结撰的著作，他未曾亲自注解便去世。他人注疏共有十家，有的注解简单，有的能够指点出原本本意，有的谨守原本学说规模，有的发展并推进了原本。玄奘原拟全部译出十家注论，并已决定由神昉、嘉尚、普光、窥基等人相助。但后来采纳窥基建议，改用编纂办法，糅合十家之说为一书，且只留窥基一人独任笔受，这样糅译成《成唯识论》。玄奘不仅翻译出唯识学典籍，而且与窥基创立唯识宗。唯识学是瑜伽行派理论，自无著、世亲开创之后，经过数代大师的不懈努力，已经成为一个完善的知识体系。这种严密的知识体系与纷繁复杂的名相及逻辑结构需要很高的智慧和知识水平，以及有钱有闲等诸多的外部条件才能接受和传递，不像禅宗那样只靠自己的开悟即可。因而与汉地讲实用、重简略、尚模糊、崇妙悟的思维习惯相违，受到当时学界及信众接受的限制。但晚清杨仁山重倡唯识学，近代欧阳竟无、吕澂阐幽发微，发扬光大，唯识学得以复兴重振。时至当代，唯识学研究仍呈现出繁荣局面。

唯识即以阿赖耶识为宇宙人生之根本。唯识学以阿赖耶识作为核心概念，注重概念分析，文义明整。为了论证"万法唯识"，其理论方法将一切现象分析为"五位百法"，其中又重点论述"八识"理论，极为细致严谨。唯识学理论体系集中阐述"外境非有""内识非无"思想，成立"三界唯心""万法唯识"基本原理，并以此作为宗教实践的主要理论依据。唯识学对于佛学概念的分析，已不是汉魏译经时期的"格义"方法，而是依据佛理本义，界定概念的含义。唯识宗名相纷繁，分析细密，规制宏大，逻辑谨严，自古号称难治。鸠摩罗什已意识到中国学人好简易的学风，因此所译诸经，于义理文句多有删减，乃至增以己意，以迎合中国人的思想习惯。但玄奘则不愿以俗意改圣言，不虑繁难，务求其实，故"真正能够传译印度学说的本来面目"（吕澂《中国佛学源流略讲》）。正是这种求实存真，不以中国人的思维习惯改易印度佛学的本来面目的精神，使得唯识宗保持了自己独特的风格，也真正终结了延续数百年的佛典汉译"格义"之法。

中观论或空宗站在最胜义谛立场，有见于缘起性空，一切诸法平等无二，对于不二法门具有洞见慧识，但对无明众生生死流转的原委与现象未能正视，且缺乏有关虚妄心识（能分别）及其境界（所分别）的探索分析。唯识论或法相宗则能正视众生的无明、妄念、业惑等负面现象，且予以哲理高妙的心识分析，但对缘起性空的不二法门根本义谛了透不足。如能结合这两家理论，当有相辅相成之效，但仍缺少心性论的理论根据，用来说明无明众生所以能够转识成智，所以能够转迷开悟的内在潜能或心性动力。《大乘起信论》的如来藏缘起论不但结合了中现论的不二法门与唯识论的心识分析，同时又在不放弃不二法门为根本义谛的条件下，阐发如来藏心性论，实有助于众生发起大乘正信的菩提心，因为这一"菩提心"就来自真如心性。各家理论学说既有自身优势，也有缺陷，正是这些优势和缺陷为相应的译经评论思想注入了不同的哲学内涵，影响其发展和成熟。

第二章　佛典汉译评论的演进

　　评论译者，审视译本的活动始终伴随着佛典汉译。在千余年的发展中，佛典汉译评论经历了萌芽与创立、发展与深化、繁荣与成熟三个时期。每一时期的评论，因其翻译实践的发展和评论本身的推进，特别是不同时期佛教义理的影响，而显示出不同的关注重心，这就是：萌芽与创立时期的评论强调"案本"，发展与深化时期的评论崇尚"中道"，繁荣与成熟时期的评论标举"圆融"。这三大中心范畴，不仅揭示了佛典汉译实践的进步，也显示了佛典汉译评论步步深入，从创立到成熟，最终自成体系，独具特色。从整个佛典汉译评论发展的过程考察，"案本"主要体现在道安时期，注重"案本而传"。而至罗什，他虽然也注重忠实性，但在翻译方法上受中观论影响，已明显自由灵活，不仅注意措辞优美，还不惜删节原文，这显然超越了"案本"思想。玄奘的翻译不仅忠实案本，更是注意运用圆融的翻译方法，将直译和意译有机地结合起来，既打破了初期的"案本"，也深化了中期的"中道"。

第一节　崇尚"案本"——萌芽与创立时期的佛典汉译评论

　　自汉代《法镜经后序》至公元 435 年道安的总结性评论为止，属评论的萌芽与创立时期，其特点是以评点为主。这一时期的评论重点是"案本"问题，关注对原文的忠实，考察译本是否把原文的"意"表达出来，以及用什么方法来表达。对此，评论家称这一时期的翻译为"审得故本"（彦琮）；"汉魏守本，本固去华"（道宣）。一般评论者常用"文""质"作译文的评语，如《出三藏记集》评论安世高译本"直而不野"；支谶译本"了不加饰"；竺佛朔译本"弃文存质"。《高僧传》评说康巨译本"并言直达旨，不加润饰"。道安指出安世高所译"音近雅质，敦兮若朴，或变为文，或因质不饰"；支谶译本"贵尚实中，不存文饰"。支敏度《合首楞严经记》评论支谶译经"贵尚实中，不存文饰"；而评支谦译经"以季世尚文，时好简略，故其出经，颇从文丽。然其属辞析理，文而不越，约而义显，真可谓深入者也"。直至南齐《众经别录》一书，在每经之下，用简明的词句标明一经的宗旨，并标出"文""质"等字样，作为对译本的评价，可见论者们对于译文质量的重视。

一、"案本"理论及其思想渊源

"案本"一词，语出道安《鞞婆沙序》："遂案本而传，不令有损言游字；时改倒句，余尽实录也。""案"即按，依照的意思；"本"即原本，意为按照原文的本义翻译。《荀子·不苟》中说："国乱而治之者，非案乱而治之之谓也。""实录"指符合实际的记载。《汉书·司马迁传赞》云："其文直，其事核，不虚美，不隐恶，故谓之实录。""实录"与"案本"均指按照原文的本意翻译，道安在此建立了两个很有价值的范畴。案本理论的思想主要源于如下四个方面的考虑。

一是由经典的文本特征与传教的性质所决定的。佛经的开卷语即是"如是我闻"，意谓"我听说的是这样的"，以取信于众。罗什解释"如是"为"信顺辞"，令学者信顺不疑。"我闻"则为了避免诤乱。"若言我闻，则我无法；我无法，则无所执。得失是非，归于所闻。"（《维摩诘经·佛国品·注》）受这一传统影响，译者也十分注意译本的真实信度。

二是此时期翻译的经典既有小乘佛教，也有大乘佛教，中国学人对大乘性空思想虽未真正理解，但对小乘中一些基本教义及佛陀的原始说法是有所领会的。初期传入的小乘佛教思想，即佛陀时期的佛教哲学中心是"人空法有"，说明原始佛教哲学在本体论上的肯定，反映在翻译评论上就是注重真实，如佛陀叮嘱阿难诵经前称"如是我闻"，以征信于诸大弟子。佛陀所说"四依"原则也深受理论界的极大重视。道安曾在《比丘大戒序》中引慧常的话说："何至佛戒圣贤所贵，而可改之以从方言乎？恐失四依不严之教也。与其巧便，宁守雅正。"而且这一理论还直接影响后来翻译语言中的含蓄论，即有所译有所不译的翻译艺术思想。慧皎《高僧传·义解论》载：

> 故始自鹿苑，以四谛为言初；终至鹄林，以三点为圆极。其间散说流文，数过八亿。象驮负而弗穷，龙宫溢而未尽，将令乘蹄以得兔，借指以知月。知月则废指，得兔则忘蹄。经云："依义莫依语。"此之谓也。

"依义莫依语"与达摩所言"实相无相，微妙法门。不立文字，教外别传。"一偈意趣相同。慧能《昙经》称："诸佛理论，若取文字，非佛意也。"佛教禅宗的语言观和修行观就是"直指人心，见性成佛，不立文字"。司空图倡："但见性情，不睹文字"；"不著一字，尽得风流"（《二十四诗品》），即从这些偈语演变而来。在翻译评论中，辩机《大唐西域·记赞》提出，"传经深旨，务从易晓"；德清《楞伽阿跋多罗宝经义刻后跋》主张"贵了佛意而不事文言"，顾起元《成唯识论俗诠序》倡"辞约意丰，曲折要眇"都是来自这一思想。《毗尼母经》曾云："佛告比丘：吾佛法中不与美言为是，但使义理不失，是吾意也。"释迦牟尼在"八正道"中还规定"发如法言论，不绮语"原则。佛陀本人就是这样强调经文思想内容的，因此，该时期的翻译和评论最强调的就是对原文的理解、重视和忠实，这都影响了初期的"案本"理论。这就是初期翻译评论中"不增不减"的理论依据，如《佛说法镜经后序》中就说："夫圣上制经，言要义正，以为具备，无所玷缺，不可复增减矣。"这代表了初期翻译评论的主流。

"案本"理论的价值在于它维护了翻译的忠实性原则，体现了翻译活动的本质规律，使得翻译事业有可能沿着正确的道路发展。因此说，这应是一个重要的原则，只有"不增不减"，"章句次第了了可解"，才能"不坏经法"，达到翻译的绝对忠实。《佛说法镜经后序》中"言要义正"的"宿本"论，支谦《法句经序》中所说"佛言，依其义不用饰，取其法不以严。其传经者，当令易晓，勿失厥义"以及"因循本旨，不加文饰"，完全就是"案本"思想。稍后的支遁，在他的《大小品对比要抄序》中又提出了"伤本则失统，失统则理滞，理滞则或殆"，主张"不丧本归"，避免"乖本违宗"之说，最后指出，"使文不违旨，理无负宗，栖验有寄，辩不失征"，均在强调绝对的忠实性。

三是源自佛家对"本真"（本来面目）的终极关怀。"本来面目"这一概念，是佛家指成就佛智的崇高人格和人生最高境界，这种人格和境界因其能够超越一切相对二元观念而得到精神的自由与圆融而成为佛学的终极关怀。其特质就是不增不减、圆满、原真的本心，也就是佛心。道生称佛性的这种性质为"不易之体，为湛然常照"（《涅槃集解》）。《圆悟录》卷十六载："若以利根勇猛身心，直下顿休，到一念不生之处，便是本来面目。"以《楞严经》为代表的如来藏佛性思想，也强调佛性的圆满自足，认为人人皆有自性，在悟不增，在迷不减。《心经》用"六不"来遮显"诸法空相"，指出："是诸法空相，不生不灭，不垢不净，不增不减。"这一思想极容易用来强调翻译的忠实性，追求译本对原本的等同，即恢复原作的"本来面目"。初期翻译评论的"案本"，以及中、后期的主张"尊经妙理，湛然常照"（僧祐《胡汉译经音义同异记》）都根源于这一思想。以致近代鲁迅仍提倡"硬译"，"决不肯有所增减"的翻译原则（《"硬译"与"文学的阶级性"》)。他在《思想·山水·人物·题记》中又说："因为我的意思，是以为改变本相，不但对不起作者，也对不起读者的。""不改本相"就是不改"本来面目"。

四是源于佛教对觉悟的追求，即觉悟到宇宙万有、一切现象背后的"真实"，也就是《法华经》中所说的"诸法实相"。因此佛典处处讲真实，如《华严经》上说，"于真实性觉如如"，"不坏诸法真实性"。佛教追求真实的思想在翻译本体论上烙上了深刻的印迹，这就是历来求真翻译的思想。从道安、罗什、玄奘的求真，这一条主线，一直贯穿到当代翻译评论。僧叡《毗摩罗诘提经义疏序》曾提出："然后知边情险诐，难可以参契真言，厕怀玄悟矣。"严复在《与〈外交报〉主人论教育书》中说："吾闻学术之书，必求之初地而后得其真……既治西学，自必用西文西语而后得其真。"直至鲁迅依然求真，他的翻译正如茅盾所说："严格的思想与艺术的评价出发，对外国文学作了严肃与认真介绍的，则开始于我国新文学运动的先驱者和导师——鲁迅……在他们计划翻译和出版的《域外小说集》中，俄国的契诃夫、波兰的显克微支、法国的莫泊桑、丹麦的安徒生，第一个以真朴的面目，与我国读者相见。"(《为发展文学翻译事业和提高翻译质量而奋斗》)

但初期的这种案本论，不仅忠实内容(义)，而且忠实形式(言)。因此，一旦忽视了梵(胡)汉语言间的差异，这就成了拘泥固守，成了偏执。所以说案本理论亦有其不足，需要有新的评论思想产生予以突破。而新的评论思想、新的理论观念的出现，有赖于哲学观念的变化以及对佛家性空与中道思想的准确把握。也就是说，制约翻译评论水平的哲学思想仍处于不清晰的状态，导致第一阶段中的评论没有解决这一课题。这是因为当时讲"性空"思想的般若经在鸠摩罗什到长安以前，没有正确的译本。更主要的还是由于当时般若中观学派的论书《中论》等尚未传入，人们对《般若经》的中观论证方法尚不熟悉，所以对本体与现象(佛学所说的本无与诸法、空与色、心与物、真谛与俗谛等)进行论证时，不善于运用否定(遮诠)和"不二"的方法，得出非有非无，色空相即，真俗不二的结论。直到罗什介绍了中观学以后，中国佛学才摆脱了玄学的阴影，学者们才明白这个道理。因此，这时期的佛学研究有所谓"六家七宗"之说，其中有三家就是在翻译评论上有所建树的道安、支遁和支敏度。

二、道安阐发"案本"论

道安十分强调翻译的忠实性，他曾在《异经录序》中说："经至晋土，其年未远，而喜事者以沙标金，斌斌如也，而无括正，何以别真伪乎？"体现了他崇尚"真"翻译的思想。他在《鞞婆沙序》中说："案本而传，不令有损言游字。"正如道慈《中阿含经序》中所说："若委靡从顺，则惧失圣旨。"道安的主张是有其根据的，据《四分律》卷三十九记载，在释迦牟尼时代，由于佛典所使用的语言各地不同，当时南方阿般提国一位大师亿耳来见佛陀，他用阿般提语诵出《义品》，佛陀称赞他："不增不减，不坏经法，声音清好，章句次第了了可解。"可见，在佛经的翻译上，"不增不减"，应是一个重要的原则。只有"不增不减"，"章句次第了了可解"，才能"不坏经法"，达到翻译的绝对忠实。删繁就简，是诸佛菩萨所不喜的，而不增不减，才是佛陀的本意。道安还将"案本"理论系统化，使"本"的内容有章可寻，这就是他的"五失本"之说，即在五个方面译文不同于原文轨式。其《摩诃钵罗若波罗蜜经钞序》指出译胡为秦的"五失本"，将所谓"本"的内容具体化，便于人们清晰地认识前人译经的具体手段和技巧，也更便于人们认识已译经本的问题所在和佛学失真的根本原因。其"三不易"则是需要忠实地保留梵文原义，属忠实原则。可见道安对"本"的看法还是比较辩证的，他既肯定"贵本不失"的译本，也赞赏"言少事约，删削重复，事事显炳，焕然易观"的翻译。但是过分的"失"与"守"又是他不赞成的，比如说他批评支谦"斫凿之巧者也。巧则巧矣，惧窍成而混沌终矣"，批评竺叔兰的译文"仓促寻之，时有不达"，甚至还批评法护的翻译"辞质胜文"。这表明道安的翻译思想是倾向于中间道路的。

道安本具有精深的佛学造诣，又有深厚的传统学术素养，这种内外学说方面的训练和博洽多通、兼容并蓄的学风，使他的翻译研究成绩卓著，翻译思想也较为折中。但是道安并没有以新的理论概念概括出这一思想，因为他的佛教哲学理论还没有达到这一步，更重要的是，道安此时的"中道"还是儒家之"中道"，并不符合翻译的艺术规律，因而他的"中"才显得模糊，影响不大。

三、"案本"时期译经评论的开拓性探索

"案本"时期的评论者主要有支谦、支敏度、道安等人，他们的翻译评论在翻译史上具有奠基之功。文、质、味等几大范畴也已基本稳定地使用，使翻译评论有了属于自身性质的概念。翻译本体、译本比较、文体语法等方面的评论也都有涉及，显示了该时期翻译评论的重要实绩。

（一）支谦以"雅"评译

佛典汉译中最早的较为明确和系统的评论见于支谦《法句经序》。然

佛典汉译自汉时已展开，虽未有明确记载的翻译评论，但早期译本求文求质，为支谦提供了素材和文本；早期直译意译所遵循的方法和原则已见端倪，为支谦的论述提供了理据并奠定了基础。

支谦，僧祐《出三藏记集》说他"十三学胡书，备通六国语……问经中深隐之义，应机释难，无疑不解……越以大教虽行，而经多胡文，莫有解者，既善华戎之语，乃收集众本，译为汉言……典得圣义，辞旨文雅。"表明支谦在佛教义理和胡汉语言两方面已具备了一个译者的基本条件，这也使得他有较好的条件开展翻译评论。支谦深受汉文化熏陶，可以说是已完全汉化的译者。公元 224 年，支谦写了著名的《法句经序》一文，表明其明显具有自觉的评论意识。文中写道：

> 法句者，犹法言也。近世葛氏传七百偈。偈义致深，译人出之，颇使其浑漫。唯佛难值，其文难闻。又诸佛兴，皆在天竺，天竺言语与汉异音，云其书为天书，语为天语，名物不同，传实不易。唯昔蓝调、安侯世高、都尉、佛调，译胡为汉，审得其体，斯以难继。后之传者，虽不能密，犹尚贵其实，粗得大趣。始者维祇难出自天竺，以黄武三年来适武昌。仆从受此五百偈本，请其同道竺将炎为译。将炎虽善天竺语，未备晓汉。其所传言，或得胡语，或以义出音，近于质直。仆初嫌其辞不雅，维祇难曰："佛言，'依其义不用饰，取其法不以严。'其传经者，当令易晓，勿失厥义，是则为善。"座中咸曰："老氏称'美言不信，信言不美；'仲尼亦云：'书不尽言，言不尽意。'明圣人意，深邃无极。今传胡义，实宜径达。"是以自竭，受译人口，因循本旨，不加文饰，译所不解，则厥不传。故有脱失，多不出者。然此虽辞朴而旨深，文约而义博。

此序对当时蓝调、安侯世高、都尉、佛调等人的译经作了简要的评述，认为他们的译经"审得其体，斯以难继"。而对竺将炎的批评则是："虽善天竺语，未备晓汉。其所传言，或得胡语，或以义出音，近于质直。仆初嫌其辞不雅。"支谦直率地批评了"质直"的译法，而倾向于"雅"，表明支谦重"文"崇"雅"的倾向。费长房《历代三宝记》也曾指出"维祇难既未善方音，翻梵之际颇有不尽，志存义本，辞句朴质。"但《毗尼母经》记载佛陀所说："吾佛法中不与美言为是。但使义理不失，是吾意也。"所以维祇难运用佛陀的遗教说："佛言，依其义不用饰，取其法不以严。""严"与"饰"是印度美学中两个重要范畴，相当于中土传统的"文丽"概念。古印度美学中，庄严的审美意义很浓。意谓盛加装饰。法显《佛国记》载：
"其城门上大张帷幕，事事严饰，王及夫人采女皆住其中。"

> 一时佛游舍卫祇树给孤独园，与千二百五十比丘俱。尔时世尊，
> 晨旦着衣持钵，入舍卫城分卫，次第求食，实时转行到梵志舍。时
> 彼梵志，遥见世尊，威神巍巍，诸根寂定，其心湛静，降伏诸根，
> 无复衰入，如日之升出于山岗、如月盛满众星独明、如帝释宫处于
> 忉利、如梵天王在诸梵中、如高山上而大积雪现于四远、如树华茂
> 其心憺泊、如水之清，三十二相庄严其身，八十种好遍布其体，威
> 神光光不可称限，睹之如日。

经中描绘佛像以三十二相庄严其身、八十种好庄严其身，这是追求
美、创造美的具体方法。对这种佛像庄严之美的欣赏与认同，正是佛教
的审美取向。三十二相、八十种好集中了人类所普遍认同的各种美好相
貌特点，包括对现实中美好相貌的完美化以及对理想境界的想象和夸张。
佛教之所以能将这么复杂的相好之说集于一身，在于这种种看似各不相
同的相貌特征都有一个共同点，即圆满和谐，这也是相好庄严的总体特
点。在佛教审美论中，庄严并非只是一种表面的修饰、强化，还与其所
论庄严有着十分重要的因果关系，本质上符合审美规律。例如，众生喜
欢美妙音声，佛便以妙音庄严而令闻其说法者欣然满足，进而得到知见
领悟，达到审美净化的最高境界。庄严也不仅仅是指外在可见形象的装
饰，相好、妙音是庄严，心、念、意是庄严，慈、悲、喜、舍、智慧、
光明、神通等是庄严，尊法、随行一切善法等亦是庄严。种种庄严各有
不同作用，如以智慧庄严则可知诸烦恼熏习，以光明庄严则可得智慧眼
明，以受持一切诸如来庄严便可入如来无量法藏……精进、智慧等内在
的庄严虽不明显可见，但却可说是更高层次、精神层面上的庄严，是庄
严之美的更高境界，是修行佛法得成佛道的必由之路。庄严虽然是表象，
但庄严却受审美理想的制约，体现审美观，并有教化等作用，令审美主
体得到精神上的升华。

维祇难来自天竺，因而他套用的是印度理论。这也可以算是中外两
种翻译思想的第一次接触，这一理论与中土的"美言不信，信言不美"不
谋而合，因而受到"座中"人的赞同，于是"因循本旨，不加文饰"。维祇
难从释迦牟尼佛讲经时使用语言原则的角度来阐释话语的意义与文饰之
间的关系，强调："佛言，依其义不用饰，取其法不以严。"因为佛说话表

达意思的时候，并不文饰自己的讲话，讲解佛法并不讲究形式的庄严。维祇难因此认为，传经的人应该使所译所传的经文让读者容易明白，不失去其中的意义，那就是好的传经，好的译文了。而当时在座人，也引用老子之言和孔子之语相互应和。众人的应和表达了三层意思：第一，老子的"美言不信，信言不美"就文字来看，比较注重语言表达的朴实性，也隐含着真实性和诚实性；第二，孔子的"书不尽言，言不尽意"着重强调圣人先哲语言的含义的丰富性和语言表达的局限性；第三，既然圣人先哲语言的意义深邃无极，翻译梵文，也就应该直朴地表达。最后大家的结论是"因循本旨，不加文饰"。显然是一种中外合璧的观点，强调的是传达原本意义的重要性。

而支谦的求文求雅的思想表面看起来不像维祇难展开得比较充分，他既深受汉文化熏陶，本是很容易借孔子"言之无文，行之不远"支持自己的观点的。但因汉代尚"丽"成为文学风尚，"两汉以质胜，六朝以文胜。"（胡应麟《诗薮》）。这基本上可以说明汉末安世高、支谶等译经"辞质胜文"的动机和罗什求"文"的目的。文风更是制约译经的重要方面，翻译的文句受时代文风制约，翻译评论也与时代审美情趣相关。审美情趣也是一个时代政治、经济、思想意识和文化心态相互交汇的产物。汉代的审美情趣，可以用一个字来概括——"丽"（王钟陵《中国中古文学史》）。这不仅表现为汉大赋之"丽"，所云"诗人之赋丽以则，辞人之赋丽以淫"（《法言·吾子》）；而且表现于东方朔"以道德为丽，以仁义为准"（《汉书·东方朔传》），以及曹丕《典论·论文》"辞赋欲丽"的审美观念方面。翻译追求"雅"，崇尚"雅美""雅密""雅质""雅咏""雅畅""雅瞻""文饰""文丽""婉便"，明显受到时代文风的影响。支谦的译文是尚"文"派的杰出代表。他把《摩诃般若波罗蜜经》意译为《大明度无极经》，其中像"须菩提""舍利弗"这类人名都意译为"善业""秋露子"。在他的主要译籍中，凡是涉及重大哲学方面的概念几乎都来自《老子》。因此，慧皎《高僧传》称其"所出《维摩》《大般泥洹》《法句》《瑞应本起》等四十九经，曲得圣义，辞旨文雅"。

"文"或"质"表面上不过是说明译者翻译的风格特征而已，但其实质却是对当时翻译实际情况的认识，是思想提升的理性概括。而这一认识和概括反过来又促进了译者对文或质的认同，进而在实践上力求达到这一目标，这又促使文质观念对实践产生导向作用。支谦的"颇从文丽"表面上只是追求译本修辞美化，但实则为谋求经典的教化作用，肯定经本的审美特性，认为纯粹意义上的佛经必须是美的，这与当时过于质直的译经思想不同。它实则是佛学中国化的语言修辞学基础。文饰过的译文，读者的接受阻力要小一些，有过文学加工的译本也更受读者喜爱。历史也已证明读者的冷落或喜爱，往往会决定译本的流通和命运。支谦的求"文"强调意译，既能深刻明了原文本意，又能用流畅的汉语表达出来，在翻译过程中尽量迎合汉地学人的习惯。吕澂在论述中国佛学源流时曾指出：从支谦译经中可以看到，在佛教中国化的过程中，外来佛教开始出现了与中国传统思想文化相结合的趋势。他说："要从佛典翻译发展的全过程而说，由质趋文，乃是必然趋势。"（《中国佛学源流略讲》）按照吕澂的观点，文是修饰，在翻译时，修辞力求与汉文接近。实际上就是尽力将佛学纳入汉文化传统。更深一层说，支谦较早开启了佛典汉译的中国化时代，同时也开启了佛学中国化的历程。

支谦这种译风实际上也开启了南方清丽飘逸文风的先河。魏晋以降，汉地南北朝的学识文风已有很大差别。正如《北史·儒林传序》所说："南人约简，得其英华；北学深芜，穷其枝叶。"初期译者，确如梁启超《翻译文学与梵典》所分析："世高译业在南，其笔受者为临淮人严佛调。支谶译业在北，其笔受者为洛阳人孟福张莲等。好文好质，隐表南北气分之殊。"支谦一面使其译文"颇从文丽"，并且"辞最省便"；另一面因"妙善方言"，尽量采用本地语言，所以他的译本"少胡言"而能"遍行于世"。吕澂认为支谦这种译文风格得风气之先，很适合于佛传文学的翻译。从三国到西晋，支谦所开创的译风占据重要地位，它对佛教的普及无疑起着相当大的作用。从这种不忠实于原著的译风中，我们也能看出支谦的翻译思想，看到佛教是如何向汉化行进，并为当时世俗统治者的统治从佛教上找出根据。任继愈指出："质派虽然在理论上获得胜利，但实际结果，却是由文派最后成书。"（《中国佛教史》）虽然支谦本人译经风格"颇从文丽"，且对竺将炎译出的《法句经》"嫌其辞不雅"，但是他在序文里仍忠实地反映了当时直译派的主张。

支谦的思想反映出汉地重文的传统。《大般涅槃经》最初传至建业时，由于品数疏简，文义艰深，初学者无法深入，谢灵运见此便与慧严、慧观等人重新译订了《大般涅槃经》，"改治"为南本《涅槃经》。《大般涅槃经》是印度佛教的经典之一，它为"一阐提亦可成佛"的思想提出经证，最初由法显与佛陀跋陀罗于东晋义熙十三年译出，仅初分，定名为《大般泥洹经》，六卷。大体同时，昙无谶于北凉玄始三年至玄始十年在凉州译出该经的全本（欠荼毗分），定名为《大般涅槃经》，四十卷，世称大本《涅槃经》。《高僧传·释慧严传》说："大般涅槃经初至宋土，文言致善而品数疏简，初学难以厝怀，严乃共慧观、谢灵运等依泥洹本加之品目，文有过度，颇亦治改，始有数本流行。"又据唐释元康《肇论疏》卷上序里说："谢灵运文章秀发，超迈古今。如涅槃元来质朴，本言'手把脚踏，得到彼岸'，谢公改云：'运手动足，截流而度'。"这一改，的确胜于原译，一时掀起研究热潮，使涅槃之学、顿悟之说弘布四方。

鸠摩罗什重视意译，讲究文辞，追求语工，其所译《妙法莲华经》就是一部宏伟壮阔、想象瑰奇、文学色彩极浓而受到历代文人喜爱的佛教经典，日本有学者赞其为类似于英国的宗教小说《天路历程》。其所译《法华经》站在大乘的立场上，力图调和大小乘的矛盾，以大乘去融会小乘，因而被天台宗奉为"经中之王"。僧叡《妙法莲华经后序》说："法华经者，诸佛之秘藏，众经之实体也。"明成祖也说《法华经》是"济海之津梁，烛幽之慧炬；……遵之者身臻康泰，善根具足"。表明此经在佛典中的地位之高。此经另有竺法护及阇那崛多译本。而罗什译本语言流畅，文辞优美，所以为历代人们传诵，这就是《御制大乘妙法莲华经序》上所说的："虽三经文理重沓互陈，而惟三藏法师独得其旨。"道宣也在《妙法莲华经弘传序》中说："三经重沓，文旨互陈，时所崇尚，皆弘秦本。"表明罗什译最为流通。陈善说："余观鸠摩罗什及竺法护所译经：法护曰'大众团团坐，努目看世尊'。罗什则云：'瞻仰尊颜，目不暂舍'。不惟语工，亦自省力。即此可以卜才之长短。"并说："文字意同，而立语自有工拙。"（《扪虱新话·文章造语有工拙》）可见，陈善很赞赏罗什的文字功夫。

中国与印度都有悠久的文学传统，也有其各自的发展，所以将印度原典翻译成汉语时，未必能忠实原文。这种顾虑在鸠摩罗什的汉译中以及罗什的言论中早已有所表达。玄奘以后的译文较重视于原文，但他为尊重汉文的成规与习惯，以使译文易懂易读，有时候也有重新编辑本文的痕迹。僧祐《出三藏记集》卷十载《僧伽罗刹集经后记》（未详作者）说："大秦建元二十年一月三十日……且《婆须蜜经》及昙摩难提口诵《增一阿含》并《幻网经》，使佛念为译人。念及学通内外，才辩多奇，常疑西域言繁质，谓此土好华，每存莹饰，文句减其繁长。安公、赵郎之所深疾。"这篇《后记》所述竺佛念与道安、赵政之间对翻译时有重文重质之争。而后来的翻译，依然倾向"重文"。慧皎《高僧传·晋长安释僧叡传》载："释僧叡，魏都长乐人也。鸠摩罗什所翻经，叡并参正。昔竺法护出正法华经，受决品云：天见人，人见天。什译经至此，乃言曰：此语与西域义同，但在言过质，叡曰：将非天人交接，两得相见？什喜曰：实然！"慧皎《高僧传》称鸠摩罗什与其译经助手讨论转梵为汉时如何遣字行文的问题，其中"天见人，人见天"是一句经过删节的话，据竺法护所译《正法华经·授五百弟子决品》，这句话原作："天上视世间，世间得见天上，天人世人往来交接。"僧叡嫌其冗长而省略它。罗什指出"此语与西域义同"，即谓竺法护依原文直译。然而罗什又说"但在言过质"，意即法护译文过于质朴，需加文学方面的简化和润色。因此僧叡建议译作"天人交接，两得相见"之时，罗什便因正合其意而"喜曰：实然"。僧叡的改译，其原因是为了照顾汉人的阅读习惯，质朴冗长的句子非其所喜。因此，《妙法莲华经》成了如今仍在寺院中不断开讲的经典，而《正法华经》无人问津。可见汉人看重译笔流畅的佛经。

支谦《法句经序》虽是以序的形式写成，但却是一篇独立的翻译评论，专门评论译者、译本，而且很有理论意识，因而具有两方面的价值：一是确立了翻译评论中几大核心概念，如文、体、密、实、趣、质、雅等，涉及两种语言对译者的重要性，抓住了翻译中最为根本的问题。同时已触及翻译中两种最基本的翻译方法，也是两种风格译法的问题，也是标准。二是提出了重要的翻译原则，如"当令易晓，勿失厥义"；"美言不信，信言不美"；"书不尽言，言不尽意"；"今传胡义，实宜径达"；"因循本旨，不加文饰"等。这些基本概念与原则是初期翻译评论的重要收获，从翻译的本质、方法与标准三个方面构建了我国翻译评论的基本框架，也为后人的研究打下了坚实的基础。

支谦的评论还有其开拓的地方，这就是他以"合本"形式所作的研究。其《合微密持经记》就是用对比的方法比较两本的译法，开展翻译评论的。《记》中说："此经凡有四本，三本并各二名，一本三名，备如后列。其中文句参差，或胡或汉音殊；或随义制语，各有左右，依义顺文，皆可符同。"用这种方法，提出了翻译中的忠实问题，特别是关于音译（或胡或汉音殊）和意译（文句层次、随意制语，各有左右，依义顺义）问题，直接影响到翻译的准确（皆可符同），这种方法也对后世的研究产生过极大影响。支敏度《合首楞严经记》、康僧会《法镜经序》中都是沿着这一思路展开的。此时还有一个批评角度就是"言意"关系的探讨，如康僧会在《法镜经序》中批评安玄、严佛调二人的译经时说："言既稽古，义又微妙。"揭示了言与意的矛盾。其《安般守意经序》评论译者"规同矩合，义无乖异"，"言多鄙拙，不究佛意"，指出其翻译中言意关系处理不当。《序》中还说"共显神融矣"，这是翻译批评中首次提到"神"的问题。尽管他没有展开，但依然可以看出他没有停留在语言层面上，而是试图超越。

（二）支敏度的译本比较评论

支敏度是一位渊博的佛教学者，对般若、维摩等经典都作过研究。

他的翻译评论源自他在译本比较上下的功夫，他通过比较《维摩诘经》的三个译本，撰《合维摩诘经序》，指出：

> 盖《维摩诘经》者，先哲之格言，弘道之宏标也。其文微而婉，厥旨幽而远，可谓唱高和寡，故举世罕览。……此三贤者，并博综稽古，研机极玄。殊方异音，兼通开解。先后译传，别为三经，同本人殊出异。或辞句出入，先后不同；或有无离合，多少各异；或方言训古，字乖趣同；或其文梵越，其趣亦乖；或文义混杂，在疑似之间，若此之比，其涂非一。若其偏执一经，则失兼通之功；广披其三，则文烦难究，余是以合两令相附，以明所出为本，以兰所出为子，分章断句，使事类相从。令寻之者瞻上视下，读彼案此，足以释乖迂之劳，易则易知矣。若能参考校异，极数通变，则万流同归，百虑一致，庶可以辟大通于未寤，阖同异于均致。

序中的评论涉及五个问题：一、如何遵守原文的行文和语序。这一点他在《合首楞严经记》中说得更明确，译本的"不同"，关键在于"辞有丰约，文有晋胡"；二、对原文的增删、句式的合并与分解；三、用词的雅俗，选词的准确性问题，选词不当的危害造成不同译本的语义大相径庭；四、造句不当的差异造成不同译本的语义大相径庭；五、表达问题，触及"达"，译文如不能明达晓畅，会造成理解上的困难。

《维摩诘经》的三个译本分别为支谦、竺法护和竺叔兰所译。"辞句出入""有无离合""其文胡越""文义混杂""在疑似之间"等评语，说明支谦译本文句和段落前后缺少过渡等问题，与道安、智旭的批评不谋而合。可见，支敏度的研究比之支谦又深入细致一些，他的重点在探讨译本的"词"与"句"对原文的忠实性上，这可以说已抓住了翻译的要害。这五个方面其实比道安的"五失本"更全面，问题更重要，只是他没有像道安那样以佛教"数法"的形式归纳起来，因为支敏度研究的是大乘经典，《维摩诘经》的主题是宣扬大乘般若思想，批评小乘的偏执与片面性，既不赞成以"有"为"实"，亦不同意执"无"为"真"，而倡导"中道""圆融"与"空观"。"数法"是小乘学说。道安主要研究安世高一系禅学，安世高所译即主要是禅经著作，他自己也是一位修习禅观的学者。梁僧祐在《安世高传》中称他"博综经藏，尤精阿毗昙学，讽持禅经，略尽其妙。"道安也说："昔汉氏之末，有安世高者，博闻稽古，特专阿毗昙学，其所出经，禅数最悉。"安世高的禅学讲"安般守意"，也就是通过数息的方法控制自己的意识，达到"入定"的境界，它有复杂的修行过程。安世高的译作主要介绍小乘佛教说一切有部的理论，所传的是"禅数"之学，即后来中国佛教所说的"定慧""止观"。"数"即数法，指阿毗昙，也作阿毗达摩、毗昙，因以数把教法分类，也可译为数法，如四谛、五蕴、八正道、十二因缘、十八界等。阿毗昙能使人懂得佛教的道理，所以称其为"慧"。吕澂认为："安世高的汉译佛典，可算是种创作，在内容和形式方面都有它的特色。就内容说，他很纯粹地译述出他所专精的一切……至于译文形式，因为安世高通晓华语，能将原本意义计较正确地传达出来。"安世高的小乘禅数之学强调"止观双行"，重视"持戒"，对后世的禅学产生了较大影响。佛教有一套独特的名词术语，即"名相"。这些佛教术语的构成为两类：一类是不含数字的，如般若、真如、佛性、无我、涅槃等；一类是以数字开头或为使术语的含义更为明了，在数字前加修饰词限定的，如二谛、四依、五明、五蕴、外道六师等，别称法数或名数。而绝大多数不含数字的佛教术语都可以为含数字的佛教术语所统摄，或成为含数字的佛教术语的构成语素。李师政著《法门名义集》，其"自序"云："标法之名，释名之义，理之津道，可不务乎？但布在众典，难得而究，集而释之，则易观矣。"指出了佛教法数的性质。明朝圆静所著《教乘法数》四十卷，鉴于佛法传入中国后，至明代已有一千三百余年，历代所译经论律三藏加上此土撰述，不下六千卷之多。而其间名相纷繁，初学者不易了解，于是广采"内典之文、旁及百氏"，"详加订定、续入而汇次之"，从"一心"开始到"八万四千法门"止，共收法数三千一百六十二目。其中如翻译四例、琼师翻译八备、琼师翻译十条、三支比量等等。

支敏度的评论方法在当时称为"合本"或"会译"，是一种以佛典的多种汉文译本相互参校，比较其文，以明其义，决定取舍的研究方法。这种方法可以使评论有理据，归纳有条理。陈寅恪在《支敏度学说考》中说："'合本'之比较，乃以同本异译之经典相参校。其所用之法……与今日语言学者之比较研究法暗合。"(《金明馆丛稿初编》)这说明我国汉魏时期的翻译评论早已开始将内部研究与外部研究同时进行了。

（三）支遁的译本对比研究

支遁对《般若经》的研究用功甚深，他将大小品《般若经》的同异作了详细研究，写了《大小品对比要抄》。"小品"在中国的翻译有《道行般若经》十卷（支谶译）、《大明度无极经》四卷（支谦译）、《小品般若波罗蜜经》十卷（罗什译）。"大品"译本有《放光般若经》二十卷（无叉罗译）、《光赞般若经》（竺法护译），这两种译本出后，小品不再流行。另有《摩诃般若波罗蜜经》二十七卷，罗什译。至唐代玄奘才最后将《大般若经》全部译出，共六百卷，这才系统完整。由于大小品内容在印度并非一次性完成，因而思想比较驳杂，对初期般若学的研究而言，不利于中心要旨的把握，这是需要对比的主要原因。隋朝《众经目录序》（编者未详）说："前写后译，质文不同，一经数本，增减亦异，致使凡人，得容妄造。或私采要事，更立别名；或辄构余辞，仍取真号；或论作经称，疏为论目，大小交杂，是非共混，流溢不归，因循未定，将恐陵迟圣说，动坏信心。义阙绍隆，理乖付嘱。"这说明了对异译本进行比较的重要性。而各家译本详略互异，而且常有致疑的地方。支遁认为，"理无大小，虽教因人之明暗而有烦约，然其明宗统一，会致不异"。但译文往往断章取义，致失原旨，"或以专句推事，而不寻况旨；或多以意裁，不依经本。故使文流相背，义致同乖，群义偏狭，丧其玄旨"。于是作《大小品对比要抄》，"序"中说："推考异同……使验之有由。"可见其用功之深。支遁认为这种比较研究的重要性在于："如其不悟，将恐遂其所惑，以罔后生。是故推考异同，验其虚实，寻流穷源，各有归趣。"抱着这样的思想，"序"中除将译本所显示的义理进行了对比之外，重点对两家译本的翻译手法与翻译得失进行了比较：

夫物之资生，靡不有宗，事之所由，莫不有本，宗之与本，万理之源矣。本丧则理绝，根杌则枝倾，此自然之数也。末绍不然矣。于斯也，徒有天然之才，渊识遐世，而未见大品揽其源流，明其理统，而欲寄怀小品，率意造义，欲寄其分得，标显自然，希遐常流，徒尚名宝，而竭其才思，玄格圣言，趣悦群情，而乘本违宗，岂相望乎大品也哉！如其不悟，将恐遂其所惑，以罔后生。是故推考异同，验其虚实，寻流穷源，各有归趣。而小品引宗，时有诸异，或辞倒事同，而不乘旨归；或取其初要，废其后致；或筌次事宗，倒其首尾；或散在群品，略撮玄要。时有此事，乘互不同。又，大品事数甚众，而辞旷浩衍，本欲推求本宗，明验事旨，而用思甚多劳，审功又寡，且稽验废事，不覆速急。

是故，余今所以例玄事以骈比，标二品以相对，明彼此之所在，辩大小之有先，虽理或非深奥，而事对之不同，故采其所究，精粗并兼，研尽事迹，使验之有由。故寻源以求实，趣定于理宗。是以考大品之宏致，验小品之总要，搜玄没之所存，求同异之所寄。

大品和小品在翻译文笔上的差异是："或以大品辞茂事广，喻引宏奥，虽穷理有外，终于玄同。""而大品言数丰具，辞领富溢，闻对奥衍，而理统宏邃。""大品事数甚众，而辞旷浩衍，本欲推求本宗，明验事旨，而用思甚多劳，审功又寡，且稽验废事，不复速急。"至于小品："辞喻清约，运旨澹澹。""而小品引宗，时有诸异，或辞倒事同，而不乖旨归；或取其初要，废其后致；或筌次事宗，倒其首尾；或散在群品，略撮玄要。时有此事，乖互不同。"最后，"序"中又指出："余今所以例玄事以骈比，标二品以相对，明彼此之所在，辩大小之有先。虽理或非深奥，而事对之不同，故采其所究，精粗并兼，研尽事迹，使验之有由。故寻源以求实，趣定于理宗。是以考大品之宏致，验小品之总要，搜玄没之所存，求同异之所寄。"再次揭示了这种方法的重要意义。"序"的中心仍然是谈论"案本"问题，支遁主张"不丧本归"，避免"乖本违宗"之说，因为"伤本则失统，失统则理滞，理滞则或殆"，"本丧则理绝，根朽则枝倾，此自然之数也"。最后强调："使文不违旨，理无负宗，栖验有寄，辩不失征。"

支遁此"序"不同于前期评论的一点是，作者站在大乘般若的立场上看问题，虽然该文的理解仍未准确把握大乘"空"的原义。佛教发展至大乘，思想观念和理论的严密程度都发生了深刻变化。特别是辩证法因素的丰富，使其哲理和方法更加适于讨论艺术问题。文中关于"至人"的论述，实际上是对"神"的阐发。"凝神玄冥，灵虚响应，感通无方。"可以说，这就是"神"的特点。前面两篇"序"文谈到"神"，没有作任何展开，到支遁这里，已在注意分析了，这可以说是评论中理论思维的一大进步。同时应该注意的是，"化"这一概念也在这里出现。"建同德以接化，设玄教以悟神"，这里的"化"还没有进入艺术，但这一概念的运用明显又是与艺术结合在一起的。"达神化之权"，与我们现代翻译评论中的"化境""出神入化"等范畴，已很接近了。然后是文中引进了"味"的概念，这是与"求之于筌表，寄之于玄外"相联系的，因为"味"实际上就是"弦外"的东西。"味"的提出，表明翻译评论在寻求超越，试图以更高的范畴统摄文和质，同时也更适应佛经中文学情趣的传达和再现。进一步，支遁还指出导致译本差异的种种原由：

> 惟昔闻之曰：夫大小品者，出于本品，本品之文，有六十万言，今游天竺，未适于晋。今此二钞亦兴于大本，出者不同也，而小品出之在先。然斯二经虽同出于本品，而时往有不同者……所以然者，或以二者之事同，互相以为赖，明其本一，故不并矣……是以先哲

出经，以胡为本，小品虽钞，以大为宗，推胡可以明理，征大可以验小。若苟任胸怀之所得，背圣教之本旨，徙常于新声，苟竞于异常，异常未足以征本，新声不可以经宗。而遣异常之为谈，而莫知伤本之为至。伤本则失统，失统则理滞，理滞则或殆。若以殆而不思其源，困而不寻其本，斯则外不观于师资，内不由于分得。岂非仰资于有知，自塞于所寻，困蒙于所滞，自穷于所通？进不暗常，退不研新，说不依本，理不经宗，而忽咏先旧，毁呰古人，非所以为学，辅其自然者哉！……而小品引宗，时有诸异……时有此事，乖互不同。又，大品事数甚众，而辞旷浩衍，本欲推求本宗，明验事旨，而用思甚多劳，审功又寡，且稽验废事，不覆速急。

支遁在《大小品对比要抄》中认为，对诸法性空的理解，应当把本体和现象结合起来，而不能绝然割裂。本体的"尽无"（真空）与现象的"妙存"（假有）是统一的，所以能"忘无故妙存，妙存故尽无"。在此基础上进一步达到"二迹无寄，无有冥尽"的境界，体验到"般若之无始"，"万物之自然"。这里，支遁虽然仍以玄学的语言来表述他对般若学的理解，但其内容毕竟已不同于玄学家王弼的"以无为本"或郭象的"独化于玄冥之境"。支遁"雅尚《庄》《老》"（孙绰《道贤论》），他对庄子的解说。把握住了其精神的核心，这种对庄子世界的解悟，势必贯穿于他对佛学的领会和传布。他在《释迦文佛像赞》里将佛陀称为"至人"，"至人时行而时止"，"至人令化，迹遂世微"。他在《大小品对比要抄序》中说："至人无己，神人无功，圣人无名。"在庄子那里，至人、真人、神人、圣人，都是达到"归精神乎无始，而甘冥乎无何有之乡"（《庄子·列御寇》）的道的至高境界的人，表达的是一种与大道同行、与万物俱化的理想人格。"至人"概念在支遁的佛学精神领域里，化用得十分裕如自然。五戒与无为，内圣与外王，虚玄与大象，儒道佛各有家数各有定义的概念，在这里都融为一体，妙合无痕。在支遁这里，是把佛学精神老庄化了，同时也把老庄之道佛学化了——既用汉地学术顺向"格义"印度佛学，又用佛学反向"格义"汉地学术，表明"格义"方法已超越初期简单的对应方式。

从支谦到支遁，可以看出翻译评论在一步步深入，翻译的忠实性问题反复受到论者们的强调，不管是"宿本"，还是"不丧本归"，都是一个目标，那就是忠实原文。支遁的评论从语言、内容和译经策略三方面同时展开，强调译经的忠实既须遵循"况旨"，又须依据"经本"，是从内容和风格两方面谈忠实的，很符合现代翻译中的"等值"理论。文中所提"伤本""乖本",是从反面对前期理论"宿本"的提法。其目的仍是忠实原文,"使文不违旨,理无负宗"。此外,"缺"(阙)与"具"一对概念的提出,是初期译经评论中和"文"与"质"相类似的提法,指译经的详略。翻译时对原文可增可减的称为"缺",保持原文句量不变的称为"具"。也是指在直译与意译、形式与内容上各有侧重的表现。

(四)道安的译经评论

道安生当中印佛教文化交流日益频繁的东晋时代,是中国佛教史上的一位划时代人物。《高僧传》载,罗什曾称他为"东方圣人",他同时也是佛典汉译史上重要的评论家和有深厚修养的文学家。《释道安传》称其"外涉群书,善为文章";"其人理怀简衷,多所博涉;内外群书,略皆遍睹;阴阳算数,亦皆能通;佛经妙义,故所游刃"。

1. 组织译经

道安对原有的译经很不满意,《出三藏记集》卷十五《道安法师传》记载说:"初经出已久,而旧译时谬,致使深义隐没未通。每至讲说,唯叙大意,转读而已。"原有的译经,经常出现错误,佛经的深奥义理表达不出来。致使道安讲经说法的时候,只能讲个大概意思,不能细讲,《出三藏记集》卷八载有道安写的《摩诃钵罗若波罗蜜经钞序》谈到他讲《般若经》的情况:"昔在汉阴十有五载,讲《放光经》岁常再遍。及至京师渐四年矣,亦恒岁二,未敢堕息。然每至滞句,着尾隐没,释卷深思,恨不见护公、叉罗等。"道安在汉阴十五年,每年讲《放光般若经》两遍,到京师长安快四年了,仍然坚持每年讲两遍,从不懈怠,经常遇到"滞句""隐没"之类的情况,恨不得拜见《光赞般若经》的译者竺法护和《放光般若经》的译者无叉罗,向他们请教。由此,使他下决心参与译经。他在长安的七年中,主要任务是组织译经,并为译经写序,《出三藏记集》共收录他的经序十四篇。

2. 经典注疏

《出三藏记集》卷五《新集安公注经及杂经志录》称:"佛之著教,真人发起,大行于外国,有自来矣。延及此土,当汉之末世,晋之盛德也。然方言殊音,文质从异,译胡为晋,出非一人。或善胡而质晋,或善晋而未备胡,众经浩然,难以折中。"这里说明道安注经的原因。佛教起源于印度,传入中国要靠翻译,印中两国的语言结构不同,发音不同,文质不同。从事佛经翻译的人很多,他们有的通梵文而不通汉语,有的通汉语而不通梵文,译出的佛经自然难懂,这就促使道安下决心注经。道安所注佛经主要包括《光赞折中解》《光赞抄解》《般若放光品折疑准》《般若放光品折疑略》《般若放光品起尽解》《道行品集异注》《大十二门经注》《小十二门经注》《了本生死经注》《密迹金刚经甄解》《持心梵天经甄解》《贤劫八万四千度无极经解》《人本欲生经注撮解》《安般守意经解》《阴持入经注》《大道地经注》《十法句义杂解》《义指注》《九十八结解》《约通解》《三十二相解》等，此外还写有《三界诸天录》《经录》《答法汰难》《答法将难》《西域志》等。《出三藏记集》卷十五《道安法师传》对此总结说："安穷览经典，钩深致远。其所注《般若》《道行》《密迹》《安般》诸经，并寻文比句。为起尽之义，乃析疑、甄解，凡二十二卷。序致渊富，妙尽玄旨。条贯既序，文理会通，经义克明，自安始也。"

3. 经录编纂

《出三藏记集》卷十五《道安法师传》称："自汉暨晋，经来稍多，而传经之人，名字弗记。后人追寻，莫测年代。安乃总集名目，表其时人，铨品新旧，撰为经录。众经有据，实由其功。"从汉到晋，翻译的佛经越来越多，有的译师不记名字，后人追忆又查不清年代。为清楚起见，道安著《综理众经目录》，又称为《道安录》或《安录》，分为七部分：说明译师、译时、新译、旧译等，使读者一目了然。道安的经录研究主要涉及如下几个方面。一为经律论录，约四百五十部，共一千八百六十七卷；二为古异经录。《出三藏记集》卷三《新集安公古异经录》载："古异经者，盖先出之遗文也。寻《安录》，自《道地要语》迄《四姓长者》，合九十有二经，标为古异。虽经文散逸，多有缺亡，观其存篇，古今可辨。或无别名题，取经语以为目，或撮略《四含》，摘一事而立卷，名号质实，信古典矣。"道安以前的某些译经，已不知译师、译时者，称为"古异经"。这些佛经多为《阿含经》的某一部分，多为残篇，有的题目也没有了，就用经文中的某一句话作为题目；三为失译经录。《出三藏记集》卷三《新集安公失译经录》载："祐校安公旧录，其经有译名则继录上卷，无译名者则条目于下。寻《安录》自《修行本起》迄于《和达》，凡一百三十四经，莫详其人。又关、凉二录，并缺译名，今总而次，列入失源之部。《安录》诚佳，颇恨太简，注目经名，撮题两字，且不列卷数，行间相接，后人传写，名部混糅。且朱点为标，朱灭则乱，遁空追求，困于难了。斯亦珕瑶之一玷也。且众录杂经，苞集逸异，名多复重，迭相散紊。"失译即已不知译师之名。僧祐在肯定《安录》的前提下，也指出它的缺点，即太简单化了，只注经名，不列卷数，还有很多重复。共收一百四十二部一百四十七卷；四为凉异经录。"凉土"相当于现在的甘肃省武威，共收五十九部七十九卷；五为关中异经录，共收二十四部二十四卷；六为疑经录，共收二十六部三十卷。道安说："外国僧法，学皆跪而口受。同师所受，若十、二十转，以授后学。若有一字异者，共相推校，得便摈之，僧法无纵也。经至晋土，其年未远，而喜事者，以沙糅金，斌斌如也，而无括正，何以别真伪乎！农者禾草俱存，后稷为之叹息，金匮玉石同缄，卞和为之怀耻。安敢预学次，见泾渭杂流，龙蛇并进，岂不耻之？"由此可见，道安对伪经恨之入骨，一定要把它清除出去；七为注经及杂经志录，共收二十四部二十七卷，其中包括《经录》等著作四部。关于《经录》，道安说："此土众经，出不一时，自孝灵光和已来，迄今晋康宁二年，近二百载，值残出残，遇全出全，非是一人，难卒综理，为之录一卷。"可见道安时代，译师得到什么经，就翻译什么经，还没有受宗派、学派影响，也没有系统性。

4."诠品译才"之先驱

道安曾在孝武帝宁康二年（374 年）著《综理众经目录》一书，记录自后汉至西晋期间翻译的汉译经典，指出这些经典的译者、翻译时间与真伪，并有言简意赅的评论。僧祐《出三藏记集》卷二称道安"诠品译才，标列岁月，妙典可征，实赖伊人。"赞扬道安开了译者评论（"诠品译才"）的先河，指出了他在评论上的先导作用与贡献。彦琮《辩正论》说道安"详梵典之难易，诠译人之得失，可谓洞入幽微，能究深隐"。道安在此书中指出："此土众经，出不一时，自孝灵光和以来，迄今晋宁康二年，近二百载。值残出残，遇全出全，非是一人，难卒综理，为之录一卷。"（《出三藏记集》卷五）苏晋仁《佛教文化与历史》认为，道安的目的在于将有译人可考的按时代排列，从而使佛学的派别和演变有线索可寻，又把失译人名的和摘译别出的区分开，以便于了解考察。对于疑伪的经典则严加区别，不使真伪混淆。同时，还对已有的译经，都"校练古今，精寻文体"，就其译语译风进行比较，查勘为某人所译，或非某人所译，并对译人的译笔优劣，也有所评骘。其评语多适当中肯。总括起来，道安批评了前代译者安世高、支谶、安玄、康僧会、朱士行、支谦、竺叔兰、僧伽提婆、鸠摩罗什、佛陀耶舍、昙无谶、佛大跋陀、求那跋陀罗、法祖等十四位，涉及自汉末至西晋的译本。其中对安世高译经有比较全面的研究，也有比较高的评价，如：

> 义理明晰，文字允正，辩而不华，质而不野，凡在读者皆亹亹而不忘倦焉。……天竺国自称书为天书，语为天语，音训诡蹇，与汉殊异，先后传译，多至谬滥，唯世高出经，为群译之首。安公以

为若及面禀，不异见圣，列代名德，咸赞而思焉。

世高所出也，辞旨雅密，正而不艳，比诸阐经，最为精悉。

然世高出经，贵本不饰，天竺古文，文通尚质，仓卒寻之，时有不达……

世高审得厥旨……聪明有融，信而好古。

安世高译为晋言也，言古文悉，义妙理婉，睹其幽堂之美，阙庭之富或寡矣。安每览其文，欲疲不能。所乐而玩者，三观之妙也；所思而存者，想灭之辞也。

道安指出安世高译经语言规范，文质适中，具有可读性。但有的时候"辞旨雅密"，有时则"贵本不饰"，表明安世高译经还未形成较为稳定的译风。对支谶译经也有全面研究和评论：

凡此诸经，皆审得本旨，了不加饰，可谓善宣法要弘道之士也……竺佛调……转胡为汉，译人时滞，虽有失旨，然弃文存质，深得经意。

支谶全本，其亦应然，何者？抄经删削，所害必多，委本从圣，乃佛之至戒也。

天竺沙门昙摩蜱执梵本，佛护为译，对而检之，慧进笔受，与《放光》《光赞》同者，无所更出也。

支谶世高审得胡本难继者也；又罗支越斫凿之巧者也，巧则巧矣，惧窍成而混沌终矣。

对支谶的"了不加饰""弃文存质"表示肯定，而不太赞成支谦的求"巧"之举。道安所云"巧"，主要指两点：一是指翻译时的删重去复，二是指改旧适今。从道安的评论看出，道安之前及同时期的译经，或文或质，各种译法都在试验和摸索之中，并非只有文或质两种译法。如安玄译经"理得音正，尽经微旨，郢匠之美，见述后代"；"佛调出经，省而不烦，全本妙巧"；康孟祥出经，"奕奕流便，足腾玄趣"；康僧会"出经……妙得经体，文义允正。又注《安般守意》《法镜》《道树》三经，并制经序，辞趣雅赡，义旨微密，并见重后世"。尤其是支谦，"典得圣义，辞旨文雅"，这都是文派的代表。而支谶、竺将炎等"志存义本，近于质实"，还有僧伽提婆"去华存实，务尽义本"，是质派的代表。

出于探求佛经本义，推动佛学发展的想法，道安主要采用不同译本的对比研究，全面评论前期译本。《高僧传·释道安传》载："安穷览经典，钩深致远，其所注《般若》《道行》《密迹》《安般》诸经，并寻文比句，为起尽之义，乃析疑甄解，凡二十二卷，序致渊富，妙尽玄旨，条贯既序，文理会通，经义克明，自安始也。"道安早期研读《光赞般若经》，并将其与《放光般若经》进行比较，认为《放光般若经》译文的特点是："言少事约，删削重复，事事显炳，然易观也。从约必有所遗，于天竺辞反腾，每大简焉。"指出《放光》兼用节译和意译，删削过甚，意义必定有所遗漏。而《光赞般若经》则是："言准天竺，事不加饰。悉则悉矣，而辞质胜文也。每至事首，辄多不便，诸反复相明又不显灼也。"这是说《光赞》纯用直译，文辞质朴。他还比较大品《放光般若经》与小品《般若道行品经》，认为东汉支谶译本《道行品经》是《放光般若经》原本的节抄本，但"道行颇有首尾隐者，古贤论之，往往有滞（脱漏不通）"。他将两经对比考察，借助《放光般若经》对《道行品经》的文句作注释，并注明其在《放光般若经》中的前后位置，二者的异同、详略等。他说："支谶全本……抄经删削，所害必多，委本从圣，乃佛之至戒也……事本终始，犹令折伤玷缺，戢然无际。假无《放光》，何由解斯经乎？永谢先哲，所蒙多矣，今集所见，为解句下，始况现首，终隐现尾。"从道安的评论来看，自东汉至西晋一代的佛典汉译似乎没有成熟。

5. 辩证的评论观

道安的译经评论思想既有辩证性，又主张文质结合。他在为安世高翻译的《阴持入经》《地道经》《十二门经》《大十二门经》《人本欲生经》作序时，高度赞扬《阴持入经》的翻译"微显阐幽"；《大十二门经》的翻译"辞旨雅密，正而不艳，比诸禅经，最为精悉"；在《地道经》中赞扬安世高译经"音近雅质，敦兮若朴，或变质从文，或因质不饰。皇矣世高，审得厥旨"。从这些赞扬的评论中，可以看出，道安认为安世高的译经很好，阐释的佛理深幽，音近质雅，不失厚朴，言辞意旨规范精到，文辞正而不丽。之所以如此，是因为安世高译经方法得当，文质并用。

道安通过异译本对照的方法，研究前人译经。他在研究般若学时，将《放光》和《道行》对照时，认为《放光》经过删略后，文字更显流畅达意，因此他说："斥重省删，务令婉便，若其悉文，将过三倍，善出无生，论空特巧，传译如是，难为继矣。"（《出三藏记集·道行经序》）说明他赞同删重就简的原则。而在与赵政、慧常等主持译经时，也赞同"预期巧便，宁受雅正"的实录式译法，并反对改旧适今。他说："前人出经，支谶世高审得胡本难系者也；又罗支越斫凿之巧者也，巧则巧矣，惧窍成而混沌终矣。若夫以《诗》为烦，以《尚书》为质朴，而删令合今，则马、郑所深恨者也。"(《出三藏记集·维摩诘经序》)道安的评论超越前人的地方，是他不仅肯定了文质的一面，而且又有否定文质的一面，那就是过分的文或质都是有害的，这是道安在翻译问题上的"远识"。他在《摩诃钵罗若波罗蜜经钞序》中评无叉罗说："斫凿之巧者也，巧则巧矣，惧窍成而混沌终矣。"批评安世高出经"天竺古文，文通尚质，仓促寻之，时有不达"。就是说，"文"和"质"只要都是基于"不易圣言"的原则，就各有优点，也各有不足之处，这实际上就是主张厥中适宜，只是他没有明确提出这一概念来。前秦建元十八年，按道安的主张，由天竺沙门昙摩蜱执胡本，佛护译出，慧进笔受，译出《大品》。道安写了题为《摩诃钵罗若波罗蜜经钞序》一文，共五卷。这样，道安借助三个不同译本对大品《般若经》作比较研究。序中说："与《放光》《光赞》同者，无所更出也。其二经译人所漏者，随其失处，称而正焉。其义异不知孰是者，辄并而两存之，往往为训其下。"很赞赏康孟祥的翻译，说他的译文"奕奕流便，足腾玄趣"，因为这种译笔有其独到的意趣，那就是"焕然易观"，这就涉及翻译美学问题。由此又引出批评中"美"与"味"的问题，如道安在《人本欲生经序》中说安世高的翻译："悉义妙理婉，见其幽堂之美，阙庭之富或寡矣。安每览其文，欲疲不能。所乐而玩者，三观之妙也；所思而存者，想灭之辞也。"又说《比丘大戒序》的翻译："犹如合符，出门应辙也，然后乃知淡乎无味，乃直道味也。"此外，"美"与"味"的提出很重要，当时道慈《中阿含经序》也曾这样说："昔释法师于长安出《中阿含》《增一》《阿毗昙》《广说》《僧伽罗叉》《阿毗昙心》《婆须蜜》《三法度》《二众从解脱缘》。此诸经律，凡百余万言，并违本失旨，名不当实，依稀属辞，句味亦差，良由译人造次，未善晋言，故使尔耳。"表明此时的评论有以"味"统一"文质"的势头，反映了评论的推进，只是他们还没有将文质问题统一起来看。但道安毕竟推动了当时的翻译评论。僧祐评价道安说："请译出众百余万言，常与沙门法和诠定音字，详复方旨，新出众经，于是获正。"指出道安在推动译经事业中所做出的贡献。

　　6. 译本比较研究

　　初期译经，无论直译、意译，或是力图直、意融合，均有不足，致使文句难懂，所谓"每至滞句，首尾隐没"，就是说遇到难懂的文句，前后意义便不能贯穿。自汉哀帝元寿元年开始，至道安所生活的东晋，佛经翻译达到第一次高峰，但仍处于混乱状态。其间较著名的佛经译家有安世高、支谶、朱士行、支谦等。例如，开辟汉地译经事业的安世高翻译有两大不足：其一是安世高的翻译过分拘泥于原文的语法结构，因而"不免重复颠倒"，"对于某些术语的翻译也欠精确，如'受'译为'痛'，'正命'译为'直业治'等，令人费解"（汤用彤《汉魏两晋南北朝佛教史》）。其二是安世高的部分翻译是通过口授而由别人记录整理的，口授与笔录的分离必然导致部分经义的丧失。支谶的翻译"过分求实求质，必然致使义理隐晦，不易了解"。同时，支谶译经也是采取口授笔录方式，与人合作完成的。这种口授、笔录相分离的方式也会导致所翻译的经文部分失实。与安世高、支谶直译不同的是，朱士行、支谦的翻译则趋向于更为自由的意译，导致佛经删减过多，其忠实性被打了折扣。

道安一生研学佛理，弘扬佛法，是中国佛教哲学思想的理论建构者。当时的佛典译家受老庄思想的影响，多用"格义"的方法，翻译中不自觉地受到老庄儒家等汉学经典语体的影响，采用了类似的较为古朴的语体翻译。道安力图忠实准确地翻译、引进印度佛教，为当时的知识精英和普通民众找到精神寄托的归宿和心灵诠释的工具，因而致力于经本研究。但是在弘扬佛法的过程中，道安深为当时佛经翻译的质量担忧。这对人们准确、顺畅地理解佛典产生了阻碍。因而道安在搜求经本，考校异同方面用功极深。他采用支谦开创的"会译"法来研究翻译，对勘同本异译，区别本末，正误补缺。他以这样的治学方法研究和撰写佛学著作，学风朴实严谨，由此道安的学说在当时起着中流砥柱的作用。他在《阴持入经序》中说自己研究安世高译籍，"幽处穷壑，窃览篇目"。

道安的合本研究也极为深入。他在搜求经本方面用功极深，如《渐备经十住梵名并书序》说："《渐备经》恨不得上一卷，冀因缘冥中之助，忽复得之……《大品》上两卷，若有可寻之阶，亦勤以为意……《首楞严》《须赖》，并皆与《渐备》俱至。凉州道人释慧常，岁在壬申，于内苑寺中写此经，以酉年因寄，至子年四月二十三日达襄阳。《首楞严经》事事多于先者，非但第一第二第九，此章最多，近三四百言许，于文句极有所益。《须赖经》亦复小多，能有佳处，云有《五百戒》，不知何以不至，此乃最急……常以为深恨，若有缘便尽访求之理。"这表明他搜求译本的苦心。然后凭借其丰富的佛学知识和非凡的理解力，通过对译本"寻文比句"的方式进行"析疑、甄解"。凡此种种，都是因为在道安之前，佛教在中国传播不均衡而造成的。道安深明此中原委，他所作的钻研就是搜集众经，如："安乃总集名目，表其时人，诠品新旧，撰为经录。众经有据，实由其功！"（僧祐《出三藏记集》）他以这样的治学方法进行研究和撰写著作，养成佛教界朴实严谨的学风，开创了纯正的佛学研究。他将《光赞般若经》《放光般若经》和小品《般若道行品经》进行比较研究，对比考察，借助《放光般若经》对《道行品经》的文句作注释，并注明其在《放光般若经》中的前后位置，二者的异同、详略等。这样，道安借助三个不同译本对大品《般若经》进行比较研究。序中说："与《放光》《光赞》同者，无所更出也。其二经译人所漏者，随其失处，称而正焉。其义异不知孰是者，辄并而两存之，往往为训其下。"

道安采用对照异译本的方法，对佛经的翻译进行比较、考证和参照，理解经本意旨，并由此开展翻译评论，发明译经规例。他用《放光》对照《道行》（当时认为是同本异译），发现《放光》有删略之处，认为删略得好，因为经过删略之后，文字流畅，更加达意了。当他用《光赞》与《放光》比较时，又觉得《放光》的删略不一定合适，认为《放光》的翻译"言少事约"，固有易观的好处，但对于"事"（法相）就必有讲得不完全之处，特别在"反腾"的地方删削得厉害了一些（吕澂《中国佛教源流略讲》）。通过悉心对比，他发现自己以前所赞扬的那种语句婉便必在意思方面有所遗漏，而过于详细质朴则太乏文采，觉得两种风格的翻译既各有优点，又各有不足之处，于是"随其失处称而正焉，其义异不知孰是者，辄并而两存之。"（道安《摩诃钵罗若波罗蜜经钞序》）通过这样艰深细致的比照和注疏，道安在一定程度上克服了自身不懂梵语的不足，逐渐领会了佛学大义。正是由于道安广泛比照参证，深研细究，他的论断之言大多恰切允正，常为后代学者所援引。

7. 前人译经的总结："五失本"、"三不易"

道安通过比较、研读大量译本，又结合过去阅读佛经、讲解佛经和整理佛经目录的学术活动，再加上参与译经的经验，总结出前人译经中的"五失本"问题，并由此提出"三不易"的翻译理论。慧皎《高僧传》曾评价其所校注经文："序致渊富，妙尽深旨，条贯既序，文理会通，经义克明。"表明道安对前人译经研究的深入，更说明"五失本"、"三不易"之说正是对前人译经的总结。所云"五失本"即译梵文或胡语为汉文，有五种不符原文之失误。其《摩诃钵罗若波罗蜜经钞序》全文载：

> 昔在汉阴十有五载，讲《放光经》岁常再遍，及至京师，渐四年矣，亦恒岁二，未敢惰息。然每至滞句，首尾隐没，释卷深思，恨不见护公、叉罗等。会建元十八年，正车师前部王名弥第来朝，其国师字鸠摩罗跋提，献胡大品一部，四百二牒，言二十千失卢，失卢三十二字，胡人数经法也。即审数之，凡十七千二百六十失卢，

残二十七字，都并五十五万二千四百七十五字。天竺沙门昙摩蝉执本，佛护为译，对而检之，慧进笔受，与《放光》《光赞》同者，无所更出也。其二经译人所漏者，随其失处，称而正焉，其义异不知孰是者，辄并而两存之，往往为训其下，凡四卷。其一纸二纸异者，出别为一卷，合五卷也。译胡为秦，有五失本也：一者胡语尽倒，而使从秦，一失本也；二者胡经尚质，秦人好文，传可众心，非文不合，斯二失本也；三者胡经委悉，至于叹咏，叮咛反复，或三或四，不嫌其烦，而今裁斥，三失本也；四者胡有义说，正似乱辞，寻说向语，文无以异，或千五百，刈而不存，四失本也；五者事已全成，将更傍及，反腾前辞，已乃后说，而悉除此，五失本也。然《般若经》三达之心，覆面所演，圣必因时，时俗有易，而删雅古以适今时，一不易也；愚智天隔，圣人叵阶，乃欲以千岁之上微言，传使合百王之下末俗，二不易也；《阿难》出经，去佛未久，尊者大迦叶令五百六通迭察迭书，今离千年，而以近意量裁，彼阿罗汉乃兢兢若此，此生死人而平平若此，岂将不知法者勇乎？斯三不易也。涉兹五失经、三不易，译胡为秦，讵可不慎乎？正当以不闻异言，传令知会通耳，何复嫌大匠之得失乎？是乃未所敢知也。

前人出经，支谶、世高审得胡本，难系者也；叉罗、支越，斫凿之巧者也，巧则巧矣，惧窍成而混沌终矣。若夫以诗为烦重，以《尚书》为质朴，而删令合今，则马、郑所深恨者也。近出此撮，欲使不杂，推经言旨，唯惧失实也。其有方言古辞，自为解其下也。于常首尾相违，句不通者，则冥如合符，厌如复折，乃见前人之深谬，欣通外域之嘉会也。于九十章荡然无措疑处，毫芒之间泯然无微疹，已矣乎！

"一失本"讨论的是梵（胡）、汉两种语言的语序或语言结构以至梵汉文字书写的习惯顺序、语言构造和习惯等不同，会造成译文对原文的"失本"。道安发现前人译经多颠倒原文语序，这是因为梵（胡）语和汉语的语言习惯不同，翻译时遵照汉语习惯，使之能为中国读者理解。译者没有逐字翻译，为的是不使读者困惑。但道安觉得把梵（胡）语倒装句改变为汉语的叙述方法，导致一部分信息量的损失。其根本思想都是在于不失梵（胡）语之原貌，最大限度地保存梵（胡）语中传达的内容。道安把语言这种形式的载体归纳到"本"的范畴里，认为失去了原语的语序也就失去了"本"，这是道安重要的翻译思想。这说明道安已基本认识到思想内容必须借助于语言文字这个形式才能实现其交流与传播的目的，所以语言本身也就包括在原著的"本"之中，脱离了这个语言形式的根本，思想只能是一种无从实现无从依附的空中楼阁。由此在译经时，要遵从语词、语序、语法这个"本"，才能最大限度地在语言上保存佛经的原貌。道安总结此项意在强调保持经典原貌，尽可能地让学人领悟最真实的佛祖的意旨，不赞成译文"乖离梵文原意"。当然，译风过于质直，译文常有隐滞，这也是道安不赞成的。

"二失本"论述的是翻译中的"文""质"，更是风格的传译。译本文辞风格与原本不一致，梵（胡）语佛经比较质朴，而译文都按照汉语习惯，将其译得辞藻华丽，句式工整对仗。这主要是因为道安所生活的东晋时期，正是骈文发展的一个阶段，翻译受到时代影响，如果译文质朴无华，显然不能满足译文读者的要求。这也涉及文体问题，即是文和质的译文语言表达问题。为了符合读者的审美情趣，译经者都没有遵守原本的文本语言特征。翻译时，译经者由于对这种文体形式的不理解、不认同或是其他原因，都将其全部删除，改变了原文的形态，从而歪曲了原文。因为失去了文体，也就失去了部分原文的意义。译者为追求"传可众心"，使读者满意，往往过分修饰润文，当然道安认为这种"从秦"不是屈从读者，也不是以牺牲佛经原义为代价。因为在佛经翻译中，原典的真理远比读者的习惯更为重要。

"三失本"谓译者认为梵（胡）文经典中的"叮咛反复"是多余的话，是没有意义的重复，是对经文的一种累赘，认为删减后应不会伤害原意，也不会影响经文的要义。古人因为书写工具与书写习惯的影响，在书写时多有删繁成简的习俗，这种书写习俗在二十四史中体现得十分鲜明。因此到了佛经翻译时，又将佛经中的重复语句"而悉除之"。此种翻译法就是古代书写习惯的一种表现。而道安觉得翻译过程中的删繁去冗，减少文字的数量，不但减少了经卷的数量，更会影响到经卷的质量，也是一种对"本"的损失，失去的仍然是经文的要旨。这种做法好像是"皆葡萄酒之被水也"。道安把重复的经文看成同等重要的思想内容，反映出道安已认识语言形式上的数量与语言意义上的数量之间存在着一致性，某一内容数量上的重复具有特定的文体意义。事实上，在印度佛典中，赞叹歌咏的偈颂有许多重复的句子，"叮咛反复，不嫌其烦"，更能增加其韵文的华美，意味深长。梵（胡）文时常有解释性的辞句夹杂在正文里，与正文的内容类似，看起来反显得混乱。佛经在叙述一事将完，过渡到另一事时，往往将此事再重复一遍。语句重复是印度语文的习惯，一件事要一问再问三问，反复阐明。道安说过："言少事约，删削复重，事事显炳，焕然易观也。而从约者必有所遗，于天竺辞反腾每大简焉。"表明道安反对删节。道安也反对随意增加语句。《阿毗昙序第九》载："其人检校，译人颇杂义辞，龙蛇同渊，金鍮共肆者，彬彬如也。和㤄然恨之，余亦深谓不可，随令更出。"在《阿毗昙》翻译结束后校稿时，道安发现其中夹杂了不少僧伽提婆的解释。法和"㤄然恨之"，道安"亦深谓不可"，于是要求返工重译，又经过四十六天的修改，删除了其中的解释。

"四失本"指译者将原文中的"乱辞"也看成是重复。梵（胡）文经文在长行之后的偈颂复述"义说"，类似汉人韵文最后总结的"乱辞"。汉语乱辞是汉语韵文中最后的总结部分。从中可以看到，道安认为翻译中的删削对于原文的理解是有害的。原文的缜密、行文的衔接，乃至语气等均因为删削而无从感受，文章本身是有其整体性的。道安所表达的，明显是追求对原文真实、细致地理解和把握，以便译文能够反映原文本的面貌。胡适曾说，"印度的文学有一种特别体裁：散文记叙之后，往往用韵文（韵文是有节奏之文，不必一定有韵脚）重说一遍。这韵文的部分叫做'偈'"。"印度文学自古以来多靠口说相传，这种体裁可以帮助记忆力。"（《白话文学史》）可见，佛经的偈颂不是可有可无的。

"五失本"涉及译者删略原本"反腾前辞"（反复重复语句、解释说明或总结性的文字及反复叙述抒情感叹印证）部分。梵（胡）语经文为讲明某个旨意（教义），常常是"叮咛反复，不嫌其烦"，而且往往"寻说向语，文无以异"，有时是"反腾前辞，已乃后说"，等等。这些异域语言的修辞方式、方法和语体风格，和汉语有明显的差异。相比之下，汉语经典如《尚书》《周易》《春秋》及《论语》和《孟子》等，都简洁明了，意味隽永。中土读书人无不受其熏陶，即使在宗教信仰上接受佛学，但语言表达上还是要遵循本民族的修辞风格的主流。为此，传译梵典胡经的人，总是自觉或不自觉地为自身或为他人而恪守汉语修辞的准则，使传译之作尽量贴近汉语特有的风格特征。欧阳修曾批评佛经文体风格："余尝听人读佛经，其数十万言，可数言而尽。"（《文忠集》卷一三〇《试笔》）更有人假借神怪之口说道："佛家经典，虽说奥妙，文司却笨而风拙，又雷同，又坚涩，怎算得文章？"（钱锺书《管锥编》）不认为佛典是文章，可见汉地文人的文章概念不同于佛典文风。而道安认为删去这类反复，也就减少或削灭了原作的旨义。

译经初期，译者大多不具备双语能力，又恐有背原典，且无翻译经验和技巧，要么大多硬搬原文的句式、语序等，未做润饰改动，少有文字推敲与琢磨；要么笔译助手率性用词，随意删改，过分自由，尤其是采用传统观念译释佛典。道安总结的就是在这种背景下的译本。"五失本"从语法、风格、修辞、文体和叙事五个方面历数"先译"的"纰缪"。当代学者一般将后三失归为删削一类，其实它们涉及的问题不同。道安通过总结汉末以来的译经，列出梵（胡）语佛经译成汉语时的五种"失本"情形，指的就是以往汉译佛经中存在的问题。虽然道安不是出于理论研究的目的，但目的很明确，就是为了指导和规范他所组织的译场翻译活动。"五失本"的这个"本"当指在佛经翻译中由于存在着五种和原文形式、内容、语体、风格韵味以及叙事修辞等不一致的情况，而致使所译经文的要义之失。道安在这里只是很客观地总结了译经中的五种失本的现象，至于哪种情况可以失，这要依翻译的原典、读者对象而定。

在"五失本"基础上，道安提出"三不易"。马祖毅解释"三不易"谓："圣人是以当时的习俗来谈话的，古今世俗不同，要使古俗适应今时，很不容易，此其一；把古圣先贤的微言大义传达给后世的浅识者，很不容易，此其二；释迦牟尼涅槃后，弟子阿难造经时尚且非常慎重，现在却要由平凡人来传译，也很不容易，此其三。"（《中国翻译史》）"三不易"论译经之难，也可以看成从反面对佛经翻译的理想境界提出的要求。作为佛经翻译者，不仅须精通两种以上的语言，还必须跨越不同的时（古与今）空（天竺与中华），扮演两种不同的角色（信息发出者和信息接受者），从"雅古"到"今时"的转换，从"微言"到"末俗"的普及以及从"生死人"到"阿罗汉"的超越，其难度可想而知。

"三不易"指翻译上遇到的年代、风俗、译者与读者之间的智识与环境上的差异而导致的翻译困难。原文的产生是面对面的演讲，而佛在讲演时又必定会根据当时的语言环境而发，当时的语言、习俗、风尚等也与今天不同。具体分析，其中涉及四个翻译问题：语法、翻译风格、翻译思想、内容差异。"三不易"反映出道安对作者、读者与译者三者之间关系的考虑，涉及读者的接受性问题和作者、译者和读者间的关系问题。道安意识到要改古以适今很不容易，但又必须努力去实现，这表明道安考虑到译文读者的接受性。而"愚智天隔，圣人叵阶，乃欲以千岁之上微言，传使合百王之下末俗，二不易也"，以及"释氏弟子尚且慎重选经，现由凡人传译更难"的"三不易"，大意都是作者与译者因人不同而有智识、环境的差异。"愚智天隔"其实是作者和译者的差距，意思是"圣人"的智慧本非凡人可及，而要把千年前古代圣哲的微言大义传达给后世的浅俗之众，很不容易。梁启超在《翻译文学与佛典》中将第三不易概括为"谓去古久远，无从询证"。由此可见，"三不易"透露出道安对译者的重要性、译者对原作思想内容的理解、读者反应重视的思想萌芽。"三不易"也强调梵语雅古，佛经深奥，在翻译中经历了时间、译者、受者的佛学造诣及智识差异后，想原原本本地传递佛经的本意之难，即以"愚智天隔"之智识差异，加之"以千岁之上微言，传使合百王之下末俗"之时间上的间隔，还有生死人（俗人）与阿罗汉（出家人）之间的心灵隔膜，这已与佛祖原意天壤之别。道安认识到佛经文字里包含着佛祖的深刻思想和凡人所不能体悟的哲思，由于种种原因，导致翻译极为困难。"三不易"是对支谦"名物不同，传实不易"的发展，是对翻译之难的具体化。目的在于提醒译者在翻译时要以严肃负责的态度，谨慎从事，尽量把原意传达过来，不使它有"失本"之误。"三不易"从理论高度上概括了文体、文质和文意的翻译方法论，揭示译经的可读性，以及读者反应的重要性。"三不易"将翻译活动中作者、译者和读者的关系联系起来考虑，使佛典汉译评论的视野更加开阔了。因此吕澂认为："道安的这些说法，对以后的翻译工作是有影响的。"（《中国佛学源流略讲》）

北凉昙无谶所译《佛本行经》卷五十中说："佛告诸比丘，若有比丘依世歌咏而说法者，而有五失。何等为五：一者自染歌声，二者他闻生染而不受义，三者以声出没便失文句，四者俗人闻时毁訾议论，五者将来世间闻此事已，即依俗行以为恒式。"这"五失"本是说在佛经的唱导中融入民间音乐，是不合佛教经律违背佛教大义的。此经的翻译传入在东汉时期，道安博览众经，编纂《综理众经目录》，一定受到过它的启发。其中像"他闻生染而不受义"，"以声出没便失文句"等等，与翻译问题联系甚紧，本身即可作为翻译之"恒式"。"五失本"、"三不易"，为后来译经事业指明了方向。道安的弟子僧叡在姚秦时代参加鸠摩罗什的译场，翻译《摩诃般若波罗蜜经》，在"执笔之际，三惟亡师五失及三不易之诲，则忧惧交怀，惕焉若厉，虽复履薄临深，未足喻也。"（《大品序》）可见这个总结不但在当时，就是在后世的译场中，也曾起过重要的作用。隋代彦琮的"八备十条"、唐代玄奘的"五不翻"、宋代赞宁的"六例"说，都是以道安的总结为典则的。因为道安的总结，本源自译经实践，所以每一条都是实践中的反映，佛经译者都会有亲身体会，如佛经中的繁复问题，以西晋法炬译的《难提释经》为例，以见梵文的繁复：

　　闻如是：一时佛行在俱舍梨国，树名尼拘类。是时多聚会比丘在迦梨讲堂树间会坐，为佛作衣。今佛不久夏竟，夏已尽，佛自说。三月已竟作衣已，当到多人处便难提释闻多聚会比丘在迦梨讲堂树间会坐，为佛作衣。今佛不久夏竟。夏已尽，佛自说。三月已竟作衣已，当到多人处。难提释已闻如是，便到佛所。已到，为佛足礼，便坐一处。已坐，难提释白佛言："如是我闻，多聚会比丘在迦梨讲堂树间会坐，为佛作衣，今佛不久夏竟，已夏尽，佛自说，三月已竟作衣已，当到多人处。我闻是即愁忧。"

这一段译文基本上完全直译原本，一件事竟三番重复，像这样的繁复在梵（胡）文中是很常见的。《法华经・方便品》里，有如下一段经文：

如来但以一佛乘故，为众生说法，无有余乘，若二、若三……十方世界中，尚无二乘，何况有三？……诸佛以方便力，于一佛乘分别说三……无有余乘，唯一佛乘。

为了强调这个意思，散文说完，又说偈颂：

十方佛土中，唯有一佛乘，无二亦无三，除佛方便说。

无论散文还是偈颂，叙述的内容都是一个意思："唯有一佛乘，无二亦无三"。只有"一佛乘"才是佛的真意；"二乘"（大、小乘），"三乘"（大、中、小乘）都不过是诸佛如来门的一些临时"应机"的"方便"之说罢了。

道安已认识到从梵（胡）语译成汉语会出现种种问题。他在撰写的许多序言中，提到自己和赵政、慧常讨论佛典翻译中的两难困境：要么按照汉语的习惯意译，在内容上有所增删；要么按照原文忠实地直译，译文却往往难以卒读。最好的例子就是隋代笈多译的《金刚能断般若波罗蜜经》，与唐代玄奘译的《能断金刚般若波罗蜜经》，作一个对照，即能发现道安时期译经的问题：

笈多译《金刚能断般若波罗蜜经》：

如是我闻，一时，世尊闻者游行胜林中，无亲抟施与园中，大比丘众共半三十比丘百。尔时，世尊前分时，上裙着已，器上给衣持，闻者大城抟为入。尔时，世尊闻者大城抟为行已，作已食，作已后食，抟堕过器上给衣收撮，两足洗，坐具世尊施设，如是座中

跏趺结，直身作现前念近住。(《大正藏》第八卷，七六六页)

玄奘译《能断金刚般若波罗蜜经》：

> 如是我闻：一时，薄伽梵在室罗筏，住逝多林给孤独园，与大
> 苾刍众千二百五十人俱。尔时，世尊于日初分，整理常服，执持衣
> 钵，入室罗筏大城乞食。时薄伽梵于其城中，行乞食已，出还本处，
> 饭食讫，收衣钵，洗足已，于食后时，敷如常座，结跏趺坐，端身
> 正愿，住对面念。(《大般若经》第五七七卷)

　　苏晋仁在《佛教文化与历史》中说，筏多译本几乎无法了解，因为他
只完成了佛典翻译的第一步"笔受"，没有作"缀文"和"润文"，于是便成
了这种过度直译的"对翻"形态。在西晋以前，虽然整部都如此情况的译
品并不多，然而类似这种形态的却不少。

　　道安的"五失本"总结和"三不易"的提出比前人要进步，主要在于他
明确的归纳意识，因为这样的理论条理性强，系统性完整。本来此前的
支谦、支敏度和支遁已做得相当深入，只因没有如道安这样系统概括，
显得散漫一些，难以引起人们注意。这种以数字概括义理的方式就是佛
典中常用的手法，严佛调在《沙弥十慧章句序》中指出："物非数不定，行
非道不度。"是说安世高译讲佛经以数为纲，这是佛教理论形成的依据和
原理。佛典中的重要义理都是这样概括出来的，如"经中事数"，即佛经
中的事项、教义和概念(因佛教的概念往往冠以数字，如五阴、四谛、八
正道等，故常略称为"数")。梁启超认为道安"为中国佛教界第一建设者。
虽未尝自有所译述，但符秦时代之译业，实由彼主持；符坚之迎鸠摩罗
什，由安建议；四《阿含》《阿毗昙》之创译，由安组织；翻译文体，由安
厘定。"所云"翻译文体"，即指安之"五失本"、"三不易"。

　　8. 译经风格的开拓性探索

　　道安在《摩诃钵罗若波罗蜜经钞序》中提到"胡经尚质秦人好文，传可
众心非文不合"，概括了前人译经在文质风格上的差异。文与质不仅涉及
思想内容，而且涉及语言风格。安世高采用直质的译法，目的在力求保
存经典的本来面目。华人好欣赏典雅的文句，促使译者尚于文采，遂使
翻译时不可能忠实再现原文的形式，将原本的冗长梵句简化，因此原文
的意义多少被扭曲。为了使经意更畅达且更易被人理解，他们很注意译
文与当时中国流行的文风相一致，并注意适应本人的知识背景和中土学

术思潮。因此文的译者还借助"格义""连类",以中国学说尺度来译传佛教,致使佛教不免揉杂了儒家或道家思想。比如从现存《维摩诘经》三个译本来看,支谦译本文字虽然很好,但其所译带有浓厚的老庄术语,这就不能表达经文的意义。玄奘所译注重忠实准确,从翻译的角度来讲,是译得最好的本子,但受到了读者的冷落。罗什所译为意译法,由于他门下弟子众多,为之共同执笔,特别是僧肇文字优美,所以罗什译本一直最为流行。不过从严格翻译的角度来讲,罗什的译法并非正道。罗什的翻译,严格地说,已接近鲁迅所批评的那种"削鼻剜眼"式的翻译。翻译起作用虽说不能与文辞无关,但也不能仅仅只系于文辞,所以仅在辞藻上下一点功夫,这样的境界还是很有限的。关键在于译者能"妙悟色空","无滞无碍",显示出"真空即妙有"的意趣和艺术境界。可见,风格不是一个孤立的问题,因此这是道安的评论贡献。对梵(胡)文的深入分析,可给予翻译者以正确指南,予批评者以正确认识。这是佛经翻译及翻译评论者在经历过较长一段历史以后的综合的言论和见解。

佛典汉译涉及胡、梵、汉三种语言,甚至还涉及巴利文。胡语最初是指中国北方诸少数民族使用的语言,汉武帝时,张骞出使西域,将胡语概念扩大。普慧在《佛典汉译及汉译佛教哲学对中国古代诗学的影响》一文中指出,后来用在佛典翻译上,主要是指中亚、西域一带诸城邦国使用的语言,主要有吐火罗语(焉耆—龟兹语)、粟特语、安息语、佉卢语(于阗语和尼雅语)、大夏语等。这些语言大多属于印欧语系的伊朗语族,其文字多用佉卢字母和婆罗米字母或二者的变形。梵文属印欧语系,在印度视为雅语,是高贵的语言,文法组织相当繁复,语义屈折,语法灵活多变,不拘一格。其主、谓、宾主要语法成分在句子中无固定位置,可随意变化,语序没有固定模式,即所谓"寓物合成,随事转用"(玄奘《大唐西域记》),而且字形字音类似的极多,一有差误,便毫厘千里。加上音译转换为意译的过程中,难免过文或过质。就风格说,西域胡语并不是很发达成熟,所以胡语质直,不假绘饰;梵语委曲,注重宫商,讲究文藻;汉语基本介于胡、梵之间,既尚简洁,又重文采,强调文质彬彬。初期输入中国的佛典主要是胡语文本,汉译时考虑到胡语质直的特点和重经义的要求,所以译本多质直,以便更多地保留其原貌。姚秦、东晋、南北朝以后,天竺高僧大德来华和汉地僧学赴印度求法者日益增多,梵语文本佛典大量涌入中土,译梵为汉成为佛典翻译的主要任务。因此,过去译者有的认为"胡经尚质",有的认为"天竺国俗,甚重文制",其实是依据所见原本语言性质而说的。关于胡语,道安《鞞婆沙序》引赵政语："昔来出经者，多嫌胡言方质。"《僧伽罗刹集经后记》亦云："西域言繁质。"道安《摩诃钵罗若波罗蜜经钞序》说："胡经尚质，秦人好文。"关于梵语，《出三藏记集·鸠摩罗什传》说："天竺国俗，甚重文藻，其宫商体韵，以入弦为善……但改梵为秦，失其藻蔚，虽得大意，殊隔文体。"僧叡《大智释论序》说："胡文委曲，皆如《初品》。法师以秦人好简，故裁而略之。"僧叡所说"胡文"本是梵文。译梵为汉，既要更多地照顾到梵文委曲流转、音韵和谐的特点，又要考虑汉语简洁明快、文辞典雅的特点。质直的译法已无法实现保留梵文重"藻蔚"的特点，所以到了罗什译经时期，翻译多注意译文的文采，依照汉语语式和习惯，运用汉语中对仗、谐音等修辞手法，达到与原文文采对等的效果。例如，罗什认为竺法护"天见人，人见天"一句译文虽能保存原意，而嫌不够典雅，于是改为"人天交接，乃得相见"（僧祐《出三藏记集》）。

此外，经本性质也呈现出不同风格。小乘佛教理论多源于佛陀的言教，带有宗教义理的说教特性，比较质朴枯燥。而大乘经典记载佛陀的本生、本行，从中体现佛陀的精神，因而富于艺术性。这在翻译时，也会使译经者采取不同的语言风格。从佛经文体论，主要有长行（契经）、重颂（应颂）和伽陀（偈颂）三类。为了反复阐明佛理，佛经多半是长行与重颂、偈颂兼用的。重颂与偈颂是能用梵音歌唱的，但译成汉语以后，因限于字义及音韵，不能歌唱了。同时，佛典汉译还涉及方言俗语。释迦牟尼曾告诫他的弟子，应该用当地人的语言说法，不应该用梵语。如罗什所译《妙法莲华经》，其韵文部分就是方言巴利文写成，而散文部分则是标准的梵文，形成文白相混合体的经典。像玄奘和义净都深通梵文和方言，由此便有各种风格的译文。文风朴实质直的译文，"贵本不饰"，"正而不艳"；典雅简洁的译文"文约而诣，旨婉而彰"。还有折中二者的译文，力避偏执一隅者，如慧远主张"令质文有体，义无所越"。（《出三藏记集·大智论抄序》）还有的主张依据原文而定，如《续高僧传·僧旻传》载："谨依经文，文玄则玄，文儒则儒耳。"从中土学僧对"翻译"一词的理解看，即有文质并重的意义。"译"："释也，交释两国。""翻"："如翻锦绮，背面俱花，但其花有左右不同耳。""译"重释义，故尚质；"翻"重修辞，故崇文。"翻译"合二而一，则文质彬彬。

此时期还有不少评论者都强调译经的忠实，如道挺《阿毗昙毗婆沙论序》指出译经当"务存本旨，除繁即实，质而不野"，"文当理诣，片言有寄"。慧观《法华宗要序》强调"曲从方言，而趣不乖本"等等，都是强调忠实的第一义。谈案本，求忠实，本身是对翻译本质的体认，值得遵循。

然而，"案本"毕竟只涉及翻译的忠实性问题，它最终只能解决翻译的本质问题，即忠实原文。至于如何忠实原文，这就要涉及翻译方法问题。否则，到底是用"文"的方法还是用"质"的方法，这是在第一阶段始终纠缠不清的理论问题。比如说，有的理论认为简约、质朴的文字可以达义，即"言约而义兴，文华而理诣"（慧达《肇论序》）。有的理论却主张用华丽、藻饰的文字同样可以达义，即"文约而致弘，言婉而旨玄"（僧卫《十住经合注序》）。因为翻译是恢复原本的面貌，而原本本身的文与质，会因文体的不同而有不同的表现形式。曹丕提出："奏议宜雅，书论宜理，铭诔尚实，诗赋欲丽。"即是说不同文体的不同内容，不同的表现对象，有不同的质与文。因此翻译不可能以统一的文质标准衡量所有的译文，甚至按照译者自身的好恶确定翻译风格。这类争论在初期的翻译中还很多，如崇质朴的观点：

> 因循本旨，不加文饰。（支谦《法句经序》）
> 敬顺圣旨，不加文饰。务存陶冶，取正典谟。（僧祐《出三藏记集》）
> 蠲华崇朴，务存圣旨。（《大涅槃经序》）
> 字句虽质，而理妙渊博。（昙影《中论序》）

重文丽的思想如：

> 辞致婉巧，不丧本归。（支遁《大小品对比要抄序》）
> 辞趣雅赡，义旨微密。（《缘生经并序论》）
> 敷演义方，辞语雅美。（严佛调《法镜经序》）
> 斥重省删，务令婉便。（慧皎《高僧传》）

可见，衡量译本的质量，仅停留于"案本"是不够的。翻译的流畅以及译本的读者，都是翻译评论需要认真考虑的。比如有过文学加工的译文，不但词句优美，也许能更好地表达出原意，并且也使人易于理解。东晋道安在《二教论》中说："近览释教，文博义丰。观其汲引，则恂恂善诱；要其旨趣，则亹亹慈良……佛教者，穷理尽性之格言，出世入真之轨辙。论其文则部分十二，语其旨则四种悉檀。理妙域中，固非名号所及；化檀系表，又非情智所寻……能博能要，不质不文。"他提出"不质不文"来应对先前的"案本而传"，应该说是翻译思想上的一大进步。因为

"案本而传"只从一个角度看到翻译的忠实性，语言的差异不可能使得"案本而传"通行无阻，这就得考虑变通，而变通必须与忠实性紧密联系起来，过度的变通会损害原义，这就必须要"不质不文"。但在道安以前，有的译文多是过于直译的，致使读者不易了解；有的译文又过于意译，以致歪曲了梵本原意。因此，这时的评论虽对此有提及，但由于各种原因，总是难以真正进入评论者的视野。这一方面是实践问题，另一方面也是翻译评论所依据的哲学问题。尤其是哲学理论，由于初期译经还未传译出佛教哲学的全部精华，因而翻译评论不可能接受这方面的滋养，其评论自然不可能成熟。因为佛典汉译评论需要评论者从佛学中吸取思想资料，多方面探索译经规律，提出一系列精辟新鲜的评论见解，完成自己的评论建树。彦琮《辩正论》就崇奉此期的"守本""审得故本"的优秀传统，明确反对"斫凿之巧者"，主张"宁贵朴而近理，不因巧而背源"。但仅从文质角度去谈，就很难作出判定了。所以就连彦琮也认为"得本关质"，"斫巧由文"。因为质的翻译可以是忠实的，如法慈《胜鬘经序》所说的，"字句虽质，而理妙渊博"。文的翻译也可以是忠实的，如道安说康孟祥译经"奕奕流便，足腾玄趣"，无叉罗译本《放光般若经》"言少事约，删削重复，事事显炳，焕然易观也"。僧叡《大品经序》称罗什译文"文虽左右，而旨不违中"。尤其是本时期竺道生提出了"言外"问题，他主张"得意忘象"(《高僧传·道生传》)。这就显示了初期的评论单从译文语言的文质看问题的不足，有待于发展。

道安的评论和见解蕴含着很深刻的理论价值。道安的"五失本"主要从翻译的胡秦间的地理空间着眼，而"三不易"之说则反复强调翻译的时间上的古今之隔，这表明我国西晋时期人们对佛经翻译的认识已由单纯的"传四方之语"而扩展到"通千年之言"。这是我国翻译思想的一大转变。道安从译者得失的角度对梵(胡)、汉两种语言的差异做出描述性的归纳，较为系统地总结了翻译实践中的规律，对汉梵两种语言做了比较研究，并涉及原著、译者、译者读者之间的关系。其中反映出道安的文质思想。道安还是相当注重文饰，不过是直译基础上的文饰。从当时翻译《婆须蜜经》赵政担任润文开始，译场就聘有润文的专家。可见，他不是完全排斥修辞，由此反映出道安对意译的重视。事实上，道安的很多著作都折射出他的意译主张。如他批评安世高译经过于质直："贵本不饰，天竺古文，文通尚质，仓卒寻之，时有不达。"(《大十二门经序》)他主张译文的文或质应由经文本身的文或质来决定，如果译大乘经可以文一些，译戒律就应该质一些；他还将此视如"以诗为烦重，以书为质朴"，因此不能任意求巧或求俗，也不同意多有删节。为了保证如实地再现文体，他甚至不反对文丽，还主张文质并举。可见，道安不是一味地谈"质直"，他的二"失本"充分体现了他对文体和意义关系综合、辩证的思考。可以说，在一定程度上，道安的评论使"文""质"之争在传递文体的译法上得到了统一。尤其是道安强调译文在形式、风格、思想内容三个方面都要忠实于原文，认为语言形式也是翻译之本，丧失了原文形式就等于失了"本"，表明道安已经意识到形式是意义的有机组成部分。道安所论及的句法、文体、修辞等语言形式问题，在玄学家眼中不过是"筌蹄"而已，得到鱼、兔后可以将其抛弃，或是"玄黄牝牡"的形器而已，与"神骏"的精神无关。而道安将其视为翻译不能忽略的佛经之"本"，这就表明他已充分认识到佛经的文体也是"本"，放弃其文体就等于丧失其本真。译者应尽最大可能地保存佛经原典这种"本"。罗什也特别注意到佛经原典形式，他说过，将经中偈颂译为汉语，"失其藻蔚，虽得大意，殊隔文体。有似嚼饭与人，非徒失味，乃令呕哕也"。因此，翻译者不得对经中那些看来似乎重复的偈颂随意删削。

　　道安的评论思想带有不少佛教初传时期的过渡性，僧叡指出"六家偏而不即"，谓道安受玄学影响，佛学思想偏于虚无。也指道安评论观念有所"偏"。刘孟骧在《道安：从玄学二元论到般若反二元论》一文中指出，道安从玄学二元论通过禅学转向宗教二元论，最终走近般若反二元论，成为魏晋南北朝时期中国理性潮流的领袖人物。他所理解的"空"从总体而言仍然与魏晋玄学"以无为本"思想的思路是一致的。其"本无"说与鸠摩罗什、僧肇所阐发的般若学"空"义的观点还有相当距离。这些特征也都反映在他的评论之中。

　　本时期的翻译评论，评论者所用的概念有言与意、美与味、严与饰、烦与简、缺与具等。但关注的焦点在文与质。"质"是朴质，也称"朴"，就是注重把原文思想表达出来，并不注重文采的兼顾。在翻译上忠于原本，本无不妥，但过度直译，与汉文就有一些距离，比较艰涩难读。"文"是修饰，也称"巧"或"饰"，在翻译时力求使修辞与汉文接近，如采用《老》《庄》《论语》中的术语来表示佛学的概念，使其易于被人接受。作为佛典汉译评论的奠基思想文质论，是译经大师们就翻译中的语言形式和风格提炼出来的两个最基本的概念，是使用得最广泛，也是最朴素、又是相当恰当的表述，也是评价译本的两个重要尺度，因为任何一种文体的物质结构都是由文辞来体现的。这就出现了偏文偏质的评论。正如彦琮《辩正论》所说的那样："或繁或简，理容未适。时野时华，例颇不定。"正是这一时期的最好写照。表明前人对此时期译经的风格，多从译本自身的风格加以臧否，而忽视了原本的风格对译本的影响。而印度佛经在编纂过程中，小乘经本身就形成了质朴无华、不尚修饰的特点；而后起的大乘经则具有文辞华美、极力铺陈的特点。无论汉译小乘经时弃文存质，还是大乘译经的华辞茂章，其渊源都是来自原本风格的。随着大乘经籍的进一步传入和大乘思想成为中土佛教义学主流，佛经翻译的风格必然逐渐由尚质向崇文过渡。鸠摩罗什来华译经时，"手执胡经，口译秦语，曲从方言，而趣不乖本"（慧皎《高僧传》），表现的就是这一变化。

正是由于文质本身并不涉及内容，因而难以作为断定译作质量的有效尺度，而且文质本身也涉及采用何种判断，什么标准的问题。如果采用美学的判断，便很难确立人们都能认同的文质标准，因为审美具有更多主观色彩。文与质的评论往往也是个人获得的心得。但时人以及后人并不都能接受。各人文化修养、生活环境、社会地位、性格差异，都会影响他们的审美情趣和对于文质的判断。译经史上不同论者对同一译本作出的不同评价最能说明这一点。由此要求评论者另觅途径，寻找掌握更有效的评论范畴。当时"神""味"的提出，已表明论者们希图以更高的范畴来超越"文质"说。例如，康僧会《安般守意经序》中提到的"共显神融"，就是翻译评论中最早见到的，而且这是明确谈翻译的"神"。尤其是"味"的讨论就更多也更明确。如刘程之《致书释僧肇请为般若无知论释》的"披味殷勤，不能释手"。道安《阿毗昙八犍度论序》中的"宪章鞞婆沙，咏歌有余味者也"。《十二门经序》中的"味乎无味"。《阴持入经序》中的"以大寂为至乐，五音不能聋其耳矣；以无为为滋味，五味不能爽其口矣"。不过道安论"味"更多地是受到道家的影响。由于翻译评论还没有具备成熟的条件，故他们还无法真正解决文与质的关系问题，充其量也只能提出"文质兼备"这类标准来，所以本时期的重点问题只能集中在忠实性上。至于怎样忠实，这就有待于评论的进一步发展了。到了慧恺《摄大乘论序》主张"文质相半"，意为又文又质或不文不质，意识到文质作为两个相互依存而又相互对立的概念，分则并立，合而两亡，至此，文质已失去其作为翻译标准的意义。至后来出现了韵味说，从哲学、翻译美学角度对文质论有了新开掘，更深刻地论证了文质统一的必然性，强调在任何情况下文与质都是不可分割的，这才基本上完成了文与质的历史使命。

第二节　盛倡"中道"——发展与深化时期的佛典汉译评论

自僧叡至慧恺，是译经评论的发展和深化期。此阶段的评论盛谈"中道"，这一现象可以从评论家们的著述中看出。僧叡《大品经序》称鸠摩罗什译经，"文虽左右，旨不违中"，"详其义旨，审其文中"。慧远《大智度论抄序》明确提出"简繁理秽，以详其中"，《三法度序》又有"详其大归，以裁厥中"的著名的中观翻译评论。这些观点都是针对罗什译本而发的。中道的评论观，即指罗什在处理文与质的问题上，达到了"质而不简，文而不繁"的境界（萧衍《注解大品序》）。被称为"旧译翘楚"的真谛，其翻译在后人的评价中也是"文质相半"。

一、鸠摩罗什的"中道"学说

释迦牟尼在第一次说法时就强调："一者，心著欲境不能离，是非解脱之因。二者，不正思维，自苦其身而求出离，永无解脱。离此二边，乃为中道。"（《中阿含·释中禅室尊经》）大乘中道学说讲究圆活折中，不落一偏，行乎中道，说有未必有，说无未必无。如涅槃的空而有，世界的亦假亦真，佛典的信与非信，世俗生活的不即不离等。"中观"之道最初是由印度大乘空宗以龙树、提婆为代表的中观学派提出来的。他们奉《大品般若经》为主要经典，龙树著的《中论》《十二门论》《大智度论》和提婆著的《百论》为此宗的基本理论著作。这一学派总结了佛教所有讲空的理论，针对教内教外各种执着，详细论述了内、外、内外、大、空、真实、有为、无为、毕竟、无前后、不舍离、佛性、自相、一切法、无法、有法、无法有法、不可得等"十八空"。《中论·观四谛品》载："众因缘生法，我说即是空，亦为是假名，亦是中道义。"这是鸠摩罗什译文。此偈"众因缘生法"，梵本无"法"字，是罗什为适合汉文语法加的。这段话概括了中观派思想的关键，也是"空"的经典定义。佛学的中观方法，就是以否定"边见""不落二边"为特征的。"边见"指偏执一端、以此为绝对真理的片面之见。"不落二边"即不执着矛盾双方中任何一方、不走极端的思维方法。这种方法首先对执着一方的"边见"进行否定，然后再对执着于这一否定的"边见"进行再否定。这便是中观派以"中"名经（《中论》）、以"中"名法（"中观""中道"）、以"中"名派（"中观派"）的根据所在。龙树《大智度论》卷四十三云："常是一边，断灭是一边，离是二边行中道，是为般若波罗蜜。"此为"中观"之道的"中"之义。

　　鸠摩罗什深通大乘中观之学，他的译籍也重在中观学说，也就是把空贯彻到底的中观派思想。早在罗什译的《成实论》中已论及"中"的概念。随后，译出大部分中观学主要经典，如《中论》《十二门论》《百论》《大智度论》《摩诃般若波罗蜜经》等。罗什译文准确地介绍了中观学说，如龙树《中论》的重要义理是"八不中道"，又称"八不"。《中论》列举八个思想范畴，而一一予以否定，由此以显出绝对的真实，故称为中道。罗什译文对中道的表述是："不生亦不灭，不常亦不断，不一亦不异，不来亦不出。"此中显示，作为绝对真理的中道，必须透过对一切相对概念如八不中的四对相对概念的超克而显。僧叡《中论序》说："以中为名者，昭其实也，以论为称者，尽其言也"，又说："天竺诸国，敢豫学者之流，无不玩味斯论以为喉衿。"《中论》为"三论"中最为重要的论书，依据并发挥所谓"世俗谛"和"第一义谛"，论证"八不中道"的思想。中观学说经罗什弟子僧肇、僧叡、道生、智观等大力弘传和创造性发挥，"中观"的思维方法在中土蔓延开来，并形成一股研究般若性空的"关河之学"。六世纪，天台宗的实际创始人慧文根据中观派教义提出"一心三观"的禅法，天台宗四祖智𫖮进而提出"三谛圆融"的教义。隋唐间，三论宗远绍中观之道，径以中观派的三部主要经典《中论》《十二门论》《百论》名宗。禅宗尤其是南宗则进一步继承和发展了中观方法。中土佛学中观之道的要义，既有创立者提出时的本义，也有后继者充实发展的新义，是历代僧俗学者共同完成了中观学的建构。

　　《梁高僧传》载，罗什曾著有《实相论》《注维摩经》以及给姚兴的书信和答慧远之十八问而写成的作品《大乘大义章》（又作《鸠摩罗什法师大义》）。这些著作均重在阐发空观思想。罗什译籍重点在中观，而其学术思想也在中观。他在《大乘大义章》中说，"有二种论：一者大乘论，说二种空：众生空，法空，二者小乘论，说众生空"。这是说大乘与小乘的区别，大乘是一切皆空的。他在《答后秦主姚兴书》中站在大乘中观学派的立场上，认为观察问题可持两不同的真理或尺度，即第一义谛（胜义谛）和世俗谛，按照第一义谛来看，一切皆空无所有，而按世俗谛来看，又一切皆有，但从正确的观点来说，不应当把二者绝对地对立起来（执常、断二边），而应当把二者结合起来（中道观或中观），这就是罗什的中道思想。《大乘大义章》又说："摩诃衍法，虽说色等至微尘中空，心心数法至心中空，亦不坠灭中。所以者何？但为破颠倒邪见，故说不是诸法实相也。"破有谓之空，故诸法非有非无是空义。《注维摩经》又说："本言空以遣有，非有去而存空。若有去而存空，非空之谓也。"所谓"毕竟空"，就是扫一切相。既破有，又复空空。既非有非无，亦无生无灭。以不生不灭为无常义。这种毕竟空就是大乘无常妙旨，也是罗什的思想。

二、慧远的"中道"及其理论贡献

慧远佛学的特点是既研习印度佛学理论，也注意融会传统文化；既重视大乘般若思想，也重视毗昙学研究。这使他的佛学思想比较折中。虽然他注意结合传统思想，但他也注意寻求佛教本义。他重视毗昙研究，用意就在于准确了解佛学，以纠正当时的"格义"佛学。僧伽提婆是有部的毗昙学大师，慧远延请僧伽提婆至庐山，译出犊子部的《三法度论》及《阿毗昙心论》，又请弗若多罗及昙摩流支与觉贤译出有部的《十诵律》及《禅经》。其中《阿毗昙心论》即是说一切有部重要的论藏《大毗婆沙论》的菁华。又请昙摩耶舍译出《舍利弗阿毗昙论》，僧伽跋摩译出《杂阿毗昙心论》等，并曾亲为之序。慧远毗昙思想的渊源，即出于僧伽提婆及觉贤两位论师。《大毗婆沙论》这部达二百卷的皇皇巨著，是阐释有部中期重要论书《发智论》的注释书。在佛教史上，由于《大毗婆沙论》的编定，而确立了有部的地位。因此，由于《阿毗昙心论》精简化《大毗婆沙论》的思想体系，而便于论师记诵，对有部思想的传译流通有相当大的帮助。而《三法度论》为旧译《四阿含暮抄解》的异译本，是犊子部对《阿含经》所作的诠释。慧远从僧伽提婆接触到的是部派时期的毗昙学，尤其是受到其他部派挞伐为"附法外道"的犊子部的论书《三法度论》，为慧远的神不灭思想提供了思考的方向。毗昙学由于慧远的弘扬，开始由北方转盛于江南。各部派小乘论师在中国活动频繁，在思想的传播上，产生相当的影响力。东晋至刘宋期间，在汉地译经传教的小乘论师，有佛陀罗跋提、僧伽提婆、弗若多罗、昙摩流支、昙摩难提、昙摩耶舍、僧伽跋澄及僧伽跋摩等人，期间译出的小乘毗昙论典有十四卷本之多。此时期所译出的论书，大多以部派晚期所出论书为主，除有部初期论书《六足论》，中期的《发智论》及其解说书《大毗婆沙论》至唐代才由玄奘译出外，毗昙论典在此时期已大量译出，这在中国佛典翻译史上，除了玄奘在唐代的译出之功可比外，再无其他时期足以比拟。小乘毗昙学在中土部分地区的流通日久，已有相当的影响。而这些以论理形式表现的佛典，几经弘传，其分析性的思维方式，渐渐为汉地学人所接受，为日后的中国佛学界蕴育出如吉藏、智顗、玄奘等大思想家，提供了极有利的思维形式。

慧远的圆融思想，使他在佛学上卓有建树。他对受报主体、因缘观念、神不灭论、因果之说、沙门不敬王者等思想论题，都通过《明报应论》《三报论》《神不灭论》等表达了他的调和与圆顿。他在中国佛学界提出"至极不变"的观点，其中"不变"表示"法性"最后的境界，近于后来《涅槃经》的"常住"，而有一"至极"则涉及取证此不变的路径，这是对般若性空思想的补充。在内外关系上，慧远一面采用不废俗书的解经思想，这在印度本来是在于收服外道义理的方便上所采取的策略，到了中国，慧远用来诠释佛理，以"同化"外来佛学；一面也力求理解纯正的佛学真义。自慧远，中国义学僧俗开始试图不假求于外书，而自就佛学义理内在的疑思，展现其特有佛学理论，阐发属于中国佛学所特有的思想特质。慧远的努力，沟通了传统和佛学，使佛教在慧远时代开始了真正的中国化。传统文化与佛学各有其优势，利用其优势，弥补其不足，便是创新。道家讲"无为"、"无心"，只有社会伦理的意义，而佛家讲"无"（空），是与宇宙本体联系在一起的，因而具有形上学的意义。传统哲学很少谈认识论问题，而佛学所注重的全在于认识论和方法论。《论语》说："中庸之为德也，其至矣乎！"把"中庸"当作最高的道德标准来信守。而佛家的中观是以一种双向思维方法，讲非有非无，亦有亦无，有无双遣，有无并存，合有无以构成空义。因而它显得更加超越，更加毫无执着。老子说："美言不信，信言不美"，这本来是具有对立统一辩证法的思想。但只看到它的对立，忽视了统一，这就表现出老子的偏激和片面了。如用中道来看待这一矛盾，它会在"信"与"美"之间采用一种无滞无住的态度，最终达到不拘一端，圆融和合的境界。大乘中观思想方法上的不执一端，对于译经方法有更多契合之处。慧远在佛学上既坚持空，又不忽视有，广泛融合中印理论，使他在翻译评论上少一份拘泥和执着，而明确提出"厥中"一说。他在《大智论抄序》中阐述了过文过质两个极端的弊端，他说："则知圣人依方设训，文质殊体。若以文应质，则疑者众。以质应文，则悦者寡。"明确反对"或文过其意，或理胜其辞"的翻译。

　　虽然中观学对于翻译艺术而言，有其不可替代的价值，但罗什所传中观学说并不十分成熟圆满。这是因为，罗什所传龙树中观学说属印度初期大乘，其理论核心是般若学的"诸法性空"说，这种空诸一切，不承认世界上任何东西有实际存在可能的思想，容易被人理解为"沉空滞寂"，即否定一切客观存在的思想障碍。这不仅会导致自身的理论走向极端，难以发展，而且将极大地动摇人们对佛教的信仰，佛教本身也将无法生存。隋初，据晋王杨广尝致书智𫖮说："……若习毗昙，则滞有情着；若修三论，又入空过甚；成实虽复兼举，犹带小乘；释论、地持，但通一经之旨，如使次第遍修，僧家尚难尽备，况居俗而欲兼善。"（灌顶《国清百录》)指出罗什中观学"入空过甚"的弊端。僧叡对《法华经》的重视，僧肇对本体意义的探求，慧远的"神不灭"论，都是在这方面所作的修补努力。僧叡曾明确地对罗什有关无神无佛性的主张提出过婉转的批评，并力图弥补罗什空观理论缺陷。《出三藏记集》载其言说："般若之明自是照虚妄之神器，复何与佛之真我法力常存。一切皆有佛之真性，真性存焉，学不越涯，成不乖本乎！"意谓般若讲空，佛性常有，都是符合佛陀精神的，治学只要不超出这一范围，就没有违背其本旨。正是由于罗什所传初期大乘理论的缺陷，致使翻译评论受到限制，这就有待于新的佛教理论的翻译和传播了。但真正扭转这一危势的，是印度中期大乘。这就是玄奘翻译的、由无著、世亲继承龙树提婆的业绩而创立的瑜伽学说。瑜伽学说融贯二期大乘佛学思想，理论更为完备圆融，思想更加丰富，体系也更加严密，相比之下，罗什所传译的初期大乘学说，理论就显得不足了。

三、"中道"时期译经评论的创新型发展

此时期的翻译评论者主要有僧叡、罗什、慧远、僧肇、僧祐、慧皎、刘凭、慧恺以及一些不知名者。特别是此时期僧传著作的问世，出现了系统总结前人翻译技巧、评价各期译本、探索翻译方法、开拓翻译评论的总结式研究，揭开了评论专著的序幕。刘凭《内外旁通比较数法序》就是一部专论梵汉数量词语翻译的著作。有了系统化的评论著作，佛典汉译评论逐步系统化，取代了前期零碎的点评。同时，评论的术语也比前期更丰富了，这就有利于评论的正确性与客观性。因为评论要走向成熟，首先必须具备一批意义清晰、分工明确的概念和范畴，以便能从概念上直接把握评论活动各部分的要点。而本时期在系统化和创立术语方面都有了一定的开拓。

(一)僧叡的"真本"概念

僧叡曾请罗什译出《禅法要解》，后成为罗什译场的主要助手，担任笔受等职，晚年著《喻疑》一文。慧皎《高僧传》说："什所翻经，叡并参正。"罗什曾说："吾传译经论，得与子相值，真无所恨矣。"说明僧叡是一位出色的翻译助手。在罗什译场中，僧叡聪敏颖悟，文笔洒脱，极受罗什赏识。罗什译本文字的润色，大多靠僧叡，罗什所译多种重要经论，皆由其作序冠其首，为其宣说优长特胜。罗什的主要译籍如《大品》《小品》《法华》《维摩》《思益》《大智度论》《中论》以及《十二门论》诸经论的序文都是他的手笔。

在佛学上僧叡博通经论，被姚秦时的文恒帝誉为"四海僧之标领"。

就佛学学术水平而言，他又是罗什门徒中的佼佼者。《成实论》译出后，罗什即令其解说，他对其中七处破《毗昙》之文能不问而解。僧叡的学术思想主要是继承罗什所译的《般若》和"三论"，如他在《十二门论序》中说："十二门论者，盖是实相之折中，道场之要轨。"指出其"折中"的特点。特别是其《中论序》可谓有独到的理解："实非名不悟，故寄中以宣之；言非释不尽，故假论以明之。其实既宣，其言既明，于菩萨之行，道场之照，朗然悬解矣。夫滞惑……知之不尽，则未可以涉中途、泯二际。道俗之不夷，二际之不泯，菩萨之忧也。是以龙树大士析之以中道，使惑趣之徒望玄指而一变……天竺诸国，敢预学者之流，无不玩味斯论，以为喉衿。""未可以涉中途、泯二际"，这正是中观学的"中道"，僧叡抓住了它的实质，因为中观学的中道与儒家的中道、与辩证法都是不同的。但对于翻译艺术而言，它仍有其不可替代的价值。僧叡是最早的中国佛教思想史家与佛教思想评论家，他能够精确把握佛教思想史的发展脉络，指出各个历史时期佛教思想的特色，并能展望佛教思想的发展方向和趋势。因而他能依照折中的思想评论佛学和佛经翻译，他曾说："论其未辨，则寄折中以定之。"

1. 名实之辨

中国先秦时期早有关于"名实"的讨论，涉及的就是当时对于语言（名）和世界（实）关系的辨识。儒家学者关注的重点是社会，他们认为，语言符号系统就是"名分"，"世界"就是社会秩序。所谓"正名"就是通过语言来调节现实，规范社会。因此，"实"无论发生什么变化，"名"的秩序也不能乱，否则天下就会崩坏。但"正名"所包含的让事物的名和本来面目匹配这一基本含义，也适用于讨论言意关系。佛典汉译中的"名实之辨"自支谦《法句经序》中"名物不同，传实不易"就已提及。中国佛经翻译自汉末以来，通过对经典的翻译，中土佛学已形成自己的格局。僧叡在《大品经序》中指出，由于佛典多以梵文或西域文书写，其名词概念有固定的确切含义，汉语言文字有自己的文化背景，其概念的界定相对比较模糊，所以在由梵（胡）转汉的过程中，自然遇到文化差异方面的困境。他认为，以梵（胡）语书写的佛经多用偈颂，偈颂的特点是重文藻体韵。但是汉语言文字也很重视文藻体韵，魏晋时期诗词骈赋盛行，与偈颂文体相当，以汉译梵（胡），不致"失其藻蔚"，"殊隔文体"。而真正改梵（胡）为秦而仅得"大意"的，是文化背景、思想观念和思维方式上的差异。这一观点不同于罗什从韵律的考虑。他在《大品经序》中说：

> 而经来兹土，乃以秦言译之，典谟乖于殊制，名实丧于不谨。致使求之弥至，而失之弥远；顿辔重关，而穷路转广，不遇渊匠，殆将坠矣。

所云"典谟"，具体指儒家经典《尚书》中的《尧典》《舜典》《大禹谟》《皋陶谟》，泛指则包括古代一切儒家经典。《后汉书·周盘传》云："盘少游京师，学《古文尚书》《洪范五行》《左氏传》，好礼有行，非典谟不言，诸儒宗之。"自文化而言，"殊制"则指中印两国文化的经典系统有别，故形成学术思想传统的差异。中国以儒家经典及其思想为主导，逐渐演化为稳定的民族文化传统，培养出独特的心理特征和思维习惯。儒家经典崇尚礼仪道德，其思想学说以社会政治、伦理范围为特色，不太重视概念分析、哲学思辨、逻辑推理，与古印度哲学思想有一定差异。僧叡所指出的"名实丧于不谨"，是针对概念分析而言。大小乘佛教的名词概念都有其具体内容，并可以给出严格的定义，名实相符，不相混淆。在把这些名词概念译为汉语时，由于文化思想上的距离，通常没有相互对应的概念，所以只能配之以相似的词汇，这就必然造成名实的不符。对此，僧叡指出，如果意识不到这种民族文化的差异，将"致使求之弥至，而失之弥远；顿辔重关，而穷路转广"。这样的认识，反映出僧叡的翻译思想比以往任何学者都要深刻，体现出他作为佛学评论家的性格。由此，僧叡十分重视佛学名相的翻译。他在《大品经序》中指出："夫宝重故防深，功高故校广。嘱累之所以殷勤，功德之所以屡增，良有以也。"概念（名相）是经本思想的支柱，概念译错，义理丧失。因而罗什对此也十分谨慎。僧叡指出：

> 法师手执胡本，口宣秦言，两释异音，交辩文旨。秦王躬览旧经，验其得失，咨其通途，坦其宗致，与诸宿旧，义业沙门……详其义旨，审其文中，然后书之……文虽粗定，以释论检之，犹多不尽。是以随出其论，随而正之。释论既讫，尔乃文定。定之未已，已有写而传者；又有以意增损，私以般若波罗蜜为题者。致使文言舛错，前后不同。良由后生，虚己怀薄，信我情笃故也。

僧叡以"五蕴"为例，视"五众"为"新语"，在鸠摩罗什所译《大智度论》卷一即有十次用例。他在《大品经序》中写道：

其事数之名，与旧不同者，皆是法师以义正之者也。如"阴""入""持"等，名与义乖，故随义改之："阴"为"众"，"入"为"处"，"持"为"性"，"解脱"为"背舍"，"除入"为"胜处"，"意止"为"念处"，"意断"为"正勤"，"觉意"为"菩提"，"直行"为"圣道"。诸如此比，改之甚众。胡音失者，正之以天竺，秦言谬者，定之以字义。不可变者，即而书之。

　　《大品经》即罗什主译的《摩诃般若波罗蜜经》二十七卷，此经在罗什以前已有两家译本，一为西晋太康七年竺法护所译《光赞般若波罗蜜经》十卷，一为西晋元康元年无罗叉共竺叔兰译《放光般若波罗蜜经》二十卷。这三家译本历代经录均视之为同本异译，相当于玄奘译《大般若波罗蜜多经》第二会。"五蕴"是梵文 Pacaskandha 的意译，就是五种聚合，即色蕴（物质的积聚）、受蕴（是领取纳受之意）、想蕴（心于所知境执取形象）、行蕴（驱使心造作诸业）、识蕴（了别）。《般若波罗蜜多心经》中说："观自在菩萨，行深般若波罗蜜多时，照见'五蕴'皆空，度一切苦厄。"梁启超在《翻译文学与佛典》"译学进步之影"中以支谶译《道行般若经》、支谦译《大明度无极经》、昙摩蜱译《摩诃般若抄经》、罗什译《小品般若经》、玄奘译《大般若经第四分》五译中"五蕴"一词的翻译，"实几经变迁，乃定为今名"，深叹"术语厘定之不易"。由此也可清晰地表明佛典汉译成熟的步伐。正是因为名相翻译的重要性，也正是因为名相翻译事关佛学生存（"殆将坠矣"），僧叡很赞赏罗什译经时用语上所作的创新和严谨，因为罗什纠正了前期译经比附传统老庄概念的"格义"。佛学术语的新旧替换，反映出不同时期人们对译经用语的观念变化，揭示出不同时期中土人士对佛教思想的认识和理解，因为不同的翻译用语或多或少总会有词义上的差别，意译词尤其如此。僧叡提到的译语的新旧差别，这些词语均列出新旧译法并予以对照。其中基本上为意译词，只有"菩提"一词为音译。僧叡参与罗什的翻译，他对新旧译语的评判，表明他肯定罗什用语的创新和慎重，也反映了罗什本人对有关词语使用的偏好及其新创词语的稳定性和受欢迎程度，从而说明罗什译本受中土人士喜读的原因。僧叡说"其事数之名与旧不同者，皆是法师以义正之者也"，表明罗什译经的创造性。

　　佛典翻译初期，由于译者的水平与读者的接受等多种因素，存在着大量音译词，以传译那些难以用汉语表达的梵语，这主要是人名、地名和佛教的一些专有名词。罗什在译经时，意识到旧译的不足，尝试重新调整音译词的校订，同时也保留了一定数量的音译词。这从翻译史的角度看，罗什处于一个过渡阶段。罗什为了纠正以往格义佛教套用老庄哲学名词来译经，故保留了相当部分的音译词，这是一种权巧和进步，同时，也说明罗什译经有其不足，这从罗什新创译语"五众"可以看出，它既没能替代旧有的"五阴"，后来又被更加创新的译法"五蕴"所取代。只有到了玄奘时代，对待经典的译词有了更高精确度的要求，因此玄奘力求真实准确地表达佛经梵本中的义理，只有确实不能准确译成汉语时，才在"五不翻"的原则之下音译。隋代费长房《历代三宝记》首创"入藏录"，唐代智升《开元释教录》确立了汉文大藏经的结构分类体系，此间一百多年是汉文大藏经走向成熟的阶段，玄奘的译经活动正处其中。日本水野弘元依据佛典汉译名词的面貌，将佛典汉译史分为古译、旧译和新译。古译是指罗什以前的译作，包括东汉、三国和西晋等古代作品；旧译是从罗什的翻译开始，到玄奘以前的译作；新译是指玄奘自己确立的新译名词，而以后的翻译主要依据这些新译名词(《佛典成立史》)。这些研究均说明玄奘译经要比罗什成熟。

2. 追求"真本"

"真本"原指书籍的手稿或原刻或字画的真迹碑帖的原拓。《南史·萧琛传》载："三辅旧老相传，以为班固真本。"僧叡以此概念来就具体翻译问题对罗什译籍提出批评意见，如他对罗什译《中论》时采用青目注表示不解。他认为注释《中论》的有多家，青目"其人虽信解深法，而辞不雅中"，注文多"乖阙繁重"。在经罗什翻译后，虽然"经通之理尽"，但是毕竟"文或左右，未尽善也"。类似的真率批评，在以往译经评论史上尚属少见，这体现为僧叡对自己学识的高度自信。他在所写的经序中对译经家的评论阐幽发微，极有建树。僧叡在其《小品般若波罗蜜经序》等序文中评价罗什翻译时，提出"务存圣意"，"真本犹存"，反对"伤本"，主张"从本"。他说：

> 会闻鸠摩罗法师神授其文，真本犹存。以弘始十年二月六日请令出之。至四月三十日校都讫。考之旧译，真若荒田之稼，芸过其半，未讵多也。斯经正文凡有四种，是佛异时适化广略之说也。其多者云有十万偈。少者六百偈。此之大品乃是天竺之中品也。随宜之言，复何必计其多少，议其烦简耶？胡文雅质，案本译之，于丽巧不足，朴正有余矣。幸异文悟之贤，略其华而机其实也。

"真本"反映出佛经汉译的求真之念。梁启超在《翻译文学与佛典》一文中对历代翻译义体的演变及特征做了言简意赅的总结和概括。他指出："在启蒙时代,语义两未娴洽,依文转写而已。若此者,吾名之为未熟的直译;稍进,则顺俗晓畅,以期弘通,而于原文是否吻合,不甚厝意,若此者,吾名之为未熟的意译。然初期译本尚希,饥不择食,凡有出品,咸受欢迎,文体得失,未成为学界问题也。及兹业浸盛,新本日出,玉石混淆,于是求真之念骤炽,而尊尚直译之论起。然而矫枉太过,诘鞫为病,复生反动,则意译论转昌。卒乃两者调和,而中外醇化之新文体出焉。此殆凡治译事者所例经之阶级,而佛典文学之发达,亦其显证也。"将"求真"看成是佛经翻译的趋势,反映了佛经翻译事业一条正确的路线。

(二)僧肇重"质"的评论思想

僧肇是著名佛学家,对佛学研究极深,汉地大乘佛学经过僧肇的阐发,可谓臻于顶峰。《高僧传》称其"历观经史,备尽坟籍……学善方等,兼通三藏"。僧肇所处的时代,正值老庄思想盛行,由于佛学的般若思想与之有相似之处,所以当时学者皆以般若、老庄并谈,在思想上基本不分彼此。玄学化的佛学,流派纷呈,有的贵无贱有,有的贵有贱无,僧肇认为这两派的主张都是偏执,并极力破斥。罗什评价他的四大弟子时曾说:"通情则生、融上首,精难则观、肇第一。"即反映了僧肇对经义奥蕴处有独到的会解。其所撰《肇论》是与他在罗什译场参与译经紧密相关的著述,虽然不是严格意义上的翻译,但理论幽深,思想微妙,而且将罗什所传龙树学缘起性空的般若思想发挥得淋漓尽致,因而被罗什称为"解空第一"。僧肇参与罗什译经,凡出经论,皆由他与僧叡二人详定。僧肇批评当时的译经时说:"去圣久远,文义多杂,先旧所解,时有乖谬"(《高僧传》)。由他参与详定的经论,千百年来,成为佛学僧俗喜读的定本,反映出他在译经事业中的成就。他在《维摩诘所说经注十卷序》中说:

> 每寻玩兹典,以为栖神之宅,而恨支、竺所出,理滞于文。常恐玄宗坠于译人。北天之运,运通有在也。以弘始八年,岁次鹑火,命大将军常山公、右将军安成侯与义学沙门千二百人,于长安大寺请罗什法师重译正本,什以高世之量,冥心真境,既尽环中,又善方言。时手执梵文,口自宣译,道俗虔虔,一言三复,陶冶精求,务存圣意,其文约而诣,其旨婉而彰。微远之言,于兹显然矣。余

以暗短，时预听次，虽思乏参玄，然粗得文意，辄顺所闻，为之注解，略记成言，述而无作。庶将来君子，异世同闻焉。

指出"理滞于文"的翻译，致使佛学将坠（"常恐玄宗坠于译人"），而赞扬鸠摩罗什的翻译是"务存论旨"，"务存圣意"。其《百论序》也评价罗什译经："陶练覆疏，务存论旨，使质而不野，简而必诣。宗致划尔，无间然矣。"表明他评定译经是以"质"为主的。僧肇时代的佛学还笼罩在玄学的大背景之下，僧肇的佛学思想也不能完全脱离"格义"，但他能在以道、玄"格义"佛理时，又赋予佛学以创新之义，这是他超越同时代人的地方，这也是他求"质"的思想基础。僧肇曾为人抄书，在抄书过程中读了不少经典，对老庄思想特别感兴趣，后来，他读《维摩诘经》译本，觉得对一些重要问题讲得比老庄还要透彻，更能满足他的思想追求，所以，他专心于佛学，成为鸠摩罗什的十大弟子之一，在鸠摩罗什的指导下研读佛经，学习翻译经典。僧肇之所以由老庄、玄学转向佛学，是因为从老庄的自然、逍遥显然已经不足以得到精神慰藉，只有从佛学中才能找到精神的栖息之所。当时的长安，佛学经典的传播虽已初成气候，但经典的翻译还存在很大的问题，西域学僧译经因不通汉语而常出错讹，汉地学人译经又因对原文不通而矛盾迭出。他所说的"支、竺所出理滞于文"，实代表前期的整个翻译。401 年，僧肇在长安协助鸠摩罗什译经。他在翻译佛经中探讨佛理，思考当时争论中的佛学问题，同时又寻找更有效的译经表达方式，他比较罗什新译的经典与旧译的佛经，力图更深入理解佛理精义。他参与鸠摩罗什重译《维摩诘经》时，写成了《维摩诘经序》，同时为《维摩诘经》作了注。这种译、序、注结合的全面性译经活动，使僧肇的佛学思想境界得到了很快的提高，使他能超越其他的译经者，创造了代表那个时代最高佛学理论水平的中国化的佛学思想体系。

僧肇的佛学思想主要体现在他精心撰写的《肇论》上。《肇论》不是对外来佛学的简单的译介，也不是对佛学思想的一般体会，而是具有创造性和系统性的佛学思想理论体系。《肇论》由五篇论文组成：《宗本义》《般若无知论》《不真空论》《物不迁论》《涅槃无名论》。其中《宗本义》是总论，阐述僧肇根本性的理论观点："本无"与"实相"，"性空"与"法性"是二而为一的，宇宙万法均由因缘会合而生，缘会未生则未生无有。因缘离散，万法即灭寂，缘会存在，就是有；缘会灭，即是无。万法虽现有，而性常自空，性常自空，所以谓之"性空"，因性空，所以说是"法性"，法性真实如此，所以说是"实相"，实相本来就无，并非是推论出无，所以说是"本无"，"本无"是空，由此称为"自性空"或"本性空"，这是僧肇中观学论空的根本要义。其余的四篇是分别对这一根本观点的说明和论证。僧肇写作此书时，把老庄思想、郭象的《庄》学理论与《维摩诘经》的般若观点融合起来，同时协调了三世因果论和《涅槃》思想，对当时玄学、佛学争论中的一些关键问题作了总结性的回答。正是他对佛学的准确理解，使他的翻译评论注重译本的准确和严谨。

（三）慧远：文质融合的评论观

慧远博综六经，学识渊博，是东晋时代继道安之后的中国佛教领袖，对中国佛经翻译和评论事业贡献巨大。

1. 主持译经

慧远在庐山主持东林寺，成为当时的译经、弘法中心。慧皎《高僧传》记载，慧远到庐山以后，深感"初经流江东，多有未备，禅法无闻，律藏残缺"。于是派弟子法净等远涉西域寻求佛教经典，获得很多极有价值的梵本佛经。"每逢西域一宾，辄恳恻咨访……屡遣使入关，迎请禅师，解其摈事，传出《禅经》。又请罽宾沙门僧伽提婆出数经。所以禅法经戒，皆出庐山，几且百卷。初关中译出《十诵》，所余一分未竟，后有弗若多罗来适关中，诵出《十诵》梵本，罗什译为晋文，三分始二，而多罗弃世。远常慨其未备，及闻昙摩流支入秦，复善诵此部，乃遣弟子昙邕致书祈请，令于关中更出余分。故《十诵》一部，具足无阙，晋地获本，相传至今。葱外妙典，关中胜说，所以来集兹土者，皆远之力也。"慧远组织译经，并写序言，对佛经翻译做出了重要贡献。

一是请僧伽提婆翻译法胜的《阿毗昙心论》。经慧远邀请，僧伽提婆于东晋孝武帝太元九年翻译《阿毗昙心论》，太元十六年慧远整理成四卷，并作序言。关于本论的翻译，《阿毗昙心序》记载说："释和尚昔在关中，令鸠摩罗跋提出此经。其人不闲晋语，以偈本难译，遂隐而不传。至于断章，直云修妒路。及见提婆，乃知有此偈。以偈检前所出，又多首尾隐没，互相涉入，译人所不能传者彬彬然，是以劝令更出。以晋泰元十六年，岁在单阏，贞于重光。其年冬，于寻阳南山精舍，提婆自执胡经，先诵本文，然后乃译为晋语，比丘道慈笔受。至来年秋，复重与提婆校正，以为定本。时众僧上座竺僧根、支僧纯等八十人，地主江州刺史王凝之，优婆塞西阳太守任固之为檀越，并共劝佐而兴立焉。"慧远在《阿毗昙心论序》中解释书名说："阿毗昙心者，三藏之要颂，咏歌之微言，管统众经，领其宗会，故作者以心为名焉。有出家开士，字曰法胜，渊识远鉴，探深研机，龙潜赤泽，独有其明。其人以为《阿毗昙经》源流广大，难卒寻究，非赡智宏才，莫能毕综，是以探其幽致，别撰斯部。始自《界品》，讫于《问论》，凡二百五十偈，以为要解，号之曰心。"又叙述本论的译出情况："罽宾沙门僧伽提婆，少玩兹文，味之弥久，兼宗匠本，正关入神，要其人情悟所参，亦已涉其津矣。会遇来游，因请令译。提婆乃手执胡本，口宣晋言。临文诚惧，一章三复。远亦宝而重之，敬慎无违。然方言殊韵，难以曲尽，傥或失当，俟之来贤，幸诸明哲，正其大谬。晋太元十六出。"由此可见，僧伽提婆、慧远在翻译《阿毗昙心论》的时候，慎之又慎。

二是请僧伽提婆翻译《三法度论》并作序言。慧远《三法度经序》称："有游方沙门，出自罽宾，姓瞿昙氏，字僧伽提婆。昔在本国，预闻斯道，雅玩神趣，怀佩以游。其人虽不亲承二贤之音旨，而讽味三藏之遗言，志在分德，诲人不倦，每至讲论，嗟咏有余。远与同集，劝令宣译。"并指出其译经"依实去华，务存其本"，说明翻译的时候，去掉一些修饰。以前的翻译，有的是"文过其意"，是说有些补充。有的是"理胜其辞"，是说有些删节，译文没有把原典的道理充分表达出来。慧远主张避免这两种极端，行其中道。

三是请佛陀跋陀罗翻译禅经。应智严邀请，古印度迦毗罗卫的佛陀跋陀罗于晋义熙四年至长安，拜见鸠摩罗什，因学见不同，为罗什门下摈斥。佛陀跋陀罗率弟子慧观等四十余人投庐山慧远。慧远获悉佛陀跋陀罗善禅法，便派昙邕送信给姚兴及长安僧众，调解佛陀跋陀罗与罗什的矛盾，取消判其犯戒的处分，并请其翻译《修行方便禅经》二卷。慧远撰写《庐山出修行方便禅经统序》，开头便说："夫三业之兴，以禅智为宗。"可见慧远对禅法非常重视。佛陀跋陀罗主要继承达摩多罗和佛大先（佛陀斯那）两家的禅学理论，所以慧远的序说："今之所译，出自达摩多罗与佛大先。其人西域之俊，禅训之宗，搜集经要，劝发大乘。弘教不同，故有详略之异。达摩多罗阖众篇于同道，开一色为恒沙。其为观也，明起不以生，灭不以尽，虽往复无际，而未始出于如。故曰：色不离如，如不离色，色则是如，如则是色。佛大先以为澄源引流，固宜有渐。"可见达摩多罗的禅法是以中观理论为指导的顿悟法门，佛大先的禅法是以唯识理论为指导的渐悟法门。

四是请昙摩流支译《十诵律》。《十诵律》曾由罽宾沙门弗若多罗与罗什共译，由弗若多罗诵出梵文，由罗什译为汉文。译至三分之二，弗若多罗去世。公元 405 年，西域沙门昙摩流支携梵本《十诵律》来到长安，慧远派昙邕写信给他，请他与罗什续译。

　　五是慧远曾把《大智度论》节抄成二十卷。罗什所译《大智度论》是《摩诃般若波罗蜜经》的释论,笔受者为僧叡等,作者为龙树。慧远在《大智论抄序》中说:"童寿以此论深广,难卒精究,因方言易省,故约本以为百卷,计所遗落,殆过三倍。"可知梵文原本大约是四百卷。而僧叡《大智释论序》说:"论之略本有十万偈,偈有三十二字,并三百二十万言。胡夏既乖,又有烦简之异,三分除二,得此百卷。于《大智》二十万言,玄章婉旨,朗然可见。"根据僧叡之说,《大智度论》是罗什本从"略本"译出,而且只译出略本的三分之一。若把"略本"全部译出将有三百卷。僧叡接着说:"胡文委屈,皆如初品。法师以秦人好简,故裁而略之。若备译其文,将近千有余卷。"这就是说当时还有另一个"全本",如果全部译出"将近千有余卷。"另一篇《大智论记》(作者未详)载:"论初品三十四卷,解释一品,是全论具本。二品已下,法师略之,取其要足以开释文意而已,不复被其广释,得此百卷。若尽出之,将十倍于此。"都认为罗什只是节略译出此论,即从《大品》第二品以下,罗什对《论》予以节译。罗什译经很注意中土人士好简略("秦人好简")的学风,所以他的译典多有删略。当时的中土佛学,从本来为四论学派的格局转向三论学派,其实也是好简略的表现,因为《大智度论》篇幅过长。道宣总结梁陈时代佛教学风的转变说:"先是梁武宗崇《大论》,兼玩《成实》,学人声望从风归靡。陈武好异前朝,广流《大品》,尤敦三论。"当时创立的三论宗,以《中论》《十二门论》及《百论》开宗立派,宣扬空、无相、无所得、八不中道等义理。事实上,《大智度论》与《中观论》《十二门论》《百论》是一个整体,而且《大智度论》更重要。僧叡在《中论序》中说:"《百论》治外以闲邪,斯文袪内以流滞,《大智释论》之渊博,《十二门观》之精诣",表明将中观学"四论"作为一个整体认识,并指出四论各有特色。但相对而言,他似乎更倾向于《大智度论》,因为它渊博丰富的内容,使人们对中观学的理论能有更全面的把握,其他三论则相对篇幅单薄,无法得以了解中观学的全貌。因此,一旦把握了《大智度论》的精神,即可"归途直达,无复惑趣之疑"。但吉藏也是因为考虑到中土佛教人士好简略,所以才没有将《大智度论》列入其中。罗什所译《大智度论》本来已经删节,慧远又将罗什译本节抄,同样是考虑到中土学者的学风。其《大智论抄序》对译文的文、质问题提出自己"文质均"的看法。

　　2. 文质结合的评论理念

　　慧远在庐山时,深感江东一带佛经不全,禅法缺乏,律藏残缺,曾派弟子法净、法领等人于西域取得《华严》等经二百余部,"于是二学乃兴，并制序标宗，贻于学者"（慧皎《高僧传》）。由此推动有关毗昙学、禅学和律学典籍的流传。所以僧祐称道说："葱外妙典，关中胜说，所以来集兹土者，皆远之力也。"（《出三藏记集·慧远法师传》）慧远不仅主持庐山译经，而且校订译本，且编辑《大智论抄经》，这也正是慧远接触翻译评论的机缘。在佛学理论上，慧远的造诣也相当深厚。特别是僧祐说他"籍慧解于前因，资胜心于旷劫，故能神明英越，机鉴遐深。无生实相之玄，般若中道之妙，即色空慧之秘，缘门寂观之要。无微不析，无幽不畅，志共理冥，言与道合。"正是由于他对佛学"中道"要义的准确把握，使他能与道安的评论有共同之处，同时又有所推进。那就是试图用"味"和"中"来统一前期的文质论，明确提出"厥中"论。他在《大智论抄序》中指出：

> 于是静寻所由，以求其本。则知圣人依方设训，文质殊体。若以文应质，则疑者众；以质应文，则悦者寡。是以化行天竺，辞朴而义微，言尽而旨远。义微，则隐昧无象；旨远，则幽绪莫寻。故令玩常训者，牵于近习，束名教者，惑于未闻。若开易进之路，则阶藉有由。晓渐悟之方，则始涉有津。远于是简繁理秽，以详其中。令质文有体，义无所越。辄依经立本，系以问论。正其位分，使类各有属。谨与同止诸僧，共别撰以为集要，凡二十卷。虽不足增晖圣典，庶无大谬。如其未允，请俟来哲。

慧远在《三法度经序》中又指出：

> 虽音不曲尽，而文不害意。依实去华，务存其本。自昔汉兴，逮及有晋，道俗名贤，并参怀圣典。其中弘通佛教者，传译甚众。或文过其意，或理胜其辞。以此考彼，殆兼先典。后来贤哲，若能参通晋胡，善译方言，幸复详其大归，以裁厥中焉。

"厥中"（适中的译法）的翻译思想，是既不赞成"文过其意"的翻译，也反对"理胜其辞"的译法。这一思想始终是他论翻译评论的基调。这种思想明显地受到"中观学"影响。慧远接受《大智度论》的影响，信守"非有非无"，从特定的角度去看，反映了具体事物的有与无、存在与不存在的统一性，具有深刻的哲理性和辩证法思想。他通读了罗什的代表译作《大智度论》，并抄集为二十卷，为之作序。在序中首先通过介绍其主要内容来表达他的认识，认为《大智度论》是从"中道"（"中衢"）出发，启迪智慧，并用"二谛"的统一来解释"中道"，对对象要求"无当"，对认识要求"无照"，基本上是符合《大智度论》解释的般若性空思想的。表明他对"中"有着基本正确的理解。慧远曾与罗什常有佛学通信，对中观学有较深的理解。慧远是当时对佛教义理造诣较深的学者之一，道安曾称赞他说："使道流东国，其在远乎。"（《出三藏记·慧远法师传》）《高僧传》还记载，罗什曾就慧远所著《法性论》叹曰："边国人未有经，便暗与理合，岂不妙哉。"中观学有助于他确立中道的翻译观。同时，传统思想也是他不可或缺的理论营养。《高僧传》称慧远"内通佛理，外善群书"。天台宗创始人智顗在总结慧远的学业时曾赞扬说："内闲半满，外善三玄。"（《奉晋王述匡山寺书》）"半满"，即半满教。《大乘义章》说："此二亦名大乘、小乘，半满教也。声闻藏法狭劣名小，未穷名半；菩萨藏法宽广名大，圆极名满。""三玄"即指《周易》《老子》《庄子》。慧远的思想包含了当时已传入的佛教各种思潮，是一个具有多方面内容的广博庞杂体系。他的治学注意融合梵汉，本身即表明他思想的融合性，使得他能够以更兼容的心态把握翻译问题。但从慧远的融合尝试来看，他还只是一个开端，由于翻译评论本身发展的程度所限，他也不可能完善这一批评理论。

慧远在《阿毗昙心序》中指出："（提婆）少玩兹文，味之弥久，兼宗匠本，正关入神。"指出以"味"来批评译本的可能性，因为"方言殊韵，难以曲尽"，所以单从文质两端说，很难有切当的评价。"味"作为评价译作的一个重要美学尺度，就其性质而言，是形神高度统一的标志。佛学文章中常用"味"来比喻反复诵读经文而有所体会，也用来比喻吟诵佛经获得一种独特的难以言尽的"味"的感受。佛学说的妙得言外，实际上就是"味"。最初道安《阿毗昙八犍度论序》中有"咏歌有余味"这一命题。其《比丘大戒序》又说："然后乃知淡乎无味，乃直道味也。"这都是意在用"味"来衡量翻译的成败，以及所达到的境界。因为此前衡量和评价翻译主要是用"文质"论，道安是很有文学造诣的，所以他直接提出"味"来，以此融合"文质"说，开了后世以味论译的先河。不过，有关"味"的论述，在很多情况下是作为"义理"一义使用，或是混合使用的，即慧皎《高僧传》中所说："夫欲考寻理味，决正法门"；"研味钻仰，……请令传译理味"；等等。另如僧肇注《维摩诘经》说："世咸玩味"。梁武帝《大品经注序》说："顷者学徒罕有尊重，或时闻听，不得经味。"僧祐《出三藏记集》中所说："汉末魏初……寻味之贤，始有讲次。""研味《方等》，妙入幽微。"隋慧藏说："每研味群典，而以华严为本。"慧皎《高僧传》所说："披读经文，一览能诵，研味句义，即自解说。"慧皎《高僧传》说：支孝龙"常披味小品，以为心要"，恒政"或见佛经，耽味不舍"。道慈《中阿含经序》说："并违本失旨，名不当实，依稀属辞，句味亦差。"《思益经序》说："恭明前译，颇丽其辞，仍迷其旨。是使宏标乖于谬文，至味淡于华艳。虽复研寻弥稔，而幽旨莫启。"道标《舍利弗阿毗昙论序》说："玄味远流，妙度渊极，特体明旨，遂赞其事……皇储亲管理味，言意兼了。"僧肇："（老子）美则美矣，然期神冥累之方，犹未尽善也。"后见《旧维摩经》，"欢喜顶受，披寻玩味。"明浚《答柳博士书》说："唯今三藏法师，蕴灵秀出，含章而体一味，瓶泻以赡五乘，悲去圣之逾远，悯来教之多阙，缅思圆义……"玄奘《启谢高昌王表》也是此意："但远人来译，音训不同。去圣时远，义类差舛。遂使双林一味之旨分成当现二常，大乘不二之宗析为南北两道。"赞宁说明觉"遍尝法味"，都是指此。这是说"味"从指义理，经过混合使用，最终纯粹作为翻译评论标准，如慧皎《高僧传》所说："译人造次，未善详悉，义旨句味，往往不尽。"明确将"旨"与"味"分说，经历了漫长的发展过程，才成为译本评价的美学标准。

（四）僧祐："圆通"的翻译评论观

僧祐是佛教史传学家，十四岁出家，入定林寺师从达法。由于他对律部有专门研究，佛教史上一般都称他为"僧祐律师"。僧祐在萧齐年间声望极高，这主要是因为他在佛教史上撰写了有重大影响的《出三藏记集》一书，这也是佛学史上现存的最早的一部综合性经录。从翻译评论的角度看，该书经序一部分总共收集载自《四十二章经》以至《法集杂记铭目录序》一百二十篇序文，其作者包括康僧会、道安以至僧肇、慧远等名家。由于我国佛经翻译评论多保存在经序中，这就更显示了本书的重要性。该书中记载了这些经典翻译的基本情况以及当时人们对它们的研究状况，研究了各个时代译经的时代背景、译者、经过、佛经内容、流传情况等。其中《列传》一部分共为安世高、支谶以至东晋的慧远、法显等译者三十二人立传，考察其译风译笔，评论其译本质量，将前期道安的批评学风引向深入。书中"经序"一部分所载经序和出经后记，有经旨大意的评价，出经始末的记叙，不同译本的考比，作者心得体会的阐发，将翻译评论推进了一大步。其中关于前后期名词概念的不同译法，如旧译佛陀为众佑，菩萨为开士，阿罗汉为无著果，文殊为濡首，解脱为背舍，比丘为除馑等等，反映先期名词翻译的不成熟。

1. 僧祐的评论观念

僧祐精研小乘说一切有部的根本律典，尤其是《十诵律》，其律宗修养对于他在顿渐两边的立场深有影响。僧祐《出三藏记集》编撰体例，众经并录，既怀有存史的目的，也正实践着道安慧远的佛学思想，他不是凌驾一切以谈佛性，而是折中于顿渐两边。虽然僧祐否定顿悟说可以直抵佛性，但是也并不认为凭借渐悟终能成佛。这正是僧祐圆通思想的基础。同时，僧祐"备观"宋、齐、梁三代，"常愿"佛教"弥新"，慧日"长照"，为此，他潜心研究前代译经，首次梳理了经本传译的大致线索与发展状况，认为此前的译经大致经历了安世高、竺法护与罗什三个阶段，这是站在佛典汉译历史的高度梳理的，而且三个阶段划分得十分精准，此三人非常具有代表性，确为译经史上的里程碑和转折点。由于译者素质的提高，翻译的质量也就有了极大的改进，特别是佛学义理经罗什的翻译终于开始以原貌的形式出现在中国，佛教深刻的哲学义理、圆通的思想方法，对翻译问题的研究具有极大的理论导向作用，这是本时期翻译评论进步的前提，所以僧祐能明确提出"圆"的评论概念。"圆"是佛教义理术语，本指佛教义理的"统一""圆融""无碍"，相即相入，互相包容等含义。僧祐用作评论概念，指译文在传达原文意义上圆满无缺的境界。不过僧祐的运用还停留在"义"上面，如他说鸠摩罗什的翻译是"义皆圆通"，"文义圆通"，指的就是罗什译文准确传达了原文义理，没有丝毫走失。虽然僧祐运用"圆"的观念比前期要成熟一些，但这一概念在本时期总是显得很勉强，因为评论观念总是与当下思想学术的大环境一致的。当时，佛学与中国传统文化的融合，佛教内部的整合以及传统思想对于佛教的吸收，都还处于起步阶段，"圆融"观念自然还缺乏成熟的时机。儒道释三家融合本是在中国思想领域所形成的以儒学为主、儒释道合流的思想文化现象，由此，一方面，它是中土学人对印度佛学所作的文化选择，而另一方面又是印度佛学为适应中国文化而作的自身改变。印度佛学的中国化，是儒道释三家从外部形态到精神实质的相互融摄，是从外在功能上互补加深到内在思想上的融通过程。三家在长期并存的过程中，内质上通过交流，彼此的认同越来越加深，随着时代的发展，三家思想文化的真正融合就有了更为充要的条件。

　　汉魏时期，三家彼此是独立的，虽然相互间都有影响，也不乏调和论调，如牟子作《理惑论》，论儒佛思想之一致；道安以《老子》语解《般若经》。南北朝时期由于上层人士对佛教的重视，以及佛教作为一种新意识形态所具有的生气和丰富内涵，使佛学成了三家的中心。尤其是"南朝人士偏于谈理，故常见三教调和之说"（汤用彤《汉魏两晋南北朝佛教史》）。梁武帝在其《述三教诗》中说他自己"少时学周孔"，"中复观道书"，"晚年开释卷，犹月映众星"，最后达到"至理归无生"的认识，表明佛教超过儒道二家。慧远也说，"苟会之有宗，则百家同致"（《与隐士刘遗民等书》）。孙绰在《喻道论》中说："周孔救极弊，佛教明其本耳，共为首尾，其致不殊。"由此三家融合最先由佛教表现出来，主要在于彼此内在意识上的流通融合，但就其主流而言，依然各树一帜，泾渭分明。

自隋唐至两宋，不仅三家鼎立的局面达到了一个高潮，三家理念的交流也空前频繁。时风所趋，佛学与传统文化融合的思想已成普遍趋势并深入人心。陈寅恪说："南北朝时，即有儒释道三教之目（北周卫元嵩撰齐三教论七卷。见旧唐书肆柒经籍志下）至李唐之世，遂成固定之制度。"（《冯友兰〈中国哲学史〉下册审查报告》）唐代以后，无论是从外在的政治统一，还是内在的专制集权程度上，都甚于以往的朝代，这种专制集权的大一统社会政治体制的不断加强，愈来愈需要更为一致的，含有宗教形态在内的社会意识形态，于是三教融合的呼声也越加强烈。正是辩机所谓"刓方为圆之世"（《大唐西域记序·记赞》）。隋唐宋诸朝，三家之间关系成了政治上的一个主要议题，朝廷屡屡举行三教辩论，虽然表面上呈现了三家之间的区别与矛盾，但客观上却为三教的思想交流和融合提供了交融的契机，并反映出社会政治对整合三家的需要。这些辩难论争，通过彼此之间的相互陈述与论驳，融会了共同使用的词汇、概念和思维表达方式，正所谓"借儒者之言，以文佛老之说，学者利其简便"（钱大昕《十驾斋养新录》卷十八"引儒入释"条），客观上促使三家在内质上加深了彼此的了解与认同。不过由于这些辩论的主题方向往往是在儒家经世致用的框架下展开的，目的是为了皇朝的"鼎祚克昌"和"天下大定"，所以在唐代，虽然亦将三教置于相同的地位，但此时三教内的重心，已由佛教转入儒家，因为唐代帝王对道家的推崇，尤其是极力提倡儒家经世之术，并作为组织三教辩论的出发点。所谓"三教虽殊，同归于善"，实际上是将儒家理念作为三教的取舍标准。而且，由于自南北朝起玄学的消退和经学的再度盛兴，尤其是王通、韩愈等人对新儒学的发展，一直到程朱理学的兴起，儒学主导社会意识的功能日益强大，促使三家在隋唐之后融入儒家。

宋明理学的形成，实际上是儒家吸收佛、道二家思想的结晶，三家融合可以说是宋明理学发展出来的新思想。元代以后，儒、道、佛三家在内在义理上，特别是在道德价值标准取向上走向融合。明以后，理学以孔子伦理思想为核心，摄取释、道哲学思想观念、思维形式和修持方法，真正融合了三者。绍则认为"佛开三世，故圆应无穷；老止生形，则教极浇淳",所以"周孔老庄诚帝王之师"而"释迦发穷源之真唱,以明神道主所通"(僧祐《弘明集》卷第六)。尤其是作为体现这类融会理念的人物在当时大量出现,道士陶弘景既著"《孝经》《论语》集注",又"诣鄮县阿育王塔自誓,受五大戒"(僧祐《弘明集》卷第五)。沙门昙度"善三藏及《春秋》《庄》《老》《易》。宋世祖、太宗并加钦赏"(僧祐《弘明集》卷第六)。这种文化现象的出现,是由于三家所依附的社会基础和所发挥的社会作用是相同或一致的。在儒家内部,三家融合的思潮发展也日趋强烈。"三教合一"一词开始出现在《四库全书》,而《四库全书》中所收的宋以后的书籍文献,基本上是以儒家思想为基调的。陆陇其说:"今人言三教合一,岂非朱子之所叹然。又有谓三教不可合而各有其妙,不妨并存者,则又是以不合为合,尤巧于包罗和会者也。"谓三教的两种合一,其区别正是表现在外在形态上,即当时人们确有主张将三教合为一体的愿望。三教合一概念在明代的提出,其实是当时的社会中已经有了合三教为一教的实际形态存在。例如,明代中期的《三界伏魔关圣帝君忠孝忠义真经》称关羽君临三界,"掌儒释道教之权,管天地人才之柄",表明关帝信仰成为三家共同崇拜的神祇日益流行。晚明林兆恩甚至以三教合为一教作宗旨,创立以儒为主体的三教合一的宗教"三一教",宣称要通过"炼心""崇礼""救济"等手段,"以三教归儒之说,三纲复古之旨,而思易天下后世",甚至"立庙塑三教之像:释迦居中,老子居左,以吾夫子为儒童菩萨塑西像,而处其末座。缙绅名家亦安然信之奉之"。实行了三家在信仰崇拜体系上的合一,也使三家融合概念的内涵有了质的发展。

僧祐圆通的评论观更是建立在他对梵汉语言的研究基础上的。他写的《胡汉译经文字音义同异记》是一篇精彩的很有深度的翻译评论。文中首先表达自己的言意观。他说:"夫神理无声,因言辞以写意,言辞无迹,缘文字以图音,故字为言蹄,言为理筌。音义合符,不可偏失,是以文字应用,弥纶宇宙,虽迹系翰墨,而理契乎神。"接着便转向讨论梵汉语言,讲到佛经翻译中的梵(或胡)汉音义的同异:

> 昔造书之主,凡有三人:长名曰梵,其书右行;次曰佉楼,其书左行;少者苍颉,其书下行。梵及佉楼,居于天竺,黄史苍颉在于中夏。梵佉取法于净天,苍颉因华于鸟迹。文画诚异,传理则同矣。仰寻先觉所说,有六十四书,鹿轮转眼,笔制区分,龙鬼八部,字体殊式。唯梵及佉楼为世胜文,故天竺诸国谓之天书。西方写经,虽同祖梵文,然三十六国往往有异。譬诸中土,犹篆籀之变体乎?

案苍颉古文，沿世代变，古移为籀，籀迁至篆，篆改成隶，其转易多矣。至于傍生八体，则有仙龙云芝；二十四书，则有楷草针殳，名实虽繁，为用盖鲜。然原本定义，则体备于六文，适时为敏，则莫要于隶法。东西之书源，亦可得而略究也。至于梵音为语，单复无恒，或一字以摄众理，或数言而成一义。寻《大涅槃经》列字五十，总释众义十有四音，名为字本。观其发语裁音，宛转相资，或舌根唇末，以长短为异。且胡字一音不得成语，必余言足句，然后义成。译人传意，岂不艰哉。又梵书制文，有半字满字，所以名半字者，义未具足，故字体半偏，犹汉文"月"字，亏其旁也。所以名满字者，理既究竟，故字体圆满，犹汉文"日"字，盈其形也。故半字恶意，以譬烦恼；满字善义，以譬常住。又半字为体，如汉文"言"字，满字为体，如汉文"诸"字，以"者"配言，方成"诸"字。"诸"字两合，即满之例也；"言"字单立，即半之类也，半字虽单，为字根本，缘有半字，得成满字，譬凡夫始于无明，得成常住，故因字制义，以譬涅槃。梵文义奥，皆此类也。

　　僧祐指出天竺与中土文字书写方法不同，天竺语的"梵书"和"佉楼书"是由右至左或由左至右横写，而中国文字（苍颉书）由上至下纵写。关于外国文字横写并非他最先指出，《史记·大宛列传》已有"安息书革旁行，以为书记"的记载，而"旁行"裴骃《集解》所引《汉书音义》的解释为："横行为书记。"至于天竺文字的产生是否如僧祐所说早于中夏，而他说创造天竺文字的"梵"与"佉楼"为"长"为"次"，称创造中国文字的"苍颉"为"少者"，则多少带有宗教的感情作用，有意抬高印度的文化地位。玄奘《大唐西域记》说："其文字梵天所制，原始垂则四十七言……流演支派，其源浸广，因地随人，微有改变。""梵天所制"因印度人相传，他们的文字是梵天（神）的语言。由此，僧祐讨论了胡（梵）汉语音的不同，根本在于汉语是单音表意文字，而梵文则是复音表意文字，两者之间并无语音声调的联系。后来刘勰在《灭惑论》中接受了这种思想，并进一步认为"胡汉语隔而化通"，并在《文心雕龙》中专辟《声律》一篇论述声律。

　　当时佛学界十分注意悉昙的研究，因为音译词发音一定要正确，这就是所谓"音声之道"，这就必须研究天竺拼音文字的读法，而悉昙就是梵文拼音表，王维曾说："苑舍人咸能书梵字，兼达梵音，皆曲尽其妙。"（《全唐诗》）《宋史·艺文志》载郑樵论梵书三卷，他说："华则一音该一字，梵则一字或贯数音"，"梵有无穷之音，华有无穷之字"等等。僧祐称

"胡字一音不得成语",需要"必余言足句,然后义成",并且梵文分"半字"和"满字",而"半字"是"义未具足"的字,要跟别的"半字"才有字义。这段话揭示出中土学人对印度拼音文字的初步认识。因为梵文的"半字"是字的根本,然而它单独存在(单立)时不仅没有意义,而且"一音不得成语",必须跟其他配合起来才是音义具足的"满字",这都是拼音文字的字母的特性。梵文作为拼音文字,玄奘所撰的《大唐西域记》中有较具体的说明:"天竺之称,今从正音,宜云印度。详其文字,梵天(Brahma)所制,原始垂则,四十七言,遇物合成,随事转用。"玄奘称梵文的原始字只有四十七个,而可以随时在不同需要和不同对象之下自由配合来表达意义,说明只有拼音文字的"字母",才有这个方便。而僧祐这样来描述拼音文字的特性,是因为中国方块文字的特性是每个字是一个独立单位,各有自己的音、形、义,而且每一个字都是单音,传统习惯下使用这种文字的汉人,自然会用自己的概念去了解西方传来的新文字。梵文字母是有形有音而无义,因此说它是一个"一音不得成语"的"半字",又由于汉语中向来没有"字母"这一概念,所以他虽把梵文的"字"分析为"半字"和"满字",但解释它与汉语的不同时,也只好用汉语中的"诸"字作为"满字"的例子,再把它所包含的"言"字与"者"字两组成单位拆开作为"半字"的例子。然而,汉语的"言"和"者"两个字是各有自己的音、形、义的,跟梵文字母(半字)依然不同,不过在当时已找不出更好的说明方法了。

僧祐如此详细的讨论是有明确目的的,因为对言义问题的讨论再深入一步,就是语言本身的研究了。翻译研究首先面临的就是语言,语言的状况直接决定翻译评论的研究。所以他讲:"宣领梵文,寄在明译,译者释也,交释两国,言谬则理乖矣。"事实上,"自前汉之末,经法始通,译音胥讹,未能明练"。僧祐还列举"浮屠""桑门"等导致误解的翻译,并指出这类翻译"遗谬汉史","字音犹然,况于义乎?"他的结论是:"是以义之得失由乎译人,辞之质文系于执笔。或善胡义而不了汉旨,或明汉文而不晓胡意,虽有偏解,终隔圆通。若胡汉两明,意义四畅,然后宣述经奥,于是乎正。前古译人,莫能曲练,所以旧经文意,致有阻碍,岂经碍哉?译之失耳!"指出译人素质至关重要。僧祐《新集安公注经及杂经志录第四》说:"佛之著教,真人发起,大行于外国,有自来矣。延及此土,当汉之末世,晋之盛德也。然方言殊音,文质从异,译胡为晋,出非一人,或善胡而质晋,或善晋而未备胡,众经浩然,难以折中。"明确地指出了译者汉、梵两种语言不能通达的问题,这也是译者最基本的素质要求。这两方面的问题导致翻译的"禾草俱在","金厩玉石同缄",

"龙蛇并进"，致使读者难辨"真伪"。译文能否以原汁原味的忠实的面貌出现在读者面前，最终取决于译者。这就引起论者们对译者主体的重视。僧祐并按照这一标准，在《胡汉译经文字音义同异记第四》中评论了前代译人：

> 昔安息世高，聪哲不群，所出众经，质文允正。安玄、严调，既昙昙以条理；支越、竺兰、亦彬彬而雅畅。凡斯数贤，并见美前代。及护公专精，兼习华戎，译文传经，不愆于旧。逮乎罗什法师，俊神金照，秦僧融、肇，慧机水镜，故能表发挥翰，克明经奥，大乘微言，于斯炳焕。至昙谶之传《涅槃》，跋陀之出《华严》，辞理辩畅，明逾日月，观其为美，继轨什公矣。至于杂类细经，多出《四含》，或以汉来，或自晋出，译人无名，莫能详究。

僧祐简略地总结了自安世高至罗什和佛陀跋陀罗的译经历程，评价了各自的译经，认为在译经史上鸠摩罗什及其弟子、昙无谶、佛陀跋陀罗译经最成功。

2. 译经的两种"格碍"

"格碍"即阻碍、障碍。僧祐指出初期译经多有格碍，实为以译本不"格碍"为标准。这是他在《出三藏记集》中阐发的标准，表明他对评论概念的重视，并力图建立自己的评论理念。其《出三藏记集》中所载经序是全书最具特色的部分，也是对译经评论极有价值的部分。因为早期的译经评论观点，基本上都是通过经序表达的。僧祐特录"经序"，表明他对译经评论的重视和学术眼光，而他自己也正是通过这些经序表达其评论思想，在其《新集条解异出经录第二》中指出：

> 异出经者，谓胡本同而汉文异也。梵书复隐，宣译多变，出经之士，才趣各殊。辞有质文，意或详略，故令本一末二，新旧参差。若国言讹转，则音字楚夏；译辞格碍，则事义胡越。岂西传之舛驳，乃东写之乖谬耳。

归结起来主要有两种"格碍"：一是"音字楚夏"，为音译所致；二是"事义胡越"，由意译所致。佛典汉译中，专有名词如人名、地名等，可以采用音译。一些词语一时难以找到恰当的词语翻译，也可暂时音译。除此之外，过多的音译会使译本不容易传播。戴伟华在《佛经转读与四声发现献疑》一文中提出，早期译者梵汉语养不高，翻译水平很不理想，导致音译词过多，读来较为不便。所以其《合首楞严经记》载："然此《首楞严》自有小不同，辞有丰约，文有晋胡，较而寻之。要不足以为异人别出也。恐是越嫌谶所译者辞质多胡音，所异者删而定之；其所同者，述而不改。二家各有记录耳。此一本于诸本中辞最省便，又少胡音。遍行于世，即越所定者也。"表明支越删改支谶译本中"辞质多胡音"处。其《出三藏记集》卷十一沙门竺昙无兰抄《千佛名号序第十六》又载："亦时有字支异者，想梵本一耳，将是出经人转其音辞，令有左右也。"认为最好的译本是"辞最省便，又少胡音"，这样才能"遍行于世"。

基于此，僧祐深入讨论了翻译的本质，揭示"翻译"的含义。其《出三藏记集》之"出"意谓"译传出"。《新集安公注经及杂经志录第四》载："延及此土，当汉之末世，晋之盛德也。然方言殊音，文质从异。译胡为晋，出非一人。或善胡而质晋，或善晋而未备胡。众经浩然，难以折中。"又摘引《法句经序》载："又诸佛兴，皆在天竺。天竺言语与汉异音，云其书为天书，语为天语。名物不同，传实不易。唯昔蓝调、安侯世高、都尉、弗调，译胡为汉，审得其体。斯以难继。"文中用"译"表示梵汉语言的转换。此外，僧祐又从"转"字的含义展开梳理，明确"转"是两种语言或文字间的翻译。《出三藏记集》卷七载："经后记云：沙门昙法护于京师，遇西国寂志从出此经。经后尚有数品，其人忘失，辄宣现者，转之为晋。"卷九载："近救译人，直令转胡为秦，解方言而已。经之文质所不敢易也。"卷十载："每至讲论，嗟咏有余。远与同集，劝令宣译。提婆于是自执胡经，转为晋言。虽音不曲尽，而文不害意；依实去华，务存其本。自昔汉兴，逮及有晋，道俗名贤，并参怀圣典。其中弘通佛教者，传译甚众。或文过其意，或理胜其辞，以此考彼，殆兼先典。后来贤哲，若能参通晋胡，善译方言，幸复详其大归，以裁厥中焉。"卷十三载："沙门竺朔佛者，天竺人也。汉桓帝时，亦赍《道行经》来适洛阳，即转胡为汉。译人时滞，虽有失旨，然弃文存质，深得经意。"载录中"转之为晋""转胡为秦""转胡为汉""转为晋言"之"转"与"译胡为晋""译胡为汉"之"译"同义。

而"转读"之"转"，还与"传读""传译"之"传"义近而同用。他在《出三藏记集序》中说："原夫经出西域，运流东方，提挈万里，翻转胡汉。国音各殊，故文有同异。"对此，日本学者中嶋隆藏《出三藏记集序卷索引》校勘记云："翻转胡汉，'转'字丽本作'传'，兹从宋本、碛砂本、元本明本。"表明"转"与"传"同义。"转"者，自此移彼；"传"者，自此达彼。用于翻译均指将一种文字或语言转变为另一种文字或语言。"出""转""传""译"，独立使用时，其义即"翻译"，也各有所重，"出"意在译主对梵本意旨的宣释，有时不一定转为汉文。而"转"已有"由此转变为彼"之义，故不与"译"合用为"转译"；"传"为"由此达彼"之义，所以可与"译"合用为"传译"。如云"传译甚众"。"转""传译"指梵语和汉语之间的互译，既指梵语译为汉语，也指汉语译为梵语。卷十三《尸梨蜜传第九》说："俄而颙遇害，蜜往省其孤。对坐作胡呗三契。梵响凌云。次诵睨数千言，声音高畅，颜容不变。……蜜性高简，不学晋语。诸公与之语言，蜜因传译，然而神领意得，顿尽言前，莫不叹其自然天拔，悟得非常。……又授弟子觅历高声梵呗，传响于今。"文中的"传译"即指梵汉互译。"蜜因传译"即尸梨蜜借助于梵汉之间翻译，因而能达到"神领意得"。

初期佛经翻译的方式主要为意译、音译及直译。意译是寻找意思相似或相近的汉语字词表达原意，有时用"格义"的方法。音译也可以说是一种直译，即寻找发音相似或相近的汉字传达原文的声音。直译重在照原本含义和行文转写译文。三种译法本来都是必要的，关键在于译经者如何结合好语境进行变通。这就要求译者能够精通梵语，然后以确当的汉语形式转达梵语记录之佛经。但在初期，这样的能力译者显然是不具备的。所以在翻译的过程中，只有在译经者既熟悉义理并精通梵汉语言时，才能由一个人独自翻译，因而更多时候都是由多人合作翻译的。《出三藏记集》载道安《比丘大戒序第十一》说："自襄阳至关右，见外国道人昙摩侍讽阿毗昙，于律持善，遂令凉州沙门竺佛念写其梵文，道贤为译，慧常笔受。经夏渐冬，其文乃讫。"这是三人完成翻译之例，由一人用梵文写下口传之经文，一人用汉语口头翻译梵文，一人再用汉语笔录。《出三藏记集》载《贤愚经记第二十》说："学等八僧随缘分听，于是竞习胡音，析以汉义，精思通译，各书所闻。"指出达到"通译"，需要"竞习胡音，析以汉义"。也就是"胡"在于"音"，"汉"在于"义"。这对于译者素质的要求是很高的。但初期译经，显然还没有精通梵汉双语的译者，只能合译。据陈顺智《"汉语"四声"之形成与佛经"转读"无关论》一文所论，西晋竺法护于太康五年二月二十三日译《修行经》，经后附记载："笔受者：弟子法乘，月氏法宝。劝助者：李应荣，承索乌子，剡迟时，通武，支晋，支晋宝等三十余人。书写者：荣携业、侯无英。"口述自然是竺法护。译《魔逆经》时，"竺法护手执梵经，口宣晋言，聂道真笔受。折显元书写"。译《贤劫经》时，"竺法护手执口宣，笔受者赵文龙"。《文殊师利净律经》的翻译由"西域寂志诵出经本，经后尚有数品，其人忘失。笔受者：聂道真。劝助者：刘元谋、傅公信、侯产长等"。直到刘宋时，求那跋陀罗译经时，宋文帝令慧严、慧观等协助翻译，由宝云传译，慧观执笔。北魏时，菩提流支口译的笔受者就有僧朗、道湛、僧辩、昙林、觉意、崔光等作为助手。梁陈时，真谛的助手和弟子有慧恺、法泰、僧宗、法准、道尼、智敫、曹毗等。

3. 历史观指导下的译经评论

中土史官文化极为发达，传统史家都具有一种历史责任感。《礼记·曲礼上》说："史载笔"；《礼记·玉藻》说："动则左史书之，言则右史书之"。所以传统文学评论往往深受史学传统影响。而僧祐在佛典研究中，十分自觉地"区分类别，考镜源流"，其实也是一种历史感。他在《续撰失译杂经录序》《贤愚经记》《疑经伪撰杂录序》等许多文章中都说过自己"总集众经，遍阅群录"的观点。这是他撰写佛典叙录，梳理译经源流的指导思想。佛典汉译，由汉至梁，在这过程中，佛经典籍出现许多混杂，有翻译导致的问题，有解说中出现的歧异，还有伪经掺杂其中。因此僧祐专注于校理佛典，使源流清楚，类别不乱，经文各体有序。他在《胡汉译经文字音义同异记》中，指出了佛经翻译中的两个最基本的问题。首先是译者的素质问题。他先述梵汉文字的差异，再说明由这种差异带来译经的困难，指出："是以义之得失由乎译人，辞之质文系于执笔。或善胡义而不了汉旨，或明汉文而不晓胡意，虽有偏解，终隔圆通。"其次是翻译水平和风格。他指出："至于杂类细经，多出'四含'，或以汉来，或自晋出，译人无名，莫能详究。然文过则伤艳，质甚则患野，野艳为弊，同失经体。"佛经翻译中的这两个最基本的问题，世人并不知道其中症结，常致迷失，表明僧祐暗示以前的译经评论并未找到根结，说到要害。所以他说：

> 祐窃寻经言，异论咒术，言语文字，皆是佛说。然则言本是一，而胡汉分音；义本不二，则质文殊体，虽传译得失，运通随缘，而尊经妙理，湛然常照矣。既仰集始缘，故次述末译，始缘兴于西方，末译行于东国，故原始要终，寓之记末云。

在僧祐看来，只有"考镜源流"，才能真正找到问题的症结。僧祐在表达这一思想时，还用了"原始要终""沿波讨源""辨本以验末"等意思相同的概念。考镜源流，整理佛典，这一思想指导着他的评论。其具体方法是先叙述问题产生的根源，再说明指导思想、方法及其具有的意义。如其《出三藏记集序》说：

> 原夫经出西域，运流东方，提挈万里，翻转胡汉。国音各殊，

故文有同异；前后重来，故题有新旧。而后之学者，鲜克研核，遂乃书写继踵，而不知经出之岁；诵说比肩，而莫测传法之人。授受之道，亦已阙矣。夫一时圣集，犹五事证经，况千载交译，宁可昧其人世哉！昔安法师以鸿才渊鉴，爰撰经录，订正闻见，炳然区分。自兹已来，妙典间出，皆是大乘宝海。时竞讲习，而年代人名，莫有铨贯；岁月逾迈，本源将没，后生疑惑，奚所取明？……于是牵课羸恙，沿波讨源，缀其所闻，名曰《出三藏记集》，一撰缘记，二铨名录，三总经序，四述列传。缘记撰，则原始之本克昭；名录铨，则年代之目不坠；经序总，则胜集之时足征；列传述，则伊人之风可见。

《续撰失译杂经录》载：

祐总集众经，遍阅群录，新撰失译，犹多卷部。声实纷糅，尤难铨品。或一本数名；或一名数本；或妄加游字，以辞繁致殊；或撮半立题，以文省成异。至于书误益惑，乱甚棼丝，故知必也正名，于斯为急矣。是以雠校历年，因而后定。其两卷以上，凡二十六部，虽阙译人，悉是全典。其一卷已还，五百余部，率抄众经，全典盖寡。观其所抄，多出《四含》《六度》《道地》《大集》《出曜》《贤愚》及《譬喻》《生经》，并割品截偈，撮略取义，强制名号，仍成卷轴。至有题目浅拙，名与实乖，虽欲启学，实芜正典，其为谬误，良足深诫。今悉标出本经，注之目下，抄略既分，全部自显。使沿波讨源，还得本译矣。……

《新集抄经录》又说：

抄经者，盖撮举义要也。昔安世高抄出《修行》，为《大道地经》，良以广译为难，故省文略说。及支谦出经，亦有《孛抄》。此并约写胡本，非割断成经也。而后人弗思，肆意抄撮。或棋散众品，或苽剖正文。既使圣言离本，复令学者逐末。

《法苑杂缘原始集目录序》载：

夫经藏浩汗，记传纷纶，所以导达群方，开示后学，设教缘迹，

焕然备悉，训俗事源，郁尔咸在。然而讲匠英德，锐精于玄义；新
进晚习，专志于转读。遂令沙门常务，月修而莫识其源；僧众恒仪，
日用而不知其始，不亦甚乎！余以率情，业谢多闻，六时之隙，颇
好寻览。于是检阅事缘，讨其根本。遂缀翰墨，以藉所好。庶辩始
以验末，明古以证今。

《十诵律义记目录序》：

> ……逮至中叶，学同说异，五部之路，森然竞分。仰惟《十诵》
> 源流，圣贤继踵，师资相承，业盛东夏。但至道难凝，微言易爽，
> 果向之人，犹迹有两说，况在凡识，孰能一论？是以近代谈讲，多
> 有同异。大律师颖上，……学以《十诵》为本。……常以此律广授二
> 部，教流于京寓于中，声高于宋、齐之世，……僧祐……遂集其旧
> 闻，为《义记》十卷。

僧祐发现，佛学典籍至梁时已经颇为混乱。在佛经翻译中，由于梵
汉文字、语音殊异，译人水平参差不齐，经义难免讹误。同时，岁月长
久，授受道缺，译经的来龙去脉已不甚清楚了。比如抄经，昔贤抄经本
在修行，所以旨在撮举义要。但后人不学，肆意抄经，往往割裂经义，
"既使圣言离本，复令学者逐末"（《抄经录》）。正是由于佛经翻译的问题，
致使佛学理论的迷茫。如律学，本来就是义理精微，虽然师资相承，尚
有两说，更何况一般学僧。到了梁代，歧异更多，往往迷惑后学。可见，
正是僧祐自觉的历史观，使他的评论思想既有系统，又有深度。

4. 僧祐对佛学术语的研究

僧祐所撰《出三藏记集》是较早的一部佛经目录，书中对于早期汉译
佛经的翻译时代、译者、早期译经语言上的某些特点以及译本质量都作
了考察。僧祐学识渊博，治学严谨，他在卷一《集三藏缘记》中论及不同
时期佛经译文的差异，卷中《胡汉译经文字音义同异记第四》初步提到了
新旧译经在术语翻译上存在差异的几种类型，说：

> 若夫度字、传义，则置言由笔，所以新旧众经，大同小异。天
> 竺语称"维摩诘"，旧译解云"无垢称"，关中译云"净名"。"净"即"无
> 垢"，"名"即是"称"，此言殊而义均也。旧经称"众祐"，新经云"世
> 尊"，此立义之异旨也。旧经云"乾沓和"，新经云"乾闼婆"，此国音

之不同也。略举三条，余可类推矣。

僧祐所云"新经"、"旧经"，当以《出三藏记集》的著录为界分前期译经（东汉至南朝梁初）和后期译经（梁及以后）两部分，其中包括中土佛教著述。同卷《前后出经异记第五》又说：

> 旧经众佑，新经世尊；旧经扶萨（亦云开士），新经菩萨；旧经各佛（亦独觉），新经辟支佛（亦缘觉）；旧经萨芸若，新经萨婆若；旧经沟港道（亦道迹），新经须陀洹；旧经频来果（亦一往来），新经斯陀含；旧经不还果，新经阿那含；旧经无著果（亦应旨，亦应仪），新经阿罗汉（亦言阿罗诃）；旧经摩纳，新经长者；旧经濡首，新经文殊；旧经光世音，新经观世音；旧经须扶提，新经须菩提；旧经舍梨子（亦鹙鹭子），新经舍利弗；旧经为五众，新经为五阴；旧经十二处，新经十二入；旧经为持，新经为性；旧经背舍，新经解脱；旧经胜处，新经除入；旧经正断，新经正勤；旧经觉意，新经菩提；旧经直行，新经正道；旧经干沓和，新经干闼婆；旧经除馑男、除馑女，新经比丘、比丘尼；旧经怛萨阿竭阿罗诃三耶三佛，新经多陀阿伽度阿罗河三藐三佛陀，旧经阿耨多罗三耶三菩提，新经阿耨多罗三藐三菩提。

这是僧祐对当时所见不同时期译经用语差异的实录，依据原文"前后出经异记"的题意，"旧经"指较早译出的佛经，"新经"指较晚译出的佛经从这段文字记载的二十五组译名来看，"旧经"译语与"新经"译语差异体现在四个方面：一是有的词语旧经、新经均用意译，但翻译结果不一样；二是有的词语旧经只用意译，新经只用音译；三是有的词语新旧经均用音译（或兼有意译），但翻译结果不同；四是有的词语旧经用音译，新经用意译。僧祐所论，反映了《出三藏记集》以后汉文佛典翻译用语的面貌，与真正的早期译经用语存在明显差异。也揭示出佛典用语大规模地从"旧语"改为"新语"，是汉译佛典用语新旧语的淘汰与竞争。僧祐对相关译语的"新"、"旧"评判，揭示出新旧译语发展的普遍规律，在特定的历史时期，"新语"会代替"旧语"。初期汉译佛典多用"旧语"，长期的译经实践中人们不断创新，"新语"陆续出现，于是新旧并存。但竞争中"新语"逐渐占据主导地位，译经者逐渐少用"旧语"多用"新语"，甚至后来淘汰"旧语"而专用"新语"，致使"旧语"从译经中彻底消失。僧祐揭示的这一规律，实际上整个佛教翻译过程自汉迄宋，翻译中推出和采用"新语"的趋势贯穿始终。按照《出三藏记集》的论述，旧语的趋势基本处于被淘汰状态，如沟港道、扶萨、除馑、须扶提、秋露子、秋鹭子、鹙鹭子、无著果、除馑女、光世音、濡首、萨芸若、沟港、舍梨子、应仪、众佑、开士、各佛、干沓和、频来、背舍、直行、一往来、应真、道迹、五众、觉意等，它们在后期译经中基本未出现，只在中土佛教著述中有少量引用。这既是语言发展的规律，也是佛典名相翻译的进步，更是佛典汉译的进步。

但是，十二处、不还果、胜处、正断、独觉、舍利子等译语在后期译经中仍被广泛使用。特别是在玄奘翻译的六百卷《大般若波罗蜜多经》中，这六个"旧语"用例都不少。由于玄奘的使用，维系了这几个"旧语"的命运。据顾满林《汉文佛典用语专题研究》考察，如"舍利子"在《出三藏记集》以前的译经中共十例，已是罕见，而从魏晋南北朝时的求那跋陀罗到唐代的玄奘长达两个世纪里，此期所译的佛典中竟然仅有四次用例，更显得它消亡在即，这正是"旧语"共同的命运。可是自玄奘译经一出，"舍利子"即能起死回生，其新增用例数量远远胜过与之相对的"新语"（舍利弗）。玄奘同时或稍后的唐代译师以及宋代的译师，在译经中使用"舍利子"的次数都比较多，不能不说是受了玄奘的影响。由此可见，玄奘译经用语在"新语"和"旧语"的竞争中扮演着独特的重要作用。僧祐详细地列出新旧语用例，其目的是想通过译语的变化来说明译经不应过于求文，所以他最后指出："然文过则伤艳，质甚则患野。野艳为弊，同失经体。故知明允之匠，难可世遇矣。祐窃寻经言，异论咒术，言语文字，皆是佛说。然则言本是一，而胡汉分音；义本不二，则质文殊体。虽传译得失，运通随缘，而尊经妙理，湛然常照矣。"

（五）慧皎的评论：以"味"不以"辞"

慧皎是一位知名的僧传著作家，道宣《续高僧传》称其"春夏弘法，秋冬著述"，"学通内外，博训经律"。其《高僧传》也称自己"尝以暇日，遍览群作，辄搜捡杂录数十余家；及晋、宋、齐、梁春秋书史，秦、赵、燕、凉荒朝伪历，地理杂篇，孤文片记，并博谘故老，广访先达，校其有无，取其同异。"这说明他校正以前各家僧传，使自己的著作也就更具完备之义了。书中梳理了各时代经典传译经过，评价了他们的译经风格、译本影响及在汉译佛典中的地位。全书囊括时间四百余年，设十科，其中"译经"一科首列第一。他在"序"中说："然法流东土，盖由传译之勋……震旦开明，一焉是赖。兹德可崇，故列之篇首。"佛教的传入，实有赖于翻译，所以"译经"理应列之篇首，这正是翻译在传播外来思想、输入异域学术、促进中外文化交流中所具体体现出的重要性。因此，慧皎在"译经"三卷中，记载自东汉至齐僧人三十五人的传记，不仅记叙不同时期译经情况、中外佛教文化交流情况，也论述译经种类和译经风格的变化，都是很中肯的译经评论。每科后面的"论赞"部分，又较为集中地阐述了评论问题，将前人对译者、译本的孤立评价予以展开，兼及评论的功能等。与僧祐一样，慧皎也同样表现出明显的历史观和追溯源流的思想，因为慧皎也是一位佛教史学家。其《高僧传·序》称：

> 自汉之梁，纪历弥远，世践六代，年将五百。此土桑门，含章秀发，群英间出，迭有其人。众家记录，叙载各异。沙门法济，偏叙高逸一迹；沙门法安，但列志节一行；沙门僧宝，止命游方一科；沙门法进，乃通撰论传。而辞事阙略，并皆互有繁简，出没成异。考之行事，未见其归宗。临川康王义庆《宣验记》及《幽明录》、太原王琰《冥祥记》、彭城刘悛《益部寺记》、沙门昙宗《京师寺记》、太原王延秀《感应传》、朱君台《征应传》、陶渊明《搜神录》，并傍出诸僧，叙其风素，而皆是附见，亟多疏阙。齐竟陵文宣王《三宝记传》，或称佛史，或号僧录，既三宝共叙，辞旨相关，混滥难求，更为芜昧。琅邪王巾所撰《僧史》，意似该综，而文体未足。沙门僧祐撰《三藏记》，止有三十余僧，所无甚众。中书郗景兴《东山僧传》、治中张孝季《庐山僧传》、中书陆明霞《沙门传》，各竞举一方，不通今古，务存一善，不及余行。

此文实可作为佛学评论史看。慧皎历举晋宋以来有关佛学人物、佛教事迹著述，并在追溯源流中施加评论。在评论了前贤诸作之后，慧皎称自己"尝以暇日，遍览群作，辄搜检杂录数十余家，及晋、宋、齐、梁、春秋书史，秦、赵、燕、凉荒朝伪历，地理杂篇，孤文片记。并博谘故老，广访先达，校其有无，取其同异，始于汉明帝永平十年，终至梁天监十八年，凡四百五十三载，二百五十七人，又傍出附见者二百余人。"

1. 重"味"旨在得"言外之意"

慧皎的评论仍然是继承中有所发展，其发展在于将"味"明确用于翻译的品评。前期道安谈"味"，主要还是指义理，而慧皎是有意在其评论尺度的意义上使用的，以期超越、统一前期的文质论。味，一方面是指译者对原文或读者对译文的品评，如"考寻理味，决正法门"，"常披味小品，以为心要"，"披寻玩味"，"披味殷勤，不能释手"，"研味句义"；另一方面是译者如何传达出原文的"味"来，如"意旨句味，往往不尽"等，这样的"味"，基本上已进入了翻译评论领域，转化成评论概念了。慧皎这一思想与他的言意观有很大关系。他在《高僧传·序》中指出："原夫至道冲漠，假蹄筌而后彰；玄致幽凝，藉师保以成用。"这种不离言亦不即言的思想，必然在文质上有所超越。而用"味"来统摄文质，作为文质说融合无间之状更为精密的表述，具有其理论上的优势，有利于克服偏于文或偏于质的现象。这就是说不管是文，还是质，都以味作为衡量尺度，以味为转移。如大梁皇帝《注解大品序》评价鸠摩罗什翻译："注以甘泉，三译五校，可谓详矣……使质而不简，文而不繁。"总觉难以把握，不如"味"论概括精当。因为"味"以整体的方式理解翻译，本来即符合汉民族整体把握世界的思维方式。应当说"味"这种评论思想，已开始向后期的"圆融"观靠近了。只是"味"的具体含义还没有明确的说明，从此时慧恺所说的"文义俱竟"和昙宁所说的"文义双显"来看，大致是指"言"和"意"二者兼顾。

慧皎所论"味"应该就是"妙得言外"之意。他在《高僧传卷第八·义解》"论赞"中明确指出："夫至理无言，玄致幽寂。幽寂故心行处断，无言故言语路绝。言语路绝，则有言伤其旨；心行处断，则作意失其真……言者不真之物，不获已而陈之……故须穷达幽旨，妙得言外。"这一评论基点出于他对言意之辨的中道观。其《高僧传卷第十三·经师》"论赞"中称："然天竺方俗，凡是歌咏法言，皆称为呗。至于此土，咏经则称为转读，歌赞则号为梵音。昔诸天赞呗，皆以韵入弦管。五众既与俗违，故宜以声曲为妙。"这样的论述，实际上与鸠摩罗什论天竺国俗的用意一样。他还明确提出"辞韵"，注意到了声律问题。他指出：

夫篇章之作，盖欲伸畅怀抱，褒述情志。咏歌之作，欲使言味流靡，辞韵相属。故《诗序》云：情动于中，而形于言。言之不足，故咏歌之也。然东国之歌也，则结韵以成咏；西方之赞也，则作偈以和声。虽复歌赞为殊，而并以协谐钟律，符靡宫商，方乃奥妙。故奏歌于金石，则谓之以为乐；设赞于管弦，则称之以为呗。……自大教东流，乃译文者众，而传声盖寡。良由梵音重复，汉语单奇。若用梵音以咏汉语，则声繁而偈迫；若用汉曲以咏梵文，则韵短而辞长。是故金言有译，梵响无授。……所以师师异法，家家各制，皆由昧乎声旨，莫以裁正。

2. 关注"转读"中的翻译

慧皎在《高僧传卷第十三·经师》的"论赞"中为"转读"二字做了最权威的解释："然天竺方俗，凡是歌咏法言，皆称为呗。至于此土，咏经则称为转读，歌赞则号为梵音。昔诸天赞呗，皆以韵入弦管。五众既与俗违，故宜以声曲为妙。"这段话与鸠摩罗什论西方辞体十分相似，且更重要的是指出"咏经则称为转读，歌赞则号为梵音"是性质不同的两类传播方式。而佛经歌咏在天竺总称为呗，传入中土析为二事。"转读"二字包含"转"和"读"两重含义，即将梵文或音译或意译为汉语，再按一定声腔、节奏诵读。"转"者重视梵、汉之间的意思对应，"读"者是诵读已"转"之文。梵呗之呗为天竺歌咏佛经的总称，它传入中土后发生变化，因为"东国之歌也，则结韵以成咏；西方之赞也，则作偈以和声。"呗是入乐的，"设赞于管弦，则称之以为呗"。此管弦所奏乐应是梵乐，所歌即为偈语。"自大教东流，乃译文者众，而传声盖寡。"原因是"梵音重复，汉语单奇。若用梵音以咏汉语，则声繁而偈迫；若用汉曲以咏梵文，则韵短而辞长"，因此"金言有译，梵响无授"。也就是说，当时中土咏经和呗赞是梵音、梵文与汉曲、汉文处于或分或合的状态。这种"传声盖寡""梵响无授"的情况，表明当时的译经还没有把古印度声明论传译进来。因为传译古印度声明论必须要有精通梵语的译者，而当时缺此类译者。慧皎也因梵音未能随佛法传入中土而深感遗憾。理想的是使二者以适当方式结合。所以他说：

> 若能精达经旨，洞晓音律，三位七声，次而无乱，五言四句，契而莫爽。其间起掷荡举，平折放杀，游飞却转，反叠娇弄。动韵则流靡弗穷，张喉则变态无尽。故能炳发八音，光扬七善，壮而不猛，凝而不滞；弱而不野，刚而不锐；清而不扰，浊而不蔽。谅足以超畅微言，怡养神性。故听声可以娱耳，聆语可以开襟。若然，可谓梵音深妙，令人乐闻者也。

慧皎由此鸟瞰式地梳理了梵呗流传的历史，指出："始有魏陈思王曹植，深爱声律，属意经音。既通般遮之瑞响，又感鱼山之神制。于是删治《瑞应》《本起》，以为学者之宗。传声则三千有余。在契则四十有二。其后帛桥、支龠亦云祖述陈思。""其后居士支谦，亦传梵呗三契，皆湮没不存。世有《共议》一章，恐或谦之余则也。唯康僧会所造《泥洹》梵呗，于今尚传。即敬谒一契，文出双卷《泥洹》，故曰泥洹呗也。爰至晋世，有生法师初传觅历，今之行地印文，即其法也。籥公所造六言，即《大慈哀愍》一契，于今时有作者。近有西凉州呗，源出关右，而流于晋阳，今之面如满月是也。凡此诸曲，并制出名师。后人继作，多所讹漏。或时沙弥小儿，互相传校。畴昔成规，殆无遗一，惜哉！"并取神话说："至石勒建平中，有天神降于安邑厅事，讽咏经音，七日乃绝。时有传者，并皆讹废。"又说："逮宋齐之间，有昙迁、僧辩、太傅、文宣等，并殷勤嗟咏，曲意音律，撰集异同，斟酌科例。存于旧法，正可三百余声。自兹厥后，声多散落。人人致意，补缀不同。所以师师异法，家家各制。皆由昧乎声旨，莫以裁正。"这种现状不是慧皎所要看到的，但要达到他希望的理想状态是很不容易的。当时经师能梵呗者极少，而且社会上流行的梵呗"畴昔成规，殆无遗一"。

慧皎的叙述，可以通过历代转读经文的学僧传记得到验证。《高僧传·道安传》说：道安之前的学僧"每至讲说，唯叙大意，转读而已"。表明"转读"在东晋初中期已开始受到重视，更兴盛于东晋、刘宋和萧齐三代。随着佛经的翻译和传入，转读开始受到重视，因为一旦有了汉译佛经，学僧自会比照梵呗而以汉文来唱诵佛经。《高僧传卷第十三·经师》所载擅长转读的经师已经很多，而且素质不断提高，如"并齐代知名"的法邻、昙辩、慧念、昙干、昙进、昙超、道首、释昙等。

慧皎指出"转读"和"梵呗"有本质不同，天竺和中土"歌咏法言"的不同，在于将梵语译为汉语，由此慧皎通过对"转"这一概念的总结，确立了"转"与翻译的关系，并细致地描述"转读"的内涵，一是有选择地转读佛经，即开头几行、中间几行，末尾数行。二是转读有"声"和"文"的要求，他说："但转读之为懿，贵在声文两得。若唯声而不文，则道心无以得生；若唯文而不声，则俗情无以得入。故经言，以微妙音歌叹佛德，斯之谓也。"三是当时学僧对转读一知半解，尚未全面掌握。因而破坏了"转读"的正确形式。他说："顷世学者，裁得首尾余声，便言擅命当世"，使得"经文起尽，曾不措怀。或破句以全声，或分文以足韵，岂唯声之不足，亦乃文不成诠"。意谓转读师不能游刃有余地处理转读中的声、文关系，或就声而破文，或就文而破声，不能使声文相互助益，两全其美。

戴伟华在其《佛经转读与四声发现献疑》一文中论及慧皎梳理佛经翻译以来"转读"在佛教传播中含义流变的两种情况。一种情况是关于转读中的语言和意义，即转读只关涉文字和义理。僧祐《出三藏记集》卷十二

《法苑杂缘原始集目录序第七》载："然而讲匠英德，锐精于玄义；新进晚习，专志于转读，遂令法门常务，月修而莫识其源；僧众恒仪，日用而不知其始。"这里用"玄义"对应"转读"，意谓它关涉意义。《高僧传·晋长安五级寺释道安》："既达襄阳，复宣佛法。初，经出已久，而旧译时谬，致使深藏隐没未通，每至讲说，唯叙大意，转读而已。"指出早期佛经翻译比较生硬，没有很好传达出经中"玄义"，即没有能较好地表达出佛经的思想。就此，慧皎在《高僧传卷第十三》中指出："帛法桥，中山人。少乐转读而乏声。每以不畅为慨。……于是作三契，经声彻里许，远近惊嗟，悉来观听。尔后诵经数十万言，尽夜讽咏，哀婉通神。至年九十，声犹不变。"他认为"乐转读而乏声"，但有"不畅"的遗憾。另一种情况是关于转读中的"妙声"，即转读和自然之声相关，但又和音乐、音调相随。慧皎在《高僧传卷第十三》中说："支昙龠，本月氏人，寓居建业。……龠特禀妙声，善于转读。尝梦天神授其声法，觉因裁制新声，梵音清靡，四飞却转，反折还喉叠哢，虽复东阿先变，康会后造，始终循环，未有如龠之妙，后进传罗，莫匪其法。所制六言梵呗，传响于今。"这表明"转读"和"自然之声"相关。他在《高僧传卷第十三》中又说："释道慧……特禀自然之声，故偏好转读。发响含奇，制无定准，条章析句，绮丽分明。后出都，止安乐寺。转读之名，大盛京邑。"指出转读效果是"声至清而爽快"。又说："释智宗……博学多闻，尤长转读，声至清而爽快。若乃八关长夕，中宵之后，四众低昂，睡蛇交至。宗则升座一转，梵响干云。""释昙智……既有高亮之声，雅好转读。虽依拟前宗，而独拔新异，高调清彻，写送有余……时有道朗、法忍、智欣、慧光，并无余解，薄能转读。道朗捉调小缓，法忍好存击切，智欣善能侧调，慧光喜飞声。"文中"捉调小缓""击切""侧调""飞声"都是音乐术语，和音乐、音调相关。

上述诸论说明，魏晋南北朝时期佛教音乐随着佛典汉译在向纵深发展。慧皎的《高僧传卷一·译经》也记载，帛尸梨蜜多罗："对坐作胡呗三契，梵响陵云，次诵咒数千言，声音高畅，颜容不变；既而挥涕收泪，神气自若……又授弟子觅历高声梵呗，传响于今。"揭示梵呗的声腔特点是高音。

从慧皎的梳理中，"转读"之"转"，当与"译"对应。"转读"即转之读，"转"在义，"读"在声。在义时，无关音声；在读时，则与音声相关联。"转读"意味着在中土的"咏经"已不同于天竺的"咏经"，其中重要的内容是已将梵文的经翻译为汉文的经，所咏之经为汉文之经。所以，讨论"转读"，实际上也在讨论翻译。而且佛经转读是一种高素质的技能，它与译经大师一样，需要有一定的专业素养，更是某类综合才能的体现。慧皎在《高僧传》中专设"经师"和"唱导"二科，表明这二科在佛教传播中的重要地位。"像道朗、法忍、智欣、慧光，只是具有某一点特长，所谓"薄能转读"；而昙智等应兼善"捉调小缓""存击切""能侧调""善飞声"等技能。转读的能力因为是技能，所以有学习入门的方法。"戴伟华《佛经转读与四声发现献疑》从翻译和诵读佛经的实际看，佛经的传唱具有表演性质，应以意思传达为先，长篇经文的传播更是如此。慧皎又将"译文者众，而传声盖寡"两种方法概括为"译文"和"传声"，当"文"与"声"相配时，出现难于适应的矛盾，无论是梵音与汉语，还是汉曲与梵文都不能调协。"经"与"赞"分开成为必然，"咏经"成了"转读"，是诵读已经翻译了的汉语；而"歌赞"称为"梵呗"，仍旧用梵语歌唱。梵呗可以不和汉字关联，只和梵音联系。《高僧传》载帛尸梨蜜可以不学晋语，胡汉之间对话，靠翻译传达，即"蜜因传译"，"因"即凭借，但他可以传授梵呗。这样在素质要求上较能方便处理，如果经文篇幅长，用梵音或梵文都不易把握，因为用外来梵语"咏经"对中土学僧而言非专业不能；而歌赞部分是对偈语的歌咏，形制短而易把握，最大的优势是保留了梵语佛经咏唱的原貌，能在佛经的歌咏中体现天竺歌咏佛经的气味和声息，从源头上体现出中土佛经诵读的专门化和权威性。"慧皎《高僧传·鸠摩罗什传》载鸠摩罗什论'西方辞体，商略同异'时说：'天竺国俗，甚重文制，其宫商体韵，以入弦为善。凡觐国王，必有赞德，见佛之仪，以歌咏为贵，经中偈颂，皆其式也。但改梵为秦，失其藻蔚，虽得大意，殊隔文体，有似嚼饭与人，非徒失味，乃令呕哕也。'文中'国王'指鸠摩罗什所历之前秦、后凉诸国主。他指出，在'赞德见佛之仪'中，'以歌咏为贵'，而歌咏的部分正是佛经中的偈颂，'皆其式也'。鸠摩罗什不赞成经中的偈颂部分'改梵为秦'。因为'转读'与'梵呗'对应，是'经'与'赞'传播方法不同的表述，'梵呗'体现了中土仍保留天竺歌赞的方法，表明在中土的歌赞部分是对天竺'呗'的原封不变地使用，'梵'不仅表明来源和属性，也和'转读'相区别，所以罗什的译经'有天然西域之语趣'。'转读'在字面意思上虽然不能完全传达出中土咏经的准确意思，但其概念一定是对当时某一现象的归纳，它与'梵'的对应，已充分体现出由'梵'转'汉'的内容。"（戴伟华《佛经转读与四声发现献疑》）

慧皎《高僧传·序》在谈及他作传与分类的原因时曾说："其转读宣唱，虽源出非远，然而应机悟俗，实有偏功。故齐、宋杂记，咸列秀者。"指出转读之渊源所出"非远"，即并非天竺所传。因为转读佛经并非用梵语，而是汉语，是随佛典汉译出现的。尤其是"应机悟俗"，表明是佛教传入中土之后而入乡随俗、随机应变，以向中土士人传播佛教的一种方法，是为了"适时"。这与佛教在东晋"以玄格义"极其相同。只是"以玄格义"重义理，而佛经转读则偏于形式。《世说新语·假谲》载："愍度道人始欲过江，与一伧道人为侣，谋曰：'用旧义在江东，恐不办得食。'便共立'心无义'。既而此道人不成渡。愍度果讲义积年。后有伧人来，先道人寄语云：'为我致意愍度，无义那可立？治此计，权救饥尔！无为遂负如来也。'"但在佛教初传时期，"转读"的水平很不高，因而受到批评，甚至还受到轻蔑与鄙视，遭到非议与鄙薄。《道安传》说道安之前僧人仅能"叙大意"和转读经文而已，道安则"穷览经典，钩深致远"，其所注诸经"并寻文比句，为起尽之义，乃析疑甄解"，因而"序致渊富，妙尽深旨，条贯既叙，文理会通，经义克明，自安始也"。"转读"只是"叙大意"，与道安经义研究所产生的影响简直不能相比。

慧皎《高僧传》将学僧分为十类，而经师、唱导（转读宣唱）"实有偏功"。原因在于转读不仅志在宣教佛法，更重要的还在于讲究语言文辞与音韵之美，迎合世好以满足人们的审美需要。所以，"讲匠英德，锐精于玄义；新进晚习，专志于转读；遂令沙门常务，月修而莫识其源"（《法苑杂缘原始集目录序第七》）。《高僧传卷第十三·唱导》的"论赞"部分总结了很多有关转读在佛教传播中所发挥的作用及其评论。如"其间经师转读，事见前章。皆以赏悟适时，拔邪立信。其有一分可称。故编《高僧》之末。"可知转读之功首在"赏悟适时"，其次方在"拔邪立信"，故"其有一分可称"。不过也指出："若夫综习未广，谙究不长。既无临时捷辩，必应遵用旧本。然才非己出，制自他成。吐纳宫商，动见纰缪。其中传写讹误，亦皆依而宣唱。致使鱼鲁淆乱，鼠璞相疑。或时礼拜中间，忏疏忽至。既无宿蓄，耻欲出头，临时抽造，謇棘难辩。意虑荒忙，心口乖越。前言既久，后语未就。抽衣謦咳，示延时节，列席寒心，观徒启齿。施主失应时之福，众僧乖古佛之教。既绝生善之萌，只增戏论之惑。始获滥吹之讥，终致伐匠之咎。若然，岂高僧之谓耶？"转读者受到如此严厉的批评，说明他们的素质亟待提高。否则将使"听者唯增恍惚，闻之但益睡眠。使夫八真明珠，未捩而藏曜；百味淳乳，不浇而自薄。"（《高僧传卷第十三·经师》"论赞"）由此，慧皎进而对转读者提出了素质修养要求：

　　　　若能精达经旨，洞晓音律。三位七声，次而无乱；五言四句，契而莫爽。其间起掷荡举，平折放杀，游飞却转，反叠娇哢。动韵

则揄靡弗穷，张喉则变态无尽。故能炳发八音，光扬七善。壮而不
猛，凝而不滞；弱而不野，刚而不锐；清而不扰，浊而不蔽。谅足
以超畅微言，怡养神性。故听声可以娱耳，聆语可以开襟。若然，
可谓梵音深妙，令人乐闻者也。

　　慧皎还记载了许多经师转读的情景，如支昙龠条："梵响清靡，四飞
却转。反折还弄。"释道慧条："故偏好转读。发响含奇，制无定准，条章
析句，绮丽分明。"释智宗条："博学多闻，尤长转读。声至清而爽快。"释
昙迁条："巧于转读，有无穷声韵，梵制新奇，特拔终古。"并详细叙述了
诸多转读者的不同的特点，如释慧忍条附文，"释法邻：平调牒句，殊有
宫商。释昙辩：一往无奇，弥久弥胜。释慧念：少于气调，殊有细美。
释昙干：爽快砑磕，传写有法。释昙进：亦入能流，编善还品。释慧超：
善于三契，后不能称。释道首：怯于一往，长道可观。释昙调：写送清
雅，恨功夫未足。"文中"平调牒句，殊有宫商"，"一往无奇，弥久弥胜"，
"少于气调，殊有细美"，"爽快砑磕，传写有法"，"写送清雅，恨功夫未
足"等，揭示出转读在佛教传播中的所表现的独特价值。
　　可见，本时期的翻译评论，由于受到"中道"思想的支配，在言意问
题上似乎也比较辩证。一方面是强调经典深奥的意旨，难以尽传，如僧
肇《维摩诘经序》指出："夫道之极者，岂可以形言权智而语其神域哉！"僧
叡《大智度论序》也说："然而照本希夷，津涯浩汗，理超文表，趣绝思
境，以言求之，则乖其深；以智测之，则失其旨。"另一方面，又认识到：
"若意在文外，而理蕴于辞。"（慧远《大智论抄序》）"夫宗极绝于称谓，贤
圣以之冲默；玄旨非言不传，释迦所以致教。"（僧肇《佛说长阿含经序》）
不管任何高深的义理，总得需要语言去传达，这种较为辩证的思想，引
导论者从两个方面去思考问题：一是以忠实经典的内容为本，形式上可
以放宽，这就是僧叡在《大品经序》中所主张的："文虽左右，而旨不违
中。"但这种做法会招致批评，即僧肇《维摩诘经序》所说的："于经通之理
尽矣，文或左右未尽善也。"表明理与文都是同样重要的。二是促使论者
追求言外之意，以有限的语言承载无限丰富的意义。
　　译经评论中的"言外之意"方法对于佛学译释发挥了重要作用，这是
庄子思想在佛经翻译和阐释中的运用。《庄子》哲学本身崇尚自然，主张
清净无为。这种哲学观点反映在经典诠释和文字运用上，就形成了崇尚
自然，反对人为加工的原则。庄子在音乐上主张"天籁"，绘画上讲究"解
衣般礴"，文学上追求"言意之表"，都是这一思想的体现。后世受《庄子》

影响的评论也都把这种境界作为解读文本的一个重要标准，特别重视那种无人为造作之迹的合乎天然的语言艺术，他们反对雕琢堆砌，主张淳朴无华；反对矫揉造作，主张天然化成。庄子的哲学基础是"道"。"心斋""坐忘"是主体实现和完成"道"的两种方式。主体在感知事物的过程中摆脱功利影响的经验观照就是"心斋""坐忘"。主体的心态必须达到物我两忘、虚静空灵的精神境界。"庄周梦蝶"即是这种物我两忘的境界。庄子还在"言不尽意"的基础上，提出"得意忘言"的观点。他认为"言"是"意"的基础，"意"是"言"的指向，领悟到"意"就是超越"言"。"得意"与"忘言"是语言特性的两个质的规定，它要求文本形象必须是具象与抽象、确证性与模糊性的统一。庄子提倡"得意""忘言"的理论，以期达到"荒唐之言"与无形之道妙契无痕、自然弥合的境界。在《庄子》看来，言是不能完全表达意思的，即言不尽意。《庄子》强调语言文字的局限性，指出它不可能把人复杂的思维内容充分地表达出来。庄子把语言作为"得意"的工具，却又不拘泥于语言文字，利用语言可以表达的方面，借助于比喻、象征、暗示等方法，以启发人们的想象和联想，引起人们更为丰富复杂的思维内容，以获得"言外之意"。庄子的"得意忘言"理论影响到后世，促使主体充分利用"言""意"之间的张力，发挥"言"的作用，又不受"言"的羁绊，并借助"言"获得十分丰富而概括的思想内容。道生就是借鉴庄子的言意观，读出了当时经典中还未言明的"一阐提也具有佛性"的意旨，并提出"顿悟"说，从而推动了当时的佛学研究，也促进了佛学中国化。

(六)鸠摩罗什："文体"视阈中的评论观

鸠摩罗什幼年即跟随母亲成为佛门弟子，遍习大、小乘教义，且博览印度古典，对梵文极有根底，在西域各国享有盛誉。此后广研大乘经论，声名日隆，"道震西域，名被东国"。前秦建元十八年，罗什曾留居姑藏十七年，对汉文也有相当的素养。秦弘始三年，罗什至长安，于西明阁和逍遥园主持译场，开始其译经生涯。此后十余年间，罗什悉心从事译经弘法，在众多助手协助下译经三十五部二百九十四卷，系统介绍了大乘空宗学说，即龙树中观学派的学说，被梁启超称为"译界第一流宗匠"。罗什译籍，被称为"旧译"，以区别此前的"古译"，在佛经翻译史上，代表着一个新的水平。相对于此前的翻译，罗什译经能很准确地传达原文经旨，辞理圆通，文字优雅，行文流畅，创造出一种读起来使人觉得具有外来语与华语调和之美的文体，使中土诵习者易于接受理解。慧远评其《法华经》译本时称其译文以"曲从方言，趣不乖本"为原则。罗什译经突破了以往用中国哲学固有名词诠释佛教义理的格义之弊，纠正了旧译的许多谬误，对中土般若学进行了一次较为彻底的清理，将大乘般若空宗思想系地传入中国，又开论典翻译之先河，引起中国佛学界对论典的重视。

罗什专译弘大乘，并善于辨析义理，应机领会，独具神解，将佛教之精髓传入中国。《高僧传》载："什雅好大乘，志在敷广，常叹曰：'吾若著笔作《大乘阿毗昙》，非迦旃延子比也。今在秦地，深识者寡。折翻于此，将何所论。'乃凄然而止。唯为姚兴著《实相论》二卷，并注《维摩》，出言成章，无所删改，辞喻婉约，莫非渊奥。"像迦旃延子这样创作出《大乘阿毗昙》这样系统的佛学论作是罗什的创新追求。他认为中原地区"深识者寡"，因而，在系统的理论创新方面，罗什确为中土佛学界带来了生机。罗什的翻译尤其精于文辞，这使他的译经注意语言的雅洁和修饰。罗什精通印度五明等学问，辩才无碍，且具有文学天才，具有高度的欣赏力和表达力。译文作注，出言成章，辞理婉约，韵味深长。这使他有条件讲究译语的华美。《高僧传·鸠摩什传》记载他的翻译观提到：

> 天竺国俗甚重文制，其宫商体韵，以入弦为善。凡觐国王，必有赞德，见佛之仪，以歌叹为贵。经中偈颂，皆其式也。但改梵为秦，失其藻蔚，虽得大意，殊隔文体，有似嚼饭与人，非徒失味，乃令呕哕也。

罗什的评论很可以总括初期佛典汉译中的偈诗质直无味。例如，《金刚经》偈云：

> 一切有为法，如梦幻泡影，如露亦如电，应作如是观。

这是佛学"六如"观念，揭示世界上所有的由因缘和合而生的现象都是暂时的，如同梦幻泡影一样不真实。语言精练，言简意赅，含义深远，但文字却无诗味，也不合韵。正所谓"虽得大意，殊隔文体。有似嚼饭与人，非徒失味，乃令呕哕也。"这是佛教偈诗"改梵为秦"下的初期形貌。到东晋，佛教偈诗开始符合中国诗歌体裁了。这一方面是由学僧们佛教作品的创作的带动，如支遁的《四月八日赞佛诗》，虽然内容是表达佛理的，但已是中国诗歌的形貌。再如鸠摩罗什的《十喻诗》：

十喻以喻空，空必持此喻。

借言以会意，意尽无会处。

既得出长罗，住此无所住。

若能映斯照，万象无来去。

虽然从诗歌情趣、韵味和意境上说，这首诗没有达到这些境界，只是充满玄理，甚至是枯燥的表达佛理，但已是合韵的中土五言古诗，像"喻""处""住""去"分别是去声六御与七遇韵，古诗通押。

这段文字也表达了罗什对翻译困难的认识，他在《大乘义章》中也说过："因译传意，岂其能尽。"罗什认为，由于语言文字方面的差异，"改梵为秦"难以达到理想的效果。印度民族重视文学修辞，所以喜欢以歌赞偈颂表达思想感情，但是从梵语翻译为汉语时，很多思想感情就无法表达，即使模仿偈颂形式，也只能得其大意，不能体现其内在精神。这也就是说，罗什并不认为自己的译经是完美的，而只是按照汉语形式表达其中之大意。这一思想不仅从译文的华美与质朴的不同风格角度着眼，揭示出译经的困难，而且指出"殊隔文体"，开拓了译经文体的讨论。他认为翻译之所以"失其藻蔚"，并非仅是说汉文译文文辞藻饰逊色于梵文，因为汉语更加讲究文采，比之梵文，实有过之而无不及，而在于梵文经中之"偈颂""以入弦为善"，即讲究音韵。因为梵文无论是诗还是文，都是可以吟唱的（音的长短仿佛平仄），正和汉语古诗文一样。而翻译成汉语，原文的音乐性无法保留。这一点，慧皎《高僧传卷第十三·经师》"论赞"说得很明确："自大教东流，乃译文者众，而传声盖寡。良由梵音重复，汉语单奇。若用梵音以咏汉语，则声繁而偈迫；若用汉曲以咏梵文，则韵短而辞长。是故金言有译，梵响无授。"两种语言系统的差异，是译经者无法解决的，译经与传教者为弥补这一损失，唯一办法就是创制梵呗。梵呗就是佛教做法事时的赞叹歌咏之声。《楞严经》六云："梵呗咏歌，自然敷奏。"慧皎《高僧传卷第十三·经师》"论赞"云："然天竺方俗，凡是歌咏法言，皆称为呗；至于此土，咏经则称为转读，歌赞则号为梵音。"慧皎《高僧传》载支谦深谙音律，留意经文中赞颂的歌唱，曾依据《无量寿经》和《中本起经》创作了《赞菩萨连句梵呗》三契。罗什祖籍天竺，生于龟兹，他能欣赏梵文偈颂的韵调、修辞中的反复咏叹之美。他又研究过梵文音韵问题，所著《通韵》说："大秦小秦，胡梵汉而超间。双声牒韵，巧妙多端。牒即无一字而不重，双则无一声而不韵。"因而感觉到译为汉文，徒有躯壳，没有灵魂，成了嚼过的饭，一点饭的滋味都没有了。

　　罗什的观点启示评论者，翻译不仅是语音（译音）、语法、词汇的改变，也不仅是内容的传达，其中更主要的还有个文体（包括文风）的问题，因为语言各要素都是在文体中显现出来的。而文体的发展是和文化发展密切有关的。刘曦在《如何阅读汉译佛典》一文中认为，罗什不仅通晓梵胡语言，懂得基本汉语，还了解当时双方文体的奥秘，因此水到渠成，由他和他的弟子发展了汉语中书面语言的一种文体，产生了深远的影响。净土宗的主要经典《阿弥陀经》，天台宗的主要经典《妙法莲华经》，禅宗的主要经典《金刚经》以及许多不出家知识分子最喜欢读的佛经《维摩诘经》这四部最流行的佛经的译者竟是一个人，鸠摩罗什。这四个译本都有玄奘的新译，改名为《称赞净土佛摄受经》《大般若经》（第九会）（或独立成书）、《说无垢称经》（无垢称是维摩诘的意译）。可是玄奘译本未能取代鸠摩罗什本，罗什的译本仍然很流行。《妙法莲华经》有较早的西晋另一译本《正法华经》，也不如罗什译本通行。如果将原文和译文各自放在梵文学和汉文学中去比较双方读者的感受，可以说，译文的地位超过原文。在印度，《金刚经》《阿弥陀经》从语文角度说，在梵文学中算不了优秀作品。《妙法莲华经》的原文不是正规的高雅梵语，类似文白夹杂的雅俗糅合的语言。鸠摩罗什的译文不仅传达了异国情调，又发挥了原作精神，而且在汉文学中也占有相当地位。《阿弥陀经》描写"极乐世界"（原文只是"幸福之地"），《法华经普门品》以夸张的手法描写观世音的救苦救难，《金刚经》中的对话，《维摩诘经》中的戏剧性描述和理论争辩，在当时的人读来，原本与译本之间有异曲同工之妙。因而在清代同治年间吴坤修居士精心选编的《释氏十三经》中，罗什译籍占了六部，如果仅从佛典汉译"四大译师"看，这个比例是很大的。刘曦的论述，从读者接受和经典传播角度揭示了罗什译经的成功。刘曦还指出，罗什的翻译将印度传统文体嫁接于汉文传统文体之上，发现了双方的共同点并用共同点带出差异，于是出现了既旧又新的文体，从而将文体向前推进一步。这时译文本身只不过是起点，势未达到高峰，但其影响已促进了更高的发展。若内容能为当时受众所利用，能加以自己的解说而接受，那么传达内容的文体形式就能发挥其促进和加强作用，因为文体与内容是紧密相联的。

　　文体指文章、文学作品的风格或结构、体裁。南朝钟嵘《诗品》卷中说："宋征士陶潜诗，其源出于应璩，又协左思风力，文体省静，殆无长语。"罗什已注意文体在梵汉双方的共同点，并由此而以熟悉的形式传达出不熟悉的内容。中国文学中的赋体与梵文通行的文体，也是佛经文体，有相通之处。诗文并用不过是其表现格式，这也是梵汉双方共有的，如

《楚辞》。固定程序的格式，神奇荒诞的内容，排比夸张的描写，节奏铿锵的音调，四者也是当时双方文体共有的特点，一结合便能雅俗共赏，如楚国宋玉的《高唐赋》，西汉司马相如的《子虚赋》，东汉枚乘的《七发》，魏曹植的《洛神赋》，都是这样的文体。这类文章都有人物、对话、场景、铺排，可以说是一种代言式的戏曲体。骈偶为的是好吟诵，重复为的是加强传达信息的心理效果。戏曲意味浓厚的，如《维摩诘经》，深奥的内容承载于优美的故事格式之中，又表现为重复、排比、铺张、有节奏的文体，这正投合了当时文士的接受习惯。有说有唱的文体是戏曲表演中的可配乐舞的台词，汉文学中很早就有。印度的"戏"字从"舞"字而来，最早的公元初期的总结戏曲的书是《舞论》，论音乐、舞姿、台词、舞台，没有讲剧本格式。司马迁根据楚国的传说写下来的《史记·滑稽列传》中关于优孟和孙叔敖的儿子和楚王的故事，唱、白和表演融为一体，仿佛是小说形式的戏曲底本。许多诗文可能本来是兼歌舞表演而后来独存歌词时要吟唱的，失去乐舞配备，只留下体例。《楚辞注》说："辩者，变也。"对白的"辩"发展成为表演的"变"，画为"变相"，词为"变文"。这种情况也和古印度相仿。中国和印度的戏曲兼具乐、舞、唱、白的表演活动，与文体的发展是明显相关的。长篇论文集《荀子》里还有可以演唱的韵文《成相篇》。《论语》《孟子》中有戏曲形式的写法。对话体和歌诀体（爻、辞、铭、箴等）的流行，中国和印度一样，而印度更多。金克木认为，这大概是印度佛典传入中国后，从文体上说，翻译"接枝"能开花结果，为上下各层人士所接受的原因。流行的汉译佛典除咒语外并不十分难懂，而阻碍阅读的是那无数的重复与铺排。如对内容只需略知而不深究，那么，需要熟悉的是汉语的古代文体。由此，文体的格式、节奏、语气、虚词等在梵、汉古文中都同样是帮助理解的要素，是有法则的（金克木《怎样读汉译佛典——略介鸠摩罗什兼谈文体》）。

罗什认为，梵文辞体华美，可以配以音乐诵唱，但译为汉语后，虽还能保存原义，却失掉了那份美感和原文文藻美妙之处，因为其宫商韵律没有透过译文表达出来。这一观念可给译者带来两点启示：一、圣人的精华要义无法在语言文辞中得到体现，确定了"言不尽意"是出于传达方面的困难，这主要是语言表达工具与其含义之间的关系。二、圣人之糟粕见于语言文辞中，即暗示圣人的精华要义在文辞之外，可以说这孕育了"意在言外"的萌芽，这对文学翻译具有重大意义，所以罗什在翻译许多具有文学意味的经典时，尽力采用文学式语言去译，在一定程度上以弥补翻译的不足和缺陷。有见于此，鸠摩罗什不但要译出原意，同时力求兼富优美文学色彩。其译经如《金刚经》《法华经》《维摩诘经》等，都是充满文学味道的佛经典籍，译文欣畅通达，同时亦不失异国文化色彩，增添了一份文字的美感。因此在翻译过程中，罗什注意言意之间的矛盾，提高译本语言的可读性，尽量减少佛经汉译的疏失。胡适指出："在当日过渡时期，罗什的译法可算是最适宜的法子。"(《佛教的翻译》)正是由于罗什通晓当时天竺各地的音译诂训，殊方异义，这自然引起了他对"赞德""歌咏""偈颂"等梵汉体裁同异问题的重视。罗什及其弟子对中印两国诗歌格律的特征与功能做如此深入细致的考察和比较，并从偈颂翻译的角度探讨声律问题，指出偈颂翻译的困难与重要性，显示了此时期翻译评论的重大收获。

罗什不仅是一位佛经翻译家，更是一位佛教理论家。罗什介绍的中观派思想就是把空贯彻到底，这一学派总结了佛教所有讲空的理论，针对教内教外各种执着，从现象世界的十八个方面("十八空")详细论述了中观学的空观思想。罗什所传佛教哲学的精髓就是一个"中"字。其基本精神就在于，似乎什么都可以否定，什么也都可以肯定；而实际上什么也不予肯定，什么也不予否定。"中"就是泯灭一切差别。正如《成实论》所说："若第一义谛故说无，世谛故说有，名舍二边，行于中道。"慧远就是用二谛统一来揭示中道。其《大智论抄序》说："其为要也，发轸中衢，启惑智门，以无当为实，无照为宗……则二谛同轨，玄辙一焉。"僧叡《大品经序》中说罗什"扇龙树之遗风，振慧响于此世"，可见罗什信仰的就是龙树中观学说。龙树就已强调，应坚持"中道"，讲求"无常""无我"的世界观。这样的哲学观念影响了罗什的翻译思想，使之具有灵活的翻译技巧，即注重文质结合，信达兼备。所以罗什对自己译本的忠实性是很自信的。他临终前召众弟子说："因法相遇，殊未尽伊心。方复后世，恻怆何言。自以暗昧，谬充传译。凡所出经论三百余卷，唯《十诵》一部，未及删繁。存其本旨，必无差失。愿凡所宣译，传流后世，咸共弘通。"又说："若所传无谬者，当使焚身之后，舌不焦烂。"(慧皎《高僧传》)

罗什本人深通义理，尤其是他介绍的龙树都是他所服膺的思想。如他在《答姚兴通三世论书》中说："是故不得定有，不得定无。有无之说，惟时所宜耳……此实是经中之大要。"这就是直接用中道思想来解释现象世界，与龙树所说的"亦有亦无，非有非无"如出一辙。在《答后秦主姚兴书》中，罗什站在大乘中观学派的立场上，认为观察问题可持两不同的真理或尺度，即第一义谛(胜义谛)和世俗谛，按照第一义谛来看，一切皆空无所有，而按世俗谛来看，又一切皆有，但从正确的观点来说，不应当把二者绝对地对立起来（执常、断二边），而应当把二者结合起来（中道观或中观），得出"不生亦不灭，不常亦不断，不一亦不异，不来亦不出"的结论。罗什以前的《般若》，多偏于虚无。故罗什强调："法身义以明法相义者，无有无等戏论，寂灭相故。"（《大乘义章》第七）又说："本言空以遣有，非有去而存空。若有去而存空，非空之谓也。"（《中论·观因缘品》）有谓之空，故诸法非有非无是空义。毕竟空就是扫一切相，既遣于有，又复空空。既非有非无，亦无生无灭。小乘以观法生灭为无常义，大乘以不生不灭为无常义。依小乘生灭无常，则云："念念不住，则以有系住……今此一念，若令系住，则后亦应住。若今住后佳，则始终无变。始终无变，据事则不然。以住时不住，所以之灭。住即不住，乃真无住也。本以住为有，今无住则无有，无有则毕竟空。"（僧肇《注维摩诘经》）毕竟空的这一意趣，就是大乘无常之妙旨。

罗什的佛教思想归结起来有两大特点：一是否定一切主、客观现象，尤其主张人的主观世界的虚妄，二是把现实世界看作苦，是无常，是虚门。在方法上，罗什继承龙树辩证法的精髓，提出了"有无双遣"，不落两边的"非有非无"的折中思想。罗什所译之学专讲非有非无，非非有非非无的中道。罗什曾说："老庄入玄故，应易惑耳目，凡夫之智，孟浪之言，言之似极，而未始诣也，推之似尽，而未谁至也。"（吉藏《三论玄义》）表明他对汉地哲学及其与佛学的区别都有所认识。他的译籍主要是弘传大乘空宗的中观思想，所要表达的就是一切皆空，连空的本身也是空的。这种空观，要求既要看到性空的一面，又要看到假有的一面，亦有亦无。既不能执着于性空，又不能执着于假有，而应兼持非有非无。甚至对这种观点也不能执着，非非有非非无，这就是中道。这种中道的方法论意义在于：一是作为正反两边否定的理论和方法，肯定一切事物都是相对的，并从普遍的相对性中看到了否定的作用。二是明确事物具有对立的双方，并触及此现象只有从与另一现象的对比中，才能探求此现象的性质。三是肯定一切事物都是霎那不停变化的，并看到了局部的转化。这种方法有助于他抓住言意之间的矛盾，提高译本语言的可读性。僧祐赞扬罗什所译"词润珠玉"、"郁为称首"，"表发挥翰，克明经奥，大乘微言，于斯炳焕。"（《出三藏记集》）赵朴初还将他与玄奘并提，称"他和玄奘法师是翻译事业的两大巨匠，他所译出的三百多卷典籍，不仅是佛教宝藏，而且也是文学的重要遗产，它对中国的哲学思想和文学上的影响非常巨大"（《佛教常识问答》）。表明罗什的翻译手段圆活，又不失其义理。同时也说明，"中道"的翻译方法对译者翻译思想的灵活性与开放性而言，是至关重要的。鸠摩罗什译本，正是运用"中道"思想将翻译中的"文藻"与"大意"统一起来的典范，突破了前期在忠实性上的执着和拘泥。因而他的译籍既能传达异国情调，又能发挥原作精神，揭开了佛典文学翻译的新篇章。他翻译的许多经典，一千多年来为人们所传诵不衰，这主要在于罗什善于调和"文藻"与"大意"的矛盾，使其文字上既工巧典雅，读起来也流畅省力，同时又不失原义。

当然，此时的中国佛学理论也不是很成熟，学者们对般若学、涅槃学的理解也比较牵强，总有所偏执，不如后世的圆赅。尤其是罗什所传重点，全是初期大乘学说般若类经典，倡扬的是否定一切实际存在的意义。这种"空"容易被人理解为"沉空滞寂"，即沉滞于否定一切客观存在的思想障碍之中。南宋学者陈善曾在其《扪虱新话》中评论过罗什译籍，他说：

> 余观鸠摩罗什及竺法护所译经：法护曰："大众团团坐，努目看世尊。"罗什则云："瞻仰尊颜，目不暂舍。"不惟语工，亦自省力。即此可以卜才之长短。

陈善以为鸠摩罗什译经文采才华，都较竺法护为胜，这是应该肯定的。但是据《三藏法师传》所载：

> 起首翻《大般若经》。经梵本总有二十万颂。文既广大，学徒每请删略。法师将顺众意，如罗什所翻，除繁去重。作此念已，于夜梦中即有极怖畏事以相警诫。或见乘危履险，或见猛兽搏人，流汗战栗，方得免脱。觉已惊惧，向诸众说："还依广翻。"夜中乃见诸佛菩萨，眉间放光，照触己身，心意怡适……不敢更删，一如梵本。

这样看来，鸠摩罗什译经的长处，是语工；也有缺点，就是"除繁去重"。而玄奘认为"除繁去重"是诸佛菩萨所不喜的，必须"还依广翻"，"一如梵本"才好。鸠摩罗什是翻译佛经的高僧，玄奘法师则兼顾了"还依广翻"，"一如梵本"，同时兼顾了信。《三藏法师传》又说："法师于西域得三本。到此翻译之日，文有疑错，即校三本以定之。殷勤省覆，方乃著文；审慎之心，古来无比。"这里说明玄奘不但重视内容，也兼顾形式，而且重视态度和方法，这个"殷勤省覆"，"著文审慎"，正是玄奘从事佛经翻译的可以为后人师法的态度。

(七)真谛的译经思想——"词理圆备"

真谛在中国佛学史上被誉为"旧译翘楚，法相先河"。道宣《续高僧传》卷一评论真谛时说："景行澄明，器宇清肃，风神爽拔，悠然自远。群藏广部，罔不厝怀。艺术异能，偏素谙练。虽遵融佛理，而以通道知名……厉游诸国，随机利见。"并说他"始梁武之末，至陈宣即位，凡二十三载，所出经论传记六十四部，合二百七十八卷"。真谛对于自己的译经，极为严谨认真。他为了翻译行文的准确，曾与梁时的旧友检查自己所译的经论，有行文不准、意义乖违者，即予以更正。真谛来中国时，带来了许多梵本经论，他翻译的只是其中一部分。他的译籍经，涵盖三藏，而论多于经，律又少于经，如他翻译的《大乘唯识论》《摄大乘论》《俱舍论》是当时佛学界极为重要的佛典。有些经论的义疏，由真谛口述，弟子笔记，或他自己著述，或是印度原有由他翻译过来。汤用彤在《汉魏两晋南北朝佛教史》中说到真谛译经中的义疏时说："至若义疏，则或为外国原有，或为真谛所传之日义。按真谛亦非仅翻译家，而实义学大师也。其出经时，行翻行讲，弟子记其师义，号为义疏，或号为注记，或称为本记……或称为文义。"在中国佛典汉译史上，译介无著、世亲学说的最早为菩提流支，其次便是真谛，唐以后则为玄奘。玄奘将真谛所译无著、世亲的著作都重新翻译了，玄奘门下有些人两相对照，发现有些内容不相同。真谛是西天竺优禅尼国人，对中国文化的理解不如玄奘深，在文字技巧上也不如玄奘圆融，而且他的译经是通过传译。因此两人的译笔和行文有出入。吕澂认为主要是真谛与玄奘在印度的师承不同，因此译文自然也就不同了。

　　其实，真谛的翻译思想和风格是与其佛学思想以及唯识学语言观相联系的。真谛的佛学思想和语言观念，主要反映在他所写的《大乘唯识论序》中，以及他所推崇并终生弘扬的《摄大乘论》。

　　就其佛学论，真谛在这篇序文中首先阐述了两种空，第一种空义是为了破除人们的"我执"，第二种空义是为了破除人们的"法执"。接着破除"我执"和"法执"，以建立第三空"真如法空"。他在《大乘唯识论序》中有"无尘而唯有识，破色而不破心"的主张。他说："唯识论者，乃是诸佛甚深境界，非是凡夫二乘所知。"认为唯识学的境界是佛教中极其高深的境界，凡夫和声闻、缘觉等小乘人不能明白其中的道理。唯识学的主要思想是"无尘唯识"，即"三种空"：人无我空、因缘法体空、真如佛性空。真谛简明扼要的概括和总结了这三种空。首先，真谛认为"我"的概念和实体是本来不存在的，由于凡夫在色、受、想、行、识等五蕴中进行虚妄分别才得以产生。所以说，"我"是性空的。真谛又分四种情况论证这一观点：我与五蕴为一、五蕴与我为一、我与五蕴为二、我与五蕴俱无。

指出：如果"我"从属于五蕴（色、受、想、行、识），或五蕴从属于"我"，而与五蕴合而为"一"，因为五蕴不是永恒常住的，就没有永恒的"我"。如果"我"与五蕴是"二"，"我"是常，五蕴是无常，那么"我"就应该永恒常在，五蕴则应该无常坏灭，但这与事实不相符合，因为如果没有色、受、想、行、识，"我"的观念不会产生。如果离开了"我"和五蕴，那么就没有千差万别的事物了。所以，"我"是不存在的。此即"若离二边者，此亦不然。离于二边，别相不可得"。其次，真谛表达了对佛教所追求的究竟境界、本体，即佛性、真如的看法，也是性空的思想，即"真如法空"。他说：

> 真如法空者，所谓佛性清净之体古今一定。故经云：佛性者，名为第一义空。所言空者，体无万相故。言其空无万相者，无有世间色等有为法，故无万相。非是同于无性法，以其真如法体。是故经云：去八解脱者，名不空空。是故不同无法空也。若如是观，是名解真如法空。

真谛认为，佛性是最究竟的"空"，是清净的体性，超越了时间和一切现象世界，没有世间的"色"等有为法，同时又不是空无所有的。这比罗什的"毕竟空"思想似乎要合理一些，没有完全否定客观世界。所以真谛说，所谓"空"，不是离开万法的"无法空"，而是在万法之中的"不空空"，空理就在不空之中。真谛的论证，运用佛教认识论，从系统与要素联系的角度，以暂时承认客观世界为基础，理解"空"的义理，比直接而完全地否定客观世界更具说服力。基于这一思想，在论证"自"与"境"的关系时，真谛《大乘唯识论序》在否定客体性的外境的同时，并没有把主体性的内心否定掉，而是暂时保留了认识的主体性。他说：

> 若尔但应言破色，不应言破心。此亦有义：心有二种，一者相应心，二者不相应心。相应心者，谓无常妄识虚妄分别，与烦恼结使相应，名相应心。不相应心者，所谓常住第一义谛，古今一相自性清净心。今言破心者，唯破妄识烦恼相应心，不破佛性清净心。故得言破心也。

唯识不是否定一切，而是仅仅否定外境。否定外境的方法，则是观想客尘（现象等认识对象），像眼睛有病的人所看到的海市蜃楼等幻影一样，是虚幻不实的。

真谛在这篇经序中所主张的"无尘而唯有识，破色而不破心"思想，并不是他的究竟主张，而是一个权宜之计。其中最终的目的是要建立"九识"学说。圆测《解深密经疏》卷三载："真谛三藏依《决定藏论》立九识义。"唯识学建立起"八识"学说，以阿赖耶识（阿梨耶识）为根本识，即宇宙万有之本，含藏一切法，故又称藏识。又因其能含藏现象界万有生长之种子，所以又称种子。《入楞伽经》及无著《显扬圣教论》和世亲在《百法明门论》都论证了"八和"，并以阿赖耶识为第八根本识。而《金刚三昧经》《密严经》等经典建立了"九识"概念。真谛的唯识古学系统即认为九识是"阿摩罗识"，为阿赖耶识之上的真常净识。玄奘新唯识今学则认为，"九识（阿摩罗识）"是阿赖耶识的别名，并指出阿摩罗识在两种情况下可以指称阿赖耶识：一是因地的第八阿赖耶识自性清净而有染污，阿摩罗识则专指阿赖耶识之清净性、自体分；其二，庵摩罗识是阿赖耶识的"果上之名"，指阿赖耶识通过唯识五位之修证、断尽烦恼所知二障成佛之后的究竟清净心体。真谛崇奉《摄大乘论》，所以道宣称其"虽广出众经"而"偏宗摄论"（《续高僧传》）。而摄论在本体论方面，持"赖耶缘起论"的观点。认为阿赖耶识具有摄藏诸法的功能，同时也是第七识所执取的对象，阿赖耶识正是由此而得名。在认识论上，《摄论》认为，人的思想认识是在不断改变的，人的命运也可以通过发挥主观能动性，改造世界观、人生观、价值观来加以改变。既然阿赖耶识是由于习气熏习而产生的，习气熏习种子，种子加深习气，于是形成了一个恶性循环，从而加深了人们的无明和烦恼，这就说明种子不是一成不变的，人们可以通过自己的努力，通过改变自己的思想（意业）、语言（口业）、行为（身业），来转染成净，转识成智，改变自己的命运。这也涉及语言的认识和运用。

就其语言思想而言，真谛指出，人们对各种事物的命名是约定俗成的，对各类现象的认识是基于对这些现象的分别的。所以说，从因缘而生起的万法，其体性是空的，他说：

> 因缘法体空者，谓诸色等因缘法，以随俗因缘起。云何随俗因缘起？世人见牛起于牛想，不起马想。见马起于马想，不起牛想。色等法中亦复如是。见柱起柱想，不起色想。见色起色想，不起柱想。如薪火相待无实。以离于薪，更无实火。以离于火，更无实薪。于薪更无实火。以离于火，更无实薪。于薪更无实火，能作薪因。以离于火，更无实薪，能作火因。而见火说假名薪，见薪说假名火，

以相待成故。如是能成所成。而不离能成因，而有所成，不离所成因而有能成。如彼薪火能、成所成亦实无。是名因缘法体空。

　　人们之所以见了牛产生牛的概念，见了马产生马的概念，见了柱子有柱子的概念，完全是因为这些因缘法都是"随俗因缘"而起的，是大家约定的。而且各种事物之间的区别是相对的，犹如火不能离开薪，薪也总是与火相联系，二者"相待"而成，没有原则的区别。所以一切认识都不是实在的，是随顺因缘而产生的。这表明真谛认识到语言文字以及各种社会意识都是适应社会生活需要而产生的，同时也认识到，各种事物之间是普遍联系的。真谛虽然是从宗教角度论述语言，表达其唯识学的语言观，从认识论角度说明"我"这个概念是没有实在性的，其他诸法的概念也是人为约定的，它们是相对待而讲的，然而，"约定俗成"的语言学思想，无疑触及了语言的本质。《荀子·正名》说："名无固宜，约之以命，约定俗成谓之宜，异于约则谓之不宜。"在荀子看来，事物的命名本无合理与不合理，关键在于人们的共同约定，约定俗成就是合理的，否则就是不合理的。名称并非天然地要跟某一事物相当，只要人们约定俗成也就是名实相符了。亦即名称与事物之间一开始并无本质的必然的联系，它们之间的关系是社会赋予的，是约定俗成的。这一语言思想自然会影响真谛的翻译风格和译经思想。有评论者认为真谛的译经，文字虽然有些艰涩，或杂入他自己的解释，但从其师承来说，大体是正确的。其实，"艰涩"的文字，与其约定俗成的语言思想是相联系的。在佛典汉译史上，一些当时读起来"艰涩"的文字，经过历代传承，读者也自然不觉得"艰涩"了。

　　真谛的佛学思想信奉"无尘唯识"之学，"唯识"对宇宙事物本质方面的理解是肯定的，而"无尘"对宇宙事物现象方面的理解则是否定的。肯定的理解实寓于否定的理解之中，所以宇宙间的一切事物，都是变易无常的、相对的、暂时的、必然"空坏"的。真谛的肯定的理解寓于否定的理解之中的学说，含有对现实否定的理念，是一种批判性的学术思想，也是他翻译思想的根本。慧恺《俱舍论序》载真谛自言："吾早值子，缀缉经论，结是前翻，不应缺少，今译两论，词理圆备，吾无恨矣。"这表明真谛感叹早期的翻译因为缺少慧恺这样得力的助手而颇多欠缺，也足以证明真谛对于译经"词理圆备"的明确要求。慧恺《大乘起信论序》谓："马鸣冲旨，更曜于时，邪见之流，伏从正化。余虽慨不见圣，庆遇玄旨，美其幽宗，恋爱无已，不揆无闻，聊由题记，傥遇智者，赐垂改作。"明确提出此论是开示"真如缘起"之深理，表明自己因真谛准确的翻译而"庆遇玄旨，美其幽宗，恋爱无已"。真谛译经"词理圆备"，在于其译风严谨。慧恺《大乘唯识论·后记》说：

> 菩提流支法师先于北翻出《唯识论》，慧恺以陈天嘉四年，岁次癸未正月十六日，于广州制旨寺，请三藏法师枸罗那他重译此论，行翻行讲，至三月五日方竟。此论外国本有义疏，翻得两卷。三藏法师更释本文，慧恺注记，又得两卷。末有僧忍法师，从晋安赍旧本达番禺，恺取新文对雠校旧本，大意虽复略同，偈语有异。长行解释，词繁义阙，论初无归敬，有识君子宜善寻之。今谨别抄偈文，安于论后，庶披阅者为易耳。此论是佛法正义，外国盛弘，沙门慧恺记。

从序文可知，真谛译经，"取新文对雠校旧本"，实与罗什译经一样严谨："什执梵本，兴执旧经，以相雠校。其新文异旧者，义皆圆通。"（慧皎《高僧传》）

（八）慧恺论"文质相半"

慧恺是真谛的译经笔受，曾"与法泰等前后异发，同往岭表，奉祈真谛"，而且"素积道风，词力殷赡。乃对翻《摄论》，躬受其文，七月之中，文、疏并了，都合二十五卷。……谛云：吾早值子，缀辑经论，结是前翻，不应缺少；今译两论，词理圆备，吾无恨矣"（道宣《续高僧传》）。慧恺著有《摄大乘论疏》八卷、《俱舍论疏》五十三卷。由于慧恺参与译事，使真谛深感快慰而有相见恨晚之感，于此可见真谛对慧恺的倚重。在翻译评论上，慧恺对文质的论述在译经评论中具有划时代的意义。他在《摄大乘论序》中说：

> 法师既妙解声论，善识方言，词有隐而必彰，义无微而不畅，席间函丈，终朝靡息，恺谨笔受，随出随书，一章一句，备尽研核。释义若竟，方乃著文。然翻译之事殊难，不可存于华绮。若一字参差，则理趣胡越。乃可令质而得义，不可使文而失旨。故今所翻，文质相半。

"文质相半"就是意译与直译相结合。《论语·雍也》说："质胜文则野，文胜质则史，文质彬彬，然后君子。"何晏集解引包咸曰："彬彬，文质相半之貌。"可见慧恺的"文质相半"也就是"文质彬彬"。《首楞严经·后记》亦有"辞旨如本,不加文饰,饰近俗,质近道。文质兼,唯圣有之耳"之语,即"质近道"与"质而得义"内涵是相同的;"唯圣有之耳"意谓能够有如此高的语言驾驭能力和造诣的人是不多见的。《后汉书·章帝纪》载:"敷奏以言,则文章可采;明试以功,则政有异迹。文质彬彬,朕甚嘉之。"这是说,文与质把握得恰到好处,正是帝王(最高的评判者)所希望的。佛典汉译,能将意思翻译清楚,不歪曲经文的旨意,能够做到这一点,就是"质近道"了。文质兼是理想的,但是一般的译者做不到。这样理解"文"和"质",其实是等同于传统文论的思想:质为内容;文指形式。传统文论中,文与质的关系实际上是文与道的关系。因为传统文论中的"文"指的是形式,即辞采表现;"质"为内容,指思想质地。孔子提出的"文质彬彬",即要求内容与形式高度统一。孔子赞美《韶》"尽美矣,又尽善也",而对《武》提出批评:"尽美矣,未尽善也",就是认为《韶》的内容是"尽善"而形式是"尽美"的,达到了文质彬彬的标准,所以是最好的作品;《武》虽然形式上是"尽美"的,但内容"未尽善",不是文质彬彬,因而逊于《韶》。在这个意义上,文与质这一对范畴等同于善与美。后世提出的"文以明道"(柳宗元)、"文以贯道"(李汉)、"文以载道"(周敦颐),都是就文章的思想性与艺术性、形式与内容而言的,即要求文章有充实的内容,反对单纯追求辞藻的形式主义文风。至宋代诗文革新运动,明确提出"文道合一",把道与文集于一身,合而为一,如柳开说:"文章为道之筌也,筌可妄作乎?筌之不良,获斯失也。"指出道(内容)与文(形式)具有同等的重要性。然而,在翻译中,质和文原都是指语言形式的。如果将质等同于内容(道、义),自然是可以的;若内容和形式都保留(文质兼、文质相半),则自当然是极高的标准了。这也表明,自初期佛典汉译以"文"和"质"作为翻译标准的两个重要概念,人们有不同的理解和运用,并导致分歧和变化,最终只有另觅新的概念,才能解决问题了。这正是慧恺在评论转型期的理论贡献。

第三节　标举"圆融"
——繁荣与成熟时期的佛典汉译评论

圆融时期的翻译评论重点转入对"圆融"的重视和讨论。此时隋唐佛教思想已在意识形态领域占据统治地位,佛教哲学已发展成熟,对义学理论的理解已准确无误,同时又是中国佛教学说创造发挥的隆盛时代。

这首先当归功于以玄奘为首的中国义学家对圆融思想的阐发和运用，使本时期的佛学既注重各宗内部的调和，也强调内学与外学的沟通。

一、"圆融"的思想背景

中国历史进入唐代这一封建社会的鼎盛时期，社会稳定，人们心态平和，思想恬静，理性淡泊。圆融思想正是这种社会风貌的体现。唐代也是佛教发展的高峰，佛教破除偏执，圆满融通的思想受到了时人的高度重视。《楞严经》卷十七云："如来观地、水、火、风，本性圆融，周遍法界，湛然常住。"苏轼《答子由颂》说："五蕴皆非四大空，身心河岳尽圆融。"天台宗尤重运用"圆融"一词，慧思所著《大乘止观》中论述了"自性圆融""圆融无二""圆融无碍法界法门"。智者《观音玄义》、《法华玄义》等著述中也多次出现"法界圆融""三谛圆融"等概念。圆融在华严宗哲学中更显重要，有"六相圆融""圆融行布""三种圆融"等论说。后禅宗、真言、净土等诸宗著述中，也多标举圆融之说。

(一)"圆融"的文化情境

汉文化本强调整体统一，在中国人内省式的思维特征主导下，其宇宙观是不分内外物我的。《中庸》说："天命之谓性，率性之谓道，修道之谓教。"传统哲学注重"天人合一"，认为天人本来合一，物我本属一体。人生的最高理想是达到天人一体的境界。于是内外之对立消弭，而人与自然相融为一体。宇宙与心性相通，研究宇宙即是研究自己内外本为一理。由"天人合一"生发出整体的思维方式。《周易》最早提出了整体论的初步图式，提出"易有太极，是生两仪，两仪生四象，四象生八卦"的整体观，并与空间方位、四时运行联系起来，以"生生之谓易""天地之大德曰生"的有机论为其轴心，形成了一个有机整体论的思维，为整个传统思维奠定了基础。道家所说的"混沌"和"朴"，也是原始未分化的整体。这种整体性思维不仅将整个外在自然界看作一个整体，而且认为整个人类社会（包括人自身）与这一外在自然界也是一个相互贯通的有机整体，即自然界的万事万物与整个人类社会构成一个包罗万象的宇宙统一体。因此，宇宙万物之间、人与万物之间不存在绝对界限，而是相互联系、相互感应、相互贯通的。这种从总体上认识事物的思维方式，注重联系与综合，强调把握事物和世界的整体面貌，重视整体具有至高无上的地位和权威，整体的和谐统一是事物的根据、宇宙的本质。

佛教传入中国以后，即开始与中国本土文化进行全面而持久的融合，因为在汉文化这种传统影响下，一切思想学术都形成统一融合的思维模式。面对强大的汉民族文化，佛教一方面十分注意依附迎合中国传统的思想文化，另一方面也在努力调和与儒、道思想的矛盾，不断地援儒、道入佛，并极力论证佛教与儒、道在根本上的一致性，积极倡导三教一致论。而统一融合，又总是以儒学为中心。儒家思想发轫于孔子，经过孟子和荀子的发扬而臻于大成。在汉武帝"罢黜百家，独尊儒术"的文化政策的推动下，儒家精神成为国家主导意识形态，成为国家、社会和个人精神生活的核心意识，从此，儒家精神便不仅深切而全面地塑造着中国文化的基本性格和价值取向，而且也由此深切而全面地塑造着古代中国的历史进程。佛教学者们清醒地认识到，要使佛教真正成为中国文化的一部分，必须使佛教从形式上也中国化，由此而产生了"儒释一统论"。为了使佛学教义在中国尽快地得到传播和接受，佛经译者在佛经翻译中广泛融入中国本土的儒家与道家的思想和术语，此所谓"格义"。"格义"在客观上促进了儒、道、释思想的融合，而这又反过来对佛经的翻译方法与佛经翻译研究产生了深远的影响。"格义"开辟的三教融合的总趋势，始终推动了梵汉文化的融合。

牟子作为汉末知名佛教学者，将儒释道三家理论糅于一身，创三教合一之先声，其《理惑论》就包含了儒、道、佛三教同源的观念。道安出身儒学世家，七岁开始读儒书，十二岁出家，年二十，受具足戒，并开始其游学生涯，极大推动了佛教中国化进程。至南朝梁武帝也倡导三教同源说，他针对当时"沙门敬不敬王者之争"，提出佛儒"内外之道可合而明"的观点。慧远认为，佛法与名教只是理论形式和实践方法的不同，它们的出发点和终极目标是一致的："道法之与名教，如来之与尧孔，发致虽殊，潜相影响；出处诚异，终期则同"；"虽曰道殊，所归一也"；"内外之道，可合而明"（《沙门不敬王者论》）；"苟合之有宗，则为百家同致"（《与刘遗民等书》）。这相当于玄学家"自然及名教"的论述，实际则表达了佛教出世主义对儒家入世精神的接纳。沙门应否敬王者之争，实质是礼制问题，涉及君权和神权、佛教与儒家名教的关系问题。此后，孙绰提出"周孔即佛，佛即周孔，盖内外之名耳。"（《喻道论》）包含着佛儒同一、调和佛儒的思想。颜之推在《颜氏家训》之《归心篇》认为佛教"内外两教，本为一体，渐极为异，深浅不同。内典初门，设五种禁，外典仁义礼智信，皆与之符。仁者，不杀之禁也；义者，不盗之禁也；礼者，不邪之禁也；智者，不酒之禁也；信者，不妄之禁也。"北宋时天台宗的智圆也提出了儒释"共为表里"的观点，认为"修身以儒，治心以佛"。明代佛教四大师之一德清禅师也曾提出了一种三教一统的观点。梁武帝把释迦牟尼、孔子、老子并称"三圣"。"夫觉海无涯，慧境圆照，化妙域中，实陶铸于尧舜；理擅系表，乃挺埴乎周孔矣"（《弘明集》序）。"孔、老、如来，虽三训殊路，而习善共辙"（宗炳《明佛论》）。以至唐代宗密在《华严原人论》中极力主张"三教同源"，"儒佛一致"论。"孔、老、释迦，皆是至圣，随时应物，设教殊途，内外相资，共利群庶，策勤万行。"

唐代统一王朝建立以后，推行三教并用的宗教政策，因而在思想意识形态领域，儒、佛、道逐渐形成了三教鼎立的局面。隋唐时期佛教与儒、道两家所形成的三足鼎立之势，为三教的融合提供了客观条件，而三教在各自的发展过程中也都深切地感受到了相互补充、相互融合的必要性，因而都表现出了强烈的融合他人理论精华的主观意向，儒佛道三教在理论上呈现出的进一步融合的趋势，是这个时期三教关系的最重要特点。儒、佛、道三教中许多重要的思想家都从自身发展的需要出发，以及迎合大一统政治的需要，提倡三教归一、三教合一，主张在理论上相互包容，这成为佛教宗派在这个时期创建各自思想理论体系的重要背景条件。从学术的角度来看，隋唐佛教大讲心性之学，大谈修持方法，对儒道造成了强烈的刺激，从而推动了儒学形态诸方面的变化。学者们沟通佛、儒、道三家的理论就是"心性论"，在此基础上，三家相通兼容，乃至互补。唐代三大主要宗派都和中国儒道两家重视心性修养的历史传统相协调，以心性论为宗派学说的重心，着重阐发心性理论，从而又反过来丰富了中国传统的心性思想。

唐代佛学自身的融合趋势也更强劲更广泛。这从道教人士的代表性观点中便能反映出佛教真正融入了传统文化，如唐代道士杜光庭混同三教，张伯端力主三教合一："教虽三分，道乃归一，奈何后世黄缁之流各自专门，互相是非，致使三家宗要迷没邪歧，不能混而同归矣。"（《悟真篇》）儒释两家学者也开始把传统思想和佛经纳入自家的治学范围，特别是佛教学者吸取中国本土思想而创立的中国化的佛教宗派，深刻改变了佛教的面貌，形成了三教合一的思潮。为了与中国本土文化相融合，有的佛教学者推崇《法华经》中的《方便品》，提倡方便法门，运用各种灵活方便教化众生。有的佛教学者突出《华严经》的圆融无碍（无矛盾）思想，宣扬各种事物、现象都是无矛盾的。有的宣传佛教的无上菩提之道与儒、道无异，且高于儒、道，张商英的《护法论》以药石治病为喻，说："儒者使之求为君子者，治皮肤之疾也；道书使之日损，损之又损者，治血脉之疾也；释氏直指本根，不存枝叶者，治骨髓之疾也。"还有的说佛教治心，道教治身，儒教治世的。这种"方便论""无碍论""合治论"，为佛教融合中国本土文化提供了理论根据，也表现了佛教内在的调适机能。

从佛教方面，隋唐时期出现的中国化的佛教各个宗派，都是在调和、融合中国传统儒、道思想的基础上创立的。这个时期，不少佛教思想家在融合吸收传统思想的同时，都提出了三教融合、三教一致的观点，如中唐神清在《北山录》中力主三教一致，认为，"释宗以因果，老氏以虚无，仲尼以礼乐，沿浅以洎深，藉微而为著，各适当时之器，相资为美"。宗密也提出，"孔、老、释迦，皆是至圣"，故"三教皆可遵行"（《原人论》）。佛教融合中国本土文化的方式主要就是提倡"圆融"，吸收儒道思想，创建新宗派。天台宗重视《法华经》倡导方便法门，并融合中国固有的"万物一体"观念，吸收道教的丹田、炼气等说法，作为本宗的修持方法，建立实相说。华严宗学人吸取《周易》思想和儒家道德，作为本宗思想体系的内容。中国佛学思想以"法界缘起"说和"顿悟"说为代表。"法界缘起"说是中国华严宗的中心教义，以"一真法界"作为世界第一原理，认为"法界"本身就是一个大缘起，宇宙万物就是互为缘起的一片"幻相"，是一个无根无据、无穷无尽的关系之网，没有任何独立的实体。为了说明和论证"事事无碍法界"，华严宗人法藏阐扬万事万物圆融无碍的思想，提出"六相圆融"说（《华严五教章》）。宗密更把儒、道思想纳入佛教思想体系，以阐扬万事万物圆融无碍的思想，及人类本源的学说，为华严宗人生解脱论提供理论根据。由于华严宗的圆融观念，推动了禅净一致、显密同源的思潮，由此各种修持渐受重视。禅宗学人也是在与道家的自然无为、玄学家的得意忘言和儒家的心性学说彼此熏陶下，创立以"不立文字""教外别传"和"性净自悟"为宗旨的宗派。禅宗依佛教和儒家的心性论，并吸收道家的自然主义思想，更是充分地表现了文化的独创精神。

印度各期佛教学说，尤其是大乘佛学中观学派和瑜伽行派的两大系统先后传入中国，经过魏晋南北朝时期佛教学者的翻译、解读、释义和消化，在隋唐时期，由于佛学的汉语译释系统已经形成，佛教义理已为众多学僧及信众理解，佛教义理也逐步整理、改造为自成体系的宗派佛教。民族特色最为鲜明，影响也最大的天台宗、华严宗、禅宗各派都突出地表现出梵汉结合的特点，他们融合中国道家和玄学的本体论与印度大乘佛教的以空、真如或佛性为本体的宇宙论，会通般若中观学说的"不二法门"，提出现象与本体圆融无碍，"真俗不二""体用相即"的佛教哲学。又结合色与心、能与所、正报与依报不二的理论，贯穿本体论与心性论，认为真如佛性不仅是宇宙万有的本源和本体，而且也是人的觉悟基因。在论证中又吸收了儒家人性论的思想，并发挥"真俗不二""即烦恼是菩提"的理论，主张出世不离入世，生活日用即为佛道。又吸收儒家孝的观念以及善恶伦理规范和道德说教，结合为佛教中最通俗最易于为民众接受的善恶报应和轮回的说教，在统摄人的精神世界和指导人们的行为方面发挥了儒家所起不到的作用。

进入宋代以后，儒佛道三教之间的相互影响和相互渗透日益加深，唐宋之际形成的三教合一的思潮，逐渐成为中国学术思想发展的主流，以儒家学说为基础的三教合一构成了近千年中国思想发展的总画面。各宗的相互融摄更趋紧密，从最初的禅教一致发展到后来的各宗与净土合一，最后，以禅净合一为中心而形成了禅净教大融合的总趋势。在禅净教日趋合一的同时，佛教与传统儒、道的融合也进一步深化。儒佛道三教从早期强调"三教一致"（都有助于社会教化以维护封建统治秩序），到唐代的"三教鼎立"、"三教融合"（三教各成体系，皆立足于本教而对另外两教加以融合吸收，以充实抬高自己），进而发展为入宋以后思想上的"三教合一"，标志着三教关系随着社会经济和政治的需要而进入了一个新阶段，儒佛道三教最终找到了它们的共同归宿，找到了以儒为主、以佛道为辅的稳定组合模式。

佛教界长盛不衰的圆融思想，反映出传统政治文化的强大统摄力，以及儒家入世的宗法观念作为主流意识对佛教无处不在的影响力。中唐以后，佛教诸宗的总趋势是相互渗透，如澄观参学广泛，思想驳杂，除了华严之学，还有天台、禅宗等派系的观点，与法藏体系已有明显差别。唐以后的佛学通过判教理论在融会统一的思想原则指导下，更加趋于"圆融"统一。智𫖮的判教，力图将释迦一代全部经教，按照圆融统一的教理原则，予以不偏不倚的平等对待，用以说明释迦"一音说法"，众生各自领解的宗教意义。智𫖮说："圆教者，此正显中道，遮于二边，非空非假，非内非外。"（《观音玄义》）为了达到圆教一心三观的不思议圆融境界。他界定"圆教""以不偏为义，此教明不思议因缘"（《四教义》）。灌顶《大般涅槃经玄义》说："圆教者，即事而理，一教一切教，一切教一教，非一非一切，不可思议，随佛自意，是佛境界……菩萨大涅槃心修，即是圆心。圆心是本，行于众行，从浅至深，届级而上。"天台宗《摩诃止观》是智𫖮阐述圆顿止观的代表性著作。所云"圆顿"，意为圆融顿极，即从初发心之时起，便契入绝待的中道实相。这已远远超出了方法论。《摩诃止观》云："圆顿者，初缘实相，造境即中，无不真实。系缘法界，一念法界，一色一香，无非中道。己界及佛界，众生界亦然。阴入皆如，无苦可舍;无明尘劳,即其菩提,无集可断;边邪皆中正,无道可修;生死即涅槃,无灭可证。"天台宗在创立过程中,为了适应南方文化思想环境,以利于南北佛学的会通,智𫖮以"圆融三谛""一念三千"等命题构建圆融学说体系,论证本体(本质)与现象的统一、佛教认识与世俗认识的统一。天台哲学的圆融实际是以止观统一为根本原理的,其中又予止观实践活动以充分重视。

(二)"圆融"的学术环境

"圆融"期的翻译评论处于"刓方为圆之世"(辩机《大唐西域记·记赞》)的大背景之中,隋唐以后,中国佛教理论开始全面融通不同思想学说,尤其是与传统文化的融会。隋唐佛教的中国化,就是佛教圆融思想的结晶和体现。这种融通在魏晋南北朝佛学理论中即有体现,慧远的因果报应论融合了印度佛教的业报轮回思想和中国传统的善恶报应观念,僧肇佛学在准确阐发印度佛教般若中观学说的同时,也融合吸收了老庄玄学的思想观念、思维方式和理论主题。隋唐宗派的佛学理论尤其注意建立在对佛教不同思想学说的融通基础上,如天台宗针对南北朝时北方重禅法、南方重义理的不同倾向,提倡止观并重,调和南北学风,又以五时八教判释一代圣教,罄无不尽,揭橥一心三观、三谛圆融之旨,总摄了以前各派的思想,将佛教教义加以精密调整,发展了大乘圆教理论,展示了中国独创的大乘思想。其"三谛圆融"思想强调于一念心中将空、假、中三谛圆融统一,又通过"一念无明法性心"这一核心命题,将无明缘起与缘起性空观念结合起来等,突出地体现了中国佛学理论思维的创造性和圆融性。华严宗"重重无尽、法界圆融"的思想,导源于《华严经》而创造于中国,其法界缘起、一切无碍的学说发展了印度传来的大乘思想。由于中国传统文化"和合"的精神本身与佛教的思想极具相似性和相通性,所以在佛教传入中国的过程中,与本土文化相融互摄、相得益彰,促进和完善了中华文明。

天台的圆融哲学主要强调从中道实相原理出发,站在众生平等的立场上,主张普遍的止观实践;而华严的事理圆融思想则突出现实世界与理想世界、现实人生与理想境界的统一性,以其肯定的思维方式取代对现实人生的批判。在华严宗学者看来,各宗派的思想内容存在各种矛盾,往往不能自圆其说,所以他们通常在批判他宗学说时,吸收他宗于己有用的思想资料,完善自己的圆融体系。华严学者经常以"海印三昧"来表述事理圆融。华严学者说"理事圆融",是指现象与本质无二无别,圆融无碍。"无碍"也就是统一、相即。华严经的核心思想是把现实世界看作毗卢舍那佛的显现，提倡"法界缘起"、"三界唯心"的世界观，建立"圆顿"、"圆解"、"圆行"、"圆证"等"顿入佛地"的解脱论。旧译《华严经》在《贤首菩萨品》中，进一步把上述圆融无碍的境界描述为"海印三昧"的最高境界。华严宗自始至终强调理事无碍，圆融交彻，其圆融学说既表现了本宗自身特点，又反映了佛学发展的历史趋势。华严宗在四法界中讲理法界和事法界时，认为理是全遍，不是分遍。"能遍之理，性无分限。所遍之事，分位差别。一一事中，理皆全遍，非是分遍"（《华严法界观门》）。禅宗玄觉禅师在《永嘉证道歌》中说："一性圆通一切性，一法遍含一切法，一月普现一切水，一切水月一月摄。"水月之喻，被概括为"月印万川"，与华严宗一即一切，一切即一的思想相似。太空一月映现在众多江海湖泊中可以看到无数月，无数月终归来源于一月。同一本体显现为形形色色的事物，千差万殊的事物的本质又同一。宋明理学即采纳华严宗、禅宗的圆融思想，用"理一分殊"命题讲一理与万物的关系，从本体论角度指出，总合天地万物的理，只是一个理，分开来，每个事物都各自有一个理。

二、"圆融"思想的成熟

圆融的含义就是大和谐、大相通。《人文杂志》2000 年第 2 期《卷首·导读》说："圆融观念瞩目于世间一切对立、差别和矛盾的消解、统一和谐……这也是人类一切审美与艺术创造所孜孜以求的至美境界。"佛教的产生就在于对现实的不圆满，所以它所致诚追求的就是"圆"。玄奘将"涅槃"一词译为"圆寂"（圆满寂静），就是对这一教理精神意旨最准确的理解和传达。这种对圆满的追求，使得佛教所要达到的标准极为崇高完满。在佛经翻译评论的成熟时期，其标志是：一、用"圆"来衡量译作与译者；二、明确地用"中道"学说观照翻译方法；三、评论方法的开拓。由此建立了标准明朗、方法圆活、观念正确的评论体系。

（一）"圆融"与"中道"

圆融时期的评论者对"中道"有了更深的理解，他们将中道融入翻译评论之中，因为佛教的"圆"是与"中道"联系在一起的。道宣《续大唐内典录·赞序》所说的"不饮两端"，指的就是"中道"。其他评论者也都能这样准确理解"中道"，如宋濂《千严和尚语录序》认为："禅师之道不实不虚，不有不无，不中不边……并不落有无中边虚实者，固可以语言文字求也。"义净《南海寄归内法传》说："释迦世尊……阐梵响于王舍……所云大乘，无过二种，一则中观，二乃瑜伽。中观则俗有真空，体虚如幻；瑜伽则外无内有，事皆唯识。斯并咸遵圣教，孰是孰非，同契涅槃；何真何伪，意在断除烦惑，拔济众生。岂欲广致纷纭，重增沈结。依行则俱升彼岸，弃背则并溺生津。"这都是基于佛理上的认识。澄观曾参与翻译《守护国界主陀罗尼经》，任证义。公元796年协助罽宾佛教学者般若翻译《华严经》，由他加以审定，译成四十卷，亦名《大方广佛华严经疏抄》。他一方面广学律、禅、三论、天台、华严各宗的教义，一方面又研究佛家以外的各种学说。他在《大方广佛华严经疏抄序》中说："然繁则倦于章句，简则昧其源流，顾此才难，有惭折中，意夫后学，其辞不枝矣。"这显然是梵汉合璧式的"折中"理论，表明此时谈佛经翻译的论者对"中道"已把握得非常熟练了。这种理解既是对佛学的准确认识，也是结合传统思想的深层把握。湛然《止观义例》说的"一心三观"，就是要把万象森然的客观世界全部纳入一心之中。这样，所观的外"境"虽然千差万别，而能观的"妙观"却是平等一心。智颛还说："初缘实相，造境即中！……一色一香，无非中道！……纯一实相，实相外更别法。"这就是天台宗认识论的全部含义。唐代宗《仁王护国般若波罗蜜多经序》对不空的译籍高度评价时说道：

> ……不空，推校详译未周部卷。三藏学究二谛、教传三密，义了宗极，伊成字圆，襄裳西指，泛杯南海，影与形对，勤将岁深。妙印度之声明，洞中华之韵曲，甘露沃朕，香风袭予。既而梵夹远赍，洪钟待扣，伫延吹万之籁，率训开三之典。

在唐代翻译评论成熟时期，不仅是玄奘如此，其他如义净、不空都是如此，他们"学究二谛，教传三密，义了宗极，伊成字圆"。对"二谛"的准确把握，是翻译思想圆活无滞的保证。

（二）"圆融"与言意之辨

圆融时期的评论对言意之辨有了更深刻的认识。评论者既认识到言的局限，也认识到言的作用，如武则天《大乘显识经序》说："朕闻真空无象，非象教无以诠其真；实际无言，非言绪无以筌其实……所以四句微言，极提河之深智；一音妙义，尽庵园之奥旨。"佛教认为，体悟最高真理，不能迷信文字语言，在佛家看来，语言文字（属于假名）是虚假的概念、名称，实际上并没有实在的东西与之相应，传达思想的文辞与表示实际的名物都只能给人一种笼统抽象的概念，给人以雾里看花的隔膜，因此佛教极为重视亲证和体悟。但佛家并不就此废弃语言，而是充分发挥语言的表意功能，寻求语言表达的技巧，以充分传达佛义。徐一夔《天目中峰和尚广录重刊序》中说得好："尝试论之，言禅不尚文字，其来尚矣；要之第一义谛非文字亦莫能以传，譬之涉长江大河非假舟筏之力，未免望洋而退，恶能济彼岸？故凡传宗之家，必有语录者，此也。夫文字者舟筏之具也，何可废哉？"何元英《蔗庵范禅师语录序》告诫人们："然君子不徒取其言，又必进考其言之实，无其实而有其言，言不足信，有其实而无其言，又无以鸣今传后，故二者之间，君子鳃鳃焉慎之。"赞宁的话可以概括人们的认识，他在《宋高僧传·论》中说："不着文字，不离文字。非无文字，能如是修，不见修相也。"这样的论述还很多，充分说明时人已真正理解的言意辩证关系，并已成为人们的普遍意识。如：

> 故致鱼者必资之筌，求兔者必资之蹄；执筌以为鱼，据蹄以为兔，固为不可；欲离筌而取鱼，舍蹄而搏兔，亦乌能哉！然而演西来大意，使人因言证悟，悟因言入，言入悟空，盖亦难矣。……不即语言，不离语言，所谓真正语。（王崇简《明觉聪禅师语录序》）

> 盖宝者，文之秘；而文者，宝之显。秘则实而显则华也……非文不光，非文不立，非文不度，非文不成，岂虚言哉！是虽华竺不同，象译不类，然同文同轨，制出圣朝……讽诵圆融，文从字顺……（李经《重刻京本五大部经忏直音会韵序》）

> 盖闻真空无相，而非相无以译真，实际无言，而非言无以诠实。（王仕云《如来香募刻引》）

> 无上妙道非即语言，非离语言，即语言而求之，是执花以为春也，离语言而求之，是弃花而不见春也，惟执与弃皆倒乱心，非真实见，卒难与以会道。……知此意者当从一字一句之中，透出非字非句之外。（晓青《宝持总禅师语录序》）

> 然达摩西来不立文字，维摩诘说法天女散华，无语中有语，有语中无语也。（杨雍建《阅经序》）

> 夫经者，传道之器，复性之路，虽妙有之韫，固息于名言；而解脱之说，弗离于文字。因心以会道，见月而遗指，此圣者所以有作，明者所以能述，微言之绪，继继不绝焉。……故佛兴之说法，其言简，其旨明，直破夺根，不存枝叶。（胡宿《首楞严经义海集解序》）

> 窃以真谛俗谛，藉文字而方显。（明佺《大周刊定众经目录序》）

由人们对言意关系的辩证认识，进而对文质关系也有了更理性的论述。裴休《大方广圆觉修多罗了义经序》云："其辞也极于理而已，不虚骋。其文也扶于教而已，不苟饰。"因为"道无形，视者莫能见；道无方，行者莫能至；况文字乎？在性之而已，岂区区数万言而可诠之哉？"窥基《说无垢称经疏序》说："文虽疏而义密，词虽浅而理深。"这样的文质观，是站在"圆融"的高度上，对经典与文句关系的真正的理解和体会，因而论述更显得自然，不似在生硬牵强地勉强立论了。

（三）"圆融"与佛经翻译

"圆"作为佛教义理上的特殊意义，本指教理的圆满无缺，所以各派所崇奉的都是"圆教"，即贯通诸经歧义，调和各宗异说，圆满无缺，不偏不倚的教派。"圆"的反义就是"偏"，即《四教义》中所谓"圆以不偏为义"。"圆"从宗教的意义上升到哲学，次进入美学，然后进入翻译评论。在翻译评论中，人们自觉地运用"圆融"说来评论指导翻译艺术和技巧，使其他的问题都围绕着"圆"来展开。这首先便是它具备高度概括翻译艺术境界或标准的理论优势；其次，它又体现了翻译方法上的圆活无滞和毫无执碍；再次，指译者修养的完美。无论是标准，还是方法，都体现了佛教审美的至境追求。这无疑适合描述翻译艺术上不文不质，亦文亦质的一种圆满无缺、出神入化的"圆满"境界。佛典汉译，从初期的"辞质胜文"，经过中期的"偏质偏文"，最后达到"文质调和，圆融通达"，走的是一条求"圆"的道路。

从标准上说，以"圆"为"美"，以其圆满和谐、恢宏包容之美、圆满无缺而使人感到审美满足，所以"圆"经常在"圆满"、至美（无憾）的意义上使用。唯识宗围绕"圆成实性"，最早从标准意义上较为系统地论述了"圆"这一范畴。从圆成实性是万法的真实体性这一命题来看，圆，就是圆满，遍于一切现象，没有缺减；成，即成就，不生不灭，没有变异；实，真实，断绝虚妄。这种圆满和谐、广大包容之美，在佛经中处处有所昭示。圆满无缺的形象代表中道不偏；事理圆融，圆照圆觉，也是佛教最高智慧的象征。佛经中就往往以满月喻无上之智。《华严经旨归·示经圆第十》中更是概括出佛教的十大圆通，表现出佛教对圆满完美的强烈追求。圆满无缺与和谐圆融是佛教界定美的第一要素，佛与菩萨的形象都具备此基本条件。如菩萨能行悟入法界回向，则"能圆满一切智道相智一切相智，亦以圆满三十二大士相八十随好"。圆满具足三十二相八十随好方成佛相，方成正等菩提。在圆满无缺之外，更要圆融无碍才能使纷纭复杂的世间万象和谐统一于至真之神理。万物和谐圆融，美在其中，宗教之美是超越自然的信力之美，其质广大，其心有容，佛教即对广大包容之美十分推崇。

从方法上说，佛教称般若智观照诸法时所采取的非有非无，亦真亦俗的态度，叫"圆融"或"圆通"。这就是一种破除偏见、左右逢源的方法。"圆"作为最高的审美境界和终极标准，揭示的是完美调和各种翻译手段，使译文不露痕迹地再现原文，因此有时也称"化"。灌顶《妙法莲华经玄义序》谓："纵道俗颙颙，玄悟法华圆意不？纵得经意，能无文字以乐说辩昼夜流泻不？……或以经论，诚言符此深妙，或标诸师异解，验彼非圆。……所言妙者，妙名不可思议也……夫绝理偏圆，寄圆珠而谈理，极非远近，托宝所而论极，极会圆冥……会不二之圆道。"智圆《翻译通纪序》说："又以宣译之者乐略乐繁，隋之已前，经题简少；义净已降，经目偏长。古则随取强名，后则繁尽我意。又旧翻秘咒，少注合呼。唐译明言，多详音反，受持有验，斯胜古踪。"

翻译艺术的成熟，首在译者素质的完备，能够圆通地处理翻译中的各种矛盾。译者素质的"圆"是决定翻译质量的根本。佛教的根本宗旨是要求得身心的解脱，为了达到这样的目的，佛教学者始终在寻求人生乃至宇宙万象的"真实"和"圆满"。译者是翻译活动的主体，是译本基本品貌的直接塑造者，无论是译本的外表（体裁、结构、语言），还是译本的内容（事料、意旨、情感），基本上都是译者根据原作所赋予的。译者的翻译动机、翻译目的，他所采取的翻译立场，他所制定的翻译方案，以及他所使用的翻译方法、翻译心理，译者的学养素质，译者的独特涵养以及译者的翻译追求，都直接影响译本。译本呈现何种面貌，甚至译本的成败优劣，关键在于译者本身的学养经验、审美趣味、价值观念以及翻译主张等。译者在佛经翻译及其中国化进程中扮演了重要的角色。僧祐论早期译经时说："义之得失，由乎译人；辞之质文，系乎执笔。或善胡义，而不了汉旨；或明汉文而不晓胡意；……所以旧经文意，致有阻碍，岂经碍哉？译之失耳。"从来"法由人弘，人因法兴"。"夫道不自弘，弘必由人。"充分证明了译者在佛经翻译中的关键作用。道宣在《唐京师大慈恩寺释玄奘传》说：

> 自前代以来，所译经教，初从梵语，倒写本文，次乃回之，顺同此俗。然后笔人观理文句，中间增损，多坠全言。今所翻传，都由奘旨，意思独断，出语成章。词人随写，即可披玩。

这是说前期译经因翻译的方法和程序而出现"中间增损，多坠全言"的问题，实际上，是由于译者本身的素质而导致的问题。彦琮《辩正论》对此也有很精到的批评，他说："若令梵师独断，则微言罕革。笔人参制，则余辞必混。"这是说译者如不能梵汉兼备，总要靠笔受、度语来翻译，终究是隔了一层。至如玄奘，翻译之所以成熟，关键在于他能够"意思独断，出语成章。词人随写，即可披玩"。而无须借手他人，这是前期译者，包括罗什这样的大译家在内都是无法比拟的。罗什的翻译常须依靠其弟子僧肇、僧祐等，免不了有"中间增损，多坠全言"的情况。这是说译者本身素质决定了翻译的圆融。所以这时期的批评能很自觉地评价译者是否具有这一素质。所谓"圆"，也要看译本是否在忠实原意的基础上，注意文质的调和。《大唐西域记》赞扬玄奘："业光上首，擢秀檀林，德契中庸，腾芬兰室。"说明玄奘思想"中庸"的性质。辩机在《大唐西域记·记赞》中十分赞赏玄奘的佛学造诣和译经水平。他说：

> 夫玄奘法师者，疏清流于雷泽，派洪源于妫川。体上德之祯祥，蕴中和之淳粹，履道合德，居贞茸行……法师妙穷梵学，式赞深经，览文如已，转音犹响。敬顺圣旨，不加文饰。方言不通，梵语无译，务存陶冶，取正典谟，推而考之，恐乖实矣。

玄奘的翻译之所以如此完备，正是因为他"中和"的思想支配了他圆融的翻译观。这种中道思想实际上就是无有任何拘泥的意思，一切视原本而定，无所谓孤立的文、质或中。正如此时期王日休所写《佛说大阿弥陀经序》中所说的那样："又其文或失于太繁而使人厌观，或失于太严而丧其本真，或其文适中而其意则失之，由是释迦文佛所以说经，阿弥陀佛所以度人之旨，紊而无序，郁而不章。"这是说"繁"、"严"、"适中"都不是理想的翻译方法，只有佛家的"中道"才是译者的法宝。因为佛家的"中道"是范骧所说的那样："穷理而无理障，证空而不堕空，一义差别则遍考群经，一字参差则研穷经岁。"(《准提三昧行法序》)所谓"证空而不堕空"就是佛家所谓的"中道"，既看到空的一面，又能看到不空的一面。用于翻译评论，就是既要注意文的一面，又要注意非文的一面；既要强调质的一面，又要强调非质的一面，这样才能不拘泥于文质之争，落于一偏。

三、玄奘及其"圆融"思想

圆融是中国佛学思想的重要特质和内容，中国佛学的圆融思想既融入了中国本土儒、道两家的思想精华，又深得印度大乘精髓，是印度大乘经论的创造性诠释与发挥，是中印圣者智慧的结晶。玄奘正是为求得圆融的佛学而去印度学习佛法。当年印度佛学空有之争甚炽，玄奘即撰《会宗论》三千颂，调和空有，主张"圣人立教，各随一意，不相违妨"。表现玄奘的圆融风格。

（一）玄奘"圆融"的佛学思想

从玄奘的译籍，可以看出玄奘思想的博大、完整与圆通。他的学术不拘泥滞守于单一的某一派，而是综合各家，融通诸学，这就使得他的思想真正具有"中道"的品质。他对印度各派佛学思想兼收并蓄，兼取并用，真正做到了理论思想的圆满通融。玄奘正是在精通当时印度佛教各家学说的基础上，融会大乘佛学诸说，准确阐述了"中道"理论，不仅为印度哲学思想的发展做出了贡献，而且也形成了自己博大渊富的学术思想和圆通的翻译观。

首先，玄奘融合中观、唯识，完善"中道"学说。准确地说，中观、唯识两大思想的传译至玄奘才最终臻于完美，这一方面是由于他翻译思想与翻译水平所决定的，另一方面也是由佛学自身的发展所决定的。龙树的中观学从孤立的一重二谛上来看问题，以为无和有是两不相融的，尤其是建立在一切皆空的理论基础上的，这样的中观学本身就缺乏力量，这就是罗什所翻译的内容。龙树之后，无著对中观学做了很大发展改进，他吸收龙树中观精华的同时，又弥补了它的不足，因此是更为完备的理论体系。他从唯识的角度以较为坚实的理论基础建立了新的中观学，这就是玄奘的译籍。就唯识学而言，玄奘的译籍也是发展臻于完备的学说，比真谛所译也可以说是后来居上。早期唯识学典籍的翻译存在的问题很多，使得该学分歧重重，如真谛所译无著的《摄大乘论》属世亲学说，还属于前期唯识理论。而菩提流支及勒那摩提等翻译《十地经论》，因属二人别译，所以"其间隐没，互有不同"（《高僧传·菩提流支传》）。至玄奘于印度学习并精通全部瑜伽学说之后，在翻译与研习中，进一步发展完善，最终打通二家，融合"空""有"，弥缝其间，将使中观瑜伽相互贯通，形成了完备的"中道"体系。

其次，玄奘不仅准确地传译了二家学说，而且又有创造性发挥。还在印度学佛时，他就曾撰《会宗论》三千颂，对破斥瑜伽学说的中观学者加以折服，最终融会中观与唯识两派。他还提出对二谛理解的"层次"论，认为到了认识真理（"见道"）的阶段以后，在面对真理（"实证"）的过程中，所谓现象界的实在（"俗谛"），也是本质界的实在（"真谛"）的具体体现。

它同本质界的实在("真谛")一样的是有,一样的是无,不可拘执有无,这就把中观与瑜伽两派彻底沟通了。从这样的理解来沟通中观与瑜伽两派,说明玄奘哲学思想的成熟,表明他在"空""有"这类重大哲学问题上的兼容性,真正达到了"中"的境界。梁启超说:"会通般若(中观)瑜伽,实奘师毕生大愿,观其归后所译经论,知其尽力于般若,不在罗什下也。"(《支那内学院精校本玄奘传书后》)因此说,玄奘的思想与学说、哲学思想的根源,囊括了唯识学与般若中观,是集般若(中观)瑜伽之大成。

再次,玄奘构筑了自己博大精深的辩证思维体系。玄奘不仅是一位卓越的佛教学者,也是一个博大精深的立于古代世界学术之林的辩证法大师。他所传译与信奉的中观学与瑜伽学,辩证法思维方法丰富而深刻,从而缔造了玄奘哲学思想中的辩证法。可以说,辩证法就是他学术思想中最优异的部分,也是他始终能够以"中观"的精神融会各家学说,处理各种矛盾的思想方法。在翻译评论上,他所提出的"五不翻"理论就是这一思想方法成功运用的典范。玄奘思想中的辩证法首先体现在他的缘起论中的辩证法,因为玄奘瑜伽学说的中心思想就是"唯识缘起"论,即把客观存在的宇宙万物概括为"我"(自体)与"法"(客体),认为"我"与"法"各有种种变化发展的状态,都不实在,都是为说话方便起见而假立的名称。这些假名和它的种种变化发展的状态,都是人们的精神的总体"识"所变现出来的。除"识"以外,无所谓"我"也无所谓"法"。因此,玄奘所论述的缘起法是将"空""有"完美结合的理论,空与有是辩证地联系在一起的。玄奘所译唯识学所论述的"中道"要比罗什所译龙树的"中道"更加精致,尤其是体系更严密,理论更圆融。它将万事万物摄归一心,由肯定心出发,再否定外境,这才有可能谈中道。如果一切皆空,连心也不存在,中道也就难以成立了。这就是为什么罗什的翻译理论与实践总没有达到圆融境界的根本所在,因为他仍然还有一份执着;而玄奘的翻译圆满调和,无滞无碍,已毫无牵累,正在于唐代的佛学理论的成熟带动翻译评论的成熟,进而有效地指导译者们的实践。而罗什时代的佛学理论远未达到成熟的境界,因而也就不可能产生成熟的翻译评论。

无论是翻译中道观著述,还是唯识理论或因明学,都体现了玄奘的辩证思想体系。吕秋逸《因明纲要》说:"慈氏而还,因明广用,依教成理,诸论并然。唐代玄奘,东传其秘,基泰以次,莫不穷研。以是译籍著书,处处入津,学人索解,舍此无由。今时说者更比诸逻辑,称其周详。以为佛学精英,唯识因明二美斯并。"说明玄奘很注重佛教辩证方法的翻译和运用。可以说,佛家辩证哲学的精义到玄奘已发挥到极尽精微的地步。他不仅对中国的佛学有极大的影响，对中国的哲学、文学，尤其是翻译评论的影响也非常巨大，正如范文澜所说："法相宗讲心、性、情、意识、中道、三学……在各宗派中最精最密。"正是玄奘对中国学术思想发展的巨大贡献。梁启超称誉玄奘其为"千古一人"（《翻译文学与佛典》），鲁迅盛赞玄奘为"中国的脊梁"（《中国人失掉自信力了吗?》），意谓玄奘在佛学和中印文化交流之中做出了划时代的贡献。

（二）玄奘对"圆融"思想的阐发

玄奘在他的佛学研究中，深感国内各派教理"所说纷纭，难得定论"，"验之圣典，亦隐显有异，莫知适从"（《慈恩传》），于是"乃誓有西方，以问所惑"，以探求佛本法源。回国后，他"专务翻译，无弃寸阴"，既准确地传译了空、有二家学说，又系统完整地译出《大般若经》六百卷，同时还有极湛深的研究。特别是他的独传之学因明与瑜伽，为他提供了学术思想中的辩证精神。而晚年所译《成唯识论》一书，又是玄奘自己以其"晚年定论"的哲学思想为裁决标准有所取舍而杂糅编译的，是体现玄奘哲学思想的总结汇之集籍，它集中而深湛地反映了玄奘哲学思想中的辩证法。这种深刻的辩证法予他以博宗诸家、兼收并蓄的博大胸怀，使玄奘的思想能够远离任何局限性，真正达到中道和圆融的境界。

正是玄奘对中观和瑜伽的融会贯通，影响了后期佛学理论的研究。在圆融哲学的影响下，天台宗创立了一套化解一切矛盾的最高原则：互即互摄。他们提出的"真如缘起"世界观，以其成熟的本体论（"一念三千"）与真理论（"圆融三谛"）建立了中国佛教最早的较为完整的哲学体系。它揭示的主体心性说，肯定了心性的存在，从对罗什般若性空理论的对万法的彻底否定走向了对万法的不完全否定。特别是本宗的圆融思想，以即空、即假、即中的统一精神，注重兼容融合，不仅具有认识论和方法论意义，而且具有标准论的意义。

玄奘基于他的圆融思想，提出了"五不翻"理论，既保证了翻译在内容与形式上的忠实性，又保证了译文的可读性，将音译（直译）意译洽洽调和，不拘一格，既是初期案本论与罗什"不严于务得原文，而在取意"思想的发展，又是二者的超越。既忠实原文，又增强译文的效果，体现了他彻底的中道。辩机在《大唐西域记·记赞》中称赞他像孔子修《春秋》一样，"笔则笔，削则削"，表明他翻译艺术的无滞无碍。他自己也曾批评前代的译经："有专门竞执，多滞二谛之宗，党同嫉异，致乖一味之旨，遂令后学相顾，靡识所归。"证明玄奘佛教哲学、美学与翻译观的统一。

四、众多论者对"圆融"的论述

唐代以后，佛教融入中国传统文化之中，无论教内还是教外学者，都力图将佛教与中土思想熔铸一炉，这样的学术情境，使译经评论在佛学圆融主题之下，纷纷以圆论译，有的关注义理，有的强调文辞，有的重视文化，有的意在思维。庄广还《净土资粮全集后序》对"圆"有细致的阐发，他说：

> 余三刻资粮，与昔人之居室略相似。初刻者始有而合，再刻者少有而完，终刻者富有而美；然则是三刻也，始有少有者，果劣于富有？而富有者，果优于始有少有乎？是不然，观于华严纶贯之言而可知矣！彼云佛道圆融，而圆融有二义，一者因该果海，二者果彻因源。如始有少有者，以最上乘之理，详著于三乘之后，是谓果彻因源；富有者，于三乘之中，而遍具最上乘之理，是谓因该果海。其为圆融则一也，尚何优劣之有哉？是虽文有详略，词有精粗，修净业者，苟能会其圆融之义，而不贵于多见多闻，则虽始有少有，均为适道之资，所谓最上乘者，不外此而得之矣！若徒侈其文、夸其词，而乏体会力行之功，则虽富有者，不免于空数他宝，于最上乘竟何俾哉？故曰三刻无优劣，顾人所修何如耳。若昧圆融之义，而妄有取舍于其间，多见其识之陋矣，唯善学者当自知之。

照明《略释新华严经修行次第决疑论序》说："幸会华严新译义理圆备。"徐芳《天界觉浪盛禅师全录序》认为："事理圆毕，出来增减不得。"圣行《相宗八要解序》说："盖是书原出两土之作，菩萨祖师，渊源既远，翻译著述，文义尤深，且若论若颂若释，称说种种不同，或于作者之旨不无余蕴，或于学者之衷偶有疑端，至有文辞稍碍而未圆……"成时《灵峰蕅益大师宗论序》指出："愿凡遇是书者，勿离文字而说解脱，勿即文字而忘真月，但因是见谛，则离即双超。圆契自心则不杂，圆收万法则不执，圆说圆泯则不迹。"性嘉《显密圆通成佛心要集后序》说："恭闻大日雄尊，始王华严之界，圆音妙法，遍周帝网之区……爰自结集之后，洎于翻译已远……会万法以无违，皆归圆教；融诸咒而不滞，尽是总持……尽善尽美，兼质兼文……四众圆修。"不空《译大圣文殊师利菩萨赞佛法身礼序》说："窃见大圣文殊师利菩萨赞佛法身经，据其梵本有四十一礼，先道所行，但唯有十礼，于文不备，叹德未圆，恐乖圣者恳诚。又阙群生胜利，不空先有所持梵本，并皆具足，今译流传，庶裨弘益。"其《大乘瑜伽金刚性海曼殊室利千臂千钵大教王经序》又说："诸佛出世，应物随形，志求者智镜圆通，念之者无幽不入，根缘感赴，必藉此经，登菩提山，除去邪执，契传二密，得究瑜伽秘要法门。穷理微妙，身口意业，用智修持，戒定慧学，显现通达。证如来地，以信为首。乘般若舟，速超彼岸，今述曼殊之德，灵迹殑伽，圣觉无方，神力潜运，以多尘劫，悲愿不住菩提，一主无二尊现为菩萨，自兹金色世界，来其忍士之中……圣智圆通，入如来佛心三密三十支金刚智镜圣道性海故。"

钟惺《首楞严经如说序》说："顾圆通止趣一途……而圆通之法，圆通之人……不优文辞，安敢注经，若不得已，以文士之笔，代僧家之舌，庶几相济……证圆通之不隔。"黄与坚《苏州竹庵衍禅师语录序》说："大雄之教在在圆通，固未尝以文字为障碍也，后之学子何者为粘？何者为脱？若胶于名相，虽无字句，不能谓之真空。若义趣消融，智光迸烁，一一以印心密旨见诸字句，一字一句是皆平等大慧，一切真实，其孰谓之假设乎？"《法华三昧忏仪勘定元本序》也认为："圣教浸远，文句舛错，由传者浮昧。若不校其同异，明示得失，日增月甚，遐丧真味。"因此译者需"圆"。澄观《大方广佛华严经疏序》要求学佛者："事理双修，事得理融，念念圆融。"德清《楞伽阿跋多罗宝经义刻后跋》说："故设三观妙门，为吾心之要，良由根钝不能圆修的……又以先后历别渐次不能圆证一心，故说《首楞严》大定，以统摄三观，圆照一心，顿破无明，是为圆顿法门……若夫至简而精，至切而要者，无尚圆觉之最胜法门也……然文有所扞格，则义有所不达，义不达则理观难明，理观不明则恍惚枝歧，而无决定之趣矣……贵了佛意而不事文言。"惟则《大佛顶首楞严经会解序》说："世尊成道以来五时设化，无非为一大事因缘，求其总摄化机，直指心体，发宣真胜义性，简定真实圆通，使人转物同如来，弹指超无学者，无尚楞严矣……则藏心妙性，不涉明言矣……通而言之，皆圆理也。理解虽圆，非行莫证……然是经无教不收，无机不摄，或言偏意圆，或名同体异，昧劣之士有所不达，弘经者思所以达之……道本无言，非言不显，佛不得已而言矣！言有不达，道无以明，则诸师之言亦不容其已也。"蒋之奇《楞伽阿跋多罗宝经序》说："人始溺于文字，有入海算沙之困，而于一真之体。乃漫不省解……不以佛废禅，不以玄废义，则其近之矣……学佛之弊至于溺经文、惑句义……而人不了义，则言佛以救之，二者更相救而佛法完矣……然以沦于死生，神识疲耗，不能复记，惟圆明不昧之人知焉。"吴树虚《因明入正理论后记序》也持如此观点："菩萨求声明时，为

欲令诸众生悟入诂训言音文句差别，唯以一义殊音随说故……是故求此
五明，令无上正等菩提大智资量速得圆满。"

五、"圆融"时期译经评论的总结式建构

"圆融"时期的评论自隋代编撰的《众经法式》(十卷)、灵裕的《译经体
式》、明则的《译经体式》(十卷)、刘凭的《内外旁通比较数法》(一卷)、彦
琮的《辩正论》等专著，至僧传著作中精彩的翻译论文，如僧祐撰《胡汉译
经音义同异记》，道宣在前人基础上深入开展翻译评论，赞宁《译经篇论》
及法云《翻译名义集名句文法篇》运用宗教语言学评论经典译本，灌顶《大
般涅槃经玄义》建立释经模式，智旭以《阅藏知津》一书全面展开历代典籍
的评论，净挺《阅经十二种》选取佛教代表性著作评论。这些专著、论文，
受佛教喜好思辨、追求理论严整的影响，围绕翻译的标准和方法、译者
的修养和素质，涉及翻译问题的言意、音韵各个层面，共同构成了较为
完备的翻译评论体系。

(一)彦琮论译者"八备"，立翻译"十条"

隋文帝统一南北朝后，致力于推行佛教政策，在大兴城建立了执行
佛教政策的国家寺院大兴善寺，同时设立译场，新置翻译馆，开展大规
模的译经活动。奉旨来到翻译馆译经的译经家中最著名的便是彦琮。彦
琮深通梵语，前后译经二十三部，合一百余卷，曾两度主持译场。开皇
十二年，他奉召入长安，住兴善寺，主掌翻译。这是历史上第一个真正
意义上的中土僧侣担任译场主译，打破了只有外国僧人担任主译的陈规。
大业二年，又任东京洛阳上林园翻经馆学士，主掌译事。隋平林邑，获
昆仑文字书写的多黎树叶佛经五百六十四夹一千三百五十余部，隋炀帝
命送上林经馆，付彦琮主持翻译。彦琮首先编叙目录，将其分作经、律、
赞、论、方字、杂书等七类，所译籍皆由他作《序》冠于经首。彦琮对佛
教历史及译经深有研究，所撰《众经目录》序言说：

> 佛法东行，年代已远。梵经西至，流布渐多。旧来正典，并由
> 翻出。近遭乱世，颇失原起。前写后译，质文不同。一经数本，增
> 减亦异。致使凡人得容妄造，或私探要事，更立别名。或辄构余辞，
> 仍取真号。或论作经称，疏为论目。大小交杂，是非共混，流滥不
> 归，因循未定。将恐陵迟圣说，动坏信心，义缺绍隆，理乖付嘱。
> 皇帝深崇三宝，洞明五乘。降敕有司，请兴善寺大德与翻经沙门及
> 学士等，披检法藏，详定经录。随类区辨，总为五分：单本第一，

重翻第二，别生第三，贤圣集传第四，疑伪第五。别生、疑伪不须抄写，已外三分入藏见录，至如法宝集之流净住子之类，还同略抄，例入别生。自余高僧传等，词参文史，体非淳正，事虽可寻，义无在录。又勘古目犹有阙本，昔海内未平，诸处遗落。今天下既一，请皆访取。所愿仁寿长延，法门具足，群生有幸，方益无穷，合成五卷，显之于左都合二千一百九部五千五十八卷。

彦琮还撰有《西域传》和《沙门名义论别集》。道宣《大唐内典录》卷五称彦琮写过六本书：《达摩笈多传》四卷、《通极论》《辩教论》《辩正论》《通学论》《善财童子诸知识录》《新译经序合》。其中《新译经序合》，顾名思义，应是彦琮所写经序的合编。彦琮二十七时就参予译经，那连提黎耶舍、毗尼多流支、阇那崛多等人的译籍皆由彦琮作序，所以彦琮本传称："凡所新译诸经，及见讲解大智释论等，并为之序引。"《续高僧传》卷二本传称："凡前后译经合二十三部一百许卷，制序述事，备于经首。"说明他助译的佛经之多。他在上林园翻译馆期间，通过总结中夏译经四百年，特别是道安总结"五失本""三不易"后二百年以来，译经的经验教训，著《辩正论》，论述译经的要求、格式等，是他总结自己多年的翻译经验与研究所写的文字。其中"八备十条"之说，首次针对译场翻译人员的资格学养提出了要求。

1. 译者"八备"

彦琮著《辩正论》的目的，是鉴于佛学自身发展的需要。至彦琮时代，佛教传入中国已经四百余年，是佛教在中国全面建设的时期，佛典翻译是其中的重要环节。经历了四百多年实践和评论探索，佛经翻译实践也开始全面总结自己的理论和方法。彦琮在其《辩正论》中自谓"久参传译，妙体梵文"，而中国的译师大都只对汉字有研究，不能体会梵文的魅力，对于梵文这种不同于汉语的文字，"音字训诂，罕得相符"，因此他感到有必要讨论译者本身的素质。同时，彦琮时期的学僧主体也发生了重大变化，这也为彦琮讨论译师修养提供了条件。至隋代，本土高僧硕学增多，出现了如吉藏、智顗、法藏、湛然等佛学大家。到了唐代，更涌现出玄奘、窥基、智严、道宣、善无畏、金刚智、不空和宗密等著名佛教学者，他们治学各有偏重，共同繁荣并推进了佛学研究。他们的译经、撰注、疏释及研究等有关各宗特色，都显示了汉地佛学的实质性发展。例如，僧肇《肇论》一卷，慧远《大乘义章》二十六卷，吉藏《三论玄义》一卷，《大乘玄论》五卷，窥基《大乘法苑义林章》七卷，法藏《华严五教章》

四卷，宗密《原人论》一卷，智顗《摩诃止观》二十卷，道绰《安乐集》二卷，德辉《重编敕修百丈清规》十卷及宋代禅僧之各种语录等，在佛教史上，与《般若经》《法华经》《华严经》《金刚经》以及《维摩诘经》具有同样的地位和影响。且众多学者已为汉地本土人士，汤用彤《隋唐佛学之特点》指出："自南朝末年的法朗是中国人，他的传法弟子明法师是中国人，但是他最重要的弟子吉藏是安息人，为隋朝一代大师。隋唐天台智者大师是中国人，其弟子中有波若，乃是高丽人。唐法相宗大师玄奘是中国人，其弟子分为二派：一派以窥基为主，于阗人；另一派以圆测为主，新罗人。华严智俨系出天水赵氏。弟子一为法藏，康居人，乃华严宗的最大大师；一为义湘，新罗人。"本土佛教学者以母语文化为背景，又能准确理解原典，这自然给汉地佛学带来质的变化。如果是在佛教传播初期，彦琮对译师提出如此高的标准，显然是不现实的。

佛典汉译发展自汉至隋，译典大多不信守原本，致使经本改变了意旨，这在此前的评论中，已为众多评论者所指出，并已明确其根本原因即由译者主体所造成的。佛经翻译都是以译场合译形式开展的，译场之中不管由谁主译，普遍都有汉地学人的参与。有的担任口译（度译或传译），有的负责笔录成文（笔受），也有的对译文加以审核和修饰（润笔）。本土译师都具有高深的外学修养，大都通晓中国传统文化并善于文墨，译经时总是从汉文中选择与原文意思相当的词语或概念，用汉语方式表述。汉地人士受着传统儒家纲常名教以及老庄自然等思想熏陶，在译经过程中也很自然地就把自己对汉文化的理解，把传统文化与学术思想融入汉译佛教典籍当中去。虽然译者的外学知识对译经有很大帮助，可以支持译业，但杂以儒家或道家的理论，引述外学方面的知识，甚至译师个人的观念阐释佛教，致使佛教糅杂了外学思想，也就形成了不纯粹的佛教义理。再经佛教学者研诵传播，又使汉地佛学越来越乖离印度原本的佛学。彦琮很清楚这一点，所以他说："梵有可学之理，因何不学，服膺章简，同鹦鹉之言。彼之梵法，大圣规谟，研若有功，解便无滞。向使才去俗衣，寻教梵字，亦沾僧数，先披叶典，则五天竺正语，充布阎浮，三转妙音，普流震旦。人人共解，省翻译之劳，代代咸明，除疑网之失。"

佛教学者对于佛教领域各专业人才都有极高要求，三朝高僧传都将这些各专业人才分为译经、义解、习禅、明律、护法、感通、遗身、读诵、兴福、杂科十科，各成其学。例如，对宣讲经典的"唱导"就提出必须具备"声、辩、才、博"四个重要条件。《续高僧传》说："非声则无以警众，非辩则无以适时，非才则言无可采，非博则语无依据。至若响韵钟鼓，则四众惊心，声之为用也；辞吐俊发，适会无差，辩之为用也；绮制雕华，文藻横逸，才之为用也；商榷经论，采摄书史，博之为用也。"彦琮全面讨论译者素质，也是基于译者们"至于音字诂训，罕得相符，乃著《辩正论》，以垂翻译之式。"而他自己"久参传译，妙体梵文"，所以能全面论述译者修养。彦琮是隋代梵汉语兼通、才华出众的僧人，所谓"内外通照，华梵并闻"。他曾专学梵文，一生主要从事译经、讲经，"长安道俗，咸拜其尘"。

彦琮在《辩正论》中首先从原文与译文两个方面展开论述，就原文而言，梵本比胡本可靠，因此译经应以梵本为依据。他认为道安打开了译梵为汉的正确门径，但"其间曲细，犹或未尽"，即未注意西域胡语与天竺梵语的区别，这是道安的主要不足。通过批评道安梵经与胡经不分，评论道安的"五失本""三不易"，彦琮阐述了两点："详梵典之难易，诠译人之得失"，这是聚焦于原文的研究和译文的得失。接着辩识"胡""梵"，纠正历史的认识错误，指出"胡""梵"之别，并表达了自己崇梵贬胡的倾向，因为佛典本来就不出自胡域。由此回顾佛经翻译的历史，鉴于汉地译经历程，他主张"人人共解，省翻译之劳。代代咸明，除疑罔之失"，正是基于对佛经原文的重视。就译文而言，彦琮认为，佛典汉译应该："先觉诸贤，高名参圣。慧解深发，功业弘启。创发玄路，早入空门。辩不虚起，义应雅合。"这应该是佛教事业发展的理想状态。然而，佛教经典的翻译是一个渐进发展的过程，是不能够一蹴而就的。"佛教初流，方音鲜会。以斯译彼，仍恐难明。无废后生，已承前哲。梵书渐播，真宗稍演。其所宣出，窃谓分明。"彦琮对于前人的翻译成就是持客观肯定的态度的，虽然翻译存在种种困难，从历时的角度看，翻译还是带来了佛教事业的发展，一代一代译师的努力为僧俗理解佛经奠定了基础，也推动了汉地佛学的发展。接着他粗略地评论了历代的译文质量："汉纵守本，犹敢遥议。魏虽在昔，终欲悬讨。或繁或简，理容未适。时野时华，例颇不定。晋宋尚于谈说，争坏其淳。秦凉重于文才，尤从其质。非无四五高德，缉之以道。八九大经，录之以正。自兹以后，递相祖述。旧典成法，且可宪章。展转同见，因循共写。"这里是对从汉代以来译文质量发展的历史状况的回顾和总结，梳理了北朝和隋初佛经翻译的历史发展。因此他发出感慨，就汉语自身的释译已很困难，"且儒学古文，变犹纰缪。世人今语，传尚参差"，更何况梵（胡）汉间的翻译，"凡圣殊伦，东西隔域。难之又难，论莫能尽"。基于这两方面，无论是原文还是译文，译者实为关键，于是，其《辩正论》从译德、译才方面提出：

> 诚心爱法，志愿益人，不惮久时，其备一也。将践觉场，先牢戒足，不染讥恶，其备二也。荃晓三藏，义贯两乘，不苦暗滞，其备三也。旁涉坟史，工缀典词，不过鲁拙，其备四也。襟抱平恕，器量虚融，不好专执，其备五也。沉于道术，淡于名利，不欲高炫，其备六也。要识梵言，乃闲正译，不坠彼学，其备七也。薄阅苍雅，粗谙篆隶，不昧此文，其备八也。八者备也，方是得人。

在这八条译者必备的条件中，关键是学术素养和人格品德，其中又包括宗教觉悟、道德品质、敬业精神、气质个性、理论修养、理想信念、经学修养、文化素质、语言能力、文字水平及文章造诣等诸多方面。"八备"的一、二、五、六条属于道德修养范畴，分别要求持之以恒地热爱佛法和为他人着想，能够严格要求和约束自身，宽容待人和虚心学习，淡泊名利和潜心学问。第三、四、七、八条则属于学识修养范畴，即译者所需具备的理解能力、表达能力以及掌握两种语言的水平。在佛学义理方面，译者需要有广博的佛理知识，熟知经、律、论三藏典籍，通晓大、小两乘佛教原理，翻译时能做到融会贯通；在修辞章句方面，需要广泛涉猎经史子集，掌握遣词造句的技巧，翻译时能做到典雅流丽，言之有文；在语言文字方面，需要精通梵语，认识梵文，熟悉原本，深知如何是正确的理解；在字学上，应掌握《苍颉》《尔雅》之类的字书词典，谙习篆字隶书，知道如何将正确的理解译为本土文字。译者只有具备了这些学养，才可以将翻译中的内容与形式的损失降低到最小程度。

在论及译者必备的技能功底时，彦琮要求不仅要学习语言、文字功夫和翻译技能，更要精通佛典，博学多览，通读古今中外的知识，在此基础上深刻领会所译佛经意义，不断完善自己的理解和翻译能力。彦琮要求译者"旁涉坟史"，因为"坟史"是文章的总源，精于文章，工于词典，可资翻译之用。梵汉两种不同文化、不同思想的接触，首先要精于语言文字。文字是经典的载体，熟悉彼此文字的程度，决定翻译完美的程度，同时也是翻译评论的重要尺度。彦琮还以传统儒学为比方，"若夫孝始孝终，治家治国。足宣至德，堪弘要道。况复净名之劝发心，善生之归妙觉。"认为既然出家学佛，翻译佛经的目的和功能就是要"崇佛为主"和"斯(佛)法见续"。如果译经做不到这一点，佛经的翻译也就失去意义了。因此，作为译者，对梵(胡)汉语言的掌握是根本，而且具有佛教独特的要求，所以提出"要识梵言，乃闲正译，不坠彼学"。彦琮更是意识到将梵文译为汉语时，对汉语的掌握要求很高，所以应"薄阅苍雅，粗谙篆隶，不昧此文"。这是要求译者应该诵习仓雅古训，具备小学知识，因为历代翻译佛经的原则是要求以一个汉字翻译一个梵文辞语。无论这个梵语词有多少音节，只要它是独立的一个"字"，就只能用一个汉字来转译，如Dharma音译为"昙摩""达摩""昙无"等，这个梵语词实际上有三个音节，但它在汉地学者看来是一个"字"的形态，所以意译为一个"法"字。而Bodhi有两个音节，音译为"菩提"，但它也是以一个字的形态出现，所以也只能意译为"觉"。只有遇到不能用一个汉字表达一个梵语的意义时，才能用两个或以上的汉字，如Guna音译为"求那"，意译为"功德"；Śrī音译为"师利"，意译为"吉祥"，因为"求那"既非单单是"功"或"德"；"师利"也非单单是"吉"或"祥"，因此只能用组合式名词译出。根据《大藏经·事汇部》所收华梵对照字书，其内容均多属以一个汉字翻一个梵语，而很少用二字以上解释一个梵语。所以译者都要求诵习仓雅古训，运用训诂学知识，选择最适当的汉字翻译原文梵语。汉语训诂学是研究汉字形、音、义演变的学问，曹仕邦在《中国佛教的译场组织与沙门的外学修养》中认为，译者运用这门学问，反其意而用之，从汉字中选一个最古奥、最合适的字来翻译原本的梵语。他举例说，《梵语杂名》将梵文"翳咤迦"译为"一边"，但接着又说"又云偏也"。既已译作"一边"，又补充说可以作"偏"，便是译者想尽量以一个汉字对译一个梵文辞语，以符合训诂学原则。中国的佛经译师大多只对汉字有研究，不能体会梵文的特征和魅力，对于梵文这种不同于汉语的文字，"音字训诂，罕得相符"，而彦琮"久参传译，妙体梵文"，有很高的梵文造诣，曾受命为王舍城沙门谒帝将中土僧人所著的典籍《舍利瑞应图经》和《国家祥瑞录》，由汉文译成梵文，可见其对梵文之谙熟程度。

由于彦琮本人具有深邃的佛学素养与深厚的语言功力，所以他能从人品、学识和语言功力三方面准确提出译者的条件。他自己也有佛经翻译的丰富经验，深知要正确表述佛陀的思想，既依赖译者的佛学造诣，又依赖其翻译水平和文字功力。因此他在"八备"中首先要求译者精通"三藏"和"两乘"，掌握"坟史""苍雅"及"篆隶"。彦琮所云"章简"指汉文译本，"贝多"指原典。他主张凡属出家学佛者，应该一开始便学习梵文，以便直接诵读梵经原本，这样更能直接了解佛学义理。在彦琮看来，一个合格的译者，并非仅具备"胡汉两明，意义四畅"，就可以胜任。译者还要具有精湛的佛学专业知识、广博的文史知识，更重要的还要具备高尚的品质和敬业的素养。其中很多都属于外学领域，这包括小学和经学。
小学属于中国文字学修养，有助于翻译时选用最适当的汉字来转译梵语。
正如汉地学者要研读五经，就必须先通音释训诂之学，不然将无从了解
五经中的难字奥义。

曹仕邦在《中国佛教的译场组织与沙门的外学修养》一文中指出：经
学自东汉至南北朝都是汉地人士的治学内容，饱受儒学教育的士族一直
是社会的中坚，汉地学僧为了争取他们的皈依，也注意研习儒门的五经，
了解他们的学问和方法，了解他们最基本的思想儒家经典所载的"先王之
道"，将佛学义理推介给他们，以取得沟通。这样，经学修养帮助译者了
解儒经的句法和文字结构，帮助他们翻译时将译句处理得像五经文句一
样雅致。有时，汉地信佛的知识士人不只是以听受法师的宣讲为满足，
还亲自执持经卷研读，如果佛经译得与四书五经那样典雅古奥，更能引
起他们的阅读兴趣。这其中又包括诸子学，尤其道家和墨家那些跟儒家
对抗的思想，从更多方面去了解汉地人士的各种思想，以便能更有效地
传播不同于传统思想的印度佛学。传统老庄哲学同佛学在思想表面上非
常接近，所以初期佛典汉译多借用老庄词汇和思想去帮助汉地人士了解
佛学，到了魏晋时期，盛行玄学清谈之风，僧侣不通老庄，就难以与清
谈名士接近。所以早期译经大师们多引用老庄术语来翻译佛家名相，使
人们容易接受这些充满老庄名词的汉译佛典。还有史学，也是译者需要
学习的科目。佛教人士往往童年出家，对社会接触面极有限，主要是寺
院及家庭。当他们受具足戒以后，就要离开寺院游方参学，这样，对于
极少接触外界社会的学僧，一旦面对寺院和家庭以外的世界，他们便需
要阅读俗世的历史书籍，并学习古人的社会实践，参考其经历经验，以
在外应付五浊恶世。通过阅读史籍，他们还撰写佛教史著，编辑佛经目
录，创立佛教史学。诗文辞赋对于译经大师们也很重要。学僧赋诗著文，
既是吟哦游方之时眼前的山水美景，更是受到汉地传统诗文的影响，有
赋诗作文才华的学僧更能受到人们的敬重，也有助于传教弘法。例如，
道安善为文章，儒学深厚；慧远精于美文，诗画兼备。诗僧们创作的僧
诗，既是弘扬佛学的载体，也是中国文学的重要组成部分。特别是对于
译经大师们来说，优异的文学才华和出色的文笔，是译经的重要前提。
佛教有两大文体：长行和偈颂，长行是散文，偈颂为诗体。要译好佛典，
必须要工诗能文。同时，翻译的佛典需要注释，使得学僧们的注疏不仅
需要理论和逻辑，而且需要流畅的文笔，方能说服和吸引读者。此外，
佛教在中土文化背景下，经常要受到来自儒、道人士的批评和质疑，学

僧们为了护法也需要磨砺自己的文笔，写出精湛的论辩文章。这是彦琮强调语言文字的用心。彦琮还要求译者留心世学，当包括书法、绘画、音乐、医药、兵法、占候等，这些都是译经弘法的需要。三朝高僧传的"杂科"中实际上包含了精于这些学问的学僧。

"八备"形成于佛典汉译发展四百年之后，为当时的译经大师树立了目标，也为译者素质制定了规范，是译经评论成熟的标志之一。彦琮认识到了译本和译者二者之间的关系，要保证译文能够完全准确传达佛典要义，关键在于译经人员的素质。彦琮"八备"的理论意义在于明确了译者概念，指明译者素质要求，进而确立译者主体地位。翻译的目的是译出理想的译本，而理想的译本源于合格的译者。由此，彦琮还更进一步谈及原本，将原本、译本、译人，作为一个系统观察。玄奘西行印度取得"真本"，就是要寻求可靠的原本。可靠的原本同样关涉译典的质量。他认为道安"译胡为秦"的概念混淆了胡与梵的界限，有必要明确胡、梵之别，因为印度佛经以梵文经典为主，称为"梵本"；经西域传入中国，其间又有安息文、康居文、于阗文、龟兹文佛典，称为"胡本"。梵本与胡本的价值是不可同日而语的。

"八备"与佛教追求的全真、全善、全智、全能和全美人格理想的"八正道"一致。"八正道"从精通教理、人格完善、威仪完美、体用统一，且具有训练有素非同一般的心理素质方面要求佛教学子。八备中的"不染讥恶"，意指品德高尚。彦琮《辩正论》借鉴佛教"八正道"的理论，从译德、译才等八个方面，为译人素质和条件制定了全真、全善、全智、全能和全美规范，它是译经评论的理性范式，是前期有关译者的零星论述的完美总结。他所推崇的"得人"，纯粹是佛学语言，即"悟得"，指获得了佛教真谛。彦琮说的"八者备也，方是得人"，即是化用此意。

2. 翻译"十条"

彦琮认为"安之所述，大启玄门。其闲曲细，犹或未尽"，因此他便"更凭正文，助光遗迹"，进一步对道安的"五失本""三不易"展开深入讨论，提出"十条"，使后来译者在翻译时注意到语言文体类别，对于原文做具体分析时，注意十个方面的语言现象：

> 字声一，句韵二，问答三，名义四，经论五，歌颂六，咒功七，品题八，专业九，异本十，各疏其相。

这十条是梵文原典的要例，也是翻译的原则，涉及的基本都是语言和文体。梵汉语言不仅词采丰富，而且也极富音乐性，但各自的声韵系统并不一样，如何在汉译中表达梵文的声韵，这便需要在用词中确立声韵调。这就是"字声"。"句韵"是对道安论"一失本""胡言尽倒而使从秦"的进一步发挥，因为道安只注意到句子结构，梵文佛典无论长行或偈颂，都有韵能唱。如何在译文中保留和体现原来的韵律，使僧众朗诵起来有味，是译者的难题。"问答"是梵文佛典常见的文体形式，翻译很难处理问答，尤其在改变原文倒装句为汉语顺装句时。"名义"指名词概念的确立，彦琮在后文中说："僧鬘唯对面之物，乃作华鬘；安禅本合掌之名，例为禅定。"这是对"名义"一词的注释。准确翻译好佛典名义，是经本质量的重要一环。"经论"讨论的是佛典文体，佛典分经律论三藏，一般只笼统地说"译经"，准确地说还有译律和译论。道安时期，汉地主要为译经和译律，论的翻译不多，因此道安也不多谈及译论。罗什来华后译出"四论"，才改变这一状况。从真谛开始，译论进一步扩大，从此经律论常被分别提起。赞宁《大宋僧史略》明确将译经、译律、译论分论。文体不同，翻译标准和方法都不一样，汉地译经的历史最早，这方面的评论也比较成熟，而律的翻译，重点在准确传达原意，似乎对译者不具有挑战性，基本上只要"案本而传"。彦琮专提出论的翻译，表明这一文体在当时的重要性和难度。"歌颂"指佛典中偈颂一类文体，包括歌赞与偈颂，译出的梵典还要能够吟唱。罗什已提到："改梵为秦，失其藻蔚，虽得大意，殊隔文体，有似嚼饭与人，非徒失味，乃令人呕哕也。"（《论西方辞体》）"咒功"是梵文佛典的重要内容，也是汉译的难点，如何保留原文的意蕴，是宗教翻译的特殊要求。"品题"指佛典标题的翻译，也包括文中每品题目的翻译，译好这些标题，有提纲挈领的作用。历代译经大师翻译时往往同一经本译名不同，致使读者无所适从。"专业"指原本内容的翻译，要求译者针对原典所表达意旨准确翻译。"异本"指"异译"。支敏度在《合首楞严经记》中说："黄武至建兴中，所出诸经凡数十本，自有别传记录，亦云出此经，今不复有异本也。"佛典汉译中有不少的"同经异译"，即一种原本有多种汉译本。这些异译本产生于不同时代，或同一时代的不同译者，其用词、语式、语义、语汇、语法及风格诸方面都大有差异。

"翻译十条"从十个方面讨论了具体的翻译要点，包括语言、文字和音韵知识，也涉及佛教经、论及其品目和对相关文献的了解，还涉及佛教学僧的基本能力和专业修行。这些都是译经人员应该具备的基本功。彦琮"十条"的提出，也是基于他对翻译困难的认识。他说："世人今语，传尚参差"，胡语与梵语不同，又地域遥隔，更是"难之又难"；翻译要做到"殷勤三覆"，不能草率"造次"。彦琮认为"经不容易，理籍名贤"。又说："至于天竺字体，悉昙声例，寻其雅论，亦似闲明；旧唤彼方，总名胡国，安虽远识，未变常语。胡本杂戎之胤，梵唯真圣之苗，根既悬殊，理无相滥，不善谙悉，多致雷同。"目的是要辩明西域各国胡语与古印度梵语的区别，以意识到胡经乱梵经已成通例，从而在评论中改胡为梵。

3. 以深鉴远识提倡学习梵文

彦琮长期参与译经，深感"此土群师皆宗鸟迹，至于音字诂训，罕得相符"（《续高僧传》）。说明翻译佛经只能翻出原文大概意思，与原文完全相符根本不可能，也说明彦琮深识翻译的困难，因此认为翻译不如令人学梵文。同时也因为经过汉译的佛经往往不依原文，因此彦琮主张学梵语，读原文。彦琮本人身体力行，"晚以所诵梵经四千余偈，十三万言，七日一遍，用为常业"。他经常诵读梵文原文的《大品般若经》《妙法莲华经》《维摩诘经》《楞伽经》《摄大乘论》《十地经论》等，认为佛在世时所说最可靠，称为"一味圆音"。佛涅槃后，其弟子结集师说，可靠性已无法与佛在世时相比了，以致"一味初损"。佛经由梵文译成汉文，可靠性就更差了。他认为阅读汉译佛经，如同鹦鹉学舌，邯郸学步。当他讲到"一味初损"的佛弟子佛教时，举"水鹄之颂"为例，这是《付法藏因缘传》的记载。阿难听到有位比丘诵法句偈：

> 若人生百岁，不见水老鹤。不如生一日，而得了解之。

阿难认为这位比丘错了，应说：

> 若人生百岁，不解生灭法。不如生一日，而得了解之。

这位比丘把此事告诉他的老师，他的老师说："阿难老朽，言多错谬，不可信矣。"阿难是佛的大弟子，称"多闻第一"，佛经都由他回忆背诵。他在世时，人们就对他产生怀疑，说他"言多错谬"。那么，佛经再转译为汉语，就更不可信了，因为汉译佛经与译师的观点及爱好密不可分，不可能把原典内容圆满表达出来。其《辩正论》写道："佛教初传，方音鲜会，以斯译彼，仍恐难明。"是说汉译佛经很难把原意表达清楚。又说：

汉纵守本，犹敢遥议。魏虽在昔，终欲悬讨。或繁或简，理容未适，时野时华，例颇不定。晋宋尚于谈说，争坏其淳，秦凉重于文才，尤从其质，非无四五高德，缉之以道，八九大经，录之以正。自兹以后，迭相祖述，旧典成法，且可宪章，展转同见，因循共写，莫问是非。谁穷始末？僧鬘惟对面之物，乃作华鬘。安禅本合掌之名，例为禅定。如斯等类，固亦众矣。留支洛邑，义少加新，真谛陈时，语多饰异。若令梵师独断，则微言罕革。笔人参制，则余辞必混。

这里，彦琮大略总结了译经历史和译经风格的演变，汉魏译经繁、简、野、华不定，秦梁译经有的重视文采，有的倾向质朴，而晋宋译经注重口语化。译场主译各有偏好，如留支"义少加新"，真谛则是"语多饰异"。很多主译大师是外国人，他们不通汉语，有的通解汉语，但水平有限，需要汉地人士"笔受"相助，这就造成"余辞必混"。译经程序越多，译本走样越远。所以汉译佛经往往出现错误，如将"僧鬘"译成"华鬘"，将"安禅"译成"禅定"。基于这种认识，他主张学习佛典，必须首先学习梵文，阅读梵文原典。直接阅读梵本佛经，好处很多，他指出：

直餐梵响，何待译言；本尚方圆，译岂纯实……研若有功，解便无滞，匹于此域，固下为难。……向使法兰归汉，僧会适吴，士行佛念之俦，智严宝云之末，才去俗衣，寻教梵宇，亦沾僧数先披叶典，则应五天正语充布阎浮，三转妙音并流震旦，人人共解，省翻译之劳。梵有可学之理，因何不学，服膺章简，同鹦鹉之言。彼之梵法，大圣规谟，研若有功，解便无滞。向使才去俗衣，寻教梵字，亦沾僧数，先披叶典，则五天正语，充布阎浮，三转妙音，普流震旦。人人共解，省翻译之劳，代代咸明，除疑网之失。

直接阅读梵文不仅可以省翻译之劳，而且有利于理解佛教义理，读汉译佛典很难理解的地方，阅读梵文原典，很容易理解，这就是《辩正论》所说的"解便无滞"。彦琮认为学梵文并不难，甚至比学汉语还容易。下数年功夫，即可以顺利阅读梵文原典。彦琮还批评对梵文原典的忽视："崇佛为主，羞讨佛字之源，绍释为宗，耻寻释语之趣，空睹经叶，弗兴敬仰，总见梵僧，例生侮慢，退本追求，吁可笑乎？"彦琮的主张，虽然主要是针对译本与原本有距离有乖异而发，但这一主张确实看到了梵汉翻译中学习梵语的重要性。在彦琮时期，佛经翻译经已经历了四百余年，是佛学在汉地全面建构的时期，而学佛者依然仰赖于翻译，这不能不说是阻碍中国佛学发展和佛教普及的最大障碍。为了"人人共解，省翻译之劳。代代咸明，除疑网之失"，最好的办法就是直接阅读梵典，直接把握佛典的真意："本固守音，译疑变意。一向能守，十例可明。"只有真正能够理解佛教的真意和精神，才能够把握原文文字篇章的意义。

彦琮"省翻译之劳"的观点并非要否定翻译或是取消翻译，因为他也意识到佛教学僧中有出家人，有在家人。众多在家居士不可能用很长的时间学习梵文，没有能力读梵文原典，所以翻译佛经仍然是必要的。因此，他的主张主要是基于研究佛教义学的学术立场，而非关弘法。同时，"直餐梵响"这一主张在当时汉地的环境中也难以实行。明王世贞《弇州山人续稿·刻大藏缘起序》云："以汉儿习梵语作梵字则甚难，而法不广，以汉语度汉字传佛印则甚易，而法亦流。"也指出翻译在实际中是需要的。知识士人了解印度佛学，可以通过译本阅读。如果废止译经，学僧都学梵文读梵本，则佛法只有限于寺院之内而与社会完全脱离，这就谈不上弘扬佛法了。鉴于此，他主张释门译师应当学习梵文，因为懂得原文，可以免除因翻译造成的隔阂。

(二)以"圆"论译的道宣

道宣是著名佛教史传学家，中国律宗创始人。道宣曾参加玄奘译场，担任润文，故深受唯识学影响。在他所立三教三宗中，都表现出对"唯识圆教"和"唯识圆宗"的推崇。道宣生平精持戒律，盛名远播西域。学识渊博，著述颇丰，有关律宗的主要著作有被称为"南山五大部"的《四分律删繁补阙行事抄》《四分律拾毗尼义抄》《四分律删补随机羯磨疏》《四分律比丘含注戒本疏》《四分律比丘尼抄》。道宣认为，佛学与儒学是一致的，他力图融合佛学与传统。道宣研究律学，以《四分律》为基础，参考其他各部律典，综合各家之长，会通大乘和小乘，形成自己独到的见解。李邕撰《行状宋传》曰："宣之持律，声震竺干；宣之编修，美流天下"。作为佛教义学学者，道宣声教广被南北，影响极为深广。道宣在佛学上的主要成就，是在于他对《四分律》的开宗弘化以及综括诸部会通大小乘的创见。他所撰的律学著作，自谓"包异部诚文，括众经随说，及西土圣贤所遗，此方先德文纪，搜驳同异，并皆穷核；长见必录，以辅博知，滥述必剪，用成通意"。道宣这一综览诸说成一家言的学风，受到当时佛教界的广泛推重。他以《四分律》会归大乘的主要论据，提出"圆教戒体"说，这是受到大乘唯识说的影响。他主张《四分律》圆融三学，智升《开元释教录》称他"外博九流，内精三学，戒香芬洁，定水澄奇，存护法城，著述无辍"。由于道宣参加译经，并兼考证西域方舆，对翻译有极深的造诣和独到的研究，所以他的《续高僧传》在每一门之后都有一段"论"，来表明自己的翻译观。例如，论译经在佛教史上的地位，他认为："翻译之功，诚远大矣！"但自汉至唐的译经，他觉得"多信译人，事语易明，义求罕见"。这是因为双通梵汉两语者很少，像罗什这样的译师，能够"妙显经心，会达言方"的不是很多。这也可见译事之难。

道宣的翻译评论，重在圆融。这一思路基于他对于佛学中观的认识。他在《续大唐内典录赞序》中提出"不饮两端"之说；在《广弘明集序》中主张"中庸见信从善"。这些观点也反映在他的言意思想中。他在《续高僧传序》中说："原夫至道绝言，非言何以范世。"当然，他对翻译的忠实性始终没有丝毫放松。他在《昙无德部四分律删补随机羯磨序》中明确主张："当随顺文句，勿令增减，违法毗尼。"其《续高僧传》一书"始梁之初运，终唐贞观十有九年，一百四十四载"。与僧祐《高僧传》一样，分为十科，名僧事迹，翻译大师，都有详细记载。道宣博学善文，又曾参加玄奘译场任润文，思想上受其影响很深。所以他尝以唯识宗观点解释律学上的问题，以唯识学的"圆融"思想评价译本。理想的译本，最终在于圆融，这对译者就提出了更高的要求，尤其是梵（胡）汉语言功底的要求。所以道宣批评译者首先看其语言素质。他认为曼陀罗"虽事传译，未善梁言，故所出经，文多隐质"，这是不理想的。而菩提流支则"洞善方言，兼工咒术，则无抗衡矣"。像玄奘那样，"唐梵具赡，词理通敏"，"其通言华梵，妙达文筌，扬导国风，开悟邪正，莫高于奘矣"，这是最理想的。他指出：

> 世有奘公，独高联类，往还震动，备尽观方，百有余国，君臣谒敬，言义接对，不待译人，披析幽旨，华戎胥悦。唐朝后译，不屑古人，执本陈勘，频开前失。既阙今乖，未遑厘正，辄略陈此，夫复何言？

理想的译者不仅应是"通言华梵，妙达文筌"，而且应"文辞该富，理义疑玄，思越恒情，妙能其趣"，即两种文化和原文义理的精通。如义净那样，"既闲五天竺语，又详二谛幽宗，译义缀文，咸由于己出，指词定理，匪假于旁求，超汉代之摩腾，跨秦年之罗什。"（《金光明最胜王经》）罗什也曾受到道宣这方面的评价，即"善披文意，妙显经心，会达言方，风骨流便，宏衍于世，不亏传述"。道宣还认为僧伽婆罗的翻译是"华质有序，不坠译宗"。即在文质的问题上不执着，慎守翻译的本质，此乃调和融通，正如真谛所说的"词理圆备"的境界。在评价阇那崛多时，道宣也说他："不劳传度，理会义门，句圆词体，文意粗定，铨本便成……并详括陶冶，理教圆通。"进一步明确了"圆"的内涵在于句和理上面。稍后的胡宿在《首楞严经义海集解序》中评价房融的翻译时，就认为："房融领难铨于此为之润文，笔高语奇，音旨清畅，冥契佛志，绰同神会……特秉圆机。"明浚《答博士柳宣》中也说："惟今三藏法师，蕴灵秀出，含章而体一味，瓶泻以赡五乘，悲去圣之逾远，悯来教之多阙，缅思圆义……方等圆宗，弥广前烈，所明胜义，妙绝环中。"道宣之前，也有以"圆"论译的，但都不如道宣如此明确地将其作为翻译标准提出。而自道宣以后，"圆"的概念便堂而皇之进入评论领域，成为评论的专用术语了。

（三）灌顶："五不翻"的总结

音译在佛经翻译中有着十分重要的地位，所以历来评论家们都试图解决这一难题，并作过努力。灌顶最早立"五不翻"，以图寻求音译途径。他在《大乘玄论》一书中第三卷"涅槃义三门"就"涅槃"一词的翻译做过如下梳理：

> 涅槃有二家：一云有翻，二云无翻。无翻有四家：一云，佛在西国涅槃，东土无有此语，故无翻；二云，涅槃一名含于众名，其犹一音含无量音，故一音说法，以异类各解；三曰，涅槃一名，含于众义，故有常乐我净等；四云，涅槃一名，不含众名，亦不含众义，但以涅槃一名，通名诸法，其若先陀波，一名四实，同无翻。有翻六家：一云无为，二云无累，三云解脱，四云寂灭，五云但灭，六云灭度。若言涅槃不翻者，汉地众生，应无利益。二者，大本云："大觉世尊，将欲涅槃。"六卷当此文处云："大牟尼尊，今当灭度。"经既有翻，云何不翻？今同有翻第六家，但彼一向有翻，今明相待涅槃有翻，绝待涅槃不可翻也。

就"涅槃"一词的翻译，各家所译出现了种种译法：有的音译，有的意译。音译的又用词各不相同（四家），意译的（六家）也各述己意。这种各行其道的译法，显然不利于佛经翻译事业的开展。这种问题，灌顶在《大般涅槃经玄义·卷上》中讨论得更为详细：

玄义开为五重：一、释名，二、释体，三、释宗，四、释用，五、释教。

释名又五：谓翻，通，无，假，绝。翻者四说：谓无，有，亦有亦无，非有非无。初言无者，天竺五处不同，东南中三方奢切小殊，西北两处大异。如言摩诃摩醯，泥曰泥洹，此则三方；如言洹隶槃那，般涅槃那，此则二方；类如此间楚夏耳。有人以泥曰目双卷，泥洹目六卷，涅槃目大本，是义皆不然。双卷明八十无常，六卷明金刚不毁，岂可以方言简义？毗婆沙云涅槃那，今经无那字，盖译人存略耳。肇论以摩诃涅槃为彼土正音，古今承用，其各说者，凡有五家：一、广州大亮云：一名含众名，译家所以不翻，正在此也。名下之义，可作异释。如言大者，莫先为义。一切诸法，莫先于此。又，大，常也。又，大是神通之极号，常乐之都名，故不可翻也。二云：名字是色声之法，不可一名累书众名，一义叠说众义，所以不可翻也。三云：名是义上之名，义是名下之义，名既是一，义岂可多？但一名而多训，例如此间息字，或训子息，或训长息，或训止住之息，或训暂时消息，或训报示消息。若据一失诸，故不可翻。四云：一名多义，如先陀婆一名四实，关涉处多不可翻也。五云：祇先陀婆一语，随时各用，智臣善解，契会王心。涅槃亦尔。初出言涅槃，涅槃即生也。将逝言涅槃，涅槃即灭也。但此无密语翻彼密义，故言无翻也，二云有翻者。梁武云：佛具四等，随其类音，溥告众生，若不可翻，此土便应隔化，四等亦是不偏，引释论，般若尊重，智慧轻薄，既得以轻代重，何得不以真丹单别？翻天竺兼含，既可得翻，且举十家：一、竺道生，时人呼为涅槃圣，翻为灭。引文云：闻佛唱灭，悲哀请往，魔王所以劝令速灭。云云。二、庄严大斌，翻为寂灭。引文云：生灭灭已，寂灭为乐，前家止灭于生，后家灭生，复灭于灭，故言寂灭。云云。三、白马爱，翻为秘藏。引文云：皆悉安住秘密藏中，云云。四、长干影，翻为安乐。引文云：如人病差，名为安乐，安乐名涅槃。五、定林柔，翻为无累解脱，既无创疣，即无累也。六、太昌宗，翻为解脱。引四相品云：涅槃名解脱。迦叶品云：慈悲即真解脱。解脱即大涅槃。七、梁武，翻为不生。引文云：断烦恼者，不名涅槃。不生烦恼，乃名涅槃。八、肇论，云无为亦云灭度。九、会稽基，偏用无为一义为翻也。十开善光宅，同用灭度。引文云：大觉世尊，将欲涅槃。引六卷云：大牟尼尊，今当灭度。彼此两存，正是翻也。例：大本称娑罗双树，六卷云坚固林。又引法华长行云：中夜当入涅槃。后偈云：佛此夜灭度。又引华严云：古来今佛，无般涅槃，除化众生，方便灭度。又引遗教，佛临涅槃，略说教诫。又云：时将欲过，我欲灭度。是为十家，明有翻也。三、明亦可翻亦不可翻者。睿师云：秦言谬者，定之以方册；梵音不可变者，即而书之。匠者之公谨，受者之重慎。今经翻摩诃为大，般涅槃三字存梵音，是则一字可翻，三字不可翻，梵汉双题，正应在此。四云：大名不可思议，故非可翻，非不可翻。今明汉人多不晓梵，即有众说，莫如孰是。世既咸用开善，未能异之。今虽同其翻，不用其义。同翻者，摩诃此翻为大，般涅此翻为灭，槃那此翻为度，是为大灭度也。有翻无翻四家竟。

所云"玄义开为五重"，是佛经译释方法，也是一种研究佛学的方法，其中的"释名"是专门讨论译名问题的。又分五种，其中的"翻"与译名的理论技巧是一致的。灌顶指出"翻者四说"，即"谓无，有，亦有亦无，非有非无"。显然这又是四句逻辑。所云"无"，即佛典所反映的文化思想与名词概念在中土所无，译者采取音译的手段来传达，其法有五，这就是广州大亮法师的"五不翻"：一名含众名；二名字是色声之法，不可一名累书众名，一义叠说众义；三名是义上之名，义是名下之义，名既是一，义岂可多；四一名多义，关涉处多；五此无密语翻彼密义。与玄奘"五不翻"比较，大亮实际上主要涉及两种情况：多义词与秘密语的处理，而玄奘的"五不翻"所覆盖的面要广，基本上概括了佛经翻译中所要应对的问题，因而通行的是玄奘的理论，但大亮的评论显然先于玄奘，如大亮说"般若尊重，智慧轻薄"，玄奘说"般若尊重，智慧轻浅"，几乎连用词也一致，表明玄奘借鉴了大亮。"有"即意译。如果音译没有限度，就失去翻译的意义了，正所谓"正穿屈曲崎岖路，又听钩辀格磔声"（唐李群玉《九子坂闻鹧鸪》），使佛陀的教义在此土产生"隔化"，于是又有十种翻译：一翻为灭；二翻为寂灭；三翻为秘藏；四翻为安乐；五翻为无累解脱；六翻为解脱；七翻为不生；八翻为灭度；九翻为无为。"亦可翻亦不可翻"，即"梵汉双题"。如翻"摩诃"为"大"，"般涅槃"三字存梵音，是则一字可翻，三字不可翻。这属于音义兼译。"非可翻非不可翻"，即已有先译问世，后译者在音译或意译之间可酌情处理。如"摩诃"意译为"大"，"般涅槃"意译为"灭"，"槃那"意译为"度"，合起来为"大灭度"之意。

灌顶的评论反映了佛教名相概念的翻译中莫衷一是的现象，在佛经翻译中为什么音译具有如此重要的意义，明代高僧袾宏曾说："七佛而来译主，字字传音。"（《梵纲经心地品菩萨戒义疏发隐序》）这就是说佛经翻译首先要讨论的就是音译问题，因为早期的佛经翻译，译主与今天意义上的译者是不同的，这就必然要产生完备的佛教音译系统，才能有效地完成梵汉语言的转换。最初的佛典翻译者，无论是译主还是担任笔受的中国文士，不得不面对音译的处理，即用汉字来表示印度佛教术语的读音，因为汉字作为象形符号，很难如拼音文字一样顺利表达出原文的音义。为避免混淆和误解，佛典汉译必须使用一套完备的音译体系。但初期译经，许多词的音译并未标准化规范化。

如"沙门"（梵文śramaṇa），原为古印度宗教名词，泛指所有出家、修行苦行、禁欲、以乞食为生的宗教人士，意为"勤息"、"止息"等意，后为佛教所吸收，成为佛教男性出家者（比丘）的代名词。佛教传入汉地，音译为桑门、丧门、娑门、沙门那、沙迦懑曩、室摩那弩、舍罗摩弩，而意译为道士，道人，贫道等。法云《翻译名义集》指出："沙门，或云桑门，名沙迦懑（门字上声）曩，皆讹。正言室摩那拏，或舍罗磨拏。此言功劳，言修道有多劳也。什师云：佛法及外道，凡出家者，皆名沙门。肇云：出家之都名也。秦言义训勤行，勤行取涅槃。"反对佛教的人士利用"丧门"音译批评佛教。因"丧门"在汉语中称恶人或使人倒霉的人。《协纪辨方书·义例一·丧门》说："《纪岁历》：丧门者，岁之凶神也，主死丧哭泣之事。"《后汉书·楚王英传》载："其还赎，以助伊蒲塞桑门之盛馔。"李贤注云："桑门，即沙门。"唐代权德舆《送文畅上人东游》诗云："桑门许辩才，外学接宗雷，护法麻衣净，翻经贝叶开。"清代程先甲《广续方言》中辑录《魏书·释老志》说："服其道者谓之沙门，或谓桑门，亦声相近，总谓之僧，亦胡言也。"初期译为"丧门"似乎是认为佛经主张出家，修行苦行、禁欲等义。后又译为桑门、娑门、沙门那、沙迦懑曩、室摩那弩、舍罗摩弩或意译为道士、道人、贫道等。明代终南山僧在《一切经音义序》中也指出了翻译中这种"一音各解"的现象。他说："夫以佛教东翻六百余载，举其纲纽三千余轴，随部出音，闻之往说，殷鉴群录，未曰大观。然则必也正名，孔君之贻诰，随俗言晤，释父之流慈。非相无以引心，非声无以通解。"他也是借助孔子的"正名"说强调音译的重要性的。《仁王护国般若波罗蜜多经序》也指出："思与黎蒸共臻实相，而缇油贝叶，文字参差，东夏西天，言音讹谬，致使古今翻译，清浊不同，前后参详，轻重匪一。其犹大辂，终继事而增华；譬彼坚冰，始积水而非厉。先之所译，语质未融，披读之流，临文三覆，凡诸释氏，良用慨然。"也道出了音义名相的苦衷。

又如"阿耨多罗三藐三菩提",是佛陀所证的佛教修行上的最高觉悟和最高感受境界,任何逻辑模式和名言概念都是无法描述的。依据原意汉译为"无上正等正觉",据梵文音译应为"阿耨多罗三藐三菩提",或"阿耨多罗三藐三菩提心",即"至高无上的平等觉悟之心",也就是"成佛"。其中"阿"即"无","耨多罗"为"更高","三"为"完全","藐"为"寰宇","菩提"为"觉知"。旧译为"无上正遍知"或"无上正道"。再如 Buddha(佛)初期有多种译语。《史记·秦始皇本纪·三十三年》载:"西北斥逐匈奴……筑亭障,以逐戎人,徙谪,实之初县。禁不得祠。明星出西方",认为是佛教传入中国的最早记载,"不得"即为佛陀音译,译为禁止祭拜出现在西方的慧星。后有各种译语,如浮图、休屠、浮屠、浮头、佛图等,早期译家以为"佛陀"之转音。晋代袁宏《后汉纪·明帝纪上》说:"浮屠者,佛也。西域天竺有佛道焉。佛者,汉言觉。将悟群生也。"南朝范缜《神灭论》云:"浮屠害政,桑门蠹俗。风惊雾起,驰荡不休。"道宣《广弘明集》卷二云:"浮图,或言佛陀,声明转也,译云净觉。灭秽成觉,为圣悟也。"《南山戒疏》卷一上云:"言佛者,梵云佛陀,或言浮陀、佛驮、步陀、浮图、浮头,盖传音之讹耳。此无其人,以义翻之名为觉。"《秘藏记本》说:"浮图,佛也,新人曰物他也,古人曰浮图也。"新译家以为窣堵波(塔)之转音。清代恽敬《香山先生家传》云:"论曰:先生之学,杂于浮图、老氏。"

方广锠在《玄奘"五种不翻"三题》一文中指出,《大般涅槃经玄义》卷一此段文字解释《大般涅槃经》经名,故曰"释名"。灌顶认为"释名"应从翻、通、无、假、绝五个步骤顺序而行。其中"翻",即"翻译",又包括无、有、亦有亦无、非有非无等四个方面。这里所云"无",就是说"摩诃涅槃"这个词在汉文中没有可以对应的词汇,无法翻译或不能翻译,也就是主张"不翻",采用音译;所云"有",就是认为汉文中有可以对应的词汇,可以翻译,也就是主张翻译为汉文;"亦有亦无"即"既可翻也不可翻";"非有非无"即"非可翻非不可翻"。而"五不翻"是灌顶论述"无",亦即"不翻"时谈及的。按照灌顶的说法,东印度、南印度、中印度的方言虽有不同,但差别不大;而西印度、北印度则差别较大。此前人们习惯用"泥曰"称呼竺法护译两卷本《涅槃经》,用"泥洹"称呼法显六卷本《涅槃经》,用"涅槃"称呼支谶所译四十卷本《涅槃经》。但主张"不翻"的人认为,"泥曰"、"泥洹"、"涅槃"等反映的是印度各地方言的差别,而两卷本、六卷本、四十卷本《涅槃经》的主题各有侧重,不能仅用方言词来区别。灌顶说，主张"不翻"的又可以分为五家，并逐一加以介绍。其中第一家就是"广州大亮"，其余四家，只介绍观点，没有介绍代表译者。也就是说，按照灌顶《大般涅槃经玄义》的记载，南北朝、隋初有五家主张对"摩诃涅槃"一词采用音译，广州大亮也是其中一家。对于梵文名词汉译，玄奘之前，已经有过热烈的讨论。这些讨论，对玄奘"五种不翻"的提出，应当产生过积极的启发作用。从这个角度讲，玄奘的"五种不翻"，并非孤明自发，而是有它的渊源所在。虽然《大般涅槃经玄义》卷一提到的仅相当于玄奘"五种不翻"中的"多含故不翻"，但玄奘的另外四条不翻，此前其实也有讨论，比如《弘明集》中颇多相关记载。而灌顶等人的总结实基于译经评论，玄奘则是在其评论基础上的进一步归纳，对大亮的"五不翻"又做了发展，既保证了翻译的忠实性，又注意传达原文的风格效果。

（四）玄奘"五不翻"——译名评论的集大成

玄奘曾在多方参学，穷尽各家学说，声誉遍满京师。但随着研习的深入，疑虑也愈多。为此他立志西行印度求法，以释所惑。《大慈恩寺三藏法师传》载："法师既遍谒众师，备飡其说详考其义，各擅宗途；验之圣典，亦隐显有异，莫知适从。乃誓游西方，以问所惑。"决定西去，探知佛学真实面目，以便原原本本地介绍给中国佛学者。《大慈恩寺三藏法师传》还记载，玄奘在中国传统学术方面，有着良好的家学背景。幼年时即熏陶于《孝经》等儒家经典。此后"非雅正之籍不观，非圣哲之风不习"。传统文化的良好熏陶和积淀，为其之后的佛教中国化事业奠定了文化基础。在佛学上，玄奘被誉为佛门"千里驹"，他对佛学中国化的贡献有三个方面：其一，西行天竺，求得"真本"，丰富和完善了中国佛教经典的内涵。其二，翻译佛经，使中国佛教翻译事业达到顶峰。从《续高僧传》卷四《玄奘传》记载看出，玄奘对佛经的翻译使得中国的佛经摆脱了残缺、混乱、舛误频出的状况，变得完整、明晰、相对准确，从而提高了佛经翻译的中国化程度。在玄奘取经归来后，中国兴起了"新佛教运动"，宗派层出不穷，这与玄奘取回并译出的梵典有关。华严宗三祖贤首曾参与过玄奘译场《华严经》的传译，律宗、密教等教派此后的发展亦离不开玄奘的译经及其成果。其三，创立法相唯识宗，促成中国的本土佛教多流派异彩纷呈的局面。法相唯识学早在北魏宣武帝之时便已开始传入中国，在玄奘之前有地论、摄论两派。玄奘则另辟蹊径，糅合世亲唯识三十颂及护法等十师的注释，形成了独具特色的唯识学，可谓集大成者，因而常被后人看作唯识宗初祖。这些成就都是与他的翻译和评论建树联系在一起的。

1."五不翻"

玄奘在其众多的佛学著述中很直率地批评了前人译经。其《谢赐假营葬启》批评前人译经质量之低："正教东传，道阻且长，未能委悉，故有专门竞执，多滞二谛之宗，党同嫉异，致乖一味之旨，遂令后学相顾，靡识所归。"他在《启谢高昌王表》中提到国内义学状况，认为因佛学典籍翻译方法和风格等方面原因，造成各种"义类差舛"。他指出："但远人来译，音训不同。去圣时远，义类差舛。遂使双林一味之旨，分成当现二常；大乘不二之宗，析为南北两道，纷纷争论凡数百年，率土怀疑，莫有匠决。"正是因于宗派有别，义旨有殊，让人无所适从，"以旧译多缺多误为恨，而远走天竺"。他认为名实、音义关乎译经质量，更事关佛学存亡。他在《谢御制三藏圣教序表》中批评前期所译经论，纰舛尤多，原因是"一音演说，亿劫罕逢，忽以微生"，因而译者最好是"亲承梵响，踊跃欢喜"。"亲承梵响"就是要求译者能直接阅读原文，这样才能准确了解原义。作为译者，只有"尽晓圣人之言，而后能得圣人之意"（高珩《楞严经贯摄序》），这就是为什么彦琮提倡学习梵语的缘故，其实玄奘也是这种意见。为了准确传译佛典，玄奘认为"正名"是翻译的关键。他在《大唐西域记序》中说："然则佛兴西方，法流东国，通译音讹，方言语谬，音讹则义失，语谬则理乖。故曰：必也正名乎，贵无乖谬矣。"认识到"音讹""语谬""义失""理乖"这一连串的问题，便基于儒家的"正名"思想提出著名的"五不翻"之说。即遇到五种情形，对梵文仅译音而不译义。这一评论理论最初由法云《翻译名义集·十种通称》的"婆伽婆"条中完整地归纳出来，南宋周敦义为法云编辑的《翻译名义集》作序，在其所撰序文中又全文重述"五不翻"，可见其理论的重要性。周敦义《翻译名义集序》全文载：

> 唐奘法师论五种不翻：一秘密故，如陀罗尼，直言咒语。二含多义故，如薄伽，梵具六义，自在，炽盛，端庄，名称，吉祥，尊贵。三无此故，如阎浮树，胜金树，中夏实无此木。四顺古故，如阿耨菩提，正偏知，非不可翻，而摩腾以来，常存梵音。五生善故，如般若尊重，智慧轻浅。而七迷之作，乃谓释迦牟尼，此名能仁，能仁之义，位卑周孔。阿耨菩提，名正遍知，此土老子之教先有，无上正真之道，无以为异。菩提萨埵，名大道心众生，其名下劣，皆掩而不翻。夫三宝尊称，译人存其本名，而肆为谤毁之言，使见此书，将无所容其喙矣。然佛法入中国，经论日以加多，自晋道安

法师至唐智升，作为目录图经盖十余家，今大藏诸经犹以升法师开元释教录为准，后人但增宗鉴录、法苑珠林于下藏之外，如四卷金光明经、摩可衍论及此土证道歌，尚多有不入藏者，我国家尝命宰辅为译经润文，使所以流通佛法至矣，将未有一人继升之后。翻译久远，流传散亡，真赝相乘，无所考据，可重叹也。

唐代景霄《四分律行事钞简正记》卷二，也对玄奘的"五不翻"有详细叙述，与周敦义序文略有出入：

> 一、生善不翻，如佛陀云觉，菩提萨埵此云道有情等，今皆存梵名，意在生善故。二、秘密不翻，如陀罗尼等总持之教，若依梵语讽念加持即有感征，若翻此土之言全无灵验故。三、含多义故不翻，如薄伽梵一名具含六义：自在、炽盛、端严、名称、吉祥、尊重。今若翻一，便失余五，故存梵名。四、顺古不翻，如阿耨菩提、菩提从汉至唐，例皆不译。五、无故不翻，如阎浮树影透月中，生子八斛瓮大，此间既无，故不翻也。除兹以外，并皆翻译。就翻译中，复有两种：一、正翻，二、义翻。若东西两土俱有，促呼唤不同，即将此言用翻彼语。如梵语莽茶利迦，此云白莲花。又如梵语研抠，此翻为眼等，皆号正翻也。若有一物，西土即存，此土全无。然有一类之物，微似彼物，即将此者用译彼言，如梵云尼拘律陀树，此树西土其形绝大，能荫五百乘车，其子如油麻四分之一。此间虽无其树，然柳树稍似，故以翻之。又如三衣翻卧具等并是云云。

广超法师较为具体地解释了"五不翻"：

> 一、秘密故（秘密不翻）：佛经里有许多咒语，有其秘密的意思与作用，所以不翻。二、含多义故（广义不翻）：如有佛教名词含多个意思，就保留它，只作音译，如像"薄伽梵"，佛的名号之一，有六种意思，即炽盛、自在、端严、名称、吉祥和尊贵。倘若只翻译尊贵就失去了吉祥义；翻译吉祥则失去了尊贵、自在等意，所以不翻。三、此方所无故（此土所无不翻）：如像南洋出产的"榴莲"，中国、英国等地没有出产这种水果，所以中文和英文只是依据马来文音译，不作意译。佛教中的"娑罗树"也是一样，它是印度特有的一种树；佛陀在双林树，即两棵娑罗树下涅槃，中国没有这种树，所

以只音译。四、顺于古例故（顺古不翻）：即是顺着古人译的意思。在玄奘法师规定"五不翻"之前，已有古人把某些佛教专用语译出，如"阿耨多罗三藐三菩提"，以后的译经师就照用，不再作新的翻译，以免造成混乱。五、为生善故（尊重不翻）：例如般若一词，译作智慧，便觉轻浅，不如译音，使闻者觉有深义。如人名"舍利弗"，在《心经》中奘师译作"舍利子"；"舍利"是一种眼极锋利，舌最灵巧的鹙鹭。舍利弗的母亲用鹙为名，鹙之子，得名舍利子，如要翻译则是"鹙的儿子"，但为了尊重那个人，所以不翻。

玄奘所讲"不翻"就是用音译，因为当时还没有"音译"这一概念。玄奘的目的在于确定汉文中无可对应的佛学特殊用词，只取音译而不用意译，以避免望文生义，生发误解。巧妙地运用音译，可以使译本的文和义最大限度地切合原作。如果勉强用汉语意译，则会使读者难以了解原本的本义，一切新观念也会因此淹没于回圊变质之中。借用梵语音译，则可以使后来学者搜寻语源，力求真是，更深切地理解原作本意。鲁迅认为从方法上言，"唐则以'信'为主"。玄奘格守的"五不翻"，体现了这一点，目的在于保证经本文字的纯正与流畅，亦即保证翻译的准确性。

第一条"秘密故"，为佛经中的秘密语。佛学名相与思想微妙深隐，不可思议，是因为原典中有些词语具有某种佛学神秘色彩而不能翻译。如《心经》中的重要结语："即说咒曰，揭谛揭谛，波罗揭谛，波罗僧揭谛，菩提萨婆诃。"梵文原文全句的意义不过是："度呀！度呀！度到彼岸，度众生到彼岸，成就觉者。"几乎所有的中国佛教僧俗，在念诵《心经》最后一句"揭谛揭谛"时，都相信有无比神力存在，有求必应。其实，全句的含义只是劝人尽快信佛教而已。因为咒语与歌咏均极重音节，所以咒语只译其音，中土人士不解咒语文句内容为何，更能保持神秘感，且不失原来音节的韵味。咒语应保存其神秘感（所谓秘密故），仅译其梵音为汉字，而不宜将咒语文句的意义译出，就是为了念诵时保持原有声调，使咒语的神秘感（秘密）不致丧失，令持咒的人对其法力深具信心。对真言也不做翻译，而直接运用其原语之音译，因为念唱、书写、作观其文字，即可得与真言相应之功德，故真言不仅可致即身成佛而开悟，且能满足世俗之愿望。真言一词之起源本系表思维之工具，亦即文字、语言之意，特指对神、鬼等所发之神圣语句。

第二条"含义多故"谓原典中如果一词多义，用汉语中的任何一个有语义联系的词来翻译都不合适，这实际上就是说，汉语中没有对应的词语，而无法翻译，只能音译。

第三条"无此故"是指本土所没有的外域自然及人文内容。如将"无我"译为"非身"，沟通了佛教与传统的灵魂不死观念，但这一概念本是中土所无的。再如"印度"一语，也是本土所无的概念，最初梵文源于Sindhu，意即"水"或"海"。印度人的祖先雅利安人从印度西北境侵入印度，看到印度河的大水，便大喊"Sindhu、Sindhu"。波斯人以后据此称为Shindu，汉译成"身毒"、"贤豆"。由身毒再转为"天笃"，再转称"天竺"，后玄奘译为"印度"，传至今日。北凉道泰译《入大乘论》卷下，于"如来法身为化众生，有四方便。何等为四？一者多檀多罗波罗比地，二者多檀多罗尼比致，三者阿亶多波罗比致，四者阿亶多罗比致"一段之后有小字注云："此四深妙，秦言无以译之，故存梵本耳。"是说原典中"四方便"的深奥精妙之义理无法用汉语翻译，所以只好采用音译。

第四条"顺古故"，即对某一词语前人已经有了习惯的翻译，就直接采用，无须另做翻译。"有古译故不翻"的原则有利于术语的标准化和规范化。

第五条"生善故"、"不翻"涉及佛教伦理和美学，如"般若"为音译，显得尊重，如意译为"智慧"，就显得轻浅，因为"智慧"二字可用于世俗之人，而"般若"是特定的佛教智慧。又如"释迦牟尼"，支谦《瑞应本起经》译为"能儒"，或意译为"能仁"，迎合了儒家的圣人观念，但地位就低于"仁人"周公、孔子，难以见其尊贵，而不容易引起人们的重视。把"世尊"译为"众佑"，使释迦牟尼又成了福佑众生的神灵。"阿耨多罗三藐三菩提"（梵文 Anuttara-Samyak-Sambodhi），意为"无上正等正觉"，是指只有佛才能具备的智慧或觉悟，《放光经》中不少地方意译为玄学常用的"道"或意译为"正遍知"，也就无法与老子的道教相区别。要保持佛经的纯正与尊严，宁愿采用音译，而不要用"下劣"之名去意译。

宋代景霄建立了"正翻"与"义翻"两个评论概念，其《四分律钞简正记》卷第二说：

> 就翻译中，复有二种：一正翻，二义翻。若东西两土俱有，促呼唤不同，即将此言用翻彼语，如梵语莽荼利迦，此云白莲花，又如梵语研抠，此翻为眼等，皆号正翻也。若有一物，西土即有，此土全无，然有一类之物，微似彼物，即将此者用译彼言。如梵云尼拘律陀树，此树西土其形绝大，能荫五百乘车，其子如油麻，四分之一，此间虽无其树，然柳树稍似，故以翻之。又如三衣翻卧具等

并是云云。今此毗尼翻彼律，盖是义翻。以佛在西土出兴，说此毗
尼之典，此方本无佛化世，故无正翻。然后彼佛说毗尼。诠五犯聚。
禁约五众。不许有违。此方俗诠于五刑。亦为制御万民。令无全起
过。义类相似。防非又同。故将此土律名。翻彼毗尼之号。古来更
有多般。虑烦不叙(上翻名竟)。

　　"正翻"指针对中国与印度共有某一事物，仅仅因称呼不同的场合，
汉译时就采用汉语名称。如梵语中"莽荼利迦"对应的就是中国的"白莲
花"，拟用中文名。"义翻"是指"彼无我有"或者"彼有我无"的情形，汉译
时就用汉语创造新词汇来表达。如"梵"字系新造的汉字，《说文解字》
"梵，出自西域释书，未详意义"。佛教内典说，佛陀逝于裟罗双树之下，
后来僧侣常自称"双林"或"双树"，这正合乎"梵"字的笔画结构。
　　裴禾敏认为，玄奘的"五不翻"原则基本上改变了以往借鉴中国传统
儒家及老庄等哲学概念的译经策略，真正从传统视野之外找到了新的格
义方法，这无疑开拓了译名的新视阈，促成了新佛典的诞生，同时也加
快了寻求佛学原旨的进程与步伐，从新的视角促进了佛教朝中国本土化
的转向。针对五种不可翻译的情形而主张的翻译策略，其实质是保留了
佛经中所特有的差异性与异域的风姿，并使音译有了明确的理论界定
(《从格义看佛教中国化过程中翻译策略的演进》)。《四分律》记载佛陀不
许"以外道言论而欲杂糅佛经"。《五分律》记载佛言说："听随国音诵读，
但不得违失佛意，不听以佛语作外道语。"因为外道与佛典是两种根本不
同的思想体系，概念的内涵和外延都有很大差异，以此译彼，只能是缘
木求鱼。所以翻译佛典就应用佛家的观点和术语去译。在翻译实践中，
如勉强用汉语词汇去翻译这"五不翻"，很多新概念、新观念就会因此而
淹没于非愚即妄中，使读者不解原义。玄奘借用梵语音译，就可让后来
学者搜寻语源。如梵语 ksana 意为"无法用比喻等方式来表达的非常短暂
的时间"，被音译为"刹那"，"刹"在汉语里就表示"快得无法计算"；kal-
pa 指"无限长的时间"，被音译为"劫波"，汉字"劫"符合佛教有关时间之
长与劫数环绕的真义。翻译既是两种语言的转换，也是两种文化的交流，
因为语言本是文化的载体。而文化交际往往伴随着文化冲突，两种语言
和两种文化之间并非完全对应，如果用梵文音译，有可能在忠实于原典
的同时，使读者产生文化隔膜；如果用汉语意译，则有可能在迎合读者
的同时，以牺牲原典的意义为代价。处于两难境地的译者，一方面尽力
把自己所理解的意义置入读者生活的语境中，另一方面又力图忠实保存

原典的文化精神。当然，最佳选择是音译与意译的有机结合。玄奘的"五不翻"，是将译文文句义理与印度佛经高度对应，将音译与意译很好地结合在一起的最佳策略。

玄奘除"五不翻"评论外，还写有很多奏章表文，其中也传达出他对佛学义理及译经问题的思考。更重要的是，他译经观念与其佛学思想是融合在一起的。玄奘居印度十七载，博览群经，尤其精研了印度瑜伽行派学说，因为他认为此派理论汇通了三乘佛说，将佛学全体赅摄净尽。他力图以此为核心来对全部佛学予以重新解释，从而消除各派各典之间的矛盾。当时印度大乘佛教分为中观和瑜伽两派，玄奘特意撰写《会宗论》三千颂，沟通调和这两派的学说，将其融会为一个有机的整体。针对当时小乘对大乘的挑战，玄奘又撰写一部《制恶见论》，会通大、小乘思想。体现了他圆融调和的佛教思想，而这种思想正是他用以建立"圆满调和"的翻译观念的思想基础。有关评论思想在其译经助手辩机的《大唐西域记·记赞》中也可见出。辩机跟随玄奘潜心钻研佛学理论，协助玄奘译经，以谙解大小乘经论，为时辈推为九名缀文大德之一。在玄奘译场中，经辩机担任缀文译出的经典共有四部，又参加译出《瑜伽师地论》要典，在一百卷经文中由他受旨证文者三十卷。他在《大唐西域记·记赞》中有如下记述。

　　有搢绅先生，动色相趋，俨然而进曰："夫印度之为国也，灵圣之所降集，贤懿之所挺生，书称天书，语为天语。文辞婉密，音韵循环，或一言贯多义，或一义综多言，声有抑扬，调裁清浊。梵文深致，译寄明人，经旨冲玄，义资盛德。若其裁以笔削，调以宫商，实所未安，诚非谠论。传经深旨，务从易晓。苟不违本，斯则为善。文过则艳，质甚则野。谠而不文，辩而不质，则无可大过矣，始可与言译也。李老曰：'美言者则不信，信言者则不美。'韩子曰：'理正者直其言，言饰者昧其理。'是知垂训范物，义本玄同，庶祛蒙滞，将存利喜。违本从文，所害滋甚。率由旧章，法王之至诚也。"缁素金曰："俞乎，斯言谠矣！"昔孔子在位听讼，文辞有与人共者，弗独有也。至于修《春秋》，笔则笔，削则削，游、夏之徒，孔门文学，尝不能赞一辞焉。法师之译经，亦犹是也。非如童寿逍遥之集文，任生、肇、融、睿之笔。况乎园方为圆之世，斫雕从朴之时，其可增损圣旨，绮缋经文者欤？

这篇"记"有点像支谦的《法句经序》，记载几家论者关于翻译的观点。"搢绅先生"从汉梵文体及修辞特点立论，反对"违本从文"，主张"率由旧章"，认为"传经深旨，务从易晓。苟不违本，斯则为善。文过则艳，质甚则野。说而不文，辩而不质，则无可大过矣，始可与言译也"。他的理论基础依旧是老子的"美言者则不信，信言者则不美"和韩非子的"理正者直其言，言饰者昧其理"。这一观点立即得到在座"缁素金"赞同，视"增损圣旨，绮缛经文者"为译经之大患。这里似乎传达出这样一个信息，译经评论从汉末至唐，儒家的文质思想始终是受到关注的。传统文化始终作为思想资源，为翻译评论提供理论营养。

2. 补"旧译"之失

玄奘开"新译"时代，此前的"旧译"虽然不乏优秀译典，但玄奘仍凭其纯熟的佛学造诣和深厚的梵汉功底，重译了旧译中不少重要经典。如玄奘很重视般若经典的汉译，他将六百卷般若经完整译出。大乘般若经典自东汉竺佛朔与支娄迦谶译出的《道行般若经》十卷以来，有繁简不同的"大品"、"小品"及《金刚般若经》等多种译本，至此才成为系统而完备的整体。玄奘在翻译前曾将《能断金刚般若波罗蜜经》单独译出，后又译出《般若波罗蜜多心经》一卷。《能断金刚般若波罗蜜经》，是在贞观二十二年应唐太宗之命翻译的。唐慧立本、彦悰笺《大唐大慈恩寺三藏法师传》载：

> 帝又问："《金刚般若经》，一切诸佛之所从生，闻而不谤，功逾身命之施，非恒沙珍宝所及。加以理微言约，故贤达君子多爱受持。未知先代所翻文义具不？"法师对曰："此经功德，实如圣旨。西方之人，咸同爱敬。今观旧经，亦微有遗漏。据梵本，具云《能断金刚般若》，旧经直云《金刚般若》。欲明菩萨以分别为烦恼，而分别之惑坚类金刚。唯此经所诠，无分别慧乃能除断，故曰能断金刚般若。故知，旧经失上二字。又如下文，三问阙一，二颂阙一，九喻阙三，如是等。什法师所翻舍卫国也，留支所翻婆伽婆者少可。"帝曰："师既有梵本，可更委翻，使众生闻之具足。然经本贵理，不必须饰文而乖义也。故今新翻《能断金刚般若》，委依梵本奏之。帝甚悦。"

表明《能断金刚般若波罗蜜经》的翻译，起因于太宗皇帝询问前代所翻《金刚般若经》的文义是否完整。玄奘指出旧译有所遗漏。"旧经"即鸠摩罗什所译《金刚般若经》，这是此经的第一个也是流传最广的译本。此后，又有北魏菩提流支和陈真谛相继翻译，经名均为《金刚般若波罗蜜经》。第四译为隋代达摩笈多所译《金刚能断般若波罗蜜经》。玄奘的《能断金刚般若波罗蜜经》与隋译经名略近，是第五译。此后，又有唐代义净第六次翻译，经名《能断金刚般若波罗蜜多经》。六译之中，前三译均作《金刚般若波罗蜜经》，后三译增加"能断"二字。玄奘谈及新译与旧译的差别时，首先解释"能断"，认为般若是能断的智慧，金刚如所断的烦恼。烦恼如金刚一样坚硬而难以降伏，只有此经所宣示的无分别智慧才能净除。所以译为《能断金刚般若波罗蜜经》。这与罗什翻，从金刚所比喻的对象看是有很大的差别。玄奘译本是将其比喻为所断的烦恼，而罗什译本则将其比喻为能断的智慧。不过从二位译师所要表达的意旨看，都表达了般若能够断除一切邪见妄执等烦恼的意思。接着玄奘就罗什译本的内容上，指出其"微有遗漏"，即"三问阙一，二颂阙一，九喻阙三。"

第一所指"三问阙一"为经文开首，具寿善现（罗什译为须菩提）向佛所提出的发菩提心菩萨应如何修行的问题。

罗什译本：

> 时长老须菩提在大众中即从座起，偏袒右肩，右膝着地，合掌恭敬而白佛言："希有世尊！如来善护念诸菩萨，善付嘱诸菩萨。世尊！善男子、善女人，发阿耨多罗三藐三菩提心，应云何住？云何降伏其心？"

玄奘译本：

> 尔时，众中具寿善现从座而起，偏袒右肩，右膝着地，合掌恭敬而白佛言："希有世尊！乃至如来应正等觉，能以最胜摄受，摄受诸菩萨摩诃萨，乃至如来应正等觉，能以最胜付嘱，付嘱诸菩萨摩诃萨。世尊！诸有发趣菩萨乘者，应云何住？云何修行？云何摄伏其心？"

可见，在罗什译本中只有"两问"："应云何住""云何降伏其心"，玄奘译本则于中间增加一问"云何修行"。在经文的开始，明确提出修学般若的正机对象是发菩提心、行菩萨道的大乘菩萨。须菩提的提问，是整部《金刚经》的总纲，至关重要，由于两问与三问的差别，接下来所对应的内容也随之有了很大的变化。

在罗什的译本中，佛陀首先回答的是第二问"云何降伏其心"，然后回答第一问"应云何住"。对此僧肇在《金刚般若波罗蜜经注》中依据罗什译本解释说："问降在后而答在前，何耶？住深降浅，故问者标深；于降浅易习，故答之于前。问答有指，非其谬也。"玄奘的译本则是完全按照"应云何住"、"云何修行"、"云何摄伏其心"三个问题的顺序来回答的。前后问答一致，所以不存在罗什译本中的问题。隋朝的笈多译本和玄奘之后的义净译本都是三问。

第二所指"二颂阙一"，出自经文接近最后的部分，佛陀问须菩提是否可以三十二相（玄奘译为"诸相具足"）观如来。

罗什译本：

> 若以色见我，以音声求我，是人行邪道，不能见如来。

玄奘译本：

> 诸以色观我，以音声寻我，彼生履邪断，不能当见我。
> 应观佛法性，即导师法身。法性非所识，故彼不能了。

玄奘译本有两个颂，第一个颂强调破除偏执，因为以色尘、音声来观佛落入断灭的邪见，不能真正地见佛。第二个颂从正面强调，应该以般若智慧观佛的法身，观诸法实性。罗什译本只强调破除偏执，这大概因罗什的中观思想有关，也可能因为罗什译经往往因中国人好简而"裁而略之"。而玄奘译本总是力图完整再现原本面貌。唐代慧立本、彦悰笺《大唐大慈恩寺三藏法师传》记载：

> 至五年春正月一日，起首翻《大般若经》。经梵本总有二十万颂，文既广大，学徒每请删略，法师将顺众意，如罗什所翻，除繁去重。作此念已，于夜梦中即有极怖畏事以相警诫，或见乘危履崄，或见猛兽搏人，流汗战栗，方得免脱。觉已惊惧，向诸众说，还依广翻。夜中乃见诸佛菩萨眉间放光，照触己身，心意怡适。法师又自见手执花灯供养诸佛，或升高座为众说法，多人围绕，赞叹恭敬。或梦见有人奉己名果，觉而喜庆，不敢更删，一如梵本。

第三所指"九喻阙三"，出自经文结尾偈颂。

罗什译本：

> 一切有为法，如梦幻泡影，如露亦如电，应作如是观。

玄奘译本：

> 诸和合所为，如星翳灯幻，露泡梦电云，应作如是观。

这一偈颂是借比喻说明世间一切有为法自性本空的道理。罗什译本列举了六个比喻：梦、幻、泡、影、露、电；而在玄奘译本中则列举了九个比喻：星、翳、灯、幻、露、泡、梦、电、云。《大品般若经》中有"十喻"：幻、焰、水中月、虚空、响、揵达婆、梦、影、镜中像、化。

可见，比起罗什好简的译风，玄奘注重的是原原本本地译出梵本。比如罗什在译《佛说阿弥陀经》时，有一句译文为"极乐国土有七宝池，八功德水充满其中。"玄奘《佛说称赞净土佛摄受经》中的译文则为：

> 极乐世界净佛土中，处处皆有七妙宝池，八功德水弥满其中。何等名为八功德水？一者澄净，二者清冷，三者甘美，四者轻软，五者润泽，六者安和，七者饮时除饥渴等无量过患，八者饮已定能长养诸根四大，增益种种殊胜善根，多福众生常乐受用。

玄奘译本可以让读者了解"八功德水"的具体内容，补什译之模糊。

3. 唯识学原则下的翻译思想

唯识学是深入分析众生心理结构及贤圣境界的理论，其理论阐明了通过怎样的修行途径而达至究竟的佛果。欧阳竟无曾说："学莫精于唯识"，说明唯识学理论的精密。在整个佛学体系中，唯识学是最具有思辨性和严密性的一门学说。其体系博大精深，庞大完整；其义理繁复细致，名相精密严谨；其论证方式烦琐复杂。玄奘所译弘的唯识学，以忠实原典的态度，不受传统思维方式和思想原则的规范，反对传统文化对印度佛学的改造，相反以鲜明的个性表达自宗的思想学说。唐太宗对玄奘这种忠实原典的精神亦十分感佩，他在《大唐三藏圣教序》中说："凝心内境，悲正法之凌迟；栖虑玄门，慨深文之讹谬。思欲分条析理，广彼前闻；截伪续真，开兹后学。是以翘心净土，往游西域；乘危远迈，杖策孤征……诚重劳轻，求深愿达。周游西宇，十有七年，穷历道邦，询求正教。"玄奘西去印度学佛，正是鉴于"正法之凌迟"、"深文之讹谬"，为了"分条析理"，"截伪续真"，"询求正教"。《旧唐书·列传·卷一百四十一·方伎·玄奘传》亦载：玄奘"博涉经论，尝谓翻译者多有讹谬，故就西域广求异本，以参验之"。他认为在佛典汉译方面，存在着"各擅宗涂""隐显其异"的讹谬现象，于是决心到西方诸国，亲自求法，"以问所惑"。在对印度佛学本来面目的复原上，玄奘坚持了自己的立场和态度。葛兆光称这种态度为"原旨主义"，他指出玄奘唯识学本追求原旨，希望与佛教故乡在理论上并驾齐驱，都能够在最细致和复杂的程度上分析宇宙与人生(《中国思想史》)。

玄奘的翻译思想，其特点在于他依据唯识学原理，充分尊重原典，以严肃客观的态度表述原典思想内容，忠实于原本的本来面目。玄奘是唯识学翻译宗师，同时又与窥基共同创建了法相唯识宗的佛教宗派，完成了中国唯识学的理论建构，为中国佛教的发展奠定了思想基础。《续高僧传》说："奘师为瑜伽唯识开创之祖，基乃守文述作之宗。"玄奘的唯识理论，是在发挥护法一派唯识观点的基础上建立起来的。唯识学对于修行实践的严肃态度与其在理论体系上的严密结构是一致的，这表明它忠于大乘瑜伽行派唯识学的基本精神，也体现了它在学术研究和精神追求方面的一贯立场和原则。正如余英时所说："中国现阶段学术思想的空前贫困正是因为今天缺乏玄奘型的人物，肯以毕生精力忠实输入西方的各种学说而不改其本来的面目。"(《中国思想传统的现代诠释》)玄奘译介弘传的唯识学，始终以忠实原典，追本溯源为学问宗旨，与佛典汉译史上人云亦云或随意改变原作的译风形成鲜明对照，更与那种以满足契符传统文化需求而放弃理论原则的"格义"之风大相径庭。对此，吕澂曾在其《中国佛学源流略讲》中指出：

　　　　印度佛家的面目，无论是小乘或大乘，龙树、提婆，或无著、世亲，历来为翻译讲说所模糊了的，到慈恩宗才一一显露了真相。而在学习与践行方面，由于唯识、因明理论的启发，使学者知道如何的正确运用概念、思维，以及从概念认识证得实际而复反于概念的设施，这样贯通的真俗二谛的境界，学行的方法也才得着实在……至于唯识观的提倡，以转依为归宿，这不只发明一切现象的实相为止，并还要转变颠倒、染污的现象都成了如理、清净，显然须从现实的革新入手。这些在当时是具备积极、进步的意义。而其精神到后来也得着随分发扬，未尽消失。慈恩宗尊崇所闻，如实传播，虽说走向极端，却依然能令人于中领会此意。我们只看，梁代时真谛初翻无著、世亲之书，就招致"有乖治术"的批评，备受阻碍，不能流行，到了慈恩宗对无著、世亲学尽情宣布，兴盛一时之后仍旧归于衰竭，不也可见它的本质未变，也会和当时的"治术"不协调而间接受到打击吗？那么，泛泛地说慈恩宗因各家异说的竞争以致衰落，倒又是表面的看法了。

玄奘的唯识理论，是在发挥护法一派唯识观点的基础上建立起来的。玄奘在建立唯识宗的过程中，接受窥基的意见，对当时从印度带回的唯识系"十大论师"的著作，作了选择性的"糅译"，以护法《成唯识论》中的唯识观点为主，同时吸收发挥了其他论师的思想，建构完成了中国唯识学的理论体系，形成法相唯识宗人虔诚追求的唯识学境界。玄奘唯识学的理论旨趣，主要在于建构形成一种修持成佛的唯识学理想境界，而这一境界的显现，正是通过人们心体中本所具有的阿赖耶种子识的修炼转智来完成的。唯识学虽然在玄奘身后曾一度衰落，但至晚清民初又迅速升温，成为当时的显学。这表明唯识学并未像有些佛教学者，过于迁就迎世，使学术滞于形而下思考，蜕变为工匠式的技艺。这样的佛学实则对所要研究的对象知之甚少或本意不明，甚至为了满足"治术"需要而对相关思想恣意修改误读，结果偏离了学术的真实立场。唯识学的治学态度即弥补了此前佛学译介传统的某些缺憾，以学者们普遍缺乏兴趣的概念分析和逻辑推论为起点，忠实地传播印度佛教思想，从根本上纠正了"格义"佛学。学术的目的是追求真理，为获取宇宙人生的最高真实，这需要确立"为学术而学术"的精神。唯识家"运用概念、思维，以及从概念认识证得实际"的精神虽然"有乖治术"，但是从求真精神的角度看，这正是学者们所应该坚持的。

4. 佛道思想比较视野下的反"格义"理念

佛典汉译自汉末始即运用"格义"之法，使佛学寄生依附于老庄，致使佛教教义晦暗不明。佛教初传入中国时，儒家文化已经发展到了一个成熟的阶段，由于佛教与儒家思想悬殊较大，特别是佛教伦理道德与中国封建宗法社会的等级制度和儒家纲常名教存在严峻的对立，所以佛教早在初传之时就遇到了儒家的批评与反对。同时，道教也在道家的理论基础上开始萌芽。道家是先秦时期的一个思想派别，以老子、庄子为主要代表。道家的思想崇尚自然，富于辩证法因素和无神论倾向，同时主张清静无为，反对斗争。西汉初年，汉文帝、汉景帝以道家思想治国，使人民从秦朝苛政中得以休养生息，史称"文景之治"。其后，儒家学者董仲舒向汉武帝提倡"罢黜百家，独尊儒术"，并被后世帝王采纳，道家从此成为非主流思想。虽然道家并未被官方采纳，在先秦各学派中，地位也不如儒家崇高，但随着历史的发展，道家思想以其独特的宇宙、社会和人生领悟，在哲学思想上呈现出永恒的价值与生命力，因而继续在中国古代思想的发展中扮演重要角色。魏晋玄学、宋明理学都是糅合道家思想发展而成的。佛学传入中国后，首先是受道家的影响。中国又是一个多神崇拜的国度，佛学传入中国的时候，正盛行黄老方术和鬼神观念。在这样的社会文化情境下，加上佛教本身具备的一些特征与本土流行的黄老方术有一定的相似性，因此，它选择依附黄老方术和鬼神观念作为通往中国之路的桥梁。于是佛学便带上了浓烈的方术化特征，印度佛学在国人眼中就是一种方术，佛学也利用这种便利，方便说法，依附神仙方术传法，最终走上了中国化的历程。佛教方术化主要是指佛教对中土黄老神仙方术的依附和对灵魂不死、鬼神崇拜等宗教观念和迷信思想的融合吸收，主要体现在传教方式、佛典翻译以及宗教实践等方面。

　　佛教在中土的传播，较早借助于方术神灵化策略。而印度佛教认为，佛虽有超凡的智慧和能力，但他是人而不是神，并不能主宰人世的吉凶祸福。佛教传入中国后，佛教学者却用中国人熟知和崇拜的"真人"、"至人"、"神仙"的形象来再现、描述释迦牟尼佛，并认为菩萨和罗汉也是能飞行变化、住动天地的神仙至人。中土第一部汉译佛典的《四十二章经》中把佛陀再现为"轻举能飞"的"神人"，把小乘佛教修行的最高果位"阿罗汉"描绘成"能飞行变化，旷劫寿命"的奇人。佛教方术神灵化的目的是让人们从情感上认同外来的佛教，使中土人士从表面上看到外来的佛和中国固有的神仙无本质上的区别，只是称谓上有差别而已，让中土人士心中产生一种似曾相识的感觉，于时便有了进一步沟通交流的可能，从而缩短了佛教与当时民众的心理距离。同时，运用神通之术也是中土人士传播佛教的重要形式。印度佛教认为信奉佛法、励志修行是为了寻求解脱，而不是为了成仙成神。佛教传入中国后，在神灵方术盛行的两汉时期，佛教往往有意识地将这一方面的内容凸显出来，借以迎合并依附中土的种种神仙方术。"神异"后来成为僧史中的一科。早期佛教人士常常模仿当时神仙方士或道士的传教手法，借用神异、占卜及看病等形式接近民众，使自己的传教活动更具吸引力，更容易为民众接受。佛教史籍记载，早期来华传教的高僧常常身怀绝技，擅长使用神通之术。如开创中国译经事业的先驱安世高，据《高僧传》记载，他通晓"外国典籍及七曜五行，医方异术，乃至鸟兽之声，无不综达"。《六度集经》译者康僧会也"明解三藏，博览六经，天文图纬，多所综涉"；昙柯迦罗"天文书算，医方咒术，靡不该博"。求那毗地"明解阴阳，占时验事，征兆非一"。对神通的重视，直到东晋十六国时期还十分畅行，如佛图澄于晋怀帝永嘉四年至洛阳弘宣佛法，后赵石勒、石虎杀人无数，"澄怜悯众生，杖钩门现种种神异，为二石所崇信"，因此他被称为神僧佛图澄。其后的鸠摩罗什、昙无谶等人也借助阴阳星算、神咒方术影响民众以达到传教的目的。当时的民众也无不为高僧们的神仙异术所吸引，进而服膺佛教。

在佛典汉译中，译师们依附传统文化中的概念和术语译释佛典。佛教经典作为佛教佛、法、僧三宝中的法宝，是信徒接受佛教的文本依据。作为思想交流的载体，佛教经典对佛教在中国的传播发挥着奠基作用。面对中国传统社会盛行的鬼神方术信仰，佛经译者不是考虑佛旨大义的传达，而是自觉的将佛教术语附会于鬼神方术观念。如佛教的重要术语都参照儒家和道家的术语来翻译，如"涅槃"译为"无为"，释迦牟尼译为"能仁"，"空"译解成老子所讲的"无"、"自然"。安世高在译出的佛经中广泛使用了中国道家固有的"元气"、"无为"等概念，以致在一定程度上改变了佛教的原义。支谶在其译出的《道行般若经》中也借用了"本无"、"自然"等概念来表示佛教"缘起性空"的基本思想，如译"诸法性空"为"诸法本无"，用"色之自然"来表达"色即是空"，这显然都是受了道家"有"、"无"、"自然"等概念的影响。三国时期的佛教仍以译经为主，这个时期最著名的佛经翻译家支谦祖籍西域而生于中土，深受中土文化的影响，他在译出佛典的同时还注经作序，其译述不但文辞典雅，而且善于用儒、道等传统的名词术语和思想理论来表达佛教思想，进一步推进了佛教的中国化。例如，支谦在其所译的《大明度经》中一方面比较准确地用"空"这个概念来表达般若的基本思想，强调"诸经法皆空"，但另一方面仍然沿用了《道行般若经》中老庄化的"本无"概念，强调"诸经法本无"。在注释中，他还引用了庄子的"无有"这一概念来说明诸法性空如幻的道理："色与菩萨，于是无有"，并借用传统的"得意忘言"的思想与方法，提出"由言证已，当还本无"，以此来注解"得法意，以为证"的经文。当时的禅学将"禅定"译为"守一"，禅定是佛教的一个重要的修行方法，即在佛教基本理论的指导下使精神专注一处，思考佛教人生哲理，以坚定主观信仰，使自己的精神达到摆脱生死苦恼的涅槃境界。严佛调译的《菩萨内习六波罗蜜经》就把"禅定波罗蜜"译作"守一得度"。维祗难译的《法句经》

也有"守一以正身，必乐居树间"，"昼夜守一必入定意"的句子。而"守一"一词正是来自中国提倡黄老之术的道教著作。这种在佛经翻译过程中，改变教义、用传统黄老方术和鬼神观念来阐释佛教义理的老庄化译法，一方面淡化了佛教作为"夷狄之教"可能引起的汉族民众的排外意识，不仅有利于佛教思想在中国的传播，而且也加深了佛教对中国传统思想发展的影响。但另一方面也为佛教的独立发展埋下了隐患，因为它会使人们对佛教教义的理解出现偏差，最终延缓佛教独立发展的步伐。

在佛教实践上，东汉时官方是禁止汉族民众出家的，因此，汉地民众并没有专门的佛寺供其信奉佛教，他们只能将佛教这种外来宗教视为中国流行的各种神仙方术的一种，而不是一个独立的外来宗教，对佛陀的祭祀也依附于当时流行的神仙方术对黄帝、老子的祭祀进行。《后汉书·楚王英传》记载，楚王刘英晚年"更喜黄老之言，学为浮屠，斋戒祭祀"。东汉桓帝延熹九年，大臣襄楷给桓帝上书时也说"又闻宫中立黄老浮屠之祠，此道清虚……"（《后汉书·桓帝传》）由此可见，佛教入华的早期是没有获得独立祭祀的地位的，其祭祀活动只是依附于中国传统宗教的祭祀。慧皎在《高僧传》中评论当时佛教实践状况时说："魏地虽有佛法，而道风讹替。亦有僧众未享归戒，正以剪落殊俗耳。设复斋忏，事法祠祀。"佛教人士这种"黄老浮屠"并祀的实践，使民众把佛教当作祈祷消灾的一种方式，加重了佛教的变形和失真。而这种变形和失真又表明，外来佛教对神仙方术和迷信思想的融合，在客观上为佛教在中土的广泛传播开拓了道路，也为汉地民众深入了解佛教并且研究佛学奠定了心理基础。

初期对佛教的这种文化诠释和传播称为"格义"。虽然依附于黄老的"格义"为佛学争到了发展立足之点，但也使印度佛学走了样，失去了释迦原有的本意，而变成了儒、道、释不分的中国佛学。第一部汉译佛经《四十二章经》主要宣扬佛教人生无常和爱欲为蔽等思想，但经文中却夹杂着"解无为法""行道守真"等道家思想和"以礼从人"之类儒家话语。经本文体也模仿了儒家经典《孝经》。隋费长房《历代三宝记》曾引旧经录云："本是外国经抄，元出大部，撮要引俗，似此《孝经》十八章。"但直到了东晋，佛学才开始脱离格义阶段，进入独树一帜，自立门户，"格义"之法便难以适应佛教学者的需求和佛学自身的发展了。《高僧传·僧光传》载道安与僧光讨论佛理时，对以前两人都遵循的"格义"方法产生了分歧："安曰：先旧格义，于理多违。光曰：且当分析逍遥，何容是非先达。安曰：弘赞教理，宜令允惬，法鼓竞鸣，何先何后？"僧光站在传统学术思想立场上，认为格义是先达传下来的一种方法，只可应用，不必再问是非。而道安不以为然，他认为弘扬教理，首先要求正确，先达的观念可以摆脱。这大概就是佛图澄所说的"远识"，也可从而想见道安的气概和风度以及当时佛学界学风的多元化。道安认为，"先旧格义，于理多违"，这是道安学术风格的一大转变。他晚年主持翻译原始佛教经典"四阿含经"中的《中阿含经》以及论释《阿含经》教义的论书《阿毗昙心》等，即包含弄清佛教名词概念，以便更准确地把握佛理内涵的用意在内。自道安始，开始把佛教纳入正轨，开创纯正的佛学研究。可以说，道安是使佛学脱离老庄思想而独立的第一人。道安研究后汉安世高所译的有关禅观方面的《阴持入经》《地道经》和《大十二门经》，并做了注解。道安也自始至终重视《般若经》的研究，据《高僧传》载，道安在襄阳所做的经注有二十二卷，其中包含了对般若类经的注。道安认为研究般若经典不能单用"考文"、"察句"的方法，而要披开繁复的文句体会它的精神实质（《道行经序》）。有了这样的体会，才不至于把虚豁的真如或本无当作能生万有的第一因（《名僧传抄·昙济传》），也才能把第一义谛与世俗谛不一不异、不即不离的义理表现在行动上。其《合放光光赞略解序》说：

> 痴则无往而非微，终日言尽物也，故为八万四千尘垢门也。慧则无往而非妙，终日言尽道也，故为八万四千度无极也。所谓执大净而万行正，正而不害，妙乎大也。

意思是说，没有智慧则无往而不生窒碍，终日所言都不合理，所以成为八万四千尘劳门。有了智慧则无往而不发生良好的作用，终日所言无不合理，故为八万四千波罗蜜。所谓执大净而万行正，就是这个道理。可见，道安虽然处在般若弘传的初期，但对于般若性空的义理的确是已经有了相当正确的了解了。他在搜求经本、考校异同方面也尽了最大的努力。其《渐备经十住胡名并书叙》说："《渐备经》恨不得上一卷，冀因缘冥中之助，忽复得之……《大品》上两卷，若有可寻之阶，亦勤以为意……《首楞严》《须赖》，并皆与《渐备》俱至。凉州道人释慧常，岁在壬申，于内苑寺中写此经，以酉年因寄，至子年四月二十三日达襄阳。《首楞严经》事事多于先者，非第一第二第九，此章最多，近三四百言许，于文句极有所益。《须赖经》亦复小多，能有佳处，云有五百戒，不知何以不至，此乃最急……常以为深恨，若有缘便尽访求之。"可知道安在收集和运用资料方面所下的功夫。他就是以这样的治学方法研究和撰写著作，养成佛教界朴实谨严的学风，开创了纯正的佛学研究。僧叡《毗摩罗诘提经义疏序》说："自慧风东扇法言流咏以来，虽曰讲肆，格义迂而乖本，六家便而不即。性空之宗，以今验之，最得其实。"对于道安的学说都备加颂扬。僧叡在其《大品经序》中称赞道安是"标玄旨于性空"，"亹亹之功，思过其半"，即是说，道安的佛学大致是符合新译的般若思想的。

　　不过，道安仍未从根本上放弃"格义"，更未纠正"格义"的弊端，因为道安反对的只是机械比附的旧格义，对那种巧妙利用中国哲学以帮助理解佛经奥义的新格义，他仍是十分支持的。《高僧传·慧远传》载："年二十四，便就讲说……往复移时，弥增疑昧。远乃引《庄子》义为连类，于惑者晓然。是后安公特听慧远不废俗书。""《庄子》义"并非《庄子》本义，也应当是魏晋玄学中的"庄学新义"。所以它不能从根本上纠正"格义"佛学。道安提出废除"格义"，只可视为一种朦胧的觉醒。囿于历史条件，特别是经典汉译质量及系统性制约，时人对佛教处于一种混沌模糊的认识状态，道安本人也未能完全摆脱格义的影响。至罗什来华，系统而准确地译出龙树一系中观学说，才为中国僧学揭开一个全新的佛学世界，使中国僧侣理解真正的印度佛学面貌。中国佛教由此开始产生清醒的自我意识，走上独立发展的道路，从而也开始与中国传统的儒道思想产生摩擦与冲突。罗什译籍，对龙树中观学做了系统的翻译，中国佛教由此进入新的境界。罗什娴熟梵文及西域文，基本通晓汉语与汉文化，精通义理，所以其译文简练精粹，深达原旨，流畅易读。僧祐《出三藏记集·鸠摩罗什传》称罗什出《大品》："什持胡本，兴执旧经，以相雠校，其新文异旧者，义皆圆通。众心惬服，莫不欣赞焉。"梁启超认为："什既华梵两晓，则游刃有余地也。什译虽多剪裁，还极矜慎。"（《翻译文学与佛典》）吕澂评论说："从翻译的质量言，不论技巧和内容的正确程度方面，都是中国翻译史上前所未有的，可以说开辟了中国译经史上的一个新纪元。"（《中国佛学源流略讲》）但由于西域的胡语经典和后来直接从印度传入的梵文经典在语言文字等方面与中国语言、文化和哲学存在巨大的差异，给翻译带来种种困难，因而准确翻译佛经则先要正确使用汉字，了解汉字的形音义。而汉语毕竟不是罗什的母语，佛典汉译也难免失洽。罗什译经，手执胡本，口宣汉言，宣出的义旨，要经过义证，就是要经过名僧数百人或二三千人的详细讨论，才写成初稿。这就是说，罗什译经，离不开笔受相助。包括当时求那跋陀罗、宝云、真谛、阇那崛多等知名译家，他们都不能完全精通双方语文，仍须通过助手才能以比较畅达的文字，传达原作的精神。而翻译助手都是饱读经书，深受传统文化熏陶的学者，他们总会有意无意地寻求佛家经典与中国本土的知识背景和学术思潮的融合，由此在佛典翻译中掺入了非佛学成分。从这个意义上说，只有玄奘的翻译，才真正祛除"格义"，为中国佛学传入纯正的印度原典精义。

道宣《集古今佛道论衡》为东汉至唐初历代佛教与道教之间交争事件的叙录，共叙三十四事，不仅详细记述了历次佛道论争的背景、缘由、人物、议题、过程、结局，而且突出叙述了历代帝王在佛道论争中的态度、倾向、观点和政令。这些论争反映出当时王权与佛道的关系，以及受这一关系制约的佛道两大力量的消长，及其在国家政治生活中地位的升降。道宣在《集古今佛道论衡》"自序"中说："天竺盛于六谛，神州重于二篇，遂使儒道互先，真伪交正，自非入证登位，何由分析殊途……今以天竺胥徒，声华久隔，震旦张葛，交论实繁，故商榷由来，铨衡叙列，笔削芜滥，披图藻镜，总会聚之，号曰《佛道论衡》。"论是论辩；衡是防护、保卫。王充曾以俗儒守文，多失其实而著《论衡》，疾虚妄而求实证，抨击当时迷信思想，主张今优于古。道宣《集古今佛道论衡》显然受此影响，全集共分四卷，其中卷丙叙唐高祖、太宗朝佛道论衡事十件。有"高祖问僧形服有何利益法琳奉对事""高祖幸国学统集三教问道是佛师事""太宗敕道先佛后僧等上谏事""皇太子集三教学者详论事""太子中舍辛胥著《齐物论》慧净法琳抗释事""太宗问法琳《辩正论》信毁交报事""太宗幸弘福寺手制愿文并叙佛道先后事""太宗敕道士《三皇经》不足开化令焚除事及太宗诏玄奘翻《老子》为梵文与道士辩核事"等。

佛教初传中国时，翻译的经典很少，为了传教方便，中外佛教人士首先考虑的并不是清楚地标出佛教的原有思想，而是以"随机"、"方便"为理论依据，注意与中土原有的思想文化相适应。儒家学者从维护儒家礼仪和中国传统习俗的立场出发，认为佛教僧侣的剃发出家、不结婚生子、见人君无跪起之礼、施舍家庭财产等，是不孝、不忠、不仁、不义的表现，而佛教对此基本采取调和的立场，以协调两者的关系。佛教虽然在深层理念和精神实质上不同于道家思想，但却在形式上有相通之处，于是佛教最先便借依附道家的黄老之术和方士之术使其获得立足点。特别是老子化胡说之类，有助于佛教在中国的立足，对佛教来说很有利，因此，佛教曾长期对此予以默认。佛教人士把老庄思想与佛教相混，使佛教变成黄老道术的一支，此后，二者互相影响、相得益彰，致使中土人士认佛教与黄老为一家，而成佛道不分。秦汉时代，黄老思想与鬼术方术盛行，当佛教传入时，是被看成许多祭祀中的一种的，楚王英曾把黄帝、老子、释迦祭在一起，明帝诏示："楚王尚黄老之微言，尚浮屠之仁祠，洁斋三月，与神为誓。"汉恒帝时，襄楷上书称："又闻宫中黄老浮屠之祠，此道清虚，贵尚无为。"（《后汉书·襄楷传》）"清虚"与"无为"都是老子的思想，但襄楷却把佛教也看作如此。佛图澄未曾带一卷经典来华，也未曾译过一句经文，却以神异称誉一时。他的受业弟子几达万人，他可以算是中国佛教的奠基者之一。他的神异据说包括各类神通，诸如天眼通、天耳通、他心通等，他也以这些神异来化解胡人野蛮的习俗，推广佛陀的慈悲教诲。因此，外来的佛教能立足于中国社会，在很多方面，都有赖佛图澄的神异能力。而这类神异，正与道家神仙方术可以沟通。在当时汉地人们心目中，佛陀与中国的三皇五帝、道家的"至人"、"真人"并没有什么根本的不同，被信成一位大神仙。西域或印度一带来华传佛教的僧人，都被认为是"道士"。《高僧传》卷五载，道安因常代替佛图澄讲说，并且解答了许多理论上的疑难问题，而赢得"漆道人，惊四邻"的美誉（慧皎《高僧传》）。

佛教学者还通过著述使佛教与中国本土的宗教信仰文化观念相附会相等同，借助传统思想阐释佛教义理。早期佛教理论著作牟子所著《理惑论》记载："佛者，谥号也。犹名三皇神、五圣帝也……佛之言觉也，恍惚变化，分身散体，或存或亡，能小能大，能圆能方，能老能少，能隐能障，蹈火不烧，履刃不伤，在污不辱，在祸无殃，欲行则飞，坐则扬光，故号为佛也。"这里所描述的"恍惚变化"、"能圆能方"、"能隐能障"、"蹈火不烧"、"履刃不伤"、"在祸不殃"和"欲行则飞"的种种佛的形象与中国神仙、真人的呼风唤雨、乘龙驾雾、不死不伤、变化无方、白日升天的神仙一样。《理惑论》把佛教视为"道"的一种，是九十六种道术中最高的一种，说："道有九十六种，至于尊大，莫尚佛道也。"该书还把佛比作中国传说中的三种神：一种是道家所讲的"修真得道"的真人；一种是神仙家所说的"恍惚变化，分身散体"，法术多端，神通广大的仙人；一种是"犹名三皇神、五帝圣"的神人、圣人。牟子针对当时社会上大多数人对外来佛教所表示的怀疑与反对，站在佛教的立场，从佛陀观、佛教教义和佛教出家修行生活三方面广泛引证老子、孔子等人的话来为佛教辩护，论证佛教与传统儒、道并无二致。《理惑论》主旨本是宣传佛教教义的可靠性以及优越性，论证时也借鉴或迎合道家思想。如在回答人们对佛教"人死当复更生"说法的质疑时，牟子一方面用身体譬如五谷之根叶，魂神如五谷之种实来论证身体可灭，魂神不死；一方面又引用《老子》功成身退的观点来加以佐证。牟子还以三皇五帝来比配佛陀，以道家神仙家言来解释佛，认为"佛乃道德之元祖"，能够"蹈火不烧，履刃不伤"，"欲行则飞，坐则扬光"。对于佛教的教义，牟子同样以道家的思想来比附。他认为，"道之言导也，导人致于无为"，即认为佛道是引导人们去追求无为的。而他所说的无为与老子的那种"澹泊无为"是一样的，因此他又说："佛与老子，无为志也。"在牟子看来，佛道与老子自然之道虽然在形式上有所不同，但它们最终所起的社会作用却是相同的，因而佛与道一样，其存在和发展也是合理的、必要的。至于佛教倡导的出家修行的生活与道家在形式上的不同，牟子的回答是"苟有大德，莫拘于小"，指出出家人在生活表面上不敬其亲，有违仁孝，而实际上，一旦成就佛道，"父母兄弟皆得度世"，这是最大的孝。

不过，在极力倡导佛道一致的同时，牟子也引用老庄之说批评原始道教和神仙幻术，认为"神仙之书，听之则洋洋盈耳，求其效，犹握风而捕影……老子著五千之文，无辟谷之事"。这又说明随着佛教在中土的传播，人们已逐渐能将佛教与神仙方术区别开来，透露出了佛教在汉末三国时已开始逐步摆脱黄老方术而趋向魏晋玄佛合流的趋势。同时，这也反映了佛教与道教从一开始就存在着差异，这种差异最初被双方互相利用的需求所掩盖，但随着双方势力的增强就会日益突现出来。牟子《理惑论》对道家的批评，可说是揭开了此后长期的佛道二教之争的序幕。随着佛教在三国两晋时的逐渐兴盛，佛道之间的矛盾日益明朗化。西晋道士王浮作《老子化胡经》，扬道抑佛，引起了佛道之间长期的争论，反映了西晋以后佛道势力的消长变化以及佛道关系发展的新动向。趋于独立的佛教不再甘于处传统文化的附庸地位，不能再忍受"老子化胡"的说法，屈居道教之下；依持本土文化优势的道教也需要发展，必须进行自身的改革，并力图与佛教争夺地位。佛道之争也从反面促进了双方的进一步发展。张融在其所著的《门律》中特别指出："道也与佛，逗极无二，寂然不动，致本则同，感而遂通，达迹成异"，认为佛与道"殊时故不同其风，异世故不一其义"，两者迹异而本同，故不应相互破斥。

至魏晋时期，玄学兴起。玄学产生于魏晋，又称新道家，是对《老子》《庄子》《周易》的研究和解说。玄学是魏晋时期的主要哲学思潮，是道家和儒家融合而形成的一种哲学和文化思潮。东汉末年至两晋，随着东汉大一统王朝的结束，统治思想界近四百年的儒家之学也开始衰微，士大夫对两汉经学的烦琐学风、谶纬神学的怪诞浅薄，以及三纲五常的陈词滥调普遍感到厌倦，于是当时一批知识精英跳出传统的思维方式（修齐治平），转而对宇宙、社会、人生进行哲学反思，力图在正统的儒家信仰发生严重危机后，为士大夫重新寻找精神家园和新的"安身立命"之地，醉心于形而上的哲学论辩。这种论辩始于魏齐王曹芳正始年间，至郭象作《庄子注》一书，玄学大畅，"儒墨之迹见鄙，道家之言遂盛焉"（《晋书·郭象传》）。因此《晋书》称其为"正始之音"，正是指整个魏晋时期玄谈风气，如嵇康主张"越名教任自然"（《与山巨源绝交书》），"以六经为芜秽，以仁义为臭腐"（《难自然好学论》），"非汤武而薄周孔"（《与山巨源绝交书》）。由于玄学与佛学形式上更加接近，佛学遂与玄学合流，一同发展。道安《鼻奈耶序》云："以斯邦人，庄、老教行，与《方等经》兼忘相似，故因风易行也。""庄、老教"即魏晋玄学。晋代佛教般若学六家七宗，即解说"空"的六七个学派，实际上就是用魏晋玄学比附般若学的结晶。佛教般若学的主旨是讲"空"，破除人们对一切事物的执着。而魏晋玄学的中心是本体论问题，探索本末有无的关系。两者意旨不同，但可以相通。般若学者深受中国文化思想的影响，依附玄学，用玄学本体论去看待般若学派，以为玄学的"无"就是般若学的"空"，实际上玄学家的"无"是指无形无名的绝对本体，而般若学的"空"则是针对无自性、无实体而言。中国般若学者所讲的"空"，是与印度般若学所讲的"空"，即否定事物实体性的观点大相径庭的。

但随着佛教经典翻译越来越多，佛教义理逐步清晰，佛道之间的争论开始变得激烈。首先表现在理论上，佛教与道家分歧已很明显。例如，佛教讲"无我"、"无生"，道家讲"真我"、"无死"；佛教讲"因缘而有"，道家讲"自然之化"；等等。其次从历史上看，佛教对道家的批评，在牟子《理惑论》中就已初露端倪，而道家也早就有了崇道抑佛的"老子入夷狄为浮屠"的说法。至魏晋时，情形发生了变化，佛教要自立门户，独立发展，便不能再容忍道家对它的贬低，对老子化胡说之类也就展开了激烈的反驳，甚至针锋相对地提出了"佛化震旦"说，如北周道安的《二教论》引当时伪经《清净法行经》说："佛遣三弟子，震旦教化，儒童菩萨，彼称孔丘；光净菩萨，彼称颜渊；摩诃迦叶，彼称老子。"面对势力日增的佛教，道家往往利用其本土文化背景的优势而以华夷之辨来排斥佛教。华夷之辨，或谓"夷夏之辨"、"夷夏之防"，汉地传统区辨华夏与蛮夷的理念。古代华夏族群居于中原，为文明中心，因此逐渐产生了以华夏礼义为标准分辨族群的观念。孔子曾说："夷狄之有君，不如诸夏之亡也。"这是"华夷之辨"的理论基础。中国历史上"华夷之辨"的衡量标准大致经历了血缘衡量标准，地缘衡量标准，衣饰、礼仪等文化衡量标准三个演变阶段。顾欢《夷夏论》一方面说"道则佛也，佛则道也"，认为佛与道同源，另一方面又强调"佛道齐乎达化,而有夷夏之别",认为佛教是夷戎之教,悖理犯顺,有违孝道,不如道家思想更适合华夏民族,因而他提出"舍华效夷,义将安取?"顾欢的《夷夏论》在南朝宋齐之际引起巨大反响,佛道之间就此展开了一场激烈的大争论。此后不久,又有假托张融之名作《三破论》,更是直接把佛教贬斥为"入国而破国,入家而破家,入身而破身"的祸害。佛教学者纷纷著论反驳,强调以"伊洛本夏,而鞠为戎墟;吴楚本夷,而翻成华邑;道有运流,而地无恒化"来说明华夷之辨毫无意义,并根据"禹出西羌,舜生东夷,孰云地贱而弃其圣?丘欲居夷,聊适西戎,道之所在,宁选于地"来说明不应以地域取舍教说。

隋唐统一王朝建立以后,朝政推行三教并用的宗教政策。因此,在思想意识形态领域,儒、佛、道逐渐形成了三家鼎立的局面。唐王朝建立后,朝廷虽然对各宗教采取宽容政策,但在排列上,高祖是以"老、孔、释"为次序,因为唐室姓李,与老子同姓,因此道家受到特别重视。为了抬高李姓的地位,高祖李渊和太宗李世民都采取了"兴道抑佛"的政策。李世民曾下诏规定:"自今以后,斋供行立,至于称谓,道士、女道士可在僧尼之前。庶敦反本之俗,畅于九有,贻诸万叶。"(《令道士在僧前诏》)朝廷又规定,"道士通《三皇经》者给地三十亩"。贞观年间吉州有人上表提出,《三皇经》中有"天子欲为皇后者,可读此经"语。吏部杨纂等认为,《三皇经》与《道德经》义类不同,不可留世。于是太宗下令,收取《三皇经》并将其焚烧,改为"道士通《道德经》者,给地三十亩"。道教所说《三皇经》包括《三皇文》和《五岳真形图》,史载该经为上古三皇、八帝治世时上天所授,称为《三坟》《八索》。又据《抱朴子·遐览篇》所载《三皇文》《五岳真形图》,是魏晋方士用来召神劾鬼,治病攘灾,禁制虎豹水妖,为人堪舆下葬,卜问休咎的符文图书。《道德经》为中国古代思想家和哲学家老子所著,被誉为"万经之王",为其时诸子所共仰并成为许多思想流派的基石。《道德经》以韵文哲理诗体的形式,提出"无为而治"的主张,倡"自然无为"之说,以之解释天地万物产生、发展、灭亡的自然规律。并相应地告诉人们如何认识自然、对待自然。《庄子·天下篇》概括《道德经》旨要为"以本为精,以物为粗,以有积为不足,澹然独居神明居……建之以常无有,主之以太一,以濡弱谦下为表,以空虚不毁万物为实。"《道德经》基本上从天人合一的立场出发,穷究作为天地万物本源及宇宙最高理则的"道",并以之为宗极而发明修身治政等人道。所云"人法地,地法天,天法道,道法自然",意谓人道当取法于地,究源及道所本之自然。纪晓岚称《道德经》"综罗百代,广博精微"。历史上《道德经》

注者如云，甚至有几位皇帝都为其作注。唐贞观二十一年，译《道德经》为梵文，传入东天竺；唐开元二十三年，唐玄宗亲注《老子》。都表明李唐王朝对老子的重视。"文帝诏令奘法师翻老子为梵文事第十"，叙述贞观二十一年，文帝诏令玄奘法师翻《老子》为梵文，与道士辩核事，这一中国翻译史上重要的事件载于道宣《广弘明集·集古今佛道论衡》。全文载：

> 贞观二十一年，西域使李义表还奏，称："东天竺童子王所未有佛法，外道宗盛。臣已告云：'支那大国未有佛教已前，旧有得圣人说经，在俗流布。但此文不来，若得闻者必当信奉。'彼王言：'卿还本国，译为梵言，我欲见之，必道越此徒传通不晚登。'"即下勅，令玄奘法师与诸道士对共译出。于时道士蔡晃、成英二人，李宗之望。自余锋颖三十余人，并集五通观，日别参议，详核《道德》，奘乃句句披析，穷其义类，得其旨理，方为译之。
>
> 诸道士等并引用佛经《中》《百》等论，以通玄极。奘曰："佛教道教，理致大乖，安用佛理通明道义？"如是言议往还，累日穷勘。出语漫落，的据无从。或诵四谛四果，或诵无得无待。名声云涌，实质俱虚。奘曰："诸先生何事游言，无可寻究？向说四谛四果，道经不明。何因丧本，虚谈老子？且据四谛一门，门有多义，义理难晓。作论辩之，佛教如是，不可陷伦。向问四谛，但答其名。谛别广义，寻问莫识，如何以此欲相抗乎？道经明道，但是一义。又无别论，用以通辩，不得引佛义宗用解老子，斯理定也。"晃遂归情曰："自昔相传，祖承佛义，所以《维摩》《三论》，晃素学宗致，令吐言命旨，无非斯理。且道义玄通，洗情为本。在文虽异，厥趣攸同，故引解之，理例无爽。如僧肇著论，盛引老庄。成诵在心，由来不怪。佛言似道，如何不思？"。奘曰："佛教初开，深经尚壅。老谈玄理，微附虚怀。尽照落筌，滞而未解。故《肇论》序致，联类喻之，非谓比拟，便同涯极。今佛经正论繁富，人谋各有司南，两不谐会。然老之《道德》，文止五千。无论解之，但有群注。自余千卷，事杂符图。盖张葛之耳附，非老君之气叶。又《道德》两卷，词旨沉深，汉景重之，诚不虚及。至如何晏、王弼、严遵、钟会、顾欢、萧绎、卢景裕、韦处玄之流数十余家，注解老经，指归非一。皆推步俗理，莫引佛言。如何弃置旧踪，越津释府？将非探赜过度，同夫混沌之窍耶？"于是诸徒无言以对。遂即染翰缀文。

厥初云"道"，此乃人言。梵云"末伽"，可以翻度。诸道士等一时举袂曰："'道'翻'末伽'，失于古译。昔称'菩提'，此谓为'道'，未闻'末伽'以为'道'也。"奘曰："今翻《道德》，奉敕不轻。须核方言，乃名传旨。'菩提'言'觉'，'末伽'言'道'。唐梵音义，确尔难乖。岂得浪翻，冒罔天听。"道士成英曰："'佛陀'言'觉'，'菩提'言'道'。由来盛谈，道俗同委。今翻'末伽'，何得非妄？"奘曰："传闻滥真，良谈匪惑，未达梵言，故存恒习。'佛陀'天音，唐言'觉者'，'菩提'天语，人言为'觉'。此则人法两异，声采全乖。'末伽'为'道'，通国齐解，如不见信，谓是妄谈。请以此语，问彼西人，足所行道，彼名何物？非'末伽'者，余是罪人。非唯惘上，当时亦乃取笑天下。"

自此众锋一时潜退，便译尽文。河上序胤阙而不出。成英曰："老经幽秘，闻必具仪。非夫序胤，何以开悟？请为翻度，惠彼边戎。"奘曰："观老存身存国之文，文辞具矣。叩齿咽液之序，序实惊人。同巫觋之淫哇，等禽兽之浅术。将恐西关异国，有愧卿邦。"英等不惬其情，以事陈诸朝宰。中书马周曰："西域有道，如李庄不？"答："彼土尚道，九十六家，并厌形骸为桎梏，指神我为圣本。莫不沦滞情有，致使不拔我根。故其陶练精灵，不能出俗。上极非想，终坠无间。至如顺俗四大之术，冥初六谛之宗，东夏老庄所未言也。若翻老序，彼必以为笑林。奘告忠诚，如何不相体悉！"当时中书门下同僚，咸然此述，遂不翻之。

奘姓陈氏，颍川人也，后叶居于两河，以慧解驰名。周行岳渎，承梵学富，誓愿博求，以贞观初入关住庄严寺，学梵书语，不久并通。上表西行，有司不许，因遂间行，远诣天竺，三年方达。所在王臣高胜，无不重之。经十余年，备获经论，旋于京邑。天子降礼，赐以优言。贞观末年，敬重尤甚。常处内禁，行往毕随。永徽已来不爽前敬，常以翻译而为命家。今在北山玉华宫寺，领徒翻经，勤注不绝。然其高行，不可具陈。别有大传，广文如后。

西域曾奏请唐太宗译道经为梵言，太宗即敕令玄奘与诸道士共译《道德经》。道宣这两段记载的都是翻《老子》为梵语一事，而背后的文化则是汉地长期的佛道之辨。佛教自传入中国以后，首先是依附道家学说方得以立足，但两家思想毕竟不同，于是两家便开始了长期的论辩甚至冲突。道宣的记载，反映出玄奘从六个方面揭示了佛学与道教间的差异：

其一，道士引用佛经《中》《百》等论，以通玄极。玄奘认为"佛教道教，理致大乖"，不可用佛理通明道义。

其二，道士诵佛教的四谛四果，而玄奘却说"诸先生何事游言，无可寻究?"并指出"不得引佛义宗用解老子，斯理定也"。

其三，玄奘从佛典汉译史的高度指出：僧肇之所以著论引用老庄，是因为当时"佛教初开，深经尚壅"，是为了让中国人士理解佛典要义，以老庄相比附，只是一种权宜之计，"非谓比拟，便同涯极"。到了唐代，情形变化了，"佛经正论繁富，人谋各有司南，两不谐会"，因而不能再以道释佛了。他说："佛教初开，深经尚壅；老谈玄理，微附虚怀。尽照落筌，滞而未解，故《肇论》序致，联类喻之，非谓比拟，便同涯极。今佛经正论繁富，人谋各有司南，两不谐会。然老之《道德》，文止五千，无论解之，但有群注。自余千卷，事杂符图，盖张葛之冒附，非老君之气叶。"玄奘指出佛教初传时的"格义"译法，已致使佛教面貌全非，就连僧肇的佛学也未免此厄运。所以玄奘从根本上反对佛道之间概念或思想方面的比附，因为不同的哲学概念有各自的民族文化背景，各有其特定的思想含义和表达内容，需要做出严格的界定。

其四，玄奘虽然接受太宗之命翻译《老子》，但基于上述翻译思想原则，他始终坚持自己的基本立场，不以佛学概念翻译道家名词，依玄奘之意，两种不同的哲学，严格说起来是不能对译的，即"不得引佛义宗用解《老子》，斯理定也"。例如，道士提出，当因循旧译，将"道"译为"菩提"，不宜译作"末伽"。玄奘表示反对，他说："厥初云道，此乃人言，梵云末伽，可以翻度"；"今翻《道德》，奉敕不轻，须核方言，乃名传旨。菩提言觉，末伽言道，唐梵音义，确尔难乖，岂得浪翻，冒罔天听?"这一思想原则严格区分了"菩提"与"末伽"两个概念的含义，显示了玄奘对佛学概念的明确、清晰的界定和对名词概念内涵相对稳定性的要求。而成玄英不同意玄奘的观点，他说："佛陀言觉，菩提言道，由来盛谈，道俗同委。今翻末伽，何得非妄?"但玄奘认为，翻译不能以传闻为真实，必须根据梵文的本意，他指出："佛陀天音，唐言觉者；菩提天语，人言为觉。此则人法两异，声采全乖。末伽为道，通国齐解。如不见信，谓是妄谈，请以经语，向彼西人。足所行道，彼名何物? 非末伽者，余是罪人。"佛陀和菩提虽然都翻译为"觉"，但是含义不同。佛陀是所证悟的对象、境界，菩提则为能证者的自觉、智慧。

其五，《道德经》全文依据玄奘的翻译原则译出（"自此众锋一时潜退，便译尽文"）后，另将译"序胤"。而玄奘不译《老子河上公注》，因为玄奘本认为"老子立义肤浅"。他说："观老存身存国之文，文辞具矣。叩齿咽液之序，序实惊人，同巫觋之淫哇，等禽兽之浅术，将恐西关异国，有愧卿邦。"这表明，他将道教与道家学说有意识予以区分；老子之学"存身存国"，道教之说"叩齿咽液"，类同巫觋。但成英强调说，《老经》很玄秘，没有序注，无法理解。玄奘却说："序实惊人，同巫觋之淫哇，等禽兽之浅术。"一旦翻译，会给乡邦脸上抹黑。于是道士们报告了宰辅中书马周，玄奘便向他扼要地介绍了印度宗教哲学的教义和教派以及顺世外道学说，结指出"若翻老序，彼必以为笑林"。这样，中书门下同僚都同意"遂不翻之"。

其六，玄奘就此对印度佛教以外的哲学作了评论。他说："彼土尚道"，意谓印度人士尚哲学宗教，其宗教信仰共有九十六家，称为"九十六种道"。玄奘说："九十六家，并厌形骸为桎梏，指神我为圣本。"他们都"不拔我根"，"不能出俗"。这九十六家，"上极非想，终坠无间"。他还指出："至如顺俗四大之术，冥初六谛之宗。"

唐太宗在《大唐三藏圣教序》中谓玄奘"词论典雅，风节贞峻，非惟不愧古人，亦乃出之更远"；"学业该赡，仪韵淹深，每思逼劝归俗，致之左右，共谋朝政"。而对玄奘为探求佛理"乘危远迈，杖策孤征"的献身精神，更是敬佩不已。玄奘译出《瑜伽师地论》一百卷后，太宗亲自详览，见其"词义宏远，非从来所闻"，乃感叹良久，对侍臣说："朕观佛经，譬犹瞻天俯海，莫测高深。法师能于异域得是深法，朕比以军国务殷，不及委寻佛教。而今观之，宗源杳旷，靡知涯际，其儒道九流之典比之，犹汀滢之池方溟渤耳。而世云三教齐致，此妄谈也。"（《大慈恩寺三藏法师传》）意谓佛教义理高深莫测，非儒道九流可与相比，三教齐致之说只是妄谈。玄奘法师游历印度，获此异域深法，其学问精深，功德无量。《大慈恩寺三藏法师传》又载玄奘回答薛元超、李义府关于"翻译仪式"之问时说："法藏冲奥，通演实难。然则内阐住持，由乎释种；外护建立，属在帝王。所以泛海之舟，能驰千里；依松之葛，遂竦万寻。附托胜缘，方能广益。"并举史实说明"君臣赞助"的"胜缘"，符坚时昙摩难提译经，由黄门侍郎赵政执笔；姚兴时鸠摩罗什译经，由安成侯姚嵩执笔；后魏菩提流支译经，由侍中崔光执笔。贞观初年，波顿译经，由左仆射房玄龄、赵郡王李孝恭、太子詹事杜正伦、太府卿萧景等监阅详定。而玄奘亦要求薛、李二人转奏朝廷，委派朝臣参与译事，以示对佛教事业的支持，并请御制大慈恩寺碑文以显扬圣教。朝廷即委派于志宁等"时为看阅，有不稳便之处，即随事润色"。玄奘的目的很明确，即希望人们把译经事业当作国家重要的文化盛事。

(五)赞宁的"两全通达"与"一味和合"评论观

赞宁，北宋佛学家，以博学多才、文思敏捷而驰名朝野，宋太宗赐号"通慧大师"。赞宁专攻《四分律》，又为《毗尼》做注解，精通南山律，有"律虎"之称。太平兴国七年，赞宁奉诏撰修《大宋高僧传》，于千年嬗替之际完成该著。《佛祖历代通载》卷十八说他："文学日茂，声望日隆"，并称他三藏圣典，无不精通，博得几代帝王敬重。赞宁又是著名佛教史学家，其著述宏富，撰有《大唐僧史略》《三教圣贤事迹》《内典集》《外学集》等。尤其是所著《宋高僧传》三十卷，为续梁代慧皎《高僧传》与唐道宣《续高僧传》而作，与明如惺《大明高僧传》合称"四朝高僧传"，构成中国佛教史上高僧传的主要序列。《宋高僧传》每篇末有"论"，对"经"中所记载的理念、境界等主题进行深入探讨，或做进一步的分析整理与推演引申；部分传末又附以"系"，为文章末尾总结全文之词，申明作者的宗旨或解释疑难。书中正传五百三十二人，附见一百二十五人，其中不少人为佛经翻译家。首篇《译经篇》三卷三千余字，专论佛典汉译，记录了三十八位译经高僧生平事迹和所译经文。《译经篇》从著述目的出发对前人的翻译活动和成果做出十分全面、深入的研究，不仅总结了前人的翻译活动和经验，及其数百年译经之历史，全面检讨了梵、胡、汉诸问题，论及历代翻译方法和理论，并且提出了许多精辟的观点，是唐宋间佛经翻译评论的总结。

1. 关于"翻译"概念的演变

赞宁在《译经篇》中总结了"翻译"概念的演变。他写道："是故周礼有象胥氏通六蛮语，狄鞮主七戎，寄司九夷，译知八狄。今四方之官，唯译官显著者何也？疑汉以来多事北方，故译名烂熟矣。""寄"、"象"、"狄鞮"、"译"意义相近，指的是当时通译语言的人，是官职概念。他们处在不同的区域，因而有了不同的称呼。在《周礼·秋官》中有这样的解释："五方之民，言语不通，嗜欲不同。通其志，达其欲，东方曰寄，南方曰象，西方曰狄鞮，北方曰译。"后来，"寄"、"象"、"狄鞮"三个名称渐次淡出，"译"字成了翻译的统称。赞宁推断，这是由于"汉以来多事北方"之故。自汉代以来，中央政府设在北方，全国的政治、经济和文化中心也在北方，主要的外交活动大多与北方的少数民族政权有关，因此对翻译活动的称呼也就逐渐采用了北方的称谓，即"译"。赞宁还考察了"翻"字的渊源："懿乎东汉，始译《四十二章经》，复加之为翻也……由是翻译二名行焉。"应该说，"翻"和"译"不同，"译"指口头翻译。在周代，翻译人员又统称为"舌人"。"舌人"指翻译人员，应该是口头翻译，即今之"口译"。《国语·周语》载："夫戎狄，冒没轻傥，贪而不让，其血气不治，若禽兽焉。其适来班贡，不俟馨香嘉味，故坐诸门外，而使舌人体委与之。""翻"字从翻译佛经的《四十二章经》开始使用，指书面翻译。而"翻译二名行焉"指的是二字均可单独用来指称翻译活动，并非合成词。"翻"与"译"作为合成词出现，大约在唐代。道宣在《大恩寺释玄奘传论》开篇便说："观夫翻译之功，诚远大矣。"至赞宁著《译经篇》，"翻"与"译"已基本作为合成词了，如"自汉至今皇宋，翻译之人多矣。""二非句，即赍经三藏虽兼胡语，到此不翻译者是。""翻译"一词即诞生于佛典汉译。

2. 翻译的性质与功能

赞宁在《译经篇》中讨论了翻译的性质。他从文化交流角度提出了"译"即"易"的思想。他说：

> 译之言易也，谓以所有易所无也。譬诸枳橘焉，由易土而殖，橘化为枳。枳橘之呼虽殊，而辛芳干叶无异。又如西域尼拘律陀树，即东夏之杨柳，名虽不同，树体是一。

赞宁认为"译"即"易"，以所有易所无。比如橘枳，它们本质一样，只是长在不同的地方，称呼不同而已。又如西域尼拘律陀树，在东夏被称为杨柳，虽然名字不一样，但树是同一种。这样，翻译就是用一种称呼代替另一种称呼而已。橘枳之喻引自《晏子春秋·杂下之十》："婴闻之：橘生淮南则为橘，生于淮北则为枳，叶徒相似，其实味不同。所以然者何？水土异也。"借喻人受到环境的影响，品质会变坏。在论述翻译性质的同时，赞宁把翻译类比成方言，认为两者的功能相似，能起到"察异俗、达远情"的作用，其区别只在于远近而已。翻译是了解外国风俗和文化的重要途径，翻译外国语言文字可以知道发生在更远的地方的事情，使君王和百姓足不出户而知天下事，这又符合儒家的翻译见解。但赞宁接着用尼拘律陀树作譬，说明有时候难以区分的情况，这是一个含义非常深刻的比喻。法云《翻译名义集》解释说："尼拘律陀，又名尼拘卢陀。此云无节，又云纵广。叶如此方柿叶。其果名多勒，如五升瓶大，食除热痰。撮华云：义翻杨柳，以树大子小，似此方杨柳，故以翻之。"尼拘律陀树，在梵文中是"向下生长"的意思，即从树干上长出树根，下垂至地，并在地中生根，然后长成一棵树，又在自己的干上长出细根，下垂至地，如此循环往复，一棵尼拘律陀树能长出成百上千棵，以致让人难以知道究竟哪一棵树是初原的树，哪一些是派生的树。这种尼拘律陀树，根干与枝叶互为因果，难解难分。赞宁用这样的尼拘律陀树来比喻作为根干的印度佛学与作为枝叶的东夏佛学之间互为因果的关系，确实是十分精辟的。

3. 文学翻译评论的创始之功

赞宁在《译经篇》中指出："翻也者，如翻锦绮，背面俱花，但其花有左右不同耳。"他将翻译喻为"翻锦绮"，实为文学翻译概念的一种表述。因为文学作品在古代被学者称为"锦"，在文学评论中"以锦喻文"，已是稳定的评论术语。"以锦喻文"，就是指以锦绣之美来比喻文学之美。古代文学评论史上，有一种强调"文采美"和"视觉美"的审美批评范式，它正是通过运用"以锦喻文"审美批评范式而呈现的，有众多术语和范畴，如"文采""文章""华丽""纤丽""经纬""组织"以及"文""章""经""绮""丽""藻""彩""绣"等术语。锦绣即泛指有彩色花纹的丝织品或丝绣品。颜师古在其为史游撰写的《急就篇》作注时解释"锦绣"说："锦，织彩为文也；绣，刺彩为文也"。锦绣不仅是华夏民族一项伟大的发明创造，而且培养了人们的审美观念，早在墨子、庄子、荀子和韩非子等先秦诸子那里，就经常借"锦绣"来谈论视觉美的感受。汉代，辞赋创作流行，司马相如、扬雄和班固等"以锦喻赋"；王充明确提出"文如锦绣"的"以锦喻文"说。魏晋南北朝时期，陆机、葛洪、孙绰、鲍照、沈约、钟嵘、刘勰等"以锦喻文"的运用者，都是当时文学评论的代表人物。到了唐代，评论家们更是将"以锦喻文"运用到构思、创作和批评。至宋代赞宁时代，文学评论家在"理性"风气影响下，更加自觉更加理性地以锦喻文。

"锦"与"文"二者之间本有着内在关联，"锦"从物质的美进入艺术的美，犹如"味"进入审美一样。《辞源》说："锦为美物，因以喻鲜艳华美。"因而"锦绣"成为"美"的标志物和符号，促使人们用"锦绣"谈论审美体验。庄子说："五色不乱，孰为文采？"（《庄子·马蹄》）表明"文"或"文采"等术语最先用来描述"锦绣"，后来用于描述"语言"，使"锦绣"成为语言审美的一种形式。文章和文学是语言的艺术，其审美首先就表现在语言美之上。而"以锦喻文"从"文采美"（语言美）角度内在地切入了文章与文学的审美本质，与其他审美方式一样构成一种文论审美评论。早在东汉，牟子《理惑论》已指出"佛经如江海，其文如锦绣"，"佛经深妙靡丽，其辞富而义显"，"其文炽而说美"，以"美"沟通"锦绣"与"文辞"。赞宁更注意到了翻译的这一特点，他评价罗什译文有"天然西域语趣"，梁启超接下这

一命题，指出"'天然语趣'四字，洵乃精评。自罗什诸经论出，然后我国
之翻译文学，完全成立。"(《翻译文学与佛典》)赞宁还注意到外来术语与
相关本土术语之间的异同。橘枳虽然"辛芳干叶无异常"，但它们毕竟有
不同之处，犹如"背面俱花，但其花有左右不同耳"。赞宁看到，翻译要
忠实原文，但是民族间在思想文化等方面存在差异，很难做到完全对等，
译文难以达到和原文一样的效果。锦绮的正面和反面虽然相似，但毕竟
还是存在区别。这也是文学翻译的本质特征之一。

4. 关于佛典汉译历史

赞宁先从佛教思想的角度提出了佛经的传入是因为有"缘"，有了此
"缘"，翻译便可行。这个"缘"字，在佛经中是一个教义名词，意谓缘由、
渊源、因缘、机缘或缘分，指得以形成事物、引起认识和造就业报等现
象所依赖的原因和条件。赞宁用一"缘"字是颇有深意的，意谓佛典汉译
与中印文化交流是一种缘分。接着，赞宁夹议夹述、简明扼要地回顾了
自道安至玄奘以来六百余年中国佛典汉译的发展演变，重点回顾了早期
佛典汉译的"格义"：

> 或曰："翻梵夹须用此方文籍者，莫招滥涉儒雅之过乎?"通曰：
> "言不兴典，非子史之言，用其翻对，岂可以委巷之谈而糅于中耶?
> 故道安云：'乃欲以千载上之微言，传所合百王下之末俗'斯为不
> 易矣。"

佛典汉译初期，译经者喜欢用中国本土儒、道二家的话语翻译佛经，
即采用"格义"的方法。但这往往会引起思想和认识上的混乱，使读者把
外来思想同本土概念相混。赞宁举例说，西晋史学家陈寿在撰写《三国
志》时，因见到佛经中有老子《道德经》中的词语，便误认为这是"老子西
出关，过西域之天竺，教胡为浮屠"的结果。赞宁认为这是不知"穷其始
末所致"，原因则是在译经时"用外书"，套用中土概念，而非佛经原意，
因而"须招此谤"、"宜当此诮"。他在《译经篇·论》中说：

> 初则梵客华僧，听言揣意，方圆共凿，金石难合，碗配世间，
> 罢名三昧，咫尺千里，觌面难通。次则彼晓汉谈，我知梵说，十得
> 九八，时有差违，至若怒目看世尊、彼岸度无极矣。后则猛、显亲
> 往，奘、空两通，器请师子之膏，鹅得水中之乳，内竖对文王之问，
> 扬雄得绝代之文，印印皆同，声声不别，斯谓之大备要矣。

赞宁写此书时，我国佛经翻译事业已愈千年，使他有条件全面审视历史，洞查原委，作出较为公正客观的评价。他将整个佛经翻译事业分为"初"、"次"、"后"三期，指出每期翻译出现的问题与进步的方面。这里，赞宁勾画出由汉至宋的佛典汉译历程，也勾勒出一幅清晰、完整的译经史卷。

5. 合格的译者

赞宁主张译者不仅应精通梵汉语言，而且要熟悉两方的文化背景。这是他检阅了历代译经之后所得到的启示。佛经既是一个完全不同质素的语言系统，更是与汉文化不同的文化系统，它向人们展示的是一个崭新的异域文化景象。佛经译者将佛典从梵、胡文字翻译成中文，是从印欧语系向汉藏语系的两种语系间的转换，这种转换必然涉及两大民族语言、文化背景以及思维方式等之间的巨大差异，因而这种转换也是两种文化和思维方式的转换和交融。许多佛教特有的名词概念，在汉语里没有恰当的同义词，这在本质上是文化思想、思维方式和学术理论的差异。译经大师们采用"格义"的方法翻译佛典，将老庄哲学名词引入"佛家语汇"，如用"无"译解佛家重要的"空"理；把"涅槃"译作"无为"；用"道"对译菩提，等等，表现出佛教与中国传统文化的交融。这在译经家们来说，两种思想的区别可能是清楚的，但如果译本不能提供相关文化内涵的解释，而读者又缺乏这方面的相关知识，就会用自己固有的知识体系和文化标准去理解佛经的思想，从而背离原典的本意。南北朝以后，随着佛学与传统文化交流的加深，佛教学者开始从文化交流角度指出夷夏之辨的弊端。僧祐在《弘名集·后序》中说："若疑教在戎方，化非华夏者，则是前圣执地以定教，非设教以移俗也。"且华夏世教，古今亦多变。如"禹出西羌，舜生东夷，孰云地贱而弃其圣？丘欲居夷，聃适西戎，道之所在，宁选于地？"华戎夷夏本无定域，若以"北辰西北"而论，则知"天竺居中"。禹出西羌，舜生东夷，不因地贱而弃其圣，所以不应"执地以定教"，而应"设教以移俗"。刘勰在《灭惑论》中也指出："权教无方，下以道俗乖应，妙化无外，岂以华戎阻情？"指出："佛法练神，道教练形"，而"形器必终"、"神识无穷"。

赞宁认为，作为一个合格的译者，需真正了解异域语言文化的实质。佛教本身是一种宗教文化，是一种信仰体系，但更是以哲学观念为核心构成的多层次、多形式的立体文化，是包含各种文化形态的综合文化形态。因此，历代译经大师在翻译方面的一系列实践及所提出的一系列见解，往往涉及以原本语言文化或以译本语言文化为取向的两种文化因素。

是改梵为秦，还是继续"夷夏之辨"中的"狄夷退之中国则中国之，中国退之狄夷则狄夷之"(《春秋》)，是用夏变夷，还是用夷变夏，是当时译经评论及整个佛学界要思考的问题。中国文化史上的用夏变夷的归化策略根深蒂固，深深影响了佛典翻译和评论。在赞宁看来，翻译的进步最终在于译者自身，即译者在语言文化两方面的素质提高。关于语言素质，此时期范骧《准提三昧行法序》也指出过："经咒自地婆诃罗译而外，有金刚智、不空、崛多、玄奘、天息灾、法贤、金刚幢诸译，句引不同。转读有注，音含长短，字有轻重，世师漫作声势，多乖梵韵，则指决字声之难也……一义差别则遍考群经，一字参差则研究经岁……"译者的语言修养直接关涉译本的"句引"、"梵韵"和"字声"，甚至"音"的"长短"、"字"的"轻重"和"参差""义"的差别等等，可见语言文字的修养之重要。而语言是文化的载体，本身也是文化的一部分，只有同时具备语言与文化修养，才能达到翻译最佳最完美的境界。这种境界是一种"上符佛意，下契根缘"，"水乳无乖，一味和合"的化境状态。赞宁又从佛学修养、中印语言文化水平三个方面，综合分析了魏晋以后历代译经者。他说唐以前的译经人，从佛学、语言及文化知识结构上看，要么熟谙西土(外来僧学)，要么熟谙东夏(汉地僧学)，"唯西，唯东，二类之人，未为尽善"。他认为最理想的是，"东僧往西，学尽梵书，解尽佛意，始可称善"。宋齐以后，颇有东僧西去，然而大都浅尝辄止。"若入境观风、必闻其政者，奘师、(义净)法师，为得其实"，"此二师者，两全通达，其犹见玺文知是天子之书，可信也。《周礼》象胥氏通夷狄之言，净之才智，可谓释门之象胥也欤！"赞宁认为，中古译业的全新境界，是玄奘和义净两位大师开创的。赞宁明确地将译者对两国文化的了解掌握作为译者应具备的素质来看待，比单以语言来要求，是一大进步。基于此，赞宁指出翻译的最高境界是"印印皆同，声声不别"，最好的翻译应该如"内竖答文王之问"。据《礼记·文王世子第八》载："文王之为世子，朝于王季，日三。鸡初鸣而衣服，至于寝门外，问内竖之御者曰：'今日安否何如?'内竖曰：'安。'文王乃喜。乃日中又至，亦如之。及莫又至，亦如之。"按此标准要求译文与原文水乳交融，音义俱存。

6."新意六例"

赞宁总结前代佛经翻译的经验和译经评论，创造性地提出了"六例"，即翻译中应注意的六个方面的问题。所云"例"即仿照的准则、规程条例。《汉书·何武传》载："欲除吏，先为科例，以防请托。"严复"译例言"亦指此。彦琮《辩正论》用了"式"一概念。"式"为规格、榜样。《尚书·微子之命》曰："世世享德，万邦作式。"佛家仿汉地律令造译经体式或翻经法式。汉地统治者也通过律法形式管理佛教。律、令、格、式是汉地古代法律的基本表现形式。《唐六典》说："凡律以正刑定罪，令以设范立制，格以禁违止邪，式以轨物程事。"赞宁六例是：

> 今立新意，成六例焉：译字译音为一例，胡语梵言为一例，重译直译为一例，粗言细语为一例，华言雅俗为一例，直语密语为一例也。

这"六例"重点讨论梵典原文语言，因为汉译的佛典是否可靠，原本起着决定作用。自佛陀时代起，佛教所使用的语言就不一致，各地学僧均使用当地语言讽诵佛经教义。在第一次和第二次结集佛典时，采用的是东印度语言，但各地僧俗并没有按照结集的用语，仍是随国俗方言诵习佛说。在阿恕迦王时期（前三世纪），佛教"大众破散，凡有四种"（《部执异论》）。依调伏天等记载：当时佛教弟子用四种语言诵戒而分为四派：一切有部用雅语，大众部用俗语，正量部用杂语，上座部用鬼语。并因语言不同而导致不同的学派。可见，赞宁从语言入手讨论翻译，切入了根本。

第一例"译字译音"谈的是何时意译何时音译，是从中观学角度对玄奘的音译理论的补充。分为四种情况：（一）"译字不译音"。如"陀罗尼"，保留了梵音，把梵文的书写形式改成了汉字。（二）"译音不译字"。保留梵文的书写形式，改梵音为汉音，如佛教符号"卍"，保留了其梵文书写形式，但是改变了其梵文读音。该符号的梵文是 svastika，汉语读 wan。（三）"音字俱译"。梵文的书写形式和读音都要改变。（四）"音字俱不译"。保留原文状况，书写形式和读音都不改变。赞宁提出的"译字"、"译音"，为译名中的"音译"和"意译"。"译字不译音"，就是音译；"音字俱译"就是意译。赞宁所论四条是引进外来语的基本方法。同是对"字"、"音"的翻译，译者应据不同情况做不同处理，或译字不译音、译音不译字、或音字俱译，或音字俱不译等。

第二例"胡语梵言"指出，如果译者是西域胡人，如安息、月氏、康居等国人，而非天竺人，那么就存在转梵为胡，再转胡为汉的可能性。佛经最初是经过西域胡语传入汉地，这已经不是纯印度佛学。所以需特别辨明"胡语梵言"。这一条廓清了佛典汉译中长期梵、胡不分的模糊概念。如后汉月氏支娄迦谶译《胡说无量清净平等觉经》，支谦译为《佛说阿弥陀经》，胡佛不分。赞宁从地理位置和语言构成两个方面区分了梵语和胡语，要求译者注意胡本梵本在语言上的差别，认真研究胡、梵语文发展历史，注意它们的渊源流变，以免造成新的混乱。梵语是五天竺(五印度)所使用的语言，胡语地区是在雪山以北。赞宁指出四种情况：(一)在东、西、南、北、中五印，都是纯梵文；(二)雪山之北是胡语，山之南是印度，已不是胡国，语言与胡不同。印度的语言现像很复杂，如羯霜那国的语言，有二十余个字母，文字竖读。吐火罗语则有二十五个字母，文字横读。葱岭以南的迦毕试国，文字与吐火罗相同。梵文字母四十七个。梵文为雅语，梵文以外的方言都是俗语。就此，赞宁指出了译者思想认识上的两大误区：一是从东汉到隋朝，译者都把"西天"笼统地称为"胡国"("皆指西天以为胡国")，所以有"译胡为秦"的说法。东晋道安，远见卓识，但没有改变这种平常说法。二是隋朝以后，人们又误以为西天为梵，即把西域经典总称为"梵"("总呼为梵")，矫枉过正，过犹不及，也是一种错误。隋朝时彦琮和唐代道宣也曾表达类似意见。彦琮的偏激在于他没有从地理角度认真深入地分析语言，结果是"忙于执斧捕前白露之蝉，曹在回光照后黄衣之雀"。赞宁进而指出了不辨胡梵而造成的译经"三失"现象：(一)，改胡为梵，不析胡开，胡还成梵。即改胡为梵，不能正确区分胡、梵二音。(二)，不善胡梵二音，致令胡得为梵。即不注意重译，往往是从胡语翻译一次，又从梵文翻译一次。(三)，不知有重译。即亦胡亦梵。在经文中既有梵文音译，又有胡语音译。可见，赞宁的批评很深刻，也抓住了问题的关键。

第三例"重译直译"指出由于存在梵语和胡语的佛经文本，所以有必要区分"直译"和"重译"，因为转译与直译直接影响佛经翻译忠实性与准确性，又分四种情况：(一)"直译"，即直接翻译，将佛经直接由梵文译为汉文。(二)"重译"，即间接翻译，或"转译"，即把胡语佛经文本转译成汉语文本。如"和尚"一词即从胡语翻译而来。(三)"亦重亦直"，有些佛经文本从天竺传来时，经过胡地，夹杂了某些胡语词语，这样的文本既要直译，又要重译。(四)"非直非重"二非句，虽夹杂了胡语但不翻译。佛经翻译初期，由于缺乏佛经原本，所以译者也不管是梵语文本还是胡语文本，径直翻译，导致当时翻译质量不高。又由于初期来华传播佛学者多为西域学僧，以及其他条件所限，这种"转译"现象是极为普遍的。译者若能加以区别，便可正本溯源，清理译作中的芜杂和混乱，清理早期从第二语言译本转译来的译本，或据原本加以修订，或直接从原本重新译出更加可靠的译本来。

第四例"粗言细语"指佛经中有两种不同的言辞——"泛尔平语言辞"和"典正言辞"。赞宁认为，佛经文辞有粗细之分。"细语"音节分明而能清晰地区分意义，又称"全声"。"粗言"音节不分明，难以清晰地区分意义，又称"半声"。赞宁区分了三种情况：一是"粗言"，是"五印度时俗之言"；二是"细语"，是译经大师们用汉语雅言译出的原文辞语；三是"亦粗亦细"，是梵语佛经文本中既有粗言又有细语的混同状态。赞宁在这里指出佛经原本文辞有粗细之分，同时提出区别原作言辞风格的雅俗之分还要看发音是否纯正。

第五例"华言雅俗"指汉译文语言的雅俗。"雅即经籍之文，俗乃街巷之说"。"且此方言语，雅即经籍之文，俗乃街巷之说，略同西域。"雅言是经书所用的语言，类似书面语。俗语是下层人群使用的粗俗语言，相当于一般意义上的日常用语，属于口语体。汉语的"雅言"本来是相对于"方言"而言的，因为孔子讲学用"雅言"，雅与俗的概念进入儒家意识形态，致使雅俗有了高低之别。所以在此例中，赞宁分别讨论了原本语言和译本语言的语体差异和风格差异，认为译本语言风格同样存在三种不同的情况："一是雅非俗，如经中用书籍言是。二是俗非雅，如经中乞头博颊等语是。三亦雅亦俗，非学士润文，信僧执笔，其间浑金璞玉交杂相投者是。"翻译不仅要译出原文的意义，而且要译出原文的语言风格。原本语言的俗语不能译成汉地的雅言，原本的雅言也不能译成汉地的俗语。赞宁分别举例说明了不同的现象，认为译者应从语义和发音上区别不同风格，具体情况具体处理，译经不必避用典雅之语，但用得不妥当也容易招致非议，所以必须折中。但重要的是保持原本的语言风格，深谙原文的意蕴，熟悉民族语言的使用习惯，追求佛经原本的精义与风格表现。

第六例"直语密语"指译文语言的显隐，即提醒译者注意原文的字面意义与其深层含义，切忌主观臆断、随心所欲地翻译。这相当于佛典汉译评论中所常讨论的言与意的关系，与"译字译音"一条也有联系。赞宁解释为"涉俗为直，涉真为密"。"直语"是平时日常生活中所用的平白的话语，而"密语"则是宗教中的神秘词语。赞宁认为："二种作句，涉俗为直，涉真为密……"他还指出，遇到"是直非密"的情况，有时要做适当的删改，如"人人不亲近"的"恶口"；而"是密非直"的地方，也因其含义"隐秘"而"不为众生所亲近"，但其义涉及"性理"，不应意译，以避"讹僻"，这一点类似玄奘"五不翻"中的"秘密故"。赞宁是倾向直译的，但又认为直译也有其不足。他以婆留的译作为例，指出在直译时应适当变通。在隋唐时期广州大亮法师的"五不可翻"和玄奘的"五不翻"就提到了密语。他们认为密语应该音译，不翻为好。佛经翻译的目的是传教，所以一方面，佛经文本要让读者易懂，用比较通俗的"直语"直译，而另一方面，如果把"密语"用意的方法译成白话，就会失去神秘的感觉，读者就不会慎重对待，致使佛经传教的功能丧失。因此，"密语"应该音译。这样的佛经文本不仅可使"人人亲近"，而且又能让人心生敬重之情。即使"两亦句"，即同时使用直语和密语翻译，由于同时具有善恶真俗，所以仍然不为人们所亲近；"二非句"，即既不用直语也不用密语翻译，这样的译文不著善恶二相，当然更不可取。在赞宁看来，四种翻译方式都有不足之处，从他对"阿毗持呵娄"、"郁婆提"等佛教词语的处理方式（分别译为"目数数得定"和"目生起拔根弃背"）看，赞宁还是倾向于采用作用相等的"密语"来翻译，但在相应的经论中则应表达出其"直、密语义"。

赞宁的"六例"讨论原语及译语诸因素，既是语言策略的研究，也是翻译方法和技巧的归纳，是赞宁鉴于前代所提翻译评论在论述上的缺陷而提出的，涉及意译、音译、胡本、梵本、直译、重译、雅体、通俗体、半文半白体、语言风格、字面意思与深层涵义等内容，充实了前期自道安至彦琮关于翻译中诸多问题的探索。最后，赞宁告诫译者："凡诸类例括彼经诠，解者不见全牛，行人但随其老马矣。"提醒大家，他提出的六例并不是全面、完善、高深的理论体系，佛经译者应自行总结和实践。依照"六例"，赞宁评述了历代译经大师的翻译方法和译文风格：

> 其犹人也，人皆人也，奈何姿制形仪，各从所肖，肖其父焉。若如此，大则同而小有异耳。良由译经是佛法之本，本立则道生。

由此赞宁提倡一种折中适时的翻译风格。赞宁极力推崇鸠摩罗什（童寿）："如童寿译《法华》，可谓折中，有天然西域之语趣矣。"在他看来，佛经译文的语言风格应居雅俗之间，不应走极端；"折中适时"才是最恰当的。"苟参鄙俚之辞，曷异屠沽之谱？然则糅书勿如无书，与其典也，宁俗。倘深溺俗，厥过不轻；折中适时，自存法语，斯谓得译经之旨矣。"所谓"折中"，即译作文字要贴切、得当，所谓"适时"，即译文语言要合乎当时通行的风格，这样才能达到传达佛旨的目的。而赞宁是佛学家，他的翻译评论深受佛教思维方法的影响。他将每一例都按佛教逻辑中的四句义来分析理解，用佛家中观学思想来处理翻译中每例所涉及的四对矛盾，这就是佛教四句逻辑中的四句义，评论方法的改变，相比简单地在文质之间徘徊，就更有意义了。"四句"是梵语 Catuskotika 的汉译，又称四句法。它表达一个肯定、否定、复肯定、复否定的四重分判方式，又作有、无、亦、非四句。此四句又有单四句、复四句、具足四句、绝言四句之别。《宗镜录》卷四十六云：

> 且单四句者：（一）有，（二）无，（三）亦有亦无，（四）非有非无。复四句者：（一）有有有无；（二）无有无无；（三）亦有亦无有，亦有亦无无；（四）非有非无有，非有非无无。而言复者，四句之中皆说有无。具足四句者，四句之中皆具四故。第一有句具四者，谓（一）有有，（二）有无，（三）有亦有亦无，（四）有非有非无。第二无句中具四者，（一）无有，（二）无无，（三）无亦有亦无，（四）无非有非无。第三亦有亦无具四者，（一）亦有亦无有，（二）亦有亦无无，（三）亦有亦无亦有亦无，（四）亦有亦无非有非无。第四非有非无具四者，（一）非有非无有，（二）非有非无无，（三）非有非无亦有亦无，（四）非有非无非有非无。上四一十六句为具足四句。第四绝言四句者，一单四句外一绝言，二复四句外一绝言，三具足四句外一绝言，有三绝言。（中略）在法名四句，悟入名四门，妄计名四执，毁法名四谤，是知四句不动得失空生，一法无差升沉自异。

这可谓依据前四句之义更分别出四种；又可谓是表委四句外各有一绝言。所以《楞伽阿跋多罗宝经》卷四说："若无事无因者，则非有非无，若非有非无则出于四句。四句者是世间言说，若出四句者，则不堕四句。"从逻辑学上说，四句中的肯定就是辩证法上的正命题；否定就是反命题；亦肯定亦否定就是前二者的折中，非肯定非否定即是正反命题都不承认。佛学认为，任何一个问题的答案都可能具有这四个选项。可见，中观学不走中间路线，或者说中观学派的"中道"并不是一种立场，它与儒家的"中庸"不同，它超越了概念与语言（名言分别），是超验的，是一切事物的反省。应用"四句"时，可以：（一）在需要时，四句可以全部皆被否定，或第四句亦可不被否定。（二）四句中其中一句可被省略。（三）四句一方面是具有不同程度的知能与根器的人对同一对象的不同的见解，一方面是对不同程度的被教化者的循序渐进的教训。在后一场合中，四句中的最初三阶段，可作为方便的教训，特别是第四句，则表示最高真实，即最后亦不能否定。在这些场合中，可以清楚了解到四句的辩证法的性格。

四句的缘起在印度哲学史上有着悠久的历史。根据早期佛典如《长阿含》等经的记载，释迦牟尼在世时印度思想界就流行着断常、有无、生灭、一异等种种对立的观点，并成为当时最热门的哲学话题。关于这些话题的讨论常常被扩展为"四句模式"，亦即四句逻辑。继龙树之后，约公元五世纪前期，无著与安慧分别在他们的著作中按龙树的四句模式把佛陀的教义分为四种不同的内容：有，无，亦有亦无，非有非无，这一表述方式和用语基本上就固定下来了。这是一个观察事物矛盾的总原则。分为两步走：第一模式的观察方式是有、无，这是一对矛盾，而亦有、亦无便是统一。第二模式是非有、非无，是第二个统一模式。第一个统一模式是说明矛盾依因缘而生，依因缘而灭，所以有生有灭。这个统一是不彻底的，因为矛盾的对立依然存在。第二个统一模式是说明矛盾依因缘而存在，依因缘而不存在，所以它本无自性（实体），无自性即是"空"，是非有非无（否定之否定）的统一体。只有这样观察和理解矛盾，才称符合"诸佛法"（真理）。

四句模式既有肯定作用，又有否定作用，它实际上是佛教哲学"空有观"辩证认知体系的灵活运用。赞宁用它来评论翻译，就是因为这一逻辑所包含的哲学内涵最终是达到"中道"的结论，这就是四句逻辑的理论价值，体现了它对翻译艺术规律的反映。赞宁所要表达的思想也就是要求译者在处理他所提出的六对矛盾时，不可有任何偏执与执着，否则就会是"解者不见其全牛，行人但随其老马矣"。比如说在他论述得最为详细的第二条里，理论上说，佛教兴起于印度，其语言应以梵语为正宗（"真圣之苗"），译文也应该译自梵语才算纯正。但佛教最初传入汉地又经过了西域诸国的中转，随着译经事业的开展，从印度直接传入的原本与传自西域的佛本，都纷纷流入中国，这就使得原本的面貌复杂起来。到底那些是真正的佛说，这涉及佛教的发展与生存问题。最早注意到这一问题的是彦琮，他在《辩正论》中指出"旧唤彼方，总名胡国"，指出当时对西域地域概念的模糊。认为"胡本杂戎之胤，梵唯真圣之苗，根既悬殊，理无相滥"，充分肯定了原汁原味的梵语对翻译的价值。因而他极力主张"亲承妙吼"，"直餐梵响，何待译言"，"梵有可学之理，何因不学"。这样"人人共解，省翻译之劳。代代咸明，除疑网之失"。彦琮的观点得到了赞宁的充分肯定："彦琮法师独明斯致，唯征造录痛则，弥天符佛地而合《阿含》，得之在我；用胡名而迷梵种，失则诛谁？"然而，彦琮在处理这一问题上明显地带有理想主义的色彩，也不无偏执，因而赞宁又指出：

自此若闻弹舌，或睹黑容，印定呼为梵僧，雷同认为梵语。琮师可谓忙于执斧，捕前白露之蝉，蓇在回光，照后黄衣之雀。既云西土有梵有胡，何不南北区分，是非料简？致有三失。一改胡为梵，不析胡开，胡还成梵，失也。二不善胡梵二音，致令胡得为梵，失也。三不知有重译，失也。当初尽呼为胡，亦犹隋已来总呼为梵，所谓过犹不及也。如据宗本而谈，以梵为主；若从枝末而说，称胡可存。何耶？自五天至岭北，累累而译也，乃疑琮公留此以待今日，亦不敢让焉。三亦胡亦梵，如天竺经律传到龟兹，龟兹不解天竺语，呼天竺为印特伽国者，因而译之。若易解者犹存梵语。如此胡梵俱有者是。

按照四句逻辑，胡梵问题应该这样理解：一，在五天竺，纯梵语（有）；二，雪山之北是胡，山之南名婆罗门国，与胡绝，书语不同（无）；三，亦胡亦梵，即"胡梵俱有者"（亦有亦无）；四，二非句，即非胡非梵，亦即华语（非有非无）。于是赞宁最后指出"如据宗本而谈，以梵为主；若从枝末而说，称胡可存。"因为"自五天至岭北，累累而译也，乃疑琮公留此以待今日，亦不敢让焉。"这就是赞宁用"中观"的方法看待"胡梵"问题最终达到中道的结论。

（六）智旭评论的新观念——"流通"论

智旭十二岁读儒书，辟释老。十七岁阅袾宏《自知录》及《竹窗随笔》，始不谤佛，因为《自知录》就是综合儒佛的著作。二十三岁听讲《楞严经》，怀疑何故有"大觉"，何以生起虚空和世界，决意出家体究此一问题。二十四岁从德清的弟子雪岭剃度，命名智旭，并在云栖寺听讲《楞严经》和《成唯识论》，闻性相二宗不许和会，甚以为疑，因往径山（杭州西北）坐禅，随之自觉性相二宗的义理一齐透彻。后来他教人参究，也只是"究此瞥起一念，起处无从，全依真性。然真非妄因，何因起妄？真非有外，妄岂外来，展转简责"，以为银墙铁壁话头（《宗论》五之二）。后相继受四分戒、菩萨戒。二十七岁起，遍阅律藏，见当时禅宗流弊，决意弘律。三十二岁开始研究天台教理。三十三岁秋始入灵峰（浙江孝丰县），造西湖寺。此后历游江浙闽皖诸省，均不断从事阅藏、讲述和著作。五十岁冬，自金陵归灵峰，仍继续著述。清顺治十二年正月元寂，寿五十七岁。两年后，门弟子将其遗体火化，起塔于灵峰大殿右。

智旭为纠正宗门流弊，曾遍阅律藏三次，致力于大小乘律藏的疏释和讲说。其著述，分为宗论和释论，其《阅藏知律》合《法海观澜》为佛学必读之书。智旭的禅学，是承延寿、梵琦、真可的文字禅。他常自述学禅经过，力戒"堕禅病"和"误中宗门恶毒"；批评狂禅暗证，以为"独自远行不问路程，必定有误"（《宗论》四之三）。他主张"教内自有真传"（《宗论》六之二），自称"但从龙树通消息，不向黄梅觅破衣"（《宗论》九之二）。智旭的学说，综合禅教律而会归净土，同时又融会儒释，是多面性的。他常以《起信论》解释天台宗旨，又用唯识解《起信论》，乃至用唯识解天台教义。他说"马鸣、龙树、护法同契佛心"（《起信论裂网疏》自跋）。他于三十二岁注《梵网经》，开始研究天台教义，认为台宗应遍摄禅、律、法相，否则就不能成其绝待之妙了（《宗论》二之五）。智旭目睹当时佛教中门户分歧的流弊，所以发扬延寿、袾宏等的思想，力求佛教诸宗的调和。他在理论上融会性相，在实践上调和禅净，而主张禅教律三学统一。他说："禅者佛心，教者佛语，律者佛行"（《宗论》二之三），三学摄归一念，以念佛总摄释迦一代时教。智旭受儒家思想影响处甚多，自称"身为释子，喜研孔颜心法示人"。对于儒佛的异同，他说："儒禅教律无非杨叶与空拳。"又说："以禅入儒，是为诱儒知禅。"看来，他的儒释一致观，主要是为了化导方便，并不是真将儒释等量齐观。

1. 智旭的佛学人生

智旭别号"八不道人"，是明代四大高僧之一，以义学造诣深厚著称的佛学家。智旭的学说注重融合兼通，所以他将禅、天台、净土统一起来，主张禅、教、律三学会通，认为如果不能明白这个道理，各自自立门户，则有碍佛教宗旨。他认为心性不在内外中间，不属过去未来，不可以用色香味触法等感性的知识去认识，也不能用所谓亦有亦无，非有非无的方法来认识，只能靠悟。他在《阅藏知津叙》中说：

> 心外无法，祖师所以示即法之心；法外无心，大士所以阐即心之法。并传佛命，觉彼迷情。断未有欲弘佛语，而可不深究佛心。亦未有既悟佛心，而仍不能妙达佛语者也。今之文字阿师，拍盲禅侣，竟何如哉。呜呼！吾不忍言之矣。昔世尊示入涅槃，初祖大迦叶即白众云：如来舍利，非我等事。今者宜先结集三藏，勿令佛法速灭。嗟嗟！傥三藏果不足传佛心，则初祖何以结集为急务耶。窃谓禅宗之有三藏，犹弈秋之有棋子也。三藏之须禅宗，犹棋子之须活眼也。均一棋子也。善弈者，则着着皆活，不善弈者，则着着皆死，均此三藏也。知佛心者，则言言皆了义；不知佛意者，则字字皆疮疣。若为惩随语生见，遂欲全弃佛语，又何异因咽废饭哉。夫

三藏之不可弃，犹饮食之不可废也明矣。不调饮食，则病患必生；不阅三藏，则智眼必昧。顾历朝所刻藏乘，或随年次编入，或约重单分类，大小混杂，先后失准，致使欲展阅者，茫然不知缓急可否。故诸刹所供大藏，不过缄置高阁而已。纵有阅者，亦罕能达其旨归，辨其权实，佛祖慧命，真不啻九鼎一丝之惧。而诸方师匠，方且或竞人我。如兄弟之阋墙，或趋名利；如苍蝇之逐臭，或妄争是非；如痴犬之吠井，或恣享福供；如燕雀之处堂，将何以报佛恩哉。唯宋有王古居士，创作法宝标目；明有蕴空沙门，嗣作汇目义门，并可称良工苦心。然标目仅顺宋藏次第，略指端倪，固未尽美。义门创依五时教味，粗陈梗概，亦未尽善。

智旭的时代，正值禅宗盛行之时。禅宗虽然主张"不立文字，见性成佛"，但他们所依据的经典本身就是靠语言文字为载体的，因而又需"不离文字，依言成佛"。智旭著《阅藏知津》，正是希望学人凭借经本文字，成就佛学。

2. 智旭的译经评论

智旭先后学习了法相、禅、律、华严、天台、净土各宗教义，这使他能融会诸宗，既主张"一切唯心"，也主张法相二宗不可分离，禅、教、律并重。同时他还融会佛儒，以佛释儒、以儒附佛，提倡三教同源，可见其思想的博大融通。这样的思想使智旭为学旨在调和各派，对前人译著的评价极为公允客观。他的翻译评论名著《阅藏知津》就是如此，该著以十分客观的态度，对翻译优劣的比较和评判，不仅从经典的学术地位与其文理周否来评叙译本，而且极为可贵的是从其流通意义角度来比较和评判翻译的优劣。《阅藏知津》是一部在翻译评论上十分重要的著作，相当于梁启超的《读西学书法》一书。全书四十卷，四大部分，对大藏经所收一千七百七十三部佛典一一目录题解，以便后人阅读。特别是鉴于前代的评论"不分译之巧拙，致令阅者不知去取"，智旭的作法是："选取译之巧者一本为主，其余重译，即列于后，俾不能遍阅者，但阅其一，即可得其旨，若能遍阅者，连阅多译，便知巧拙之得失也。"

(1)译本"流通"论

智旭翻译评论的创新之处是他评叙经典依据学术地位和流通意义，以"流通"论来评价译本优劣，开辟了翻译评论的新途径，即佛教传播与佛经阅读研究，如他评论佛陀跋陀罗所译的《大方广佛华严经》："文义未全，故虽先译，不复流通。"义净所译《金光明最胜王经》："此经于三译最在后，而文义周足，亦犹华严之有唐译也最宜流通。"昙无谶译本《金光明经》："此经同前，而来未尽，但因智者依此译说玄义及文句，故举世流通。"唐般若译本《守护国界主陀罗尼经》："此经所谈法相义理与大集经第二陀罗尼自在王菩萨品全同，但次第稍异耳，文理兼畅最宜流通。"般若译的《华严经入不思议解脱境界普贤行愿品》四十卷："文理俱优，不让实叉难陀，而知识开示中，更为详明。切救末世流弊，最宜一总流通。"不空译本《仁王护国般若波罗蜜多经》："文更顺畅最宜流通。"菩提流支译本《大萨遮尼键子受记经》："此经文义俱畅，宣说世出世法，曲尽其妙，急宜流通。"施护译本《佛说大乘戒经》："佛在祇园说，文简义切，最宜流通。"等等。以"流通"论来评价译本，这就是看译本是否深受读者的接受，看其传播面的广狭。作为佛典汉译的外部研究，与内部研究结合起来，有利于译经评论的全面、公正和客观，这也是本时期翻译评论成熟的一个重要标志。

译本的流通是以译文效果来衡量的。例如，评罗什《观世音菩萨普门品》（鸠摩罗什译文，阇那崛多译颂）"最精最妙不可不阅"。评罗什译《佛说阿弥陀经》一卷，"今时从席皆奉之为晚课，真救世神宝、圆顿上乘也"。评般刺密帝译《大佛顶如来密因修正了义诸菩萨万行首楞严经》十卷，"此宗教司南，性相总要，一代法门之精髓，成佛作祖之正印也"。评施护译《佛说如意宝总持王经》一卷，"此经虽不说神咒，乃持神咒者之总诀也"。评法天译《妙臂菩萨所问经》二卷，"此密宗要典"。评不空译《受菩提心戒仪》一卷，"此中以大菩提心，受普贤金刚职，为一切秉密教行受持之本，学者皆应简阅"。

（2）翻译修辞观

至于译本词语、文句的完美，智旭的评论更是客观细致，他多以文辞的"精显""精妙""古涩""艰涩""文笔""难晓""古拙""苦涩""文多梵语，颇难解会""译文甚拙""文甚拙涩""文不可句""文甚烦拙""文甚难读""文不甚联络""文笔古雅""文稍略""显顺""顺畅"等作为评语。例如，他在评价鸠摩罗什所译《佛垂般涅槃略说教诫经》时指出："嘱诸比丘以戒为师，离诸恶法，对治苦及诸烦恼，勤修出世大人功德，所谓无求，知足，远离，精进，不忘，禅定，智慧及不戏论，盖是最后丁宁，不啻一字一血，宜深玩而力行之。"显示了罗什的翻译所达到的境界是：义理通达，文句精妙。同时注意文义是否完备，如常用"文来未尽""最为详明""而文周足""现观事仪皆悉明备""文义最精显可玩""文义俱畅""经文太略""最为详明""最宜详玩""叙事不甚明白"等评语。例如，评论鸠摩罗什所译

《摩诃般若波罗蜜经》"共九十品，亦同《放光般若》而文较顺畅。"评提云般若译《华严经不思议佛境界分》一卷，"文颇艰涩"。评价绍德等译《佛说大乘随转宣说诸法经》一卷，"叙事不甚明白"。评价达摩笈多译《金刚能断般若经》一卷，"文拙甚"。评价昙果、康孟详译《中本起经》二卷，"略叙如来行迹，文笔古雅"。评价支谦译《佛说义足经》二卷，"译文甚为难晓"。评价安世高译《佛说普法义经》一卷，"文苦涩"。评价求那跋摩译《佛说菩萨内戒经》一卷，"文多梵语，颇难解会"。评价僧伽提婆译《阿毗昙八犍度论》三十卷，"文烦拙"。评价鸠摩佛提等译《四阿含暮抄解》二卷"文甚难读"。评价竺法护译《法观经》一卷，"文甚拙涩"。评不空译《圣观自在菩萨心真言瑜伽行仪轨》一卷，"此中所明事理，共文义最精显可玩"。评玄奘译《佛地经论》七卷，"论释法相，最为详明"。

可见，智旭的评论将宏观的把握与微观的细致有机结合，使评论言之成理，评之有据，做得十分切当。在宏观把握上，他以传达原文精神为依托，或是从整体上衡量译文。例如，指出僵良耶舍所译《佛说观无量寿经》"深得精髓，宜精究之"。为使这种宏观把握不至于落空，他的评论又是细致入微的。这种细致之处可以是字、词、句、章等。又如说义净译本《佛说大孔雀咒王经》"亦与前经同而华梵音声稍别"。再如说阇那崛多译本《佛说一向出生菩萨经》，支谦在译时，"咒译作华言"。东晋佛陀跋陀罗译时，"咒亦译作华言"，而元魏佛陀扇多译时，则"华梵双具"。这是把各自译本在音译与意译的同异也指出来了。在评价求那跋摩译本《龙树菩萨为禅陀迦王说法要偈》时，所译"七言偈"在异译本僧伽跋澄《劝发诸王要偈》和义净《龙树菩萨劝诫王颂》那里，"二皆同上本，宋译五言，唐译五七言杂"。尤其是说刘宋求那跋陀罗重译本《拔一切业障根本得生净土神咒》，"与流通本（法贤译本）句读稍别"，连标点符号的不同都深入比较，实在是很细致入微的，完全是佛典的语言学评论了，其科学性是显而易见的。同时智旭的评论也真正做到了客观公正。比如他在比较义净与鸠摩罗什同译的《佛说大孔雀咒王经》时，鸠摩罗什所译就排在后面。在比较几本《般若经》这类重要经典的译本时，玄奘译本列在前面，鸠摩罗什、竺法护、支谶、支谦等均列其后。而在比较施护译本《佛母出生三法藏般若波罗蜜多经》时，真谛译本以及达摩笈多译本均列其后。没有任何先入为主的偏见，不受任何权威左右。

智旭对于同一译者不同译本的评论也很公正。例如，评论《菩萨本生鬘论》"前四卷……文并明畅"，而"后十二卷……文无起止，殊难解释"，进一步证明智旭的评论不受个人偏好支配的客观性。客观性是翻译评论的生命，鲁迅就十分强调翻译评论，将其喻为"拾荒"一样重要而艰辛，并提出了"正确"、"严正"、"真切"等评论标准。从本时期智旭的批评来看，正是朝着这一方向发展的。前述道宣，其翻译评论也同样遵循了这一标准。他的《大唐内典录》在选择经本时，不是以译人为标准，而是以译本的优劣、主次为标准，对不同译本内容上的广略繁简，译文上的畅达艰涩进行比较。例如，他指出玄奘所译《说无垢称经》"繁略折中，难违秦翻。终是周因殷礼，损益可知云"，实事求是。但在评价罗什译籍《弥勒下生经》时又说："文乃流便，事义阙略"，再一次说明罗什译经求文好删之举。显然，没有正确的评论观和一番客观的甄别与考校的功夫，是难以作出这样的筛选和判别的。

（3）佛籍分类详备有序

准确地为佛籍分类，是正确认识佛典的基础。智旭《阅藏知津》对佛籍的分类体系较之以前更加详备。其中一级类设经、律、论、杂四藏，同时变更部次，严格按照内容分类。大乘经按华严宗五时判教的顺序分为华严、方等、般若、法华、涅槃五部。五大部外的重译、单译、宋元续入藏大小乘经也分入相应的各类之下。在方等部分出方等密咒部，给密宗经典相应地位，其下又分经、仪轨。佛经在两汉之际传入中国，最初尚未有组织、有系统地进行翻译，"值残出残，遇全出全"。东晋、南北朝时期，南北分裂，各自翻译，也有重复。唐代根据梵本译经，发现前人翻译有误，又重译过部分佛经。因此《开元释教录》中保存了很多重译经。大乘五大部都是先排重译，后排单译，五大部外也是重译、单译各自排列。小乘经、律、论也是如此。这样造成一部经的不同译本分散各处，特别是大经和它的析出部分"相去悬隔，考查稍难"。《阅藏知津》将单译本、重译本合编在一起，在重译本中选一个较佳的译本作为主本，其余版本紧排其后，再于解题中指出它们之间的异同。这样，一部佛经的翻译情况就可全盘掌握。众多重译本按大经先后顺序排列，起到提纲挈领之效，整个大藏经的结构变得更加清晰。

（4）经文解题详略有致

佛教经典题解是以简要的文句，概括出经文大旨的。大藏经数量浩繁，不易全部阅读，于是解题显得尤为重要。宋代惟白《大藏纲目指要录》、王古《大藏圣教法宝标目》均依《开元释教录》逐部解说，"略指端倪，固未尽美"。明代寂晓《大明释教汇目义门》"依五时教味，粗陈梗概，亦未尽善"。杨之峰在《智旭〈阅藏知津〉对佛经目录的改革》一文中指出，智旭《阅藏知律》解题则是将每部经放在大藏经这样一个有机的整体中去考察，将相关的佛经互相比较，综合解题，前后关联，有详有略。流通本或卷帙不多者，所录皆略，卷帙多而人罕阅者，所录较详。单纯的佛经，只列其品题，并各品事理大概，使人自知纲要；佛经的注疏，则"略出其释经之法，使知各家制立轨则不同"。例如，唐代菩提流支汇译《大宝积经》一百二十卷，有四十九会，每会又有若干品。智旭对每一会每一品的内容一一撮录，作为解题。随后的东汉支谶译《佛说无量清静平等觉经》二卷、曹魏康僧铠译《佛说无量寿经》二卷、吴国支谦译《佛说阿弥陀经》二卷、宋代法贤译《佛说大乘无量寿庄严经》二卷统一解题："已上四经，并《第五无量寿如来会》同本异译。而法贤本中有慈氏问答，尤妙，但止三十六愿。"《佛说大阿弥陀经》二卷，"宋国学进士王日休取前四经删补订正，析为五十六分，惜其未见《宝积》一译。然心甚勤苦，故举世多流通之"。寥寥数语，一部单译、四部重译和一部会译本的主要内容、版本优劣、相互关系，都解释清楚了。

（5）评论与注疏和按语相结合

智旭在有些译本之下都撰有疏语，这些疏语与评论相得益彰。这些疏语是对译经的注疏和按语，本质上也是对译经的评论。杨之峰在《智旭〈阅藏知津〉对佛经目录的改革》中将这些疏语分为五类：（一）说明重译的巧拙和异同的，如对唐提云般若译的《华严经不思议佛境界分》说"与前经同本异译，文颇艰涩"；对宋法贤译的《无量寿庄严经》说"法贤本中有慈氏问答尤妙，但止三十六愿"；对唐实叉难陀译的《入楞严经》说"文笔顺畅……多初品及后二品"等。（二）指出宜于流通的，如对唐般若译的《普贤行愿品》说"最宜一总流通"，又对提云般若译的《华严经·修慈分》说"宜急流通"等。（三）指明与疏钞的关系的，如对《观无量寿佛经》说"天台智者大师有《疏》，四明法智尊者有《妙宗钞》，深得经髓，宜精究之"；对《金光明经》说"智者依此译说《玄义》及《文句》"等是。（四）说明疏钞制作轨则的，如对《观无量寿佛经疏妙宗钞》说"体、宗、力、用，义并从圆，判教属顿"；对《观音玄义》说"以灵智合法身为体，感应为宗，慈悲利物为用，流通醍醐味为教相"等。（五）予以批评的，如说唐宗密的《禅源诸诠集序》是"未究七种二谛、五种三谛之旨"；说元德辉重编的《百丈清规》是"不唯非佛世芳规，亦且非古百丈风格"；僵良耶舍译《佛说观无量寿佛经》一卷，"天台智者大师（智顗）有疏，四明法智尊者（知礼）有代妙宗钞，深得经髓，宜精究之"；菩提登译《占察善恶业报经》二卷，"此诚末世救病神丹，不可不急流通，僭述《玄疏》及《行法》，以公同志"；罗什译《妙法莲华经》七卷，"非精研智者大师《玄义》《文句》不尽此经之奥，仍须以荆溪尊者《释笺》妙乐辅之"；昙摩蜜多译《佛说观普贤菩萨行法经》一卷，"此与《法华·普贤劝发品》相为表里，故智者大师《法华忏仪》全宗此经"。

智旭作为佛学家，译经评论并非他的专攻，但是，佛学研究与佛典评论是联系在一起的，由此使得他的评论极为深刻。佛学家们有的对译经史做过专门考察，评论较为完备；有的是在读经弘法中涉及译本原本，其评论只是点到即止。但无论是哪一种类型，都促使他们考虑翻译的问题。这正如冯友兰在《中国哲学简史》中所说："一个人若不能读哲学著作原文，要想对它们完全理解、充分欣赏，是很困难的，对于一切哲学著作来说都是如此，这是由于语言的障碍。"多数佛教学者都是不能读佛经原文的，他们只能依靠译本了解佛陀义旨，因而迫使他们首先从翻译入手。

中国的佛经翻译评论至智旭已臻成熟。它的成熟不仅体现在评论的标准和方法上，而且体现在批评的公正与客观上，这就最终将翻译评论的客观性与翻译欣赏的随意性区别开了，使翻译评论真正走上独立发展的道路，为佛经翻译质量的提高和推动佛学中国化做出了重大贡献。

第三章 自成体系的佛典汉译评论

佛典翻译历经一千多年，在处理梵（胡）汉两种语言转换的经验和艺术上，积累了成熟的方法和理论。这些方法和理论正是通过译经评论而逐步总结并最终建立起来的。中国佛典汉译评论，自汉代《法镜经后序》以明确的理论表述开始，直至明末清初智旭《阅藏知津》的问世，其间一千多年的发展，大家辈出，精见纷呈，共同创造了中国佛典汉译评论体系。这一体系不仅仅限于直译或意译等几条原则，也不限于道安、彦琮、玄奘、赞宁等几家的评论，它具有自身完整的逻辑和常用的范畴，以及发展的规律、立论的基础和面对的课题。在这一体系中，概念丰富，条理健实，概念与范畴之间逻辑清晰，关联性强。佛典翻译经过"案本""中道"和"圆融"三个时期的历史发展，形成了自身的体系。这个体系既融合了儒、道、佛三家思想，又基于佛学与传统学说之间的转化，并以佛家学说为主干。这一体系是由历代评论家共同创造的，单从个别评论家的观点和学说来看，他们的翻译评论大多散见于经序和佛学论文之中（虽也不乏专著），几乎没有独立的体系；但从历史出发，从宏观和整体上把握他们的评论，就可以看出他们的思想、理论、学说、主张和观点共同构成了翻译评论的大体系，不论是从共时的还是历时的角度看，它都是自成体系的翻译评论。评论者们围绕翻译的基本问题进行了较为系统的讨论。译经评论的主旨在于揭示佛典汉译活动的特性、本质与规律。多数论者都有着丰富的实践经验，他们的论述不仅是有感而发，而且引经据典。这既深受佛学熏陶，又深植于中国古代文论的沃土之中。

佛典汉译评论中的各个部分各自独立而又相互联系，共同构成翻译评论的基本框架。这些评论在本体论、认识论和方法论方面对翻译进行的阐述，不仅涉及翻译本身，还对翻译有关各因素进行了论述。其中包括：译经的实质和原理、译经的原则和标准、译经的方法和程序、译者主体等。其中各个领域互相联系，共同构成一个逻辑严密的系统。本质决定方法和标准，而运用这一方法和达到这一标准，则要靠译者的素质；同时，译者的修养又以翻译的本质、标准以及方法为转移。从佛典汉译长期所关注的问题来看，译经中的风格、单位、策略以及文体等，都是由此而展开的论述，一些重要的译经评论及著述关注的也是这几大课题。

如此，则使翻译活动形成一个完整的考察过程，这也是系统方法的原则和要求。当然，与译经活动密切相关的还有很多内容，如文化、思维、可译性、译经的功用等问题，但它们都从属于这几个主要部分。

第一节　佛典汉译本体评论

哲学上，"本体"指人的感觉之外的世界的本源和依据。而一门学科的研究也必须明确其研究对象，并上升到哲学本体论高度，这就是学科的本体。人类对本体的探究，从对世界本源的思考转向生存境况，从而为本体论进入各门具体学科打下了基础。作为任何哲学所要论述、解决的中心，本体论上的疏忽会导致自身的失落。本体论也是任何一门学科都必须首先要解决的中心，任何学科的研究必须上升到哲学本体论高度，明确其研究对象。如果缺乏对自己学科本质的认识，不仅其中的问题无法进行讨论，学科本身的存在也就值得怀疑了。将"本体论"的哲学思想引入译经评论，对译经本身加以研究，从哲学本体到翻译本体，以确立翻译的本质，或曰翻译的特征，即翻译是什么这一问题。翻译的本质是由其本体所决定的，本体和本质是相联系的。对于什么是翻译这样的问题，必须要有一个明确的回答，这才有利于翻译本身的研究。

一、佛典汉译本体评论的思想基础

凡是把具有无限的、永恒的、不生不灭的性质和功能的一元实体作为宇宙本源的终极解答的思维方式都是本体论的思维方式。作为一种超越经验的存有论，本体论具有自我设定的性质，因此，它是人的理想与愿望的给予。但它又具有其合理性，这是因为，人类作为理想与现实的矛盾的统一的存在，总是悬设某种基于现实而又超越现实的理想目标，并否定自己的现实存在，把现实变为更加理想的现实。

(一)"真如"

佛典汉译评论的本体论思想主要借鉴佛学"真常学"的致思方式，这是一种有所执有所不执的思维方法，因此，真常学的研究对于确立学科本体，维护翻译本质，把握翻译的忠实性原则，同时注意方法的圆通灵活具有启示作用。本体论思想在佛学表现为"真如"，又称"真常"或"法性"，是佛教哲学的中心范畴。佛学中的真如即是本体之异名，而涅槃又是真如之异名。"真如"是本性真净的真常心体，是一切万有的真实相状。《成唯识论》说："'真'谓真实，显非虚妄；'如'谓如常，表无变易。谓此真实，于一切位，常如其性，故曰'真如'。"佛学称达到这种真如之境为"如如境"，即如其本来面目，并无任何增作的境地。用现代哲学的语言表述，就是万物之本体。真常学提出真如缘起论，谓宇宙万有是真心（真如）的生起和显现，主张真如为宇宙万法的本体。

（二）"实相"

佛教"实相"一词，也指宇宙存在的基本状态。实相也叫万物之"如"。如者，如其本然之谓，意思是存在世界即是"如是"地存在着，不能视作某种具体的实体，或以某种具体实体为内涵的概念来指称。这与《老子》的"道可道，非常道；名可名，非常名"同为一理。慧远以"法性"为本体论。他以般若学为宗旨，从本无说出发，宣扬法性本体论。印度小乘佛教认为修行的最终目的是成就阿罗汉果位，超越生死，摆脱轮回转世之苦。但佛教传入中国后，佛教学者把佛教比附成道家的"长生久视"之说，认为佛教是和"长生"说相似的宗教。慧远认为这种看法有偏颇之处，不合佛经本意。所以，他著《法性论》，提倡法性说。"先是，中土未有泥洹（涅槃）常住之说，但言寿命长远而已。远乃叹曰：'佛是至极，则无变，无变之理，岂有穷耶？'因著《法性论》曰：'至极以不变为性，得性以体极为宗。'"（《高僧传·晋庐山释慧远》）"至极"和"极"指涅槃；"性"指法性，即宇宙万物绝对真实的本性、体性，以及宇宙的本体、实体；"体"指证悟；"不变"指不生不灭、非有非无的永恒存在状态。慧远认为，涅槃以永恒不变为法性，要得到这种不变的法性，应以证悟涅槃为最高目标。修行者如果把握了不变的"法性"本体，就是达到了修行佛教的最高境界。涅槃是永恒常住的，无所谓寿命长短，所以，"长生"说是不可取的。慧远还认为，佛教所谓的最高实体和超越现实一切变化的最高修行境界是二而一的。"法性"就是最高境界和最后归宿——涅槃。体认"法性"，进入"涅槃"境界，就是成佛。所以说，"法性""涅槃"和佛三者是同一个内容，是从不同角度说明佛教本体的。

二、翻译的本质观

翻译的本质即翻译是什么，本源何在，这也是翻译的基本观念。翻译的本质与本体相联系。"本质"指事物本身所固有的，决定事物性质、面貌和发展的根本属性；"本体"的基本含义是事物的主体或自身，事物的来源或根源。作为学科的术语，本体是任何一门学科都必须首先解决的中心，只有先对学科本质有正确认识，才能讨论该学科中的其他问题。比如，要讨论翻译的标准、方法、技巧等，在没有解决翻译本质的状态下，是毫无着落的，也是毫无意义的。

(一)"翻译"概念的确立

中国学者对翻译的本质早有探索，因为中国的翻译，与中国的历史一样悠久。被称为中华文化"源头活水"的《周易》就记载了上古时期在中国境内除了炎黄二族外，还有很多部族，各部族就存在着不同的方言和语音。扬雄著有《方言》一书，许慎编纂有《说文解字》一书，也记载了各地的方言。《礼记·王制》载："中国、夷、蛮、戎、狄，皆有安居、和味、宜服、利用、备器。五方之民，言语不通，嗜欲不同。达其志，通其欲：东方曰寄，南方曰象，西方曰狄鞮，北方曰译。"所云"五方之民，言语不通"，泛指各地方言和语音不同。孙希旦注曰："五方水土各异，故言语不通；好恶殊别，故嗜欲不同。帝王立此传语之人，晓达五方之志……与中国相知。"（《礼记集解》）由于各地语言的不同，因此需要翻译人员。华夏人对居住在东方的人通称为"夷"，称北方的人为"狄"，西方的为"戎"，南方的为"蛮"。原来古代是按东南西北四个方向不同的"外语"，设置相应的翻译人员，他们分别称为寄、象、狄鞮和译。所谓"寄"，是传寄中方和外方的不同语言（孔颖达疏《礼记·王制》）。"鞮"为知，"狄鞮"是传达夷狄的语言给中方知道。"译"同"易"，转换对方的语言给我方理解。"象"有仿效、描摹、类推、类比等义，翻译就是把对方的语言通过描摹、类推的办法转换成本族语言。这是由于语言和方言既多，象胥不可能一一精通，所以各有所司，其称呼也不同。来自中国本土之外的东南西北四方"外语"，分别配以相应的寄、象、狄鞮、译四类翻译人员，说明古代中国与四邻的来往是很频繁的。随着时代的演变，东方的寄和西方的狄鞮所占的比例逐渐下降，象和译的比例上升，最后不分寄、象、狄鞮、译，用译包含前三者，流行至今。寄、象、狄鞮、译，四者流传的结果，只剩下译，沿用至今。另外有一个与翻译有关的名词为"通事"，《周礼·秋官·掌交》中指掌管交际往来及奏递奏章的官员。但有时也兼指翻译人员。最初见《新五代史·晋出帝纪》："甲辰，契丹使通事来。"掌管国际交往的官员，当然也通晓"外语"，兼翻译也是循理成章的。后来到宋元时，北方流行称翻译人员为通事，南宋周密《癸辛杂志》载："译者，今北方谓之通事。南蕃海舶谓之唐帕。西方蛮徭谓之蒲义，皆译之名也。"而最初的翻译大多是口译，民间则称之为"舌人"（《国语·周语》），而且主要是外事翻译。可见翻译名称的多样化。

汉文"翻译"一词即是在佛经翻译的过程中创造出来的。文献记载表明，"翻译"一词起源于佛经传入初期，约公元二世纪东汉桓帝时："至桓帝时，有安息国沙门安静，赍经至洛，翻译最为通解。"(《隋书·经籍四》)。唐代智昇《开元释教录》卷第六云："《长房》、《内典》等录有《十八部论》一卷，亦云谛译，今寻文句，非是谛翻，既与《部执》本同，不合再出。""翻"与"译"对举，在同一含义上运用。赞宁《宋高僧传》释"翻"云："如翻锦绮，背面俱花。但其花左右不同耳，由是翻译二名行焉。"他还引用《周礼·义疏》中的观点说："译之言易也，谓以所有易所无也。"赞宁用橘和枳相比，又用印度的尼拘律陀树和中国的杨柳树相比，只是名字不同，本体没有任何区别。不过赞宁只举出名词的翻译，如果就整体含义的传达，翻译并非如此单纯，往往只是类似而已，不可能完全对等，因为将梵文转换成不同语系的汉文，必然会改变原样。正如法云《翻译名义集自序》所称，"夫翻译者，谓翻梵天之语转成汉地之言。音虽似别，义则大同。宋僧传云：如翻锦绣，背面俱华，但左右不同耳。译之言易也，谓以所有易其所无，故以此方之经而显彼土之法。"他指出译经正是"以此方之经而显彼土之法"。自此，"翻译"一词便成了通名。佛经翻译最终发展成熟，正是在于人们对翻译的本质有了全新的观点和成熟的看法。法云对佛经翻译素有较深的研究，其所撰《翻译名义集》对前代重要译者及其翻译评论均极有研究价值，因而与《释氏要览》《教乘法数》并称为"佛学三书"。

(二)从征服到交流

佛教学者关于"译"字的解释，既是对翻译本质的认识，也体现出梵汉文化平等的交流观。佛学传入华夏之前，中土人士按照夷夏论的文化观念看待民族间的语言交流，使当时翻译的重心局限在中央雅言和四方俗言之间的转换。解决"五方殊俗，同事异名"的混乱状态，即如何用中央雅言来统一四方殊语的问题，并由此解决朝廷对边远地区的政治统治与文化风教。《大戴礼记》载鲁哀公曾问孔子："寡人欲学小辨，以观于政，其可乎?"表明鲁哀公是把"小辨"与"观政"放在一起的。《尔雅》《方言》《释名》等训诂学著作也莫不如此。扬雄明确声称其作《方言》的目的是"令人君坐帷幕之中，知绝遐异俗之语，典流于昆嗣，言列于汉籍……扶圣朝远照之明"。这种"察异俗，达远情"与所云"观风俗，知厚薄"出于同一政教之需要。因而这时的翻译是一种强势语言(雅言、文言、官方语言、标准语、普通话)对弱势语言(俗言、白话、民间语言、地方话、异族语)的规范和统一，是以雅化俗的文化建设和以夏化夷的文化征服的一部分，而不是两种不同语言之间的平等交流。

"夷夏之辨"，又称"华夷之辨"，区辨华夏与蛮夷。古代华夏族群居于中原，为文明中心，而周边地区则较落后，由此在当时逐渐产生了以文明礼义为标准分辨人群而不以种族进行分辨的观念。最开始周王室和它所建立诸侯封国，称诸夏，主要包括夏、商、姬、姜四族。《国语·郑语》说："是非王之支子母弟甥舅也，则皆蛮、荆、戎、狄之人也。非亲则顽，不可入也……夫成天下之大功者，其子孙未尝不章，虞、夏、商、周是也。"在地理位置上，华夏位居中央，番夷依方位分为"四夷"，即东夷、南蛮、西戎、北狄。"夷夏之辨"是儒家，特别是儒家公羊学的重要思想，就是要辨明夷与夏的不同。夷是指周边少数民族，即四夷（东夷、西戎、北狄、南蛮）；夏是指诸夏，即"中国"。中原是礼仪文教之邦，四夷则是未开化的少数民族。儒家自孔子以来非常重视"攘夷""治夷"。夷夏之辨正是儒家攘夷治夷思想的具体表现，这一思想后来逐步成为历代王朝处理文化问题和民族问题的根本原则。它体现着文化本位思想和王道政治所独有的文化与道德观念。这一观念的根本原则是不能以夷变夏，孔子说："夷狄之有君，不如诸夏之亡也。"孟子说："吾闻用夏变夷者，未闻变于夷者。"《春秋左传正义·定公十年》说："中国有礼仪之大，故称夏；有服章之美，谓之华。"

"华夷之辨"的衡量标准，后来又经历了血缘衡量标准、地缘衡量标准和衣饰、礼仪等文化衡量标准三个阶段。其中文化衡量标准就是"诸侯用夷礼则夷之，夷而进于中国则中国之"。华夷之辨的理论依据是礼仪，即《周礼》《仪礼》《礼记》及《春秋》。其中《春秋》是华夏礼仪的宗旨，三礼则是具体的规则。孔子说："夷狄之有君，不如诸夏之亡也。"东周末年，诸侯称霸，孔子著春秋大义，提出"尊王攘夷"。《左传》上说："非我族类，其心必异。"《汉书》载："夷狄之人贪而好利，被发左衽，人面兽心，其与中国殊章服，异习俗，饮食不同，言语不通，辟居北垂寒露之野，逐草随畜，射猎为生，隔以山谷，雍以沙幕，天地所以绝外内地。……来则惩而御之，去则备而守之。其慕义而贡献，则接之以礼让，羁縻不绝，使曲在彼，盖圣王制御蛮夷之常道也。"古人在论述"华夷之辨"时带着文化上的优越感，强调并歧视周边少数民族同华夏的区别，以及深刻的防蛮夷、卫华夏的思想。这种思想也反映在翻译观念上。《礼记·王制》载："五方之民，言语不通，嗜欲不同。达其志，通其欲；东方曰寄，南方曰象，西方曰狄鞮，北方曰译。"到了唐代，华夷之辨的观念发生了变化。程晏《内夷檄》说：

四夷之民长有重译而至，慕中华之仁义忠信，虽身出异域，能驰心于华，吾不谓之夷矣。中国之民长有倔强王化，忘弃仁义忠信，虽身出于华，反窜心于夷，吾不谓之华矣。窜心于夷，非国家之窜尔也。自窜心于恶也，岂止华其名谓之华，夷其名谓之夷邪？华其名有夷其心者，夷其名有华其心者，是知弃仁义忠信于中国者，即为中国之夷矣，不待四夷之侵我也，有悖命中国，专倔不王，弃彼仁义忠信，则不可与人伦齿，岂不为中国之夷乎？四夷内向，乐我仁义忠信，愿为人伦齿者，岂不为四夷之华乎？记吾言者，夷其名尚不为夷矣，华其名反不如夷其名者也。

这里明确地用文化和心理认同来决定华夷归属了，凡是愿意接受中华文化礼仪道德，"能驰心于华"，虽然"身出异域"，"吾不谓之夷矣"；相反如果是中国之民，"反窜心于夷"，那么就算"身出于华"，"吾不谓之华矣"，表明决定民族归属的关键作用是文化和心理认同。宋明以后，"华夷之辨"的衡量标准由血缘、礼制、宗法文化的衡量标准阶段向单纯的文化衡量标准或地缘衡量标准阶段演变，更强调"夷而进于中国则中国之"（韩愈《原道》）。正是这种夷夏论影响翻译的观念。由于当时的翻译主要是通过对方俗之语的训释，来解决中华原有典籍的阅读理解问题的，而不涉及引进任何外来典籍，如许慎《说文解字》说："译，传四夷之语者。""四夷"一词就是征服者的口吻。

周北辰在《论"夷夏之辨"》一文中指出，夷夏之辨的"辨"既有"辨明""辨别"之意，还指涉一种文化交往，有"化育"之意，即高级文明形态向低级文明形态施加影响。但自佛学传入以后，这一思想的权威性受到了冲击和质疑，因而在解释上开始说不通，在操作上也行不通，因为此时之夷已非往昔的"四夷"可比。这些学理深邃，劝导性强，使得这一切都"辨"不明"说"不通，更"化"不了。于是"夷"字变成"梵"（胡），一字之变反映了中国人士夷夏观念的变化，使千百年来的夷夏大防最终分崩离析。于是，佛经的传入，改变了这一局面。虽然在佛典汉译初期，人们似乎有矫枉过正之举，即有意提高佛教文化的地位。虽然儒道两家都运用"夷夏论"排斥佛学在中国的传播，但自此以后，中国古代的翻译事业由文化征服逐步转向平等的文化交流。赞宁《宋高僧传》云："译之言易也，谓以所有易所无也。""易"就是平等的交换、交流。可见，佛典汉译改变了传统夷夏论，使华夏民族具有了一定的边地意识，由此也改变了翻译观念。

（三）从"夷夏之防"到"边地意识"

"夷夏之防"本意为严格限定华夏民族和其他民族的界限，严格防范外族对华夏民族的入侵，只能由华夏民族同化其他民族"以夏变夷"，而不容许其他民族影响华夏民族"以夷变夏"，但在特定历史条件下，却发展成排斥外来文化意识。"夷夏之防"的理论，是自西周开始的民族矛盾的产物。孔丘作《春秋》，提出了"内诸夏，而外夷狄"的观点，"夷夏之防"理论作为儒家的政治主张在中国历史上继承下来。这一理论对于印度佛学在中国的传播和发展及其历史定位至关重要。中国传统文化从先秦百家争鸣的结束到宗法统一国家的建立，春秋大一统观念逐渐转变成中华民族的心理积淀，并逐渐体现在文化观念之上。在华夏文化内部，各种学说虽然有正统和非正统之分并可以并存，但均定于儒家一尊之下；在华夏文化与非华夏文化之间，虽然可以宽容外来文化的存在，但必须以华夏文化为正统、为主导；一旦喧宾夺主，就有可能受到批评或者拒斥。

中土佛学者的西行求法取经，本来的目的大多是学习印度纯正佛学，特别是求取梵本经卷回国翻译，因为中土人士自汉武帝开始，就形成了唯经的思维方式，这种思维方式驱使他们重视经典，也促使他们取经求法。中土学者主动西行求法，搜寻经典，旨在从天竺学僧亲炙受学，思瞻佛教圣迹，了解异域文化，增长见识，以改变初期对佛教义理的被动的接受，由此极大地推进了梵汉文化交流的进程。陈寅恪说："吾国古德之有崇高深刻之信仰者，常汲汲焉以求得'正知见'为务，而初期输入之佛典，皆从西域间接，或篇章不具，或传译失真。其重要浩博之名著，或仅闻其名，未睹其本。且东来僧侣，多二三等人物，非亲炙彼土大师，末由抉疑开滞，以此种种原因，故法显、玄奘之流，冒万险、历百艰，非直接亲求之于印度而不能即安也。"（《支敏度学说考》）从东晋后期到南北朝，一批又一批学僧为广求佛法，西行取经，逐步改变了梵胡学僧主持佛经翻译的局面。由于中土学僧直接从阅读得到佛经原典，并精通熟悉梵文与印度文化，使他们在译经的事业中不再只担当"笔受"的助手，而成了主持译经并参与校订的主导。由此改变了中土传统自负和保守心态，更加促使中土人士"边地意识"的形成，最终突破了"夷夏论"的文化观。

自竺法护始，中土学僧备观异国风俗圣迹，体验了宗教信仰，特别是实地学习体验梵语，亲炙佛理。正如赞宁《续高僧传》所说："后则猛显亲往，奘空两通，印印皆同，声声不别。"在这些求法高僧的心中，天竺已成为世界的中心，而华夏不过是未开化的"边地"。于是在中土佛教人士中间，这股情绪演变成为一种"边地意识"。法显《佛国记》载："彼众僧叹曰：'奇哉，边地之人乃能求法至此。'自相谓言：我等诸师，和上相承，未见汉道人来到此地也。"从佛学者的角度，"边地"是指佛陀创立佛教以外的地区，这些地区缺乏佛教学术资源，所以当鸠摩罗什看到慧远《法性论》后说："边国人未有经，便暗与理合，岂不妙哉！"但中土学僧边地意识的形成，促使华夏民族放眼世界，放弃单纯的文化优越感，突破狭隘的民族意识，不仅突破了传统的夷夏论，而且增强了中国文化的和谐思想，扩展了华夏民族的容纳精神。表现在佛典汉译发明上，既保留了印度佛教的根本大义，又能结合中国社会的具体文化，在坚持佛教义理和理想的同时，又融合儒家的伦理秩序和道家的哲学精义。中国佛学之所以能有自己的独立品格，这与历代学僧边地意识的形成有关，正是他们的"边地意识"，为译经大师准确表达佛典含义提供了新的模式，也为外来的印度佛学文化顺利融入中国社会奠定了基础。

三、佛典汉译本体的评论

对于翻译本质的认识根本上反映出人们的翻译观。因此，一旦形成，将从根本上左右着人们的翻译研究取向、价值判断和评论方法及重心的选择。

（一）求真

佛典汉译是一门求真的艺术，它要求尽力减少原本内容和形式的流失。佛教真常学对译经评论的影响就是翻译原则的把握，这就是自佛经翻译始，"真"这一条线索始终贯穿其中的主因。道安在《疑经录序》中说："经至晋土，其年未远，而喜事者以金糅沙，斌斌如也，而无括正，何以别真伪乎？"求真之心朗然可见，同时，"真"也作为范畴逐渐显示出来。僧祐《胡汉译经音义同异记》强调翻译当"尊经妙理，湛然常照（真）矣"，即严格按照原文翻译，保持翻译的绝对正确。这一概念形成后世的"真翻译"思想。这一思想，有利于译经事业和译经艺术的本体讨论，克服翻译中脱离原本的随心所欲。至鸠摩罗什，所译诸经被誉为"真本犹存"，唐高宗称赞玄奘之译是"以中华之无质，寻印度之真文"。辩机《大唐西域记·记赞》崇尚"率由旧章"，道宣《续高僧传序》主张"还遵旧绪"等，这都是真常学思想在翻译评论中的延伸。

翻译的本质就是"还原"，即使用与原文不同的语言完全而准确地恢复原作思想内容，同时尽可能地恢复原作的语言条理与行文特色等风格面貌，也就是力求回到原作的本真状态。翻译的生命也就在于既恢复原作内容，同时又恢复原作的语言组织面貌，保存原文的异国请调。虽然由于两种语言文化的差异，使得保存原作的语言组织面貌和真正的"原"不易寻求，致使这种"还原"成为一种变异中的还原，但这种"变异"也必须是积极的，即"变异"是为读者了解原作起到促进作用，有利于读者看到原作的面貌。因此，变异也是为回到原作的本真而作出的努力。译经评论中对"真味""真意"的追求，即是这种求真思想的体现。宋代宋濂评价当时的翻译时说："第近年以来，传者失真。"所谓"失真"，即是翻译脱离了原本，失去了翻译的意义和价值。顾起元亦赞扬玄奘的翻译"得高原而真文逾显"（《成唯识论俗诠序》）。玄奘自己也认为"神力无方，非神思不足诠其真"（《大慈恩寺三藏法师传》），都反映佛教翻译评论对翻译之"真"的渴求。因之，梁启超认为佛经翻译中的直译论，便是一种"求真之念"，揭示了佛经翻译史上评论发展的基本走向。古译中的错误，由罗什"再译真文"，开拓了佛典翻译的新时期。玄奘揭开新译的历史，纠正旧译的不妥，也就是以直译来弥补罗什的意译，以"诠其真"。还有众多评论者表达了这一观点。

> 但悠悠梦境，去理殊隔；蠢蠢之徒，非教孰启。是以圣人资灵妙以应物，体冥寂以通神，借微言以津道，托形像以传真。（慧皎《高僧传·卷八·义解》）
>
> 有婆薮开士者，明慧内融，妙思奇拔，远契玄踪，为之训释。使沉隐之义，彰于徽翰；风味宣流，被于来叶；文藻焕然，宗涂易晓。其为论也，言而无当，破而无执。傥然靡据，而事不失真；萧焉无寄，而理自玄会；返本之道，著乎兹矣。（僧肇《百论序》）
>
> 玩味斯经，梦想增至。惟悟《大品》，深知译者之失。会闻鸠摩罗法师神授其文，真本犹存。（僧叡《小品经序》）
>
> 但佛教初流，方音鲜会。以斯译彼，仍恐难明。无废后生，已承前哲。梵书渐播，真宗稍演。（彦琮《辩正论》）
>
> 窃以神力无方，非神思不足诠其理；圣教玄远，非圣藻何以序其源。（玄奘《重请御制三藏圣教序表》）
>
> 盖闻真空无相，而非相无以译真，实际无言，而非言无以诠实。（王仕云《如来香募刻引》）

不少评论并没有使用"真"这一概念，然其义旨并未出此思路，如智旭《妙法莲华经台宗会义序》认为翻译应"随文演义，而仍不伤经文血脉"即是，又如杨乙《景德传灯录序》云："若乃别加润色，失其指归，既非华竺之殊言，颇近错雕之伤宝。"隋代《众经目录序》说："佛法东行，年代已远，梵经西至，流布渐多，旧来正典，并由翻出，近遭乱世，颇失原起，前写后译，质文不同，一经数本，增减亦异。致使凡人得容妄造，或私撼要事，更立别名，或辄构余辞，仍取真号，或论作经称，疏为论目，大小交杂，是非共混，流滥不归，因循未定，将恐陵迟圣说，动坏信心，义阙绍隆，理乖付嘱。"

（二）案本

真如还有法性、实相等多种异名，真常学也相应具有即真、真象、传真、真宗、真理、湛然常真、筌实、本正等各种概念，因此译经评论也随之产生了相近的种种范畴，如不增不减、案本、宿本、真本、真味、译真、本正、实，等等。道安在全面评述自汉至梁的重要译者时，就是以"正"来评论译本。他认为翻译"与其巧便，宁守雅正"（《比丘大戒序》）；称赞安世高译经"辞致雅密，正而不艳"，"所出众经，质文允正"，"义理明晰，文字允正"（《大十二门经序》）；称赞竺法护"纲领必正"；评价安玄"理得音正，尽经微旨"；认为康僧会"妙得经体，文义允正"；评价竺叔兰所译是"新出众经，于是获正"；等等。道慈《中阿含经序》指出："其人渐晓汉语，然后乃知先之失也。于是和乃追恨先失，即从提和更出《阿毗昙》及《广说》也。自是之后，此诸经律，渐皆译正。"慧皎《高僧传序》载："随方俗语，能示正义，于正义中，置随义语。"《缘生经并论序》（作者未详）云："辞颇简质，意存允正，比之昔人，差无尤失，真曰法灯，足称智藏。"《佛说缘生初胜分法本经序》（作者未详）称彦琮："博通经论，兼善梵文，共对叶本，更相扣击，一言靡违，三复逾审，辞颇简质，意存允正。"

追求"真"的"不增不减"论，也是基于佛法本身的圆满具足、完备无缺而提出的，即道标《舍利弗阿毗昙论序》所说的"四体圆足，二谛义备"。如果翻译时随意增减，便会丧失其本义。道朗《大涅槃经序》批评这种译本为"随意增损，杂以世语，缘使违失本正，如乳之投水"。道安求"真"，在很多经序中表达了这一思想。他批评不忠实的翻译是"皆蒲萄酒之被水"（《比丘大戒序》），认为"永谢先哲，所蒙多矣，今集所见，为解句下，始况现首，终隐现尾。出经见异，铨其得否，举本证抄，敢增损也"（《道行经序》），主张"与其巧便，宁守雅正，译胡为秦，东教之士，犹或非之，愿不刊削以从饰也"（《比丘大戒序》）。他在《鞞婆沙序》中引用赵政的话说："'《尔雅》有《释古》《释言》者，明古今不同也，昔来出经者，多嫌胡言方质，而改适今俗，此政所不取也。何者？传胡为秦，以不闲方言，求知辞趣耳，何嫌文质？文质是时，幸勿易之。经之巧质，有自来矣；唯传事不尽，乃译人之咎耳。'众咸称善，斯真实言也。遂案本而传，不令有损言游字；时改倒句，余尽实录也。"他认为："若夫以诗为烦重，以尚书为质朴，而删令合令，则马、郑所深恨者也。近出此撮，欲使不杂，推经言旨，唯惧失实也。"（《摩诃钵罗若波罗蜜经抄序》）其他论者的观点也不乏求真之念。

> 夫圣上制经，言要义正，以为具备，无所玷缺，不可复增减矣。犹人之四体，受之二亲，长短好丑，各宿本耳，岂可复改更乎？所谓增之为疣赘，减之为瘢疮者也。……以其私意毁损正言，遗戾经典。（《佛说法镜经后序》）
>
> 当随顺文句，勿令增减，违法毗尼。（道宣《昙无德部四分律删补随机羯磨序》）
>
> 若剩一字佛法有增，若欠一字佛法有减，佛法且无增减的道理。（德洪《大佛顶首楞严经合论叙》）
>
> 事理圆毕，出来增减不得。（徐芳《天界觉浪盛禅师全录序》）
>
> 慧力要终，寂虑寻真，虚心慕道，赞扬影响，劝助无辍，其诸德僧，夙兴匪懈，研核幽旨，去华存实，目击则欣其会理，函丈则究其是非，文虽定而复详，义乃明而重审。（《般若灯论序》）

佛学的真如思想，一方面显示对真理的执着追求，一方面也并不妨碍人们认识和方法上的多元性和灵活性，这就是佛学有所执也有所不执的思维模式。正是这种打通本体与现象，融贯主体与客体的精神解决了翻译评论中正确把握标准与方法、手段与目的的辩证统一关系。如"不增不减"这一思想，到了后期的理论中，只指不改佛陀的本义，而在文句上出于两种语言的差异时，是有变动自由的。因此，这时期的翻译既忠实原义，表现方法又灵活无滞。如辩机《大唐西域记·记赞》称玄奘译经如孔子修《春秋》，"笔则笔，削则削"，但仍不"增损圣旨"，可谓炉火纯青的译经艺术了。

第二节　佛典汉译标准评论

标准是评价译本的尺度和准则。从译经产生之日起，标准一直就是译师们讨论的焦点。由于翻译实践的丰富多样性、评论者的翻译观念和批评视角的不同，标准也有所不同。

一、译经标准评论的发展与演变

标准是译经活动运作中的圭臬，也是译经评论体系在构建时的基点。标准对于译经活动十分重要，原因就在于译经实践和评论层面都有一个"度"的问题，无一定标准就难以确定"度"。在实践层面上，译者总会按照一定的标准翻译。在翻译评价上，评论标准中总有一个价值标准，以价值标准来评价译本优劣和位次。而译经评论以什么方法、步骤来进行也总有一定原则。佛典汉译史上从"案本""中道"至"圆融"，逐步演进。这些标准各有其针对性，也各有其立论角度。标准的确立，是随着译经实践的发展，由各种因素决定的。首先是译经实践决定的。译经实践的产生，催生译经标准的确立；译经实践的变化，也引起译经标准发生变化。因为实践中出现的新问题，不可能再按已有的标准去要求。随着译经实践的开展，文化交流的深入，语言及文学风尚的演进，译者读者的差异，新的翻译标准会随时提出。其次是译经标准的主体多元性，它体现为不同的主体对译经本质特征的不同认识、对译经功能的不同要求、对译者译本的不同评价等而提出不同的标准。由于主体的生活经历、学养差异、文化修养、思想倾向和性格特征的不同，必然运用不同的标准。再次是原典的性质，即原典文体不同，翻译标准不同。佛经有"三藏十二部经"之称，三藏即经藏（诠定学）、律藏（诠戒学）和论藏（诠慧学）。"十二部经"也称"十二分教"，即把一切佛经的内容分为十二种类，即长行（以散文直说法相，不限定字句者，因行类长）；重颂（宣说于前，更以偈颂结之于后，有重宣之义）；孤起（不依前面长行文的意义，单独发起的偈颂）；因缘（述说见佛闻法，或佛说法教化的因缘）；本事（载佛说各弟子过去世因缘的经文）；本生（载佛说其自身过去世因缘的经文）；未曾有（记佛现种种神力不思议事的经文）；譬喻（佛说种种譬喻以令众生容易开悟的经文）；论议（以法理论议问答的经文）；无问自说（如阿弥陀经，系无人发问而佛自说的）；方广（谓佛说方正广大之真理的经文）；记别或授记（记佛为菩萨或声闻授成佛时名号的记别）。最后是经文读者不同，标准不同。阅读佛经的读者，有研究性的，有信仰性的，还有欣赏性的，有知识性的，不同的读者期待需要不同的译本，因此标准就不同。

二、"圆融"的评论标准

"佛道贵圆融"，这是佛学家的共识。智顗为突出圆融在四教中的地位，概括圆有八种含义："所言圆者，义乃多途，略说有八：一教圆，二理圆，三智圆，四断圆，五行圆，六位圆，七因圆，八果圆。教圆者，正说中道，言不偏也。理圆者，中道即一切法，理不偏也。智圆者，一切种智圆也。断圆者，不断而断无明惑也。行圆者，一行一切行也……位圆者，从初一地，具足诸地功德也。因圆者，双照二谛，自然流入也。果圆者，妙觉不思议也。"（《四教义》）这本是论教理的圆满周遍。"圆"就是追求完美，以"圆融"作为真理意义上终极的理想境界。但经本的圆满与翻译的圆满是分不开的，因此在佛典汉译评论中，以"圆融"作为翻译的终极境界，作为译本的最高审美标准和极至，这一评论深受唯识学思想在真理观和标准观上的影响。唯识学所追求的"圆融"目标，既有丰富的美学内涵又具高度的理论概括性，既有真理意义又具方法意义，因而为佛经译者所重视。唯识学因倡导"唯识无境"义理而得名，宣说"阿赖耶识缘起"理论，玄奘所创唯识宗最能表达此学的意趣。唯识学认为世界并非"一切皆空"，作为成佛主体的"识"是存在的。为论证这一理论，唯识宗提出"三性"说："遍计所执性""依他起性""圆成实性"。人们通过这三级认识上的发展，最终达到"圆满"。其"圆成实性"，就是圆满成就真实的本性，遍于一切现象，没有缺憾，不增不减，没有变异。《成唯识论》云："二空所显，圆满成就诸法实性，名圆成实。……于彼依他起上常远离前遍计所执，二空所显，真如为性。"因此只有"圆成实性"认识方法才是最高最正确的认识，它是真空，故非有；是妙有，故非空。这是就一法而从三方面说其非有非空的中道，而这种认识又是与真如佛性相一致的，这就把方法论提到了真理观和标准论的层次。在此，"圆"既是认识方法，也是标准，是方法和认识的统一。因而"圆"成为唯识学的终极目标和真理观点。由道宣所创的律宗，在理论上也盛倡"唯识圆教"，崇尚圆融学说。道宣参加玄奘译场，负责润文，深受唯识学影响，所以他在其所立的三教三宗中，都表现出对"唯识圆教"的追求。同时他又兼取诸家，对"圆"的论述也极为融通，因此，他在翻译评论中能始终坚持圆融论，为佛经翻译思想走向圆满做出了贡献。众多翻译评论者都表达了这一追求。

　　经旨若圆，雅怀应合。直餐梵响，何待译言。本尚亏圆，译岂纯实。等非圆实，不无疏近。（彦琮《辩正论》）
　　三藏学究二谛，教传三密，义了宗极，伊成字圆，褰裳西指，泛杯南海，影与形对，勤将岁深。妙印度之声明，洞中华之韵曲。（唐代宗《仁王护国般若波罗蜜多经序》）

惟今三藏法师，蕴灵秀出，含章而体一味，瓶泻以赡五乘，悲去圣之逾远，悯来教之多阙，缅思圆义，许道以身。心口自谋，形影相吊，振衣擎锡，讨本寻源，出玉关而远游，指金河而一息。稽疑梵宇，探幽洞微，旋化神州，扬真殄谬，遗诠阙典，大备兹辰。方等圆宗，弥广前烈，所明胜义，妙绝寰中之中。真性真空。（释明浚《答柳博士书》）

幸会华严新译义理圆备。（照明《略释新华严经修行次第决疑论序》）

至有文辞稍碍而未圆。（圣行《相宗八要解序》）

事理圆毕，出来增减不得。（徐芳《天界觉浪盛禅师全录序》）

"圆融"还具有不落一端，灵活融通的方法论色彩，意味着精神的自由与解放，这又启发译师们将译经艺术作为一种左右逢源，毫无挂碍之美对待，所以"圆"又体现了方法作用。灌顶《妙法莲华经玄义序》中说："夫理绝偏圆，寄圆珠而谈理，极非远近，托宝所而论极，极会圆冥。"道宣《续高僧传·阇那崛多传》称："言识异方，字晓殊俗，故得宣辩自运，不劳传度，理会义门，句圆词体。"玄奘《还至于阗国进表》亦云："玄奘往以佛兴西域，遗教东传。然则胜典虽来，而圆宗尚阙。"这都是援引佛学的"圆"来直接阐发翻译方法的理论，表明"圆"具有翻译方法的理论意义和实践指导意义。梁启超称玄奘译经，"直译意译，圆满调和"；吕澂亦赞美他将印度"钩锁连环"与中土"偶正奇变"两种文体"洽洽调和"。明代庄广还在《净土资粮全集后序》中谈到自己在编译佛经时说："彼云佛道圆融，而圆融有二义，一者因该果海，二者果彻因源。如始有少有者以最上乘之理，详着于三乘之后，是谓果彻因源；富有者，于三乘之中，而遍具最上乘之理，是谓因该果海。其为圆融则一也，尚何优劣之有哉！"这段哲理性极强的论述，运用华严宗宏观式、辩证式的思维方法来衡量经本意义。法藏以宅舍与柱、壁、椽、板、瓦等的关系来譬喻"六相圆融"，显示了佛学善以整体而全面求圆精神。

第三节　佛典汉译方法评论

佛典汉译方法是对梵汉转换中的各种运用手段、传达艺术、增减策略以及对应技巧的研究。译经方法的研究是佛典汉译评论重要的一部分，它不仅反映译者的翻译观，而且直接关系到翻译标准的实施和实现，同时还是翻译艺术和质量高低的决定性因素。佛典汉译评论是译经观念与译经方法综合作用的产物。从方法与观念的关系看，不同的具体方法产生不同的翻译观念和理论系统。从译经标准的不断演变来看，都是先有方法的演变，再产生新的翻译标准和新的翻译观念。

一、"中道"与佛典汉译方法

译经方法受佛教中观学研究方法论影响颇深。佛学中观学具有符合翻译艺术的丰富多彩和独具特色的思维方法，在为翻译方法提供理论、致思方式及具体操作范式上，具有很高的价值。

(一)"中道"的佛学意蕴

佛经中观学以其思维方法上的不落一边、行乎中道而得名。"中"在佛教哲学理论中是最高的认识方法和原则，它与中国传统思想的"中"是不同的。裴休《大方广圆觉修多罗了义经序》中说："无去无来，冥通三际，非中非外，洞彻十方。不灭不生，岂四山之可害?"杨杰《净土十疑论序》说："阿弥陀佛与观音势至乘大愿船，泛生死海，不着此岸，不留彼岸，不止中流，唯以济度为佛事。""非中非外""不着此岸，不留彼岸，不止中流"正是传统与佛家之"中"的本质区别，表明佛学的"中"并不是走中间道路的特征，它是没有停滞的否定，目的是要达到最高真理。道宣《大唐内典录续录赞序》中将其概括为"不饮两端"，也较为准确地表述了"中"的含义。它与辩证的否定之否定方法也不同，否定之否定就到双重否定为止，即是达到一种肯定。而中道则是用双遣的方法对这种双重否定加以否定，并且连这种否定本身也要给予否定，认为一旦肯定了某种意思便是落入一偏，因此，只有不断否定下去，才可达到"中观"。昙影在《中论序》中说："会通二谛，以真谛故无有，俗谛故无无。……涉中途，泯二际。""中"就是泯灭一切差别，统一一切对立。慧远也是用二谛的统一来揭示中道的。他在《大智论抄序》中说："其为要也，发轸中衢，启惑智门，以无当为实，无照为宗。……则二谛同轨，玄辙一焉。"准确概括了"中"的内涵。

有时佛学著述中也用"折中""中和"或"中庸"这些概念，但其含义仍是佛家的"中"，如僧叡《十二门论序》说："十二门论者，盖是实相之折中，道场之要轨也。"《十二门论》本是印度哲学大师龙树的著作，僧叡亦以"折中"二字诠释其"中"，即可说明这一点。灵耀《盂兰盆经折中疏序》还将二者同用："俾文不失义，辩不违经，庶几折中。仰弘圣化，讵能合二妙以成一家，实冀兼事理，而从容中道也。"陈子良《辩正论序》说："辩中观则龙树可期，谈自然则老庄非远。"大致区分了佛教思想与传统思想的不同。

中观学思想不是超出有无之外、与有无对立的形而上的形态，而是结合空与有的内在关系做全面的辩正观察，包含了有与无在内的"空"，是有与无的对立性的克服和超越。正由于它克服了二元性，所以才成为真正的空。这是从打破了"有与无"的终极之后而升华出来的一种"无相"的空。这种无相的空，正好说明空的思想是辩证的。南禅宗《坛经》里提出离两边的"中道"说，认为向人说法时要"出语尽双，皆取对法"，特别是用"明是因，暗是缘。明没即暗，以明显暗，以暗显明"来说明明暗之间的相互联系和区别，就是极为精致和深刻的辩证法。正是因为这一方法在哲学上具有辩证法上的意义，以及所包含的丰富的美学意蕴，这就是无滞无碍，自由通脱的艺术辩证法和美学"活法"的原理，所以很快为翻译评论者改造成翻译方法和技巧，形成翻译中的"中道"。"中道"的美学实质意味着它既不执空的一极，也不执有的一端，而是圆活折中，不即不离，契合了翻译艺术自由无碍，灵活多变的方法。

（二）"中道"在译经评论中的应用

中观学理论在翻译中得到广泛运用。主张翻译的"中"在我国翻译史上始于道安。道安曾在《了本生死经》《注经及杂经志录序》《鞞婆沙序》等序中多次用到过"折中"概念评论翻译。他将无叉罗所译《放光》与竺法护译本《光赞》合本比较，一方面赞同竺译"言少事约，删削复重，事事显炳，焕然易观"，同时又指出其"从约必有所遗，于天竺辞反腾，每大简焉"的不足。可见道安并不反对"删削"，只要不过分，不致使经义遗失太多即可。在文质上，他一方面认为竺译"言准天竺，事不如饰，悉则悉矣，而辞质胜文也"，并有"事周密耳，互相补益，所悟实多"的长处，但又有"每至于事首，辄多不便，诸反复相明又不显灼"的缺憾。在道安看来，翻译中的繁和简应该适中，不能过度，超越一定的度，就不符合翻译的要求了。他在《比丘大戒序》中也表达了这一思想，如他不赞成"其言烦直""叮咛反复"的翻译，希望"斥重去复"，但又强调这种删削应该适当，因为"抄经删削，所害必多"。

但是道安的"中"还只是传统思想的"折中"，因为佛家的"中道"是在罗什来华译出龙树《中论》等中观学著作之后才传播开的，道安显然还没有接触这一思想，他只是依据早期佛学思想中的"中道"。早期佛教的"中道"思想反对执着于"两边"，反对虚幻的"分别"，其中有"苦乐中道""无记中道""有无中道""断常中道"等概念。"苦乐中道"是释迦牟尼创立佛教时"初转法轮"的具体内容，是佛教"中道"思想的最早形态。《中阿含经》记载佛陀要求五比丘："舍此二边，有取中道，成明成智，成就于定，而得自在，趣智趣觉，趣于涅槃，谓八正道，正见乃至正定，是谓为八。"因此这种"苦乐中道"又称为"八正道中道"。"无记中道"就是指释迦牟尼对当时印度其他思想（或宗教）派别提出的一系列哲学性较强的重大问题均不给予明确的答复，或认为这些问题是不能用一般方式解决的。其中著名的有"十无记"说和"十四无记"说，《中阿含经·箭喻经》载，佛陀认为对这些问题的讨论不会有什么结果或意义。"有无中道"（有没有一个主宰体，根本因或创世神）观念：原始佛教并非不执"有"或不执"无"，他们所追求的"中"只是相对而言，绝对的"中"是不可能的，如原始佛教提出要"离有无二边"，虽要离"无"，但又主"无我"；虽要离"有"，但又认为有涅槃境界等。原始佛教理论讲"轮回解脱"，这在逻辑上就需要有一个相当于"我"的实体。如果完全否定"我"，就与"轮回"理论发生冲突。"断常中道"：所谓"常"是认为世间事物或人生现象中有一个常恒自在主体，"断"是认为世间事物或人生现象中没有一个常恒自在主体。原始佛教主张"诸法无我"，理应归入"断见"。但其自身又不这样认为。因为在原始佛教看来，"无我"是在肯定有轮回涅槃的理论基础上的"无我"，因而不是"断"。这种解释或理解，站在大乘佛教的立场上来分析，则是很难令人信服的。可见，在原始佛教中，"中道"的思想只是初步产生，在一些场合，这种思想表现得较明显，而在另一些场合，则表现得不明显，甚至相反，而且对"中道"思想的重视程度也是有限的。因此从部派佛教开始，"中道"思想有了进一步发展。至大乘佛教思想家系统地总结自己的理论与"中道"思想的关系，即始终自觉地专门以"中道"的精神来构筑或表述自己理论的思想。他们把与"中道"有关的思想加以归纳、提炼，使之成为印度佛学思想史上的一种引人注目的思维方式。所以僧叡在《毗摩罗诘提经义疏序》中说："当是无法可寻，非寻之不得也。何以知之？此土先出诸经，于识神性空，明言处少。存神之文，其处甚多。《中》、《百》二论，文未及此。又无通鉴，谁与正之。"是说道安的"折中"思想并不符合般若学空宗要义的"非有非无"之"中"，把有无从否定的方面辩证地结合起来。因此，道安不可能像佛经翻译中期慧远、僧肇、僧叡等人那样，站在大乘中观学派立场上，以"二谛"辩证的方法来考察矛盾双方，明确提出中道的观点。这是道安的"折中"理论显得不如慧远的"厥中"论那样明确和突出的主要原因。

至罗什译出《中论》等中观学著作后，"中"的思想方法才在翻译评论中普遍得到运用，如僧肇、慧恺、僧祐、慧远等人的论述就是明显的中道思路。僧肇《百论序》说：“陶练覆疏，务存论旨，使质而不野，简而必诣。宗致划尔，无间然矣。”慧恺《摄大乘论释十五卷序》载：“法师既妙解声论，善识方言，词有以而必彰，义无微而不畅，席间函丈，终朝靡息，恺谨笔受，随出随书，一章一句，备尽研窍。释义若竟，方乃著文，然翻译事殊难，不可存于华绮；若一字参差，则理趣胡越，乃可令质而得义，不可使文而失旨，故今所译，文质相半。”僧祐《胡汉译经音义同异记》明确提出：“然文过则伤艳，质甚则患野。野艳为弊，同失经体。”至慧远，“中”的评论就已显出范畴的趋势了，他曾明确提出“以详其中”（《大智论抄序》）和“以裁厥中”（《三法度序》）的命题。

“中道”学说用于译经评论，主要是因其超越各种极端的方法和思想，启示译者能兼顾两头，又能脱离两个极端，使翻译中的文与质、言与意、雅与俗、形与神、信与美等各种对立概念得到有机统一，同时又灵活自如，圆通无碍，使翻译方法和技巧融通不拘。慧皎在《高僧传·译经论》中说，翻译当“随方俗语，能示正义，于正义中，置随义语”，当是指翻译中视两种语言的差异而灵活采用的翻译策略，这就不能固守文字层面的“不增不减”。辩机《大唐西域记·记赞》称玄奘的翻译是“笔则笔，削则削”，即对原文文句多有变通。但在内容的忠实性上，玄奘译文的忠实亦受到历代学人肯定。赞宁《宋高僧传》记载：“初，奘嫌古翻《俱舍》义多缺。然躬得梵本，再译真文。”正反映了玄奘翻译艺术的成熟。禅学的真髓就是“不执文字，不离文字”（《五灯会元·卷一》）“任性随流”，但又“明心见佛”，这一精神体现在译经艺术上就是“从心所欲，不逾矩”。因此，唐以后的译经评论，都常用这一思想方法评论翻译：

　　　　然夫国史之与礼经，质文互举，佛言之与俗典，词理天分，何以知耶。故佛之布教，说导为先，开蒙解朴，决疑去滞，不在文华，无存卷轴。意在启情理之昏明，达神思之机敏，斯其致也。（道宣《大唐内典录·卷第一》）

　　　　传经深旨，务从易晓。苟不违本，斯则为善。文过则艳，质甚则野。说而不文，辩而不质，则无可大过矣，始可与言译也。（辩机《大唐西域记·记赞》）

　　　　昔人云，人在则易，人亡则难，今为解释，冀退方终古，得若面会，然繁则倦于章句，简则昧其源流，顾此才难，有惭折中，意夫后学。其辞不枝矣。（澄观《大方广佛华严经随疏演义抄·序》）

> 童寿译《法华》折中适时，自存法语，斯谓得译经之旨矣。（赞宁
> 《宋高僧传·译经篇·论》）

> 如来慧辩，理义联环；房公渊文，词采简洁；而守章句者滞筌
> 蹄之学，求理本者陋文字之繁；未能和会折中，雅符上器。（德洪
> 《大佛顶首楞严经合论·序》）

这些评论都看到了过文或过质的弊端，因此主张以"中"的观念处理文质关系。但他们似乎没有意识到"中"本身的弊端，宋代王日休的一段话却可谓得中观之髓：

> 大藏经中，有十余经。言阿弥陀佛济度众生，其间四经本为一
> 种，译者不同，故有四名……其大略虽同，然其中甚有差互，若不
> 观省者，又其文或失于太繁，而使人厌观；或失于太严，而丧其本
> 真。或其文适中，而其意则失之。由是释迦文佛所以说经，阿弥陀
> 佛所以度人之旨，紊而无序，郁而不章，予深惜之。故熟读而精考，
> 叙为一经，盖欲复其本也。（《大阿弥陀经·序》）

宋代杨杰《净土十疑论序》指出佛教"中道"的特点是"不着此岸，不留彼岸，不止中流，唯以济度为佛事"。这种不着"此"，不留"彼"，不止"中"的思维方法，正是译经艺术的真谛，所以译经中的"繁""严""中"都是不符合译经原则的。因为译经是回归原本，一切依照原本的模拟，不可能由译者预先设定标准，或随译者个人的学养风格和审美情趣而求"文"、崇"质"或尚"中"。这是佛学中道思想对于译经的方法论意义。

"中道"思想的价值是它圆活无滞，不偏不倚全面的辩证法。根据翻译艺术的特殊性质和规律，要恰当地处理翻译中的各种矛盾的关系，要求译者在翻译中注意在互相矛盾的审美趋向中，以争取最佳艺术效果。辩机《大唐西域记·记赞》称赞玄奘"疏清流于雷泽，派洪源于妫川。体上德之祯祥，蕴中和之淳粹，履道合德，居贞葺行"。《般若灯论序》（作者未详）称波颇密多罗"学兼半满，博综群诠，……观明中道而存中矣"。唐中宗在《根本说一切有部苾刍尼毗奈耶·三藏圣教序》中称义净"既闲五天竺语，又详二谛幽宗"。僧祐《出三藏记集》说慧远"无生实相之玄，般若中道之妙，即色空慧之秘，缘门寂观之要。无微不析，无幽不畅……令质文有体"。《广弘明集序》中说："化不可迁下愚之与上智，中庸见信从善。"这些表述，基本上都是佛家"中道"观的反映。尤其是道宣《大唐内典

录续录赞序》提出"不饮两端"，与佛家脱离两边（两个极端）的不偏不倚的"中道"观甚是一致。用这种哲学来指导翻译，就是在方法上圆活无滞，标准上圆融和合。正如赞宁《宋高僧传·译经篇》说："然则糅书勿如无书，与其典也，宁俗。傥深溺俗，厥过不轻。折中适时，自存法语，斯谓得译经之旨矣。"最终达到的是一种"水乳无乖，一味和合"的境界。

二、"有法"与"无法"、"死法"与"活法"

法度是佛经翻译评论的基本论题之一，像明则的《翻经法式论》、灵裕的《译经体式》主要是讨论译经方法的。这些法度从强调具体翻译技巧、翻译法则以及翻译规律的角度论说技巧的运用，译经的轨则和译例以及译经仪式，关注的是译文的构思与传达问题。佛典汉译评论中，最主要的内容就是译法，即关于翻译的法则和技巧。魏晋南北朝时期，佛典汉译事业臻于全盛，其时，译经艺术远迈前人，译经大师也不断总结译经经验和方法，细致地讨论译经技巧。这之中，有对翻译篇法、句法、字法的探讨与要求，更有对深层次原则规范的论说，也有对具体技巧的细致考察和对翻译审美表现原则与要求的倡导。所以当代学者大多认为佛经翻译理论基本上谈的都是技巧，这从现象上看确实如此。无论是道安的"五失本""三不易"，还是玄奘的"五不翻"；无论是彦琮的"八备十条"，还是赞宁的"六例"，都可看成直接指导译者具体操作的法规。

（一）传统与佛家论"法"

华夏传统文化在大道无形的本体论观念的主宰下，事物的规则或原理被划分为技与道或曰神两个层次：技是形而下的，道是形而上的；技相对道来说属于低层次的范畴，技之极致即上升到道的境地。《庄子·养生主》中说："臣之所好者道也，进乎技矣。"就翻译而言，有法即是技，神而明之的"无法"才是道。"至法无法"的观念来自老、庄道学思想，在艺术就是达到通神的化境。这种理想境界连作者自己也不自知其然，当然也就不可以用技巧来讨论。老子认为，作为世界本原的形而上的道是不可名状的，庄子也说"大道不称"（《庄子·齐物论》）。《庄子·天道》谓轮扁不能传"得之于手而应之于心"的斫轮神技，正所谓："可以言论者，物之粗也；可以意致者，物之精也。"（《庄子·秋水》）艺术也是一样，可以说明的只是粗浅的经验，真正精妙的心得不可言说。作为技的法可以言说，而法的理、法的精义、运用法的神明却是不可言说的。不能用语言捕捉、表述的内容，自然就是超出知觉限度之外的不确定的东西，也就是不可讨论的内容。

　　儒、道两家学说是中国传统思想的两大源头，经典翻译思想也不例外地受到两家学说的影响。但两家思想对译经思想的影响是不同的，儒家思想的影响主要在本质论和功能论方面，至于技巧、修辞、艺术辩证方法及美学基本原理则大体是在老、庄道家思想的基础上形成的。蒋寅认为至法无法的观念，从本体论的角度看，无疑可以溯源于道家思想；但如果从主体的立场来讨论译经大师们对法的态度，那主要是道而不是器的观念的影响（《至法无法：中国诗学的技巧观》）。传统观念中，"工以技贵，士以技贱"。孔子曾说自己少贱多能，不试故艺。后世士大夫总是崇尚通才通识，而轻视具体的技能。班固《答宾戏》云："取舍者，昔人之上务；著作者，前列之余事。"焦循说："倘以道与器配之，正是取舍为道，著作为器。"人们都本着孔子"有德者必有言"的训条，首先强调的是品德、修养和学识。在这样的观念主导下，译经评论中既有对法的热衷，又有对法的轻视。翻译中的"活法"本是在总结翻译实践的基础上阐发出来的。但一味模仿这些法度而不敢越雷池一步，也会妨碍译经的灵活性，阻塞译者的变通性和创造性。禅宗正好有由印度佛教思想发展而来的"活法"论思想，适合讨论这类问题。

　　"活法"论也是佛学的重要论题。释尊云："法本法无法，无法法亦法，今付无法时，法法何曾法？"（《七佛传法偈》）阿难亦云："本来付有法，付了言无法，各各须自悟，悟了无无法。"禅宗在对印度佛教的"无执"思想加以中国化改造之后形成的一种关于修持的基本思想，其要旨就是对任何事物都不要执着。这一要旨，集中地体现在南禅宗所说的"三无"禅修法门上，即以"无念为宗，无相为体，无住为本"。"无相者，于相而离相；无念者，于念而无念"，而"于诸法上，念念不住，即无缚也。此是以无住为本"（《坛经·定慧品第四》）。这就是要求学佛者对任何法，乃至佛经字句都不要执着，否则，就会被系缚住而不能获得佛法大意。所以，德山缘密禅师就提出："但参活句，莫参死句。活句下荐得，永劫无滞。"（《五灯会元》）而所谓的"死句""活句"就是"语中有语，名为死句；语中无语，名为活句"。就是说佛经话语中没有什么"佛法大意"存在，即"语中无语"，所以，不要滞守于佛经、公案语录的字句上，而是要超越字句领悟其外的佛法大意。"活法"是指既要按照译例的规矩，又不受规矩的限制，能有灵活的变化，而又不违反规矩。"死法"谓墨守技巧成规，僵硬少变；"活法"为技巧法则成规的灵活运用，中其规矩又富于变化。人们主张在不违弃规则的前提下，能有所变化。"死法"与"活法"需辩证理解和运用。翻译是一项充满个性和创造性的精神活动，它既有固定的方法和原则，但又不是照搬照套。

(二)翻译中的"法"

传统技法思想及佛学对诸法诸句"不住"的思想，以及"死句""活句"的思想，给译经评论者以很大的启发，使他们认识到译经技巧必须灵活运用，而有的译经受到论者的批评，正是译人执着于前人的"法度"而不敢越雷池一步的结果。特别是在禅宗"活法"论思想的指导和启发下，他们阐发了如何正确对待法的"活法"论思想，要求译者对于译例，既要遵守，但又不要固守。这一思维符合禅宗"活法"论的"于相而离相""于念而无念"的"活法"论。

译经大师们将"至法无法"作为佛典汉译技巧观，他们一方面热衷于研究翻译的技法，总结出各种译例规则，而另一方面又不主张在实践中生硬地按照这些技巧去译。在他们看来，法本身无所谓死活，死法与活法只是比喻译者运用法的不同态度。有法与无法、死法与活法的关系实际上构成了他们对待翻译技巧的基本观念。这一观念实际是由法入手，经过对法的超越，最终达到无法即自然的境地，概括地说就是"至法无法"。佛经汉译的"法"，通常具有法则和方法两层意思，主要讲的就是翻译的基本规则和文体特征等具有一定规定性的、必须遵循的条例，并由此形成佛经汉译独有的"译例"。"例"即仿照的准则、规程条例等。《汉书·何武传》云："欲除吏，先为科例，以防请托。"在译经评论中，"法"通常包括增减改换等策略以及文体、声律、结构、修辞等各方面的手法与技巧的运用。从初期译经"例颇不定"，"时野时华"，评论者经过本体论、文体论的讨论，到唐代以译法为主体的理论结构，沉淀为对各种不同的"法"的技术性把握，法被赋予一种超越具体法则的意义，意指法背后的原理，因此，唐代译经"直译意译，圆满调和"。这是技法的探讨逐步深入，总结不断细密，其说日臻完密，日益系统化的结果。但同时，也日益流于琐碎苛细，致使评论者起而矫正其烦冗琐碎，提倡"活法"和"无法"。"活法""无法"之说显示的意义是：具体的法则是固定的，是谓定法；而法的原理是灵活的，是谓活法。相对具体法则而言，更重要的是法的原理。对法的原理的把握同时也就是对法的超越，所以说有法而无死法。这应该说是评论者对"法"的自觉意识。"有法"和"死法"寓于"无法"和"活法"之中。反对机械地拘泥于法，强调用法、驾驭法的能动性和灵活性，即由有法至无法，这便成为佛经翻译中关于技巧的基本观念。所云"真法"就是神明，它是法的主宰。这可以说是译者关于技巧观念的完整表达——由法而达到对法的超越。

佛经翻译家对技法的根本态度是反对执着于固定的法，而追求对法的超越，最终达到"无法"的境地。所云"无法"，并不是随心所欲，混乱无章，而是与自然之道合，达到通神的境界。译经评论者总是告诫译者必须灵活用法，而不要为法所拘束。他们认为由有法可臻无法即通神的境界，既要求法必须基于一定的原则，又主张法既有所依据，就要辩证地看待有与无。"至法无法"作为翻译规则和技巧的根本态度，可以说是译经方法发展到成熟境地的标志，它意味着翻译中各种方法的灵活自如。"法"在有无之间，有法和无法之间没有绝对的界限，二者互相依存，互为转化，任何机械地理解和片面地运用都是不正确的。有法，但不受其拘束；无法，却又不脱离规矩。这可以概括译经大师们关于"法"的基本主张——既注重"法"是大量翻译实践经验的总结概括，它反映着一定的翻译规律，它是客观存在的；又意识到已有的经验不能代替所有的创造性译经活动，基本的规律并不等于千变万化的表现形态。任何译经方法的运用都要取决于原本性质，经典内容与读者类型的需要，取决于译者随变适会的才能大小。译者掌握翻译之"法"，最终达到那"有无之间"的境界，最根本的一点在于一切依实际条件和具体情况而定。

三、外师造化，中得心源

《华严经》有"心如工画师，能画诸世界"的命题，这对各类艺术影响很深，并衍生出许多精辟的艺术观点。南北朝时期的姚最在其《续画品录》中说："学穷性表，心师造化。""性"即本质；"表"即现象，意为对事物外在现象和内在本质都有透彻认识，再用自心去领会自然的法则。唐代李嗣真《续画品录》云："顾生思侔造化，得妙悟于神会。"唐代画家张璪提出"外师造化，中得心源"的绘画理论（《历代名画记》），意谓画家当以大自然（造化）为师，结合内心的感悟（心源），方可创造出好的作品。这一命题体现了禅宗的心源为本的思想，《五灯会元》载："千万法门，同归方寸；河沙妙德，总在心源。"禅宗的心与性是统一的，其主张"以心传心"，其心即指佛心、自心，意谓导师不依经论，离开语言文字直接面授学子，以佛陀主旨精义使学子自悟自解。而学子为导师瞬间直接认可而得到的心印称为"正法眼藏"，也就是佛教正法。禅宗以用参究的方法彻见心性的本源为主旨，主张"直指人心，见性成佛"，指的是深究、彻见心性本源，从而成就佛果。张璪的提法实为禅宗的翻版，其"心源"就是"性"，所以，他能得物象之"真"。宋代范宽也说："前人之法未尝不近取诸物，吾与其师于人者，未若师诸物也，吾与其师诸物者，未若师诸心。"（《宣和画谱》）意指临摹古人书法，不如直接向大自然学习，而只知学习大自然的外貌、表象，又不如从自己的生活体会、心灵感受中去汲取创作的养分。自汉代以后，佛教融会于中国文化与思维，进入哲理学术、美学诗艺、语言绘画，思想界、文学界人士接受佛学的熏陶，对于佛学多有深切体验。张璪深受佛学影响，其《绘境》一文，尽显佛学思想。唐代是佛学发展的顶峰，思想界和艺术界论艺重"境"，正是在佛学影响下出现的理论趣尚。佛学尤其是禅宗的境界理论，重视心境，成为中国美学境界所取资的理论源泉。唐代艺术思想受到佛学与禅宗的影响，艺术技法多谈"心源"。宋之问《自衡阳至韶州谒能禅师》说："物用益冲旷，心源日闲细。伊我获此途，游道回晚计。"他从南禅宗思想中领悟到了使心源澄静的启迪。刘禹锡也在禅宗的影响下提出："心源为炉，笔端为炭，锻炼元本，雕砻群形。"（《董氏武陵集记》）

　　汉译佛经中的一些思想方法与佛学关于"法"的论述有着深厚的渊源。早期的汉译佛经中就有类似的理论。翻译时融通客观物色与主观情感，心与境谐才能下笔有神。汉译佛教典籍中对这种主客观关系有非常深刻和精细的分析，如后汉安世高所译的佛教早期经典《长阿含十报法经》"八法"之五时说："内念色想，外见色青，青色青明青见。譬如华名为郁者青，青色青明青见，如是内色想外见色青，青色青明青见。如是想，是为五自在。"这一段对内想色和观色的解说，很赋有美学意蕴。"造化"与"心源"是在佛学影响下产生的一个艺术理论命题，它的核心是强调妙悟。这一命题无论是对译者理解原本思想，还是译文表达艺术都具有指导意义，因此它深受评论者关注。佛学"圆"的创构要旨在于"外师造化，中得心源"。"心源"的博大，足以涵盖天地万物。禅宗境界不是停留于道、法所蕴含的外在世界，而是要使外在世界成为人格本体内在体验的形象。"心源"与"造化"取得一体性，形成一种浑融深邃的美学意蕴。

（一）心源为本

　　"心源"是佛学术语，《四十二章经》载："佛言：出家沙门者，断欲去爱，识自心源，达佛深理，悟无为法。"实叉难陀译《大方广佛华严经》卷十二说："我王心镜净，洞见于心源。"卷十五又说："涤除妄垢显心源，故我归依无等者。"不空译《菩提心论》说："若欲照知，须知心源。心源不二，则一切诸法皆同虚空。"在这些经论中，"心源"包含两层含义：一是本源义，即心为万法的根源，所以叫作"心源"。此心为真心，无念无住，非有非无，与此相对的是妄心，这是有念心、是非心、分别心。《净土生无生论》说："三界唯识，万法唯心。了悟心源，即是净土。"此明其本。

二是根性义，心源之"源"，是万法的"本有"或者说是"始有"，世界的一切都从这"源"中流出，因此，它是通过人心的妙悟所"见"之"性"，是世界的真实显露，此明其性。此二义又是一体的。在心源中悟，唯有心源之悟方是真悟，唯有真悟才能切入真实世界。心源为悟的思想在禅宗中得到进一步发展。禅宗强调心源就是瞬间即成的"本心"或"本来面目"。悟由性起，也就是由心源而起，心源就是悟性。慧可说："若了心源清净，一切愿足，一切行满，一切皆辨，不受后有。"（《楞伽师资记》）道信说："夫百千法门，同归方寸，河沙妙德，总在心源。"南阳慧忠认为，第一义之悟必是心源之悟："禅宗学者，应遵佛语。一乘了义，契自心源。不了义者，互不相许。"因此，在禅宗中，悟即证得心源；悟必以心源来悟。无悟即无心源，无心源即无悟。以心源去悟，就是第一义之悟。华严宗宗师澄观在《答皇太子问心要书》中说："若一念不生，则前后际断。照体独立，物我皆如。直造心源，无智无得，不取不舍，无对无修。"

（二）造化心源不二

佛学论述"二谛义"，将"真谛"与"俗谛"相沟通阐述般若理论。"二谛"即真谛和俗谛。佛学既主张"真实"的认识并不是一般的思维活动所能达到的，不是一般人的聪明智慧所能获得的，只有佛教的般若才能真正认识"真实"，又承认佛教智慧也不是脱离一般思维活动的特殊的心理活动，而是把一般思维活动加以精炼，进一步升华的高级认识。这就是真俗二谛说。中观学为调节二谛的关系，主张"诸法"依"俗谛"说是"有"，依"真谛"说是"空"，同时真谛和俗谛又是统一的，二者互为条件，相互依存。这一理论既论证真谛真实，俗谛虚妄，又主张把真、俗二谛用宗教语言紧密结合起来予以贯通，这就是"二谛圆融"说。这样，从二谛的角度把握有无的关系，就有可能达于中道，即《中论》上所说："若第一义谛故说无，世谛故说有，名舍二边行，中道。"随着佛学理论的发展，二谛说又发展为三谛圆融说、四重二谛说以及"六相圆融"和"十玄门"等等。这些提法的思想实质都是一致的，都是强调统一和消除矛盾。这种思想既融洽和谐，怡然自得；又不粘不滞，不留不住，因而被佛学奉为"圆满具足"的原则。由"圆满"说又引出一种不偏不倚，不落二边，不带任何片面性的"中道"，这就是佛学的"中道"观。

"中道"一词，音译"马提亚马"，即脱离了两个极端、不偏不倚的道路或观点、方法。这是佛学的根本法门和最高真理，佛教就常自称为中道教。龙树在《中论》中对"中道"有一扼要的表述："因缘所生法，我说即是空，亦为是假名，亦是中道义。"《大智度论》中更明确地说："离是二边行，中道是为般若波罗蜜。"可见佛教的"中道"观是在竭力统一认识客观世界中一切矛盾。这种处理矛盾的指导思想有助于各种思想和技巧上的融通以及理论中各类矛盾的处理，避免走向极端，所以中国的各宗都十分推崇"中道"。例如，三论宗以"八不"为中道，玄奘的唯识宗以"唯识"为中道，天台宗以"实相"为中道，从而使"中道"一词成了佛学"真理"的代名词，与"般若波罗蜜"同称。"不二"就是无分别、无对待的境界。《般若经》说："实相一相，所谓无相，即是如相。"诸法实相即是佛性，是如如之境，这个境界是"一相"，无分别、无对待。妙悟是不二之感悟。佛学谈"空"，不是超出有之外，与有对立，而是包含有与无在内的"空"，是克服有与无的对立性，超越主客二分，相互对立的我执而达到无我，是对第一阶段的否定性认识。但如果停留在这种否定性认识上，会导致玩空和虚无。"空"是第一阶段"有"和第二阶段"无"的非有非无的中道，是否定之否定的肯定，是真空妙有。

由佛学的"二谛义"衍生出造化即心源，心源即造化，二者不即不离。"外师造化"强调观察外在世界，"中得心源"要求消除物我之间的主客观关系。以心源去观照，就是以人的"本来面目"去观照，也就是妙悟。这种本来面目是最弘深的智慧，而审美认识过程就是发明这一智慧，语言艺术创造的根本就在于复归心源。佛学重妙悟，其途径就是通过宁静的内敛而达到心虑澄清、万象俱寂的境界；同时又注意通过顿悟的灵感和心源，超越法度，进入自由空寂的禅悦之境。慧远在《襄阳丈六金像颂并序》中说："每希想光晷，仿佛容仪，寤寐兴怀，若形心目。"禅宗经典上说："悟心容易息心难，息得心源到处闲。斗转星移天欲晓，白云依旧覆青山。"(《吕祖百问章》)可见，佛学和禅宗就是以心源为本，而悟心是心源的展开，造化与心源不二。在佛学中，"心印"也是与"心源"相似的重要概念。心印就是强调觉悟过程排除一切干扰，恢复灵魂自性，不沾一念，不著一思。禅宗说："契自心源，且道那个是自契底心源，若有心可契，决然契不得，须是以无心之心则契矣。"(《古尊宿语录》)

佛学通过"心源""心印"的论述，依据"心"建立了一个以心源妙悟为核心的成佛理论体系，创造性地将心源和造化联系在一起，从而强调心的重要，强调妙悟由人的根性发出。本心解决了，一切真知都迎刃而解。这种境界，正是《祖庭事苑》卷五载道生所说，"无情亦有佛性。乃云：青青翠竹，尽是真如。郁郁黄花，无非般若"。《华严经》说："佛土生五色茎，一花一世界，一叶一如来。"《佛典》载，昔佛祖拈花，惟迦叶微笑，既而步往极乐。这便是从一朵花中便能悟出整个世界。释迦牟尼说："一花一世界，一草一天堂，一叶一如来，一砂一极乐，一方一净土，一笑一尘缘，一念一清静。"(《梵网经》卷上)这一切都是一种心境，一旦参透，一花一草便是整个世界，而整个世界也便空如花草。这就是"一真法界"。《华严经》认为世界无所谓缺陷，即使是缺陷，也是美的；整个世界是至真、至善、至美。

第四节　佛典汉译语言修辞评论

译经评论中的语言修辞研究是整个评论中针对译本表层组织的思考和关注。译经首先是语言的运用和操作，语言一旦进入具体的运用便表现为修辞问题，由此产生译经评论对修辞方法和技巧的重视。

一、佛学的语言修辞观

佛典本身极为注重语言修辞，佛学典籍中也蕴含着丰富的语言修辞思想，并强调运用修辞劝化众生，这些特质都通过译者的译笔得到充分的再现。鸠摩罗什译《妙法莲华经》卷一、北凉昙无谶译《大般涅槃经》卷二十九中均对语言修辞有具体论述。佛学把佛经语言学的钻研，视为日常生活中一门重要的功课。宋代郑樵《七音略·序》提到：释氏以参禅为大悟，通音为小悟。所谓"通音"，就是语言、音韵的研究。佛学的语言修辞观有四个主要特征。

(一)语言的本性——因缘

佛学有自己独特的语言修辞阐述。佛学强调万法皆空，语言当然也在所空之列。按照诸法因缘而起，语言的本性也是众多因缘和合的结果，因而是处于生灭变化之中的，它没有自性，具有空性。佛学强调，虽然语言不具有真实义，语言也不能显示第一义。但又认为，为了度化众生，却不能废弃言说，而应以语言为方便，使众生从名相的束缚中解脱出来。由此佛学一方面强调语言的局限，提出"不立名相"，另一方面又看到了语言的功用，强调"非不立名相"。"不立名相"与"非不立名相"，体现了佛学所奉行的不偏于两边的"中道"精神。禅宗发展了这一认知方式，确立了"不立文字"与"不离文字"的基本语言观。即一方面要求不涉理路，不落言筌，主张超越逻辑理性的束缚，突破语言概念的樊笼，释放最具活力的直觉、感悟，另一方面又强调"言端语端"，称言语能直接显现至道之妙理而无遗，认为真如无法舍离语言文字，告诫人们仅知一味排斥语言文字，实则愚昧无知。《碧岩录》第二则说："至道无难，言端语端，一有多种，二无两般。"这样辩证地看待语言文字，就能认识无上大道。

(二)语言的功能——描述

佛学认为语言可以用来描述现象，这是语言的一个基本功能。在佛学经典中，语言被称为"名""名言""言说"等。在《楞伽经》中，根据佛教因明学，语言被分为名身、句身、形身三类："名身者，谓若依事立名，是名名身；句身者，谓句有义身自性决定究竟，是名句身；形身者，谓显示名句，是名形身。"就是说，名身是指依据事物的不同而成立的名称；句身是指每一语句所表达的肯定或否定的观点；形身则涵括名身与句身，用以表达完整的思想。佛教把语言与现象的关系概括为"名"和"相"。"名"是用来说明"相"的："若彼有如是相，名为瓶等，即此非余，是说为名"；"相"就是呈现于众生面前的世间事物："彼相者，眼识所照名为色，耳、鼻、舌、身、意识所照名为声、香、味、触、法，是名为相。"(《楞伽经》)同时，佛学认为，事物的名称是来源于事物自身的，所谓"相事设言教"，就是说，根据事物的不同性质设立不同的名言概念。《楞伽经》卷三下说："施设于三有，无有事自性，施设事自性，思惟起妄想。相事设言教，意乱极震掉，佛子能超出，远离诸妄想。"由此，言与物、名与实的关系有了正确的阐释。

(三)语言的观念——中道

从语言性空出发，佛学提出了"不立名相"与"非不立名相"的"中道"语言观。一方面，语言是因缘所生法，不能显示第一义；另一方面，语言又具解脱相，众生因诸佛菩萨的言说教化而得以解脱。般若学认为一切法的存在只是假名，而世界的真相是超越二分对立、超越分别言说的，是不可以用语言说出来的。面对这个流转不息、毕竟空、不可得的世界，一切名相都显得苍白无力，笨拙不足，此谓"道不可说"，亦即"言语道断，心行处灭"。《般若经》说："第一义中无言说道，断结故说后际。"《楞伽经》卷三中，佛甚至指出自己"不说一字"。因为佛所证到的境界，本来是远离名言分别的，无论如来是否出现于世间，诸法法界，法亦如此。《光赞般若经》指出所有记载佛法的典籍都是"假号"："诸佛之法，亦无实字，但假号耳。"从"道不可言"出发，佛家"乃为布不言之教，陈无辙之轨"(道安《地道经序》)，主张"以心传心"，提倡"废言"和"无言"。支谦所译《维摩诘经·弟子品》中，维摩诘教导须菩提："至于智者，不以明著(罗什译为'不著文字')，故无所惧。悉舍文字，于字为解脱。"僧肇在注释罗什译本中发挥说："夫文字之作，生于惑取，法无可取，则文字相离。虚妄假名，智者不著。""无有文字，是真解脱。"《维摩诘经》还提倡一种离言的"入不二法门"。支谦译本《入不二法门品》中，由最能通达维摩诘思想的文殊师利总结大家的发言："于一切法如无所取，无度无碍，无思无知，无见无闻。"罗什译本《入不二法门品》还补充说："于一切法无言无说。"既然语言不能准确地表达意义，那么自己所要弘扬的道理究竟采用什么工具与方式来传达，佛学在意识到言意之间的难以契合之后，在告诉人们文字相也是一种虚玄的假相的同时，转而十分强调语言本身的作用。因为般若学认为，文字本身就具备了智慧，是代表思想和言语的记号。同时，为了教化治学人对执着语言的迷失，教化众生，佛学又在空性上依俗谛建立分别说，在说法时使用玲珑剔透、不落痕迹的语言，此谓"道不离言"。道虽不可言，"然非言无以畅一诣之感"（慧远《与隐士刘遗民等书》），"借微言以津道"（慧皎《答范光禄书》），"实非名不悟"（僧叡《中论序》）。

这样，佛学既否定名相和戏论，又肯定语言与方便。"若不依俗谛，不得第一义，不得第一义，则不得涅槃。"龙树在《大智度论》中指出："语言度人皆是有为虚诳法"，但同时他又说，"语言能持义亦如是：若失语言，则义不可得"。所以，佛学又热衷于运用语言布道，而在布道时用心地讲究言语的运用妙法。《持世经·本事品》就指出："善知诸法实相，亦善分别一切法、文辞、章句。"而佛学所说"五力"，也把"语说"包含在内，作为一种慈悲与功德。所谓"诸佛之法，亦无文字"的说法，实质上的意义是告诉学佛者要以心去体证，而不要贪著语言，更要远离绮语与戏论。正是这种欲摆脱语言困境的精神，促使佛学对于语言艺术的精湛把握，实现从"无一可言"的限制走向"无一不可言"的自由化境，即从声色语言中悟道，而又不粘滞于声色语言。

（四）语言的认知模式与思维方式——宗通与说通

由中道语言观进一步确立言与意的认知模式与思维方法——宗通与说通。《楞伽经》认为，佛是依"自觉之境界"而说法。这种自内证所得的境界，被称为"宗通"。虽然佛陀所证得的境界远离语言文字，但为了度化众生，则可以用语言作为方便，使众生从对名相的执着中解脱出来，即是"说通"。宗通与说通对言意关系展开了精妙而辩证的论析。《五灯会元》卷十一云："有时句到意不到，妄缘前尘，分别影事；有时意到句不到，如盲摸象，各说异端；有时意句俱到，大破虚空界，光明照十方；有时意句俱不到，无目之人纵横走，忽然不觉落深坑。""句到意不到"指语言到位，但意思却不到位，这是因言说者粘着于外尘，对外境起分别作用而引起意义模糊。"意到句不到"指意思到位，呼之欲出，但语言却不到位，一似盲人摸象，各执其偏。"意句俱到"指言句都到位，言意合一，字字句句都从般若智海流出，传达出微妙悟心。"意句俱不到"指意句都不到位，语言混乱，意义模糊，如同盲人落入深坑。在这四种情况中，只有一种情况是言意相符，同时到位，极为难得。其他三种情况，都是言意不俟。佛学对"句"与"意"的分析，与陆机《文赋》中所云"意不称物，文不逮意"的文艺创作理论大有异曲同工之妙。

二、佛典汉译的语言修辞思想

佛学"非言""去言"，为的是说明佛陀之无上妙道不可以语言传达。因而"无言"作为"无上妙道"的体现方式，也就具备了美学色彩和意义，这就是"无言"之美，它是"道"之美的一种变相形态。这种"道"的"无言"之美，经过译经者的理解与运用，成为翻译技巧，讲究"无味之味"，重视朴实无华之美。佛学"非言非非言"的双重态度，对语言修辞的否定之否定，在佛典汉译方法中得到强调。僧肇《答刘遗民书》云："言有所不言，迹有所不迹。是以善言言者，求言所不能言；善迹迹者，寻迹所不能迹。"译经评论的修辞观以言意为基点，认为言为意之代表，而非意之本身，故不能以言为意，而应得意须忘言，以求言外之意。这一修辞理念是佛教哲学对现象与本体、外在与内在、有限与无限以及本末关系思考的反映。其理论意义在于最终形成圆融的修辞观，即认为有限、确定的语言难以直接表达、规定、穷尽无限的观念。于是提出借助语言修辞，却又突破其局限而诉诸于内心体验和领悟。由此深化译者对语言修辞功能的认识，促使佛典汉译十分重视修辞，因为古汉语、梵文、中亚古代语言都是极有难度的语言。翻译不仅涉及意义本身的传达，还要使翻译出来的汉文符合汉语的修辞方法和语言习惯，以便中国信众乐于接受。所以，佛经翻译的最后一道程序就是润色修辞，由此形成再创作性质的汉译佛经修辞。梁启超指出"吾辈读佛典，无论何人，初展卷必生一异感，觉其文体与他书迥然殊异"。进而从十个方面作了论述。所谓"文体之变化"其实就是结构、语体风格和表现风格的修辞（《翻译文学与佛典》）。佛经评论中的语言修辞主要围绕文体和词语展开，这与中国语言运用传统相关联。中国古代文字学和文章学发达，人们在思考译经时自然会将精力集中于这两个方面。

（一）文体角度的语言修辞论

译经评论的"文体"范畴，含义宽泛，流变性极强。有时指形式，有时指内容。例如，《出三藏记集·序卷第十·杂阿毗昙心序第十七》（作者未详)云:"如来泥洹数百年后,有尊者法胜,于佛所说经藏之中,抄集事要为二百五十偈,号《阿毗昙心》。其后复有尊者达摩多罗,揽其所制,以为文体不足,理有所遗,乃更搜采众经,复为三百五十偈,补其所阙,号曰《杂心》。新旧偈本凡有六百,篇第之数,则有十一品。篇号仍旧为称,唯有《择品》一品,全异于先。"此处即指经文内容的完整性。有时"文体"又指文章主旨,如湛然《止观义例》卷上载,"第二所依正教例者,散引诸文该乎一代,文体正意唯归二经:一依《法华》本迹显实,二依《涅槃》扶律显常,以此二经同醍醐故"。有时"文体"统指内容与形式,实为全部汉译佛典经律论的代称,且完全涵盖了译经的形式体制和内容特点,如道宣《续高僧传》卷二十载隋末唐初之释道哲:"初投颍川明及法师,学《十地》、《地持》,为同听者所揖。具戒已后,正奉行门,又从魏郡希律师禀承《四分》,希亦指南,一时盱衡五众,受教博晓,将经六载,经重筌宗,究其文体。"有时"文体"指特殊的文体样式,即对"抄"下定义,且偏重于内容表现,元照《四分律行事抄资持记》云:"抄者有二义:一采摘义,二包摄义,谓于三藏正文、圣贤遗记,采拾要当,以为文体。"

而形式方面所指也不尽相同。有的指译经的语言风格或经文的整体风貌,如僧祐《出三藏记集·卷第十三·支谶传第二》:"以灵帝光和、中平之间,传译胡文,出《般若道行品》、《首楞严》、《般舟三昧》等三经。又有《阿阇世王》、《宝积》等十部经,以岁久无录,安公校练古今,精寻文体。云'似谶所出'。凡此诸经,皆审得本旨,了不加饰,可谓善宣法要,弘道之士也。"这里主要指译经的语言风格。宗晓《乐邦文类》卷一谓《后出阿弥陀佛偈经》:"后汉失译,此经唯五十六句偈颂,说法文体简古,古今不得而评。"则指经文的整体风貌与风格。有时指译本和原本内容体制、表现方式等。《出三藏记集·卷第十四·鸠摩罗什传第一》载:"初,沙门慧叡,才识高朗,常随什传写。什每为叡论西方辞体,商略同异云,'天竺国俗甚重文藻,其宫商体韵,以入弦为善。凡觐国王,必有赞德;见佛之仪,以歌叹为尊。经中偈颂,皆其式也。但改梵为秦,失其藻蔚,虽得大意,殊隔文体。有似嚼饭与人,非徒失味,乃令欧秽也'。"这里是说译本和原本内容体制、表现方式等。有时还指对经文体制与音律的安排,文学的表现技巧,如法宝《俱舍论疏》卷十八,"论:次算及文至五蕴为体。明算文体:算谓称九九八十一等;文谓善巧安布五声等。《婆沙》云:此中算者,非谓所算一、十、百、千等。但是所有能算之法,故说为算。又云:此中诗者,非所述咏,但是所有能成咏法,此能成咏,故说为诗(诗即文也)"。这里的"文体"主要指文学的表现技巧,文中所指文之体制与音律的安排，其夹注"诗即文也"，因为在印度口传文学具有悠久的传统，无论诗歌散文都可吟诵。有时也指译本语言的表达和写作能力，即文学才能。彦琮作序，地婆诃罗译《佛顶最胜陀罗尼经》云，"敕中天法师地婆诃罗于东西二京太原弘福寺等传译法宝，而杜每充其选，余时又参末席。杜尝谓余曰：'弟子庸才，不闲文体，屈师据敕删正，亦愿依文笔削。'余辞以不敏。载涉暄寒，荏苒之间，此君长逝。余叹惋流涕，思其若人。又惧寝彼鸿恩，乖于贝牒，因请沙门道成等十人，屈天竺法师再详幽趣，庶临文不讳"。此处"杜"是指初唐居士杜行颉，他翻译过《佛顶尊胜陀罗尼经》，他自谦地说自己"不闲文体"，从他要敦请博通群经、长于著述的彦琮一起参与译事看，此处"文体"主要针对的是译本语言，即指自己的汉语表达和写作能力，亦即文学才能。有时"文体"还指印度文法"三身"中的"文身"。智周《成唯识论演秘》卷四云，"疏：文者彰义等者，名、句二种为彰为显，显彰自性差别义故。文为所依，从能依说，称为彰显；有说文体即名彰显，以能诠彼名、句二故，能诠即是彰显义也。详曰：疏释为正，有所凭故。故《瑜伽论》五十二云：若唯依文，俱可了达音韵而已，不能了达所有事义；若依止名，便能了达彼彼诸法自性自相，亦了音韵，不能了达深广差别；若依止句，当知一切皆能了达"。此处"文"是指印度文法"三身"说：名身、句身和文身中的"文身"。其中名（Naman）是事物名称，相当于单词；句（Pada）则是由单词组成的句子以及由此而来的段落、文章，文（Vyanjana）是音节或字母，是名、句成立的基础。印度使用拼音文字，故词、句、义的构成是通过语音的曲折变化来表达的。所以，这里的"文体"类似说"文"的功能、作用，而其功能之形成、作用之发挥，又离不开名、句。这反映了印度除了重视分析性外，也注重整体性的思维观，就整体性而言，又和中土的文体观念有着高度的一致。有时"文体"又指文学风格或文学样式的意义，如赞宁《宋高僧传》卷五《唐京兆西崇福寺智升传》载："释智升，未详何许人也。义理悬通，二乘俱学。然于毗尼，尤善其宗……乃于开元十八年岁次庚午，撰《开元释教录》二十卷，最为精要……后之圆照《贞元录》也，文体意宗，相距不知几百数里哉。"即指诗歌风格。玄奘译《阿毗达摩俱舍论》卷五云："此颂是名安布差别，执有实物不应正理，如树等行及心次第。或唯应执别有文体，即总集此为名等身，更执有余便为无用。"此指文学样式的意义。

（二）文辞角度的语言修辞论

文辞角度的修辞指词语层面的措辞、斟酌和润饰，涉及风格。支谦评论译本时，提出有关翻译及译文语言修辞的美学准则，谈"质""文"与"雅"(《法句经序》)。其中提到"严"，即"庄严"之严，与"饰"变文同义。支谦在《法句经》中将孔子以来所谈"文""质"论题从宽泛的社会伦理规范，定位到明确的语言修辞和语体风格范畴，反映了佛经评论家及译者们的思想贡献。但初期译经不多，更由于对翻译语言的认知和处理能力，以及对于原文掌握的译者不多，且翻译时语言处理能力不够，限制了翻译质量和评论水平。至道安，译经渐多，有了更多的研究材料，评论水平也有所提高，对于文辞的认识和要求逐渐进入较高阶段和精细深入的描述。

道安通过译文对比，较为系统地分析了原本语言修辞在翻译中的流失，由此认识到原本语境和原本著者的思想语言水平与当时译者之间的思想语言水平以及历史时间的相隔形成的差异。他在《摩诃钵罗若波罗蜜经抄序》中提出的"五失本"比较两种语言修辞、造句上的差异，结合或借用前人的"文质"概念，加以理论性的阐发，运用"文质"理论深入分析佛典汉译中的不同倾向。《首楞严经后记》(作者未详)说："辞旨如本，不加文饰，饰近俗，质近道，唯圣有之。"把译经的修辞风格上的文质，提至"道"，即佛学的最高境界来看待。当时讲究文饰已成时尚，相应地，译经大师僧叡也提出不同的观点，如"梵文雅质，案本译之，于丽巧不足，朴正有余矣，幸冀文悟之贤，略其华而几真实也。"(《小品经序》)，其在《毗摩罗诘提经义疏序》中说："烦而不简者，贵其事也。"僧祐则主张以不近俗、不粗野的"质"来"务存论旨"。道安对支谶的评价是："弃文存质，深得经意。"认为只有"弃文存质"，才能深得佛学经典之三昧。其《鞞婆沙序》云："昔来出经者，多嫌梵言方质，而改适今俗，此致不取也。何者？传胡为秦，以不闲方言，求知辞趣耳，何嫌文质？文质是时，幸勿易之，经之巧质，有自来矣，唯传事不尽，乃译人之咎耳。"如果译经嫌原本"方质"而改变成迎合"今俗"的修辞风格，是不可取的。道安特别指出"文质是时，幸勿易之"。原本在其成立之时就有它所依托的时代社会背景及其相应的语言修辞特征，即"经之巧质，有自来矣"，翻译中不能"易之"，改变原作的或"文"或"质"的修辞风格。道安的"文质是时"，注意到了"方言"受时间和地域的限制，不可能长时间、广泛地流传。这一论述，澄清了人们对方言的误解，认为方言是质朴的、明白易晓的，为民众喜闻乐见，译经用方言可以吸引他们阅读，增进他们的信仰。事实上，方言俗语或许在当时人们听得明白甚至觉得有味，但后人却往往看不明白也觉得无味，有的甚至不经专家注释不能理解。由此，道安提出"不闲方言，求知辞趣"的修辞论，有助于人们重新认识方言的作用。

道安的"文质"论，对"质"的把握有其独到之处，其译经意义可以归结为五点：一是将"质"和"文"一样定位于语言修辞风格，作为翻译评论概念而提出；二是"质"和"文"一样有其特定的时代性、地域性。时代性是"文质是时，幸勿易之"，地域性是"梵经尚质，秦人好文"；三是"质"和"文"一样取决于原本修辞风格。"经之巧质，有自来矣，唯传事不尽，乃译人之咎耳"。在道安看来，"梵经尚质"，因而传译成汉语也要尚质，倘若违反这一准则，就是"失本"。四是"质"和"文"一样也有它所包孕的"辞趣"，可以通过语词的调配置换达到目的。"传胡为秦，以不闲方言，求知辞趣耳，何嫌文质？"道安认为译本可"文"可"巧"，前提是梵经原本必须"文""巧"，译者为了忠于原本，也可以"文""巧"。他反对的是梵经原作尚质而传译为"文""巧"。五是"质"与语言所表达的事理是分属不同层面的，但两者有着密切的联系。道安区分了语言修辞和表达事理的不同，没有把两者混同起来。不过，道安的本意是不满脱离原本以"文""巧"去迎合"众心"。这五点认识体现了道安在译经修辞理论上的"远识"，他把"文"和"质"同等看待，有助于改变译家们偏文偏质的观念，转而思考文与质的限度和实用范围。

道安还明确论述了辞语的增损简约与旨义的关系。其"葡萄酒被水"（《比丘大戒序》）之喻意谓葡萄酒加水之后，外在的量增多了，但内在的质（酒精度数）却减少了。换言之，"便约不烦者"，使经文的旨义减少了，消失了。这里，道安揭示了一个重要的修辞美学规律，即辞语的增损与旨义之间存在着辩证关系。当时道朗也表达了类似的观点，他说："随意增损，杂以世语，缘使违失本正，如乳之投水。"（《大涅槃经序》）"乳之投水"与"酒之被水"比喻类似，意趣相同。道朗也是一位佛学家，他批评当时一些佛经译者"随意增损，杂以世语"。而《首楞严经后记》（作者未详）认为"随意增损"固然不对，有违原作，但"杂以世语"未尝不可。《记》中评说龟兹王世子帛延："（延）博解群籍，内外兼综"。这是较为宽容的意见，也更贴近现实当然，当然不能无原无故"随意增损"而"杂以世俗"，因为这样做便会"违失本正"。这里所说"违失本正"，也就是减少或删削原作的旨义。

鸠摩罗什精通佛学，通晓西域语言，通解汉语及中土文化，佛经汉译至罗什质量有了很大的提高，也积累了许多具体的语言修辞处理技巧与方法。早期的诸多译文很少或没有反映梵文语言和文体特征，罗什对梵文佛经文体特色用相应的汉语作了比较明确的表述，他纠正了当时人们从西域胡语转译佛经，纯用质朴语言的倾向，比较明确地解释了梵文的文体特征。慧观在《法华宗要序》说罗什译经"曲从方言，而趣不乖本"；"语现而理沉，事近而旨远"，"又释言表之隐，以应探赜之求"。表明鸠摩罗什很注意译文语言修辞的文采和表意。僧祐《出三藏记集·新集安公注经及杂经志录第四》中说："方言殊音，文质以异，译胡为晋，出非一人。或善胡而质晋，或善晋而未备胡。众经浩然，难以折中。"这是很客观地总结评述佛经传译中的修辞风格。僧祐认为梵语与汉语存在很大差异，不能以一种语言的修辞风格去衡量、评判另一种语言的修辞风格，况且一种语言体系内众多的具体文本，也还存在着修辞风格的差异，致使"众经浩然，难以折中"。僧祐没有把自己的视野限定在梵语经典的宗教意义的权威性上，而是明确指出众多经典在语言修辞与语体风格的差异性，并主张不可苛求一律化。面对汗牛充栋的佛经，僧祐实事求是地认为不可能以一人（一门一派）的功力完成传译任务。"出非一人"之语还包含对佛典汉译的修辞风格多元化、多样化的企盼。僧祐还指出译家本人的语言修辞的功底对译经的影响，"或善胡而质晋，或善晋而未备胡"，实际是委婉地批评两种类型的译者：一种是谙熟地掌握胡（梵），但对汉语特有的文采却不甚了解；另一种是对汉语的语言修辞有较高的修养，但却不能真正掌握语。僧祐对此并不强求一律，也可以说把佛学的中道思想引进到了修辞论的评论中来。

《首楞严经后记》（作者未详）中说："饰近俗，质近道。文质兼唯圣有之耳。"此句和道安的"五失本"第二条，或道安评支谶"弃文存质，评得经意"观点一致。但接下去，提出了很高的翻译准则："文质兼唯圣有之耳"。认为只有"圣"，即佛祖释迦牟尼才能达到"文质兼"的最高境界。《记》中还为修辞打开了又一思路，主张译经要贴近当时社会的语言修辞和语体风格的主流，即"文""饰"经文以"近俗"。可以推想，这位译者是吸收了传统儒学的"文质"论，要求像"圣"人一样"文质兼"，既有文饰又有质朴，"近饰""近俗"合二而一。在传统文论中，"质"是内容，亦即"道"，而"道"的呈现是指向圣人的，只有圣人才能明道，体现道的文章是经。刘勰在《文心雕龙》中将道、圣、文关系中的"圣"作为一个整体，不能抽掉或换成文士或作家，以将文与道关系确立为一个普遍的命题。这一命题把文道关系确定为经与道的关系。圣人面对的是道，所以圣人明道；后人面对的是经，所以后人宗经。其《宗经》篇说"文能宗经，体有六义"，表明宗经不是为明道，而是为作文，所以刘勰的文原于道，只是说经原于道。刘勰要通过经原于道确立经的地位，确立经的地位是为了说明宗经，而宗经是为了用经典解决文章的写作。刘勰的文原于道，不能转成文以载道。因为宗经是总的原则，所以圣以明道，经以载道，文以宗经。张健认为，六朝以后中国的佛学及世俗佛教的语言作品正是朝这条思路发展下去的：既有世俗口语化和文饰精致化这样丰富多采的修辞风格的作品，又有质朴淳厚、简约深奥这样恪守先秦汉魏风格的作品。既没有依"质辞胜文"一路发展，也没有像罗什要求的那样，遵照"天竺国语，甚重文藻"发展，而是兼蓄并收，但主要是依照中国传统的思维方式和修辞风格的特征而多元化地发展（《文道、才性与心术——〈文心雕龙〉几个理论命题及其在中国文论史上的地位》）。

　　慧远的修辞思想也遵循了这一发展理路，这些思想主要体现在《大智论抄序》和《三法度序》中。在文质理论上，慧远结合佛典汉译的修辞思想和他所倡导的佛教修行"渐悟之方"，从三个方面发展了这一理路：一是揭示题旨情境为文质成因。慧远继承并发展了其师道安的"文质是时"观点，明确指出佛经的"文质殊体"，是"圣人以方设训"的结果。也就是说，根据学僧不同根器，以不同的方法传授义理，以至形成或文或质的语体风格特征。二是指出文质的修辞效果与审美心理。慧远结合典型的对象，指出语言修辞和语体风格不当所产生的不良后果——如果在应当质朴的地方却给予不切当的文饰丽彩，会使读者大多疑惑不解；在应当讲求文饰的地方却偏偏弄得枯燥质直，会使读者失去兴趣。三是联系修辞与旨义的关系。"辞朴而义微"，辞语过于粗陋，旨义就太少；"言近而旨远"，辞语过于浅近，旨义就渺远不清。"义微则隐昧无象，旨远则幽绪莫寻"，这样的修辞都无法使人了解佛理真相，达到妙悟。为了避免诸如"牵于近习"和"惑于未闻"，慧远指出一条路径："开易进之路，则阶藉有由，晓渐悟之方，则始涉有律。"这里，"易进之路"和"渐悟之方"就在于对翻译佛学的修辞方式方法和语体风格的正确运用。而"简繁理秽，以详其中"，是要调整配置语辞，使之简繁得当。使确切的旨义详见其中。"文质有体，义无所越"，是说语言修辞和语体风格或"文"或"质"，匹配得体，精妙的旨义自然不会逃遁潜越了。

　　隋代是我国佛典汉译进入规范发展时期，佛典汉译的语言修辞思想经过彦琮的继承和开拓，诞生了"十条"译经规则。"十条"专论文本的语言和文体的具体细节。其中，句韵和名义是翻译的语言修辞，而其他条目是文体。至玄奘，立"五不翻"，对难以翻译处理的、文化含义丰富的词语做了总结和规范，从修辞角度论，是尊重原本文体风格的体现。宋代赞宁进一步总结前期修辞思想和历史，其所论"六例"中有两例是关于翻译语言修辞的，其他是纯语言研究，讨论文字本身。具体的文字讨论是针对语言翻译中聚焦的难点：胡语的概念和范围与梵文使用范围的差异区分；非正式语体与正式语体的区分；汉文雅俗语言的区分和佛教本身所有的特别的密语和一般的所谓"直语"的区分。第一例中均为翻译字音的探讨，讨论的语言单位在玄奘的词语翻译讨论中是词语，但是在赞宁的讨论中，已经明确为汉语的"字"了。傅惠生在《我国的佛经译论体系》中认为，赞宁的研究涉及跨文化交际的深层次的内容，即坚持以词为本位还是以字为本位。在玄奘和赞宁之间显然也存在了一个字本位和词本位的不同。唐代是大开放的年代，直接用的是词本位，而到了宋代，中国文化意识增强，回归字本位的观念。从跨文化和翻译实践的角度看，既应坚持字本位的概念，又应区分使用词本位的概念。初期译经的时候，使用词本位的概念，等到掌握了一定的汉语使用能力，达到比较高的水平后，就会逐渐认识到汉语的字本位的特征了。翻译首先需要掌握语言规律，语言规律具体表现在修辞，这是翻译实践的根本，也是翻译评论和研究的基础。佛典汉译评论对于语言修辞的研究，显示了其思想的深刻性和丰富性。

第五节　佛典汉译主体评论

佛典翻译主体就是译者。译师是译本基本品貌的直接塑造者，无论是译本的外表（体裁、结构、语言），还是译本的内容（事料、意旨、情感），都是译者根据原作所赋予的。没有译师的运思译释，就没有译本的产生。有什么样的译者，就有什么样的译本。译师也是读者阅读译本的积极引导者，每一位译师都极力让自己的译本变成桥梁，把读者的思想和情感导向原本，而且总是相信自己的译本是原本的化身，以此支配读者的阅读选择和信仰。为达此目的，译师们或是通过译本语言文字的精心推敲，美化译本面貌来吸引读者的阅读兴趣，或是追求简洁明了，竭力显化原本思想，强化原本情感来引导读者信仰和情绪、情感和思维。译师在译经中至关重要的地位，自然向译师提出了特有的素质要求。佛典汉译评论对译师主体的论述主要是依据佛教完备的修养理论建构的。

一、译者素质的论述

译者主体是决定翻译质量的关键，这一点早已是所有评论家的共识。僧祐《出三藏记集序》称："爰自安公，始述名录，铨品译才，标列岁月，妙典可证，实赖伊人。"是说翻译评论对译者的研究始于道安。僧祐指出："是以宣领梵文，寄在明译。"(《胡汉译经音义同异记》)道宣认为："而前后传录，差互不同，事迹罕述，称谓多惑，覆寻斯致，宗归译人。"(《释迦方志三卷序》)由于初期佛经翻译的特殊性，"译者"的概念并非等同于后来的含义。当时的"译者"或"译人"指的是"译主"。而译主"即赍叶书之三藏明练显密二教者充之"。这就是说，"译主"只要求精通义理，梵汉语言上是否都精通不作要求。而"笔受"则"必言通华梵，学综有空，相问委知，然后下笔"。还有"度语"，"传度转令生解"。实际上，按今天译者的要求，"笔受"和"度语"才是译者。然而，想要保证翻译的高质量，关键在于"译主"是否既精义理，又通梵汉。而在前两期的翻译中，译主与真正的译者是隔着一层的。这就是赞宁所说的："初则梵客华僧，听言揣意，方圆共凿，金石难合，碗配世间，罢名三昧，咫尺千里，觌面难通。"即使在中期，情况有所改变，"次则彼晓汉谈，我知梵说"，但仍"十得九八，时有差违"(《宋高僧传·译经论》)。所以僧祐有"故知明允之匠难可世遇矣"之叹。当时已有很多论者指出了这种"译主笔受，终分两橛"的弊端：

> 佛之著教，真人发起，大行于外国，有自来矣。延及此土，当汉之末世，晋之盛德也。然方言殊音，文质从异，译胡为晋，出非一人。或善胡而质晋，或善晋而未备胡。(道安《新集安公注经及杂经志录》)

> 是以义之得失，由乎译人；辞之质文，系于执笔。或善胡义，而不了汉旨；或明汉文，而不晓胡意；虽有偏解，终隔圆通。若胡汉两明，意义四畅，然后宣述经奥，于是乎正。前古译，莫能曲练，所以旧经文意，致有阻碍，岂经碍哉，译之失耳。(僧祐《胡汉译经音义同异记》)

> 苟彼此不相领悟，直委之译人者，恐津梁之要，未尽于善。(道标《舍利弗阿毗昙论·序》)

> 若令梵师独断，则微言罕革。笔人参制，则余辞必混。(彦琮《辨正论》)

> 粤自汉明，终于唐运，翻传梵本，多信译人，事语易明，义求罕见，厝情独断，惟任笔功，纵有覆疏，还遵旧绪。梵僧执叶，相等情乖，音语莫通，是非俱滥。至如三学盛典，惟诠行旨；八藏微言，宗开词义。前翻后出，靡坠风猷；古哲今贤，德殊恒律。岂非

方言重阻，臆断是投，世转浇波，奄同浮俗。（道宣《续高僧传·译经论》）

到了后期，玄奘、义净、不空三大译师的出现，佛经译坛才彻底改变这一现状。道宣说得极为明白：“自前代以来，所译经教，初从梵语，倒写本文，次乃回之，顺同此俗。然后笔人观理文句，中间增损，多坠全言。今所翻传，都由奘旨，意思独断，出语成章。词人随写，即可披玩。”（《续高僧传·唐京师大慈恩寺释玄奘传》）唐中宗说：“古来翻译之者，莫不先出梵文，后资汉译，摭词方凭于学者，诠义别禀于僧徒。今兹法师（义净）不如是矣，既闲五天竺语，又详二谛幽宗，译义缀文，咸由于己出，指词定理，匪假于旁求，超汉代之摩腾，跨秦年之罗什。”（《金光明最胜王经》）唐代宗也认为：“先之所译，语质未融，披读之流，临文三覆，凡诸释氏，良用慨然。先圣翘诚玉毫，澹虑真境，发挥满教，搜缀缺文，诏大德三藏沙门不空，推校详译未周部卷，三藏学究二谛，教传三密，义了宗极，伊成字圆，褰裳西指，泛杯南海，影与形对，勤将岁深。妙印度之声明，洞中华之韵曲，甘露沃朕，香风袭予。”（《仁王护国般若波罗蜜多经序》）这就是说，玄奘、义净、不空三人才真正集译者与译主于一身，具备真正意义上的译者资格，实现真正含义上的译者主体意义。由于翻译的质量直接取决于译者的素质，翻译评论对于译者的论述就极为重视，要求也严格全面。综观全部译经评论，译者素质集中于佛学、语言、人格及广博的学识修养四个方面。

（一）佛学修养

佛学修养最为重要，它要求译者精通佛学义理，也就是理论修养或专业素质。佛教译场总是“先宗译主”，正是因为译主是精通所译佛学，在理解原文上不会有什么偏差，而对汉语不作要求。译经强调译人并非仅通语言文字便可从事，必须深通义理，深刻了解所译经典的哲理，完全了解经文所蕴藏的义理。辩机《大唐西域记·记赞》称玄奘法师“妙穷梵学，式瓒深经，览文如已，转音犹响”，即是指玄奘理论修养的精深。因此，译主即使在语言上没有障碍，如果不能精通义理，仍然不敢轻易译经。据僧祐《出三藏记集·佛陀耶舍传》载，“（兴）命什译出经藏，什曰：‘夫弘宣法教，宜令文义圆通，贫道虽诵其文，未善其理，唯佛陀耶舍深达经致，今在姑臧，愿下诏征之。一言三详，然后着笔，使微言不坠，取信千载也。’……于时罗什出《十住经》，一月余日，疑难犹豫，尚未操笔，耶舍既至，共相征决，辞理方定，道俗三千余人，皆叹其赏要。”按理罗什精通梵语，又有一定的汉语基础，完全可以翻译。但他自觉"未善其理"，直到耶舍来华后，才共译此经。另据道梃《毗婆沙经序》载："有沙门道泰，才敏自天，冲气疏朗，博关闻奇趣，远参异言……既达凉境，王即欲令宣译，然惧寰中之固，将或未尽，所以侧席虚襟，企瞩明胜，时有天竺沙门浮陀跋摩，周流敷化，会至凉境。其人开悟渊博，神怀深邃，研味钻仰，逾不可测……请令传译。理味沙门智嵩、道朗等三百余人，考文详义，务存本旨，除烦即实，质而不野，王亲屡回御驾，陶其幽趣，使文当理诣，片言有寄。"道泰译了"大丈夫论"和"入大乘论"，却不敢译"大毗婆沙论"，直到天竺僧人浮陀跋摩到来，道泰请他主译，而自己与其他三百人充任助手，就是因为道泰对前二部经完全了解而对后一部经的内容尚未彻底了解。道安在《阿毗昙八犍度论序》中批评前人译经"颇杂义辞"，实际上指的是译者对于原文义理不精，套用中国传统思想翻译佛经的情况，歪曲了原义。他在《摩诃钵罗若波罗蜜经抄序》中总结了"三不易"，实际上都是针对原文的理解而发。

（二）语言修养

翻译毕竟是语言活动，译者是否精晓原文和译文语言，直接关系到译者对原文的理解和译本的准确性与可读性，影响到译本的流通和佛法的传播，所以译者的语言素质自佛经翻译始便受到重视。支谦在《法句经序》中提出了精通语言是译者的首要素质。他指出："将炎虽善天竺语，未备晓汉。其所传言，或得胡语，或以义出音，近于质直。"认为将炎虽然精通天竺语，但不通晓汉语，因此译文"浑漫"，"唯佛难值，其文难闻"。其后的论述都认识到了这一点，译经评论中这方面的论述很完备。慧皎《高僧传卷三·译经（下）》称竺佛念"苍雅诂训，尤所明达"，"苍雅诂训"就是文字学。因此他的译经质量极高，被誉为"苻姚二代译人之宗"。慧皎《高僧传卷三·译经（下）》指出："然夷夏不同，音韵殊隔，自非精括诂训，领会良难。属有支谦、聂承远、竺佛念、释宝云、竺叔兰、无罗叉等。并妙善梵汉之音，故能尽翻译之致。"并称鸠摩罗什"硕学钩深，神鉴奥远，历游中土，备悉方言"。还有很多论者在这方面都有精辟论述：

　　此三贤者，并博综稽古，研机极玄，殊方异音，兼通开解，先后译传，别为三经。（支敏度《合维摩诘经序》）

　　时译者龟兹王世子帛延，善晋胡音，延博解群籍，内外兼综。（《首楞严经后记》）

　　此诸经律凡百余万言，并违本失旨，名不当实，依悕属辞，句

味亦差，良由译人造次，未善晋言，故使尔耳。（道慈《中阿含经序》）

有天竺沙门鸠摩罗什，器量渊弘，俊神超邈，钻仰累年，转不可测。常味咏斯论，以为心要。先虽亲译，而方言未融，至今思寻者踌躇于谬文，标位者乖迕于归致。（僧肇《百论序》）

昔宋孝武之世，鹿野寺沙门慧简已曾译出，在世流行，但以梵宋不融，文辞杂糅，致令转读之辈多生疑惑。矩早学梵书，恒披叶典，思遇此经，验其纰缪。（阇那崛多、达摩笈多《佛说药师如来本愿经序》）

法师既妙解声论，善识方言，词有以而必彰，义无微而不畅，席间函丈，终朝靡息，恺谨笔受，随出随书，一章一句，备尽研核。（慧恺《摄大乘论释序》）

法师游方既久，精解此土音义，凡所翻译，不须度语，但梵音所目，于义易彰，今既改变梵音，词理难卒符会，故于一句之中循环辩释，翻覆郑重，乃得相应。（慧恺《阿毗达摩俱舍释论序》）

又有扶南沙门曼陀罗者，梁言弘弱。大赍梵本远来贡献。敕与婆罗共译宝云法界体性文殊般若经三部合一十一卷。虽事传译，未善梁言，故所出经，文多隐质。（道宣《续高僧传·僧伽婆罗传》）

沙门彦琮，内外通照，华梵并闻。（道宣《续高僧传·译经篇二》）

（玄奘）法师唐梵具瞻，词理通敏。（《开元释教录》）

内持密藏，外究儒流，印度声明，支那诂训，靡不精奥。（赞宁《宋高僧传》）

真正将语言的重要性提高到语言学角度论述的是梁代的僧祐。他在《胡汉译经音义同异记》中通过比较胡、汉两种语言的起源和特征，认为"东西之书源，亦可得而略究也。"并由此认识到由于梵语结构的复杂多变，"梵文义奥"，因此"译人传意，岂不艰哉！"他还指出："译者释也，交释两国，言谬则理乖矣。自前汉之末，经法始通，译音胥讹，未能明练。故'浮屠''桑门'，遗谬《汉史》。字音犹然，况于义乎？"彦琮著《辨正论》，深研梵语，重点研究梵语方言，认为道安"详梵典之难易，诠译人之得失，可谓洞入幽微，能究深隐。至于天竺字体，悉昙声例，寻其雅论，亦似闲明"。但是，"安虽远识，未变常语"。然后深入地分析胡语的起源和特征："胡本杂戎之胤，梵唯真圣之苗，根既悬殊，理无相滥。不善谙习，多致雷同。见有胡貌，即云梵种。实是梵人，漫云胡族。莫分真伪，良可哀哉！语梵虽讹，比胡犹别。改为梵学，知非胡者。"他在"翻译十条"中提出"字声""句韵""问答""名义"四项，都是针对语言素质而言。正是在这一基础上，他提出译者学习梵语的必要性。他认为，"俗有可反之致，忽然已反。梵有可学之理，何因不学？"而对于不从事翻译的学人来说："人人共解，省翻译之劳。代代咸明，除疑网之失。""直餐梵响，何待译言？"因为"昔日仰对尊颜，瞻尚不等。亲承妙吼，听犹有别"，何况经过翻译的中介，又隔了一层。而佛学经典的翻译首在概念准确，这就是译名。译名不准确，会导致原文思想内容的完全走失，而译者语言素质正是保证译名正确的关键。彦琮"久参传译，妙体梵文"，著《辨正论》，以垂翻译之式，其目的就是鉴于"此土群师，皆宗鸟迹。至于音字诂训，罕得相符"，强调精通语言的重要。这一点，玄奘的认识同样很深刻，他在《大唐西域记序论》中说："然则佛兴西方，法流东国，通译音讹，方言语谬，音讹则义失，语谬则理乖。故曰：'必也正名乎'，贵无乖谬矣。"其《谢高昌五逆沙弥及国书绫绢等启》又说："遗教东流，六百余祀，腾会振辉于吴洛，谶什钟美于秦凉，不坠玄风，咸匡胜业，但远人来译，音训不同。去圣时远，义类差舛。遂使双林一味之旨分成当现二常，大乘不二之宗析为南北两道，纷纷争论凡数百年，率土怀疑莫有匠决。玄奘宿因有庆，早豫缁门，负笈从师，年将二纪；名贤胜友，备悉咨询；大小乘宗，略得披览。未尝不执卷踌躇，捧经侘傺。"表明译名的准确性直接关系到译本理论思想的忠实性。

（三）人格修养

人格修养指译者主体道德素质的要求。佛教译场，无论是西域高僧主译，还是汉地学僧主译，总有本土人士助译。传统先秦诸子学说以儒、道两家为主，重点都是"人学"，其核心是人生观而不是宇宙观，是社会观而不是自然观，所以司马谈《论六家要旨》指出他们都是"务为治者也"。"人学"关注的正是人的品格修养和伦理精神。三国时期康僧会所译的《六度集经》中就以儒、道思想来融和佛说，体现了佛学与儒家的"仁道""孝道"等思想的融合。

佛教的最高目标是直证宇宙实相，所追求的是一种人的总体和整体完善性，即追求任何使人达到全真、全善、全智、全能和全美，以获取佛教真理而普度众生，所以他们的修证要求也就极为严格而全面，修养方法和途径也极为完备而精细。为了解脱人生痛苦，达到最高的理想境界，佛教提出了许多途径和办法，其中有三学、六度、四念、三智、八正道等修养理论，这些理论都直接反映在翻译评论对译者的要求之中，直接影响译者素质理论的研究和建构。其中"八正道"即八种成佛的途径，主张从精神方面和生活方面进行修持。"三学"即戒学（为信徒制定的各种戒规）、定学（禅定，修习者要静坐凝心专注观境的修习活动）、慧学（断除烦恼而达到解脱的智能）。大乘佛学为了"救苦救难""普度众生"，还在以个人修习为主的"戒、定、慧"三学的基础上，提出"六度"，即布施度、持戒度、忍辱度、精进度、禅定度、智能度，强调克制自我，救助他人，共渡彼岸。中观学所遵守与倡导的修养方法，本是为了成佛的途径，也完全可以由它建立译者修养理论。这些理论从精通教理、人格至善、威仪完美、体用统一，且具有训练有素非同一般的心理素质诸方面为学僧提供修行准则。随着佛学在中国的传播，佛学中的宗教哲学以及古印度的因明学对中国僧俗都提出了更高的要求。

佛教基于"因果报应"理论，为学僧制定"诸恶莫作""诸善奉行"等道德行为准则，如义净所传学侣，遍于京洛，世人盛赞他的懿行说"美哉，亦遗法之盛事也"。无论是小乘佛学提倡的通过个人的修持来求得个人的解脱，还是大乘佛学"自利、利他、佛国圆满"的救苦救难、普度众生的目标，均重视这一原则。在中国后来重视的是大乘佛学，所以大乘佛学的许多主张，都得到广泛传播，修"菩萨行"的六度（布施、持戒、忍辱、精进、禅定、智能），就是在以个人修行为中心的戒、定、慧"三学"的基础上的扩充和发挥，它把面向众生、觉悟众生、解脱众生作为培植和积累个人成佛智德的基础，如慧皎《高僧传卷六·义解三·晋长安释道恒》说："今恒、标等德非圆达，分在守节，少习玄化，伏膺佛道，至于敷析妙典，研究幽微，足以启悟童稚，助化功德。"辩机《大唐西域记·记赞》称赞玄奘法师："体上德之祯祥，蕴中和之淳粹，履道合德，居贞蕈行。"这都是重视佛门学僧的道德修养。具体运用到译者，那就是翻译态度和敬业精神。例如，慧远《三法度序》赞扬僧伽提婆"志在分德，诲人不倦"。僧叡《大品经序》载："法师手执胡本，口宣秦言，两释异音，交辩文旨。秦王躬览旧经，验其得失，咨其通途，坦其宗致，与诸宿旧义业沙门释慧恭、僧䂮、僧迁、宝度、慧精、法钦、道流、僧叡、道恢、道标、道恒、道悰等五百余人，详其义旨，审其文中，然后书之。"这些记载都是佛经译者们精益求精的真实写照，体现了他们完善的人格和高尚的境界。历代僧传实际上也均是为匡救学僧的一些流弊而撰作。所以梁启超认为彦琮"八备"中"其一、五、六三事，特注重翻译家人格之修养，可谓深探本源"（《翻译文学与佛典》）。王国维说："无高尚伟大之人格而有高尚伟大文学者殆未有也。"（《文学小言》）傅雷提出译者应有"宗教家一般的虔诚"(《翻译经验点滴》)，都是强调人格的重要性。

译经者的人格修养促使他们养成炽热的宗教热情和对义理不屈不挠的执着，成为佛典汉译事业的中坚和根本动力。弘扬佛学是所有译经家的根本目标，正是对佛学的坚定信仰才能使他们投身于译经事业。天竺西域来华的高僧们和中土潜心佛学或西行求法并归而译经的中土学僧，始终以佛教精进精神求法译经。法显感于当时戒律典籍的缺乏，遂"创辟荒途"，西行求法，历时十五年，带回来并翻译的戒律经典对当时中土佛教的发展起了巨大的推动作用。他曾说："顾寻所经，不觉心动汗流。所以乘危履险，不惜此形者，盖是志有所存。专其愚直，故投命于不必全之地，以达万一之冀。"(法显《佛国记》)道安在长安主持译经时，正值战乱，然而他却虽"兵乱都邑，伐鼓近郊"，依然潜心佛学，译经弘法。鸠摩罗什谈其东来目的说："使大论流传，洗悟蒙俗，虽复身当炉镬，苦而无恨。"他在长安主持译经，"手执梵文，口自宣译，道俗虔虔，一言三复，陶冶精求，务存圣意，其文约而诣，其旨婉而彰，微远之言，于兹显然"(僧肇《维摩诘经序》)。真谛来华时，正值连年战乱，他在流离辗转中随地随时翻译，在颠沛流离中度过他的翻译佛典生涯。他以艰苦卓绝的传法精神，译出经论四十九部一百四十二卷，另外"自作"义疏十九部一百三十四卷。费长房《历代三宝纪》载其"凡十四年，既怀道游方，随在所便译"。《续高僧传·真谛传》记载真谛来华的最初动因说："大同中，敕直后张泛等，送扶南献使返国。仍请名德三藏大乘诸论、《杂华经》等。真谛远闻行化，仪轨圣贤，搜选名匠，惠益民品。彼国乃屈真谛并赍经论，恭膺帝旨。既素蓄在心，涣然闻命，以大同十二年八月十五日，达于南海。沿路所经，乃停两载，以太清二年闰八月。始届京邑。"表明真谛本以弘道为怀。费长房《历代三宝纪》卷十一所附"真谛传"载："西天竺优禅尼国三藏法师波罗末陀，梁言真谛，远闻萧主菩萨行化，搜选名匠，轨范圣贤，怀宝本邦，来适斯土。所赍经论树叶梵文凡二百四十夹。若具足翻，应得二万余卷，多是震旦先所未传。属梁季崩离，不果宣吐，遇缘所出，略记如前。后之所翻，复显陈录载序。其事多在《曹毗三藏传》文。"玄奘胸怀求真之志，于印度学佛十七年，学成之后，归国译经弘法，创立唯识宗，开创译经史新时代，推动了中国佛教发展。译经家献身佛法、执着追求的精神始终贯穿和反映于他们译经的严肃态度上，不是自己专门精研过的经典，决不冒险翻译。鸠摩罗什译经虚心谨慎，对译文一丝不苟，反复推敲；玄奘对译文义理"求真"，信实严谨，都是译经大师高尚人格的写照。

(四)学识修养

佛经译者应具有深厚的文化素养和广阔的知识面,因为原本既是原著者的思想载体,更是社会文化系统的一部分,与文化的其他领域保持着密切的联系,涉及哲学、宗教、历史、道德等方面的多种思想与内涵。这就要求译者必须具有相应的文化知识,这些知识包括神话、宗教、历史、政治、哲学、文学等,否则不能胜任译经大业。所以佛学要求学僧充分运用智慧去观照人生,思考自然世界,并从对自然世界的观照中领悟佛教的智慧,不断丰富和发展佛教的教义和学说。这就要求佛教学人不仅要能理解经典,而且要有广博的知识,包括内学外学、历史文化、文章文学等广博的知识结构,以便准确理解经典和教义。早在支敏度《合维摩诘经序》中已注意到这一问题,他说:"于时有优婆塞支恭明,逮及于晋,有法护、叔兰。此三贤者,并博综稽古,研机极玄,殊方异音,兼通开解,先后译传,别为三经。"他在《合首楞严经记》中还称支越"才学深彻,内外备通"。《首楞严经后记》(作者未详)称:"时译者龟兹王世子帛延善晋胡音,延博解群籍,内外兼综。"僧祐《出三藏记集》赞扬竺佛念"备贯风俗洞晓方语,华戎音义,莫不兼解"。慧恺《摄大乘论释序》称真谛"先习外典,备通书奥,苞四韦于怀抱,吞六论于胸衿,学穷三藏,贯练五部,研究大乘,备尽深极。法师既博综坟籍,妙达幽微,每欲振玄宗于他域,启法门于未悟"。

译师们的素质和学养,是随着译经的发展而不断完备的。隋唐时期,译师的素质发生了根本变化。赞宁说前期翻译"终隔圆通",因此他主张翻译者不仅应精通原文与译文语言,还应熟悉两方的文化背景,他称玄奘、义净才真正达到"两全通达"的境界。他从佛学修养、中印语言文化水平方面,综合分析了魏晋以后历代译经者。他说唐以前的译经人,从佛学、语言及文化知识结构上看,要么熟谙西土(外来高僧),要么熟谙东夏(中国高僧),"唯西,唯东,二类之人,未为尽善"。他认为,"东僧往西,学尽梵书,解尽佛意,始可称善"。宋齐以来,颇有东僧西去,然而大都浅尝则止。"若入境观风、必闻其政者,奘师、(义净)法师,为得其实","此二师者,两全通达,其犹见玺文知是天子之书,可信也。《周礼》象胥氏通夷狄之言,净之才智,可谓释门之象胥也欤!"赞宁甚至认为,中古译业的全新境界,是玄奘和义净两位大师开创的。在佛经各类典籍中,对于佛学者的记载和评论大都有"学兼内外"的评语。道宣评价玄奘说:"世有奘公,独高联类,往还震动,备尽观方,百有余国,君臣谒敬,言义接对,不待译人,披析幽旨,华戎胥悦。故唐朝后译,不屑古人，执本陈勘，频开前失。"（《续高僧传·译经论》）赞宁称此精通语言与文化的译者为"两全通达"。

佛学"三智"（一切智、道种智、一切种智）不仅要求学僧具备学佛所需要的一切智慧，达到智慧圆明无上的境界，而且还能遍知世间法，深彻诸法总相等一切真实，通达教化众生的法门以及利益众生的技艺。《华严经》认为仅有佛学基本知识的修养远远不够，认为"非但以多闻，能入如来智。如人说所漂，惧溺而渴死。于法不修行，多闻亦如是"。在学识上，佛教要求僧俗必须具备丰富的学养，才能证得无上智慧。释迦牟尼要求学僧不但学习佛法，而且应该"学不厌博"，吸取当时印度文化的一切精华，深究世俗学问。《地持论》说："若智明上智，能速受学者，于日月中常以二分学佛法，一分学外典。"佛教的全部学问（"五明"）即要求佛教学者要具备五个方面的知识，即声明（语言文字音韵）、因明（逻辑论理）、内明（佛学教义）、医方明（医学养生）、工巧明（工艺技术、天文算历）等，其中四"明"属于世间学问。《大乘庄严经论》说："若不勤习五明，不得一切种智故。"可见，"因明"既是内学，又是外学。义净《南海寄归内法传》介绍了印度佛教教育，儿童六岁开始学习"声明"，二十岁结业，后再习"因明"和古印度文化巨典四吠陀书。对这些知识，"法俗悉皆通学，如其不学，不得'多闻'之称"。另据《华严经·十地品》载：

> 佛子，此菩萨摩诃萨为利益众生故，世间技艺靡不该习，所谓：文字、算术、图书、印玺；地、水、火、风，种种诸论，咸所通达；又善方药，疗治诸病——癫狂、干消、鬼魅、蛊毒、悉能除断；文笔、赞咏、歌舞、伎乐、欢笑、谈说，悉善其事；国城、村邑、宫宅、园苑、泉流、陂池、草树、花药，凡所布列，咸得其宜；金银、摩尼，真珠、琉璃、螺贝、璧玉、珊瑚等藏，悉知其处，出以示人；日月星宿、鸟鸣地震，夜梦凶吉，身相休咎，咸善观察，一无错谬；持戒入禅，神通无量，四无色等及余一切世间之事，但于众生不为损恼，为利益故，咸悉开示，渐令安住无上佛法。

修行菩萨的学僧要证入菩萨五地须得博洽诸学，须兼擅百艺，宏通文学、音乐、舞蹈、戏剧、杂艺、园艺、建筑、工艺、造型等，且善于谈吐和观察，否则便不能过此等第五地，更不能达到更高境界，无从安住无上佛法。佛教对学僧的知识学养竟有如此全面的要求，然而这个境界还不是最高的，它距佛还差五大巨阶，可见佛教对学僧素质和能力所规定的标准之高。总之，佛教通过"三学""三业"的戒治，学人们在举止行为（身业），语言行为（口业）和心理行为（意业）三方面呈现出完整的人格品质，达到"八法不动如山王"（玄奘译《维摩经·佛国品》）的修养目标。（"八法"指煽动和动摇人心的八种障碍物：利，衰，毁，誉，称，讥，苦，乐）这在后期的佛教界，将佛学的修养理论归结为道风和学风的建设。道风即人格精神方面的修养，学风主要是学习方法，二者都关系到佛教的命运和前途。

二、译者"八备"与学佛"十意"

彦琮"译者八备"与智顗"学佛十意"都是基于佛学与传统思想中针对学佛人士要求建立的指导性原则。佛教从修行者的精神生活与物质生活两方面，针对佛家修持有"八正道"，是为僧徒所规定的正确的生活态度与修行方式、修持方法和原则，包括通解义理、人格完善、精达语言以及非凡的心理素质。归结起来为佛家的"戒、定、慧"三学。戒定慧三者的关系是"慧资于定，定资于戒"，又有"依止于戒，心乃得定；依止于定，智慧方生"之教。因此有的佛教学者把戒律的修持看成是特别重要的环节。道安《比丘大戒序》中说："世尊立教，法有三焉：一者戒律也，二者禅定也，三者智慧也。斯之三者，至道之由户，泥洹之关要也。戒者，断三恶之干将也；禅者，绝分散之利器也；慧者，济药病之妙医也。"慧皎说："戒、定、慧品义次第，故当知入道即以戒律为本"（《高僧传卷一一·明律·论赞》）戒律是"三学"之首，是佛教徒一切修持的基础。道宣说，"戒本防非，谅符身口；定唯静乱，诚约心源；慧取闲邪，信明殄惑。三法相假，义形圣量。是故论云：戒如捉贼，定是缚贼，慧如杀贼。贼谓烦惑，不可卒除，功由渐降，故立斯旨。莫非戒具定修，深知障惑；明智观察，了见使缠。我倒既销，诸业不集。推其本也，则净戒为功；举其治也，则正慧为德"（《续高僧传卷二十二·明律·论赞》）。

中国传统文化中，儒家的价值观也很重视人的地位，称天地人为"三才"，且有鲜明的人格意识和重视独立的意志。传统思想文化是关于"人"的学问，具有强烈的关注现实社会和人生的人文精神，重视人和人生。中国众多的思想或学派，具体观点虽有不同，但其出发点及归宿大都是"人"，其思想的核心，也大都是"人学"。中国传统文化重现世现生的人文精神深刻影响了印度传入的佛学，使中国佛学的人文精神既继承佛陀创教的根本精神（帮助人觉悟解脱），又吸收中国传统思想文化重视现实社会人生的精神，充分发挥原始佛教中蕴含的对人及人生的关注与肯定，既扩展了佛学的人生意识，又以其对社会人生的独特看法而在一定程度上补充了传统思想文化的某些缺憾或不足。洪修平在《中国佛教文化的独特性》中指出：印度佛教本是强调出世解脱的宗教，其根本宗旨是把人从人生苦海中解脱出来，其立论的基点是对人生所做的"一切皆苦"的价值判断。但佛教的终极理想，仍然是为了追求永超苦海的极乐，其业报轮回观念中也透露出了靠自己的努力来实现人生永恒幸福的积极意义。中国佛学的人文精神既继承了印度佛教对心灵净化的追求，着重发展了大乘佛教平等慈悲、自利利他的精神；又顺应中国传统宗法社会文化环境，融合吸收了传统儒家世俗伦理精神，是印度佛教伦理精神与儒家伦理精神的融合。这种融合，实际上对佛教学者的素质提出了更高的整体要求，包括译者。

（一）译者"八备"

佛学的修养，语言的精通以及知识面的广阔，都直接关涉到佛经译者的修养和素质要求，完整体现这一点的就是彦琮在《辩正论》中提出的"译者八备"理论。

> 诚心爱法，志愿益人，不惮久时，其备一也。（译者应诚心诚意爱护佛教的道理和教益，立志救世救人，对翻译工作要有恒心）
>
> 将践觉场，先牢戒足，不染讥恶，其备二也。（译者要有高尚的品德，持法守戒）
>
> 筌晓三藏，义贯两乘，不苦暗滞，其备三也。（译者要博通大小乘佛典，不致对佛教义理有不明白之处）
>
> 旁涉坟史，工缀典词，不过鲁拙，其备四也。（译者要知识丰富，通晓佛教以外的知识，有很高的文学修养，译出的经本不至拙劣）
>
> 襟抱平恕，器量虚融，不好专执，其备五也。（译者要公平、虚心、不可固执己见）
>
> 沉于道术，澹于名利，不欲高炫，其备六也。（译者要潜心佛理，不追逐名利、营私渎职）
>
> 要识梵言，乃闲正译，不坠彼学，其备七也。（译者要精通梵文，解析经义，翻译达雅）
>
> 薄阅苍雅，粗谙篆隶，不昧此文，其备八也。（译者要懂得文字学、音韵学和训诂学，译文要流畅优美）

　　"八备"依据佛学"戒、定、慧"三学与"八正道"模式,从通晓义理、人格完善、精达语言三方面论述译人修养原则,既有译经目的态度作风等心理素质的要求,又有知识文字水平等专业素质的要求。所以彦琮最后的结论也是"三业必长,其风靡绝"。史载玄奘在译场中抄录这"八备"以严格要求译者。佛教的终极关怀是使人成佛,成佛即是一种完善的人格体现,因此,佛教的修养理论完善周备,标准要求十分严格。佛经译者也是佛教中人,成佛也是其最终目标,所以彦琮在"八备"中用了四备强调人格修养。他还于文中多处提到佛教义理,如"至如五欲顺情,信是难弃。三衣苦节,定非易忍。割遗体之爱,入道要门。舍天性之亲,出家恒务。""业似山丘,志类渊海。彼之梵法,大圣规谟。""于是舌根恒净,心镜弥朗。借此闻思,永为种性。""虽二边之义,佛亦许可。而两间之道,比丘未允其致。"可以说,重视人格的完善和知识的完备,是佛教修养理论的重心所在,也是佛经译者的根本要求。

　　但译者还肩负着翻译传播经典的重担,因此对译者的德业(译本)要求就更高,彦琮"八备"中有三处提到译本要求:"不过鲁拙"(译出的经典不至拙笨),"乃闲正译,不坠彼学"(翻译达雅),"不昧此文"(译文要流畅优美)。译本质量的保证又首在译者语言素质,因此译者的语言学识比起一般的佛教中人要求更高。因为不同语言的思想文化交流,首在克服语言和文化的障碍,这就需要高素质的翻译。佛典是印度古梵语和巴利语文典籍,只有翻译成汉语,才能为汉语人士所接受了解。同时,由于翻译的质量还直接影响文化交流的成功与否,这就突显出了翻译的重要性。所以历代佛教学者总是将翻译事业置于传经弘法的首要地位。僧祐《出三藏记集序》指出:"然道由人弘,法待缘显,有道无人,虽文存而莫悟;有法无缘,虽并世而弗闻。"慧皎《高僧传序》说:"然经流东土,盖由传译之功,或逾越沙险,或泛漾洪波,皆亡形殉道,委命弘法,震旦开明,一焉是赖。"均揭示出译者在佛学传播中的首要地位。

　　不过,"八备十条"也不限于译经大师的修养,行业在《翻译名义序》中赞扬法云时说:"法师博通经史,囊括古今,具八备之才能,蕴十条之德善。编集《翻译名义》,注解《金刚经》及《心经疏钞》,著《息阴集》等,并行于世,莫不宪章圣化,鼓吹山家,自行化他,能事毕矣。"法云是佛学家,曾著《心经疏钞》《息阴集》等,主要修持不在译经,但仍以"八备十条"评价其功德。表明这"八备"已为中国学僧所普遍认同。

　　(二)学佛"十意"

　　智顗鉴于门下学僧,有的只专心理论文字,不能透过权且施设的名言概念去把握佛教本质，即究竟实相之理。他称这类学人为"文字法师"。还有的只会默默坐禅，对佛教理论茫然无知，更不能"以定发慧"，他称这类学人为"暗证禅师"。为此，智颛在《摩诃止观》中为他们制定了十条学习方法，"今有十意，融通佛法"。这就是著名的"天台学风"。

一、明道理。寂绝亡离不可思议。即是四谛三二一无随情智等，或开或合。若识此意，权实道理，冷然自照。

二、教义纲格，匡骨盘峙，包括密露、泾渭大小。即是渐、顿、不定、秘密、藏、通、别、圆。若得此意，声教开合，化道可知。

三、经论矛盾，言义相乖，不可以情通，不可以博解。古来执诤，连代不消。若得四悉檀意，则结滞开融，怀抱琐析，拔揿自在，不惑此疑彼也。

四、若知谬执而生塞者，巧破尽净，单复具足，无言穷逐，能破如所破，有何所得耶？

五、结正法门，对当行位。修有方便，证有阶差。权实大小，贤圣不滥，增上慢罪，从何而生。

六、于一法门，纵横无碍，纶绪次第，叠叠成章。

七、开章科段，钩锁相承，生起可爱。

八、贴释经文，婉转绣媚，总用上诸方法，随语消释，义顺而文当。

九、翻译梵汉，名数兼通，使方言不壅。

十、一一句偈，如闻而修，入心成观，观与经合。观则有印，印心作观，非数他宝。

第一条，要求学僧明白开合、权实的道理。"开"即先把究竟的实相展开为语言的、理论的（名言概念），使学佛者易懂。"会"是在"开"的基础上，摆脱名言概念，整体地直悟实相。学佛的目的是悟入"实相"（佛的境界）。虽然"实相"是不可思议的，是言语道绝的，但为了认识实相，必须借助权且施设的名言概念，这就是"权"。第二条，要求运用天台和八教理论从形式和内容上整体把握佛教体系。尽管佛教理论高深浩瀚，有的提纲挈领，有的具体阐述，显密不同，大小各异，但只要学习方法上运用顿、渐、秘密、不定，内容上采取藏、通、别、圆，就能纲举目张，把握开合，就能系统握住佛教理论体系。第三条，要求用"四悉檀"（四种理解佛教经论含义的方法）来圆融佛经矛盾和言义争执。由于佛陀讲经有五时之别，学僧作论理解各异，争执纷纭，致使学僧也堕入其中，惑此惑彼。这就需要用"四悉檀"的含义来理解，以消除矛盾和疑虑，使理解圆融无碍。"四悉檀"是：顺应世俗而说的方法；为使听者喜欢而说的方法；诘问听者以指出其错误的地方；站在最高境地、完全不带任何附带意图而说的方法。第四条，要求在学习中发现谬误时，不能固执不改，而应运用佛教思想，加以种种开导，破除学习中的谬误。第五条，要求学僧在得到结论说某一法门正确时，还要通过实践来判断它属于何种行位，得出自己的体会和看法。因为修习方法有多种，证悟的阶位也有高下。这样才能分清大小乘，区别贤者、圣者。第六条要求学僧对于第一法门，要从不同角度，纵横无碍地研讨、体会，直至完全理解为止，即使是一个小问题亦不放过。第七条要求学僧对佛教经论要按章节分段学习，并注意理论上的前后逻辑关系。第八条要求学僧阐释经文时，综合使用以上方法，对经文做出合义的解释，并要文理通顺，语句动人。第九条要求学僧如果将梵文原典翻译成汉语时，必须文理兼通，没有两种语言上的隔阂。第十条要求学僧对佛经的一句一偈，都要细心地听闻、思考、修习，并全心作观想，最后达到观想与经义完全符合。

智顗不仅重视佛教学风，也非常重视教风。鉴于学僧"诸来法徒，各集道业，尚不须软语劝进，况立制肃之"，又鉴于许多后学懈怠松散的不如法，"如新猿马，若不控锁，日甚月增"。于是智顗制定了十条《制法》，"训诸学者，略示十条"，付知堂上座慧谏。智顗自叙其目的和意义说：

> 观乎晚学，如新猿马，若不控锁，日甚月增。为成就故，失二治一，蒲鞭示耻，非吾苦之。今训诸学者，略示十条，后若妨起，应须增损，众共裁之。

十条《制法》对僧团制度的规定简明扼要，可以概括为：（1）对依堂坐禅僧众修习时间的规定。（2）对礼佛行仪的规定。（3）有关用斋的规定。（4）僧众和合共住的要求。（5）对知事人的训诫。第一条要求学僧"当修三行：一依堂坐禅；二别场忏悔；三知僧事。此三行人，三衣六物，道具具足。"这是依据众生的根性不同，有的喜好在山间树下静修，有的乐意大众熏修，为了和合共住的原则，必须建立起一定的规章制度。第二条要求学僧放下一切，精进用功，无论"读诵、听学、讲说、经行、忏悔、供养、舍力"，都应使自己"业既坦然，报亦圆满"，否则"修业不成"，枉费出家一生。"依堂之僧，本以四时坐禅，六时礼佛，此为恒务。"第三条告诫学僧礼佛行仪修习应注意衣着礼仪，切不可轻慢，"六时礼佛，大僧应披入众衣，衣无鳞陇，若缦衣悉不得。"第四条要求学僧修习含摄大小乘所有修行方法的四种三昧：常坐三昧、常行三昧、半行半坐三昧（方等三昧和法华三昧）和非行非作三昧。佛教诸经所记载的三昧据《大智度论》记载有一百零八种之多。智顗把诸经的修行理论和形式以四种三昧和十境十乘予以统摄，使四种三昧和十境十乘，构成理论与实践的关系。"别行之意，以在众为缓故，精进勤修四种三昧。而假托道场，不称别行之意，检校得实，罚一次维那。"第五条规定如何为僧知事。"知事"一语译自羯摩陀那，是掌管诸僧杂事与庶务的职称。"其知事之僧，本为安立利益，反作损耗，割众润己，自任恩情。若非理侵一毫，虽是众用而不开白，检校得实不同止。"第六条规定进斋、生病等日常作息，防治各种不良之风滋长蔓延，"其二时食者，若身无病，病不顿卧，病已瘥，皆须出堂，不得请食入众。"第七条要求学僧不要忘记自己是方外之人，应慎独，不犯戒，以妨碍修持。"其大僧小戒，近行远行，寺内寺外，悉不得盗啖鱼肉辛酒，非时而食。"第八条规定处理学僧之间关系的行为准则，要求学僧和合共住，坚持忍受和正义谦让，和气合作。切不可纷争喧吵，言语污秽，表情冲动。"僧名和合，柔忍故和，义让故合。不得诤计高声，丑言动色。"第九条是针对犯四根本重戒者的治罪。"若犯重者依律治。若横相诬，被诬者不罚，作诬者不同止。若学未入众时，过，众主不受，学众未摄故。彼自言比丘故入众，来犯重诬他者，治罚如前。"第十条诚恳地告诫学僧，人非圣贤，孰能无过，如犯过错，只要诚心忏悔谢罪，佛门慈悲都会接纳的。"依经立方，见病处药。非于方，吐于药，有何益乎？若上来九制听忏者，屡忏无惭愧心不能自新，此是吐药之人，宜令出众。若能改革，后亦听还。若犯诸制，捍不肯忏，此是非方之人，不从众网，则不同止。"

天台宗是第一个中国化的佛教宗派，也是一个讲究修证的宗派，他们在阐发《法华经》的教义时，广泛吸收中国传统文化，在理论上提出了一系列独具特色的命题，在实践上创立了天台学风。智顗是天台宗开创者，他树立宗义，判释经教，建立了天台一宗的学说系统和行为规范，从学僧众日常生活行事威仪到内在的坐禅礼佛修行都作了较为细致的规定。智顗悟入法华三昧。天台宗以止观统摄一切佛法，止观亦是智顗大师一生承悟修说的法门。用智顗的"学佛十意"或十条《制法》来指导译师修养，可与彦琮"八备十条"相媲美。可见，佛经译者修养理论，明显受到佛教思想熏陶，但也深受儒、道观念的影响，因为中国僧学受本民族文化思想的默化潜移，必然会融儒、道于佛，使佛学修养理论打上中国传统印记，这也是佛学中国化的一个侧面。孔子说："学而不思则罔，思而不学则殆。"指出了思与学的重要性。佛家在论述思与学时，使用的是"渐悟"和"顿悟"。"渐悟"即积累修行，心明累尽而达无我正觉境界；"顿悟"即顿然、当下的觉悟，不经次第、阶段而直下证入真理的觉悟。"渐悟"和"顿悟"是密切相联的，只有日积月累地修习，才有心领神会的彻底洞解。因此，佛家说："既顿渐俱收，则迟速皆益。"（宗密《圆觉经略疏》）统一了顿与渐。这种彻底的洞解境界就是佛学语言"得"，即"悟得"，获得了佛教真谛。彦琮说的"八者备也，方是得人"，即是化用此意。

第六节　佛典汉译过程评论

翻译过程是译者从特定的翻译动机出发解读原本、建构译本的全部活动，对翻译过程的评论就是对语际转换的活动过程做出系统化、阶段化和规范化程序的理论说明。由于历史以及诸多因素所决定，佛经翻译自安世高译经始，直至宋代，都是由译场组织完成的，只是译场规模不同而已。因此，翻译过程研究的是如何使译场组织完善。印度佛典汉译，由于文化差异和语言悬殊以及原始的交通条件决定了庞大的译经事业非个人能力所能担当，因而佛典汉译有专门译场设置，并逐步形成一套完整的译经组织和规章仪式，从而保证了译文的准确性，译经的计划性和系统性。译场的翻译，华梵（胡）学者紧密协作，分工合译，往复研讨，校核勘误，加工润色，删缀整理，一部佛典译著是在许多大师从音训到义理再到文字形式，经过反复讨论、商榷，达成共识后形成的。因此汉译佛典是华梵（胡）佛学大师合作的结晶，也形成了佛典汉译过程的独特性。

一、译场——严谨的佛典汉译方式

"译场"指佛经翻译的场所，"场"就是"道场"，是佛教讲经、作法事或修道的场所。"译场"便是翻译用的道场，又称佛经翻译道场。佛典汉译既有宗教的庄严，又有学术的严谨，所以梁启超在《翻译所据原本及译场组织》中说："每译一书，其程序之繁复如此，可谓极谨严之态度也已。"译经道场还是学法传法的场所，所以佛经翻译最初的模式是"行翻行讲"。中国第一个佛经译场是洛阳白马寺，白马寺被称为中土第一浮屠。

史载印度高僧迦叶摩腾、竺法兰与中土蔡愔、秦景同来洛阳后，汉明帝命二高僧将所带来的梵文贝叶经佛经原本在白马寺译成汉文，名为《四十二章经》，为中国第一本笔译汉文佛经。迦叶摩腾去世后，竺法兰又单独译出《十地断结经》四卷、《法海藏经》一卷、《佛本生经》一卷、《佛本行经》五卷，这是中国最早的一批佛学译典。

（一）东汉——译经的两种方式与四种人员

自安世高译经，就开始形成较为固定的合作机制，其弟子韩林、皮业、陈慧等为他执笔润色，这表明我国在后汉已具备了译场的基本元素。初期的译场除劝助外，主要由口授或执胡本的译主，传言译者（或名度语），笔受及参校四种人员。译经的方式有两种，一种是先将胡语或梵文记录下来，再译为汉文，另一种是将胡语或梵文口诵出来后，再由传言译为汉文，如《道行般若经》的翻译："口授天竺菩萨竺朔佛，时传言译者月支菩萨支谶，时侍者南阳张少安、南海子碧，劝助者孙和、周提立。"（《道行经后记》）梁启超评论初期译场说："此情中之翻译，全为私人事业。译师来自西域，汉语既不甚了解。笔受之人，语学与教理，两皆未娴。伪谬浅薄，在所不免。"（《翻译文学与佛典》）

（二）南北朝——译场的"三千大德"与"行翻行讲"

东晋时期，佛经译场进一步趋于完善。道安在其弟子慧远、僧叡、道立、法遇等人协助下，组成九十一人规模的译场，"请外国沙门僧伽提婆、昙摩难提及僧伽跋澄等，译出众经百万余言。常与沙门法和诠定音字，详核文旨"（慧皎《高僧传》卷五）。道安译场"僧众数千"，有僧叡、慧远、昙翼等著名译僧，他们在道安逝世后，又参与鸠摩罗什译场。梁启超认为，"译场组织，起源于此"（《佛典之翻译》）。但道安的译场还是私人译业，而且没有固定场所，设备简陋。

从鸠摩罗什开始，正式形成了国家译场，罗什译场的翻译分工缜密，学术气氛浓厚，完全改变了前期译经程序。罗什译场学者云集，规模庞大，有"三千大德同止一处"，参与译经的弟子中，有"四圣"（道生、僧肇、道融和僧叡）、"八俊"（"四圣"之外又加道恒、昙影、慧观、慧严）和"十哲"（"八俊"之外再加僧契和道标）。他们有的对教理深有研究，有的兼通梵汉，有的精通汉语文章，文学功底深厚，有的素有翻译经验。罗什译经，先将梵语佛经口译成汉语，讲出义旨，然后诸多学僧一起讨论，写出初稿。如已有旧译，便用来互相参照印证。写成汉文后，再以"论"证"经"，详加推敲。书写译文时常用训诂来定汉字。全书译成后，再经过总勘，形成定本，然后流通。僧叡《大品经序》记载，罗什译场重译《大品般若经》四十卷时，"手执胡本，口宣秦言，两释异音，交辩文旨；秦王躬览旧经，验其得失"，慧恭、僧叡等学僧五百余人，"详其义旨，审其文中，然后书之"，历时四个多月，"校正检括乃讫"。但与《大智释论》对照，仍多不当，于是又"随出其《论》，随而正之，《释论》既讫，尔乃文定"。重译《维摩诘经》，罗什"手执胡文，口自宣译，道俗虔虔，一言三复，陶冶精求，务存圣意"。重译《十诵律》时，弗若多罗口诵梵本，罗什译为晋言，还有三百多义学僧参译。

真谛是当时与鸠摩罗什并称的译经大师。真谛所传佛学，专注于大乘瑜伽行派理论，其鲜明特色是将如来藏思想融入瑜伽行派体系之中。他所弘传的学说和教法被后世称为"唯识古学"。费长房《历代三宝纪》指出真谛"所赍经论树叶梵文凡二百四十夹。若具足翻，应得二万余卷，多是震旦先所未传。属梁季崩离，不果宣吐，遇缘所出，略记如前。后之所翻，复显陈录载序"。真谛译经，颠簸流离，随方翻译，栖遑靡托。前后组织了富春译场、建业译场、豫章与晋安译场、梁安郡译场、广州译场等。真谛译经，注重严格认真的校勘。译唯识学各"论"，"一句之中，循环辩译"，而"译义若竟，方乃著文"。《阿毗达摩俱舍论序》记载，真谛译此经时的情形是："法师游方既久，精解此土音义，凡所翻译，不须度语。但梵音所目，于义易彰，今既改变梵音，词理难卒符会。故于一句之中，循环辩释，翻覆郑重，乃得相应。慧恺谨即领受，随定随书，日夜相系，不懈晷刻。"一经译完之后，仔细校勘后始成定本，刻印流传。

魏晋南北朝时期译场庞大，学者云集，但并非都是译者，因为译经道场不仅依靠集思广益以诠定文句，还需向听法者宣传佛理。罗什译场中许多人就是来听译主讲授经义，参加讨论或辩论的。这样，主持译场的译者随译宣讲、阐释佛学精义，把译经和讲习结合在一起，使译场成为译经、讲解和教学新译佛典，传播佛学理论，培养佛学人才的圣地，实质上已使翻译同时成为对佛学的研究和传播。译经大师如鸠摩罗什、真谛既是翻译家，又是讲经家，如鸠摩罗什译《妙法莲华经》，众多学人听译主讲授经义，或参加讨论，他们后来都在不同程度上推动了佛学在中国的传播发展。慧观《法华宗要序》说："有外国法师鸠摩罗什……更出斯经，与众详究，什自手执胡经，口译秦语，曲从方言，而趣不乖本。即文之益，亦已过半。虽复霄云披翳，阳景俱辉，未足喻也。什犹谓语现而理沉，事近而旨远，又释言表之隐，以应探赜之求。虽冥扉未开，固已得其门矣。夫上善等润，灵液尚均，是以仰感嘱累，俯慨未闻。故采述旨要，流布未闻，庶法轮遐轸，往所未往，十方同悟，究畅一乘。"

表明罗什译经，译出经文，随即讲释经义。真谛译《大乘唯识论》"行翻行讲"，译《摄大乘论》译讲同施，"释义若竟，方乃著文"。译场也是论场，相互讨论异议，提出疑问，所以"一言三复"，"详其文旨，审其文中，然后书之"。真谛译场培养出来的智恺、曹毗等，于大江南北努力弘扬传播《摄大乘论》，并由此成立摄论学派。

译场译讲施，译主既要主译，又需负责答疑，这是印度佛教的传统。向大众宣讲佛法本是佛家提倡的功德，佛教视讲经为学僧天职，认为应该将经典所载的佛理向大众讲说，替人们消除内心的疑虑，就是"续佛慧命"的一种方式。而讲经在印度历来有听众向法师质询和辩难的。佛教史载，释迦牟尼讲《安般守意经》时，弟子中无人提问，便自己化作两身，一尊发问，一尊回答，借助彼此的问答和辩论，引导弟子们进一步了解经义，并以此阐发经中要义。这也表明，佛典汉译初期和中期的主译，并不是今天意义上的译者，因为译主必须对义理深通无碍，如不能彻底了解经旨，就不能胜任翻译。

（三）唐代——"十步"译经程序

译场发展至唐代，玄奘译经，据赞宁《宋高僧传》记载，译场每译一经均要经过极严格的译经制度，其译经程序分为十步：（一）译主。翻译的核心人物，宣读梵文原文。（二）笔受。将梵文的意义通过译主的讲解后译成汉语。（三）度语。在译主不懂汉语的情况下设此职，以使译主所宣讲的梵文，让其他参译者能够透彻地领悟。《宋高僧传》卷三"论"载，度语所掌之职"传度转令生解"。因此，在不懂汉语的译主的译场中，度语的职位至关重要。（四）证梵本。检查所译的经文是否跟梵文原文一致。实际上是将译成中文的经文再翻回成梵文，与原文比较。（五）润文。加工润色，使译出的经文在意思不变的情况下，文体一致，从而使译文更加典雅、庄重。（六）证义。核对义理的准确性，因为佛典汉译的重要性不只是在词汇、文体诸方面，更重要的是宗教义理是否正确。（七）梵呗。译经开始前后的佛教仪式，以此来整肃译场僧学之仪表和内心，并启发学者生护法之慈善心。（八）校勘。从中文文字学的角度校勘所译经文。一般由小学大师担任。（九）监护大臣。一般由朝内高官充任。实际上是征得官方承认的一种方式，是名誉上的监护。（十）证字。主要负责汉语里的生僻、异体字的甄选。玄应曾担任过此职。玄应是一位字学家，曾著《众经音义》，录出佛经中的困惑字词作为词目，下注音训，并广引字书传说以证。所释佛教经律论共四百二十部。所引资料除释典外，征引外出群籍百数十种。译场中的另一位字学大家慧琳，是唐代大兴善寺翻经沙门，自幼在大兴善寺精密组织的译场中学习，受过系统而严格的"八备"传统训练。不空主持大兴善寺译场时，慧琳师事不空，并参与不空译经。赞宁《宋高僧传》载："（慧琳）内持密藏，外究儒流，印度声明、支那诂训，靡不精奥。尝谓翻梵成华，华皆典故，典故则西干细语也。遂引用《字林》《字统》《声类》《三仓》《切韵》《玉篇》，诸经杂史，参合佛意，详察是非，撰成《大藏音义》一百卷。起贞元四年，迄元和五载，方得绝笔。"对字学的重视，表明佛经译场中的译经制度已相当完善了。

将证义和证文放在纯粹的文字功夫之前，保证翻译的准确性。并从不同的层面设置缀文、参译、刊定、润文，以保证文字的纯正与流畅，这是玄奘译经既忠实又通顺的措施保证。第五、第八、第九和第十项表明玄奘非常重视译文的加工润饰和修辞，要求译文符合汉语字法、句法，删去繁芜重复，以便译出的佛经语言顺畅，适合诵读。但玄奘对译文文饰的重视并不是简单地或脱离原文的文饰或顺应传统语言文化的"格义"。因为十道程序中的第一、第二、第三、第六和第七项表明玄奘非常强调忠实，翻译之前先要诵读原文，检查义理是否有错；其次根据梵语译出初稿；然后经过音译，按照汉语语法整理之后，译出初稿；再次还要对照原文看是否偏离、遗漏。而第七项，通过译文回证原文是否有纰漏、错误，这一项玄奘之前的译场均未见到，反映出玄奘严谨的治学态度和精益求精的译风。十道翻译程序体现了玄奘成熟的译经思想。

玄奘译场中的程序虽为十个步骤，但在具体经本翻译中又不完全一样，《慈恩传》卷六记载，玄奘的译场不过二十余人，将并未进入翻译过程的讲经分离出去，译场名副其实地成为了专事翻译的场所。道宣比较了玄奘与前人的译场，指出前人翻译首先按照梵文结构译成汉语，然后改成汉语表达，再修改润饰，这样或增或减，原义常有走失。这是因为负责传言的梵僧往往不善汉语，而担任笔受的汉僧不谙梵文，造成原文理解和译文表达割裂隔阂，致使译文拘泥僵硬，或者任意删削，追求文丽。玄奘则不同，他既精佛理，又深通梵汉，翻译出语即可成章。再加上十道翻译程序的重重把关，使得原文理解和译文表达能够洽洽融合。自玄奘译场始，译者主体及素质都发生了根本性变化。在玄奘译场六十位参译人员中，都是汉地学僧，没有一个外国学僧。这表明本土翻译家已成为译业的主体，佛典汉译已从西方人主译转变为中土人主译。

玄奘以后的唐代译场，对于梵文原本的义理的理解与字句的发音更加重视。为此，"证梵语梵文"分工更细，大致分为四步：（1）"证译语"，这是缘于印度学僧菩提流志主持译场时，担任传语的是两位通晓汉语的印度居士，译场中人担心他们用汉语转达主译的讲解时或会有讹误，于是委任一位出生和落发都在中国的印度僧人任此职，专门听审他们有无错传主译的话。后来，义净主译之时也设有此职，义净担心自己以汉人当主译，口译有误而不自知，所以仍以懂汉语的天竺居士来随时指正自己。(2)"证梵义"，也是义净主译时所设，他担心自己对原文义理了解不够，所以设置两位天竺学僧协助参详原文。(3)"读梵本"，宣读梵文本来是主译，义净梵文虽好，但读诵时若求声调正确，仍需印度人代读。(4)"证梵文"，此职专注梵文形式的表达，如果原文有不通之处，要能够加以解释，使原文意义能正确表达，而译出时不至有误。曹士邦认为，义理与字句二者，都直接关涉到对印度佛学的准确领会。进入唐代，汉地佛学已完全是印度佛学的本义，这正是译场成熟所带来的结果(《译场——中国古代翻译佛经的严谨方式》)。

（四）宋代——译经院的"三堂九部"

宋代的译经程序和规模更加完备。宋太宗时，为迦湿弥罗国天息灾等在太平兴国寺设立译经院，由三堂组成：译经堂，润文堂，证义堂。译经堂由主译对全体助译者讲解经旨，助译们都是挑选过的专家，无须句句讲解，字字分析，彼此可专就梵本的难文奥义做深入的讨论，称为"研覆幽旨"，这一步偏重研究方面。润文堂负责文笔的助译者将译经堂当日讲解和讨论的记录整理成汉译的初稿。证义堂的义理专家(证义)、汉地文字学专家(字学)、梵文专家(证梵语梵文)审查润文堂的译文是否符合原意，如发现译文与原文意思有出入或译错的地方，证义们加以修改，再送回润文堂。可见，译经院三堂，实为译经的三个程序。先由译经堂译出初稿，后由润文堂润色，再由证义堂审查义理，润文堂收到改正稿后，又根据证义堂的修改再作文字润色，因为证义仅就原文义理的表达上改正，用字不一定典雅。润色后，又送回证义堂审查，看修饰后辞藻有否损害原意的表达。这样往复再三，直至各方满意为止。第二跟第三程序是交互进行的，所以"文虽定而覆详，义乃明而重审"。

曹士邦在《译场——中国古代翻译佛经的严谨方式》有文中指出，宋代的这种新的译经程序，比前代又有了发展。首先是助译虽然仅数十人，但都有一定职务，较之从前千数百听众中仅有三数人实际助译，事实上人数是增多了。其次，译本经过不断的润色和审查，当然更为精密，虽则执笔的人跟审查的人难免有争执，如玄奘的助译法藏，华严宗的贤首大师，就是后因笔受、证义、润文见识不同，而退出译场，所以译场常常更换助译。但彼此都是精研佛学或文学的专家，所争执的主要是经文精义应如何译出，主译要排难解纷，而这种争执反而有利于提高翻译质量。

《佛祖统纪》卷四十三载天息灾译经仪式，宋代译场分为九部：（一）译主。正坐，面外，宣传梵文。（二）证义。坐其左，与译主评量梵文。（三）证文。坐其右，听译主高读梵文，以验差误。（四）书字梵学僧。审听梵文书成华字，犹是梵音。（五）笔受。翻梵音成华言。如纥哩第野再翻为心，素怛览翻为经。（六）缀文。回缀文字，使成句义。（七）参译。参考两土文字，使无误。此"参译"一职与唐代译场中的"证梵本"大抵相当，亦即要求参译者将译成中文的经文再反过来译成梵文，检查与原文在意思上和语言上有无差别。如果不能还原成原文，就说明翻译不妥。（八）刊定。刊削冗长，定取句义。（九）润文。译官与僧众南向设位，参详润色。至此，一篇梵文佛经的汉译方告完成。这样九部，使译经程序最终臻于完备。从宋代音译也可见其严谨，译者依据训诂学并结合外典研究著述成书，总结音译成就，指导音译实践。崔峰在《宋代译经中梵语翻译人才的培养》一文中指出，天息灾等译师为了正确地念诵陀罗尼和讽咏梵呗，特别注意华梵对译的准确性，使这期间译出了不少陀罗尼咒和梵赞。有了这些华梵对译的经验，法护、惟净、夏竦等译师进一步总结，先后编撰成训诂学重要著作《景祐天竺字源》七卷和《新译经音义》七十卷。特别是《景祐天竺字源》，全书将悉昙的缀字法分类为十八章，以梵汉两种文字并举而解其音义，即首先略解十二转声、三十四字母、五音及生字的意义，其次立四章广分别之，所出之梵字异于一般悉昙字，近于尼波罗梵夹文体。书中还细致考察北宋时梵字佛典所用的字形，比较这种字形和古来的悉昙文字差异，很类似近代印度流行的天城字体。从而根据这种文字，修正误脱的《悉昙字记》中的对译字，成为一代音译典范，这是宋代译经不同于旧译的最大特色。

二、佛经译场的演进

佛经译场既是译经场所，更是当时佛教文化学术活动中心。它集翻译、学术讨论研究、讲学授徒、弘扬佛学等多种佛教德业于一体。而时代是发展的，思想学术也是变化的，因此佛经译场也随着时代与思想的不同要求而不断演进。

（一）支谶——"对译"模式的形成

佛典汉译，从东汉时起就采用译场方式，译经的程序主要设置传语、笔受、证义等步骤。初期佛典汉译，基本上是由天竺或西域"通习华言"

的学僧与汉地学僧合作完成。因为译主不通汉语，笔受不解经义，因此一般由梵僧或胡僧"口译"，再由汉地学僧"笔受"成文，有时甚至经过三道步骤。如《道行经》的翻译是："河南洛阳孟元士口授天竺菩萨竺朔佛。时传言者月氏菩萨支谶……"（道安《道行经序》）《般舟三昧经记》记载："《般舟三昧经》光和二年十月八日，天竺菩萨竺佛朔于洛阳出，时传言者月氏菩萨支谶。授与河南洛阳孟福字符士，随侍菩萨张莲字少安笔受，令后普著。"其译场的程序为：先由精通胡汉两种文字的译主用胡语读出原经，再口译为汉语，由一充当笔受的助译一一记录下来，然后再行校订。如果译主不甚通汉语，就增加梵文的笔受即书字和度语（传言）的职位。这属于"一二胡僧约一信士相对译"的初期合译形式。这种译场比较简单，简陋，只是小规模的民间译经事业，是一种松懈的无形组织。

　　慧皎《出三藏记集》载：《中本起经》的翻译由昙果于迦毗罗卫国得梵本，来至洛阳，建安十二年翻，康孟祥度语。此谓"对译"模式的形成。汉灵帝时天竺僧竺佛朔"出"《般舟三昧经》，月氏学僧支谶为"传言"，河南洛阳孟福、张莲"笔受"。"出"指凭记忆用梵语口诵经本，"传言"指翻梵语为汉语，这两道工序都是口头语言形式。而最后一道工序"笔受"，指用笔记述已经口头翻译的佛经，使之成为文字。这三道工序至少包括两次转换，一次是不同语言之间的转换，转梵（胡）为汉（或是转梵为胡，再转胡为汉）；一次是不同媒介之间的转换，转语为书，或转口为笔，是有声语言转为有形文字。口头翻译者必须把他所理解的意义置入听者所生活的语境中，笔头翻译者则必须把他所听到的口头语言转化为读者所熟悉的书面文体。即使翻译者力求忠实地传达原文的意思，经过这两次转换都难免会损失掉不少内容。依赖"传言"人的转译，这样就很难把原作的内容与风格准确地表达出来，因而初期译经，往往会生搬硬套，并不能忠于原文，译本语言也很粗糙，正如道安所指出的："初经出已久，而旧译时谬，致使深义，隐没未通。"（《道行经序》）初期译人受制于两种不同语言及佛理的理解与表达能力，从梵僧或胡僧方面说，他们不谙汉文，其中佼佼者来中华后虽"渐解汉言"，"通习华言"，但对汉人生活的语境仍较陌生，须请汉人担任译经助手，而助译的汉人对梵文胡语又很隔膜，致使初期佛典"先后传译，多致谬滥"。如竺佛朔与合作者三道工序的翻译，史称"转梵为汉，译人时滞，虽有失旨，然弃文存质，深得经意"，其中翻译者因语言障碍而"时滞""失旨""弃文"，说明当时的译经很不成熟，所谓"存质""深得经意"，当是译人及评论者的主观愿望。这种情况到三国时仍然存在，如天竺学僧维祇难与竺律炎于东吴翻译《法句经》，二人均"未善汉言"，因而译文"颇有不尽，志存义本，辞近朴质"（支谦《法句经序》）。

（二）道安——译场的初步规模

长安曾是中国佛学的中心。竺法护、白法祖等均在此译经弘法，从学者近千人，为道安集中印度佛学专家有组织有计划地翻译奠定了基础。前秦符坚信仰佛学，道安从建元十五年至建元二十一年一直住在长安五重寺讲经译注，主持译经，协助当时外籍译师所出经论译文的审定，"僧众数千，大弘法化"。赵政与慧常参与主持，由道安弟子僧念、僧叡、僧导、慧嵩等协助，聘请印度学僧僧伽提婆、昙摩难提及僧伽跋澄等翻译佛经。此为中国佛典汉译的官办译场的开端。由于朝廷的扶持，译经开始成为国家的文化大业。道安主研传播佛图澄的性空学说，开始摆脱了佛学对玄学的依附。他与西域学僧及"家世西河，洞晓方语，华戎音义，莫不兼解"的凉州僧竺佛念、同学法和、官员赵政等人，译出佛典十四部约一百八十三卷，共百余万言。在《阿毗昙毗婆沙》译场中，罽宾高僧僧伽跋澄"口诵经本"，昙摩难提"笔受为汉文"，佛图罗什"宣译"，敏智"笔受"为汉文，赵政"正义"，道安"校对"。译《婆须密论》十卷，则由僧伽跋澄、昙摩难提、僧伽提婆三人"共执梵本"，竺佛念"传译"，慧嵩"笔受"，道安与法和"对校修饰"，赵政"稍加润色"。《僧伽罗刹所集经》译场中，僧伽跋澄"诵出"，竺佛念"传译"，慧嵩"笔受"，道安与法和"对检校定"（慧皎《高僧传》卷三）。

道安《增一阿含经序》记载，道安译场参与人员增多，比前期分工更趋周密，由几位译主共同负责，并设有润色、考正、校对各职，最多时有八十人同时参与译事。道安的努力使长安译业初具译场规模，不仅译经数量多，翻译质量也有极大提高，并为逐步过渡至官译的国立译场打下了基础。

（三）罗什——国立译场的开启

在道安译场的基础上，罗什译经正式步入国立译场，使佛典汉译从私译转为官译，正式被作为国家的宗教文化事业。创建于东晋的草堂寺，是中国佛教历史上第一座规模巨大的国立翻译佛经译场。在东晋十六国时期，这里还是第一个管理全国佛教事务机构的所在地。鸠摩罗什率众学僧在此译经。当时译经队伍庞大，据记载，助鸠摩罗什译经的名僧有"八百余人"，远近而至求学的僧人三千之众，故有"三千弟子共翻经"之说。这既表明社会主流文化对佛教这一异域文化的认同，也显示出佛教在中国本土文化中已有了更广泛的传播。符坚和姚兴分别建立庞大的译场，并遴选众多有才之士参与到政府组织的译经中来，译人更多，分工协作也更加明细。译场中设译主、译语、笔受、润文和证义等职，译主是总负责人，精通汉语和梵语，博通经典教义，能解决翻译过程中的困惑和疑义。译语负责将梵文译为汉语。笔受负责记录译文。润文将译文加以修饰，使之畅达优美。证义负责考察译文与原文有无出入并加以校正。在汉地助译人员中，除原来的口授、传言、笔受外，又增加了录梵文、证义（或考正）和校对三道程序。除了由译主担任的口授，其他程序都可以由多人共同担任。如罗什译经，由其手持梵本，用汉语将梵（胡）本的文义仔细说明，众法师手执旧经对照，校对正误，用确切的汉字译出，然后归纳起来挑选，议定一个最完善的译本，作为初稿。初稿写成之后，再以"论"证"经"，详做修改。译文用字也极为审慎，胡本有误，用梵本校正；汉言有疑，用训诂来定字；全书译成，再经过总勘，确实首尾通畅，才作为定本。如此讲、校、译、定相结合，不仅将旧译经论重新整理为改订本，也使新译经本更加完善。

　　鸠摩罗什原籍天竺，生于西域龟兹国（新疆库车）。罗什幼年出家，初学小乘，后遍习大乘，尤善般若，并精通汉语文，曾游学天竺诸国，遍访名师大德，深究妙义。罗什译经妙义自然，诠显无碍，完全是借助其完备的译场。罗什译场聚集着中外名僧硕学，不仅有义学专家和兼通梵（胡）汉的译主，还集中了许多对教理有深刻研究有学问能文章的学僧为助手，更有许多具有翻译经验的义学大师。西域学僧深谙佛理，通晓佛法，博览众家，由此保证了原本的准确性。此时的中国学僧也开始精通教理，又善文辞，执笔承旨，各展所长，相得益彰。国立译场使译经效率和质量提高，又可以传译大部，并系统地译出重要典籍。所以汤用彤在《汉魏两晋南北朝佛教史》一书中指出："在道安以前，译经恒为私人事业。及佛教势力扩张后，帝王信佛，译经遂多为官府主办。鸠摩罗什译经由姚兴主持，并于译《大品》新经时，姚天王且亲自校雠。"这正是我国南北朝佛学发达兴盛的根本保障和体现。

　　（四）玄奘——专家型译场的建立

　　隋唐译经是中国译经史上的高峰，前后共设十八座译场，隋唐所译经典基本上都出自这十八座译场。隋唐时代的佛经翻译人才，基本上也都集中在这十八座译场中。隋朝伊始，译场规模趋于完善。隋文帝杨坚和隋炀帝杨广都笃信并大力提倡佛教，在三十多年中大规模地修治旧经，并为彦琮在东都洛阳上林园设置了翻译馆，以"搜举翘秀，永镇传法"，这是我国佛教专门译场的滥觞。唐代从太宗贞观三年波颇译场开始，到德宗贞元十四年般若译场的终结，共设立过十三座译场。隋唐两朝共有四次翻译高潮。隋代的阇那崛多译场，译事达到高潮。唐代的三次译经高潮中，波颇、玄奘为第一次译经高潮，义净、菩提流支为第二次高潮，不空、般若为第三次高潮。这三次高潮形成了三个大的译场，即玄奘译场、义净译场和不空译场。这三大译场分别聚集了全国最优秀的佛经翻译人才。译场中的佛学大师和译经人士总结经验，改为集合专才，作闭户研讨的方式。高效、精简的专家型译场，使整个译经工作分工严格、合理，组织严密、紧凑。这种由专家组成的小型译场极大提高了佛经翻译的效率。在四大佛经翻译家中，鸠摩罗什有助手三千人，共译三百多卷佛经，而玄奘仅有助手二十三人，却译出了一千多卷佛经。

沙门慧立本、释彦悰笺《大慈恩寺三藏法师传》载："百姓无知，见玄奘从西方来，妄相观看，遂成阗阓，非直违触宪网，亦为妨废法事，望得守门，以防诸过。"表明玄奘译场没有公开宣讲，而且禁绝闲人接近，担心他们干扰法事。玄奘译场已由此前的译讲同施发展为专家型译场，译经是封闭式的，玄奘与助手们可以从容专心研讨经义的表达。《唯识三十论要释》载，玄奘"虽大译真经，广翻正论，于唯识深义秘同髻珠，传非其人，未即翻授，唯为慈恩独训斯旨"。所以玄奘的译经人员都是从全国各寺院中挑选精通佛理的学僧，几乎聚集了国内所有第一流的思想家，是全国精英所萃，更是佛学修养与儒学专长并重的硕学大德。译场人才济济，玄奘在主持译场时培养了窥基、圆测、嘉尚、普光、法宝、神昉、神泰等一大批翻译人才。其中神昉、嘉尚、普光、窥基，时称门下四哲。窥基又被誉为"百部疏主"，独委润色、执笔、检文、纂义。神泰参加翻译《瑜伽师地论》《因明入正理论》《大毗婆沙论》《大般若经》等。著有《俱舍论疏》《因明论疏》《摄大乘论疏》等，以《俱舍论疏》最为称道，号奘师门下俱舍三大家之一。道因曾从彭城嵩法师学习，博通三藏，名闻遐迩，后住益州多宝寺。道因入译场后，"校定梵本，兼充证义。奘师偏奖赏之，每有难文，同加参酌。新翻弗坠，因有力焉"。玄奘的二十三位译经助手，其中"证义"十二人，专门负责审查译文中有无因太注重辞藻华美而乖离经文原义之处；"缀文"九人，均是文笔优美的学僧，专门负责整理译本，联缀译句成文。"字学"一人，"证梵语梵文"一人，均为精通中国文字学的高僧，帮助处理梵本中的音义，负责审查译文用字的得失。证义灵润未进译场前已精通义理，善于讲经。缀文道宣撰有《续高僧传》《大唐内典录》及《广弘明集》等书，本身又是律宗的祖师。字学玄应精于文字训诂，撰有《一切音义》。在文笔处理上，缀文之外更增加了润文官。玄奘曾请求唐高宗选派一些文笔好的文臣帮忙润色译文，因为好的文章大家喜读也乐于转抄，易于传播。玄奘为使经文在润色后仍能不失佛意，便很注意这种文学性加工。通过缀文、参译、刊定、润文，负责对原文校勘，对译文刊削冗长，加工润色，使之符合汉语习惯，保证了译文文字纯正流畅。

（五）义净——梵汉合作的新型译场

玄奘之后，译场仍采用这种专家研讨式的封闭型译经方式，且分工更细。到了高宗时期，还专门指派右仆射于志宁、中书令来济、礼部尚书许敬宗、黄门侍郎薛元超、中书侍郎李义府等朝廷官员参与看阅、润文。池田温所集六件义净译场的列位写本显示，义净任译主宣示梵本并缀文、证字，另设正梵文、读梵文、笔受、证文、证义、润文、正字等职（《魏晋南北朝隋唐时代史的基本问题》）。义净译场的特点是梵汉学者合作，在梵学僧人中，有中天竺、东天竺、吐火罗、罽宾等地学者。如译《根本说一切有部尼陀那目得迦卷十》，婆罗门李释迦，时为右骁卫翊府中郎将员外置宿卫，任读梵文；东天竺瞿金刚，时为右屯卫翊府中郎将员外置同正员，任证义；东天竺大首领伊舍罗任证梵本；迦湿弥罗国王子阿顺，时为左领军卫中郎将，任证译；东天竺国颇具，时为左领军左执戟直中书省，任读梵本；龙播国大达官准五品李输罗，任证译。译场中，本土朝官三十二人参译，其中有十一位宰相，分别充任监译、翻经学士、笔受兼润色等。

唐代译场，已为汉地学僧主译，是梁启超所云"中国人主译期"。但义净译场读梵文、证义、证梵本、证译、读梵本等这些关涉到原本义理及文字的职务，尽量由外籍学僧担任。这有利于译本的忠实与准确。而监译、翻经学士、笔受兼润色都由本土学僧，有利于译本表达的通顺和地道。可见，义净译场充分利用了梵汉文化的优势，表明唐代译场的成熟。

至宋代，宋太宗"留心释典，好谈佛理"，将译经提高到治国策略的政治高度，认为"有裨政治"，因而广搜中外梵本，并由国家建立译经院，诏印度学僧法天、天息灾、施护和专修梵学的汉地学僧及朝廷官员等共同译经。宋代还授予参与佛经合译的各种人员以官职或法号，确立译经主体的身份和地位，从而加强了译场的稳定性。宋译场的组织制度更加系统严密，译职分工更为合理，任务更加集中，尤其是宗教气氛和色彩更加浓厚严肃。开译之初要举行隆重的密教仪式，明确人员配备的分工，要求"僧众日日沐浴，三衣坐具，威仪整肃"（丁福保《佛学大词典》），同时按排固定的坐位及规定姿势。宋真宗时又增设译经使一职。此外，宋代译场的润文一职和前代也有所不同，虽然也是仿照唐代委派宰相等高官担任，但它是作为一种朝庭官职而设的，称为"润文官"。修明《北宋太平兴国寺译经院——官办译场的尾声》一文认为，和唐代译场的人员组成相比，宋代译场从译主、证义、书字梵学僧、笔受、缀文、参译、刊定一直到润文一职，翻译程序是一环扣一环，其组织是相当系统和严密的。有的地方将唐代译场的几个职位浓缩成一个职位，有的地方又将唐代译场的某个职位分离开来，目的就在于形成一套符合当时翻译佛经的流水式制度。而且，从译经院设立译经、证义、润文三堂看，宋代已把润文的位置提到了很高的地位，最后定稿其实就是在润文这一关了，所以宋朝庭在润文这一角色上委以官职。

三、佛典汉译译场所包含的翻译过程

佛典汉译译场的安排和明细分工既是对译者这个主体的分解，也涉及翻译活动的整个过程，包含了原作者、原本、译者、读者和流通等方面。从佛经译场包含的分工中可以看出，佛经译场运作程序主要涉及理解、表达和修改润色三个过程。

（一）原本的理解

佛典汉译，首先必须准确地理解原本，中国佛教学者对印度梵典的理解史，也是印度佛学中国化的历史。中国佛学著述中大量的义疏、注解及诠释等，体现了这一点。译者对梵文原本的理解是一种内潜很深的高度浓缩式的观念性活动，是译者借助汉语及文化对梵文原本思想内容加工改造的智力活动，同时伴随着一系列操作技巧，这就要求译者要注意保持与原本的空间距离。译者要跨越与原作的距离，首先要熟悉原本的形式与内容及其统一的各种要素。译者要认识原本，首先需要解析原本有组织的言语系统，依其文序感知其字、词、句、段、章、篇，进而通晓原本独具的体式和风貌，即把握结构，辨明语体，识别文体，揣摩技法，贯通文气，品味风格，鉴审文风，欣赏美质，然后提取全文内含的思想内容，即抓住内容，概括意旨，体会情感，进入境界。经典的形成是先有思想而后形于语辞，从内容到形式；译者的理解是先披文后入思想，从形式到内容。原典思维遵循的是"物—意—文"的过程，外部世界和内心体验物反映到作者头脑中形成意念，再表达出来化为组成篇章的文字；而译者阅读思维所遵循的是"文—意—物"的过程，从一篇文字的语言文字出发，沿着句、段、章、篇步步深入，理解文中的思想内容，再跳出文外，延及作者主体和文本内容，深思文中的思想内容与文化内涵，最后将原本中宗教背后的哲理意蕴化为内心的认识并最终形诸笔端，直至达到理解的终点。佛经翻译中由"译主"宣读梵文，由"证义"和"译主"商榷梵文的意义恰当不恰当，再由证文听译主高声宣读梵文，勘验有没有错误，这就是把握理解关的过程。这样层层把关，可以保证理解的准确性。

（二）译文表达

表达是译者以语言的形式再现原本的思想内容和语言风貌，是翻译最终完成的结晶，是翻译最为困难也是最为重要的一环。因为从翻译的角度看，理解虽然重要，但翻译的产品最终是以译者的语言功底和文化领悟显现出来的。表达的时候，还往往包含了理解，而且用文字写出来毕竟又是一番功夫。它需要的是译者的语言表达能力，语言艺术的操作技巧和文字功底。不同译者在这里有很大的差异，译本的高下也正是在这里见出的。对此，佛经翻译译场设立了五道程序，严把此关。包括：由"书字"仔细听译主宣读的梵文，写成汉字，再由"笔受"把梵音改为汉言，再由"缀文"颠倒已译成汉字的字句，使词句的排列合于汉文文法，然后由"参译"对照梵汉双方的文字，看翻译有没有错误，最后由"刊定"刊削过于冗长不合汉文文法的词句，修正不太明了的语句。可见，这样几道工序甚为严谨，而且可以弥补因个人单独翻译出现的错误和遗漏。事实上，译场中的助译者有三类，即担任监护或润色的朝廷官吏，杂役书手等，以及实际参加翻译的助手。他们的作用都在于译本的表达。

关于译文的表达，佛家用"隔"与"不隔"来表述文字的境界。"隔"就是文字运用得拙劣，以致影响思想与意旨的表达。"不隔"就是文字运用的恰倒好处，使读者能够直接感受到原本中的内涵和所蕴含的意念而不感到丝毫的文字障碍。这一理论启迪译者首先需注意翻译的语言表达要恰如其分。翻译首先是语言的操作，译者对原本的理解只有依靠文字才能呈现于译本，而表达只有借助文字才能实现，所以选词觅句就显得十分重要。如何找到恰当的词语来传达原本意旨，始终是译者所冥思苦想和追求的。从翻译的角度而言，译本语言的琢磨推敲，就是为了达到"不隔"的境地，亦是"透明"的状态，即能使读者阅读译本时，清晰地见到原作的思想和面貌。

（三）修改与润色

修改与润色是翻译质量的保证，因而译场设置"润文"，专门负责参详字句，润色文字。译本的修改往往是和润色联系在一起的，润色主要是指对译本语言的仔细琢磨和反复修改。推敲语言是译者最重要的功夫。润文即修饰文字，为翻译的经文润色。宋代庞元英《文昌杂录》卷二载："国朝故事，诞圣节前两月，译经院开堂，宰相领润文使、参知政事一员同润文。"宋代译场设置润文官一职。宋敏求《春明退朝录》卷上云："太平兴国中，始置译经院于太平兴国寺，延梵学僧，翻译新经。始以光禄卿汤公悦、兵部员外郎张公泊润色之，后赵文定、杨文公、晁文庄、李尚书维，皆为译经润文官。"由此可看出，宋代不仅专设润文官，而且把润文提到很高位置，表明对译本语言的重视。事实上，历代佛典的多次重译，本质上就是一种不断地修改与润色。佛教翻译初期的主要目的是为佛教服务，以便大力宣扬佛理，广证佛法，而后期则既是传播新经，同时也是因为原来译经不求甚解，希望更准确地阐释佛经，这就需要修改和润饰已译经本。随着时代思潮和语言风格的变化，佛典汉译修改和润饰的内容大抵包括如下几点。

一是旨在提高译本地位，即译本完成后，大体上感觉满意，只是出于精益求精的目的，再加以修改润色，追求完美。这对于那些具有较高学养和标准的译者，尤其具有重要意义，因为它确能使译本锦上添花，更上一层楼。

二是纠正谬误，即对照原本，发现有原来理解不确的，或是理解不深的，都一一加以修正。例如，鸠摩罗什重译旧经，即因为对以往的译经很不满意，认为支谶、竺法护等人的译经"多有乖谬，不与胡本相应"，"多滞文格义"，"理滞于文"，甚至"玄宗坠于译人"。"每寻玩兹典，以为栖神之宅。而恨支竺所出，理滞于文"（僧肇《维摩诘经序》）。玄奘重译《大般若经》，也是鉴于前代虽有翻译，但所译不全，且多舛误。重译《金刚经》，也是基于罗什译本的缺漏和错误。

三是因为初译往往过于直质，致使译本扞格不通。例如，罗什觉得竺法护译本"天见人，人见天"一句太过质直，虽意旨正确，但缺乏文采，便与僧叡改译为"人天交接，两得相见"，这是经过润饰的译文。

四是因为后代人觉得古译、旧译的语言（包括当时的口语表现）较古老不易懂。例如，罗什旧译优于古译，是因为从佛教传入内地至罗什已有四百多年，佛教义理已为社会很多人所理解，因而译经时可以更多地选用更符合佛教原义的词汇。罗什在凉州生活十六年，早已接触中土传统语言文化，"善方言"，在长安译经时常"手执胡本，口宣晋言"，可以"两释异音，交辩文旨"，而且"胡音失者，正之以天竺；秦言谬者，定之以字义；不可变者，即而书之"（僧叡《大品经序》）。他又有学识渊博、富有文采的僧叡、僧肇等弟子的协助，译经时注意文、质的结合，所译佛经在内容的表达和词语的选用等方面都有很大变化。

五是因为后代的译者发现已往的汉译与时下最新原典写本不一致，因为文献资料的发掘会随着时代科技的变化不断丰富，从而影响学术。

六是由于时间相隔，地点不同，方言有别，也经常需要重译。此即法云所说"遂致梁唐之新传，乃殊秦晋之旧译"（《翻译名义集》）。苏晋仁说："梁代所译，不若陈时，盖陈笔受者为高足慧恺，故文理并臻佳妙，又二代笔受不同，故所译名词不尽划一。"（《佛教文化与历史》）这是说译者不同，也出现重译本。

一般说，经过修改和润饰的译本会取代旧译，所以新译出现后，旧译会逐渐淡出。但是也有不少的佛经，新译与旧译一道流传。也有新译在一定范围内不能替代旧译的，如玄奘所译《金刚经》在文学及通俗阅读范围内并没有取代罗什译本。不少汉译佛典都有不同译出年代及不同译者的"异译"。由于译出时代及译者不同，新译本的语言总有自己的不同特征。一般而言，后代的译者通常参考以往的翻译。从支谦译《大明度经》、昙摩蜱及竺佛念译《摩诃般若波罗蜜抄经》、鸠摩罗什译《小品般若经》这三部中也可以看出这些译者都参考了第一部汉译《道行般若经》。支谶对汉地传统文言不太熟悉，是质译，在翻译佛经时，又使用了当时的口语及俗语词汇，同时又多用音写词，行文时也往往按照原文（梵文或是犍陀罗文）的语序。而支谦出生在汉地，通晓文言，且具有避俗求雅的语言能力，所以他用通畅、自然的语言把支谶译作中国化，而基本没有参照原典。《摩诃般若波罗蜜抄经》的译者基本上袭用《道行般若经》的译本，他们参照原典做了部分修改，同时更换了《道行般若经》中的部分难词及较老的用语。

汉译佛典的不同译本，不仅名词翻译互有出入，而且译文文字多寡也有显著差异。例如，世亲所著玄奘译《唯识二十论》，汉译除此译本外，还有两个译本：后魏瞿昙般若流支所译《唯识论》；陈代真谛所译《大乘唯识论》。船山彻认为佛经重译中，许多译本参照先前的诸种译本并加以有效的活用，如鸠摩罗什的翻译就极大限度地借鉴了旧译本。罗什在翻译《维摩诘经》时，也参考了先前支谦所译的《维摩诘经》，并做了必要的修改和增删（船山彻《从六朝佛典的汉译与编辑看佛教中国化问题》）。这种情景也见于《法华经》等鸠摩罗什所译经论中。这说明在当时的翻译过程中，需要修改和润饰先前的译本并做出斟酌取舍。再如支谦所译《太子瑞应本起经》，虽然是六朝流传最广的佛经，但已有研究表明，此译本的许多文字与《修行本起经》和西晋竺法护所译《普曜经》完全一致。东晋佛陀跋陀罗所译《华严经》虽是翻译文献，但其中的《十地品》实际上并不是佛陀跋陀罗所译，而是几乎原原本本袭用了先出的鸠摩罗什的《十住经》，改动处极少。所以严格地说，《十地品》只能说是佛陀跋陀罗及其译经集团的编辑本。在译经过程中，参照先出的诸译本而译出新本的做法是很普遍的。这实际上是重新润色前译本而成新译本。

第四章　完备严密的佛典汉译
评论范畴与命题

范畴在哲学上指对事物、现象的本质联系的概括。理论思维需要凭借概念和范畴才能展开，而且一种理论的面貌，就是依靠这些范畴得以呈现的。译经评论范畴，是译经家、评论家对译经的本质和特性，译经内部和外部规律的概括和反映。这些范畴是译经评论的连接支点，它们的形成是译经评论发展的标志，构成评论体系的骨架。佛典汉译评论中各个范畴之间内在地联系在一起，形成了一以贯之的术语体系。

命题是构成理论体系的基本要素，它在各概念之间起着联系和判断的作用。命题在现代哲学、数学及语言学中指一个判断(陈述)的语义(实际表达的概念)，这个概念是可以被定义并观察的现象，它不是判断(陈述)本身，而是表达的语义。佛典汉译评论形成了自身的理论命题，并以命题形式反映评论的深度与广度，这些命题是评论家和佛学家思想的结晶，体现了他们的理论素养。

第一节　佛典汉译评论范畴

佛典汉译评论范畴的提出与形成，不是一种孤立的思维现象，除了与哲学美学具有直接关系外，还与文学理论、时代修辞风尚相关，尤其是与翻译活动本身的关系也极为密切，如佛经翻译中的"文质之争"，即是魏晋玄学和魏晋佛学的整体互动过程中的思想产物。魏晋玄学的"贵无"本体论观照，是最先对当时佛学在中国本土的发展产生直接影响的，这种影响继而对佛典汉译产生影响。当时佛典汉译中"文质之辨"是"真谛"与"俗谛"之间本末体用之辨的一种外化，因此也是魏晋玄学"有"、"无"之辨的外化。又如支谦《法句经序》提出的"雅"，就是针对当时竺将炎"虽善大竺语，未备晓汉。其所传言，或得胡语，或以义出音，近于质直"而说的。鸠摩罗什谈"味"，是他就翻译中梵汉文体的具体差异而发。梁武帝《大品经注序》说："顷者学徒罕有尊重，或时闻听，不得经味。"道宣论述译经质量及风格的演变时，认为："汉魏守本，本固去华，晋宋传扬，时开义举，文质恢恢，讽味余逸。厥斯以降，轻靡一期，腾实未闻，讲悟盖寡。""后秦童寿，时称僧杰，善披文意，妙显经心，会达言方，风骨流便，宏衍于世，不亏传述。""唐朝后译，不屑古人，执本陈勘，频开前失。"其中"守本""风骨"等范畴的提出，就是针对翻译的实际变化而提的，而且"风骨"一词刘勰早已论述过，带有明显的风格指向性，指言辞表达简要朗畅，形象鲜明。同时，这种变化也明显与当时文学风格的发展和修辞艺术的演进十分密切。

各种范畴之间也是种相互联系的"关系之网"，各自不是孤立存在的，如文与质、信与美等的矛盾关系，相互联系相互倚赖，没有文，就没有质，没有信也就无所谓美，双方具有依存性。再如言、意关系的讨论，产生了寄言出意、得意忘象、得意忘言等观念。"象"是有迹有形可察可见的表征，"意"则为无迹无形只可心会的义理。这些观念体现了玄学的思维趋向。而与此相应，"以形写神"也是以"形"作为"神"的表现，但目的在于表现神，也就是通过外在形貌的刻画而体现出内在的神明。从超言忘象而追求"意"的理论，不难看出它与形神论有着必然的内在文化关联。因为"超言忘象"不仅体现了一种玄远通脱的学术路径，并直接引导出魏晋"传神写照"的美学思想。事实上，"传神写照"的美学思想，正产生于魏晋名士"玄者玄远，宅心玄远，则重神理而遗形骸"(《汤用彤魏晋玄学讲义》)的人生观，这种人生观任情放达，风神萧朗，不拘于礼法，不泥于形骸，与"传神写照"在文化精神上是一致的。

佛教哲学和美学有整套独特的范畴，如妙、圆、空、言、意、境、真、质、形、境、化、调和、和合、庄严、圆融等等。翻译评论直接运用其中的一些概念，将其转化为翻译中的评论术语，其中用得最多的就有妙、圆、言、意、真、质、境、化、和合、庄严、圆融等等。这些范畴不仅是哲学上的认识，也体现为佛典汉译评论的认识，反映着译经艺术的一些基本规律，因此，译经评论直接运用其中的一些概念，将其转化为翻译中的评论术语，实质上就是运用佛学理论话语来诠释、阐发译经评论。传统思想也为译经评论家的理论探索提供了极为丰富的范畴，在相当大的程度上孕育了佛典汉译评论的成熟。传统哲学的宇宙观、人生观、死亡观、价值观等哲学思想普遍被译经大师采用，并在一定程度上制约他们对人生自身价值的反省和思索，所带来的结果便是译经评论中的独立理论范畴。

一、佛典汉译评论范畴的梵汉结合方式

佛典汉译将佛教的基本教义，尤其是大乘佛教学说介绍给中土的知

识阶层，使中土文士领略了另一种极富魅力的理论思想，深化了中土文士的理论思辨力，开拓了他们的思维空间。

（一）直接运用传统或佛学范畴于翻译评论之中

如同初期译经借用传统文化词汇一样，佛经评论中的概念、范畴也多参照中国传统思维方式并借用本土话语，从传统哲学、修辞学、文学及美学理论中借用或引发出来，使得佛典汉译评论有着浓重的中国文化特色，始终保持着浓厚而纯粹的国学味道。早在三国时的译经大师们就借用孔子、老庄的文学思想、美学观念来阐述其对翻译的看法，其中雅与达、信与美、言与意、文与质、缺与具等概念及范畴，都是出自先秦时期的传统文艺理论与美学观。支谦出生在汉地，早已被汉化，因此对中国的学问相当精通。他的翻译也更受中国老、庄的影响，在名词概念上常以老庄词语与佛教大乘经典词语相牵合。因此，在阐述翻译观点，评论译经时，自然也沿用中国传统的孔、老术语。自他以后的译人在谈翻译时，几乎都沿袭了他所开创的传统。

为了使佛学教义在中国尽快地得到传播，并被接受，佛经译者在佛经翻译中运用"格义"解释、翻译佛典的方法，融入大量中国本土的儒家与道家的思想和术语，在客观上促进了儒、道、释思想的融合，而这又反过来对佛经的翻译方法与佛经翻译评论产生了深远的影响，这些都在佛经评论中反映出来。例如，"文质"说是译经评论的基础，它根植于我国传统哲学思想，是传统文论的精华。调和折中直译意译、力避偏执一隅的观点，呼应了自先秦以来中国文学评论长期强调的"文质统一"论。在佛学翻译中，这一对概念不仅是翻译方法，而且是被当作翻译标准加以运用，用以评价译文的优劣，甚至成为整个翻译活动的总原则。这体现了传统哲学上的文质关系对佛经翻译的辐射作用。汉译佛经中直译和意译并重开启了译体文风的转变，并带来了译经质量的改善。"味论"是中国古典美学的根本，译经评论将其用来讨论佛经翻译的音、义及文质，比喻佛经的经文、声韵之美，讨论翻译佛经如何有文有质，如何达意，如何抒发美感等。这样的讨论，更深化了"味"的内在含义，并为后期佛经传译中的翻译美学思想的建立奠定了根基。译经评论中"辞体"、"语趣"之类的论述，所用术语更与传统文论、诗学相通。而传统哲学及语言学中的"名实"思想直接影响了玄奘的译名理论。他在《大唐西域记》序中说："佛兴西方，法流东国，通译音讹，方言语谬，音讹则义失，语谬则理乖。故曰必也正名乎，贵无乖谬矣。"引用了孔子关于"正名"的名言，以说明翻译必须音不讹、语不谬，才能义不失、理不乖。玄奘所立"五不翻"实际上是出于"正名"而发。辩机在为此书写的"记赞"中，引用了老子说的"美言者则不信，信言者则不美"和韩非说的"理正者直其言，言饰者昧其理"的话，来说明"违本从文，所害滋甚"的道理。他还认为玄奘的译经，犹如孔子之修《春秋》，笔则笔，削则削，十分果断而有原则，决不随意增损或藻饰原文。

佛经翻译评论中的这些概念、范畴虽然是从传统哲学和美学理论中借用或引发出来的，但是，由于它的研究对象是佛经翻译，它所讨论的理论问题又有其独立的价值与意义，因而它又从另一个方面丰富深化了传统哲学、文学及美学理论。王元化在《文心雕龙创作论》中指出："魏晋以来，释家传译佛典，转梵言为汉语，要求译文忠实而雅驯，广泛地提到文质关系问题，开始把这一对概念引进了翻译理论。在这个基础上，刘勰提出的文质论就更接近于文学的形式和内容问题了。"这是文质论由翻译进入文论的一例，也是翻译评论影响文学评论或者二者互动的体现。

（二）用佛学思想改造传统范畴，使之成为具有阐释翻译问题的评论范畴

佛经评论者总是不忘释子身份，而世俗学者的佛经研习和评论也会力求忠实于佛陀的意旨，因而他们在移用传统范畴时，总会予以改造。如言意论，原本是中国先秦哲学普遍关注的一对概念，道家尤其注重二者的关系，庄子即主张"得意忘言"。魏晋玄学以言意之辨为主要论题之一，有"言尽意论""言不尽意论"和"得意忘言论"三派。东晋佛学进一步发挥汉译佛典的传统语言观，吸收玄学争论的言意问题，给玄学的言意说注入了佛学内容。佛教学者结合汉译佛典中的"真俗二谛"说，以"言""象"比俗谛，以"意"喻真谛，慧皎谓"资灵妙以应物，体冥寂以通神，借微言以津道，托形（象）以传真"。但又不同于玄学"得意忘言"的言意说，佛学的言意说认为"真谛"——"意"也不过是方便设施，故也不可执着。注入佛学内容的言意说，对佛典汉译评论影响主要表现在追求"言外之意"，即要求译本以有限的语言、形象，来传达无限的意蕴；同时也要求经文的读者能于有限的语言、形象背后，领略其丰富无限的思想意旨和审美内涵。

（三）根据佛学思想，结合本土原有思想，创造新的适于翻译评论的范畴

结合儒释道思想创立新范畴，是译经评论的重要途径，如译经评论中的"神韵"一词，重点在"韵"，"神"字以示强调。普慧在《佛典汉译及汉译佛教哲学对中国古代诗学的影响》一文中指出，"韵"的思想来源于古代印度和中国本土音韵学。在公元前二世纪的古代印度，就有梵语语法学家认为表达意义是词的唯一目的，而词的意义存在是通过该词所发的音素来表现的。这种表现原本存在的词的发音被称作"韵"。公元七世纪的梵语学家认为词有常声（词本身），它不同于词音，是一个不可分割的整体，是词的真正意义所在。它通过一个发音过程呈现，即由词的最后一个音素连同留在印象中的前面音素而展示。以这种方式展示常声的词音即称为"韵"。以后的梵语古典诗学家发挥了"韵"的"暗示"作用，形成了以暗示性为诗歌本质与灵魂的诗学韵论。在中国，"韵"，从音从员，指声音的圆润、和谐、朗畅，原本与词的存在意义没有直接关系。汉魏六朝时，佛典汉译隆兴，古印度关于"韵"的暗示性特征随之引入汉语诗学领域，梵语音韵学影响了汉语汉字声韵，汉语反切法、汉字四声、汉语诗歌声律论等渐次产生、发现和提出。刘勰《文心雕龙·声律》中说："异音相从谓之和，同声相应谓之韵"，即指诗歌声音的和谐、朗畅、美好，有一唱三叹之功效，所谓"好诗圆美流转如弹丸"。这就意味着诗歌的美音之后暗示着意义的存在，而且是无法穷尽的。好的诗歌只有对其和美的声音进行反复吟咏，其存在的意义才能伸展、铺现，鉴赏者才能从和美的声音的暗示中体会、感受、领悟。这样，"韵"就成了关乎诗歌意义存在与领悟的一个关键因素。

罗什的译经思想中一个重要的观点，就是十分强调原本的"文藻"与其"宫商体韵"，他认为印度语文重视"文藻"，讲究音韵，佛经原本"文藻"与"宫商体韵"是相互联系的。罗什早年深研印度著述，这一点他是深有体会的。梵语重视音声，不管是散文还是偈颂（包括赞德、歌咏），均"以入弦为善"，就是以合乐为目标。这两者都涉及梵汉语言的差异。郑樵《通志·论华梵下》说："梵人别音，在音不在字；华人别字，在字不在音。故梵书甚简，只是数个屈曲耳，差别不多，亦不成文理，而有无字之音焉。……华书制字极密，点画极多，梵书比之，实相辽邈，故梵存无穷之音，而华有无穷之字。梵则音有妙义，而字无文采；华则字有变通，而音无锱铢。梵人长于音，所得从闻入，故曰：此方真教体，清净在音闻；我昔三摩提，尽从闻中入。有'目根功德少耳根功德多'之说。华人长于文，所得从文入，故天下以识字人为贤智，以不识字人为愚庸。"这里较为详细地阐述了梵、汉语言的差异。罗什已认识到梵文原文的文藻和音韵不可译为汉语，所以才有"嚼饭与人"之叹。

（四）译经评论话语资源源自汉语体系

佛经汉译评论一开始就深深根植于传统文化，译经者或将佛教经典与本国传统经典《诗经》《尚书》相比拟，或引用孔子、老庄的语录论证、发挥，且注意吸取传统文论、诗学与文章学营养评论佛典译籍。如支谦

《法句经序》中以儒道语句比拟经义，维祇难等人用以支持自己观点的，不仅有"佛言"，而且更有老庄和孔子的言论。这些论述都与古代传统文章理论、美学观点、修辞艺术以及语言学思想息息相通。道安以及赵政、慧常等佛教学者将佛学经典与本土传统经典《诗》《书》《尔雅》等相比拟，表达其译经评论和观点。

道安以"窍成混沌终""葡萄酒被水"比喻译者掺杂主观愿望，潜易原著精神的流弊。他用这两个比喻探讨翻译原则、方法以及翻译"忠实"的度。"混沌凿七窍"典故源自《庄子·内篇·应帝王》："日凿一窍，七日而浑沌死"，喻意翻译时随心删减，看似一种游刃有余，但却不知弄巧成拙，窒息了译本。道安巧用这一比喻批评支谦等好文译者是"斫凿之巧者也，巧则巧矣，惧窍成而混沌终矣！"（《摩诃钵罗若波罗蜜经抄序》）道安认为胡言的质朴和烦重都是原本的特征，在翻译时不能为了顺应当时爱好文饰的风气而随意改变，正如不能把中国传统经典《诗经》《尚书》改为当时的文体一样，否则必为马融、郑玄等大儒所痛恨，因为窍成以后混沌则死了，以此形象地说明了质朴和繁重本是胡言的特质，译者不可随意逞巧使能，巧妙而深刻地批评了某些不忠实的译者。道安所云"巧"，指删繁去复和改旧适今。这种关于翻译中言意关系的理论，实与庄子的自然美学和反对以言害意的修辞思想一致。道安还以庄子以朴为美的文艺美学观评论支谦、叉罗的意译，又以"无味""道味"比喻其文辞的质朴："考前常行世戒，其谬多矣。或殊文旨，或粗举意。昔从武遂法潜得一部戒，其言烦直，意常恨之。而今侍戒规矩与同，犹如合符，出门应彻也。然后乃知淡乎无味，乃真道味也。……将来学者，审欲求先圣雅言者，宜详览焉。诸出为秦言，便约不烦者，皆葡萄酒之被水者也。"道安将梵文佛经比喻为葡萄酒，如果译者随意增损，则译出的佛经就失去了原汁原味，因此译者应实事求是，不应加入个人思想。

赵政也熟练地运用本土典籍表达自己的译经评论理念，他说："《尔雅》有《释古》《释言》者，明古今不同也。昔来出经者，多嫌胡言方质，而改适今俗，此政所不取也。何者？传胡为秦，以不闲方言，求识辞趣耳，何嫌文质？文质是时，幸勿易之。经之巧质，有自来矣。唯传事不尽，乃译人之咎耳。"（《毗婆沙序》）赵政主张翻译应该让"不闲方言"者能够"求识辞趣"，原文的"文质"不须改适，译者的责任只是传事以"尽"而已。慧常同样立足于传统文化本位立场评论译典。当有人要他在译经中"斥重去复"时，他将中土典籍与戒学经文同论，说："此土《尚书》及与《河》《洛》，其文朴质，无敢措手，明祇先王之法言而顺神命也。何至佛戒圣贤所贵，而可改之以从方言乎？恐失四依不严之教也！与其巧便，宁守雅正。译胡为秦，东教之士犹或非之，愿不刊削以从饰也。"

慧远以"折中"的立场看待文质，他反对偏文和偏质两种极端，既批评生硬的直译，也反对一味地追求译文文藻而随意删节。针对过于质直的译法，他评论说："譬大羹不和，虽味非珍。神珠内映，虽宝非用。信言不美，固有自来矣。"(《大智论抄序》)而对刻意文饰的译法，他也批评道："若遂令正典隐于荣华，玄朴归于小成；则百家诡辩，九流争川；方将幽沦长夜，不亦悲乎？"(《三法度论序》)慧远最后总结道："以文应质，则疑者众。以质应文，则悦者寡。"他主张："令质文有体，义无所越。"他用"大羹不和"来比喻文质的不协调。阮红梅在《妙喻之中见根本——佛经翻译译论新议》一文中认为"大羹"和"神珠"之喻，探讨的是文质的结合，反映出了翻译的文与质从来都不是孤立相斥的，而是约而意显，文而不越，共生共存、互补互彰的本质。这一比喻在烹饪上特指"只烹不调、突出本味"的"白报"之法。意即为保存食物的本味，有意识地在一些羹中不放调味。此谓"大羹不和"。《礼书》注云："大羹，肉汁羹；不和，不调和五味。"刘安《淮南子》云："无味而五味形焉。"即没有味道但却包含所有的味道。慧远认为，一道佳肴仅凭本味，虽美却不能称其为鲜。一颗宝珠不彰显光辉，再神奇也毫无价值。借此寓意译文如果只求其"信"而"不美"也不能求得佛旨。根据慧远"厥中"的观点，文和质在翻译过程中不应该是独立的，而是互补的，翻译中要充分利用文和质二者的优势，做到各有所归，各有所用，才能使译文既"忠信"且"优美"。

罗什具有一定的汉文化背景，并通解汉语，因此他也能够借助汉地思想表达他对译经的评论。他重视文辞，指出梵语多重辞藻，所以印度文章多辞句华丽，经中的偈颂多可吟唱。但译成汉语之后，虽得其大意，但失去了其原先的华丽，文体已大不相同。基于这两点，他批评过"质"的翻译，反对不顾原本文体风格的译经，要求忠实于梵文本身的特质。他用"嚼饭与人，非徒失味，乃令呕哕也"批评那些失去原本文体和韵味的译经，要求译本不能"失味"，译者应当传神达意，保留原本的原味和芳香。"嚼饭与人"是中国佛家常用的比喻。《古尊宿》卷二五载："砂里无油事可哀，翠岩嚼饭喂婴孩。他时好恶知端的，始觉从前满面灰。"意谓学人不要一味依赖师家。砂里无油，喻经文中没有真义，学人依赖师家讲授经文，就像孩童仰仗大人嚼烂饭粒喂食那样，被嚼的饭营养尽失，味道全无。此喻经过师家咀嚼的经文，只是一堆糟粕。

赞宁的译经评论基本上都是借助汉文化表达的。他指出译经"譬诸积橘焉，由易土而殖，橘化为枳。橘之呼虽殊，而辛芳干叶无异。""橘化为枳"恰切地揭示了文化传播的性质。"橘化为枳"本是因水土气候的变化而使物性变异的极佳例证。"橘生淮北则为枳"出于传统经典《周礼·冬官·考工记》，其"序"云："橘逾淮而北为枳……此地气然也。"《晏子春秋·杂下》说："橘生淮南则为橘，生于淮北则为枳，叶徒相似，其实味不同。以然者何？水土异也。"本义是说因水土气候的变化而造成物性的变异，甜美的淮南橘移植到了淮北就变成了酸涩的枳。"橘迁地而变枳"之语，道破了佛典经过汉译之后，受到中土传统文化观念的过滤而发生的改造、替换和变形。佛典汉译的"水土迥异"，正是梵汉语言习惯和文化传统的差异所致。印度佛典翻译为汉文佛经，就像"易土而殖"。任何忠实的译文都会为了适应汉语的意识形态、思维方式和文学观念而有所变异。玄奘的译经最忠于印度原典，但在翻译佛经中的伽陀（偈）时，仍采用了汉语习惯的七言句式。因为逾淮而北不化为枳的译本，则难免因不服水土而被淘汰，这也是文化传播的一个规律。

赞宁还指出翻译"翻也者，如翻锦绣，背面俱花，但其花左右不同耳"。"翻锦绣"较好地揭示了翻译的性质，"翻"意谓将绣花织物的正面翻过去，展开它的反面。以此比喻译本的内容好比绣花图案，译本与原本在内容上"俱花"，但从形式上，针脚走向不同，译本（背面）效果毛糙黯淡。阮红梅《妙喻之中见根本——佛经翻译译论新议》一文认为，赞宁的本意是推崇译文，认为它一点也不比原典逊色，与原典几乎没有区别。如印度佛经偈颂之"宫商体韵，以入弦为善"，翻译成汉文后，多"失其藻蔚"。背面的图案之花当然没变，但其鲜亮度却与正面差了不少。尤其是"弃文存质"的译本，不止是锦绣的翻转，而简直如花毯的反面。尽管历代译经大师都在追求"辛芳干叶无异"的境界，但翻译归根结底是一种理解和阐释，从来就不可能有绝对标准的理想译本存在。无论是"化"还是"翻"，都取决于译者的理解与表达，而译者本人又受制于他所生存的文化环境，很难使自己的理解和表达与原著者如出一辙。正如僧祐所说："义之得失，由乎译人；辞之质文，系于执笔。"《维摩诘经》有支谦、罗什、玄奘等好几种译本，不仅有些名词术语的翻译不同，如"众生"或译为"人物"，或译为"有情"，"维摩诘"或译为"净名"，或译为"无垢称"，而且文体和风格也有差异，其原因就在于各自采用了自己所属时代的新文风，并按照自己的"水土"去"化"，或按照自己的"手段"去"翻"。"翻锦绮"一喻揭示了语言习惯和文化传统的差异，表明佛经翻译后期译经评论已不再囿于翻译内部，而是开始意识到翻译与社会、文化的联系。

二、佛典汉译评论的九大范畴

佛典汉译评论的历史发展，在深层次上是由基本范畴组成的，从评论观念的产生到理论形态的形成，再到范畴及其体系的建构，这是译经评论发展的三个步骤，表现出评论范畴在历史层面与逻辑层面的统一。佛典汉译评论史，在一定意义上也可以说是评论范畴的发展史。新范畴的不断产生，旧范畴的不断改造和淡出，范畴含义的内在传承、衍化、拓展、转替以及相互间的联系、融通、影响与分列，构成了译经评论的基本建构与内在结构系统。佛典汉译评论涵纳了数量众多的范畴，这些范畴在历史发展中，理论内涵不断充实，内在建构逐渐成形，它们以特定的含义，表述着评论者的思想。不同的范畴发挥着不同的作用，较为稳定而集中地概括着评论的最一般、最本质的特性。佛典汉译评论中，味、境、化、隔、圆、妙、和、真、雅是九大复现频率极高的范畴，是整个译经评论中的重要支柱，基本上涵盖了佛经汉译所涉及的各种理论。这九大范畴也有各自的重心，自成一个系统，而每一范畴又是整个评论系统上的一个结点。

（一）味

"味"是佛典汉译评论中的审美范畴，评论家为此建立了一套以"味"为中心的理论。中国和印度古代艺术理论家在研究艺术美感的过程中，都使用了"味"这一理论范畴，并建立了以"味"为中心的艺术理论，以反映艺术的规律。早期的中印民族都较多地运用生活体验中的具体事物来表达自己的认识范畴，再经过感性到理性、具体到抽象、简单到复杂的认识历程，一方面将早期用过的直感性很强的范畴有选择地继承下来，一方面加进全新的内容，运用概括方式去铸造新的范畴。"味"便是经过中印古代艺术理论家的选择之后继承下来的审美范畴。

1."味"的演化轨迹

在中国古代，"味"的本意指食物的味道。《老子》云："五味令人口爽。"当人们用食物之味比喻艺术的美感特征时，"味"便由生活领域进入艺术理论领域并成为其中一个范畴。《左传·昭公二十二年》载晏子对齐侯问曰："声亦如味。"晏子是在辩"和"与"同"这一对哲学范畴时以味比乐的，他认为五味调和，故可食；音乐如味，"相成相济"，故可听。这是"味"的转化阶段，体现了一种和谐统一的哲学观点。而西汉王褒《洞箫赋》云："哀悄悄之可怀兮，良覃覃而有味。"这已开始泯除味与乐之间那种"比"的痕迹了。真正把"味"作为艺术理论范畴来使用的，是魏代阮籍。

他在《乐记》中本于《老子》的"道之出口，淡乎其味"，认为"五声（音乐）无味"，直接以"味"指称音乐的美感，标志着转化阶段的结束。从此，"味"便作为艺术理论范畴而被确定了下来，而且开始从乐论走向其他艺术理论领域。东晋书法家王羲之将"味"引入书论，他在《书论》中说："若直笔急牵裹，此暂视似书，久味无力。"此"味"兼有品尝和美感之意，从而丰富了"味"的内涵。刘宋宗炳《画山水叙》云："圣人含道映物，贤者澄怀味像。"将"味"引入画论，其含义与王羲之《书论》同。梁代钟嵘《诗品序》云："五言居文辞之要，是众作之有滋味者也。"这是第一次明确以"味"论诗，并且自他开始建立"味说"。至司空图，在诗论中完善了"味说"。他在《与李生论诗书》中提出，好诗必须有"味"，亦即所谓"醇美者"，这无异于美感，此"味"若资于适口者盐与醋，其妙在于"咸酸之外"。因此，只有"善辨于味，而后可以言诗也"。此后，"味"便成了中国古代乐、文、书、画、诗、剧、小说等等艺术理论中使用频率较高的范畴了，并形成"以味不以形"（杨万里《江西宗派诗序》）的美学传统。

印度古代艺术理论中的"味"同样经历了借用，它的本意也是指的食物的"汁"与味。在印度现存最早文献吠陀诗集中，"味"这个词在词源学上的原始义是汁（植物），由"汁"再衍生出水、奶和味等义。在奥义书中，"味"这个词也用作本质或精华。《广林奥义》说："呼吸是身体的本质。"《歌者奥义》说："万物的精华是地，地的精华是水，水的精华是植物，植物的精华是人，人的精华是语言，语言的精华是梨俱（颂诗），梨俱的精华是娑摩（曲调），娑摩的精华是歌唱。"《鹧鸪氏奥义书》讨论"梵"的神秘意义时，"味"开始有了哲学内容："这是味，得味者欢喜。"作为艺术理论概念的"味"从这里开始演变。此后，"味"又成为五种感觉对象（色、声、香、味、触）之一，其哲学意义更浓了。"味"正式被作为艺术理论概念来运用，最早见于公元初婆罗多牟尼的《舞论》。书中不仅沿袭传统认识，而且还提出"味产生于别情、随情和不定情的结合"的命题，又以食物之味产生了佐料和其他物品结合的状态予以间接论证，或将"味"作为艺术理论概念来运用。在《舞论》中，生活领域中的"味"与艺术领域的"味"不存在很明显的转化，它是明显地带着比喻的含义进入艺术领域并同时被确定为一个艺术理论范畴，即将生理意义上的滋味移用为审美意义上的情味的。于是，"味"作为一种艺术评论原则，首先在《舞论》中提出。他所说的味实指观众在观剧时体验到的审美快感。婆罗多给味下的定义是："味产生于情由、情态和不定情的结合。"按照婆罗多的阐述，味有八种：艳情味、滑稽味、悲悯味、暴戾味、英勇味、恐怖味、厌恶味和奇异味。与这八种味相对应，有八种"常情"（基本感情）：爱、笑、悲、怒、勇、惧、厌和惊。他还在《舞论》指出："离开了味，任何意义都不起作用。"他解释说："正如各种调料、药草和原料的结合产生味，同样，各种情的结合产生味。正如食糖、原料、调料和药草产生六味（辣、酸、甜、咸、苦、涩），同样，常情和各种情结合产生味。"他认为"味"的词义是指"可以品尝的"。因此，"正如思想正常的人享用配有各种调料的食物，品尝到味，感到高兴满意，同样，思想正常的观众看到具有语言、形体和真情的各种情的表演，品尝到常情，感到高兴满意"。婆罗多的解释，意谓味是指戏剧艺术的感情效应，即观众在观剧时体验到的审美快感。

但婆罗多的"味论"主要应用于戏剧领域。随着梵语诗学的发展，"味论"渐被引入诗歌领域，并细致地分为艳情味、滑稽味、悲悯味、暴戾味、英勇味、恐怖味、厌恶味、奇异味和平静味。那耶迦运用因明学讨论"味论"，认为味既不被感知，也不被产生，也不被呈现。也不能说通过言辞证据（声量）或推理（比量）感知，因为这些知识手段与味无关。也不能说通过感觉（现量）感知，因为观众如果将戏剧中的人物视同实际生活中的人物，那么就会产生世俗感情，这显然不能说成是味。特别是新护的《舞论注》，深刻而全面地阐释了"味论"。他认为对味的鉴赏是超俗的，它既不同于通常认识即通过感觉（现量）、推理（比量）、言辞证据（声量）和类比（喻量）等等感知常情，也不同于瑜伽行者的特异认识。根据印度传统正理哲学认识论原理，人的认识手段有四种：现量、比量、喻量和声量。现量是运用视觉、听觉、嗅觉、味觉和触觉等感觉认识对象，又分成普通现量和非常现量。普通现量是指感官直接与对象接触。非常现量是感官通过中介物与对象接触，又分为同相现量、知相现量和瑜伽生三种。同相现量是感官通过普遍性（同）与对象接触。知相现量是通过一种先前的知识与对象接触。这两种非常现量是普通人都具备的。比量是运用推理认识对象，喻量是运用类比认识对象，声量是运用经典或权威的言辞认识对象。

到了后期，历代艺术理论家发展了"味说"，使之所带入的比喻义渐趋消失，并成为印度乐、舞、诗、剧等艺术理论领域中的共同范畴。波阇在十一世纪著有《辩才天女的颈饰》和《艳情光》，将诗德、庄严（修辞）和味都看作是产生诗美的庄严（修饰）成分。他在《辩才天女的颈饰》中指出诗有四个要素："无病、有德、有庄严和有味"，而最重要的是味。并说："诗达到可爱的境地，在于有味相伴。味被称作自尊、自爱或艳情。

它在人的内在自我中，产生于前生的经验积累。它是自我各种性质的唯一根源。如果诗人充满艳情，诗中的世界便有味；如果诗人缺少艳情，诗中的世界就乏味。"约公元七世纪，檀丁在《诗镜》中说："甜蜜就是有味，在语言中以及在内容方面都有味存在。"十四世纪宇主在《文镜》中说："有味的句子才被大家公认为诗。"当"味"成为一个艺术理论范畴之后，内涵变了，指的是艺术作品所引起的精神愉悦，这就是美感。《文镜》还以味论为核心，探讨诗学。他给诗下的定义就是："诗是以味为灵魂的句子。"而对味的界定是："读者心中的爱等等常情凭借情由、情态和不定情得到显示，达到味性。"他解释"显示"一词含义说："是指由一种状态转化为另一种状态，犹如牛奶转化为凝乳。当爱等等常情成为感知对象时，它们便转化为味。"他认为，情由、情态和不定情的结合显示读者心中的常情时，常情便转化成味。支谦《佛说七知经》说："譬如牛乳成酪酪为酥酥为醍醐，醍醐最上。"《大般涅槃经·圣行品》云："譬如从牛出乳，从乳出酪，从酪出生酥，从生酥出熟酥，从熟酥出醍醐。醍醐最上。"以"醍醐"喻佛教至理。中土佛学判教如天台智顗的"五时八教说"的"五时"，即依《涅槃经》里佛说开展如牛乳五味（乳、酪、生酥、熟酥、醍醐）的比喻而建立。欢增在《韵光》中论述了"味"的暗示性。他指出："味的领会与味的名称无关，只能通过特殊的情由去领会。"意指"味"只能通过作品中具体描述的情由、情态和不定情暗示，而不由抽象的艳情、悲悯等这些味的名称直接表达。这类似中土禅宗的"不立文字，见性成佛"（《坛经》）以及中土诗学所讲"不著一字，尽得风流"（《诗品·含蓄》）。

2."味"的内涵

中印两国古代艺术理论家对"味"的内涵的规定，是以"韵"释"味""味""韵"通解。在中国古代，韵的本义指和谐的声音。后来，"韵"便分别引入其他艺术领域，逐渐失去其本义，而作为"神韵"解，并且渐渐与"味"的含义接近。梁代袁昂《古今书评》评殷均书法"滋韵终乏精味"，"韵"与"滋"成一词，指墨泽暗传神韵。说滋韵少精味，表明作者已认识到"韵"与"味"存在着联系。唐以后，诗论中往往以"味"论韵，以韵解"味"。如宋代陈善《扪虱新话》云："乍读渊明诗，颇似枯淡，久久有味"。其立论的基点就是放在"味"与韵通解之上。在印度古代艺术理论中也有"韵"的概念，并且也是以"韵"释味，"味"与韵通解。梵语"韵"一词本源自动词词根"发音""发声"，词义为声音、回声、余音或音调。梵语中"韵论"思想的建立，受惠于语法家们对词音和词义及其关系的深入研究。约公元前二世纪，梵语语法家波颠阇利认为，词既是原本存在的，也是由声音展示的。因此，他把词本身称作"常声"，即通过声音展示的原本存在的词。这种展示原本存在的词的发音就是"韵"。梵语语法家伐致呵利（约七世纪）认为，语言具有微妙、中介和粗糙三种形式。他将语言的中介形式称作"原韵"（常声），将语言的粗糙形式称作"变韵"（或长或短、或清或浊而又转瞬即逝的声音）。

　　梵语语法家和哲学家们对词的功能的探讨局限于表示义和转示义。此后，梵语诗学家依据这一语言学原理，将诗中具有暗示作用的词音和词义也称作韵，并揭示出词还有第三种功能即暗示，由此产生第三种意义即暗示义。他们认为诗的灵魂，或者说诗的最大魅力就在于这种不同于表示性和转示性的暗示性。正如常声是词的真正意义所在，暗示义是诗的真正本质。这种暗示性便是"韵"。欢增在《韵光》第一章中说："在学问家中，语法家是先驱，因为语法是一切学问的根基。他们把韵用在听到的音素上。其他学者在阐明诗的本质时，遵循他们的思想，依据共同的暗示性，把所表示者和能表示者混合的词的灵魂，即通常所谓的诗，也称作韵。"欢增还在《韵光》中明确提出"韵的特征是一切优秀诗人的奥秘，可爱至极。"他给"韵"下的定义是："若诗中的词义或词音将自己的意义作为附属而暗示那种暗含义，智者称这一类诗为韵。"意谓"韵"是指具有暗含义的诗篇。欢增又在《韵光》中依据表示义和暗示义的关系，将韵分成两类：非旨在表示义和旨在依靠表示义暗示另一义。前者是指不重视表示义，仿佛作者无意用它表达意义。又分为两类：表示义转化为另一义和表示义完全失去。"表示义转化为另一义"是指表示义并不是完全不适用，但不能形成完善的意义。因此，它不是被完全抛弃，而是依靠语境产生一种不同于自身的完善的意义。"表示义完全失去"指表示义的用途只是为了暗示另一义，一旦这个目的达到，表示义就被抛弃。这类"韵"类似佛学的"登岸舍筏"，近似庄子的"得鱼而忘筌"。后者也分为两类：暗示过程不明显和暗示过程明显。"暗示过程不明显"指从表示义转化为暗示义的过程十分迅速，几乎觉察不到其中的先后次序。欢增说："味、情、类味、类情和情的平息等等是暗示过程不明显的韵。如果它们在诗中居于突出地位，便是韵的灵魂。"这一类韵实际上是味韵。一旦读者从诗中读到情由、情态或不定情，会立即激起心中的常情，体会到味，所以"暗示过程不明显"。欢增在《韵光》中曾说："诗的灵魂是韵。"后来宇主在《文镜》中继承这一论断，并发挥说："诗是以味为灵魂的句子"，这就将"韵"与"味"合二为一，使之彼此通解了。钱锺书《谈艺录》说："及夫调有弦外之遗音，语有言表之余味，则神韵盎然出焉。"指出了韵与"味"

的相似之处：弦外有遗音，遗音即遗韵，言外有余味；这等于说，韵不在弦上，而在弦外；味不在言表，而在言外，二者皆有含蓄隽永的美感，但须"思而得之"。韵与味的这种相似之处，正是二者可以通用互释的原因。

但由于中印两个民族的哲学基础不同，其"味说"有同也有异。它们的相似之处在于都强调众多相异物的结合均衡。也许正是这种相似（并非相同）带来艺术理论中"味说"的某种相似。不同之处是中国"味"论的哲学基础是"和"，所以强调和谐统一；儒家主张"中和""中庸"，认为能致"中和"，则无事不达于和谐的境界。这种"中和"即不偏不倚，无过不及，它并不强调各种对立范畴的统一和消除。而印度"味"论的哲学基础是"结合"，因而注重"分歧统一"。如中观学派将"空"和"有"的对立统一起来观察事物和现象，瑜伽、法相宗讲"和合"，指形成心色诸法的因缘能够和合的性质。《大乘百法明门论解》卷下云："言和合性者，谓于诸法不相乖反。"又云："众缘聚合，名为和合。""众缘"即各种矛盾，意味将一切对立概念的彻底化解，臻于圆融不二的状态。因而中国艺术理论的"味"总是与艺术形象（艺术意境）联系在一起。而印度古代艺术理论中的"味说"的哲学基础是"结合"，即"分歧统一"，所以，印度古代艺术理论家总是把"味"同情紧密联系起来。

3."味"论的理论基础

在中国传统文化关于"美"的认识中，凡是给人带来味觉满足与享受的对象，均以"美"称之、解释之。如唐代慧琳《一切经音义》卷十四"甜美"条引《说文》对美的训释："味甘也，从羊从大。在音之中。羊者，给厨膳之大甘也。"将"美"释为"甘味"，直接作为味觉快感的对象加以训释。这与段玉裁的训释相一致。《说文解字注》云："甘者，五味之一，而五味之美皆曰甘。"《说文·甘部》云："甘，美也，从口含一。"可见这种"美味通释"的美学传统表明美与味密不可分，味即是美，美就是味，是中国古典美学的一大特色。所以李泽厚、刘纲纪的《中国美学史》指出："在中国，'美'这个字……是同味觉的快感联系在一起的"，"以味为美"，是汉民族"起源很古"的"观念"。这种以味为美的美学思想与印度传统的以"味"为高的传统，有着异曲同工之趣。

"味"在古印度梵文中为rasa，包含"审美快感""心境""情调"等义项，是古代印度美学中的重要范畴。古印度论述画理的最早的现存文献《毗湿奴最上法往世书》中，《画经》一部分曾提出如下观点："若画得形似，若在镜中影。""自称画无因，若依此作画，仅形相丰富，应知是'未入'。"

"若'艳情'等'味',一见即能得。"这里将画分为三品:仅得形似如镜中影像者,名为"已入"(已被刺入);若不依据什么客观东西而作画,只有丰富的各种形、相、名为"未入"(未被刺入);绘画若一望见即能得到"艳情"等"味"的,名为"味画"(有味的画)。分出"已入""未入""味画"三种画品,且以有"味"为高。佛学中也是将食物之味与美联系在一起,如《法华经》中说:"若好,若丑;若美,不美,及诸苦涩物,在其舌根,皆变成上味,如天甘露,无不美者。"佛教直接运用感官对食物的酸、苦、甘、辛、咸五味来提出"五味禅":外道禅、凡夫禅、小乘禅、大乘禅、最上乘禅,以显示禅位的高低深浅,显示最上乘禅的特殊等级与一智能境界的进升历程。特别是中国佛教以五味配五教的理论,更具美学色彩。佛于《涅槃经》中说牛乳等五味时,以醍醐味比《涅槃经》,因为提炼牛乳必须经过由酪至生酥、熟酥而至最高之美味,方称醍醐。《涅槃经》云:"乳中有酪,众生佛性亦复如是。欲见佛性,应当观察时节形色。"是说乳中有酪性,但乳还不是酪,必须经过由乳而生酥、由生酥而熟酥的提炼过程,才能成为醍醐(酪),以此说明众生悉有佛性,但要见到佛性,还必须经过由乳而酪的提炼过程。

4."味"论走进艺术殿堂

罗什所译《维摩经·方便品》说:"虽复饮食,而以禅悦为味。"这就是说,不只五觉快感是相通的,官能快感与思想快感也是相通的,因而有"意味"的概念,即把味与意义、味与精神领域打通。由于感官所引起的满足与精神所产生的愉悦是相通的(通感),因此,有时甚至就将佛法径直喻为味美的食物,抹去比的痕迹。希陵《禅宗颂古联珠通集序》云:"四句独超于言外,万法俱泯于声先。……钱唐鲁庵会公,孤标拔俗,积行熏心,遐扣祖机,深染法味,采机缘而补前阙,缀颂古而入新刊。"叶祺胤《法华大意序》亦云:"若夫得意忘言者,信知一切世谛文字,无不从法界流出,无障无碍,为一味法,余言特饶舌耳。"以"美"形容味觉快感及其对象,将生理快感对象与精神快感对象等同视之,以示理智满足、心灵快感,也就是人们所讲的高级的精神享受对象。所以,"意"也是一种"味",这样就很自然地把意义、佛法、义理与"味"联系起来了,有了"意味""趣味""意旨"(旨即味之甘美者)等概念。这时它们都是阅读佛典与审美联系在一起的,所以有"味"的体验。如宗炳《画山水序》中"澄怀味像"的"味"就纯粹是一个超越于味觉的美学概念了。刘勰《文心雕龙·声律》中说:"声画妍蚩,寄在吟咏;吟咏滋味,流于字句。"已完全指诗歌的美感。

5."味"论进入译经评论

将"味"的理论运用到翻译评论中，就是把翻译所产生的审美作用视为翻译艺术的首要目的，既强调翻译的审美特性和价值，又特别注意探求翻译中审美创造和审美鉴赏的艺术规律。罗什《为僧叡论西方辞体》指出："天竺国俗，甚重文藻。其宫商体韵，以入弦为善。凡觐国王，必有赞德。见佛之仪，以歌咏为尊。经中偈颂，皆其式也。但改梵为秦，失其藻蔚，虽得大意，殊隔文体，有似嚼饭与人，非徒失味，乃令呕哕也。"对于"失味"的翻译，论述得很明确。还有很多评论者在这方面有过精辟的阐发：

> 亲受笔削，敬译斯经，遂得甘露流津，预梦庚申之夕，膏雨洒润，后覃壬戌之辰，式开实相之门，还符一味之泽。（武则天《大方广佛华严经序》）
>
> 自晋唐以来，高僧巨儒咸有著述赞美斯事；虽其间说义有深浅，属辞有工拙，譬如万派东流，同归沧海，使夫饮用者咸沾一味焉。（宗晓《乐邦文类序》）
>
> 自经来震旦千五百年，疏家未有也。正谋翻梓，阻以病缘，后诸檀越，各具上根，契心非勉，于所校本，施赀就刊，次第告成，惟阙科判，盖由条贯未通，艰于得味也。（广丰《大佛顶首楞严经正脉疏序》）
>
> 粤闻观至理者存妙法于镜中，味微言者得玄珠于意外，故辞锋蔚起，精义解颐，大都刊华就实，觌面相呈。（吴伟业《大方禅师语录序》）

"味"既可作为动词，指体味、辨味，形成"玩味""咏味""研味"等范畴；又可作名词，指意义和旨趣，包含义理和美学两个方面，有"滋味""句味""理味""讽味""法味""真味"等范畴，由此构成了较为系统的以重视辨别和体悟"味"的评论体系。"味"就是原本的艺术内涵通过译本准确而富有文采的语言表达时所蕴含的艺术感染力，这种艺术感染力能引起读者的美感共鸣。评论者们对此有较为充分的发挥：

> 云天竺诸国，敢预学者之流，无不玩味斯论，以为喉衿。（僧叡《中论序》）
>
> 有婆薮开士者，明慧内融，妙思奇拔，远契玄踪，为之训释。

使沉隐之义，彰于徽翰；风味宣流，被于来叶；文藻焕然，宗涂易晓。（僧肇《百论序》）

此诸经律，凡百余万言，并违本失旨，名不当实，依俙属辞，句味亦差，良由译人造次，未善晋言，故使尔耳。（道慈《中阿含经序》）

汉魏守本，本固去华，晋宋传扬，时开义举，文质恢恢，讽味余逸。（道宣《续高僧传序》）

但远人来译，音训不同。去圣时遥，义类差舛。遂使双林一味之旨，分成当现二常；大乘不二之宗，析为南北两道，纷纷争论凡数百年，率土怀疑莫有匠决。（玄奘《启谢高昌王表》）

圣教浸远，文句舛错，由传者浮昧。若不校其同异，明示得失，日增月甚，退丧真味。（尊式《法华三昧忏仪勘定元本序》）

道安是文学家，他对译本"味"的评论，注重"余味"，这是指一种含蓄而没有说出来的意旨和情味，读后令人回想，余情余意不尽，更富美学情趣。他在《阿毗昙八犍度论序》中说："宪章鞞婆沙，咏歌有余味者也。"在《十二门经序》中提出"味乎无味"。其《比丘大戒序》中说："而今持戒规矩与同，犹如合符，出门应辙也，然后乃知淡乎无味，乃直道味也。"其《阴持入经序》还指出："以大寂为至乐，五音不能聋其耳矣；以无为为滋味，五味不能爽其口矣。"这种"无味"之味，是一种不可经验、不可言说的理想境界和全美境界，即"大寂""无为"。慧远《大智论抄序》说："譬大羹不和，虽味非真。神珠内映，虽宝非用。""大羹不和"指肉羹不以盐菜和之。清人孙希旦疏："玄酒、腥鱼、大羹，是非极口腹也。""此皆质素之食，人所不欲也。虽然，有遗余之味，以其有德质素，其味可重也。"由此可见，传统思想中的"大羹"既是一种淡味，又是有余味之味。在道安、慧远这里，平淡而有余味的审美趣味确立了他们案本质朴、反对过分文饰的翻译观。这种"味外之旨""象外之象"也是佛教美学中"格外"说的基本规定。"格外"说的审美法则就是于有限中求无限，以形宣无形或寄予深致、隽永的意味。佛典翻译中的"得鱼忘筌""得意忘象"所达到的艺术效果就是要使读者证信"格外"的佛家谛义。

（二）境

从语源上说，"境界"一词，首先见于佛家语。在汉译佛典中，译经大师们以"格义"方法意译梵语 visaga 并直接从佛教中移植到汉语中。"境"是由佛教义学中的"佛性论"派生出来的一个非常重要的名相。佛性，就是人人都有的能觉能悟之性，也即有情众生有可能成佛的基因、根器，它本来是偏向于指"内"的。但依据佛教之根本大法"缘起说"，此生则彼生，此灭则彼灭，内"心"和外"境"互为依存、"不可分说"，所以"佛性"也就是根境一如、性相同的"境界"。魏晋时期，"佛性论"成为佛学讨论的热点，"境界"（以及"境""界"）一词也频繁出现于当时的汉译佛典中。如佛陀跋陀罗译的《华严经》、鸠摩罗什译的《法界体性经》、菩提流支译的《入楞伽经》中都出现了"境界""法界""境"等词语。自此，佛学中的"境界"说便逐渐渗透、转移到各个领域，尤其是语言艺术中，更经常使用源自佛学的"境""境界"等概念来阐述语言艺术观点和主张。"境界"二字就是在这样的"背景"上建立起来的，这一概念实际上饱含着丰富的佛法理念和深邃的佛学神髓。南朝道生阐扬其人人皆具佛性及"一阐提"亦可成佛的理论时，着重点就是放在"境界"的解说探讨上。到了唐代，玄奘译出《瑜伽师地论》《成唯识论》等，更是大谈特谈境界、法界，这一概念深刻影响到华严宗、三论宗、禅宗等其他宗派。

1."境"的理论源流

在佛学典籍中，"境"既可指外界具体景象，也可指人的内在心灵世界。意境就是指文学艺术中所表现出来的这种状态。王国维在《人间词话》中称"意境"为"境界"。"境"或"境界"的概念在我国先秦典籍中也常出现，但只指地理空间、国土疆域。《列子·周穆王》载："西极之南隅有国焉，不知境界之所接，名古莽之国。"两汉至刘宋，也主要用其指疆界。《汉书》谓："封疆画界者，非为守御，所以禁淫也。"佛学东渐，佛经译者则用已被广泛使用的"境界"翻译梵语 visaga，因 visaga 比汉语中固有的"境界"语义更广，因而翻译家借用"境界"一词，注入新的内涵，使其表现宗教化的心灵空间。佛学理论就是从研究、领悟"境、行、果"三个方面展开的，所以佛教典籍对"境"和"境界"有着详尽的理论阐发，并由此形成了一套完整的心理概念，这是先秦诸子学说所没有涉及的。

当佛学中的"境"指"心"以外的存在时，是人们感官与心所知觉所认识的对象。一般以之为眼、鼻、耳、舌、身、意六种认识机能（六根）所把握的对象，即所谓六境或六尘。南宗《坛经》说："何名坐禅？此法门中，一切无碍，处于一切境界上念不去为座；见本性不乱为禅。"这里的"一切境界"即指感觉与思维中的一切物象。这是由主体的感觉器官和思维器官所接触的对象和已被感知者，这样的境界专指人的认识范畴，其特点是感性的而不是理性的，是直观的而不是抽象的，是主观的意象而不是客观的自体。但佛学的境界还不限于客观世界，也有主观的意念，即所谓心境，指人的心灵所能感受和达到的境界，如《俱舍论颂疏》说："功能所托，名为境界，如眼能见色，识能了色，唤色为境界。"梁代萧统《令旨解二谛义并问答》说："能知是智，所知是境，智来冥境，得言即真。"僧祐《弘明集序》云："心限一国，则耳目之外皆凝；等观三界，则神化之理常照。"这时与"界"同义。"界"在佛学中也指境域或领域。如《俱舍论》卷八载："欲所属界说名欲界，色所属界说名色界……无色所属界说名无色界。"此中的界，为执持自身的本质之意。《俱舍论》又云："能持自相，故名为界。"均指此。因此，佛学总是把他们希望达到的某种悟道的境地作为"境"或"境界"，这样的境界指的是一种殊胜的领域，作为实相之理，而为智慧所观照。如天台宗圆教的观心，就是强调从思议观心的层面脱离出来，显现出不可思议的境界。此时是指造诣和成就，即佛学修养所达到的某种层次。如《无量寿经》上说："斯义弘深，非我境界。"《坛经》说："悟无念法者，见诸佛境界。"因此，佛教通常把物质现象和精神现象都称为境，是囊括一切现象的总称。佛教逻辑中的"现量"理论，就是专门用以说明"心"与"境"关系的理论。佛教法相宗有"八识"理论，前五识（眼、耳、鼻、舌、身）是指人的感觉器官与外界尘境相触时，不涉及任何推理、判断的感觉，只有第六识"意"涉及人的认识，因此，现量相当于人的直觉能力，比量则指逻辑判断，是融入了逻辑思维的艺术思维方法。

按照佛学观念，"境由心造""三界唯心万法唯识""心生万法"。《成唯识论》卷一说："由假说我法，有种种相转，彼依识所变。"《华严经》说："心如工画师，画种种五阴，一切世界中，无法而不造。如心，佛亦尔；如佛，众生然。心、佛及众生，是三无差别。诸佛悉了知，一切从心转，……心造诸如来。"认为宇宙间的万物，是由"识"变现出来的，都不是独立存在的。因而一切法本离言说相、名字相、心缘相，乃毕竟平等、不变不异，唯此一心，故又称真如。"心"，就是主体精神，它可以能动地待境、取境乃至变境、创境，而不只是像镜子一样被动地、单纯地反映客观世界。无论是印度佛教还是中国佛教的各个宗派，都强调"心"的主观能动性作用。通过心理活动，产生"意"，于"触""受""想""思"中待境、取境。法相学和唯识学认为"心"与"境"是"法门不二""不可分说"的关系，就是因为二者始终处在互摄互动互为依存之中。丁福保《佛学大辞典》释"境"云："心之所游履攀缘者，谓之境。如色为眼识所游履，谓之色境，乃至法为意识所游履，谓之法境。"释"境界"又云："自家势力所及之境土。"这里释"境"和"境界"，都强调了"心"的"游履攀缘"之力亦即"能动"

之力，必须是主体精神投达之所才能称为境界。《俱舍论颂疏》释"六境"也说："若于彼法，此有功能，即说彼为此法'境界'。彼法者，色等六境也。此有功能者，此六根、六识，于彼色等有见闻等功能也"；"功能所托，名为'境界'"。同样强调"境界"绝非单纯的、自在的外部世界，而必须是依"六根"而发的事相。

2. 以"境"评译

佛学对"境"的阐述本是希望人们放弃对世间的执着，他们认为内六根和外六境接触，就会产生虚妄的六识，引起许多烦恼尘劳，人生遂束缚在根尘缠结中，丧失本心，失去了精神的自由。《起信论》说："是故三界虚伪，唯心所作。离心则无六尘境界。"可见佛教对"境"的研究本是基于解脱而发的。《祖堂集》说："对前万境，不无瞥起之心。已达心源，不滞幻化之境。"意谓不要迷恋外境，方可臻于超脱，所以佛教对"境"的研究特别深入，有"一境三谛""五境""六境"等诸多理论。这些理论将"境界"一词指向竭力超脱客观世界一切物质空间而回归本体的心灵空间，这是一个纯粹的精神世界，是佛理、佛法所能引导人们进入冥想世界的极致。即"觉通如来，尽佛境界。"（《成唯识论》）在此基础上，境界在佛学理论中还建立了不同的界级。《传灯》《祖堂集》《古尊》等著作中有"凡夫境界""菩萨人境界"和"佛境界"三种，各自臻于不同的程度，最高境界是"佛境界"，亦称"佛境"，是达到佛的智慧的境界，圆满无缺，周遍圆融。另外还有"思境""化境"等概念。而"境界"作为一个会通"内""外"、统合"根""境"的佛学名相，是法门不二、"心""色"不可分说的佛教理念，是以"三界惟心，万法惟识"，"心生则种种法生，心灭则种种法灭"的佛学理念为底蕴的。梁启超在《惟心》中提出"境者，心造也。一切物境皆虚幻，惟心所造之境为真实"的命题，实为从"心生则种种法生，心灭则种种法灭"的佛语"翻译"成为诗话的。移用于诗文，即强调心识对境相的充注性和能动性，并关注审美对象的具象性和直观性。

正是基于"境界"的哲学和美学意蕴，译经评论极意谈"境"。僧肇《维摩经注》说："冥心真境，妙存环中。"用虚拟的想象空间阐发佛教教义的概念，创造一个主观上的理想境地，意味一个美妙的意境，尽管不能以形体把握，但却是理论家乃至艺术家在现象中创造的，欣赏者可以心领神会的审美境界，所以很容易从佛境转化到译境，成为译经艺术中一个常用的范畴。谭贞默《金刚经如是解序》说："若水入乳，若芥投针，梵语华言，拈来即合，引申触类，无境不融。"意谓原本义理在译本中，犹如水与乳的和合状态，华梵两种语言的对应如同芥尖对针尖那样吻合，措辞析理，没有达不到的境界，赞扬译文在传达原本义理手段上的高超。赞宁《宋高僧传》称宋代译家宝思惟译经是"大人境界"。"大人"本指伟大人格，即佛陀所具有的品格，此处意谓高超的境界。

（三）化

《荀子·正名》篇对"化"的释义是："状变而实无别而为异者，谓之化。""化"在佛家思想中是一种"无我"的境界。佛典汉译的评论者们借用佛学中"教化""化身""化境""化行""化治""神化""像化"等概念，谈论译经艺术，评论译经质量，建立译经标准。

1."化"与"境"

"化"与"境"的关系最为密切，因为佛学中的境指造诣或成就，这种造诣或成就的最高境界即是"佛境"，而成佛的终极目标是上求佛道，下化众生，因此有了佛学中的"化境"一词，亦作"佛境"或"真境"。慧苑《华严经音义序》说："超绝言虑之旨，洽悟见闻之境，莫不以法王弘造权道之力欤？大方广佛华严经者，实可谓该通法界之典，尽穷佛境之说也。"裴休《华严法界观序》写道："法界者一切众生身心之本体也，从本已来灵明廓彻，广大虚寂，唯一真之境而已。"正印《佛祖历代通载跋》云："自汉唐金宋以来，赖历代帝王护持有城金池汤之固，至我国朝恭遇世祖皇帝一统天下，万国来朝，皆属释迦如来一佛化境，兴隆佛法，倍胜于前。"这种"化境"即不落痕迹之谓。佛教中的"化"本指"化"去凡身，见到了佛性，因此，这种"化"是不落任何痕迹的。同时佛性又是人生的最高追求和终极目标，因而化境也成了佛学最高境界的象征。加之因其精妙难言而为佛家看作神妙的境域，于是艺术理论也用它来指神化或出神入化之境。"化境"的哲学基础基于佛学。王渔洋《带经堂诗话》说："舍筏登岸，禅家以为悟境，诗家以为化境，诗禅一致，等无差别，大复与空同。"将禅与诗同论，实指禅与诗的相互联系和渗透。正如袁行霈所说："虽然禅与诗的归趣不同，但诗和禅都需要敏锐的内心体验，都重启示和象喻，都追求言外之意。"（《诗与禅》）

2."化"与艺术观念

"化境"具有美学阐释功能。从审美主体论，化境的源泉是真心。明代著名思想家李贽在《童心说》中提出"童心"，认为"夫童心者，真心也。……夫童心者，绝假纯真，最初一念之本心也。"李贽将艺术标准归结为童心，认为文学必须真实坦率地表露作者内心的情感和人生的欲望。在《与马历山书》中又说："人人各具有，是大圆镜智，所谓我之明德是也。""一念之本心""大圆镜智"，都是佛教心性学范畴，都是与化境相联系的概念。"童心",就是佛教"真如本性""一念净心"的产物。可见,佛教的概念、佛教的教义虽然没有提供现成的艺术理论,但对艺术家的启发却极为深远。皎然便借用佛教中的境界概念,来概括诗歌创作所要遵循的艺术规律。他针对诗歌创作中"意"与"境"的关系提出"取境"说,他认为,诗歌创作是诗人的情意受外界触发而起,情意又要凭借境象描绘来抒发,所谓"诗情缘境发"。因此,"取境"就成了诗歌创作品格高下的标准及风格类别的关键。皎然强调对诗境的审美理想的追求在于天真自然,但强调这种境界的获得既须通过人工的努力,通过诗人的主观创造,又须达到一种人工的化境,从有技巧进入无技巧之境界。王德钟在《燕子龛序》中评价苏曼殊的诗时,认为他"所为诗情丽绵眇,其神则蹇裳湘渚,幽幽兰馨;其韵则天外云璈,如往而复,极其神化之境。盖如羚羊挂角而弗可迹也。"

"化境"与"意境"既区别又联系。意境指作者的主观情意与客观物境互相交融而形成的艺术境界,其基本的美学规定是"境生于象外"。意境理论的形成受佛学现观论哲学基础的影响,"现观"是佛教认识世界实相的方法,即以般若智慧直观地认识对象,不经过语言概念的中介作用,而直接对事物实相进行无间隔、无中介的证合。现观是一种特殊的思维方式,它具有直觉性、整体性、契合性、不可说性以及神秘性等特点,与意境的情景交融、韵味无穷和只可意会不可言传等特点相联系。佛学境界论是意境理论产生的直接原因,佛学的妙悟说是意境理论的思维形式,佛学语言是对意境世界的开启。作为佛学的"化",能与艺术思维和审美相通,其连接点在于相通的心灵体验方式,这就是"悟"。佛学的悟对意境理论来说,要求像参禅一样去悟,也就是以悟作为思维方式。意境是出于悟的结果。丁福保《佛学大辞典》解释"妙悟"的佛学含义说:"妙悟,(术语)殊妙之觉悟。唐《华严经》十二曰:'妙悟皆满,二行永断。'《涅槃无名论》曰:'玄道在于妙悟,妙悟在于即真。'"禅宗的妙悟。其特点是以心传心,不立文字,教外别传。这种对佛性的领悟,是不可言喻的,只能自己心里去体会,不可用语言表述清楚。李艳丽在《禅宗方法论对古典意境理论的影响》一文中认为,文字艺术的奥妙,既非语言所能表达,也非理论所可阐说。读者必须从大量上乘佳作中,凭借内在的直觉思维,从内心去感受和体验,才能领会文字艺术的三昧,领略其中的奥妙。瞬间顿悟直觉自由解脱的心性,这就是妙悟论的美学核心。可见意境的妙悟和禅的妙悟极为相似。

妙悟是中国禅学独特的思维方式,它有自己独特的表达和独特的语言观。禅宗主张不立文字，又不离文字，标举见性成佛，认为心灵的传递、接受、体验是非言说性的，是超越语言的。这种语言观开启了意境审美空间，奠定了语言追求"言外之意""味外之旨"和"韵外之致"的意境之美。《大梵天王问佛决疑经》及《五灯会元七佛释迦牟尼佛》卷一载佛教语"拈花微笑"典故，是禅宗以心传心的源头，意味着对禅理有了透彻的理解，而且彼此默契、心神领会、心意相通、心心相印，不须借助语言。"拈花微笑"是佛学传播的一种方式，也是理解佛学真理一种途径和沟通佛学修持经验的方法，是语言与心灵关系的表述。佛教经验、佛学真理不能离开心灵而存在。离开心灵的经验、真理是不存在的，也是无意义的。正是因为心灵的内在宗教体验，使得"以心传心"得以可能，亦即个体主观对真理的体悟得以实现。这种体验、体悟是超越日常经验和思维的，也是非语言文字所能干预和表述的。进入艺术世界，尤其是在语言文字的运用中，由于语言表意本身的局限性，促使文士们寻求一种"言外"的世界，这就是"言外之意"。中国禅学对这种"超以象外"的理论和实践做了深入的探索，通过有限表达无限，用有形表达无形，禅学实现了对于不可言说的言说，从而为禅意的表达开辟了新的意境，进而对文学语言的运用产生深远影响。在佛学语言观的影响下，评论者从观念上认识到语言的局限，在运用实践中又深切体悟出语言潜在能力的概括空间，从而明确了对言外之意的追求，自觉超越语言。中国禅宗美学对"言外之意"的追求，影响了几乎所有处在这样一种文化氛围中的各类艺术，使人们都有意无意地接受了佛学语言观所给予的这种影响。

3. 以"化"评译

"化"本是佛经中具有特殊意义的词汇，本义为变化、改变或教化。如惟则《大佛顶首楞严经会解序》所说，"世尊成道以来五时设化"，另如"化土"（佛国净土）、"化身"（佛的法身的变现）、化城（幻化之城）等。"化境"一词又是佛典中专指可教化的境域，如《华严经·疏》上说："十方国土，是佛化境。"即指一种很精妙神奇的境界。在慧远《沙门不敬王者论》中，将"化"从哲学领域引入了美学范畴，他说："论旨以化尽为至极，故造极者必违化而求宗。求宗不由于顺化，是以引历代君王，使同之佛教，令体极之至，以权居统。"他在《明报应论》中还说："因兹以谈，夫神形虽殊，相与而化，内外诚异，浑为一体，自非达观，孰得其际邪？""化"的论述达到这一步，再进入翻译评论就很自然了。"化"的运用，为翻译标准提供了新的价值尺度。"化"移以评论翻译，将译本比作原作的化身，即由此化意而来。如道朗《大般涅槃经序》云："任运而动，则乘虚照以御物，寄言蹄以通化；见机而赴，则应万形而为像，即群情而设教。"志磐《佛祖统纪序》云："于是汉皇致梦感之祥，摩腾应东来之运，魏晋以降盛译群经，矫矫诸师，竞登讲席，虽各立义门，取名当世，而尚昧乎如来一代之化意。"翻译评论中讲"意境"，也主要是缘于佛学理论。因为在佛学中，境是指外在世界在主体头脑中映像，它是不实在的幻化物。而意境即是揭示一种若有似无的境界，并非实体。传统艺术理论在此前所用概念是"物"，物多是实在的，只有境带有虚幻意味，因此更能显示艺术的审美特质。

"化境"论在译经评论中得到阐发，意指把原本的思想内容和艺术形式不落痕迹地融入译本的语言形式之中的一种艺术，"化境"的翻译境界，就是在原本和译本之间，已不存在那种遮盖原本，使读者看不见本来面目的语言障隔。这与佛学所用的"化"完全可以契合，因此可以作为翻译标准。这样形成的概念有"神化""适化""物化""圆化"等。灌顶《大涅槃经玄义·卷上》云："二云有翻者。梁武云：佛具四等，随其类音，溥告众生，若不可翻，此土便应隔化，四等亦是不遍，引释论，般若尊重，智慧轻薄，既得以轻代重，何得不以真丹单别？"僧祐《出三藏记集序》说："闻法资乎时来，悟道籍于机至，机至然后理感，时来然后化通矣。"

翻译中所说的"化境"，即是"不落痕迹"的境地。如嗣宗《天童觉和尚颂古集序》说："绵密契同，方圆吻合，凿枘不爽，斤斧亡痕。"即是这种境界。与"化境"意趣相似的概念还有"神韵"或"传神"，也指这样一种不露痕迹的境界。刘勰《灭惑论》谈翻译这样说："大乘圆极，穷理尽妙，故明二谛以遣有，辨三空以标无……权教无方，不以道俗乖应；妙化无外，岂以华、戎阻情？是以一音演法，殊译共解；一乘敷教，异经同归。经典由权，故孔、释教殊而道契；解同由妙，故梵、汉语隔而化通。"他用"化通"来表达翻译的艺术境界，实则是翻译的最高理想。钱锺书说："夫'译'一名'通事'，尤以'通'为职志。"《焦氏易林·干》上说："道陟石阪，胡言连蹇；译喑且聋，莫使道通。请谒不行，求事无功。"钱锺书认为这里所说的就是"彼此隔阂不通（failure in communication）之境"（《管锥编》）打通这种"隔阂"的境界就为"化境"，这种化境既要有对原文的正确理解，又是译文语言上最完美的表述。

（四）隔

"隔"本指阻隔、间隔。《史记·秦始皇本纪》记载："防隔内外，禁止淫泆，男女絜诚。"由此引申为不合。《南史·张充传·与王俭书》载："实由气岸疏凝，情途猥隔。"意谓气概意气迂阔固执，则性情隔碍。

1. 禅学论"隔"与"不隔"

"隔"与"不隔"本来都是禅学中讨论心色关系时经常运用的概念，意在以清净的本心去直接接纳自在的本真。"隔"的概念与佛教修行法门特别是中国禅学的参禅悟道有直接的联系。它强调对象与主体之间泯然无间的亲合关系。魏晋时期，在佛教观念影响下形成"澄怀纳象""目击道存"的审美理念。佛典中有"闻人界隔岸""隔岸之雨"之说，意谓此岸于彼岸的隔离。依俗谛，人们面对的现实世界为此岸，理想而善美的真理世界为彼岸。依第一义胜谛，此岸和彼岸是相通的，因为万法不离自性。所以梵语"波罗蜜多"，意译"到彼岸"。禅学中的"不隔"就是由"目前境"引起。"目前境"一语，在禅学中指的也就是清净觉悟、一切自然之境。"目前"与"不隔"实为同义，也含"不二""不思"义。黄龙祖心禅师云："若也单明自己，不悟目前，此人有眼无足；若悟目前，不明自己，此人有足无眼"(《五灯严统》)，是为"不二"。"不隔"，才能物我不二、自他不二。《古尊宿语录》卷二十二载法演和尚引前辈禅师偈语云："无边刹境，自他不隔于毫端；十世古今，始终不离于当念。"指示参禅者须于"当下状态"中与大千世界周遍融接，是为"不二"。临济义玄说："拟心即差，动念即乖。有人解者，不离目前"(《临济录》)，是为"不思"。汾阳善昭禅师"五位颂"云："正中偏，霹雳机锋着眼看，思量拟议隔千山。"禅悟机锋迅如霹雳，几乎是可遇而不可求的，一旦落入"思量拟议"的窠臼，不仅禅悟不会发生，而且失之毫厘差之千里犹如"隔千山"，是为"不思"。

《五灯会元》载："愚人除境不忘心，智者忘心不除境。不知心境本如如，触目遇缘无障碍。"这一偈语涵盖了"目前"所含的"不二""不思"二义。《古尊宿语录》卷四载临济慧照禅师的语录更明确地揭示了"不隔"的含义："是什么解说法听法？是你目前历历底，勿一个形段孤明，是这个解说法听法。若如是见得，便与祖佛不别。但一切时中更莫间断，触目皆是。只为情生智隔，想变体殊，所以轮回三界，受种种苦。"不难领会，这段语录就是强调"不二"："目前历历底"，"触目皆是"，即为"解说法听法"者。可见，禅学中的"不隔"义、"目前"义，就是指一切现成的"现量境"和不著思议的"本来境"。"不隔"的标准就是本真近人，即参禅者与大千世界之间通过"直观"而建立起来的直接而透明的心物关系。

2."隔"与佛典汉译评论

"隔"作为翻译评论的一个范畴，源自佛教提倡的超越识与境不能相通的状态，以达到认识真理的目的。钟惺《首楞严经如说序》所说的"证圆通之不隔"，就是要达到智慧与世界之间的通达无碍。这种"不隔"正来自佛家的论述，是从佛学的"理事不二""心物一元""圆融无碍"等思想直接承续而来。移以论翻译，"隔"指译本没有传达出原本的思想实质；"不隔"指译本与原本之间毫无间隔，阅读译本如同阅读原本的效果一样。由于文化语言、译者素质等各种因素，佛典汉译中"隔"的现象时常引起评论者的关注。翻译评论往往借这一概念来指译者在梵、汉两种语言的精晓程度或两种文化的熟悉状况，但更多的时候是指译本与原本之间的对应关系，认为好的翻译与原本之间透明澄彻，没有丝毫隔碍。读者能够通过阅读译本直接了解到原作内容，感受到原作的气氛，便是"不隔"，否则就是"隔"。陈寅恪认为玄奘的翻译达到了这种境界，他说："其忠实输入不改本来面目者，若玄奘唯识之学。"（陈寅恪《冯友兰〈中国哲学史〉审查报告三》）

用"隔"来评论译经，是完全符合翻译原则的。翻译本是对原本的摹写，因此其本质特征就是要恢复原本。如果译者在翻译前没有与原本和谐地统一起来，那么他的译本就难以引起译本读者与原本读者同样的思想理解和审美感受。此外，即使译者对原本的精义与美感已深切地感受到了，然而他在传达时却文不逮意，或语不精工，因而其译本在读者那里也不能产生正确的理解和感受。这两种情况，在阅读理解和审美感受中都会被称作"隔"。因此说，追求"不隔"，应是翻译的高境界。僧叡在《大智度论序》中认为罗什的汉语水平并不高。他说："法师于秦语大格，唯译一往，方言殊好，犹隔而未通。"僧祐《新集安公关中异经录第四·朱士行传》指出初期译经不能传达佛义。他说："初天竺佛朔以汉灵帝时出《道行经》，译人口传或不领，辄抄撮而过，故意义首尾，颇有格（隔）碍。士行尝于洛阳讲《小品》，每叹此经大乘之要，而译理不尽，誓志捐身，远迎《大品》。"导致此类问题，关键在于梵汉差异："然夷夏不同，音韵殊隔，自非精括诂训，领会良难。"慧皎《高僧传·慧远》也指出这一问题。他说："昔安法师在关，请昙摩难提出《阿毗昙心》，其人未善晋言，颇多疑滞。后有罽宾沙门僧伽提婆，博识众典，……既未言面，又文辞殊隔，道心之路不通，得意之缘圮绝。……因译传意，岂其能尽，粗酬来意耳。"彦琮《辩正论》还从文化背景指出这一问题。他说："世人今语，传尚参差。况凡圣殊伦，东西隔域。难之又难，论莫能尽。"

崔致远在《唐大荐福寺故寺主翻经大德法藏和尚传》中用了"传译无间心"一概念。他说：

藏本资西胤，雅善梵言；生寓东华，精详汉字。故初承日照，则高山擅价，后从喜学，则至海腾功。得以备询西宗，增衍东美，拔乎十德之萃，撷其九会之芳。此之谓传译因缘，岂非以无间心，观其真理，尽未来际，不觉其久乎！

从其论述看，"无间心"就是"不隔"。"间"，意谓"隔"。译经者如法藏，梵汉备通，义理纯熟，直达原本精旨，翻译自然"无间心"。

（五）圆

"圆"由一个普通的用语转变为一个评论范畴，与佛学有着密切的关系，同时也是儒家文化和佛学思想共同影响的结果。其中佛学在"圆"升华为审美范畴中起到了决定性的作用，因为佛学比儒家更重圆。佛学的重"圆"意识促使"圆"进入译经评论，由印度佛学的"圆"观念与中国固有的"圆"观念相互融合，产生了中国化的"圆"观念。这些中国化了的"圆"观念在发展原有的梵汉"圆"观念的同时，也在不断地激发和强化着汉地学僧的崇"圆"意识。在这种崇"圆"意识的影响和驱动下，译经评论家们也逐渐地习惯于把中国化了的佛学"圆"术语及其观念，运用于讨论译经实践和评论，并在这种运用中巧妙地将其进行理论提升、改造和转化。在这一过程中，佛典汉译评论"圆"范畴最终产生。

1. 传统与释家的"圆"观念

"圆"在中国所固有的词义中具五种含义：一指天体。这是"圆"最早的含义；二指圆全无缺陷，圆满。王筠《说文解字句读》指出："再言此者，言圆非与方对之圜，乃是圆全无缺陷也。"三为动、转动之意。《易经·系辞》云："蓍之德圆而神"。韩康伯释云："圆者，运而不穷"。四指"相反相成，二元圆合"，即在对立面或两极中求统一和谐，追求圆融和谐之境界的思想。五指多元和合。钱锺书在《谈艺录·说圆》中说："吾国先哲言道体道妙，亦以圆为贵。《易》曰：'蓍之德，圆而神。'皇侃《论语义疏·叙》说《论语》名曰：'伦者，轮也。言此书义旨周备，圆转无穷，如车之轮也。'"可见，传统思想早已重视"圆"的概念。但在佛学传入之前，它既没有成为一个学术范畴，也没有用于翻译评论。

印度佛学"圆"的含义，与中国传统所固有"圆"的含义，大致相同或相通，所不同的是印度佛学的崇圆意识更为强烈，所用的范围也更广，涉及心、物及艺术。圆，梵文为波利（pari），既指圆形，也指圆满、周遍、全面、圆通等。佛学的性空思想本是般若的中心，所以般若性空常常是并提的。而般若境界就是事理不二，圆融无碍。所以刘勰就极为崇尚"般若之绝境"。(《文心雕龙·论说》)唐代戴叔伦《九日送洛阳李丞之任》诗云:"为文通绝境,从宦及良辰。"宋朝陆游《龙门洞》诗云:"绝境岂可名,恨我诗语烦。"都极为欣赏般若无上高超的境界,欣赏佛学说理之精妙,理论之完美的般若思想。由"空"进而引申出"圆"的观念,因为"空"的含义本指放下虚妄执着后,身心完全自由,通达无碍,"知一切法即心自性,六根接触六尘,色声香味触法无一不是佛法"(《心经》),是为"空三昧",亦即圆。圆即圆融,也就是"一即一切"的思想。这本是佛学强调统一融合的理论,如禅宗就主张一切事物中都体现了真如,它显示一切圆融无碍。在修行上佛学也追求"圆成"或"圆满"。佛教精诚求"圆",他们把"圆"作为其理论的核心和一切学说的根本范畴,追求"圆满",崇尚"圆教",倡导"圆融",旨在"圆成",形成了佛学独特的"圆"理论。"以圆为贵""以圆为美"是印度佛学思想的特色。如佛教艺术强调以圆形为基本原则,佛典以"圆"描绘人物相貌特征,《三藏法数》卷四十八,"三十二相"中与"圆"有关的描写。佛典常以"圆"描绘自己崇尚的事物,对于般若智慧,佛经就屡以十五夜满月作比。偏重"圆"的观念,极大地激发了汉地学僧所固有的"圆"观念,促梵汉"圆"观念融合,并引发中国化佛学"圆"观念的产生。

2. 印度佛学"圆"观念的中国化

汉地佛教学者结合印度佛学与中国的"圆"观念以及传统其他的文化内容相融合,创造出一系列新的"圆"术语。如"圆融"一词。《辞源》解释:"圆融,佛教语。破除偏执,圆满融通。"《说文》释"圆"为"圜全也",圜则"天体也",是则圆字之义,是像天一样完全。"融"字早见于《左传》等,《辞源》解释有明亮、溶化、流通长远、和谐等义。圆与融结合,字面含义基本为圆满融通,意谓整体无亏、无滞碍、不偏执、消融一切矛盾、和谐和解。佛学中,圆融更有其特定的深刻意蕴。《佛光大辞典》解释说:"圆融,谓圆满融通,无所障碍。即各事各物皆能保持其原有立场,圆满无缺,而又为完整一体,且能交互融摄,毫无矛盾、冲突。相互隔离,各自成一单元者称隔历;圆融即与隔历互为一种绝对而又相对之对立关系"。可见圆融一词,既没有相对应的梵、巴原语,也不是中国诸子百家古籍中本有的词语,而是中国佛教理论家的创造。中国佛教学者还以类似方式创造出很多与"圆"合成的新术语,诸如圆明、圆成、圆鉴、圆悟、圆妙、圆觉、圆融、圆好、圆应、圆通、圆润、圆道、佛圆、众圆、仪圆、教圆、义圆、意圆、益圆等。

这些新的"圆"术语的产生,为佛典汉译评论提供了丰富的范畴资源。

它们既是梵汉"圆"观念相互融合的产物，更是印度佛学"圆"观念中国化的结果。而这些新产生的中国化的"圆"观念，又潜移默化地影响着汉地学僧的"圆"观念，激发和强化着他们的重"圆"意识，并通过汉地学僧的这种被激发出来的崇"圆"意识的中介，使中国化了的佛学"圆"观念，得以参与到译经理论"圆"范畴的建构中来。

3."圆"观念在佛学著述中的运用

"圆教思想"是印度佛经中原有的思想，"圆教"概念是佛学范畴，是佛学家根据佛法义理的深浅或佛陀说法的先后等，判别佛教学说的理论。旧译《华严经》卷五十五，讲究竟圆满佛教，有为善财童子说圆满因缘修多罗的记载。"圆满因缘修多罗"正是圆教思想的体现，经中还说："知众生根熟，往诣大众所，显现自在力，演说圆满经。无量诸众生，悉授菩提记。""悉授菩提记"完全彰显出圆教思想的意蕴。但是汉地学僧更加重视圆教，他们将诸经典内容体系化，以作教相判释，称究竟圆满之教为圆教。如北魏慧光判立渐、顿、圆三教，将华严经列入圆教。隋代智顗判五时八教，其中化法四教即包括三藏教、通教、别教和圆教；其中圆教之"圆"即不偏而圆满之意。唐代法藏判立小乘教、始教、终教、顿教、圆教等五教，将华严经列入第五之圆教。天台宗的判教，最高的标准是圆教，修行的最高境界也是圆教。所以汉地佛学著述多以"圆"来描绘佛祖，如《大乘义章》《法界次第》等，在描绘佛陀"八十种随形好"时，以"圆"或"圆满"来形容佛祖之美，像"首相妙好，周圆平等"，"面门圆满"，"额广圆满"，"手足指圆"，"膝轮圆满"，"脐深圆好"，"身有圆光"等语句。佛陀的面、额、手、足、膝、脐、身等都用"圆"来描绘。事实上，圆也是中国佛学各门艺术所遵循的形式规律。中国佛教学者创造出了许多新的崇"圆"艺术表现。如中国佛教的雕像艺术也秉承了印度佛教艺术的崇"圆"意识，塑造了许多形象丰满的佛像，并像印度佛学那样用"圆"来称呼与佛教活动有关的事物，如称善根为"圆根"，称修行到最高阶段为"圆成"，称涅槃境界为"圆寂"，称佛陀说法为"圆音"，称供奉佛菩萨的道场为"圆坛"。同时以"圆"的意识创造了许多圆相的内容，如沩仰宗更是以圆相开示学人，传达妙理，所创造的圆相多达九十七种。

4."圆"与佛典汉译评论"圆"范畴的建构

中国化佛学"圆"观念参与佛典汉译评论"圆"范畴的建构方式主要是：其一，佛学尚"圆"意识对译经评论思想的促动。中国化佛学崇尚"圆"的意识带动了佛典汉译评论家对圆的运用。中国佛学受印度佛学的影响，多以"圆"来描述和形容译本的审美特征。钱锺书曾指出："盖自六朝以还，谈艺者于'圆'字已闻之，耳熟而言之口滑矣。"(《谈艺录》)可以说，正是借助于中国化佛学"圆"观念的影响，"圆"术语才得以顺畅地进入佛典汉译评论之中。其二，以提供范畴术语的方式参与译经评论。中国化佛学"圆"观念，为佛典汉译评论提供的"圆"范畴术语，借用佛学"圆"范畴术语全面地评论译本和建构理论。有的直接用来评论译本，有的涉及翻译文体，有的涉及佛经阅读鉴赏。他们所用的"圆"术语主要有"圆览""圆鉴""圆通""事圆""理圆""圆合""圆该""圆照"等。这些"圆"术语，有的直接来自印度佛典，但已被中国佛学所吸收和使用，有的则直接由中国佛学提供译经评论"圆"范畴术语，如"圆成"与"意圆"等。其三，以提供"圆"范畴内涵的方式建构译经评论，即吸收其思想内涵（基础语义），参与到译论"圆"范畴的建构之中。因为翻译评论"圆"范畴的具体内涵毕竟不可能完全照搬佛学，它要有自己适应翻译性质的特定内涵。译经评论家通过这种方式，利用中国化佛学"圆"范畴的基础义创造新的译论"圆"范畴术语，使其包含了极为丰富的美学内涵。如以圆转无穷看待译经技巧，以圆美流转作为审美理想。而作为方法论，圆又有两层含义：一是不持一偏之见，能融合对立的观点，执两端而用其中；二是不拘泥于一定之见，圆活地看到事物有无相生，相反相成，能以空灵无碍的态度对待一切。这两层含义同出圆道，既有联系，又有区别。

圆，作为佛教哲学命题，是佛教的全部学说中心，也表现出佛教对智慧的追求与价值观念。各宗派在判教时也总是将本宗的教义定为圆教，表明其高明，圆满。如中观派的思维方法以其不断否定为特色，看似没有着落，实则是求"圆"。因为这种不断否定本身就是在追求圆满，这种不断否定的哲学对于翻译艺术和技巧中也有积极意义。唯识宗从认识论上将人的认识分为三个层次，即"三性"说，最低一层是"遍计所执性"，中间一层是"依他起性"，最高境界是"圆成实性"。"圆成"的境界是佛学崇尚的最高境界。天台宗人的思想以及他们所遵奉的教义是"圆"教。天台宗论"圆"，涵盖智慧、修养、境界、思维方法四个方面（标准、智慧、修养、方法），从教理、智断、行位、因果四对八圆，建立其教义。到了美学层面上，圆又在"圆满"、至美（无憾）的意义上使用，这又是佛学所追求的终极境界。

5."圆"与佛典汉译实践及评论

"圆"观念在译经及评论中应用广泛。中国化佛学"圆"范畴为译经评论"圆"范畴的建构所提供的基础语义，主要体现于"圆满无缺""圆活流转""圆通无阻"三义，这三义涉及翻译的忠实、流畅和表达技巧。

（1）圆满无缺

这一含义是梵汉结合的体现，在印度佛典中早有"圆满"一词，中国化佛学的"圆"观念也保留了这一含义。天台宗经典《辅行》谓："圆者全也……即圆全无缺也。"《四教仪》谓："圆以不偏为义。"佛教"圆融"思想到了译经家们那里，转化成翻译与译本评论的"圆满""圆妙""圆成"等概念，用来强调译本的完美境界。这一境界，就是圆满成就，不欠不余。为此，评论者汲取"圆"的基础语义，提出"理圆""意圆""义圆"等概念。

翻译要达到"理圆"的境界，这是翻译的本质所决定的。钟惺《首楞严经如说序》强调译者需"证圆通之不隔"。佛学强调对义理深层的理解与感知，以对真实本体的把握为旨归，这就是"妙悟圆觉"。因此译家既须注意把握文字层面的意蕴，又应避免语言文字容易造成的限制和束缚而直达原义，做到畅达而不滞碍。翻译作为原本的再现，忠实原本成为译者的最高境界。译者不能脱离原本而谈语言形式。这便是译经评论中的"理圆""意圆"，是再现原本内容的圆满。"理圆"是就译文在传达再现原本事理情感及意蕴的发掘和穷尽的程度而言，指译本所传达原本的义理完满无缺，忠实准确，译本表达的圆满无缺，不悖原本之理，也不碍原本之理。失去原本义理，就不能称为翻译艺术中的"理圆"，更达不到神理之圆的境界。所以圆融时期的翻译评论，十分重视翻译的忠实性。如道宣《昙无德部四分律补随机羯磨序》中强调翻译必须："当随顺文句，勿令增减，违法毗尼。"译本与原本之间毫无滞碍，阅读译本如同阅读原本，原本与译本的精神实质，语言条理一致，二者相互摄入。单就译本来说，言与意达到高度的统一，圆融无碍，不存在丝毫词不达意的情形。

忠实作为翻译境界的最高追求，是指译本的标准与达到的境界，以其圆满无缺没有遗憾而使人感到审美满足。智素说的"圆中妙理"（《成唯识论序》），唐代宗说的"义了宗极，伊成字圆"（《般若经序》），阙名所说的"寄圆珠以谈理"（《般若灯论序》），僧祐说前期翻译"终隔圆通"，都是对翻译中"圆"的认同和追求。综观佛典翻译评论，"圆"的思想受到众多评论者重视：

> 自大法东被，始于汉明，历涉魏晋，经论渐多，而支竺所出，多滞文格义。……（什）转能晋言，音译流利，既览旧经义多乖谬，皆由先译失旨，不与胡本相应，于是兴使沙门僧肇等八百余人咨受什旨，更令出《大品》，什持胡本，兴持旧经，以相雠校。其新文异

旧者，义皆圆通，众心惬服，莫不欣赞焉。（僧祐《出三藏记集·鸠摩罗什传第一》）

顷亡命什译出经藏，什曰：夫弘宣法教，宜令文义圆通，贫道虽诵其文，未善其理，唯佛陀耶舍深达经致，今在姑藏，愿下诏征之。……于时罗什出《十住经》，一月余日，疑难犹豫，尚未操笔，耶舍既至，共相征决，辞理方定，道俗三千余人，皆叹其赏要。（僧祐《出三藏记集·佛陀耶舍传第二》）

夫象以尽意，得意则象忘；言以寄理，入理则言息。自经典东流，译人重阻，多守滞文，鲜见圆义，若忘筌取鱼，则可与言道矣。（僧祐《出三藏记集·道生法师传第四》）

谛云：吾早值子，缀缉经论，结是前翻，不应少欠。今译两论，词理圆备，吾无恨矣。（道宣《续高僧传序》）

"圆"的概念影响于后世，促使翻译评论者以"圆"论译，如凡木在《周易西行》一文中评价《周易》德、英译本时写道：

我们展开这德译本一看，起初是目迷五色，渐乃觉其鸿博高深。起初得稍检定其所用之名象，而不立刻立异，待稍稍惯熟其名言体制，然后可以无违。若读过易经的人，要立异是随处可拾，但那不是同情的了解法。倘开卷便以为不然，则这译本没有法子读下去。我们只好虚心求之，看西人于此如何解说，研究到什么程度。字义句义，在译文总有不能圆到的地方。昔严几道立三原则，曰"信、达、雅"。不"信"何足以为译述呢？"达"是基本条件，"雅"则不免掺入译者的主观。平心论之，只有求其精到，圆明，圆到两字乃翻译要诀。可是，因为语文的整个构造不同，随处是无法表出的名词和意思，如"道"之一字，德文译为 Sinn，颇觉欠圆满，但舍此无他字好用，英译率性存音，翻曰 Tao，好得多了。但亦只是常看华文译本的人可以了解。"礼"字在德文译曰 sitte，已属不能涵括，英文只好用 mores 一字，皆是无他字可用。卫氏译《礼记》时，又只好从音，翻曰 Li，这限制我们无法脱出，在翻译任何文字为然，研究到了一极限，而不能出之圆满，则已无谬误可言了。精神病学家庸氏于1949 年替英译本作序说："我们不知道卫礼贤的译文是否正确……"在我辈中国读者看来，实已是正确了。凡在不圆满之处，因为不得不徇语文构造及思想方式而通融，则不得谓之谬误。但原文既如此艰深，在我们多有解不透的地方，倘有较佳之说，只好存之待加补正。谁是最后的易学权威呢？当代没有权威，只好折衷于通说。

文中所用"圆到""圆明""圆满"等概念即是承用佛经翻译评论。作者认为"圆到"即是"字义句义"的正确，又因为"只有求其精到圆明，圆到两字乃翻译要诀"。但因为"语文的整个构造不同"，而"凡在不圆满之处，因为不得不循语文构造及思想方式而通融，则不得谓之谬误"。这正是既求意义忠实，又不完全拘泥语言形式的"圆融"观。

由于很多佛教经典特别是偈颂和大乘经典文学意味十足，使得佛学的理、义包裹在文学意趣之中。译者如果忽略了它的审美趣味，就不能称为翻译中的"理圆"。正如罗什所言："改梵为秦，失其藻蔚，虽得大意，殊隔文体，有似嚼饭与人，非徒失味，乃令呕哕也。"（慧皎《高僧传》）表明理（义）之于文藻、宫商体韵、歌咏、词法，如水中盐、花中蜜，体匿性存，不落迹象，是艺术的精妙之处。译者需洞幽烛微，需要在"穷形""穷理"中达到神理之圆的境界。所谓"词理具足，不欠不余"，就是指译本传达原本词理俱佳，无增无减。翻译艺术的纯熟、圆满和高境界根植于对原作理解的"圆融"，竺道生曾说："自经典东流，译人重阻，多守滞文，鲜见圆义，若忘筌取鱼，则可与言道矣。"就是批评先期译经没有忠实传达出原文意旨。僧祐《出三藏记集》说鸠摩罗什译经"义皆圆通"，是说罗什的翻译义理准确。罗什自己也说翻译"宜令文义圆通"。说明译者理解原作，传达原作思想内容的重要性。禅家崇尚"妙悟圆觉"，就是要求避免语言文字容易造成的限制和束缚，是对"言不尽意，得意忘言"理论的进一步发展，是对经文理解的更高要求。

（2）圆活流转

圆活流转作为翻译的流畅性，意为圆融、圆通，交彻无碍。评论者将圆作为译文语言表达的最高追求，提出语圆、字圆和句圆。其中的"圆"的基础义都是"圆满"和"圆满无缺"之意，都是在佛学"圆"的"圆满无缺"的基本义的基础上创造出来的。"语圆"就是指文句圆满、自然流畅、无艰涩之病。"字圆"即每一个译文用字都极为妥帖，犹如串珠颗粒无疵，滚圆浑成，无可挑剔。"句圆"即指整个译本的用语风格统一，流通畅达，婉转自如，也就是指译文句子圆满无缺，无论是原本语意的表达，还是译本造句本身，都比较充分和完美，达到了令人满意的程度。灌顶《妙法莲华经玄义序》说："夫绝理偏圆，寄圆珠而谈理。"所谓"圆珠"即指译笔的圆熟，也常常体现于一种出神入化的语字、语境和情境。译本语言的

"圆"，就是强调译本从选字措辞到篇章构成的浑成自然，语句自然，极圆极稳，读者上口，自然流畅。若一字不圆，便有隔碍，译文松散无力，这需要译者精心修辞造语。钱锺书也说："乃知'圆'者，词意周妥、完善无缺之谓，非仅音节调顺、字句光致而已。"（《谈艺录》）是对"圆"概念的准确概括。但就译本语言（形式）而言，这种"圆"又不能太着痕迹，因而又有论者提出"空圆"的概念作为标准观，意谓翻译技巧上达到一种圆满无缺、出神入化、不露斧凿之迹的境界。

译文用词造句的圆满即表达圆，表达完美，自然畅达，化用了佛学"圆"的"圆满无缺"。表达圆，即译本本身在思想和审美上是一个独立的系统，译者遣词着色，不囿于原本笔法技巧，出意入神，流转圆美，而又圆满地传达原文意旨，再现原文风格面貌。汉语言文字注重用笔，讲究笔法、笔致，追求圆活、圆融、圆成的艺术效果。各家从不同角度阐发了运笔中圆的艺术准则，如"落笔要面面圆，字字圆"（何子贞《与汪菊士论诗》）；"但须一落笔圆，通首皆圆"；"古人用笔，说一面而面面俱到……分之随处皆圆，合之全体一理"（杨廷之《二十四诗品浅解》）。"笔圆下乘，意圆中乘，神圆上乘"（周颐《蕙风词话》），这是对词语意象审美效应的强调。但实际上，"笔圆"与"意圆""神圆"是不可分割的，没有"笔圆"，就没有"意圆""神圆"。"意圆""神圆"总是寓于"笔圆"之中，构成不同审美层次。刘大櫆在其《论文偶记》中一方面强调"行文之道，神为主，气辅之"，同时又指出："神气者，文之最精处也；音节者，文之稍粗处也；字句者，文之最粗处也。然余谓论文而至于字句，则文之能事尽矣。盖音节者，神气之迹也；字句者，音节之矩也。神气不可见，于音节见之；音节无可准，以字句准之。""故音节为神气之迹……故字句为音节之矩。积字成句，积句成章，积章成篇，合而读之，音节见矣；歌而咏之，神气出矣。"刘大櫆把落脚点放在音节、字句上，使"神气"不再是捉摸不定的，而是可以通过"音节""字句"的锤炼来练就的。"笔圆"，既表现为技巧的娴熟圆融，也常常体现于一种出神入化的词语、语境和情境，达到"穷理""穷形"的境界。姜耕玉在《中国艺术创造"三圆"论》中指出汉语的字词结构繁复多变，美学意蕴深厚，使下字造语有着很大的潜力。严羽提出"下字贵响，造语贵圆"，要求"无字不圆，无句不圆"（《沧浪诗话》）。字圆、句圆，主要是指字、句在特定的语境中形成的审美效应，是译者在词语组合中，运用各种修辞手段，灵活组词造句，使读者从译本字词组合的语义氛围中体味到字的妙处，从充满意趣和情韵境界中获得字圆和句圆的感受。

翻译贵在技巧和方法的圆熟。评论中"圆融"说的提出，直接指导译者对文质的处理，评论的最高标准指向也是"圆融"，这就使得佛经翻译艺术，包括评论本身，也最终达到完美的境界。那就是，在处理翻译艺术中一切矛盾对立关系时，都应这样讲求圆通。对于文质，不可滞，不可执，而应该坚持文质互用，不文不质，亦文亦质，这正是脱胎于中观派常说的"非有非无，亦有亦无"表达方式。"圆"是艺术技巧上达到的一种圆满无缺的境界，无滞无碍，是一种出神入化的圆满境界。这就是玄奘的翻译技巧："直译意译，圆满调和。"（梁启超《翻译文学与佛典》）

（3）圆通无碍

中国化佛学宗派华严宗、天台宗和禅宗以圆作为思维与认识方法，以般若关照诸法，运用"非有非无，亦有亦无"的原则，注重圆通无碍，强调圆融和圆通，破除偏见和执着，主张一切事物等无差别，相互统一，圆融一体。天台宗的"三谛圆融"（真、假、中）所表达的意趣就是："如来不在此岸，不在彼岸，不在中流"之意，就是说，连中谛（中流）也不执着，中谛与真、俗二谛之间均是通融的。这种圆融的认识方法，是一种毫无挂碍之美。用于翻译艺术，作为整体思维观照翻译，强调译本整体结构的有机完整而不可分割。因为圆通无碍既有中国传统"圆"的动、转动之意，更有印度佛学"圆"的整体含义。译经评论家直接汲取这一意义，用"圆活""圆融"评论翻译。要求译经方法灵活无碍，不要固守成规。"圆活""圆融"的翻译方法灵活无执，谨守中道，既圆活地处理"文"与"质""直译"与"意译""异化"与"归化"等一切对立概念，同时又是忠于原文的直译的极高准则和所达到的最佳境界。如在处理言与意的关系时，成时《灵峰蕅益大师宗论序》说："勿离文字而说解脱，勿即文字而忘真月，但因是见谛则离即双超。圆契自心则不杂，圆收万法则不执，圆说圆泯则不迹。"这种"离即双超"的思想即是不即不离的语言观，是翻译艺术和技巧手法的灵活多样性体现。

佛典汉译评论家把"圆"这一含义用于译经评论时，还将其转化为一种思维方式，用它来阐发翻译中的"文"与"质"之间的圆融无碍关系，强调文质互用，犹如项穆《书法雅言》所说："圆为规象天，方为矩象地，方圆互用，犹阴阳互藏，所以用笔贵圆，字形贵方。"文与质都是佛经汉译中重要的方法，二者虽然各有具体含义和适用范围，分别代表了翻译中的不同且相反的方法，但它们之间又是既互补、互用，圆融统一，又均衡互摄的关系。译本中的文（"圆"）因素与质（"方"）因素，应始终在这一意义上圆融均衡地统一起来。这种"圆活""圆通"论是对翻译艺术整体的认识观。道生曾指出前人译经"多守滞文，鲜见圆义"，其理论根据就是"顿悟"。即"理不可分，悟语极照。以不二之悟，符不分之理"。（慧达《肇论疏》）"理不可分"即表明佛理是一个完整的统一体，因此对它的把握也应当以"体用不二"的思维方式。圆活圆通观，与译经中的文质的统一，异化归化的融合，译本的传神、氛围、韵味、意境以及翻译评论的全面观察和分析紧密相联。刘勰正是以大乘佛学的思维，以辩证圆通的思想方式表达了他对文质的观点："夫篇章杂沓，质文交加，知多偏好，人莫圆该。"并在《文心雕龙·附会》中指出结构文章总的要求是"夫才童学文，宜正体制。必以情志为神明，事义为骨髓，辞采为肌肤，宫商为声气，然后品藻元黄，摛振金玉，献可替否，以裁厥中"，认为好文章应该内容、形式具佳。反映出他思维的缜密与周全以及他把文章当作一个整体来看待的全局意识。这段话与慧远在《三法度论序》中说的"或文过其意，或理胜其辞，以此考彼，殆兼先典。后来贤哲，若能参通晋胡，善译方言，幸复详其大归，以裁厥中焉"观点十分一致，都是主张"厥中"。对于翻译艺术而言，译者要准确领悟原本，实际上就是要把握其思想、词句、神韵、风骨、气势、情调等因素，而这些因素都是整体性质的。译者对它的理解往往是浑整朦胧式的，再现给译文读者，也必须为其提供一个氛围整体，使译本也是一个完整的统一体。佛学"一心三观"的"圆通"观念，可以启示译者完美地展现原本的统一性，灵活运用各种方法，不应片面地求质求文。佛学追求"圆满"，并不依赖某一单一的评论准则，而是把各种因素统一起来作为翻译评论的标准。在这种评论的引导和规范下，翻译自然将"圆满"作为最终的追求目标。

（六）妙

"妙"在汉文化语境中为神妙、深微之意。《老子》云："故常无欲以观其妙。"《宋史·岳飞传》载："运用之妙，存乎一心。"也表善、美好。《庄子·寓言》："九年而大妙。"佛教史载智者大师阐述《妙法莲华经》之"妙"字，用了三个月时间（九旬），阐发"妙"字的十种含义，表达其三十种不思议圆融论理，故有"九旬谈妙"之说。

1."妙"的意味

"妙"在梵语中为萨（sa）或苏（su），是佛典中使用频率极高的概念，有美、好、华等意义，但又超越这些意义。《梵语杂名》云："妙，曼乳。"《秘藏记末》云："苏者，妙也。"如《法华经》形容音乐之美："清风时发，出五音声。微妙宫商，自然相和。"灌顶《妙法莲华经玄义序》说："所言妙者，妙名不可思议也。"是说"妙"在佛书中指一种极高的境界，难以言传。

智顗《法华经玄义》说："妙者，褒美不可思议之法也。"所谓"褒美"，即明确肯定系审美范畴。妙含盖了"美"但又高于"美"，所以佛教美学少用"美"字而多用"妙"。吉藏《三论玄义》说："释僧肇云：每读《老子》《庄子》之书，因而叹曰：'美则美矣，然栖神冥累之方，犹未尽也。'"表明佛学言美所肯定的对象是有限度的，即只限于对未臻于佛境之事理的审美肯定。吉藏还引用了罗什之言说："老庄入玄，故应易惑耳目，凡夫之智、孟浪之言，言之似极，而未始诣也，推之似尽，而未谁至也。"也表明佛学之与传统思想的美是有区别的。因为佛学追求的是"越俗之美"（僧肇《答刘遗民书》）在不少情况下妙与"美"或"微"二字也常连用，如"若成就口戒，得佛六十种无碍清净美妙音声。"（《月灯三昧经》）"广多美妙言"（《大毗卢遮那成佛神变加持经》）。据此，妙既是审美范畴，也是不可思议的最高境界，所以它既涵盖了美的意义，又高于美。佛籍中有很多与"妙"构成的概念，如佛学构筑的清净安乐之地或极乐世界"妙土"（亦"净土"）；大乘空宗认为客观世界的各种现象（名、相）不过是人心寄托的无中之有"妙有"；佛教经典称"妙典"，以其说法微妙；形容佛寺所用香料特妙的香气"妙香"；敏慧善悟之"妙悟"以及形容美好的"妙华"等。

2. 佛典汉译评论中的"妙"

佛典汉译评论援引佛学的"妙"字，既出于对佛理"妙"的神秘性和不可思议性的崇拜，也意在强调其标准和境界的完美，如《僧伽罗刹集经后记》（作者未详）称道安、赵政"研复理趣，每存妙尽"，就是说他们的翻译已臻于"化境"。"妙"又指深微、神妙之意，这就是佛学中的"极妙穷玄"。译经评论借此指翻译艺术的超拔高绝以及思想内容、译笔等的圆熟等意。"妙"作为翻译评论中特定的范畴，自道安始，始终是人们乐于运用和接受的，因为它涵盖着丰富的意蕴，具有标准意义上较高的容纳性。

　　斯经似安世高译为晋言也，言古文悉，义妙理婉，睹其幽堂之美，阙庭之富者或寡矣。安每揽其文，欲罢不能。所乐而玩者，三观之妙也；所思而在者，想灭之辞也。（道安《人本欲生经序》）

　　安公云："护公所出，若审得此公手目，纲领必正，凡所译经，虽不辩妙婉显，而宏达欣畅，特善无生，依慧不文，朴则近本。"（慧皎《高僧传序》）

　　将令乘蹄以得兔，借指以知月。知月则废指，得兔则忘蹄。经云："依义莫依语。"此之谓也。而滞教者谓至道极于篇章，存形式者谓法身定于丈六。故须穷达幽旨，妙得言外，四辩庄严，为人广说，

示教利喜，其在法师乎！（慧皎《高僧传·僧肇传》）

法师既妙解声论，善识方言，词有以而必彰，义无微而不畅，席间函丈，终朝靡息，恺谨笔受，随出随书，一章一句，备尽研核。释义若竟，方乃著文，然翻译事殊难，不可存于华绮；若一字参差，则理趣胡越，乃可质而得义，不可使文而失旨，故今所译，文质相半。（慧恺《摄大乘论释十五卷序》）

琮久参传译，妙体梵文。此土群师，皆宗鸟迹，至于音字诂训，罕得相符。乃著《辩证论》，以垂翻译之式。（道宣《唐京师大慈恩寺释玄奘传》）

其通言华梵，妙达文荃，扬道国风，开悟邪正，莫高于奘矣。（道宣《唐京师大慈恩寺释玄奘传》）

后秦童寿，时称僧杰，善披文意，妙显经心，会达言方，风骨流变，宏衍于世，不亏传述。（道宣《续高僧传》）

法师妙穷梵学，式瓒深经，览文如已，转音犹响。敬顺圣旨，不加文饰。方言不通，梵语无译，务存陶冶，取正典谟，推而考之，恐乖实矣。（辩机《大唐西域记·记赞》）

良由房相运笔，文字入妙。（高珩《楞严经贯摄序》）

佛教"妙"的范畴在各宗中都尊佛陀所说为最妙、最高、最智慧、最究竟也最难为凡夫所知。不仅文字无法直接阐述，其深意也无法为凡夫所体会与参照。所以《法华游意》称："妙，是精微深远之称。"《大日经疏》云："妙，名更无等比，更无过上义。"《法华玄赞》云："萨者，正妙之义。"佛教讲"真空妙有"，更讲"妙境"，就是佛的境界，就是圆满的境界。以"妙"评译，实际上是追求译本的最高境界。严羽"以禅喻诗"，其《沧浪诗话》论唐诗说："禅家者流，乘有大小，宗有南北，道有邪正。学者须从最上乘，具正法眼，悟第一义。若小乘禅，声闻、辟支果，皆非正也。论诗如论禅，汉魏晋与盛唐之诗则第一义也。大历以还之诗，则小乘禅也，已落第二义矣。晚唐之诗，则声闻、辟支果也。"认为诗作的最高境界应该是"最上乘""第一义"。

（七）和

华夏文化思想崇尚以"和"为贵，以"和"为美的思维传统。"和"成为最古老、最传统、最有中国特质的美学范畴之一，成为中华文化的审美之魂，是中国古典的审美理想和中国传统文化精神的荟萃。"和"的实质是基于人生的需要，使审美对象的各要素相互谐调，交融渗透，形成一种趋向完美的境界。张皓在《中国美学范畴与传统文化》中指出："和"的概念由基于生理上的谐调，进而合于逻辑上的适度，包含伦理上的中庸，蕴含哲理上的中和，赋予心理上的和悦，表现为和谐之美。

1. 传统文化与"和"

"和"的最基本含义是谐调适中，不偏不倚，刚柔相济。在《尚书·舜典》中已记载了上古关于诗乐的见解，书中载："直而温，宽而栗，刚而无虐，简而无傲。诗言志，歌永言，声依永，律和声。八音克谐，无相夺伦，神人以和。"意谓各种要素都处于一种"和"的状态。其中"直而温""宽而栗"等思想常引以为翻译评论中的和谐要求。传统思想中"和"还常与"中"连用，配合互补，相得益彰，完整地表达出传统不偏不倚的文化意蕴。《论语·尧曰》提出"允执其中"的命题，刘宝楠正义云："执中者，谓执中道用之。""中"即指适中合度的哲理概念，中道即正道。荀子在《乐论》中还提出"中和"概念，他说："乐者，天下之大齐也，中和之纪也。""中和"之美用于艺术，即指艺术诸因素配合得适调合度的美。因此，传统思想中的"和"又具有统摄其他审美范畴的性质。如言意、文质、意境、形神等这些范畴无不与中和之美有关。事实上，这也是翻译评论中佛学思想与传统思想相融合的基础。

"和"的含义非常丰富，也极富张力。但在字源学上有两个基本含义，一表示饮食的调和，一表示音乐的和谐。这也是基于人生的两种需要。先秦典籍提到的"和"，也首先是指饮食之和与音乐之和。二者之所以能够相通，都基于人生和美的本能，因为二者从物质与精神两个方面满足了人生的本能需求，并趋向完美的生命结构。所以《国语·郑语》说："和五味以调口"，"和六律以聪耳"。味感与声乐感的和谐所体现出的共同的美感，最初为人们发现，并逐步发展为抽象意义上的和概念。《礼记·郊特牲》说："阴阳和而万物得。"意谓万物各得其所是阴阳平衡而致的宇宙之和。《周易》已提出以"和"为悦美，为吉祥。并进而将心中之悦推演为天下和平，具有伦理与哲理意义。

至儒、道二家，都以"和"为美，分别从人和与天和两个视角关照审美。儒家学说讲"中和""中庸""中道""折中"，偏重于现实的人伦之和。《论语》说："礼之用，和为贵。"孟子提出："天时不如地利，地利不如人和"。力图通过人为的礼乐调和差别，追求和谐，要求达到整体平衡，天人合一的境界。"致中和，天地位焉，万物育焉"（《礼记·中庸》），认为宇宙人事万物虽纷纭万状，通过礼乐，使社会实现中和，处于和谐的统一体中。所谓"大乐与天地同和，大礼与天地同节"（《乐记》），人事间的尊卑地位正如天尊地卑，各阶层间的关系有如宫商角微羽。道家讲"齐一"，尚"同和"，崇"自然"，倾向于心灵之和，追求一种无差别、无矛盾的大自然的和谐，并认为"和"是"道"本身的特性，宇宙万物原本是一个不分的自然整体，它是混沌和谐的整体，是虚静无为的境界，所以返朴归真的自然之美是"大美"。庄子认为"乐以道和"（《庄子·天下》），"莫若和"（《人间世》）。他在《知北游》中提出"天和"概念："朴素而天下莫能与之争美。……所以均调天下，与人和者也。与人和者，谓之人乐。与天和者，谓之天乐。"（《天道》）在庄子哲学中，天籁高于人籁，天道高于人道，因此天和高于人和。道家旨在通过忘我忘物（坐忘）的办法，在自我心灵上取消差别，达到与天地同和的境界。"天地有大美而不言""大音希声""大象无形"（庄子《知北游》）。

儒道两家追求的"和"，其途径、立场和实际内容不尽相同。儒家追求事物差别、人为等级之间的和谐，要求各安其分，各守其位。庄子讲"率性"，儒家那里，也有"天命之谓性，率性之谓道"的观点，只不过儒家的"率性"不是回到自然的天性，而是"修道之谓教"，要通过"正心""诚意"以达到"率性"的大智之境。但无论天和还是人和，本质上都是人心之和，因为道家的哲学最终关注的还是人生。儒家虽重人事，但也说："致中和，天地位焉，万物育焉。"这也是属于"自然""和谐"的观念。所以儒道之间是一种相辅相成的互补关系。可见，追求"自然"而又"和谐"之美，是儒、道两家共同的美学观念和审美意识。《淮南子》是西汉皇族淮南王刘安及其门客集体编写的哲学著作，糅合了儒道二家和阴阳、墨、法思想，既强调老庄"自然"，又融会儒家人性观念。《原道训》中提出"因天地之自然"和"万物固以自然"，认为世界万物不假人为雕饰，也不是靠主观任意创造，纯属自然之美。此乃庄子之"大美"，《淮南子》称之为"大巧"，认为"神明"就是一种造化万物的自然力量，也就是道，不是人力所能做得到的。因此审美主体要从主观上泯灭美丑的差别，而进入无美无丑的"玄同"境界。这种客观存在的美也就是自然之美，其特性主要表现为"率性"和"素朴"（《齐俗训》）。

2."和"与佛典汉译评论

"和"在佛学中即"和合"，是佛教理论中极为重视的概念，如《大乘百法明门论疏》云："众缘聚会，名为和合。"以论翻译，"和合"意指成熟的翻译境界。这种境界即是指译文的文与质调和得当，原文思想内容与译文语言形式融洽统一。梁启超称玄奘"直译意译，圆满调和"；吕澂《慈恩宗》赞扬玄奘之译"洽洽调和"。这种意义上的范畴还有洽、和、合符、潜洽、融洽、融、中和、一味和合、水乳和合等等。如道宣《续高僧传序》就批评前代之译经"文相未融"。僧肇《百论序》说："有天竺沙门鸠摩罗什，器量渊弘，俊神超邈，钻仰累年，转不可测。常味咏斯论，以为心要。先虽亲译，而方言未融，至今思寻者踟躇于谬文，标位者乖忤于归致。"阇那崛多、达摩笈多《佛说药师如来本愿经序》指出："以梵宋不融，文辞杂糅，致令转读之辈多生疑惑。矩早学梵书，恒披叶典，思遇此经，验其纰缪。"赞宁《译经篇·论》认为圆照译经，"使水乳无乖，一味和合"。梁启超《翻译文学与佛典》指出佛典汉译正是沿着"和"的方向，协调文质，使译经臻于成熟。他指出：

> 翻译文体之讨论，则直译意译之得失，实为焦点。其在启蒙时代，语义两未娴洽，依文转写而已。若此者，吾名之为未熟的直译。稍进，则顺俗晓畅，以期弘通；而于原文是否吻合，不甚厝意。若此者，吾名之为未熟的意译。然初期译本尚希，饥不择食；凡有出品，咸受欢迎。文体得失，未成为学界问题也。及兹业渐盛，新本日出，玉石混淆。于是求真之念骤炽，而尊尚直译之论起。然而矫枉太过，诘鞠为病；复生反动，则意译论转昌。卒乃两者调和，而中外醇化之新文体出焉。此殆凡治译事者所例经之阶级，而佛典文学之发达，亦其显证也。

蒋百里对佛典汉译事业及其评论的发展也持这种看法。他说：

> 历史上翻译事业之进步，亦若有一定之行程焉。大约发轫时代必为佶屈之短篇文字，此殆小社会感于必要而后起也。由短篇之直译，进而为长篇之意译，是为一进步。盖初则仅限于少数人，继乃进求扩充，有外延及于群众之势也。此时之译必其文顺而旨乖者多。反动继之，乃再尊重直译，是为又一进步。盖昔仅求其义之通，今则求真之念切，外延事业乃转而至于内敛也。由此时代更进一步，则并意译、直译之名词而消之，而译事乃告大成。（《欧洲文艺复兴时代翻译事业之先例》）

当然，佛经翻译在实践上从古译到旧译直至新译，都很难说是意译和直译融合的发展历程，评论上的进步更不是这种机械式的演进和循环。

不过他们看到了"和"在佛经翻译中的作用。

(八) 真

"真"的语义学含义即真实，与虚假相对。《汉书·宣帝纪·黄龙元年诏》云："使真伪莫相乱。""真"在哲学认识论中指真理，是主观与客观相符合的哲学范畴，是人们对于客观事物及其规律的正确反映。"真"反映的既然是客观规律，它便是要遵循的。而美也应该与有关规律相适应，因为任何审美对象如要取得一定的审美属性，就必须符合一定的规律。因此"真"从哲学进入美学，成为美的基础，无论是自然美，还是社会美，或是艺术美，它们之所以美，其中一个重要的因素就在于没有离开真，更没有违背真。

1. 中印文化的求真传统

求真是人类的共同追求，因此中印文化对"真"的重视和愿望都是一致的。汉文化中，儒道思想奠定了华夏求真精神。儒家以"诚"为"真"，在语言领域提出"修辞立诚"，重点在人的天赋本性，并将"情"的本义也界定为"真"。《乐记》提出"唯乐不可以为伪"。道家求"真"，是表述主客世界的本质、本相、本色一种自然而又真实的状态。《庄子·马蹄》说"真性，本性"，意谓"真"即本、原、本性，与虚伪相对。庄子说"真在内者，神动于外"。《庄子·渔父》中说："真者，精诚之至也，不精不诚，不能动人。"成为后人语言及其他艺术活动的至高法则。吕澂在《印度佛学源流略讲》一书中说："佛学对象的中心范畴是'真实'（或称'真实性''真性）。"《瑜伽师地论·菩萨地真实品》分别以二分法和四分法界定"真"。二分法：一为"依如所有性诸法真实性"，指一切现象普遍共具的真常不变的体性，即如、真如、实相。二为"依尽所有性诸法一切性"，指一切现象一一各具的一切性质、相状、力用、关系等。四分法：一为"世间极成真实"，指世间凡夫众生共认的真实，极成，为共认、共许义。二为"道理极成真实"，指贯串于事物中的固有法则。三为"烦恼障尽智所行真实"，指圣者所证知的诸法无我之真实。四为"所知障尽智所行真实"，指依大乘圆满智慧所证知的真实。由此佛学围绕"真"建立了系统的范畴，如真如、真我、真心、真色、真空、真言、真性、真理、真谛、真观、真实等，并将真视为本质，视为理念，视为真相或真理，并有内在的真实与外在的真实等区分，这些不同的理解反映出佛学对真的追求和深入的探索。

儒释道学说对"真"的论述虽然都不很全面，意思也各有偏重，含义也不尽相同，但都强调世界的真，人心的真，重视艺术和语言作品的真实，并深深地影响了后世。"千古文章，传真不传伪"，是历代学人追求的真实写照。东汉哲学家王充主张"疾虚妄""务诚实"，肯定"真美"，反对"虚美"。他之所以用毕生精力来撰写《论衡》，就是为了伸张"真实"，批评充斥文坛的"华伪"之作。他说："是故《论衡》之作造也，起众书并失实，虚妄之言胜真美也。故虚妄之语不黜，则华文不见息；华文放流，则实事不见用。"南齐谢赫说："纤细过度，翻更失真。"(《古画品录》)他认为过分地注意细微的表面描写，反而会使艺术形象不真实。初唐史家刘知几提出写"真史"的概念(《史通》)。沈德潜《说诗晬语》主张写"真诗"。梅曾亮反对文学"失真"，要求"文之真者"(《太乙舟山房文集序》)。况周颐《蕙风诗话》要求写"真词"，认为"真字是词骨"。刘熙载《艺概》云："诗宁可数年不作，不可一作不真。"北宋张耒反对没有真情实感的"伪诗"，认为诗都是"感于物""动于情"的，只有具有真诚的而不是虚假的感受，才能写出感动人的好诗来。"故人之于诗，不感于物，不动于情而作者，盖寡矣。"(《上文潞公献所著诗书》)王若虚认为作品是表现"哀乐之真情"，"夫文章唯求真是而已"，认为创作"贵不失真"，"不失本"。"何谓本，诚是也。……由心而诚，由诚而言，由言而诗也。"(《文辨》)李贽认为作品不能根本上离开了现实的真实，不然其感人的力量最多也"只可达于皮肤骨血之间"，不可能动人肺腑(《杂说》)。刘勰标举的"六义"更有代表性："一则情深而不诡，二则风清而不杂，三则事信而不诞，四则义直而不回，五则体约而不芜，六则文丽而不淫。"这"六义"可以归结为一个"真"字。这些对"真"的追求确定了"真"在美学领域不可取代的地位。

2. 佛典汉译的"求真之念"

对严格意义上的翻译的忠实性追求，是佛教翻译评论所始终关注的。鲁迅曾经指出：中国之译佛经，"汉末质直"，"六朝达而雅"，"唐则以信为主"。揭示了佛经翻译一条求真的道路。早在公元 224 年，支谦的《法句经序》就有了"信"的概念，文中提出"勿失厥义""因循本旨"等重要原则。康僧会《安般守意经序》主张译文应与原文"规同矩合，义无乖异"。道安是佛经翻译评论重要的建设者，也是最重翻译的真实性的评论家。他的《道行经序》提出"因本顺旨"，要求翻译应该"得本缘故"，力求符合原文原义。他的《摩诃钵罗若波罗蜜经抄序》总结前人译经中的"五失本"，其实是指出翻译在这五个方面乖离了原文，不与胡本相应。"失本"就是失胡本。他在《大十二门经序》中有"贵本不饰"的要求，《比丘大戒序》中把那种不忠实的翻译比喻为"葡萄酒之被水"。其《合放光光赞随略解序》要求翻译"言准天竺，事不加饰"，"推经言旨，惟惧失实"。他还在《疑经录序》中将翻译的真伪比为农田里的庄稼与杂草："农者禾草俱在，后稷为之叹息，金匮玉石同缄，卞和为之怀耻。安敢预学次，见泾渭杂流，龙蛇并进，岂不耻之！"其《鞞婆沙序》引赵政的话说："唯传事不尽，乃译人之咎耳。"并提出："遂案本而传，不令有损言游字，时改倒句，余尽实录也。"这就是道安有名的"案本"论。他还在《比丘大戒序》中主张"与其巧便，宁守雅正"。可见，道安是唯恐翻译丧失本真。

　　道安的"鉴真伪、辨源流"，可以说是求真思想在译经评论中的代表。从佛教初传，直至全部译经历史，这种维护佛典纯正性的努力始终是译者和评论者追求的目标。正是他们努力维护佛教典籍纯正性的宗教责任感，使佛典汉译真实地承载了佛陀的义旨，并形成义理的形态，由此可以使人们了解佛学，研究并传播佛学。在佛经翻译初期，传入的梵本不系统，译者素质不理想，翻译不集中，译文不统一，译籍的记录不完备，导致佛典真伪混杂。道安通过鉴别译经的真伪，认为真经是指从印度梵语或西域胡语译成汉语的佛教典籍，而将汉地人士所撰造的经典称为伪经，又将那些无法判定其译者及无梵本或胡本而被怀疑为伪经的经典称为疑经。由此，道安建立了"疑伪经"的概念，并指出："经至晋土，其年未远，而喜事者以沙标金，斌斌如也，而无括正，何以别真伪乎？……今列谓非佛经者如左，以示将来学士共知鄙信焉。"他认为佛经中掺杂疑伪经使佛教蒙羞，佛典的诵出本是一件非常严肃的事业，但喜事者无视译经的规则而撰造经典，并且还将世俗的知识添加在佛教经典中，这无疑会给从印度传来的真正的佛教加入中国本土文化的内容，从而影响佛教的纯洁性。僧祐也对所录经论详审考证，他说："僧祐之撰四录也，为时甚久，为力甚勤，而为功甚艰巨。其所根据之安《录》既甚疏略，众录又紊乱不一，必须'悉更删整，标定部卷，使名实有分，寻览无惑'，实非轻易。读前引各序，已可知之。其所收藏极丰富。又复'访讯遐迹'，'雠校历年，因而后定'，其勤谨尤为少见。"（姚名达《中国目录学史》）表明他对所著的佛典大都作过鉴定，甄别其异同和真伪，判定译者和翻译的时间与地点，考证佛典的卷数及存阙，注明出自何种大本以及所依据梵本的来历，以使其著录更为可靠。

　　道慈在《中阿含经序》中尖锐地批评前人译经"违本失旨，名不当实，依稀属辞，句味亦差。"僧叡在《小品般若波罗蜜经序》中赞扬鸠摩罗什译经"真本犹存"，因而提倡"胡文雅质，案本译之"。慧观在《法华宗要序》中也称罗什译经是"曲从方言，而趣不乖本"。罗什自己也主张翻译应"存其本旨，必无差失"（《鸠摩罗什传》）。慧远《三法度序》也主张翻译"依实去华，务存其本"。彦琮在《辩正论》中首次提出"正译"，他说："要识梵言，乃闲正译，不坠彼学"。《大唐西域记·记赞》认为玄奘对翻译的观点是："苟不违本，斯则为善。"这些观点都是追求经典的真实性，强调佛学的纯正。也正是在这些观念的引导下，印度佛学最终得以纯正的观念在中国发展成熟。

　　将"真"作为译经评论标准，基于两个方面的因素：一是由原本的"真"所决定，二是由翻译的本质所决定。原本依照"真"的原则创作，翻译作为对原本忠实地再现，必然以"真"为最高标准。因此，二者是紧密联系在一起的。真实是翻译的生命，凡是真正意义上的翻译，总尽力表现原本的内容主旨和原作者的思想意图。作为翻译的"真"，关键体现在两个方面：思想之真和语言之真。二者是相互依赖的。思想真就是再现原本"真相"。佛经翻译，从本质上讲就是求佛陀真意，寻求得佛典本义。佛陀说法，注重真实地反映世界真相，对周围世界作出抽象的概括。佛教身口意三业"十善业"中的"语业"占有四项：诚实语、质直语、柔软语、和诤语。"十恶业"中"语业"也有四项：妄言、绮语、两舌、恶口。在"四摄"中有"爱语摄"：意谓随众生根性，以温和慈爱的言语相对，令其生欢喜心，感到说法者和蔼可亲而与之接近，以便于达到度化对方的目的。佛典的编创，主要凭借概念、判断和逻辑推理，是一种理性认识。译本需要真实地反映这一认识。语言求"真"，是因为译本本是语言构成的文本。早在《易传·干卦·文言》中就有"修辞立其诚"的命题。语言的"真"，其实就是"自然"二字。因为自然美，是最高的艺术，最高的造诣，是语言艺术炉火纯青的表现。所以评论者要求语言的运用应如水随形，自然真醇，保存天然本色和本来面目，能够妙造自然，不求刻意矫饰。语言能够达到没有雕镂刻镂之痕，无斧斤炉锤之迹的境地，就是"化境"。化境者，浑然天成，文理自然，而不失其本真，不伤于真美。

　　3. 翻译求真的意义

　　佛典翻译评论中"真"这一范畴的影响是深刻而意义重大的，它始终坚持翻译不改变其独特的使命和基本精神。自道安的"案本而传，不令有损言游字"（《鞞婆沙序》），显示了佛经译者们对"真翻译"之追求。这种"真翻译"就是用汉语准确无误地传达梵（胡）语所表达的思想内容和行文条理。这是严格遵守原文的翻译，不增不减原文内容，尽力忠实原文形式。"真翻译"的概念，明确将翻译限定在严格意义的翻译上，也可以说是狭义的翻译。它与那些脱离、改变原文内容，删节、增益原文结构的译法严格区别开来。

佛经翻译评论中强调翻译之"真"，这一思想有利于翻译事业和翻译艺术的本体讨论，克服翻译中脱离原本的随心所欲。翻译的本质就是"还原"，即使用与原文不同的语言完全而准确地恢复原作思想内容，同时尽可能地恢复原作的语言条理与行文特色等风格面貌，也就是力求回到原作的本真状态。翻译的生命就在于既恢复原作内容，同时又恢复原作的语言组织面貌，保存原文的异国情调。虽然由于两种语言文化的差异而难以保存原本的语言组织和精神面貌，使得真正的"原貌"不易保留，导致翻译的"失本"，但仍然将"还原"限定在"失本"性的还原之中。这种"失本"性的还原是一种积极的"失本"，是为读者了解原本起到促进作用，有利于读者看到原本面貌的还原。因此，"失本"也是为回到原作的本真而做出的努力。佛经翻译评论中对"真味""真意"的追求，即是这种求真思想的体现。宋代宋濂评价当时的翻译时说："第近年以来，传者失真。"所谓"失真"，即是翻译脱离了原本，失去了翻译的意义和价值。唐高宗称赞玄奘之译是"寻印度之真文"，顾起元亦赞扬玄奘的翻译"译德高远而真文逾显"。玄奘自己也认为"神力无方，非神思不足诠其真"，都反映佛经翻译评论对翻译之"真"的渴求。因之，梁启超认为佛经翻译中的直译论，便是一种"求真之念"，揭示了佛经翻译史上评论发展的基本走向。古译中的错误，由罗什"再译真文"，开拓了佛典翻译的新时期。玄奘揭开新译的历史，纠正旧译的不妥，也就是以直译来弥补罗什的意译，以"诠其真"。

(九)雅

翻译是语言艺术，文字水平的高低往往决定于"雅"的处理上。翻译中的"雅"必须追求，因为"雅"至少意味着提高文字水平，精益求精地善待翻译艺术。涉足语言艺术，首先必须在炼字铸句上下功夫，这是语言艺术的基本要求，否则不能称为语言艺术。提高译文语言文字水平，是译经界之共识。

1. 佛学对"雅"的重视

在佛教典籍中，"雅"指典雅、文丽，文章有根底，高雅而不浅俗等义。佛学对语言的雅极为重视，也有很多论述。佛学一方面提倡"四不语"原则，即不妄语(不虚言诳语)、不两舌(不搬弄是非)、不恶口(不说粗言恶语)、不绮语(说质直语)，表明佛教注重语言的真实自然，质朴雅素。但同时也十分重视语言的运用，讲究修辞，因为语言文字毕竟是传达佛理最有效的工具。《维摩经·菩萨行品》说，"有以音声语言文字而作佛事"，即指借助语言文字宣传佛法。《法华经》载："是人口清净，终不说恶味，以深净妙声，闻者皆欢喜。"《华严经普贤行愿品》云："各以一切音声海，普出无尽妙言辞。""妙言辞"即美言辞。《千手千眼观世音菩萨广大圆满无碍大悲心陀罗尼经》还说："若为成就一切上妙梵音声者，当于宝铎手；若为口业辞辩巧妙者，当于宝印手。""辞辩巧妙"即语言雅致鲜明。道安称赞竺法护译经"辩妙婉显"，当指此意。由此可以看出，佛学对语言的态度较为辩证，并不局限于语言质朴一端。

　　佛经并非一味宣讲抽象的教理，无论是经藏还是论藏、律藏，都十分重视语言的艺术性和文学性，佛教经典也非常注重塑造出鲜明生动的形象来感召信众，激发其宗教感情和信仰。释迦牟尼本是一位知识渊博的宗教家和雄辩的演说家，他在一生的传法中，为了赢得论战，获得大众的理解和支持，所用的语言都十分通俗易懂。为使大众便于接受佛教，他还要求运用方言说法，不用婆罗门使用的高雅梵语，这就决定了佛典初期的语言质朴的面貌。到了公元四世纪前后，婆罗门教一度恢复，随之梵语也得以盛行，并成为学术用语及通行的标准语。尤其是成文的书面文字，都用梵语来取代以前各地使用的方言俗语。这样又促使佛教学者使用梵语来弘扬佛法，并用梵语改写原来的方言俗语佛经，由此使佛典的语言呈现出纯雅的面貌。但改写佛经时，长行容易改写，而偈颂因有韵律，难以译成标准的梵文，这就使佛典语言出现了混合梵文的面貌。从佛教经典的文体形式论，佛教的经、律、论三藏，在表达思想内容的形式上有所不同。"经"是释迦牟尼的说法记录，所记载的大都是基本的原则、理念以及佛菩萨之宗教情操与境界的陈述；"律"是记载佛教学僧生活规范的书典，包括戒条及制戒缘起，僧团生活起居的规定、戒律的原理等，多以纪实的形式书写，并杂以寓言、譬喻、神话等；"论"所采用的是概念分析和抽象辩论的形式，对佛教理念、境界等主题的深入探讨，围绕佛学体系做进一步的分析整理与推演引申。印度佛教各学派思想的异同，都清晰地翻译在这些论书中。也由于流派众多，思想和风格各有差异，因而经典语言形式多样。印顺《佛法概论》指出，小乘经典理论多渊源于释尊的言教，采取的是介于论与律的中间形式，行文比较枯燥烦琐，带有文章化特性。如阿含经用比较朴素简洁、形象的文字介绍释迦牟尼带领弟子们传教的情形和早期佛教的基本教义。而大乘经典多从释尊的本生、本行再现佛陀的精神，增强了宗教幻想的成分，因而带有艺术化的特征。如《华严经》中描述华严境界，世界一切无不周遍圆融，相即相入。《般若经》无论是语言的表现力还是想象力的丰富，都是一部出色的文学经典。《金刚经》的想象力更是奇特幻化，思维好大不经，奇诡无已，深妙靡丽，奇诡绚丽，扑朔迷离，曲折离奇。《法华经》既是一部宗教宣传作品，也是一部优秀的文学作品。其想象丰富，色彩浪漫，行文流畅，辞藻优美，文学描写与宗教宣传融为一体。《维摩诘经》宣传大乘般若思想，批评小乘的片面性，传统称它为"弹偏斥小"，"叹大褒圆"。经中提倡"入不二法门"，就是强调泯灭矛盾双方的差别性，等同视之。其富丽的想象，优美流畅的文字，完全是一部独特的文学作品。

佛学与文学本是不同的文化领域，但二者又具有天然的联系。因为在追求境界上，佛学与文学都以博大深邃、圣洁精粹、高尚崇峻、虚静无我为旨归。正因如此，文学往往从佛学中汲取营养，丰富自己的实践和理论。而佛学更是借助文学传播思想理论，尤其在探讨哲学理论时，总是带着审美评价，以鲜明的审美肯定态度展开论述，因而，它的哲学中也就充满了美学思想，将哲学与美学融合无间地统一在一起了。如天台观月法师《重订二得合解》在论述"空"时说："真空之性元无生灭，清净湛明，体周法界，具恒沙之功勋；妙道圆融，现无边之神化。"这样，"空"就具有了浓厚的美学意味，引导读者从审美的角度体味空，阐发空即圆融的玄义妙相。道安的经序中都是带着浓烈的美学情趣阐发佛教义理的，这也使得他的宗教思想、哲学理论、美学观点和翻译评论水交融般地结合在一起。道安称《法镜经》的翻译"理得音正，尽经微旨。郢匠之美，见述后代。"其《人本欲生经序》说安世高的翻译："言古文悉，义妙理婉，见其幽堂之美，阙庭之富或寡矣。安每览其文，欲疲不能。所乐而玩者，三观之妙也；所思而存者，想灭之辞也。"哲理和审美交融在一起。慧远的《阿毗昙心序》更是在谈文艺和美学，他说："其颂声也，拟象天乐，若灵籥自发，仪形群品，触物有寄。若乃一吟一咏，状鸟步兽行也，一弄一引，类乎物情也。情与类迁，则声随九变而成歌，气与数合，则音协律吕而俱作。"僧肇《百论序》说："《百论》……理致渊玄，统群经之要。文旨婉约，穷制作之美，然圣趣幽简，妙得其门。"这些论述的共同特点就是，哲学和美学包含在宗教论述之中，这就是佛教哲学和美学的特点。

2. 汉文化传统中的"雅"

在汉语言文化中，雅观念由音声而引发，指高尚、美好等意。"雅"的语言学意义为正确、规范之意，东汉郑玄《〈周礼〉注》为："雅，正也，古今之正者，以为后世法。"由此称标准语为"雅言"。《论语·述而》云："子所雅言，《诗》《书》，执礼，皆雅言也。"《集解》引孔安国、郑玄训为

"正言"。朱熹集注训为常言。辞章学意义上,"雅"乃得体之谓。贾谊《新书·道术》谓:"辞令就得谓之雅,反雅为陋。"《论语骈枝》释云:"夫子生长于鲁,不能不鲁语,惟诵《诗》、读《书》、执礼,必正言所以重先王之训典,谨末学之流失。"刘宝楠则进一步指出:"夫子凡读《易》及《诗》、执礼,皆用雅言,然后辞义明达,故郑以为义全也。后世人作诗用官韵,又居官临民,必说官话,即雅言矣。"(《颜氏家训·音辞篇》)

早在周代,已有"雅""俗"之辨。二者的区分是周代政治版图在社会意识形态中的反映。周王室所居之王畿既是天下的政治文化中心,也是经济文化中心,在全国起着引领和示范的作用。各诸侯环境各别,风俗各异,诸侯们要代表天子去管理人民,化民成俗。这便形成了"雅"与"俗"的社会矛盾运动。西周贵族注意到了俗文化客观存在的事实,较为自觉地援俗入雅和以雅化俗,雅俗矛盾相对缓和。《国语·周语上》载:

> 故天子听政,使公卿至于列士献诗,瞽献曲,史献书,师箴,瞍赋,矇诵,百工谏,庶人传语,近臣尽规,亲戚补察,瞽史教诲,耆艾修之,而后王斟酌焉,是以事行而不悖。

这表明贵族对文化的主导地位和以雅化俗、援俗入雅是一项策略,已得到制度上的保障。《尚书·毕命》云:"惟周公左右先王,绥定其家,毖殷顽民,迁于洛邑,密迩王室,式化其训,既为三纪,世变风移。"就是以雅化俗的典型范例。《礼记·王制》云:"凡居民材,必因天地寒暖燥湿,广谷大川异制,民生其间者异俗,刚柔轻重迟速异齐"。《论语正义》的解释是:"王都之音最正,故以雅名;列国之音不尽正,故以风名。王之所以抚邦国诸侯者,七岁属象胥谕言语,协辞命,九岁属瞽史谕书名,听声音,正于王朝,达于诸侯之国,是谓雅言。"即是说,所谓雅言,就是以王都之音为基础而以天子权威所推行的周代通用语。雅言就是官方推广的普通话,或曰官话,与俗语方言相对而言。孔子深刻理解这一点予以实行。孔子生活在鲁国,其日常生活语言当然是鲁地方言,但其诵《诗》、读《书》则用周室西都和王畿一带的官话,以便更准确地领会和传达《诗》《书》、执礼中的文化。雅言的推广不仅能够促进各诸侯国人民之间的交流,更重要的是,提倡雅言,就是维护周天子天下共主的地位,维护以礼乐为核心的宗法政治制度和文化制度。

"雅"通于"夏",《荀子·荣辱》:"越人安越,楚人安楚,君子安雅。"同书《儒效》作"君子安夏"。《荀子·王制》载:"使夷俗邪音,不敢乱雅。"

《说文》云："夏，中国人也。"故梁启超谓："雅音即夏音，犹云中原声云耳。"也就是说，当时作为政治、经济、文化中心的中原（中国），其音即是雅音，其乐即是雅乐，其言即是雅言。《左传·襄公二十九年》"为之歌小雅"疏云："小雅、大雅，皆天子之诗也。立政所以正天下，故《诗序》训雅为正，又以政解之。天子以政教齐正天下，故民述天子之政，还以齐正而为名，故谓之雅。"因此，《诗经》的"风""雅"既是音声的差别，更是政治的差别。《毛诗序》说："是以一国之事，系一人之本，谓之风；言天下之事，形四方之风，谓之雅。雅者，正也，言王政之所由废兴也。政有大小，故有小雅焉，有大雅焉。"郑樵说："风土之音曰风，朝廷之音曰雅。"（《昆虫草木录序》）《诗》意谓"十五国风"都是限于时地、具有浓郁地方特色的"风土之音"，而大雅、小雅乃言天下致天子之治的"朝廷之音"。《荀子·乐论》云："乐合同，礼别异。""合同"在于沟通情感，"别异"在于维护等级秩序。而雅乐便起着节制人们内在情感、和合各种社会关系从而达到维护宗法制度、移风易俗的目的。《礼记·乐记》云："乐也者，圣人之所乐也。而可以善民心，其感人深，其移风易俗，故先王著其教焉。""故乐者，审一以定和，比物以饰节，节奏合以成文，所以合和父子君臣，附亲万民也，是先王立乐之方也。故听其《雅》《颂》之声，志意得广焉，执其干戚，习其俯仰诎伸，容貌得庄焉；行其缀兆，要其节奏，行列得正焉，进退得齐焉。故乐者，天地之命，中和之纪，人情之所不能免也。"周代的礼乐制度，雅乐包括了夏、商、周三代的王室音乐，并使之规范化、系统化、实用化，都是为政教服务的。所以周公制礼作乐、西周雅乐兴盛的时候，乐始终起着沟通人们情感、和谐社会关系、统一民族精神的重要作用。所以东汉司马迁《史记·乐书》说："夫上古明王举乐者，非以娱心自乐、快意恣欲，将欲有为也。正教者皆始于音，音正而行正，故音乐者，所以动荡血脉，通流精神而和正心也。"

可见，重雅观念在中国有着悠久的历史。尤其在儒家思想中，雅乃以政教为核心，侧重于抒写建功立业的博大胸襟而在风格上表现出温柔敦厚的特点。孔子强调"思无邪"和"乐而不淫，哀而不伤"的中和标准，便是指雅乐和雅文学的基本特征。《毛诗序》云："言天下之事，形四方之风，谓之雅。正也，言王政之所由废兴也。政有大小，故有小雅焉，有大雅焉。"朱熹《诗集传序》云："夫雅颂之篇，则皆成周之世，朝廷郊庙之词，其语和而庄，其义宽而密，其作者往往圣人之徒，故所以为万世法程而不可易者也。"朱熹的雅文学观直接继承《毛诗序》，注重言志，表达积极的人生，风格和谐庄重，辞义则严密而宽厚。这是经世之雅。老子则以超越的姿态，在批判现存社会基础上，提出了迥别于儒家的雅俗观，表现出道家的文学理想，体现的是越世之雅，要求文学作品臻于大巧若拙，超尘绝俗，返朴归真的境界。

魏晋南北朝时期，无论在思想上还是在艺术技巧上都表现出精致和成熟的典雅文学观念。文士们注重文体艺术风格的辨析，雅俗成为品评文章的基本概念，将雅俗观念建立在艺术形式与风格之上，表现出评论者的成熟的审美心态。他们深入的论析，直接影响了诗歌的理论和创作，并影响后来的文学评论。曹丕《典论·论文》谈到文体与风格时说："夫文本同而末异。盖奏议宜雅，书论宜理，铭诔尚实，诗赋欲丽。"陆机《文赋》也提出"雅"作为文学形体风格之一种。刘勰《文心雕龙》论"雅"，秉承《毛诗序》中"雅者，正也"的观点，既重思想内容，又讲形式风格。在《乐府》篇中，刘勰先以历史的视角，用"雅声浸微，溺音腾沸"概括秦汉以后的文学发展，进而梳理歌诗失雅的过程，并以儒家诗教的雅传统，提出了雅俗兼善的原则，要求以"圣文雅丽"为文章规范。他还根据雅俗演化的历程，理解文学史的发展，指出"雅"字的四种含义：（1）《诗经》中的一体；（2）雅正、高雅；（3）常、素；（4）《尔雅》。刘勰揭示了雅俗观念与华夏文学发展的紧密联系。这种联系表现在雅俗观念作为一种社会意识形态，始终影响甚至制约着文学的发展，同时，时代与文学的发展，又促使雅俗观念发生变化，以不断适应变化了的客观现实。所以刘勰在《文心雕龙·通变》中说："榷而论之，则黄唐淳而质，虞夏质而辨，商周丽而雅，楚汉侈而艳，魏晋浅而绮，宋初讹而新。从质及讹，弥近弥淡。何则，竞今疏古，风末力衰也。……斯斟酌乎质文之间，而隐括乎雅俗之际，可与言通变矣。"表明雅俗的演变，实可概括文学演变的历史。至清代，尤其进入"康乾盛世"以后，官方提倡"清正雅洁"和"醇正雅驯"的文风，本质是施政风格，也是政治导向。桐城派方苞提出"雅洁"理想，主张文章高蹈、简练等，主要是继承了儒家雅的精神，也是时代主流意识形态的影响。包括严复"雅"的翻译标准，都是清代官意识形态的反映。

3. 佛典翻译中的"雅"

在佛经翻译史上，"雅"是很早就已出现的概念，支谦最早以"雅"评论时人译籍，其《法句经序》提出："嫌其辞不雅。"随后形成"雅美""雅密""雅质""雅咏""雅畅""雅赡""文饰""文丽""婉便"等范畴。如支敏度《合首楞严经记》评论支谦译经说："凡所出经，颇多深玄。贵尚实中，不在文饰。"指出："越才学深彻，内外备通。以季世尚文，时好简略，故其出经，颇从文丽。然其属辞析理，文而不越，约而义显，真可谓深入者也。"其《合维摩诘经序》云:"其文微而婉,其旨幽而远。"《佛说法境经后序》谓:"敷演义方,辞语雅美。"道安《道行经序》说:"斥重省删,务令婉便。"其《人本欲生经序》谓:"言古文悉,义妙理婉。"《比丘大戒序》云:"与其巧便,宁守雅正。"《地道经序》称:"译为汉文,音近雅质,敦兮若朴,或变质从文,或因质不饰。"僧叡《小品般若波罗蜜经序》指出:"胡文雅质,案本译之,于丽巧不足,朴正有余矣。"僧肇《答刘遗民书》说:"君既遂嘉遁之志,标越俗之美,独恬事外,叹足方寸。每一言集,何尝不远喻林下之雅咏,高致悠然。"僧祐《胡汉译经音义同异记》评论道:"昔安息安世高聪哲不群,所出众经质文允正,安玄严调既甉甉以条理;支越竺兰亦彬彬以雅畅,凡斯数贤并见美前代。"其《出三藏集记·康僧会传》称:"译出众经……妙得经体,文义允正。又注《安般守意》《法镜》《道术》三经,并制经序,辞趣雅赡,义旨微密,并见重后世。"这些针对译本"雅"的评论,表明评论者很注意译文辞语的典雅。

第二节　佛典汉译评论命题

命题作为表达范畴之间理论的逻辑中介,体现出范畴之间的逻辑关系。佛典汉译评论命题包含着丰富的理论思维与学术观念,许多范畴的含义通过这些命题,可以得到相对确切的理解。评论者使用的命题,往往就是其理论精髓所在,展示其评论的本质特色。译经评论结合译经艺术自身的规律,借鉴梵汉哲学中的命题,经过点化,注入新的含义,使之转化成为翻译评论中的命题。如源自"言道"论、"形神"论和"文质"论等,形成了"言不尽意""言外之意""以形求神""形神兼备""质而不文""文质半取""因名则实""名实相符"等许多基本命题。这些命题都是内在地贯穿在一起,相互渗透,相互贯通,从哲学上本是同一个问题的不同侧面的展开。如文质议题也涉及言意关系。重质的思想,主张译文只要能传达经典的原旨(意)即可,至于文辞的修饰无关重要。因为圣人的意是很难传达的,更何况梵(胡)汉语言差异悬殊。因此,翻译时只需"径达",或者"案本而传"地"实录"。文质之争与形神之辨也是佛典汉译史上的一个理论焦点,本质上是中国古典美学言(象)意论在翻译中的体现。

一、相互影响与促动的言意之辨

言意之辨是哲学和语言共同讨论的课题。《老子》第一章中说:"道可道,非常道;名可名,非常名。"认为言不能表达意。庄子也说:"语之所贵者意也，意有所随。意之所随者，不可以言传也。"(《庄子·天道篇》)老庄关于"言不尽意"的哲学思辨，彰显出"言"与"意"的矛盾。于是庄子提出："言者所以在意，得意而忘言。"(《庄子·外物篇》)但言意的矛盾仍然存在，晋代陆机说："恒患意不称物，文不逮意，盖非知之难，能之难也。"陆机揭示出言意关系上一个深刻的命题：人们面对深刻发展着的自然和社会，在探索心灵和和宇宙本原的过程中，总会有词不达意之感，但也由此诞生了探究以言载意的愿望，因为人们总是希望能借助自己创造的语言准确而完整地表达自己的思想和情感。这便促使人们探索言意之间的深层关系，寻找以言达意的方法。佛典汉译至少涉及两种语言，这就加重了言意间的矛盾。在化解这个矛盾的探索中，"言道"论成为其归宿。"言道"论即"言意"观。这一命题不仅关注哲学上的本体与现象、表达与含义、主体与客体等关系，而且涉及审美、艺术、翻译技巧等。"言道"论既是儒家关注的话题，也是道家的议论的核心，更是佛学建立的思想体系，由此体现译经评论的重要命题。詹杭伦在《中国文学审美命题研究新探》一文中指出，尽管"道"在儒道释思想体系中其内涵各不相同，但是"道通为一"，在道的思维逻辑结构层面，儒、释、道三家具有高度的一致性。换言之，三家都追求"道"。正如宋祁所说："大抵至于道者，无今古华戎若符棨然。"(《宋景文笔记》)于是评论家们基于"天人之际"的思考，把握言道的关系，理解言意的矛盾。

(一) 中国传统思想史上的言意之辨

关于言意关系，早在《周易·系辞上》即有"书不尽言，言不尽意"之论。中国自先秦诸子以来就十分重视言与意的关系。

1. 道家的言意观

中国思想史上最早提出言意之辨这一论题的是道家。老子将"道"作为最基本的也是最高的理念来构建其宇宙本体论。他在探索宇宙的本原时提出"道可道，非常道"(《道德经》)的命题，这是古代哲学中"言意之辨"的源头，意谓道如果能够用语言表达出来，它就不是永恒的道了。这一命题暗示了言不尽意，揭示出人类用自己创造的语言来概括规范自然之道的不可能性。道的广涵性与崇高性及其深邃性使老子不满意自己的诠说，甚至会诠说不清。所以他说："微妙玄通，深不可识。"(《老子》十五章)既然道难以推究，也就包含了言不能诠释意。老子又说："大音希声，大象无形，大辩无言。"庄子发展了老子的观点，一方面指出："道不可言，言而非也。知形形之不形乎！道不当名。"(《知北游》)一方面又强调这难以用言辞表达的道又必须通过言辞来表达。因此庄子很重视言对意的承载和语言的表述。他深知言难以完全承载意，为了防止人们偏执于言或者忽视言，他提出了"得意忘言"的命题，促使人们把关注点放在"意"这个最终目的上。他说："筌者所以在鱼，得鱼而忘筌；蹄者所以在兔，得兔而忘蹄；言者所以在意，得意而忘言。"《庄子·齐物论》中还提出"可以言论者，物之粗也；可以意致者，物之精也。"的命题，强调一种独特的内省式的领悟，深刻地影响了后人的认识论和审美观。既然语言不能准确地表达意义，那么自己所要弘扬的道理究竟采用什么途径与方式来传达，道家注意到了"言不尽意"的困境，进而提出了"得意忘言"的方法。

2. 儒家的言意观

儒家学派的言道观首见于《易传·系辞上》所载孔子的话："书不尽言，言不尽意。然则圣人之意其不可见乎？子曰：圣人立象以尽意。"这里，"言"是《易经》中的卦辞和爻辞，"象"是指卦象，"意"为卦象所象征、卦辞所说明的意义。意谓文字不能完全代表语言，语言不能完全表达思想（意义），于是圣人就用卦象的符号把自己的思想表达出来。孔子又说："辞达而已矣。"（《论语·卫灵公》）不仅关注辞，也关注意，其目的是要辞能达意，并将语言能准确达意看作极高的追求。孟子指出："不以文害辞，不以辞害志，以意逆志，是为得之。"（《孟子·万章上》）言辞与思维有其不一致的一面，也有其统一的一面，言辞仍然是意的载体。孟子强调从整体之言把握文意，摒弃了拘泥字句与断章取义之弊，颇能启后人思路。可见儒家的言意观既注意到了言的限度，也提出了"立象尽意"的方法，与道家的"得意忘言"不尽相同。不过二家都有导致对言的轻视和忽略的危险。

"立象以尽意"的命题更影响了后世，汉代经学家们通过对儒家经典的研究来诠释古代圣人的思想，因为《易经》根据"立象以尽意"的原则，其卦象就完全体现了圣人的思想。由此推展，儒家经典中的文字章句也就完全代表了圣人的意思。于是经学家们在研究儒家经典时便把注意力集中在卦象和文字章句的层面，但却忽略了对儒家经典的精神实质的把握，结果形成一种支离烦琐的学风。直到汉魏之际，烦琐的经学随着汉代的被取代，文人们不再用教条思维的态度和烦琐哲学的方法研究儒家经典，而是旨在突破经典中文字章句的限制，把握经典的言外之意，领会经典的精神实质。同时，汉魏社会上流行的品评人物和谈论名理的风气，也涉及言意关系。品评人物的名目和准则称为"名理"，而确定名理，即给某个人物以一定的名目时，既要根据其外在的仪表举止，又要根据

内在的精神气质。外在的仪容举止可以言表，内在的精神气质则只可意
会而不可言传。

3. 玄学家的言意观

魏晋时期盛行玄学思潮，言意之辨成为玄学家们思辨的主要论题
之一。魏晋玄学的哲学是本末之辨，言意之辨是由此派生出来的。玄
学思想是以道解儒的理论成果，实际上融合儒道思想，特别是两汉儒
家"形名之学（名教）"中"道（天）德（人）"之辨与道家"道法自然"思想，
以"有无"本末之辨和言意之辨为其方法根基，意在论证"自然"与"名
教"之间的本末体用关系（自然为本为体，名教为用为末），为维护"名
教"提供新的理论。魏晋玄学建立了以"无"为本的哲学体系，并深入探
讨"无"与"有"的关系。在此基础上，"言意之辨"经玄学家的进一步推
演，形成欧阳建为代表的"言尽意"论、荀粲为代表的"言不尽意"论和
王弼为代表的"得意忘言"论。

欧阳建认为，作为认识形式的名言是对客观事物的反映，根据这一
观点，他认为语言完全可以表达思想，并在其《言尽意论》中从四方面展
开论述。首先，他指出："形不待名而方圆已著，色不俟称而黑白已彰。
然则名之于物，无施者也；言之于理，无为者也。"（《言尽意论》）揭示出
作为认识对象的事物和作为认识手段的名言的不同。其次，他说："理得
于心，非言不畅；物定于彼，非名不辩。言不畅志，则无以相接；名不
辩物，则鉴识不显。"指出名言是传达思想和实现认识的工具，而且只有
依靠语言才能表达和认识客观事物。再次，他强调："非物有自然之名，
理有必定之称也。欲辩其实，则殊其名；欲宣其志，则立其称。名逐物
而迁，言因理而变。此犹声发响应，形存影附，不得相与为二矣。"揭示
出名言与客观事物的一致性。最后，他强调说："苟其不二，则言无不尽
矣。"既然名言与事物完全一致，所以名言完全可以表达客观事物，也可
以充分地表达人们的思想情感。欧阳建的观点，重点在于强调名言与事
物的一致关系，从而断定名言可以完全表达意义（言尽意）。但从逻辑上
论，在这个前提与结论之间却缺乏必要的过渡环节。因为名言与事物的
关系和名言与意义的关系本属两个不同的领域，以名言与事物的一致性
为理论根据，虽然可以说明名言可以如实地反映事物，但如实地反映事
物的名言却不一定能够完全、充分地表达意义。

荀粲是主张"言不尽意"的，他认为语言不能完全表达意义和思想。
他根据子贡的观点（"夫子之言性与天道，不可得而闻也"）得出结论："然
则六籍虽存，固圣人之糠秕。"（《荀粲传》）"糠秕"意谓粗糙的废物。荀粲

提出，圣人本来没有谈论过关于人性与天道的深奥道理，因此圣人思想的精华就没有包含在儒家经典所记录的圣人言论之中，而是在经典的文字之外，而那些保存下来的儒家经典只不过是圣人放弃的糟粕。他还批评《易传·系辞》"圣人立象以尽意"的观点，认为"象外之意，系表之言"，《易》理精微奥妙，不可言说，也非图像所能表达。他说："盖理之微者，非物象之所举也。今称立象以尽意，此非通于意外者也；系辞焉以尽言，此非言乎系表者也。斯则象外之意，系表之言，固蕴而不出矣"（孙盛《晋阳秋》）在他看来，卦象所表达的意义并非圣人之意的全部，经典文字所传达的言论也只是圣人之言的一部分，而且圣人的精微之意和深奥之言根本就不是卦象符号和经典文字所能表达的。荀粲的言不尽意说强调了卦象表达意义的功能和经典文字传达语言的功能都是非常有限的，这种言不尽意说就是他把儒家经典视为糠秕的理论根据，明显地表现出对儒家经典及其文字的怀疑态度。更为重要的是，荀粲"言不尽意"是从本末关系上立论的。本体绝对，不能等同于任何事物，本体只能是超言绝相的绝对，是极端的抽象，因而无法用语言来表达。使用语言必须运用概念，判断，推理，而它们均是用有限来表达无限，以相对的言表达绝对的意，也就不是本体，因而不可能尽意。从这一点看，荀粲比欧阳健的观点更有哲学深度。但他的言不尽意理论将物象与义理对立起来了，并且把语言的作用局限于指述物象，从而否认了语言和概念可以反映事物的本质，否定了象和言的工具作用。因为语言的"筌蹄"功能是回避不了的，无论怎样强调理冥而言废，忘觉而智全，都不得不用语言来建立其理论体系。

王弼既不同意荀粲的言不尽意说，也不赞成欧阳建的言尽意说，而是既肯定言、象具有表达意义的功能，又强调言、象只是表达意义的手段，为了不使手段妨碍目的（得意），可以把手段忘记，这就是"得意忘象""得意忘言"。他从三个方面予以说明。首先，他认为卦象可以表达意义，语言可以说明卦象，肯定言、象、意之间具有一致的关系。接着，他指出言、象、意虽有一致的关系，但也有不同的一面，即言是明象的手段，象是尽意的工具，意才是目的。然后，他强调不能固执于言、象，否则就会妨碍达到目的，因为目的高于手段，把握目的比把握手段更为重要。最后，他主张得意在忘象，得象在忘言，认为目的真正实现在于抛开手段，不受手段的束缚。王弼的"得意忘言"说意在说明儒家经典只是传达圣人之意的媒介形式，而不是圣人之意本身，这对于人们在理解经典时注意文字背后的真义具有一定的指导作用。尤其是这一理论是针对烦琐的经学而提的，这对于提醒人们一切事物都应当把握其根本和实质，而不应被事物的"末"和表象所迷惑，具有方法论的意义。但王弼的"得意忘言"或"寄言出意"仍然只是一种不得已的权宜之策，没有从根本上解决言意间的矛盾。特别是论述中的逻辑不太严密，既然肯定卦象可以表达意义、语言可以说明卦象，这就意味着认识的形式与认识的内容具有相应一致的关系。而王弼又将卦象与意义、语言与卦象的关系看作手段和目的的关系，并据此认为真正把握意义就在于抛开卦象和语言，这便意味着又强调认识的内容与认识的形式并不一致，甚至认为认识的内容可以脱离认识的形式。

(二)印度佛学"言道"思想

印度佛学言意观的思想基础基于佛教义理。佛学的有无、神形、心物、言意等一系列对范畴的论述，对于人们认识具体事物的发展变化，辨析事物内在本质和外在现象的联系和区别，把掌握语言形式和思想内容的关系，都具有深刻的启发和借鉴作用。中国佛学言意之辨，注重"忘筌取鱼""忘言得道"的方法，重视言约意反，文外之旨，这些命题本为探讨宇宙人生的重要课题，其所表现出的高度的抽象思维水平，既具有哲学意义，本身也是哲学中的命题，同时又适于阐释佛学，诠解佛学中的言意关系，因而自然成为译经评论的命题。如平等观，本是佛陀针对印度婆罗门教的不平等四种姓而提出的，目的是宣扬众生平等。经部派及大乘佛学的发挥，扩展到宇宙认识，便具备了世界观和方法论意义。这时的"平等"就指舍去一切差别，将一切事物在性体上都看成没有任何分别的存在。这样的"平等"观可以启示人们在处理各种对立的矛盾时，避免厚此薄彼，不走极端，而应平等地看待对立双方，达到圆活变通，恪守中道。

1. 释迦牟尼的言道论

释迦牟尼为了实现宗教上的理想，早期便制定了传播教义的语言策略。其总原则是令闻法者能领悟佛法，闻解经语。印度文化传统，学习教法依口耳相传，铭记在心，传诵流布，语言是弘法的重要工具。巴利文《小品》载比丘向世尊说："大德！现在的比丘，不同姓，不同名，不同门阀，不同家室，都来出家。他们用自己的方言俗语毁坏了佛所说的话。请允许我们用梵文表达佛语。"但早期佛教，世尊不允许比丘们使用梵文宣教说法，他告诉比丘说："比丘呀！不许用梵文表达佛语！违者得突吉罗。"又说："我允许你们，比丘呀！用自己的语言学习佛所说的话。"因为当时处在印度吠陀后期，婆罗门教兴盛，梵文是印度北部雅利安人的语言。到了公元前五六世纪的佛陀时代，梵文已成为一种高度规范化和学者的语言，只有掌握文化主导权的婆罗门祭司和统治阶级的贵族使用梵文，普通民众则使用地方语言。而佛教的兴起，本是对当时占宗教统治地位的婆罗门教的一种反动，一种革命。婆罗门思想与沙门思想根本上就是对立的。而释迦牟尼主张人人平等，没有阶级高下，他希望所教导的真理和传播的佛法不是社会中某个特权阶级的财产，而是所有人的福祉。所以，他要求比丘用方言来学习、传播教义，以普遍性地接触民众，有助于普及教化。释迦牟尼还对比丘们说："吾佛法中不与美言为是。但使义理不失，是吾意也。随诸众生应与何音而得受悟，应为说之。"(《毗尼母经》卷四)又说："我法中不贵浮华之言语。虽质朴不失其义，令人受解为要。"(《毗尼母经》卷八)并指出："汝等痴人，此乃毁损，以外道言论而欲杂糅佛经。"要求"听随国俗言因所解，诵习佛经。"(《四分律》)强调"听随国音诵读，但不得违失佛意，不听以佛语作外书语，犯者偷兰遮。"(《五分律》)佛作是念："苾刍诵经，长牵音韵，作歌咏声，有如是过。由是苾刍不应歌咏引声而诵经法。若苾刍作阐陀(梵文)声诵经典者，得越法罪。若方国言音，须引声者，作时无犯。"(《根本说一切有部毗奈耶杂事》)《四分律》《五分律》《十诵律》皆反映出梵文为外道语的意味，外道思想与佛教有很大不同，所以释迦牟尼为了区别外道，反对使用经典梵语。

2. 不立文字

禅学悟道，不涉文字，不依经卷，唯以师徒心心相印，故称"不立文字"。禅宗典籍中还有"不执文字""不落名言""不落唇吻""不涉言诠""不立义解"等命题。禅宗认为理解佛法，重在契合，因为"说似一物即不中"。在禅宗看来，禅悟是自内证的经验，自由自在，空旷明净，却又万象宛然，任何语言文字都不能传达其真意，如何说明，如何描述，也都不能和盘托出。宋代普济《五灯会元》卷七说："师问：'祇如古德，岂不是以心传心？'峰曰：'兼不立文字语句。'"从佛学上看，大乘佛学原典中对言意之辨的系统论述，非常强调佛意的不可言传性。他们认为，佛教主张信仰证悟，只有依靠直觉才能证得佛教的最高真理。这是与"言"相对的"意"，它是与绝对诸法实相相联系，以及与精神主体相联系的，这样的佛法妙理是超绝言相不可言说的。《除盖障菩萨所问经》卷十说："唯内所证，非语言文字而能表示，超越一切语言境界。"《菩萨璎珞本业经·因果品》上说："一切言语道断，心行处灭。"《维摩诘所说经·入不二法门品第九》说："乃至无有语言文字，是真入不二法门。"表明佛教的最高真理(真如)是言语道断，不可言说，心念处灭，不可思念，也就是不能通过语言文字、理性思维、逻辑思维表述和把握的。所以佛教在肯定诸法实相之绝对性的前提下，有"拈花微笑"，"不立文字"屏弃语言的主张。鸠摩罗什所译《维摩诘经》卷中《入不二法门品》中的"维摩之默"，更是形象地表达了这一命题，即存在的真谛，绝对的诸法实相不可言说，它超越于一切定义之外，不能依靠常识、公理为基础的语言思维求得它，只有直接的体验才能把握住它，只有用自心才能领悟它。

3. 不离文字

禅学虽主张"不立文字"，但是禅学要传播和发展还是离不开文字的，即"不离文字"，这是对言意关系认识的深化。因为如果没有语言文字作为中介，脱离文字的媒介和载体，禅宗作为教派也不能存在和延续，禅学思想更不能被人了解。因此，禅学虽然以"不立文字，直指人心"为旨归，但依然离不开语言文字这个指月之指。特别是在宋代以后，不立文字的禅宗，最终走上了以语言文字来作为教化学人的主要方式，诞生了浩如烟海的记录祖师公案和上堂法语的禅宗语录以及以"绕路说禅"著称的偈颂。可见，佛学对于言的局限性特点的认识，并没有停留在"不立文字"阶段，因为按照"缘起论"观点，道是不能离开言而孤立存在的。所以佛学在意识到言意之间的难以契合之后，也十分强调语言本身的作用。佛学在告诫世人文字相也是一种玄虚的假相的同时，也十分强调语言本身的作用。如龙树《大智度论》中说："语言度人皆是有为虚诳法。"同时又说："语言能持义亦如是：若失语言，则义不可得。"名言非实相，但非名言又无以表实相，实相是不可言说又是不得不用言说的，所以佛学强调的是对语言要无所贪著，并不是一概否定文字。利用语言来表示实相，正如人以指示月，应当视月而不视指。《圆觉经》说："修多罗（了义经）教，如标月指。""指"比喻经教中的一切语言文字，"月"比喻佛法的真实义谛。"指月"的目的，要人观月，而不是观指。同样，经教中的语言文字是要人悟道见性，而不是执着名相，纠缠字句。如果只在语言文字上兜圈子而不能见性，便误解了"指月"的含义。《楞伽经》卷四说："如愚见指月，观指不观月；计著名字者，不见我真实。"《大智度论》卷四三说："如人以指指月，愚者但看指不看月。智者轻笑言：汝何不得示者意？指为知月因缘，而更看指不看月！""指为知月因缘"，意谓语言文字指归义理，而语言文字本身只是善巧的符号，并不等于义理。正如《楞严经》卷二所说："如人以手指月示人，彼人因指当应看月。若复观指以为月体，此人岂唯亡失月轮，亦亡其指。何以故？以所标指为明月故。"

这表明，虽然佛学一方面在肯定诸法实相之绝对性的前提下，主张不立文字，超越语言，但另一方面佛法又必须通过语言传布，所以印度佛学总是重视在强调诸法实相的前提下肯定语言的表意功能。从总体上看，印度佛学原典都肯定了空与有、诸法实相与语言概念之间是对立统一相互依存的关系，承认语言与宇宙间的诸法实相存在某种一致性，因而在一定程度上语言能够表达意义。罗什所译龙树《中论》卷四认为诸法空、不空、已空亦不空、非空非不空均不可说，但为解说诸法实相而随顺机缘设立假名，用这种正观思维就能够言说诸法实相。罗什译龙树《大智度论》云："是般若波罗蜜因语言文字章句可得其义，是故佛以般若经卷殷勤嘱累阿难……语言能持义亦如是，若失语言则义不可得。"明确肯定了语言的表意功能。文字相是一种虚的假相，但却可以用来表示实相。罗什译《持世经》卷四强调要成就无上正等正觉，就必须"当得善知诸法实相，亦善分别一切法、文辞、章句"，说明了解语言概念对成就佛果的重要性。佛典善用譬喻及严密周圆的逻辑论述，都明确表现出佛典在言说佛法的过程中对语言运用的高度重视。

（三）中土佛教学者的语言观

中土佛学大师在译介佛典理论的同时，对言与意的关系也作了广泛和深入的阐释，并结合传统言意思想，形成中国化的佛教言意理论。支谦《法句经序》引用老子"美言不信，信言不美"和孔子"书不尽言，言不尽意"两大哲学命题来探讨言意关系，强调了有限、确定的语言和是难以直接表达、规定、穷尽无限的观念这一思想。随着佛学传入汉地及其影响的深入，从东晋开始，对"言不尽意"的认识更加深入。这表现在不是简单地持"言不尽意"观点，而是努力会通佛学与玄学言意观，尽力发挥语言的表现力，尽量减少言外之意，务使译本语言通顺易懂，使读者一目了然。同时也巧妙地利用"言不尽意"带来的积极审美效果，有意识地使译本语言含蓄有致，尽量增加"言外之意"的蕴含量，为读者的理解、情感、想象和联想等心理机制的积极活动提供广阔的空间。从翻译的角度来看，发挥语言的表现力与翻译的"求质""尚形"相对应，而增加"言外之意"的蕴含量则与"求文""崇神"相一致。支遁是东晋佛玄合流中的重要佛学人物，他主张得意忘言，对言与意的看法也是结合了佛学与玄学。僧祐《出三藏记集》载其："每至讲肆，善标宗会，而章句或有所遗，时为守文者所陋。谢安闻而善之曰：'此乃九方埋之相马也，略其玄黄而取其骏逸。'"东晋时期，佛学的言意观融汇儒释道三家影响，以辩证扬弃的态度，呈现出玄学与佛学互通共融的局面。影响了译经评论者深入探究言意关系，并努力追求辞约旨达，讲究语言的表意功能，重视文外之旨。他们认为，语言表达的最佳效果，既是对语言表意功能的肯定，也为语言的言外之旨提供了充足的空间。《世说新语·文学》载支道林不仅追求言不尽意，同时也寻求以言达意的理想境界。他在《阿弥陀佛像赞》中说："夫六合之外，非典籍所模。神道诡世，岂意者所测。"对于佛法精微与神秘世界的不可言说，他提出了寄言得理的办法。他在《大小品对比要抄序》中说："般若之智，生乎教迹之名。是故言之则名生，设教则智存。智存于物，实无迹也；名生于彼，理无言也……苟慎理以应动则不得不寄言。宜明所以寄，宜畅所以言。理冥则言废，忘觉则智全。"充分肯定了语言表达意义的桥梁作用。

道安的言意思想受传统影响，借助于中国传统文化和老庄玄学的语言概念解释、发挥自己的"贵无"学说，讲究"名实"相符。汉代以"言尽意论"和"立象尽意论"为基础，兴起"章句之学"和"象数之学"。"章句之学"源于墨家经学，发展于荀学，以名实关系的概念论或"形名之学"的"言尽意论"为基础，所以最重师法。"师之所传，弟之所受，一字毋敢出入；背师说即不用。"道安《地道经序》云："夫地道者，……其为像也，含弘静泊，绵绵若存，寂寥无言，辩之者几矣，恍惚无行，求矣漭乎其难测。圣人有以见因华可以成实，睹末以达本，乃为布不言之教，陈无辙之轨，阐止启观，式成定谛。"认为至理无言而言不能尽意，佛教是不言之教。他又在《合放光光赞略解序》中说："诸五阴至萨云若，则是菩萨来往所现法慧，可道之道也。诸一相无相，则是菩萨来往所现真慧，明乎常道也。可道，故后章或曰世俗，或曰说已也。常道，则或曰无为，或曰复说也。此两者同谓之智，而不可相无也。"用老子的"可道之道"来譬喻俗谛，用永恒的"常道"譬喻真谛，二者辩证统一，缺一不可。

至南北朝，佛学及其典籍得到广泛传播和普及，魏晋玄学的影响逐渐淡出，使佛学逐渐从依附玄学传布中走出来，在社会思潮领域中迅速获得独立的发展的空间，并对佛学撰述产生重大影响。由此使南朝诸家撰作中，其言意观多受纯正的佛学思想影响。

僧肇发展了大乘佛学中观学派的理论，他的言意之辨的见解具有较为全面的思考。他从佛教认识论、本体论角度，阐述"名号"（名相概念），从多方面论证语言文字的虚假性，提出"假号"说，认为"名号"不能反映、表诠世界的真实性，并进而否认语言文字的真实性。他从四个方面立论：（1）强调事物本身的非真实，并认定名相概念的虚假性。提出"诸法假号不真"。（《不真空论》）"诸法"，万物。"假号"，虚假的名称。"不真"，不真实，指"假号"。意谓事物都是由假号勾画出来的，是假的、是非真实的存在，其本性是空的。(2)从语言、形象与最高真理的关系阐明语言和形象都不能完全表达最高真理的虚妙玄奥的内容，强调理解、把握真理不应受语言或形象的局限，要悟理于语言文字之外，虚心玄照。即"言迹"不能表达"至理"。"迹"，迹象，形象。"至理"，真理，正常的、最精深的道理。他在《答刘逸民书》中说："夫言迹之兴，异途之所由生也。而言有所不言，迹有所不迹，是以善言言者，求言所不能言；善迹迹者，寻迹所不能迹。至理虚玄，拟心已差，况乃有言？况所示转远，庶通心君子有以相期于文外耳。"(3)认为佛教智慧、精神活动，都是非语言文字所能表达的。"般若义者，无名无说。"(《般若无知论》)佛教智慧般若的意义，既无名称，也无从论说，佛教的智慧以及禅定之名也是外加的。(4)认为名并没有反映、表诠事物的功能，它是非名，假名。即"名无得物之功，非名也"。(《不真空论》)语言文字、名相概念本身只是个假号，假名而已，是虚假不真的。"夫有也无也，心之影响也；言也象也，影响之所攀缘也。"(《答刘逸民书》)所谓有、无，都是心的影响，即心产生出来的虚妄不真的分别，语言、形象则是主观虚假的分别，是有、无所附着的对象、工具。

僧肇的语言逻辑理路是：语言文字是虚假的，不能表达真理，因而只能从言外寻求真理。他的语言观基于其世界观，语言的"假"即"不真"。他是《不真空论》讨论世界的存在，认为一切人和事物都生灭无常，缘会则生，缘了则灭，所以都是虚幻不真实的，即"不真空"，是说世界不真实故空。但事物的现象还是存在的，不过是假有而已。所以僧肇一方面坚持语言的虚假性，一方面也肯定语言文字的工具性，他说："言虽不能言，然非言无以传。是以圣人终日言，而未尝言也。"(《般若无知论》)认为语言文字虽不能真正表达真理，但不通过语言又无从传教。由此佛虽终日讲说，而实际上又未尝讲说。可见，僧肇的语言观与道生的思想一致，也深受传统言意理论影响。《荀子·正名》云："名无固宜，约之以命，约定俗成谓之宜，异于约则谓之不宜。"这里包含了语言有"不真"的一面。孟子自谓"知言"，即"善为说辞"，当问及"何谓知言？"时，他回答说："诐辞知其所蔽，淫辞知其所陷，邪辞知其所离，遁辞知其所穷。"(《公孙丑上》)语言的运用是有具体语境制约的，并非一味的"虚假"。僧肇在《般若无知论》中提出"言语道断"命题，意思是说一讲话佛道就断灭，以说明佛道的不可言说("无言")性。他强调说："圣智幽微，深隐难测，无相无名，乃非言象之所得。为试罔象其怀，寄之狂言耳，岂曰圣心而可辨哉？""圣智"即佛教的最高智慧，它是无形象无名称的，是达到解脱的根本途径。他认为佛法般若无相无名，不是可以凭象可以言说的，只是假借语言概念而已。他在《维摩诘经序》中表达了相同的观点："《维摩诘不思议经》者，盖是穷微尽化，妙觉之称也。其旨渊玄，非言象所测；道越三空，非二乘所议……夫圣智无智而万品俱照，法身无像而殊形并应，至韵无言而玄籍弥布，冥权无谋而动与事会。"他还进一步阐释了佛法般若实相与语言假象的关系，其《般若无知论》载：

> 经云：般若义者，无名无说，非有非无，非实非虚，虚不失照，照不失虚，斯则无名之法。故非言所能能言也，言虽不能言，然非言无以传。是以圣人终日言而未尝言也。

　　僧肇不仅指出了语言的局限性，也指出了语言担当传播佛法的作用。"维摩之默"表现了佛法真谛不是语言所能尽说的，因而"圣人终日言而未尝言"，其实强调的正是言语在其表面之下的深层意义。这也正是"维摩之默"深层含义。后来禅宗更是强调只能用比喻隐语来使人参悟，体证"真如"。罗什在评价僧肇所撰写的《般若无知论》时曾言："吾解不谢子，辞当相抱。"这句评语是说，罗什对自己的般若学造诣是有充分自信的，但也表达了他对僧肇的语言功底的赞赏，正是因为僧肇语言功底的深厚，对般若义理的表述和阐发更胜过自己。张风雷在《法显携归之〈大般泥洹经〉的译出与晋宋之际中国佛学思潮的转向》一文中认为，僧肇运用汉魏六朝特有的文丽辞章把般若思想淋漓尽致地表达出来，使得中土人士能够充分地理解，表现出他的语文与哲思天才。他所撰写的《不真空论》《物不迁论》《般若无知论》等阐扬般若思想的文章，被誉为中国历史上堪与庄子的《齐物论》《逍遥游》相比肩的最优美的哲学文字。在深得鸠摩罗什真传的基础上，僧肇以优美的文字把般若学玄妙的哲理清晰地展示出来，厘清了数百年来中土人士对般若正理的种种滞碍和曲解，使佛学不再与玄学纠缠不清，划时代地把中土的大乘般若学推向了一个新的顶峰。

　　慧皎的言意观与僧肇有许多共同之处，他在《高僧传序》中说："原夫至道冲漠，假蹄筌而后彰；玄致幽凝，藉师保以成用。"并由此引出言意论的新思路，即如何臻于"言外"的问题。他在《义解论》说：

> 夫至理无言，玄致幽寂。幽寂故心行处断，无言故言语路绝。言语路绝，则有言伤其旨；心行处断，则作意失其真。所以净名杜

口于方丈，释迦缄默于双树。将知理致渊寂，故圣为无言。但悠悠梦境，去理殊隔；蠢蠢之徒，非教孰启。是以圣人资灵妙以应物，体冥寂以通神，借微言以津道，托形像以传真。故曰：兵者不祥之器，不获已而用之；言者不真之物，不获已而陈之。故始自鹿苑，以四谛为言初；终至鹄林，以三点为圆极。其间散说流文，数过八亿。象驮负而弗穷，龙宫溢而未尽，将令乘蹄以得兔，藉指以知月。知月则废指，得兔则忘蹄。经云："依义莫依语。"此之谓也。而滞教者谓至道极于篇章，存形者谓法身定于丈六。故须穷达幽旨，妙得言外，四辩庄严，为人广说，示教利喜，其在法师乎！

这是一段有关言意论的阐述，极为深刻而又辩证地论证了言意之间的关系，指出佛法真谛之至理非言语所能表达，只是为了唤醒众生而不得已采用的一种手段。

道生主张得意忘言，他曾说："夫象以尽意，得意则象忘；言以诠理，入理则言息。自经典东流，译人重阻，多守滞文，鲜见圆义，若忘筌取鱼，始可与言道矣。"（僧祐《出三藏记集》）认为要领悟佛法就不要执着于语言概念，要"忘筌取鱼"，借助庄子、王弼的得意忘言说，把"得意忘言"作为把握佛学的根本方法。慧可也曾说："学人依文字语言为道者，如风中灯，不能破暗，焰焰谢灭。"（《楞伽师资记》）以"风中灯"为喻，形象地说明语言文字所指摄的只是断续危疑不全的残相，无法表达佛法的全体大用。僧璨也说："圣道幽通，言诊之所不逮。法身空寂，见闻之所不及。即文字语言，徒劳施设也。"（《楞伽师资记》引）认为只靠语言文字不可能达到对佛法真谛的了解，只有超越语言文字才有可能契悟真如法界。道信更明确主张"亡言"以"得佛意"，他说："法海虽无量，行之在一言。得意即亡言，一言亦不用。如此了了知，是为得佛意。"只有一言也不用，彻底"了了知"，才是真正得到佛意。都是强调语言文字的局限，因而不能执着。

僧祐不仅主张言能达意，也充分强调发挥言的功能。他在《胡汉译经音义同异记》中说："夫神理无声，因言辞以写意；言辞无迹，缘文字以图音。故字为言蹄，言为理筌，音义合符，不可偏失。是以文字应用，弥纶宇宙，虽迹系翰墨，而理契乎神。"强调了语言与思想的统一，辩证地认识语言，不可偏颇的思想。僧祐还表现出在承认语言的局限一面时，又注意其功用的一面。他指出："夫真谛玄凝，法性虚寂，而开物导俗，非言莫津，是以不二默詶，会于义空之门，一音振辩，应乎群有之境。"

这就把语言与意义的关系统一起来了，既看到语言的有限性，也认识到语言的正常作用。王僧孺的言意观与僧祐一致。他在《慧印三昧及济方等学二经序赞》中说："夫六书相因，悬日月而无改，二字一吐，更天地而靡渝。虽书不尽言，言非书不阐，言不尽意，意非言不称。是以缔听善思，承兹利喜……一音一偈，莫匪舟梁，一赞一称，动成轮轨。"言虽不能尽意，但言却是传意的必要工具，表达了对语言能够善传佛法真意的肯定。他还在《太常敬子任府君传》中说："若夫天才卓尔，动称绝妙……少孺速而未工，长卿工而未速，孟坚辞不逮理，平子意不及文，孔璋伤于健，仲宣病于弱。"认为言与意的最佳结合是辞达理畅，文美意健的境界。

谢灵运是晋宋之际著名诗人之一，但他更是一位知名的佛教学者。他是当时道生阐发"顿悟成佛说"的最积极的鼓吹者，明确地说"得道应需慧业"（《答孟顗书》）。慧业就是指顿悟。他还认为："六经典文，本在济俗为治耳。必求性灵真奥，岂得不以佛经为指南耶!"（《答宋文帝赞扬佛教事》）。其《山居赋序》云："意实言表，而书不尽，遗迹索意，托之有赏。"主张辞约意丰，在言不尽意时要"遗迹索意"，即得意而忘象，追求言外之意（"俗外之咏"）。他在《辨宗论诸道人王卫军问答》中说："学圣不出《六经》，《六经》而得，顿解不见三藏，而以三藏果。筌蹄历然，何疑纷错? 鱼兔既获，群黎以济。"意寄于言又不执着于言，即佛法传播借助语言概念而又不执着于语言概念，实与王弼得意忘言说相通。刘勰思想深受佛学熏陶，他批评玄学中滞于"形用"的崇有派和守于"寂寥"的贵无派的片面性，认为崇有和贵无都只看到问题的一面。而佛学般若才能达到"动极神源"的境界，因为般若学由观假象而观实相的思维方法和思维结果，能够做到有与无兼顾而不偏执。因此他提出文章要"穷于有数，究于无形"，即用最绝妙的语言表达最终极的道理，达到事义圆通而辞不枝碎，言辞与所表达的思想弥合无痕的自由境界。

道宣《续高僧传序》说："原夫至道绝言，非言何以范世。言惟引行，即行而乃极言，是以布五位以擢圣贤，表四依以承人法。龙图成太易之渐，龟章启彝伦之用。"道宣还正确地指出了对言意观应持的态度，他说："知梵夹之虽传，为名相之所溺，认指忘月，得鱼执筌，但矜诵念以为功，不信己躬之是佛。是以倡言曰：'吾直指人心，见性成佛也。'此乃乘方便波罗蜜，径直而度，免无量之迂回焉。嗟乎! 经有曲指，曲指则渐修也。见性成佛者，顿悟自心本来清净，元无烦恼，无漏智性，本自具足。此心即佛，毕了无异。如此修证，是最上乘禅也。不立文字者，经云'不著文字，不离文字。'非无文字，能如是修，不见修相也。"

　　禅学虽强调"不立文字"，而在中国佛教诸宗之中，留下汉地佛学著作最多的也是禅宗。而且禅宗所引入及开创的诸般禅修法门，也是对中国知识士人极有吸引力的，其根源在于他们既不立文字，又不离文字，用艺术化的禅宗文字表达出禅意、禅境或禅味，即使是文字禅，也往往是借助诗歌偈颂或其他一些含蓄的语言"绕路说禅"来体现的"不说破"原则，最终引导学人去体悟语言之外的心法。《大慧语录》卷二十谓："古人云，见月休观指，归家罢问程……归到家了，自然不问程途；见真月了，自然不看指头矣。"宋代余靖《寄题宝峰山玩云亭》诗云："指月犹为幻，玩云应强名。"认为"指"（语言文字）只是"善巧方便"，所以"当须见月亡指，不可依语生解"（《大慧语录》卷十九）。但为了见"月"，也要借助"指"的方便。宋代慧日《进〈大慧语录〉奏札》强调"指"（经教）的重要性。他说："窃以佛祖之道，虽非文字语言所及，而发扬流布，必有所假而后明。譬如以手指月，手之与月初不相干，然知手之所指，则知月之所在。是以一大藏经教为世标准，于今赖之。"认为要正确认识"指"与"月"的关系，才能完整地理解佛法。禅宗还将"指"的意义从语言文字扩大到某些动作，如棒喝、扬眉瞬目、竖拂子之类。《五灯会元》载："曹州竖拂子，还如指月。"意谓不但"指"不可执着，"月"也不必执着。如宋代宝臣《注〈入楞伽经〉》卷四说："第一义者，是自证圣智三昧乐境。因言而入者，非即是言，是言如标月指。若复见月，了知所标，毕竟非月。"

（四）佛学言意观的认识论意义

　　佛学认为，宇宙的存在依靠"缘起"，即宇宙间一切现象都是一个无限联系的组合体。因为"缘起"，所以宇宙间的一切事物都没有实质实体，不能自足。在佛学上，这就叫作"空"。"因缘所生，一切皆空"，这就是佛教的缘起世界观。但人们常常认为由缘起而生的宇宙世间为有种种的实质和实体，这实质上是人们把名言当成实相的缘故，也就是把言当成意。佛学的言意观开示学人的直感能力，这种能力不可用语言概念来规定，由此对人类的认识感知能力作了极有开拓价值的探索。佛学认为现实世界的一切感性事物都是虚幻不实的假象，人们对宇宙世间的认识以及人生的解脱就是要超越假象达到诸法实相体悟佛性之理。体悟佛性之理，也就是准确而完整地表达出对自然和社会的思考与认识，因此人类就必须对思维的载体语言做必要的斟酌。由此，言意之辨，经过理论家们的巧妙转换和运用，不仅深化了人们对语言功能的认识，而且启发了人们重视语言并进而提出利用语言的策略，使语言表达和运用臻于圆满。

到了南禅宗时期，禅宗大师结合般若与佛性思想，专注于心性的作用，立足于自心或本心，主张"不立文字，教外别传。直指人心，见性成佛"。认为自心与自性当中已经有成佛的一切潜能，自性是佛，本性是佛，"三世诸佛，十二部经，亦在人性中本自具有。……自性心地，以智慧观照，内外明彻，识自本心，若识本心，即是解脱，既得解脱，即是般若三昧，悟般若三昧，即是无念"（法海本《坛经》）。这实际上是基于言意观的深刻变革，因为自南禅以下各代诸师，直至北宋以前，尽管一些有着深厚佛学和传统学术功底的禅师也主张不看经、不诵经、不坐禅，认为仍然可以解脱，而且当下成佛，还有的禅师甚至呵佛骂祖。这种认识论方法，完全是传统天人合一观念的体现，通过心的自主性以及自足性，贯通了佛学关于本体论、认识论、解脱论的根据、过程与结果，体现出中国认识论思维的特征，尤其是道家的特征。在传统思想影响下，禅学和禅法成为轻视义学、超越语言、专注于个体的精神自由，乐于用机锋、公案、棒喝，或者运用诗歌、书法、绘画等承载意象特点的方式，借以把握佛旨，暗示禅机，传达颖悟，或抒发自适自得的宗教感受。

（五）传统与佛学结合的"言道"思想

译经评论中的"言道"命题，在思想资源上主要包括"言不尽意"论、"得意忘言"论以及"文外之重旨""义生文外"的言意观和禅学的"不立文字""不离文字"的言意观。这其中，有的是比较纯粹的中国传统的言意观，有的是印度佛学的语言思想，有的则是融会了中国传统的言意观与印度佛学的言意观的思想所阐发出来的言意理论。在这些命题中，"言不尽意"论是基础，因为语言毕竟有着达意的限度，尤其是译经涉及梵汉语言，真正能够精通这两种语言的译者也毕竟是少数。因此"言不尽意"为"意在言外"提供了理论基础，而"得意忘言"论、"不立文字"观则是引申，它们为轻言重意提供了依据。这些思想及其衍生，又在与印度佛学的至理和涅槃境界不可说的思想融合中，得到了进一步的强化，分别形成了"文外之重旨"和"义生文外"的言意观以及禅学的"不立文字"和"不离文字"的言意观。再经过两种言意观的融合，就形成了轻言重意的"不立文字"的言意观。汉地僧俗将传统的言意观经过多次与外来的印度佛教言意观融合与转化之后，使这真正地参与到了佛典汉译评论命题的建构。虽然传统思想的作用是基础的，但如果不能融汇印度佛教言意观，仅在传统思想内部是难以产生出新的言意思想的。因为中国佛学特别是禅学，与外来的印度佛学具有很大的差异，虽然从根本上或从宗教解脱的道路看，汉地与印度佛学都强调出离生死，觉悟成道。

当然，印度佛学的语言观始终是中国佛学语言观的理论基础。语言研究在印度有着悠久的历史，早在公元前二世纪开始，巴腻尼所整理的梵语语法体系，经过迦旃延那、波颠阇利二人的注解而进一步得到确立。季羡林在《原始佛教语言问题》一文中指出，从公元三世纪至八世纪，是印度古典文化的黄金时期，许多梵语诗、戏剧等文学作品，或宗教、哲学作品都以古典梵语书写。此风潮影响到原先以中期印度语（俗语）弘扬教法的佛教学者，他们大约从公元前二世纪起也改用古典梵语书写佛教圣典。说一切有部及大乘论典等都以古典梵语书写。这表明佛典传播对于语言应用的重视，因为初期佛典语言极为混杂。梁启超《翻译文学与佛典》说："佛恐以辞害意且妨普及，故说法皆用通俗语，译家惟深知此意，故遣语亦务求喻俗。"在佛学领域，"道"是佛学所论述的哲学本体（空），这一本体又是佛学理论的中心和追求所在。初期译经将"阿耨多罗三藐三菩提"（无上正等正觉）译为"道"，即指此意。"意"在佛典中指经典的意义、旨趣，又指义理，同"义"。佛学重视"意"，也很重视"言"，因为语言是佛学的载体，即"教体"。因此，佛学在意识到言意之间的难以契合之后，在告诉人们文字相也是一种虚玄假相的同时，又十分重视语言本身的作用。即使是极力提倡"不立文字"的禅宗也并不排斥语言。南禅宗经典《坛经》就说："直道不立文字，即此'不立'两字，亦是文字。"佛学以文字传达教理，以文字揭示悟境，以文字显示禅定，强调学人可通过文字语言获得解悟，文字语言成了义理禅定可"示"可"悟"的中介和载体。所以对语言文字的运用和理解，成了佛学语言研究的关注重心，这就是佛学著名的语言命题："不即言，不离言。"（"不即不离"）（德玉《道德经顺朱叙》）

（六）汉地学者对于"言道"思想的理解和阐发

佛学自两汉时期传入汉地，佛教学者多重视佛教原典，认为应绝对忠实。他们借鉴汉儒治经的方法，逐渐形成了固守佛典文句的依语滞文的学风。这也大概是初期译经中有的译者崇尚质直的原因。因为尚质还不仅仅是译本语言的质朴，常常也包括译本语言与原本行文条例的一致。所以尽管语言有文采，但如果句法条理不自然，仍然是译本的质的表现。魏晋以后，玄学兴起，一些佛教学者借助玄学批评治经学风，特别关注和着重论及言与理，即语言与义理、真理的关系，还直接涉及了语言的本质。道安较早指出恪守文句习气的弊病。他在《道行经序》中说："然凡谕之者，考文以征其理者，昏其趣者也；察句以验其义者，迷其旨者也。何则？考文则异同每为辞，寻句则触类每为旨。为辞则丧其平成之致，为旨则忽其始拟之义矣。"这是说，由于文句经常不同，执着它就会造成迷乱，因此，必须放在它的旨趣上。"若率初以要其终，或忘文以全其质者，则大智玄通。居可知也。"揭示了文与理、句与义、辞与旨、文与质的矛盾，指出考文征理、察句验义的方法会导致佛经根本旨趣的迷惑。因而他主张"忘文全质，大智玄通"。道安强调了文字的相对性和局限性，提示学人决不可执着沾滞。与道安同时代的支遁也说："至理冥壑，归乎无名。无名无始，道之体也。……理冥则言废。"强调理与道都是无名的，从根本上说言说是不能把握理的，悟理就要废言。僧肇在《肇论》中根据事物本身的非真实性（"不真"），也认定名相概念的虚假性（"假号"）。他从多方面论证了语言文字的虚假性，但同时也肯定了语言文字的工具性。他说："言虽不能言，然非无以传。是以圣人终日言，而未尝言也。"认为语言文字虽不能真正表达真理，但不通过语言文字又无从传教。由此佛陀虽终日讲说，而实际上又未尝说也。道生则根据般若中观思想，认为语言文字只是诠表教理的工具，决不可恪守执着。他明确指出："夫象以尽意，得意则象忘。……若忘筌取鱼，始可与言道矣。"这是从方法论的角度，结合中国固有哲学的言、象、意关系的观点，强调"言以诠理，入理言息"，是学佛的根本方法和途径。只有把握废言契理的道理，才可与言佛道。梁武帝《大般涅槃经义疏序》表达了这一意旨："非言无以寄言，言即无言之累。累言则可以息言，言息则诸见竞起。所以如来乘本愿以托生，现慈力以应化，离文字以设教，忘心相以通道。欲使玟玉异价泾渭分流，制六师而正四倒，反八邪而归一味。"

相对于人类多维多向的思维活动，单向性的语言文字确实显得贫乏无力。至于人们内心世界的瞬息万变、丰富复杂的心理体验，即使是最杰出的文人作家、语言大师也无法将其准确无误、毫无遗漏地表现出来。因此，要求语言发挥超出本身功能的作用，这是语言中一个深刻的哲学探索和美学命题。南北朝时，佛教学者明确提出了求理于言外的命题，"言外"说的提出，表明客观事物的精义，依靠语言本身是不能完全传达出来的，而真正精深的内容都在语言之外。僧肇在《不真空论》中说："穷心尽智，极象外之谈"；又说："物虽万殊，而不能自异；不能自异，故知象非真象，故虽象而非象。"他从佛理不可穷尽的角度，阐述佛陀之所以"涅槃"，实质上是"斯乃穷微言之美，极象外之谈者也"（《涅槃无名论》）。这个具有很深奥的哲学意义的"言外"之说，很快引起了译经大师和评论者的注意，并应用于翻译评论了。慧琳在《竺道生法师诔》中说："象者理之所假，执象则迷理。"僧卫《十住经合注序》说："抚玄节于希音，畅微言于象外。"宋德洪觉范《石门文字禅》有达观写的序："盖禅如春也，文字则花也。春在于花，全花是春；花在于春，全春是花。而曰禅与文字有二乎哉？故德山临济，棒喝交驰，未尝非文字也。清凉天台，疏经造论，未尝非禅也。而曰禅与文字有二乎哉？"到了春天花才开放，由花开也能知道春天到了。用禅与文字是春与花的关系，形象地说明了言与意的相互依存。

魏晋玄学中的言意之辨，启发了译经与评论对语言的思考，加深了他们对语言功能的认识，从而为探索语言与意义，形式与内容相互依赖的辩证关系提供了新的视角。印度佛学虽然是外来思想，但在思维方式上与魏晋玄学较有一致之处，而更具有辩证色彩。佛学认为诸法实相是绝对的本体，不能用具体的语言名相来表现，即"言语道断，心行处灭"。但是，完全否定了语言，佛经便难以创造，佛学也无法传播。所以佛学一方面认为"语言度人皆是有为虚诳法"，一面又认为"若失语言，则义不可得"（龙树《大智度论》）。可见，佛学强调的只是对语言的无所执着，远离一切绮语和戏论，而非排斥摒弃语言本身。正所谓"无名之法，故非言所能言也。言虽不能言，然非言无以传"（僧肇《般若无知论》）。慧皎也指出："圣人资灵妙以应物，体冥寂以通神，借微言以津道，托形象以传真。"（《高僧传》卷九）在佛学看来，世俗语言表达的是本非言相的精微神秘的绝对真实，在翻译中，语言则应表现超出言表的深刻意蕴，二者目的不同，但思维方式却共通互融。魏晋时期，佛学开始与中国玄学、文学等领域深入交融，许多学僧都有着丰富的创作，文学功底深厚，而很多文士也热心于佛经翻译和传播，译场的笔受和润文都由他们担任，所以佛经的翻译与魏晋时期的创作思潮关系极为密切，使佛教典籍也常常运用《庄子·齐物论》"可以言论者，物之粗也；可以意致者，物之精也"观点来阐发佛理。如贤首《大乘起信论义记》说"绝言象于筌蹄"。"筌蹄"之喻即出自《庄子》。僧肇《肇论》讲"至理玄虚，拟心已差，况乃有言？"这里论述佛理"玄虚"难拟的思想，也是从《庄子·齐物论》延伸而来。由于佛学输入早期与老庄思想在某种程度上的融合，且由于传统思想文化领域内关于言、意、物的关系的细致、深入的探讨，更直接地影响到翻译的语言观，更促使译经评论对言意关系的思考。

（七）"言道"思想对于佛典汉译修辞的影响

佛学家的言意之辨深刻影响了佛经翻译修辞思想，这表现在译经评论中涉及言意关系的文质之争。在重质的观点看来，经典传经的关键是能传达其原旨，文辞修饰仅为细枝末节。维祇难译《法句经》，"志存本义，辞近朴质"(《高僧传·维祇难传》)，认为圣人的旨义很难传达，因此翻译时只须"径达"，或"案本而传"。重文的观点则反对过于直质的译法，认为只要不违背原本经义且能传达经旨，则可以增删润饰原本字句，改变原本的行文条理。罗什译场有汉地名僧参与助译，如先期曾经参加道安译事的名德法和、僧䂮、僧叡、昙影、僧导等，原在长安的慧精、法领、道标、道恒、僧肇，以及来自庐山的道生、慧睿、慧观，来自北方的道融、慧严、僧业、慧询、昙无成，来自江左的僧弼、昙干，以及来自其他各处的慧恭、宝度、道恢、道悰、僧迁、道流、道凭、昙晷等名僧，都参加译场，谘受深义。其中僧肇、僧叡、道生、道融、昙影、道恒、慧观、慧严诸人尤其著名，他们都是文章大家，担任笔受和润文，译本的最终形成都由他们共同商讨确定。他们既精教理，兼善文辞，执笔承旨，各展所长，故能相得益彰。在原典义理上，又有西域学僧合作，如罽宾三藏佛陀耶舍、律师弗若多罗和蜱摩罗叉。罗什自己既博览印度古典，精通佛学义理，对梵文极有根柢，又因留凉州日久，对汉文也有相当的素养。同时他对于文学还具有高度的欣赏力和表达力。尝为《维摩经》译文作注，出言成章，不待删改；所作赠法和慧远偈文，都辞理婉约，韵味深长。有这样的学养背景和译场条件，罗什作为译主，自信能在力求不失原意之外，更注意保存原本的语趣。并自信诸译所传非谬，可供后世流通。所译《维摩诘经》，"陶冶精求，务求圣意，其文约而诣，其旨婉而彰，微远之言，于兹显然"(僧肇《维摩诘经序》)。译《大智度论》，则"以秦人好简，裁而略之"。译《中论》，他也是"乖阙繁重者，皆裁而裨之"。因为在罗什及其助译者看来，译经中的言意关系，并非简单的一一对应，言简并不等同于意简。反之，只要"趣不乖本"，译经时作一些必要的增减和改变，恰能使文意更畅达，拘泥文句反而会有损文意。罗什译场的译经实践及思想，正与魏晋玄学家们轻言重意和言简意丰的理论相契合，也与汉地文学、美学理论中强调的"文约意广"或"文约旨丰"相符合，显示出魏晋玄学言意之辨对他们译经思想的影响，使他的译籍既不拘于原文又不有损原旨，又颇富神韵和语趣，成为一种文体创造。罗什在《为僧叡论西方辞体》中指出译经"有似嚼饭与人，非徒失味，乃令呕哕"，言外之意则是希求翻译应追求"韵外之致"和"味外之旨"。后来汉地诗学提出诗以"不涉理路，不落言筌"者为上，唯求"兴趣"，崇尚"无迹可求"和"言有尽而意无穷"(严羽《沧浪诗话·诗辨》)，这与译经大师的言意思想十分相似。严羽本精于诗论，深于禅学。倡"妙悟"与"兴趣"之诗说，其《沧浪诗话》提倡"以禅喻诗"，体现出禅学思想的深刻影响。

无论重质还是偏文，只要把握适度，都会译出成功的译本。如真谛的翻译，大都保存了原本的面目，准确地传达了他的师承。他译出的经典如《俱舍释论》《摄大乘论》《唯识论》等，成为影响中国佛教深远的重要译本，这些论是印度瑜伽行派的无著与世亲划时代的论著，透过真谛大师的传译，大乘唯识学遂即在中国发展开来。真谛的译经思想，首在忠实，同时也强调通达，恰当处理文质和言意间的关系，其译本的质量在佛典汉译史上占有重要地位。慧远力求在文质之间，寻出一条折中的译经之路。其所阐述的言意关系，更富有玄学意味："是以化行天竺，辞朴而义微，言近而旨远。义微则隐昧无象，旨远则幽绪莫寻。故令玩常训者，牵于近习，束名教者，惑于未闻。"(《大智论抄序》)在他看来，译文如过于质朴，经义则可能深涩难懂，义旨难以很好显露，因而拘泥于直译，将使经旨更加遥远难识，经义不能显露则无象可见，经旨遥深则无序可寻。慧远的这番评论与王弼的观点极为相似，王弼在《周易略例明象》中说过："尽意莫若象，尽象莫若言。言生于象，故可寻言以观象，象生于意，故可寻象以观意。意以象尽，象以言著。"王弼是经学家、哲学家，魏晋玄学的主要人物，他综合儒道，借用、吸收老庄思想，建立了体系完备、抽象思辨的玄学哲学。他对易学玄学化的批判性研究，改变了先秦、两汉易学研究之腐迁学风，以言简意赅的论证代替前人的繁琐注释，以抽象思维和义理分析摈弃象数之学与谶纬迷信，从思辨的哲学高度注释《易经》。为本体论和认识论提出了新的观点和新的见解。在言意观上，王弼通过对《周易》中的"意""象""言"三个概念关系的论述，提出了自己的观点。"言"是指卦象的卦辞和爻辞的解释，"象"是指卦象，"意"是卦象表达的思想，即义理。王弼认为，"言"生于"象"，而说明"象"。"象"生于"意"，而说明"意"。要得"意"，必须借助"言""象"，但又不能执着于"言""象"。执着于"言""象"，便得不到"意"。"言""象""意"三者之间是递进表达与被表达的关系。通过"言"可以认识"象"；通过"象"可以认识"意"。但明白了意，就不要再执着于象，明白了卦象，就不要执着于言辞。如果执着于"言"，就得不到"象"，"言"也就不是产生于"象"并能说明"象"的"言"。如果执着于"象"，就得不到"意"，"象"也不是产生于"意"并能说明"意"的"象"。因此只有不执着于"言"，才能得"象"，只有不执著于"象"，才能得"意"。他弼在《周易略例明象》中指出："义苟在健，何必马乎？类苟在顺，何必牛乎？爻苟合顺，何必坤乃为牛？义苟应健，何必乾乃为马？"针对象数之学机械性的解释，他批评说："夫象者，出意者也；言者，名象者也。尽意莫若象，尽象莫若言。"

就是说，达意要通过象，明象要通过言，寄言出意，探求玄理。既然卦意（圣人之意）可以认识，那么世界的本体"无"也是可以认识的。因为"圣人的意"是"无"在社会方面的体现，也就是自然无为的治世之道。基于此，事物的本体也是可以认识的，圣人的治世之道也是可以认识的。宇宙的本体是无形无名"不宫不商，不温不凉"的"无"；圣人治世之道是"体无"的结果，故不偏不执自然无为。"无"或"道"虽不可言象，不可名状，但它在万有之中，以无形无为而成济万物。道生正是借助了这一言意思想，批评前人译经并提出自己的新论。慧远的评论，虽较接近王弼的"言不尽意"说，但在译经中又能坚持文质相兼、力求双美的原则。陆机《文赋》一开始就谈意与物、言与意的关系。陆机虽然认为意称物、文逮意都是很难的，但他基本上还是持言能尽意的观点，主张言意双美。他说："其会意也尚巧，其遣言也贵妍。"他认为言意要互相协调，要防止"或辞害而理比，或言顺而义妨"；"或文繁理富，而意不指适"等现象。

慧远和罗什及其译经助手都将魏晋玄学中的言、象之辨引入译经评论，与当时的文艺美学家一道，成为继嵇康、陆机之后使言意关系这一哲学命题向美学命题转化的重要人物。他们的翻译评论反映出当时的译经都从美学高度要求翻译语言，也反映了两晋时期文学界主流的追求。当时的文学创作及文学理论批评和佛经翻译都涉及言意关系，而且相互影响，尤其是文学受玄学影响至为明显，而佛学也同样带有浓厚的玄学色彩。佛经翻译虽是经典传译，但同时也是文学创作，富于美学追求。它由初期的依文转写而追求晓畅合俗，最终达到文质兼美的醇化，表现出对美学成分的不断深化。在佛学流布过程中，佛经翻译与佛学思辨共同影响到传统文学与文论。佛经翻译与传统文学的长期交融使它们相互促动，而传统文学及文论所以能繁荣发展和走向独立，无疑是诸种内外因素共同促成的，其中佛学思辨特别是佛经翻译的实践和评论的影响尤为深刻。刘勰对言意关系也有深刻论述，他认为"意翻空而易奇，言征实而难巧"。"至于思表纤旨，文外曲致，言所不追，笔固知止。"（《文心雕龙·神思》）又说"意授于思，言授于意；密则无际，疏则千里"。范文澜认为刘勰这句话"似谓言尽意也"（《文心雕龙注》）。王元化也说刘勰的见解不同于玄学家的言不尽意论，认为魏晋时期文学理论中的言意之论都涉及文学语言的美学意义，它与佛经翻译评论中的语言问题的探讨都是魏晋玄学推动下的产物，二者之间有着一定的因缘（《思辨短简》）。

东晋以前，佛教经义释译多采用"比附""格义"或"合本"。至魏晋，玄学"得意忘言"方法主导了当时的佛典译释。道安借助以"玄"解"佛"创立"本无宗",正是借鉴了王弼、何晏玄学的贵无思想。他在《摩诃钵罗若波罗蜜经抄序》中提出"三不易",这是佛典汉译的三大困难,也是佛经翻译中言与意之间的三类矛盾。东晋以后,言意之辨分别进入文学、佛学和译经评论领域。文学受"得意忘言,得意忘象"本体方法影响,在创作和审美中追求言外之意、景外之景。又由于玄学中的"有无之辨"也蕴含着魏晋之前就已存在的"形神之辨",因而自魏晋以后,在"贵无"本体论观照下,文学创作领域沿着形神之辨这一线索由重形渐次发展至重神。佛学采用玄学方法,将"得意忘言"的言不尽意方法论运用于佛教学理的阐发当中,诞生了道生的"顿悟"和"一阐提皆有佛性"等新说。译经评论受"言不尽意"影响,在翻译中围绕着"形"与"神"之辨,形成了追求以形传神的审美观照。佛教学者在译介佛教典籍的基础上,借用庄子和魏晋玄学关于"言意"关系的固有思想,对言、意命题作了发挥。僧肇说:"无名之法(法身),故非言所能言也。言虽不能言,然非言无以传。是以圣人终日言而未尝言也(因为所言皆道)。"(《般若无知论》)"言有所不言,……是以善言言者,求言所不能言。"(《答刘遗民书》)僧祐说:"夫神理无声,因言辞以写意;言辞无迹,缘文字以图音。故字为言蹄,言为理筌,音义合符,不可偏失。是以文字应用,弥纶宇宙,虽迹系翰墨,而理契乎神。"(《胡汉译经音义同异记》)慧远阐发的"法性"本体论学说,不仅继承了道安、王弼的"反本"思想,而且对其作了进一步的发展。道生"彻悟言外",视"忘筌取鱼"为译经大法。《高僧传·道生传》载:

> 生既潜思日久,彻悟言外。乃喟然叹曰:"夫象以尽意,得意则象忘;言以诠理,入理则言息。自经典东流,译人重阻,多守滞文,鲜见圆义。若忘筌取鱼,始可与言道矣。"于是校阅真俗,研思因果,乃言善不受报,顿悟成佛。

道生提出"得意忘言",认为"言"为"意"之代表,而非"意"之本身,故不能执着文字以"言"为"意",其实完全是王弼的言意观体现,并由此逻辑导向言外之意的追求。所以他又说:"然则象虽以尽意,而不可有所得。言虽以理诠,而不能有所执。"既然不可执于言,那么就会自然地得出"言外"的结论。道生的言意理论不仅明确区分和论述了现象与本体、外在与内在、有限与无限的关系,而且突出强调了有限、确定的语言和形象难以直接表达、规定、穷尽无限的观念,于是提出了借助语言和形象,却又突破其局限而诉诸内心的体验和领悟。这就是他在《法华疏》中的结论："至象无形，至音无声，希微绝朕思之境，岂有形言哉。"所谓"至象无形，至音无声"即指"象外之象""言外之音"。道生这一深刻的言意理论，把作为哲学命题的言意之辨延伸至翻译评论，深化了论者对语言功能的认识和重视。这种"非言""非'非言'""非'非非言'"的"无可无不可"的辩正思想，正是佛学的语言观，也是魏晋玄学关注的内容。这一方面是由于玄学有无、本末之辨与佛学真假、实空之分颇为契合，另一方面也是玄佛互摄的必然结果。汤用彤曾评论说："竺道生盖亦深会于般若之实相义，而彻悟言外。于是乃不恤守文之非难，扫除情见之封执。其所持珍怪之辞，忘筌取鱼，灭尽戏论。其于肃清佛徒依语滞文之纷纭，与王弼之菲薄象数家言，盖相同也。"(《魏晋玄学论稿》)表明道生提"佛性说"，主张人人皆可顿悟成佛，深受玄学"得意忘言"的影响。

中国传统哲学通过"言意之辨"所形成的语言观，为译者"得意忘言"或"以言得意"提供了理论支持。而"言不尽意"审美观照还通过诗学、佛学、书画等领域中的"韵外之致，味外之旨""彻悟言外，忘筌取鱼"以及"气韵生动，以形写神"等审美命题进入佛典翻译实践过程。言意之辨既给翻译提供了可资借鉴的本体方法，也为译经评论注入了新的活力。翻译过程中，译者既须理解原本，又须忠实地传达原本，言意关系十分突出。诚如支谦《法句经序》所言："又诸佛兴，皆在天竺。天竺言语与汉异音，云其书为天书，语为天语，名物不同，传实不易。"道安提到译经之"三不易"，高度概括了佛典传译中涉及的言意矛盾。就言、意而言，译者则须"其会意也尚巧，其遣言也贵妍"。即便译者"或言拙而喻巧，或理朴而辞轻；或袭故而弥新，或沿浊而更清；或览之而必察，或研之而后精"(陆机《文赋》)，却也如轮扁一样虽得心应手而"口不能言"。由于"意"贵于"言"，致使翻译时有"言不尽意"之憾。

(八)"言道"论进入翻译评论

佛学的"言道"论既主张"道不可言"，又主张"道不离言"；既不离文字，也不著文字的策略，辩证地阐明了翻译中的言意关系，这正是评论家们所要追求的境界。因此启发译经家们在处理言意矛盾时，注意语言策略，既不执着语言，又不忽视语言，而是尽力利用语言，竭力开发语言潜能，并借助于语言或是形象，甚至突破语言局限，追求言外之意。特别是启发译者注重"言"的作用，提高"言"的水平。这是言意关系的更深一步探索。如罗什译场的译经重从"文"上入手，充分发挥语言的美学功能，吸引读者。道家提出"言不尽意"说本来讨论哲学本体论问题，这一命题对语言运用也有指导意义，因为它契合了语言艺术重含蓄的审美规律，所以译经家和评论家用来讨论翻译中的语言运用策略。翻译是使用语言来再现原义，但语言和原义之间又存在着差异和矛盾，往往有"言不尽意"和"言有尽而意无穷"的困境。译经家们借鉴佛教哲学的"言意观"认识模式与思维方式，在语言的策略上广为探索，不是在言与意的矛盾上束手无策，而是利用言与意的矛盾，正确看待言意关系。

1. 追求言外之意

追求言外之意就是跳过语言与逻辑的限制，直摄对象之本真状态。语言所展现出来的无言部分，是从有限超越到了无限。因为"意"之精微更须要"言"之妙巧去传达，这就是佛学的"言外"之说。慧皎《高僧传序》说："而滞教者谓至道极于篇章，存形者谓法身定于丈六。故须穷达幽旨，妙得言外。"就是佛学从研究义理中提升出来的理论。"言外"说的提出，表明客观事物的精义，靠语言本身是不能完全传达出来的，而真正精深的内容都在语言之外。道安指出佛教"乃为布不言之教，陈无辙之轨"，就是对言外的追求。僧肇从佛理不可穷尽的角度，说佛之所谓"涅槃"，实质上是"斯乃穷微言之美，极象外之谈者也"（《涅槃无名论》）。僧肇"象外"（"言外"）说的提出，表明客观事物的精义，靠语言本身是不能完全传达出来的，而真正精深的内容都是超越语言的。这个具有很深奥的哲学意义的"言外"之说，很快引起了翻译评论的注意。晓青《宝持总禅师语录序》上说："无上妙道非即语言，非离语言，即语言而求之，是执花以为春也，离语言而求之，是弃花而不见春也，惟执与弃皆倒乱心，非真实见，卒难与以会道。"因此他认为："当从一字一句之中，透出非字非句之外。"武则天《大乘显识经序》说："朕闻真空无象，非象教无以译其真；实际无言，非言绪无以诠其实。"王仕云《如来香募刻引》说："盖闻真空无相，而非相无以译真，实际无言，而非言无以诠实。"即是这一思想的发挥和运用。

要求"言"发挥超出本身功能的作用，这是语言艺术中一个深刻的美学课题。明盂《云溪俍亭挺禅师语录序》中说："从来属文易，辞章环错难；辞章易，立意向绝难；立意易，意外意难；意外意易，句外句难。"追求言外的困难，也就是审美的极致。所以，"言外"的探索，实际上也就是审美的课题，翻译中"味""神""化"等一系列概念所要传达的本义，就是言外的追求。因而后来许多论述都谈韵味，讲神韵，或论化境，这既是译经评论发展逻辑的必然，也是佛教中观学的"言道论"启发论者追求"无言"之美的结果。"非言""去言"，为的是说明佛学的无上妙道不可以语言传达。因而"无言"作为"无上妙道"的一种存在方式，也就具备了完美意义，这就是"无言"之美，它是"道"之美的一种变相形态。这种"道"的无言之美，经过译经评论家们改造与发展，深刻地影响了译经艺术和译经家的思想。

佛学的言道思想启示人们意识到能说出来的只是粗浅的东西，真正的精微之处无法用语言来表述。这一思想启发评论者拨开语言的迷雾，透过现量的原真呈现，摒落思量计较，深悟妙旨于言外。由此启迪论者注意文字中的隐含意义，并为论者的理解留下了丰富的想象和体悟空间。僧肇《大智度论序》说："然而照本希夷，津涯浩汗，理超文表，趣绝思境，以言求之，则乖其深；以智测之，则失其旨。"其《维摩诘所说经注十卷序》又说："大道之极者，岂可以形言权智而语其神域哉。"认为佛意不可以言求。僧叡《十二门论序》中说得更明确："然则丧我在乎落筌，筌忘存乎遗寄、筌我兼忘，始可以几乎实矣，几乎实矣，则虚实两冥，得失无际。"道生也是这种观点："至像无形，至音无声，希微绝朕思之境，岂有形言者哉。"（《法华疏》）唐中宗《根本说一切有部苾刍尼毗奈耶序》有言："夫以妙旨幽微，名言之路攸绝；真如湛寂，性相之义都捐。"赞宁《宋高僧传》称："次则舍诠，诠留则月失，比为指天边之桂影，而还认马上之鞭鞘。如此滞句，去道弥远。"宋濂《千严和尚语录序》还说："禅师之道不实不虚，不有不无，不中不边，……并不落有无中边虚实者，固不可以语言文字求也。"蒋之奇《楞伽阿跋多罗宝经序》认为："人始溺于文字，有入海算沙之困，而于一真之体乃漫不省解。"都指出言对于表意的局限性。但这只是问题的一方面。佛学的语言观并未就此止步。佛学讲中道，崇圆融，这促使佛学从不即语言走向不离语言。形成"不即不离"的辩证圆融的语言观。这种对"言"的双重态度，直接渗透、体现在译经评论中。于是，在这种对语言文字的否定之否定中，语言文字的地位得到强调。

支谦尚"雅"，原因即在于"雅"从修辞学角度，时刻提醒译者注意文字的琢磨，为摆脱语言困境而作出努力，促使译人精湛把握语言艺术，只有精于遣词缀句，达到"善酌一字""句无可削"的地步，才是译经这门语言艺术的理想境界，也才是实现从"无一可言"的限制走向"无一不可言"的自由化境。法藏针对"无言"与"离离言"的偏向时说："无言，则颟顸乱统；有言，则摘句寻章。摘句寻章，但堕外而未易堕魔；颟顸乱统，易堕魔而又复堕外。"（《三峰汉月藏禅师语录》）这一语言观可谓得"中观"之髓。郭朋《明清佛教史》载："盖无上妙道，虽不可以语言传，而可以语言见。语言者，指心之准的也。故学者每以语言为证悟浅深之候。是故佛祖虽曰'传无可传'，至于授受之际，针芥相投，必有机缘语句，与夫印证偈颂。"指出了对待语言所应有的正确态度。翻译评论遵循这一思想，也表达出了许多精辟的见解。其中僧祐在《出三藏记集序》中反复表达了这一思想。他说："夫真谛玄凝，法性虚寂，而开物导俗，非言莫津。""夫神理无声，因言辞以写意，言辞无迹，缘文字以图音，故字为言蹄，言为理筌。音义合符，不可偏失，是以文字应用，弥纶宇宙，虽迹系翰墨，而理契乎神。""将令乘蹄以得兔，借指以知月。知月则废指，得兔则忘蹄。经云：'依义莫依语。'此之谓也。""原夫至道冲漠，假蹄筌而后彰；玄致幽凝，借师保以成用。""是以圣人资灵妙以应物，体冥寂以通神，借微言以津道，托形传真。"还有众多评论者表达了同样观点：

> 实非名不悟，故寄中以宣之；言非释不尽，故假论以明之。（僧叡《中论序》）

> 夫宗极绝于称谓，贤圣以之冲默，玄旨非言不传，释迦所以致教。（僧肇《佛说长阿含经序》）

> 虽书不尽言，言非书不阐；言不尽意，意非言不称。（王僧儒《慧印三昧及济方等学二经序赞》）

> 原夫至道绝言，非言何以范世。（道宣《续高僧传序》）

> 尝试论之，言禅不尚文字，其来尚矣；要之第一义谛非文字亦莫能以传，譬之涉长江大河非假舟筏之力，未免望洋而退，恶能济彼岸？故凡传宗之家必有语录者此也。夫文字者舟筏之具也，何可废哉？（徐一夔《天目中峰和尚广录重刊序》）

> 盖宝者，文之秘；而文者，宝之显。秘则实而显则华也，……非文不光，非文不立，非文不度，非文不成，岂虚言哉！是虽华竺不同，象译不类，然同文同轨，制出圣朝。（李经《北京五大部经忏直音会韵重刻序》）

> 愿凡遇是书者，勿离文字而说解脱，勿即文字而忘真月，但因是见谛则离即双超。圆契自心则不杂，圆收万法则不执，圆说圆泯则不迹。（成时《灵峰蕅益大师宗论序》）

> 必尽晓圣人之言，而后能得圣人之意。（高珩《楞严经贯摄序》）

> 道本无言，非言不显，佛不得已而言矣！言有不达，道无以明，则诸师之言亦不容其已也。（惟则《大佛顶首楞严经会解序》）

可见，佛学不即不离的语言观，可以启发评论家们在意识到言意之间的难以契合之后，以统一辩证和不可偏颇的思想处理言意矛盾。同时也启发评论者从不同层次理解即言与离言的关系。那就是致思的路向与获取的目的不一样：作为译者，要既不立文字还要不废文字。因为译者走的是一条从"意"到"言"的道路，落脚点在"言"，因此必须重"言"；作为读者，要得鱼忘筌，因为学人走的是从"言"到"意"的道路，最终要落实在"意"上，所以必须重"意"。刘克庄《题何秀才诗禅方丈》说："禅家以达摩为祖，其说曰：'不立文字'。诗之不可为禅，犹禅之不可为诗也。"明确指出禅与诗的区别。因为禅在"意"，诗在"言"。这也适用于翻译。禅学发现了言或相表意而又不能尽意的矛盾，便采取忘言绝相的态度以寻求真意妙道。作为译者则不然，因为翻译艺术既不能舍弃言也不能排拒相，而应不立文字不废文字。因为如果译者一味不立文字，原作的精神和思想就无以传达；作为译文读者，有必要吸取佛学的思维方法，注意得鱼忘筌，见月忘指。只有这样，才能理解译本中的言外之意。因为语言文字，很多情况下，意在言外，这是语言艺术的一个美学原则。译经评论提倡"超以象外，得其环中"（司空图《诗品·雄浑》），作为读者，当超脱于物象及语言文字之外，而得其精髓，从文章的语言文字之外领悟丰富的意旨。作为译者，应使译本含义深远，意境超脱，能让读者领会其中的深邃意旨。其实，译者与读者的不同，也类似于翻译中理解与传达两端的不同，因而对于言与意的策略也不同。对于这一论题，历代僧传著作中的"译经"篇和"义解"篇是一个很好的说明。在"译经"篇中，各家都竭力强调译者素质的完备，要求译文的完美，如慧皎称罗什"词润珠玉"；道宣称罗什"善披文意，妙显经心。会达言方，风骨流便，宏衍于世，不亏传述"；赞宁称义净"自高文采，最有可观"。而在"义解"篇中都重视超越语言的理解。慧皎主张"得兔忘蹄，见月废指"；赞宁提出"直指人心，见性成佛，不立文字"。这很能说明两个层面的语言观。

佛学的"言外"说，不仅可以弥补言不尽意的缺憾，更着眼于言意矛盾的利用，将"言已尽而意无穷""含不尽之意见于言外"当作一种高妙的语言策略和理想的文辞境界以及翻译艺术的一道深刻的美学课题。追求言外之意，一方面是源自语言自身的限度。逻辑上说，"言外之意"说是言不尽意的必然发展，因为名言与实相本来就没有必然的联系，言也不能准确描写外部世界，也不能彻底表达主体的意旨，这就启发主体利用语言的限制，将限制转化为策略，追求言外之意。而言外的成功往往要依靠"形象"，因为形象是最生动最丰满的，它是超越语言的。因此说，"言外"之说，重视语言的形象性，追求可以意会而不可以言传的"韵外之致"，把韵味和含蓄作为语言首要的艺术特征。所以南北朝时，佛经评论者们都明确地提出了求理于象外的命题。如慧琳在《竺道生法师诔》中说："象者理之所假，执象则迷理。"僧卫说："抚玄节于希音，畅微言于象外。"僧肇《涅槃无名论》说："穷心尽智，极象外之谈。"《不真空论》又说："物虽万殊，而不能自异；不能自异，故知象非真象，故虽象而非象。"都涉及了形象。另一方面也是因为原本的语言本身具有言外之意，这也是语言的特点和佛典经本的性质所致。昙宁《深密解脱经序》说："夫至迹虚微，理包言象之外，幽宗冲秘，旨绝名相之域，是以大圣秉独悟之灵姿，镜环中之妙趣。"嗣宗《天童觉和尚颂古集序》说："夫至理超名象之阶，真智出思议之外。"这是翻译中重视言外之意的理论基础，所以翻译评论中不乏这方面的论述。慧远《大智论抄序》云："若意在言外，而理蕴于辞。"僧卫《十住经合注序》主张："抚玄节于希声，畅微言于象外。"唐中宗《根本说一切有部苾刍尼毗奈耶序》亦云："至若象外之象，独称三界之尊；天中之天，爰著六通之圣。"

2. 灵活辩证对待语言文字

佛学特别是禅学对于语言文字的"即"和"离"并非泛泛而论，而是有明确对象和具体情景。其实，禅宗主张"不立文字"，正是指不要执着于经典文字，或不以经典为教，因为禅宗本有其推崇的经典，如《楞伽经》《金刚经》《坛经》等，以致影响后世，公案语录大为风行。当禅学家只注重讲经说法，研析经教义理，重点不在禅修实践时，往往强调"不离文字"；而当禅修成为中心，顿悟和成佛解脱是关键，则又偏重"不立文字"。从菩提达摩来汉地传播禅法至明清时代，禅学的语言观大体经历了由"不离文字"到提倡"不立文字"，再回到"不离文字"的演变。从安世高至罗什的禅法，基本上是重视经典和语言的，达摩禅法经典和实践并重，达摩以后开始提倡"不立文字"。史载二祖慧可到达摩处，请求"安心"之法，达摩回答："将心来，与汝安。"慧可言下大悟，发现"觅心了不可得"，一方面因为他拿不出一个实体的"心"，另一方面，他了解到以前他心的不安，是因为他把心安排寄托在外在种种条件上，等到他顿悟了，才知道心之安与乐，是不需要任何外在条件的时候，心就自然安了。达摩看到慧可有所悟，便说："于汝安心竟。"这则公案显示，不存在一个具体实在的"心"，只有徒具文字形式的"心"的概念，因为造成"心"的各种幻相执着，莫过于"语言道"，"心行"正是透过"语言道"，"语言道"形成了"心行"活动下的广阔的精神世界，禅的"不立文字"，主要功能在透过"语言道断"，超脱所有的理性分析认识，达到"心行处灭"的境界，透视出人造精神世界的空幻性，证实其"无心"的主张。而慧可经过此种"心不安"、求心、觅心与"觅心了不可得"的过程，逐渐澄明，正突显出真实自我意识的回归。佛经上常言"不思议""不可思议"，正是要破除各种逻辑理性思维的名相，以达到纯粹观照的境界。慧可曾针对这种"心行语言道"的幻灭相指出："学人依文字语言为道者，如风中灯，不能破暗，焰焰谢灭。"（《楞伽师资记》卷一）以"风中灯"为譬喻，形象地指出语言文字所指摄的只能是断续危疑不全的残相，无法照见心体的全体大用。这正是汉地禅宗开始走向"不立文字"的时候。

而"五家七宗"时代又开始重视文字了，特别是宋以后，文字禅盛行，更加表现出对经典和文字的重视。但从禅师的禅修实践来看，"不立文字"与"不离文字"并非是绝对对立的。多数禅师都是在"不立文字"的基础上讲"不离文字"；在不执文字的原则下提倡"不立文字"说。禅宗的机语、玄言、公案、偈颂、话头，既是语言文字，又不是语言文字。《大珠禅师语录》卷下说得明确："汝今谛听，经有明文，我所说者，义语非文；众生说者，文语非义；得意者越于浮言，悟理者超于文字，法过言语文字，何向教句中求；是以发菩提者，得意而忘言，亦犹得鱼而忘筌，得兔忘蹄也。"慧海认为自己说的是"得佛意"的"义语"，是与众生"不得佛意"的"客语""学语""文语"有区别的，而且也是一种辩证的语言观。因为文字本身就具备了智慧，是代表思想言语的记号。

语言文字一直是佛学所重视的。按照佛学的观点，任何语言文字的指称言诠，都是人心之独造。《仁王经》指出："心行处灭，言语道断，同真际，等法性。"《三论玄义》则直接指出："诸法实相，言亡虑绝。"三祖僧璨在其《信心铭》中提倡"信心不二，不二信心，言语道断，非去来今"，把"心"视为唯一真实绝对之物，要求直接摆脱"语言道"的束缚，达到名相全遣，使思量了别无所施，显现所谓"自性清净心"，这才是人心最初始的原点和本来面目，是最真实无污染的状态。南禅宗《坛经》里指出："于一切法不取不舍，即见性成佛。""不取不舍"就是"不著"的功夫，不著于任何名相，以求达到"无念、无相、无住"的最彻底的境界。禅宗主张人心当下的直觉，希望"言语道断，心行处灭"，要求回归"清净心"，摆脱人造世界的幻相约束，这是最根本的"执着"或"染污"，是摆脱语言文字思辨，转向观照，转向真实人生的本真状态，它是佛经上所称"如如"的"真空实相"。《楞伽经》是禅宗所重视的经典，经中即对语言文字有过追根究底的探讨，卷二中说："第一义者，圣智自觉所得，非言说妄想觉境界。是故言说妄想，不显示第一义。言说者，生灭动摇，辗转因缘起。若辗转因缘起者，彼不显示第一义。"指出文字言说非究竟之第一义，南禅宗《坛经》也说："诸佛妙理，非关文字。"这都是大乘性空思想的基本主张。译经首先要面对的问题，是针对原本理解后的表达方式和表达结果，寻找出理想的方法和途径。而禅宗所主张的"不立文字"，本是参透了语言文字的制约与局限，要求摆脱文字所造成的幻象，直达经典本旨和顿悟佛性的努力。禅宗通过"不立文字"，以达到言断心灭，探究"心"的真正实相，这是重般若的"扫相"功夫。曹洞宗创立者洞山良价说："一大藏教只是个'之'字。"（《洞山语录》）象征性地指出全部的佛教经典就像"之"字形状地缠绕，使人迷限于语言文字、概念分析思辨之中，无法超拔其中，出乎其外，不能直接领悟禅的真谛。

关于禅宗语言，方立天《中国佛教哲学要义》有专章《中国佛教的语言观》专论佛教语言，另有于谷《禅宗语言和文献》、张美兰《禅宗语言概论》、周裕锴《禅宗语言》等都有专著研究，表明禅宗不仅重视语言，而且有自己独特而丰富的语言思想和实践。张子开在《禅宗语言的种类》一文中指出，唐五代禅宗僧侣所使用的语言，丰富多彩，虽然禅宗昌言"言语道断""不立文字"，实际上在唐五代各个社会阶层所用语言之中，禅宗语言反倒是最为繁复杂乱、隐晦艰涩。在不同语境中，禅僧们使用不同类型的语言。禅宗修行自以自修、自证、自悟为中心、为内因，而将语言文字视作外因和入道初阶。但在修道过程中，在证悟之后而向他人弘布佛法时，同样会时时运用语言文字。正是禅僧们极大地发展了语言文字。作者将禅宗僧侣们所使用的语言，分为"如实语""教法语""丛林语""悖理语"和"副语言文字"五类，其中后三类可视为禅宗独特的行业语。作者对每一类"语"也做了深入分析。

"如实语"与"经典语"相对，指与世俗语言基本一致的语言，也就是符合世俗用语习惯、符合世俗逻辑的语言。这种"如实语"指符合中土传统思维习惯的语言文字，也就是理智地说话。这种语言，即使不懂佛法的人，也基本上可以按照它的字面含义来理解。在佛典中，"如实语"或称"世俗语""世俗语言""尘世语""尘世语言"等。《佛说大乘智印经》卷三，世尊说偈言："无智众生类，妄说法非法。论世俗语言，研求于好丑。自身口意业，而不能守护。"而禅宗将"如实语"称作"死句""死语""这边句"或"有义句"，指有义路可通或落于俗套的言句作略。窥基《金刚般若论会释》卷一云："以教诠义，名为有义句。"禅宗则指"可按通常的概念意义来理解的句子"。如实语一般理解起来比较简单，不费什么力气，乃修行时最早接触者。《大方广菩萨藏文殊师利根本仪轨经》卷十九《如来藏大法宝法界相无数功德祥瑞品》载："于经典语及世俗语中，拣别真实义具真言义，及别法行，离诸繁杂。""世俗语"有时指与佛法无关之语言。《摩诃僧祇律》卷三十九云："佛住舍卫城。尔时长老比丘教诫比丘尼：'尔时六群比丘不得教诫。'次便作是言：'我等教诫去。'又言：'世尊制戒，不听不差而教诫。我等当出界外，辗转相拜而去。'即出界外，辗转相拜已。晨朝着衣，往到比丘尼住处，语比丘尼言：'姊妹尽集，我当教诫。'时六群比丘尼即便速集。善比丘尼不来，而作是言：'我不能非毗尼人边受教诫。'时六群比丘共六群比丘尼作世俗语已，须臾间而去。'"显然，《摩诃僧祇律》中此处之"世俗语"，谓非"教诫"之语也。

"教法语"是指佛教界通用的、有关佛教教义和戒律等各个方面的术语。"教法语"供佛教学者在自我修习或弘化时所使用，并通行于佛教界内部的各个派别以及世俗社会的信众之中。禅宗认为，语言文字形式的佛法并不能令修习者臻达悟境，但却可以之作为方便。所以，尽管禅家高唱"不立文字"，在实际生活中，却也离不开语言文字。"教法"本指法典、法规。在汉译佛典中，"教法"为四法（教法、理法、行法和果法）之首，指历代有关佛法的言教和经典。也就是对形诸语言文字的佛法的总称。《长阿含经》卷三《游行经第二中》云："佛告诸比丘：'当与汝等说四大教法。谛听！谛听！善思念之。"教法语属于佛教专业用语，即佛教"名相"。佛教"名相"指呈诸人们眼耳之佛法，也就是佛教概念、术语之类。宇宙间一切事物，皆有名有相。但佛教认为，所有名相只不过是一种假立施设的方便教化，并皆虚妄不实，非能契合于诸法实相。学佛者如果执着于名相，将随相逐流，产生种种妄想分别。因此应当透过名相而了知其真性。刘宋求那跋陀罗所译《楞伽阿跋多罗宝经》卷四《一切佛语心品》云："从自心妄想生，非自在时节，微尘胜妙生。愚痴凡夫，随名相流。"天台大师智顗讲述、弟子灌顶笔录《摩诃止观》卷十谓："夫听学人诵得名相，齐文作解，心眼不开，全无理观。"

"丛林语"是中国禅宗的独创语。"丛林"指禅宗寺院，又称为"禅林"，"林"喻修行者众多而如林中之树。禅宗人创造的词汇，一是撷自传统文献语言，而赋予新义。二是吸收当时口语而加以改造。三是完全新创。"悖理语"是宗门善知识点拨学僧开悟的一种语言形式。又称"禅语""机锋""机语"。"悖理语"具有悖理性，即悖离常理，与社会一般人众的思维方式和行为方式相左。但也并不与佛教的基本教义违背。"悖理语"皆出于"如实语""教法语"和"丛林语"，只是它所组成的语句，所透露出的意旨是与世俗"逻辑"相违逆、相违背的，所以不可从世俗思维方式去理解。明显违背常理的这种悖理性，其目的乃是提醒、要求闻听者，如欲明了佛法大意，必须破除对于世俗社会的思维定式，消灭一切执着。也就是说，应该在语言文字的字面含义之外去寻找答案。

"副语言文字"指动作行为、表情神态以及其他非语言文字形式的声音等。印度佛教原有这种"副语言文字"，《增一阿含经》卷二十八《听法品》云："尔时，世尊弹指可之。时二龙王还复故坐，欲得闻法。"后随佛教传入中国，汉地学僧也注意在传播佛学中运用这种方式，它包括语音语、表情语、动作语等。如语音语在古印度吠陀时代，瑜伽师常运用非语言的语音协助修习。佛教也吸收了部分瑜伽手段，以为总摄修心、修慧。密教更是全面吸收瑜伽文化，其陀罗尼、真言、明咒等都运用了大量非语言的语音。佛教中的真言主要有三种形态：一是完全由无意义的语音组成，如《瑜伽师地论》卷四十五《菩提分品》中的咒词"壹胝蜜胝吉胝毘羼底（丁里反）鉢陀腻莎诃"，即为音译。二是由无意义的语音与语言混合而成。如《大乘入楞伽经》卷六《陀罗尼品》中的"靓吒靓吒（都骏反下同二）"之类的语音，与"无垢啊！无垢啊！"相连。三是全由语音组成。叹词在佛教中也多作为语音语运用。如 hūm 本指牛、虎之吼叫声，吠陀时代的婆罗门在举行祭祀仪式时，将其用作为真言。《一切经音义》卷十"吽"载："梵文真言句也。如牛吼声，或如虎怒謷喉中声也。"佛教密宗还将其视为金刚部的通种子字、诸天的总种子字，表示摧破、恐怖之声。禅宗则连用"吽吽"，表示禅悟境界：此境界毫无分别，无法用语言文字加以叙述诠释。这类语音语在佛教经典中具有特殊的意义，特别是宗教的神秘感和神圣感。印度史籍载，有一位瑜伽师将咒语"嗡班匝日格里格热呀吽啪的"念为"嗡班匝日及里及热呀吽啪的"，当他念"嗡班匝日及里及热呀吽啪的"时，整个山河大地都随着他的念诵而念诵。另外一人觉得他念得不对，就纠正他，但当瑜伽师改念后，整个山河大地的念诵都停了下来。可见，印度文化很重视语音语的神秘作为。佛教的不可思议之力，往往通过这类语音语表现。如《心经》结尾的明咒，玄奘即遵循"秘密不翻"原则，根据梵语直音译为"揭谛揭谛，波罗揭谛，波罗僧揭谛，菩提萨婆诃。"如果意译，则为："度呀！度呀！度到彼岸，度众生到彼岸，成就觉者。"似乎就失去了经中的神秘力量。

二、相互融合与呼应的"形神"之论

翻译要"随物（原文）赋形（译文）"，就需思考如何"随物"，也就是如何处理形与神的关系。一味追求原文的形式，纵令酷似，与神无缘；如若"离形求似"，神无从而得，这种两难境地，就是翻译评论中的形神论。

（一）"形神"理论的文化源流

华夏文化早在《易经》中已有"神"的讨论，其《系辞传》云："神无方，易无体。""阴阳不测之谓神。"《黄帝内经太素·本神论》云："神乎神，不耳闻，目明，心开，为志先。慧然独悟，口弗能言，俱见遍见，适若昏，照然独明，若风吹云，故曰神。"《荀子》论"神"，已认识到"神"并不神秘，只是因隐伏于现象背后，潜在于成功之前而显得奇妙不凡。即所谓"不见其事而见其功，夫是之谓神"。司马谈《六家指要》说："凡人所生者神也，所托者形也。""神者，生之本也；形者，生之具也。"这些对于神的理解已经有了比较深刻的认识，而且都是从"神"外的观察角度，基于特定的语境中的描述。

1. 佛教义理中的"形神"

早期佛学对于事物实在性的否定并不很彻底。它讲缘起侧重讲由缘构成的事物不实在，并没有明确讲缘本身也由缘构成因而不实在。比如在讲五蕴构成的事物不实在时，单独的五蕴成分是否也不实在，讲得并不很明确。这种不彻底性为佛学对"神"的肯定留下了空间。如《长阿含经》卷第一中说："佛时颂曰：四方四天子，有名称威德，天帝释所遣，善守护菩萨，手常执戈矛，卫护不去离，人非人不娆，此诸佛常法，天神所拥护，如天女卫天，眷属怀欢喜。"明确提到了"天神""天帝释"，这都是神的观念。"天神"是对神的一般称谓。"天帝释"是一种神的具体名称。到了部派佛学，其中也有不少派别在一定意义上承认事物的"实有"，如说一切有部侧重论证"三世实有""法体恒有"。犊子部则将事物分为过去法、现在法、未来法、无为法和不可说法五大类，认为这些法都是实有的。按照这些部派的观念，事物并非都是性空的。随后兴起的大乘佛学建立起彻底的"空"观，是一种彻底的否定性思维。般若学要论证的就是事物的"空"不仅表现在现象上，而是事物在本质上，即一切皆"空"。连事物的构成要素也是"空"，即"体空"。《般若波罗蜜多心经》说："色不异空，空不异色。色即是空，空即是色。受想行识亦复如是。"意思是说，认识和理解"空"义，既不能离开事物说空，也不能离开空来说事物，空是事物的不能分离的本性。《小品般若波罗蜜经》卷第十还以生动形象的比喻描述这一观点："一切法性空，一切法无我无众生，一切法如幻如梦如响如影如炎。"中观学讲缘起性空，也是非常彻底的。《中论》卷第四中说："未曾有一法，不从因缘生，是故一切法，无不是空者。"意谓不仅缘起的事物是"空"，而且构成事物的诸缘也是"空"，这也是一种"体空"的思想。瑜伽行派虽然讲唯识，但其主流思想实际认为"识"也不能真的执为实有。可见,大乘佛学的"空"观不承认有任何实有的存在。根据佛教在创立时提出的基本教义"缘起论"以及相应的"无常"和"无我"理论,佛教不承认有永恒不变的实体存在。《杂阿含经》卷第十二中说:"此有故彼有,此起故彼起。"《中阿含经》卷第二十一中说:"若有此则有彼,若无此则无彼,若生此则生彼,若灭此则灭彼。"意谓事物的产生和消亡都是依赖于其他条件的。《杂阿含经》卷第十中说:"一切行无常,一切法无我。"事物都不是恒常的,也没有一个作为不变主体的我,这也就意味着不存在永恒的神灵。中观学思想甚至认为如来或佛也不能执著。《中论》卷第四说:"非阴不离阴,此彼不相在,如来不有阴,何处有如来。阴合有如来,则无有自性。若无有自性,云何因他有。法若因他生,是即为非我,若法非我者,云何是如来。若无有自性,云何有他性。离自性他性,何名为如来。"连如来作为佛教中地位最高、普遍崇信的佛在中观学中都被认为没有自性,"神"自然也是无自性的,当然也就不承认有"神"了。

无论承认还是不承认"神"的存在,都需要从理论上深入讨论,才能说明道理,所以印度佛教各个时期的经典中不乏关于"神"讨论。所以佛学理论对"神"和"形"有广泛论述,因为"形"本指物体存在的形态,佛学要论证一切形体皆空,首先必须把它阐述清楚,这就产生了佛学关于"形"的众多理论。至于佛学对于形神关系的探讨,慧远有"神模"论,谢灵运提出"传心",即形象逼真,亦即"传神"。慧皎《高僧传》卷八"义解论"说:"圣人之资灵妙以应物,体冥寂以通神,借微言以津道,托形象以传真。"指出形象固然重要,更重要的还在于"通神"与"传真"。这就将形与神结合起来了。于是,佛学对形象的这种要求,极大地启发了译经评论,以致在其他艺术理论中也深受熏陶。如顾恺之提出的"传神"论,宗炳的"畅神",都有佛学的影响。

从佛教意义上来说,"神"有多重含义,"精神"与"神灵"是最基本的。"神灵"指佛教崇拜的超人的偶像。"精神"则与肉体相对而言,也可说是"灵魂",在佛教不同部别与宗派所指亦略有不同,各家也以不同的名相来表述。关于"神"的有无,各派观点不尽相同。早期佛教十二因缘论"识"(心识对事物的认知作用),说一切有部提"中有"(从死的刹那到下次受生之间的过渡时期的存在形式,轮回主体),犊子部、经量部等称"补特伽罗"(意为"数取趣",即多次往返于轮回之中,承担因果报应的主体),后来大乘佛学瑜伽行派进一步提出"阿赖耶识"(与眼、耳、鼻、舌、身、意、末那等识合为八识,又称"藏识"或"种子",是承担因果业报的主体）。承认这些轮回相续，不断承担果报的主体的存在，是佛学的神不灭说。

2. 传统文化的"形神"

"形神"论更是中国传统文化中早有的命题，被称为中国文化"源头活水"的《周易》就讨论过哲学意义上的形与神。中国思想史上，自先秦即有对于"形""神"关系的探讨，中国传统的儒家思想、道家思想都有这方面的论述。庄子谈形神问题时，已开始了形神论从哲学向艺术的转化。他在《达生》篇中借寓言描述能工巧匠的创造性劳动而至出神入化的境界，揭开了形神论的艺术化转向。如《养生主》中说："吾尝济乎觞深之渊，津人操舟若神。"即是指运用自如、得心应手的巧妙境界，可以说就是艺术精神的表现。"津人"指渡船的船夫。《左传·昭公二十四年》谓："冬十月癸酉，王子朝用成周之宝珪沉于河。甲戌，津人得诸河上。"《史记·太史公自序》说："凡人所生者神也，所托者形也。"美学上的"形神论"已由这种基本认识逐渐产生。至汉代，人们已开始注意到艺术表现上的"形"似与"神"似的区别，如刘义庆《世说新语·排调》说："不恒相似，时似耳；恒似是形，时似是神。"说的就是"形"似与"神"似的区别。

关于"神形"命题，儒家和道家使用的"神"观念，多是属于精神的、理念的范畴，是事物中起主导的决定性的内在因素。而"形"则是属于事物的外在的可以感知的具体现象。《荀子·天论》中说："天职既立，天功既成，形具而神生，好恶喜怒哀乐臧焉，夫是之谓天情。"指出形是物质外壳，神是精神因素。《周易》中也常谈到"神"，有时是表示事物的微妙变化，如说"阴阳不测之谓神"（《系辞上》），是神妙的意思。又说"神无方而易无体"，东晋玄学思想家韩康伯注解《周易正义》为："方、体者，皆系于形器也，神则阴阳不测，易则唯变所适，不可以一方、一体明。""神无方"意谓神与形是相对的概念。但有时也指思想精神范畴的内容，如说："观天之神道，而四时不戒，圣人以神道设教，而天下服矣。"（《观卦象辞》）所云神道、神理等等，都是属于精神、理念之类的，而"象"则"拟诸其形容，象其物宜"（《系辞下》），则属于形的范畴。在庄子的论述中，神形关系主要是从养生的角度而谈。"道"是神，"物"是形；意是神，形色名声是形；主观精神是神，五官形骸是形。他说："以神遇而不以目视，官知止而神欲行。"（《庄子·天道》）《知北游篇》中又说："若正汝形，一汝视，天和将至；摄汝知，一汝度，神将来舍。"这是以精神和形体对举而论的。

可见，汉地传统"形神"论从哲学领域到伦理观念，再转化为审美理想，儒、道各家都讨论过这个命题，它涉及精神与物质、主观与客观、形式与内容、本质与现象等等哲学范畴。在文艺领域中则直接涉及思想性、艺术性、典型化等关于美学的一些重要命题。这在先秦诸子典籍中也时有论及。但是，作为一个比较系统而又影响很大的哲学和文艺课题，则是到了西汉《淮南子》和东汉王充《论衡》，才逐渐形成的。《淮南子》为西汉淮南王刘安及其门客集体编撰，书中融汇儒道思想，既谈养生，也讨论文学艺术。在《原道训》中，"神形"概念主要有两种内涵。一是从"道"的角度即哲学意义上谈神形："夫道者，覆天载地"，"一包裹天地，察授无形"。这无形的道即是神，天地万物即是形。"神与化游，以抚四方"，"神托于秋毫之末，而大宇宙之总。其德优天地而和阴阳，节四时而调五行"。这里的"神"也就是"道"，而宇宙四方，天地万物是形。二是就人来谈神形，这里的"神"指人的思维、思想、情志，即人的主观精神活动能力，而"形"就是人的躯体。"心"，就是"神"。而《淮南子·精神训》中说："心者形之主也，神者心之宝也。"犹如孟子所云："心之官则思，思则得之，不思则不得也。"（《孟子·告子上》）《本经训》中说："心与神处，形与性调。"神是心的功能，"心"是"神"的发动器，"心"和"神"是一而二、二而一的内容，是"形之主"。所以又说："志与心变，神与形化"（《俶真训》），"太上养神，其次养形"（《泰族训》）。《淮南子》虽然将神与形分开而论，但基本观点则是以神为主，而神形兼备。《原道训》说：

> 形、神、气、志，各居其宜，以随天地之所为。夫形者，生之舍也；气者，生之充也；神者，生之制也。一失位则三者伤矣。是故圣人使人各处其位，守其职，而不得相干也。故夫形者，非其所安也而处之，则废；气不当其所充而用之，则泄；神非其所宜而行之，则昧。此三者，不可不慎守也。

文中论述了神与形，还论述了气和志。气是人的血气、个性、气质，是人的神和形获得生命力的元素。志属思想感情，而支配人的思想感情的因素是神、形、气三者，缺一不可。这样的"神"，随着"道"和"人"的神形进一步引申到文学艺术上的神形，其含义不断扩展，包括了创作者的气质、个性、道德修养、思想情志等。而形则包括艺术的各种表现形式。因此，对创作者来说，就需要有神、形、气、志各方面的因素。所以《孟子》中有养气说，《文心雕龙》中有《养气》篇。刘勰在《神思》篇中说："神居胸臆，而志气统其关键……关键将塞，则神有遁心。"这就是《淮南子》的形、神、气、志说在文学评论中的具体运用。不仅作者的创作如此，人们的认识能力以及审美能力活动也要靠神和气的作用才成为可能，所以《原道训》又说："今之所以眸然能视，营然能听，形体能抗，而百节可屈伸，察能分白黑、视丑美，而知能别同异，明是非者，何也？气为之充而神为之使也。"这就直接涉及艺术审美与"神""气"的关系。这些关于"神"和"气"的理论，正是形成传统审美意识的源泉，使传统文学思想注重于"神明""神韵"，讲"气韵""生气"等范畴。尤其是《淮南子》主张神、形、气、志四者"各居其宜"，"各处其位，守其职"，意谓四者相互制约，缺一不可，各自发挥自身的作用而不能相互代替。同时又强调神在其中的主导的地位："以神为主者，形从而利，以形为制者，神从而害。"（《原道训》）"神贵于形也，故神制则形从，形胜则神穷。"（《诠言训》）"神"的主导作用，也就是"心"的主导作用，也就是强调审美主体的主观能动性。"夫心者，五藏之主也，所以制使四肢，流行血气，驰骋于是非之境，而出入于百事之门户者也。是故不得于心而有经天下之气，是犹无耳而欲调钟鼓，无目而欲喜文章也，亦必不胜其任矣。"（《原道训》）以神为主，以心为主，这从创作实践来说，是要求创作主体调动主观精神，发挥包括思想感情、个性气质、审美能力等方面的主导作用，只有发挥主体的精神主导作用，才能创作出优美的作品来。而从作品本身来说，就是要以神为主，以意为帅，并有优美的艺术形式，才能具有不朽的艺术生命。《淮南子》中很多地方提到"君形者"一词，"君"就是"主宰"，即指"神"和"心"。一幅画如果没有"君形者"，那么"画西施之面，美而不可悦；规孟贲之目，大而不可畏"。（《说山训》）音乐如没有"君形者"，则"虽中节而不可听"（《说乖仁训》）。后来苏东坡说："论画以形似，见与儿童邻。作诗必此诗，定非知诗人。"升庵说："此言画贵神，诗贵韵也。然其言偏，未是至者。"晁以道和之云："画写物外形，要物形不改；诗传画外意，贵有画中态。其论始定。"（《升庵诗话》）明显受到《淮南子》思想的影响。

　　袁济喜在《从"神感说"探讨古代文论的"神思说"》一文中指出，《周易》中提出的"神感说"，正是天人相感的一种范畴学说，它建立在万物一体，自然神妙，互相感应的原始思维的观念之上，大致指的是精神灵性的互相感应，体现在物与物之间，物与人之间的互动上面。是基于中国古代原始思维之上的一种认知学说，涉及人的主体精神的诸多功能，对于艺术思维的激活具有积极的意义。中国古代文论的"神思说"明显地受到"神感说"与佛教"重神说"的影响，主要表现在对精神意蕴的感受，以及对文艺创作中想象和灵感诸范畴的启发等方面。

《周易·说卦》云："神也者，妙万物而为言者也。"谓"神"是万物体现出来的造化神力，万物生成与运动，其根本的奥秘是不可穷尽、出神入化的，它非意识所能控引。界定"神"为一种神妙无方的境致，是一种超验至妙的精神境界，这最符合自由无方的艺术精神，因而自然地延伸到艺术制造与文学创作学说中。韩康伯注《周易正义》云："于此言神者，明八卦运动、变化、推移，莫有使之然者。神则无物，妙万物而为言也。则雷疾风行，火炎水润，莫不自然相与为变化，故能万物既成也。"王弼注《周易》说："天地万物之情，见于所感也。凡感之为道，不能感非类者也，故引取女以明同类之义也。"韩康伯与王弼解释《周易》的意趣，都借助了老庄与玄学。庄子也常用"神"的概念来说明天地的变化莫测，神妙无迹。如《庄子·知北游》中云："天下莫不沉浮，终身不故；阴阳四时运行，各得其序；昏昏然若亡而存；油然不形而神；万物畜而不知：此之谓本根，可以观于天矣！"这种神感明显是一种接近于灵感的思维方式。

《易传》中的这种"神感说"，到了魏晋时代，成为玄学的重要思想营养，特别是融合日渐兴起的佛学思想，使传统的"神"观念进一步向美学转化。佛学将《周易》中"神"的概念演变为超离现实世界，独立无待的精神，使之与人的肉身存在相脱离，从而使"神"朝着宗教精神和实体化的方向延伸。如支遁在《大小品对比要抄序》中说："夫至人也，览通群妙，凝神玄冥，灵虚响应，感通无方。建同德以接化，设玄教以悟神，述往迹以搜滞，演成规以启源。"又说："夫体道尽神者，不可诘之以言教，游虚蹈无者，不可求之于形器。是以至人于物，遂通而已。"融合传统《易传》与佛教重神学说，以《周易》的"神感说"解释佛学，认为佛学中的精神也体现在神秘的感通作用之上。《世说新语·文学》载："殷荆州曾问远公：'易以何为体？'答曰：'易以感为体。'殷曰：'铜山西崩，灵钟东应，便是易耶？'远公笑而不答。"据《世说新语》注引《东方朔传》所云，"铜山西崩，灵钟东应"，为东方朔应答汉武帝时"以阴阳气类言之"来解释的一种感应现象。慧远（远公）的思想已超越两汉神秘主义的天人感应论，他赞同道家自然无为精神，却批评当时道教肉体长生说的外在执著，并巧妙地将其转化为神明法性不灭的内在自觉，《高僧传》载："'古人不爱尺璧，而重寸阴，观其所存，似不在长年耳。檀越既履顺而游性，乘佛理以御心，因次而推，夫何羡于遐龄耶？'……先是中土未有泥洹常住之说，但言寿命长远而已。远乃叹曰：'佛是至极，至极则无变，无变之理，岂有穷耶？因著法性论曰：'至极以不变为性，得性以体极为宗'。"可见慧远解释《周易》的感应论显然是从精神感应方面去发挥的，这才能体现其佛学方面的建树，也才符合魏晋时的玄学家与佛学家的新探索。魏晋人士认为人的精神思维具有超验的、不可言说的功能，这种功能能够直观把握对象，并与对象合一，体现出至神至妙的功能。袁济喜《从"神感说"探讨古代文论的"神思说"》一文认为，这种功能，恰好与文艺创作与感受中的灵感现象相契合。因此，在六朝宗炳与刘勰等人的画论与文论中，得到重视与阐扬。

刘勰在《文心雕龙》中融合《周易》"神感说"与佛教精神说，提出"神思说"，认为文学来自于道心的彰显，而道心即神理，也就是精神实体。他在《灭惑论》中比较佛法与道教的优劣时说："夫佛法练神，道教练形。形器必终，碍于一垣之里；神识无穷，再抚六合之外。暗者恋其必终，诳以仙术，极于饵药。慧业始于观禅，禅练真识，故精妙泥洹可冀。药驻伪器，故精思而翻腾无期。若乃弃妙宝藏，遗智养身，据理寻之，其伪可知。假使形翻无际神暗，鸢飞戾天，宁免为乌？夫泥洹妙果，道惟常住，学死之谈，岂析理哉？"刘勰在这里批评世人常常为生死等肉体问题所困惑，而看不到修炼精神对于人生的重要性，认为唯有精神是不生不灭，可以超越形质，远游天地，达到最高的人生胜境与智慧。刘勰显然继承发挥了僧祐的重神思想，借以批评当时道教对于佛教的诘难，并借以论证自己的文学主张。僧祐在《弘明集后序》中曾说："论云：夫二谛差别，道俗斯分。道法空寂，包三界以等观。俗教封滞，执一国以限心。心限一国，则耳目之外皆凝。等观三界，则神化之理常照。执凝以迷照，群生所以永沦者也。详检俗教，并宪章五经，所尊惟天，所法惟圣，然莫测天形，莫窥圣心。虽敬而信之，犹蒙蒙弗了。况乃佛尊于天，法妙于圣。化出域中，理绝系表。"这段话用佛学"二谛"（真谛、俗谛）理论论述了佛教（真谛）超越世俗，等观三界，神理常照的殊胜，而"俗谛"则执迷于一隅，使心有所限，耳目塞滞，导致精神永堕地狱。佛学所说的"照"，正是指精神作用的关照，它摆脱了世俗的偏见和障碍，所以能圆照无偏。他还说："夫宇宙绵邈，黎献纷杂，拔萃出类，智术而已。"（《文心雕龙·序志》）这显然是站在佛教的立场上的观点，与他写作《灭惑论》时大力阐扬精神作用的价值观是一致的。《文心雕龙·神思》所云"寂然凝虑，思接千载"，"眉睫之前，卷舒风云之色"，这些观点都说明他论文学的"神思"与《灭惑论》中所说的"神识无穷，再抚六合之外"有着直接的关系。"思理为妙，神与物游"这两句话讲文章的构思，精神与客观事物的交往，说明精神在想象中的畅游无碍。这也是佛学的一个重要思想。东晋慧远在《念佛三昧诗集序》中说：

> 夫称三昧者何？专思寂想之谓也。思专则志一不分，想寂则气虚神朗，气虚则智恬其照，神朗则无幽不彻。斯二乃是自然之玄符，会一而致用也。……又诸三昧，其名甚众，功高易进，念佛为先。何者？穷玄极寂，尊号如来，体神合变，应不以方。故令入斯定者，昧然忘知，即所缘以成鉴，鉴明则内照交映，而万象生焉。非耳目之所暨，而闻见行焉。于是睹夫渊凝虚镜之体，则悟灵相湛一，清明自然。察夫玄音以叩心听，则尘累每消，滞情融朗。非天下之至妙，孰能与于此哉！……是以奉法诸贤，或思一揆之契。感寸阴之颓影，惧来储之未积，于是洗心法堂，整襟清向，夜分忘寝，凤宵唯勤。庶夫贞诣之功，以通三乘之志，临津济物，与九流而同往。仰援超步，拔茅之兴。俯引弱进，垂策其后。以此览众篇之挥翰，岂徒文咏而已哉？

慧远明确指出精神智慧来自于神秘的凝想，这种神秘的凝想正是精神发挥的关键。这里强调了精神的至妙正在于"想寂"，是鉴明内照，即内心的冥感。它是以心照物，内外相感的审美过程。他还在《沙门不敬王者论·形尽神不灭》中对"神"的概念有精辟的阐述和严密的界定：

> 夫神者何耶？精极而为灵者也德。精极则非卦象之所图，故圣人以妙物而为言。虽有上智，犹不能定其体状，穷其幽致，而炎者以常识生疑，多同自乱，其为诬也，亦已深矣。将欲言之，是乃言夫不可言，今于不可言之中。复相与而依稀，神也者。圆应无生，妙尽无名，感物而动，假数而行。感物而非物，故物化而不灭；假数而非数，故数尽而不穷。有情则可以物感，有识则可以数求。数有精粗，故其性各异；智有明暗，故其照不同。推此而论，则知化以情感，神以化传；情为化之母，神为情之根；情有会物之道，神有冥移之功。但悟彻者反本，惑理者逐物耳。古之论道者，亦未有所同。请引而明之。庄子发玄音于大宗曰："大块劳我以生，息我以死。"又以生为人羁，死为反真。此所谓知生为大患，以无生为反本者也。文字称黄帝之言曰："形有靡而神不化，以不化乘化，其变无穷。"庄子亦云："特犯人之形而犹喜之。若人之形者，万化而未始有极。"此所谓知生不尽于一化，方逐物而不反者也。二子之论，虽未

究其实，亦尝傍宗而有闻焉。……火木之喻，原自圣典。失其流统，故幽兴莫寻，微言遂沦于常教，令谈者资之以成疑。……火之传于薪，犹神之传于形。火之传异薪，犹神之传异形。前薪非后薪，则知指穷之术妙；前形非后形，则悟情数之感深。惑者见形朽于一生，便以为神情俱丧，犹睹火穷于一木，谓终期都尽耳。

"神"是无生无灭的"精极而灵者"，它不能用具体的相状来描述，"言夫不可言"，但它又是确实存在的具有普遍应化，"寂然不动，感而遂通"的特征，可与"法身"类比："法身之运物也，不物物而兆其端，不图终而会其成。理玄于万化之表，数绝乎无形无名者也。"（《万佛影铭序》）慧远用"格义""连类"的方法，引用《周易》《庄子》，论证"形尽神不灭"思想，这也是译经大师们多用的方法。但慧远又说："火木之喻，原自圣典。"表明其观点自有佛学依据。"圣典"即指鸠摩罗什所译龙树《中论》，论中《燃可燃品》云："燃是火，可燃是薪。作者是人，作是业。若燃可燃一，则作作者亦应一。若作作者一，则陶师与瓶一。作者是陶师，作是瓶。陶师非瓶，瓶非陶师。云何为一？是以作作者不一故。燃可燃亦不一，若谓一不可则应异，是亦不然。何以故？若燃与可燃异，应离可燃别有燃，分别是可燃是燃。"这里运用中观学的方法证明燃和可燃的"非一非异"，既不是一，也不是不一，其实还是一。这也是慧远薪尽火不灭的基础。薪火之喻本是桓谭借以论证形尽神灭的，因为比喻的限制和两面性，反而被佛学家用来论证形尽神不灭思想。所以僧祐《弘明集》载桓谭薪火之喻，并注云："君山未闻释氏之教，至薪火之譬，乃暗与之会。"

自从庄子哲学主形残而神全，开始了形神关系的谈论。《淮南子》继承这一思想，提出："神贵于形也，故神制则形从，形胜则神穷。聪明虽用，必反诸神。"并主张"神"为"君形者"，认为拘泥形似会伤其神。《淮南子·原道训》又说："夫形者，生之舍也；气者，生之元也；神者，生之制也。"在这里，"神"已经成了与"形"对立而存在的一种概念，进一步抽象化与形而上学化了。但是，自《庄子》到《淮南子》，形与神虽然作为对偶范畴确立了，但对于形与神之间关系的认识仍然是含糊不定的，而且这个神仍然是一种十分抽象的概念。无论《庄子》所讲"抱神以静，形将自足"，"神将守形"，《荀子》谓"形具而神生"，还是《淮南子》论"神贵于形也。故神制则形从，形胜则神穷"，都只注意了形与神的对立存在性与相互依存性，但很少有对"神"的自身特性做出分析与定性的。从这个意义上讲，慧远关于形神的论述，真正将作为与"形"相对的抽象而纯粹的

"神"，转化为可以表现于"形"的"神情"。他说：

> 神也者，图应无生，妙尽无名，感物而动，假数而行，感物而非物，故物化而不灭；假数而非数，故数尽而不穷。有情则可以物感，有识则可以数求。数有精粗，故其性各异，智有明暗，故其照不同。推此而论，则知化以情感，神以化传；情为化之母，神为情之根。情有会物之道，神有冥移之功。……夫情数相感，其化无端，因缘密构，潜相传写。……火之传于薪，犹神之传于形；火之传异薪，犹神之传异形。

所以李泽厚、刘纲纪在《中国美学史》中说：

> 慧远大师也承认神是"感物而动，假数而行"的，即神的活动要以"物"和"数"（自然之数，即自然运行的规律、法则、过程）为凭借，但慧远大师认为"神"不是"物"，也不是"数"，所以"物"虽灭而"神"不会灭，"数"虽尽而"神"不会尽。慧远大师通过对神的不可名言的微妙性的强调，最后把"神"看作是可以独立于物和数而存在的。其次，为了证明神可以独立于物和数而存，慧远大师又声称化以情感，神以化传；情为化之母，神为情之根；情有会物之道，神有冥移之功。他把神与情联系起来，生的变化推移是和情的感物分不开的，而神又为情之根，因此"情"在感物化生的同时也就把"神"暗暗地移传给不断产生的新的生命了。这就是他所谓"情数相感，其化无端，因缘密构，潜相传写"。前形虽死，"神"却可以暗中传于后形，就像前薪之火可以传于后薪，不绝地燃烧下去一样。

至顾恺之将这一形神观继承发展，提出"传神"的要求及"以形写神"（张彦远《历代名画记》卷五）的主张，使形神关系进入艺术领域。而这也就是对后世影响深远的"形神"论。顾恺之所云"形"指艺术表现对象的外形或现象的一面，"神"为艺术表现对象的内在精神、本质的一面。"以形写神"意为通过对艺术表现对象的形貌的刻画描写，达到对其内在精神、本质的呈现。"以形写神"就是通过自身的绘画敏感去观察、捕捉、提炼、概括，从而展现所画对象的个性特征，将其"神"传达于作品之上。围绕着这一理论还相应提出了"以形写神""迁想妙得""悟对通神"等人物画精髓理论。他还提出"一像之明珠，不若悟对之通神也。"（《魏晋胜流画赞》）

"悟"即"晤"，意味见面，交流沟通的意思。悟对通神，就是对绘画在主体与对象间交往性质的说明。"交往"即"悟"是中国艺术"传神"的思想核心。张彦远在《历代名画记》中提出"四体妍媸本无关于妙处，传神写照正在阿堵中"。又说："手挥五弦易，目送鸿雁难。"

"形神"关系的讨论，源于艺术家们对艺术实践的深入探索，即从注重描写刻画人物外形的惟妙惟肖到展示人物内心的精神世界。其后这一观念扩展到艺术领域中的语言、文学等各方面，并且与当时玄学与佛学思辨成果相交汇，由形神关系的谈论，推演出"离形得似"的美学命题，这就是司空图《诗品·形容》所云："俱似大道，妙契同尘，离形得似，庶几斯人。""离形得似"的提出，把顾恺之"以形写神"的观念发展到了一个新的阶段。使顾恺之的"神"对于"形"的突破，发展为"神"对于"形"的独立，完全摆脱了对于"形"的拘泥，体现了更加自由的艺术创作思想。庄子提出"以神遇而不以目视，官知止而神欲行"（《养生主》）的命题，表明"神"是独立于"形"的。《黄帝内经》说："心伤则神去，神去则死矣。"（《灵枢·邪容》）也说明"神"本是独立存在的。司空图《诗品·雄浑》中提出"超以象外，得其环中"、《含蓄》中提出"不著一字，尽得风流"，都与"离形得似"思想相联系，也与禅宗的"不立文字，见性成佛""诸佛妙理，非关文字"（《坛经》）思想相一致。

王充是汉代唯物思想哲学家代表，《论衡》是其著名的无神论著作。虽然王充的唯物思想主要体现在无神论观点上，但他对"无神"的论述却丰富了有神论思想。在东汉时代，由儒家思想占据着意识形态领域的支配地位，但此时的儒家学说已不同于春秋战国时期，而是融合了神秘主义元素，掺进了谶纬学说，使儒学演变成了"儒术"。王充写作《论衡》一书，意谓作为评定当时学术思想的价值的天平，评判这种儒术和神秘主义的谶纬学说。"冀悟迷惑之心，使知虚实之分"（《论衡对作》）。王充为学，"博通众流百家而不守章句"（《论衡自纪》）。他认为"俗儒守文，多失其真"。他在《论衡》中继承先秦以来的"精气"说，创造性地提出了"元气自然论"为天地万物之源的思想，抗辩当时盛行的"天人合一"的神学思潮，批评当时天人感应论，反对谶纬迷信观点，标举"疾虚妄"，认为天地因气而成，不是沉浸在虚玄、神秘的谶纬说中。他所说的"自然"就是天地之"道"，这个"道"既是自然世界的客观存在，也是自然界的客观变化。王充正是以这种气一元论为基石，建立起完整的无神论思想体系。在他的无神论思想中，他认为人的知觉不能离开人的形体单独存在。他在《论死篇》里说：

夫死人不能为鬼，则亦无所知矣。何以验之？以未生之时无所知也。人未生，在元气之中；既死，复归元气。元气荒忽，人气在其中。人未生无所知，其死归无知之本，何能有知乎？人之所以聪明智惠者，以含五常之气也；五常之气所以在人者，以五藏在形中也。五藏不伤则人智惠，五藏有病则人荒忽，荒忽则愚痴矣。人死五藏腐朽，腐朽则五常无所托矣，所用藏智者已败矣，所用为智者已去矣。形须气而成，气须形而知。天下无独燃之火，世间安得有无体独知之精？

就是说，人一旦死亡，精气就不可能单独存在，也就不会再有任何知觉。"人死曰脉竭，竭而精气灭，灭而形体朽，朽而成灰土，何用为鬼？"（《论死篇》）王充的文学思想便是在这种哲学背景下的产物，他被认为是开辟了文学批评新纪元的理论家，不仅是汉代思想界的重镇，也是文学评论界的重镇。第一，他的文学评论首在重视文学的实用价值，反对当时文坛"徒调墨弄笔为美丽之观"现象，主张"为世用"（《自纪篇》），"作有益于化，化有补于正"（《对作篇》）。第二，注重内容的真实性，"疾虚妄""务诚实"、倡"真美"，并为文章内容的真实性提出了三条原则：述真事、辨真理、抒真情。第三，明确主张内容与形式应"外内表里，自相副称"。他说："人之有文也，犹禽之有毛也。毛有五色，皆生于体。苟有文无实，是则五色之禽，毛安生也。"这段话犹如子贡基于孔子"文质彬彬"观点所说的："文犹质也，质犹文也。虎豹之鞟，犹犬羊之鞟。"第四，主张言文一致。认为文学语言应通俗易懂，反对"深覆典雅，指意难睹"的文风。

至南北朝时，范缜撰《神灭论》，盛称无佛，否认佛教的灵魂不灭、轮回转世、因果报应之说。他在《神灭论》一开始就提出了"形神相即"的观点，指出："形即神也，神即形也。"意谓"形"是形体，"神"是精神，"即"就是密不可分。形体存在，精神才存在；形体衰亡，精神也就归于消灭。形体和精神是既有区别、又有联系的不能分离的统一体，即两者"名殊而体一"，或曰"形神不二"。由此进一步提出"形质神用"观点："形者神之质，神者形之用，是则形称其质，神言其用，形之与神，不得相异也。"认为形体是精神的质体，精神是形体的作用；两者不能分离。他比喻说：

神之于质，犹利之于刃；形之于用，犹刃之于利。利之名非刃也，刃之名非利也；然而舍利无刃，舍刃无利，未闻刃没而利存，岂容形亡而神在？

用刀与锋关系证明精神对形体的不可分割的依赖。就是说，神与形之间的关系，犹如刀刃与刀刃的锋利之间的关系，锋利指的不是刀刃，刀刃指的也不是锋利。但离开刀刃也就无所谓锋利，离开了锋利也就无所谓刀刃。既然不能说刀刃没有了而锋利还存在，也就不能说肉体死亡后而精神还能存在。这个比喻不同于薪火之喻，也克服了薪火之喻的缺点，基本完善了形神关系的诠释，所以很难被佛教学者用来证明神不灭论，但其自身的论证却不符合逻辑。因为刀与锋的关系，是客观物质与主观概念间的类比，二者并不存在可比性。

从宗教和哲学上说，"有神""无神"都是值得深入探讨的。但从艺术论，"有神"思想更有价值。因为艺术讲"传神"，重"神韵"。如果彻底否定"神"，艺术就难以生存了。如南朝王僧虔说："书之妙道，神采为上，形质次之。兼之者方可绍于古人。"意思是说，神采高于形质，但是没有形质也就没有神采。从艺术创作和审美角度论，首先应注意形质。因为形质是基础，是物质的、有形的，神采产生于形质。但神采是上层的，是精神的、无形的，也是艺术的生命。所以说，论艺术，不讲形，就说不清艺术；不讲神，就没有艺术，二者不可偏废。所以刘勰《神思》指出："文之思也，其神远矣。故寂然凝虑，思接千载；悄焉动容，视通万里；吟咏之间，吐纳珠玉之声；眉睫之前，卷舒风云之色；其思理之致乎？故思理为妙，神与物游。神居胸臆，而志气统其关键；物沿耳目，而辞令管其枢机。枢机方通，则物无隐貌；关键将塞，则神有遁心。"强调"神"是作文的基本动力，有"神"才能尽文章之妙，这和他主张佛法练神之义正可互相发明。他在《灭惑论》中说："佛法练神，道教练形。形器必终，碍于一垣之里，神识无穷，再抚六合之外。"他在《神思》中还指出："古人云：'形在江海之上，心存魏阙之下。'神思之谓也。"这表明刘勰的"神思"是可以和"形"分离的。《淮南子精神训》说："神则以视无不见也，以听无不闻也，以为无不成也。"可见，"神思"又是一种特别敏锐的感受能力和不同寻常的表达能力。这种"神"已不再是传统的形具神生，形神相依的观点，而是人存在的本体，它虽托形以存身，但形尽而神不灭。

传统文化的"形神"观经过漫长历史的演化，自先秦至后世思想家对"神"和"形"以及形神统一的多方面探索，最终形成了比较全面的认识。首先，针对"神"的涵义，主要有五点认识。其一指宇宙万物未被人认识时而难以名状的奥秘。《传易·系辞上》云："阴阳不测之谓神。"其二指与人的形体或感官对举的内在精神、思想意志或思维活动。《墨子·所染》云："伤形费神。"刘勰《文心雕龙·神思》说："文之思也，其神远矣。"其三指人或客观事物天然具有的神采、生趣或本质特征，它们依于形色而又超越形色，不能单凭感官直接感知，而要借助直觉体验、妙悟直契才能把握。宋袁文《论形神》说："作画形易而神难。形者，其形体也；神者，其神采也。……神采，自非胸中过人，有不能为者。"其四指一定时代、一定艺术体式的独特审美特质、风格或韵味。清刘大櫆《论文偶记》说："行文之道，神为主，气辅之……气随神转，神浑则气灏，神远则气逸，神伟则气高，神变则气奇，神深则气静，故神为气之主。"其五指艺术创造的最高品格或精湛技艺的神化境界。殷璠《河岳英灵集叙》说："夫文有神来、气来、情来。"清代方亨《读画录》说："神也者，心手两忘，笔墨俱化，气韵规矩，皆不可端倪，仁者见仁，智者见智，所谓一切不可知之谓神也。"其次，针对"形"的含义，大约有四点认识：其一指与宇宙本体相对的一切具有能被人感知的自然之物的形体、形貌。《易传·系辞上》说："在天成象，在地成形，变化见矣。"《庄子·天道》云："视而可见者，形与色也。"其二指与人的精神相对的身体、形貌及其外在表现。《庄子·在宥》云："女神将守形，形乃长生。"其三指人的思想情感或审美体验的物化或表现，即运用一定的艺术手段来进行的审美活动形式。《荀子·乐论》云："夫乐者，乐也，人情之所必不免也。……乐则必发于声音，形于动静。"其四指文艺作品中创造出来的具有感性形式的艺术形象。陆机《文赋》云："笼天地于形内，挫万物于笔端。""虽离方而遁圆，期穷形而尽象。"钟嵘《诗品》云："五言居文辞之要，……指事造形，穷情写物，最为详切。"最后，针对"形神统一"，又有三点认识。其一是指构成艺术作品审美价值的两个对立统一的不同层次。其二是指成为艺术家高低不同的审美追求。其三是作为审美创造中自由选择的两种对立统一的艺术方法。

3. 汉地佛学家的"形神"观

佛学传入之后，汉地佛教学者更多地接受阐发了其神不灭思想。《弘明集》与《广弘明集》中集中载录了众多涉及形神之辨的文章，经过长期论辩，各种思想交汇融合，对于形神关系的哲学探讨已十分深入，内容既包括宗教和哲学本身，也涉及语言、美学、艺术及文学等各领域。在艺术理论中，"形"就是通过艺术表现手法所呈现出来的可见可感的形像状貌，本质属性，"神"就是物像的精神内蕴，神韵风采。形神关系在艺术主要表现为应当重形还是重神，能否以形传神以及如何以形传神。在中国艺术思想史上,早期比较注重形似,认为一旦"形具"则可以"神生"。如绘画理论以"形似"为最高标准,沈约《宋书·谢灵运传论》说:"相如巧构形似之言。"钟嵘《诗品》评张协"巧构形似之言"。刘勰《文心雕龙·物色》说:"自近代以来,文贵形似,窥情风景之上,钻貌草木之中。"表明"形似"是对作者褒奖式的评论。这样的"形似"指写景状物纤毫毕现,宛如在目。魏晋时期则追求形神兼备的"传神写照",如顾恺之以"传神"为最高标准,"形似"转成第二义。这主要受到佛教造像艺术的影响。如苏轼《书鄢陵王主簿所画折枝》云:"论画以形似,见与儿童邻。赋诗必此诗,定知非诗人。"则表现了苏轼重视神韵的审美理想。唐末至于宋元以后,"遗形取神"逐渐成为艺术主流,推崇"以神传形"。但是,这种超然物外,意在笔先的艺术精神也并非完全放弃对形的塑造,而是更高层次的形神合一,是一种若即若离、似与不似的艺术境界。如明代李贽《诗画》云:"卓吾子谓改形不成画,得意非画外。因复和之曰:'画不徒写形,正要形神在;诗不在画外,正写画中态。'"提倡形、神兼备,辩证统一。

随着佛学在汉地的传播与本土化进程,佛学与中国固有文化相互影响,自身也不断经历改造和变化,使佛学形神论具有了很多特点与独特的理论价值。佛学以有神、无神,神灭、神不灭为核心,广泛探索了形神相离还是形神相即等课题,汉译佛典中的相关理论,对于"形""神"关系的表述相互激荡,相互发明,使佛学理论在融合中不断发展,在论辩中趋于完善。佛学不同部别与宗派对神灭、神不灭均有各自的理论和解说,而中土佛学受般若及中观思想影响,更倾向于对对立面的调和。因而佛教艺术的"形""神"关系的讨论就表现得十分活跃,汉译佛典中既有"形神分离"说,也有"形神相即"说,更有"形神并重"说,甚至也有"重神遗形"说或"重形遗神"说。各种思想相互论证,最终使形神范畴及其关系趋于明朗。

中土佛学基于印度佛学,又结合传统形神观念,并改造了传统。中土传统的形神观是建立在元气论基础之上的,把人的精神看成元气的一种形式,以气之聚散解释人的生死。《庄子·知北游》云:"人之生,气之聚也;聚则为生,散则为死。"王充《论衡·订鬼》说:"夫人之所以生者,阴阳气也。阴气主为骨肉,阳气主为精神。"以天地阴阳之气或气之精粗清浊来解释人的精神和形体的形成。又说:"人之所以聪明智慧者,以含五常之气也。"并且随着形体机能的丧失,精神的作用也就随之消亡。所谓"人之所以生者,精气也,能为精气者,血脉也。人死血脉竭,竭而精气灭，灭而形体朽"（《论衡·论死》），所以形尽则神灭。这把复杂的精神现象简单化了。如范缜以玄学的体用观为基础，主张形神一体，虽然使"神灭论"在理论上更加完善，但过于看重精神和生命活动存在的物质基础，而把精神现象的复杂性和特殊性简单化了，缺乏对精神价值和意蕴的深刻认识，因而不能理解精神作用所具有的超越时空和一以贯之的传承性。佛学的"神不灭"论通过薪火之喻弥补了这一点。郑鲜之即认为，虽然火的存在离不开薪，但火的性质（"火理"）并不依赖薪而存在。他在《神不灭论》中说："若待薪然后有火，则燧人之前其无火理乎？火本至阳，阳为火极，故薪是火所寄，非其本也。神形相资，亦犹此矣。"佛学强调彼岸世界的真实性，承认在现象背后有一种真实的存在（真谛），主张有一种最高的智慧是产生一切万物的根本识（阿赖耶识）。这是慧远、宗炳等人坚持"神不灭"思想的理论依据。如宗炳在《明佛论》中说："神也者，妙万物而为言矣。若资形以造，随形以灭，则以形为本，何妙以言乎？夫精神四达，并流无极，上际于天，下盘于地，圣之穷机，贤之研微。"佛学强调精神存在的独立性和实体意义，强调精神的非物质性质，这不仅改变了传统文化的形神观，而且提高了人们的思辨水平，激发了人们对精神现象的高度重视。魏晋南北朝时期通过佛学与传统思想关于形神的论争，揭示了精神价值和意蕴的复杂性和深刻性，使人们对精神现象有了更丰富、更全面和更深刻的认识。特别是佛学重神的观念，不仅改造了传统的神形论，而且对语言文学艺术产生了深远影响。如刘勰的"神思说"和审美"虚静论"的提出，表明文学艺术的重神观念已走向自觉。

（二）"形神"论的理论形态

真正使这一对范畴在艺术中得到深入阐发和理论建构，是慧远从佛学领域展开的论述。他在《庐山出修竹方便禅经统序》中说："无思无为而无不为，是故洗心静乱者，以之研虑；悟彻入微者，以之穷神也。"意思是说，达到了无思无虑无作为而又无所不为的境界，便可用以研讨思虑，悟解透彻，以至穷神尽妙。慧远在《沙门不敬王者论》的第五段中讲"形尽神不灭"，提出"神识不灭"论，由于这种神识是灵妙不可思议的，所以又引申出神妙之意，或指神妙的境界。如"神应"，指神奇的、不可思议的感应。"神变"谓佛、菩萨为教化众生，以超人的力量变现种种身相，评论者多用"神化"这一概念。如：

窃以大佛顶如来密因修证了义诸菩萨万行首楞严经者，菩萨行门，诸佛心印，开有为即尘沙妙用，归无相即法界真源，不有不空，绝名相于言蹄之外；现因示果，分阶位于神化之中。境不碍心，惑不碍智；七大之性，大无所待；八还之法，还无所从。所以了真如心，息虚妄本，起方便慧，宣秘密言。万法以之圆融，诸佛以之自在。入不二之二谛，悟不空之三空。伟矣真宗，不可思议。（惟净《首楞严义海书》）

白马东来，象教流行于中土，玄风始畅，或示禅寂以探宗，或专神化而表法，亦犹水行地中，枝分派别，虽异至于济世利物之功，其归未始不同。（姚孝锡《古清凉传序》）

尔乃辟九关于龙津，超三忍以登位，垢习凝于无生，形累毕于神化，故曰无所从生，靡所不生，于诸所生而无所生。（阙名《达摩多罗禅经序》）

（佛）四十九年中，止用一片圆融无碍不思议清净心为辩才，示人安身立命处，犹龙神现于云端，往来神变，云行雨施，善能观者见龙真体，不善观者谓纸墨文字，故如来文非文也，如来语非语也，转变神化，言言真体，语语流辉，故云四十九年未尝曾说一字。（大韶《千松笔记序》）

传神论的理论基础也离不开汉地玄学的形神分殊论和言不尽意论。汤用彤《言意之辨》一文指出："神形分殊本玄学之立足点。"玄学言不尽意论就基于神形分殊论之上。佛学自东汉输入中土，在形神上就吸收了汉代流行的说法。如支谦所译《法句经》云："如一人身居，去其故室中，神以形为庐，形坏神不亡。精神居形躯，犹雀藏器中，器破雀飞去，身坏神逝去。"又说："神以身为名，如火随形字，着烛为烛火，随炭、草、粪、薪。"用火与所燃之物来比喻形神的分离关系，与传统思想的表述方式一致。至东晋慧远，详细论述"形尽神不灭"论，进一步推动和补充了玄学重神理而轻形骸的思想。在形与神的关系上，佛学显示了其圆融辩证的精神。南北朝时期，中土佛学史上著名的形神之争，就是这一思想的反映。慧远的神不灭论，着力揭示了"神"是不随"形"灭的。"形"属于易朽的范畴，是神的"质"（实体）；"神"是"精极而为灵者"，是形的"用"（作用），它是恒常不变的实体（"无生"），具有"圆应"（周遍感应）的功能，可以托身异形，随物冥移。经过深入阐述，"形粗神精"的思想便明朗起来。慧远又在《襄阳丈六金像颂》中深入论述了形神关系。他写道：

夫形理虽殊，阶涂有渐，精粗诚异，悟亦有因。是故拟状灵范，启殊津之心；仪形神模，辟百虑之会。

强调通过感性的形象引发观者的感悟，从而达到弘扬佛学的目的。在《万佛影铭》中，慧远做了更细致的分析："尔乃恩沾九泽之惠，三复无缘之慈，妙寻法身之应，以神不言之化。化不以方，唯其所感；慈不以缘，冥怀自得。""神"的表现"廓矣大象，理玄无名。体神入化，落影离形。""神"的境界"集大通之会，诚非理所期。至于伫襟遐慨，固已超夫神境矣。""神"的感应"谈虚写容，拂空传像。相具体微，冲姿自朗"，"妙尽毫端，远微轻素。托彩虚凝，殆映霄雾。迹以像真，理深其趣"，"仿佛神境仪，依稀若真遇"。这些观点表明慧远对艺术表现具有较深的理解和鉴赏力。他在《明报应论》中还说："因兹以谈，夫神形虽殊，相与而化，内外诚异，浑为一体，自非达观，孰得其际邪？"这些理论无疑与翻译艺术的传神论契合相通，并为其提供了理论支持和哲学依据，否则，所谓传达原文精神、风格、神韵、语气等观点，就无从谈起。翻译评论对"神"的运用虽有众多含义，但其基本含义依然不出慧远关于形神关系的多方探讨，并最终形成对以下四方面意义的认识：其一，神非形，它是事物的精神本质，所以形尽神不灭，由此可以认定原本和译本都存在着内在的精神本质；其二，神虽独立于形外，但神、形统一，二者不可分，这启示译者注重内容和形式的统一；其三，神可以表现形，传于形，指出了翻译中传神的可行性；其四，神是无形无象、无方可执的形而上者，因此是处于事物最深层次的理念，这启示译者重视翻译的神。就翻译的本质以及形神关系而言，主要是第一种意义，即传达原本的精神。但在实际表现中又非如此简单，这是因为形与神之间，神与神之间错综复杂。如原本的"神"与译者所领会的"神"是否得到统一，历来就是翻译论争的焦点。僧祐《出三藏记集》指出："梵书复隐，宣译多变，出经之士，才趣各殊，辞有文质，意或详略。"这种"才趣"和"言辞"的不同，很能说明译人与原本作者在"神"这一层次上的差异。

1. 形神分离

"形神分离"说认为形与神各自是独立的存在，二者既可分离，也可自由组合互相依附。如北凉昙无谶译所译马鸣《佛所行赞》明确写道："如人命根坏，身死形神离。"形神分离的观点在佛典中有多方面的体现。其一，经文中记载表达了不少形同神异或神同形异的理念，说明相同的形不一定包蕴相同的神，相同的神也可以表现出不同的形。如佛与转轮圣王的外貌同样显现出应化身所具足之三十二种殊胜容貌与微妙形相，如梵音深远相、广长舌相等，但他们的主体与精神却大有不同。《金刚般若波罗蜜经》说："若以三十二相观如来者，转轮圣王则是如来。"佛的法身与色身可以分别看作是佛的"神"与"形"，佛典将出世间的佛与人间的转轮圣王的异同对举，意在说明不能以外在形色之同判断内在精神本质亦同，以"形"观"神"还是造成错误认识的根由。其二，经文中还有大量"形"与"神"不相依附，各自存在的现象，即"有形无神"或"有神无形"，更直接地证明了"形神相离"。"有形无神"的情况多表现为幻化之物或图画之形，内中并无精神实体。而"有神无形"指佛陀形象的表现和刻画富于弹性，没有一定之规定。以论艺术创作，曹利华认为，有神无形为上乘，神形兼备者次之，见形不见神为下品（《书法三要素之三——神韵》）。

2. 形神相即

按佛学"性空"思路推衍，佛学本应是否定"神"的。但佛学又有"因果轮回""三世业报"理论。这就势必要承认并建立一个承担造业、果报和轮回的实体，因为要肯定业报轮回，因果不昧，以至修行成佛，都必须首先肯定有一个轮回主体，否则整个业报理论即不能成立。这个实体就是人的不灭的精神、灵魂。这就使佛学从否定"神"走向了对"神"的肯定。佛学弘扬的因果轮回思想必须使"神"能够离开形体独立存在，成为承担轮回的主体，这便要求形神相即，否则其业报理论就有矛盾，善因与善果，恶因与恶果的对应关系也就无法予以说明。因而在佛学中，虽然形神分离与形神相即存在矛盾但又能并存，而且只有这样才能完善其轮回业报理论。佛学就阐述"形神相即"的观点发展出不同的理论依据。其一，"形由神生"，如佛色身之相好皆由法而生。其二，因缘和合是"形"与"神"互相结合依附的条件，形神遇合之际方能充分展现风采神韵。形神遇合也有很多条件，如镜与形遇就有像现，缺一不可。其三，形随神而变动，神具有主导性。这三层论述，步步推进，最终确立了"神"的重要性。这对于艺术中强调"神"的作用是有指导意义的。

（三）"形神"论与翻译评论

译经评论中"神"的概念，受到传统形神论的影响，特别是佛学对"神道""神理"等的论述。传统形神思想在宋以前较重视以形传神，追求形具神生、形神兼备的艺术风格，这影响了译经评论对于形与神、文与质的调和。无疑，形神议题对于翻译艺术关系密切，意义重大。因为对形神的解释，尤其对于艺术，离形就根本无从谈起。唐太宗御制《大唐三藏圣教序》开首云："盖闻二仪有像，显覆载以含生；四时无形，潜寒暑以化物。是以窥天鉴地，庸愚皆识其端；明阴洞阳，贤哲罕穷其数。然而，天地苞乎阴阳而易识者，以其有像也。阴阳处乎天地而难穷者，以其无形也。故知像显可征，虽愚不惑，形潜莫睹，在智犹迷。况乎佛道崇虚，乘幽控寂，弘济万品，典御十方。举威灵而无上，抑神力而无下，大之则弥于宇宙，细之则摄于毫厘。"文中强调了"像"的重要性，尤其对于涵盖宇宙又崇尚空寂的佛学来说，虽然是以"涅槃寂静"为终极追求，也要假经像以为方便，如果不以有形之像来体现，则其旨趣难征。佛学有关形神的一般规律也可适用于佛典汉译的语言规律。

无论是"形神"还是"神化"，无论是哲学的意义还是神学的意义，由于它契合了语言艺术规律，因而受到译经评论者的注意，这也就是译经评论中为何重视"传神"的理由。慧皎《高僧传·论》精辟地论述了形神关系。他说："悠悠梦境，去理殊隔；粗粗之徒，非教孰启。是以圣人资灵妙以应物，体冥寂以通神，借微言以津道，托形传真。"翻译上的"托形传真"实际上就是以形传神的理论。僧肇《维摩诘所说经注十卷序》指出："大道之极者，岂可以形言权智而语其神域哉。然群生长寝，非言莫晓，道不孤运，弘之由人。"既指出了"形"的限度也指出了"形"的重要性。这都是指的怎样理解和捕捉经典中微妙的义理处，因为谈的是译本，所以实际上是翻译问题。清代施博在《禅林宝训合注序》中说："造化工绘，上绘日月星辰云霞雨雪，下绘山川草木人物虫鱼，独不能描画虚空。画师亦然，凡有形者从笔端点出，造化之巧一一能肖，至于虚空则便无下手处。天下善知识即造化也，以文字赞叹善知识即画师也，余何知，敢擅用丹墨涂写，第生平有一得意语，不得不一拈出。"这里，"凡有形者"均可用语言文字传达，而"虚空"则连"造化工绘"也不能描画；将"善知识"比作"造化"，文字比作"画师"。"虚空"即神的部分，与"有形"相对，这就是直接运用形神关系讨论佛经翻译问题。

随着评论的发展，翻译的"神形"命题在多重层面上体现出来：第一，指传达原本的精神。这是初期翻译评论的重点，主要用于指原本的深隐之处，也就是精神深处。如康僧会《安般守意经序》中所说："言多鄙拙，不究佛意，明哲众贤，愿共临察，义有疵瑕，加圣删定，共显神融矣。"又说："钩深致远，穷神达幽。"(《法镜经序》)"共显神融""穷神达幽"即传达原本精神的微妙幽深之处。第二，指译者主体的"神识"。即指译者在翻译中的精神活动，这开启了翻译中译者与作者心灵沟通，寻求共鸣的意识。如康僧会《法镜经序》中说："使文不违旨，理无负宗，栖验有寄，辩不失征，且于希咏之徒，浪神游宗，陶冶玄妙，推寻源流，观虚考实，不亦夷易乎？""浪神游宗"即意味着译者的思绪随着原本中的逻辑和描述一同展开，犹如刘勰所谓"神与物游"。道安也很重视这一层意义。他在《人本欲生经序》中用"神变应会"来揭示这层含义："四谛所鉴，鉴乎九止，八解所正，正乎八邪。邪正则无往而不恬，止鉴则无往而不愉，故能洞照旁通，无往而不恬，故能神变应会。神变应会，则不疾而速，洞照旁通，则不言而化。不言而化，故无弃人；不疾而速，故无遗物。"第三，指翻译中出现的神妙莫测的精神状态。这一阐发从传统美学角度揭示了译者思维深处的某些活动规律。如慧远《阿毗昙心序》说："提婆少玩兹文，味之弥久，兼宗匠本，正关入神。"所谓"入神"，即指译者、读者在领悟原本或译本过程中的陶醉状态。第四，指译本所达到的出神入化的最高造诣。僧肇《维摩诘经序》指出："夫道之极者，岂可以形言权智，而语其神域哉？"原本的"神域"难以传达，这既是翻译所追求的最高境界，也是翻译的最大困难。翻译艺术发挥"神化"这一意义，以示其造诣的极高境界。经过历代的积累，形成了神融、神化、入神、传神、神境等诸多概念。第五，指翻译艺术的内在本质。胡宿《首楞严义海集解序》说："适会宰相房融领南铨于此为之润文，笔高语奇，音旨清畅，冥契佛志，绰同神会，乃知大经因缘岂偶然哉！""绰同神会"意即译者（房融）的译笔高超（"笔高语奇，音旨清畅"），领会准确（"冥契佛志"），因而达到了"神会"的妙境。既然"神会"标举为最高翻译境界，实际上它也就是翻译艺术的审美本质所在。如明代的茅坤所说："神者，文章中渊然之光，杳然之思，一唱三叹，余音袅袅，即之不可得，而味之又无穷者也。"（《文诀》）

基于形神之间的这些重重关系，评论者们更能清晰地表述自己的观点，也产生了不同的思想。如既要考虑到传神，而传神必以形，以及如何对待形与神的关系等等，于是翻译评论中有了求形似者，有重神似者，有尚神形俱似者，还有提离形得似者。这些评论都是"形神"论思维的产物，它们各自揭示了翻译艺术中某一个侧面的真谛，只要不是极端的偏执，能在翻译中随物（原文）赋形（译文），都是值得重视的。同时，经过这样的发展，形神的命题不再是捉摸不透的模糊概念了。钱锺书在《谈艺录》中论"神韵"时附论"神"一节中，将主体之神分为二义：第一义之神为静态之神，即"养神"；第二义之神为动态之神，意为"入神"。并说："谈艺者所谓'神韵'，'诗成有神'，'神来之笔'，皆指'上学'之'神'，即神之第二义。"因为此义之神"并非无思无虑，不见不闻，乃超越思虑见闻，别证妙境而契胜谛"。这样理解神，再去探讨神在译经评论中的种种表现与美学价值，便可因枝而振叶，求其根本。

翻译评论中形与神的偏重实与儒、释、道三家文化特征密切相关联。儒家多看重形，在内容与形式的关系上，孔子从礼仪出发，提出"绘事后素"（《论语·八佾》）以绘画的先以粉地为质，而后饰以五采为喻，以示他把"质"（形）看得比"文"（神）更重要。他曾提出"言以足志，文以足言"，"言之无文，行而不远"，"情欲信，辞欲巧"（《礼记·表记》），体现出他重视言的思想。重视言即说明他对形的重视，因为言与形是相联系的。形与质又是一体的，形即外形，质即内质，因而有"形质"的概念。南朝王僧虔在《笔意赞》中说："书之妙道，神采为上，形质次之，兼之者方可绍于古人"。他强调以形写神，形神兼备。范缜曾站在神灭论立场上，批评佛学的"神不灭论"，他在《神灭论》中系统地阐明了形神二者不可分离的关系，说："形者神之质，神者形之用；是则形称其质，神言其用；形之与神，不得相异"。范缜所说"质"即"形质"、实体；"用"是"功用""作用"，包含有派生或从生的意思。范缜用"质"和"用"这对范畴，说明"形体"和"精神"是一个统一体的两方面，但二者又不是并列的，精神作用从属于物质形体。佛学因受中观学思想的影响，在形、神问题上比较折中，这从慧远对形神关系的论述上可以看出。如他明确指出神、物（形）不可分，认为神可以表现形，传于形，这明显是受中观思想影响的结论。这一思想反映在佛典的翻译评论中，就是形（言）神（意）并重。如僧肇即鲜明地提出"玄旨非言不传"。僧祐说："神理无声，因言辞以写意，言辞无迹，缘文字以图音。"辩证地看待"神理"与"言辞"的关系。从评论者对房融翻译的评价也可看出这一点。杜臻说："以房相笔受，文字工美。"（《楞严经贯摄序》）高珩说："良由房相运笔，文字入妙。"前者说"文字工美"，后者指出"文字入妙"，分别从形、神角度而谈，说明其译笔形、神兼备。"入妙"即"入神"，因玄奘《谢皇后施袈裟杂务启》曾说："闻诸圣典，未有穷神尽妙。"即表明"神"与"妙"含义相同。明代智旭的翻译评论是将形与神结合的典范。他既注意字、词、句、章等方面，如说义净译本《佛说大孔雀咒王经》"亦与前经同而华梵音声稍别"，又看重原文精神的传达，如指出僵良耶舍所译《佛说观无量寿经》"深得精髓，宜精究之"。他在评价鸠摩罗什所译《佛垂般涅槃略说教诫经》时还指出：

> 嘱诸比丘以戒为师，离诸恶法，对治诸苦及诸烦恼，勤修出世大人功德，所谓无求，知足，远离，精进，不忘，禅定，智慧及不戏论，盖是最后丁宁，不啻一字一血，宜深玩而力行之。

谓罗什译籍"不啻一字一血",意味着每一个字都传达出背后的精神,显示了罗什的翻译形神兼备的境界。

道家的社会理想是小国寡民,哲学和美学思想是尊崇自然,因而主张自然无为的天道观,以道为本体,文只是一种工具和附庸,它在道学之外是不能独立存在的,不能等同于义理性命之学,由此主张"非文返朴",强调神贵于形。庄子以"圣人法天贵真"论美与真的关系,以"素朴而天下莫能与之争美"论自然之美,又提出"可以言论者,物之粗也。可以致意者,物之精也"(《秋水》)、"言者无所在意,得意而忘言"(《外物》)等观点,崇尚无言之美。在庄子看来,自然是纯而又纯的客观存在,人们只能通过"法"自然,即通过"心斋""坐忘",尊崇与自然同趣而无丝毫人为雕琢痕迹的"天乐"或"真画"才能认知它,获得"道"。所以他还提出"抱神以静,形将自正""神将守形,形乃长生"。庄子曾指出"形声名色""不足以得彼之精"(《天道》),将"形"和"言"并列使用。而在言上面,庄子认为语言不能反映理性认识,他说过"可以言论者,物之粗也;可以意致者,物之精也"(《秋水》),这就是"言不尽意"论。《老子》开篇即云:"道可道,非常道;名可名,非常名。"均说明道家重神(道)轻形(言)的思想。

佛学既重视"形"也强调"神",这是其"缘起"论思想决定的。佛学"神不灭"思想,本是要肯定轮回受报、修行解脱的主体。这个轮回主体,也就是印度部派佛教当中犊子部所主张的"非即蕴非离蕴的补特伽罗"。"补特伽罗(梵语 pudgala),意译"数取趣",意为不断地受生死者,是"我"的别名。按梵语原义系由"人"或"灵魂"义发展成的名词,有身体、灵魂、个人等义。此语又为"地狱""堕"的合成字,其义为堕地狱者。所以"补特伽罗"被视为与"我""有情""命者"等语同义,是辗转轮回六道(趣)的生命本体。原始佛教由于不承认有"我",因此虽用"补特伽罗"之称,但仅以之为"人"之"假名"。到了部派时代,讨论轮回的主体论勃兴,诸部学说逐渐承认补特伽罗的存在。《发智论》卷十八谓:"七补特伽罗,谓随信行、随法行、信胜解、见至、身证、慧解脱、俱解脱。"《法蕴足论》卷二载:"于此僧中,有预流向、有预流果、有一来向、有一来果、有不还向、有不还果、有阿罗汉向、有阿罗汉果,如是总有四双八只补特伽罗。"《集异门足论》卷四云:"三补特伽罗者,一者覆慧补特伽罗,二者膝慧补特伽罗,三者广慧补特伽罗。"可见,佛学从无神发展到了有神。

早期中土佛教学者在理解印度佛学"神"的观念时,因受"格义佛学"影响,依据《易经》中阴阳相生之道理解"神",把"神"看作形而下之器。

如宗炳《明佛论》说：

> 今称"一阴一阳之谓道，阴阳不测之谓神"者，盖谓至无为道，
> 阴阳两浑，故曰一阴一阳也。自道而降，便入精神。……然群生之
> 神，其极虽齐，而随缘迁流，成粗妙之识，而与本不灭矣。

宗炳将"神"的概念区分为"阴阳不测之谓神"与"群生之神"，"群生之神"当为佛学的"轮回主体"，所以虽然众生终极的主体性都一样，但众生的每一个"轮回主体"都"随缘迁流"，而"成粗妙之识"，因此它与"阴阳不测之谓神"同样都是不灭的。而当精神一旦寄寓于万物之内，便会受其形体所限，从而流转轮回，成为五趣生死。这就是中土佛学家论证的"神"。宗炳还明确地说："神之不灭，及缘会之理，积习而圣，三者鉴于此矣！若使形生则神生；形死则神死。则宜形残神毁；形病神困。"宗炳又将"神"的观念建立在"妙万物而为言"的"妙"字上，认为"神非形作"，即"神"并不属于有形的物质，而是与物质结合后的一种妙用。"并流无极；上际于天，下盘于地；圣之穷极，贤之研微"，因而它是一种周流十方的绝对存有，其活动的自由度是"不疾不行，坐彻宇宙"。宗炳又把"神"分为"累神"和"本神"两个概念，"累神"属于带业流转而沾受万物的"轮回主体"，"本神"则是本来清净的"成佛主体"。最后，宗炳在《明佛论》中明确论述了"神灭"与"神不灭"。文中说：

> 夫道之至妙，固风化宜尊，而世多诞佛，咸以我躬不阅，遑恤
> 于后。万里之事，百年以外，皆不以为然。况须弥之大，佛国之伟。
> 精神不灭，人可成佛。心作万有，诸法皆空。宿缘绵邈，亿劫乃
> 报乎？

宗炳主张以开放的心态面对佛学，因为佛学的重点就是论述"精神不灭，人可成佛。心作万有，诸法皆空"的道理。梁代萧琛在《难神灭论》一文中批评范缜所主张的"神灭论"思想。范缜的逻辑是："形者神之质，神者形之用"，"形存则神存，形谢则神灭"（《神灭论》），所以，当人的身体死亡，精神也就随即消逝。针对这一个推论，萧琛以梦境提出问题，指出：在梦中，精神可以上腾玄虚，而身体却如同僵木一般，毫无知觉。如果"神即形，形即神"，则当身体在熟睡如同僵木时，精神也该如同僵木一般，更不会出现梦中的知觉。曹思文《难神灭论》一文中也提出"形非

神，神非形"的"形神是异"观点，并认为"形"与"神"的关系是"生则合而为用，死则形留而神逝也"，由此而证明"神不灭"。

浸润儒、释、道三家文化影响，译经评论在论述形与神的关系时，虽有偏形或偏神的趋向，但往往以注重形神兼备者为其主流。对此僧祐在《胡汉译经音义同异记》中的论说很有代表性。他说："夫神理无声，因言辞以写意，言辞无迹，缘文字以图音，故字为言蹄，言为理筌。音义合符，不可偏失，是以文字应用，弥纶宇宙，虽迹系翰墨，而理契乎神。""理契乎神"就是指既要重"文理"，又要传达出"神韵"来。宋代陈郁《藏一话腴》写道："盖写其形，必传其神，必写其心"，也很深刻地揭示了"形"与"神"辩证地统一规律。这些评论都显示出正确处理翻译中的"形"与"神"，防止偏激和极端的姿态。

三、相互渗透与融会的"文质"之争

佛典汉译评论史上的文质论是一个理论重心。作为译经评论奠基理论的文质论，是评论家们就翻译中的形式升华出来的最基本的，也是使用得最广泛的范畴。质与文的畸重或文质兼备，各种思想相互促进，又交相发展，相互对立，又相互调和，此消彼长，又交相为用，成为推动译经事业及评论发展的内在动因。文辞的华丽和质朴是"文""质"之争的内在辩题，讲究文采修辞还是注重朴实平淡，既是评论的焦点，也是影响译者翻译实践的动力。从佛经翻译的发展看，"文""质""中"始终交错而行。梁启超《翻译文学与佛典》指出："翻译文体之问题，则直译意译之得失，实为焦点……新本日出，玉石混淆。于是求真之念骤炽，而尊尚直译之论起，然则矫枉太过，诘鞠为病，复生反动，则意译论转昌。卒乃两者调和，而中外醇化之新文体出焉。此殆凡治译事者所例经之阶级，而佛典文学之发达，亦其显证也。"梁启超所言"直译""意译"，实为译经评论"文""质"所包含的概念。他以文质视角看待译事发展并以二者间的互动与消长认论译事的演进，反映出"文质"一对范畴似乎就是佛典汉译历史的缩影。但译经史上文质观念的演进更具有生长性和涵融性的特点，而不是简单的递嬗性和排他性的。也就是说，新的文质观都是在旧的文质观的基础上的一种发展，而不是简单地否定或取代了旧的文质观，它修正旧的文质观念中不适应当下译经实践与评论的部分，突出或发展了旧有观念中原来不太突出或不受重视的某些成分或因素，使这一观念的成分发生了新的变化。梁启超显然受到"循环论"思想影响，没有注意到各种文质观念可以兼容，可以互补，可以并存。

南北朝时期，中土佛学深受玄学影响，佛典汉译也受玄学影响，汉地文学本身也受到玄学影响，文章追求华丽，散文崇尚骈俪化，以致有繁缛堆砌之病。而译经评论的文、质、中三种思想又与传统文论中的三种观点相呼应。传统文论中的三种代表观点，一是以裴子野、刘子遴为代表的守旧派，从正统史学家和名教的立场，极力反对作文的靡丽之词。如裴子野，"为文典而速，不尚丽靡之词，其制作多法古，与今文体异"（《梁书·列传第二十四》），并著《雕虫论》，批评当时"深心主卉木，远致极风云""巧而不要，隐而不深"，反对"摈落六艺"，"非止乎礼义"的文风。二是以萧纲、徐摛父子、庾肩吾父子为代表的趋新派，反对裴子野的文章"无篇什之美"，"质不宜慕"（《与湘东王书》）。三是以萧统、刘勰为代表的折中派，主张文质并重，如萧统强调："夫文，典则累野，丽亦伤浮；能丽而不浮，典而不野，文质彬彬，有君子之致"。（《答湘东王求文集及诗苑英华书》）刘勰也主张"文附质"，"质待文"，"使文不灭质，博不溺心，正采耀乎朱蓝，间色屏于红紫，乃可谓雕琢其章，彬彬君子矣。"（《文心雕龙·情采》）这些争论的展开促使了当时文学评论、美学理论的深化，而佛经翻译的文质讨论则可以说是这些争论的滥觞。王元化指出，文质概念引入文学始于佛经传译。他在《思辨短简》中说："魏晋以来，佛书大量传入中土，译业宏富。当时名僧如鸠摩罗什、道安、僧叡、慧远诸人，都在经序中对翻译佛书问题进行了相当广泛的讨论。讨论问题之一就是分辨文质之间的关系。"然后他举出以上几家所写序言，如《首楞严后记》中说："饰近俗，质近道。文质兼，唯圣有之尔。"不过，文论中的文与质是就形式内容而言。

（一）文与质的含义

在评论者视野中，文质概念集佛学与中土古典哲学、文学、文化理论于一体，有着丰富的内涵和广阔的外延，也具有广泛的功能。它可以概括一时代的总体风貌，也被用来表达评论者们对译经发展规律的认识。其中最主要的是作为翻译标准、方法和风格使用。

1. 作为两个重要的尺度

自"文质"论进入翻译评论，为翻译提供了基本准则和总体标准。可以说，把握佛典汉译的基本理论，梳理译经评论的演变，认识佛经翻译的实质，起点就是文与质。这是从最早的译经评论，特别是支谦的《法句经序》中得出的结论。文与质被用来评论译家、译品、译法、译事以至宗派和典籍。如南齐《众经别录》一书，在每经的后面标上"文"或"质"以示其翻译质量。如：

《德光太子经》，以菩萨行为宗，文质均。

《大净法门品经》，以菩萨权实二慧为宗，文。

《郁伽罗越问菩萨行经》，以在家出家为宗，质。

《无量清净经二卷》，明行愿得果为宗，文多质少。

《小品经七卷》，明二谛为宗，文质约。

《贤劫千佛名一卷》，明灭罪为宗，不文不质。

《超日月三昧经》，以无相定慧为宗，多质。

可见，作者用的是"文""质""文质均""文多质少""文质约""不文不质""多质"这样一些基于"文""质"概念的评论术语。据苏晋仁《敦煌写本众经别录残卷》考证，《众经别录》比出僧祐《出三藏记集》早数十年，作者未详，大约著于刘宋时代。此书是分类的目录，所以叫作别录，它这种分类法，是受到刘宋时代释慧观"五时判教"的影响。苏晋仁指出：

此书除用一句话说明一本经的要旨外，还有一个可注意之点，就是每部经下面都注明"文"或"质"，虽然很笼统，但这却是当时人对翻译文字注意的表现。

至北周武帝时期，佛学家道安在《二教论·孔老非佛七》中说："案大智度，译云无上慧，然慧照灵通，义翻为道。""义翻"一词即今所用"意译"之概念。隋朝时期，又用"有翻"来指"意译"，"无翻"指音译。相当于1903 年《京师大学堂译书局章程》所谓："所有翻译名义，应分译不译两种，译者谓译其义，不译者则但传其音。"至唐代澄观《大方广佛华严经疏钞会本》卷三指出："故会意译经，姚秦罗什为最；若敌对翻译，大唐三藏称能。"这里的"会意译经"和"敌对翻译"当是翻译评论史上"直译"和"意译"概念的转变，因此钱锺书指出："近世判别所谓主'达'之'意译'与主'信'之'直译'，此殆首拈者欤。"（《管锥编》）可见，"文质"论从最初无所不包的性质发展到专指翻译风格，最后为"直译""意译"所代替，并退出其历史舞台。至玄奘《大唐西域记》载："是知候律以归化，饮泽而来宾，越重险而款玉门，贡方奇而拜绛阙者，盖难得而言焉。"此处的"归化"为"归顺""服从"义；明代汪道昆《弘明集序》说："爰及汉明，释教始入中国，西极之化未之前闻，……""西化"一词初露头角。

2. 作为语言风格

译经评论的"文"与"质"都指译本的语言形式，是译本以语言为基础的两种不同译文风格以及译者的总体风貌特征。"文"指华丽典雅，辞藻绚丽，富有文采；"质"为朴素平淡，朴实无华，自然本色。译经者学养不同，思想背景有差异，无论是观点还是评论，重点都反应在译本的语言形式上。这是因为译经艺术的特点首先要体现在词句的或文或质方面，任何一种文体的物质结构都是由文辞来现实的，后来出现了韵味说，文质论才基本上完成了它的历史使命。借助文质理论，佛经译者早已经注意到了翻译风格问题，提出了形式美的论题。崇质者讲究"义理明晰，文字允正，辨而不华，质而不野"，要求以质直求真，以朴拙作为译文的美学标准。尚文者则认为翻译当"辞旨文雅"，行文要"清丽欣畅"，以经达义旨为原则。当然也有综合文质，强调折中的，主张把义理和文辞结合起来，摆脱趋文趋质的极端。

而在传统文论中，"文"指形式，"质"指内容。从孔子到刘勰都一以贯之。孔子用"文质彬彬"四字来形容君子的风范（《论语·雍也》）。"质"即为人的内在品格，"文"则指人的外在仪表。"文质彬彬"就是要求人既要具备仁的品格，又要有礼的文饰。到了扬雄，他从自然现象出发提出"文质班班"观点。他说："文，阴敛其质，阳散其文，文质班班，万物粲然。"（《太玄·文首》）将文质议题转化为一个自然现象课题，并在此基础上转化为一种文学理论的问题，在《玄莹》篇中明确地说："文以见乎质，辞以睹乎情。观其施辞，则其心之所欲者见矣。"扬雄开了以文质论文的滥觞，影响了后世，如王充也非常自觉地把文质统一的观点作为文学批评的一种标准，主张"外内表里，自相副称"（《论衡·超奇》）。至刘勰，总结、吸收和借鉴前人思想，提出"使文不灭质，博不溺心，正采耀乎朱蓝，间色屏于红紫，乃可谓雕琢其章，彬彬君子矣"（《情采》）。但刘勰并非一味转述前人思想，而是作了进一步的发展，这种发展体现在总结前人的基础上提出"文不灭质"（《情采》）观点，承认文和质各自的独立性，彼此都要恪守自己的美学规范，二者相互统一和共同存在，不能相互取消。同时也对文质关系进行了创造性转换，提出了"情采""体性""风骨""隐秀"等范畴，这便彻底将孔子的"做人"原则转换成为"作文"的最高准则了。虽然扬雄所提"文质班班"早已对孔子"作人"原则作了创造性转换，但其中所蕴藏着的思维逻辑依然是孔子式的。而刘勰则完全立足于文学创作，揭示作品的外在审美品性和内在精神的表现。同时刘勰又提出"质文代变"（《时序》）的理论命题，阐述文学与时代的关系，指出文质统一不仅是文学评价的最高准则，而且是文学史建构的合法依据。"重质""重文"作为两种审美特性或风尚，是时代变化所决定的。他认为，"陶唐世质，民谣朴野，及虞迁赓歌，有雍容之美，乃心乐声泰之文"；"西晋承流，文家苦其清淡，乃有'结藻清英，流韵绮丽'之文"（《时序》）。每一代都呈现着不同的文学景象。

文与质也概括了译经中的两大主要风格。这两大风格分别与传统儒家与道家两大思想源头相联系。"文"源于孔子的文艺思想，他提出的"言之无文，行之不远"（《左传·襄公二十五年》），"情欲信，辞欲巧"（《礼记·表记》）启后世尚"文"之滥觞。而庄子崇尚自然，反对雕饰，提倡"朴素而天下莫能与之争美"（《庄子·天道》），开后世文论重"质"的先河。由此，文质这对概念，也体现了评论者对翻译的审美要求。评论者要求译本能呈现出一种文质彬彬的风貌，即要求译本既不过分华艳，也不是质木无文。由于译本的基本面貌最终是依靠"文"或"质"这两个基本因素决定的，因此，"文质"论作为佛典翻译美学的意义，在于它再现了不同原本的不同风格，忠实地反映出原本著者的艺术手法，把握了原本表述的语体色彩，传达了原本文脉的运思特征以及思想内容的构成特点，同时也是忠实原本意旨的体现，因为形式在艺术中是"有意义"的。因此，作为佛经翻译艺术，有其自身的性质，不能孤立地提所谓"文质兼备"或"文质适中"等概念，一切只能依原本而定。慧远所谓"静寻所由，以求其本"（《大智论抄序》），僧祐所谓"尊经妙理，湛然常照"（《出三藏记集》卷第一）都较好地反映了翻译所应遵循的标准。鉴于此，译者谨守翻译的本质，文与质随原本风格而定，而不是随译者好恶而定，便是翻译的性质所决定的。原本质朴，其艺术魅力平实朴讷，毫无雕琢，清新自然。而这种朴直的语言风格，不等于语言艺术的粗糙和随意，更不是贫乏与浅陋，而是经过锻炼琢磨的。朴素不等于无文采，它的文采美在妙语天成之中，是一种纯净的自然美。因此朴素也需要高度的语言艺术修养，才能臻于艺术佳境。华丽的语言风格主要借助修饰手段呈现出辞藻华美、色彩浓艳的特色，它并不是浮华绮摹，也不是雕饰堆砌。它与朴素的语言风格一样，也是语言艺术的佳境。

　　3. 作为翻译方法

　　"文质"论高度概括了佛经翻译中两种最基本的翻译方法。围绕文质之论，各家都深入讨论了翻译的方法。重"质"者强调忠实，要求以虔敬的态度对待佛学经典，认为佛言神圣而庄严，主张"朴则近本"（道安《综理众经目录》），而认为追求美巧，难免离开原本，导致译本偏离旨意，于是翻译时"审得本旨，了不加饰"（道安《大十二门经序》）。崇"文"者注重译文辞藻文雅，"曲得圣义，辞旨文雅"（慧皎《高僧传》卷二），力图适应译语本语言文化。如支谦主张改"胡音"为汉意，传义并求雅。但是，过于质，不仅译本不达，甚至会导致语义晦涩，而过于文，往往会伤及原质，改变原本结构，也会导致原义走失。于是有折中文质者，力图平衡于二者之间。慧远明确提出"以裁厥中"的观点，主张"简繁理秽，以详其中。令质文有体，义无所越"（《大智论抄序》）。而道安则主张依原本决定文质，原本是大乘经，可以"文"，原本是戒律，则应该"质"。依据佛经文体，决定翻译方法，应该说是正确的选择。

（二）"文"与"质"的理论渊源

"文"与"质"最初是中土文化哲学的一对重要范畴。《周易》云："物相杂，故曰文。"《礼·乐记》云："五色成文而不乱。"这是就具体可观的器物而论。《论语·雍也》云："子曰：'质胜文则野，文胜质则史，文质彬彬，然后君子'。"转向品评人物的外观仪容。这是"文"开始由近及远，由具体到抽象的发展。《释名》云："文者，会集众彩，以成锦绣。合集众字，以成辞。"由此引申为文雅、文采、文化等意义，如文字、文章、文巧（文饰巧辩）、文饰（彩饰）、文学、文理等涵义。与"文"相对的是"质"。《左传·隐公元年》载："信不由中，质无益也，明恕而行，要之以礼，虽无有质，谁能间之！"这里的质指人质，还没有上升到观念层次。《周易·系辞下》云："《易》之为书也，原始要终，以为质也。"这里的"质"开始有了本质的含义。《庄子·庚桑楚》云："性者，生之质也。"将性与质联系起来了。又说："夫恬惔寂漠，虚无无为，此天地之平而道德之质也。"（《庄子·刻意》）这就有了本质的含义。张岱年认为在中国古典哲学著作中，"质"主要有三项不同的含义，一指实际内容；二指有定形的物体；三指事物的本性或属性（《中国古典哲学概念范畴要论》）。

将"文"与"质"联系起来统一论述，较早见《逸周书·周月》："一文一质，示不相沿。"《尚书大传》云："王者一质一文，据天地之道。"《礼三正记》云："质法天，文法地也。""质"与"文"被视为两种不同的制度属性，可互相替代，并分别效法天地。孔子较早把文与质作为对待的范畴加以阐发，并对"文"与"质"的关系作了很辩证的揭示，他在《论语·雍也》中说："质胜文则野，文胜质则史。文质彬彬，然后君子。"孔子的"文"与"质"是指君子视听言动的文化教养与其内在道德仁义品质的完美统一。但是先秦的思想家多尚质轻文，如墨子即主张"先质而后文"，这与他的"非乐"思想是一致的。韩非也主张美在质而不在文，并认为文对于质是有害的，他的寓言"买椟还珠"就是强调文对质的危害。他说"夫物之待饰而后行者，其质不美也。"（《韩非子·解老》）所以当时有人批评孔子说："君子质而已矣，何以文为?"子贡说："文犹质也，质犹文也。虎豹之鞟，犹犬羊之鞟。"（《论语·颜渊》）子贡用形象的比喻说明事物外在形式美有其不可否认的价值。

　　汉代主要由儒家人物重新关注文质议题，并拓展了文与质的内涵，对二者关系的认识也有所发展。董仲舒认为："王者以制，一商一夏，一质一文，商质者主天，夏文者主地。"（《春秋繁露·三代改制文》）他还进一步从哲学上发挥孔子先质后文、文质统一的思想，指出："志为质，物为文，文著于质，质不居文，文安施质；质文两备，然后其礼成。"（《春秋繁露·庄王》）认为质与文的统一即是志与物的统一。王充开始从文艺美学角度发挥文质理论，他说："夫人有文质乃成。物有华而不实，有实而不华者。《易》曰：'圣人之情见乎辞。'出口为言，集札为文，文辞施设，实情敷烈。"（《论衡·书解》）主张文章应该文质相应，华实相符，辞情并茂。而魏晋以降，儒家正统被打破，社会动荡，思想混乱，文艺和思想却得到解放。伴随"人的觉醒"，也出现了"文的自觉"。由此文与质也开始从古代文艺思想中的一对重要范畴转化为真正作为纯粹审美范畴了。曹丕提出"文以气为主"的命题，使以前围绕人格修养的文质讨论开始自觉地从审美上探索文学艺术的内部规律。特别是刘勰，真正从文艺美学角度全面而深刻地论述文质关系，把文质议题严格限定在纯粹的审美领域，提出"文质相称"（《文心雕龙·才略》）艺术观，他说："夫水性虚而沦漪结，木体实而花萼振，文附质也。虎豹无文，则鞟同犬羊；犀兕有皮，而色资丹漆，质待文也。"（《文心雕龙·情采》）

　　从品评人物标准的"文"与"质"转化为用于论文，就有了评论中的文质观。引申过来，"文"指文采，华美。"质"则指朴素，质朴。孔子所云"文质彬彬，然后君子"（《论语·雍也》）正是就人格修身的表里关系而谈的，属于伦理学上的范畴。这里的"文"指的是"礼""乐"之类外在的文明表现，"质"则是"仁""义"之类内涵的道德修养。孔子认为一个人如果质胜而文不足，仅有淳素质朴之态，缺少文化修养，言辞朴拙，不讲礼仪，便如同草野之人。相反，如果过分地文饰言辞，讲究繁文缛礼，就如同那些掌文辞礼仪的官吏（史），多虚华不实之语，文胜而质不实，则为虚华无实之弊。在孔子心目中，只有礼乐仁义集于一身，使文质兼备，使内之质与外之文相互适应，质盛而文茂，才是君子应具的风度，即"文质彬彬"。朱熹注为"彬彬，犹班班，物相杂而适均之貌"。孔子所说的

"野"，是对野人品质的引申，《先进》章说："先进于礼乐，野人也；后进于礼乐，君子也。如用之，则吾从先进。"质而少文的乡野之人品性淳朴，有可爱之处，但还需有礼乐的学习和修养。他所说的"史"，是对史官活动的引申，史官本应客观记录历史事实，不应虚饰。《说文》释"史"谓："史，记事者也，从又持中，中，正也。"但是，因为"史"记录的不少是上层人士的历史，为不损害他们的貌似神圣的形象，史官便很难以真正做到"秉笔直书"。所以孔子自己也说，"史"要"为亲者讳，为贤者讳，为尊者讳"。《礼记·表记》也记录有孔子关于"史"的议论："虞夏之质，殷周之文，至矣。虞夏之文，不胜其质，殷周之质，不胜其文。"这是说，虞夏尚质朴，殷周就有虚饰了。孔子对"史"微有贬义，而对"野"，从实用角度，却有"吾从"之意，或者说明他虽然主张文质并茂，但更注重美质先于美文。所以当子夏问及："巧笑倩兮，美目盼兮，素以为绚兮。何谓也？"他回答说："绘事后素。"似也表明他偏于"质"倾向（《论语·八佾》）。由于孔子此论既对文和质作了理论高度的抽象，辩证地阐述了质胜与文胜两种情况，最后又以"君子"形象表达他对文质的理想境界，因而成为诗人文士们所遵循的最基本的创作和评论原则。于是后人沿着他的思路，由此推及社会人事，言语辞令，礼乐文化直至文学艺术的内容与形式。孔子以后，学者们主张"文质彬彬"，即要求"修辞立其诚"，在强调质（内容）的首要地位的同时，也强调文（形式）之重要。这是在大多数情况下的观点，而由于时代变化、主体因素，也总会有偏文偏质一时成为主流，这也是文学发展的必然和规律，不能一概而论。

在传统艺术思想中，如果说"神"和"形"关涉的是精神和物质外壳的关系，那么"质"和"文"指涉的是事物的内容和形式的关系。对此，《淮南子》基于儒家的观点，结合道家思想，修正并发展了这一对范畴。作者认为相对于"文"，"质"更重要，因为文决定于质，而片面追求形式之美，就会损害内容。他在《灰经训》中提出"必有其质，乃为之文"，指出一切文采文饰，都是根据内容的需要而产生的，如果文不符质，就失去了艺术的根本。"愚夫蠢妇，皆有流连之心，凄怆之志。乃使始为之撞大钟，击鸣鼓，吹竽笙，弹琴瑟，失乐之本矣。"这里说的质，是指实质内容，指人的思想感情和现实生活状况的真实，一切外在的"文"都必须符合于"质"。这体现出《淮南子》受到道家质朴为美、自然为美思想的影响，不太赞成人工文饰。而且一切文饰都以符合质的自然要求为限，不应文饰过分。"白玉不琢，美珠不文，质有余也。"（《说林训》）"锦绣登庙，贵文也。圭璋在前，尚质也，文不胜质，之谓君子。""怀情抱质，天弗能杀，地弗能缠也。"(《缪称训》)显然，这和儒家的"文质彬彬"的观点不太一致。两汉文学，诗文其和其他艺术本追求古朴，但赋的创作却迎合士族文人的审美需要，追求铺陈华美，崇尚"骈俪"，所以"以赋法入诗"是当时追求时尚及逞才的体现。从《淮南子》到王充《论衡》，都有重质轻文的倾向，这和汉代重黄老之术分不开。黄老之术是黄帝与老子学术的代称，诞生于齐国稷下学宫。其学术继承、发展老子关于"道"的思想，提出"虚同为一，恒一而止""人皆用之，莫见其形"，"虚静谨听"，"恭俭朴素"，"贵柔守雌"，通过"无为"而达"有为"(《老子》十二章)，并讲究自然，崇尚清净无为。因此，他们把人为的文采文饰看作是有害于质的："饰其外者伤其内，扶其情者害其神，见其文者蔽其质。无须臾忘为质者，必困于性。百步之中，不忘其容者，必累其形，故羽翼美者伤骨骸，枝叶美者害根茎。能两美者，天下无之也。"(《锉言训》)这种观点显然是受到老子"大直若屈，大巧若拙，大辩若讷"(《老子》四十五章)的思想影响。由于强调质的决定性的地位和作用，所以在艺术创作中特别强调思想内容和感情的精诚，要"有本主于中"。《主术训》中说："古圣王至精形于内，而好憎忘于外，出言以副情，发号以明旨，陈之以礼乐，风之以歌谣，业贯万世而不雍。"这又明显是儒家的精神。所谓"至精"就是说人的思想感情发自内心，是真诚而不是虚伪的，这样才能达到"精诚所至，金石为开"的效果(《淮南子》)。可见，《淮南子》并不一味强调质，而是主张质的真实性，也不是一味反对文，而是反对无其质而片面追求文的倾向。明代胡应麟在《诗薮》卷一中说："汉乐府歌谣，采摭间阎，非由润色；然质而不俚，浅而能深，近而能远，天下至文，靡以过之！"将文质关系融会贯通了。

(三)文质思想在译经评论史上的演进

佛典汉译，对于原本义理如何表现，译文言辞如何调整，都关涉到质和文，使得文质论成为译经评论的核心论题。就历史轨迹而言，质者和文者及折中各有所长各有所短，因而始终见仁见智，共同发展。其间的演进大致经历了萌芽期、形成期和成熟期三个历程。在这三个历程中，其他诸如翻译之难、语趣文体、译者修养、名实等，也大致都是在文质范畴下涉及的。

1. 萌芽期

早在汉末严佛调《沙弥十慧章句序》中已有"辞约而义博，说鲜而妙深"的评论，后支谦《法句经序》的评论更为详细。当时竺将炎与维祇难共译了《昙钵偈经》《法句经》，而后支谦重行校译了该经并作《法句经序》，序中指出竺将炎"虽善天竺语，未备晓汉，其所传言，或得胡语，或以义出音，近于质直"，并批评译本"其辞不雅"。而维祇难引证佛教教义说："佛言，依其义不用饰，取其法不以严。其传经者，当今易晓，勿失厥义，是则为善。"佛言将"饰"与"严"对举，"严"，即"庄严"之"严"，与"饰"变文同义。意为装饰美盛，盛饰。法显《佛国记》说："其城门上张大帷幕，事事严饰，王及妇人采女皆住其中。"《妙法莲华经序品》载："为供舍利，严饰塔庙。"《阿弥陀佛四十八愿》云："设我得佛，自地以上，至于虚空，宫殿、楼观、池流、华树，国土所有一切万物，皆以无量杂宝、百千种香而共合成，严饰奇妙，超诸天人。"维祇难的观点是，译者只要忠实传达原本意义即可，语句不需文饰。《高僧传·维祇难传》也指出维祇难译经，"颇有不尽，志存义本，辞近朴质"。反映了当时存在的文和质两种译经思想。在座其他人引证老子和孔子言论，表示赞同维祇难的意见。为论证自己的观点，他们还引证孔子"书不尽言，言不尽意"（《周易·系辞上传》）作为理论依据，提出"今传胡义，实宜经达"。但孔子还说过"言之无文，行而不远"或"文质彬彬，然后君子"的话，可见他们并没有完整理解孔子的思想，只是为了自己的论证。

　　序中支谦的思想没有展开，因为他没有引证经典理论以支持自己的观点，所以没有在理论上说服在座，只能以"因循本旨，不加文饰"作为全序结语。但在实际的翻译中，他的译文很讲究文丽，重视文饰。僧祐评论他的译文"彬彬以雅畅"（《出三藏记集》）。支敏度在《合首楞严经记》中评支谦："才学深彻，内外备通，以季世尚文，时好简略，故其出经，颇从文丽。""季世尚文，时好简略"一语，揭示出特定的时代文风对译经的影响，这正是其可贵之处，此一评论极有深度。魏晋时代，儒学失去了学术独尊的局面，刑名、老庄与佛学兴盛，形成继春秋战国以后又一个思想活跃期。各种思想交锋争辩，魏晋士人尚通脱，他们不再拘于儒学，文学也不再是经学的附庸，褪去了政教的色彩，谈辩之风也影响于文章，讲究形式，描写繁复，辞采华丽，文采富艳，风格繁缛。曹丕《典论·论文》响亮地提出"诗赋欲丽"。刘勰用"气爽才丽"一语评论魏之三祖（《文心雕龙·乐府》）。沈约评建安文学"以情纬文，以文被质"（《宋书·谢灵运传论》）。其中曹植在表现"盛藻"方面尤为突出，其《前录自序》更以"春葩"自喻文采斐然。所以鲁迅在《魏晋风度及文章与药及酒之关系》中指出魏晋是一个"文学自觉"的时代。宗白华说汉末魏晋六朝是"精神史上极自由、极解放，最富于智慧、最浓于热情的一个时代。因此也是最富有艺术精神的一个时代"（《美学散步》）。支谦序中"质直"互训，"文饰"

同论，不仅揭示了佛典汉译存在的两种风格，而且影响到后人在谈翻译时也基本上都沿袭他所开创的评论传统，更加自觉地运用文质作为成对概念来谈论翻译。

汉末时期的佛经翻译评论，评论者站在佛学传播的立场，在重视义理和信仰基础上提出自己的文质主张，并未形成纯评论概念，其评论思想大多仅是为佛陀作论证。同时，这一时期的评论还借助于其他学术理念而发，也没有分化独立出来，论者对"文质"的议论也还没有从译本的审美规范、形式特征上表现出足够的认识，也还没有积累其足够的评论经验。译本无论文质，正如梁启超所言，均属于"未熟的直译"和"未熟的意译"，属于"启蒙时代"。文质调和也很不够（《翻译文学与佛典》）。到了西晋，这一状况开始有所改变。竺法护是西晋杰出的佛经翻译家，其译经力求详尽，存真偏质。道安评价其《光赞般若经》译本"言准天竺，事不加饰。悉则悉矣，而辞质胜文也"（《合放光光赞略解序》）。慧皎评价说："护公所出，若实得此公手目，纲领必正，凡所出经，虽不辩妙婉显，而宏达欣畅，特善无生，依慧不文，朴则近本"（《高僧传》）。从这些评论中可以见出其间的变化。罗根泽在《中国文学批评史》中指出，竺法护和竺将炎、维祇难及支谶虽然都注重"质"，但竺将炎等人的"质"不符合汉语语法习惯，胡音较多，只能算是"朴拙"；而西晋竺法护的"质"，内涵有所提升，译文质量明显提高，译文流畅，符合汉语习惯。汪东萍认为，竺法护主张的质朴，建立在尽可能传达原文意思的基础上，是存真的质朴。质的翻译由朴拙走向质朴，克服了初期译文结构僵硬、义理晦涩等不足，显示了译经的进步（《回归历史：解读佛经翻译的文质之争》）。其实，这里不应仅用"文"或"质"来评价译本，已经显得很肤浅，只有深入译本，考察译经的参与者，并参考当时有关评价，才能作出中肯的评论。

翻译实践中的各种趋向必然会被评论者注意到，并以评论的形式反映和表达出来。由此在译经评论中，论者们提出了不同的文质观。如对于偏于质的译者的评语：道安评论支谶"音近雅质，敦兮若朴，或变为文，或因质不饰"（《地道经序》）。评论安世高"世高出经，贵本不饰，天竺古文，文通尚质，仓卒寻之，时有不达"（《大十二门经序》）；"因本顺旨，转音如已，敬顺圣言，了不加饰"（《摩诃钵罗若波罗蜜经抄序》）。评法护《光赞般若经》"言准天竺，了不加饰，悉则悉矣，而辞质胜文也"。支愍度评支谶"贵尚实中，不存文饰"，且"辞质多胡音"（《合首楞严经记》）。僧祐评其"了不加饰"（《出三藏记集》）。评支娄迦谶"贵尚实中，不存文饰"（《合首楞严经记》）。慧皎评竺佛朔"弃文存质"。评支曜、康巨

"并言直达旨，不加润饰"（《高僧传·支谶传》）。对于偏于文的译者的评语：道安评康孟详《修行本起经》"奕奕流便，足腾玄趣"（《高僧传》）。慧皎评支谦"曲得圣义，辞旨文雅"（《高僧传》）。支愍度评支谦"才学深澈，内外备通，以季世尚文，时好简约，故其出经，颇从文丽"（《合首楞严经记》）。对于文质较为适中的译者的评语：慧皎评安世高"义理明晰，文字允正，辨而不华，质而不野"（《高僧传》）。

译经者或偏"文"或重"质"，表面上是翻译措辞风格问题，而背后却是佛教在中土的传播大业，它关系到佛学在中土的沉浮起落，这使佛教学者深刻认识到佛学要生存并得到传播就必须与传统儒道思想调和，此外别无二途。至慧远已明确认识到这一点，他自觉地从理论上阐述调和论，他在《大智论抄序》中说："圣人以方设训，文质殊体。若以文应质则疑者众，以质应文则悦者寡，是以化行天竺，辞朴而义微，言近而旨远。义微则隐昧无象，旨远则幽绪莫寻。故令玩常训者，牵于近习，束名教者，惑于未闻。若开易进之路，则阶藉有由，晓渐悟之方，则始涉有津。远于是简繁理秽，以详其中，令文质有体，义无所越。"他认为"文过其意"是意译的不妥，"理胜其辞"是直译的不当，所以他主张"详其大归，以裁厥中"的折中原则。要求"文""质"两种译法的使用都要掌握一定尺度，不能一味偏执，否则就会造成译文失真。慧远的厥中思想成为译经折中调和论的代表性言论。《首楞严后记》（作者未详）说："饰近俗，质近道。文质兼，唯圣有之耳。"僧祐《出三藏记》载："方言殊音，文质以异，译梵为晋，出非一人。或善梵而质晋，或善晋而未备梵。众经浩然，难以折中。"反映了折中的评论思想。折中的思想力图调和直、意二译，避免偏执一隅的观点，与先秦以下中土文学评论长期强调的"文质统一"论相呼应。普慧认为，从汉地学僧对"翻译"一词的理解看，即有文质并重的意义。"译"，"释也，交释两国"；"翻"，"如翻锦绮，背面俱花，但其花有左右不同耳"。"译"重释义，故尚质；"翻"重修辞，故崇文。（《佛典汉译及汉译佛教哲学对中国古代诗学的影响》）"翻译"合二而一，则文质彬彬。最终至玄奘"直译意译，圆满调和"，成为译经之"极轨"（梁启超《翻译文学与佛典》）。

2. 形成期

魏晋以后，在思想界及文学界，随着学术和文学的自觉与成熟以及辞赋的勃兴和诗歌的发展，评论家们对文质的认识注意从哲学范畴或纯政治伦理性向政治伦理性兼文学性转化，由此带动了译经评论的建构和评论概念及范畴的形成。评论者开始借助文质概念评价译本译人。道安潜心研习弘扬《般若经》，他对照研究《放光般若经》（"无叉罗执胡本，竺叔兰口译"）和《光赞般若经》（"护公执胡本，聂承远笔受"）两种译本，并撰《合〈放光〉〈光赞〉略解序》，指出《放光般若经》偏重文采，"言少事约，删削复重，事事显炳，焕然易观也。而从约必有所遗，于天竺辞及反腾，每大简焉"；而《光赞般若经》偏重质直，"言准天竺，事不加饰，悉则悉矣，而辞质胜文也。每至事首，辄多不便，诸反复相明，又不显灼。考其所出，事事周密耳"。道安认为这两种译法各有利弊，没有一概而论。在长安组织佛经翻译时，道安搜集到胡本大品《般若经》，并请"昙摩蜱执本，佛护为译，对而捡之，慧进笔受"，名为《摩诃钵罗若波罗蜜经抄》。道安为此经写序，指出："前人出经，支谶、世高，审得胡本，难系者也。叉罗、支越，斫凿之巧者也。巧则巧矣，惧窍成而混沌终矣。若夫以《诗》为烦重，以《尚书》为质朴，而删令合今，则马、郑所深恨者也。"表明道安赞成支谶和安世高的直译，而不赞成无叉罗和支谦的意译。道安还在"五失本"和"三不易"中论述了文质各自的文化背景，他说："胡经尚质，秦人好文，传可众心，非文不合，斯二失本也。""然《般若经》三达之心，覆面所演，圣必因时，时俗有易，而删雅古以适今时，一不易也"。道安认为用胡语写的经文语言质朴，但当时中土人士喜好文采，因此翻译时均"删雅古以适今时"。在《比丘大戒序》中，他记叙自己在此之前组织翻译《比丘大戒》时，觉得戒律"丁宁，文多反复"，要求慧常"斥重去复"。而慧常说：

> 大不宜尔！戒犹礼也，礼执而不诵，重先制也，慎举止也。戒乃逐广长舌相，三达心制，八辈圣士，珍之宝之。师师相付，一言乖本，有逐无赦，外国持律，其事实尔。此土《尚书》及与《河》《洛》，其文朴质，无敢措手，明衹先王之法言，而顺神命也。何至佛戒圣贤所贵，而可改之以从方言乎？恐失四依不严之教也！与其巧便，宁守雅正。译胡为秦，东教之士犹或非之，愿不刊削以从饰也。

可见，针对戒本的翻译，慧常从文体出发，觉得应以质直为妥，不应追求巧雅。也就是维衹难所说"佛言依其义不用饰，取其法不以严"。表明慧常偏于质直。与道安一道组织译经的秘书郎赵政，也持同样的译经准则。未详作者《僧伽罗刹集经后记》中记载说，译人佛念"常疑西域言繁质，谓此土好华，每存莹饰文句，减其繁长。安公、赵郎之所深疾，穷校考定，务在典骨。即方俗不同，许其五失胡本，除此之外，毫不可差"。又说："《尔雅》有《释古》《释言》者，明古今不同也。昔来出经者，多嫌胡言方质，而改适今俗，此政所不取也。何者？传胡为秦，以不闲方言，求知辞趣耳，何嫌文质？文质是时，幸勿易之，经之巧质，有自来矣。唯传事不尽，乃译人之咎耳。"（道安《鞞婆沙序》）赵政认为质朴是经文本身的特点，所以以译文应该像原文一样质朴。他还批评昔日译者大多嫌弃佛经原文语言质朴，而趋于时尚追求译文文采的译法。慧常和赵政就佛经原本文体表达了自己的翻译观点，但笼统地说"西域言繁质"或"胡经尚质"，并不符合佛经语言实际。

随着佛学在魏晋以后的深入传播和影响，文人学士谈玄论佛，深究义理，而儒学式微，随之儒家的文质彬彬思想也淡出人们的视野，不再是人们关注的论题。在文学意识自觉的背景下，文学始独立门户，人们转而关注于音韵和藻饰。文士们对文笔的分辨，声律的探索，辞藻的追求以及文学理论的深入思索，文质论真正步入文学、美学范畴，渐趋形成文学内部的评论术语。当时，文士们崇尚骈体文学语言美的标准尺度，以文辞之美作为艺术的重要标准。文学上"竞一韵之奇，争一字之巧，连篇累牍，不出月露之形"（李谔《重谷论》），也就是陆机所说"遣言也贵妍"（《文赋》）。萧统《文选》的选文强调"以文为本"，"综辑辞采，错比文华，事出于沉思，义归于翰藻"（《文选序》）。在这种背景下，僧祐将文质论作为译经评论的主要原则，他在《出三藏记集》中评论历代译人说：

> 昔安息世高聪哲不群，所出众经，质文允正。安玄、严调既䨗䨗以条理，支越、竺兰亦彬彬以雅畅。凡斯数贤，并见美前代。及护公专精，兼习华戎，译文传经，不意于旧。逮乎罗什法师，俊神金照，秦僧融、肇，慧机水镜，故能表发挥翰，克明经奥，大乘微言，于斯炳焕。至昙诚之传《涅槃》，跋陀（即佛陀跋陀罗）之出《华严》，辞理辨畅，明逾日月，观其为美，继轨什公矣。至于杂类细经，多出四舍，或以汉来，或自晋出，译人无名，莫能详究。然文过则伤艳，质甚则患野，野艳为弊，同失经体。故知明允之匠，难可遇矣。

僧祐推崇"质文允正""彬彬以雅畅""表发挥翰，克明经奥"和"辞理辨畅"，不赞成"文过"或"质甚"。他认为"野艳为弊，同失经体"，译经应文质"明允"。又认为译本的文质主要取决于译者，"义之得失由乎译人，辞之质文系于执笔"。他在论述同本异译时还说："出经之士，才趣各殊，辞有质文，意或详略，故令本一末二，新旧参差。"这也正与同时代刘勰坚持文质统一，要求作家"斟酌乎质文之间，而集括乎雅俗之间"（《文心雕龙·通变》）的评论标准相互呼应。罗根泽认为，僧祐的译经文质论只是针对经过汉译的经本，并未考虑到佛经原著，这实际上是将佛经文质等同中国经典文质，要求佛经译文符合中国传统的"文质彬彬"或"文质相称"的文质准则。这就使得他对以往佛经翻译家的评价也就难免失之肤廓（《中国文学批评史》）。

南北朝时期，译经不再只是传达原意，而是追求风格和辞藻。北凉昙无谶的翻译即十分讲究文采，并使其译语形式贴近当时当地民众口语，以符合当时的社会通用语。他所翻译的《大涅槃经》《方等大集经》《佛本行经》《悲华经》《金光明经》等，都是对中国佛经产生过重大影响的著名的译本。这些译本文辞华丽，且能婉转表达出本旨。尤其是他所译的《大涅槃经》和《佛本行经》既富文藻，又忠实原义。所以道朗的《涅槃经序》评论他说"临译谨慎，殆无遗隐，搜研本正，务存经旨"。昙无谶翻译的长诗《佛所行赞》更是运用五言无韵诗体，采用通俗语言译经，使译本语言口语化，句法散文化，节奏也多有变化，其中不少诗句还打破了汉诗五言体的传统节奏，声调和谐流畅。如《佛所行赞守财醉象调伏品》写佛祖如来如何降服醉象一段，在佛祖如来出场前夕，烘托了十分浓烈的气氛，士女们的恐惧、规劝与如来的镇定形成了鲜明的对比。

至罗什，对"文质"的论述更为深入，因为罗什精通梵语和西域语言，又通解古印度文学及声韵，而且对汉地语言文化也有一定程度了解。所以他可以游刃有余地谈翻译。尤其是他对梵文原典的看法，改变了前期道安、慧常及赵政的认识，因而他不赞成"在言过质"而仅"与西域义同"的译文。他的译文"曲从方言，趣不乖本"（慧观《法华宗要序》），追求以曲折的方式用汉语表达，但又不违背原意。他的译籍，力求再创造出辞旨婉约、自然流畅、辞藻斐然、声韵俱佳的效果，以传达原本的意趣和神韵。这当然与译场高水平的笔受和润文有很大关系。如《妙法莲花经》中的"火宅喻"关于起火的一段，把火的气势描写得十分生动。罗什精通梵语，他指出梵文也非常重视文采，这与道安所言"胡经尚质"和赵政所言"胡言方质"观点不同，是由于道安等人接触的经文是经过西域语言转译的文本。罗什及其译经助手处于六朝注重美文的时代，传统文章之学从训诂为主干的、为经学服务的章句训诂之学转变为文学表达服务的辞章之学，并由此带动了阐释学、语义学、修辞学和音韵学在文学中的应用，使人们对文章从只作章句认识推进到文学创作和赏析的新时期。至于南朝，文士们的文章观已转变为"美文"研究。萧子显在《南齐书文学传论》中指出文章为"神明之律吕"。萧统明确提出"事归于沉思，义归于翰藻"（《文选序》）的文章的本质特质。萧纲在《诫当阳公大心书》中提出"立身之道与文章异：立身先须谨重，文章且须放荡"，要求文学独立于经传的思想约束与与文风。罗什及其译经大师们为顺应当时趋尚绮丽的文风，讲究"文约而诣，旨婉而彰"（僧肇《维摩诘经序》），追求对原文文采和趣味的传达。因而他们主张只要能存本旨，就不妨"依实出华"，体现出罗什与他的译经助手在实践和理论上的求文倾向，使此前以"质"居于主导地位的译坛开始向"文"转变。赞宁《宋高僧传》称，罗什的翻译尽量传达天竺思维模式，并成功地做到了"有天然西域之语趣"。僧叡《大智释论序》载，罗什译《大智度论》一百卷，初品三十四卷为全译，二品以下为略译，即撮述大意。僧叡说："胡文委曲，皆如初品。法师以秦人好简，故裁而略之。若备译其文，将近千有余卷。"青目释文中"乖阙烦重者，法师皆裁而裨之，于经通之理尽矣"。僧肇《百论序》载，罗什译《百论》，"考校正本，陶练复疏，务存论旨，使质而不野，简而必诣"。他只译出《百论》前十品，而认为后十品"无益此土，故网而不传"。僧肇还在《维摩诘经序》中指出罗什译《维摩诘经》，"其文约而诣，其旨婉而彰"。赞宁在《宋高僧传》中也指出"秦人好略"，"天竺好繁"。梁启超说："凡什公所译，对于原本，或增或减，务在达旨"，以求"信而后达，达而后雅"。表明罗什自己的译经思想也是趋于文饰和简洁，注重便约和华丽的。

罗什译场译经的成就，无论是文辞优美，还是义理准确，都要得力于参加助译的汉地佛学大师，如僧叡、道生、僧肇等。他们义学功底深厚，又是文章大家，译本的定形都靠他们的决断。在他们眼中，罗什的汉语仍然不能尽如人意，比起中土经典文体的标准和语言运用的境界，罗什译籍仍然是偏于质朴和繁重的。如《大品般若经》和《小品般若经》是鸠摩罗什主译的两部大乘佛经。而僧叡在《大品经序》中说："幸冀遵实崇本之贤，推而体之，不以文朴见咎，烦异见慎也。"又在《小品经序》中说："胡本雅质，案本译之，于丽巧不足，朴正有余矣。幸冀文悟之贤，略其华而几其实也。"慧远也在《大智论抄序》中指出，鸠摩罗什译《大智度论》，"因方言易省，故约本以为百卷，什所遗落，殆过参倍。而文藻之士，犹以为繁，咸累于博，罕既其实"。他认为究其原因，在于佛经"辞朴而义微，言近而旨远"，"故令玩常训者牵于近习，束名教者惑于未闻"。这一方面是由佛典自身性质所决定，另一方面也是由于中土学僧及文士参与译经，不仅从佛经汉译中吸收了佛学经典遣词造句以及著述风格，更将中国学风、文风以及文章理念带入翻译，使传统文论与佛经翻译评论相互融合与渗透，也使二者的发展趋于一致。如罗什译场中道生、道融、僧叡、僧肇，都是极富文学才能的文士。《高僧传》卷二"译经总论"称："时有生、融、影、叡、严、观、恒、肇，皆领意言前，词润珠玉，执笔承者，任在伊人。"参加治改南本《大涅槃经》的谢灵运，对北本《大般涅槃经》的粗陋鄙俗文字作过认真的修改和润色，对"文有过质"的地方都作过精心推敲。《高僧传·释慧严传》载："大涅槃经初至宋土，文言致善而品数疏简，初学难以厝怀，严乃共慧观、谢灵运等依泥洹本，加之品目。文有过质，颇亦治改，始有数本流行。"唐代元康《肇论疏》卷上序中说："谢灵运文章秀发，超迈古今，如《涅槃》元来质朴，本言'手把脚蹹，得到彼岸'，谢公改云：'运手动足，截流而度。'"在当时人看来，谢灵运的改治不仅使经本文意更加清楚，而且也使译本显得更加文雅简洁。如北本《寿命品》之二云："犹如日出时，除云光普照，是诸众生等，啼泣面目肿。"南本的前三句没有改动，而第四句则改为"恋慕增悲切"，这一改动文辞典雅，使其措辞避免了鄙陋，带上了南方诗歌的风味。北本《金刚身品》第二云："非法非非法，非福田非不福田"，南本改为"非法非非法，非福田非非福田"，一字之改，使句式变得更加整齐，上下呼应，呈现出浓厚的骈偶色彩。这正是当时文风的体现。也更符合佛经"四句百非"中"非有非无"的表达方式。这说明，罗什及其助手们的译经，深受中土文学传统的制约。南北朝时，流行的骈文文体本用于抒情短章，不善于长篇叙事，更无法忠实再现有些贴近民众口语的佛教经文，因为这类文体的佛经译文重在使读者理解佛陀意旨，重在准确和传真，重在能够像当初佛祖说法时那样亲切感人，以弘法和普度众生为宗旨，而不应过多重视辞藻文采和文体古雅。为此，佛经译者便不得不忠实经本原体制，放弃传统文章讲究对仗骈偶的惯例，尽量使用朴实平易的语言和清晰自然的句法译经。

评论佛经翻译的文和质，一个重要的原则就是不能脱离佛经原典本身的文和质。就早期传入中土的佛学原典语言的特征而论，主要是胡、梵两种文字，且多为胡语。胡语为西域语言，由于西域民族文化发展的限制，语言形态也不很成熟，所以胡语比较质直，不假绘饰。梵语为天竺古语，印度民族历史文化悠久，其语言具有高度成熟的形态，所以梵语委曲，且注重宫商，讲究文藻。梵语一词本义为"修饰"，是上层社会和文学作品中使用的雅语。与之相对的是俗语，该词本义为"自然"，是在民间自然产生的方言。在古代印度，婆罗门为了维护自己在吠陀时代形成的特权地位，编订了各种法经和法论，力图通过法律和社会道德规范，将种姓制度永恒化。此时也兴起了许多反对婆罗门教的思想和宗教派别，其中最重要的就有佛教。为了吸引民众，早期佛教力图使用俗语宣教和编纂经典，并运用通俗的寓言故事阐发教义，在此基础上发展和形成佛教文学。到了佛教大乘时期，佛典语言也由俗语转成混合梵语（与俗语相混合的梵语）和梵语。随着佛教的流传，俗语逐渐发展成为文学语言，诞生了各种宗教的和世俗的俗语文学作品。与古典梵语文学相比，俗语文学更接近社会现实，更富有民间生活气息。但梵语和俗语也在文学内容和形式方面相互吸收和影响，俗语文学不断为古典梵语文学提供新鲜营养，古典梵语文学也不断为俗语文学提供艺术借鉴。

正因为初期输入中土的佛典主要是胡语文本，所以道安说"胡经尚质"（《摩诃钵罗若波罗蜜经抄序》），佛念说"西域言繁质"（《僧伽罗刹所集经序》）。时称"译胡为秦"，甚至把"佛说"也译为"胡说"。汉译时考虑到胡语质直的特点和重经义的要求，所以较多译者采用质朴的方法，主张直接传达原本面貌，以便更多地保留其原本形态。这些直译的文本风格朴实质直，"贵本不饰"，"正而不艳"。自东晋至南北朝以后，天竺高僧来华和汉地学僧西行求法取经者日益增多，梵文本佛典开始大量传入中土，"译胡为秦"开始变为"译梵为汉"。译梵为汉，由于梵语的典雅和声韵，译本既要保留梵文委曲流转、音韵和谐的特点，又要考虑汉语简洁明快、文辞典雅的风格。这使"译胡为秦"时的直译已无法实现保留梵文重"藻蔚"的特点了，所以这一时期的翻译更多地是注意文辞和义理兼备的方法，即遵照汉语语式和行文习惯，特别是运用汉语中对仗、谐音等修辞手法，尽力传达原本的意旨和精神。这样的译本"文约而诣，旨婉而彰"（《注维摩诘经卷序》）。这是僧肇对罗什所主译《维摩诘经》等佛经的翻译的评价。"约"为简约，"诣"为至，"婉"为美，"彰"为明。意思是说，罗什翻译的文辞简约而表意恰如其分，意旨优美而表达明白通透。这是很高的评价了，在罗什以前，很少见到这样赞美性评语。

罗什所说"天竺国俗，甚重文藻"（《论西方辞体》），一方面揭示出古代印度上层社会所通行的古典梵语文学，尤其是"大诗"文体，这种"大诗"本为印度古代文学中的长篇叙事诗，古典梵语诗歌分为"大诗"和"小诗"两大类。"大诗"指叙事诗；"小诗"指抒情诗。这类诗的内容多取材于史诗传说，注重辞藻和描写，非常注重文学形式，在梵文文学中的传统地位很高。古印度是一个诗的国度。印度现存的最早文献是四部吠陀本集:《梨俱吠陀》《娑摩吠陀》《夜柔吠陀》和《阿闼婆吠陀》。这四部吠陀主要是诗体,约产生于公元前一千五百年至前一千年,使用的是吠陀语。这四部吠陀诗集是吠陀时代婆罗门祭司为适应祭祀仪式编订的。在一些重大的祭祀仪式中,由劝请者祭司念诵《梨俱吠陀》中的颂诗,赞美诸神,邀请诸神出席祭祀仪式。由咏歌者祭司高唱《娑摩吠陀》中的颂诗,向诸神供奉祭品。由行祭者祭司低诵《夜柔吠陀》中的祷词和祭祀规则,执行祭祀仪式。其中《梨俱吠陀》中"梨俱"的意思是诗节,"吠陀"的意思是知识。整个《梨俱吠陀》基本上采用颂诗形式,赞美、恳求或劝说自然和社会以及由自然和社会转化而成的诸神。《梨俱吠陀》诗人通常以朴素的语言和鲜明的色彩,描绘各种自然现象,直率地表达他们的惊奇、赞叹、敬畏和愿望。自公元前三四世纪至公元二世纪又诞生《罗摩衍那》,被称为"历史传说",公元前四世纪至公元四世纪左右诞生了《摩诃婆罗多》,印度传统称为"最初的诗"。这两大民族史诗都使用通俗的梵语,以口头方式吟诵,诗律绝大多数采用简单易记的阿奴湿图朴体,文风明白晓畅,但在形式上已开始讲究藻饰和精心雕镂,形式上注重文采,讲究修辞。由此,《罗摩衍那》成了古典梵语诗歌最直接的先导。这一时期的梵语文学作品,使用的是经过梵语语法家波你尼、迦旃延那和波颠阇利规范化的梵语,即"古典梵语",用这种梵语的创造的文学称为"古典梵语文学"。印度文学在古典梵语文学时期步入了自觉的时代,这时期产生的印度古代文学包括戏剧、抒情诗、叙事诗和小说等纯文学作品在梵语中统称为"诗",戏剧是"可看的诗",其他则是"可听的诗"。在佛教梵语文学中,也有一些作品采用纯文学形式。现存最早的古典梵语文学作品就是佛教诗人和戏剧家马鸣(音译阿湿缚婆沙)的叙事诗《佛所行赞》和《美难陀传》。这两部诗结构严谨,语言纯净,修辞丰富,文体优美。在两部诗的后半部中,有较多直接的说教成分。这与马鸣的创作思想是一致的。他在《美难陀传》的结尾说,他的作品的内在目的是解脱,旨在摒弃爱欲,达到平静。他采用"大诗"文体只是为了便于听众接受,犹如苦口的药汤拌上糖,便于病人喝下。据罗什所译《马鸣菩萨传》载,马鸣是中印度人,原信奉婆罗门教,后来在辩论中为北印度佛教高僧胁尊者所败,于是皈依佛教,在中印度弘通佛法,"才辩盖世,四辈敬伏"。后在北印度"广宣佛法,导利群生"。元魏吉迦夜等所译《付法藏因缘传》又载:马鸣在辩论中失败后,在华氏城"游行教化,欲度彼城诸众生故,作妙伎乐,名赖吒和罗,其音清雅,哀婉调畅,宣说苦空无我之法"。马鸣的《佛所行赞》叙述佛陀释迦牟尼从诞生直至涅槃的生平传说,由北凉昙无谶译出,共二十八品。

唐代义净在《南海寄归内法传》中称赞《佛所行赞》"意明字少而摄义能多，复令读者心悦忘倦，又复纂持圣教能生福利"。这一评价反映了马鸣诗歌的思想内涵和艺术特点。马鸣还创作了现存最早的三部梵语戏剧，这三部戏剧残卷具有古典梵语戏剧的主要艺术特征，即戏文韵散杂糅，剧中地位高的角色说梵语，妇女、丑角和其他地位低的角色说俗语。

另一方面罗什更揭示出印度古代文体中诗体文学的盛行和普及。诗体文学传统与印度古代盛行口耳相传的传播方式有关。采用"大诗"文体正是为了便于听众接受。所以在印度古文化中，诗体不仅适用于文学作品，也适用政治、法律、哲学和科学著作。这与中土"诗言志"的传统不同，只是这些著作使用诗体，并非出于追求"藻蔚"，而是易于记诵。佛经中的偈颂也是如此，既可用于文学性的叙事、抒情和礼赞，也可用于理论的阐释、概括和说教。因此，不能笼统地说"改梵为秦，失其藻蔚"。因为汉文也很讲究文彩，重视藻丽，甚至超过梵文。佛经偈颂在汉译过程中，失去的主要是原文和乐的诗律，这是梵汉语言文字系统的差异所造成的。翻译梵文译偈颂，既不讲究诗律，但又仿照原本，依照原本字句整齐划一，结果使译本不仅没有诵读上的美感，而且削足适履，生涩费解。这正是罗什所谓"虽得大意，殊隔文体，有似嚼饭与人，非徒失味，乃令呕哕也"的本意。竺法护译《正法华经》，中有"天上视世间，世间得见天上，天人世人往来交换"一句译文。后期译者将其略译作"天见人，人见天"。罗什译《妙法莲华经》时，参照两译，译作"人天交接，两相得见"。表明罗什既嫌原文过质，又嫌护译过繁，而采用僧叡既文且约的译法。

慧远在深入研究"质""文"的基础上，提出"厥中"的见解，这对译本自身而言，是一个既不失朴直又不失藻蔚的圆满调和的设想，即文质兼备。他说："若以文应质，则疑者众。以质应文，则悦之者寡。"他主张"令质文有体，义无所越"。既反对"文过其意"，又反对"理胜其辞"（《大智论抄序》）。慧远的这一"厥中"也就是折中之谓，同儒家的"中庸"哲学思想和"中和"的美学观有相通之处，同孔子的"文质彬彬"也交相互映。他强调文和质都应有一定的尺度，而且各有所用。僧叡还从名实角度展开文质讨论，他在《大品经序》说："典漠乖于殊制，名实丧于不谨"，如果译文名实不谨，佛教"殆将坠矣"。他以名实的观点批评了支谦、罗什的译经，指出其翻译的不谨，更多地出现在"文"者身上。僧祐认为译经的要旨是"尊经妙理，湛然常照"，"文过则伤艳，质甚则患野，野艳为弊，同失经体"（《出三藏记集》）。他认为翻译应该做到文质适中，译者必须把握好尺度，因为偏于文则艳丽，偏于质则粗野，艳丽和粗野都是翻译的弊端，都有损经文原来的文体。僧肇在《法句经序》中认为译经应该"文约而诣，旨婉而彰"。这与支敏度《合首楞严经记》所提"文而不越，约而义显"观点相一致。可见评论者们已经试图解决文质矛盾，寻求文质之争的出路，提出更符合佛典汉译规律的标准，并力图通过评论给予先导作用。正如梁启超《翻译文学与佛典》指出的那样，"此全属调和论调，亦两派对抗后时代之要求也"。这个"要求"实际上就是评论的标准，也是一种先导作用。

3. 成熟期

隋唐宋时期，译经事业臻于成熟，文质观念也趋于成熟，译经实践和译经观念是相互促进的。本来，在评论者开始译经评论，提出译经中的原则、理论或方法之前，译经大师们早已在实践中自觉或不自觉地运用一定的标准和方法了。而这些标准或方法又成为评论者提炼理论的源泉。佛典汉译发展到隋代，彦琮从直译的观点出发，简述了译经的历史，对历代译经作了鸟瞰式回顾和总结。他对早期佛经翻译的总结是：汉魏"或繁或简，理容未适；时野时华，例颇不定。晋宋尚于谈说，争坏其淳；秦凉重于文才，尤从其质"（《辩正论》），表明他坚持忠实第一，崇尚质直。道安组织佛经翻译，注重质直，即在秦凉时期。彦琮本人所持的译经观点也是"宁贵朴而近理，不用巧而背源，悦见淳质，请勿嫌烦"。对于文质，彦琮一方面希望译者"常思品藻，终惭水镜"，一方面也要求译者具备中国文史修养，做到"不昧此文"，"不过鲁拙"。这也正是对慧远在《大智论抄序》中所注重的"令正典隐于荣华，玄朴亏于小成"思想的继承。仁寿二年。彦琮奉隋文帝杨坚敕撰《众经目录》，他在序言中说："佛法东行，年代久远。梵经西至，流布渐多。旧来正典，并由翻出。近遭乱世，颇失原起。前写后译，质文不同。一经数本，增减亦异。致使凡人得容妄造，或私探要事，更立别名。或辄构余辞，仍取真号。或论作经称，疏为论目。大小交杂，是非共混，流滥不归，因循未定。将恐陵迟圣说，动坏信心，义缺绍隆，理乖付嘱。皇帝深崇三宝，洞明上乘。降敕有司，请兴善寺大德与翻经沙门及学士等，披检法藏，详定经录。随类区辨，总为五分：单本第一，重翻第二，别生第三，贤圣集传第四，疑伪第五。别生、疑伪不须抄写，已外三分入藏见录，至如法宝集之流净住子之类，还同略抄，例入别生。自余高僧传等，词参文史，体非淳正，事非可寻，义无在录。勘古目犹有缺本，昔海内未平，诸处遗落。今天下既一，请皆访取。所愿仁寿长延，法门具足，群生有幸，方益无穷，合成五卷，显之于左。"对历代译经中所表现的"质文不同"现象很感不满，同时也表明他对文质问题的关注。

进入初唐，不少评论者对翻译也强调应文质兼备，文质彬彬。玄奘即不赞成翻译中随便增损、藻饰原文。认为"传经深旨，务从易晓，苟不违本，斯则为善。文过则艳，质甚则野。说而不文，辩而不质，则可无大过矣，始可与言译也。"（辩机《大唐西域记赞》）马祖毅认为，从玄奘的译文形式来看，"比较起罗什那样修饰自由的文体来觉得太质，比较法护、义净所译那样朴拙的作品又觉得很文"（《中国翻译简史》）。在"文质"方面，玄奘做到了圆满的调和，所译"览文如己，转音犹响"（道宣《续高僧传》）。鲁迅认为从方法上言，"唐则以'信'为主"（《关于翻译的通信》）。他的"五不翻"体现了这一点。中晚唐以后，佛典译风有了新的变化，评论者不再像过去那样多谈文质彬彬，而是提倡"风骨"。因为矫正南朝以至初唐靡丽译风，追求文质彬彬的任务，已基本由盛唐译经大师圆满地完成。特别是经过数百年文与质的试验和讨论，人们已有了更深入的认识。因而盛唐译经大师对尚文轻质和重质轻文都是不赞成的，他们的文质观也显得十分通达。译者依照经本性质，自然会有相应的译语形式，无须刻意于质，也无须刻意于文，尤其是不刻意于文与质的人为的勉强和主观的捏合，自然而然。这种境界显然是由于唐代佛学的成熟而带来的新境界，因为唐代佛学者悟道，无为而无不为，自然而然。所以以这种理念对待文质，不求质而质美，不求文而文至。正如钱锺书在《谈艺录》中所说："理之在诗，如水中盐，蜜中花，体匿性存，无痕有味。"这从玄奘译经可以看出。道宣曾参与玄奘译场，他在《续高僧传·玄奘传》中说："今所翻传都由奘旨，意思独断，出语成章，词人随写，即可披玩。尚贤吴魏，所译诸人，但为西梵所重，贵于文句钩锁，联类重杳，布在唐文，颇居繁复，故使缀工，专司此位，所以贯通词义，加度节之，铨本勒成，秘书缮写。"表明玄奘既要求译出原经全文，反对随意增损，同时又要求译文符合汉语习惯，通达顺畅。不仅梵语倒置的词序要"顺同此俗"，繁复的句法结构也要适度简化，以求句义明朗。慧立本释彦悰笺《大慈恩寺三藏法师传》中也这样评论玄奘译风。当时，唐太宗曾向玄奘询问《金刚般若经》"先代所翻，文义具不？"玄奘答说："今观旧经，亦微有遗漏。据梵文具云'能断金刚般若'，旧经直云'金刚般若'。欲明菩萨以分别为烦恼，而分别之惑，坚类金刚，唯此经所诊无分别慧，乃能除断，故曰'能断金刚般若'。故知旧经失上二字。"玄奘明确表示，旧译为求词语简约，造成经义缺失，并举出旧译本其他漏译之处。最终玄奘奉唐太宗之命，重翻《金刚经》。慧立和彦悰评论说："然经本贵理，不必须饰文而乖义也。故今新翻《能断金刚般若》，委依梵本。"玄奘在翻译《大般若经》时，"梵本总有二十万颂，文既广大，学徒每请删略"。玄奘曾起念顺从众意，"如罗什所翻，除繁去重"。但当夜恶梦，"流汗颤栗"。于是，他决定不作删略，按梵本全译。由此可以见出，玄奘的译经实践和翻译原则都重在信实，并兼顾善美。所以梁启超称："玄奘者，则意译直译，圆满调和，斯道之极轨也。"(《翻译文学与佛典》)

(四)"文质"论在翻译评论中的深入阐发

翻译的"文"与"质"，最初是以译经标准使用的。既然是标准，它就意味着经本的价值和地位，实际上也就是经典本身。经典本身便意味着它代表着佛陀的言教，佛法的内容以及佛学的意旨。事实上，佛经翻译的"文"与"质"直接关系到佛教在汉地的生存与发展。僧叡《大品经序》指出，佛经来中土传译，因"梵夏既乖，又有繁简之异"，致使佛典汉译，每多言不尽意，名不副实，且玄章婉旨，隐而不见，以致"求之弥至"，"失之弥远"。因而他感慨的说："不遇渊匠，殆将坠矣"。意谓没有大师指导，则译事恐将废绝，佛法将会衰亡。而支谦译经，文辞典雅，又多引用老庄典籍，实际上预示着佛教中国化的开启。因为"文"的译法，是顺应汉地文化的走向；而"质"的译法，基本上是保持天竺原状的思路，这种"质"的译经策略本质上是拒绝中国化的。由此促使论者深入探讨"文""质"的成因和作用。

1. 文质评论思想的演进

慧皎《高僧传》曾说，波颇译经"研覆幽旨，去华存实，目击则欣其会理，函丈则究其是非，文虽定而复详，义乃明而重审"。慧远《三法度序》说："虽音不曲尽，而文不害意。依实去华，务存其本。"《法华宗要序》说："曲从方言，而趣不乖本。"《缘生经并序论》(作者未详)说："达摩笈多，辞繁简质，意存允正，比之昔人，差无尤失，真曰法灯，足称智藏。"这是说为了忠实性，不应"存华"或有所"增减"。以致彦琮《辩正论》也认为："得本关质，斫巧由文。"因而他主张："宁贵朴而近理，不用巧而背源。倘见淳质，请勿嫌烦。"道宣《昙无德部四分律补随机羯磨序》强调："当随顺文句，勿令增减，违法毗尼。"但质可以忠实，文也可以忠实。如僧祐说支谦译本"典得圣义，辞旨文雅"。支敏度《合首楞严经记》认为支谦"文而不越，约而义显，真可谓深入者也"。《四阿含暮抄序》说婆素跋陀译经，"斥重去复，文约义丰，真可谓经之璎缦也"。僧叡说罗什译经"务存圣意，其文约而诣，其旨婉而彰，微远之言，于兹显然矣"。这就是说，重文，只要不失原义，同样达到了忠实，这就说明仅依文质无法评价译文优劣，甚至最终会导致无标准，像真谛《摄大乘论序》所说"增减或异，大义无亏"就行了。这便促使译经家们又开始讨论文质作为评论标准使用的限度。

在讨论文质关系上，先是比较笼统地指出或强调文（译文）与意（原文）的恰当调和。如僧祐说康僧会译经"妙得经体，文义允正"，又说佛大跋陀"会通华戎，妙得经体"。慧皎《高僧传序》评价求那跋摩译文"文义详允，梵汉弗差"，慧净的翻译是"词旨深妙，曲尽梵言，宗本既成"。僧祐《出三藏记集》说"义不远宗，言不乖实"。《高僧传》说罗什"出言成章，无所删改，辞喻婉约，莫非玄奥"。昙宁《深密解脱经序》说："文义双显，旨包群籍之秘，理含众典之奥。"

稍进一步，是将文质与意义分开谈，如僧祐说安世高所出众经"质文允正"。道宣《续高僧传序》说僧伽婆罗译经"华质有序，不坠译宗"，较为明确地将文质分开来论，比之将语言与意义一起讨论要明确一点。康僧会《法镜经序》说严佛调译经"言既稽古，义又微妙"。《安般守意经序》指出此经的翻译"言多鄙拙，不究佛意，明哲众贤，愿共临察，义有疵瘤，加圣删定，共显神融矣"。

再进一步就是指出文质各自的状况，慧皎《高僧传》说浮陀跋摩译经"考文详义，务存本旨，除繁即实，质而不野，王亲屡回御驾，陶其幽趣，使文当理诣，片言有寄"。僧祐《出三藏记集》说安世高译经"义理明晰，文字允正，辩而不华，质而不野"。说他们的"质"并没有过分。大梁皇帝《注解大品序》评价罗什译本是"质而不简，文而不繁"。僧肇《百论序》说："陶练覆疏，务存论旨，使质而不野，简而必诣。宗致划尔（道理清楚），无间然矣。"

"质而不野""文而不华"，与《论语》上说的"质胜文则野，文胜质则史"同义，意思就是"文质彬彬"的"中和"主张。这并不切合翻译的规律。所以，还是王日休《佛说大阿弥陀经序》的话最符合佛学的思维方式，也最符合翻译艺术。他说："又其文或失于太繁而使人厌观，或失于太严而丧其本真，或其文适中而意则失之，由是释迦文佛所以说经，阿弥陀佛所以度人之旨，紊而无序，郁而不章……"指出文、质、中三种思路都是不符合翻译规律的，其实就是说，凡是翻译，译者不能预先设立一种翻译目标或标准方法，因为一切都需要依原文而定，这就是翻译艺术的真谛。所以，翻译时，如竺佛念《阿育王子法益坏目因缘经序》所说的那样："或离文而就义，或正滞而旁通，或取解于诵人，或事略而曲备。"这都是随时要灵活运用的。

2. 文质评论思想的多元展开

正是在具体评论中，文、质及折中经过评论者们长期探索，逐渐形成了四个方面的建树：一是形成了透过现象认识本质的思想。支谦《法句经序》载："信言不美，美言不信"。辩机《大唐西域记赞》说："理正者直其言，言饰者昧其理。"赞宁在《宋高僧传》中主张译经"与其典也，宁俗"，但又认为"搅深溺俗，厥过不轻；折中适时，自存法语，斯谓得译经之旨矣"。这些观点已意识到本质往往深隐在现象的反面，因而能启示译者在翻译中注意现象与本质之间存在的对立和转化，提醒译者注意分析。二是建立了对立统一的思想。支遁《大小品对比要抄序》说："辞致婉巧，而不丧本归。"慧达《肇论序》说："虽复言约而义兴，文华而理诣。"注意到了言与意、质与巧的辩证统一，防止有所偏废。三是确立了文质变化的"度"。道安《大十二门经序》说："辞致雅密，正而不艳。贵本不饰。""正"即"雅"，即文雅但不过于艳丽。僧祐《胡汉译经音义同异记》更明确地说："然文过则伤艳，质甚则患野。野艳为弊，同失经体。"慧皎《高僧传序》中连续运用六对概念，以强调翻译语言的适中："壮而不猛，凝而不滞；弱而不野，刚而不锐；清而不扰，浊而不蔽。"最终达到"华质有序，不坠译宗"，"文义澄洁，华质显畅"的境界（道宣《续高僧传序》），性嘉称这一境界为"尽善尽美，兼质兼文"（《显密圆通成佛心要集后序》）。僧肇《百论序》亦云："陶练覆疏，务存论旨，使质而不野，简而必诣。宗致划尔，无间然矣。"即质朴，但又不是粗野，如果是粗野，即是过"度"。赞宁《译经篇·论》中总结性地写道："文质相半，妙谐深趣，上符佛意，下契根缘，利益要门，斯文为最。""传译此经，善符圣旨，文质相兼，璨然可观。"四是树立文质的历史观。时代不同，文质不同，此即"质文代变"。刘勰《时序》篇称"时运交移，质文代变"，认为文与质是随时代不同而不同。他在《通变》篇中从文学的历史发展角度，指出历代文学由质趋文的发展概况，文曰："权而论之，则黄唐淳而质，虞夏质而辨，商周丽而雅，楚汉侈而艳，魏晋浅而绮，宋初讹而新。"苏绰曾指出："近代以来，文章华靡，逮于江左，弥复轻薄。洛阳后进，祖述不已。"（《周书》卷二十二《柳庆传》）明代胡应麟说："文质彬彬，周也。两汉以质胜，六朝以文胜。魏稍文，所以逊两汉也；唐稍质，所以过六朝也。"（《诗薮》内编卷一）在他看来，汉诗偏质，魏诗偏文，晋诗重文轻质。道宣评论翻译文质风格的变化时说："汉魏守本，本固去华，晋宋传扬，时开义举，文质恢恢，讽味余逸。厥斯以降，轻靡一期，腾实未闻，讲悟盖寡。……后秦童寿，时称僧杰，善披文意，妙显经心，会达言方，风骨流变，宏衍于世，不亏传述。……世有奘公，独高联类，往还震动，备尽观方，百有余国，君臣谒敬，言义接对，不待译人，披析幽旨，华戎胥悦。唐朝后译，不屑古人，执本陈勘，频开前失。"明显与文风的演变相一致。道宣此文中也提及文风的演变。他说："近者晋宋颜谢之文，世尚企而无比，况乖于此，安可言乎？必踵斯踪，时俗变矣。其中芜乱，安足涉言。"这是说文与质有时代性。与此相联系的是文体不同，文质不同；译者不同，文质不同。曹丕认为："奏议宜雅，书论宜理，铭诔尚实，诗赋欲丽。"即使同一文体，也会因作者不同，学养和个性而有不同的文与质。有时还会因读者的差异，而领略出不同的风格。僧祐《出三藏记集》说："梵书复隐，宣译多变，出经之士，才趣各殊，辞有质文，意或详略，故今本一末二，新旧参差。"指出因译者"才趣各殊"，而致使译本"或繁或简，理容未适；时野时华，例颇不定"（彦琮《辩正论》）。围绕这四个方面的建树，众多论者表达了自己的观点。

> 考文详义，务存本旨，除繁即实，质而不野，王亲屡回御驾，陶其幽趣，使文当理诣，片言有寄。（道梴《阿毗昙毗婆沙论序》）

> 能博能要，不质不文。（道安《二教论》）

> 此经世高所出矣，辞致雅密，正而不艳，比诸阐经最为精悉。（道安《大十二门经序》）

> 简繁理秽，以详其中。令质文有体，义无所越。（慧远《大智论抄序》）

> 烦而不简者，贵其事也；质而不丽者，重其意也。其指微而婉，其辞薄而晦。（僧叡《毗摩罗诘提经义疏序》）

> 法师既妙解声论，善识方言，词有以而必彰，义无微而不畅，席间函丈，终朝靡息，恺谨笔受，随出随书，一章一句，备尽研究。释义若竟，方乃著文，然翻译事殊难，不可存于华绮；若一字参差，则理越胡越，乃可质而得义，不可使文而失旨，故今所译，文质相半。（慧恺《摄大乘论释十五卷序》）

> 质而不简，文而不繁。（萧衍《注解大品序》）

> 传经深旨，务从易晓。苟不违本，斯则为善。文过则艳，质甚则野。说而不文，辩而不质，则无可大过矣，始可与言译也。（辩机《大唐西域记·记赞》）

翻译中的文质必须具有适中的"度"，防止"度"过而失其正，所以译本有文采不致转变为艳丽，质朴不致发展到粗野，应该"以裁厥中""折中适时""文质相半"。文或质任何一方的过"度"，都会流于失中而走向反面，所以译者必须善于守"度"，才是圆通。这便是依据佛学中观和圆融思想而确立的翻译原则。僧叡《大品经序》称赞罗什的翻译"文虽左右，而旨不违中"，这里面的"中"即是中道的中。

四、相互契合与融通的"古今"之别

如何对待思想及文学中传统与革新的关系始终是各个历史朝代所探索的议题，由此形成"厚古"与"崇今"两种不同的评判标准。这一标准也融入译经评论之中，形成各自的"古今"立场，在长期的论辩中，各自形成了不同的观点和倾向。

(一)华夏传统文论中的"古今"之争

先秦两汉时期的文章，注重简易畅达，声情并茂，体物浏亮。魏晋南北朝后逐渐骈偶化，讲究声律辞采，追求形式美，而内容却失之贫乏空洞。创作中的倾向必然反映到评论中来，由此有文论中的古今文体之争。有的评论主张复古，崇尚古体，如魏收、宇文泰、苏绰等；有的评论则主张今体，如具有代表性的"永明体"力图改革晋宋以来艰涩典正的诗风，表现出浅显化和口语化的倾向。永明体创始者之一沈约明确提出以"易"字为核心的革新主张，强调文学的通俗易懂。《颜氏家训·文章篇》记载沈约的话说："文章当以三易，易见事，一也；易识字，二也；易诵读，三也。"还有的评论主张古今兼采，如颜之推，提倡"以古之制裁为本，今之辞调为末"(《颜氏家训·文章篇》)。这是一种折中的思想。李谔在《上隋文帝革文华书》中反对文华藻饰，提倡复古，揭开古文运动序幕，他写道：

> 五教六行为训民之本；诗、书、礼、易为道义之门。故能家复孝慈，人知礼让，正俗调风，莫大于此。其有上书献赋，制诔镌铭，皆以褒德序贤，明勋证理。苟非惩劝，义不徒然。降及后代，风教渐落。魏之三祖，更尚文辞，忽人君之大道，好雕虫之小艺，下之从上，有同影响，竞骋文华，遂成风俗。江左齐梁，其弊弥甚，贵贱贤愚，唯务吟咏。遂复遗理存异，寻虚逐微，竞一之奇，争一字之巧。……于是闾里童昏，贵游总角，未窥六甲，先制五言。至如羲皇舜禹之典，伊傅周孔之说，不复关心，何尝入耳。以傲诞为清虚，以缘情为勋绩，指儒素为古拙，用词赋为君子。故文笔日繁，

其政日乱，良由弃大圣之轨模，构无用以为用也。损本逐末，流遍
华壤，递相师祖，久而愈扇。

文中批评曹魏以后的文学传统，主张惩恶劝善是一切文辞的根本目
的（"苟非惩劝，义不徒然"），目标是批评美文写作，提倡与政教直接相关
的应用文字。认为文章写作应以六经为典范，文辞应该为政事教化服务，
政教则应以先圣哲王的教训为依归。

到了唐代，陈子昂、柳冕等人提倡汉魏之际曹氏父子、建安七子等
人诗文俊爽刚健的"建安风骨"，提出儒家思想，主张文章教化功能，从
理论和实践上进一步奠定了古文运动的基础。到了唐中期，文学家和思
想家出于复兴儒学和政治改革的目的，以韩愈、柳宗元为代表，掀起古
文革新运动，力倡诗文为政教服务的儒家功利取向，主张在创作意旨和
文字风格上，以六经为归依，批评魏晋以下流行的讲究骈俪声律文风，
注重华丽的过度艺术本位心态。主张"文以载道"，倡导"古道"和"古文"。
在古今文的取舍上，反对因循守旧，要求变革文学传统，同时主张从自
我出发，融会新旧，贯通古今（"熔今铸古"）。他们充分肯定秦汉古文对
于为人为文的文章传统，提倡以人的心性品质即道德修养为标准。在文
章风格上强调语言要流畅易达，词必己出，务去陈言，去除藻饰雕琢。
他们以"文如其人"为立论基础，力图从提倡新的文学传统入手来重塑文
风。韩愈、柳宗元所倡"古文运动"，合称"韩赫洋柳岸"，这个风潮揭开
了散体文的复苏与创新，致使骈俪文在北宋走向衰落。

至元明时期，崇古与趋新两条线索平行发展，"师古复雅"与"师心尚
俗"各持主张。在复古思潮方面，有"台阁体"和"茶陵体"的"师古复雅"，
追求平正典丽，溺于粉饰酬唱；"宗唐法杜"，强调音声调韵，注重抑扬
顿挫之美。有"前后七子"明确主张"文必秦汉，诗必盛唐"，主张学习古
人格调法式，以古典审美理想的情理和意象统一为目标，复兴风雅比兴
及美刺讽谏的诗文传统，借助复古以达到变革的目的。虽然"前后七子"
也有崇"今"的一面，但由于更多地停留在过分注重法度格调等创作规则
之中，以致束缚了他们创作的发挥，也制约了作品中作家情感自由充分
的流露，最终限制了文学发展的活力，从而陷入了拟古的窠臼而不能把
自己的理论与实践很好地结合。明末，随着审美风尚"从雅到俗"的转变，
俗文学的地位不仅进一步提高，而且与传统诗文一样真正地被作为"文
学"对待，且有压倒传统诗文的趋向。李贽提出"童心说"，以"尚俗"观作
为他批评理学扼杀人性、人情的重要思想。他批评传统贵古贱今思想，

指出："以今视古，古固非今；由后观今，今复为古。"可见，李贽的"尚俗"实为"尚今"。李贽的"童心说"开启了冲破传统约束，开放思想，任情尚真的道路。促使后人不停地标新求异，不甘于模仿唐宋风范，力图在师心尚俗中寻求出路。袁枚论诗即主张"真诗"不受传统形式法则的束缚，任凭性情自由流露，他提出"论诗只论工拙，不论朝代"（《随园诗话》卷十六）的观点。李梦阳不赞成文学"主理"，提出文学应重视真情表现的主情理论，认为"真诗乃在民间"，而"真者，音之发而情之原也"（《诗集自序》）。王世贞则提出"有真我而后有真诗"（《邹黄州鷦鹩集序》）的主张。王世贞也十分重视佛典翻译，他曾在《弇州山人续稿·刻大藏缘起序》中指出："以汉儿习梵语作梵字则甚难，而法不广，以汉语度汉字传佛印则甚易，而法亦流。"揭示出佛典翻译对于佛教传播的重要性。清代的评论者们更坚信今人应有今人精神面目之诗，不必乞灵于唐宋，也不必拘泥于传统格调。他们反对明初以来深受理学风气及台阁体创作影响所形成的萎靡文风，力图重新构筑文学的主情理论，重视民间俗文学。

中国文学思想史上的"古今之争"，是因对古今文学评判标准而引发的论争。本质上，"古"与"今"都具有思想史意义，也是文学发展的内在规律的反映。正是古与今的辩证运动，推动着文学语言艺术不断向前发展。各种文学思潮也在"古"与"今"相互影响和相互融汇中存在。无论是崇古还是重今，本质上都是一次革新的尝试和努力，都是在改变现状，重寻文学新的出路，推动文学发展，每一次古与今的论辩，都是评论者对文学本质的一次新的理解。无论崇古还是尚今，两种思想都必须在深入思考文学传统的基础上，梳理文学的积淀与变革，既有继承也有创新，因而有利于对文学自身的探讨和理论建设，同时也有利于文学和评论的多元化发展，避免文学的单一和僵化。文学发展史证明，每一次争论，都会有新的理论和作品问世，从而带来文学领域内新的变化，又开启后世文学的求新精神。可见，"古""今"一对范畴本是维系文学的文化底蕴与时代精神两端的命题，这一命题始终促使和启迪人们放开视野，既追寻历史，也放眼未来，深入思索，作出自己的判断，提出自己的观点，从而丰富和发展文学理论，推动文学前进。

（二）佛教传播中的语言文字策略

印度佛学在诞生以后以及在向外传播过程中形成了自由开放的语言策略，这是佛学众生平等自由精神的体现。释迦牟尼始终强调人们使用自己的语言文字学佛和传教的自由权利，他们不会因为学佛而丧失其使用母语的自由。《毗尼母经》卷四说："有二婆罗门比丘，一字乌嗟呵，二字散摩陀，往到佛所，白世尊言：'佛弟子中，有种种姓，种种国土人，种种郡县人，言音不同，语既不正，皆坏佛正义。唯愿世尊听我等依阐陀至持论，撰集佛经，次比文句，使言音辩了，义亦得显。'佛告比丘：'吾佛法中不与美言为是。但使义理不失，是吾意也。随诸众生应与何音而得受悟，应为说之。'是故名为随国应作。"《四分律》记载佛陀话说："听从国俗言音所解，诵习佛经。"释迦牟尼的这一思想在《五分律》卷二十六、《十诵律》卷三十八、《根本说一切有部毗奈耶杂事》卷六等著作中都有记载。季羡林曾逐一引述并加评论说："这五个中文异本在'语言政策'方面都表达了同一个思想：梵文绝对不允许用，但是方言俗语的利用是完全可以的。"并认为"原始佛教采取了放任的语言政策"(《原始佛教的语言问题》)。义净在《根本说一切有部毗奈耶杂事》译注中说："言阐陀者，谓是婆罗门读诵之法，长引其声，以手指点空而为节段，博士先唱，诸人随后。"可见佛陀所反对的只是婆罗门教的经论及其诵经的方式方法，而不是反对"梵语"或"梵文"的名词概念所指的语言文字本身。《大毗婆沙论》卷七十九说："佛以一音演说法，众生随类各得解，皆谓世尊同其语，独为我说种种义。"佛教实行开放自由的语言文字政策，佛以一音说法，佛教众学僧可以用不同的语言和文字，以直接和间接的方式来作口述传播或录文流通。这就是随着佛教流传到世界各地，就有各种语言文字的佛教经典诞生的原因。佛教在中土传播史上，西域的佛教弘法高僧就有精通多国语言文字的记载。僧祐《出三藏记集》载，支谦"十三学胡书，备通六国语"；竺法护遍学"外国异言，三十有六种，书亦如之"。对佛教传入中土的文字学有正确认识的宋代学者郑樵曾批评秦朝的文字政策说："观诸国殊文，知三代之时，诸国之书有同有异，各随所习而安，不可强之使同。秦人无知，欲使天下好恶趋避尽徇于我，易天下之心而同吾之心，易天下之面而同吾之面。"(《通志·六书略·殊文总论》)郑樵的话透露出汉地儒家接受佛教语言文字政策的影响。

佛教对于经典语言的观点表明佛教在复古与创新的关系中，主张以古为今用，因为"古"代表历史思想的真正内涵，所以理性地崇古也就是创新。所以如何处理语言传统与革新的关系始终是各个时期所争论的问题，由此形成厚古与崇今两种不同的评判标准。

(三)佛典汉译中表现出的"古今"意识

佛典汉译强烈地表现出对古今文体不同的崇尚倾向。有的多采用较古朴的文体，这种文体多带有先秦文体的典丽和雅洁，而与当时通行的口语或俗语有一定距离。如汉末译的《四十二章经》，近似于《老子》的语录体。安世高的译经文体，也比较古朴。道安在《摩诃钵罗若波罗蜜经抄序》中所提"三不易"，谈的都是古今思想、风格、文体及修辞等。"删雅古以适今时""愚智天隔""微言"与"末俗"均是古今之别。其《大十二门经序》指出："世高出经，贵本不饰，天竺古文，文通尚质。"其《人本欲生经序》又说："斯经似安世高译为晋言也，言古文悉，义妙理婉，睹其幽堂之美，拥庭之富或寡矣。"蒋述卓《佛经翻译理论与中古文学、美学思想》一文认为，早期译经大师采用古朴的文体，原因是当时的译经，由于主译不能执笔，而真正形成译文要靠汉地学僧，这些汉地学僧都是饱读诗书，极有传统文化素养的文士，他们精通外典，担任笔受，十分自然地运用外典（孔、孟、老、庄经典）来翻译佛经的概念、词语，以至句法。所以，在译经时就自觉不自觉地采用过去经书的文体。同时也由于初期译经，原典多是胡语转译，胡语并不是很发达的语言，文辞较为粗糙质朴，依照原本译出，自然译文略显古朴。有时更是为了迎合汉地人士崇尚经典的需要。如康僧会所译《六度集经》为迎合孙权崇儒的心态，不仅将佛教与儒家思想相契合，用语也多采用古语，形成以儒释佛译风。《察微王经》说："魂灵与元气相合，终而复始，轮转无际，信有生死殃福所趣。"他所翻译的《六度集经》卷三《布施度无极经》第十八鹿王故事，采用的也是古体，经中开头部分说："昔者菩萨身为鹿王，厥体高大，身毛五色。蹄角奇雅。众鹿伏众数千为群。国王出猎，群鹿分散。投岩堕坑，荡树贯棘。摧破死伤，所杀不少。鹿王睹之便咽曰：'吾为众长，宜当明虑，择地而游。苟为美草而翔于斯；凋残群小，罪在我也。'径自入国。国人睹之，金曰：'吾王有至仁之德，神鹿来翔。'以为国瑞，莫敢干之。乃到殿前，跪而云曰：'小畜贪生，寄命国界。卒逢猎者，虫类奔迸。或生相失；或死狼藉。天仁爱物，实为可哀。愿自相选，日供太官。乞知其数，不敢欺王。'"这段经文，读起来犹如先秦诸子文章，既有孔子的语言简练，含义深远，雍容和顺，又有孟子的气势充沛，感情强烈，笔锋犀利，还有老庄的纵横排荡，豪放自如，纤余委曲。

道安的古今标准主要依据经本性质而定。他对照研究《放光》与《道行》时，认为《放光》经过删略以后，文字更加流畅达意，更适合今人阅读。他说："斥重省删，务令婉便。若其悉文，将过三倍，善出无生，论空特巧，传译如是，难为继矣。"（《出三藏记集经序》卷七）表明他赞同删略，以使译本语言保持与时代风格的一致。而在译《比丘大戒》时，道安觉得过去的戒本翻译"其言烦直，意常恨之"，而现在的新译本依然如此，便要求笔受慧常"斥重去复"。慧常却遵循古体，认为佛教戒律犹如中土礼制，是不能删略的。而且是师师相传的，所以历代佛师都不许有一字一言与原本违背。认为"与其巧便，宁守雅正"。道安便赞同了这一意见，并且认为译烦为约者"皆蒲陶酒之被水者也"。这是因为《放光》与《道行》都是大乘经典，语言重文，而《比丘大戒》属于戒律，语言重质，古今文体不完全一样，应该区别对待。

罗什则倾向于"今"体，因为他所译基本都是大乘经典，更富有文学性。而且罗什译经的原本已经是梵文了，梵文不同于胡语，它是一种高度发达的语言，体制完备，而且重视辞藻。所以罗什从佛经文体角度，认为天竺文章辞句华丽，译梵为秦时虽然可以不失大意，但在文体上总是隔了一层，因为原本的宫商体韵不能翻译传达，原本的文藻也一同失掉。因此，他力图改变译经文体，使其既通俗易读，又富有文学色彩，同时又保留原作的丰姿和语趣。如他翻译的《大庄严论经》卷第十四鹿王经，散文部分十分口语化，采用的是一种通俗文体。经中第一段：

> 慎莫伤害，所恋使来。时彼鹿王既到王所，而作是言："大王，莫以游戏杀诸群鹿用为欢乐，勿为此事，愿王哀愍，放舍群鹿，莫令伤害。"王语："鹿王，我须鹿肉食。"鹿王答言："王若须肉，我当日日奉送一鹿。王若顿杀，肉必臭败，不得停久。日取一鹿，鹿日滋多。王不乏肉。"王即然可……

蒋述卓在《佛经翻译理论与中古文学、美学思想》中评论说，罗什还在译文中插进经过精雕细琢的韵文部分的翻译，以通过韵散结合的方式使译本文体更接近原文的文学风格。他译韵文也采用五言诗的形式，但不采用古体。如《大庄严论经》中"鹿王经"中鹿王准备代怀妊母鹿去死时说的一段偈语：

> 我今躬自当，往诣彼王厨。我于诸众生，誓愿必当救。我若以己身，用贸蚊蚁命。能作如是者，尚有大利益。所以畜身者，正为救济故。设得代一命，舍身犹草芥。

蒋述卓认为，罗什并不是不能运用古体，他有较高的汉语水平，他写的《赠沙门法和》一诗就带有古体风格："心山育明德，流熏万由延。哀鸾孤桐上，清音彻九天。"这与他译经体中的偈颂是两种面貌（《佛经翻译理论与中古文学、美学思想》）。可见，罗什在翻译中是很有意识地注意文体和语趣的。他的"今"体改变了旧译古朴的译风，创造出便于中土学僧诵习的达意又有文藻的翻译文体，但也注意传达原作的文体，使译文达到信与美的和谐统一，因而其译经词旨婉约，自然流畅，声韵俱佳。道宣对他的译文评价很高："后秦童寿，时称僧杰，善披文意，妙显经心，会达言方，风骨流便。"（《续高僧传》）梁启超曾评价说："凡什公所译，对于原本，或增或削，务在达旨"，"信而后达，达而后雅"。并指出赞宁"'天然语趣'四字，洵乃精评。自罗什诸经论出，然后我国之翻译文学，完全成立。盖有外来'语趣'输入，则文学内容为之扩大，而其素质乃起一大变化也"。"不特为我思想界辟一新天地，即文学界之影响亦至巨焉。文之不可以已如是也。"（梁启超《翻译文学与佛典》）罗什的翻译文体有其时代背景，与当时文人中间追求文采之风有着密切联系。反映出魏晋以后流行的轻言重意和言简意重的理论，影响到佛经翻译者对文体的选择。

北凉昙无谶也十分注意采用通俗语言译经，运用今体表达佛理和佛典的文学形式。他所译长诗《佛所行赞》（也有学者考订为刘宋宝云译）是马鸣所著叙述释迦牟尼一生事迹的杰作，作者把宗教故事、佛学义理用诗歌形式巧妙地表达出来，在印度文学史上广为流传。义净在其《南海寄归内法传》中说此经"五天南海，无不讽诵。意明字少，而摄义能多，复令读者心悦忘倦，又复纂持圣教能生福利"。昙无谶运用散文句法翻译此经，使用口语化语言，突破汉诗五言体的传统韵律，运用多变的节奏，又使译本声调和谐流畅。如《厌患品》中的句子：

> 郭邑及田里，闻太子当出，尊卑不待辞，寤寐不相告。六畜不遑收，钱财不及敛，门户不容闭，奔驰走路傍。楼阁堤塘树，窗牖衢巷间，侧身竞容目，瞪瞩观无厌。高观谓投地，步者谓乘虚，意专不自觉，形神若双飞。

金克木认为这个译文让人想起《陌上桑》中描写罗敷采桑时情景，并说："除详略不同外，可以说几乎传达了原诗的用意和气势，然而意味和风格却中国化了。"（《梵语文学史》）对照《陌上桑》的文字：

> 日出东南隅，照我秦氏楼。秦氏有好女，自名为罗敷。罗敷喜蚕桑，采桑城南隅；青丝为笼系，桂枝为笼钩。头上倭堕髻，耳中明月珠；缃绮为下裙，紫绮为上襦。行者见罗敷，下担捋髭须。少

年见罗敷，脱帽著帩头。耕者忘其犁，锄者忘其锄；来归相怨怒，但坐观罗敷。

玄奘则注意古今调和，弃骈取散，忠实地以朴素的通俗文体传达出佛经的内容和风格。他总结前人译经评论的"五不翻"，既考虑梵汉一般的语言表现及功能差异，又关注译者对佛教本身特殊性的深层思考，以尽量保持原本的精神特质与思维方式。其中"生善不翻"谈的是佛学概念的准确性：

> 如"般若"尊重，"智慧"轻浅。而七迷之作，乃谓"释迦牟尼"此名"能仁"，能仁之义，位卑周孔。"阿耨菩提"，名"正遍知"，此土老子之教，先有"无上正真之道"，无以为异。"菩提萨埵"，名"大道心众生"，其名下劣。皆掩而不翻。

这里玄奘要正名的是古译佛学概念的"格义"法，如把 Sakyamuni（释迦牟尼）、anuttara-samyak-sambodhi（音译全称"阿耨多罗二貌三菩提"，略作"阿耨三菩提""阿耨菩提"）分别格义为"能仁""无上正真之道"，易于使人混淆佛学和儒家、道家的本质区别，丧失佛学的独立品格，实质上关系到佛教在中土的生存。玄奘五不翻中"秘密不翻"一条谈的是佛教语言的神秘性，更是佛教语言的内涵问题，特别是原典中的语密（陀罗尼、真言、明咒等）特殊语言，必须采用音译才能完整保留原义。可见，五不翻并非简单崇古，而目的是适今。因为在古印度文化中，语言崇拜有着悠久的历史传统，自吠陀文明开始，背诵、记忆、口头传承古代文化及经典一直是印度传统文化和文学的特点之一。佛学建立之后，尤其是密教兴起之后，语密更是受到普遍重视。虽然密教中的各种咒语也可以意译，但音译语密正是要最大限度地保持信众对原本语言内涵的完整把握和经典语言神秘力量的敬畏和崇拜。五不翻中的"顺古不翻"旨在注重佛教传播的时效性，如果将这些已有定译并已广泛传播的概念译为已经约定俗成、深入人心的音译词，会造成理解混乱，不利于教义的传播。义净的处理办法是在译本中加入详尽的脚注以补充说明，但实际上影响传播效果，甚至可能适得其反，因为有时候语言习惯是很难改变的。可见，从这"五不翻"可以看出玄奘译经中"古今"融会的思想，并非简单从古。

国家社科基金
后期资助项目
GUOJIA SHEKE JIJIN HOUQI ZIZHU XIANGMU

佛典汉译评论与
佛学中国化（下）

Criticism on the Chinese Translation
of Buddhist Scriptures and the Sinicization
of the Buddhism

赵秀明　著

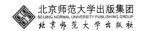

北京师范大学出版集团
BEIJING NORMAL UNIVERSITY PUBLISHING GROUP
北京师范大学出版社

第五章 佛典汉译评论的性质

佛典汉译评论是汉文佛典的一部分，汉文佛典总括汉文大藏经，是中土传统文化融合天竺思想文化的结晶，是汉地历代译师学僧以及世俗学者在"薪火相传、众缘和合、守正出新"（延藏《浅谈当代汉文大藏经整理传译之方向》）的基本原则下，相互影响、相互促动、相互融合，从而将佛教经典中国化的理论成果。

第一节 佛典汉译评论属于中国佛学著述

随着佛经的汉译，中土学僧受两汉经学的影响，发挥著作的经义，结合传统文化学术，开始为佛经注疏撰序，由此产生了中土学僧的佛学著述，创造了数量远远超过汉译经典的汉地佛学文献。据统计，中土学僧的汉文佛典撰述共约六百部近四千二百卷。这些著作是汉文大藏经极为重要的组成部分，构成印度佛教与中土文化融合的一个侧面。法经所撰《众经目录》依据佛典的性质和内容，将其分为译经与撰述两部分：译经分大小乘两类，大小乘各分经、律、论三类；撰述分西方及此方两类，首次将汉地著述入录。随着佛教在中土的发展，汉地佛学著述不仅在思想内容上改变、删节或扩展了佛教典籍，目录上增设了分支，而且体裁形式上增加了论著，突破了三藏所能包含的范围，如史传、语录、灯录、志书、杂记、诗词、音义等，《法苑珠林》就是这类书的代表。严耀中在《试说中国佛教典籍中的"三藏"与"四部"》中认为，由于这些体裁形式大多是中土文化已有的，所以它们加深了佛教典籍与中国文化的交融。随着南北朝佛教学派及隋唐以后佛教宗派的形成，汉地佛学著述迅速增加，从而完成了佛学中国化的历史进程。

一、汉地僧俗的佛学著述

汉传佛学著述是中土僧俗自己撰写的佛学著作，它们既传承印度佛学，又有别于印度佛学，同时又反映了中国佛学的特点。这些著述从章疏、论著、史传到目录、忏仪、音义等，已构成了一个博大精深的佛学体系。它们是中土佛教学僧在华夏传统文化的直接影响下的创造，是中土僧俗对印度佛学的理解和融会，是华夏传统文化的重要组成部分。

（一）汉文佛典

方广锠为汉文大藏经所下定义是："基本网罗历代汉译佛典并以之为核心的，按照一定的结构规范组织，并具有一定外在标志的汉文佛教典籍及相关文献的丛书。"（《略谈汉文大藏经的编藏理路及其演变》）汉文佛典是汉地佛教学者经过长期翻译、撰著和编纂而成的佛学经、律、论汇集。汉文佛典总称佛教经典为"大藏经"（最先称其为"众经""一切经"），佛教经典包括印度和汉地的佛教主要著述。"大藏经"一词是中国佛教首先创用的，最早出现于隋朝天台宗人灌顶《隋天台智者大师别传》一书。费长房《历代三宝记》载灌顶在总结其师功德中，有造寺三十六所、大藏经十五藏的内容。汉文佛典既吸收了印度佛典的内容，又融贯了中国佛学者的思想与感情，其本身就是梵汉文化结合的产物。

印度佛教史载，印度佛教原典的形成是在佛教创始人释迦牟尼逝世后的公元前四世纪至公元一世纪前后，由佛教弟子经过四次集会（"结集"）的方式，将释迦牟尼宣讲的佛教学说与为僧团组织制定的行为轨范以及关于佛说的论释汇集出来，形成了最初的经、律、论三藏典籍，并开始形诸文字。此后，又随着部派佛教及大乘佛教的出现，印度佛教原典的数量迅速增加，它们共同组成了佛教大藏经的基本内容。佛教自印度传入中土之后，随着佛经的翻译和著述，形成了庞大的汉文佛典。李肇《东林寺经藏碑铭（并序）》说：

> 常讨大藏，恶其部帙繁乱，将理之不可，遂发私誓。四十余夏，果得志焉。于是搜远近之逸函坠卷，目在辞亡者得之，互文合部者兼之，断品独行者类之，本同名异者存之，以伪乱真者标之。又病前贤编次，不以注疏入藏，非尊师之意；并开元庚午之后，泊德宗神武孝文皇帝之季年，相继新译，大凡七目四千九百余卷，立为别藏，著杂录七卷以条贯之，并《开元崇福旧录》。总一万卷，举藏以志函，随函以命轴。

严耀中《试说中国佛教典籍中的"三藏"与"四部"》一文认为，这实际上已修正了汉文藏经的结构，改变了源自印度佛教经藏的概念，建立了一个本土化的经藏体系。这也影响了经藏编录实践，如元代《普宁藏》收入了难归类于"三藏"的《景德传灯录》《天目中峰和尚广录》《宗镜录》等。至清康熙五年（1666年），又将中土僧侣所撰经疏、史传、语录、杂集、宗典等收入藏经。这样，藏经便远远突破了"三藏"和"汉译"的界限，完全容纳了中土佛学所有著述。

（二）汉地佛学著述源自佛学发展的时代需要

佛学撰述都是不同时代、不同人物因不同需要而产生的。佛学传入汉地以后，译经和撰述共同支撑其生存和发展的需要。中国佛学形成了既有异于外来佛学、又有异于传统文化的独立风格，而这种独立风格的程度及其持续发展状况的主要表现就在于汉地学僧自主撰述的汉文佛学著述上。这些汉地佛学著述和译经一样，不仅有着明确的目的，而且根据文体性质的不同，撰述意图和目的也各异。有的著述主要是为上层学者研究佛学而造，有的则专为信众传播佛教教义而撰。

1. 中国历史的发展为汉地佛学著述开启拓展空间

佛学著述的产生与汉地当时的社会文化情境有着密切的关系。比如两汉时期的佛学著述，是因为在当时的政治文化思想背景下，民众需要有一种精神力量来慰藉和解脱自己，而本土宗教既不发达，传统思想也未深入到人们精神领域，从而为佛教的传入与佛经翻译及佛学著述提供了社会条件。当时的思想及文化的变化也为佛学著述的产生提供了客观条件。方立天说："先秦诸子学说纷纷再兴……中国的思想文化进入了一个多元、理论系统日渐续密的百家争鸣的全新时代。"（《中国哲学研究》）这种思想文化状况既为佛经的翻译与佛学著述的传播创造了空间，也为佛学著述的发展创造了一种适宜的文化氛围。而当佛学著述作为具有一定规模性和持续性的学术现象时，也必定会对本土的社会文化带来具有相当深度和广度的影响，这从两汉魏晋时期学术争鸣和思想及社会的发展可以见出。

2. 佛教的圆融思想为汉地佛学著述提供必要保证

形成于印度的佛学，本具有博大的包容与圆融精神，中土传统文化又具有强大的和合与开放精神，这为佛学在汉地的发展提供了适宜的文化环境，促使汉地学者兼收并蓄，使佛学著述随着佛典的翻译一道迅速发展。佛学传入中土之初，在保持自己基本特性的前提下，即与中土传统的各家学说互相交流，顺应、融会儒道思想，与其一道淑世化民，参与社会教化。译师们将佛学五戒融会于儒家五常，借道家哲学用语翻译佛典中的义理，将佛学注释与汉地本土文化相结合，为自己的译本和撰述确立了传播基础。大乘佛学在汉地发展的过程中，改变了初期与小乘佛学对立的姿态，以圆融的思维使大小乘佛学融为一体，以致看不出有大小乘的区别。尤其是汉地佛教的三教融合思想，经魏晋南北朝时期的三教一致论，到隋唐时期的三教融合论，再到宋代以后的三教合一论，从佛教自身立场出发，融合吸收中土传统儒道思想，既突出三教社会教化作用及根本理致的一致，又肯定自身具有不同于儒道思想的独特内容及不能替代的社会作用。如唐代神清说："释宗以因果，老氏以虚无，仲尼以礼乐，沿浅以洎深，籍微而为著，各适当时之器，相资为美。"（《北山录》）既肯定三教各自的特质和差异，又指出三教完全可以相互借鉴，互为补充。

3. 本土信仰需求为汉地佛学著述确立明确取向

佛学在中土初传时，学者们基本以调适为佛经翻译和著述的主要策略，依附汉地传统文化这一策略既深刻影响到以传播佛教为目的的佛经翻译，同时也影响着佛学著述的发展。为了有利于佛教传播，佛经翻译和著述都始终考虑汉地读者和信众的实际需求，特别是他们的思想趣味、理解水平和接受能力。如在佛经翻译初期，译音多采用格义、比附等方法，借用儒家、道家的术语来表达译文，从而使更多的汉地人士理解、接受佛教思想。而这时期的著述也正是通过调和儒佛、融会佛道，来发挥其作用。民众的信仰是佛教传播的根本，读者的接受是佛典汉译和著述的基础。如《理惑论》用老子"恬淡无为"的思想解释"佛道"，并说："览《老子》之要，守恬淡之性，观无为之行，还视世事，犹临天井而窥溪谷，登高岱而见丘垤矣。"认为"佛道"在"归于无为"，"道之言导也，导人致于无为"，"佛与老子，无为志也"，表明佛和老子的志趣都在于"无为"。而"无为"必须"革情"，优婆塞当受"五戒"，沙门当受"二百五十戒"。力图把佛教与中国传统的儒家和道家思想调和起来，这与汉末佛经翻译的策略和目的完全一致。

4. 佛教自身的成长为汉地佛学著述提出紧迫的时代命题

佛教在中土的存在形式，就是本土化或中国化。这种存在形式不仅要求佛典汉译作出自我调节和自我整合，更需要佛学著述作出自我更新和自我再生，以便于佛教的自我繁衍和自我再生适应中土社会环境。而且，尤其需要佛学著述能够有助于佛教适应内外因缘的变异，以达到佛教自我再生的目的。因为只有通过著述，适应时代的要求，翻译的经本才能得到阐发，疑难才能得以解释，问题才能得到澄清，其功能是翻译所不能发挥的。所以在历代《高僧传》中，义解是紧跟在译经之后的德业与科目。

（1）理论论辩的需要

佛学原是公元前六世纪印度特定的社会历史条件下的产物，其教说与自古印度土著氏族达罗毗荼人流传下来的原始宗教、雅利安人入侵以后形成的婆罗门教以及当时出现的沙门思潮有着千丝万缕的联系，而与中土传统思想习俗有着较大差异。佛学传入中土，面对一个完全不同的社会文化环境，不可避免地要引起中土人士的惊诧、议论和比较，甚至排斥，特别是儒家礼教恪守者的反感和批评。于是，佛学在处理与儒道思想的关系中，既要迎合中国儒道思想，以消除人们的疑窦，又要反驳不信仰佛教的人或者信奉外道的人士对佛法的批评，调和佛教与中土文化之间的矛盾。为阐明佛学性质，需要撰写护法著作，以论辩、辩难和阐发自己的观点。有的佛学人士即专以论难知名，如罗什弟子道融善论辩，迎辩婆罗门外道，罗什以"佛法之兴，融其人也"（慧皎《高僧传》）评价他。

　　儒、道两家虽然对佛教的批评有时很激烈，但是理论上的论争，如三教优劣与先后、夷夏之论、佛法与名教之辩以及神灭与神不灭之争等理论上的论辩，为了朝廷礼仪之一，均称为三教论衡或三教论净，随着三教的渐趋融合，称为三教论谈。这些论争围绕思想、信仰、礼仪、习惯等方面的差异，有时也为着争取帝王的支持或赢得信众。据《汉法本内传》的记载，东汉明帝时已开始了三教论争，当时迦叶摩腾、竺法兰始传佛教至中土，道士褚善信等上表皇帝，与二者在洛阳白马寺门外辩法，为摩腾等折服。此后自三国以后，三教论衡伴随了佛学在中土发展的始终。因此佛学需要发挥理论思维，才能摄服攻难的外道。佛学与儒家的冲突和论难，通常都是采用撰文笔战和朝廷殿前辩论的方式，这些冲突和论难大多涉及深刻的思想内容，也有涉及宗教观点。僧祐《弘明集》便是站在佛教立场上，面对儒、道两家对佛学的批评，为"护持正法"、驳斥异教而编集的。道宣《续高僧传》新增"护法"一科，旨在"树已崩之正纲"（《护法篇·论》），因为佛学在传播中，虽然有历代王朝绝大多数帝王的膺奉护持，但也一直存在着与儒道两种不同力量的矛盾。陈士强认为，在佛学传播过程中，帝王的宗教信仰和思想倾向往往决定佛学的命运。如梁武帝曾先后七次召集名儒、百官、沙门、道士评量三教优劣，尤其是评量佛道的先后、浅深、同异。在这种决定佛学命运的时刻，能抗声对辩、维护佛法的人，便成为新增"护法"科收录的对象。（《〈唐高僧传〉新证》）明代心泰认为历代帝王、宰臣、名儒、硕彦弘护佛法，犹如为佛教筑起了抵御外侮的金城汤池，因而汇编《佛法金汤编》。他在自序中说：

　　切谓自昔弘教诸硕德，其嘉言善行，已有成书具载之矣，若高僧传、僧史传、灯录等书是也。独历代护教诸王臣之言行，虽杂著于他书，而无全编可通考之，未尝不为之浩叹也。矧吾大觉圣人临终之时，有佛法付与国王大臣之言乎？自是受嘱外护者代有之矣，此佛法金汤编所由述也。抑又闻圣人降诞之日，当周之昭王二十六年甲寅，故此编之纪，始于昭王而讫于元顺，凡若干人。皆名著青史，从事宗教，足为法门之重者，则于是编书之。

《佛法金汤编》中所收录上始西周下迄明末潜心佛学者共三百人，他们的著述都是与外道的论诤和辩难。中土佛教史上曾有四次"法难"，即"三武一宗"灭佛事件。每次法难，特别是其中的焚经毁像，都会使佛经三宝遭受劫难。而每次"法难"后的复法，总要搜求、整理轶散经典，这就为经录著述提供了必要和契机。同时，随着佛学的深入传播，汉地末法思想也就相继产生。"末法"本为印度佛教原有概念，相对于正法、像法而言，指佛法的衰微时期。《大方等大集经》明确提出"末法"概念。对正法、像法、末法三时说的关注，是中土佛教思想史的课题之一。尤其是每经历一次法难之后，往往就有一次末法思潮的出现，致使信众实有正法灭尽之感。这更需要佛学论著予以澄清。此外，为整治僧团纪纲，也需要护法著作予以理论引导。

早在三国时期，康僧会曾就孙皓问儒释之道，答曰："周、孔所言，略示近迹，至于释教，则备极幽微。故行恶则有地狱长苦，修善则有天宫永乐。举兹以明劝阻，不亦大哉。"意谓周孔虽亦说善恶报应，但却略嫌显近，释教则备极幽远。曹植著《辩道论》，批评道教不老不死之说。《广弘明集·吴主孙权论叙佛道三宗》载阚泽答吴主孙权之问，谓"孔老二教，法天制用，不敢违天；诸佛设教，则天法奉行，不敢违佛"，意谓孔老不能与佛教相比。东汉牟融撰《牟子理惑论》叙述佛教与儒道二教的调和，以及剃发、不婚、神灭、夷夏等方面的问题，反映了当时思想界论争议题之广泛。

两晋时代，佛道人士围绕达摩与老子教化先后发生论争，帛远与道士王浮论佛道优劣。道家以佛教不适合中国国情及生活，道教比佛教根本，灵魂的死灭否定了轮回理论三个理由排斥佛学。道士王浮著《老子化胡经》贬抑佛教，论述老子西出函谷关，"入夷狄为浮屠"，教化西域人和天竺人，以说明佛教其实源出老子，与道教同源，或强调佛教只是道家别支。至宋代还有"老子八十一化"宣扬此说。佛教便针锋相对造《清净法行经》，提出三圣派遣说，以老子、孔子、颜回三圣为佛遗于震旦的摩诃迦叶等三弟子的再生，有意附会。至东晋，佛学与世俗社会在社会高层展开了第一次争论。何无忌撰《难袒服论》与慧远论难，慧远针对太尉桓玄要求沙门礼敬王者的命令，撰写《沙门不敬王者论》和《沙门袒服论》，说明佛制不同于中国传统的礼俗，提出处理王法和佛法关系的原则：既明确表示在家奉佛者须遵守王法和纲常名教，以使统治者放心，又要求统治者尊重出家僧尼作为"方外之宾"的特殊身份，允许他们可以不礼敬王者，而完全可以期望他们教化民众，为社会安定发挥积极作用。慧远的折中调和，使中国佛教思想史上第一次沙门与世俗王权的争论最后以双方的妥协而结束。桓玄以后，佛学主动表示为王权服务，从不敬王者转变为以王法匡佛法，并以王法作为佛法的最高准则。另外，孙盛作《圣贤同轨老聃非大贤论》及《老子疑问反讯》批评道教。围绕轮回与果报的争论，罗君章作《更生论》，慧远作《形尽神不灭论》，论神识之不灭。孙绰作《喻道论》，慧远作《明报应论》，说因果报应之不妄。戴安公则作《释疑论》破因果之说，周道祖与慧远尝写文章与之论辩。

　　南北朝时，刘宋时代论难的议题主要是神灭论、天命说与灵魂不灭论。慧琳撰《白黑论》，何承天著《达性论》，反对佛教之说，主张神灭、天命。对此，宗炳作《明佛论》，刘少府制《答何承天》，郑道子作《神不灭论》以及颜延之等，与何承天、慧琳论辩。何尚之撰《答宋文帝赞扬佛教事》，回答宋文帝关于因果报应的疑问。道士顾欢撰《夷夏论》，以佛教为夷狄之法，僧绍著《正二教论》、僧敏著《戎华论》参与论辩。萧齐时，张融著《门律》，提倡以道教为主的佛道一致说，周颙与之辩论，孟景翼作《正一论》赞成张融之说。此时更有范缜再倡神灭论，萧琛作《难神灭论》，与曹思文一道同范缜辩难，梁武帝也主张神不灭论，神灭问题之讨论盛极一时。北魏孝明帝时，昙无最与道士姜斌论佛道先后。北齐末，颜之推著《颜氏家训》，其《归心篇》专论五常与五戒同一。北周武帝于天和四年(569 年)令佛道二教辩论优劣。甄鸾著《笑道论》，僧勔撰《十八条难道章》《释老子化胡传》，道安著《二教论》，均批斥道教。道安在《二教论》中甚至不以道家为佛家论争的对手，而仅仅视之为儒家的附庸。他说：

　　　　若通论内外，则该彼华夷；若局命此方，则可云儒释。释教为内，儒教为外，道无别教，宗结儒流，备彰圣典，非为诞谬。详览载籍，寻讨源流，教唯有二，宁得有三？

　　隋唐时代，三教论辩理论性、学术性更强，文章也写得更深刻，如隋代李士谦有《三教优劣论》，吉藏作《三论玄义》等，他们主张佛教为优。唐太宗曾对历代以来"殊俗之典郁为众妙之先，诸夏之教翻居一乘之后"的现象深表不满，为抬高皇族的血统，便以老子相传姓李，推重道教，诏令"朕之本系，起自柱下。鼎祚克昌，既凭上德之庆；天下大定，亦赖无为之功"，令"道士、女冠，可在僧、尼之前"。（《唐大诏令集》卷一百十三）由此便有佛道位次、先后、高下之争，致使道教与佛教之间屡起论争。不过，道家虽在形式上保持独立，但在长时期内依附儒家文化思想发展，并在义理上参用佛经建立道教理论体系。高祖武德四年（621年），道士太史傅奕上"减省寺塔僧尼益国利民事十一条"，批评僧尼寺塔之弊，佛教人士法琳撰《破邪论》，李师政撰《内德论》，明概撰《决对傅奕废佛法僧事》，与之论辩。后道士李仲卿作《十异九迷论》，刘进喜撰《显正论》，法琳著《辩正论》，与其论辩。武德八年（625年），针对释奠礼时道、儒、佛的席位次序，慧乘与李仲卿论辩。贞观十一年（637年），唐太宗诏以道士位于僧尼之上，智实、法常等上表请以佛先道后，为此，傅奕与普应、蔡晃与慧净又有论争。高宗时，以道教为国教，尊老子为玄元皇帝，道教之势益盛，与佛教的论争也更深入。麟德元年（664年），道世上表辩道经之伪。于是在总章元年（668年），唐高宗诏僧道论《老子化胡经》之真伪，后被禁断。文宗时，义林与道士杨弘元及儒者白居易等论三教优劣，湛然出自儒家而弘天台教观，门人儒者梁肃著《止观统例》，澄观论《华严》与《易》之类同，李翱撰《复性书》引《起信》《圆觉》《楞严》之说，成为宋代儒学的先驱。宪宗时，韩愈著《原道》《原人》论佛道二教之弊，又上《谏佛骨表》以佛教为夷狄之法，后又撰《与侍郎孟简书》批评佛教。河东节度使巡官李节撰《饯疏言》，孟简著《论夷夏》与《因果报应》，予以反驳。圭峰宗密著《原人论》批评儒道二教为迷执，并说《周易》与真如缘起之说近似。宋代以后的三教论辩仍多集中在理论层面的探讨。

宋代，随着儒学勃兴，排斥佛教之风大盛。特别是欧阳修撰《新唐书》及《新五代史》，删除与佛教有关之事迹。对此，智圆著《闲居编》倡三教并存不废之说，契嵩撰《辅教编》及《非韩三篇》明儒佛之一贯，张商英撰《护法论》批评韩愈、欧阳修之言。真宗撰《崇释论》论儒佛一致，但后又转归道教。南宋以下，三教融合思想基本占了主流，虽时有论辩，却多提倡调和。

佛学在中土的长期传播过程中，感受到的真正压力其实是来自儒家，因为佛教与道家毕竟在形式上有着相似之处，这从初期佛典汉译多采用道家语汇可以见出，而与儒家在思想和形式上都有较大出入。因为儒家思想始终是传统思想的主流意识形态，所以佛教从不正面与儒家抗衡，而更多地是吸收儒家思想，这在本质上与道家的地位并无区别。至赞宁提出"佛法据王法以立"（《宋高僧传》）的主张，以"王法"为"世法""出世法"的最高准绳，佛教开始了积极的入世，从而基本结束了佛教与世俗王权的论争，也使佛学在政治上完全实现了中国化。

而来自佛学内部的论争有时也很激烈，甚至比与外部的论争更为激烈。不同佛学思潮和佛教宗派相互论战，各宗各派时时要从自宗的立场、观点及利益出发，对别的教派或宗门发起论难，这也需要护法著作予以维持。如罽宾佛陀耶舍译出《四分律》后，法砺著《四分律疏》，阐发此律，时称"旧疏"。而怀素因感法砺此疏"未能尽善"，便发心著述《四分律开宗记》，称"新疏"。由此形成"新疏"和"旧疏"两派学者。唐代宗曾于大历十三年敕令三宗大德（南山、相部、东塔）十四人于安国寺集会，决定新旧两疏是非，并检定一本行世。最后由如净等人作《敕金定四分律疏》，以调和新旧两疏学者之间的纷争，并允许两疏继续并世。宋代天台宗内部山家、山外两个学派在理论上更是深入。两家关于《金光明经玄义》广本中的《观心释》一章，究竟是不是智者创作而引发争诘。《观心释》是智者大师诠释《法华经》的文句，由于提倡通过观心以探究佛陀所说的法义，所以称为"观心释"。晤恩认为《观心释》为后人伪攘所附加，称之为广本，坚持略本才是智者大师作品，故特撰《金光明经玄义发挥记》。而义通与知礼则相继作《金光明玄义赞释》和《释难扶宗记》，强调《法华玄义》观心释文为智者大师亲撰。他们以严守天台山之家法为己任，自称为"山家"，而称晤恩一派为"山外"。两派在教理上多有分歧，一是就"三法能所"，虽然关于《华严经》的"心、佛、众生三无差别"的认识是同一的，但对于"能所"的解释则不同。山家主三法都具足"能造、所造"，但都不出一心。山外则说："心法能造，生佛为所造。"二是就色、心含摄，山家主色法的各界也具有色心三千界，山外则主仅一念心才具足三千界。三是就"三千与三谛"同异，山家主三千大千世界即是空、假、中之谛的相互圆融，山外则主张三千为俗谛，是假名，因空、中二谛是无相泯灭理体。这些议题还引起色界可否成佛，理体是有相无相的争论。后来山家派逐渐蓬勃发展，而山外派则逐渐消失了。

宋代诞生一种不以人为主而只记述一般事实的史著，称为宗史，这也是佛教内部论争的结果。其时宗派势力已相当巩固，彼此之间仍有不少争论。各宗为了提高自己的地位，常以自宗的传承为中心而从历史上加以叙述。开始写宗史的是禅宗这一派，如唐代神会的《南宗定是非论》，辩论禅宗的世系。以后发展到智炬的《宝林传》，宗史的内容包括了天竺和中土两方的世系。如《楞伽师资记》《历代法宝记》《传法正宗记》《佛祖统纪》《佛祖历代通载》等，记载天竺及中土佛学传播、义理发展，尤其关于佛学在中土的译介、汉地义学的发展，都有精深的研究。

自佛学传入中土，儒道佛三家论衡始终是僧俗学者们的撰述主题。中土佛学是接受外来思想而又参酌汉地思想再消化融会的产物。但这两种思想，很难在短时期内融合无间，往往会发生冲突而有争论，于是需要专门宏扬佛学的著作，对各种问题予以澄清和阐述。如孙绰《喻道论》释难时说："佛者梵语，晋训觉也。觉之为义，悟物之谓，犹孟轲以圣人为先觉，其旨一也。应世轨物，盖亦随时。周孔救极弊，佛教明其本耳。共为首尾，其致不殊。"旨在阐明儒释道三家的一致性。僧祐《弘明集》可谓一部佛教思想史，辑录东汉至梁代弘扬佛教的文论书表，同时兼载论辩对方的辩难对答，信佛与反佛两派的不同观点以及佛教传入中土的最初数百年间所发生的一些重大的理论抗争和事件。全书收录各种文论一百八十五篇，作者一百二十三人，内容涉及泛释世人非议，批驳道教诘难，辩论神形因果，汇叙佛教与朝廷交涉，讨论佛教仪轨，演绎佛法大义以及檄魔露布等。附于书末的《弘明论》对全书的义旨作了总结，并反驳社会上流传的六种怀疑佛教的观点。道宣《广弘明集》，既搜集从佛教立场所作的正面文章，也搜集批评佛教的反面文章，不仅细致记述了历次佛道论争的背景、缘由、人物、议题、过程、结局，而且突出叙述了历代帝王在佛道论争中的态度、倾向、观点和政令，反映出王权支配下，儒佛道各派势力的消长及其在国家政治生活中地位的沉浮。《广弘明集》集中以辑文和综述的形式，记述中国佛教史实，大到朝廷宗教政策，国家的兴佛毁佛，僧尼管理制度，佛教与儒、道论争，小到一个佛教理论问题的商讨，一篇诔文对僧人卒年的考定，一首诗赋对作者思想经历的表述等，都有述记。

法琳在唐初即以护法知名，彦琮称其为"唐护法沙门"（《法琳别传卷上》）。法琳在唐帝面前直陈佛道优劣，甘冒身陷图圄而不屈。武德九年，他针对清虚观道士李仲卿的《十异九迷论》和刘进喜的《显正论》而作《辩正论》，通过阐发儒道佛三教与治国的关系，追叙自晋至唐十代君臣敬信佛教的事迹，论述佛教产生在道教之先、佛为老子之师，争辩老子与释迦的高卑优劣，力辩世人奉佛非是迷惑，并列数种种善恶报应事例论证信佛有灵验、毁佛有恶报，又批评儒道经典，谓儒典浩瀚，唯有《孝经》一书"言约旨弘，尽善尽美"（《正论》卷第七）。其中《十代奉佛篇》系统叙载西晋至唐初十代王臣的奉佛事迹，特别是历代皇帝诵经持戒、译经数目等，描述了各时期佛教概貌与发展。元代祥迈九岁出家，精研内外典籍、禅宗五家旨要及孔、老之学。宋末元初儒释道三教论争剧烈之时，他奉敕撰《辩伪录》（又作《辨伪录》）五卷，以佛教禅宗立场，批评道教合气为道、偷佛神化等皆为伪妄。《辩伪录》为元代佛道论争史实的叙录，真实反映出佛教与道家论争与融合的历史进程。

佛学撰著者大都依据三教一致思想阐述自身立场始自宋代以后，他们倡说佛教戒律与儒家伦理相通，可以教化民众，并结合中土哲学特点盛谈心性。早在梁武帝时期，即已开始论述三教同源，认为儒教、道教与佛教同出一源，相互补充，相互补充，相互烘托，如同明月和众星交相辉映。自然，佛学者也不忘自己的佛教立场，反复论证佛教比儒、道二教优越，这种优越正是佛学的出世之法。但对这种优越的强调并不能对儒家构成丝毫危胁，反而正是这一点，常被儒者讥为空寂无用。这也就是儒家与佛学基本上能够长期和平相处的根源，二者虽有争论，又能互相吸收，互相补充，从而共同为维护社会秩序发挥各自的作用。例如，慧远从佛学与儒家的伦理纲常和社会作用上，肯定两者的共同之处。他提出"内外之道可合而明""出处诚异，终期则同"（《沙门不敬王者论》）的观点，调和出世与入世的矛盾。针对儒家关于佛学舍弃家庭、否定现世、"无君无父"的指责，慧远认为沙门"不违其孝"、"不失其敬"（《沙门不敬王者论》），佛家道德与儒家伦理纲常是一致的。孙绰站在居士的立场，提出"周孔即佛"、"佛即周孔"（《喻道论》）的命题，强调佛教的持修与儒家孝道的统一性，以调和佛儒两家分歧。契嵩著《辅教编》广论心性，自称其为"性命之书"，力图融通佛、儒思想，以助教化。又作《孝论》十二章，阐发持戒就是行孝、为父母修福的观点，由此，又论定佛学最重视孝，远比儒家更尊崇孝道。

张商英著《护法论》，从四个方面批评韩愈、欧阳修的排佛论。一是儒生不读佛书，不知佛学的深旨而妄加排佛。这一点击中了许多反佛者的要害。要反佛，首先要研究佛，而一旦研究下去，便会发现佛学的博大精深。他认为佛学不反对从事世务，主张"一切烦恼，皆是菩提；一切世法，无非佛法"，不能说佛法为"中国大患"。二是批评佛法是"夷狄之一法"的说法没有根据，这实际上批评了传统的夷夏论。他又用不少高僧高寿的事实批驳佛教促寿之论。三是佛学僧尼从事修行和教化，宣传善恶因果和其他教义，"小则迁善远非，大则悟心证圣，上助无为之化，密资难报之恩"，可以实现"极治之世"。禅僧自己劳动，并非不劳而食。四是指出三教一致，在教化民众方面各有所重，共同发挥作用。如同三种良药，各有对治，"儒者使之求为君子者，治皮肤之疾也；道书使之日损，损之又损者，治血脉之疾也；释氏直指本根，不存枝叶者，治骨髓之疾也"。又说，"儒者言性，而佛者见性；儒者劳心，佛者安心；儒者贪著，佛者解脱；儒者有为，佛者无为；儒者分别，佛者平等……儒者治外，佛者治内"。最终结论是："三教之书，各以其道，善世砺俗，犹鼎足之不可缺一也。"但依之行事所达到的效果是有高低之分的，或成为"名教君子"，或成为"清虚善人"，或达到解脱。如同其他佛学者的观点一样，张商英充分肯定儒家在现实社会中占据支配者的地位，佛学优越只是指它的出世教说。张商英从心性高度加以论述，使三教论辩真正上升到理论层次，触及文化的深层和人的心灵，更有利于三教思想的融合。此后的三教论述基本上未能超过这个水平。如元代刘谧著《三教平心论》二卷，详论三教一致，认为三教各有所司，功能虽有不同，但都引导世人为善。文中既承认儒家在思想及政治领域的绝对支配地位，又强调佛、儒一致，指出佛学不仅不否定儒家的纲常伦理，而且自身的教义中就具有这方面的内容。杨曾文在《中国古代佛教的三个问题》中认为，《三教平心论》尽力利用佛学心性理论迎合和解释儒家思想，并表明佛学无论在五戒、十戒等戒条伦理方面，还是在宣传善恶报应等教义方面，都可以辅助国家用纲常名教教化民众，维护社会安定秩序。佛学与儒家思想这种相结合的趋向，既是佛学与当时社会道德相协调的表现，也是中国化佛教的根本特点。

(2) 诠释译籍的需要

西域胡语或印度梵文佛教典籍译成汉语后，并不意味着完成了佛学传播。经过翻译的佛典对于汉地读者来说，主要有两个难点：一是经过译者的译释，译本是否与原本一致，译本是否可以完全代替原本，这是中土学僧心存疑虑的；二是经过翻译的文本往往不容易理解，胡（梵）汉语言差异甚大，本不容易翻译，支谦已指出"名物不同，传实不易"（《法句经序》），道安又具体指出佛典汉译有"三不易"。除了语言文字，中土和印度思想方式不同，也影响文字的理解和表达。种种条件的制约，必然导致翻译难免有错解、模糊和不准确之处。翻译条件的限制，译者水平的制约，致使译本经常出现含混其词或牵强附会的文句，难以令人具体、简易、明确地了解、理解与接受佛学真谛。无法从文字层面加以了解，则佛教、佛经、佛法等细微观念难以确立，由此经过翻译的佛典还需要诠释。所以历代僧传都将"译经"和"义解"列为首要位置。译籍需要诠释的内容包括：一是名相。佛教典籍卷帙浩繁，名相繁多，义理深奥，需要注解阐释。二是文化差异。文化差异往往导致人们对佛经的理解极为艰难，需要讲解指点。三是译本的讹错。佛典翻自梵文和胡语，无论译者水平如何，无论意译或直译，都难免有所讹略。且笔受者往往"妄益偏旁，率情用字"，而书写者又随便增减点画，不但"真俗并失"，而且"句味兼差"（《慧琳音义》），致使汉译典籍艰难晦涩，需要加以辨识引导。加以长期间辗转传钞，错误更多。如"羯鞞"写作"鹖鵯"，"厞疊"写作"蓓蕾"、"庶几"写作"譧讥"、"被褡"写作"被闛"等，使人多有隔膜。此外，由于信众的整体文化水平偏低，不容易读懂佛经。出于佛学研究和佛学大众化的需要，需要对佛经加以注释、凝练和升华。由此，从小乘禅典的译解到大乘般若学的研究，正是借着汉地佛学界对佛学义理的探讨逐步深入，佛学理论研究才得以逐步独立。像魏晋时期是佛教大乘理论在中国发展的关键时期，早期的异域高僧译出的佛教经典，已经很难跟上以道安、慧远为代表的中原学问僧的理论渴求。正是在这样的背景下，一批在佛教义学方面有造诣的学问僧，力图通过对已有经典教义的突破性阐释以促进佛教思想的中国化。道安对经义的注解和理论探索是佛学中国化的开始，他的研究使佛学初传阶段告一段落，也使中国佛学开始从朦胧之中走出来，由此印顺赞其为"确树此一代之风者"（《中国佛教史略》）。

（三）汉地佛学僧侣的著述自觉

与佛典汉译有自己的评论体系一样，汉地佛学著述也是自觉遵循著述理论并在著述评论指导下发展成熟的。在印度佛教兴盛时期，新的学说与理论不断问世，并相继传入中土，为汉地佛学注入新的活力。随着汉地学僧对佛学认识的深化，判教理论、三宝思想相继诞生，这些理论与思想开始运用于佛典的整理、鉴别以及佛典组织结构的安排，由此印度佛教典籍的组织形式基本趋于完备，作者可以系统地把握佛典经籍，汉地佛学的总体发展水平也提高了。李尚全《汉传佛教经律论概要》认为，汉地佛学以大乘佛学四大经典《般若经》《法华经》《大涅槃经》《华严经》为根本，分为中观空宗系、瑜伽有宗系和汉化的心性系三大系。每一系的学者都以唯经的思维方式来对待翻译过来的每一部经教，由此创立了具有汉地佛学特色的判教理论。在佛教经录上开风气之先的《众经别录》（阙名作者），继承前人成果，将所有佛典分为九录，分别著录经律论及西域与中土著述，完善并确立了以乘、藏、贤圣集传派分的基本格局，简洁明了，为后代大藏经所遵循。《众经别录》不但最早采用大小乘来区别佛典，而且采用了"三乘通教"篇目，体现出运用慧观"五时判教"理论指导佛典整理的实践理念，也反映了中国文化的影响。因此它与《历代三宝纪》代表了在汉文大藏经的形成过程中，中国学僧在大藏结构体系上的成就。隋代费长房运用"三宝"思想编纂《历代三宝纪》，表明经录著述有了明确的理论指导。自觉的理论运用，使此书能够纠正此前各种经录将应入藏的经典同"别生""疑惑""伪妄"诸经并列的缺陷，并首创"入藏录"，表明此时汉文大藏经无论从实际上还是从理论上均已发展成形。崔致远著《唐大荐福寺故寺主翻经大德法藏和尚传》一卷，用法藏《华严三昧观》中直心十义，配喻行事，分为十项，形成一个逻辑严密的思想体系：族姓广大心，游学甚深心，削染方便心，讲演坚固心，传译无间心，著述折服心，修身善巧心，济俗不二心，垂训无碍心，示灭圆明心。这些在著述中自觉地运用某一种理论的现象，既表明了写作实践的规范，也说明了中土佛学水平的提高。

此外，中国学僧的经录撰述更体现了学者自觉遵循某一理论指导而不断成熟的发展历程。《历代三宝纪》载，法护译出一百七十余部佛经，遂撰《众经目录》一卷，记其所译诸经名目，当是最早的经录。其后，聂道真撰《众经目录》一卷，记载汉、魏、晋三代译经，并注明译出时间、笔受人和经名异称。后支敏度撰《经论都录》和《别录》各一卷。这些在草创阶段的经录，为道安撰《综理众经目录》打下了基础。方广锠《略谈汉文大藏经的编藏理路及其演变》一文认为，在汉文大藏经形成的初期，中国的早期判教学说曾影响过佛典的分类。其后，随着中国学僧对印度佛教认识的深入，汉文大藏经逐渐依照印度佛典结构的理论去组织。如智升《开元释教录》仔细考订历代原典，使"十九朝佛教之盛衰，佛典之流变，佛学之起伏跌宕，清晰了然"（僧祐《出三藏记集》）。作者在《开元释教录·序》中说：

> 夫目录之兴也，盖所以别真伪，明是非，记人代之古今，标卷帙之多少，摭拾遗漏，删夷骈赘，欲使正教伦理金言有绪，提纲举要历然可观也。

序文指出了佛学目录对于治佛学的功用，这与清代史学家章学诚的观点基本一致。章学诚在《校雠通义·序》中说："校雠之义，盖自刘向父子部次条别，将以辨章学术，考镜源流，非深明于道术精微、群言得失之故者，不足与此。"《开元释教录》全书分为总括群经录、别分乘藏录和入藏录三部分。总括群经录对汉地佛经作纵向叙述,共收录后汉明帝永平十年至唐玄宗开元十八年,凡十九代六百六十四年间的佛教译撰者一百七十六人,所出佛典二千二百七十八部七千零四十六卷。别分乘藏录对汉地佛经作横向归类,下分七录。入藏录收载经甄别以后确认真实无伪,可以作为诵持、抄写、收藏的正本的佛典。该录考证翔实,类例明审,第一次明确地以部类为次第,编载大乘经和小乘经。将大乘经区分为般若、宝积、大集、华严、涅槃五大部和五大部外诸经,这五大部的设立,明显与中国佛教各宗派及其判教学说相联系。将小乘经区分为长阿含、中阿含、增一阿含、杂阿含四大部和四大部外诸经,又将大乘论分为解释契经的"释经论"和论述义理的"集义论"。这些都表明作者对佛典经籍的系统认识。以前的经录编纂学者,主要不是搜罗经典原本,而是搜罗前代各种经录,然后依据前代经录编纂新的经录。前代经录固然是后代编纂新的经录时必须参考的重要资料,但是,如果编者不掌握经本第一手材料,很难正确判断前人著录的正确与否。其结果只能是人云亦云,甚至以讹传讹。而智升《开元释教录》广泛搜罗了各种经典的原本,这就为他的鉴别奠定了坚实的基础,使得他的著录价值远远超出前人。中国佛学的判教重新出现在佛典的分类中,这无疑是佛学进一步中国化的体现。可见,智升设计的大藏经结构体系在一定程度上体现了中国佛学的发展水平。以至梁启超称其所用方法有五点优于普通目录:"一曰历史观念甚发达,二曰辨别真伪极严,三曰比较甚审,四曰搜采遗逸甚勤,五曰分类极复杂而周备。"(《佛家经录在中国目录学之位置》)近代目录学家余嘉锡在《目录学发微》中总结了目录学在考辨古籍上的六种作用:一曰以目录著录之有无,断书之真伪;二曰用目录书考古书篇目之分合;三曰以目录书著录之部次,定古书之性质;四曰因目录访求阙疑;五曰以目录考亡佚之书;六曰以目录书所载姓名卷数,考古书之真伪。对照这六种作用与梁启超对佛学目录的评论,可知佛学目录的高度成熟。

佛典目录曾称经录,因为东晋以前的佛教学者也称律和论为经。后来由于对经律论三藏的区别有了进一步明确的认识,唐代以后改称为圣典目录、法宝目录、释教录、内典录等。隋炀帝时,官方内道场为佛教典籍编撰《诸经目》,"分别条贯,以佛所说经为三部:一曰大乘,二曰小乘,三曰杂经。其余似后人假托为之者,别为一部,谓之疑经"。《诸经目》把佛教典籍中的经分成四部,其他"又有菩萨及诸深解奥义、赞明佛理者,名之为论,及戒律并有大、小及中三部之别。又所学者,录其当时行事,名之为记,凡十一种"。这说明当时撰史者接受了经、律、论之分，佛经有"凡十一种"之多的类别，表明撰史者对印度佛典有了系统认识。道宣《续高僧传》在书末中说："自梁以后，僧史荒芜，高行明德，湮没无纪，使人抚心痛惜。故当微有操行，可用师模，即须缀笔，更广其类。"这表明作者佛教史学意识的自觉。智旭《阅藏知津》是宋、明以来比较完备的有关藏经提要的著述，他在序中明确表达作者编撰的目的是因为"历朝所刻藏乘，或随年次编入，或约重单（重译、单译）分类，大小混杂，先后失准"，致使读者茫然不知治学缓急。又因过去的藏经提要一类的书，或"仅顺宋藏次第，略指端倪"，或虽"创依五时教味"来分部，也只"粗陈梗概"，都未能尽善尽美。于是编著此书以使阅读藏经的人都能"达其旨归，辨其权实"，"俾未阅者知先后所宜，已阅者达权实所摄；义持者可即约以识广，文持者可会广以归约"。智旭还提出"其中事理大概，使人自知纲要"，同时也依佛说法的先后次第来分别部类。这样，佛学目录编纂不仅成为佛典整理的基础，是学者的读书门径，而且可据此了解佛学源流和发展。一部成功的佛学目录著作，实际上是佛典翻译史、佛教传播史以及中土学者对印度佛教的理解史，需起到佛教学术史和佛教文化史的作用。

（四）汉地佛学著述的发展历程

僧祐在《出三藏记集·杂录序》中说："由汉届梁，世历明哲，虽复缁服素饰，并异迹同归。讲议赞析，代代弥精；注述陶练，人人竞密。所以记论之富，盈阁以牣房，书序之繁，充车而被轸矣。"这里粗略叙述了汉地佛学著述的诞生与发展，从中可见，它基本与佛典汉译同时起步，一道繁荣，表明译经与著述对于佛学传播同时起着重要作用，并一同受到中土学僧重视。在中国佛学经典产生和发展历史上，先有翻译经典，接着便有依据翻译经典的义理构筑起来的撰述经典。随着佛经的汉译和佛学的流传，中土学僧对佛教义理的领会逐渐加深，佛学研究成果逐步积累，佛学人才迅速成长，中土佛教学者发挥了空前的创造力，由单纯的翻译转向独立研究，融会贯通梵汉，又接受传统治学理论和方法影响，遵循并发挥经义，结合传统文化学术，撰写了大量佛学著作。

1. 东汉至三国——汉地佛学著述的萌发

东汉至三国，佛学初传，此时虽然有优秀的中土佛教学者出现，但佛学著述仅处于萌发阶段。这是由于佛学先是被等同于黄老之学，后来又借助老庄概念传译佛经，遂使佛学成为中土传统文化的附庸，也使得佛经缺乏清醒的自我意识，不能成为一门独立的学说。同时，此时的汉译佛典也还处于起步时期，虽然翻译出的佛典数量已相当可观，且有传译者有目的地翻译某些派别的经典，甚至有个别学僧有目的地西行寻求某种经典，但译经事业十分零散，"遇全出全，遇残出残"（僧祐《出三藏记集》），不能反映佛学全貌，导致人们对佛学的理解很模糊，由此也导致佛学著述极为有限。

随着佛典翻译增多，中土学僧开始思考每一部佛典的来源、思想和传译，创造性地思索每一部经典的目的、方法和语境，并细致地逐行逐段注释经典的某些义理，这就是佛教经序或译序。经典译序是中土佛学重要的著述形式，自汉魏时期就是最有影响的著述，初期的佛典汉译评论基本上都是通过译序表达的。这些经序作为佛典汉译的序言，文字较为简短，也有较长的，如僧叡的《读小品经序》，但通常都是附在翻译佛经之首流传，并不构成单本。经注作为翻译佛经的疏解，可以作为单本流通，它以"疏"或"注"的注释形式，针对某一经典隐含的主题或精华深入开掘，并以这种理解为基础，将相关的经典围绕它而组织成为一个思想体系。此外，佛经的注释形式还有译经后记，记载经典翻译的时间、地点、译人及原委。东汉时，安世高译出《安般守意经》小乘禅法，但未及诠释。安世高卒后，汉地第一位出家学僧严佛调撰写《沙弥十慧章句》予以诠释，发挥了安世高的学说，成为中国佛学第一部撰述经典，由此揭开中国佛学撰述史序幕，《沙弥十慧章句》也成为佛学注疏之祖。严佛调从事佛典翻译和著述，被称为中土佛教史上第一位佛教学者和第一位佛典翻译家。他随安世高译经、讲经说法，并在其指导下，逐渐熟悉并掌握了胡语，担任译经笔受。他还与安玄同译讲述大乘戒行的《法镜经》一卷，"理得音正，尽经微旨，郢匠之美，见述后代"（慧皎《高僧传》）。此后，从学于安世高的康僧会著有《安般守意经注》《法镜经注》《道树经注》《阴持入经注》等。《五运图》载："康僧会吴赤乌年中，注《法镜经》，此注经之始也。"道安重注《了本生死经》说："魏初有河南支恭明，为作注解。若然者，南注则康僧会居初，北注则支恭明为先矣。"此时还有支谦著有《了本生死经注》。

此时期还出现了汉地佛学最早的护法著作——牟子的《理惑论》。牟子原是儒生，修习经传诸子，博学多识。他也曾广泛涉猎神仙家之书，但认为那些书大多虚妄不可信，便常以《五经》等予以驳难。后潜心佛教，研习佛学，"锐志于佛道，兼研老子五千文"（《理惑论序》）。汉末时，属于异质文化的佛教与中原传统思想习俗迥然异趣，因而在社会上引起了一些人士特别是儒家礼教恪守者的惊异和指斥，认为其"背《五经》而向异道"。为消除世人疑窦，减少佛教文化与中土文化之间的隔阂，说明佛教身份，牟子以自辩的形式撰写此论，介绍佛陀生平及成佛经历，阐述佛教戒斋和意旨，记载汉明帝感梦求法，追溯佛教在中国初传的历史，批评原始道教的神仙方术，论证佛法的正确。牟子与当时译经大师们一样，于文中利用儒家名物典故和中土人士熟悉的老子思想，阐述佛教教义，论证释迦牟尼及佛教一尊的地位。僧祐《出三藏记集·宋明帝敕中书侍郎陆澄撰法论目录序》说："《牟子》不入'教门'，而入'缘序'，以特载汉明之时，象法初传故也。"教门集专集辩论教义文章，缘序集意在述介佛法初传因缘。陆澄《法论》将《理惑论》入缘序集，表明他视《理惑论》为佛法初传期重在叙述佛教历史的重要著作。

2. 两晋南北朝——汉地佛学著述的形成

魏正始年间，儒学已失去两汉时期的独尊地位，以崇尚老庄自然无为思想为标志的玄学盛行，道家变成了玄学家，崇尚清谈，佛学更加重视讲经说法和宣传普及佛理，编写出大量义疏、讲疏，深研义理。佛经中主张一切诸法本性空寂的《般若经》受到学人关注，佛玄合流，逐渐形成了与儒道三足鼎立的态势，佛教义学无论是在质的方面还是量的方面都发展到一个新阶段。南北朝时，随着佛教经典源源不断地译出，中土佛学人士相续出现。由于上层统治者的提倡，佛教在中土终于有了立足之地。此时，印度佛学新的学说与理论，源源不断地为汉地佛学注入新的活力。某一重要的印度佛学经典一经译出，便迅速在学人中流布，随即有了发挥经义的注疏讲释。如帛法祖著《首楞严经注》，疏解竺法护、竺叔兰《首楞严》两种译本。帛法祖幼年时代，就信奉佛教而出家修道。慧皎《高僧传》卷一称其"才思俊彻，敏朗绝伦，诵经日八九千言，研味《方等》，妙入幽微"。他不但研究佛学，亦通世典，博学多闻，善通梵汉语文，曾译经多部；以讲习为业，从其受学的缁素近千人。帛法祚二十五岁出家，亦精通佛理，著有《放光般若经注》《显宗论》等。佛教学者还通过对实相、三乘、佛性、心神、六识、报验、神通等各种佛学理论的阐发，形成了各种主题的佛学论著。

佛教的发展不断引起外界的非难，汉地人士对于佛教的接受总是受到传统文化思想的制约，佛教出世的思想和儒家忠孝的思想很难短时间内相容，佛教与道家也只是表面相似，本质并非一致。道教追求的是长生不老、羽化登仙，佛教讲无生，以截断生死相续的联系为根本。在与外界批评的辩驳中，中土学僧及学佛人士撰写了涉及教理的注疏论序以及教史、记传、志铭等著作。如鸠摩罗什《实相论》和《大乘义章》，道安《光赞折中解》和《放光般若折疑准》，慧远《大智度论要略》，昙影《法华义疏》，僧肇《不真空论》等。慧远在庐山译经弘法，开创庐山佛学，使东晋佛学三大系列的毗昙、禅法、三论传于南方。他编订的基本佛教术语词典《大乘大义章》，在组织与建立藏经传统中发挥了重要作用，极大地影响了后来的佛学研究。尤其是大品般若的讲习和注疏，形成汉地最早的般若学派。般若学者致力于《般若经》的研习和弘传，并形成自己的独到见解，由此诞生了六家七宗。般若学成为当时的研习重点，而《法华》《维摩》《胜鬘》《十地》等大乘经籍也都有各自研习注疏的学者。从佛学文体方面，不仅契经有注疏，律本如《十诵律》和论典如《毗昙》《中论》也有道融、昙影、法朗、琳法师、硕法师等学者的注疏。

随着汉译佛教典籍逐渐完备，汉地佛学者开始探究与阐释印度佛学本义，这打开了汉地佛教义学的多向发展思路，提供了义理研究契机和新的视角。支遁讲习《庄子·逍遥游》，"每至讲肆，善标宗会"，"群儒旧学，莫不叹服"。又讲《道行》《波若》，"僧众百余，常随禀学"，"白黑钦崇，朝野悦服"（慧皎《高僧传》）。这展现了汉地佛教义学在发展时期受到玄学影响的情形以及学者融汇佛学与传统的努力。至道安带来佛学著述的改观，中土佛学著述才得以进一步发展。道安主持译经，校订新译，撰写经序，阐发佛理，研究评论。据胡中才《道安著述考析》，道安一生的著作起码有五十三部（篇）。按类型分：佛经作序二十篇，佛经作注二十篇，著述十三部（篇）。按传世情况看，共有三十部（篇）亡佚，目前仍传世的有二十三部（篇）。鉴安在《道安法师的著作和学说》一文中，将道安现存的著作分为注疏、经论序、综理众经目录原文三种。可见道安研习佛学甚勤，著述甚丰。慧皎称赞道安说："序致渊富，妙尽深旨，条贯既叙，文理会通，经义克明，自安始也。"（《高僧传》）赞扬了道安穷幽探微、妙尽经旨的精粹思想。道安的义学开始摆脱清谈之风，他虽然兼有深厚的传统学术功底，但基本上坚持以佛解佛，且以佛义探讨取代附会玄学义旨，开启了纯真佛学义理的研究。他造疏科经，解律解论，注释安世高所译禅学，疏解精研支谶所译般若学，弘扬竺法护所译大乘学，使东汉以后的佛学研究面貌发生重大改观，成为汉末与魏晋佛学转折的重要人物，所以梁启超称其为"中国佛教界第一建设者"（《翻译文学与佛典》）。道安还撰有《四海百川水源记》和《西域志》，开创了佛教地理志撰写的历史，反映出他在佛教地理学上的精深造诣。

罗什系统传译出龙树中观学说以后，汉地学僧开始了解到真正的印度佛学的原貌，中土佛学开始有了清醒的自我意识，并走上独立发展的道路。佛教开始与中国传统儒、道思想产生更大摩擦与冲突，这引起道士、儒士、朝臣、政论家以及无神论者的纷纷议论，他们从各自立场对佛教展开种种批评。由此佛教学者针对形神、因果、夷夏、废除佛教和各种外界非难等，撰写出众多护法著作。如针对《老子化胡经》贬黜佛教，佛教学者谢灵运撰《正污论》《辩宗论》等，遣释非难。在佛学传入中国的最初三百余年中，学僧一直依据教法，在面见俗人包括帝王时，不施跪拜，这便引起朝野人士非议。针对朝廷之外，世人以周孔之教抨击佛教，孙绰以"周孔即佛，佛即周孔，盖内外名之耳"立论，撰《喻道论》加以调停。慧远撰《沙门不敬王者论》，从在家、出家、求宗不顺化、体极不兼应、形尽神不灭五个方面，全面阐述沙门不应跪拜王者的理由，以及佛教对形神问题的看法。针对沙门袒服不合乎礼法的观点以及世人对佛教因果报应说的怀疑，慧远又撰《沙门袒服论》《明报应论》《三报论》等予以论辩。南齐时，道士假托张融名义作《三破论》，谓佛教入国而破国，入家而破家，入身而破身。对此，刘勰撰《灭惑论》予以回击。梁代时，有关神灭神不灭的争论达到高潮。儒士范缜著《神灭论》，提出"形者，神之质"，"神者，形之用"，因此"形存则神存，形谢则神灭"。对此，沈约撰《形神论》等加以诘难。僧祐将东汉以来各方人士的弘法著作，汇编成集，以"道以人弘，教以文明，弘道明教"之意，题名为《弘明集》，为汉地佛教第一部护法类总集，全面反映了佛教与传统文化交涉的历史。

佛教目录的编纂，是佛学著述的重要成果。南北朝时，佛典汉译已基本完备，这为佛经目录的编纂创造了两个基本条件：一是具备了一定数量的佛经。"佛经目录之兴，盖伴译经以俱来"，"译经既多，爰有目录"（姚名达《中国目录学史》）。二是学僧在传习佛学过程中产生了对佛经典籍的"纲纪群籍"的需要。佛典自后汉末安世高、支谶以来，历代译经，数量日益增多。智升《开元释教录》载，后汉至西晋，共有译人三十四家，译出佛典八百二十六部一千四百二十卷。这样，随着汉译佛经典籍的积累，其思想内容越来越复杂，体系上更加混乱，形式上又有失译、有译、单译、重译、异译、全译、抄译、大经和别生经的种种区别，还有疑经、伪经的问世。传经和译经的学僧在查阅、考证和保存经文资料的时候，难以应对宗派林立、内容复杂、卷帙浩繁、论述烦琐的经籍。于是，"目录之需要极矣"。特别是在东晋道安以前，"传经之人，名字弗说，后人追寻，莫测年代"（慧皎《高僧传》）。这种局面不利于佛经的流传、搜集和鉴定，不利于佛学的研习，不利于佛教文化的传播。这一切都需要经过一番去伪存真、编定考证，这便是佛学经录著述。为此，佛教学者开始将经名简略地记载于册，这些粗略的经册具备了经录的雏形，于是、佛经目录萌芽。"佛法传来，经无所附，其徒乃自撰经录以纲纪之。"（姚名达《中国目录学史·专科目录篇》）佛经整理编目趋于完备，即不但考虑到佛典传译现状，而且兼及其内容性质，这标志着中国佛教学者开始对印度佛教的理论体系有了初步理解。

佛典目录编纂既是为寻检的方便，也是为了便于经典散失错乱后的统一组织编定。智升说："夫目录之兴也，盖所以别真伪，明是非，记人代之古今，标卷部之多少，摭拾遗漏，删夷骈赘，欲使正教伦理金言有绪，提纲举要历然可观也。"（《开元释教录序》）竺法护《众经目录》记录自己所译经典，成为中国佛教第一部经录。此后，经录从开始只记个人译本的专录，发展为汇载不同年代各个译者的译经情况的通录。道安为中国佛教经录实际奠基者，其《综理众经目录》校阅众经，厘正订试，总集名目，标列译人，铨品新旧，创制体例，纠正了以前经录仅记录佛经名称，不记录译经时间、地点、译经者、新旧译写法的行为，成为一部较为完备的佛经目录。道安编纂经录的基本态度是鉴真伪、辨源流。也就是说，他特别注重佛典传播的质量，追求佛学的纯正性。这种态度，贯穿了道安一生所有与经典传习有关的活动。僧祐曾评价说："爰自安公，始述名录，铨品译才，标列岁月，妙典可征，实赖伊人。"（《出三藏记集》）方广锠《略谈汉文大藏经的编藏理路及其演变》一文认为，道安的经录著述标志着中国佛教开始脱离附庸地位，走上自立发展的道路，也标志着汉文大藏经编纂思想酝酿期的结束。僧祐直接继承道安学术，编著《出三藏记集》，这是一部富有创造性的目录著作。"出"即翻译，但不是严格意义上的翻译，因为译主由原本说出的原经意旨，不一定译为汉语。"记集"即记载东汉至梁各代译典、序记和译者传记等。同时，随着汉地译经和义学的深入发展，汉地开始出现出家的学僧，他们或受业于梵僧，或习经以自悟，遵守佛教戒律，操行整肃而学兼内外，与西域高僧硕学齐名并誉，在佛学中国化进程中起着特别重要的作用。随之，佛教传记中的单传，也由记载西域高僧扩展为同时记载汉地高僧，直至后来成为僧人别传的主流。南北朝时期的北朝，占着地理优势，印度、西域学僧来中土必先入中原地区，因而对印度佛教的本来面目更为清晰，对佛教分类编目也更为精当。李廓所撰《魏世众经目录》将佛典分为大乘经、大乘论、大乘经子注、大乘未译经论、小乘经律、小乘论、有目未得经、非真经、非真论、全非经愚人妄作等十类。分类较细，但与印度佛经体系还有一定距离。北齐统法上撰《高齐众经目录》，分杂藏录、修多罗录、毗尼录、阿毗昙录、别录、众经抄录、集录、人作录等八类，更为接近印度佛教习用分类体系，并奠定了中国后世藏经编目基础。至隋代法经等撰《大隋众经目录》，费长房撰《历代三宝纪》，中土佛经目录著述趋于完善。至唐代道宣《大唐内典录》与智升《开元释教录》，体例最终完善。李富华在《汉文佛教大藏经的整理与研究任重道远》中认为，经录的编纂反过来也显示出汉地佛学水平的提高。从道安《综理众经目录》中可以看出，当时的中国佛教界连大、小乘佛教都不能区别。稍后的经录虽有大小乘、经律论的基本分类，但收经内容的随意性很大，经籍的排序也没有一定的规律可循，这说明汉地人士对于佛籍的认识较为模糊。而到了唐智升所撰《开元释教录》，不仅有大小乘、经律论及圣贤集传等十分完善的分类法，还严格规定了所录经籍先后排列的位次，这说明汉地人士对于佛经认识的提高。

汤用彤《汉魏两晋南北朝佛教史》说："中国僧传，为两晋南北朝最发达之史书。"由此可见南北朝时的佛教传记已全面发展，著述甚丰，不仅僧人别传、类传问世，而且自南齐以后，还出现了通记古今高僧的总传，从而使佛教传记门类发展齐备，并且日臻完善。自僧祐《出三藏记集》、宝唱《名僧传》及慧皎《高僧传》问世，历代学僧业绩总汇的僧人总传很快形成了一个颇具规模的系列，并作为典范影响了后来道宣《续高僧传》和赞宁《宋高僧传》的撰写。这些僧传在佛教史上发挥着重要作用，详细记载了学僧们的佛事，包括经典的翻译和注疏、宗派的建立、学说的传播以及佛教的盛衰等。

南北朝时期，朝廷鼓励译经，提倡讲经说法，并组织编写大型佛学类书、丛书、佛经目录等著作。帝王还亲自为佛经作注撰疏，撰写佛学论著，从而极大地影响了整个社会的思想和风气。佛教深入到社会的各个阶层和领域，学僧集中研习当时流行的经典。这些佛学著述，主题鲜明，研究深入。随着哲理性译典的增多，学僧们加深了对佛学的了解，著述也更具有浓郁的学术色彩。他们议论纵横，融梵汉思想文化为一炉，同时其记述又具有较为严密的逻辑性，这表明中土佛学日趋成熟。梁武帝时，南朝佛教达到全盛，佛教义学十分发达，佛教学派林立，佛学著述丰富。比如僧肇《不真空论》《肇论》《注维摩诘经》，道生《二谛论》《顿悟成佛论》，慧观《辩宗论》《论顿悟渐悟义》，僧含《神不灭论》《法华宗论》，昙谛《会通论》，僧导《空有二谛论》，僧祐《出三藏记集》《弘明集》《释迦谱》《法苑集》，慧皎《涅槃义疏》《梵网经疏》，慧远《十地经论义记》《大乘义章》，梁武帝《摩诃般若波罗蜜经注》，梁简文帝《法宝联璧》，虞孝敬

《内典博要》，真谛《明了论疏》《摄论疏》《俱舍论疏》，道安《二教论》，宝唱《经律异相》，宝亮《大般涅槃经集解》，昙鸾《往生论注》《略论安乐净土义》等。其中僧肇《不真空论》针对般若学派中心无、即色、本无三派谈空的偏颇，指出说"有"并不是指有真实的物体，说"无"也不是指绝对的虚无，"空"并不是离开具体事物独立的存在，而是寓于万物之中，与万物相即而不相离，从而使汉地般若学意趣发生根本变化。僧肇根据罗什的讲解和自己的研究心得而著《肇论》，《肇论》疏就有九家。罗什翻译《维摩诘经》时，僧肇参与译事，著《维摩诘经注》，书中引道生、道融之说，以本迹为论题，融会《法华经》等经教理，揭示《维摩诘经》本义。与《肇论》不同，这部注书很少采用老庄的文辞，表明中土佛学确已开始脱离传统思想。

魏晋南北朝佛教学派纷纷形成，佛学著述进一步繁荣，学派为著述提供动力，著述为学派提供丰富的思想资料。此时的佛学纂集，有的搜集整理佛教资料，编为总集；有的分类摘录佛教经论重要论述，编为类书；有的撮举佛教纲要义门，阐释其中所涉重要术语，编为义章。如佛教经典的注疏有《大乘经疏》三百七十九卷、《小乘律讲疏》二十三卷、《大乘论疏》四十七卷、《小乘论讲疏》七十六卷、《杂说讲疏》一百三十八卷。重要经典几乎都有注疏，有的甚至几注几疏。佛学研究的兴盛，促进了学派的创立，成为佛教发展的标志，意味着中土佛教学者经过南北朝义学的浸润，已从传统的印度佛教研究中走出来，开始了独立的佛学研究。学派的诞生，是汉地学僧对汉、梵、胡语译出的经律论的专一研修和深入探讨的结晶。一部经典译出后，便引发一批学僧特别是曾经参与过译经学僧的研习。研习者专注于一经一论，或以一经一论为主，并带动门下弟子，形成学派（或称"师"）。这些学派或"师"形成气势宏大的义理之学，使中国化佛学在这一大潮中趋于成熟，也带动佛学著述的日益繁荣。其中主要的学派有研习《成实论》的"成实学派"、研习毗昙的"毗昙学派"、研习《涅槃经》的"涅槃学派"、研习地论学的地论学派、研习真谛所译《摄大乘论》的"摄论学派"、研习真谛所译《俱舍论》的"俱舍学派"。据佛教史传和经录记载，学派人士撰写的义学著作多达三百余种，如慧观《辩宗论》、僧祐《出三藏记集》《弘明集》、道安《二教论》等。这些学派多限于对某一经论的讲解和注疏，并没有形成独具特色的严格意义上的理论体系，而且同一学派中的学僧，彼此间也没有必然的师承关系。但他们在以后的发展过程中不断地探寻着自己的道路，充实自己的学说，创造性地建立自己的佛学体系，并在不断地完善这种体系的过程中确立自己的传承道统，建立自己的阵地，组织自己的僧团，从而向完善的中国佛教宗派过渡。如《法华经》的研习，有以慧文、慧思、智𫖮、灌顶这样一脉相承的专门弘传《法华经》经义为宗旨的一派学僧，他们建立起后称天台宗的佛学体系，而这一体系已超越了疏释经文的范畴。他们在"止观并重"的根本宗旨下，创造了中国佛教全新的理论。这一理论体系就是通过慧思的《大乘止观法门》《法华经安乐行义》、智𫖮的《法华文句》《法华玄义》《摩诃止观》等具有独创性的理论著作而展现的。至吉藏通过"显正""破邪"确立三论学的正宗地位，三论宗的理论体系最终完成最终完成，从而形成了自罗什经僧肇至吉藏的三论学的道统说，使源于关河（什、肇）、传于摄山、成于吉藏的三论学，最终完成了从学派向宗派的转化。此外，《楞伽经》《华严经》《四分律》及"净土"诸经的研习者，也都在以后的发展中，表现了与三论学者大体相同的情况，并成为隋唐中国佛教宗派创始者的先驱。

3. 隋唐——汉地佛学著述的成熟

隋唐二代，佛学进入鼎盛时期，佛典汉译数量众多，种类齐备，译经方法臻于成熟，佛学著述的数量达到一个新的高峰。黄忏华在《隋代佛教简介》中说："隋、唐时代是中国佛教大成时期，这个时期的宗派和它的教义，是中国佛教的精华。就隋代说，虽然立国仅仅三十七年，然而在政治上兼并南北两朝，在佛教上也整理、综合南北两大思想体系，而树立新教义，开建新宗派，划一大时期。"隋代佛学大师辈出，如地论南道派慧远，天台宗智𫖮，三论宗吉藏，都是集当朝及以前数百年佛教义学之大成者。慧远所撰有《十地经论义记》《大般涅槃经义记》《维摩经义记》《无量寿经义疏》《温室经义记》《大乘义章》《大乘起信论义疏》《地持经义记》《华严经疏》等。智𫖮主要著作有《法华玄义》《法华文句》《摩诃止观》等，世称"天台三大部"。吉藏所著有《中论疏》《十二门论疏》《百论疏》《三论玄义》《大乘玄论》《二谛义》等。隋代大师的著述理论水平已远远超过了前代，真正是中国佛教的精华。

唐代更是佛学大师辈出的时代，中国的学术发展到唐代正是以"佛学"为标志的。唐代佛教学术气氛浓厚，佛教学术发展迅速。初唐时，佛典汉译及著述达到八百一十二部，撰多于译。这表明佛典汉译已基本完成历史大业，剩下的工作将是对翻译过来的佛典进行研究和深入理解，这便是著述。唐朝的统一，使南北佛学风尚的差异逐渐缩小，且由于全国政治经济中心北移，北方佛教也已非常重视义理探究。因此进入唐以后，随着佛典汉译事业的发展和佛学研究成果的长期积累，学僧的创造力空前高涨，佛学展现出一种新的姿态，即最能反映中土佛教特色的佛教宗派的相继创立。李富华在《佛教典籍的传译与中国佛教宗派》一文中指出，经过自汉以来佛学在中国传播的历史积淀，尤其是经过佛经翻译、佛经宣讲、佛学研究和著述诠释等，汉地学僧在隋唐时代才有条件充分地发挥创造才华，一大批知识渊博、德操高尚的学僧，既有对佛学准确的理解，又有传统文化赋予的特有的素养，他们以对佛学独特的理解和创造性著述，通过创立具有鲜明特色的中国佛教宗派，完成了佛学中国化的历史进程。宗派鼎盛，又使义学更加繁荣，更具有中国化学术风格。各宗论述本宗义理的著作极为丰富。据《法苑珠林》记载，此时的佛学撰述主要有论著、注疏和史传三类。这些著述有各自独立的教理体系和修行方式，有对佛学各类教说及其经典性质、意义和地位的判别。

隋唐二代佛学撰述中，章疏这种体裁十分突出，这体现出汉地佛教学者受传统治学影响而崇信经典、重视解注经典的风格。但这些注疏也不仅仅只是依经解文，为印度佛典作注，而是以解经注经为主要形式要形式的佛教理论创造，其中许多注疏著作成为建立宗派学说体系的基本典籍。如智顗的《法华文句》《法华玄义》等，通过解释《法华经》，奠定了天台宗的教理基础。智俨注释《华严经》的多种著作，基本完成了华严宗的核心教义。道宣注解《四分律》的多部著作，构建了南山律宗的理论体系。这些经典注疏著作种类全面，范围广泛，理论也富于创新，无论是传播佛学基础知识，还是继承前人成果，或是创新理论，都展示出隋唐佛学中国化的成就，是汉地学术传统所赋予的独特的崇尚经典而又自由运用的创造性精神的体现。这些佛学大师一方面借助于经典的权威性以加强自己在著述中的地位，借助经典的语言表达自己的思想；一方面又在引用中作出符合自己需要的解释，在新的语境中赋予经典以新义，但绝非断章取义。这正是汉地学僧推动佛学中国化的重要途径。孔子以整理和阐述文献典籍为己任，借以继承和阐扬古代文化传统，以"述而不作，信而好古"(《论语·述而》)的态度对待《诗》《春秋》等经典。"述"有叙述、述说之义，"作"即制作、创作。但其"述"并不是消极的转述、因袭，"不作"也不是无所作为，只是不采用创作的形式，而是寓创作于阐释，寓新变于继承，在阐释中构筑新说，在整理中引申发挥，寄寓己意。孔子的学术思路深刻影响着后人，他们借阐释传统经典而建构新的理论体系，以"六经注我"的态度开展学术和思想的创新。佛学大师们正是发挥经学的这一传统，推动了佛学研究的进一步深入。也正是由于佛学的蓬勃发展和三教论衡的需要，唐代佛学论著的内容才涉及各个方面，形态也百花齐放。有的专门论述本宗理论，如天台宗智颛所撰大小《止观》《四教义》，禅宗的《坛经》等。有的则就某一专题展开深入论述，如专论佛性禅心的，论因果报应的，论形神心识的，论佛典翻译的，论梵汉语言的，论僧伽僧团的，论仪礼格式的，论三宗三宝的，等等。有的属于个人或集体著作，集中阐述某一专题，如关于神灭论的争论，关于沙门拜敬王者的论辩，关于食素禁肉的讨论等。这些撰著因任作者自由发挥，所以更能反映出中土学僧的创作热情和对佛学的独特理解、创新与当时佛学的实际情况。

隋唐时代，佛学与道家思想的矛盾冲突日益突出，所以护法著作十分重要。彦琮针对老子化胡像撰《辩教论》，为"破世术诸儒不信因果"作《通极论》，因"明释教宣真，孔教弘俗，论老子教不异俗儒"作《辩圣论》，以"劝引儒流遍师孔释"著《通学论》，针对沙门敬王者作《福田论》。另有《众经目录》《沙门名义论》《西域志》《达摩笈多传》《善财童子诸知识录》《辩正论》《僧官论》《慈悲论》《默语论》《愿往生礼忏偈》等。隋代，佛教与道教之间发生过两次论辩：第一次是开皇三年（583年），隋文帝因见老子化胡便召集儒、释、道三家讨论，道教方面为张宾，佛教方面为彦琮，此次讨论后彦琮因此作《辩教论》，批斥道教的"老子化胡说"；第二次是大业四年（608年），杨宏带领道士、儒生入智藏寺与佛教论辩，双方主要论辩人物为佛教人士慧净和道士余永通。这说明隋代的三教论辩于佛学著述已非常普及，而彦琮的佛学已表现出极高的水平。

唐代佛学宗派的诞生，促使各宗不仅为阐述宗义撰写出大批著作，同时也编撰有礼忏、音义、抄集及反映佛学中国化的著述。唐太宗时，李仲卿著《十异九迷论》，刘进喜著《显正论》，排毁佛教。为此，法琳特地借阅右仆射蔡国公杜如晦所藏内外典籍，历时数年写成《辩正论》，攻难异说。唐高宗时，居士元万顷作《辩真论》，阐述沙门跪拜君亲。武则天时，玄嶷著《甄正论》，用"滞俗公子"与"甄正先生"的问答方式，批斥道教，为佛教辩驳。吉藏《中论疏》注疏罗什所译《中论》与龙树《中论》偈颂及青目原注，阐明对中道实相的看法，提出"三谛中道"等观点。宗密《原人论》以《华严经》思想为依据，依四个论点推究人的本原：依"斥迷执"批斥儒道二教关于人和其他物体皆由禀气而生，自然而化的观点；依"斥偏浅"批评人天教主张的众生依业力而轮回于六道，小乘教主张的众生由色、受、想、行、识五蕴聚合而成，大乘法相教主张的阿赖耶识为万物包括众生之源，大乘破相教主张的诸法包括众生皆空等学说；依"直显真源"论述一乘显性教关于"本觉真心"为天地万有的本源，一切众生

"本来是佛"的主张；依"会通本末"，以作者主张的"一乘显性教"会通前面批斥过的儒道二教和佛教中的"不了义教"，认为所有这些学说如果用"真心"统摄，都是正确的。所云"不了义教"是宗密在其《原人论》中的判教学说，他把佛教的不同教法判为五种：人天教、小乘教、大乘法相教、大乘破相教与一乘显性教。

隋唐佛教史传反映了汉地学僧受传统文化影响而重视历史记载的传统。隋唐是汉地译经臻于成熟之时，由此带动了佛经目录著作的成熟。这一时期编纂的佛教经录，整理细致，体例完善，分类严谨，组织周密，包含广泛。如法经等撰的《大隋众经目录》，将佛典内容和形式有机统一起来，其编目体系的产生标志着印度佛教的整个体系已基本为汉地僧侣所接受并能融会贯通，奠定了后来藏经编目的基础。费长房《历代三宝纪》与印度佛教三藏分类完全一致，开启汉文《大藏经》系统化之始。道宣《大唐内典录》和《大周刊定众经目录》门类齐备。智升《开元释教录》考订详细，类例明审，表明作者自觉而明确的史传意识和创新研究，是中土佛教经录的最高成就，最终奠定了汉文佛典分类编目体系。智升以前的目录在分类时，标准并不划一。由于佛学文献数量繁多，内容复杂多样，读者往往根据各自特定的目的和兴趣阅读佛典，因此佛学目录必须考虑到佛典外在及内在的各种基本特征，从不同角度对佛典分类、编目，以充分满足不同类型读者的需要。但从不同角度、不同立场出发的分类标准，必须分别编制成不同的目录，否则会引起结构上的混乱。智升一改过去多方位标准的做法，基本上根据经典本身所反映的知识内容和思想倾向，分门别类地把它们组成一个有内在逻辑联系的完整体系，并将同一思想内容的经典集中在一起，把内容与性质相近的经典排在相近位置上。这样便有利于系统地揭示这些经典本身最本质的属性和内容上的相互联系，从而在一定程度上反映出佛教的全貌，也便于读者从整体上把握佛教，同时也可触类旁通，认识某一经典在整个佛教中的地位。可以说，智升《开元释教录》的出现，标志着汉文大藏经的结构体系在理论上已经完成。

4. 宋以后——汉地佛学著述的转型

佛教在中土发展到唐末以后，表面上看确实再没有此前的繁荣景象了。自宋代以后，佛教实际上仍在继续发展，只是其表现的形态和重心不同，这是时代的变化所致。唐武宗会昌法难以后，探索玄奥义理的佛学宗派所赖以生存的物质基础以及学术气氛和环境都受到削弱，中土佛学趋于衰落。同时，印度佛教发展到密教时期，受到伊斯兰教的压力及印度本土文化的影响,逐渐向印度教回归,这便导致佛教源头活水枯竭。密教虽曾一度传入,但因其修习方式与汉文化伦理道德相扞格而无法流通。先期传入的各种理论既已消化,又缺乏新的理论滋养,使得中土佛学在义理方面失去了往日的活力而日益枯竭,直至趋于枯萎。与在思想理论方面缺乏创新的佛学形成鲜明对照的,是宋明理学的兴起。宋明理学吸收佛学的理论与命题,以人性研究与心性修养为主题,并涉及广泛的哲学问题,构筑了庞大的哲学体系,代表了当时中国哲学的最高峰。既然佛学的哲学精华部分被宋明理学所吸收与取代,本身只剩下一个信仰的形式外壳,因而只能停留在稳定的状态上。在这种背景下,只有禅宗和净土宗保持了持久影响。

就禅宗言,晚唐至于宋末,正是其蓬勃发展时期。这时,随着禅宗的兴盛及其在社会上影响的日益扩大,禅学成为汉地佛学主流。赞宁《宋高僧传》习禅篇分为六卷,无论是卷数还是见录的人数均是各篇之最,显示出禅学的普及。明河《补续高僧传》中习禅篇所占比例最大,为全书的五分之二,义解和杂科篇次之,各近五分之一。就净土而言,该宗是以《阿弥陀经》《观无量寿经》《无量寿经》和《往生论》为主要经典,以念佛为手段,以往生西方净土为目的的佛教宗派。净土思想在中土主要为弥勒净土和弥陀净土两种。弥勒净土信仰由道安首倡,弥陀净土信仰始于东晋慧远。后经北魏昙鸾及道绰,净土思想渐趋完善。王公伟在《中国佛教净土宗的思想发展历程探析》中说:"净土宗从萌芽到最后发扬光大,大体上经历了三个不同的发展阶段:第一阶段,净土念佛法门被其他佛教宗派融摄,净土念佛只是佛教万行中的一行。第二阶段,禅净双修,禅宗开始吸纳净土宗的修行方法和思想理念。第三阶段,摄禅归净,净土宗开始吸收禅宗的修行方法和思想理念。经过这三个阶段的发展,基本上完成了中国佛教的世俗化历程。"揭示出禅宗与净宗从开始的彼此攻击,到逐渐靠拢,并最终形成禅净双修的历程。在禅净分离时,参禅者主张"即心即佛",讽刺净宗的"著相"。净宗则认为自己是"仗佛加被",贬禅僧为"浮泛"。禅净双修时,开创禅净双修的人物永明延寿有明确的论述。他在《万善同归集》中分别从理事无碍、权实双行、二谛并陈等十个法门论述禅净双修。他批评禅僧说:"禅宗失意之徒执理迷事,云性本具足,何假须求,但要亡情,即真佛自现。学法之辈徒执事迷理,何修孜孜理法?合则双美,离之而伤。理事双修,以彰圆妙。"为了劝导人们修行净土,他作四料拣:"有禅无净土,十人九蹉路;阴境若现前,瞥尔随他去;无禅有净土,万修万人去;但得见弥陀,何愁不开悟。有禅有净土,犹如戴角虎；现世为人师，来生为佛祖。无禅无净土，铁床并铜柱；万劫与千生，没个人依怙。"此后，几乎每一著名的禅门人物，都力主禅净双修，并有进一步的发展。而一些弘扬净土的人士，也要求念佛的同时也应参禅。尤其是晚明袾宏，分别从三个方面和会禅净：第一，净土念佛与禅宗参禅不存在优劣；第二，参禅者与念佛者不应相互排斥；第三，参禅不碍念佛。在和会禅净的基础上，袾宏提出了著名的"体究念佛"观点。就是"闻佛名号，不惟忆念，即念反观。体察究审，鞠其根源。体究之极，于自本心，忽然契合。"就是说，在听到佛号时，除了忆念之外，还要反观自己的本心，达到一定的程度后，自己的心就会与所念佛号完全融为一体，这样就可以达到心、佛、众生一体的境界。可见，体究念佛既强调定的境界，也注重慧的境界，可谓定慧双修，具有一定的理论深度。在摄禅归净阶段，智旭进一步提升净土法门，使之成为涵盖一切修行的方式，确立了净土念佛法门在整个佛教修行中的中心地位。

禅净二宗的分合历史也表明禅学与净土学研究分别在不同时期成为佛学主流，禅宗典籍与净土著述分别成为中国撰述的主体。

禅宗按照依经典文字记录下来的释迦牟尼佛的言教和佛陀通过不立文字以心传心的印证方式两种，以研习佛典文句和义理为主并依之实践的为"教"，而禅宗是"教外别传"，为"禅"。由此，禅宗典籍不称教典，而称宗书或宗典，以示禅与教的区别。禅宗本是标举不立文字，直指人心，见性成佛，但禅宗典籍的文体和著述依然很多。在中国佛教诸宗之中，留下著作最多的也是禅宗。而且禅宗所引入与开创的诸般禅修方法，也是对中土知识士人极有吸引力的。宋代的不少禅师都从文字和语录上追求禅意，这就是"文字禅"和"看话禅"，表现出明显的重形式重文字倾向。禅宗著述有传记、谱牒、语录、灯录、拈古、颂古、评唱、笔记、文集等，其中又以语录和灯录为主。语录是禅师的机缘语句的汇编，它一般只记录禅师个人及其与师友、弟子的言论，与《论语》记录孔子语的体裁相似。被称为禅宗"宗经"的《坛经》就是南禅宗人汇集的语录，史载为慧能弟子记录，但通读全书，似乎是南禅宗人编辑的一部说法集，引用了各种经典文献，并非是慧能的言论。在汉地所有佛学撰述中，《坛经》是唯一称为"经"并流传后世的。这是南禅宗学人针对印度佛学，突出中土文化学说的一种表现。语录重于记言，轻于记行，尤其侧重记录禅师在开示后学过程中流传广泛的名言警句。隋唐以后，禅宗语录增加了小参、法语、示众、茶话、机缘、勘辨等内容。有些语录还增加了禅师的书信、诗文及各类著述等，成了禅师个人的著作全集。还有些语录更加上禅师的行状、塔铭，以及与禅师有关的他人著作，这些语录往往称为"全录""广录"。灯录意谓以禅法历代相传如同灯火相续，是禅宗独创的著作文体，汇编其传法世系及相关人物言语行事。最著名的灯录是北宋时期编辑的《景德传灯录》，这是禅宗历史上第一部官方参与编修的禅书。灯录的特点是以禅宗派系的师承关系为标准收录人物，按历史顺序分别记载其传法机缘。吕春认为，由于人物派系分属的分歧，一些灯录著作常引起不同派系之间的法统之争和嫡庶之辩，聚讼纷纭。从唐代到清代的众多灯录，记载范围不尽相同，有的通载禅宗五家法脉，有的选录一家法系，有的汇集某地区的禅门师承，还有的虽不以"灯录"命名，但其性质相同，也为同类史籍。另有一些著作是集录历代祖师的重要语录，将众多作品按世袭排列，也属于灯录性质（《"佛教典籍"源流考究》）。

净土宗人的著述也十分丰富，特别是越到后期，著述越丰。自道安和慧远，开始有短小的净土文章，此后，大多是长篇论著了。昙鸾的净土著作有《礼净土十二偈》《安乐集》《净土往生论注》《赞阿弥陀佛偈》《略论安乐净土义》等。道绰著有《安乐集》上下二卷。善导著有《观无量寿佛经疏》四卷、《往生礼赞偈》一卷、《净土法事赞》二卷、《般舟赞》一卷和《观念法门》一卷。法照著《净土五会念佛诵经观行仪》三卷、《净土五会念佛略法事仪赞》一卷。少康著有《二十四赞》及《瑞应删传》各一卷。延寿著有《万善同归集》三卷。莲池著有《弥陀疏钞》四卷。传灯著有《净土生无生论》《阿弥陀经圆中钞》《净土法语》《观经图颂》。蕅益著有《阿弥陀经要解》《大势至菩萨念佛圆通章释》《蕅益大师法语》《蕅益大师净土选集》《净土要典》《净土玄门》《净土十要》等。行策著有《劝发真信文》及《起一心精进念佛七期规式》。省庵著有《劝发菩提心文》《续往生传》《西方发愿文》《净土诗一百八首》《省庵大师语录》。彻悟著有《彻悟大师语录》。

可见，禅宗与净宗的著述特点和面貌不一样，如果说禅宗重在灯录和宗史，那么净宗则重在义理和方法。

宋代以后，佛学与排佛论者时有交争，尤其是佛学与理学家的论争，更涉及深层的理论思维，也涉及表层的功能。儒家学者站在维护儒家道统立场上，主要从三个方面批评佛学。一是根据自家的学问道德划分，以出世入世标准批评佛学，认为佛教有悖于伦理道德、纲常名教。如二程认为："释氏之学，于敬以直内，则有之矣。义以方外，则未之有也。"（《河南程氏遗书》卷二）然而，用儒家思想特别是政治思想去异化改造完备的佛教义理，这又不符合儒家"极高明而到中庸"的精神。二是批评佛学所说"一切皆空"思想，特别是对于佛学般若智慧超越于天理。禅宗又提出"理障"，相当于否定社会伦理道德。因为理学家主张"理"或"道"、"太极"既是永恒存在的、绝对的真实，而且有最高的意义和价值。这个"理"或"道"不仅具有本体论的意义，是宇宙间的最高客观真理，形而上的最高依据，也是必须化为形而下的道德实践。三是不认同佛学"以心法起灭天地"和"致知而不格物"思想。朱子对佛学的批评也表现在三个方面，他说："释氏之失，一是自利，厌死生而学，大本已非；二是灭绝人伦，三是迳求上达，不务下学，偏而不该。"（《朱子语类》卷一百二十六）其实，宋代的儒学本在不同程度上吸收了佛学思想，特别是华严宗和禅宗思想。而张载的天命之性与气质之性尤其受到《楞严经》"本然性"与"和合性"的影响。

辽代在社会思想文化方面最显著的特征就是佛学盛行，义学宗派繁荣，佛学研究发达。辽代佛教各宗派如法相宗、净土宗、律宗等都在继续发展，特别是华严宗、密宗最为发达。学者们多以"华严思想"为中心，融入密法，小乘大乘兼容，密显圆通。辽朝是一个以崇佛著称的朝代，随着汉族文化影响的日益加深，佛教信仰和研习也受到重视。辽廷效法唐代帝王奉佛，利用佛教为其政治服务。辽代大寺院的发展，"富可敌国"。苏辙说："契丹之人，缘此诵经念佛，杀心稍悛。此盖北界之巨蠹，而中朝之利也。"（《栾城集》卷四十二《北使还论北边事札子》）以致在金末元初士大夫阶层中流行着"辽以释废，金以儒亡"的说法。自圣宗朝以后，佛教进入全盛期，史称圣宗对"道释二教，皆洞其旨，尤留心释典"（《辽史》卷三十七《地理志一》）。圣宗统和中期以后，佛教开始进入全盛时期，上下人士皆笃信佛教，佛学继承唐代贵族化的经院佛学精神，具有学术价值的佛学著译层出不穷。其中，华严宗、法相宗是辽代佛学的中心。辽代名僧辈出，佛学著译学术化特征浓厚。他们虽有专攻，但多不专一经一宗，而是诸经皆通（朱子方、王承礼《辽代佛教的主要宗派和学僧》），不少学者还兼通儒学。如海山（郎思孝）既治《华严》，又习戒律，又对《涅槃》《法华》《般若理趣分》《大宝积》《观无量寿》《报恩奉盆》《八大菩萨曼陀罗》诸经皆有注疏和科文。道殿融汇华严圆融思想与密教教义，著《显密圆通成佛心要集》。觉苑著《大日经义释演密抄》，广征儒书、经史，旁及子、集，以证释典。诠明除精通唯识学外，还撰有《续开元释教录》，这显然需要博览群经。希麟撰《续一切经音义》十卷，约十万字，是唐朝僧慧琳《一切经音义》一书之后的续作与补充。他从《大乘理趣六波罗蜜多经》等一百零六经和《护法沙门别传》《续开元释教录》两集中，选取大量词语，为之注释音义。行均撰《龙龛手镜》，除了攻读群经，还需兼通文字、音韵学。一般佛教学者也都习读儒书，通解儒学。如了洙"研讨六艺子史之学，掇其微妙，随所意得，作为文辞而缀辑之，积数十岁，不舍铅素，寖然声闻，流于京师"（胁谷撝谦《辽金佛教的中心》）。这一切均说明辽代佛学获得了空前发展。

元代，佛学与道家的论争居于主流，因此佛学教义的发扬和著述的内容主要是提倡佛儒道三教并行互补的"融合"思想。如明本著《中峰广录》《幻住庵清规》《山房夜话》及《语录》等。德辉著《敕修百丈清规》，庆吉祥著《至元法宝勘同录》，念常著《佛祖历代通载》，觉岸著《释氏稽古略》等，都是元代的要著。元代天台、华严、慈恩以及戒律诸宗，继续发展，学者甚多。如湛堂性澄校正大藏，著有《金刚经集注》《弥陀经句解》等。玉岗蒙润盛弘《法华》，著有《四教仪集注》，为台宗学者入门书。浮休允若学风严峻，著有《内外集》。大用必才弘扬天台佛学，著有《法华》《涅槃》诸经讲义。仲华文才是元代华严大师，他讲授经论，主张通宗会意，视语言文字不过糟粕而已，著有《华严悬谈详略》《肇论略疏》《慧灯集》等。云岩志德研习《法华》《唯识》《因明》等疏，号佛光大师。光教法闻研习律学，弘扬《法华》《唯识》《般若》《因明》及《四分律》。元代禅宗继续盛行，北方有金代万松行秀一系的曹洞宗师与海云印简一系的临济宗师，南方有云峰妙高、中峰明本等著名临济宗匠，传持禅学。万松行秀撰有评唱天童正觉《颂古百则》的《从容录》。海云印简有语录《杂毒海》。刘秉忠著有《文集》。雪岩祖钦有《雪岩祖钦禅师语录》，元叟行端著有《语录》行世。

至明代，儒道释三家混融难分，正所谓"三教九流，莫不崇奉"（王恽《秋涧先生大全文集》）。智旭《阅藏知津》即体现了他"儒佛会通"的思想，他站在佛教思想立场上，融合佛教诸宗，沟通儒道佛。在佛学上，他因读了袾宏的《自知录》始不辟佛，《自知录》就是他综合儒佛的著作。对于儒佛的异同，智旭认为："儒禅教律无非杨叶与空拳。"他说："以禅入儒，是为诱儒知禅。"所以他说儒释一致，事实上是一种化导方便，并不是真将儒释等量齐观。在儒学上，智旭受儒家思想影响甚深，自称"身为释子，喜研孔颜心法示人"（《宗论》二之三）。智旭年少时期是一位纯粹的儒生，研读儒书并撰文辟佛，出家为僧后，开始艰辛刻苦地修证行谊，并力图沟通儒佛，借儒说佛，用以教化众生。在《四书蕅益解序》中智旭将儒、道以及佛教诸宗皆视之为教化方法，各自有所针对，没有哪一种方法是最终极究竟的，所以儒、释、道三教皆得会通合一。智旭目睹当时佛教中门户分歧的流弊，于是发扬延寿、袾宏等的思想，力求佛教诸宗的调和。他在理论上融会性相，在实践上调和禅净，主张禅教律三学统一。他说："禅者佛心，教者佛语，律者佛行，……不于心外别觅禅教律，又岂于禅教律外别觅自心，如此则终日参禅、看教、学律，皆与大事大心正法眼藏相应于一念间。"(《宗论》)三学摄归一念，以念佛总摄释迦一代时教，为智旭思想一大特色，也表明佛学在明以后，开始从理论上内部融会诸宗，外部接纳儒学，三教同源同理同用成为佛教学者和文化士人们的共识。

(五)汉地佛学著述的文体种类及特征

汉地佛学著述形式丰繁，种类齐全，文体多样，体裁众备。其中有佛学类书性质的纂集类著作以及笔记、护教文书、忏仪、愿文等杂纂类著作，更有义理和史籍两大类的著述。而义理类典籍和文史类典籍又多有交叉，有些义理类典籍如论著有涉及儒、佛、道三家关系的著作，纂集中有解释佛典事数名相的辞书，还有涉猎许多佛教史实的类书，以及佛教宗派史籍等。佛经的义疏和论著的界定也是相对的，当视书中所述内容的侧重点而定。再如经录为历代藏经目录和佛典内容提要，记载佛典的名称、卷帙、译撰者及有关史事。又因中国佛教是以翻译的经典为主，所以历代的翻译情况都有记录，包括译家、译籍、译时等。正如寂晓《大明释教汇门标目》所言："高僧哲士，代出比肩。传译论疏，时成充栋。"因而需要有经录叙其源流。

1. 汉地佛学著述的种类

汉地佛学著述在义理和史籍两大类下，又分为若干小类。义理著作主要包括论著、护法、序跋、注疏、音义、感应兴敬、佛学纂集等。史籍类著作分为纪传体、编年体(包括纲目体)和一般记叙体三类。内容包括以记叙中国佛教的宗派、人物、教理、典制、译述、寺塔、术语名相以及中外交往、释儒道三家关系等为主的典籍，它们一般分为经录、教史、传记、宗系记等。

义理类典籍是佛学的理论著作或称义学著作，是论述阐发义理、传播佛学、研究佛教教理及在教理指导下的修持实践为主的典籍。中国特质的佛学哲理和修持体系是由这些典籍逐渐建构的。如其中部分论著，作为汉地佛学各宗派的理论著作，是各家学者的独特见解以及专就某些论题，或围绕某一主题自由阐述作者观点的各类撰著。论著中有综述佛法大义的通论，也有专就某一观点展开议论的专论。论著是为适应佛教的蓬勃发展，也由于三教论衡的需要，由中土佛教学者创造性发挥的撰述，所以更能反映出中土学人对佛学的理解、创新与当时佛学的实际面貌。再如"护法"，它是佛学常用的一个术语，意为护持佛法，是旨在维护佛教信仰和立场一类的佛学典籍。如僧祐《弘明集》，道宣《广弘明集》与《集古今佛道论衡》，彦悰《集沙门不应拜俗等事》，祥迈《辩伪录》，法琳《辩正论》，契嵩《镡津文集》以及心泰《佛法金汤编》等这些重要的著作。这些"护法"著作是在与社会上怀疑、讥讽、批评、废毁佛学的思想和势力抗争的过程中，特别是在与儒家、道家的交涉、抗衡中的撰述，它真实地传达了儒佛道三学关系，表达了作者对印度佛学的理解。再如注疏是汉地著述最多的种类，它是对经论的疏释，是研究、阐发和弘扬域外经典的著作，即汉地学者对印度佛学典籍的疏释及复疏，以疏通佛学经论的义旨文脉。随着对经典研究的深入，学派的发展，注疏也日益增多。印度佛教经典自汉代开始翻译成汉文以后，就逐渐产生了各类注经解经的著作。注解经典有不同的目的，或为阐发经义，或为另立新说，或为授徒传法，或为记录师言。

史籍类典籍是以记叙佛教史迹和特定事项为主的典籍，为佛学的文学著作和史学著作，以记叙中国佛教的宗派、人物、教理、典制、译述、寺塔、术语（名相）以及中外交往、释儒道三家关系等为主，主要包括经录、灯录、地志、杂记、僧传、类书、宗系、传记以及释迦传记、教史、教派史、杂记、名山寺塔记、西域地志等。史籍著述又分为教史与宗史。教史即佛教史，记叙佛教渊源历史。宗史则不以人为主而只记述一般事实。开始写宗史的是禅宗。至北宋，宗史更发展到规模巨大，模仿一般通使体裁的著作。如契嵩的《传法正宗记》，把禅宗的传承一直推到印度祖师释迦，而且完全按照禅宗自己的传承书写。陈垣《中国佛教史籍概论》说："中国佛教史籍，恒与列朝史事有关，不参稽而旁考之，则每有窒碍难通之史迹。"如经录，是中土佛学史籍中重要的一类。佛典汉译自后汉末安世高开始，译典逐渐增多，内容也越来越复杂，需要有佛经目录查阅、考证和保存经文资料，于是诞生了经录。由于佛典是经过翻译的文献，不同于中土人士的自著，所以佛教经录不同于中土一般的目录，除载有目录外，还记载译人生平，译事的进行情况。并依时代顺序，为之分类编定。经录内容包括佛典的名目部卷、译撰时间、地点和人物，著录状况，繁略异同，存佚，伪妄，经旨大义及有关表、诏、序、记等。其种类有单记一人译经的译经录，有专录一个朝代译经或汇载历代译经和著述的通录，有连缀历代佛经翻译家小传而成的图记，还有撮举佛典大义的解题目录等。佛教史上著名的经录有阙名《众经别录》、道安《综理众经目录》、僧祐《出三藏记集》、翻经学士费长房《历代三宝记》、道宣《大唐内典录》、智升《开元释教录》等。

　　2. 汉地佛学著述的特征

　　中土历代学僧的著书立说，促进了佛学与中土传统文化的融合。这些撰述一部分是西域及天竺来华学僧的作品，其余绝大部分为汉地人士所作，其中多数是学僧，也有信仰佛教的王公贵族和士大夫。汉地著述融会梵汉文化思想，反映了中土人士对印度佛学的理解与发展，反映了印度佛学与中国固有文化的融合，体现了中土佛学的特点。这些论述主题鲜明，议论纵横，融梵汉思想文化为一炉，记载了中土佛学日趋成熟的历史。汉地佛学著述具有较为严密的逻辑性，包含了既区别于印度佛学，又反映中土佛学的特点。这种区别既体现在思想内容上，也体现在表现形式上。在思想内容上，汉地佛学著述具有汉民族的思维形式，也程度不同地具有汉民族的思想内容，无论是宗教、哲学、伦理，还是文学、历史、语言，都表现出与印度佛学不同的思想、风格与色彩等特征。中土佛学者既尊奉印度佛教经典，持诵研习，这一部分构成了汉文佛典的基础，同时又在译经和讲经时加以解释，阐扬和发挥佛典的思想。这一部分已不是完全意义的印度文化的遗产，而是印度佛教与中土文明相结合的产物，凝聚着当时中土文化的一切最新成就。汉地学僧模仿传统注经形式撰写章疏，引用中土古典著作的语句和固有思想注解原典，予以民族化的诠释，借以阐发独立的佛学思想。一部汉文大藏经，虽是佛教文献的汇集，但里面有着丰富的佛教以外的宗教或思想流派的记述，这些内容多是佛教在批斥这些派别时间接地提及的。但是除了这些在论争中提及的内容之外，大藏经中也全文收录有一些为数不多的"外道"文献，不过这些"外道"是与佛典的内容和佛教的发展有关联的。

　　赞宁在《宋高僧传序》中说："梵夹翻华，将佛国之同风，与玉京而合制。"如果说将梵文系统的佛经译成汉语，本身就是佛教与中国文化相结合，是儒释道合流的一种体现，那么从东晋道安开始的注释佛经，就更是进一步借取了传统"小学"的工具，为佛经的传播而服务，此中的中印文化结合是汉地佛学著述的鲜明特征。这种特征既使中土佛教学者借助汉地形式撰写佛典，但又不同于汉地著述形式。如《汉志》《隋志》都是志前有总序，中间分类排列书名、卷数、撰者，每一类毕，总其家数，条其派别一种方式。而僧祐《出三藏记集》全书十五卷，为簿录体，记集中土所出汉译经、律、论三藏。但其体制又与传统目录著述不同，前有总序，与外学目录书同，中间分为四个部分：撰缘记、铨名录、总经序、述列传。撰缘记即佛经及译经起源。铨名录即历代出经名目，相当于外学的艺文志，但不以经籍内容分类，而以时代撰者分类。其次为异出经、古异经、失译经及律部。又次为失译杂经、抄经、疑经、注经等。总经序是各经之前序及后记，共一百二十篇。述列传为译经者传，叙述后汉至于萧齐，前二卷外域二十二人，后一卷为中土十人。又如汉地有传、笺、注书传统，以逐章、逐句解释儒家经典的"正义""义疏"，佛学解经"注""疏""义疏""义记"等体裁等明显受其影响。又如南齐阙名《众经别录》采用"三乘通教"篇目，表明它以慧观"五时判教"理论指导佛典整理实践，反映了中国文化的影响。

（1）梵汉结合的文体形态。

由于汉地历代"正史"即中土史学著述中除《魏书·释老志》外，列传记载佛学人物的仅有玄奘等十人。这是由于佛学思想和中土正统思想相参差，同时统治阶级又要利用佛学，所以"正史"上也不能不有所记录。于是"正史"形态影响了佛史撰述。严耀中在《试说中国佛教典籍中的"三藏"与"四部"》一文中认为，佛教典籍目录的建立本身就已经是受中国史学影响的结果。始于西晋末年的中国佛教传记，源于当时受中土传统史学熏陶的汉地佛教学者已开始为个别德高望重的佛教大师及学者树碑立传。最初的佛教传记是为西域来中土传播佛学的高僧撰写的单传。因为他们乘危履险，不远万里，将佛教的义理和经籍传入中土，而且他们当中的知名大师既精通三藏，善解文义，又传译佛典，从事著述，有的还综事风云星算、图谶运变以及医方异术等，所以深受世人敬崇。唐代智升《开元释教录》将篇目分为十科：大乘经录，三乘通教，三乘中大乘录，小乘经录，第五篇目本阙，大小乘不判录，疑经录，律录，数录，论录。其分类的方法虽然基于印度佛经体制，但大小乘典籍合录在一起，也更加突出了中土佛教的圆融精神。又因为"大夏神州东西有异"，所以在目录中"使科条各别"，这便为中土佛教典籍保留了地位。影响及于后代，以后学者的《经录》或《经藏》大体上都保持了这样的体例。

南宋志磐以宗鉴《释门正统》和景迁《宗源录》为基础，旁采释儒道各类典籍，征引的佛教经律论和僧传集记有七十二种，天台宗教典二十一种，天台宗以外的佛教文述二十四种，儒家著作，包括官私修撰史书四十二种，道教经典二十种。由此整理而成的纪传体佛教史巨著《佛祖统纪》，体例完备，内容丰赡，博大精深，实为百科全书式的佛教通史。作者兼采各种文体，纵横交错，综括了南宋末年以前整个中国佛教发展的源流势态及各类人物、史事、本纪、世家、传和表，并用论、述、赞、注等方式，评论或诠释事件和人物。元代佛学著作的特点，是禅宗学者的文章和专著，更体现了中土文化的影响。如禅宗僧徒行秀的《从容录》、明本所著《中峰广录》、普度所著《莲宗宝鉴》、德辉所著《敕修百丈清规》、庆吉祥所著《至元法宝勘同录》、念常所著《佛祖历代通载》、觉岸所著《释氏稽古略》等，都是中土佛学历史上的要著。觉岸所撰《释氏稽古略》"本之内典，参之诸史，旁及传记"，以历代帝统为经，佛家世次行业为纬，所记史实，上始远古时代"三皇"中的太昊包牺氏，下迄南宋少帝德祐二年。全书详述政事，具有一半是佛史、一半是世史的性质。且备载帝王的兴佛事迹，辑存许多有关佛教史事起源的掌故，汇集各代译经等基本数据，援据宏富。

（2）梵汉融会的佛学思想。

印度佛教传统，对本教或本教派之外的宗教或思想派别称为"外道"，其中又分"外外道"和"内外道"。"外外道"指佛教之外的其他宗教或思想派别，"内外道"是佛教中某些派别或与本派观点不同的其他佛教派别。这是印度佛教本是基于反抗婆罗门思想的表现，所以分辨严谨。但传入中土，汉地佛教学者本是儒学出身，兼及各家学说，所以汉地佛学著述总是与"外学"浑然一体，不仅具有汉民族的思想形式，也有汉民族的思想内容，有的甚至就是中国哲学的重要著作。如东晋佛教领袖慧远，与时人论争沙门应否礼敬王者，撰写《沙门不敬王者论》，其中有专章结合中国古代灵魂不灭的观念，论述形尽神不灭思想，强调人的形体虽然有生有死，而人的灵魂是不朽不灭的。慧远这种形尽神不灭的观点，其实正是释迦牟尼所反对、拒斥的婆罗门教的观点。婆罗门即认为不灭的灵魂可以寄寓于不同的躯体之中。早期印度佛学认为人的精神是不断变化的意识状态之流，没有永恒不变的实体性灵魂存在，而慧远则是在中土固有的灵魂观念和实体性思想的支配下，去理解人的形神关系问题。在古代中国先秦到秦汉时期，灵魂不灭说渊源久远，人们几乎都相信灵魂的存在和死后世界，"天志""明鬼"说代表了世俗对于死后世界的看法。《礼记·郊特牲》云，人死后"魂气归于天，形魄归于地"。荀子也说："事死如事生，事亡如事存，状乎无形影，然而成文。"（《荀子·礼论》），慧远正是受到传统思想影响，从而使得汉地佛学与印度早期佛学思想相背离，而正是这种背离，表现出了佛学的中国化性质，同时也丰富和发展了中土古代的神不灭论。僧叡在《毗摩罗诘提经义疏序》中曾说："此土先出诸经，于识神性空，明言处少，存神之文，其处甚多。"说的是鸠摩罗什来中土之前，汉地佛学多讲"神"。其实，即使是在罗什以后的译经中和中土的佛教著述中，"存神之义"也仍然是"其处甚多"的，这正是慧远等中土佛学大师在印度佛学中国化特点上的体现。

　　隋唐时期，各佛学宗派适应本土情境，结合汉地固有文化，形成了不同的传承和教理主张。他们正是以偏离以至背离印度佛教教义的姿态而创立了各自的宗派和学说。这些宗派领袖在创宗过程中，立足于经文的意指，根据前人的研究成果和自己的理解，撰述典籍的意趣大旨，各自阐发了具有民族特色和民族精神的佛教思想。他们依据中土深厚的历史文化和价值观念，采取不同的标准和尺度，引导学僧学习、研究自己所推崇的经典，推动本宗的发展。中土佛教的判教理论就反映了他们对印度佛学的思考过程与选择结果，体现了中土固有的历史哲学和价值观念。如道宣《释迦氏谱》用自己的语言表述，观点与引文水乳交融，化为一体。义楚有感于佛藏部卷繁多，"缁侣罕穷根蒂，鸿儒鲜究波澜，若非攒簇门名，以类罗列，故难备要，不易寻求"，仿白居易《白氏六帖》体例编集佛教掌故，编撰《释氏六帖》。书中博采大藏经律论，旁搜儒道诸书，将佛教典章制度、旧例传说、人事掌故等分别部居，以类相从，置五十大部，部下分系四百四十门。全书所叙内容广泛，佛法僧含义，大小乘修持，王侯卿相对佛学的态度，僧尼不拜王者的争论，高僧德业，圣贤著述，儒家伦理道德，道教天尊道法等，无所不包。在形式上，《释氏六帖》先立词目，后广引佛教经律论及杂藏（各类撰集）予以诠释，也征引世俗典故和道宗书籍或根据自己的理解加以表述。

　　也有的佛教学者模仿传统的注经形式撰写章疏，疏中广引中土古典著作语句和固有思想注解原文，作出中国化的诠释，借以阐发独立的哲学思想。如澄观撰写《华严经疏抄》，阐发《华严经》的圆融观念，发展了中国华严宗人的"四法界"说。"四法界"说是中土古代佛教哲学中极为重要的宇宙结构论、现象论和本体论的学说。华严宗是除禅宗之外，最具中国化色彩的宗派。澄观最早提出四法界说，他在《华严经随疏演义钞》卷二中，自称其为学之方就是"使造解成观，即事即行，口谈其言，心诣其理。用以心传心之旨，开示诸佛所证之门，会南北二宗之禅门，摄台衡三观之玄趣，使教合亡言之旨，心同诸佛之心，无违教理之规，暗蹈忘心之域"，表明他以华严教义为基础融会禅教各宗，尤其吸收了禅宗心学。而禅学本是中国化的宗派。法藏一方面以自宗的法界缘起论为基石，一方面融摄天台、唯识等各家学说，兼摄诸宗之长，尤其是宗密会通禅教，以"一心"统摄诸学，基本结束了自佛学东传以来诸说纷呈的局面，使中土佛学由此呈现出一种与印度佛学截然不同的、以真心本觉为特征的统一、稳固的理论形态。但是华严宗的核心思想又是印度佛学的传承。"法界"是华严宗的基本概念，它是梵语 Dharmadhatu（达磨驮都）的意译。

佛学理论的基石是缘起论，而华严宗人将"法界缘起"视为最为究竟圆满的教理，又说明它发展了印度佛学。特别是华严宗的理事无碍观，讲理事互遍的关系，其实是说理遍于事门，事遍于理门。法藏强调理事互遍，事有分限理无分限，两者同时成立。对此法藏另外还有水波之喻的说明，他说：

> 如全大海在一波中而海非小，如一小波匝于大海而波非大；同时全遍于诸波而海非异，俱时各匝于大海而波非一。又，大海全遍一波时，不妨举体全遍于诸波；一波全匝大海时，诸波亦各全匝，互不相碍。

水波之喻是华严宗人用来说明理事关系的经典例证，用水或湿性喻理体，波或动相喻事法。事法是各住自位的，亦即每一事法都有其不同的大小、形态与相状，同时又能以类似于水波的方式彼此不相妨碍地融摄有同一的理的整体。

（3）汉学音义与经典译释。

儒佛合流还体现在历代学僧运用兴盛于魏晋的音义诠释佛经。他们以汉地辞书训释佛典，实际上已把佛学当作汉学来做了。汉文大藏经中的音义类著述是解释佛经字词读音和意义的训诂学著作，这类著述承传统传注之学而又有其独特体制，虽属于训诂学，但又有别于一般意义上的传统训诂学。"音义"本是汉语古籍注释的一种形式，也是传统训诂学中的术语。"音"即辨析字音，"义"为诠释词义，以"音义"为名的书即专指解释字的读音和意义的书。汉地学者为通读某一部书而摘举其中的单字或单词而注出其读音和字义，这是中土古书中特有的一种体制。这类辨音释义的书又称"音训""音诂""音注""音释""音解""音证""音隐""注音"或省称为"音"。汉地这类著作一直极为流行，往往由于师承不同而有众家为同一部书注音释义的现象。

魏晋时期，社会处于急剧变化之中，汉语古今演变也表现的十分活跃。新词新义大量出现，口语词汇逐渐进入书面语，形成与文言文相抗衡的古白话系统。新的语法形式也开始出现，与旧语法形式处于交替之中。语音上也处于从周秦之际的"古音"嬗变到隋唐以后的"今音"的历史阶段。佛学在此时急剧发展，随着佛经的翻译，梵文声明学理启示了汉地学者，他们意识到字的形、义、音三者密不可分，仅仅"考名物之同异，不显声读之是非"（颜之推《颜氏家训集解》）难以详明经义，于是学者或利用反切为汉字记音，分析声韵结构，或辨析四声八病，探讨文学语言。一时考韵辨切，使解释字的读音和意义的音义类著作在传统小学著作中独成一类。据道宣《大唐内典录》和智升《开元释教录》著录，北齐道慧撰《一切经音》，成为后世研读经典文献编纂的专书辞典之先声。此后，玄应、慧苑、慧琳等相继撰成《玄应音义》《慧苑音义》和《慧琳音义》。这类集众家字书之长而注释经典文字的音义类著作在一定程度上满足了读者的学佛需要，也为佛典汉译提供工具辞书。中土音义类著作与韵书都注重辨音，但又各有所重。音义更重于因音辨义，韵书则重于辨审声韵结构。音义又与字书、韵书、训诂书体例不同。字书主要以字为单位，分析说明汉字的形、音、义，属于文字学。韵书依韵归字，以分析语音为主，目的是供人写诗著文时查找押韵字词，属于音韵学。训诂书以分析语义为主，诠释文献语言的意义和用法。音义虽然有时也兼及分析字形，但主要是辨音以明义，通过广引古代韵书、字书及经史子集以详注字音和词义，属于训诂学的范畴。佛教音义著作主要有三类：一为义译部分的音义，二为咒语证音，三为音译部分的音义。其中音译部分的音义出现最早，历代译经大师对音译梵语都加以注释，自东汉古译期安世高、支娄迦谶、昙果、康孟详至三国支谦，再到西晋竺法护、安法钦、法炬，以至东晋法显，齐昙景，姚秦有关鸠摩罗什的新译，均有音译注释。在这些音译注释基础之上产生有早期佛经音义著作如《道行品诸经梵音解》《翻梵言》《翻梵语》等。

（4）汉地史学对佛教史著述的影响。

印度文化不像汉民族那样注重历史，历史观念较为淡薄，少有佛教史书著述，多重玄想。如《佛本行赞》虽称为史书，也是想象多于事实，传说多于实录，很难说是严格意义上的信史，其历史著作往往混同于神话，不易区分。而汉民族文化重视刚健务实，讲求言必有证，"敬鬼神而远之，不语怪、力、乱、神"（《论语·述而》），因而历史感很强，史学观念发达甚早，自古宫廷中就设有史官，撷记国家政事。传统学术也十分重视对文献、典籍的收藏、著录、整理。中国僧俗受汉文化影响，撰写了丰富的关于佛教史传的著作。佛教传入后不久，学僧们便开始佛学典籍的收集、整理、鉴别、分类、著录。如西晋竺法济《高逸沙门传》、僧宝《游方沙门传》，为僧人类传著述。郗景兴《东山僧传》、张孝秀《庐山僧传》，为地方僧传著述。齐竟陵王萧子良撰《三宝记传》，分佛史、法传、僧录三目。此外还有王巾之《僧史》，法安之《僧传》等。这些史著中，有记叙佛教发展历史的编年体史书，有专记僧伽制度的记叙，有记载佛学流传中国历史的史实，有记载教派历史的传记，有记载人物传记的僧传，有记载名山寺塔记的地志，有记载西域地志的方志等，这些著述是佛教传播的集中反映，它们追溯佛教经典的来源，记载着佛典汉译的历史，叙述佛教宗派的兴衰，反映佛教思想的流传，著录佛教势力的增长，述说民众的信仰，载录高僧学者的理论创造，是佛教在中土传播和发展的真实写照。

汉地传统治史，从西汉到宋初，基本上遵循司马迁"究天人之际，通古今之变"（《太史公自序》）的修史原则，注重对史料的编辑，强调总结前代的兴衰成败，以便为人们提供借鉴。东汉时期，佛教初传入中土，开始出现佛教史著述，至魏晋南北朝及隋唐时期，佛教史著述进一步发展。这些佛教史著也大多遵循汉地治史思想编撰佛史，但又保持自身的特质。因为编著佛史，尤其是佛教通史，往往涉及到本土与印度文化，既是两种思想的汇集，又要照顾两种文体的融合。这种种综合性文体，需要广搜旧闻实迹以至遗逸，搜集与佛教相关的各种史料如佛经目录、僧人传状、文集论疏、地志碑表以及神异杂述等。编撰者需要熟悉正史野史的编纂体例和方法，需要"考核众家，辨其异同，除烦补阙，错综纲纪"（刘知几《史通序》）。如果编撰者掌握的史料还不足以构画出佛教发展过程中的主要阶段和环节，或是没有扎实的史学功底，便很难编写佛教通史。对于佛教传入的记载，早在《理惑论》和《四十二章经序》中已有，但因当时汉地佛学既无系统教典，也无完备的律制，研究者和信奉者有限而影响不广，佛学还需要依附道术才能推行其教化，显然还不具备编述其独立的发展历史的条件。到了南齐，萧子良撰《三宝记传》十卷，出现了由佛史、法传、僧录三部分构成的最初形态的佛教史著作。这是佛教传入汉地四百余年后，首次出现的佛教史撰著。唐代明全《大周刊定众经目录序》说："圣情以教为悟本，法是佛师，出苦海之津梁，导迷途之眼目，务欲令疑伪不杂，住持可久，乃下明制，普令详择，存其正经，去其伪本。"体现出严格求实的史撰精神。

至宋代，学术思想繁荣，史学家辈出，史学空前发达，史书编纂实践有编年、纪传、典志、会要、实录、纲目、纪事本末等各种体裁的史书。司马光《资治通鉴》就诞生在这个时代。宋代学术理念也发生重大转变，宋学开始走向理学，儒佛道三家在相互抗辩的同时，又相互吸收各家学说，"援佛入儒""援儒入佛"成为一时思潮，也促进了史著编撰的进一步发展和变革。陈赟在《儒佛之辨：理学的一个向度》一文认为，新儒学家们认为历史应在儒家思想指导下，表现褒善贬恶的"春秋"精神，由此出现了"重视义理""重编年体""重正统之辨"的趋势。宋代学僧既诵习佛教经典，也研读儒学经典，力求将二者贯通。儒佛相通之说，不仅促进了学僧思想的开放，也改变了他们的知识结构和思维水平，这些都促进了佛教史著成为连接儒、道两家的纽带而丰富了佛教史著的内涵。宋代史学的发展和变化以及对佛教史学家的影响也引起了史学评判标准的变化，即将儒家思想作为评判是非得失的最高标准。这些变化也促使纪传体佛教史和编年体佛教史进入成熟时期，如契嵩《传法正宗记》、元颖《天台宗元录》、宗鉴《释门正统》、祖秀《隆兴编年通论》、本觉《释氏通鉴》、觉岸《释氏稽古略》、志磐《佛祖统纪》等均依照司马光《资治通鉴》体例编成，无一不受编年体体例的影响。尤其是通史性著作"宗史"的兴起，更是宋代学僧对儒家史学批判性地认识与取舍的结果。这些著述不仅丰富了佛学自身，促进了佛教史学的发展，而且扩大了佛学的社会影响。其中志磐《佛祖统纪》以宏大而有机统一起来的著作体例、广博深厚的内容和发展的史学思想，把宋代学僧对自身历史的认识提高到了一个新的水平。宋代宗史的出现便是宋代佛教史学变迁的反映，标志着宋代学僧对儒家史学的认识、反思与取舍达到了一个新的阶段。宗史是一种不以人为主而只记述一般史事的著作，它以本宗传承为中心，以编年体形式叙述，其中包括朝代、甲子、年号、佛教事实、佛教著名学者、祖师、学说等的记载。宗史的出现是宋代佛教宗派林立、各宗重视自身历史的体现。

正是因为中土学僧自幼兼治外学，特别是重视乙部之学，又潜心弘扬佛法，两种力量融汇，推动了中土佛教史学发展，使汉地佛学著述融合了中印思想。严耀中《试说中国佛教典籍中的"三藏"与"四部"》一文认为，由汉地学僧作于汉地，是属于中土的，是印度所没有的，不是翻译成汉文的印度佛教经典，因此汉地纂辑也收录佛学著述。如魏收《魏书·释老志》即是中土官方朝代史中一卷佛教史。这表明佛学著述在中土知识与政治领域已被纳。事实上，无论形式还是内容，汉地佛学著述大多是印度佛学中所未曾有过的。如支遁《述怀诗》无论是在表达玄言的意境上，还是在对仗等修辞手法上，都和当时佛教的玄学化相称，与五言诗的发展趋势一致，而与印度佛教中的偈句迥异。因为大、小乘诸戒律都提倡远离娱乐，咏诗作画自然是被禁止的。如《梵网经菩萨戒本》卷下云："不得听吹贝、鼓角、琴瑟、筝笛、箜篌、歌叫、妓乐之声；不得樗蒲、围棋、波罗塞戏、弹棋、六博、拍毬、掷石、投壶……"按这一精神，咏诗作画也当在禁止之列。所以中土学僧的诗章，尽管抒发和描写的都是佛理和悟道，也只能算是中土创作。

3. 梵汉结合的论辩文体

随着佛学思想流布的扩大,影响到了中土固有的儒家和道家的生存环境和地位,三家之间的矛盾开始变得突出。佛学为了弘扬佛法义理,在内部或对外就相关论题要经常展开论争,而这些论争往往相当激烈,甚至是长期的,只是有时处于潜伏状态,有时变得表面化。自六朝时期,这些论争规模较大的涉及夷夏之防、三家优劣、因果报应、沙门礼敬王者、形神黑白等论题。这些论争造就了双方理论思辨的深广周圆,锻炼出高度发达的解说义理、辩难驳论的论说文章。这类文章体制宏大,运思精密,辩理详致。到东晋时期,中土诞生了一批具有高度文化素养和创作才能的佛学理论家,他们不仅精通佛教内典,而且对中土典籍具备相当高的造诣。他们深通中土文章的写作技巧,将佛典的艺术表现手法融汇到自己论说佛理的文章中,使文章撰述既受到佛典艺术表现及佛典汉译理论的影响,也受到中土文章写作传统与风气的熏陶。

(1)中土论辩文章的特点。

中土文章具有悠久的传统,论辩修辞艺术也十分发达。最早的论辩文是《尚书》中的《周书·无逸篇》,至战国诸子时代,论辩体制已经确立。先秦思想家运用逻辑手段在"名辩"过程中,已发展出围绕论点,持之有据,言之成理,富于感染力和说服力的全新的说辩艺术,再经过先秦的百家争鸣,到两汉魏晋时期的政治和思想领域的激烈争辩,已发展出成熟的具有较高水平的论难文章。班固说,先秦诸子百家,"皆起于王道既微"(《汉书·艺文志》)之时。其时"诸侯力政,时君世主好恶殊方,九家之说蜂虫并作,各引一端,崇其所善,以此驰说,取令诸侯"。诸子文章既要获得诸侯的赏识,不但对时局提出来的各种问题要作出入情入理的回答,而且在说理上必须讲究艺术,才能赢得论辩,打动诸侯。这样,先秦诸子互相诘难,彼此辩驳,力求把主张和道理说得娓娓动听,雄辩有力,又逻辑井然,因而在说理和论辩艺术的运用上,形成了成熟的论辩文体。这些论说文章包括论和辩两种类型:论主要是阐明事理,发表论者的见解和主张,其主要作用在于"立";辩主要是辨明是非,驳斥别人的意见和主张,主要作用在于"破"。墨子在谈到辩的性质时说:"夫辩者,将以明是非之分,审治乱之纪,明同异之处,察名实之理,处利害,决嫌疑。"(《小取》)墨子还将辩的作用分为六种主要类型:辨明是非;审度治乱法纪的得失;阐明事物的同异之处;揭示事物的本质意义;指出某种行为或意见的得失之处;解决对某个问题的疑义。墨子所说的辩既包括驳论又包括立论。

　　经过诸子百家对论辩文章的应用和理论说明以及艺术总结，汉地论辩文章最终形成了自己的三大特点：第一，即物明理，形象生动。朱光潜曾说："中国古代的散文，包括说理文，都具有美学上的价值。"(《漫谈说理文》)周秦时代，文学和文章不分家，文学兼有"文章"，包括论辩文和"博学"两种含意。汉代，文学和文章开始独立。但到北宋，文学和文章又复而为一。这对论辩文的写作产生了深刻的影响，即注重论辩的艺术性，从文学写作中吸取一些行之有效的方法和技巧，也有美的追求，特别是讲究辞采，注重简洁精练，从而形成了汉地独具风格的论辩艺术。第二，据事类义，援古证今。文章既有周密的分析，又靠充分而确凿的论据。汉地学人有崇古崇经的心理，认为论者引用古人的言论或事迹来论说某一问题便有了极强的说服力。墨子最先在理论上明确这一点，他在《非命》上篇提出："言必有三表。何谓三表？子墨子言曰：'有本之者，有原之者，有用之者。于何本之？上本之于古者圣王之事。'"可见这里所说的"本"，就是现代文章所说的引用经典和历史事迹的论证方法。第三，"论如析薪，贵能破理"，即"视理而破，顺势运斤，方能势如破竹"(刘勰《文心雕龙·论说》)，以充分揭示出客观事物的内部联系。因为要破理就要先识理以及识理的方法和门径。就此，刘勰归纳了四点："积学以储宝，酌理以富才，研阅以穷照，驯致以绎辞。"意谓积累知识以储备才华智慧；明辨事理以丰富文化学识；体验生活以提高观察的能力；顺应情感以演绎美妙的文辞(《文心雕龙·神思》)。

　　(2)佛学论辩的艺术表现技巧。

　　佛学传入中土之后，在与儒道二家论辩和融合过程中及佛学内部各宗派之间长期的论辩中，诞生了众多文章大师，产生了一批善于雄辩的文章著述，这些著述大多采用以破为立、破中有立、破立结合的论辩方法。《弘明集》与《广弘明集》收集了双方的这类论辩作品，如慧远的《沙门不敬王者论》，刘勰的《灭惑论》，朱昭之《难顾道士夷夏论》，朱广之《咨夷夏论》，宗炳《答何承天书难白黑论》，罗君章《更生论》，道恒《释驳论》等。佛学的"辩"或作"辨"，是佛学与儒家道家在论辩中形成的文体。元代祥迈著《辩伪录》，是元代佛道论辩史实的叙录，贵吉祥序中说："穷释老之渊源，分邪正之优劣，盖唱弥高而和弥寡，深可愧焉。"张伯淳在序中说："况老氏谓：大辩若讷，大巧若拙；辩者不善，善者不辩。勿矜勿伐，抱一为天下式。……斯《辩伪录》之正名教，造理渊奥，排难精明，凛乎抗凌云之劲操，坦然履王道之正涂，而堤备后世之溺于巨浸者。其为言也至矣，盖有伪则辩，无伪则无辩，岂好辩哉。弘四无碍之辩者，迈公之德欤。言之者无罪，闻之者足以戒。故我皇金言喻辞曰：譬如五指皆从掌出，佛门如掌余皆如指，信乎王言如丝其出如纶。明逾日月坚逾金石，为万世之龟鉴，则斯录岂小补哉。"法琳《辩正论》和彦琮《辩正论》也是这类文体。

佛学论辩的艺术表现技巧主要包括概念的辨析与结构和譬喻的运用。概念名相辨析是自六朝以后佛学著述在佛典议论文中的一个特色，尤其是论藏部分。佛典论文对有关名相事数的辨析，条分缕析的论说结构，宗因喻因明三支作法的运用等，表现出与中土文章不同的辩论特点。古代中土也比较注重概念术语辨析，如先秦墨家、名家及魏晋玄学，但都没有佛典的宏博广大，尤其是佛典对于名相事数的辨析繁杂而细密，这样的辨析是佛学赖以建立其庞大的理论体系的基础。如《般泥洹经》卷上辨析"四谛"及其中的"苦谛"，《维摩诘经》中对一些佛教观念如"宴坐""乞食""说法"等的辨析。法相宗更是注重名相辨析，以致十分繁复，学究气味浓重，如"八识""三时""五种性""五位""百法"等。初期佛典汉译用外典概念拟配佛学事数，称为"格义"。随着佛典汉译增多，译者对佛典事相的理解逐渐深入和精确，"格义"之法逐渐淡出译者的视野。与此同时，译者对佛典名相的辨析也有了提高，其论说佛法的文章也出现了相应的变化。慧远、僧肇、法瑶、宝亮以及他们同时代或之后的佛教学者，其所著文章大多擅长概念名相事数的辨析，其论说细密周圆。如僧肇《物不迁论》关于"即动即静"的辨析是为了阐释他"即体即用"的理论。其中关于"动"与"静"的辨析，论证动静一如，住即不住，不是由一不动之本体，而生各色变动之现象。因为本体与现象不可分割，截分宰割，来寻求通于动静之正际，则违真迷性而莫返。他的《不真空论》是为了他关于般若空观的正确理解。他在批评了用"心无""本无"和"即色"解"空"的三种错误认识之后，说："直辩真谛以明非有，俗谛以明非无，岂以谛二而二于物哉？"认为"物从因缘故不有，缘起故不无"。他从大乘佛教教义阐明了不有不无的理论，以论证"不真故空"的中心论点，从而让人们认识"万物非真，假号久矣""不动真际，为诸法立处"，才能"触事而真""体之即神"。僧肇此文正是在认真辨析空、真、有、无等概念的基础上确立自己的论点的。

佛学与传统思想关于神形理论的论辩，是一个重要的议题。因为对于佛学而言，肯定神和否定神，不仅直接关系到佛教理论的力量，而且关系到佛教的生存。所以在有关形神关系的辩论中，论辩各方均用了概念辨析的方法，且其逻辑运用亦有相互渗透之处。形神关系的辨析在汉代的桓谭就开始了，他用烛尽火灭喻形败神消。郑鲜之《神不灭论》与慧远《沙门不敬王者论》均认为"火本自在，因薪为用"。即以薪传火而火本长存。宗炳《答何衡阳难释黑白论》认为："形神相资古人譬之薪火，薪弊火微薪尽火灭，虽有其妙岂能独存？"何承天也认为形败神散犹薪尽火灭。到范缜的《神灭论》运用刀刃、木荣、丝缕等比喻，是前人薪火之喻的继承。他对"形""神""质""知"等概念条分缕析，达到一个新的思想理论高度。他的文章本是反佛的，但在写法与逻辑上都借鉴了佛典的论辩技巧。在这场论辩中，梁武帝敕命朝臣批驳范缜的观点，于是相关驳难范缜《神灭论》的文章出现了数十篇之多，较著名的有沈约、萧琛、曹思文等人。如沈约的《难范缜神灭论》批评范缜的刀刃之喻："若如来论，七尺之神，神则无处非形，形则无处非神矣。刀则惟刃是利，非刃则不受利名。故刀是举体之称，利是一处之目。刀之与利既不同矣，形之与神岂可妄合耶？又昔日之刀今铸为剑，剑利即是刀利，而刀形非剑形；于利之用弗改，而质之形已移。"然后沈约指出刀刃之关系不能用于喻指形神之关系。沈约抓住了范缜逻辑上的漏洞进行批驳，颇具说服力。

　　佛典论说在结构形式上，惯于采用条分缕析和由根寻叶的方法。释迦牟尼曾教导学僧将数法分类，再加以解释，由此形成一种定式。部派佛学时，各部派都建立了自己的阿毗达磨（论藏），形成自己的论说方法。古印度著名佛教学家迦叶、阿难、龙树、马鸣、弥勒、无著、世亲等人都是精通阿毗达磨的论师。从原始佛学中的五蕴、十二缘生到大乘唯识学中的五味、百法，在表达上都组织起层层递进的分析结构体系。如《大般涅槃经》说明"分别答"时，先说明"四谛"，然后又在本经其他地方解释"八苦""三十七助道法"。僧伽提婆与竺佛念所译《阿毗昙八犍度论》，阐述有部义学，以四谛组织一切法义，说明我空法有及法因缘生之论点。其中阐述六种因、三世、十二种缘等，皆由本及末，穷流探源，不嫌其烦地逐一加以诠释，这是当时及之前的中土著述中所未有的。道安在《阿毗昙八犍度论序》中说："阿毗昙者……其为经也，富莫上焉，邃莫加焉。要道无形而不由，可不谓之富乎？至德无妙而不出，可不谓之邃乎？富、邃洽备故，故能微显阐幽也。其说智也周，其说根也密，其说禅也悉，其说道也具。周则二八用各适时，密则二十迭为宾主，悉则味净游其门，具则利钝各别其所以。故为高座者所咨嗟，三藏者所鼓舞也。"慧远在《阿毗昙心序》中说："阿毗昙心者，三藏之要颂，咏歌之微言，管统众经领其宗会。……又其为经，标偈以立本，述本以广义。先弘内以明外，譬由根而寻条，可谓美发于中畅于四枝者也。"这两篇序文揭示佛教论藏的特点，本身也采用层层排比递进的结构形式。

汉地学僧的相关论述也受这种形式影响。康僧会《安般守意经序》开首说："夫安般者，诸佛之大乘，以济众生之漂流也。其事有六，以治六情。情有内外，眼、耳、鼻、口、身、心，谓之内也；色、声、香、味、细滑、邪念，谓之外也。"其中对内、外六情的解说就采用了这种形式。道安《十二门经序》开篇云："十二门者，要定之目号，六双之关径也。定有三义焉：禅也，等也，空也。用疗三毒，绸缪重病。"然后再进一步解说"四禅""四等""四空"，复归结为"十二门"。道安在《摩诃钵罗若波罗蜜经钞序》总结翻译佛经的经验的"五失本"和"三不易"，也采用了这种条分缕析层层排比递进的形式。刘勰《文心雕龙》结构严谨，规模宏大，章学诚称其"体大而虑周"（《文史通义·诗话篇》），正是借鉴了佛典的这种形式。全书分为总论、文体论、创作论、序论四个部分。在文体论与创作论中都作了分类，然后再分体或分别论述，也正是运用了条分缕析层层展开的形式。而《宗经》中讲"六义"、《正纬》中讲四种伪经，《体性》中讲八体，《熔裁》中讲三准，《丽辞》中讲四对，《知音》中的六观等，也都采用这种形式。这种将名相事数条分缕析的形式"带数释"，具有条理清晰，论析细密的优点。

佛学论师发展出精湛的论辩技巧，他们的论说常常结合驳论与立论。佛典的大量内容是佛学与诸外道及各部派之间长期论辩的产物，不仅经文富于雄辩，而且还有论辩方法的介绍。大乘《大般涅槃经》中详细阐释了"四种答"：定答、分别答、随问答、置答。又论述了"七种语"："一者因语，二者果语，三者因果语，四者喻语，五者不应说语，六者世流布语，七者如意语。"罗什译《大智度论》介绍了"四种论"（必定论、分别论、反问论、置论）。佛陀耶舍与竺佛念译《四分律》中又阐述了"四论"与"四辩"："论有四种，或有论者义尽文不尽，或有文尽义不尽，或有文义俱尽，或有文义俱不尽；有四辩，法辩，义辩，了了辩，辞辩。"这些总结论辩技巧的论述从一个侧面说明了佛典重辩的特点。如慧远《沙门不敬王者论》是在佛学思想史上影响极大的一篇辩论文章。沙门是否礼敬王者涉及宗教与世俗政权孰重的重大论题。东晋先后有庾冰、桓玄等都主张沙门应礼敬王者，都受到沙门的坚决反对，但没有从理论上说清。慧远从在家与出家、求宗与顺化、体极是否相应、形尽神不灭等方面来探求根本理论的解决，在其中的每一节都从基本理论来推演，抗辩桓玄等的意见。他认为表面上出家人背离了父母子女的天然关系，实际上并没有违背孝道；形式上不对帝王行跪拜之礼，实际上并没有违背孝道，没有失去尊君的原则。他还进一步指出佛法与名教只是理论形式和实践方法的不同，它们的出发点与最终目的是一致的，即"释迦之与尧孔，归致不殊，断可知矣"（《沙门不敬王者论》）。意为佛教与儒家名教，佛与尧帝、孔子，虽然动机表现不同，但实际上是彼此影响的，并且是殊途同归的。从中可以看出慧远精熟的推理论辩技巧。

佛典有专门论难的"问论"辩论形式，如刘宋求那跋陀罗与普提耶舍所译《众事分阿毗昙论》中专门有《千问论品》，萧齐那连提耶舍所译《阿毗昙心论经》中也有《问论品》，《贞元新定释教目录》中记载迦叶《问论》一卷，其余经卷中也反复运用"问论"一词。中土佛学著述从牟子《理惑论》开始就表现出对驳论的偏好，也采用"问论"的形式。《天台宗章疏》中载有湛然述《法华五百问论》三卷，《大智论钞》又名《般若经问论集》，《大周刊定众经目录》还载西魏犊子道人《问论》一卷。慧远《大智论抄序》云："然斯经幽奥，阙趣难明，自非达学，鲜得其归。故叙夫体统，辨其深致，若意在文外而理蕴于辞，辄寄之宾主，假自疑以起对，名曰'问论'。其为要也，发轸中衢，启惑智门，以无当为实无照为宗。"孙绰《喻道论》、范缜《神灭论》、谢灵运《与诸道人辨宗论》都采用这种形式。可见"问论"这种形式已被汉地佛学著述广泛运用。彦琮在"翻译十条"中的第二条就是"问答"（《辩正论》），说明它的重要性。

佛典也精于譬喻的运用，也正是这些譬喻使佛教典籍成为文学。如《金刚经》中著名的四句偈："一切有为法，如梦幻泡影，如露亦如电，应作如是观。"这是佛学的"六如是"。还有"十如是"。《法华经方便品》云："唯佛与佛乃能究尽诸法实相，所谓诸法如是相、如是性、如是体、如是力、如是作、如是因、如是缘、如是果、如是报、如是本末究竟等。""如"指一切万物真实不变的本性；"是"为真实不妄的意思。"十如是"即诸法实相存在的十种必要条件，谓宇宙一切万有，森罗万象的十种必然真理、规则。这"十如是"和"六如是"一样，都是譬喻的运用。《百喻经》是佛典中集中譬喻的文学性极强的经典，由印度求那毗地于南朝永明年间译出，原本为古印度高僧僧伽斯那集撰。经中以生动的故事形式宣扬佛教教义。鲁迅曾施资刻印，还极力赞助王品青校点，并用《痴华鬘》书名由上海北新书局出版。鲁迅还为之作《序》，写道："尝闻天竺寓言之富，如大林深泉。他国艺文，往往蒙其影响，即翻为华言之佛经中，亦随在可见。明徐元太辑《喻林》，颇有蒐录，然卷帙繁重，不易得之。佛藏中经以譬喻为名，也可五六种，惟《百喻经》最有条贯，其书原名《百句譬喻经》。"（《痴华鬘题记》）

　　包括譬喻经典在内的佛典，在东汉前后开始传入中土，六朝及其后，佛陀善用譬喻说法引譬连类导化信众的方法被后来学僧继承。早期汉译佛典中包含譬喻故事的佛典很多，构成佛教文学的主体。自南北朝时期始，这些为数众多的佛典中的譬喻故事，作为典故应用到佛学著述之中。至隋唐，随着佛学思想与中土固有思想进一步融合与更广泛的普及，佛典譬喻对佛学著述影响越加深广，使中土佛学议论文章重于说理的形象性、情感的独特性以及语言的生动性。当然，形成这些特色也与汉民族思维方式和文学传统以及撰著者的文学修养有关。汉地传统的整体性思维方式重综合而轻分析，因而它不太推崇逻辑、实证和思辨，这使得中国传统思维注重直觉体验，强调顿悟，把直觉体验和顿悟视为高于理性思辨的一种认识本体的主要方式。敏锐深刻的直觉性思维和顿悟较之逻辑思维的一个优势是能够有效地突破认识的程序化，为思维的发挥提供灵活的想象空间。但是这种重灵感轻逻辑、重体验轻思辨、重直觉轻论证、重顿悟轻渐悟的思维方式，也造成了思维的模糊和逻辑的不严密，不易认识事物本质及运动规律方面的系统性，即使是对本质和规律的认识也往往带有较多的主观猜测和不确定因素。而且这种思维方式也容易使人对外部的反映往往呈现出一种直觉感应的形式，容易走向固执、保守和僵化。汉地传统注重直觉与悟性，重视显意识与潜意识的交互作用，强调经验与体味，以及以形见理、以美启真的思维和言说方式，对哲学、美学和文学艺术等人文科学的发展具有广泛而深远的影响。如道安、慧远等均善属文章之学。僧肇、僧叡、道生均学通内外，尤善文学。法藏、澄观、智颛也都是文章大师。彦琮、费长房以及道宣玄奘，窥基等，都是"内外闲习，今古博通"（赞宁《高僧传》）。而纯粹的中土议论文章并不象印度文章那样作纯理性的甚至是数学式的逻辑推导，而是逻辑思维与形象思维的巧妙融合。佛典论藏与中国佛学撰述中所具有的细致的名相辨析、严密的逻辑思维及热情顽强的论辩姿态，都深刻影响了中土佛学著述，使中国佛教学者掌握了印度佛学论辩技法。

　　佛教学者的著述很注意从体验或类似的禅观体验中抽象出来，再加以逻辑性阐述，这主要有四种方法。（一）破邪显正。这是罗什三论宗的方法论，佛教的理论主要就是破邪与显正两门，破邪是破斥一切外道异说，显正是树立和阐发自己的正确观点。多数佛学流派是在破邪之外别有所立，有破有立。（二）破立结合，寓立于破。如僧肇所破的主要是当时影响最大的本无异、即色、心无三宗，但并非一破到底，彻底否定，而是把握中道，有所肯定，加以吸收。如他在《不真空论》中指出："心无者，无心于万物，万物未尝无。此得在于神静，失在于物虚。"意谓心无宗心不滞于外物的境界是应当肯定的，但却不知外物本来即"空"，这是弱点。他批评"本无者，情尚于无，多触言以宾无。故非有，有即无；非无，无亦无"。本无者过于强调"本无"这一本体（"宾"），把"无"绝对化，而认识不到"有""无"相互包含，"无"就在"有"之中，认识不到既包含"无"，又包含"有"的"中道"，但肯定了其本体是"无"这一根本观点。（三）非有非无，亦有亦无。这是中观学的表述。魏晋时期没有受到罗什中观学熏陶的各派，在处理"有""无"哲学论题时，常常表现出偏颇，有的将有或无推向极端，使之绝对化，贬低或否定另一方。有的割裂二者，把无看成在有之前，或之后、之外。有的把无认作脱离有的实体，使之实体化，这是把有和无分别看的必然结果。僧肇运用"非有非无，亦有亦无"方法论证有无关系，他认为有和无是同一对象的两个方面，不是相互分离的，任何事物都既是有又是无。为防止把有或无绝对化，他提出有是假象，不是真实的；无也不是一空到底的绝对"顽空"。他指出有中有无，无中有有；非有非无，亦有亦无。但是，有无也并非平分秋色，有是假象，无是本体；有是俗谛所仅见，无是"般若玄鉴之妙趣"。这样就把有无关系，有无矛盾阐发清楚了。（四）析名察实，名假实空。如僧肇解析"不真空"，以解构名实关系来证空。他首先通过夸大名实的差异性，否定其统一性，以说明名实不符，并不能证明万物的不实在性。接着把事物的差别看作是主观任意决定的，并把名实是否相符的问题和万物是否存在的问题混同，以对前者的否定来证明后者的不真实性。最后不同人从不同方向出发，就会有不同的彼此。蒋玉智在《析僧肇对佛学"空"观的论证》一文中指出，僧肇以解构名实关系证空，体现了他在思维方法上的创新。其一，他的中心论点是"不真，故空"，讨论名实的分论点是论证"不真"的，而不是直接得出"空"的结论。僧肇先以"缘起性空"等论证物是假象，这里是以"名实无当"等论证物的名也不过是假号，以进一步坐实万物的假。单看这一分论点，当然得不出"物不存在"的结论。其二，人为物的命名既然是假号，说明人对物的感觉是不真的，结合他对心无宗的批评，可以看出僧肇的本意是感觉不真，是因为万物本来不真。其三，名实无当还阐述了另一层意思，即论者对万物是有或是无的论证，都是运用概念、语言进行的，都是"名"，其实不符合物的实相，而僧肇说的非有非无，《不真空论》开宗明义就指出了"真谛独静于名教之外，岂曰文言之能辩哉？"这就点破了语言以及运用概念进行思维也即"名"的局限性，言不尽意，启发人们要调动诸如体察、妙悟、"心领神会"等多种思维方式。

（3）共同的文质追求。

历代译经大师除在内容上依附汉文化中的主流哲学思潮如玄学、道学、儒学外，在文体文风上也尽量靠近传统贯例，既注意译本语言的修辞艺术，措辞讲究，使之符合知识士人的阅读口味，又注意使用通俗易懂的语言翻译佛经，使佛典文本本土化，以扩大佛学在汉地的影响，从而满足不同层次的人们信仰佛教的需求。译本简洁、流畅且富有语言美，这样的译本更具有可读性，更适于在大众中流行，从而加快佛教中国化的步伐。随着佛经译入本土，异质之言或质直或文饰，形成文质的不同风格。早期译风因还没有评论的引导，所以不能意识到译本的准确与通顺等一系列问题。有的译者出于佛教的"至用为上"观点，纯粹地出于信仰，或是出于对经文的敬畏，翻译的目的也与读者信众密切相关，即让佛教发挥劝世和救赎的作用。他们对佛经的翻译采用求"简"崇"易"策略，在行文和体裁上适应汉语习惯，以此适应本土对佛教认识不多的信众。如魏末朱士行的翻译，简练易读。而有的译者文风直质，如维祇难译经，"其所传言，或得胡语，或以义出音，近于质直"（支谦《法句经序》）。支谶译籍"贵尚实中，不存文饰"（支敏度《合首楞严经记》）。早期人士对译经的文与质的评论，是相对于汉语及西域胡语状况而言的。如汤用彤认为文的译本用的实际上接近于当时的白话，这种"文"是相对西域的"胡语"和早期"胡音"甚多的佛经译本而言的。所谓"秦人好文"，也是与胡人"质直"相对的（《两汉魏晋南北朝佛教史》）。汉语到了汉代，已经发展得相当完美。相对而言，当时"西域"的各种语言还不甚发达，来自西域的人自然会有"秦人好文"的见解。所以，说某人的译本"文"，只是说它接近了当时口语，并非说其文辞有很高的修辞水平。

南北朝时，佛经翻译积累了一定经验，翻译风格也已基本形成，翻译评论也能及时给予引导，促使译风逐步稳定化。尤其是六朝人士对文章辞藻、散文艺术、声律辞章、文体审美等各方面的自觉追求，影响了佛典译者的审美观念。而南北朝佛学均有了一定的发展，佛学也渐渐融入了博大精深的中土传统文化，学者们随着对佛教了解的不断深入，越来越对佛经译文质量提出了更高的要求。周裕楷在《中国佛教阐释学研究：佛经的汉译》一文中指出：此时期的翻译有了理论上的自觉，佛经原典的地位提高了，译者不必再将佛学教义依附于儒道典籍，"弃文尚质"的直译和"滞文格义"的意译两种倾向都受到质疑。大多数译师主张直译意译折中，交相为用，既正反兼顾，又不偏废一方，既注意到"文附质"，又强调"质待文",显示出折中的辩证性。鸠摩罗什精通胡语和梵文,又通解汉语,在中国译经评论史上最早明确提出了如何表现原文的"文体"与"语趣"的论题。他提出翻译不必严于务得本文,而在于获取原意,重新创造。他认为梵语佛经也重视文藻,如果汉译过质,则难以达到辞章之美,因此主张在"务存论旨"的前提下,注重文采,使汉译的佛典也能在修辞风格上"质而不野"。译风的改变既是梵汉文化文本互动的关键环节,更是时代文风影响的结果。梁启超认为,东晋、南北朝的文体特点是"靡藻淫声,令人作呕"(《翻译文学与佛典》),用这样的文体来翻译佛经,很难准确传译出佛陀的旨意。而罗什的"依实出华"反映出迎合三国六朝以来盛行"骈体文"的努力。而罗什精通佛学,所以尽管他强调辞章声韵,其译经依然基本准确。他又有僧叡、僧肇、道生等众多有文学才能的高僧助译,"陶练复疏,务存论旨"(僧肇《百论序》)。胡适认为佛经翻译大师维祇难、竺法护、鸠摩罗什等用朴实平易的白话文体翻译佛经,催生了一种文学新体,它"抬高了白话文体的地位,留下无数文学种子在唐以后生根发芽,开花结果"(《白话文学史》)。而玄奘既精通佛学,又兼通梵汉,不必像鸠摩罗什那样依靠汉僧执笔,所以其译文更加忠实流畅。诚如唐代澄观所说:"会意译经,姚秦罗什为最;若敌对翻译,大唐三藏称能"(《大方广佛华严经疏钞会本》)

佛经依据经本性质的不同,修辞风格便有差异。维祇难说:"佛言,依其义不用饰,取其法不以严"(支谦《法句经序》),表明佛经的风格质朴。这是就《法句经》说的"词朴而旨深,文约而义博"。根据印度佛教史记载,《法句经》作为小乘佛教,是释迦牟尼在不同场合中说的偈颂,其后经佛教僧侣编辑而成。这些诗偈蕴藏着永恒的智慧,能缓解压力,可以学到佛教基本的生活之道。而大乘经典文风截然不同,叙事尚铺陈,描写景物多重复、堆砌,论辩文字则逻辑井然,语言犀利。如《金刚经》中说:"一切有为法,如梦幻泡影,如露亦如电,应作如是观。"这种"博喻"的思维方式是佛经中常见的。龙树《大智度论》中所表现的论辩,可谓"尽善尽美",所以僧叡说《大智度论》"理超文表,趣绝思境;以言求之,则乖其深",即"大智"般若是超越文字语言及思维之外的深妙境界。这时,译文当随原本风格,体现出"文"的特征。道安曾批评佛经翻译为了译文通顺畅达,往往强调辞质文雅,删繁就简,如"削胡适秦""斥重省删"、以"汉义代胡音""格义"等。如《成实论》概念明确,论辩犀利,条理清楚,有助于理解大乘经典。其文风平实,与《成实论》风格一致。面对"凡论议者,多高谈大语,竞相夸罩"的学术环境,僧旻有意用《成实论》

思想予以纠正。他认为，道生提倡顿悟学说，以通达《涅槃经》；僧柔摹写《毗昙》思想，以讲说《成实论》，这些都包含着学术个性和缺点，即道生偏于"玄"，而僧柔偏于"儒"。他自己则谨依经文，"文玄则玄，文儒则儒"（《续高僧传·僧旻传》），意为更加重视贯彻经典原意。法云曾观长乐寺法调讲论："出而顾曰：震旦天子之都，衣冠之富，动静威仪，勿易为也。前后法师，或有词无义，或有义无词，或俱有词义，而过无威仪。今日法座，俱已阙矣，皆由习学不优，未应讲也。"（《续高僧传·法云传》）表明他追求词义俱悉。玄奘译经注重忠实地传达出佛经的内容和风格，由此融会贯通印度佛学，他的译经既忠于原本文体也有"添字译经"之举。赞宁《宋高僧传》曾记载说：

> 释法宝亦三藏奘师学法之神足也。……奘初译婆沙论毕，宝有疑情，以非想见惑，请益之。奘别以十六字入乎论中，以遮难辞，宝白奘曰：此二句四句，为梵本有无？奘曰：吾以义意酌情作尔。宝曰：师岂宜以凡语增加圣言量乎？奘曰：斯言不行，我知之耳。

是说法宝不理解玄奘译经中晦涩的地方，玄奘便添入原本所无的十六个汉字，以便将难懂的句子讲通。玄奘翻译时，针对两种文字结构不同，加入一些字句以贯通文义。而法宝认为经中所载为"圣言"，不应增加原文所无的"凡语"。与佛经翻译一样，佛学著述采取了让中土僧俗容易理解和便于接受的形式。道宣《续高僧传》序评价玄应《一切经音义》说：

> 以贞观末历，敕召参译，综经正纬，资为实录。因译寻阅，捃拾藏经，为之音义。注释训解，援引群籍，证据卓明，焕然可领，结成三帙。

僧祐《出三藏记集》和《弘明集》专录当时重要的论佛说法文章，特别是佛教卫道文字，风格质朴。而康僧会《安般守意经序》，道安《安般注序》《阴持入经序》《人本欲生经序》《了本生死经序》《十二门经序》等经序，其风格与他们的译经主张也是一以贯之的。同时也由于初期译经多质朴，这类译籍的翻译和传播，在一定程度上对抗了六朝时期文士们片面追求辞藻华丽的文风。而有的文章也很注重文采，如谢敷《安般守意经序》，僧叡《大品经序》《小品经序》《法华经后序》《维摩诘经序》《关中出禅经序》等。如谢敷《安般守意经序》对"苦"的描写：

微矣哉，即之无像，寻之无朕，则毫末不足以喻其细；迅矣哉，倏蹻惚恍，晌匝宇宙，则奔电不足以比其速。是以弹指之间九百六十转，一日一夕十三亿想。念必向报，成生死栽。一身所种，滋蔓弥劫。凡在三界倒见之徒，溺丧渊流，莫能自反。

文中对现实人生中起源于人的思想的"苦"的描绘，深触现实人生的苦的切肤体验，既形象生动又微妙逼真。更有文质兼备的，如宗炳《明佛论》《答何承天书难黑白论》，孙绰《喻道论》，郗超《奉法要》，慧远《庐山出修行方便禅经统序》《阿毗昙心序》《三法度经序》《大智论抄序》，僧祐《世界记目录序》等经序以及《出三藏记集》中的诸僧传。这类文质兼善的议论文，体现了僧祐的选文标准和眼光。如慧皎《高僧传》中的"论""赞"，取碑帖传文体式，采用佛教论辩文的思路，汲取史籍论文的内容，论赞结合，述议相生。隋代费长房《众经目录序》评论此书："辞参文史，体非淳正，事虽可寻，义无在录。"唐代智升在《开元释教录》中赞此书："谨详览此传，义例甄著，文辞婉约，实可以传之不朽，永为龟镜矣。"都指出该书体例、文辞之美。如《高僧传·译经篇》末总论写道：

传译之功尚矣，固无得而称焉。昔如来灭后，长老迦叶、阿难、末田地等，并具足住持八万法藏，弘道济人，功用弥博，圣慧日光，余辉未隐。是后迦旃延子、达磨多罗、达磨尸利帝等，并博寻异论，各著言说，而皆祖述四《含》，宗轨三藏。至若龙树、马鸣、婆薮盘豆，则于方等深经，领括枢要。源发般若，流贯双林，虽曰化洽窈隆，而亦俱得其性。故令三宝载传，法轮未绝，是以五百年中，犹称正法在世。

又如慧远《阿毗昙心序》中形容《阿毗昙经》的"颂"声：

拟象天乐，若云籥自发，仪形群品，触物有寄。若乃一吟一咏，状鸟步兽行也；一弄一引，类乎物情也。情与类迁，则声随九变而成歌；气与数合，则音协律吕而俱作。拊之金石，则百兽率舞；奏之管弦，则人神同感。斯乃穷音声之妙会，极自然之众趣，不可胜言者矣。

实为一篇优美的散文，既绘影绘声而又真切可感。这些论佛说法的文章写得事信言达，佛经翻译评论的影响是其中一个重要因素。

（4）共同的善本追求。

著述与译经同样追求文本的完善。历代经本的不断复译，都是基于前译的不完善而重新翻译，即追求义理的完备，力求经本措辞完善，达于定译。道安组织译人重译前期译本，因为"先旧格义，与理多违"（慧皎《高僧传·释僧光传》），且有五种不合胡本佛经轨式。特别是前期译本"因本顺旨，转音如已，敬顺圣言，了不加饰也。然经既抄撮，合成章指，音殊俗异，译人口传，自非三达，胡能一一得本缘故乎？由是道行颇有首尾隐者。古贤论之，往往有滞。"（道安《道行般若经序》）胡汉文字差异悬殊，致使两种语文的翻译十分困难。勉强追求汉语切合胡语，或者相反，均势必发生格碍。道安经过对胡汉文章特质的研究和理解，总结出"三不易"。僧祐《出三藏记集》称，"先后传译，多致谬滥"。又说："既览旧经，义多乖谬，皆由先译失旨，不与胡本相应。""自大法东披，始于汉明，历涉魏晋，经论渐多。而支竺所出，多滞文格义。"僧肇批评支谦所译"理滞于文。常恐玄宗坠于译人"；"肇以去圣久远，文义多杂，先旧所解，时有乖谬，及见什咨禀，所悟更多"（《注维摩诘经序》）。表明僧肇对此前各家般若学颇感不满，因此决定以"正解"破除"乖谬"。潘桂明在《僧肇佛教思想述评》中指出，僧肇以老庄解读般若思想，以老庄语汇阐释中观义理，以致过分追求文笔优美，词章华丽，忽视佛道两家的内在区别，最终使他在思维方式上认同老庄。说明僧肇的佛学和著述也未彻底摆脱玄学影响。罗什的译籍在《出三藏记集》中多标以"新"字，以示重译。他在长安十余年中译出近四十种经籍，其中一半为重译，如《大品般若经》《小品般若经》等，既纠正了旧译的错误，又弥补了不足。玄奘更是因为前译乖离原本，导致汉地佛学混乱，而重译其中重要经典如《大般若经》。

著述也是为了追求完善。澄观因慨法藏《华严》旧疏文繁义约，历时四年新撰《华严经疏》二十卷，又述《华严经随疏演义抄》等，流布于世，后人称之为"华严疏主"。道宣《释迦氏谱》说：

> 自汉之梁，纪历弥远，世涉六代，年将五百。此土桑门，含章秀起，群英间出，迭有其人。众家记录，叙载各异。沙门法济，偏叙高逸一迹。沙门法安，但列志节一行。沙门僧宝，止命游方一科。沙门法进，乃通撰传论，而辞事阙略，并皆互有繁简，出没成异。

考之行事，未见其归宋。临川康王义庆宣验记及幽明录，大原王琰
冥祥记，彭城刘俊益部寺记，沙门昙宗京师寺记，太原王延秀感应
传，朱君台征应传，陶渊明搜神录，并傍出诸僧，叙其风素。而皆
是附见，亦多疏阙。齐竟陵文宣王三宝记传，或称佛史，或号僧录，
既三宝共叙，辞旨相关，混滥难求，更为芜昧。琅琊王巾所撰僧史，
意似该综，而文体未足。沙门僧祐撰三藏记，止有三十余僧，所无
甚众。中书郎郄景兴东山僧传，治中张孝秀庐山僧传，中书陆明霞
沙门传，各竞举一方，不通今古，务存一善不及余行。逮乎即时，
亦继有作者，然或褒赞之下，过相揄扬，或叙事之中，空列辞费，
求之实理，无的可称。或复嫌以繁广，删减其事，而抗迹之奇。多
所遗削，谓出家之士，处国宾王，不应励然自远，高蹈独绝，寻辞
荣弃爱本，以异俗为贤，若此而不论，竟何所纪。

道宣认为，撰写《释迦氏谱》，是因为以往有关学僧事迹的传记，叙
载各异。有的偏叙一科，或高逸，或志节，或游方，互有繁简，出没成
异；有的只举一方，如东山僧、庐山僧等不通古今，且务存一善，不及
余行；有的只是在寺记、感应传中旁出诸僧，叙其风素，亦多疏阙；有
的虽通撰传论，而辞事阙略；有的将佛法僧三宝共叙，混滥难求；有的
虽为通传，意似该综，而文体未足。而且这些传记对有关学僧的高蹈独
绝的事迹，多所遗削。

(六)汉地佛学著述的意义

汤用彤在《魏晋南北朝佛教史》中指出："研究我国佛教之依据，首重
译本。探讨我国佛教之思想，则当研前贤撰述。印度有印度佛教，中国
有中国佛教。其异点不专在经典之不同，而多在我国人士对于传来学说，
有不同之反应也。"汤用彤所言"前贤撰述"即汉地著述。因为汉地佛学著
述不仅具有汉民族的思维形式，而且也程度不同地具有汉民族的思想内
容，这些广泛涉及宗教、哲学、伦理、文学、历史，当然包括译经评论，
表现了与印度思想不同的风格、色彩、特征。因此其意义在于它们真正
体现了汉地学者以自主创新精神，融会印度佛学与汉地传统思想，创造
出中国化的佛学。

1. 汉地佛学著述是汉文大藏经中重要的一部分

汉文佛教大藏经是中国历代的佛经翻译家、佛教史学家及佛学大师
们历经二千余年的努力而造就的文化盛典。在汉文大藏经中，有自东汉
至明清千余年间近二百位译经家及数以千计译经助手翻译的近一千五百

部、近六千卷的印度佛教原典。这些经过翻译的典籍已不完全是印度文化的遗产，而是印度佛学与中土文明相结合的产物。随着佛典翻译和介绍的增多，中国僧俗对佛教义理领会逐渐加深，他们开始自主创作，写出经序、章疏、论著、史传、目录、忏仪、注疏、论文、音义、史料编辑等。这些典籍的数量大约在二千六百种左右，比印度传来的佛教"三藏"典籍还要多。《中华大藏经》（汉文部分）统计，汉文大藏经收经总数约四千二百种，二万三千卷，而中国学僧的汉文佛典著述，据吕澂编目有五百八十二部四千一百七十二卷（《新编汉文大藏经目录》），其部数已占到总部数的三分之一，卷数占到了五分之一。这些著述构成了一个博大精深的佛学体系，是中土佛学者在汉地文化影响下的创作，成为传统文化的组成部分。它们是佛学典籍中极为重要的组成部分，既区别于印度佛学，又反映中国佛学的特点，丰富和发展了佛学传统的"三藏"（经、律、论）的内容，使大藏经成为一部具有中国特色的佛教百科全书。在中国佛教史上，中国的佛学大家，从魏晋时代的道安、慧远到隋唐时代的智顗、吉藏、玄奘、窥基、道宣、法藏、澄观等，都曾经是创立派宗成祖的人物，他们的著作是传世的经典之作。他们尊奉印度佛教精神和佛学经典，持诵研习，同时在译经注经时诠释、阐扬和发挥佛典的思想。他们的著述，大多基于传统学术形式，引用中国古典著作的语句，结合传统固有思想，注解原本，阐发佛理，作出本土的诠释，借以表达自己独立的佛学思想。

（1）补充译经事业，整理消化译著典籍。

汉地佛学著述具有补充译经事业的作用，并对已译著经典作进一步的理解和消化，由此推动佛教传播和弘法，培养学僧，探索自身生存发展之道，加速汉译佛典的消化，推动本土著述的传播。殷光明《敦煌的疑伪经与图像》一文认为，有的著述在一定的历史时期或特定的背景下，按照著述者意图摘译、剪裁，甚至删改原典、翻译经典及外典的文章、词汇、思想，以表达著述者自己独特的观点，或为一定的目的服务，这在某种程度上已经改变了原创经典的意旨，使之具有中土传统经典的特点和中国佛教特点，表现出中土人士对印度佛教的理解与发展，促使印度佛教与中土固有文化的融合，客观上对佛教的中国化产生了一定的影响。

自东汉佛经汉译开始，汉译佛经的卷数逐步积累，为便于汉译佛经的流传和佛教思想的传播，综理存佚，研核异同，佛教经录应运而生。经录作为佛教文献的新种类，重视对汉译佛经的梳理和辨伪，使汉译佛经的传播尽量避免失真，由此为佛教思想和文献的传播奠定了基础。陈文英在《佛教经录编撰及其对汉译佛经传播的作用》一文中指出：经录对汉译佛经的辑佚，又发挥了中继汉译佛经传播的功用。它通过整理编辑汉译佛经，对汉译佛经的流传和佛教思想的传播起到了指引、推荐、航标、顾问的作用。它对汉译佛经注疏的记录，也扩大了所注译经的传播范围。中国佛教史上有近百种佛经目录，其中较重要的是僧祐《出三藏记集》、宝唱《众经目录》、费长房《历代三宝记》、道宣《大唐内典录》、靖迈《古今译经图记》、智升《开元释教录》、智旭《阅藏知津》等。陈士强《佛经目录的源流》一文认为，这些经录著述纲纪众经，"剖析源流，使佛典有据，治学有径"。如僧祐《出三藏记集》中有"胡汉译经音义同异记"（又作"胡汉译经文字音义同异记"），"前后出经异记"，其总经序集录汉地僧俗为汉译佛典所作前序后记一百二十篇；述列传收录后汉至南齐僧人，以译经大师为主，兼及义解学僧和求法高僧，传记三十二篇。道宣《大唐内典录》中的"历代众经举要转读录"以译本的优劣、主次为标准，比较不同译本的广略繁简，评论译文的畅达艰涩，选择善本供学人阅读。智升《开元释教录》历述十九朝佛学的盛衰，梳理佛典的流变，记录佛学的起伏跌宕，使读者对于自汉至唐的佛教和译经历史清晰了然。智升还撰有《续古今译经图纪》一卷，增补唐代译经大师自智通到金刚智等二十一人。

在佛学传播过程中，"佛典浩如烟海，读者本已穷年莫殚，加以同本异译，摘品别行，叠屋支床，益苦繁重"（梁启超《中国历史研究法》）。因此，浩瀚的佛学典籍必须有纲领性的目录统摄以显脉络，标目以示明晰，使后人能循目阅读、检索、收集。为适应汉译佛典传播的需要，佛教经录不仅"历史观念甚发达。凡一书之传译渊源、译人小传、译时、译地、靡不详叙"，而且"辨别真伪极严。凡可疑之书皆详审考证，别存其目"，还"比较甚审。凡一书而同时或先后异译者，辄详为序列，勘其异同得失，在一丛书中抽译一二种或在一书中抽译一二篇而别题书名者，皆一一求其出处，分别注明，使学者毋惑"，更是"搜采遗逸甚勤。虽已佚之书，亦必存其目以俟采访，令学者得按照某时代之录而知其书佚于何时"，尤其是其"分类极复杂而周备，或以著译时代分，或以书之性质分。性质之中，或以书之涵义分，如既分经论律，又分大小乘；或以书之形式分，如一译多译、一卷多卷等。同一录中，各种分类并用，一书而依其类别之不同交错互见动至十数，予学者以种种检查之便。佛教在传播过程中"，由于"经来既久，好事狂生，未得谓得，或托为佛言，或妄构经本，遂使玉石庞杂不分"（僧祐《出三藏记集》），佛教经录便担当起保存经典，梳理源流，辨识真伪，并将伪疑或失实经籍汰出传播过程，避免或控制经籍传播的失真，保证真实内容的流传。同时，佛典传播中，一些古译著经本由于产生时代久远，其文字语言湮灭或讹误，已很难为后代学人所理解，为了保证这些经本的继续流传，需要不断地注解，这就需要注疏诠解，由此起到扩大与传播的作用。在汉译佛典的传播中，由于"佛典译本，或卷帙太多，研读不易，或意义深奥，或译文晦涩，了解甚艰"（汤用彤《汉魏两晋南北朝佛教史》），因此借助注疏，使普通人士能够通达。内容丢失，经典亡佚或失传，都影响佛学的生存与发展，这也需要经录记述其存佚，搜采遗逸，修缮辑佚，以恢复原文经本面貌，使佛典传播过程得以传播，而且是在"传真"状态下的传播。

（2）诠释经典，推动汉译佛典的传播。

以阐发佛教义理为主的经典，既是佛教学僧的需求，也是民间信众的需要，思想学术、文学艺术等领域也有学佛的热情和需求。如民间的佛经读者，思想家的学术研究，艺术家援佛入文，以禅论诗等，都需要理解佛经教义，这便需要经典诠释和注解。佛学纂集著述对于经典诠释十分细致，这些著作运用采录、整理、分类、述解、评论等方式，综括大藏经籍，旁撷世间典籍，广采博搜，知识密集。它们不仅涵盖佛学知识的各个领域，而且广泛涉及人文掌故、自然知识、伦理道德、文学艺术、语言文字等众多方面。诸如佛学的时空观念、宇宙图式、善恶说教、修持法门、称谓礼仪、名物制度、纲科职事、斋节活动、文翰史迹、故事传说、名词术语、译梵法式、君臣忠孝、贫富贵贱、智愚勤惰、择交志学、商贾工巧、医药术数、天文地理、音乐图象等，莫不毕集。（《中国佛教百科全书·经典卷·佛教文史类典籍——纂集》）纂集著述还摘录汉译经律论和僧俗撰述中的事理或史实，训释佛教术语，包括梵文义译名词和音译名词，以及佛典中使用的古汉语词汇，像复合词，搜集佛典中常用的汉字加以解析，按不同的主题荟萃不同时期不同人物的佛教撰述的总集，汇载某一佛教人物的各种文述，叙录佛教史上重要事件和制度的起源沿革，汇编某一类事项，以供学佛者研读。如较为重要的纂集有梁代宝唱《经律异相》五十卷、唐代道世《法苑珠林》一百卷、南宋陈实《大藏一览集》十卷、唐代义净《南海寄归内法传》四卷、后周义楚《释氏六帖》二十四卷、北宋赞宁《大宋僧史略》三卷、北宋道诚《释氏要览》三卷、元代德辉《敕修百丈清规》八卷、唐代李师政《法门名义集》一卷、明代一如等《大明三藏法数》五十卷、明代圆瀞《教乘法数》十二卷等。唐代还有《一切经音义》同名著作两部：一部为玄应撰《玄应音义》，二十五卷，另一部为慧琳撰《慧琳音义》，一百卷。另外，辽代希麟《续一切经音义》十卷，南宋法云撰《翻译名义集》七卷。这些著述满足了学佛者释读佛典，尤其是理解佛学词语的需要。佛典不仅义理博杂，名相浩繁，而且汉梵交错，字义多变。随着佛经翻译事业的日趋兴旺，新的佛学术语不断出现，其中各种音译、意译、音义兼译的名词术语给阅读与理解带来很多困难。李师政在《法门名义集序》中指出佛教"名义"的重要性：

> 若夫法体冲寂，真性平等。名相本无，言语斯绝。然而证等之智力，了不同之缘，体寂之缘人，乃成无碍之辩。若杜口废言，圣人何以垂化？昏心舍教，凡惑无由生解。故无说不妨于乐说，以知无名不坏于假名。因名以通寂，然则标法之名，释名之义，理之津道，可不务乎。但布在众典，难得而究，集而释之，则易观矣。

文中指出学佛者阅读佛经时需要有解释佛经文字的辞书，而且在阅读一般典籍中的佛教词语时也需要有解释佛经词语的辞书。这正是佛学辞书的重要性所在。丁福保《佛学大辞典》自序三说："佛经者，其旨微，其趣深，其事博，其寄托也远。苟欲明其真实义者，必以通其词为始。"也指出正是学佛者的需要，促使佛学辞书编纂者为适应当时社会需要而编撰能诠释佛经中难字、难词、难句的佛经音义，作为语文工具书，使读者能通音了义，从而理解经、律、论的内容。正如顾齐之为慧琳《一切经音义》作序所说："文字之有音义，犹迷方而得路，慧灯而破暗；得其音则义通，义通则理圆，理圆则文无滞，文无滞则千经万论如指诸掌而已矣。朝凡暮圣，岂假终日，所以不离文字而得解脱……真诠俗谛，于此区分，梵语唐音，自兹明白。"佛经音义的编纂目的是为了帮助人们读经，从而引导人们"迷方而得路，慧灯而破暗"。

正确地读懂汉译佛典是佛教信仰者和佛学研究者的基本素质。但是，汉译佛典中有自身特殊的或是口语的词汇、语法，学佛的读者不能依据汉语辞典、语法书籍理解，否则就会停留在以佛典以外的文献作相类似用法的比附，不能真正理解佛典，也不能充分体现汉译佛典的特征。这就是早期佛典译释中的"格义"。而且古译佛经一般信众不易理解，甚至误解原意。这就需要佛学音义辞书，以帮助翻译和解读佛典。汉语词汇中有很多词语的含义十分丰富，如"道"、"理"、"心"、"性"等，这些丰富的含义是在漫长的文化历史中形成的。但是，在翻译佛经时，一般仅根据经文背景和译经场合赋予这些词以特定的含义。而事过境迁，后世的学者在读经和解释佛教义理时，又因受到时代背景及自身学养的影响，便很自然地根据需要利用这些词的不同的含义去理解经文，建构自己的教义体系。尹德蓉《佛教的中国化》一文认为，隋唐时期的佛学宗派正是借用这些多义词并巧妙地利用般若中观学说中的"不二法门"建立起本派的理论体系。禅宗的"心"，既可以是具有思维功能的"心"，又可以是先天内在的自性、本性之"心"，此心可以与作为世界万有本源、本体的"真如""法性""佛性"等相通，还可称之为"理""道"。在禅宗充满机锋义趣的语录中，正是利用它们不同的含义向学人提示解脱之道。随着佛学的深入传播，佛学界在教义诠释和讲经中出现不同的见解，形成不同的学说以致学派。如两晋之际，因为对般若学说中"诸法性空"的思想认识不同，出现"六家七宗"，虽然标志着民族佛学的正式形成，但这只是大乘般若学说与传统玄学相互会通的产物，是学僧借用玄学概念和方法论证一切皆空的般若本体论的结晶。因为当时的学僧在论证本体与现象、本无与诸法、空与色、心与物、真谛与俗谛时，得出简单的肯定或否定的结论，而不善于运用《般若经》中的中道论证方法，即遮诠（否定）和相即的表述方法，得出非有非无，色空相即，真俗不二的结论。虽然同论诸法性空，但论点各有偏重。直到罗什弟子僧肇在其《不真空论》中站在中道的立场，批评性总结了道安本无宗、支敏度心无宗、支遁即色宗三家，指出他们或偏于有，或偏于无，或不空万物，皆背离非有非无、空有相即的中道精神。这时，中土佛学才基本接近印度佛学原貌。

2. 汉地佛学著述是佛学中国化的重要理论成果

中国佛学的成立，是具有自身中国特质的佛学及修持体系，但也是印度佛学的传承，体现了印度佛学对中国文化的影响，而这种影响，主要是由本土佛学义学著作经典逐渐建立的，是汉地佛学著述所导引出来的，这些著述与佛典汉译一道，作为一个主要传统在中国确立了佛学。中国佛学者的撰述是中国佛学形成的重要途径和基本标志，历代中国佛学撰述真实地反映了本土佛学的水平，体现着中国佛学思想形成和发展的历程，标志着中国佛学逐步走向更深层次的发展以至最终成熟。我国西汉时期，已开始有人研究佛教，东汉末年，佛学自北向南，由官方逐渐向民间流传。当时，世人学士对佛教多持怀疑、讥毁的态度，并以儒家经典、孔子言论及道家思想为依据，提出种种责难，认为"其辞说廓落难用，虚无难信，视俊士之所规，听儒林之所论，未闻修佛道以为贵，自损容以为上也"（道宣《广弘明集》）。牟子介绍佛教来历时，引经传诸子文章，阐释佛教教理，为佛教仪轨辩解。其《理惑论》三七章，据称这是因见到"佛经之要有三十七品，老氏《道经》亦三十七篇"而作三十七条问答，阐发佛教基本教义。书中内容包括释迦牟尼出家、成道、传法等事迹；佛经的卷数以及戒律的规定；佛教关于生死问题的主要观点以及佛教在中国初传的情况和佛教基本义理等。作者广泛引用儒、道和诸子百家言辞，以说明佛学与中国传统学说并不矛盾，表现出明显的儒、佛、道三家一致的思想倾向。其中对佛学的理解，基本上立足于传统思想文化，并明确说"引圣贤之言证解之"，作者认为通过对佛法的修习，"居家可以事亲，宰国可以治民，独立可以治身"。即是以儒家思想来解释佛教教义。书中还用"无为""道"等道家概念解释佛学"涅槃"，以黄老道术比喻佛的功德，尤其是以精灵不灭、祸福报应等思想阐述佛理，因而对于中国佛教的形成和发展，与汉译《四十二章经》一样，发挥着重要作用。这类著述，在后世学者的研究中，更表现出理论思维的成熟及其在佛学中国化进程中的作用。如慧皎《高僧传》，僧祐《出三藏记集》《弘明集》，慧远《沙门不敬王者论》《三报论》，僧肇《肇论》，吉藏《三论玄义》，道宣《广弘明集》《法苑珠林》《续高僧传》，智𫖮《法华经玄义》《摩诃止观》，窥基《成唯识论述记》《因明入正理论疏》，智俨《华严经搜玄记》，法藏《华严经探玄记》《华严金师子章》，湛然《金刚錍》，宗密《原人论》《禅源诸诠集都序》，普济《五灯会元》，赜藏《古尊宿语录》，延寿《宗镜录》，契嵩《辅教篇》，宗杲《正法眼藏》，赞宁《宋高僧传》等，都是中国佛学思想的集中体现。

　　佛学义疏、讲疏等著述既诠释原典，又发挥理论创造性，丰富了中土佛学的内涵。梁启超《翻译文学与佛典》一文指出隋唐义疏之学，"实与佛典疏钞之学同时发生，吾固不敢径指此为翻译文学之产物，然最少必有相互之影响，则可断言也"。梁启超揭示了佛典注疏与汉地传统训诂学的密切关系，佛经在翻译过程中，已经迈出了中国化和儒释融汇的第一步，即"藉华言以传"和"借儒术以自释"（陈垣《中国佛教史籍概论缘起》），传统儒家道家思想文化也在佛典注疏中很自然地融入了佛典中。南北朝佛学研究空前盛行，伴随注疏讲经，兴起以研究一部或数部经典为中心的学派。学者们提出自己有代表性的看法，其研究的议题集中在两个方面：一是成实和三论学者中，有的沿续和发展两晋般若本体论思路，探究大乘佛学本体论，有的发挥般若中观的思想，认为世界万有本体为空，世俗认识和外在世界虚幻无实，有的发挥唯识学说，认为世界万有唯识所变。但由于成实学派没能上升到空有相即不二的立场，最后被三论学派取替。三论学派本是一个综合性学派，源自于罗什所传中观学（《中论》《十二门论》《百论》），但在思想上，又接受了地论、摄论、涅槃学的影响，并融入了真常唯心学思想。北方三论学者还研习龙树《大智度论》，称为四论学派。三论学派的中心理论是诸法性空的"中道实相论"，意谓世间、出世间万有诸法，都是从众多因缘和合而生，是众多因素和条件结合而成的产物，即"缘起"。众多因素的和合构成事物，事物皆无自身质的规定性，皆非实体，即无"自性"，也就是"性空"，即缘起事物的存在就是性空，不是除去缘起的事物而后说空。二为地论、摄论学派，探讨大乘佛学心性论，论证达到觉悟的内在根据。地论学派研习印度世亲所著，北魏菩提流支、勒那摩提译出的《十地经论》，这是唯识学派早期论书之一，其中心是论释《华严经·十地品》。因为学僧对于经文"三界虚妄，但是一心作"中的"心"字有不同见解而形成两派。菩提流支弟子道宠一派被称为相州北派，勒那摩提弟子慧光一派被称为相州南派。按照唯识学派的思想，在眼耳鼻舌身意六识之外，还有第七识未那识，第八阿梨耶识。阿梨耶相当于精神主体、灵魂，所具有的精神性种子是世界万有的本源。相州北派认为阿梨耶在性质上属杂染不净，主张佛性"当有"，只有累世修行才能达到解脱。相州南派主张阿梨耶清净无染，通过断除妄念烦恼的修行，可以见性成佛。地论学派的义理研习激发了玄奘西行印度求法动机。玄奘早年研习佛典，认为"远人来译，音训不同，去圣久远，义类差舛，遂使双林一味之旨，分成当、现二常，大乘不二之宗析为南、北两道。纷纷诤论凡数百年，率土怀疑莫有匠决"（《启谢高昌王表》)，所云"当、现二常"，即地论南北学派学说。

涅槃学派主要论证心性理论，论证世界万有以心识为本体，使心性论代表了南北朝以后思想界的时代思潮。法显所译《泥洹经》有"一切众生，皆有佛性"的经文，道生便据此提出自己的观点，他在研习小本《涅槃经》时，不滞守经文，始唱"一阐提人皆得成佛"。按照佛学思想，一阐提是善性灭尽的人，《大般泥洹经》说，这种人不能成佛。可道生却体会佛教精神在于满足人们在现实世界所不能达到的目的和要求，认为既然一切众生悉有佛性，那么一阐提也是有情，也应该有佛性，也能成佛。他提出有悖于先前传译的佛性的新论，被认为是"背经邪说"，直到北凉昙无谶译出四十卷《涅槃经》(大本《涅槃经》)传到南方，经中明确说"一阐提人"可以成佛，众生皆有佛性，中土人士才普遍接受这一思想，由此表现出道生研究佛性的创造性。这一思想在北凉昙无谶所译《大涅槃经》虽有，但是此经当时尚未传到南方。道生的推论"孤明先发"，受到守旧僧学的反对，曾被逐出僧团。道生还提出"顿悟论"，认为佛学所追求觉悟的真理是一个完整的总体，不可分割，修行者对它的觉悟应当不分阶段地一次完成，这就是顿悟，即"以不二之悟，符不分之理"（慧达《肇论疏》）。道生认为，顿悟是使自己本有的佛性顿时显发，亦即见性成佛。杨曾文《佛教中国化的回顾与思考》一文认为道生的学说将本体论与心性论沟通，在大乘佛学的框架内论证了人的本性源于世界的本体，超凡入圣在于使自己本有之性的显发，由此推动了中土思想界对心性论的研究。真谛所译的《大乘起信论》是为调和当时的各种心性见解而编译的经典，认为"心"以永恒清净的真如为体，以具有思虑功能并与烦恼相俱的阿梨耶识为"相"、为"用"，修行的要旨是直探心源，舍染返净。

传统儒家也研究心性问题，在儒家伦理人性学说中，或主张性善，或主张性恶，或主张善恶俱有，由此探求成为贤圣的依据。其中占正统地位的是孔孟一派的性善论，用"天""天命"或"元气"说明人性的本源，认为人性本善，通过学习和道德修养使本性扩充发展，就可以成为贤圣。孟子的"性善"论源自《易传》"一阴一阳之谓道，继之者善也，成之者性也"。他说："人性之善也，犹水之就下也；人无有不善，水无有不下。"但孟子的理论过于简单朴素。佛学的心性论是大乘佛学理论深化的产物，中土佛教学者在论证心性问题时，一方面受到儒家人性论的影响，同时又反过来对儒家的人性论产生影响。从佛学心性学说中反映出儒家心性论的影响，如涅槃学派和地论南派的心性清净论，相当于人性论中的性善论；地论北派的心性论相当于性恶论；摄论学派和《大乘起信论》的心性论与人性论中的性俱善恶论比较相近。虽然佛学的心性论是为其出家修行和出世解脱提供理论依据，与儒家的人性论所具有的修身治国的目的性有所不同，但儒佛二家在理论论证上却表现出高度的融合。儒家的性善论启发了佛教学者创造性思维，佛学的心性论也启迪后世儒家探讨人的本性与世界万有的共同的普遍性本源，建立新的天道性命之学。

南北朝的佛教学派除密教学说外，都是由中土学僧直接创立的，所奉经典中虽也有一部或数部汉译印度佛经，但最重要的是各学派创始人的著作。其中天台、华严和禅宗的民族特色最为鲜明，他们形成了共同的特点。针对这些特点，杨曾文在《佛教中国化的回顾与思考——中国古代佛教的三个问题》中总结出：一是会通中国道家和玄学的本体论与印度大乘佛学的以空、真如或佛性为本体的宇宙论，并依据般若中观学说的"不二法门"提出现象与本体圆融无碍，"真俗不二""体用相即"的佛教哲学。二是依据色与心、能与所、正报与依报不二的理论，融会本体论与心性论，认为真如佛性不仅是宇宙万有的本源和本体，而且也是人的觉悟基因，在论证中又吸收了儒家人性论的思想。三是发挥"真俗不二""即烦恼是菩提"的理论，主张出世不离入世，生活日用即为佛道。在这方面。禅宗学者尤为突出，他们寄习禅于日常生活之中，主张"平常心是道""不修不坐，即是如来清净禅"等。四是吸收儒家的善恶伦理规范和道德说教入佛学中的最通俗最易于为信众接受的善恶报应和轮回的说教之中，在统摄人的精神世界和制约人的行为方面起到了儒家所起不到的作用。五是受中土宗天法祖，以父系为中心的封建宗法制度的影响，既把佛学教团看作以"释"为姓的大家族，僧尼自称"释子"，彼此为兄弟姐妹，同时又在各宗各寺院建立具有严格上下等级的传承嗣法制度。

在佛教伦理思想方面，佛学虽要求僧尼报四恩（父母之恩、众生之恩、国王之恩、三宝之恩），但又认为自己超越于世俗社会之上，沙门不受世俗间伦理的制约，不应当礼拜父母或君主，这与儒家伦理有着很大差距。对此，慧远曾针对太尉桓玄要沙门礼敬王者的要求，写了著名的《沙门不敬王者论》，提出了影响深远的佛法与王权王法的关系论。其原则既明确表示占信徒人数最多的在家奉佛者必须遵守王法和纲常名教，从而使统治者放心，同时又要求统治者尊重出家僧尼作为"方外之宾"的特殊身份，允许他们可以不礼敬王者，而完全可以期望他们对民众从事教化，为社会治理安定发挥积极作用。经过慧远的理论阐述，后世对于僧尼是否应当礼拜王者虽仍有争论，但基本上遵循慧远的理论，使僧尼不必固守世俗礼法的特殊身份受到社会承认，表明其理论在佛学中国化历程中的作用。具体而言，汉地佛学著述主要在以下几点参与佛学中国化理论建设。

（1）探索义理，构建中国佛学体系。

汉地佛学著述最主要的功能就是诠释经典，在此基础上探索佛学理论，最终建立自己的理论学说。佛教学者要著书立说，目的即在于探索义理。禅宗虽以"不立文字，教外别传，直指人心，见性成佛"为宗旨，但仍重视佛典义理的探究，它所反对的只是拘泥于佛典上的文句，而忽略在平时的一机一境上的见性自悟。梁代菩提达摩来华，传授"二入四行"禅法。他说："夫入道多途，要而言之，不出二种：一是理入，二是行入。理入者，谓借教悟宗，深信含生凡圣，同一真性，但为客尘妄覆，不能显了。若也舍伪归真，凝住壁观，自他凡圣等一，坚住不移，更不随于文教，此即与理冥符，无有分别，寂然无为，名之理入。"同时，将四卷本《楞伽经》传付惠可，并叮嘱说："我观汉地，唯有此经，仁者依行，自得度世。"（慧皎《高僧传·慧可传》）可见，菩提达摩虽然以传佛心印为主，但他依然严格依据经典，把经典上的教说当作是开悟修行者禅机(籍教悟宗)的重要手段。《楞伽经》通过佛在楞伽山答大慧菩萨一百零八问的方式，着重阐述一切众生都含有如来清净心以及自心现境界的理论，这一理论契合禅宗建立的直指人心、见性成佛的禅法要旨，因此成为早期禅宗十分推重的经典。《五运图》说：菩提达摩倡言"不立文字"，然而，"释迦之经，本也；达磨之言，末也。背本逐末，良可悲哉"，表明义理探究永远是佛学的中心所在。净觉《楞伽师资记》着重记述佛学人物的禅学思想，作者引用了《楞伽经》《华严经》《大品经》《思益经》《禅诀》《涅槃经》《十地经》《维摩经》《法华经》《智度论》《金光明最胜王经》《文殊说般若经》《普贤观经》《金刚经》《无量寿经》《遗教经》《法句经》等佛典上的众多经文，作为诸师禅学思想的组成部分。契嵩《传法正宗记》说："臣尝谓能仁氏之垂教，必以禅为其宗，而佛为其祖。祖者乃其教之大范；宗者乃其教之大统。大统不明，则天下学佛者不得一其所诣；大范不正，则不得质其所证。夫古今三学辈，竞以其所学相胜者，盖宗不明、祖不正而为其患矣。然非其祖宗素不明不正也，特后世为书者之误传耳。"解释了既然经教上已明示佛法，为何还要讲"教外别传"的禅法的原因。认为"所谓教外别传者，非果别于佛教也，正其教迹所不到者也"。

宗密是华严学者，其思想体系正如裴休在《大方广圆觉经疏序》中所说："禅师既佩南宗密印，受《圆觉》悬记；于是阅大藏经律，通《唯识》《起信》等论；然后顿辔于华严法界，冥坐于圆觉妙场；究一雨之所沾，穷五教之殊致。"点明宗密起初传承荷泽宗禅法，精研《圆觉经》，后从澄观学《华严》，从而融会教禅，极力提倡教禅一致。宗密早年又曾治儒学，因此也主张儒佛一源，他曾撰述《华严经纶贯》，阐明《华严经》关节次第。他说："显顿悟资于渐修，证师说符于佛意。"（《禅源诸诠集都序》）"资"即资借、依凭；"符"则相合、一致，这一思想不仅是华严宗与荷泽禅的会通，而含有以经教和渐修纠正顿悟的精神。董群认为，这一思想既是讲禅内的南北关系，又是讲佛教内部的禅教关系。他说："从这个语境看，南北关系，实际上是渐顿关系，顿渐融合的方式，是顿悟依赖于渐修，以顿悟为特征的南宗，依赖于以渐修为特征的北宗。还可以这样理解，宗密是主张以北宗来融合南宗，以北宗的渐修来修正南宗，特别是修正洪州宗实际体现出的狂慧倾向。"（《融合的佛教》）。从宗密的著作中可以感受到他对顿渐的基本认识，即他并不认为南顿与北渐存在本质区别，禅教会通，教禅一致之说含有对渐修法门的充分肯定。宗密说："原夫佛说顿教、渐教，禅开顿门、渐门，二教二门，各相符契。今讲者偏彰渐义，禅者偏播顿宗，禅讲相逢，胡越之隔。""每叹人与法差，法为人病，故别撰经律论疏,大开戒定慧门,显顿悟资于渐修,证师说符于佛意。"这些思想明显受到当时佛学背景的影响,也有自身学问背景和中土学术环境的因素。

(2)追溯中印佛学交流与融合历程。

汉地佛学著述,记载了佛学史上的所有重大思想理论交流。佛教地理志就是在这种交流中产生的,它既叙述古代中印交通、印度、西域和南海诸国历史文化,又记载中外佛学关系与不同时期和不同区域佛教状况以及佛教建筑、石窟、雕塑、绘画、诗文、语录、掌故、传闻等。还有的志记中国僧学乘危履险,西行求法事迹,或记佛教发源地、流布区,特别是中土佛教的兴盛地和僧众聚集地的状况,有的记载与佛教信仰和传教有特殊关系的佛教名山,叙述都会郡县众多寺塔群或某一名刹宝塔,等等。在佛教地理志中,一些寺塔记也记载与佛典翻译有关的事项,因为寺院是佛学僧侣居住和活动的场所,佛塔是佛教的纪念性建筑,因而凡是讲述佛教史,必定要提到某一朝代的译经数、僧尼数和寺院数,凡是阐述佛学文化,也必定要涉猎佛教建筑的主要形式寺塔,东晋末《晋南京寺记》是最早的这类撰述,康僧会曾在建初寺译经布教。佛教名山记也反映佛典在中国译布情况,因为佛学高僧多高蹈离俗,绝迹京邑,栖居深山修行,久而久之,荒山野岭建起寺宇殿堂,四方学子慕名而至,这些山岭成了州府郡县的佛教胜地。慧远最早撰作佛教名山记,其《庐山略记》记叙庐山景物掌故以及他在庐山译经弘教的经历。许多史籍著作,真实地记载了印度佛教及其入华以后的汉译及传播,可以当作一部佛典汉译史来读。如记录学僧逸事和隽语的杂记,也涉及佛学与玄学关系及禅宗有关的史实。袾宏将沙门与儒生之业同论,佛祖、佛教之功与世俗忠孝、君亲思想有机融合,较之东汉初期,硬性糅合儒佛的做法,显得更为自然。

僧祐《弘明集》是一部佛教护法总集,主要辑录东汉至梁代弘扬佛教的文论书表,同时兼载论难者的对答。集中泛释世人的非难,驳斥道教诘难,辩论形神因果,汇叙佛教与朝廷之间的交涉,讨论佛教仪轨,抽绎佛法大义,阐释佛教义理,探讨基本理论。如神不灭、因果报应等,是佛学的重要理论,奉佛者与排佛者之间的很多争论都围绕它们展开。刘宋末年,道士顾欢作《夷夏论》,认为道教适用于中夏,佛教适用于西戎,不可以中夏之性,效西戎之法。而佛教从佛道理论歧异、道教与道家的区别、佛教的社会作用等方面,批斥顾欢的论点,认为"设教之始,华夷异用。当今之俗,而更兼治"(《弘明集》卷第七)。"弘明论"是全书内容的总结和评说，作者重申全书的目的是为法御侮，也就是保护佛教，并反驳社会上流传的六种怀疑佛教的观点。这六疑是：一疑经说迂诞，大而无征；二疑人死神灭，无有三世；三疑莫见真佛，无益国治；四疑古无法教，近出汉世；五疑教在戎方，化非华俗；六疑汉魏法微，晋代始盛。以此六疑，信心不树。这六疑其实都是当时儒道两家批评佛学的焦点，其中第二疑就是神灭神不灭之争，第五疑为夷夏之争。从佛学立场看，这六疑都是异端。作者撰此书就是要排斥这些异端，为法御侮而达到弘教明道的目的，实则反映的是儒释道三家的交流与融合。正由于《弘明集》兼收信佛与排佛两派的不同观点，记叙了佛学传入中土的最初数百年间所发生的一些重大的理论争辩和事件，因此它实为佛教史，特别是佛学思想史和佛经汉译史的重要记载。道宣《广弘明集》便是继承僧祐的撰述，他在序中说："余博访前叙，广综《弘明》，以为江表五代，三宝载兴，君臣士俗，情无异奉，是称文国，智籍文开。中原周魏，政袭昏明，重老轻佛，信毁交贸，致使工言既申，佞幸斯及。时不乏贤，剖心特达，脱颖拔萃，亦有人焉。……尝以余景，试为举之，弊于庸朽，综集牢落。有汉阴博观沙门，继赞成纪，顾惟直笔，即而述之，命族题篇，披图藻镜。至若寻条揣义，有悟贤明，孤文片记，撮而附列，名曰《广弘明集》，一部三十卷。有梁所撰，或未讨寻，略随条例，铨目历举。"反映出作者力图真实再现儒道释三家交流融合历程，叙录印度佛学在中土传播历程的努力。

（3）书写佛教与中国传统文化的真实关系。

汉地佛学著述适应佛学传播的社会背景和文化氛围，表达汉地佛学思想、佛学流布以及佛学与中土传统文化的关系，辨析儒、佛、道优劣高下关系，真实反映汉语佛典及其中国化进程。这些著述表达了作者的动机和目的，在于力图调和佛学与中土传统思想的关系，由此展示佛学与中土固有的文化要素的密切联系。印度佛经通过汉译，实为在汉地加工改编的印度经典，介于印度思想和本土文化之间，从而使汉地佛学兼具梵汉两类文化的性格。不言而喻，在忠实的汉译佛典中是不可能带有中土传统思想要素的。这些中土要素，直接与汉文化思想相结合，把经典的中国化连接在一起，使汉地佛学著述实际上成为汉化经典。其中有不少内容并不是佛学思想，并非来自印度佛教，而是中土的佛学大师们为因应中土固有的文化思想，以极具创意的方式将印度佛学中的概念与儒道思想结合而成的产物，是中土特色的佛学。

由于儒、道、佛三家的辩驳论衡，汉地佛学论著论证了佛学与中土传统思想优劣，适应一定时期所流行的佛教信仰和佛学研究，体现印度佛学与中土传统文化相互影响和融合的趋势以及佛学不断中国化的轨迹。这些著述记载了儒佛道三家议论佛学的典籍与言论，儒道两家对佛学的评论和佛学与之论辩的文字，三家思想交流与冲突、融合与论辩等。这些著述清晰地反映了儒佛合流的总趋势。如彦琮《唐护法沙门法琳别传》以年为纲，记载法琳的事迹和作品以及其他有关的诏、序等文字，反映当时所争执的问题，尤其是佛、道两家一向争论的焦点，使此书成为佛道关系史上的一部重要著作。隋代李士谦把三家比喻为"佛，日也；道，月也；儒，五星也"（《隋书·隐逸传》），认为儒道佛三家只有功能的不同，没有优劣高下之分。中唐以后，出现宣扬孝道的佛经，强调孝是成佛的根本。正是这些著述，把印度经典和传统思想融于一炉，推进了佛学中国化的历程。

　　佛教在中土传播需要护法，护法之为科，在于褒举在佛学与儒道、朝廷、世人冲突中捍卫佛教利益者。道宣《续高僧传》通过理论的形式，新增"护法"一科，旨在"树已崩之正纲"，因为在佛学传播过程中，虽然受到历代王朝绝大多数帝王的膺奉护持和民众的信仰，但也一直存在着与儒道间的矛盾和冲突。在帝制时代普天之下莫非王土的社会环境中，帝王的宗教信仰和思想倾向至关重要。即使在信奉佛教的帝王中也有程度的深浅。从南北朝至唐，帝王常常召集名儒佛道人士辩论三教优劣，尤其是佛道的先后、浅深、同异。在这种涉及佛教命运的时刻，能抗声对辩，维护佛法的人，往往是佛教能否生存和发展的关键，由此而成为新增"护法"科收录的对象。这些护法人物的著述成为弘扬佛学的著作，卫护了佛教学说。中土佛学是接受外来思想又参酌传统思想，消化融会各自精华的产物。但这两种思想又往往发生冲突而有争论，于是产生一类专门弘扬佛教的著作。如东汉牟子《理惑论》论证佛学原理，针对佛学传入中土后在社会上所引起的种种反响和疑难，分别予以解答和反驳。慧远"善属文章，辞气清雅"（慧皎《高僧传》），居庐山三十余载，影不出山，迹不入俗，潜心著述。写出《沙门不敬王者论》《明报应论》《庐山出修行方便禅经统序》《阿毗昙心序》《三法度序》《大智度抄序》等护法著作。

　　武德四年，太史令傅奕上《废省佛僧表》，激烈批评佛教，认为魏晋以后，佛教滋盛，陈"益国利民事十有一条"，并要求朝廷废省佛法，以益国利民。他的观点不仅直接影响唐高祖对佛教的态度，而且在社会上也造成强劲的反佛声势。为维护佛教，法琳撰《破邪论》，广引佛教经论及中外书典，并以世俗典籍上的资料为主要论据，破斥傅奕的表文。他指出傅奕所引经教，"皆是奕之所废，岂得引废证成，虽曰破邪，终归邪破"。他强调佛先道后，"教人舍恶行善，佛法为先；益国利民，无能及者"。武德九年，清墟观道士李仲卿著《十异九迷论》，刘进喜撰《显正论》，批评佛教"弃义弃亲，不仁不孝"。法琳遍参诸子杂书及晋宋以来内外文献，写成《辩正论》予以反驳，陈子良在序中称《辩正论》"内该三藏，外综九流""篇章婉丽，理致遒华"。作者博引史书佛典，称佛教优越于道教。对于庄子、墨子之学，黄帝、老子之书，道教三清三洞之文，九府九仙之录，登真隐诀之秘，灵宝度命之仪，都能"吞若胸中，说犹指掌"。作者自述撰书原由是："前因傅子，聊贡斐然，仍以未竭邪源，今重修《辩正》，颇为经书罕备，史籍靡充。……但是诸子杂书，及晋宋以来内外文集，与释典相关涉处，悉愿披览，谨以别录仰呈，特希恩许，轻陈所请。"表明《辩正论》记载佛教史料，回顾历代奉佛历史，系统叙载西晋至于唐初的佛教事业，梳理佛教概貌，整理译经部卷，考察僧尼数目。书中很少贬损儒家礼仪，但认为："释氏之教也，劝之以善，化之以仁，行不杀以止杀，断其杀业。以断杀故而民畏罪。王者为政，闭之以狱，齐之以刑，将杀以止杀，不断杀业。以不断故而民弗禁。"但书中极力批评道教，并列数种种事例，指责道教剽窃佛教。

北宋契嵩不满于当时儒者韩愈排佛之论而作《辅教篇》，宣扬佛儒一致，认为"古之有圣人焉，曰佛、曰儒、曰百家，心则一，其迹则异。夫一焉者，其皆欲人为善者也；异焉者，分家而各为其教者也"，三者不可偏废。并说："儒者，圣人之治世者也，佛者，圣人之治出世者也。"韩愈著名的排佛文章是《论佛骨表》，文中说："夫佛本夷狄之人，与中国语言不通，衣服殊制，口不言先王之语，身不服先王之法服，不知君臣之义，父子之情。"意谓佛教与儒家思想差异巨大。韩愈在《与孟尚书书》中又说："释老之害过于杨墨，韩愈之贤不及孟子。"认为在思想界，佛教和道教产生了很大危害。北宋张商英撰《护法论》批评韩愈、欧阳修等人的佛法无用论，主张儒佛道三教一致，认为"三教之书，各以其道善世砺俗，犹鼎足之不可缺也"。但也认为三教各有优劣，犹如医病之药，各有所长。儒者"治皮肤之疾"，道书"治血脉之疾"，释氏"治骨髓之疾"。元代祥迈著《辨伪录》，书中前部批评道家道教，后部记述元朝定国号前后佛道斗争的原委。觉岸所撰《释氏稽古略》，称其目的是为了使佛法久住。而要使佛法久住，佛教当尊重儒教道教，与之和睦相处。"信于老君，先圣也；信于孔子，先师也。非此二圣曷能显扬释教，相与齐行，致君于羲、皇之上乎？为僧莫若道安，道安与习凿齿交游，崇儒也；为僧莫若慧远，远送陆修静过虎溪，重道也。余慕二高僧，好儒重道。"表明其自觉的护法意识。

明清两代，随着中土人士对印度佛学精神的准确把握和佛学水平的提高，佛学与中土思想的交融深入到理论和精神层面。明代，儒道佛三家在以儒学为主导、佛道相辅助的基础上，继续其思想论辩，但融合的趋势更加明显。在宋明理学被确立为正统思想背景下，佛教人士均表现出对新儒学的认同和迎合。三教合一，会通儒学，成为当时佛教学者的共同主张。如明代最有影响的"四大高僧"：袾宏、真可、德清、智旭，他们的思想虽各有特色，但都表现出在佛教内部注重合一，外部则强调佛教与儒、道趋于融合的特征。清代彭绍升《居士传》认为"佛门人文记载"，有"专系宰官百衣者"，有"以沙门为主，兼有外护者"，但"所录取事言，互有详略。或失之冗，或失之疏。……于诸三昧法门有所未备"；"今节取诸书者十之五，别征史传、诸经文集、诸经序录、百家杂说，视诸书倍之"；"裁别缀属，成列传五十余篇。详其入道因缘，成道功候，俾有志者各随根性，或宗或教或净土，观感愿乐，具足师资"。王廷言《居士传跋》揭示该书对于调和儒佛交争的意义，说："儒佛之道，泥其迹若东西之相反，然寻其本则一而已矣。知归子之学，出入儒佛间，初未尝强而同之，而卒不见其有异。所谓知本者非耶？既以自利，又欲利人，上下数千百年，凡伟人硕士有契斯道者，采其言行，比以史法，合为一书，名曰《居士传》。事提其要，句勾其元，真法门班马也。……余读之，竟作而叹曰：自为儒佛之学者，迷不知本，党同伐异，泣歧无归，知归子起而救之。是书之作也，盖欲学者除去异同之见，反循其本而效力焉。"

3. 汉地佛学著述是佛学中国化的高度体现和标志

历代中国佛学著述记载了中国佛学思想形成和发展的历程。如澄观因慨《华严》旧疏文繁义约，历时四年新撰《华严经疏》二十卷，又述《华严经随疏演义抄》等，后人称之为"华严疏主"。湛然在禅、华严诸宗兴盛之时，撰写天台三大部注疏及其他疏论，"止观之盛始，然之力也"（赞宁《高僧传》卷六）。汉地佛学著述表明本土佛学僧侣力图实践佛学理论的真诚意愿。正是这种意愿成为佛学中国化的真正动力所在。汉地佛学著述在佛学中国化和世俗化过程中，适应时代背景及其佛学思潮，真实地反映了其著述时代的佛学状态及社会思想界的实际动态。如魏晋时期崇尚玄学，佛教学者们顺应时机，推动般若学著述向前发展。汉地佛学著述也反映了汉地佛学者对印度佛学的理解与发展，体现了印度佛教与中土固有文化的融合，显示了中国佛教的特点。某时某地佛教学术气氛浓厚，就会出现较多的义学大师和信仰佛教的士族文人和民间人士，也就会产生较多的著述。而著述的多少也成为佛教学术发展状况的重要标准。汤用彤《汉魏两晋南北朝佛教史》认为，隋唐以前的佛教还只是"在中国"的佛教，而从随唐时起，则已经是"中国化"的佛教。就是说，隋唐以前重在翻译理解印度佛教，而自隋唐开始对印度佛教加以融化，学者们结合中国义理加以创造，从而使佛教具有佛、儒、道合流的趋势。佛教的中国化包含了佛学中国化，佛学同样有"在中国的佛学"和"中国佛学"之别。在中国的佛学，意味着原原本本的印度佛教思想，原汁原味的印度的义理和学说传统，没有与中国传统文化发生接触。中国佛学则是印度佛学已经与中国思想相融汇，相结合，是联系中土传统发展起来的，它已成为中国思想文化的一部分。这种与中国传统结合的佛学，正是靠着汉地僧俗的佛学著述实现的。汉地佛学著述越繁荣，越成熟，越深刻，表明佛学中国化程度越高。隋唐时期佛学宗派相继建立，标志着佛学中国化的完成，而这些宗派正是首先表现在其自成体系的理论的成熟。他们比南北朝时期的学派更发展，就在于其理论著述丰富，佛学思想成熟度更高。在经历了初传、普及和义理研究等阶段之后，隋唐时期形成带有鲜明民族特色的佛教宗派，标志着佛教真正实现了中国化。在这一过程中，佛经翻译、宣讲佛经、佛学研究和诠释著述等，都是实现佛教中国化的重要环节。这些著述不仅维护了佛学的生存与发展，更是佛学中国化的具体体现，成为中国佛学特殊素质的关键标志。

（1）反映中国佛学的本色。

中国佛教学者所撰的佛教典籍，有着鲜明的中国化佛学的鲜明印记，体现了真正的中国佛学思想脉搏和思想本色。中土佛教学者通过著述，把佛学与中国本土文化融、等同起来，在印度佛学之外，体现出中国佛学本色。如玄学贵无，以老子"无为"作为核心概念，认为世间万物皆由"无"派生。道安致力于以中国传统语汇注释《般若》《道行》《密迹》等经典，《高僧传》赞其劳绩："妙尽深旨，条贯既序，文理会通，经义克明，自安始也。"道安的释经之所以能"条贯既序，文理会通"，原因之一便是他善于以中土传统词汇阐释佛理。他宣讲般若学说时，便以"寂寥无言"、"恍忽无形"、"睹末可以达本"、"损之又损之，以至于无为"、"忘之又忘之，以至于无欲"等《老子》中的句式表述，用一系列汉字旧词阐释佛教理念，使人看到的是中国化的佛学。

翻译佛教典籍本应忠实原本，承载的是原本中表达的域外思想，但从这些典籍被翻译成中文之时起，它们所承载的思想其实已或多或少地受到中土传统思想的影响而发生改变。通过具体地考察每部佛教典籍的翻译过程，包括翻译时间、地点、译主，特别是译场的其他翻译者和参与翻译的执笔对该典籍的理解等，可以了解到，通过翻译，印度佛学思想已发生了改变。而关于这些典籍翻译情况的最早著述，就记载在相关的翻译记以及序引跋文中。除了翻译时的改变，其后中土人士在学习这些典籍中，通过阅读接受以及阅读之后所写的著作与文章，包括各种章疏序跋，表达他们吸收、消化外来佛学，以滋养自身的历程。如慧皎《高僧传》反映了中国佛学精英对佛教经典的阐释与体系化。梁代宝唱《名僧传》记录汉地学说和著作，包括三乘渐解实相事、无神我事、慧远习有宗事、竺道生立佛性义、观空义、善不受报义、昙济七宗论序等，都是佛教教义上的重要言论。儒佛道三家议论佛学的典籍、言论，对佛学的评论和佛学与之论辩的文字，三家关系与思想交流等，都为汉地佛学著述所关注。又如智升《开元释教录》以经典本身的内容特征决定其归属分类，根据佛学典籍本身所反映的知识内容和思想倾向，分门别类地把它们组成一个有内在逻辑联系的完整体系。作者将同一思想内容的经典集中在一起，把内容与性质相近的经典排在相近的位置上，这样，有利于系统地揭示这些经典本身最本质的属性和内容上的相互联系，在一定程度上反映出佛学全貌，既便于学人从整体上把握佛学，也便于人们触类旁通，认识某一种经典在整个佛学中的地位。

（2）记载中国佛教学说及其变迁。

汉地佛学著述记录着佛学在中土弘传的历史，载叙佛学内容的变迁，叙述学派与宗派的发展，反映佛学各派人士的信仰，详叙各大宗派的历史与学说，记载佛学典籍的翻译、传承及弘扬，载录儒佛道三家在相互论争中相互融会的历史。如其中的佛学注疏，是研究诸宗本末理论的主要经典，反映出中国佛学地域时代的变迁、社会关心的重心、教义理解的深浅以及理论嬗递的状态。不少注疏往往又有复疏，以致复疏又有复疏。汤用彤认为："学者如能考群经注疏之内容及其多寡，而明其变迁之故，则全部佛教史可以窥知也。"（《汉魏两晋南北朝佛教史》）。而佛学宗系著作通过灯录与传记，翔实记载佛学各大宗派的历史与学说以及禅学思想，体现出中国佛学禅学化的转向。彭绍升著《居士传》，记录上始后汉下迄清乾隆年间近三百人，传末均注有出典，有佛学和世俗史传、文集、序录、笔记等。书中记录的人物，大多是有一定政治或学术地位的宰官士大夫，他们不仅在政治上、经济上扶持僧伽，推进民间佛教发展，而且利用自己较高的文化修养和身份，撰作各种阐释佛理或记叙佛教史迹的著作，形成影响至大至深的居士佛教。清代彭希撰《净土圣贤录》，记叙以修持净土法门，以期死后往生西方极乐净土世界的人物，表明中国佛学的净土化趋向。

僧传著述的目的旨在表彰翻译在佛教中国化进程中的首要业绩，也旨在延续佛经翻译的源流，使翻译家的事迹能够久传。智升《续古今译经图纪序》说："自兹厥后，传译相仍，诸有藻绘，无斯纪述。升虽不敏，敢辄赞扬，虽线麻之有殊，冀相续而无绝。"北宋戒珠《净土往生传叙》说："汉魏以来，翘诚西方蒐闻其有人者，实以大法初流，经文之未备矣。西晋时，刘曜寇荡京洛，僧显避地江东，始由三事因愿，骤感祥异。然其拳拳之志，以遭乱世，遗风胜业，代或无闻。"可见，这些僧传记载各个时期内具有不同经历和个性的佛学人物及其所从事的佛教事业，而这些事业都是处于一定历史条件之下的，因而与一切有关佛教的大事包括佛学的盛衰，经典的翻译、注疏，宗派的建立，学说的传播以及典章制度、寺宇建筑、中印间佛教交流等，都会在他们的传记中表达出来。如道宣《续高僧传》征采周富，叙载详赡，笔力纵放，词句绮丽。作者沿承慧皎《高僧传》轨范，在每科之末设"论"，"搜擢源沠，剖析宪章，组织词令，琢磨行业"。撮示一科指归，溯沿佛学源流，评议人物史事。前八科在论之后又有赞。赞是对所叙一科僧学德行的赞颂，论始标大意，类似前序，末辨时人，事同后议，用来讨核源流，商榷取舍。

还有的僧传著作专记西行求法学僧，有的专载高逸人物，有的专记一山一寺学僧，有的专志某宗某派大德，这种传记，幅度宽广，时代绵长，人物众多，卷帙也较大。这类著述的奠基之作，是慧皎《高僧传》，它的分类方式和写作形式成为后代写作总传的典范。王曼颖在《致慧皎书》中称其"不刊之笔。属辞比事，不文不质"。费长房《历代三宝记》认为是"为时所轨"。道宣《续高僧传》赞其"文义明约，即世崇重"。明代明河因见宋代以后，僧传阙如，于是广泛搜罗材料，又经弟子道开加工编辑，撰成《补续高僧传》二十六卷，记载从唐代到明万历末年的高僧事迹。其分类仍采用十科，并将《译经》和《义解》置于首卷。但译经篇中的人数较少，表明佛教发展至明代，佛典翻译已基本完成历史使命。而习禅篇卷帙庞大，反映出此时期禅宗及其宗门语录的兴盛。阙名《曹溪大师别传》记叙慧能事迹，其中还记载了求那跋摩、智药、真谛等三藏的悬记。书中记载自慧能为无尽藏尼释《涅槃经》义，至黄梅得法，南归于制旨寺论风幡义，在宝林寺广开东山法门，中宗敕迎其入宫，慧能表辞，又遣中使薛简问道，临寂时说传法不再传衣事迹，以及唐肃宗对他的尊敬，末记灵瑞事六则，是汉地南禅思想演进的真实记叙，并影响了以后的传记、坛经、灯录。明末四大高僧之一袾宏撰《往生集》，记载慧能以后的禅宗与净土宗的信仰密切相联，禅宗宗匠们融会净土法门，提倡禅净双修。作者认为，禅中有净，净中有禅，两者不可分离。"禅者，净土之禅。净土者，禅之净土。"琴公《念佛警策偈》将净土法门中的念佛提到宗门头则公案的理论高度，他说："一句阿弥陀佛，宗门头则公案。"而天台宗人有俨认为，无论是戒定慧，还是显密教，都通净土之路。只要选择其中的一种修习，就能往生净土。这反映出明末以后，佛学界显密教法与净土法门的融通，也说明慧能本不信西方净土，但这只是历史的一面，并非全部中土佛学面貌。因为慧能不能代表中土禅学，更不能表达中土佛学。慧能因不识字，极大地限制了他在佛教思想上的建树。他只能模仿前人和时人，重复大师们的说法，不可能像弘忍一样，创造性地研究禅学，建立起自己的禅学理论。

中国佛学是接受印度佛学思想又参酌传统文化思想消化融会的结晶，但这两种思想的融合经历了千年译经运动和义解注疏，经过了中土学者的理解、消化和改变以及与传统思想文化体系的辩难，这其中，佛学史上的护法著作，就是梵汉思想体系融会的历史写照。护法著作弘扬佛学，载录儒佛道三家的文化交流和融汇历史，展现佛学中国化的历程。如元代祥迈《辩伪录》叙录元代佛道论辩交争史实，收载以破斥元代道士令狐璋、史志经编写的《老子八十一化图》为主，兼及其他文献。祥迈此录，记载当时佛教与全真道徒的辩论，此为元代佛道之争一件大事，也是中土历史上最重要的一次佛道辩论，对三教合一具有深远影响。张伯淳在祥迈注《韩文公别传》序中说："至元辛卯之岁孟春，大云峰长老迈吉祥，钦奉皇帝明命，撰述至元辩伪录，奏对天颜，睿览颁行，入藏流通。原其所自，乙卯间，道士丘处机、李志常等，毁西京天城夫子庙为文城观，毁灭释迦佛像白玉观音舍利宝塔，谋占梵刹四百八十二所，传袭王浮伪语老子八十一化图，惑乱臣佐。时少林裕长老率师德诣阙陈奏，先朝蒙哥皇帝玉音宣谕，登殿辩对化胡真伪。圣躬临朝亲证。李志常等义堕词屈。奉旨焚伪经，罢道为僧老十七人。还佛寺三十七所。"贵吉祥序中说："至元十八年十月二十日，钦奉先皇帝圣旨，勒令天下伪经一时焚尽，由是佛日重晖于碧汉，清云广布于阎浮。右如意所作：文赋注解、四经序、韩文别传、性海赋等，在世已传；然兹论五卷二百余纸，穷释老之渊源，分邪正之优劣。"

　　唐法琳《辩正论》针对道士李仲卿《十异九迷论》和刘进喜《显正论》，系统叙载西晋以下至唐初十代王臣的奉佛事迹，特别是历代皇帝译经数目，诵经持戒事迹，清晰地展示了历代佛学发展的历程。这些著述是中国佛学史，探讨佛学在中国的发展，或者说佛学的中国化过程，成为与佛典汉译具有同样重要性的一部分。汉地佛学著述几乎与佛典的传入同步，是中国佛教学者一方面理解和消化印度佛学，同时又力图摆脱印度佛学的桎梏，根据本土需要而进行独立的撰述。通过汉地佛学著述的创作及其社会影响，向纵深推动汉地本土资源消化佛学思想以及佛学思想以适应本土文化的进程。正是中土学僧自己的著作，真正表达了中土佛学的思想历程和理论本色。汉地本土的佛典著述，不仅反映了一定时期地区佛学的流传和民间信仰，以及与其他思想尤其是与传统文化结合的状况，更是对历代僧俗学者对佛教的理解与发展，对社会思潮的流行和佛学的中国化、世俗化以及中土人士思想中的佛学形态的真实记录。

　　（3）体现佛教学者对经典的认识和理解。

　　汉地义学著述记录着佛学传入后融入中国社会及佛学弘传的历史、佛学内容的变迁、佛教理论的深度发展以及学派与宗派的发展，反映著述时代的佛学思潮及社会思想界的实际动态。佛教内部不同的宗派相互辩难而撰述的文字，记载了中土佛学思想的发展现状及其演进。如禅门僧人编创的语录，既与某一宗派有关，也反映出禅宗的兴盛。僧祐把他所读到的序引跋记全部汇总收集，认为"缘记撰则原始之本克昭，名录诠则年代之目不坠，经序总则胜集之时足征，列传述则伊人之风可见"（《出三藏记集》）。他认为只有从四个方面来看佛典翻译，译经的源流才能一目了然。而其中"经序总则胜集之时足征"则意谓根据经序，可以考察到各佛学典籍翻译的历史。在这些序引跋记中，真实记载了汉魏两晋至南北朝佛学及佛典汉译评论思想。《出三藏记集》还记载了各个时期内具有不同经历和个性的佛学人物以及他们的佛教活动，反映出当时人们对佛教的理解与各时期的佛学状况。另如惠洪《禅林僧宝传》，因不满意唐、宋《高僧传》，有意另外编写某些禅师的传记。全书以笔记体裁记载禅林掌故，禅门传记，除记录事迹外，还记录机缘语句，以见其悟境界及门庭设施。此书融汇众说，自成一家之言，后人都目之为"丛林之扶风龙门"（《禅籍志》下）。隋代灌顶根据平生记忆，并访询前辈写成《天台智者大师别传》一卷，传载智者家世、出家学道、修持弘法、居瓦官寺、住天台山、朝野尊奉、神通感应以及智者的品德，通过作者亲切的感受表达出来，极富感染力。汉地著述也真实反映了历代佛教学者对佛教典籍的理解和认识。僧祐《出三藏记集》叙述编录此书的原因时说：

> 原夫经出西域，运流东方，提挈万里，翻转胡汉，国音各殊，故文有同异，前后重来，故题有新旧。而后之学者，鲜克研核，遂乃书写继踵，而不知经出之岁，诵说比肩，而莫测传法之人，授受之道，亦已阙矣。……昔安法师以鸿才渊鉴，爰撰经录，订正闻见，炳然区分。自兹已来，妙典间出。皆是大乘宝海，时竞讲习。而年代人名，莫有铨贯。岁月逾迈，本源将没，后生疑惑，奚所取明？……于是牵课嬴恙，沿波讨源，缀其所闻，名曰《出三藏记集》。

明确表达了作者旨在"沿波讨源"的目的。其撰缘记记述佛典结集和翻译的起源，叙述印度佛典的编纂和中土译经的渊源，追寻佛教文化及学术源流，体现出佛学经录对于佛教传播所作的研究。南北朝时的经录除了详考每部经的译者、真伪等，还按译出时间排序，成为记载佛典汉译史书籍。隋朝实现了南北一统，开始设官经，如法经等奉敕撰《众经目录》七卷，依据佛典的性质和内容，区分为译经、撰述两部分，又将译经分大小乘两类，再就大小乘各分经、律、论三类。撰述中分西方、此方两类，首次将中国著述入录。费长房撰《历代三宝记》十五卷，与隋天台宗智颉大师弟子灌顶在总结其师功德中有造寺三十六所，大藏经十五藏的内容一致，可谓彼此呼应，说明汉译佛典至隋代已通过大藏经的编排体系被初步确定下来。隋炀帝时，建立官方的内道场，为佛教典籍编撰《诸经目》，"分别条贯，以佛所说经为三部：一曰大乘，二曰小乘，三曰杂经。其余似后人假托为之者，别为一部，谓之疑经"。把佛教典籍中的经也分成四部，其他"又有菩萨及诸深解奥义、赞明佛理者，名之为论，及戒律并有大、小及中三部之别。又所学者，录其当时行事，名之为记，凡十一种"（《隋书·经籍志》）。说明当时的佛教史家接受了经、律、论概念，并有"十一种"之分。而这种分类的佛学典籍还未在中土图书的四部分类中出现过。

佛学经典在中土初期的译弘并无一定计划和系统，也没有一定组织，而是"值残出残，值全出全"（僧祐《出三藏记集》），随意性很大。以致时人记录所出佛经无法按内容分类，只能按译人、译地和译经先后编排。随着译籍日富，部帙日增，同一原本的不同译本也不断出现。译出的经典在抄写流传中，失译、误传、伪经也时有发生，于是"夫目录之兴也，盖所以别真伪，名是非，记人代之古今，标部卷之多少，撮拾遗漏，删刘骈赘，欲使正教伦理，金言有绪，提纲举要，历然可观也"（智升《开元释教录》）。道安撰《综理众经目录》，为经录发展奠定了基础。但道安还没有经律论分类的概念，只是按译经特征存、阙、真、伪区分。这样的区分并不能反映经典的性质。南北朝时，汉译佛典日益增多，经典的系统性也随之显现，佛学经录编纂也进入高潮，佛经的整理编目也趋于完备，不但考虑到佛典传译现状，而且兼及其内容性质。梁代佚名《众经别录》即分经、律、论三藏形式，经类又分大小乘，疑经则另作专篇，这标志着中土佛学开始对印度佛学的理论体系有了初步认识。经以梁代僧祐《出三藏记集》，隋法经《大隋众经目录》及费长房《历代三宝记》为代表的历代佛经目录学家的发展完善，至于唐代道宣《大唐内典录》与智升《开元释教录》，体例最终形成。

佛学著述也是历代佛教各派人士信仰的真实写照。佛教纂辑历来被佛经目录学家视为"东土圣贤集"的重要组成部分，如宝唱《经律异相序》谓梁武帝"以法海浩博，浅识窥寻，卒难该究"，因而敕僧旻等抄一切经论。《经律异相》是一部采录汉译经律论中的佛教史实，分类排纂，以供研读的大型佛教类书，也是一部重要的佛教故事总集。每则事类之末均注有出自某经某卷的出处，有些行文中兼有考校诸经所云异同或释梵名的夹注，如天地部辑录佛教对空间、时间、自然现象、地理区域的看法和有关事例。书中很少采录名相纷繁内容艰深的纯理论论述，多采录有一定故事情节的叙事性的佛典原文。如为说明佛教信仰对象和佛教教理而编集的神话、寓言和譬喻，或以真实人物为依托敷述的历史传说及寓言故事，或自古以来就在印度流传，从不同侧面反映印度各阶层人物的善恶是非、智愚情趣和日常生活的民间故事。这些佛教故事主要出自经、律和论三类翻译著作，其构思奇特，文采茂美，含蓄深邃，广泛流传于汉地。《大中祥符法宝录序》说："夫出世之法，无说之说也，阐教之文，因言遣言也。故一音立海潮之喻，随类而得闻，万窍有天籁之名，殊声而皆是。虽复华竺辽夐，圣贤差别，至于发挥神妙，觉悟昏蒙，辟甘露之通门，舣爱河之长檝，导迷拯物，其揆一也。自金容应见，宝偈翻传，像教勃兴，龙宫开奥，时更累代，数余千祀。御历文思之主，有位清信之臣，法苑五教之师，隐居四依之士，识与理会，言成法施，斯皆受能仁之付嘱，遵外护之阐扬。"表明中土著述真正体现了本土佛教的实际状态。唐代道世《诸经要集》，就理论性言，书中采录的佛典原文大多是关于在家和出家修行的意义、内容、要求、方法，包括佛事活动和僧人日常生活细则。虽然其中不乏譬喻、寓言和故事，但它们都从属于教法教规的理论阐述。所涉及的理论十分广泛，有敬重佛、法、僧的含义，大乘六度的要旨，有情众生的四生，业报的原理种类等。就述作性言，书中的卷文虽然以辑录经文为主体，但有许多内容是由作者自主撰写，表达了作者本人的思想见解。

（4）表达著述者的思想与情感。

僧传著述虽然是为他人作传，但也表达了作者在这些著作中所融贯的观点与思想情感。如僧祐在《出三藏记集》序中说："自大法东渐，岁几五百，缘各信否，运亦崇替。正见者敷赞，邪惑者谤讪。至于守文曲儒，则拒为异教；巧言左道，则引为同法。拒有拔本之迷，引有朱紫之乱。遂令诡论稍繁，讹辞孔炽。……祐以末学，志深弘护，静言浮俗，愤慨于心。遂以药疾微间，山栖余暇，撰古今之明篇，总道俗之雅论。其有刻意剪邪，建言卫法，制无大小，莫不毕采。又前代胜士书记文述，有益亦皆编录。类聚区分，列为一十四卷。夫道以人弘，教以文明，弘道明教，故谓之《弘明集》。兼率浅怀，附论于末。"反映出作者本人对佛学的认识和理解。而僧祐作为当时中土佛学界精英，更代表了当时中国佛学的发展水平。其《弘明集》辑录佛教护法文集，反映出当时佛学界的思想论争，同时也融贯了作者自己的观点与情感，表达了他对佛教发展的愿望。

慧皎《高僧传》在其前言中撰列十八种佛教史与传记著作，有意放弃印度偶像传记的惯例，也不采用当时的调和理论，一反传统历史著作中流行的主流作法，特意改"名僧传"为"高僧传"。他在列举了前人所撰传记著作后称："自前代所撰，多曰'名僧'。然'名'者，本实之宾也。若实行潜光，则高而不名；寡德适时，则名而不高。名而不高，本非所纪；高而不名，则备今录。"反映作者对于"寡德适时"的"名僧"的鄙弃和对佛教求真学风的期盼，更表明慧皎对僧人群体素质的重视。更重要的是，他将"名僧"改为"高僧"，意在与本土"名士"相区别，实际上也是将佛学与传统学术相区别。在中国历史上，魏晋名士是一个"尚通脱"的惊世骇俗群体，他们独立特行而随情任性，无拘无束而逍遥自在，恣肆癫狂而独得其乐，他们鄙弃儒家训导和礼教习俗，看破功名富贵和毁誉生死，他们都有着较深的文化根底，也有自己的思想，他们崇尚清谈，顺应自然和本性。这在表面上与当时的佛学有些相似，与一些佛教人士也交融在一起，尤其是佛教主动依附名士，以传播佛学。但其结果是使佛学失去了本来面目。这应该是慧皎改"名"为"高"的真实意图。其实，依佛学中道思想，名僧的学问道德在当时的佛学界占有主导地位，佛教学界高僧大德的猥滥尚不明显，以"名僧"为名并不背离当时教团的基本事实，而只有当教团内部的猥滥趋于严重之时，以抗击烟霞、高蹈独绝为标志的"高僧"才有可能逐渐取代"名僧"地位。但慧皎的撰述理念表达了他的佛教发展观，他不愿意让印度佛学混同于中土思想，这也是对当时"格义"佛学的矫正，同时也表明他对佛教大众化的要求。他一面追求印度佛学的本义，一面又刻意与印度佛教相对应，表现出中国文化的努力。慧皎特意转变对著名人物的生平记录，反映出背离世俗文学与历史著作中流行的标准，以用高标准与佛教戒律，引起权贵社会与知识阶层的注目，其主要动机是力图将佛教传记从边缘移至中心，使其在中国文化史上有僧侣的一席之地。这从慧皎强调僧侣与当时政治与文学领袖人物之间的关系中可以证明他们被中国上层社会的接纳。这无疑会促进佛学的传播，推动佛教的深入发展。

道宣《续高僧传》载，道凭初诵《维摩》，后学《涅槃》，复寻《成实》，"初听半文，便竖大义。聪明之誉，无羡昔人，致使遐迩闻风，咸思顶谒"。"凭之处道，弘护居心，经律邃讲，福智双习。骨族血亲，往来顿绝；势贯豪家，全无游止。而乞食自资，少所恒习；袒肩净洗，老而弥固；胫肩无服，生死齐焉。"又载昙鸾少年出家，遍习内外经籍，受过良好的文学熏陶，深研中观学派四论之学及涅槃佛性义。他在《往生论注》中广泛引用内外典籍包括儒、道及官方史书。传记载其阅读《大集经》时，经文中的术语与句子非常难以理解，他深为其烦扰，因为《大集经》是各种佛学经典的汇集，缺少某种内在的统一性，导致阅读困难。因此，他开始为此经撰写著疏。从昙鸾身上可以看出佛学思想的变化，也能找到这种变化的若干原因。无论是对道家的兴趣，还是对念佛净土的追求，都代表了部分佛教学者功利之心和实用目的的滋长。又如《洛阳伽蓝记》作者杨衒之"见寺宇壮丽，损费金碧，王公相竞，侵渔百姓，乃撰《洛阳伽蓝记》，言不恤众庶也"（道宣《广弘明集》卷六），反映了作者对于当时佛教发展的忧虑心态。因为佛教的过度发展往往会招致灾难，这有历史可以借鉴，因此作者只是希望佛教以正常的态势发展。

撰著者的思想感情实际上也代表着佛学界人士的佛教思想和佛学观念。赞宁《宋高僧传》中的"论"以前序后议的形式，阐扬一科的主旨源流，评骘其中突出的人物，同时也透露对学僧中某些形象的看法，反映出佛学发展史上的情况。如《译经论》中评论"顷世学徒，唯慕钻求一典，谓言广读多惑，斯盖堕学之辞"；《亡身论》评论"凡夫之徒，弃舍身命，欲激誉一时，流名万代。及临火就薪，悔怖交切，于是黾勉从事，空瘿万苦"；《经师论》评论"顷世学者，裁得首尾余声，便言擅名当世。经文起尽，曾不措怀。或破句以合声，或分文以足韵，岂唯声之不足，亦乃文不成诠。听者唯增恍惚，闻之但益睡眠"；《唱导论》评论有的人"综习未广，谙研不长，既无临时捷辩，必应遵用旧本；然才非己出，制自他成，吐纳宫商，动见纰缪。其中传写讹误，亦皆依而宣唱，致使鱼鲁淆乱，鼠璞相疑；或时礼拜中间，忏疏忽至，既无宿蓄，耻欲屈头，临时抽造，骞棘难辩，意虑慌忙，心口乖越，前言既久，后语未就，抽衣謦咳，示延时节，列席寒心，观徒启齿"。都是针对当时学僧不深究学术或妄邀名誉而提出的意见。梁启超在《佛家经录在中国目录学之位置》中称佛教经录所用方法有优胜于普通目录之书者数事，一曰历史观念甚发达，二曰辨别真伪极严，三曰比较甚审，四曰搜采遗逸甚勤，五曰分类极复杂而周备，表明佛教经录具有历史和学术多种功能。他还指出："吾侪试一读僧祐、法经、长房、道宣诸作，不能不叹刘《略》、班《志》、荀《簿》、阮《录》之太简单，太素朴，且痛惜于后此踵作者之无进步也。郑渔仲、章实斋治校雠之学，精思独辟，恨其于佛录未一涉览焉，否则其所发挥必更有进，可断言也。"揭示出佛教学者极强的思辨能力，逻辑思维能力高出一般学者之上，他们编纂的经录也就具有很高的学术和理论价值。

伪经是汉地佛学著述中重要的一类。但在早期，由于没有认识到它的佛学意义而受到学者批评。《出三藏记集·新集安公疑经录》曾引道安语说："外国僧法，学皆跪而口受。同师所受，若十、二十转，以授后学。若有一字异者，共相推挍，得便摈之。僧法无纵也。经至晋土，其年未远，而喜事者以沙标金，斌斌如也，而无括正，何以别真伪乎？农者禾草俱在，后稷为之叹息；金匮玉石同缄，卞和为之怀耻。安敢预学次，见泾渭杂流，龙蛇并进，岂不耻之！今列意谓非佛经者如左，以示将来学士，共知鄙倍焉。"僧祐也对伪经表现出深切的忧虑和不满，他在《出三藏记集·新集疑经伪撰杂录》中认为，真经与伪经的区别是，在形式上，真经"远适外域""承译西宾"，而伪经"依倚杂经""自制名题"；在内容上，真经"体趣融然深远"，而伪经"辞意浅杂"。他说："自像运浇季，浮竞者多，或凭真以构伪，或饰虚以乱实。昔安法师摘出伪经二十六部，又指慧达道人以为深戒。古既有之，今亦宜然矣。祐校阅群经，广集同异，约以经律，颇见所疑。夫真经体趣融然深远，假托之文辞意浅杂，玉石朱紫，无所逃形也。今区别所疑，注之于录，并近世妄撰，亦标于末。并依倚杂经而自制名题，进不闻远适外域，退不见承译西宾，'我闻'兴于户牗，印可出于胸怀，诳误后学，良足寒心。"

　　学者们对于伪经的认识和评论反映出汉地佛学的演进足迹，也表现出不同学者对佛教经典的标准，特别是对佛陀真实意旨的理解。其实，伪经的撰述表达了汉地学者真心实践佛教的意愿，它也是佛学与本土文化结合的体现，或者说是佛教本土化的一条途径。初期部分学者对待伪经的批评态度，表明他们对佛学中国化的理解还比较狭隘，对于融汇佛教与传统思想的途径除了"格义"一途，还没有展开更为广阔的的视野。

　　（5）传达学术精英建构体系化佛学的努力。

　　佛学僧传著述表达了中土佛学精英对佛学经典的阐发与体系化所作出的努力，更表现出他们旨在维护纯真的佛学。惟白《大藏经纲目指要录》说："然教分五宗，实枢机如来所说，经律论靡不该罗，其道本一贯也。窃尝以塑佛者为喻。喻之何谓也？若慈恩教者，如立佛骨筋泥也；南山教者，如裹佛细泥致密也；天台教者，如安佛五脏内备也；贤首教者，如装佛金彩色泽也；禅门宗者，如着佛眼珠，开光明也。如是则阙之而不可也。"反映出作者力主禅教融合的佛学大统一思想。佛学善书的广泛流行，也反映出中国佛学的走向，即反映出佛学日益突出自身劝善化俗、伦理教化的社会功用，朝着世俗化的方向发展。世俗化佛教重视持戒与行善的统一、修顺与念佛的统一。同时也反映出中土佛学的人文精神得到进一步发展，即禅宗"即世间求解脱"的观念得到了更充分的体现。宋代以后，"世间法则佛法，佛法则世间法"成为佛教界的基本共识，佛教修行解脱的实践也日益落实到日常生活当中，而佛学僧传著述功能各异，既有佛教历史和译经评论，也有佛学研习和佛理阐发。各家僧传对学僧学业的分科和位次排列依据时代的演进和佛学本身的发展而设立科目，既符合历史发展的要求，也反映了佛学的实际情况。

　　灯录是禅宗历代传法机缘的记载。清代元贤《续灯录序》说："禅家历世相传，喻之为灯，取其能破暗以显物，亦取其能继照于无尽也。"灯录以记言体记述师徒传法心要、参悟验证、方便施行、参学所得等，集中表达了禅宗的人生境界、心性思想、直觉思维。但灯录所载，不限于一宗一系。在禅宗内部，虽有人独认曹溪一系为正嫡，以法融与神秀诸师为旁桃，但在外部却尽情广录，因为他们自知慧能的禅并不能代表中土禅宗，尤其不能表现中土禅学的精髓。自道原《景德录》以至明清诸师撰述，不但收录儒家如韩愈、李翱、范仲淹、欧阳修、司马光、周敦颐、苏轼、苏辙、朱熹等人著述，而且收载道家吕洞宾的言论，表现出一种三教合一的思想。这是慧能以后各家力图进一步扩大本宗势力范围，展现真正的禅宗而与教下诸家特别是天台宗竞争的表现，这也反映了禅宗思想的变化和中国佛学与传统文化融合的趋势。净觉《楞伽师资记》记述人物的禅学思想，引用了《楞伽经》《华严经》《大品经》《思益经》《禅诀》《涅槃经》《十地经》《维摩经》《法华经》《智度论》《金光明最胜王经》《文殊说般若经》《普贤观经》《金刚经》《无量寿经》《遗教经》《法句经》等佛典上的众多段落，作为诸师禅学思想的组成部分，这又体现出禅宗重视文字和经典的思想。从这些灯录著作中，可以看出禅宗学说以及禅宗本身的前后关系和变化。不但由唐代的五门（临济、曹洞、云门、法眼和沩仰）发展出七宗，而且转向"文字禅"。本来禅宗是以"不立文字，直指本心"为特征的，只是为了方便教化，禅师不免有开示的法语。中国佛学典籍，本以汉译经、律、论三藏为中心，再予以训诂和整理，禅宗语录的出现，使学佛的方法方式变化。灯录表现出禅宗的佛学方法，它是禅宗独创的体裁，其特色在于，它是第三者的笔录，是禅师与弟子就禅学问答的记录，这充分发挥了《论语》等中国式思维的特色。道原《景德传灯录》中收集了一千余则公案，是当时最完备的禅宗书籍，也被收入《大藏经》中，与汉译的经律论并列，这显示出，禅宗已成为宋代佛教的主流。同时，由于宋代国立寺院及禅院日常生活也趋于公式化，其中的参禅问答也逐渐形式化、知识化和经典化。禅宗灯录著述的经典化，也说明印度佛教经典被本土佛教经典所代替，仅仅以《坛经》称为"经"远远不能表达中土佛教学者的思想。

清代彭绍升《居士传》收集佛教与世俗史传、文集、序录、笔记数十种，专门记叙汉地佛教世俗信仰者的生平事略，特别是他们的佛教活动。全书所收，上至后汉，下至于清乾隆年间，涉及三百零四人。第一人是牟融，最末一人是知归子，卷五记有梁代刘勰。居士作为佛教信仰者团体的一部分，起源于印度原始佛教，为梵文 kulapati 意译，音译为"迦罗越"。在印度原始佛教中，居士与印度的种姓制度有密切的联系，指的是从事手工业和商业活动且经济地位优越的吠舍种姓。随着大乘佛教的发展，居士则演化为居于里巷之中的白衣，即布衣、平民。汉语中"居士"一词指德才兼备而隐居不仕者。佛教传入中土后，受中国社会文化及伦理观念影响，比较重视在家修行，特别是后起的禅宗和净土宗，分别主张"不立文字，直指本心"和各种形式的"念佛"，从而在佛学理论上肯定了在家修持的形式，并称为中国化佛教的一个重要特色。中国佛教中的居士主要分为两类：一类以贵族、官僚、士大夫等知识人士为核心的上层居士，专注于佛学理论的研究、引申与拓展，一类以普通社会民众为基础的基层居士，表现为对佛教的信仰，纯为对佛陀的崇拜和敬畏。中土居士包括社会各阶层的信仰者，范围广泛，人数比出家僧人更多，既有名卿宿儒，也有黎民庶子，其中有些人既有政治地位，又有学术地位。北宋名臣李纲号梁溪居士，他在答吴敏书中论述儒家《易经》与佛教《华严经》异同时说：“《易》立象以尽意，《华严》托事以表法，本无二理，世间、出世间亦无二道。何以言之？天地万物之情，无不摄总于八卦，引而申之，而其象至于无穷，此即华严法界之互相摄入也。一为无量，无量为一，小中现大，大中现小，法界之成坏，一沤之起灭是也。乾坤之阖辟，一气之盈虚是也。《易》有时，其在《华严》则世界也。《易》有才，其在《华严》则法门也。……《系辞》论八卦，必妙之以神。八卦者，菩萨也，如所谓文殊小男，普贤长子之类是也。神者，佛也，如所谓毗卢遮那是也。生生之谓易，一阴一阳之外道，阴阳不测谓之神，犹佛之有清净法身、圆满报身、千百亿化身也。”这类论述具有很高文化素质，因此既有影响力，也更体现出佛学中国化的程度。

4. 汉译佛教悉昙文字学指导佛学者传译佛典

由于种族、文化背景及各自的人生观和价值观不同，印度学僧重视文法犹如汉地学僧重视历史。印度向有“字母的花园”之称，自古有多达数十种文字，书写着不同的语言和方言。《方广大庄严经》卷四载印度人的学术知识有“尼建图论、韦陀论、卢尼致论、式叉论、阿毗梨论、声明论、因明论”等。其中“式叉论”即语言学，“卢尼致论”即语源学，“尼建图论”为同义词学。玄应《一切经音义》载：“尼捷茶书，此集异名书也，如一物有多名等。”“声明论”为五明之一，属语法学。玄奘《大唐西域记》说：“声明，诠目流别。”可见，印度古代语言学分科极为细致。佛学诸经论的广泛传播，早已通过佛学经典尤其是佛学悉昙学的传播、翻译，把有关印度的语言文字学特别是其中启蒙入门的字母之学普遍传授给国内外的学僧，由此中土一批佛学高僧大德，能由此而学习掌握悉昙梵文之学，并在佛典汉译本和汉地佛学著述中均有分散的对梵文语法的介绍，提示出梵文的特点，译介梵语术语、概念。汉地学僧重视梵文语法，因为梵文和汉语差别很大，要将梵文准确地译成汉语，不能不研究语法。这种研究，为汉地佛教学者树立了明确的语言观，为其实现“梵学真相”，准确理解佛学义理，有效传播佛教文化奠定了语言学的基础。所谓梵学就是佛学。宋代沈括《梦溪笔谈·艺文一》载：“音韵之学，自沈约为四声，及天竺梵学入中国，其术渐密。”元代柳贯《送南竺澄讲主校经却还杭州》诗云：“梵学传皆正，华文润乃全。”

谭世宝《略论佛教的语言文字政策及其伟大成果》一文指出，佛学在中土所传的悉昙文字学，涵盖了印度及相关国家的语言文字，包括婆罗门教的雅语梵文。有关梵文的著作，主要有字书、语法和悉昙三类。字书指梵文单字书，语法是梵汉文法规律的比较研究。悉昙即梵文字母，是梵语 siddham 或 siddhām 的音译，汉译有悉旦、悉谈、肆昙、悉檀、七旦、七昙之异。梵文是印度通行的语言，有关梵文的启蒙读物称为悉昙章。悉昙的意思是成就或成就吉祥，佛学诸经论是以此作为佛教化的印度或西域的字母文字之学的代称。其最初的命意本是要与婆罗门教专研吠陀经雅语文字的声明学有所区别，因为佛教反对婆罗门教，所以包括其有关文字学的经典及学说。佛教所传的字母及文字之学具有特殊的佛教化性质，这不但表现在以"悉昙"为名的命意上，更重要的是对每一个根本字或字母的解释，都打上了佛教化的烙印。

（1）佛学诸经论的悉昙字母之学传入汉地。

自西汉始，汉地僧俗对古印度语言文字已有所认识，《汉书·地理志》载与黄支等国交往时有"译长"，而《史记·大宛传》载"重九译"，"重九"极言其语言与汉语之间差别之大，需要经过多次转译。东汉时，中土僧学开始西行，接触并了解其语言，语言隔阂逐渐减少，便不需"重九译"了。随着佛学的传入，有了新的语言障碍。《高僧传·竺法兰传》载，竺法兰至洛阳，与摄摩腾"少时便善汉言"。同卷《安清传》载："天竺国自称书为天书，语为天语。音训诡蹇，与汉殊异，先后传译，多致谬滥。"《支谶传》又载："时有天竺沙门竺佛朔，以汉灵之时，赍《道行经》来适洛阳，即转梵为汉……又以光和二年于洛阳出《般舟三昧》，谶为传言，河南洛阳孟福、张莲笔受。"这些记载说明，东汉时西域来华学僧多数都像竺法兰一样，很快就能通解汉语，开始汉译佛经。同时汉地僧俗虽觉得天竺语文与汉语差异悬殊，但仍注意学习，并参与协助译经，如智广《悉昙字记自序》明确指出，佛学可以通过汉语传播，表明悉昙文字可以和汉语相比较和研究。汉译悉昙五十字母见载于汉文佛典，最早是东晋法显所译六卷本《大般泥洹经·文字品》，其次为北凉昙无谶等所译四十卷北本《大般涅槃经·如来性品》，另有南朝宋慧严、慧观、谢灵运等把此经与法显六卷本《泥洹经》合改为三十六卷的南本《涅槃经·文字品》。

初期译经的质量不高，原因是很大一部分译本是依赖译者所音译的悉昙字体现的。早在东汉灵帝光和及中平年间，支谶等人译出《般若道行品经》及《兜沙经》，因译本多所缺漏，道安《道行经序》指出："若其悉文，将过三倍。"佚名《放光经记》也指出："经义深奥，又前后参校者不能善悉。"这里，"善悉"的"悉"即道安序所说的"悉文"，是指悉昙文字，直到竺叔兰与竺法寂作最后考校之后，才有一"最为差定"之本。佚名的撰记者认为，在此之前的各本必须更取此本作重校，原因就是其文"晋胡音训，畅义难通，诸开士大学文生书写供养讽诵读者，愿留三思，恕其不逮也。"竺法护译出《光赞般若经》，为《放光般若经》"同本异译"。因为竺法护对"外国异言""贯综诂训，音义字体，无不备晓"，所以《光赞般若经》为当时最高的翻译水准。但是由于《放光般若经》的译本经多次修订，最后之本比《光赞般若经》要晚九年问世，而且《光赞般若经》传入中国内地时已是"既残不具"，所以《放光般若经》的译文略胜于《光赞般若经》。

般若系诸经论结合宗教和语言文字，介绍了悉昙四十二字母功能。谭世宝在《略论佛教的语言文字政策及其伟大成果》中说："印度早期佛学经典将文字看作是佛传的'大事'，所以列出六十四种文字的名目，并启发学人悟出可以用佛理化的四十二个悉昙字母，来掌握这六十四种文字，强调佛教的悉昙文字学要用佛理化的悉昙字母的拼音学作为学习一切语言文字的基础。"竺法寂与竺叔兰所校定的《放光般若经》卷四《陀罗邻尼品》，将悉昙四十二字母称为字门并统称为陀邻尼目佉，意思是说可以用这四十二字母来总持一切语言文字及一切教法，最后以可得二十功德来鼓励信众。这就是"摩诃衍那"，即佛教的大乘教法。竺法护所译《光赞般若经》卷七《观品》说："复次须菩提，菩萨摩诃萨摩诃衍者，谓总持门。彼何谓总持门？诸文字等所说平等，文字之门文字所入。何谓文字之门？文字所入因缘之门"。最后又说："一切诸法，亦悉如是。是为须菩提总持所入因缘文字，分别所入。"陶弘景《真诰运象》篇关于"六十四书"说："为书之本始也，造文之既肇矣，乃是五色初萌，文章画定之时。秀人民之交，别阴阳之分，则有三元八会群芳飞天之书，又有八龙云篆明光之章也。其后，逮二皇之世，演八会之文为龙凤之章，拘省云篆之迹以为顺形。梵书分破二道，坏真从《易》，配别本支，乃为六十四种之书也。遂播之于三十六天，十方上下也。各各取其篇类，异而用之。"认为梵书是"支"而非源，并将六十四书与六十四卦联系起来，揭示出佛典六十四书对汉地道家学说的影响。

西晋时，借助玄学的氛围，佛学在中土得到很大发展，出现了不少兼通梵汉的僧俗。《高僧传·僧伽提婆传》载，罽宾僧伽提婆来华数年后，便能"手执梵文，口宣晋语"。法显游学西域诸国，兼通梵汉。鸠摩罗什生于龟兹，为一代译经宗师，兼通梵汉，表明这一时期汉地与西域在语言学方面的交流在不断加深，以致明清时代，中土人士关于印度语言学的知识日渐丰富。西晋竺法护所译《普曜经》、隋代阇那崛多所译《佛本行集经》、唐代地婆诃罗所译《方广大庄严经》《普曜经》重译本)三部经，都讲到"六十四书"。这是六十四种文字的书体，其中有历来受中土人士重视的三种：即"梵书"，又译"梵天所说之书"或"梵寐书"、佉留书，又译"佉卢虱咤书"或"佉卢虱底书"和"支那书"。"梵书"是梵文的一种书体，即"婆罗谜"字体。在中土古著述中，"梵书"有时指梵文，有时指梵文的书体，有时指佛经或一切梵书著作。"佉留书"又称"驴唇书"，《月藏经》卷七说是"身体端正，唯唇似驴"的驴唇仙人所造。玄应《一切经音义》说是"北方边处人书也"，指出了其使用范围在印度北部边境一带。"支那书"是汉文书体，表明古代印度人民已经注意到中土文字的独特体式。刘宋佛陀什与道生所译《五分律》说："有婆罗门兄弟二人，诵《阐陀鞞陀书》，后于正法出家。闻比丘诵经不正，讥呵言：'诸大德久出家，而不知男女语、一语多语、现在过去未来语、长短音、轻重音，乃作如此诵读佛经。'比丘闻羞耻。"这里，"阐陀鞞陀"指音韵学，"男女语"指梵语语法中的阴性和阳性，"一语多语"是单数和复数，"现在过去未来语"为三种时态，"长短音"是梵语中的长元音和短元音，"轻重音"指辅音的送气与不送气，这些特征与汉语有别，由此引起中土学僧的关注。

鸠摩罗什《通韵》中写道："罗文上下，一不生音。逆、顺、旁、横，无一字而不著，中边左右，耶正交加。大秦小秦，胡梵汉而超间。双声牒韵，巧妙多端。牒韵无一字而不重，双声无一声而不韵。"又说："竖则双声，横则牒韵。"其中"罗文"是《悉昙章》中的内容，是梵文声目和韵母的纵横排列拼音表。在《涅槃经悉昙章罗文》中，以同一声目拼各韵母，可得双声音节，这就是"竖则双声"。以不同声母拼同一韵母，可得叠韵音节，这就是"横则牒韵"。僧祐《出三藏记集·新集安公失译经录》提到有道安所记《悉昙慕》，与罗什《悉昙章》大体同时，说明印度悉昙学在东晋时已有汉译本。《悉昙章》中的双声叠韵拼出的两个或多个音节，有时可能是一个单词，而汉语中的双声叠韵拼出的往往是一个双字词，这种拼音方法影响到了汉语音韵学。《高僧传·慧睿传》载，谢灵运曾向慧睿咨询："经中诸字并众音异旨。于是乃著《十四音训叙》，条列梵汉，昭然可了。"鸠摩罗什所译《摩诃般若波罗蜜经》还论及佛陀的八十种随形好，其中有"六十九者随众音声不过不减"，"七十一者随众语言而为说法"。并说：

善男子，当善学分别诸字，亦当善知一字乃王畏四十二字。一切语言，皆入初字门。一切语言，亦入第二字门，乃至第四十二字门，一切语言皆入其中。一字皆入四十二字，四十二字亦入一字。
是众生应如是善学四十二字，善学四十二字已，能善说字法。善说
字法已，善说无字法。须菩提，如佛善知字法，善知字、善知无字，
为无字法，故说字法。

把传习四十二字看作是普度众生的大事。罗什译《大智度论》还进一
步解释发挥说："今何以说是字等陀罗尼为诸陀罗尼门？答曰：先说一大
者则知余者皆说，此是陀罗尼初门，说初余亦说。复次陀罗尼法，皆从
分别字语生。""荼外更无字，若更有者是四十二字枝派。是字常在世间，
相似相续。故入一切语故无碍。如国国不同，无一定名，故言无名。"明
确指出悉昙四十二字有超越不同国家民族的语言文字障碍的功能。其后
又说："佛亦能说诸余无量功德，但以废说般若波罗蜜故，但略说二十。"
激励学僧信众学习悉昙文字学。《释四摄品》还简要地解释悉昙四十二字
母的结构及其全部的构词拼音的基本原理和方法："一字尽入诸字者，譬
如两一合故为二，三一合故为三，四一合故为四，如是乃至千万。又如
阿字为定，阿字变为罗，又变为波，如是尽入四十二字。四十二字入一
字者，四十二字尽有阿分，阿分还入阿中。"罗什所译《大智度论》载：

> 问曰："何等是菩萨句义？"答曰："天竺语法，众字和合成语，
> 众语和合成句。如'菩'为一字，'提'为一字，是二不合则无语；若
> 和合名为'菩提'，秦言无上智慧。萨埵，或名众生，或是大心。为
> 无上智慧，故出大心名为菩萨埵；愿欲令众生行无上道，是名菩提
> 萨埵。"

文中提示，"字"指音节（或字母），"语"指语词；音节组合成词，词
组合成句。如"菩提"（梵文 bodhi），"菩"（bo）"提"（dhi）不合不能成词。
其中"天竺语法"之"语法"是梵文 Vyākarana 意译，又意译为"记论"，音
译为毗耶羯剌諵、毗何羯喇捺，又作声明记论，总指语法或文字、音韵、
语法学书。句义，依句释义、依名释义。罗什将 Vyākarana 意译为"语
法"一词，早于《左传正义》，其含义相当于现代"语法"术语。隋代慧远
《大乘义章》说："《大智论·句义品》：天竺语法，众字成语，众语成句。
字句语等，增减为异。"南宋法云《翻译名义集》载："《大论》云：天竺语
法，众字和合成语，众语和合成句。如'菩'为一字，'提'为一字，是二
不合则无语，若和合名为'菩提'。"孙良明在《简述汉文佛典对梵文语法介

绍及其对中国古代语法学发展的影响》中指出，汉地佛学著述引用"语法"
概念，说明《大智度论》的影响及中土佛僧对天竺语法的重视。而涅槃诸
经论所介绍的根本字（字母）主要有五十至五十一个，因为这一系的字母
表是按音理排列，所以涅槃经文从音类角度把五十字母归纳和统称为十
四音。正是由于五十字以音理为序以及对字音的分析更加详尽，所以超
越了四十二字母。东晋法显译《大般泥洹经·文字品》说："佛复告迦叶，
一切言说咒术记论，如来所说为一切本。……初现半字为一切本，一切
咒术言语所持真实法聚。童蒙众生从此字本学通诸法。……云何字本？
佛告迦叶，初十四音名为字本，是十四音常为一切不尽之本。"与般若思
想一样，把字母的文字功能和佛教功能相提并论。所说"初现半字为一切
本"的"半字"，就是指悉昙五十个根本字。因为五十字分为体文和声势，
两部分拼合才能成为音义俱全的字词。由于五十字为一切文字之本，而
十四音又是五十字之本，所以十四音就是一切文字之本，所以称字本。
《大般泥洹经》说：

> 吸气之声、随鼻之声、超声、长声，以斯等义和合此字，如此
> 诸字和顺诸声入众言音，皆因舌齿而有差别。因斯字故，无量诸患
> 积聚之身，阴界诸入因缘和合……是故半字名为一切诸字之本……
> 是故善男子，汝等应当善学半字，亦当入彼解文字数。迦叶菩萨白
> 佛言：世尊，我当善学斯等半字。今我世尊始为佛子得最上乘师，
> 我今始入学书之堂。

北凉昙无谶译《大涅槃经》中说："有十四音，名为字义……是十四
音，名曰字本，初知恶者，不破坏故……鲁流卢楼，吸气舌根随鼻之声，
长短超声随音解义，皆因舌齿而有差别。如是字义，能令众生口业清
净……是故半字于诸经书、记论，文章而为根本。"这里"半字"即字母；
"十四音"是梵语中的十四个元音；"鲁流卢楼"是梵语中四个很特殊的元
音，即含有元音和辅音的复合音。文中说它们能令众生口业清净，是因
为它们在僧学日常念诵的《悉昙章》中作为帮声。"毗伽罗论"是语法学。
其后南北朝至隋唐，中土佛学界不断推动汉地佛教学者学习悉昙文字学，
由此促进佛学研究。南齐僧祐《出三藏记集》卷一《胡汉译经文字音义同异
记》中，就已记有如下较为全面的胡汉文字的综述比较之说：

> 昔造书之主凡有三人：长名曰梵，其书右行；次曰佉楼，其书

左行；少者仓颉，其书下行。梵及佉楼居于天竺，黄史仓颉在于中夏。梵佉取法于净天，仓颉因华于鸟迹。文画诚异，传理则同矣。仰寻先觉所说，有六十四书，鹿轮转眼，笔制区分；龙鬼八部，字体殊式。唯梵及佉楼为世胜文，故天竺诸国谓之天书。西方写经虽同祖梵文，然三十六国往往有异，譬诸中土犹篆籀之变体乎？案仓颉古文，沿世代变，古移为籀，籀迁至篆，篆改成隶，其转易多矣。至于傍生八体，则有仙龙云芝，二十四书，则有揩草针殳。名实虽繁，为用盖甚少。然原本定义，则体备于六文；适时为敏，则莫要于隶法。东西之书源，亦可得而略究也。至于梵音为语，单复无恒，或一字以摄众理，或数言而成一义。寻《大涅槃经》列字五十，总释众义十有四音，名为字本。观其发语裁音，宛转相资，或舌根唇末，以长短为异。……又梵书制文，有半字满字，所以名半字者，义未具足，故字体半偏，……又半字为体，如汉文"言"字；满字为体，如汉文"诸"字；以"者"配"言"，方成"诸"字。诸字两合，即满之例也；"言"字单立，即半之类也。半字虽单，为字根本。缘有半字，得成满字。

僧祐出于其佛学立场，把中土传说中的造字之祖仓颉排在第三位，这与陶弘景将梵书看作是"支"而非源，表现出各自不同的思想情趣。僧祐所说的梵书，是婆罗谜字体，即陶弘景所说梵书。陶弘景作为道家人物，虽然主张儒、佛、道三家合流，认为"百法纷凑，无越三教之境"，但又表示："夫万象森罗，不离两仪所育。"（《茅山长沙馆碑》）所以，在三家位次排列上，将道教排在佛教之前。僧祐指出梵书和佉楼书的书写特点，认为此二者为早期印度主要文字。他认为确定梵文的本源，记述有关大梵天王与佉娄仙人、仓颉是创造文字的三兄弟之旧说，并指出通过约五百多年的佛经入华传译历程，至南朝时的中国学僧对于梵汉文字的比较研究已累积奠定了相当全面而深厚的理论基础。这表现在，一是改变了《普曜经》等仅仅把汉字列为世界上数十种文字之一的写法，制造和宣扬两国文字的创造者有兄弟亲缘关系，以强调汉字与印度文字的地位和联系，其目的是要化解汉地人士的普天下唯汉文字独尊的盲目自大的传统心理，使异国文字在中土的传播交流学习变成为兄弟间的文化交流。二是推崇《大涅槃经》的五十字母为唯一纯正的梵文，而将四十二字母列入旁生的多种异体之一。这与《般若经》思想完全相反。其实也是汉地佛学思想发展的体现，表明涅槃思想受到重视。僧祐《出三藏记集》是佛教传译史及经录的重要著作，由此可见五十字在当时的影响地位。《隋书经籍志叙》说："自后汉佛法行于中国，又得西域胡书，能以十四字贯一切音，文省而义广，谓之婆罗门书。"又著录有"《婆罗门书》一卷"。罗什所著《通韵》说："本为五十二字，实生得一百八十二文。就里十四之声……十四音者，七字声短，七字声长。"告诉人们，梵汉文字间的最主要差别是在拼音和注音上。所以沈括《梦溪笔谈》中说："音韵之学，自沈约为四声，及天竺梵学入中国，其术渐密。"郑樵《通志》卷六四《蕃书》又说：

> 梵人别音，在音不在字；华人别字，在字不在音。故梵书甚简，只是数个屈曲耳，差别不多，亦不成文理，而有无穷之音焉……华书制字极密，点画极多，梵书比之实相辽邈，故梵有无穷之音，而华有无穷之字。梵则音有妙义，而字无文采；华则字有变通，而音无锱铢。梵人长于音，所得从文入，故曰：此方真教体，清净在音闻；我昔三摩提，尽从文闻中入。有"目根功德少耳根功德多"之说。华人长于文，所得从见入，故天下以识字人为贤智，以不识字人为愚庸。

郑樵所说"梵书甚简""字无文采"当指文字，罗什所说"天竺国俗，甚重文藻"，则指文采。由于梵文与汉文在书写及语法方面相差悬殊，佛经翻译大师、佛学研究者以及西行取经者，都很关心悉昙著作。彦琮甚至主张学习梵文，以免依靠翻译误解佛经。唐代以后，随着佛学传播和研究的深入，特别是翻译和阅读密教经典中用同音汉字对译的咒语的需要，悉昙更加受到重视，由此诞生了《悉昙字记》一类介绍悉昙知识的著作。西域和印度来华学僧和汉地学僧有不少学习甚至精通"声明"者。唐代中土诸多佛学撰述中都谈到班尼尼，即印度古代语法大师班尼尼（Panini）及其著作《班尼尼语法》，也译为波你尼、波腻尼、波尼你。玄奘《大唐西域记》载："详其文字，梵天所制，原始垂则，四十七言。遇物合成，随事转用，流演枝派，其源浸广。因地随人，微有改变，语其大较，未异本源。而中印度特为详正，辞调和雅，与天同音，气韵清亮，为人轨则。邻境异国，习谬成训，竞趋浇俗，莫守淳风。"这里说印度文字是梵天所造，是婆罗门教的说法，此外尚有佛陀所造、瞿频陀所造等说法。又说：

> 乌铎迦汉荼城西北行二十余里，至娑罗睹逻邑，是制声明论。波你尼仙本生处也。遂古之初，文字繁广，时经劫坏，世界空虚。

长寿诸天，降灵导俗。由是之故，文籍生焉。自时厥后，其源泛滥。梵王、天帝，作则随时，异道诸仙，各制文字，人相祖述，竞习所传，学者虚功，难用详究。人寿百岁之时，有波你尼仙，生知博物，愍时浇薄，欲削浮伪，删定繁猥，游方问道，遇自在天，遂申述作之志。自在天曰：盛矣哉，吾当佑汝！仙人受教而退，于是研精覃思，捃摭群言，作为字书，备有千颂，颂三十二言矣。究极今古，总括文言，封以进上。王甚珍异，下令国中，普使传习，有诵通利，赏千金钱。所以师资传授，盛行当世。故此邑中诸婆罗门硕学高才，博物强识。

慧立、彦琮《大慈恩寺三藏法师传》卷三说玄奘在那烂陀寺学习《声明》二遍，正是由于玄奘研习了梵语语法理论，所以他的梵文典雅优美，合乎规范。智升《开元释散录》说："奘周游五印，遍师明匠，至于五明四含之典，三藏十二之签，七例八转之音，三声六释之句，皆尽其微毕究其妙。"义净《南海寄归内法传》卷四《西方学法》说：

> 夫《声明》者，梵云《摄拖苾驮》，摄拖是声，苾驮是明，即《五明论》之一明也。五天俗书，总名《毗何羯喇拏》。大数有五，同神州之五经也。一则创学《悉谈章》，亦名《悉地罗窣堵》。斯乃小学标章之称，但以成就吉祥为目，本有四十九字，共相乘转，成一十八章，总有一万余字，合三百余颂。凡言一颂，乃有四句，一句八字，总成三十二言。更有小颂大颂，不可具述。六岁童子之学，六月方了……二谓《苏呾啰》，即是一切《声明》之根本经也，译为《略诠意明》，略诠要义。有一千颂，是古博学鸿儒波尼你所造也……八岁童子，八月诵了。三谓《驮睹章》，有一千颂，专明字元，功如上经矣。四谓《三弃攞章》，是荒梗之义，意比田夫创开畴畎，应云《三荒章》。一名《頞瑟吒驮睹》，二名《文荼》，三名《邬拏地》……此《三荒章》，十岁童子三年勤学，方解其义。五谓《苾栗底苏呾啰》，即是前《苏呾啰》释也。乃上古作释，其类实多，于中妙者，有十八千颂。演其经本，详谈众义。尽寰中之规矩，极人天之轨则。十五童子，五岁方解。

指出班尼尼造《苏苏》，又指出此书是五天俗书之一，但为"一切声明之根本"。文中将"五明""四含""三藏""十二"佛学经典与"七例八转""三声六释"属于语法范畴的研究并列，既说明玄奘知识渊博精深，也表明语言文字于经典的同等重要。因为不精通梵文，就不能译经，也不能学佛。法宝曾师事玄奘，后入义净译场，所撰《俱舍论疏》卷九以汉字的孳乳比喻梵语词的派生。文中说：

> 西方字法有字界、字缘，略如此方字有形有声，如一形上声助不同目种种法。如"水"形上若以"可"助，即目其"河"；若以"每"助，即目"海"也；若以"也"助，即目其"池"；若以"白"助，即目"泉"也；若以"甚"助，即目其"湛"；若以"主"助，即目其"注"。"水"之一形有种种义，由助字异。"注""湛"不同，"河""海"有异。"水"是湿义，由可助"水"故目"河"也；若以"可"为"木"助，即目其"柯"。梵字亦尔，钵剌底是"至"义，翳底界是"行"义，由先翳底界"行"义助钵剌底"至"义，转变成"缘"。

唐代普光曾在玄奘译场译经二十年，他在《俱舍论记》中说："西方释名，多依六释。言六释者，一依主释，谓此依彼，或云依士，名异义同；二有财释，如人有财，亦名多财，如有多财，名异义同；三持业释，谓一法体双持两业，业谓业用，或云同依，两用同依一体，名异义同。四相违释，谓二法体彼此各别据，互不相属；五邻近释，体非是彼，近彼得名；六带数释，谓法带数，如言五蕴。"普光还介绍了梵语名词变格："言八转声音：一体，谓直诠法体；二业，谓所作事业；三具，谓作者作具；四为，谓所为也；五从，谓所从也；六属，谓所属也；七依，谓所依也；八呼，谓呼彼也。"说明普光对梵语名词变格的重视。

唐代神清撰、北宋慧宝注《北山录》卷第九以汉字六书与梵语六释作比较。文中说："此方六书，定文字之所出，故穷大篆则于文字之不惑也；彼方六释，辩名题之因致。故穷世语、典语，则于名题有得矣。一切真俗世谛名题，皆以六释摄之，无不辨认宗旨者也。"此方六书即象形、指事、会意、形声、转注、假借。彼方六释为复合词的六种构造法。依主释又作属主释或依士释，指前后有格位关系，如"山寺"是山之寺，"王臣"是王之臣；有财释又作多财释，指作形容词使用的复合词，如"疲倦""喜笑的"；持业释又作同依释，前部分象状语或同位，表示比较等，如"非常远""雪白"；相违释是并列复合词，如"山川草木"；邻近释为副词复合词，如"时刻""一生一世"；带数释前者为数词，如"三界""四方"。这里，佛典介绍了梵语构词法派生与复合两种，且与汉字单体、合体之象形、指示、形声、会意相比。构字法与构词法虽然不同，但在"乳"一点上是相似的。说明汉地僧学总是力图从各个层面使梵汉结合，推动佛学与国学的融合。惟净《景佑天竺字源》说：

> 译经沙门法护合著。宋仁宗序：西天章典，以八字为句，四句成颂。成劫之初，梵王先说，具百万颂传授天人，以其梵王所说，故曰梵书；住劫之初，帝释天主又略为十万颂；其后，波腻尼仙又略为八千颂，此并音字之本。其支派，论有一千颂，字体有三百颂，字缘有二：一者三千颂，二者二千五百颂。又字源字体有八界论，总八百颂。其诸经典文字，不出十二转声，三十四字母，相生相引，合一合三，句载连环，分体分用，中有边际，超越，和会，长短，清浊，不清不浊等声，盖此方音切纯清，次清，纯浊，不清不浊之比焉。是书也，华梵对翻，都为七卷。声明之学，实肇于此。

惟净曾被选入译经院学习梵语，后即参与译经。当时天息灾等译本为了正确地念诵陀罗尼和讽咏赞呗，在音译方面尤为注意，特别是译出了诸多梵赞。宋代的译经着重音的正确，以致七佛名称都没有沿用旧译，如迦叶波改译为迦引舍钵，释迦牟尼改译为设枳也二合母等，这正是宋代译经不同于唐代的特色。这类译本，主要有法天译《文殊师利一百八名梵赞》《圣观自在菩萨梵赞》，法贤译《三身梵赞》《八大灵塔梵赞》《犍椎梵赞》《圣金刚手菩萨一百八名梵赞》《曼殊室利菩萨吉祥伽陀》，施护译《圣多罗菩萨梵赞》等。正是基于这些华梵对译的丰富经验和对梵文的研习，法护、惟净加以总结，依悉昙章十二番字母编成《景佑天竺字源》一书，是为一代音译的典范。谭世宝《略论佛教的语言文字政策及其伟大成果》一文认为，这种梵汉字音对比研究，目的是为译传梵文佛经服务。佛学悉昙文字学传入汉地，在中土悉昙学中倡导和确立了一种兼容并蓄的文字观，认为梵、佉（卢）、汉是世界上三种基本的文字，其关系是同源异流，因而可以互相比较借鉴，而悉昙梵文的字音学是最发达完善，最值得汉人学习借鉴的，这就打破了汉地学者独尊汉字的传统，并对梵汉文字进行比较和研究，特别是为学僧认识梵语字音结构提供了理论基础。在汉译佛学悉昙文字学指导下，汉地僧俗由比较梵汉文字，进而研究翻译，由此使印度佛典和佛学在中土进入了汉化的漫长而艰难的历史进程。

（2）佛学音义著述关于梵学的研究。

忠实准确而又通达流畅地将用西域或天竺异域语言书写的佛教典籍

翻译成便于中土人士理解的汉语文本，是译经大师和评论者们共同关注的议题，总结翻译经验，评论历代译本，提升翻译理论，这是推动佛典汉译的重要途径，同时，编纂音义，与佛学注疏一样，也有助于翻译、理解佛典。佛学音义著述主要是为读习佛典的需要而著。中土译经，自东汉经二百余年到刘宋时，已卷帙浩繁，义理丰富。其间佛教学者对于某单部经典多有注释，但没有对于众经文字的读音解义，只有通过众经音义专著详加注释，才能使学人从音通义，明白了解经论内容。音义著述的出现，就是为了适应这种需要，同时也受到汉地小学家影响。"音义"本是儒家小学类著作中的训诂书，由于这类著作的书名大多标有"音义"二字，因此习称"音义书"。班固《汉书·艺文志》列小学共十家，都属于字书训诂之类。史载最早的音义书是后汉末年孙炎的《尔雅音义》，以后扩展为训释史书和其他古籍中的语词，出现了象韦昭的《汉书音义》一类著作。汉、魏以后出现许多小学家，著有许多有关字学、训诂、音韵的著作，如孔安国、郑玄的《尚书音》，孙炎、郭璞的《尔雅音》，孙登的《道德经音》等。由于音义书籍具备一般语言文字工具书的要素和功能，因而也可以看作为佛学中偏重训诂，训释佛典中有难度的语词的音、形、义的语词类辞典，这不能不影响佛学音义著述。隋唐之际，佛典汉译进入成熟阶段，佛典音义书籍也逐渐增多。由于这些音义著述的性质如同儒家经典中小学类著作，所以为内外学所通用。汉地小学类著作，传统分为字书、韵书和训诂书。这中间，有些著述的收词和释文，与佛学没有直接的关系，可以视为世典，而不是佛典，只是编撰者是学僧。而另一些著述则与佛学有直接联系，包括藏经音义和悉昙。藏经音义著述中多数以佛典部卷和行文为序，依次摘录其中的语词，然后加以训释。内容包括所录汉字形体（偏旁、古字、异体字、通假字和讹写等）、读音（一般用反切法注出）和含义（有引经据典的也有直释的）。其中有单经音义，也有众经音义，都属于训诂书，也可以看作佛学纂集中语词类词典。也有少数是按部首分类收录单字，然后予以解释，这属于字书。由于藏经音义具有直接佐助学人阅读佛典的作用，因此自明末智旭撰《阅藏知津》，别立音义一门，收录藏经音义三种，以后，音义便成为佛学纂集中语言文字类著作的代称。

北齐道慧《一切经音》，是确凿可考的最早藏经音义，其后代有撰述。隋代智骞撰《众经音》，道宣《续高僧传》介绍智骞说："遍洞字源，精娴通俗（汉字通体和俗体）。晚以所学追入道场（译场）。自秘书正字，雠校著作，言义不通，皆咨骞决，即为定其今古，出其人迹，变体诂训，明若面焉。"又认为《众经音》"宏叙周赡，达者高之，家藏一本，以为珍璧"。梵语知识包括悉昙和梵语译名（主要是音译）两大类。悉昙主要介绍梵文字母的书写、分类、发音和拼合规则（不包括句法）。悉昙类著作以刘宋慧睿《十四音训叙》为最早，此书为解答谢灵运的咨问而作，以经中诸字与众音异旨为材料，"条列梵汉，昭然可了"（慧皎《高僧传》卷七《慧睿传》）。梵语译名主要介绍梵语名词的正确音译及词义，或者叙列常用汉字以及与之相对应的梵语等。梵语译名类著作主要有宝唱《翻译梵语》十卷，真谛《翻译外国语》七卷等。

　　唐代既是佛典汉译成熟时期，又是汉地学僧西行求法的高峰时期，于是有学习梵语和注解佛经语言的专书。包括佛教词典、字书、佛经音义等。如唐代玄应撰《一切经音义》，原名《大唐众经音义序》，共二十五卷，征采周富，叙载详赡，引用了如《尔雅》《说文解字》《小雅》《方言》《释名》《广雅》《玉篇》等书，是一部辅导学人阅读《大藏经》的佛学辞典。收录、注解佛典四百五十六部，以经典的卷次和行文为序，摘录古汉语中复合词和梵文翻译名词，并将藏经中难字录出，为之注音释义。全书释文包括注音、释义、分字、辨体、正讹等内容。杨守敬认为这部书"诚小学之渊薮，艺林之鸿宝"（《日本访节志》）。该书重在训释佛典中有一定难度的词语的读音、含义，兼及字形辨析，尤其以解释佛典中梵语音译名词为主，梵汉对照，这些词目以中土通用的古汉语词汇为主，由梵文音译或意译而产生的翻译名词（外来词）为次。其间既有印度文化和自然文化中通用的名词，也有佛教的专用名词。同时还介绍梵文字母及其拼音规则，包括单经音义，藏经单字音训，藏经单字音义，习梵与梵语汉译。玄应是字学家，曾参与玄奘译经。道宣《大唐内典录》说："京师沙门玄应者，亦以字学之富，皂素所推，通造《经音》，甚有科据矣。"称玄应"以贞观末历，敕召参译，综经正纬，资为实录。因译寻阅，捃拾藏经，为之音义。注释训解，援引群籍，证据卓明，焕然可领，结成三帙"。又称玄应"博学字书，统通林苑，周涉古今，括究儒释。昔高齐沙门道慧为《一切经音》，不显名目，但名字类，及至临机搜访多惑，应愤斯事，遂作此音。征核本据，务存实录。即万代之师宗，亦当朝之难隅也。恨叙缀才了，未及覆疏，遂从物故，惜哉！"赞宁《高僧传》载玄应"始事不空三藏，为室洒，内持密藏，外究儒流，印度声明，支那训诂，靡不精奥"。玄应的解释主要为辨字形、注读音、释词义、定正讹。至于对梵文翻译名词的解释，则着重于说明它的不同译名和含义。对构成这一外来词的单字，则视其难易程度，有注音的，也有不注音的。如"南无"，"或作南谟，或言那莫，皆以归礼译之。言和南者，讹也。正言烦淡，或言般淡，此云礼也，或言归命，译人义安命字也"。终南山太一释氏《大唐众经音义序》说：

> 夫以佛教东翻六百余载，举其纲纽三千余轴，随部出音，闻之往说，殷鉴群录，未曰大观。然则必也正名，孔君之贻诰随俗言悟。释父之流慈，非相无以引心，非声无以通解。有大慈恩寺玄应法师，博闻强记。镜林苑之宏标，穷讨本支；通古今之互体，故能雠校源流，勘阅时代。删雅古之野素，削浇薄之浮杂。悟通俗而显教，举集略而腾美。可谓文字之鸿图，言音之龟镜者也。贞观末历，敕召参传宗、经正纬，咨为实录。因译寻阅，捃拾藏经，为之音义。注释训解，援引群籍，证据卓明，焕然可领，结成三袠。自前代所出经论诸音，依字正反，曾无追顾，致失教义，实迷匡俗。今所作者，全异恒伦，随字删定，随音征引，并显唐梵方言，翻度雅郑，推十代之纰紊，定一期之风法。

华严经有新旧两译，旧译为东晋佛陀跋陀罗所译六十卷本，新译是唐实叉难陀所译八十卷本。玄应音义卷一所释为旧译，庄炘指出其不足之处说："以异文为正，俗书为古，泥后世之四声，昧汉人之通借，其识仅与孔颖达、颜师古同科。"慧苑撰《新译大方广佛华严经音义》所释为新译。他指出："使寻读之者不远求师，而决于字义也。"并说：

> 大方广佛华严经者，实可谓该通法界之典，尽穷佛境之说也。若乃文言舛误，正文难彰，真不见生，寻源失路，故涉近以径远，从浅而暨深，去来今尊何莫由斯道。且夫音义之为用也，鉴清浊之明镜，释言诰之旨归，匡谬漏之楷模，辟疑管之钤键者也。至如"低回"误为"迟回"，"彷徨"乃成"稽返"，"俾倪"代乎"僻坭"，"轼环"遂作"女墙"，"桥"书"矫"形，正斜翻覆，"干"存"擀"体，树木参差。若斯之徒，紊乱声义，不加踳驳，何以指南。苑不涯菲薄，少玩兹经，索隐从师，十有九载。虽义旨攸邈，难以随迎，而音训梵言，聊为注述。庶使披文了义，弗俟畴咨，钮字知音，无劳负耒。

慧琳是唐代音义学家，祖籍疏勒，幼习儒学，出家后师事不空三藏，对于显密二教、印度声明、中国训诂等，都有深入的研究。他认为，佛学音义著述在以前虽有诸家，但有的只限于一经，有的且有讹误，于是在各家音义基础之上，根据《韵英》《考声》《切韵》等以释音，根据《说文》《字林》《玉篇》《字统》《古今正字》《文字典说》《开元文字音义》等以释义，并兼采一般经史百家学说，以佛意为标准详加考定，撰成《一切经音义》一百卷。本书注释经典文字音义，内容精审，它将佛典中读音与解义较难的字一一录出，详加音训，并对新旧音译的名词一一考正梵音。慧琳所释以《开元释教录》入藏典籍为主，兼采西明寺藏经，始于《大般若经》，终于《护命法》，共一千三百部五千七百余卷，约六十万言。如玄应《一切经音义》、慧苑《慧苑音义》、法云《翻译名义集》、窥基《法华经音训》等旧音可用者则用，余则自撰。但所用旧音也往往加以删补改订，有的则注明删补。如卷九《放光般若经》卷一释云："绪，旧作辞吕反，今改用徐吕反"；"甫，旧作方宇反，今改用肤武反"；"俞，旧无反切，今补庾朱反"等。这些佛经注释，一本汉儒小学家以字音释字义的原则，使学者由普通义而明其义理。这样，开元入藏的佛经，借助于此书，大都可以理解，这对于佛教义学研究深有帮助。

辽代是佛教义学极为繁盛的时代，佛学音义也备受重视，并有突出成就。希麟继玄应撰《续一切经音义》十卷，为增补慧琳《一切经音义》而作，亦为《开元录》以后至《贞元录》间续翻经论及拾遗律传等二百二十六卷注音解义。其释音多据《韵英》《考声》《切韵》等书，释义多据《说文》《字林》《玉韵》《字统》《古今正字》《文字典说》《开元文字音义》。如有诸书所不备者，则兼采儒经杂史百家之说。书中所引书籍，达二百四十余种之多。书中音义精核详审，既有助于读经注经，对于研究儒经诸史疑义，也有重要作用。本书解释文字，先音后义，先引字书韵书，后征经史与其他古籍，在解释佛典，辨析文字训诂方面具有着独特的作用。景审在序中说："内精密教，入于总持之门；外究墨流，研乎文字之粹。印度声明之妙，支那音韵之精，既瓶受于先师，亦泉泻于后学，鞮译回缀，参于上首。师掇其阙遗。"可洪《新集藏经音义随函录前序》说：

> 藏经文字，谬误颇繁。以要言之，不过三种：或有巧于润色，考义定文；或有妄增偏旁，率情用字；或有此方无体，假借产形；或有书写笔讹，减增画点。笔讹则真俗并失，用乖则句味兼差，令讨义者滞口于天书，俾诵文者踯躅于鸟迹。此皆笔受者肆其胸臆，誊流者弄厥尖毫，遂令坦路变为丘墟，瓦砾浑其珠玉。……今之所撰，或有将双译对会，检以施行；或有诸藏勘同，详之取定；或有

捡诸先作，据旧而呼；或有自适拖怀，辄为音释。……洪幸依龙藏，披览众经，于经律论传七例之中，录出难字二十五卷，除其双书翼从，及以注正说文，于中同号别章，名殊体一，凡具音切者，总一十二万二百二十二字。首尾十载，缀撰方周，……

依据文意，应有四种谬误，可以概括为润饰和用字。这实际上是指经本翻译中的失误，与道安的"五失本"意趣相同，也是很有价值的译经评论。希悟在《赞经音序》说："先有众师音义，未尽其源，各述方语异同，人有不了讹字，虑是传写年远参错，书人执笔谦文，或有误失偏旁，住经捡寻无所。师乃再详经旨，研究是非，单译重译内，殊文备彰；古字俗字中，异样俱显。先详佛意之缘起，后验译主之润文。非师莫能定其旨归，非师莫辨其邪正。实乃因前开士，当代英髦。"也指出了译经中的种种失误。

佛学音义中"习梵"著述研究梵汉语言，解释经义，论述翻译，以此推动佛典传播。宝唱《翻梵语》收录汉译经律论及撰述，虽然不是论述梵文佛经的翻译技巧，但是摘录汉译经律论及撰述中的梵语翻译名词（音译、意译或音义合译），分类排纂，下注其正确音译或不同的音译、意译、出典及卷次，为佛经译者提供了梵文音译名词的正确音译，以及相对应的意译，从而起到佛教辞典的作用。义净《梵语千字文》根据自己的经历和体会，以及西行求法者学习梵语的实际需要，用梵汉两种文字对照，特地挑选词语，"为欲向西国人作学语样，仍各注中梵音，下题汉字。其无字者，以音正之。并是当途要字，但学得此，则余语皆通，不同旧千字文。若兼悉昙章读梵本，一两年间即堪翻译。"全真《唐梵文字自序》说："夫辨识两国言音者，须是师资相乘。或是西国人亦须晓解悉昙童梵汉之语者，或是博学君子欲得作学汉梵之语者。悉昙文字，五天音旨不出此途。传大瑜伽教千岁阿阇梨，方传流通此地，并是中天音韵，最密要文字，出自声明论本。但有学唐梵之语者，得此为首，余语皆通。梵汉两本同学习者，细用其心，一二年间即堪翻译，两国言音字义同美。夫欲翻译持念瑜伽行者，先令精涑此文，梵汉双译。梵字汉字，汉识梵言。梵呼汉字者，或多或并有二合三合，或单或复，但看字元音韵，具在别卷。声韵两段理会，诸家有元之教，乃各题名目，下量汉字。"礼言曾参与般若翻译《大乘理趣六波罗蜜多经》等，时任"译梵语"，著《梵语杂名》。赞宁评曰："礼言精通梵语，故所注梵音大多比较确切。"（《宋高僧传》）。礼言两次到长安译经，作为译语人，他不仅翻译了《普遍智藏般若波罗蜜多心经》等多部显密经典，而且翻译过《星占书》《本草》等著作。

尤其是法云《翻译名义集》，主要收录法显、智猛、智俨、宝云、玄奘、义净等汉地出身的佛经翻译家的译例，摘列其中梵语音译名词，分类排纂。对所收词目的解释，通常包括列举异译，说明意译，引证经文，阐释诸项内容。在引证资料方面，除汉译经律论，数量更多的是汉地僧学撰作的疏论、传记、音义等以及世俗典籍的道教著作。作者释文不满足于某一音译名词意义的说明，而着眼于词目意蕴的阐发，因而释文详尽，条解论辩，内容丰富，也包括玄奘五种不翻的译经评论。由于篇序以及词目释文中又提到许多梵语音译名词、义译名词、音义合译名词，因而书中实际诠释的佛学名词术语有四千八百条。其中"十种通号""释氏众名""总明三藏""半满书籍""唐梵字体""综翻译主"等篇，讨论译名，也涉及译经技巧和理论。法云在其序中说："教传东土，法本西域，当闻香以寻根，故沿流而穷原。辨佛陀僧伽之号，解菩提般若之名，随机之语虽曰无边，旨归之意唯诠二谛。""夫翻译者，谓翻梵天之语，转成汉地之言，音虽似别，义则大同。"《宋僧传》云：如翻锦绣，背面俱华，但左右不同耳。译之言易也，谓以所有，易其所无。故以此方之经，而显彼土之法。《周礼》：掌四方之语，各有其官。东方曰寄，南方曰象，西方曰狄鞮，北方曰译。今通西言而云译者，盖汉世多事北方，而译官兼善西语，故摩腾始至而译《四十二章》，因称译也。言名义者，能诠曰名，所以为义。能诠之名，胡梵音别。自汉至隋，皆指西域以为胡国，唐有彦琮法师，独分胡梵。葱岭已西，并属梵种，铁门之左，皆曰胡乡。言梵音者，劫初廓然。光音天神，降为人祖，宣流梵音。故西域记云：详其文字，梵天所制，原始垂则，四十七言。寓物合成，随事转用，流演枝派，其源浸广。因地随人，微有改变。语其大较，未异本源。而中印度，特为详正，辞调和雅，与天音同，气韵清亮，为人轨则。"其《文法篇》说：

> 或问：玄奘三藏义净法师，西游梵国，东译华言，指其古翻，证曰旧讹，岂可初地龙树论梵音而不亲？三贤罗什译秦言而未正，既皆纰缪，安得感通。泽及古今，福资幽显。今试释曰：秦楚之国，笔聿名殊，殷夏之时，文质体别。况其五印度，别千载日遥，时移俗化，言变名迁，遂致梁唐之新传，乃殊秦晋之旧译。苟能晓意，何必封言，设筌虽殊，得鱼安别。法云十岁无知，三衣滥服，后学圣教，殊昧梵言。由是思义思类，随见随录。但经论文散，疏记义广，前后添削，时将二纪。编成七卷六十四篇，十号三身。居然列

目，四洲七趣，灿尔在掌，免检阅之劳，资诚证之美。但愧义天弥广，管见奚周，教海幽深，蠡测焉尽。其诸鈌疑，倾俟博达者也。

可见法云对于新旧译经的质量及正误也有比较豁达的认识。而宋代处观则明确针对经中的误译，他在《绍兴重雕大藏音序》中说："处观落发学佛，未能明了智慧，愿读一大藏教，以纯熟般若。然而卷轴浩渺，义理渊奥，常患字书舛误，音义疏略，穷日累月，寻绎不暇，虽精进勉强，而常恐有所不逮，而又反思吾徒凡有志者，未始不以此为患也。"法藏一生著述百余卷，又校智俨《华严经中搜玄义钞》五卷，通解经旨，撰《华严经探玄记》二十卷、《教分记》三卷、《指归》一卷。又以"天语土音，燕肝越胆，苟非会释，焉可辨通"，而抄解《华严》旧经与新经中的梵语华言各一卷，即《华言翻梵语》和《华言梵语及音义》，增益古来佚名所集的《华严经内佛名》《菩萨名》成五卷。

5. 汉地佛学著述的文化思想价值

在佛学传播过程中，译经评论者首要关注的是汉地人士由于语言文化差异而造成的对佛理理解的困难。同时，译经既要被统治阶层认同，有效地服务其政治需要，又要满足知识人士对玄奥的哲学思辨的要求，还要适合一般信众的世俗愿望和精神需求。由此，各类围绕译籍撰写的佛学著述应运而生，既推动了佛学的中国化进程，本身又成为中土国学文化的组成部分。

(1)汉地佛学著述适应中土各阶层人士学佛信教的需要。

古代中国，就社会阶层而言，主要有以帝王将相为代表的贵族阶层、以知识士人为核心的士大夫阶层和以普通民众为主的信众阶层，这三大阶层构成佛学的三大接受者。

首先，佛学传入汉地后，始终在王权政治影响下生存和发展。佛教的传播和佛学的兴衰，虽有其自身演进发展的规律，但统治阶层的扶植或限制却直接制约其生存与发展，所以佛学传播必须适应统治阶层主流意识形态。在帝制时代，统治阶层的主流意识形态是社会政治文化的集中反映，虽然不能最终决定佛学的存灭，但对佛学的存在形式和发展趋势以至发展程度都会产生决定性作用。汉地佛教史表明，统治阶层对佛教文化的认定，对佛学的关心程度以及信奉佛教的目的性，都直接关系到佛教的存亡和兴衰。"不依国主，则法事不立"（《高僧传》卷五《道安传》），这是道安传播佛学的切身体会和理论认识，是道安宣扬的一种弘道之法，也是佛学传播历史的经典表述。所以法冲也指出，"国家立寺，本欲安宁社稷"（道宣《续高僧传·法冲传》），道出了佛学与王权的实质性关系。赞宁基于佛学的生存之道，明确提出佛法"以王法为本"和"尊崇儒术为佛事"（《大宋僧史略》）两项主张。如梁武帝晚年重视佛学，弘扬佛教，兴建佛寺，并四次舍身同泰寺，所以梁代佛学兴盛一时。特别是当帝王精通义理，佛学研究便兴盛一时。而"三武一宗"对佛教的限制，却给佛教造成了许多损失。统治阶层对佛教的信仰与推崇或限制甚至打击，主要与其政治目的相关，当然也有研究和信仰的因素。陈文英《中国古代汉传佛教传播史论》一书认为，根据政治经济及个人喜好，皇帝对待佛教的态度，主要有四种类型：一种是崇佛型皇帝，他们除了利用之外，对佛教的崇拜有时达到了狂热的程度。此类型的皇帝对佛教的传播产生了很大的推动作用。二是重佛型皇帝，他们重视佛教，利用佛教为自己的统治服务，对于佛教的传播产生了一定的积极作用。三为轻佛型皇帝，他们对佛教采取限制态度，但还是比较温和，有时也很注意对佛教的利用。四是反佛型皇帝，他们厌恶佛教，禁断佛事，甚至制造"法难"。此类型皇帝对佛教的传播产生的是消极作用。应该还有义理，即义理型皇帝，他们既不是完全的崇拜，也不是简单的重视，而是出于对佛学的兴趣钻研，这与佛教学者一样。如梁武帝有"皇帝菩萨"之称，深研佛学，撰《断酒肉文》，提倡素食，并下诏宗庙不得用荤食祭祀，中国僧众素食之风从此建立，还著有《涅槃经》《大品经》《净名经》《三慧经》等义疏百卷，其佛学造诣深厚。雍正则广读佛典，深通佛理，尤其精于禅坐彻悟，被认为是真正亲参实悟、直透三关的大禅师，他还刊行了最权威的禅宗语录集《雍正御选语录》。

佛学产生的印度其社会背景和文化结构与中国不同，要在中国生存和发展，必须在内容和形式上经过一定的改造和更新，这就是佛学的中国化。而佛学是否中国化，在于它是否能够适应中土统治阶层的意识形态，这又是最重要的一点，其中主要是儒家思想及其变体。正如东晋大臣何充所说："有佛无佛，固是非臣等所能定也。然寻其遗文，钻其要旨，五戒之禁，实助王化！贱昭昭之名行，贵淡淡之潜操，行德在于忘身，抱一心之清妙，……弊无妖妄，神道经久，未有其比也。"（僧祐《弘明集》卷十二《沙门不应尽敬表》）事实上，在佛教诞生的印度，统治阶层对于佛学的诞生和发展都起着主要作用。释迦牟尼在创立佛教的早期发展中，摩揭陀国及拘萨罗国国王们都皈依佛教，有力的政治护法使佛陀可以在各地顺利传道。在此后的发展中各个时代的当政者也都给予佛教不同程度的支持，如孔雀王朝的阿育王皈信佛教，成为佛教的"康士坦丁大帝"，他不仅在国内保护发展佛教，还派遣他的儿子摩晒陀带领佛徒至锡兰传教，成为小乘佛教的发源地。贵霜王朝的迦腻色迦王，笈多王朝的戒日王等，都极力护持佛学，因此在佛经中有佛将佛法托付国王和大臣的说法。《大涅槃经》中说："如来今以无上正法付嘱诸王、大臣、宰相。"《仁王般若经》中也说：佛言"吾灭度后，此《般若经》付嘱诸国王，守护流传"。

　　佛学中国化的进程也始终有赖于帝王的支持和重视，无论是译经还是著述，帝王的倡导和扶植都为佛学中国化提供了保障。自秦汉以下，专制主义的中央集权一直是中国政治制度的主要形式，皇帝拥有至高无上的权力，他们对佛教的态度，直接影响佛学中国化的进程。"释、老之教，行乎中国也，千数百年，而其盛衰，每系乎时君之好恶。"（《元史释老》），佛学一旦取得统治阶层的认可和支持，便能较顺利地完成与不同社会环境的适应变迁，获得生存空间。所以佛学在教义的适应性译释、弘法布道内容的调整、修正宗教团体的组织章程、增减教规戒律等方面都极力寻求适应生存的外部条件，也就是获得帝王的支持。历代帝王像支持佛经翻译一样，也支持佛学著述。如梁武帝敕译经学者修撰佛典目录，进上审定，并宣布以审定的流通，由此限制了伪经的传播和私本的滥制。从此编定佛典的权利归属于帝王，并有钦定目录。自梁武帝至清乾隆年间钦定编录共有十余次，其中重要的就有法经等《众经目录》、智升《开元释教录》、庆吉祥《至元法宝勘同总录》。

　　佛学初传中土时，主要信众是西域来华的商人以及居于汉地的西域移民，再就是统治阶层。史载东汉第二位皇帝明帝刘庄是最早引入和信奉佛教的皇帝，公元64年，即在派人去印度取经的前一年，刘庄夜寝南宫，梦金神头放白光，飞绕殿庭，次日得知梦中神为"佛"。《资治通鉴》载其派遣使臣去天竺求佛。当时派去的使臣为蔡愔、秦景，二人到西域大月氏国时，遇到在大月氏国传教的天竺高僧迦什摩腾、竺法兰，蔡、秦便邀二僧来汉讲经说法，还用白马驮载来一批佛经和佛像。永平十年（67年）一行四人到达都城洛阳，刘庄为此敕令仿天竺式样修建寺院，此为中国历史上第一座寺院"白马寺"，这段求佛史籍称为"永平求法"。这说明佛教作为一种宗教，开始引起了统治阶层的注意，并且得到了政府的认可。初传汉地的佛学混同于中土传统方技道术，这使得统治阶层不是对其政治性利用，所以在相当程度上保护了初传期的佛学，尤其是造成统治阶层对佛教的误识，使佛学得以在中国传统儒道思想及神学方术的掩护下逐渐发展壮大。汉代的帝王多把释迦牟尼佛和黄帝、老子相提并论，视为同类的神，并列为祠祀崇拜的对象，因为在他们看来，佛学和中国固有的黄老之术相似，只是一种祭祀的方术。《后汉书·楚王英传》说，刘英"晚节更喜黄老，学为浮屠斋戒祭祀"。"浮屠"即佛陀，"斋戒"即佛教制定的规戒。《后汉书·西域传》又说："后桓帝好神，数祀浮图。"由于统治阶层把佛教的戒杀、禁欲与崇尚清净无为的黄老之道相沟通，佛教没有及时引起统治阶层的足够重视，因而在一定程度上免去了统治阶层的防范意识，减少了他们对佛教这一外来宗教抱有的戒心，有利于势力弱小的初传佛教的生存。如汉代统治阶层刘英"学为浮屠斋戒祭祀"，到桓帝"好神，数祀浮图"（《后汉书·西域传》），对佛教的信仰只是为消灾得福，基本上没有政治上的利用。汉魏时，佛学逐步自上而下传播，从宫廷和贵族阶层流向民间。东晋以后随着佛经汉译，佛学在社会上的影响扩大，逐渐受到统治阶级的重视，并最终与上层建立起密切关系，统治阶层也开始加大对它的利用力度和范围，表明佛经开始成为除儒道之外的又一重要文化支柱。自佛图澄开始，佛经借助统治阶层的支持，开始以一种稳定的姿态出现在中国文化史上，并开始在南北方广泛传播。北方少数民族政权多数来自西域，他们希图借助佛教理论的支持，以增强自己称王称帝的信心，赢得汉民族的认同，同时巩固其政权，并与以儒道为主流思想的汉族相抗衡，因此，他们往往大力支持佛教的发展。如佛学主张因果报应和三世轮回，可以把即位称帝说成是前世行善的报应。后赵羯族石氏政权公开表示，既然佛教是夷狄之教，正应当尊奉。这正是佛图澄成功传播佛教的历史背景。前秦、后秦少数民族政权设立国家译场，资助译经，使佛经翻译事业发展到一个新的高峰。在南方，东晋政权也扶持佛教发展，广建佛寺，组织译经，并一直沿续到隋唐。唐代道宣曾说过："自教流东夏，代涉帝朝，必假时君，弘传声略。"（《大唐内典录序》）《元史·释老篇》载：

> 释老之教行于中国，已有千数百年，然其盛衰系于时君之好恶，如佛之于晋、宋、梁、陈，如黄老之于汉、魏、唐、宋，其效可观。元兴，崇尚释氏，而帝师之盛，尤不可与古昔同语。

据《梁书·本纪》载，梁武帝萧衍崇信佛教，宣称"道有九十六种，唯佛一道，是为正道，其余九十五道，皆是外道，联舍外道，以事如来。"并总结说："建国君民，立教为首。"萧衍一面提倡儒学以维护纲纪，一面又著书立说，宣扬佛教，把佛教放置与孔子同样的高度，于天监三年正式宣布佛教为国教。萧衍"笃信佛教，制《涅槃》《大品》《三慧》诸经，累数百卷，所览余闲，即于重云殿及同泰寺讲学，名僧硕学，四部听众，常万余人"(《梁书·武帝记》)。他还主持编修五千多卷译注经，后秦姚兴亲自参加译经，所谓"兴执旧经，以相雠校"(慧皎《高僧传》)。唐中宗李显深崇佛典，亲自撰写《大唐龙兴三藏圣教序》，又御驾洛阳西门，向群臣宣示玄奘所翻译的新经。元朝统治阶层崇佛弥深，清代赵翼在《考史杂录》卷十八"元时崇奉教滥"一节中提到，"古来佛事之盛，未有如元朝者"，《元史》各本纪中记载，由大内召宣所刊行藏经多种。方熔在《印度佛教中国化的历史路径》一文中认为，由于历代统治阶层多以儒学为正统思想，佛教学者便倾力研究和阐述心性理论，把目光逐渐从"人世间"移开。同时出于继续生存的需要，自觉调整与儒、道的关系，倡导"三教同心说"、"三教合一论"，以求和平共处。

南北朝时代，佛教学派的兴起更是统治阶层扶植和主动参与的结果。两晋时期，译经数量不断增加，译经质量也有很大提高，并涌现一大批以中土学僧为主导的译经大师和佛教理论家，他们被称为"义学沙门"，义学研究随之兴盛。"义学"本指古代中国各地用公款或私资举办的免费学校。《新唐书王潮传》载："乃作四门义学，还流亡，定赋敛，遣吏劝农，人皆安之。"也指讲求经义之学。《后汉书·儒林传下·杨仁》载："宽惠为政，劝课掾史弟子，悉令就学。其有通明经术者，显之右署，或贡之朝，由是义学大兴。"佛学传入后，开始指佛教教义的学说，如般若学、法相学等。《陈书·徐陵传》说："后主在东宫，令陵讲《大品经》，义学名僧，自远云集。"可见，佛教"义学"的出现，本身即借用了传统义学的概念，标志着佛教开始了它的"中国化"进程。研究与学派也随之诞生。南朝盛行般若学，北朝盛行禅学，标志着佛学进一步中国化，这都与统治者的提倡相关联。姚兴"崇爱三宝"，并著《通三世论》等。罗什的译经大业，完全是姚兴支持的结果。萧衍更是有力推动了佛教义学的兴趣，所著《断酒肉文》，丰富了佛教义理。道宣曾评论说：

> 梁高端拱御历，膺奉护持。天监初年，舍邪归正，游心佛理，陶思幽微。于重云殿千僧讲众，月建义筵，法化通洽。制五时论，转四方等。注解《涅槃》，情用未惬；重申《大品》，发明奥义。当斯时也，天下无事，家国会昌，风化所覃，被于荒服，钟山帝里宝刹相临。

《魏书·释老志》记载："帝幸徐州白塔寺，顾谓诸王及侍官曰：此寺近有名僧嵩法师，受《成实论》于罗什，在此流通后授渊法师，渊法师授登、纪二法师。朕每习《成实论》，可以释人深情，故至此寺焉。时沙门道登雅有义业，为高祖眷赏，恒侍讲论曾于禁内。"表明僧嵩所传一系成实师，受到北魏帝王的尊宠。湛然曾记载，因《成实》《毗昙》之学的风行，使三论一度受到冷落。这一情况便引起当时"诚信三宝"的统治阶层的关注，吉藏对此记述说："文宣王每以大乘经论为履道之津涯，正法之枢键，而后生弃本崇末，即请诸法师抄此《成实》以为九卷，命周颙作序，恐专弘小论，废大乘业。自尔已后，爰至梁武，盛弘大乘，排拆成实众师，不可具记。"（《三论玄义》）统治阶层不仅利用佛、道、儒为施政服务，而且从各个方面来影响人的思想，都含有教化的意义，所以自南北朝以后，儒家思想、道家学说和佛学统称为三教，其实儒学或儒家皆非宗教。

及至隋唐，佛经放置成熟，已完全扎根于中土，形成儒释道三家并立之势，成为中国的国教，融为中国社会上层建筑和民族文化的一个组成部分。也正是隋、唐时期的统治阶层的认可和支持，佛学的鼎盛期与译经的鼎盛期相重合，中国佛学进入了鼎盛时期。隋代文帝和炀帝都信奉佛教，对南北佛学的统一起了很大的作用。文帝在关、洛组织翻译经典，曾三次诏天下有学问的和尚到京，"诏境内居民任听出家"，于是"民间佛书多于六经数十百倍"（《资治通鉴》）。史载他为京师和大都邑的佛寺写经四十六藏，凡十三万卷，修治旧经四百部，使民间流通的佛经，比儒经多数十百倍。他还以护法王自居，提倡义学交流，融合由于长期分裂而导致的南北学风，打破南北差异，使佛学思想在相互吸收、融通的基础上，逐渐走向统一和成熟。隋炀帝修治旧经六百十二藏，二万九千余部，又置翻经馆，连同隋文帝时所译，共译经九十部，五百一十五卷。唐代帝王对佛经的支持，又远胜隋朝。唐太宗虽云"联所好者，惟尧舜周孔之道"（《贞观政要》卷六），但仍承认佛教是不可缺少的"有国之常经"（《旧唐书·肖禹传》），他支持玄奘的译经，使玄奘的佛学才华得以充分展示，成为中国佛教史上乃至思想界著名的大师。唐太宗还改变过去私人译经的传统，由国家设立译场，翻译佛经。正是统治阶层对译经的重视，涌现出了玄奘、义净、不空等著名翻译家。波颇携带梵本佛典来长安时，太宗便诏令其在兴善寺从事翻译。玄奘《瑜伽师地论》译讫，太宗读后，推许佛教远胜儒道九流，遂命秘书省书手抄写玄奘刚译出的佛教经论一式九份，颁发雍、洛、并、兖、相、荆、扬、凉、益等地，辗转流通。武则天时期佛学达到鼎盛，在她的扶植下，佛典翻译及其流通都达到新的水平。她赞助《华严经》的翻译，并支持法藏创立华严宗。她还打破了太宗时由玄奘一统译场的局面，著名译经大师有实叉难陀、菩提流志、义净等，并专门下诏令对经目进行整理，以去伪存真。又以晋译华严旧经未备，遣使往于阗国迎实叉难陀"于东都大内大遍空寺翻译。天后亲临法座，焕发序文，自运仙笔，首题名品。南印度沙门菩提流志、沙门义净同宣梵本，后付沙门复礼、法藏等于佛授记寺译成八十卷。圣历二年功毕"（赞宁《宋高僧传》）。玄宗虽然偏重儒道，但他又御注佛经，并著有《御注金刚般若经》而颁行天下。印度学僧无畏、金刚智、不空来华时，都受到他的礼遇和尊崇，并在他的支持下，创立了中国佛教史上影响很大的密宗。最能体现隋唐佛学特点的是佛学宗派，先后有八大佛学宗派。宗派佛学的出现，标志佛学已完成了中国化的进程，从此，它已正式成为中国佛学了。佛学得到统治阶层的认可和支持，其实是弘法布道者、译经大师以及佛教学者们有选择性地对汉地社会政治环境所作出的适应，是他们自觉迎合统治阶层需要而作的调适。

其次，佛教传播必须满足佛教学者的义理探求和佛学研究，因为佛教必须得到有文化的士人从学理上的说明，才能顺利传播。佛教的学术活动依据历代高僧传，共有十科，其中入译经本是佛学联系学者的一个重要方面，正是译经学者潜移默化地融化佛学，体现出知识阶层推动佛学中国化的主导作用。汉地佛教学者大都具有厚实的传统学文化基础，然后又接触、学习、研究佛教哲理、教义，他们的佛学水平深刻地影响着整个社会对佛学的理解和接受，也促使佛学在中国的进一步发展。佛教史表明，佛学在中国的传播，首先是得到有文化学者的认同，并经过他们的理解和选择、吸收和传播，最终在中土生存发展，因为学者是民族文化的主要传承者，是社会的精英，他们关涉义学的纯粹，关涉佛学传播的成败。佛学自两汉之际传入内地以后，首先是学者注意到了它的存在，思考其价值。他们对佛学的理解经历了一个由浅入深的过程。两汉交替时期，他们将佛学理解为汉地神仙方术，带有浓重的"神"气"仙"味。牟子是东汉末年佛学家，原是儒生，自幼博览群书，博学多才，精通诸子百家，曾说"见博则不迷，听聪则不惑"，在传统学术上，极力推崇老子"绝圣弃智，修身保真"的学说，曾读神仙家之书，但认为虚诞不可信，常以五经驳难，所著《理惑论》是中国最早阐述佛教理论的著作，书中将佛陀等同于三皇五帝，把佛陀列进中国神仙谱的"真人"和神仙。书中宣扬佛教思想，论述佛教的含义，广引儒家、道家经典，极少引用佛经，说明中国传统文化思想一开始便深深地影响着佛教。东汉末年，佛教刚开始传播，人们对于这个外来的宗教还很生疏，也很不了解，学者们便用中国固有的观念来解释它，使它能够为本土人士所接受。牟子对佛陀及其教义的理解和阐释，引证《老子》诠释佛教，又引述佛教教义附会《老子》，并以儒家思想解答各种疑难，说明作者融汇儒、道、佛三家的倾向。初期译典《四十二章经》讲学佛的好处是"能飞行变化，旷劫寿命，住动天地"。在这些学者心目中，佛是天竺的神仙，羽化飞升，长生不老。曾协助安玄翻译《法镜经》的严佛调是中国知识阶层参与译经的第一人，朱士行为西行求法第一人，《高僧传》中许多有名望的僧学都参与过佛经的释译。魏晋以后，玄学兴盛，士林抽象思维能力提高，为中土学人接受般若学准备了思想基础。这一时期涌现出一大批知识信徒，如道安、支遁、慧远和僧肇就是其中代表，他们大都受过中国文化与学术传统的熏陶，道家崇尚自然以及儒家重视人事的理性精神在其思想中影响至深。他们的出现一改汉魏佛学神仙方术之风，以玄学视角致力于佛教义理的探析与理论的建设，潜心研习深奥圆融的佛理，使中土佛学发生了根本性变化。南宋之后，知识层佛学者增多，并形成居士佛学。如王导等与帛尸梨密多罗"披拎致契"；殷浩精研《小品》；何充"性好释典，崇修佛寺"；其弟何准"唯诵佛经"（《晋书·何充传》）。张晓华在《佛教早期在华传教主体之研究——从传播学的视角看佛教早期在华的成功传播》中说："知识阶层潜心佛学研习，不仅提高了佛学的社会地位，加深了人们对佛教的理解，同时也使得学者逐渐成为佛学的主要社会基础，并进而带动了一批最高统治阶层学佛，如晋元帝、慧帝、明帝、恭帝等。"

最后，佛教的传播和发展必须适应一般民众的佛教信仰。佛学本是佛教的理论和学术部分，佛学中国化，有待于佛教中国化。而佛教中国化必须有广泛的佛教信徒，这是佛教在中国得以发展的社会基础，因为宗教本身是以信仰者为生存基础的。源于印度的佛学必然与印度的文化价值观和古印度人的思想方法相联系，而与中土文化情景有着巨大差异，而且佛学内容复杂，名相繁多，这势必影响僧俗对佛理的理解，影响佛学的传播，因此旨在传播佛学的佛经翻译，自然不得不关注普通民众的接受能力和阅读需求以及对译文接受的反应。早在汉桓帝时期，支谶就把《道行般若经》译成汉文，但经典译出后，并没有人真正理解，且当时该经典按印度人的思想习惯翻译，读者也不易接受。为便于理解，也是为迎合当时的玄学思想，重译后命名为《放光般若》。《放光般若》一经译出，译本风行京华，讲习者均奉为圭臬。可见，译本适应读者的文化心理和接受水平，直接影响着读者对译文的理解能力和接受程度，也直接影响佛教的发展。对佛典汉译而言，就是要把原文的内容传达给受汉文化熏陶的读者，不仅要使他们正确理解，还要他们容易理解。罗什就特别强调便于读者理解，他的翻译把过去拙朴的古风改为达意翻译，使其译本易读易懂。为了适应中土人士的阅读习惯，罗什还常常删略原本烦重的文句，所以罗什翻译的经典受到读者的喜爱，其传播的般若学、中观学都成为一时思潮，超过了当时的玄学，使佛学流派纷纷诞生，形成佛教传播历史上的高潮，而且影响了其后的佛教宗派。

佛教的传播，始终取决于中土历史、时代、阶层和民众的需要。佛学在处理好与统治阶层的关系，和赢得知识人士认同的基础上，仍需在宗教角度博得众多民众的欢迎，这是佛教最终获得最深厚的社会基础和最广泛的社会影响的保证。在印度，佛教最终被印度教所取代，关键原因在于印度教赢得了佛教的信众，当然也吸收了佛教的义理。在中土，佛教最终发展为禅宗和净土宗，直至禅净合一，其实也是佛教流入民间的表现。事实上，佛教重视在民间传播的策略贯串其传教的各个阶段。张衡《西京赋》中"展季桑门""白象行孕""含利化为仙车"，《晋书·乐志》《汉仪》中"舍利兽从西方来"等记载，表现出初传佛教在民间信众中的影响。佛教在中国化过程中，顺应"忠孝"和"君亲"这两大中国伦理规范，这实际上也是佛教与儒家文化的调和。南禅宗改革佛教的仪式、佛性学说、修行方法等，使之顺应中土注重实际、追求功利的民族心理，使信众可以"即心成佛""顿悟见性"，这与中土民众"人人皆可以为尧舜"的思想相适应，因而赢得了广泛的社会基础。而净土宗认为只要相信阿弥陀佛的神通力量，反复诵念"南无阿弥陀佛"，身后就可往生西方极乐世界。因这一宗派理论浅显，通俗易懂，教义和仪式都简单易行，因此在一般民众中更为流传。由此，中国佛教最终走向禅宗世界，并形成禅净合一，而以净土最终表现佛教的中国化。

佛教的传播要适应普通民众，译经和著述都更加通俗化，实际上也就是更加中国化。因为学者阅读的佛典完全可以印度化，保留原典的形式和内容，依然可以理解，而一般民众的文化水平较低，译经和著述讲解都必须通俗易懂。如古代中土人士都相信人死后的灵魂是四方游荡的，死后的去处是"幽都"。后汉时，人们开始将泰山（太山）视为灵魂的归宿，《后汉书·乌恒传》说："中国人死者魂神归岱山也。"岱山即泰山。其注引《博物志》说："泰山，天帝孙也，主招人魂。东方万物始，故知人生命。"佛经传入中土后，译经大师为了适应中土一般民众的观念和理解力，直接把地狱译为泰山。《经律异相》卷十引《度无极经》卷一谓："尔为无恶，缘获帝位，释怀重罪，恶熟罪成，生入太山，天人龙鬼，莫不称善。"于是，中土人士便将泰山和印度人的地狱混在一起了。虽然这些照顾一般民众的译经和著述汲取丰富的中土传统文化内容，没有改变经典的主旨和基本内容，但也包含了印度佛学不可能存在的中土要素，这些中土要素又深刻改变了印度佛学，使印度佛学更具有中土特质，比如将佛经中的"地狱"译为"泰山"，二者概念毕竟不同，特别是在经典的形式上变得更容易为中土人士所接受，使佛经文体中国化，这与传统"述而不作，信而好古"的传统相适应。汉地佛学著述大多注意民众的需要，依循国人固有的思维方式、文化传承和风俗习惯，真实表达民众信仰的实质和社会思想动态，反映民众信仰的形成及流变，为佛教在民众间的传播提供了经典依据与思想基础，使佛教为中国普通信众所接受，并在社会上广泛传播，从而推动佛学世俗化进程。不少汉地著述甚至比翻译典籍对民众信仰产生的影响更大，如宣讲六道轮回、因果报应等思想的著述，与传统的"积善之家必有余庆，积不善之家必有余殃"思想相契合，迎合久行于民众间道教中的延寿益算信仰，适应民间的儒家伦理思想，不仅说明它们有适应传播的社会背景和文化氛围，而且有助于佛教与中国传统文化从不同层面相互影响、相互融合。

（2）记叙外域佛教、风物和文化。

佛学地理类著述，除了具有一般地理志特质，更多的是佛学内涵，反映佛教的历史文化。晋宋之际，汉地学僧兴起西行求法热潮，第一位经西域到达天竺的是法显。法显有慨于律藏残缺，周游五印，瞻礼佛迹，搜求佛典，研习梵文，撰成《法显传》一卷，成为汉地第一部佛学地理志纪实性的西域游记。《法显传》记叙作者自长安至天竺然后回国的行程及见闻，所记三十二国，真实记载其历史文化、语言文字、政治宗教、风气民俗，特别是佛教的状况。彦琮撰《大隋西国传》，记叙印度方物时候、国政学教、礼仪居处、饮食服章、人物宝货、山河国邑，被称为"五天之良史"。道宣《释伽方志》是记述释迦牟尼诞生地和教说流布地的佛教史迹著作，内容包括西域尤其是印度地理环境，中印交通路线和行经国情况，西行求法人物，佛教入华传说和经像灵异，佛教住世时数，历代帝王奉佛事迹和寺院、僧尼等基本数据。其中《教相篇》记西晋至隋朝历代皇帝的奉佛事迹和译师、译经及僧尼的数目，是中西佛教历史的研究。北魏杨衒之《洛阳伽蓝记》以名刹大寺为主纲，中小佛寺为附目，详细记述北魏时期洛阳佛教寺院的兴废沿革以及有关的史事。书中虽以"伽蓝"为题，但所记内容广涉北魏史事，被清代学者评价为："假佛寺之名，志帝京之事。凡夫朝家变乱之端，宗藩废立之由，艺文古迹之所关，苑囿桥梁之所在，以及民间怪异，外夷风土，莫不巨细毕陈，本末可观，足以补魏收所未备，为拓跋之别史。不特遗闻逸事，可资学士文人之考核已也。"（吴若准《洛阳伽蓝记集证序》）书中卷五还用绝大部分篇幅详细记载了北魏神龟元年十一月，敦煌人宋云和崇立寺比丘惠生奉胡太后之命，出使西域，以及求取大乘经的经过及沿途见闻。

　　唐代，总西行求经学法之大成。玄奘鉴于当时佛学各学派在一些问题上存在矛盾看法，佛学经典中也有不尽统一之处，使人难以理解，这些疑惑又非中土佛典和高僧所能解决，于是决心去佛教的发源地印度取经求法。其目的主要是寻求学习大乘《瑜伽师地论》，解决南北朝以来中土僧学长期争论不休的佛性，即凡人成佛理论。玄奘西出长安，历经西域十六国，入当时印度佛教最高学府那烂陀寺，从著名佛教学者戒贤学习《瑜伽师地论》等瑜伽行派重要经典。他将西行旅途见闻撰写成《大唐西域记》一书，以行程为经，地理为纬，记叙西域、印度共一百三十八个国家、城邦和地区的疆域地理、气候山川、风土人情、语言文法等。尤其是作者在卷二的前言中对印度概况所作的介绍以及各卷对西域和印度各国佛教状况的翔实记载，包括佛教史上几次著名的结集，大、小乘部派的分布，一些著名佛教学者的活动等，勾勒了印度佛教产生、发展总的社会环境和文化背景，以及各国佛教的盛衰异同，又是佛教史的研究。全书记事谨严有据，文笔简洁流畅，再加上执笔辩机学精内外典，文笔优美简洁，使全书增色不少。随后，义净仰慕法显、玄奘西行求法壮举，西行印度，往那烂陀寺学佛十年，又至苏门答腊游学七年，经二十五年，历游三十余国，撰成《南海寄归内法传》，以作者在西行求法时的见闻为基础，记叙唐初赴印度求法僧学的行履事迹，通过他们的立传，详细叙述西行求法的原因和路线，西行者的品格、学识以及他们对促进中印佛教文化交流所作的贡献等。书中内容广泛涉及这些地区的历史文化、风俗礼节、思想学术、历法技艺、语言文字、经籍学者以及作者的师友与自己的经历，书中介绍的许多历史知识极大开阔了汉地学人的视野。传中还叙及印度通行的习俗，着重记载公元六七世纪印度和南海诸国佛教寺院实施的源流上属于小乘说一切有部的律仪规式。与僧团律仪规范的记叙相对照，正是这些风习直接影响和规定了寺院日常生活的一些准则。如赞咏之礼记载西方寺院称扬赞颂佛德的方式，赞诵有六意：能知佛德的深远、体解制文的次第、令舌根清净、得胸藏开通、处众不惶、长命无病。又由于马鸣、龙树菩萨所造诗赞极美，而使赞咏在印度、南海广为流布。这里印证了罗什"凡觐国王，必有赞德，经中偈颂，皆其式也"的话（《为僧叡论西方辞体》）。西方学法则详载印度所学五明之一声明的内容。

这些地理类撰作既是佛典译者的必读书籍，更是佛学者必须了解的文化知识，因为只有了解印度佛教诞生的文化环境，才能真正理解佛学。正如玄奘《大唐西域记》所说："并博望之所不传，班马无得而载。"对于汉地学僧来说，是至关重要的学养。事实上，正是天竺文化的了解使得义净能够掌握好梵语，进而成为"四大译师"之一。赞宁认为，这正是得益于文化知识的深厚。他在《高僧传》中说："若入境观风，必闻其政者，玄师、净师为得其实。此二师者两全通达，其犹见玺文知是天子之书，可信矣。周礼象胥氏通夷狄之言，净之才智，可谓释门之象胥也欤！"中国佛典汉译史上的"四大译师"都是梵汉语言文化兼通的大师。

（3）普及、传播佛学知识，引导学人理解佛典，推动佛学传播与发展。

汉地佛学著述加深了学者和民众对佛学的了解。汉文佛典是通过梵语翻译形成的，由于翻译中涉及各种因素，读经者不易理解，需要解注诠释，才能为广大学佛者把握经典意蕴。如佛学认为，宇宙空间（虚空）无始无终，无边无际，存在着无数世界。其中"凡界"是释迦牟尼佛生活和教化的"婆娑世界"，婆娑世界的下方是虚空，底下围绕着风轮、水轮、金轮和地轮，地轮之上是铁围山，它包围着咸水大海。咸海中有东南西北四大洲，其中南赡部洲作为释迦牟尼的诞生地，特别受重视。每一大洲的左右各有一中洲和无数小洲。部洲的里面是七金山，七金山包围着香水海，海中屹立着须弥山，它就是整个婆娑世界的中心。自须弥山山腰依次向上是层层天界，六道便是对生活在这个世界上的一切有情识的生命体所作的分类。这类知识显然是学佛者必须了解的，否则会影响经典含义的把握以至修行实践。而这些知识的普及依靠经典原本是不可能达到目的的，必须有各类专门性知识性著述予以注释、归纳，才能满足学佛者的需求。如宋代睦庵（善卿）编著的《祖庭事苑》选录词目诠解，先列书名，次叙作者，后依次摘录卷文中需要解释的句词字，或直截了当，或引经据典，予以诠解。如解释"丛林"一词：

> 梵语贫婆那，此云丛林。《大论》云：僧伽，秦言众多比丘一处和合，是名僧伽。譬如大树丛聚，是名为林，一一树不名为林，如一一比丘不名为僧，诸比丘和合故名僧，僧聚处得名丛林。又《大庄

严论》云：如是众僧者，乃是胜智之丛林，一切诸善行运集在其中。又《杂阿含》二十五：佛告阿难，汝遥见彼青色丛林乎？唯，然已见。是处名优留曼茶山，如来灭后百岁，有商子名优波崛多，当作佛事，教授师中最为第一。即四祖优波鞠多，梵音楚夏，而以祖师居之。今禅庭称丛林也。

又如解释"开堂"："乃译经院之仪式。每岁诞节，必译新经上进，祝一人之寿。寿前两月，二府皆集，以观翻译，谓之开堂。"书中对佛学这些关键名词的解释无疑有助于学人的理解。再如《四十二章经》，是现存最早的汉译佛经，史载为天竺摄摩腾、竺法兰到洛阳后译出。但梁启超《佛典之翻译》认为，这部经不是依据梵文原本比照翻译，而是汉地人士在多种佛经中选择精要，仿照《孝经》《老子》等书编撰而成。汤用彤则认为《四十二章经》既不是一部独立的经典，也不是汉地撰述，而是从小乘佛教经典中辑录佛教基本教义的"外国经抄"（《汉魏两晋南北朝佛教史》）。《四十二章经》因其内容思想和语言风格与汉代流行的道术颇有相通之处，受到当时社会各阶层的欢迎，成为一部适应佛教初学者所需的入门书，对佛学在中土的初步流传发挥了重要作用。特别是佛教经录，通过整理编辑汉译佛经，纲纪众经，剖析源流，使佛典有据，治学有径，同时又对汉译佛经的流传和佛教文化的传播起到指引、推荐、航标、顾问的作用（陈文英《佛教经录编撰及其对汉译佛经传播的作用》）。如道宣《大唐内典录》"历代众经举要转读录"选择经本时，不以译人为标准，而以译本的优劣、主次为标准，比较不同译本的广略繁简、译文的畅达艰涩，选择善本供学人阅读，为研习者提供了一条阅藏的门径。如罗什译《维摩诘所说经》，支谦译为《毗摩罗诘经》，玄奘译为《说无垢称经》。"繁略折中，难逮秦翻。终是周因殷礼，损益可知云。"而竺法护译《弥勒成佛经》，有罗什异译本《弥勒下生》，"文乃流便，事义阙略。又人别译为《弥勒来时经》，三纸许，词理不具，故存前本"。

佛学经录对汉译佛经及其注疏的记录，不仅指导学人阅读经典，辨别经典的质量，理解经典的含义，而且发挥了扩大所注译经传播范围的作用，为佛学文献的传播奠定了基础。因为在佛学传播过程中，"佛典浩如烟海，读者本已穷年莫殚，加以同本异译，摘品别行，叠屋支床，益苦繁重"（梁启超《翻译文学与佛典》）。因此，浩瀚的佛学典籍必须有纲领性的目录统摄以显脉络，标目以示明晰，使学人能循目收集。适应汉译佛典传播的需要，佛学经录不仅"历史观念甚发达。凡一书之传译渊源、译人小传、译时、译地、靡不详叙"，而且"辨别真伪极严。凡可疑之书皆详审考证，别存其目"，还"比较甚审。凡一书而同时或先后异译者，辄详为序列，勘其异同得失，在一丛书中抽译一二种或在一书中抽译一二篇而别题书名者，皆一一求其出处，分别注明，使学者毋惑"，并"搜采遗逸甚勤。虽已佚之书，亦必存其目以俟采访，令学者得按照某时代之录而知其书佚于何时"，尤其是其"分类极复杂而周备，或以著译时代分，或以书之性质分。性质之中，或以书之涵义分，如既分经论律，又分大小乘；或以书之形式分，如一译多译、一卷多卷等。同一录中，各种分类并用，一书而依其类别之不同交错互见动至十数，予学者以种种检查之便"。（梁启超《佛家经录在中国目录学之位置》）

汉地佛学著述传播佛学基本理论，为学人讲解佛理，诠释教义。如"形神""因果"等是佛学的重要理论，奉佛者与排佛者之间的很多争论都是围绕这些思想展开的。道宣继僧祐《弘明集》撰《广弘明集》，以辑文和综述的形式，记述中国佛教史实，大至朝廷宗教政策，当时的兴佛毁佛，僧尼管理制度，佛教与儒、道论争，小至一个佛学理论的商讨，一篇诔文对僧卒年的考定，一首诗赋对作者思想经历的表述，都有清晰的记录。道宣还著《集古今佛道论衡》，叙录东汉至唐初历代佛教与道教之间的交争，不仅详细记述了历次佛道论争的背景、缘由、人物、议题、内容、过程、结局，而且突出地叙述了历代帝王在佛道论争中的态度、倾向、观点和政令，以此揭示出当时王权与佛道的关系，以及受这一关系制约的佛道两大宗派势力的消长，在国家政治生活中地位的升降。元代祥迈《辩伪录》叙录元代佛道门争史实，"辩"或作"辨"。贵祥序说："穷释老之渊源，分邪正之优劣，盖唱弥高而和弥寡，深可愧焉。"大乘佛学主张普渡众生，所以总是尽量地争取信众，因而向民众普及佛学知识成为汉地著述的一大主流。佛学纂集著述即是这方面的重要作品，它将佛教文献予以采录、整理、分类、述解，将不同的资料按一定的主题有序地编集在一起，供学人研读和保存。这些资料基于佛典，又广涉世典，广泛涉及人文掌故、自然知识、伦理道德、语言文字、时空观念、宇宙图式、善恶说教、修持法门、称谓仪礼、名物制度、纲科职事、斋节活动、文翰史迹、故事传说、名词术语、译梵法式、君臣忠孝、贫富贵贱、智愚勤惰、择交志学、商贾工巧、医药术数、天文地理、音乐图像、飞禽走兽、物产珍宝等。

注疏是佛学普及性的著述；佛典目录则是指导阅读、检索佛典的重要工具。佛教感应文字包括诸如崇拜三宝、舍利，往生西方净土，善恶冥报、忏悔灭罪、诸种灵异等，有利于信众认识佛学及佛学自身发展，对于佛学的流传有着极大的推动作用。类书著作以类相从，容纳大量原始资料，也便于佛学知识的普及。如佛学有自己独特的、成系统的名词术语，这些佛学术语称为"名相"。佛学名相繁多，义旨精微，学佛者极难理解和掌握。辽代非浊《三宝感应要略录》说："佛教中的佛、菩萨如恒河之沙不可胜数，有名可考的就有三四千；佛教经典汗牛充栋，仅汉译的就有一千五百余种五千七百余卷。"佛学名相由两大类构成：一类是不含数字的，如般若、真如、佛性、涅槃等；另一类是以数字开头，或为使术语的含义更为明了，在数字前加修饰词限定的，如一乘、二谛、五蕴、十地、大乘五位、外道六师等，这类又称"法数"或"名数"。如此众多的佛教名相，对于读懂佛经实为重要，而对于译者来说，准确地用汉语表达出来，更是困难，这都需要有中国学人自己的撰述予以阐发和指示。唐代李师政《法门名义集》专释"法数"一类术语，全书共汇释带有数字的佛学名词术语一百二十条，利于读者理解佛典，普及佛学。正如道诚《释氏要览》书前语所云："或见出家人须知之事，随便抄录之。"明代一如《大明三藏法数》共汇释佛学法数一千五百五十条，按词目第一个字的数目大小依次排列，从"一心"至于"八万四千法门"，每条术语之下，均注有出典。所收录的佛学法数绝大多数集中在自"一"至"十"的数字之内，自"十"以后的名数很少，反映了佛学法数总的构成情况。作者释文平易畅通，义理完备，对词目释文中所涉及的其他佛学名词一般都用夹注方法，一一诠解，便于学佛者理解佛典，成为佛学普及性词典。有些佛学名词在不同的词目中都要提到，则在不同词目的释文中均加以解释，以便使读者读一条词目便能洞晓该词目的全部义理，不必再查他条，因此所收词目正条虽然只有一千五百五十条，但释文中注解的名词术语则有正条的数倍，两项的总和达一万余条。圆净《教乘法数》以汇释佛学法数为主，兼收儒道诸子经典（主要是儒家经典）中带有数字的常用名词。收词约二千九百八十条，始自"一心"终于"八万四千法门"。道诚《释氏要览》以文荟形式，分门别类介绍佛学名物制度和修行生活名词术语及事项。作者认为，《华严经》上说菩萨有十种知，"知诸安立，知诸语言，知诸谈议，知诸轨则，知诸称谓，知诸制令，知其假名，知其无尽，知其寂灭，知一切空"。而初学佛的人对这些佛学事理又未必了悉，为此他以"菩萨十种知"为宗旨，以平日阅藏时所作的摘录及闻说为素材，编撰此书。书中节录佛典及俗典如《论衡》《释名》等文句，加上作者融汇佛典文句意思或根据自己见闻编撰。如"志学"条共五十二条，其中主要有开外学、学书、五备、八备、八能、学者二患等，其中有彦琮八备十条。由于作者根据自己的理解，串讲、改述或补充经籍上的有关论述，学人不仅可以了解自印度佛学传下来的僧学须知的各类事项，而且也可以了解在中土佛学流布过程中产生的新的事物及南北方民俗。书中叙述有致，言语明白，知识性强。正如书前语云："或见出家人须知之事，随便抄录之。"由此，《释氏要览》与南宋法云《翻译名义集》和明代圆净《教乘法数》合称为"佛学三书"，为初学者所广泛使用。

这些佛经音义著述的问世和兴盛不仅有助于学人学佛，满足翻译的需要，更重要的是促进了佛经的阐释和研究，推动佛教传播，适应儒佛合流的总趋势。语言是人类交际的工具，是社会的产物，也是一种最普遍、最直接的文化因素，因为它承载着丰富的历史内涵，本身就是一种文化。佛典汉译的发展，佛学流布的加深，使汉语文献中的"佛家语"不断积累。西汉时已有佛教语，东汉时，佛教语已开始流行，如牟融所著《理惑论》和张衡赋中已能见到佛教借词，甚至这时期的皇家公文中也出现了佛教语词，至道宣编辑《广弘明集》，佛教术语更是频频可见。有的"佛家语"，本为汉语所有，但经过佛经译者或著家的使用，其词义发生了变化，附上了佛学色彩，如"居士"见于《礼记》《韩非子》及《魏志·管宁传》；"长老"见于《汉书》；"布施"见于《国语》；"供养"见于《嵇中散集》；"烦恼"见于河上公《老子注》；"印可"见于《论语》皇侃疏等。这些词语进入佛典后，增添了佛学义项，甚至成为佛学的专语。梁启超在《翻译文学与佛典》一文中说，译经者"或缀华语而别附新义，如'真如''光明''法界''众生''因缘''果报'等；或存梵音而变为熟语，如'涅盘''般若''瑜伽''禅那''刹那''由旬'等，其见于《一切经音义》《翻译名义集》者即各以千计。近日本人所编《佛教大辞典》，所收乃至三万五千余语。此诸语非他，实汉晋迄唐八百年间诸师所创造，加入吾国语系统中而变为新成分者"。不断出现的佛语中，各种音译、意译的名词术语汉梵交错，字义多变，给学佛人阅读与理解带来很多困难，如果借助外典辞书理解佛学，往往会误解或歪曲原义，这便需要有专门的佛学辞书。顾齐之为慧琳《一切经音义》作序时说："文字之有音义，犹迷方而得路，慧灯而破暗；得其音则义通，义通则理圆，理圆则文无滞，文无滞则千经万论如指诸掌而已矣。朝凡暮圣，岂假终日，所以不离文字而得解脱……真诠俗谛，于此区分，梵语唐音，自兹明白。"佛经音义的编纂目的是为了帮助人们读经，从而引导人们"迷方而得路，慧灯而破暗"。正如丁福保《佛学大辞典》自序三所说："佛经者，其旨微，其趣深，其事溥，其寄托也远。苟欲明其真实义者，必以通其词为始。"

正是这些因素，又促使汉地佛学著述十分重视梵汉语言研究，因为佛学本是经过梵语转换为汉语，只有真正从语言上清楚地看出梵汉语言的对应关系，以至汉译时的具体转换过程和技巧策略，才能从根本上理解佛学。佛学音义就是训释佛典中有一定难度的词语的读音、含义，兼及字形辨析为内容的著作。由于这些音义书具备一般语言文字工具书的要素和功能，因而也可以看作为佛学中偏重训诂的语词类辞典。田光烈指出："佛学音义主要有三种：一经部分的音义，如窥基《法华经为为章》；一经全部的音义，如慧苑《新译华严经音义》、净升《法华经大成音义》等；一切经音义，如玄应《一切经音义》，慧琳《一切经音义》等"（《中国佛教史》）。又指出音义的诠释方法也有三种：一为随函逐经注解，如可洪《新集藏经音义随函录》，云胜《大藏经随函索隐》等。二为统一众经分韵编类，如行均《龙龛手鉴》四卷，以帮助佛学者理解佛典。智光在其序中说："擅长音韵，精于字书。"并认为印度和中国语文各有所长，要通晓佛理首先要准确翻译佛经，而准确翻译佛经则先要正确使用汉语，了解汉字的音形义。三为统一众经依文字部首编类，如处观《绍兴重雕大藏音》。与其相应，音义注解的内容大致有三类：一为音译部分的音义。早在东汉安世高、支娄迦谶、昙果、康孟详诸家译经时，对音译梵语即加以注释。其后，支谦、西晋竺法护、安法钦、法炬、法显、昙景、罗什等新译也有音译注释。《道行品诸经梵音解》《翻梵言》《翻梵语》等书就是在这些音译注释基础上形成的，它们是早期佛典音义作品，没有音义之名，而且只限于音译部分。二为义译部分的音义。因为在佛典汉译中除了"五不翻"必须用音译外，其余大部分仍以义译为主。三为咒语证音。谢灵运所著《十四音训叙》，对于当时的译注、读经裨益匪浅。《悉昙藏》卷一引用了谢灵运写的"若知二国语，又知二国语中之意，然后可得翻译此意"，这实际上表达了谢灵运对翻译的认识。谢灵运在《十四音训叙》中还提到："胡字一音不得成语。既不成语，不得为物名"，这反映了谢灵运对胡语、梵语语言结构和拼写方法的认识。

清代弘赞《六道集》是一部编录佛学关于世界结构和众生生死轮回的基础理论"六道"（天、人、阿修罗、饿鬼、畜生、地狱）的经文和事例的杂集。其佛学意义正在于通过"述言""述诸经文""音释"介绍佛学基本知识，准确阐释一道的名称、性质等。如地狱，佛学中有，基督教中有，道教中也有，虽说各自用的是同一个词汇，但赋予的含义各不相同，特别是佛学的地狱和基督教的地狱分别属于两种不同的区域文化，差异更大。《六道集》写道：

> 地狱者，胡言泥犁，梵音捺落迦。捺落名人，迦名为恶，恶人
> 生彼处，故名捺罗迦。……地狱者，从义立名，谓地下之狱也。又
> 狱者，局也。谓拘局罪人，不得自在，故名地狱。《婆沙论》云谓彼
> 罪人为狱卒阿傍之所拘制，不得自在也。然此之一道其有多处，或
> 在地下，或处地上，或居空中，故梵本不云地狱，而言捺落迦。论
> 云：此赡部洲下有大地狱，洲边有边地狱及独地狱，或在谷中山上，
> 或在旷野空中，或在海边庙中。余三洲惟有边、独地狱，无大地狱。
> 如此地狱虽多，准《三法度论》总为三摄；一热二寒三边。

书中还介绍了热狱下属的八大狱（每一狱各有十六小狱围绕），寒狱
下属的八大狱，边狱下属的三大狱，陈述了佛学"地狱"说的梗概。考虑
到学人难以仅从字句上了解世界的结构模式（三界），作者还特地在卷一
附上插图，形象地勾勒了整体结构，使即便没有读过多少佛书的人也能
明白。可见其对于学者了解佛理也有着重要价值。再如佛经关于宇宙模
式的"大千世界""三界"等概念，《经律异相》卷一对早期所译各经的说法
加以总结，以便人们了解。佛经把人类生活的大地分为"四大部洲"，即
东胜神洲、西牛贺洲、南赡部洲、北俱卢洲。四大部洲分布在四方的咸
海中，处于铁围山的四周，而铁围山又环绕着须弥山。古代印度人认为
印度在南赡部洲，喜马拉雅山即在洲之中心，而人们又常常把须弥山和
喜马拉雅山混同，于是便有了昆仑山为阎浮提中心的说法。而在中土典
籍之中，《尚书》已有昆仑山记载，但以其地在极西，而并不认为它是大
地的中心。佛教传入后，汉译佛典又提到昆仑，《经律异相》卷三引《兴起
行经》上卷说："昆仑山者，则阎浮提地之中心也。"这显然是在佛经汉译
初期借用了汉语中的现成语汇，即格义的翻译方法。随后中土典籍《水经
注・河水注》引《扶南传》载："恒水之源，乃极西北昆仑山中。"又引《释氏
西域记》说："阿耨达大山，其上有大渊水，宫殿楼观甚大焉。山即昆仑
山也。"玄奘《大唐西域记》卷一说："赡部洲之中地者，阿那婆答多池也
（唐言无热恼，旧曰阿耨达，讹也）。在香山之南，大雪山之北。"明确了
昆仑山即阿耨达山，而阿耨达山的位置在雪山以北、香山之南，即在喜
马拉雅山中。可见，正是在佛经影响下，昆仑山成了大地乃至天地的中
心。《太平御览》卷一引《河图括地象》说："昆仑山为柱，气上通天。昆仑
者，地之中也。"《水经注・河水注》也说："昆仑之墟在西北，去嵩高五万

里，地之中也。"唐代段成式《酉阳杂俎》前集卷二说："昆仑为天地之齐。"齐即脐，意谓中心。可见，佛经关于昆仑山的论述改变了中土人士的宇宙观，也改变了古代中土人士以华夏为中心的观念。

随着佛学典籍的增多，典籍变得浩瀚驳杂，学者难以遍览，于是抄写大藏经要旨之风盛行，成为指导人们学佛的手册性资料。如梁代宝唱等编纂的大型佛教类书《经律异相》五十卷，采录汉译经律论中的佛教史实，分类排纂，以供学者研读。《经律异相》编纂的特点是形成一部重要的佛教故事总集，每则事类之末都注有出自某经某卷，有些行文中兼有考校诸经所云异同或释梵名的夹注。如天地部辑录佛学对宇宙空间、时间、自然现象、地理区域的看法和有关事例。《经律异相》资料主要出自经、律和论三类翻译著作，一般不采录名相纷繁内容艰深的纯理论论述，而多采录有一定故事情节的叙事性的佛典原文。如为说明佛教信仰对象和佛教教理而编集的神话、寓言和譬喻，或以真实人物为依托敷述的历史传说或寓言故事以及自古就在印度流传，从不同侧面反映印度各阶层人物的善恶是非、智愚情趣和日常生活的民间故事。这些佛教故事构思奇特，文采茂美，含蓄深邃，曾在中土古代广泛流传。其《序》说：

> 皇帝同契等觉，比德遍知。大弘经教，并利法俗。广延博古，旁采遗文。于是散偈流章往往复出，今之所获盖亦多矣。圣旨以为像正浸末，信乐弥衰，文句浩漫，鲜能该洽。以天监七年敕释僧旻等备抄众典，显证深文，控会神宗。辞略意晓，于钻求者已有太半之益。但希有异相，犹散众篇，难闻秘说，未加标显。又以十五年末敕宝唱抄经律要事，皆使以类相从，令览者易了。又敕新安寺释僧豪、兴皇寺释法生等，相助检读。于是博综经籍，择采秘要，上询神虑，取则成规，凡为五十卷……名为《经律异相》。将来学者可不劳而博矣。

宋代陈实《大藏一览集》也具有这类百科全书的性质。书中摘录藏乘义理，"述如来教典、善恶二途、报应因缘、三乘修证、教相宗眼等八门六十品"（《大明释教汇门标目》），叙释迦牟尼生平教相和禅宗谱系，论佛教的地位，论无我善恶、天堂地狱及修证佛果。

道世《法苑珠林》一百卷，辑录教法修行仪轨和善恶业报事缘，也是一部事理淹博的巨帙。作者根据大乘佛教"世间与出世间不二"、住世证得涅槃的思想，不仅分门别类介绍佛学各种教理和一般知识，如佛学的时空观念、宇宙图式、善恶说教、圣凡分类、戒律禅观、神通咒语、史迹经典、法数名相、寺塔器物、音乐图象、仪礼行止、卫生保健等，而且广泛讨论世间各种社会现象和伦理是非，集出世和入世为一书。作者抄录与述作并举，不仅"述意部"全是作者的论述，即使是通过抄录经籍原文编成的大部或小部中，也有许多作者用"述曰"问答"颂曰"糅述或申讲经文以表达思想观点。"君臣篇"叙说国王在护持佛法所起的举足轻重的作用及应有的德行。"传记篇"述说后汉至于唐各代的译经人数和译出的大小乘经律论部卷，西晋至于唐的佛教撰述，《大般若经》十六会的梵本偈诵数目和汉译以后的品卷，西晋至隋各代皇帝的崇佛事迹和寺庙、译经、僧尼数目，唐高祖、太宗的佛教因缘，佛的生卒年代等。书所引用内外经典约四、五百种，内典如大小乘经律论和汉地佛教集传，外典如诸子百家各种著作包括志怪小说、笔记、野史、杂传等。书中还引用十余种由汉地佛教学者托名伪造的经典，这些著作虽然并非"佛说"真经，但由于它们善于将佛教教义中国化和通俗化，因而一度广泛流布社会，也对佛教传播和佛学中国化产生过不小的影响。

后周义楚《释氏六帖》仿白居易《白氏六帖》体例，叙录内容既有佛教掌故和术语，又有各类人文掌故和自然知识。书中还涉及佛法僧含义，大小乘修持，王侯卿相对佛教的态度，僧尼不拜王者的长期争论，高僧圣贤著述，儒家伦理道德，道教天尊道法，君臣之道和人事交往，天文地理和术数工巧等。而赞宁《大宋僧史略》运用典制体编撰，以佛学史传的载录及作者的见闻为本，以事为题，类聚条分，详尽记叙并考证自东汉初年至北宋初年，中土佛教史上六十多项重要事件和制度的起源及沿革，并专条诠叙佛学史上汉传佛学由来，首例出家受戒，梵本经律论的创译，注疏讲说的发端，西行求法的肇始，民间与宫廷的佛事活动，佛学与道教的位次争辩等，由此真实地载录了佛教事物以及典章制度。

东晋以后，受《搜神记》影响，启发佛学人士新的思路，开始编撰一种具有跌宕起伏的故事情节的杂记感应传，以记叙佛教的神异灵迹以及僧侣的善恶报应故事，震眩流俗，劝生敬心。这类著作的主旨是谈因果异迹以寓惩劝，从而导诱俗人信奉佛教。由于感应传是以故事的形式宣传佛教的教义，具有其他文体所无法完全取代的感染吸引力。西晋时，竺法护译出《正法华经》十卷，于《光世音普门品》中着重介绍了观世音菩萨应机现身，普利有情的行事。谢敷依凭此经，推演传闻，撰成《光世音应验记》一卷。道宣《集神州三宝感通录》通记佛法僧感应故事，记叙佛、菩萨、高僧、寺塔、经典、图象、法物等的灵异，以及善恶报应的故事传闻。而佛学善书宣传伦理道德，劝人为善。这类著述往往糅进儒家道德观念，宣扬儒佛两家伦理目标和生活规范。如明代云栖袾宏《自知录》，把人生的行为分为善、过两门，劝人去过从善，积累功德，以获得好报。这种通俗易懂的说教，比正规经典更易为民众所接受，所以影响很大。道宣在著《续高僧传》时将慧皎《高僧传》中《神通》改为《感通》，意在通过这类生动的感应故事影响一般民众。还有佛学善书，反映出中土学僧在重建适应国情的佛学伦理道德学说和普及中国佛学伦理道德哲学的努力。这类著述明因果，讲善恶，表现佛教济世渡人，普度众生的精神，同时也引导民众抑恶向善，鼓励人们和谐友善，表现出佛教维护社会祥和的积极功能。

佛学纂集综括大藏经籍，旁搜世间坟典，是带有抄集性质的佛学著作。编者通过翻阅大藏经典，摘出汉译经律论以及东土集传中的精义、要点和适合修持需要的各种论述，然后类聚成书。这类著述历来被佛经目录学家视为"东土圣贤集物"的重要组成部分，它广采博搜，知识密集，不仅涵盖佛学知识各个领域，而且广泛涉及人文及自然知识，包括语言文字、佛教义理、名词术语、译梵法式等。纂集的目的是为了省却他人翻检浩瀚的原著之劳苦，便于使用。有些以记叙中土佛学史迹为主的类书，其资料主要来自于佛学内外的史乘。抄集主要有两种，一是事数类抄集，如刘宋昙宗传《数林》、南齐王宗撰《佛所制名数经》、北齐法上撰《增一数法》，"略诸经论所有数法，从一至十，从十至百，乃至千万，有似数林"（道宣《大唐内典录》）。二是综合性抄集，综录众经中各类事项。这类抄集经籍幅凑，学术影响极大，始于齐代而盛于梁。简文帝萧纲主持编纂的《法宝联璧》二百卷，由简文帝"躬览内经，指挥科域，令诸学士编写结连"犹如《华林略》。湘东王萧绎记室虞孝敬编的《内典博要》三十卷，"该罗经论所有要事，备皆收录，颇同《皇览》《类苑》之流"（道世《法苑珠林》第一百），对于学佛人极为便利。

（七）汉地著述的研究方法

汉地佛学重视理论，讲究学术，始终把佛教学理事业视为自身发展的生命力。汉地学僧不仅在近千年的历史中把印度佛教典籍译成汉文，而且在千余年间著述了在数量上超过译经的各种佛学著作，以译经和著述为主线，把佛学完全变成与儒家及道家学说相鼎立的中国传统文化的一部分。在这千余年的著述中，汉地佛学著述既形成了自身的理论指导，也形成了自己独有的研究方法。

1. 道安的"科分"

道安(312—385)被称为"东方圣人",他第一个注解译经,是开创中国佛教学术的鼻祖。道安注经,创立"科分"(道安称为"起尽")之学。僧祐《出三藏记集》说:"初经出已久,而旧译时谬,致使深义隐没未通;每至讲说,唯叙大意,转读而已。安穷览经典,钩深致远;其所注《般若》《道行》《密迹》《安般》诸经,并寻文比句,为起尽之义,及析疑、甄解,凡二十二卷。序致渊富,妙尽玄旨;条贯既序,文理会通。经义克明,自安始也。"僧祐指出道安考校译本,注释经文,所云"起尽之义",即隋唐佛学的科判。吉藏《法华义疏》讲到注疏的体例时,有"预科起尽"的概念;良贲《仁王经疏》说:"昔有晋朝道安法师,科判诸经以为三分:序分、正宗、流通分。"道安用科判的方法研究佛经,将佛经内容分章分节标列清楚,容易抓住它的中心环节,同时再用"析疑""甄解"的方法,详细分析每一个名词或每一种句义,使之"文理会通,经义克明"。吉藏在《仁王疏》中说:"然诸佛说经,本无章段,始自道安法师,分经此为三段。第一,序说;第二,正说;第三,流通说。"

道安创立的"三分"疏注译经的方法,为后世注经者广泛采用,并有所发展。《历代三宝记》评价道安的注经是"道安订正处,皆与原文合"。当时的疏释一般为先作科分,即从不同角度对该经作总体介绍,然后逐句随文释义,也有的注疏不逐句释文,而仅疏明全经大意。有的注疏划分段落,总结大意,称为"分门记"。还有注经区分佛经章节,称为"科文",又有的注解随文解释义理,称为"义疏",其中大字写经文,小字写注文者称为"夹注";因师口授,笔记所得,称为"述记"或"随听疏"。另有的注释分门诠释全书内容,称为"玄义"。更有的疏释集前人注疏为一书,称为"集注"。此外还有"义记""解""旨赞""抄""注""义章""释""广释""开决记"等方法,大多是在道安基础上的发展和演变。

2. 三论宗的"双遣"法

"双遣"法就是"破邪显正"法,是罗什三论宗的方法论。佛学的理论方法很重视破邪与显正两门,破邪是破斥一切外道异说,显正是树立和阐发自己的正确观点。多数佛学流派是在破邪之外别有所立,有破有立。吉藏的研究方法就是"一曰显正,二曰破邪",他说:"论虽有三,义唯二辙,一曰显正,二曰破邪"(《三论玄义》),即在破除一切如"外道"《成实》《毗昙》、"大执"等风行一时的其他学说的同时,确立三论学的正宗地位,并最终完成了三论宗的理论体系。唐代法琳著《破邪论》《辩正论》,玄嶷著《甄正论》等，多寓破邪显正之义。"辩正论"又作辨正论或辩正理论，又作申正或立正。"辩正"为"破邪"之对称，意谓彰显正义。如三论宗以"破邪显正"为一宗轨要，因本宗所依中论、百论、十二门论等皆不出破邪与显正二辙，专破斥"有所得"学说。大乘起信论也设"显示正义"一科，以对治邪执迷见。唐高祖时，李仲卿撰《十异九迷论》，刘进喜撰《显正论》，批评佛学弃义弃亲、不仁不孝。于是法琳博引史书佛典，撰《破邪论》予以反驳，宣扬佛教比道教优越。《破邪论》分三教治道篇等十二篇，论历代帝王、皇族、名臣的佛教信仰，佛道先后位次及道教经典、教理的伪妄。佛学"双遣法"的表达形式是各宗各派所利用的形式。但对于"双遣法"的理解，各宗并不相同。三论宗的"双遣"方法论是只否定而不肯定，也就是唯破不立，在否定中显示真理。《三论玄义》说："破邪即显正，破邪外别无正显。"这种对互相矛盾的一对概念同时加以否定（双遣、双非）的方法，是三论宗在"双遣"方法论上与他宗不同之处。唯识宗的"双遣法"实际上只遣外境而不遣内识，属于不彻底的"双遣法"。天台主张三谛圆融是一种遣二边而着中道，也不是彻底的"双遣法"。华严宗综合诸家之长而建立圆融法界，本质上是破诸法事相而建立真如法界，也不能说是彻底的"双遣法"。可见，只有三论宗的双遣、双非，既不着二边也不住中道，一法不立，直达本源，才是佛学正确的"双遣"方法论。所以《华严经》说："一切有无法，了达非有无。"三论宗说："因病而施药，病除药不留。"（吉藏《三论玄义》）

3. 智俨的"二步"法

智俨（602—668）为华严宗第二祖，幼年即有志于佛道，十二岁时随杜顺弟子达法师受学，后相继学习摄大乘论、四分律、毗昙、成实、十地、地持、涅槃等经论。后从智正习华严经，并遍览藏经，搜寻众释，深入研究十地论六相圆融义旨，撰《华严经搜玄记》，成一宗规模。智俨在开发"玄"理思想指导下，建立起诠释经典的二步法，即在"约教就自体相辨缘起"时所开的两门。"约教就自体相辨缘起"，就是从经典文字（"教"）出发，根据佛智慧本体（"自体"）的作用和表现（"相"）来论证法界缘起（"辨缘起"）。第一门称为"举譬辩成于法"，即通过分析来自经典中的譬喻来理解佛法，阐述法界缘起的道理。智俨在继承杜顺思想"举譬辩成于法"的基础上，又创造性地提出了第二门："约法以会理。"即从佛学名相概念分析（"约法"）入手探究华严玄理（"会理"）。这种"会理"，就是展开论述"十玄门"。可见，智俨不仅认为诠释经典应该有从"喻"到"法"的过渡，还要有从"法"到"理"的过渡，即要求把所揭示的佛"法"用特有的概念予以论证，才能获得真正的"玄理"。

4. 智颛的"五重玄义"

智颛(538—597)是中国佛教宗派史上第一个宗派天台宗的实际创始者，他十八岁时出家，二十岁时精研律学，深好禅观，后拜慧思为师，修习禅法，证得法华三昧，并在此基础上树立新的宗义，判释经教，奠定了一宗教观的基础。智颛广弘教法，创五时八教的判教方法，发明一心三观、一念三千，三谛圆融的思想，成为天台宗的思想体系。智颛的佛学强调止观双修，教观双运，解行并重。智颛著述甚丰，其中主要的是被称为"天台三大部"的《法华经玄义》《法华经文句》《摩诃止观》和被称为"天台五小部"的《观音玄义》《观音义疏》《金光明经玄义》《金光明经文句》《观无量寿佛经疏》，这些著述建立了天台一宗的解行规范。隋唐以后，因争论智颛《金光明玄义》广本的真伪，分为山家和山外两派。智颛《法华玄义》独创释经方式"五重玄义"法、"四种释例"，其中的"释名"又分为通别、翻译、譬喻、附文、当体。他用五种分析方法("五重玄义"法)解释经典的题目(释名)，探究其精髓(辨体)，厘清其教义的独特之处(明宗)，讨论经典的功用(论用)，对教义进行分类(判教)。智颛的《法华玄义》也是一种整体性解释，没有按原文逐字注释解析，而逐字逐句注释曾经是魏晋时期的注经方法，当时的目标在于准确理解原本，领会佛教义旨。智颛的方法体系为作者提供了自由发挥的空间，从其运用一百六二十五页篇幅中的一百一十页来专门讨论《法华经》题目的含义显示出来。这也体现出佛学研究的发展和深入，是佛学中国化的表现，因为自由发挥式的研究更能体现其创造性。

5. 窥基的"六合释"

窥基(632—682)是唯识宗初祖，称慈恩大师。窥基十七岁出家，奉敕为玄奘弟子，从玄奘习梵文及佛教经论。玄奘译唯识论时，窥基与神昉、嘉尚、普光三人共同检文、纂义。后玄奘只留窥基，并糅十大论师释论而成一本，即成唯识论。玄奘主译辩中边论、辩中边论颂、二十唯识论、异部宗轮论、阿毗达磨界身足论，都由窥基笔受，除阿毗达磨界身足论外，皆作述记。玄奘为窥基说陈那因明正理门论及瑜伽师地论等，因而窥基通达因明学与五性宗法。窥基传授玄奘正义，著述甚多，时称百本疏主，或百本论师，而以瑜伽唯识之学为重点。在玄奘门下，窥基勤于记述，长于疏释。史载玄奘每于黄昏二时讲新译经论，译寮僧伍竟造文疏、笔记、玄章并行于世。玄奘在印度所学的微言大义，就通过这种方式流传。窥基随侍受业，多闻第一，功亦最著。译经之际，凡玄奘有所宣讲，玄奘所译经论都有注释，并且对照真谛旧译经论加以解释评判。在这些著述中，窥基以护法一系学说为重心解释印度瑜伽行派经典。他的注疏，很多是在玄奘亲自指导之下写成的，如《成唯识论述记自序》说："凡兹纂叙，备受指麾。"《唯识二十论述记自序》说："我师不以庸愚，命旌厥趣，随翻受旨，编为《述记》。每至盘根错节之义，叙宗回复之文，旨义拾释，以备提训，更俟他辰。"其《杂集述记归敬颂》说："微言咸绝杳无依，随昔所闻今述记。"这些述记，大体上包罗了玄奘学说的主要内容。

窥基的佛学思想丰富，方法细密，他的著书立说，不仅使唯识宗教义体系化、系统化，更使印度瑜伽行派思想发展为中土的慈恩宗，这些主要建树包括"四重二谛""七真如""五种唯识""唯识境行果"及"五般若"。如窥基依自宗经典为理据论证四重二谛，先将世俗谛与胜义谛各自开列为四重，再依照"二谛有无体异、事理义殊、浅深不同、诠旨各别故"，将二谛开为四重：名事二谛、事理二谛、浅深二谛、诠旨二谛。《成唯识论掌中枢要》卷上本则分三类将其组合成三十九句，"如是二谛合有三十九句唯识性"，这样的组合既细致周密，又贯穿"真理"的相对性原则和真如"分立"思想。再如他运用"五般若"诠释心经。《心经幽赞》说："般若慧义，古释有三：一、实相谓真理。二、观照谓真慧。三、文字谓真教。今释有五，第四眷属，谓万行；第五境界，谓诸法。福智俱修，有空齐照，寻诠会旨，究理解生，慧性慧资，皆名般若。能除障习，证法真理，众德之首，万行之导。虽独名慧，摄一切法。"窥基在多部著作中都以此方法解释般若，并且以此将自宗的般若思想与三论学区别开来。窥基的佛学方法细致周密，其著述善于提纲挈领，建立体系，如《法苑义林章》七卷，把瑜伽一本十支和各宗不同的法义都归纳起来，抉择贯通，细至一字之微，也有专章分析，如《法华为为章》把《法华经》中所有"为"字归纳起来，得出平声"为"有九训，去声"为"有三训，表现出他所提出的"示纪纲之旨，陈幽隐之宗"的特征。他不但通达声明，并且精熟因明，"大善三支，纵横立破"，他的著述内也常常表现运用因明以立说的倾向。窥基以"六合释"为解释梵语（二语或三语以上的合成词）的六种方法，因其作法为先将复合词加以分别解释（离释），然后再总合解释（合释）其义而得名。它们是：依主释、相违释、持业释、带数释、邻近释、有财释。

6. 纪荫的"注论"法。

纪荫（1640—?）是三峰宗的一代宗师，与雨山禅师同为三峰宗第四代两大高僧。三峰宗是明万历至清雍正时期的一百多年间，禅宗复兴时期诞生的禅宗宗派。史载，纪荫"少时精通儒术，深得文字三昧""善文工

诗"，而且"一旦为僧即遍参释乘"，纪荫在佛学上的成就在于他编纂了
《宗统编年》三十二卷这样一部禅宗编年史。"弘储曾因佛祖纪纲、宗师血
脉之传续，以纪述家之体例未精，或征采踣驳，未足为千古正传而欲著
法苑春秋，后未能如愿。"于是纪荫"博采经史释乘，仿朱子纲目体例"，
不但认真阅读"法门文字，如释迦谱"，和众多"古今佛道"的著作，而且
通读了大量儒家经典和史书，并对这些佛道著作和儒家经典"皆详考合
订"。陈士强在《〈宗统编年〉开题》一文中指出，《宗统编年》创用多种评考
形式。古代中土撰作的佛教通史常用的评考形式主要为"注""论"两种，
而《宗统编年》不仅有"注""论"，而且新立了"发明""书法""阙文""阙疑"
"考定""别证""存考"等多种名目。"注"一般用比正文小的字体刊出，对
正文加以说明，而"注"字本身并不出现。"论"作为作者对所叙人物和事
情发表的评论。有直接评论，称为"祥符荫曰"；也有间接评论，即转
引他人他书的，如"三峰藏（法藏）曰""大慧果（宗杲）曰""寂音（德洪）
曰"等。其中以引"安隐忍曰"为最多，"祖纪""五宗纪"各卷多有。"发
明"一般用于"有隐而须发者"（《凡例》），多附于史料标题之下，如卷二
十八明洪武二年"克新奉诏招谕吐番"条下有："发明：沙门出世，预人
国家事，不可以为训，故新（克新）削书'禅师'"作者认为沙门不应参预
政事，而克新参预了，故削去了他的"禅师"称号。也有的用于一段史
料之末，如卷二十四宋绍熙元年"曹洞第十七世太原王山祖嗣宗统"一
段史料之后有：

> 发明：按洞宗（曹洞宗）自青州（一辨）至万松（行秀）皆王化大河
> 以北，为金（金国）界内兵燹纷更，语录失传，诸祖聊得其大概云尔。

这是说，山于自一辨至行秀，曹洞宗主要在金国统治下的北方活动，
史料阙如，故此处只算是一个粗略的编次。"书法"用于解释史料的主题。
如与"发明"同时出现，一般置于"发明"之前。"阙疑"指"文献并征，因时
因事，不能无碍，未敢据定者"（《凡例》）。如慧能下第三世荆州道悟，究
竟在天王寺还是在天皇寺，是一个人还是两个人，是嗣马祖还是嗣石头，
自《景德传灯录》以来，聚讼纷纭，莫衷一是，故作者在唐元和三年"禅师
大鉴下第三世荆州天王寺道悟寂"条下，附列"阙疑"，对有关的争论作了
一番介绍，不作定论。"考定"指"自昔互有异同，至今确实考证者"，如
《景德传灯录》说，临济第二世魏府兴化存奖禅师为后唐庄宗的老师，而
尧封潜的《正讹记》则说，存奖在庄宗登位前三十六年就已寂没。作者以

"考定"的方式，肯定了《正讹记》的说法。"别证"指"诸子百家别集中，参合可证者"。如卷八梁大通元年"东土第一世祖菩提达摩尊者自南天竺来"条下，引陶宗仪《辍耕录·陶华阳谱》作为旁证。"存考"指"文阙献征，据实准定，以俟后稽者。"如卷二十三宋宣和元年"曹洞第九世邓州丹霞祖示寂"条下，有两条"存考"，一条考丹霞有法嗣九人，另一条考曹洞宗人新撰的《祖灯大统》"以净因觉为鹿门觉"之误。"阙文"指"文献俱阙，地异时远，无从稽定者"。

汉地佛教学者的解经方法，其实也是译经方法的一部分，它们与佛典汉译的标准、原则与技巧都有着密切联系。虽然这些方法表面上是针对汉译佛典而论，但在深入分析译籍时，又总是连带分析原本，考察译者译法，因此可以说，这些注经方法就是译经方法的延伸。而且，汉地佛教学者的研究方法自成体系，各有独创。如法云运用律学方法解经，撰写注释性著作详细评注《法华经》，依照经典分析的轮廓，分成适当的章节。撰述既结合汉地传统学术方法，又依据佛学研究特征予以发挥。纪荫《宗统编年》在佛学文体上亲受三峰大师弘储的教诲，"谒退翁储于灵岩，得受记莂"，又"博采经史释乘，仿朱子纲目体例"，不但认真阅读"法门文字，如释迦谱"，和众多"古今佛道"著作，又对这些佛道著作和儒家经典"皆详考合订"。所以许之渐认为纪荫编纂《宗统编年》是学习孔子的《春秋》编法，"经明道之书也，史记事之书也。经通则人心之义理斯见，史达则古今之得失有征，合而兼之者，其唯春秋乎。孔子当周室衰微乾纲解纽之际，慨然以斯文为己任，就鲁史而寓王法，叙伦敦典，褒德贬罪。而善以劝，恶以惩，其志存乎经世。一笔一削，功等于抑洪水驱猛兽。而其大意，则主乎正人心术。此春秋之经兼史，而为圣贤传心明道之要典也。"（《宗统编年序》）许之渐还在序中说："金舆玉轴，一统辑告成之书；华衮威铖，群贤纂前朝之典。洋洋乎，光辉盛大之日；济济乎，名教兴隆之时。"

二、"义解"——"借儒术以自释"的佛学研究

慧皎《高僧传》将汉末至梁的中土学僧分为译经、义解、神异、习禅、明律、亡身、诵经、兴福、经师及唱导十类，其后道宣《续高僧传》、赞宁《宋高僧传》、明释如惺《大明高僧传》、明河《补续高僧传》以至清初喻谦《新续高僧传四集》基本上都沿用这一体系。实际上，喻谦《新续高僧传四集》，内容始自宋初，终于清末，一千余年间，分类依然是《译经》《义解》《习禅》《明律》《护法》《灵感》《遗身》《净读》《兴福》《杂识》十科，只是改

《读诵》为《净读》，说明到了清代，仍有佛经翻译。慧皎的"义解"，广义地指阐释经旨，或作有文句义疏的，或甚至是后人名为以"格义"方式传经的。在十卷的篇幅中包括了二百五十七篇传记，超过一半的学僧或被列于译经，或被列于义解。道宣《续高僧传》仍分译经、解义、习禅、明律、护法、感通、遗身、读诵、兴福、杂科十科，他说："昔梁沙门金陵释宝唱撰名僧传，会稽释慧皎撰高僧传，创发异部，品藻恒流，详核可观，华质有据。而缉哀吴越，叙略魏燕，良以博观未周，故得随闻成采。加以有梁之盛，明德云繁，薄传五三，数非通敏，斯则同世相侮，事积由来。中原隐括，未传简录。时无雅赡，谁为谱之？致使历代高风，飒焉终古。……今余所撰，恐坠接前绪，故不获已而陈之。或博咨先达，或取询行人，或即目舒之，或讨雠集传。南北国史，附见徽音，郊郭碑碣，旌其懿德。皆撮其志行，举其器略，言约繁简，事通野素，足以绍胤前良，允师后听。始岠梁之初运，终唐贞观十有九年，一百四十四载。包括岳渎，历访华夷，正传三百四十人。""凡此十条，世罕兼美。今就其尤最者，随篇拟伦。"也就是说，根据学僧最突出的德业，将其选编在某一科。他还在书末说："自梁以后，僧史荒芜，高行明德，湮没无纪，使人抚心痛惜。故当征有操行，可用师模，即须缀笔，更广其类。"直到宋赞宁，始终沿用这一体系，表明义解与译经一样重要，章疏论著，相为表里。赞宁《大宋僧史略·注经》云："乍翻法语，未贯凡情。既重译而乃通，更究文而畅理，故笺法作焉，沉隐之义，指掌可知矣。"揭示出佛学传播需要译经与义解的共同支持。

安世高译出《安般守意经》等小乘禅法典籍，成为小乘佛学在中国的最早传播者，再经康僧会为《安般守意经》撰序作注，于是在社会上产生了广泛的影响，尤其是随着印度佛典汉译趋于完备，义解也逐步取代译经而成为佛学中国化的中坚。梁武帝《大品经序》说："此经东渐二百五十有八岁，始于魏甘露五年至自于阗。叔兰开源，弥天导江。罗什澍以甘泉，三译五校，可谓详矣。"吕澂认为这是"谓道安、叔兰及罗什三公并美"（《两汉魏晋南北朝佛教史》），将译经与义解同置于重要地位。傅小平、郑欢在《佛经翻译与中国传统思想文化——从文化交流看翻译的价值》一文指出，玄奘因明学的翻译，为中国逻辑学输入新思想。中国传统的逻辑学，从先秦的名辩逻辑，到魏晋时的人物志式的辩论，始终都为实践的目标所限制，总是与伦理、政治密不可分，逻辑学因之成为伦理、政治的附庸，结果是限制了逻辑学自身的发展。在这样的背景下，玄奘翻译了印度的新因明学，把它系统地输入中土。在翻译中，他又把因明学和知识论区分开，选择专论推理形式、规则和过程的《正论》《入论》来翻译，注重于逻辑方法的探讨，这不仅是对因明研究本身的一大推进，而且给中土逻辑学界注入了一股新的活力，使因明学一时间竟成为显学，而玄奘弟子窥基在深入研究因明学理论后撰写的《大疏》，更成为中国逻辑史上的一部重要著作，具有划时代的意义。

道宣《续高僧传》"义解"篇，卷数达十一卷，占全书三分之一还多，载录学僧也最多，其中很多是佛教史上的重要人物。说明到了唐代，翻译的佛典已很丰富，印度佛典已基本传入，学僧面临的任务在于理解和消化经过翻译的典籍。如被誉为梁代三大法师的僧旻、法云和智藏，他们研习《成实》，敷讲开解，腾誉当时。云鸾依奉《观经》，专修净业，为后世净土宗奠定了理论基础。法朗受学《中论》《百论》《十二门论》等，探赜幽微，征法词致，使"三论"学盛传江表、河北。道宠和慧光受学《十地经论》，形成地论学派中的南道北道二系，引发当现两说。昙延著《涅槃义疏》十五卷，并著《实性》《胜曼》《仁王》等疏，为有名的涅槃学者。慧远师事法上，著疏属词，其《大乘义章》十四卷被誉为"佛法纲要尽于此焉"（道宣《续高僧传》）。灵裕拔思胸襟，理相兼通，著《佛法东行记》《翻译体式》及疏记序论等五十余种，驰名一代。僧灿工难问，善博寻，著《十种大乘论》等，为隋代佛教义学二十五众的第一摩可衍匠。吉藏宣讲三论，创立三论宗，著《中论疏》《十二门疏》《三论玄义》《大乘玄义》《二谛义》《百论疏》《法华经玄论》等，其一生历经陈、隋、唐三朝，盛名不衰，正是因为他对佛学的精研和创见。这些人物有代表性，有影响力，佛教义学的演进和繁荣以及佛学的中国化与他们的学术研究是分不开的。

将梵文佛典系统译成汉语，此举本身就是佛学中国化和儒释融汇的一种体现，而佛学著述则是更进一步借取传统学术方法，为佛学传播服务。义解是佛学中国化仅次于译经的重要环节之一。《全唐文记事》说："释迦以文教。其译于中国，必托于儒之能言者，然后传远。"庄炘《一切经音义序》指出："顾西域有音声而无文字，必藉华言以传，随义立名，固不得不借儒术以自释。唐代浮屠多通经史，又去古未远，授受皆有师承。"揭示出佛典注疏与汉地传统训诂学的密切关系。佛经在翻译过程中，已经迈出了中国化和儒释会通的第一步，即"藉华言以传"，而佛学著述更是"借儒术以自释"，传统的儒家思想文化也在佛典的注疏中很自然地融入了佛典中，儒释融汇，实际上也就是印度佛学与中土文化的融汇。依据翻译原理，佛典汉译不可能如实反映印度佛学的全貌，翻译本身又有许多模糊和不正确的地方。随着佛典翻译增多，所传的义理也逐渐明确，这为融会贯通佛学内部与外部和佛学研究提供了可能。汉朝末年以后，随着佛经翻译的增加，研究义理的僧俗也越来越多，于是佛教本身的教义才逐渐显明，开始从方术道士之中独立出来，这是初期中国佛学的特色，因为印度佛学要为中土社会所接受，特别是得到上层知识人士的支持，翻译与教义研究必须走向专业化。因此，"译经"与"义解"的学僧，是中土佛学独有的，而印度佛学多以"神异"与"习禅"的学僧为中坚。中土佛教高僧中，以译经著称的安世高、支谶、支谦、竺法护、鸠摩罗什、玄奘、义净、不空等人，也是佛教思想家，他们翻译的佛经促进了佛学在中土的传播。同时，他们很多人不仅精通佛理，并且也深悟中国哲学。

（一）佛学传播始终与经典翻译和佛学撰述联系在一起

方立天在《佛教中国化的历程》一文中叙述佛教中国化的现实形式及历史阶段时，指出文人士大夫是佛教中国化的主要力量，译经注疏是佛教中国化的重要基础，而注疏是汉地佛学著述的主要形式之一，是佛学"义解"的重要手段。随着佛学经典的译出，汉地佛学著述也不断问世，使佛学在中国由附庸到独立，最终成为华夏民族思想文化的有机组成部分，在这一过程中，汉地佛学著述和译经一道，推动了佛学中国化进程。而汉地佛学著述对中国佛学具有实质性影响，它加速了佛学与中国文化相互融合的历史进程，使佛学最终与中国传统文化儒、道二家和谐并立。其根源就在于，佛经翻译和著述始终将佛学与中国传统文化相互借鉴、相互补益，使佛学在中国的发展，不仅受到原文译本的影响，而且也受到汉地著述的影响。

1. 译者与学者的主体身份

在佛学中国化进程中，一方面佛经翻译家发挥了关键作用，另一方面佛学著述家作出了突出贡献。从两汉至隋唐，历代的译经大师在佛学界都享有很大的影响力，如东汉安世高、支谶，西晋竺法护、竺叔兰，后秦鸠摩罗什，南朝佛陀跋陀罗、真谛，北魏菩提流支，隋代阇那崛多和达摩笈多，唐代玄奘、义净、不空等，都把当时最新的印度佛教学说传译到中土，都是在各自时代名重一时的佛典翻译大师和佛教思想家。佛教史上有"四大译师""唐代八大译家"之称。鸠摩罗什是大乘中观派教典的主要译者，真谛和玄奘是大乘瑜伽行派教典的主要译者，不空是密宗教典的主要译者，他们翻译的经典，分别对东晋南北朝的般若学派、成实学派、摄论学派、俱舍学派，隋唐时期的天台宗、三论宗、净土宗、法相宗、密宗的形成，提供了思想资源。而道安、慧远、道生、僧肇、僧祐、昙鸾、慧皎、智颛、吉藏、法琳、道宣、怀素、窥基、法藏、湛然、澄观、宗密、智旭等，既以翻译闻世，又以佛教学者知名，他们都曾经是创宗成祖的人物，他们的佛学著作也是传世的经典之作。在佛学传播事业中，他们对译本的阐发和对理论的建构，与译经具有同等重要性。僧肇《注维摩经》、智颛《法华玄义》和《法华文句》、法藏《华严探玄记》、一行《大日经疏》、善导《观经疏》、道宣《四分律行事钞》、普光《俱舍论记》、法宝《俱舍论疏》、吉藏《中观论疏》、窥基《成唯识论述记》、法藏《起信论义记》等，都是汉地最具代表性或对后世影响重大的经律论注疏。隋唐王朝国势强盛，也是经院佛学、佛典汉译和整理的黄金时代，产生了玄奘、义净、不空等大师，佛教学者们还编纂了许多权威性的汉译佛典目录，如智升《开元释教录》，前半部为"总括群经录"，相当于代录，以时代、译者依序列举自东汉明帝永平十年（67 年）至唐代开元十八年（730 年）一百七十六名译经大师所译大小乘经律论，共计二千二百七十八部，七千零四十六卷，其中有关译经资料的搜集包括译经异名、略名、卷数、存缺、原著者名、翻译年代、场所及翻译关系者，所载译经又分有译与失译、单译与重译、大经与别生经等。后半部为"别分乘藏录"，仿法经录分类整理目录，既反映出唐代佛经翻译的完备，也反映出唐代佛典整理思想的成熟。湛然在禅、华严诸宗兴盛之下，撰写天台三大部注疏及其他疏论，"止观之盛始，然之力也"（道宣《宋高僧传》卷六），表现了天台及华严宗人在其注疏中，运用判教理论以包容性解释整合所有经典。智颛就《法华经》撰写了两部不同的注释，其《法华玄义》和《法华文句》，或逐行注释，或偏于解释义理，与《摩诃止观》被称为天台三大部。吉藏的著作重要者有《中观论疏》《十二门论疏》《百论疏》《三玄论义》及《二谛义》等。道宣曾参与玄奘译经，著有《广弘明集》《续高僧传》《集古今佛道论衡》《大唐内典录》等，这些研究性著述对于佛学传播所起的作用是译经不能替代的。

许多佛学建树极深的学者同时也是重要经典的译者。如道安、慧远主持译场，审校译本，撰写经序，译经与弘法紧密相联。法显、玄奘、义净是三大汉地译师，都曾到印度取经，也都曾以史地著述名扬中外。如法显的《佛国记》、玄奘的《大唐西域记》以及义净的《南海寄归内法传》，都是中土佛教史上著名的佛教地理著述。罗什、真谛、玄奘等是闻名的译经大师，同时也是佛学理论家。

法藏是华严学者，华严宗创宗人，精研《华严经》，也是一位杰出的佛典翻译家，曾先后参加玄奘、义净与实叉难陀译经，后参与武则天组织的八十卷《华严经》及《楞伽》《宝积》等经的翻译，任证义。武则天在其《御制大周新译〈大方广佛华严经〉序》里称道此译本是"重译之词馨矣"，大有"叹为观止"之意。法藏也是一名华严学者，他与实叉难陀、义净等人翻译的《华严经》迎合女皇武则天意旨，将三十九品中的第一品改译为《世主妙严品》，神化"世间主"即武则天女皇与周武统治，而其主体思想（以最后一品《入法界品》为代表的"圆教"思想）的本质特点是：暴君、豪富，甚至妓女，都是"菩萨"，而封建王国，就是"佛国净土"。作为体现译经与佛学研究紧密结合的佛学主体，将二者集于一身，从实质上沟通了翻译与著述。澄观也是华严典籍重要学者，曾参加般若译场译经，协助完成四十卷本《华严经》的翻译，负责审定，历时二年译出《华严经》四十卷（后世通称四十《华严》），后又参与翻译《守护国界主陀罗尼经》，任证义。在佛学上，澄观既广学律、禅、三论、天台、华严各宗教义，又研究经传、子、史、小学、尔雅、天竺悉昙、诸部异执、四围、五明、秘咒仪轨等学问。在研习《华严经》时，深感《华严》旧疏文繁义约，令人难解，发愿撰作新疏，历时四年，撰成《华严经疏》二十卷及《十方广佛华严经随疏演义钞》，因此有"华严疏主"之称。

2. 佛学著述与译经同时受到重视

由于梵汉语言及文化思想差异，难以将印度梵文佛教典籍翻译成既不失佛义又符中土人传统思维方式的汉文典籍，即使高水平的译经大师和高质量的译籍也有理解上的障碍，特别是在初期译经时期，佛学的传入没有依照印度佛学诞生与发展的历史，使当时学者不明了它的发展线索，更增加了理解上的困难。所以在翻译之外还必须辅之以注解和阐发，借用学人们熟悉的语言、概念来翻译佛经，解释佛教教义。而随着译典增多，所传的义理逐渐明确，又使佛学研究具备了条件。在佛学传播中，历代帝王也与重视译经事业一样，支持佛学著述，如佛教经录的编纂，既有佛教组织自行辑录的，也有政府主导编纂的，还有皇帝的钦定目录。编撰经录的目的是考订已被著录经典的源流，增录当时新译经典，同时甄别疑伪经典。如梁武帝时，敕译经学者修撰佛典目录，进上审定，并宣布以审定的流通，以限制伪经传播和私本滥制。自梁武帝始，编定佛典归属于帝王的事业，此后至清乾隆年间，钦定编纂共有十七次之多。这表明统治阶层对于佛学著述的重视，虽然也有可能出于政治利用。

在佛学传入中土初期，多数学僧都是以译经为主，重要的佛教人物也都是翻译家，又是学识渊博、思想深邃的佛教思想家和佛学理论家。

他们具有深邃的理论思维与较强的研习能力，对佛学有精深系统的研究，又能融会贯通自成一家之言。如译经大师竺法护，被尊称为"敦煌菩萨"，而其首要贡献则在于译经。自两晋始，佛典汉译进入发展期，翻译水平提高，既能够准确传达佛教义理，文字又有可读性。开创这一新时期的就是西晋著名译师竺法护。他的翻译范围全面，富有体系，并有一定的译场规模，为道安、罗什传播佛学翻译经典打下了坚实的基础。尤其是他的翻译原汁原味，义理准确，语言淳朴，道安评论其所译《正法华经》"依慧不文，朴则近本"（慧皎《高僧传》卷四《竺法乘传》），表明其忠实性。竺法护从西域获《大品般若经》的另一梵本，并译成《光赞般若经》十卷。道安《合放光光赞略解序》评论说："言准天竺，事不加饰，悉则悉矣，而辞质胜文也，每至事首辄多不便，诸反复相明又不不显灼，考其所出，事事周密耳，互相补益，所悟实多。""言准天竺，事不加饰，""考其所出，事事周密耳，互相补益，所悟实多"等语说明《光赞》译本的质量已超过了前译，只是《光赞》译本传到道安手中很晚。道安似乎始终认为竺法护译经很"质"，其实《众经别录》作者将其大部分译经注上"文"字，说明竺法护译经也很重文。鸠摩罗什被梁启超称为译界第一流宗匠，对于早期佛学中国化产生过深远影响。这些译经家促成了翻译的繁荣局面，也促成了佛学的发展。而佛学家既有佛学理论研究者，也有弘传教义的讲经大师，他们都是中国佛学界的核心人物。

　　佛教作为一种外来宗教，佛学作为一种外来学术，能够为中土人士所理解和接受，并完成中国化进程，成为中国文化传统的一部分，佛典汉译、经义讲习、佛典编撰和判教创宗都起着关键作用。吕澂《中国佛学源流略讲》序中指出，"中国佛学学说的来源，基本上是依靠传译和讲习为媒介"。他还指出：印度佛学产生于公元前五世纪，其宗教部分传来我国的时间要比学说早一些，约在公元前后。佛教哲学，因其内容复杂，需要一个相当时期的酝酿才能得到传播，所以要迟一些。魏晋南北朝时期，佛学论著的比例迅速上升，入当时佛教经典的注疏有《大乘经疏》三百七十九卷、《小乘律讲疏》二十三卷、《大乘论疏》四十七卷、《小乘论讲疏》七十六卷、《杂说讲疏》一百三十八卷。凡是重要一点的经典，都有注疏，有的甚至几注几疏。及至梁代，梁武帝、梁简文帝都曾亲自主持或参加讲经，不少讲经的撰稿，就是后来的讲疏、义疏。在梁武帝奖揦和率先垂范之下，朝政鼓励译经，讲经说法，并组织大型佛学类书、丛书、佛经目录等著作的编写。帝王还亲自为佛经作注撰疏，撰写佛学论著，从而极大地影响了整个社会的思想和风气，使佛教深入到社会的各个阶层和领域，佛学著述达到鼎盛。梁武帝时，南朝佛教达到了鼎盛，佛教义学也十分繁荣，佛教学派和其他学者撰写的佛教义学著作主要有道生《二谛论》和《顿悟成佛论》、僧肇《肇论》和《注维摩诘经》、慧观《辩宗论》和《论顿悟渐悟义》、僧含《神不灭论》和《法华宗论》、昙谛《会通论》、僧导《空有二谛论》、僧祐《出三藏记集》和《弘明集》及《释伽谱》《法苑集》、慧皎《涅槃义疏》和《梵网义疏》、梁武帝《摩诃般若波罗蜜经注》、梁简文帝《法宝联璧》、虞孝敬《内典博要》、真谛《明了论疏》和《摄论疏》及《俱舍论疏》、道安《二教论》、宝唱《经律异相》、宝亮《大般涅槃经集解》、昙鸾《往生论注》和《略论安乐净土义》以及慧远《十地论义记》和《大乘义章》等。其中僧肇根据罗什的讲解和自己的研究心得，论述般若义旨，其《不真空论》评论般若学派中心无、即色、本无三派谈空时的偏颇，指出说"有"并不是指有真实的物体，说"无"也不是指绝对的虚无。"空"并不是离开具体事物独立存在的内容，而是寓于万物之中，与万物相即而不相离。学者围绕其《肇论》注疏就有九家。罗什翻译《维摩诘经》时，僧肇参与译经，又根据罗什对经文的阐释，撰写《维摩诘经序》，没有像《肇论》那样采用老庄文辞，而是以本迹为论题，融汇法华等经教理，揭示《维摩诘经》本义，表明本土佛学开始脱离对传统思想的依附，形成了独立的哲学。这时还有佛学纂集，有的搜集整理佛教资料，编为总集，有的摘录佛教经论上的重要论述，分类派纂，编为类书，有的撮举佛教纲要义门，阐释其中所涉的的重要术语，编为义章。这些学者们的论著，观点集中，主题鲜明，融梵汉思想文化为一炉，又具有较为严密的逻辑性，表明中土佛学日趋成熟，也对隋唐佛学的进一步繁荣和佛教学派的形成，提供了丰富的思想资料。如严佛调《沙弥十慧章句序》说：

> 有菩萨者，出自安息，字世高……凡厥所出数百万言。或以口解，或以文传，唯《沙弥十慧》，未闻深说。

可见安世高译经都附有详解，形式上又以口解为主，因此他译经时听者众多，这表明从安世高开始，解说经义就是佛教学者一项重要专业。南北朝前后，佛学活动的重心基本在翻译，所以说经与译经多相辅而行。真谛在华虽然有二十三年，但译经和著述成就卓越。就译经而言，真谛虽时逢丧乱，命运多舛，颠沛流离，居无定所，但他随方翻译，流离弘化，随方卷行，译出经典多达二百余卷，仅次于玄奘，而近于鸠摩罗什。就著述而言，真谛不仅从事译经，并讲解所译经典，而且撰写了很多注疏，这是真谛译经最大的特点。他将译经与解经完美结合，翻译的有经、有论、有释经论、有论释，有时论偈单写别行，如与疏相区别则称为经本、论本。他写下的义疏有《如实论疏》三卷，《金光明疏》十三卷，《部异执论疏》十卷，《四谛论疏》三卷，《无上依经疏》四卷，《破我论疏》一卷，《佛性义》二卷，《禅定》一卷，《众经通序》二卷。汤用彤《魏晋南北朝佛教史》认为，真谛不仅仅是一位译经大家，还是一位义学大师。真谛穷其毕生精力所传播的思想是印度瑜伽行派的学说，即"唯识无尘"的"有宗"思想，他对佛教思想的贡献体现在推崇、传播《摄大乘论》和开创、发展摄论学派上。

西晋竺法护所译《盂兰盆经》，叙述释迦牟尼弟子目连依佛陀教诲，入地狱救饿鬼身的母亲，敬设盂兰盆供，救度母亲，这与汉地民族提倡的仁慈孝道的伦理传统十分契合，所以此经译出后，即广为流传，被中土僧俗视为佛学的"孝经"。寺院还要在农历七月十五日举行盂兰盆会，以追祭超荐累世父母及祖先。但是在原来的经文中，目连救母只是一个引线，而经文本意要强调的是供养僧众的重要。唐代的宗密仍为此经作了注疏，借此强调佛教的孝道，以提高佛教的地位。宋朝之后这一习俗的重心又发生转移，变成以超度祖先亡魂为主，并焚烧纸钱、器物，甚至以食物供飨四处游荡的孤魂野鬼，这除了迎合中土孝道传统，也与道教"中元普度"相结合。《盂兰盆经》意旨在中土的发展和演变，说明经典翻译和著述共同产生作用，不经翻译，不通过语音转换这一阶段，梵语佛典不能被中土人士接受，更不能理解；而翻译的佛典不经过注解诠释，其意蕴不能被揭示，难点不易消解，会阻碍佛典的传播和流行。

3. 佛学著述与佛典汉译共同推进佛学中国化

汉地僧俗学者的佛学著述，是衡量中国佛教学术发展水平的重要标准，本土义学家的成长和佛教信仰的普及，都离不开佛学著述。佛学传入中土以后，要迎合并满足上自王公贵族下至平民信众多层次精神需求，必须把佛教经典的翻译和撰述有机结合起来，因为二者同是传播佛学，弘扬佛法的重要途径和手段，既是佛学传播与发展的基础性事业，也是佛学发展的必然结果。同时，二者又各有其功能和作用，译经是语言的转换，义解是意义的开掘，但又相互依赖，彼此关联，相为表里。译经之中既有意义的开掘，义解之时也有语言的互释，共同完成佛学中国化大业。首先，印度佛学要为中土社会所接受，特别是得到上层人士的支持，翻译与教义研究是首要环节。译经将佛学理论正确地用汉语表达，使汉地学者可以看懂佛经；而著述是通过理解所译经典，发挥译籍思想，创造性运用本土学术，结合二者，创立新的理论学说。陈寅恪指出："前之法护，后之玄奘，其在译界功烈之伟大，尽人共知……至如般若之肇立，则自朱士行之得放光也；华严之传播，则自支法领求得其原本，而智严宝云挟译师觉贤以归也；涅槃之完成，则赖智猛，阿含之具足及诸派戒律之确立，则赖法显；婆沙之宣传，则赖道泰；净土之盛弘，则赖慧日；戒经之大备，则赖义净；密宗之创布，则自不空。此皆其最荦荦可记者也。"(《陈寅恪先生遗稿》)。汤用彤指出："研究我国佛教之依据，首重译本；按求我国佛教之思想，则当研前贤撰述。"(《汉魏两晋南北朝佛教史》)，二位学者的观点表明，印度佛学在中国传播的成功，正是发挥并借助了翻译和著述两大功能。

事实上，佛学中国化同时涉及语言与义理的中国化。佛学从印度传入中国，必须改变自身，才能适应汉文化水土，这种改变首先在语言层面上表现出来，因为思想依靠语言来传承。当佛学的思想从胡文梵言通过汉语移植时，以旧有的汉语词汇表达新的词义，佛学已经发生了第一次改变，这是语言翻译带来的改变，因为经过翻译的思想，不可能还是原汁原味的思想。在此基础上，便有了义理的改变。而义理的改变，则依靠著述来实现。义理的改变意味着佛学真正的中国化，因为中国化过程是外来佛学与中国传统思想文化交流和融合的过程。在这个过程中，中国佛学立足于自身源于印度文化的价值追求和基本理念，同时融合吸收汉地传统的儒道思想文化，形成了自身的精神特质。在佛学中国化历程中，著述承担起理解、发挥原典，阐扬、弘传佛学，接纳、融汇梵汉思想，最终创造新的理论，建立新的学说等重要任务。这种意义上的著述，与佛学传入汉地初期，面对强大而完备的传统文化不得不因时因地而作出的自然而然形成的适应性改变是完全不同的。通过著述，严格意义上的佛学中国化才能诞生。它是在对梵汉文化都有了准确的了解，对佛学在中国的传播有了相当的认识之后作出的主动而自觉的反映。邵勤之在《道安与佛教的中国化》一文中认为，这种主动而自觉的反映既不是站在印度佛学本有的反面，也不是无节制地迁就汉地文化，而是印度佛学本有的又最适应中土的一面，甚至是站在其"自适应"的反面。比如随着对佛学经典研究的深入，学派的发展，疏释日益增多，这些注疏是研究诸宗本末理论的主要经典，反映出中土佛学地域时代的变迁，表达了社会关注的重心，揭示出教义理解的深浅，记叙着理论嬗递的状态。一句话，这些注疏表达的是汉地学者对印度佛学的理解，也正是他们的理解，代表汉地文化对印度佛学的容受和认识水平。通过佛典汉译，印度佛学介绍到中土，使中土学者可以了解印度佛学思想。自东汉至南北朝，是佛学思想的吸收时期。在这一时期，佛教学者的任务和贡献主要是翻译经典。而隋唐以至明清各代，佛典汉译的历史使命基本完成，浩瀚的经典等待学者去消化，这便是佛学的融化时期，此间佛教学者的任务和贡献主要是创立宗派，形成中国化的佛学。可见，佛典汉译为佛学中国化创造了必要的条件，促使佛学著述真正实现其中国化。正如周裕锴所说，如果把佛典汉译看作是"移植"，那么佛学著述作为对印度佛典的理解与阐释就是"嫁接"（《义解：移花接木——中国佛教阐释学研究》）。昙噩《新修科分六学僧传》"慧学"中指出：

> 语言文字，音声之所在，而佛法义理之所寄也。苟通乎音声，则语言文字与佛法之奥举通，而性相诸宗之辩，乃可得而传矣。译之功其不亦谓之大欤！佛以一音演说法，众生随类各得解。经之明文，悬记今日。故以译经、传宗二科，系之慧学之下，以著见吾教之统绪焉。

这表明翻译对于佛学传播具有关键作用，而著述的重要性在于它基于对印度佛学原典的理解，融合汉地思想创造新的学说，既推动佛学传播，更促进佛学中国化进程。如安世高译出《安般守意经》等小乘禅法典籍，成为小乘佛教在中国的最早传播者，再经康僧会为《安般守意经》撰序作注，于是在社会上产生了广泛的影响。正是因为译经和义解对于佛学的同等的重要性，历代高僧传都将其列为首位两科。这些"僧传"编撰体例都以十科划分佛学专业，这十科是汉地僧学弘法修持的十门"德业"，也是佛经在中土传播的十大途径。梁代宝唱《名僧传》曾分法师、律师、禅师、神力、苦节、导师、经师七科。正传共四百二十五篇，著录后汉、吴、晋、姚秦、北魏、宋、齐七个王朝名僧四百二十五人。慧皎所撰《高僧传》十四卷，将《名僧传抄》中的法师分为译经和义解两科，立诵经和兴福二科。所开十科中最重要的是译经和义解二科。由这些分类可以看出，佛学在中国传布，所采用的手段及方法是全方位的，但首先是译经，其次就是义解。慧皎认为："然法流东土，盖由传译之勋。"（《高僧传序》）因此在译经科中不仅记载了译师的姓氏、籍地、行历、交往、传译经过、终老，而且评价了他们的译经风格和质量、经本影响及在汉译佛典中的地位。作者根据佛教历来相传的说法，指出后汉译经始自中天竺沙门摄摩腾和竺法兰，并谓《四十二章经》为其所出。他写道：

或逾越沙险，或泛漾洪波，皆忘形殉道，委命弘法。震旦开明，一焉是赖，兹德可崇，故列之篇首。至若慧解开神，则道兼万亿。通感适化，则强暴以绥。靖念安禅，则功德森茂。弘赞毗尼，则禁行清洁。忘形遗体，则矜吝革心。歌诵法言，则幽显含庆。树兴福善，则遗像可传。凡此八科，并以轨迹不同，化洽殊异，而皆德效四依，功在三业，故为群经之所称美，众圣之所褒述。

至于著述，慧皎认为："慧解开神，则道兼万亿。"（《高僧传义解论》）因为中土佛学的经本来源于译经，而它的义理则有待于法师的阐释和弘扬，所以又对义解僧学的事迹广搜细检，义解科所收人数及所占卷数，为各篇之首。而此中事迹比较突出的是朱士行、支遁、道安、僧叡、僧肇、道生等。他指出："通感适化，则强暴以绥。靖念安禅，则功德森茂。弘赞毗尼，则禁行清洁。忘形遗体，则矜吝革心。歌诵法言，则幽显含庆。树兴福善，则遗像可传。凡此八科，并以轨迹不同，化洽殊异，而皆德效四依，功在三业，故为群经之所称美，众圣之所褒述。"（《高僧传义解论》）道宣《续高僧传》也分为十篇。他指出：

> 开其德业，大为十例：一曰译经；二曰义解；三曰神异；四曰习禅；五曰明律；六曰遗身；七曰诵经；八曰兴福；九曰经师；十曰唱导。

这十科是汉地僧学弘法修持的十门"德业"，十科中前四科最为重要，这四科既概括了汉地佛学的主要科门，也是释门弘法的基本作为和行事，准则加上"杂科声德"（佛教中独特的声业专业），构成"译、义、禅、律、声"五学，这是汉传佛教文化的主要学术科目。汉地学僧的五学行修，或专攻，或兼修，各成德业，形成译学、义学、禅学、律学和声学，称为"名蓝五系"，五系的专攻者，就是译师、义学家、禅师、律师、声学家。而译经和义解最为重要，译经事关印度佛教立足于中土之根基。佛法东来，"传译之功尚矣"（《高僧传·译经·论》）。汉文译经是释门一切教化的基础，所以以"译经"为首。而义解，含盖释门经律论的研究及戒定慧的修持，同样是佛学在汉地生存的关键。道宣书中既记载义解人物的生平履历，又记载其学识著述，作者在每篇之末所设的"论"，撮示一科指归，溯沿佛学源流，评议人物史事。赞宁《宋高僧传》体例与道宣同，也分十科，排列顺序也一样，说明佛教到了宋代，传播的方式及在中土的发展仍然遵循这一路线。

而明代如惺《大明高僧传》分为三篇，译经、解义、习禅。这表明译经和义解依然是佛教事业的重心，但佛学的主流发生了变化，即唐代以前是天台宗、三论宗、华严宗、法相唯识宗、密宗等各派兴盛繁荣的时代，禅宗和净宗也开始发展。而唐以后，先有禅宗一枝独秀，接着是净土融汇禅宗，表现禅净合一，直至完全以净土为中心。崔致远《唐大荐福寺故寺主翻经大德法藏和尚传》详细记载华严宗实际创始人法藏生平事迹，运用法藏所著《华严三昧观》里直心的十义，配喻行事，分为十项，族姓、游学、削染、讲演、传译、著述、修身、济俗、垂训、示灭，而以传译和著述两科为重，其中第五讲"传译无间心"，专论佛典翻译。明河撰《补续高僧传》为宋高僧传的补续之作，仍分十科。元昙噩《新修判分六学僧传》根据梁、唐、宋三部《高僧传》重编，依照六学分类。其自序说，梁、唐、宋三传的文字，大率是六朝五季的风格，制体卑弱，缺古文气息。宋代黄庭坚尝有意删除而未果，慧洪也仅仅润色了《梁传》，因此他在辞句修改上曾费了很大斟酌，删去了许多文句，并有所改写，使其明白易懂。作者还就三传重新编修，以慧、施、戒、忍辱、精进、定六学来分类，表示与旧有的十科分法不同。在六学中每学又分两科，计译经科二卷，传宗科六卷，遗身科一卷，利物科一卷，弘法科四卷，护教科二卷，摄念科二卷，持志科二卷，义解科三卷，感通科三卷，证悟科二卷，神化科二卷。这些僧传的分类依据时代的演进和佛教本身的发展而设立科目，符合历史的要求，反映了佛教的历史沿革。

（二）"义解"与"译经"对于佛学中国化的不同贡献

道宣《续高僧传》译经篇说："翻梵成华，通凡入圣，法轮斯转，诸佛所师。"义解篇说："寻文见义，得意忘言，三慧克全，二依当转。"中国佛学正是沿着佛教经典的翻译和著述活动一步步完成其中国化进程的，也是在佛学典籍的翻译和著述中成长并发展壮大起来的，在这一漫长的历史进程中，有众多译经大师和义学大师作出过杰出贡献。如译经大师鸠摩罗什，他的译经活动是中国佛学宗派创立的最直接的源头。道安重于义理研究，他以注解经义为主，在著述的同时组织译经，成为佛学中国化的真正开创者，是把中国佛学推向独立发展时代的关键人物。慧皎《高僧传》评论道安说："晋有道安，独兴论旨，准的前圣，商搉义方，广疏注述，首开衢路。"法琳在《对傅奕废佛僧事》中就中土佛学发展路线指出：

汉魏齐梁之政，像教勃兴；燕秦晋宋以来，名僧间出。或画满月于清台之侧，表相轮于雍门之外。逮河北翻辞，汉南著录，道兴三辅，信洽九州岛岛，跨江左而弥殷，历金陵而转盛。渭水备逍遥之苑，庐岳总般若之舌，深文奥旨，发越来仪；硕学高僧，蝉联远至。暨梁武之世，三教连衡，五乘并骛。

从法琳这段话，可以清楚地看到中国佛学在"硕学高僧"们翻经著述的活动中一步步"转盛"的情景。这里，法琳十分突出地讲述了在中国佛教典籍的翻译和著述中极为关键的两位僧人的贡献，一位是"河北翻辞，汉南著录，道兴三辅，信洽九洲"的道安，一位是"渭水备逍遥之苑"的鸠摩罗什。李富华在《佛教典籍的传译与中国佛教宗派》一文中说："正是道安、鸠摩罗什以及他们的弟子们把佛学经典的翻译和著述推向了高潮，并开启了在中国佛学史上影响深远的'义学'之风，为中国佛学鼎盛时代的到来，即隋唐中国佛教宗派的创立奠定了基石。"

1. 译经：语言层面上的转梵为汉

佛学本是古天竺外来文化，需要译成汉语，通过语言翻译而进入中土，通过翻译佛典来传播和扩大影响，这就是"译经"。译经即翻译佛教经典，又作翻经、出经。广义而言，并不限于经藏，律、论翻译也称为译经。道宣在其《续高僧传》中将"译经""译律"和"译论"有详细分论。因为广义地说"译经大师"，其实也各有擅长，有的精于译经，有的专于译论，而有的长于译律，这既是佛经文体决定的，也是译师们各有专攻决定的。佛典汉译是中国佛学不同于印度佛学的特有的专业化科目和德业。佛学经典的汉译过程，既是印度梵语形式的汉化过程，也是佛学中某些思想中国化的过程。由于汉梵（胡）语言文字的悬殊，译经大师社会文化背景的差别等诸多因素的影响，佛典的翻译不仅存在着文字形式上的变化，而且也引起思想内容的改变。这就是说，印度佛学原典的汉译，并不是印度佛学典籍原貌的简单的传译，而是印度佛教学说借助于中原当时当地汉文化的再创造。正如道宣在《续高僧传》"译经篇"的"论"中所说：

至如梵文天语，元开大夏之乡；乌迹方韵，出自神州之俗。具如别传，曲尽规猷，遂有侥幸时誉，叨临传述，逐转铺词，返音列喻；繁略科断，比事拟伦，语迹虽同，枚理试异。明逾前圣，德迈往贤，方能隐括殊方，用通弘致。

就是说，将梵（胡）语这种中土人不熟悉的"天语"流传的佛教经书译成中土人士可以理解的汉文，不仅涉及语意本身的传达，使翻译出来的佛学教理教义基本符合当时中土人士宗教的或伦理的观念，还要使翻译出来的汉文符合汉语的修辞方法和语言习惯，以便使中土学者和信众顺利接受。这样的翻译无疑是一项"明逾前圣，德迈往贤"的再创造，它融汇了中土文化深厚的底蕴。正如僧祐所说："夫觉海无涯，慧境圆照，化妙域中，实陶铸于尧舜；理擅系表，乃挺埴乎周孔矣。"（《弘明集》序）就是说佛教能在中国流传，本是仰赖于以尧、舜、周、孔为代表的中华文化。可见，数千卷的翻译典籍已不是完全意义的印度佛学文化的遗产，而是印度佛学与中华文明相结合的产物。

慧皎《高僧传序》称："夫道不自弘，弘必由人。"又指出："然经流东土，盖由传译之功，或逾越沙险，或泛漾洪波，皆亡形殉道，委命弘法，震旦开明，一焉是赖，兹德可崇，故列之篇首。"又云："传译之功尚矣，固无得而称焉。"道宣《续高僧传》曰："观夫翻译之功，诚远大矣。""其始，虽仅以神导动颟愚。其继，则以译篇开智慧。"译经是梵汉两种不同文化交流的起点，没有共同的语言结构，共同的语言符号，外来的佛学意旨便无法表达。佛学是建立在古天竺语言基础上的，在传入中土的过程中，佛学的思想内容要为国人所了解，首先要解决文本的语言形态，形成语言上的认知与沟通。佛学经典的输入依靠于梵（胡）语与汉语间的翻译，建立在转梵（胡）为汉的语言基础上。李笑蕊在《简析佛经翻译对中国语言文化的影响》一文中认为，而且佛学术语名目独特，寓意深奥，这又给阅读者带来很大的困难。始于东汉桓帝建和二年（148 年）的佛典汉译，翻译了一千三百三十三部佛教经典，总计五千零八十一卷，印度大小乘几乎所有的经律论三藏都被译成汉文。这些汉文经典，为佛教和佛学的发展提供了广阔的语言背景和基础，使佛教和佛学在中文语境中的存在成为可能，并且使其具备了改造和推进中国文化的动力。

"译经"之举说明中土人士需要进一步了解佛学及其有关内容，这是佛学在中国发展的重要一步。方广锠《略谈汉文大藏经的编藏理路及其演变》一文认为，佛学约在两汉之际传入中土，无论是"伊存授经说"，还是"汉明感梦求法说"，佛学初传都与佛典汉译紧密相连，这说明佛经的传入与佛教的传入完全同步。就汉文大藏经的发展史而言，随着佛学初传，也就开始了佛典汉译。也可以说，佛教传入中国并与中国文化合流的历史，就是一部经典翻译史，佛典汉译既是传播佛学的手段，又是佛学扎根于中土的前提，因此佛学在中国的传播历史，首先是佛经汉译开启的历史。中国历代的译经大师，将浩瀚的印度佛学经典陆续译成汉文，历代译经不乏名彪史册的翻译大师和翻译杰作，千余年间，直接参加翻译的有西域、印度及汉地一百五十余人。如鸠摩罗什是大乘中观学派教典的主要翻译者，真谛和玄奘是大乘瑜伽学派教典的主要翻译者，不空是密宗教典的主要翻译者，他们翻译的佛典，为汉地输入佛学思想，为南北朝各学派及隋唐各宗派提供了重要的思想资料，为创造佛学理论准备了必要的条件。如唯识理论的传入使中国有了法相宗；《八十华严》的翻译使中国出现华严宗。道宣《续高僧传·译经》四卷记载梁至唐重要的翻译家中汉地僧学占有相当大比例，这意味着中国佛教发展到梁、陈、隋、唐时代，已有了本土能够直接从事翻译的专家。

2. 义解：思想层面上的梵汉融汇

就义学研究而言，其本质是学者们在准确理解印度佛学精神的基础上，融汇本土思想创造新的理论学说。在南北朝时期，印度各派经典的汉译本已经基本齐备，介绍印度佛教思想的使命至此已基本完成，在此基础之上，中土学僧可以专注于研习，精研细选，各承一说，由此形成了学派林立、众说纷呈的局面。随着佛教学者对佛典研究的逐步深入，开始重视讲述佛典，专攻不同的经论，于是诞生许多专通某类经论的经师、论师及律师。各师的观点出自对经论律"提章比句"的研究，各立门户，互相争鸣。系统的佛学体系，可以使自宗在思想理论上具有独立的地位，并由此而与其他宗派相区别。如罗什所译经典以般若学为主，而般若经的注解又以其所宗的龙树实相为纲。赖鹏举《中国佛教义学的形成——东晋外国罗什"般若"与本土慧远"涅槃"》说："经论译出之后，需要采撷经义，指明宗要，这便有赖学者讲说发挥。因此罗什译场，随译随讲，集四方英贤，形成关河义学。佛学的进一步发展，还需摧破旧说，指正时弊，这又需要学者因时制论，因此僧肇在《大品般若经》及其解释《大智度论》译出后，随著《般若无知论》。"鸠摩罗什译传并弘扬般若学，尊奉龙树大乘学说，在长安开创了关中中观学派，他所研习的学说被称为"关河义学"。

陈、隋之际是中国在政治上由南北分裂走向统一的转变时期，新的外部环境激发并促进了南北佛学的交流，使以往南北各有侧重的佛教信仰和教义学说开始相互补充、融合。通过南北佛教学者的交流融汇，沟通教义，南北各家师说走向调和，出现理论与修行并重，即"破斥南北，禅义均弘"的局面。因为魏晋以后，中国佛学因国家的分裂，也由于南北环境和学风的差异，出现南方盛行义理，重视义学，北方多讲禅观，重视修习的局面。到了隋代，智颛就是在学派纷争的基础上创建天台宗，也是对南北朝佛教发展的总结，体现了大一统背景下的社会政治需要。由此，南北朝时期的佛学思想理论与传统固有的以儒道为主流的思想文化开始相互论辩和相互融合，正是在这一过程中，中国佛学精神逐步形成和发展。由于受传统思想的改造，佛学中国化倾向日益明显，进一步显示出摆脱印度佛学思想的趋势。任继愈在《中国佛教史》"隋唐五代佛教的昌盛与创造"中说："又由于南北朝以来，译经浩繁，种类杂多，致使歧义纷出，师说林立。为调和各类佛典的矛盾，克服佛学内部的理论分歧，各家的判教理论纷纷问世。"按照印度佛教的发展，释迦牟尼并不赞同将佛教判教，所以在印度并没有判教，因而中土佛学判教理论是缺乏史实根据的。"判教"本是中国佛教学者通过对印度佛教各种思想和理论学说体系及其不同典籍的分析，按照佛说法的先后或教义的深浅所作的判释。随着佛教大量典籍被翻译成汉语，不同的典籍说法侧重不同，观点甚至相互违背，这使得佛教的发展以及佛学研究面临难题。可见，判教理论也是佛学中国化的表现。中土判教思想诞生于南北朝时期，因为当时的佛典汉译已基本介绍完印度佛学的主要典籍。到了隋唐，佛典汉译基本完成使命，判教理论也趋于成熟，反映出隋唐各宗派佛学的一个共同倾向：既有强烈的宗派性，又兼融别宗；既有各种形式的论辩，又相互调和。在各宗的理论论辩中，学者们主要针对各种理论的高低、主次展开陈述，并非排斥，这就使佛学内部加强了整合，这种整合，实际上是通过广泛比较而得出的判定，从而提高了佛学理论水平。这种比较和整合式研究，早在魏晋佛学界已开始从大乘般若学的研究到小乘禅典的译解，对佛学义理的探讨已渐深入，开始在理论上呈现出独立发展的趋势。南北朝时期是佛学大乘理论在中土发展的关键时期，早期的异域学僧译出的佛学经典已经很难满足以道安、道生、僧肇、慧远、僧叡等为代表的中土学僧的理论渴求。正是在这样的背景下，在佛教义学上有造诣的学僧力图通过对已有经典教义的突破性阐发，以促进佛学思想的中国化深入理解。道安的创造性理论探索正是中国佛学宗派创立的最直接的源头，也是佛学中国化的真正开始。道安早年便打下了深湛的内外学功底，慧皎《高僧传》载其"外涉群书，善为文章"；僧祐《出三藏记集》载其著述不仅精通儒家之学，且于诸子百家亦皆通达。他在佛学上的造诣更为深厚。他潜心研讨所译经论，先后为之作注或作序，详细阐发禅数及比如之学。他用比较不同的译本（如《放光》《光赞》）的方法，从中得到较为准确的理解，所谓"经义克明，自安始也"。晚年通过主持翻译《僧伽罗刹经》《阿毗昙》和《鞞婆沙》等论，又精于毗昙之学，可见正是道安学兼华梵的素养，加上"远识"，促使佛学中国化的事业迈出重要一步。道安显然还不曾表现出判教意识，但他对经典内容差异、译本风格多样的佛典、教学内容、教学方式等所作的分科比较、安排组织以及疏理融通，并评价不同佛理的高下、会通调和佛说，实已表现出判释的思想，只是还未建构其义理系统。

道生是杰出的中土佛学思想家，他的《维摩经注》《法华经疏》及《涅槃经注》三部经注反映了他的佛学思想。慧琳在《龙光寺竺道生法师诔》一文中说："用是游方，求诸渊隐。虽遇殊闻，弥觉同近。"意谓道生本想从罗什受学探求佛法中深奥渊隐之处，但又总觉得罗什所讲的还是太过浅近。其实并非罗什所传佛学浅近，而是罗什学说基本上是忠实的印度佛学，还未能与中土思想结合。所以说，正是由于个人义学思维方式的不同，导致各自所追求的目标不同。道生的义学是庐山法性论式的，与罗什一切皆空的理路相异，所以从罗什的性空思想中，推导不出太大的发挥。只有与之相契的法显本六卷《涅槃经》才能推展出"佛性当有""顿悟成佛"的理论。道生提倡"顿悟成佛"学说，与渐修成佛理论相对立，虽然他不否认积学的重要性，但认为积学的工夫不论多么大，也只是一种准备工夫，积学的本身并不足以使人成佛。成佛是一瞬间的，"顿悟成佛"的理论根据就是成佛是与"无"同一，而"无""超乎形象"，自身并不是一"物"，所以"无"不可能分成部分修得。道生还提倡"一阐提人皆得成佛"义，这本是一种有情皆有佛性的逻辑结论，但是这一说法与当时所见的《涅槃经》直接冲突，后来当大本《涅槃经》译出后，才证实道生此义。慧皎《高僧传》载道生说："夫象以尽意，得意则象忘；言以诠理，入理则言息。……若忘筌取鱼，始可与言道矣。"这本是《庄子》的言论："筌者所以在鱼，得鱼而忘筌；蹄者所以在兔，得兔而忘蹄。"(《庄子·外物》)中土哲学的传统，把词语称为"言筌"，按照这一思想，最好的言说是"不落言筌"的言说，在吉藏"二谛义"中，到了第三层次，就是不落入言筌的境界。道生的人皆可以成佛理论，实受孟子"人皆可以为尧舜"(《孟子·告子下》)思想的影响。

而僧肇完全依据罗什般若的思维方式，在协助罗什译完《大品般若经》后即提出"般若"可以"无而知"的创见。正如刘遗民《问僧肇书》所说："去年夏末，始见生上人，示无知论。"赖鹏举《中国佛教义学的形成——东晋外国罗什"般若"与本土慧远"涅槃"》一文认为，僧肇的非有非无、不落两边的"不真空论"是严格依照佛典阐发的。龙树《中论》三是偈说："因缘所生法，我说即是空，亦为是假名，亦是中道义。"（罗什译本）意谓世界诸法，因缘幻化，本无自性，所以名为空，但这种"空"并不意味着什么都不存在，也不是在万有之外的另一种存在，只是说法无自性，虽有而空。龙树从中道正观出发，主张调和僧俗两家的观点，坚持不落两边的"中道义"，这才是大成佛法般若学的无上正见（第一义谛）。他引说："《放光》云：'第一真谛无成无得，世俗谛故，便有成有得。'夫有得即是无得之伪号，无得即是有得之真名。真名故，虽真而非有；伪号故，虽伪而非无。是以言真未尝有，言伪未尝无。二言未始一，二理未始殊。"（《不真空论》），可见，真谛所言的非有，正是俗谛所说的非无，这也是大乘中观般若学了别世界本来面目的方法要义。"非有非无"是般若中观学的否定性思维方法，也是僧肇般若学阐发大乘空义的根本特色。僧肇还在《不真空论》中说：

> 夫至虚无生者，盖是般若玄鉴之妙趣，有物之宗极也。自非圣明特达，何能契神于有无之间哉？是以至人通神心于无穷，穷所不能滞；极耳目于视听，声色不能制者，岂不以其即万物之自虚，故不能累其神明者也。

僧肇准确地理解了中观学本义，大乘般若智不同于一般的世俗智慧，它以证会色相世界的形上本体为理论旨趣，而世俗智慧则是以经验世界的色相为认知对象。经验世界为"有"，作为万法真如实性的形上本体为"无"。世间人执有而不知无，把假象世界当作真实的世界，因而拘碍而不通。李振纲在《论僧肇的大乘中观般若学思想》一文中认为，出家人执无而不知有，或于有外言无，致使滞无眈空，不悟真如妙空，本在不无不空之中。僧肇认为，俗谛与真谛非一非异，如果将"有"与"无"对立起来，或有外言无，或无外言有，都属边见或颠倒见。只有将色相世界与本体世界统一来看，用亦有亦无、非有非无的观点了别世界，契神于有无之间，骋怀于非非之境，才能审一气以观化，无滞而无不通。所以说，僧肇的"空"义最符合印度佛学中观思想，虽然他在论述中用了老庄词语，但那主要是借以表达般若思想。正是根据非有非无的中道原则，僧肇批评了六家七宗中的心无宗、即色宗和本无宗的思维方法。从僧肇对佛学"有无"及"性空"思想的理解，用佛学诠释佛学，基本上脱离了先期"格义"方法用传统学术思想诠释佛学的理路。僧肇的理论，远承印度高僧龙树中观学说，借助老、庄、玄学，精阐大乘中观般若学之旨，被罗什誉为"解空第一者"。

僧肇认为，心无宗"无心于万物，万物未尝无"的观点是空心而不空物（境），强调心不执著于外物即是空，有价值的是它强调使人神静，但又有其不足，即在于未能领悟诸法缘起，性自在空。即色宗的"色"（尘）指外在的物象世界，认为各种物象（色）都是凭借各种条件而存在的，没有自性，只是因缘幻化的假象，所以色不自色，虽色而非色；如果说色相世界有色，那么"色"本身就应是色，不待"色色者"使色显起而后成为色，可见色相世界之色虽色而非色。僧肇评论即色宗认为，虽然讲到色无自性或色不自色，虽色而空，但却未领悟更高一层，即色之自性就是空，也就是说，即色论只讲到了诸法"相空"，尚未见到万法"性空"，仍有以"色"为有之嫌。本无宗主张"无在万化之前，空为众形之始"（吉藏《中观论疏》），认为"本无"意指一切诸法本性空寂，而非虚幻之中能生万有。这一思想基本符合《般若经》中的一般说法，但僧肇认为它还没有突出万物"假有"的一面，与非有非无、不落两边的中道义还有一段距离，所以僧肇评论说，本无论情尚于无多，触言以宾无，此种过分贵无贱有的"好无之谈"，不利于顺通事实，调和真俗二谛之间的矛盾，导俗归真。

慧远的佛学思想更是多层次的，他的著作据《高僧传》记载，有论、序、铭、赞、诗、书等，曾集为十卷，五十余篇，其中较重要的有《沙门不敬王者论》《明报应论》《三报论》等以及一些序文和书信。他先在道安门下习佛三十年之久，听其讲释《般若经》，道安赞许道："使道流中国，其在远乎！"（《高僧传·慧远传》）。慧远的佛学主流是般若学，他的般若学同道安一样，属于"本无"一宗，不过他对道安的"本无"又有所发挥，并建立以"法性"为万法之本的思想，所著《法性论》主张"至极以不变为性，得性以体极为宗"。他又以"无"来规范这个法性，"无性之性，谓之法性。法性无性，因缘以之生"（《大智论钞序》）。这是以"本无"来论法性，而诸法缘起性空，"生缘无自相，虽有而常无"，有而常无，实性空假有，在此基础上，慧远提出了"形尽神不灭论"。法性在人自身，体现为决定形体的神识或灵魂，其特性表现为，"圆应无生，妙尽无名，感物而动，假数而行。感物而非物，故物化而不灭；假数而非数，故数尽而不穷"（《沙门不敬王者论》），这种灵魂不灭论，为佛学因果报应论提供了理论依据，造业受报的主体就是这不灭的灵魂。慧远据此进一步讨论了现报、生报、后报三报论，这些理论实际上已经涉及到涅槃思想，在中土传统思想中，"未有泥洹常住之说，但言寿命长远而已"（《慧远传》）。而慧远结合其中国文化的背景独特的思考，已自觉地意识到佛作为最高的存在，作为本体之"至极"，应该是永恒常住的。他在给罗什的信中，特别就"法身"请教，他把法身与法性、涅槃都看作是同一个概念，都是真实的存在。而罗什严格按照印度佛学原理，主张一切皆空，法身也是空的。罗什的大乘般若思想坚持"非有非无"的般若中观思维方式，运用禅智并重的修行方法，主张"无常"与"无我"，这些理论表现出与慧远不同的佛学旨趣。罗什的般若思想对促进大乘中观思想在中国的发展起到了重要作用，也显示了印度和中土佛教思想的不同特质。东晋时，辅佐成帝的大臣庾冰主张，沙门应该"敬王"，而尚书令何充等人则认为不应敬王，由此引起激烈的论辩，至桓玄又重新引发这一争论。慧远直接参与了这场佛法与名教关系的大讨论，并写了著名的《沙门不敬王者论》，认为出家人是方外之宾，不必遵守在家俗士所守之礼，因此沙门不应敬王，这实际上是将传统儒家伦理思想与佛教戒律相结合的一次成功尝试。慧远也注重禅修和净土信仰，正表明他力图融汇佛学内部各家学说。慧远对于毗昙也极为重视，因为这些名相法数通常带有明确的分析性格，概念定义井然，对于长于思辨的学人，尤其是摆脱"格义"用佛学概念诠释佛学极有帮助。如《中阿含经》提供抉择断疑，富含义理分析，极受说一切有部的重视。从慧远的佛学著述可以看出，他既善于融汇传统与佛学，又重视佛学内部的整合，由此构建的义学体系，成为推动佛学中国化的动力，因此道安评论说："日后佛法盛传东土，非慧远莫许也。"(慧皎《高僧传》)

从僧叡的佛学思想也可见出，汉地学者的义解对于佛学中国化的实质性推进。他从研究《大品般若经》开始，认为道安虽有"凿荒途以开辙，标玄指于性空"的开创性功绩，但毕竟因客观条件所限，"炉冶之功，微恨不尽"(《毗摩罗诘提经义疏序》)，意谓道安的般若学存在着显而易见的缺陷。在罗什译出《维摩诘经》之后，僧叡更明确意识到，这"微恨不尽"的根源就在于"无法可寻"。他写道："此土先出诸经，于识神性空，明言处少，存神之文，其处甚多。"(《毗摩罗诘提经义疏序》)他指出道安和慧远般若学的缺陷，根本原因并非在于他们的水平和能力，而是当时缺乏进一步的经典依据，尤其是中观学派的三论尚未译出，而这也正是道安"辍章于遐慨，思决言于弥勒"的根源。至罗什译出《百论》及《大智度论》后，僧叡加深了对般若思想的认识，深感中观学派各论内部也有细微的差别。他指出：

《百论》治外以闲邪，斯文祛内以流滞，《大智释论》之渊博，《十二门》观之精诣。寻斯四者，真若日月入怀，无不朗然鉴彻矣。予玩

之味之，不能释手，遂复忘其鄙拙，托悟怀于一序，并目品义题之于首，岂期能释耶。(《中论序》)

能够如此细微地体味"三论"的差别，表明他对于般若学把握的深度。潘桂明在《论僧叡的佛学贡献》一文中指出：罗什《维摩诘经》译出后，他的佛学思想产生了微妙的变化，因为《维摩诘经》含有不同于三论的新的思想，他说："于始发心，启蒙于此，讽咏研求，以为喉襟。"(《维摩诘经序》)，显示出他的般若学已有异于罗什的倾向。因为罗什坚持龙树中观思想，坚持批判意识和否定精神，以"毕竟空"为根本归宿。而《维摩诘经》虽也以般若思想为背景，坚持中道思维原则，阐述诸法实相原理，但它力推居士佛学中的智慧解脱和不二法门，力图融通世间与出世间的界限，表明其一定程度的圆融精神。僧叡对于《维摩诘经》的高度重视，意味着汉地佛教学者对印度经典的自觉选择，由此僧叡还认为《法华经》的重译也有类似意义，因为该经也谈诸法实相，但更强调圆融统一，即通过"开权显实"的方法，达到"会三归一"，使三乘统一，最终有所建立。而既要有所建立，也就不再以"毕竟空"为旨归。僧叡进而指出：

> 《法华经》者，诸佛之秘藏，众经之实体也。以华为名者，照其本也；称芬陀利者，美其盛也。所兴既玄，其旨甚婉；自非达识传之，罕有得其门者。夫百卉药木之英，物实之本也；八万四千法藏者，道果之原也，故以喻焉。

因为"诸华之中，莲华最胜"，故而"荣曜独足，以喻斯典。"他认为般若类经典虽然"深无不极""大无不该"，但是它只以"适化为本"，"善权为用"，即仅适用于应机化众。更为重要的是，《般若经》"悟物虽弘，于实体不足"，所以还不是至高、至极的经典，而《法华经》弥补了"实体不足"的缺陷，且本身"大明觉理，囊括古今"。僧叡所说的"实体"，就是"佛寿无量"背后的一个永恒的精神性存在，这样的"实体"概念在《般若经》和"四论"中是破除的对象。法显和佛陀跋陀罗译出六卷本《大般泥洹经》后，僧叡写了《喻疑》，以"泥洹不灭，佛有真我"为标准，继承般若学怀疑和批判精神，对罗什及其中观四论提出怀疑和批判。他指出：

> 什公时虽未有《大般泥洹》文，已有《法身经》，明佛法身，即是泥洹，与今所出，若合符契。此公若得闻此佛有真我，一切众生皆

有佛性，便当应如白日朗其胸襟，甘露润其四体，无所疑也。

这是说，早在《大般泥洹经》之前，已有"明佛法身，即是泥洹"的《法身经》存在，如果以《法身经》理解《大般泥洹经》，就容易接受"一切众生，皆有佛性"的涅槃佛性论。潘桂明《鸠摩罗什与关中般若学》一文还指出，汉地佛教学者受罗什影响，接受般若学熏陶，以中观思想阐明诸法性空及中道实相诸义，他们不仅在"六家七宗"论辩中保存了老庄的名词概念以至思维方式，即使在罗什全面介绍龙树中观学说的时代，依旧坚持批判和否定的精神。尽管僧叡曾批评道安，说他的般若学因时代原因（其中主要的原因是"《中》《百》二论，文未及此"）而未达到更高的水平，但又语气肯定地指出，在六家之中，道安的"性空之宗""最得其实"。《法华经》译出后，转向对建立"实体"概念的肯定，接受《大般泥洹经》后，便对涅槃佛性予以辩护。这种思想变化历程，既标志着魏晋般若学时代的结束，也意味着晋宋涅槃学的新时代即将开始。这一发展方向，事实上表明中土佛教学者不同于印度及西域来华的学僧，他们虽然信奉佛教，精研佛学，但其最终目标并非完全照搬天竺，而是以天竺佛学为基础，再融合传统思想，创造一种新的义理。也就是希望摆脱罗什所传龙树中观学派彻底的批判和否定式思维，重新思考和估价传统思维的价值，适应民族文化传统和民族思维习惯，创造性地建立汉地自主的佛学体系，这种努力既是本土文化制约的结果，也有学者自身学术个性的影响。

对比中土学僧治学的特点和趋向，罗什的贡献不在于他对汉地传统思想的结合上，而在于他本真地传译出印度佛学教义，使汉地佛学可以依据其准确的佛理，结合中土文化加以创造，也就是说，罗什的成就在于他使中土学者的创造有了经典依据。罗什为中国佛学系统准确地翻译了大乘般若学的理论著作，性空思想和中道学说得到广泛传播，形成了我国东晋时期般若学的研究高潮。罗什的佛学思想以弘扬般若、三论为目的，以正确介绍和传播龙树的中观学派为宗旨，主张性空，"言有而不有，言无而不无"，为当时的中土人士带来了一种全新的思维方式。僧叡《小品经序》说罗什所译是"真本犹存"，"考之旧译，真若荒田之稼，芸过其半，未讵多也"。僧祐在《鸠摩罗什传》中称赞其译籍"义皆圆通，众心惬服，莫不兴赞焉"，说明罗什译经忠实准确，使人们真正了解到了佛学的本义。而汉地学者对于佛学的中国化正在于他们在佛学思考中始终不脱离汉文化传统，这从慧远与罗什的差异即可见出。罗什般若学认为般若大用的背后不能执有实体，而慧远依法性论认为般若之后有至极之真我，两者对般若经见解有着根本差异。慧远就法身、大小乘差异及菩萨遍学三大论题与罗什讨论，这三大论题也表现出慧远与罗什两人间在佛学思想上的差异，而其差异不仅表现在结果上，也表现在因地的学习上。赖鹏举在《中国佛教义学的形成——东晋外国罗什"般若"与本土慧"涅槃"之争》中说："不但义学所宗与罗什不同，以至在思维模式上两者也有很大差异。"慧远坚持"法身"表明他与罗什在理路上的差异，慧远认为"法有至极"，且"至极"与"未极"有别。菩萨"遍学"则突显慧远偏重菩萨"顿悟"的观点，这与罗什不废"渐次"的立场有所不同。"大小乘差异"涉及慧远佛学与印度早期一切有部等小乘的渊源（如僧伽提婆等），贯穿这三大论题的背后有一个完整的理念，那便是慧远所宗的"法性论"。"法性论"可以说是东晋末年中土义学最高的成就，其主要宗旨是诸法有一"至极不变"的"性"（"法性"），即推诸法"至极"之处，得其不变者，即是此法之"性"，所以谓"法性"。"法性论"的纲领就是"至极以不变为性，得性以体极为宗"，前一句立"法性"宗义，后一句明如何悟得法性。道生在《大般涅槃经注》中说："道，……未极则转进无常，极则常也。"这是中土义学在诸《大涅槃经》尚未译介来到中土时，就发展出"涅槃"最重要的"常住"思想。不过罗什还是肯定了汉地学者在涅槃学上的佛学创造，他说："边国人未有经，便闇与理合，岂不妙哉！"（慧皎《高僧传》）。其实，不仅慧远，远在佛图澄、道安，其后的吉藏、智𫖮、灌顶等，都是善于融汇梵汉佛理，创建中国化佛学的代表人物。

第二节　汉地佛学著述中的佛典汉译评论

佛典汉译评论属于汉地学者佛学著述，它与汉地著述一道是佛学中国化理论成果重要的一部分，佛学研究始终伴随经本翻译研究，二者总是同时为佛教学者思考，一道进入他们的思想视野。各类佛学著述也都与翻译中的论题息息相关，无论是义理著述还是史籍文献，都涉及翻译历史、翻译评论、译经质量、翻译技巧等议题。因为佛学是经过汉语翻译的，是经过译者大脑过滤的，所以谈佛学思想，论义学，必须谈翻译，考察译者的翻译策略；讲义理，辨理论，也必须检阅翻译理论和方法，正是译者的运思，传达出佛学的意旨，也正是翻译中的操作，导致佛学的面貌改变，只有考察翻译，甚至对照原本，才能真正理解佛学本义，因此一切佛学著述都要涉及佛典的翻译。如佛学经录是记载佛典名称、卷帙、译撰者和有关事项一类的佛学典籍，它不同于一般的目录，除载有目录外，还对译人生平，译事的进行情况都有记载，并依时代顺序，为之分类编定。中国佛学是以翻译的经典为主，所以历代的翻译情况都有记录，记载译家、译籍、译时等，正如寂晓《大明释教汇门标目》所言："高僧哲士，代出比肩。传译论疏，时成充栋。"因而需要有经录叙其源流。

汉地佛学著作本身也参与译经评论，如道安《综理众经录》，"始述名录，铨品译才"（慧皎《高僧传》），显示出对译人的评判，而且开创了较为系统的评论。道安在其《阿毗昙八犍度论序》等序中较为全面地批评了前代的译经，"其人检校，译人颇杂义辞，龙蛇同渊，金鍮共肆者，彬彬如也，和抚然恨之，余亦深谓不可，遂令更出。"《道行经序》又评安玄与严佛调共译《法镜经》，"理得音正，尽经微旨，郢匠之美，见述后代"。道宣在《大恩寺释玄奘传论》评论了历代翻译思想和译经，认为晋宋以后的译经"失在阿竞"，以讹传讹，且"习俗生常，知过难改，虽欲徙辙，终陷前踪"，终致晋宋以后的翻译文风"靡坠风猷"，不足为后人取法。佛经翻译时期的评论涉及的范围并不只限于翻译家、译文，几乎对翻译涉及到的各种现象都有评论，既有对译文和翻译家的品评，也有对翻译思想的批评，更有对翻译过程以及翻译活动的评述。而在对译文进行评论时，不仅有对个别词句"挑错式"的评判或看过之后"随感式"的批评，也有统观全文，从译文的整体出发，以"文""质"理论为依据的评判。从宏观出发的评论，不是囿于个别字词的评论，比较客观，并不是随兴而发，而是就译本整体作出的判断。

一、追寻翻译历史

古代印度文化中的历史是与神话混杂在一起的，使得印度佛教原本也并不重视历史。但中华民族具有高度历史感，重"实录"，崇"褒贬"的历史意识强烈，自古宫廷中就设有史官，撮记国家大事，收藏文献，著录史籍，整理典籍。西汉末年已有刘向奉诏校雠群书，撰成别录，刘歆将群书分类，著成《七略》，这表明汉地史学的发达。在这种文化传统影响下，汉地学者十分注意佛教历史的记载和研究，尤其是佛典汉译历史的追溯，使原本并不重视史学的佛学，在进入中土后便产生了大量的史学著作。汉地学者们一方面重视印度具有历史性质的经典，如译出叙述印度部派历史和教义概说的史传部著作《异部宗轮论》，翻译阿育王、龙树、马鸣、提婆、世亲等传记，一方面收集、整理、鉴别、分类、著录佛学典籍，并编撰出一大批佛经目录。这些目录不仅仅是佛经典籍书目，而且是佛教在印度与中土产生、发展、兴盛、演化的历史过程的抽象叙述和缩写，是佛教源流和佛学传播的真实记载，是记载佛教宗派的兴衰，佛教思想的流传，佛教势力的增长，地区信众的信仰，佛教经典的来源等的佛教史著。这些佛教史书记载佛教历史的发展演变，载叙佛学代表人物的活动和思想，追溯历代佛教哲学家思想的产生和发展过程，反映佛学家的思想内涵和特色，从整体上载述中国佛学思想的形成和变化，最终形成佛教史学。

佛学史传著作内涵丰富，涉猎浩繁，取材广泛，涉及佛陀创立印度佛教的起源，原始佛教的僧伽戒律及教理，释迦牟尼入灭后教法的传承，佛教经律论三藏的结集，小乘佛教的部派，大乘佛教中的各种学说，佛教的对外传播与它在印度本土的盛衰，最终被印度教消化的历程，佛教入华的经过，汉地译经事业的开展，义学大师讲说著述的状况，习禅明律的事迹，历代王臣的信佛与毁佛，儒释道三教的抗衡与融合，以至名僧与名士的交往等，都有详略不同的记载。这些史著文体多样，有记叙佛教发展历史的编年体的《佛祖统记》《佛祖历代通载》等；有专记僧伽制度的《僧尼制》和记叙地区寺院的《洛阳伽蓝记》；有记载流传于中国历史的《佛教后代国王赏罚三宝记》与《三宝五运图》等；有记载教派历史的《楞伽师资记》《历代法宝记》《宝林传》等；有记载人物传记的《高僧传》《名僧传》《比丘尼传》等；有记载名山寺塔记的《古清凉传》《清凉山略传》《五台山灵记》《天台地志》《天台略录》《南岳记》等；有记述寺塔的《大唐京寺录传》《金陵寺塔记》《摄山栖霞寺记》等；有记载西域地志的《大隋西国传》《天竺记》《大唐西域记》《释伽方志》《往无天竺国传》等。这些史著既是中国佛教史迹与佛教内部史乘的记载，更是佛经翻译史著述。

（一）佛学史籍中的翻译历史

因为中国佛教以翻译的经典为主，所以佛学史籍大多专门叙述佛学发展和佛典汉译历史，记载佛教译籍的传播历程，叙载佛教译经大师的活动和思想，反映他们在译经中表现出的佛教哲学家思想，记载他们译经的产生和过程，梳理他们在译经中表现的原则、风格、技巧以及标准，探究他们译经思想的内涵和特色，再现佛教在印度及中土产生、发展、兴盛、演化的历史，尤其是对翻译情况的记录，涉及佛典的名目部卷，译撰的时间、地点和译家译籍译事，著录状况，繁略异同，存佚，伪妄，经旨大意，以及有关的表诏序记等，并依时代顺序，为之分类编定。回顾佛典汉译经过，旨在总结翻译得失，提高翻译质量。陈士强在《佛经目录的源流》一文中说："经录种类包括单记一人译经的译经录，校录一寺藏经的寺藏录，遍录一个地区流传的佛经的区域经录，专录一个朝代译经或绍绪先前某一部佛经目录的断代录，汇载历代译经和著述的通录，连缀历代佛教翻译家小传而成的图记，作为诵持和抄写正本的入藏录，叙列入藏录子目卷次的广品历章，撮举佛典大意的解题目录，叙列求法所获经本的求法目录以及汇集某一佛教宗派典籍的教典目录等。"这样的经录实为翻译家史和翻译史书。

　　如僧祐《出三藏记集》很明确地表达了作者修史的目的：追寻佛典结集和翻译的起源，使读者可以从中了解佛教文化与学术源流，认识佛学史的发展状况，梳理佛典来历及翻译方法，从而对东晋以前的佛教发展有一条顺序清晰的线索。谢水华《〈出三藏记集〉在佛经目录学方面的贡献》一文认为，书中共收录佛典二千一百六十三部四千三百二十八卷，分为撰缘记、诠名录、总经序和述列传。撰缘记记叙印度结集经律论三藏的经过，传授源流，阐明佛经的原始之本，以及汉地传译佛典的初况，开佛典来历及译法研究之先河，犹刘歆《七略》中"辑略"叙学术源流，使所编撰的目录发挥了"辨考"的作用。次序列出三藏八藏等名称的不同译法，如世尊曾译众祐，菩萨曾译扶萨，长者曾译摩纳等，这对于阅读梁以前汉译佛典不无裨益。后论同异，主张"文体应文质相宜，文过则伤艳，质甚则患野"。书中又详细著录各种译本，"异出经"即胡本同而汉文异，考证该经的流传和各种译本情况。这样"一经而有数译本者，备举之以资比较"（梁启超《佛家经录在中国目录学之位置》），使学者据此对比异同，衡量得失。作者对所著佛典大都作过鉴定，甄别其异同和真伪，判定译者和翻译的时间地点，考证佛典的卷目、存阙，注明出自何种大本以及所依据梵本的来历，使其著录更为可靠。诠名录依据汉地传译佛经的具体历史发展，编撰十五篇分录，叙列东汉至梁代翻译佛经和述作的名称、卷数、译撰者、译时、存佚、真伪等，使佛教目录的著录与分类明确细致，又分异出经、古异经、失译经、抄经、疑经、注经及杂经分析目录，遇到佛经中的一些异本、别行、异名、阙题、疑惑、伪妄等问题，都采用专录分析解答。早期译经中一些佛典有数种译本，而且还有译本不同、经名也不同的现象，因此佛教专科目录的一个重要内容，就是要详细著录各种译本。如惺《大明高僧传》说："译经之盛，莫过于六朝盛唐鸠摩罗什辈、实叉难陀辈。及入五代北宋，则渐渐寝矣。况自康王渡江，胡马南饮，銮辇驰道，淳熙之后，虽有一隙之暇，乌能于是哉？至元世祖而华夷一统，始复有译经之命。入我国朝洪武建元以来，以三藏颇足，摩腾不至，故止是例。因北宋中叶以后，已不闻有梵本佛经传译之事."总经序集录汉地僧俗为汉译佛典作的前序后记一百二十篇,这些经序和出经后记,有经旨大意的评价,出经始末的记叙,不同译本的考比,历代出经状况的概括性说明,作者心得体会的阐发以及其他种种史实的载录,文富词约,事勾众经,实为译典和整个译经史的研究专著。述列传以译经僧为主兼及义解僧和求法僧,收录后汉至南齐僧人传记三十二篇,可谓一部自汉至梁佛典汉译史,完全是佛经翻译自发生至衰亡的浓缩式描述。

陈士强《〈唐高僧传〉新证》说:道宣《续高僧传》各篇之"论",撮示一科指归,提携一科内容,溯沿佛学源流,评议人物史事,不仅笔锋驰骋,论列纵横,而且文辞锦绣,具有浓郁的文学色彩。作者载叙自梁至唐贞观一百四十四年间佛学传播历史,对佛教经律论译介过程都有详细记载。如他在《明律篇》中对律学渊源,自北至南,记叙详赡,认为律藏初通东夏时,萨婆多部的《十诵律》弘持最广,昙无德部的《四分律》虽然译在姚秦,但创敷于北魏,自此之后,逐渐转盛,"今则混一唐统,普行《四分》之宗"。这中间的发展过程是:

> 自初开律,释师号法聪,元魏孝文北台扬绪,口以传授,时所荣之。沙门道覆,即绍聪绪,缵疏六卷,但是长科,至于义举,未闻于世。……魏末齐初,慧光宅世,宗匠跋陀,师表弘理,再造文疏,广分衢术,学声学望,连布若云峰。行光德光,荣耀齐日月。每一披阅,坐列千僧,竞鼓清言,人分异辩,勒成卷帙,通号命家。……有云、晖、愿三宗律师,蹑踵传灯,各题声教。云则命初作疏九卷,被时流演,门人备高东夏。晖次出疏,略云二轴,要约诚美,蹊径少乖。得在略文,失于开授。……汾阳法愿,晚视两家,更开薆穴,制作抄疏,不减于前。弹纠核于律文,是非格于事相,存乎专附,颇滞幽通,化行并塞,故其然也。其余律匠,理、洪、隐、乐、遵、深、诞等,或陶冶郑魏,或开疆燕赵,或导达周秦,或扬尘齐鲁,莫不同师云之术,齐驾当时。虽出抄记,略可言矣。而遵开业关中,盛宗帝里,经律双授,其功可高。……智首律师讲授,宗系诚广,探索弥深。

> 暨乃东川,创开戒业;曹魏嘉平,方弘具戒。尔前法众,同号息慈;师弟乃闻,才移俗耳。行羯磨也,凭准法护之宗;论布萨也,翻诵僧祇之戒。教网初启,随得奉之,未可怪也。西晋务法,稍渐纲猷;中原丧乱,干戈竞接;洛邑凋残,渭阴荒烬。竺护青门之众,

可卷而怀；康会黄武之徒，未足收采。重以孙皓苛虐，元熹不仁；拥寺列兵，虐刘释种。平城之侧高尚覆尸，黄河之涘梵僧捐宝；投骸靡厝，法律宁通？时会弥天，恢张仪范；僧众常则，皆约戒科；兵饥交贸，网制严密。……自斯厥后，南北两分，住持位别；各程纲目，互举清徒。故有摄岭栖霞，弘明净地；秦川灵隐，建立戒坛。应供列雁行之僧，叙戒闻重受之夏，即其事也。若夫人法交映，则行解相扶，有昧则绝纽。

文中回顾汉地戒律传播的经过，揭示戒律奉持对于佛教自身的重要意义，实际上通过戒律的翻译表达了佛教在汉地流传的艰辛历程，他甚至认为："律为法命，弘则命全。今不欲弘，正法新灭，又可悲之深矣。"道宣之世，佛教已经遭受两次严重摧残，虽然是上层统治阶层所为，但也与部分佛教徒修持不严相关，这种关于佛学的某一领域渐进嬗变的历史踪迹以及相关情况的论述，完全是一幅佛教戒学在中土的演变略史。又如契嵩《传法正宗记》，将禅宗的传承一直追溯到印度祖师释迦，而且完全按照禅宗自己的传承来写。元代念常《佛祖历代通载》，以本宗传承为中心，以编年体形式叙述，包括朝代、甲子、年号、佛教史事等，此外还有关于佛教的著名学者、祖师、学说等的记载。再如祖琇《隆兴编年通论》记佛教史事，上始东汉明帝永平七年，下迄五代时后周显德四年，共八百九十年，每代之首间有"叙"（序），介绍该代兴废始末及所译经卷，所载史事之末间附"论"，抒发作者的议论，表达作者对历史事件的评论。书中博综南宋初年以前传世的各类佛教文献和史书，以年月为经，以史事为纬，对东汉至五代佛教的弘传以及其间重要的佛教人物、事件和述作等作了历史记述。特别是唐代部分的编年史，在正文二十八卷中占十八卷，内容最为丰赡，可谓一部佛教传播的断代史。

对于某一部经典的翻译更是倍受史著关注。如崔志远《法藏和尚传》"记传译"转记《华严经》汉译历史。《华严经》梵本有十万偈，东晋时慧远"以经流江东，多有未备"派弟子法净、法领等人逾越沙雪，远寻众经。法领在遮拘槃国获得《华严经》前分三万六千偈，送归中土后，由佛贤三藏在建康道场寺译出，南林寺法业笔受、东安寺慧严、道场慧观和学士谢灵运等润文，分成六十卷，这便是《华严经》旧经。但这部《华严经》在"入法界品"中有两处脱文："一从摩耶夫人后，至弥勒菩萨前，中间天主光等十善知识。二从弥勒后，至普贤前，中间脱文殊申手案善财顶等半纸余文。法藏对此存疑莫决。"唐高宗时，中天竺三藏地婆诃罗赍《华严

经》梵本来华，法藏"亲共雠校，显验阙如"，于是上奏朝廷，请将"入法
界品"的缺文译出，以补晋译的脱漏。获准后与道成、薄尘、基师等同
译，复礼润文，慧智度语。武则天时，又因华严旧经处会未备，遣使往
于阗求索梵本，并迎实叉难陀入京翻译。法藏奉昭笔受，复礼缀文，战
陀、提婆译语，义净、圆测、弘景、神英、法实等审复证义，勒成八十
卷，这便是华严新经。新经较旧经多九千偈，但仍脱地婆诃罗译的"入法
界品"缺文。"藏以宋唐两翻，对勘梵本，经资线义，雅协结鬘，持日照
之补文，缀喜学之漏处，遂得泉始细而增广，月暂亏而还圆。"后世所传
即是法藏整理过的这个版本。法藏还与地诃婆罗同译《大乘密严经》等十
余部二十四卷经论，又与实叉难陀同译《大乘入楞伽经》七卷和《大宝积
经·文殊师利授记会》三卷。武则天颁旨褒奖说："得所译楞伽经，补求
那之阙文，剪流支之繁句，钩深致远，文要义该，唯识论宗于兹显矣。"
如此详细地记载一部经典的翻译过程，与综述式的译经史形成鲜明对照，
也是译经史的宏观和微观两大研究。

赞宁《大宋僧略》是一部采用典志体编撰的佛教典故集。《中国佛教百
科全书·经典卷》载："全书以佛教史传载录及作者见闻为主线，以事为
题，类聚条分，详尽考证并专条诠叙自东汉初年佛教东传以来，迄北宋
初年为止，中国佛教史上六十余项重要事件和制度的起源及沿革。如汉
传佛教的由来，梵本经律论的创译，注疏讲说的发端，西行求法的肇始，
民间与宫廷的佛事活动，禅观密法的施授，佛教与道教的位次争辩等。"
作者撰此书旨在"以明佛法东传以来百事之始也"，表明有着明确的史学
意识。书中说：

> 僧人入震旦，周秦之代已有佛教沙门，止未大兴耳。汉明帝永
> 平其年，迦叶摩腾、竺法兰应请入华，今以为始也。于时佛法虽到
> 中原，未流江表，信受未广，传行未周。至康僧会，赤乌年中始化
> 于南土。而经像东传，也始于腾兰赍《四十二章经》及书像来华，为
> 经像东传之始。

作者认为"译经始自腾兰。次则安清、支谶、支谦等相继翻述。汉末
魏初，传译渐盛"。而"译律始于汉灵帝建宁三年，安世高首出《义决律》
一卷，次有《比丘诸禁律》一卷。至曹魏世，昙摩迦罗至许洛，慨魏境僧
无律范，遂与昙帝译《四分羯磨》及《僧祇戒心》。《图纪》云：此方戒律之
始也"。"译论，晋孝武之世，僧迦跋澄译《杂毗昙婆沙》十四卷，次则罗

什译《大智度》《成实》，此则译论之始"。分别从经、律、论谈译经史，有助于了解佛学在中国发展的特点。赞宁博涉三藏，尤精南山律，又旁通儒道二家的典籍，善属文辞，他将历史上宽泛的"译经"细分为"译律""译论"和"译经"，表明作者对于佛典汉译概念的辨析和重视。

（二）佛学经传中的翻译历史

佛学经传即经典传记，记载经典的翻译和流传。如法藏《华严经传记》是专记传习《华严经》人物和事件的著作。《华严经》全称《大方广佛华严经》，是公元一世纪左右在印度出现的一部带有丛书性质的大乘经，以后成为中观宗和大乘有宗印度瑜伽行派的一部主要经典。传入中土后，成为华严宗、唯识宗及禅宗的根本经典之一，他们都尊奉经中所说宇宙万象的起源与存在归于众生一心，即"三界唯心""万法唯识"的义理。特别是华严宗，奉此经于独尊的地位，在经说的基础上建立判教，组织教义，关系尤为密切。法藏是华严宗的实际创始人，为使更多的人信奉这部经典，特将《华严经》的来龙去脉及在中土的传译、注述以及讽诵它所能带来的灵验利益等编成一书。书中"部类"记《华严经》梵本的偈品，"隐显"记《华严经》隐显经过，"传译"记《华严经》的三位翻译家：佛陀跋陀罗、地婆诃罗、实叉难陀的事迹。佛陀跋陀罗译本为旧译，地婆诃罗译本以补旧译阙失，实叉难陀译本为新译。"支流"依佛经目录注录方式叙列和介绍相当于《华严经》某一品或某一会的单行经和托名《华严经》的伪妄经，"释论"记疏释《华严经》的梵汉论著，并附出有关译者的事迹。这类记述真实而细致地反映了《华严经》译播流传史及华严宗宗史，这种微观研究在慧祥《弘赞法华传》中体现得淋漓尽致。

慧祥《弘赞法华传》是专记传习《法华经》的人物和事件的著作。《法华经》全称《妙法莲华经》，又译《正法华经》，是公元一世纪左右继《般若》之后约与《大宝积经》《华严经》《维摩诘经》等同时在印度出现的大乘经之一。此经传入汉地以后，成为在中土最有影响的佛经之一，天台宗即以此经为主要典据建宗立说。《弘赞法华传》第二篇"翻译"，用佛经目录的注录方式，先列经名，后出译人小传，记述《法华经》全本或别品的翻译者十人，作伪者二人和《法华经论》的翻译者二人的事迹，以及佛经目录中有关托名《法华》的疑伪经的记载两条。实际上本传专就《法华经》的汉译历史作了一个清晰的描述，该传还记载了《法华经》全本或别本的翻译者：《法华三昧经》六卷的译者曹魏支疆梁接，《正法华经》十卷及《普门品经》和《观世音经》的译者竺法护，《普门品经》的重译者祇多蜜，《方等法华经》五卷译者支道根，《妙法莲华经》七卷译者罗什，《法华三昧经》译者智俨，《观世音经》译者沮渠京声，《妙法莲华经·提婆达多品》译者法献，《妙法莲华经·普门品重赞偈》译者德志，《妙法莲华经·乐草喻品》译者达摩笈多。僧祥《法华经传记》也是一部专就《法华经》汉译历史研究的著作。其序中说：

> 昔始自姚秦访道，暨我大唐之有天下，流通之益，先代无之。感应无谋，非筹算能测。妙利凝邈，亦绳准所知乎？今聊撰集耳目见闻，动砺后辈信心，简以十二科，分为十轴：部类、隐显、传译、支派、经序、论释、讲解、讽诵、转读、书写、听闻、供养。各略引三五，编其分科，词质而俚，欲见闻之徒易悟，事敷而实，使来叶之传信心，更探得新旧制撰诸宗记传等，录而出之。后有所获，亦欲随而编之，脱或当来见者编次。

《法华经传记》卷一"部类增减"记叙《法华经》梵本的部类（单部流通的各种卷本）和偈品，指出佛经部类的增减（卷本的构成）略有七例：

> 一者一会之经用为一部，如十地等经。二者多会共为一部，如华严之类。三者经之初分用为一部，如六卷泥洹经。四者具足二分以为一部，如大般涅槃。五者略本以为一部，如小品经等。六者广本以为一部，如大品之流。七者一品以为一部，如观世音之例。今此法华于七种中是具足本，若依梵文应是略说有六千偈也。

"一者一会之经用为一部"，即将释迦牟尼在一次集会上说教的内容编成一部佛经，如《十地经论》等。"二者多会共为一部"，即将多次集会上说教的内容编成一部，如《华严经》等。"三者经之初分用为一部"，即将佛经的初分（前部分）编成单行的一部佛经，如六卷本的《泥洹经》等。"四者具足二分共为一部"，即将佛经的初分和后分（后部分）合成一部完整的佛教，如《大涅槃经》等。"五者略本以为一部"，即将佛经的简单本编成单行的一部佛经，如《小品经》等。"六者广本以为一部"，即将佛经的详本编成单行的一部佛经，如《大品经》等。"七者一品为一部"，即将佛经中的一章编成一部佛经，如《观世音后》。作者就此认为：今此《法华》于中是具足本，若依梵本，《法华经》是根据释迦牟尼在灵山八年说法的内容编成的，但它不是八年说法内容的总集，而是略说。关于《法华经》的偈数，作者说："今长安所传四本不同：一、五千偈，正无畏所传是也。二、六千五百偈，竺法护所传是也。三、六千偈，鸠摩罗什所传是也。四、六千二百偈，阇那崛多所传是也。"作者说：

> （《法华经》）梵文唯有二十八品。文前皆无题目，但云悉昙，此云吉法，亦名成就，不成立名。皆在品末经终，而回后在初者。盖是译经之人，随震旦法，欲令因名字不同议部类。

换言之，《法华经》梵本的品名和经名原来都在"品末经终"，翻译时，依照汉地经籍的章法，更置于一品之首和一经之首，如此细致地考察原本，表明汉地佛典汉译研究已十分严肃认真。《法华经传记》中"支派别行"又记叙《法华经》的派生经，派生经中有一类是将《法华经》的一部分抄出作单行本流通的经典，又称别生经，数量较多。其中南齐时昙摩伽陀耶舍译《无量寿经》一卷，此是序分，即《法华经》的起首部分，刘宋时期昙摩蜜多译有《观普贤行法经》一卷，结其终，是《法华经》的末尾部分。支谦译《佛以三车唤子经》一卷，与大部（完整的《法华经》）中《譬喻品》同本。西晋竺法护译《观世音经》一卷，东晋祇多蜜译《普门品经》一卷，姚秦罗什译《观世音经》一卷，刘宋京声译《观世音经》一卷，梁武帝时崛多和宇文共译《普门重颂偈》一卷，这五经"大部中《普门品》同本"。罗什《妙法莲华经·提婆达多品》一卷，真谛"修补什本加润色"译成的同一品一卷，南齐法献在于阗得梵本，后与达摩摩提译出同品一卷，这三本，"大部中一品也"。失译《法华光瑞菩萨现寿经》三卷，大部中《序品》及《寿量品》等同本。派生经的另一类是指从《法华经》义旨引申出来的经典（支派经），这主要是指曹魏支疆梁接译的《法华三昧经》。此外，东魏末年的《高王观世音经》因不是根据梵本译出，而是托名佛经的无名氏撰述，这样的考察和记叙反映了《法华经》在汉地传播中深受学人重视的情况。《法华经传记》中"论释不同"记叙疏释《法华经》的梵本论著的传译，据印度相传，五天竺造"优婆提舍"（论）解释《法华经》文义的有五十余家。佛涅槃后五百年终，龙树造《法华论》，六百年初，坚意造《释论》，这些都没有传到中土。传至中土的是佛涅槃后九百年中，婆薮槃豆造的《法华经论》，它以六十四节法门，疏解《法华经》大义。北魏时勒那摩提译为一卷，题为《妙法莲华经优婆提舍》，崔光、僧朗等笔受。同时，又有菩提流支重译世亲论释，成二卷，也题名为《妙法莲华经优婆提舍》，"初有归敬颂者是也。与宝意译大同小异"。汉地为《法华经》作论释的有吉藏《法华玄论》，传中"诸师序集"收录《法华经》序记七篇：慧观《法华宗要序》，僧叡

《法华经后序》，慧远、文阙《法华经序》，僧肇《法华翻经后记》，阙名《添品法华序》，刘虬《无量义经序》，阙名《正法华经记》。《法华经传记》详细记叙了《法华经》的几次翻译以及译本的同异点，详细记叙了《法华经》梵本的隐显经过与传译年代，根据佛经目录记叙《法华经》的翻译年代和鸠摩罗什事迹。传中称：《法华经》的翻译略有六次：

一为佛灭度后一千二百三十年，曹魏甘露元年支疆梁接于交州城译成《法华三昧经》六卷，道声笔受；

二为西晋泰始元年竺法护译成《萨芸芬陀梨法华经》六卷；

三为西晋太康七年竺法护在前经基础上增广，译成《正法华经》十卷，康那律于洛阳抄写完毕；

四为东晋咸康元年支道根译成《方等法华经》六卷；

五为姚秦弘始八年鸠摩罗什译成《妙法莲华经》七卷；

六为隋仁寿元年阇那崛多和达摩笈多译成《添品法华经》七卷。

这六个译本中，三存三没。现存三本是：竺法护译《正法华经》、罗什译《妙法莲华经》和崛多译《添品法华经》，而以罗什译本为最好。其卷二《诸师序集》载录的几篇《法华经》序记，是作者对译本的评论和研究，如僧肇《法华翻经后记》引秦主姚兴的话，论罗什译的《妙法莲华经》与竺法护译的《正法华经》的差异："乍观护经，以《序品》称为《光瑞品》，《药草喻品》末益其半品，《化城喻品》题《往古品》，《富楼那》及《法师》初增数纸文，阙略《普门偈》，《嘱累》还结其终。"如此细致地专就一经的译介和传播、研习和弘扬展开记叙，实为翻译史研究的佳作。

（三）宗系著作中的翻译历史

"宗系"是共同尊奉同一知见的修行团体。释如意在《唯识宗略述》中说："不同宗系，各自拥有依据自己的根本知见而建立起来的修行体系。"佛教宗系部著述梳理佛教各宗派传承源流，记载其布教言行。汉地宗系是随着隋唐佛教宗派的兴起而渐次出现的。但作为此类典籍的理论核心传法系统（法统）思想，则可以上溯到元魏时期的昙曜。文成帝时，昙曜为辟斥第一次毁佛时称佛教出于后汉"无赖子弟刘元真、吕伯强之徒"伪造的污辞，论证佛教传承有据，"接乞胡之诞言，用老庄之虚假，附而益之，皆非真实"（《魏书·释老志》），于是编译《付法藏因缘传》四卷，以明释教之由来，历然可考。至孝文帝时，吉伽夜又因昙曜之请，以前书为基础重译，增广了一些事缘，而成六卷，这便是后人称之为《吉伽夜共昙曜译》的译本。该译记述佛灭度后，佛法由摩诃伽叶传承，以后递相传付，一直到弥罗崛国王杀害的师子比丘，凡二十三代二十四人的传法世系。《付法藏因缘传》虽然为历代佛教经录录为译本，其实它并没有相应的梵本，而吉伽夜、昙曜参照西晋安法钦译《阿育王传》、姚秦鸠摩罗什译《马鸣菩萨传》《龙树菩萨传》《提婆菩萨传》，并结合西域的一些传说编集而成，它的问世对隋唐佛教宗派影响极大，天台宗、三论宗及禅宗都是以《付法藏因缘传》的记载为基础，稍作增减而排定的。田光烈在《中国佛教》中指出：

> 本书流行之后影响极大，它使中国佛教形成了一种法统之说而影响到宗派的建立。在隋、唐时代，台、禅两宗的法统说，均以本传为依据。天台智者大师在《摩诃止观》卷一中，历述天台传法世系，就是将《付法藏传》中和商那和修同时而得法于阿难的摩田提也作为一代，遂成二十四祖。他还认为诸师的相承都属"金口所记"。智者系慧文禅师的再传，慧文用心一依龙树所作的《智论》，龙树是《付法藏传》中的禅师，而为东土传承的高祖，这样相承而下，智者是东土第四代，这就成为后来天台家共认的法统。禅宗最初在古本《坛经》里，依着《付法藏传》，略加增减构成二十八祖之说。唐贞元中，智炬《宝林传》又加修正，遂成定论。到了宋代，台、禅两家在法统的议论上，互相是非。像契嵩，甚至以为《付法藏传》说师子尊者后法统断绝，实是谬书，但他对于《付法藏传》所编译之法统则依然信以为真。

而在与北魏对峙的南朝，由于《付法藏因缘传》没有传到，因此自刘宋以来佛教界流传的"法统"思想基本上是从东晋佛陀跋陀罗而来的。佛陀跋陀罗所传为小乘萨婆多部（说一切有部）禅法，与当时罗什所传大乘般若学和综合七家之说而编译的《禅法要解》异趣，于是佛陀跋陀罗率弟子至庐山，应慧远之请，翻译了萨婆多的一部重要禅经《达磨多罗禅经》，并根据其师佛大先口传，将萨婆多部禅法的师资传授，编成《师宗相承略传》一书，始于阿难，终于僧伽佛澄，总录五十四人。

在中土浩瀚的佛教经典中，达摩是广为记述的人物。达摩被汉地禅宗奉为初祖，是历代留下的禅宗灯史和语录中所述"祖师西来意""祖师意""祖师正令""祖师心印"等语句中的"祖师"。依中土禅宗所奉祖师的传承世系，有"西土"（印度）和"东土"（中土）两大系统。西土有从佛陀的弟子大迦叶、阿难以来前后传承的二十八代祖师，菩提达摩是第二十八代祖师。菩提达摩作为东土初祖，经慧可、僧璨、道信、弘忍四代，至神秀和慧能同为六代祖师。弘忍二代正式创立禅宗，被称为"东山法门"。在弘忍之后，以其弟子神秀、普寂为代表形成"北宗禅"，而以弘忍的另一系，经弟子慧能过渡，神会成立"南宗禅"，并逐渐成为中国禅宗的主流派，至唐末五代初形成"禅门五宗"。弘忍以后，师徒之间传法虽不再限定一人嗣法即称"单传""正传""嫡传"，然而一些著名禅师、禅派的后继世系仍有较为清晰的传承代数。在这个过程中，达摩的名声越来越大，因为禅师们总是将达摩视为初祖，包括南北两宗，而且各地丛林的禅师在日常传法中经常提及达摩的名字、事迹和禅法。这种情况自然也反映在相继出现的佛教宗系史书中，自唐中期至宋初相继形成的菩提达摩的传记有七种之多。其中无住（714—774）弟子编撰《历代法宝记》中所称的"梁朝第一祖菩提达摩多罗禅师"就是菩提达摩。而达摩多罗是印度西北说一切有部的禅师，东晋时佛陀跋陀罗在庐山译出《达摩多罗禅经》，介绍的就是他与佛大先的禅法。此经上卷记载从佛至不若蜜多罗的禅法传承世系，《法如禅师行状》和《传法宝纪》都提到此经，但都以菩提达摩代替达摩多罗，《历代法宝记》又进一步把此二人的名字合并称之为"菩提达摩多罗"或"达摩多罗"，这一提法一直影响到后世的禅宗史书。

　　禅宗宗系著述虽然重在叙述禅宗宗脉，但实际上是汉地佛教发展历史。因为中土佛教发展到唐代以后，基本上以禅宗为主流，所以说，研究禅宗历史也就是研究中土佛教史，而且研究禅宗思想，尤其是禅宗关于语言文字和佛教经典的思想，更可考察唐以后的译经评论的特征。从这些宗系著述中可以看出，随着禅宗的迅速传播和发展，达摩在禅宗信众心目中的地位越来越高，这表现出汉地佛教归宗于禅的趋势。但是禅宗也并非不重经典文字和理论学术，道宣《续高僧传》说："我观汉地惟有此经，仁者依行，自得度世。"说明禅宗的经典主要是《楞伽经》。昙林撰序的《菩提达摩四行论》就记载达摩禅师亲说的"二入四行"。"二入"是"理入"和"行入"。"理入"就是讲究理论研习，是教修行者深信自性（真性）与佛无别，然而因被情欲烦恼（客尘）污染而不得显现；如果凝心坐禅观想，断除情欲烦恼和自他、凡圣等差别观念，并不再执著于文字，便可使自心与清净的真如之理契合，达到解脱。"行入"包括四项，称"四行"：报怨行、随缘行、无所求行、称法行，而昙林本人曾先后参加过佛陀扇多、般若流支、毗目智仙的译场，担任笔受。杜朏《传法宝纪》谓"余传有言壁观及四行者，盖是当时权化"，认为所传达摩坐禅壁观的做法及《四行论》

禅法，只是临机的说法，更赞赏带有顿教意味的"密以方便开发，顿令其心直入法界"的禅法，他自注说："其方便开发，皆师资密用，故无所形言。"意为师徒间不借助语言的秘密传授，这又表明禅宗"不立文字"的风格。可见，对于禅宗大师和学者，都不能简单地以"不立文字"或"不离文字"来判定，也不能简单地说禅宗是在"不立文字"的基础上主张"不离文字"，甚至说禅宗的文字观是辩证的。其实禅宗对于语言文字及经典文献的态度要随禅师个人性格、学养和禅师说法背景、对象判定。像慧能不识字，他只能以"不立文字"为借口，称自己悟道成佛，实为欺人之语，但又在说法时，不能不转述别人的话说上几句道理，以取信他人。禅宗史上谓《坛经》是慧能弟子对其说法的记录，但全部内容几乎都是自达摩至于神会以后诸家的言说。

（四）佛学经序中的翻译历史

佛学经序或经记记载翻译历史，清晰地记叙经典翻译过程甚至细节。如《大般涅槃经》的中心思想是提倡"泥洹不灭，佛有真我；一切众生，皆有佛性"。潘桂明《论唐代宗派佛教的有情无情之争》一文认为，《大涅槃经》前分的原本来自中天竺的华氏城，系婆罗门族佛教徒诵出，而事实上天竺、罽宾、龟兹等地的信奉者和研读者甚少。其后分则来自于阗，流行于高昌、敦煌等地。由此可知，《大般涅槃经》在葱岭以西大约未曾得到传播，汉译本必然经历过多次增删、改写。参与北本《大涅槃经》翻译的道朗就曾指出，昙无谶"手执梵文，口宣秦言"，唯恨"梵本分离，残缺未备"，且因"后人不量愚浅，抄略此经，分作数分，随意增损，杂以世语，缘使违失本正，如乳之投水"（《大涅槃经序》）。由于经历多次增删和改写，使该经的前后观点不很一致，导致内地学者观点上的分歧。《十地经论》的翻译在中国佛学史上占有极为重要的地位，其观点既为学者们提供新的理论资源，同时也有可能造成理解上的分歧。从该论翻译之初起，学者之间就已存在歧义，而在该论流传过程中，分歧不断扩大，最终分别归入不同系统，即华严学系统和法相唯识学系统。参与该经翻译者崔光在《十地经论序》中说：

> 大魏皇帝，俊神天凝，玄情汉远，扬治风于宇县之外，敷道化于千载之下。每以佛经为游心之场，释典为栖照之圃，搜隐访缺，务乎昭扬，有教必申，无籍不备。以永平元年，岁次玄枵，四月上日，令三藏法师北天竺菩提流支、魏云道希，中天竺勒那摩提、魏云宝意，及传译沙门北天竺佛陀扇多，并义学缁儒一十余人，在太

极紫庭，译出斯论，十有余卷。斯二三藏，并以迈俗之量，高步道门；群藏渊部，罔不研览；善会地情，妙尽论旨。皆手执梵文，口自敷唱，片辞只说，辩诣茂遗。于是皇上亲纡玄藻，飞翰轮首；臣僚僧徒，毗赞下风。四年首夏，翻译周讫。

这就是说，《十地经论》的翻译，由北魏宣武帝发起，主译为菩提流支、勒那摩提两名三藏法师，传译为佛陀扇多，时间自永平元年至永平四年，参与者有僧俗十余人。其后，宝唱《众经目录》说："已上二论，菩提流支并译。且二德争名，不相询访，其间隐没，互有不同，致缀文言，亦有异处。后人始合。"《宝唱录》的意思是说，《十地经论》先是由勒那摩提和菩提流支分头并译，后来才由他人合为一本。但费长房《历代三宝记》所引《宝唱录》同时又说："初，菩提流支助传，后以相争，因各别译。"则似乎认为主译应是勒那摩提，而同卷所引北魏李廓《众经目录》，则又似乎认为主译为菩提流支。事实上，《十地经论》的翻译，北魏宣武帝永平元年至四年初由菩提流支、勒那摩提两人共同完成，但因两人意见不合，观点有异，宣武帝便命二人分头并译，最后由他人参校两译，成为定本。史载两译仅有一字之差，所以仍归于一本流行。崔光素习方言，是译事的直接参与者，遂折中笔受为一本。道宣《慧光传》载，慧光亦曾参与该经翻译，而将普、勒两译合为一本的便是他。道宣说：

　　会佛陀任少林寺主。勒那初译《十地》，至后合翻，事在别传。光时预沾其席，以素习方言，通其两诤；取舍由悟，纲领存焉。自此《地论》流传，命章开释；《四分》一部，草创基兹。其《华严》《涅盘》《维摩》《十地》《地持》等，并疏其奥旨，而弘演导。然文存风骨，颇略章句，故千载仰其清规，众师奉为宗辖矣。

意谓慧光原在佛陀门下，后因佛陀入少林为寺主，于是转向勒那摩提。由于慧光参与了《十地经论》翻译的全过程，非常了解菩提流支与勒那摩提两人的分歧及其分歧原因，所以能根据自己的理解予以取舍和融通，保存其基本精神，将两本合为一本。慧光因受勒那摩提影响，所以虽然他的律学出自佛陀扇多，但他的地论学则属于勒那摩提系统。由于菩提流支与勒那摩提两译者所习不尽相同，而且勒那摩提对《十地经论》似乎更有专长（《法经录》等都以勒那摩提为主译者），因之从他们二人传习此论，也就发生异解，而形成南北两道。南道系传自勒那摩提，有学者慧光、法上、道凭等人，北道系传自菩提流支，他是汉地重要译者，译有《佛名》《楞伽》《法集》《深密》《金刚》《无量寿》《胜思惟》《大宝积》《法华》《涅槃》等重要经论，其弟子主要有道宠。地论师分为南北两道，二者分歧主要是依持说、佛性说和判教说三点，其中以佛性说为核心。佛性论上的分歧源于依持说，因其时存在着阿梨耶识与真如的分别缘起说，所以有佛性"当有"与"现有"的区别。"常"是涅槃或佛性的异名。道宣《道宠传》说：

> 一说云：初，勒那三藏教示三人，房定二士授其心法，慧光一人偏教法律。菩提三藏惟教于宠。宠在道北，教牢宜四人；光在道南，教凭范十人。故使洛下有南北二途，当现两说，自斯始也，四宗五宗，亦仍此也。

玄奘《启谢高昌王表》也有相似说法："但远人来译，音训不同，去圣时遥，义类差舛，遂使双林一味之旨，分成当现二常；大乘不二之宗，析为南北二道。纷纷诤论，凡数百年。率土怀疑，莫有匠决。"玄奘自述去印度学佛的目的便是为了解答佛性理论，寻找佛性论的正确答案。他说："信夫汉梦西感，正教东传，道阻且长，未能委悉。故有专门竞执，多滞二常之宗；党同嫉异，致乖一味之旨。遂令后学相顾，靡识所归。是以……决志出一生之域，投身入万死之地。"所云"当现二常""二常之宗"，是指佛果的当常、现常，即始有、本有，或当果、始果。自《大般泥洹经》传入汉地后，在佛性论上出现当、现两种对立的看法，涅槃师学内部长期争论不息，并扩大至其他学派之中。至《十地经论》译出，南北二道在此问题上的分歧，引起佛教内部的广泛注意。因为理论上的分歧，一方面有利于理论的探讨，加深学者对佛教义理的理解，同时又不利于佛教的发展，甚至影响佛教在中土的生存，这后一方面的问题正是中土佛教学者远赴西域天竺求法的根本原因所在。

二、深入译经评论

译经评论始终是汉地佛学著述的重心，无论是针对译本译人，还是经本阅读，涉及面极为广泛。如僧祐对佛经的"异译"作过认真评论，他在《新集条解异出经录》"异出经"中界定为同本异译的经典，认为一是"梵书复隐，宣译多变"，即由于梵文文意艰深，难于翻译，致一译再译；二是"出经之士，才趣各殊"；三是"辞有文质，意或详略"，意谓由于译人

的喜好和风格不同而致重译。在这三者之外，还有因时代不同，地域隔
阂，故同一梵本，前人译出，后人未知，于是又译。也有甲地译了未传
入乙地，于是乙地又译一本，当然也有梵文传本原来就有文偈多寡的不
同，所以一译再译的情况就不断出现。又如阙名《添品法华序》辨竺法护
本、罗什本与崛多笈多本的同异，他写道：

> 昔敦煌沙门竺法护，于晋武之世译《正法华》。后秦姚兴更请罗
> 什译《妙法莲华》。考验二译，定非一本。护似多罗之叶，什似龟兹
> 之文，余捡经藏，备见二本。多罗则与正法符会，龟兹则共妙法允
> 同。护叶尚有所遗，什文宁无其漏？而护所阙者，《普门品偈》也；
> 什所阙者，《药草喻品》之半，《富楼那》及《法师》等二品之初，《提婆
> 达多品》，《普门品偈》也。什又移《嘱累》在《药王》之前。二本《陀罗
> 尼》，并置《普门》之后。其间异同，言不能极。……大隋仁寿元年辛
> 酉之岁，因普曜寺沙门上行所请，遂共三藏崛多、笈多二法师，于
> 大兴善寺重勘天竺多罗叶本。《富楼那》及《法师》等二品之初勘本犹
> 阙；《药草喻品》更益其半；《提婆达多品》通入《宝塔品》；《陀罗尼》
> 次《神力》之后；《嘱累》还结其终。字句差殊，颇亦改正。

文中论及各家译文的梵文原本以及翻译风格等，实为译本的比较研
究。作者又在卷一《传译年代篇》说，崛多、笈多共译本"略用三例：一者
移品，如《神力》《嘱累》等；二者添文，如《药草》半、《普门偈》等；三者
改言，如二品咒等，自余睹文，全依什本，并无所改。"这样，就把《法华
经》见存的三个译本的主要差异说得很清楚了。初学者若无暇通读两书，
选《法华经传记》来读较为妥帖。同时，也反映了各家译文的翻译技巧：
移、添、改，这与现代翻译技巧基本一致。佛学史传著作也很重视译经
评论，如经典传习类著述记载佛学典籍的翻译、传承及弘扬，表达对译
经质量的看法。法经《众经别录》体例上的最大特点是对每一部经典都注
明它的宗旨与翻译风格，表明作者对这些问题的关注以及希望由此给读
者一个阅读的提示。智升《续古今译经图纪》评杜行剀："明天竺语，兼有
文藻，皆有翻传，妙参其选。"评论其译《佛顶尊胜陀罗尼经》说：

> 有朝讳、国讳皆隐而避之，即世尊为圣尊，世界为生界，大势
> 为大趣，救治为救除。译讫奉进，皇上读讫，顾谓剀曰：既是圣言，
> 不须避讳。杜时奉诏以正属者，故而寝焉。后日照三藏奉诏详译，

名《佛顶最胜陀罗尼》也。

慧立《大唐大慈恩寺三藏法师传》载不空"善一切有部律。晓诸国语，识异国书"。金刚智译经时，他为译语，"对唐梵之轻重，酌文义之精华"。僧祥《法华经传记》也评论了历代译者不同的翻译策略与风格，译本的面貌与质量。道宣曾参与译经，并兼考证西域方域，对翻译极有造诣，所著《续高僧传》每篇之末有论，提纲挈领，总括一篇大旨。人物传记之末，附有系，作为对该传所记人和事的评论，抒发作者观点，所著《大唐内典录》分为十录，共收录后汉至唐代十八个朝代翻译或撰述佛典二千二百三十二部七千二百卷。书中"历代众经传译所从录"记载后汉至唐各代译经和撰述；"历代翻本单重人代存亡录"分别记载大乘三藏和小乘三藏单本及重翻的译人、译时、译地和用纸；"历代众经举要转读录"不以译人为标准，而以译本优劣、主次为标准，比较不同译本内容上的广略繁简、译文上的畅达艰涩，选择善本供学人阅读，为研习者提供阅藏门径。如罗什所译《维摩诘所说经》，支谦译为《毗摩罗诘经》，玄奘译为《说无垢称经》。"繁略折中，难逮秦翻。终是周因殷礼，损益可知云。"而竺法护所译《弥勒成佛经》，有罗什异本《弥勒下生》，"文乃流便，事义阙略。又人别译为《弥勒来时经》，三纸许，词理不具，故存前本"。如果没有一番甄别考校，是难以作这样的筛选和判断的。

智旭曾三度遍阅律藏，致力于大小乘律藏的疏释与讲说，因而十分熟悉各家律藏译籍，其《阅藏知津》为历代大藏经解题著作中影响最大的一部，全书共分为四藏：经、律、论、杂，解说佛典一千七百零九部。作者通过四个途径评论历代译经：其一，书中解题，经藏和律藏各部之首均有"述曰"，概述收录经典的主旨及范围；其二，在经典的题名下，依明南北藏标注卷数、函号，并叙列其译撰者；其三，对多数经典尤其是卷帙较多而涉阅较少的经典，逐品解说，振裘挈领，开示纲要；其四，考证经本，评判译文优劣，介绍经籍地位。作者在《阅藏知津》中说："若据智度论说，则凡后代撰述合佛法者，总可论藏所收。若据出曜经说，则于经律论外，复有第四杂藏。今谓两土（西土与此方）著作，不论释经、宗经，果是专阐大乘，则应摄入大论；专阐小道，则应摄入小论；其或理兼大小，事涉世间，二论既不可收，故应别立杂藏。"《阅藏知津》在编定重译次第时，将重译经主本和单译经全顶格书写，非主本的重译经"于总目中，即低一字书之，使人易晓"，并在非主本的重译经的解说中，指出该本与主本的同异，使人知道它或者应该与主本并读，或者可以不读。

以前的经录一般都以译出先后为序，编定重译次序，这有利于了解重译本的先后，但重译既多，如一一俱阅，既费时日且无多必要，除专门考证译本异同研究者，故需有人指示何本为善本，以便读一本而得数本乃至数十本重译的要旨。为此，作者辨析了大乘学者兼习小乘律的必要性："述曰：毗尼一藏，元不拘于声闻。但大必兼小，小不兼大，今约当分，且属声闻。实则大小两家之所共学，而菩萨比丘，绍佛家业，化他为务，尤不可不精通乎比也。"《阅藏知津》对译本特别是重译经依据文理周否比较和评判翻译优劣。如作者评论菩提流支所译《大萨遮尼犍子授记经》，"文义俱畅，宣说世出世法，曲尽其妙，急宜流通"，评玄奘译《广百论释论》与《成唯识论》"破我法二执处，相为表里，最宜详玩"，评法贤译《佛说最上根本大乐金刚不空三昧大教王经》，"内多入理深谈，不可不阅"；评天息灾译《佛说大乘庄严宝王经》，"此亦生净土之捷径"；评法天译《妙臂菩萨所问经》，"此密宗要典"；评不空译《受菩提心戒仪》，"此中以大菩提心，受普贤金刚职，为一切秉密教者受持之本，学者皆应简阅"；评疆良耶舍译《佛说观无量寿佛经》，"智颛有疏，知礼有《妙宗抄》"，评菩提登译《占察善恶业报经》，"此经诚末世救病神丹，不可不急流通，衍述《玄疏》及《行法》，以公同志"；评罗什译《妙法莲华经》，"非精研智者大师《玄义》《文句》，不尽此经之奥。仍需以荆溪尊者《释签》妙乐辅之"。

三、探索译经理论

佛典汉译理论本是依评论产生的，也是中国僧俗佛学著述的一部分，佛典汉译理论水乳交融地融汇其中。虽然也有一些专门论述翻译的文字，但大部分都是散见于各类佛学撰述之中的。无论是义理类著述还是史籍类著作，其中都包含着丰富的译论思想和观点，因为所有佛学著述都要涉及佛经传译，也因为佛教本是翻译的佛教，佛学家或译经家在论述翻译时总是将佛学与翻译一同论述。

（一）佛学纂集阐发翻译理论

佛学纂集是以采录、整理、分类、述解等形式将不同文献资料按一定主题编辑，以供研读和保存的典籍。纂集包括事理掌故、史迹遗闻、文荟语录、规制法数以及音义习梵等。如唐临《冥报记》说："幼而聪慧，博学经论，识达过人。以为佛所说经，务于济度，或随根性，指人示道。或逐时宜，因事判法。今去圣人久远，根时亦异，若以下人修行上法，法不当根，容能错倒。乃抄集经论，参验人法所当学者，为三十六卷，名曰《人集录》。……其大旨劝人普敬，识恶本，观佛性，当病授药，顿教一乘。自天下勇猛精进之士皆宗之。"其中的思想与道安所说"三不易"中的一不易为同一意趣："阿难出经，去佛未久，尊大迦叶令五百六通迭察迭书。今离千年，而以近意量裁，彼阿罗汉乃兢兢若此，此生死人而平平若此，岂将不知法者勇乎？"（道安《摩诃钵罗若波罗蜜经钞序》）。又如明朝圆静所著《教乘法数》详细介绍佛学的各项名物制度和修行及经典知识，为初学者所广泛使用，该书也是鉴于学佛研习的初衷而撰。佛学传入中土后，至明代已历一千三百余年，历代所译经论律三藏加上此土撰述，不下六千余卷，而其间名相纷繁，初学者不易了解，于是作者广采"内典之文，旁及百氏""详加订定，续入而汇次之"，其中就收有翻译四例、琮师翻译八备、琮师翻译十条等。这些在译经评论中建立的"译例"是讨论译经准则及技巧的理性升华，为佛学著述所收入，表明译经评论成果得到佛学家认同，并为佛学理论所接受，所容纳，正式归入佛学义理的范畴，使之成为佛学主体中的一部分。像《教乘法数》这类法数著作本是纂集诠释佛教名相的著述，李师政在《教门名义集》自序中说："标法之名，释名之义，理之津道，可不务乎？但布在众典，难得而究，集而释之，则易观矣。"

　　佛学法数著作收录翻译轨则，实表明学者们已将其与佛学术语一视同仁看待。如法云（1088—1158）九岁出家，研习《法华》《金光明》《涅槃》《维摩》《观无量寿经》等经，并信仰净土法门，博通经史，囊括古今，著有《息阴集》《金刚经注解》《心经疏钞》等书。由于他在青年学佛时期，见佛典中常有音译梵语，难以理解，于是向经论疏记里求其解释，以类区分，这样随见随录，积久成编，既便检查，也有利于初学，编成《翻译名义集》。周敦义为之序，指出佛教译名的原则及译名理论对于佛法传播的意义，他说："余阅大藏，尝有意效《崇文总目》，撮取诸经要义，以为《内典总目》。见诸经中每用梵语，必搜检经教，具其所译音义，表而出之，别为一编。然未及竟，而显亲深老示余平江景德寺普润大师法云所编《翻译名义》。余一见而喜曰：是余意也。他日《总目》成，别录可置矣已。而过平江，云遂来见，愿求叙引。余谓此书，不惟有功于读佛经者，亦可护谤法人意根。"表明佛教音义著述对于学佛者的重要性。序中详细转述了奘法"五不翻"理论，并指出："夫三宝尊称，译人存其本名，而肆为谤毁之言，使见此书，将无所容其啄矣。然佛法入中国，经论日以加多。自晋道安法师至唐智升，作为目录图经，盖十余家。今大藏诸经，犹以升法师开元释教录为准，后人但增宗鉴录。法苑珠林，于下藏之外，如四卷金光明经摩诃衍论。及此土证道歌，尚多有不入藏者。我国家尝命宰辅为译经润文使，所以流通佛法至矣。将未有一人继升之，后翻译久远，流传散亡，真赝相乘，无所放据，可重叹也。"又如唐代郭移所著《新定一切经类音》说："又诸佛经，其字更多，就梵音翻译时，借声而作也。"表明作者对佛学名相音译有一定认识。

中国佛学有"教（理）"与"禅（宗）"两大系统。"教"是用经典文字方式传下来的释迦牟尼的言教，如三论、天台、贤首、慈恩及律等宗，注重以研习佛典文句和义理为主，都属于"教"的系统。"禅"特别强调通过以心传心的印证方式传下来的"佛心"，认为本宗是"教外别传"，所以不假言语文字，以直彻心源为究竟，禅宗便属于这一系统。《教乘法数》书名中的"教乘"，是记载或阐释佛陀言教的"教"派的经典。但实际上不仅收"教"派的用语，也收"禅"派的用语，也收有翻译评论术语。道䢀在该书序中说：

> 原夫经律论藏，其文浩博，奚啻逾数千百卷之多？以至从未究本，摄果该因，性相殊途，而诠表匪一，各有关键，未易遍寻。故前代硕师举其纲，节其要，会萃成书，目之曰《藏乘法数》，庶几览者籍是，可以得诸宗归趣之大略。及其行世既久，厥后有为贤首氏之学者潜溪深公，又为增治，补其不足，亦已流布，散在四方。然斯二者用志之勤，美则美矣，惜乎尚多遗缺。故从事乎简编者未免有临文之叹。今僧录司右善世心源净公法师，研精教部，博综群籍，讲演之隙，焚膏继晷，不弃寸阴。凡内典之文，旁及百氏，悉从采撮，详加订定，续入而汇次之，为十有二卷，名《教乘法数》。

松荫在《教乘法数原序》中说："吾佛所说一大藏教，诸祖判释疏记其间，名相数量如海浩博，学者未易测其涯涘。昔有为藏乘法数者，要而太简。后深公继集之名贤首法数，间尝阅之，未免有彼此广略之见。圆净早游天竺，从先师而翕习天台教。既而从事长干间居观室，得以披寻经教，采集名数，历寒暑而槁始成。兹承檀施寿梓流行，学佛者览之，庶以上报圣朝，隆教之恩抑亦有少助于进修云尔。"说明该书以汇释佛教法数为主，兼收儒道诸子经典中带有数字的常用名词的佛教辞书及翻译评论术语，表明译经评论得到佛学家认可，这些术语同佛学名相一样属于佛学范畴。

（二）佛学论辩透射翻译理论

从文体上看，佛教学者也是以佛学文体讨论翻译，将翻译提高到佛学高度一同考察。如彦琮著《辩正论》讨论译经家素质，其潜台词正是因为译人的素质直接关系到佛学的生存。而《辩正论》这类文体正是佛学者用以阐述佛学理论的论辩文体，他们有时用《辩伪论》《甄正论》《显正论》或《破邪论》等为题。"辩"即辨识明察，论定是非，甄别真伪，与"辩"通，是与"论"相近的一种文体。它针对所论辩议题，加以分析辩驳，分辨解析，辨别正确之所在。对正确的予以申辩。《韵术》说："论者，议也。"《说文》云："辩，判也，从刀。""辩，治也，从言。"徐师曾将二者结合起来，解释"辩"体，他说："按字书，辩文有二，一从言，治也；一从刀，判也。盖治其言行之是非真伪而判别之，则义实相须，故世多通用。"这种文体的特点是主于辩驳、辩论，批驳一个错误论点，或辨析某些事实，剖析事物言行的真伪正误而论之。郝经认为辩体是"别嫌疑，定犹豫，指陈是非之文"。贺复征解释说："辩者，析疑似也。"以"辩正论"形式所撰最有影响的佛学著述是法琳《辩正论》。武德九年（626 年），道士李仲卿著《十异九迷论》，刘进喜撰《显正论》贬量佛教，影响很大。法琳遍参诸子杂书及晋宋以来内外文献，撰成《辩正论》八卷十二篇，予以论辩。陈子良在《辩正论序》评其论"内该三藏，外综九流"，"篇章婉丽，理致遒华"。《辩正论》的论辩逻辑是：

> 三教治道、十代奉佛、佛道先后、释李师资、十喻、九箴、气为道本、信毁交报、品藻众书、出道伪谬、历代相承、归心有地。

按照这一逻辑，作者对庄子、墨子之学，黄帝、老子之书，道教三清三洞之文，九府九仙之录，登真隐诀之秘，灵宝度命之仪，都能"吞若胸中，说犹指掌"。作者指出撰此书原由是："前因傅子，聊贡斐然，仍以未竭邪源，今重修《辩正》，颇为经书罕备，史籍靡充。……但是诸子杂书，及晋宋以来内外文集，与释典相关涉处，悉愿批览，谨以别录仰呈，特希恩许，轻陈所请。"书中还系统记载历代奉佛事迹，叙载了西晋至于唐初的佛教事业、佛教概貌、译经部卷、僧尼数目。书中谈及儒家礼仪时说："释氏之教也，劝之以善，化之以仁，行不杀以止杀，断其杀业。以断杀故而民畏罪。王者为政，闭之以狱，齐之以刑，将杀以止杀，不断杀业。以不断故而民弗禁。"（彦琮《唐护法沙门法琳别传》卷上），而对道教则大加批评，列数种种事例，指斥道教剽窃佛教，揭示出佛教对道教的渗透。又如元代祥迈《辩伪论》叙录元代佛道斗争史实。武德四年（621 年）傅奕《上减省寺塔废僧尼事》激烈批评佛学，认为魏晋以后，由于佛教滋盛，危及民生，要求朝廷废省佛法，以益国利民。这些观点不仅直接影响唐高祖对佛教的态度，而在社会上也造成强劲的反佛声势。为维护佛教，普应撰《破邪论》，广引佛教经论，破斥傅奕的表文。但其所引经教，"皆是奕之所废，岂得引废证成，虽曰破邪，终归邪破"。祥迈撰写了这篇以世俗典籍上的资料为主要论据的论文，并采用引一段傅奕的表文或大意，对一段法琳的驳词，用"奕云"与"对曰"相次敷述的形式层层展开论述。彦琮《辩正论》撰述的目的本在于"护法"，其卷三载，从开皇初到仁寿末，文帝共建造各种大小佛菩萨像十万六千五百八十躯，修治故像一百五十万八千九百四十余躯，并下诏禁止毁坏佛像，违者以大逆不道治罪。文中说："帝以年龄晚暮，尤崇尚佛道，又素信鬼神。开皇二十年（600年），诏沙门道士坏佛像天尊，百姓坏岳渎神像，皆以恶逆论。"这与法琳一样，是对佛学在汉地发展的论述。卷三又载，从开皇初到仁寿末，文帝缮写新经四十六藏，十三万二千八十六卷，修治故经三千八百五十三部。"天下之人，从风而靡，竞相景慕，民间佛经，多于六经数十百倍。"彦琮正是基于佛学的迅猛发展，对译人提出了"八备"这样的要求。

（三）佛学经序论述翻译理论

经序和经记是汉地佛学著述的重要形式，均是为汉译佛经撰写的说明性文字，由此发展成为佛教杂记。经序经记包罗广泛，从造经藏、制梵呗到讲经、传译、见闻以及其他单记或综述佛教的人、事、物的记载和传、志、录等，无所不记。如僧祐《沙门士行送大品本末记》记叙朱士行西至于阗求取梵本事宜。经序偏于佛经意旨的阐述，经记重于传译始末的记叙。有些经序也载有梵本的来源、传译的人物及经过等史实。经序和经记是与佛典汉译一道出现的，依照经典结构，经记在前，经序在后。经序始于东汉末年未详作者的《四十二章经序》和严佛调的《沙弥十慧章句序》，继之有三国康僧会《安般守意经序》《法镜经序》、支谦《法句经序》等。东晋时谢敷曾撰有《安般守意经序》，并为支敏度《合首楞严经》作注四卷。经记始于三国支谦《合微密持经记》和未详作者《般舟三昧经记》，继之有西晋未详作者《放光经记》《须真天子经记》《普曜经记》《贤劫经记》《阿维越致遮经记》《魔逆经记》《圣法印经记》《文殊师利净律经记》《正法华经记》《正法华经后记》《持心经后记》《如来大哀经记》等。进入东晋以后，由于佛典汉译数量激增，经序和经记也进入繁荣期，仅道安所撰经序就有十五篇。如道安在组织译场主持译经的同时，注释了二十余卷佛经，僧祐在《出三藏记集》卷十五赞其"穷览经典，钩深致远；其所注《般若》

《道行》《密迹》《安般》诸经，并寻文比句，为起尽之义，多析疑、甄解，凡二十二卷。序致渊富，妙尽玄旨；条贯既序，文理会通。经义克明，自安始也"。表明道安在中国佛教史上，第一个注意利用序引跋记来研究佛典。僧祐更认识到"经序总则胜集之时足征"，即根据经序，可以考察到各佛教典籍翻译的情况，于是在他的名著《出三藏记集》中特意设立了一个部分以总列经序。在这一部分中，僧祐汇总了他当时能够收集到的序引跋记共计 一百一十篇。僧祐《出三藏记集》本身也运用前序、后记来代替解题和提要，使读者了解译经的源流、佛典流传的过程及其大意。陈垣认为读者可以依据这些经序"略知其书之内容为何"(《中国佛教史籍概论》)。然而，由于经序和经记的篇幅一般都不长，所以它们通常是依附于佛经一起流传的，少有单篇梓行。历史上除了隋代法经等人编纂的《众经目录》，曾将经序和经记当作独立的著述来计算(一篇作一卷记)外，其余的佛经目录均视它们为佛经的附文，不计部卷，究其原因也在这里。经序和经记都是围绕佛经的内容和传译的经过来写的，语言大多简洁质朴，假题发挥或列举实例的余地较小，但多数情况下，学术性却很强，因此它们比较适合于有较高文化涵养的人研读，而与向社会上的普通信众作通俗性的宣讲尚有一定距离。

佛教史上有不少著名的经序，既是佛学理论的经典阐释，又是译经评论的重要文章。当代学者对佛经翻译理论的研究其实就集中在这些序文上。如僧叡《小品经序》表达自己对般若思想的理解，评论罗什译经质量，比较新译和旧用词，尤其指出佛教因翻译质量在中土发展的状况，揭示出译经对于佛教生存的决定性作用。智光《新修龙龛手镜序》指出佛教名相翻译的重要性及"正名"原则。他说："释氏之教，演于印度，译布支那。转梵从唐，虽匪差于性相；披教悟理，而必正于名言。名言不正，则性相之义差；性相之义差，则修断之路阻矣。故祇园高士，探学海洪源，准的先儒，导引后进，挥以宝烛，启以随函。郭迻但显于人名，香严唯标于寺号，流传岁久，抄写时讹。寡闻则莫晓是非，博古则徒怀惋叹，不逢敏达，孰为编修？有行均上人，字广济，俗姓于氏，派演青齐，云飞燕晋，善于音韵，闲于字书。睹香严之不精，寓金河而载缉，九仞功绩，五变炎凉，具辩宫商，细分喉齿……以新音遍于龙龛，犹手持于鸾镜，形容斯鉴，妍丑是分，故目之曰《龙龛手镜》，总四卷。以平上去入为次，随部复用四声列之。又撰五音图式附于后，庶力省功倍，垂益于无穷者矣。"指出译名正确的重要性，依旧以"正名"思想为标准，作者对于名相概念翻译的观点实不逊于罗什、玄奘的理论。

可见，在这些经序及经记中，记载了丰富的佛典汉译理论。从佛经翻译理论的文本形态看，几乎没有专门的翻译论文论著，它们基本上都是由经序和经记承载的。这些经序大多是译者或译经助手对一部经典译完后的感受或对译主的评论，反映了译者的翻译观点，有的通过评论译本表达自己的思想，有的通过自己的翻译实践记叙自己的体会。这些经序和经记中所表达的译经理论，虽然缺乏严密的论证，形式自由松散，但其理论认识的深刻性，实践运用的操作性，丝毫不亚于翻译专论。这种现象并不能说佛经译者没有理论构筑的自觉意识，他们正是通过翻译实践和阅读实践，真正使理论从实践中获得，而且自觉地通过经序表达自己的评论，本身就是有意识的理论总结。由于这些经序和经记并不是专门谈翻译，更多是谈义理，不易看出其中的翻译思想。有时一篇经序，基本上只有只言半句关涉翻译，尤须研究者细心琢磨，有时经序作者的佛学观点和翻译观点完全一致，也须研究者认真审视，也有的经序中谈翻译理论比较明显，所占篇幅较多，重心容易看出。如支谦《法句经序》，钱钟书认为是我国翻译理论"仅发头角"之作，且认为严复"信达雅"三字皆已见此。道安归纳"五失本三不易"的《摩诃钵罗若波罗蜜经钞序》，钱钟书认为是"吾国翻译术开宗明义，首推此篇"。许多经序反映了译者的翻译观点。

（四）梵汉对比中的翻译理论

佛经汉译，是梵汉语言间的意义转换，因此历代译经大师十分重视语言研究。僧祐《胡汉译经音义同异记》又名《前后出经异记》或《胡音汉解传译记》，是自觉的文字学意义上的翻译理论：

> 夫神理无声，因言辞以写意；言辞无迹，缘文字以图音。故字为言蹄，言为理筌，音义合符不可偏失。是以文字应用弥纶宇宙，虽迹系翰墨而理契乎神。昔造书之主凡有三人。长名曰梵，其书右行；次曰佉楼，其书左行；少者苍颉，其书下行。梵及佉楼居于天竺，黄史苍颉在于中夏。梵、佉取法于净天，苍颉因华于鸟迹。……东西之书源亦可得而略究也。至于胡音，为语单、复无恒，或一字以摄众理，或数言而成一义。寻《大涅槃经》列字五十，总释众义十有四音，名为字本。观其发语栽音，宛转相资；或舌根唇末，以长短为异。且胡字一音不得成语，必余言足句，然后义成，译人传意岂不艰哉！又梵书制文有半字满字，所以名半字者，义未具足，故字体半偏，犹汉文"月"字亏其旁也。所以名满字者，理既究竟，

故字体圆满，犹汉文"日"字盈其形也。故半字恶义以譬烦恼，满字善义以譬常住。又半字为体，如汉文"言"字；满字为体，如汉文"诸"字。以"者"配"言"方成"诸"字。"诸"字两合即满之例也，"言"字单立即半之类也。半字虽单为字根本，缘有半字得成满字。譬凡夫始于无明得成常住。故因字制义以譬涅槃，梵文义奥皆此类也。

文中"梵"即梵王（梵文 Brahma），古代印度传说中的造物仙人之一。"佉楼"（梵文 Kharostha），音译为佉楼瑟咤、佉卢虱底；简称佉楼、佉卢，传说中印度古代之仙人，人身驴面，号称驴唇仙人。孙良明在《简述汉文佛典对梵文语法介绍及其对中国古代语法学发展的影响》一文中指出，古代北印度葱岭一带有种书写左行文字，传说为驴唇仙人所造，故名佉卢书或佉卢文。"胡"，按照周一良观点："隋唐以后胡、梵两字的分别渐严，胡专指中亚胡人，梵指天竺。六朝时胡的用途很广，印度也每每被称为胡。"（《中国的梵文研究》）"五十"，指梵文五十字母；梵文字母多少，因标准不同，说法不一；此说五十，另说四十七或四十九。"常住"，与"无常"相对，指绵亘过去、现在、未来三世，永不变灭。这段文字说明译经中的三个语言要点：一说明文字书写有三种款式：梵文书写右行，佉楼文书写左行，汉文书写下行。二说明拼音文字特点：所谓"单、复无恒"，指词的音节多少不定；所谓"一音不得成语，必余言足句，然后义成"（余，多），是说一个字音（字母）无义，必须几个相拼才能成词组句。三说明以汉字的单体与合体比喻拼音文字词的派生与复合：所谓"半字满字"，"半字"指词根或根词，"满字"指派生词或复合词；所谓"半字虽单为字根本，缘有半字得成满字"，是指词根、根词的重要性，为构词根本，在词根、根词基础上才能产生派生词、复合词。文中其实是从对梵文、梵文语法特点的简略介绍入手，考察历代译经过程。因为译经首先是语言操作，语言直接关涉佛教义理。法藏曾参与义净译场，为武后讲经，所著《华严经探玄记》卷三也从语法角度谈义理。他说：

依西国法，若欲寻读内外典籍，要解声论八转声法。若不明知必不能知文义分齐。一补卢沙此，是直指陈声，如"人斫树"指说其人。二补卢衫，是作业声，如"所作斫树"。三补卢崽拏，是能作具声，如"由斧斫"。四补卢沙耶，是所为声，如"为人斫"。五补卢沙頳，是所因声，如"因人造舍等"。六补卢杀娑，是所属声，如"奴属主"。七补卢铦，是所依声，如"客依主"。《瑜伽》第二名上七种为七例句，以是起解大例故。声论八转更加褒补卢沙，是呼召之声。然此八声有其三种：一男声、二女声、三非男女声。此上具约男声说之，以梵语名"丈夫"为补卢沙故。又此八声复各三，谓一声、二声身、三多声身，则为二十四声。如唤"丈夫"有二十四，女及非男女声亦各有二十四，总有七十二种声。

文中"西国法"意指"西国语法"。《瑜伽》指玄奘译《瑜伽师地论》，文中将名词变格讲得相当详细，所说"八转声"指梵语名词、代词、形容词的八种格的变化。一直指陈声，指主格，又名体格；二作业声，指宾格，又名业格；三作具声，指具（工具）格，又名作格；四所为声，指为格，又名与格；五所因声，是从格，又名夺格；六所属声，是属格，又名所有格；七所依声，是位格，又名于格。此七格称为"七例声"或"七例句"，再加呼格，共称"八转声"。所说补卢沙此、补卢衫、补卢崽挐、补卢沙耶、补卢沙頪、补卢沙娑、补卢铩、褒补卢沙，是梵文阳性名词 purusa（丈夫、人）主格、宾格、具格、为格、从格、属格、位格、呼格八种变化的音译。所说"男声""女声""非男女声"是指阳性、阴性、中性；所说"一声""二声身""多声身"，是指单数、双数、多数。阳性、阴性、中性名词各有八格和单数、双数、多数二十四种变化，故名词总共有七十二种词形变化。

从语法、句法分析解经，评论译籍，是许多著述所重视的研究对象。这既是缘于语句本是经典的载体，也受到本土治学传统影响。金代王若虚《论语辨惑二》说："故凡解经，其论虽高，而于文势语法不顺者，亦未可遽从，况未高乎！"可以说，汉地佛学著述就是汉地学僧的解经著作。梵语句法与汉语句法差异悬殊，前者的句法关注点不在于主语、谓语等句法成分及其结构关系，而在于句中词的性、数、格、人称、时态方面的一致，特别是复杂的动词系统，丰富的名词词尾变化以及合成名词的广泛使用。慧皎《高僧传·译经上·竺法兰》说："天竺国自称书为天书，语为天语，音训诡謇，与汉殊异，先后传译，多致谬滥。""诡謇"意谓怪异艰涩，即指梵语词法上的繁复多变。而汉语句法的关注点不在于其词法的"诡謇"，而讲究灵活地运用句子，使之不受形式的限制，允许众多变通的空间，许多语法因子隐藏在句子的深处。《成唯识论》和《述记》中有很多关于印度声明的概念，如苏漫多声、底彦多声、十罗声、七十二种词形变化等。义净《南海寄归内法传》卷四《西方学法》说：

夫声明者，梵云摄拖苾驮，摄拖是声，苾驮是明，即五明论之
一明也。五天俗书，总名毗何羯喇拏。大数有五，同神州之五经也。
一则创学《悉昙章》，亦云《悉地罗窣堵》。斯乃小学标章之称，但以
成就吉祥为目，本有四十九字，共相乘转，成一十八章，总有一万
余字，合三百余颂。……二谓《苏呾啰》，即是一切声明之根本经也，
译为略诠意明。略诠要义，有一千颂，是古博学鸿儒波尼你所造也，
为大自在天之所加被，面现三目，时人方信。八岁童子，八月诵了。
三谓《驮睹章》……

这里指出班尼尼造《苏呾啰》，又指出此书是五天俗书之一，但为"一
切声明之根本"；又说明班尼尼为有三目的大自在天仙人所加被，也"面
现三目"。窥基《瑜伽师地论略纂》卷六两次谈到波腻尼仙"造声明"，这说
明唐僧玄奘、慧立、彦琮、义净、窥基对班尼尼及其著作《班尼尼语法》
的重视，也是佛典对这位古代著名语法学家、世界上最古的一部完整语
法书的最早介绍。汉地学僧懂得梵文语法，这也标志他们语法观树立，
因而解经也能从语法、句法角度分析。"句法"概念已见于东晋佛经译本
中，佛陀跋陀罗与法显译《摩诃僧祇律》卷十三说："佛告诸比丘……若比
丘教未受具戒。人说句法，波夜提。"佛陀跋陀罗译《摩诃僧祇律大比丘戒
本》说："若比丘教不受具戒人说句法，波夜提。"法显、觉贤译《摩诃僧耆
比丘尼戒本》有："若比丘尼教未受具戒人说句法，波夜提。"姚秦佛陀耶
舍、竺佛念等译《四分律》卷第十一有："句法者佛所说……若比丘与未受
戒人共诵，一说、二说、三说，若口授，若书授，若了了，波逸提。"这
些译本中的"句法"是指佛家戒律句之法规、法义，说明"句法"一词在佛
典中早有出现而多见。

（五）佛学义疏与翻译理论

佛学义疏体是汉地佛经的注释体制之一，即疏解经义的书，其名源
于六朝佛学家解释佛典，其他还有传、注、笺、正义、诠、义训等。佛
学义疏是诠释佛理推动佛学思想发展演变的重要途径，因为佛教传持，
首重义门。这种诠释本质上是对译本的诠释和注解，如法藏《华严经探玄
记》是解释东晋佛陀跋陀罗所译《大方广佛华严经》的，解释方式是按节、
按段、逐句(基本上)解说，大致相当于串讲。原"经"分"(一)世间净眼品
……(三四)入法界品"三十四节，《探玄记》也这样分节，且题目完全相
同。其中有："今寻此文，及准《兜沙经》，此乃是所化众生、非是能化之
佛，以此长句是西国语法，应云'教化一切种种身'等乃至'不同之众生'

为一句，'所见亦异'别为一句，义即可解。"这是解说《华严经·如来名号品》下面一段文字的："十万诸佛说法，知彼心行随化众生与虚空法界等，何以故？此娑婆世界中，诸四天下教化一切种种身、种种名，处所形色长短寿命，诸得、诸根、生处、业报，如是种种不同，众生所见亦异。"《探玄记》是说，原"经"译文断句有误，据西方语法，"众生"当跟上"不同"相接，下"所见亦异"独立作一句。再如解说《华严经·入法界品》中一段文字："知一切有悉无所有，深入一切法界智海，以不坏智入一切世界。……此诸菩萨皆悉成就如是等无量功德，满祇洹林，皆是如来威神力故。""三'知一切'下十一句，明世界自在知，于中初二明真谛智：一了妄空；二深入等证真性；三量知普入，谓不改真而入俗，故云'不坏智'也；四入已回转现身自在；五同时示现多处受生；六知方圆等形类差别；七八二句明广狭自在智，亦是知微细世界智；九得佛持刹智，身能住于佛住，即器世间身也；十净惠照十方；十一自在普周遍。结文可知如来神力是集众所因。此文应在前，但为顺西方语法故，在此后辨。"这是说为了顺西方语法，将原文从前移后。

法宝《俱舍论疏》卷五也有从语法解经的谈述："《正理》婆沙说：'名、句、文各有三种：一名、二名身、三多名身。句、文亦尔。'……以西方语法，说二名身，合集义故，说三以上，皆名多故。"这是解说玄奘译《阿毗达磨顺正理论》(简称《正理论》)中"辨差别品六"一段文字的："婆娑说：名、句、文各有三种，名三种者，谓名、名身、多名身，句、文亦尔。"毗婆沙，梵语 Vibhāsā (注解书)音译，简称婆沙，收入《大正藏》题为毗婆沙论的有多种，如姚秦鸠摩罗什译《十住毗婆沙论》、苻秦伽跋澄译《婆沙论》，此为玄奘译《阿毗达磨大毗婆沙论》。《正理论》提出"名""名身""多名身"，《俱舍论疏》是解释何以有此区别的。它说据"西方语法"，说"名身"，是有"合集义"之故，说"多名身"，皆是"名多"之故。这里关键是"身"字的含义，"身"是汉僧对梵语 kāya (音译迦耶)的称说，kāya 是附加于词的语尾，有"合集、多"之义。《俱舍论疏》是说梵语所以有名、名身、多名身的区别，是"西方语法"有 kāya 之故。

隋代慧远称"净影慧远"，以别于"庐山慧远"。慧远十三岁从僧思出家，二十岁从法上受具足戒，北周武帝灭佛时，曾据理力辩。隋初，为文帝所重，征为大德，又命主持译场。慧远博综当时诸学，亦精通文理，世称释义高祖。著有《大乘义章》(二十卷)、《十地经论义记》(十四卷)、《华严经疏》(七卷)、《大般涅槃经义记》(二十卷)、《法华经疏》(七卷)、《维摩经义记》(四卷)、《胜鬘经义记》(三卷)、《无量寿经义疏》(一卷)等。

《中国佛教百科全书》"经典卷"指出，其中《大乘义章》类聚佛书中术语，分为教聚、义法聚、染法聚、净法聚、杂法聚等五聚，二百四十九科。书中多处引用《大乘起信论》，且由于书中对《成实论》颇多肯定，学者们认为本书五聚的区分，受到《成实论》所分五聚（发谛聚、苦谛聚、集谛聚、灭谛聚、道谛聚）的启发，书中各聚按照从小数增至大数的方法概述法义，共有二百二十门，更设细段而详释之。如教聚，解释佛教经典的构成，内分众经教迹义、三藏义、十二部经义等三门。义法聚解释佛教的基本哲学概念，分为佛性义、假名义、二谛义、四空义、十二因缘义等。染法聚解释痛苦的原因及结果，共有六十门，又分三类。净法聚解释解脱修行的途径及果位，分因法、果法两类共一百三十三门。本书精确广博，相当于一部佛学百科辞书，汇总当时中土佛学诸派学者所接受的全部法义，以法数别排列说明，先陈小乘之说，后申大乘之旨，"陈综义差，始近终远，佛法纲要，尽于此焉"（道宣《续高僧传》）。如作为佛教对机施教的解经方式"四悉檀"，天台宗智颙望文生义，梵汉兼称，义译"悉"为"遍"，音译"檀"为"施"，释为"佛以四法遍施众生"。而本书卷二四《悉檀义四门分别》条则正确解释为："四悉檀义出《大智论》，言悉檀者，是中国语，此方义翻，其名不一。如《楞伽》中子注释言，或名为宗，或名为成，或云理也。"又如唐道宣《集古今佛道论衡》卷丙，提及玄奘奉诏译老子《道德经》为梵文，译"道"为"末伽"，引起道士成玄英等争议，认为应译为"菩提"。而本书卷十八《无上菩提义七门分别》条，清晰缕析了上述二个译名的时代变迁：

> 菩提，胡语，此翻为道。……问曰：经说第一义谛亦名为道，亦名菩提，亦名涅槃，道与菩提，义应各别，今以何故，宣说菩提翻名为道乎？释言：外国说道名多，亦名菩提，亦曰末伽。如四谛中，所有道谛，名末伽矣。此方名少，是故翻之，悉名为道。与彼外国涅槃、毗尼，此悉名灭，其义相似。经中宣说第一义谛名为道者，是末伽道。名菩提者，是菩提道。良以二种，俱名道故，得翻菩提，而为道矣。

慧远《大乘义章》还指出句法在诠解经义中的重要，认为诠解经义必须重视句法。汉地僧学译出众多佛典，通过语法比较，使翻译更加准确。汉地僧学历来认为梵文书写右行，卢文书写左行，汉字书写下行；并以汉字孳乳比喻梵语词的派生，这属于梵汉比较研究。汉末东晋以下，有多位名僧精通梵文，具有明确语法观念。《大乘义章》谈到解说经义与"句法相应"，即从句法分析：

> 摄字表法，说以为名；拘牵名字，共相属着，以成文颂。说之为句，直说音声，表法便足，何用字等？若直音声，不与字法和合相应，不成言语，与风铃等音声无别；要与字合方成言语。虽与字合得成言语，若当不与名法相应，不得以此表呼前法。良以与彼名法相应，故曰表法。虽得表法，若当不与句法相应，名字分散，不成文颂。良以与彼句法相应故，摄字等得成文颂偈句差别。

《大乘义章》是诠显大乘深义的。文中出现"字法""名法""表法""句法"等术语。字法之"字"指词，即成词之法，是说词成为词，必须有意，否则仅是一个声音而已，跟风声、铃声无别。名法指名诠自性，即所谓"名体不二"，名是能诠者，能诠显表明体，体是所诠义，即事物之本体，名、体不能两离。字（词）有义才能成名，成名才能诠义。表法指表义名言，即表诠义理名称、言词、文句。佛教讲"名诠自性，句诠差别"，"句"即表法之句。而表法得以实现，必须与"句法"相应，也即要合乎"句法"。这里的句法是指造句之法、句子的语法构造之法。慧皎《高僧传》称道生"研味句义，即自开解"，反映出道生治学受到传统影响。禅宗讲"有义句""无义句""死句""活句"，也重在研究句子，不是词语，即使是词语，也往往当作句子去理解。

（六）佛学史学家笔下的翻译理论

佛教史学研究佛教的起源与发展，考察中土佛教的传播和演进，其中梳理佛学典籍的源流、分类、真伪和版本。其研究不仅涉及佛经的梵文原本及其何时由何人传入中土，而且考证何时由何人译成华文，这本身就是佛教史研究。唐代智升说："夫目录之兴也，盖所以别真伪，明是非，记人代之古今，标卷部之多少，撮拾遗漏，删夷骈赘。欲使正教纶理，金言有绪，提纲举要，历然可观也。但以前后翻传，年移代谢，屡经散灭，卷轴参差。复有异人，时增伪妄，致令混杂，难究踪由，是以先德儒贤，制斯条录。"（《开元释教录序》）文中"记人代之古今"是历史研究，而"别真伪，明是非"则是佛典辨伪研究。因为"后有异人，时增伪妄"，所以佛经研究学者不免要严格分类经典，仔细审查与追踪经义，既要辨别一部经典是由印度传来的真经还是此土"异人"所撰的伪经，又要深入典籍义理，探究意旨。佛经翻译至东晋，佛学体系已基本具备，佛典数量也已相当庞大，但"旧译"经文，往往多有讹谬，由此激发学者考校译本，诠解文义。这些研究有相当大一部分反映在佛经史学著述中，如历代僧传著述就是记载翻译理论的载体。

僧祐在道安《综理众经目录》的基础上，"订正经译"，撰成《出三藏记集》。作者对佛经作了广泛的调查研究，鉴定、甄别其异同和真伪，判定译者和翻译的时间地点，考证佛典的卷数、存阙，注明出自何种大本以及所依据梵本的来历。"总集经藏，访讯遐迹，躬往咨问，面质其事。"（《出三藏记集序》），然后认真整理，"悉更删整，标定卷部，使名实有分，寻览无惑焉"，"雠校历年，因而后定"。如："《说人自说人骨不知腐经》一卷安公云，上四十五经出《杂阿含》。祐校此《杂阿含》，唯有二十五经，而注作四十五，斯岂传写笔散，故重画致谬欤？"作者的目的在于对佛典翻译"沿波讨源"，所以将全书分为撰缘记，诠名录，总经序，述列传四个部分。正如僧祐自己所说："缘记撰则原始之本克昭，名录诠则年代之目不坠，经序总则胜集之时足征，列传述则伊人之风可见。"他认为只有从四个方面考察佛典翻译，译经的源流才能一目了然。其一，撰缘记记述佛典结集和翻译的起源，涉及佛经翻译中的梵（或胡）汉音义的同异，认为在译经史上鸠摩罗什及其弟子、昙无谶、佛陀跋陀罗译得最好，并主张文体应文质相宜，"文过则伤艳，质胜则患野"。最后列出新旧译经中对几个名称的不同译法，如"世尊"曾译为"众佑"；"菩萨"译作"扶萨"；"五阴"译作"五众"等；其二，诠名录梳理汉至梁六代四百多年之间译出和撰集的一切佛典；其三，总经序。这些序记既是佛典提要，又是译经经过、内容、地点和时间的记载；其四，述列传叙述历代译家和义解僧学的生平事略。作者还将律典从佛经中独立出来，详细叙述律学的源流、部派以及在中国的流传。

隋唐时期，佛学发展臻于顶峰，佛教史学兴旺发达，翻译理论随之步入成熟。费长房《历代三宝记》在勒那摩提条下，记述翻译《十地经论》历史，文中说："初译论时，未善魏言，名'器世间'为'盏子世间'。后……悟'器'是总名，遂改为'器世间'。"作者写道："致来梵本，部夹弗全，略致略翻，广来广译。"指出汉地译经不系统的弊端。隋代开皇十四年法经编辑《众经目录》指出当时译经"世变风移，质文迭举"。彦琮《众经目录》也说："前写后译，质文不同。一经数本，增减亦异。"道宣《续高僧传·译经》四卷，记载梁至唐重要的翻译家中汉僧占的比例相当大，这意味着中国佛学发展到梁、陈、隋、唐时代，已有了自己能直接译梵为汉的专家。慧立《大唐大慈恩寺三藏法师传》评论善无畏译《大毗卢遮那成佛神变加持经》说："其经具足梵本有十万颂。今所出者撮其要耳。沙门宝月译语，一行笔受承旨，兼删缀词理。文质相半，妙谐深趣。"评论不空善一切有部律，"晓诸国语，识异国书"。金刚智译经时，他为译语，"对唐梵之轻重，酌义之精华"。崔致远《唐大荐福寺故寺主翻经大德法藏和尚传》中"传译无间心"的概念，"谓传译因缘，岂非以无间心观其真理尽末，来际不觉其久乎？"此"无间心"实与"不隔"同一意趣，意谓译人与作者，译本与原本，如出一辙。

赞宁《宋高僧传》每篇之末的"论"，提纲挈领，总括一篇大旨，一些人物的传记之末附有"系"，为对该传所记人和事的评论，所收人物始于唐终于宋。传中详细记叙了历代译场的组织体制，包括宋代译场的人员、职司、规模等。传中的翻译理论也极丰富，十篇"论"中，写得最精彩的是译经篇论，考索、分析和论述汉地译经的发展阶次，翻译的六例，佛教的三教三轮，译场经馆的设置。作者认为汉地译经大体经历了三个阶段。东汉译经开初，三国至东晋初中期译经渐盛，东晋末年以后，译经大盛，译僧往往华梵皆通，文辞教理俱精。这篇译经史的研究，其价值不啻是一篇重要的佛学文献。所立"六例"说对译经时出现的不同情况和遇到的各种问题进行概括和总结。每一例都分四种情况，称四句，并详加解说。

四、总结翻译技巧

自原始佛教到后来的佛教宗派比如密宗都非常尊重文学文章。如《大智度论》四说："欲成佛道，惠心彻入骨髓，能见现在诸佛，是时名阿鞞跋致。"《法华经·劝持品》："尔时世尊，视八十万亿那由他诸菩萨摩诃萨，是诸菩萨皆是阿鞞跋致，转不退法轮，得诸陀罗尼。"意思是说，修身成佛的阿鞞跋致菩萨也必须先解文章。佛教也很重视语言文字，佛典中所说的文字，主要指悉昙文字。佛典认为悉昙文字的产生有二种说法，一说为佛所造，为诸天所造。谢灵运《十四音训叙》说："胡书者梵书，道俗共用之也，而本由佛造。"唐玄奘《大唐西域记》卷二"文字"说："详其文字，梵天所制。"义净《南海寄归内法传》卷四"西方学法"说，《悉昙章》"相传是大自在天之所说"，慧琳《一切经音义》卷二十五也有类似说法。一说为文字乃自然生成。僧祐《出三藏记集》卷一《胡汉译经音义同异记》说："夫神理无声，因言辞以写意；言辞无迹，缘文字以图音。"神理也是自然，这实际是说，言辞写意，乃因自然。《涅槃经》说："世间所有一切教法皆是如来之遗教，然则内外法教悉从如来而流出。如来虽具如是自在方便，而此字母等非如来所作，自然道理之所造，如来佛眼能观觉知如实开演而已。"《大毗卢遮那经》云："此是文字者，自然道理之所作也，非如来所作，亦非梵王诸天之所作。若虽有能作者如来不随喜，诸佛如来以佛眼观察此法然之文字，即如实而说之利益众生。"

《大般泥洹经》文字品第十四就说："初现半字为一切本，一切咒术言语所持真实法。聚童蒙众生从此字本学通诸法，是法非法知其差别，是故如来化现字本不为非法。"视半字为一切之本，一切咒术言语所持的皆为真实之法，童蒙众生学通诸法须从此字为本，而由此知其是法非法之差别。咒术言语是真实法的显现。《大般泥洹经》文字品第十四说："如此诸字，和顺诸声人众言音，皆因舌齿，而有差别，因斯字故，无量诸患，积聚之身，阴界诸人，因缘和合，休息寂灭，入如来性，佛性显现，究竟成就。是故半字，名为一切诸字之本。……因是半字，能起诸法，而无诸法，因字之想，是名善解文字之义。"意谓梵文诸字，能使无量众生因缘和合，显现佛性。《大般泥洹经》文字品第十三说："所有种种异论咒术言语文字，皆是佛说，非外道说。"又说："如是字义，能令众生口业清净，众生佛性则不如是，假于文字，然后清净。……是故半字，于诸经书记论文章，而为根本。又半字义，皆是烦恼言说之本。是故半字、满字者，乃是一切善法言说之根本也。譬如世间为恶行者，名为半人，修善行者，名为满人。"指出异论咒术言语文字，都是佛说而非外道之说，借助文字，则佛性清净，半字满字，为一切善法言说之根本，都是以为佛性诸法和言语有先天常住的关系。《文殊师利问经》也说："一切诸法入于此及陀罗尼文字。"僧祐《出三藏记集》卷一《胡汉译经音义同异记》说："故字为言蹄，言为理筌，音义合符，不可偏失。是以文字应用，弥纶宇宙，虽迹系翰墨，而理契乎神。"也是重视文字的作用。

《菩提心论》说："二语密者，如密诵真言，文句了了分明，无谬误也。"《大日经疏》卷一说："真言，梵曰漫怛罗，即是真语、如语、不妄不异之言。"密教真言主要是梵文言语。密教真言咒语即陀罗尼，指梵文十二摩多第一个元音摩多阿字，以及由阿字所生其他音。阿字自然存在，不由他生，所谓"阿字不生"。阿字为音本，生其他音，所生音都是法的体现，阿音及所生音都是真言，它们和诸法有先天常住的关系。《大毗卢遮那成佛神变加持经》说："云何真言法教，阿字门一切诸法本不生故，迦字门一切诸法离作业故，怯字门一切诸法等虚空不可得故。"不论称为"真言种子"的阿音，还是阿音所生的其他音，都是梵文言语。梵文是拼音文字，为要正确地密诵梵文真言，使无谬误，需要悉昙学即音韵学方面的知识。陶冶真言主要依靠音韵和悉昙，正确的音韵，正确的悉昙学知识，是陶冶真言的规矩准绳。

对文字文章的重视自然又表现为对语言文学以及佛典翻译技巧的重视。已为翻译界所熟知的"五失本三不易"（道安）、"四种翻"（明则）、"五不翻"（玄奘）、"六例"（赞宁）等都出于汉地佛学著述。众多翻译技巧的总结和提出都记载于这些著述之中，如义楚《释氏六帖》"郭逐重述"条云："《经音类决序》云：昔轩辕皇帝，初召苍颉，始制文字。盖依类鸟迹，故谓之文；其后形声相益，即谓之字；着之于竹帛，故谓之书。《周礼》：八岁小学，保氏教国子以六书。一曰指事，视而可识，察而可见，上下是也；二曰象形，画成其物，随体诘诎，日月是也；三曰形声，以事为名，取譬相成，江河是也；四曰会意，比类和谊，以见指挥，武信是也；五转注，建类一首，同意相受，考老是也；六假借，本无其字，依声托事，如令长是。自秦后，有八体。一大篆，二小篆，三刻符，四隶书，五摹印，六署书，七爻书，八隶书。又先贤造字，按《说文》有一十三万三千四百四十一字。又诸佛经其字更多，就梵音翻译，时借声而作也，约部类有二百五十九部。"说的正是音译问题。而玄奘的音译技巧可谓真正解决了译经大师们所关注的问题。费长房《历代三宝记》（卷九）于勒那摩提条下，记翻译《十地经论》事："初译论时，未善魏言，名'器世间'为'盏子世间'。后……悟'器'是总名，遂改为'器世间'。"这其实谈的是佛学名相的翻译。《历代三宝记》还说："致来梵本，部夹弗全，略致略翻，广来广译。"表明梵文原本的混乱。

佛教经录即佛教经籍目录。《中国佛教百科全书》"经典卷"称：佛教经录包括综集佛典名目部卷及有关事项的佛经目录和钩玄提要的解题目录。佛经目录记述佛典传译历史、译传者事迹以及佛典门类等；解题目录解说已经分类成型的佛典，或者增收佛典，重新分类，然后予以解说，实为有内容介绍的佛经目录。僧祐《出三藏记集》兼有这两类性质，书中关于佛学术语翻译的讨论和翻译方法的总结，反映了中土读者对佛经翻译中内容真实性的要求在进一步提高，说明读者希望看到真实的佛学面貌。可洪《新集藏经音义随函录前序》说："藏经文字，谬误颇繁。以要言之，不过四种：或有巧于润色，考义定文；或有妄增偏旁，率情用字；或有此方无体，假借成形；或有书写笔讹，减增画点。笔讹则真俗并失，用乖则句味兼差，令讨义者滞口于天书，俾诵文者踯躅于鸟迹。此皆笔受者肆其胸臆，誊流者弄厥尖毫，遂令坦路变为丘墟，瓦砾浑其珠玉。……今之所撰，或有将双译对会，检以施行；或有诸藏勘同，详之取定；或有捡诸先作，据旧而呼；或有自适㣲怀，辄为音释。……洪幸依龙藏，披览众经，于经律论传七例之中，录出难字二十五卷，除其双书翼从，及以注正说文，于中同号别章，名殊体一，凡具音切者，总一十二万二百二十二字。首尾十载，缀撰方周，……"这实际上指出译经中四种不正确方法导致意义乖失，主要涉及修辞和文字的翻译。希悟《赞经音序》说："先有众师音义，未尽其源，各述方语异同，人有不了讹字，虑是传写年远参错，书人执笔谦文，或有误失偏旁，住经捡寻无所。师乃再详经旨，研究是非，单译重译内，殊文备彰；古字俗字中，异样俱显。先详佛意之缘起，后验译主之润文。非师莫能定其旨归，非师莫辨其邪正。实乃因前开士，当代英髦。"也从文字一途揭示译经者的方法。

五、译经大师研究

佛典汉译，大师辈出，其中有"四大译师""唐代八大翻译家"等杰出人物，他们是佛典汉译大师的代表。汉地佛经汉译从西汉哀帝元寿元年（公元前 2 年）开始，当时贵霜帝国大月氏王遣使来中土口授佛经，博士弟子秦景宪协助伊存口授佛经。东汉明帝时，于永平年间（公元 54 年）又有迦叶摩腾、竺法兰来华翻译佛经。东汉桓帝建和年间（公元 147 年），安世高、支谶等来华大规模翻译佛经。此后至清代千余年间，印度佛教通过译经大师之手，源源不断传入中土，这些译经大师在佛教传播历程中发挥了极为重要的作用。佛典的文字载体是梵语，早期传入的佛典是西域文字，要把佛教经典译成汉语，除了要精通佛学，还要通解梵文文字，又须善于汉语文章。梁代僧祐《出三藏记集》卷一《胡汉译经音义同异记》说："是以义之得失由乎译人，辞之质文系于执笔。或善胡义而不了汉旨，或明汉文而不晓胡意，虽有偏解，终隔圆通。若胡汉两明，意义四畅，然后宣述经奥，于是乎正。前古译人，莫能曲练，所以旧经文意，岂经碍哉，译之失耳。"谢灵运《十四音训叙》也说："诸经胡字，前后讲说，莫能是正，历代所滞，永不可解。今知胡语，而不知此间语，既不能解，故于胡语中虽知义，不知此间语，亦不能解。若知二国语，又知二国语中之义，然后可得翻译此义，以通经典。"正是由于译经大师的重要地位，对他们生平和学术的记叙，特别是翻译生涯的追溯和翻译技巧及观念的反映，成为佛学著述的重要方面。

僧祐《出三藏记集》和慧皎《高僧传》记载了罗什的译经实践和对译经评论的思考。作为佛经翻译史的"四大译师"之一，罗什"广诵大乘经论，洞其秘奥"，从弘始四年（402 年）开始，先着手创译《大智度论》和《百论》。次年姚兴以旧译诸经文多乖失经旨，劝请重译《大品般若》，弘始六年又校定《大品》译文，并于中寺为罽宾律师佛若多罗度语，译出《十诵律》大半，重治《百论》译文后，继出《佛藏》《菩萨藏》等经，后续出《法华》《维摩》《华严》及《小品般若》等经，《中论》《十二门论》等论，最后又应请译出《成实论》。译经总数据《大唐内典录》卷三载共为九十八部，四百二十五卷，这些译籍系统地介绍了印度般若经典，尤其是龙树中观学派的学说。罗什精通梵语和西域胡语，通解汉语，又具有文学天才，译文注疏，辞理宛约，文藻美妙，韵味深长，文笔空灵，使佛典在中国文学史上也占有一席之地。僧传还记载："问什曰：汝于大乘见何异相而欲当之。什乃连类而陈之，以述其由，经一月徐日，什师达多方乃信服，并叹曰师不能达反启其志，并礼什为师曰和尚是我大乘师，我是和尚小乘师。"这说明罗什也用过"连类"法诠释佛学义理。罗什有关译经评论的著名观点是"失味"说，罗什的原话是："天竺国俗，甚重文制，其宫商体韵，以入弦为善。凡觐国王，必有赞德，见佛之仪，以歌叹为尊。经中偈颂，皆其式也。但改梵为秦，失其藻蔚，虽得大意，殊隔文体，有似嚼饭与人，非徒失味，乃令呕哕也。"罗什译经重文，讲究声韵和辞藻，尤忌"失味"，表明罗什对于译经评论美学上的追求。

真谛是中土"四大译师"之一，道宣《续高僧传》梳理了真谛译经历程，揭示了他对中土佛学的贡献。书中载真谛"景行澄明，器宇清肃，风神爽拔，悠然自远。群藏广部，罔不厝怀。艺术异能，偏素谙练。虽遵融佛理，而以通道知名。……厉游诸国，随机利见"。指出真谛虽倚重佛学，但又对印度各派哲学都十分熟悉，表明其学养深厚和广博，这从真谛译述的范围可以看出。真谛以弘扬唯识学系的无著、世亲之学为主，如《决定藏论》《三无性论》《转识论》《唯识论》《中边分别论》《摄大乘论》等一系列唯识学系的主要经论，开创了中土唯识学的规模。而在唯识学各经论中，尤其推重《摄大乘论》，"自谛来东夏，虽广出众经，偏宗摄论"（《续高僧传·拘那罗陀传》）。《摄大乘论》经他及其弟子的研习，遍及南北各地，并形成一批与地论师相并传的"摄论师"。但真谛译述又不限于唯识学，而是囊括各家学说，广纳博采，如他介绍了关于早期印度佛教史《部执异论》关于"翻外国语"的《杂事》，属于小乘正量部律的《律二十二明了论》，属于印度数论派的《金七十论》，关于佛教逻辑思想的《如宝论反质难品》等。道宣又述其"始梁武之末，至陈宣即位，凡二十三载，所出经论传记六十四部，合二百七十八卷"。这是记其译经部帙。但由于收录标准不同，费长房《历代三宝纪》所载共四十八部，二百三十二卷，而智升《开元录》刊定其译籍为三十八部，一百一十八卷。记载多是将真谛自己的义疏也计算在内，记载部卷少的，只限于他的译籍。道宣《大唐内典录》又说："凡十四年，既怀道游，方随所在便译。"道宣还记载真谛译经，随出义疏，弟子笔记，形成著述。汤用彤在《汉魏两晋南北朝佛教史》中也指出真谛译经中的义疏，他说："至若义疏，则或为外国原有，或为真谛所传之日义。按真谛亦非仅翻译家，而实义学大师也。其出经时，行翻行讲，弟子记其师义，号为义疏，或号为注记，或称为本记……或称为文义。"因为真谛译讲并施，行翻行讲，在译本中加进自己的解释，这使得他的翻译文字有些艰涩，所以道宣说他"讨寻教旨，通览所译，则彼此相发，绮缋辅显，故随处翻传，亲流疏解"，这又说明真谛不仅是译经大师，而且是极渊博的义学大师。如《大乘唯识论》译本一卷，而解释本论之文就有两卷。《俱舍论》偈一卷，论本二十二卷，其所作义疏则有五十三卷。《摄大乘论》论本三卷，释论有十二卷，义疏有八卷。《律二十二明了论》，论本只有一卷，注记解释则多达五卷。据《开元录》真谛录后记所载，属真谛所撰的经论义疏，总计为十九部，一百三十四卷，其数量基本与其译籍相等。这些"义疏"除诠释佛教名相概念，还批判性介绍了对佛教内外的大小乘各派以及外道论师的思想，表达了真谛自己的佛学思想与见解。我国的译经大师，除了杰出的译经实践外，都发表过译经评论，其实真谛的译经评论就记载于他的义疏之中。

　　玄奘无论是译经实践还是译经评论，都是佛典汉译史上值得研究的一家。道宣《大慈恩寺三藏法师传》和《续高僧传玄奘传》载，玄奘出身儒学世家，熟读《孝经》等儒家典籍，"备通经典""爱古尚贤"，后出家受学佛典，对大小乘经论，南北地论、摄论学说，都有甚深的见地。当时，北方流行已久的《涅槃》《成实》《毗昙》学与真谛在南方译传的《摄论》《俱舍》，构成南北佛学的主流。但玄奘在研习中深感真谛等古德译著不善，致使义理含混，理解不一，注疏也不同，对一些重要的理论分歧很大，难以融合。冥详《大唐故三藏玄奘法师行状》载："法师既遍谒众师，备餐其说，详考其理，各擅宗途；验之圣典，亦隐显有异，莫知适从，乃誓游西方，以问所惑，并取《十七地论》，以释众疑。"《大慈恩寺三藏法师传》卷十也说："法师以古今大德，阐扬经论，虽复俱依圣教，而引据不同，诤论纷然，其来自久。至如黎耶是报非报，化人有心无心，和合怖数之徒，闻熏灭不灭等，百有余科，并三藏四含之盘根，大小两宗之钳键，先贤之所不决，今哲之所兴疑。法师亦踌躇此文，怏怏斯旨，慨然叹曰：'此地经论，盖法门枝叶，未是根源。'诸师虽各起异端，而情疑莫遣，终须括囊大本，取定于祇洹耳。"这些记载揭示了玄奘西行取经学佛的本意。加之当时中印度那烂陀寺来华传授那寺学说的高僧波颇到长安，在善兴寺译《大庄严经论》，传播戒贤的学说，更激发玄奘亲就佛学大师戒贤讲授《瑜伽师地论》，直探原典，重新翻译，以求统一中国佛学思想的分歧。

在印度学成之后，玄奘回到长安组织译场，"专精夙夜，不堕寸阴"。唐佚名《玄奘上表记》收载玄奘自去印度取经回归长安以后至临终前所上的四十余篇各种表启以及皇帝的敕答，记录了玄奘自印度学成回国后的译经、交往活动以及晚年思想。书中记载：玄奘于贞观十九年正月从印度回到长安，同月去洛阳朝见唐太宗，三月回到长安，于弘福寺筹备译场，将事翻译。六月，召得灵润、文备、慧贵、明琰、法祥、普贤、神昉、道琛、玄忠、神泰、敬明、道因等十二人为"证义大德"，栖玄、明睿、辩机、道宣、靖迈、行友、道卓、慧立、玄则等九人为"缀文大德"，玄应为"字学大德"，玄模为"证梵语梵文大德"以及其余笔受、书手。七月其正式开始译经。最初翻译的佛经是《菩萨藏经》《佛地经》《六门陀罗尼经》《显扬圣教论》和《大乘阿毗达磨杂集论》。至次年七月，玄奘上表，进呈新译经论，这则表文便是《进经论等表》。玄奘晚年思慕禅定，显庆二年，上《请入嵩岳表》，请求到少林寺修习禅观，兼事翻译。文中说："名闻菩提路远，趣之者必假资粮；生死河深，渡之者须凭船筏。资粮者，三学三智之妙行，非宿春之类也；船筏者，八忍八观之净业，非方舟之徒也。是以诸佛具而升彼岸，凡夫阙而沉生死。……但断伏烦恼，必定慧相资，如车二轮，阙一不可。至如研味经论，慧学也；依林宴坐，定学也。玄奘少来颇得专精教义，唯于四禅九定未暇安心。今愿托虑禅门，澄心定水，制情猿之逸躁，縶意象之奔驰，若不敛迹山中，不可成就。"但未获许许，显庆四年上《重请入山表》，要求停废译场。文中说："自奉诏翻译一十五年来，夙夜匪遑，行年六十……今诏既不任专译，岂宜滥窃鸿恩。见在翻经等僧，并乞停废。请将一二弟子移住玉华，时翻小经，兼得念诵。"玄奘本想翻译一些卷数小的佛经，但由于众人委请，从显庆五年又着手翻译卷帙空前的《大般若经》六百卷，历时四年译成，从此以后专精行道，遂绝翻译。经出之后，他上《请御制大般若经序表》，请唐高宗作序，这是玄奘晚年三篇表章，对于研究其晚年活动和思想很有价值。《玄奘上表记》不仅记载了玄奘的西行学佛和回国译经历程，更反映了玄奘的译经思想和主张。表面上看，玄奘的翻译思想只有"五不翻"为人所知，其实，只要广泛考察玄奘的许多表文，参考各类佛学著述，就会发现玄奘的翻译思想极为丰富。

　　义净和不空都被载入中国佛经翻译史上的"四大译师"之列。义净（635—713）是河北涿县人，幼年出家，遍访名德，博览群籍，年十五西行至天竺，瞻仰佛教圣迹，于那烂陀寺勤学十年，后又至苏门答腊游学七年，返国时携梵本经论约四百部。其译经生涯自圣历二年（699 年）迄景云二年（711 年），共译出五十六部，共二百三十卷，其中以律部典籍居多。义净的译经活动一般分为三个阶段，第一阶段为入印度那烂陀寺至室利佛逝返国前，译出《根本说一切有部毗奈耶颂》《一百五十赞佛颂》。第二阶段为回国后至自主译场之前，主要是整理原来的译著，并参加于阗三藏实叉难陀主持的《华严经》翻译。第三阶段为久视元年（700 年）以后自设译场，亲自主译。义净不仅精通汉、梵文，又有在印度生活了十几年的经历，而且又经过试译、助译的实践锻炼，因此翻译质量极高。他坚持直译原本，在原文下加注说明，订正译音译义，介绍产物制度。在语译方面，区分俗语雅语，又常在意译汉字下标出四声和反切，以求得准确的发音。义净的译场十分完备，而且更具特色，即中外名僧参加助译、朝廷名臣润色。入译《金光明最胜王》等二十部佛经时，有印度阿儞真那、中土波仑、复礼、慧表、智积、法宝、法藏、德感、胜庄、神英、仁亮、大仪、慈训等分别为证梵文义、笔受、证义，朝廷派成均（国子监）和太学助教许观监护，译文经缮写后进呈朝廷。武则天还为译本亲制《圣教序》，称赞其功业，这些载录都在义净《大唐西域求法高僧传》中得到体现。该传以僧传形式记述了唐初从太宗贞观十五年（641 年）以后至武后天授二年（691 年）共四十余年间五十七位学僧到南海和印度游历求法的事迹。他写道："观夫自古神州之地，轻生殉法之宾，显法师则创辟新途，奘法师乃中开王路"，这既是对法显、玄奘等大师求法功绩的评价，更是中土学僧探险求法，翻译著述，推动佛经在本土传播的历史再现。

　　不空（705—774）是狮子国（斯里兰卡）人，在国内就学于密宗大师金刚智，广学唐梵经论和密法，后与金刚智同来中土，在金刚智译场充当译语，尽传其学。金刚智逝世后，不空及弟子至狮子国广搜密藏和各种经论，获陀罗尼教《金刚顶瑜伽经》等八十部，大小乘经论二十部，共计一百二十卷，其中大部分为密典，为中土密教的建立作出了重大贡献。回唐后奉敕翻译，将此前玄奘、义净、善无畏、流支、宝胜等人所带来的梵夹，都集中起来，陆续翻译奏闻。这是唐代对梵文佛典的一次大规模的集中。代宗为嘉奖其译经之功，制授特进试鸿胪卿，加号"大广智三藏"。善无畏、金刚智、不空被尊为开创中国密宗"开元三大士"，不空影响尤著。参与不空译经的弟子很多，其中有疏勒人慧琳，撰有《一切经音

义》一百卷，广引内外典籍，详释梵汉名义，解诂经论，考据正字，辑佚
外典。良贲、潜真、法崇等都曾参与不空译场，承受法义，造作注疏。
中唐诸帝如玄宗、肃宗、代宗、德宗都曾依他受法灌顶或参加译事。翰
林待诏赵迁撰有《不空三藏行状》，记录不空灌顶授法，译经讲学史迹。
由于他自幼来华，能够通晓中土语言和文化，圆照《表制集》六卷收有不
空若干奏表，表现出他对中国文学的修养也达到很高的水平。唐代宗评
论他"傍达义趣，博通玄儒""妙印度之声明，洞中华之韵曲"（《大唐新翻
护国仁王般若经序》）。良贲说他"言善两方，教传三密"（《仁王护国般若
波罗蜜多经疏》），这为他的译经事业奠定了坚实的基础。唐代佛教繁荣，
各宗竞立，密法渐行，表现出一种要求抉择统一的趋势。不空长期生活
在中国，对此有很深的认识，所以他的译述正是以毕生的精力从事这种
努力，并认为真言门的修行证果比显教为速，所以他的译籍取得了很大
的成就。但他的译述并没有独尊密法，抵抑显教，而是广涉显教类、杂
密类、金刚界类、大乐类及杂撰类。其中《般若》《华严》《大集》三部大经
包含了大乘佛教的主要内容，不空以前已基本译毕。不空特改译《仁王般
若经》二卷以发明般若余蕴，他还重译了《密严经》三卷以沟通《华严》《胜
鬘》等经，又重译《大虚空藏菩萨所问经》八卷以抉择大集法门。佛教显密
经典以及历代中印传说，都认为中土汉地是文殊菩萨应化之域，不空因
此重译《文殊师利佛刹功德庄严经》二卷，以加强这一信仰。所译《慈氏菩
萨所说大乘缘生稻秆喻经》、圣者郁楞伽造《大乘缘生论》《佛为优填王说
王法正论经》等，对于当时佛教中流行的几个重要句义（范畴）如缘生、正
法正理、如来藏、法身等都提供了经典性的根据和解释。《旧唐书》称不
空"通籍禁中，势移公卿"，"福慧双隆"。圆照评论其"冠绝古今，首出僧
伦"（《大唐贞元续开元释教录》）。

第六章　佛典汉译评论的特征

儒、佛、道是中国传统文化思想的三大支柱，欲认识佛典汉译评论的特征，需要在儒、佛、道融汇思想中寻求资源。如"文质兼备""文质彬彬"等，是来自儒家的命题。"美言不信""技进于道"等，是来自道家的命题。"道由心悟""不立文字"等，是来自佛学的命题。这些命题被译经评论广泛引用，并已转化为评论命题。儒、佛、道思想引发出的评论命题，以其理性特点指导评论的开展，从而使佛典汉译评论呈现出最突出的特征——它同时受到传统文化与佛学思想的深刻影响，是华夏与天竺文化的完美结合。佛典汉译是中印思想的结合，佛典汉译评论同样是中印思想结合的典范。佛典汉译中的语言转换本是文化的转换，在这个转换过程中，中国僧俗依照自己的文化传统去接受佛学文化。此时，他们始终站在中国文化传统立场上对待翻译的过程，也采用中国传统的理论词语及观点来表述其评论思想。通过译经评论，从读者所熟悉的语境中引导读者阅读译本，缩短了不同文化间的距离。

梵汉两大文化的结合是中土译经大师与西域及天竺高僧合作的结晶。佛典汉译评论在印度佛学文化的中国化这一过程中，起着同样的促进作用。佛学中国化，不是单一因素所能决定的，它是多方面、多途径促进的结果，不仅得益于汉译实践及其翻译策略，也得益于佛典汉译评论从中所起的促进作用，这种作用运用中国传统语汇，形成中国化的评论语境，不仅制约译者翻译实践的方向和具体操作，而且自觉不自觉地、自始至终将佛典汉译纳入本土词汇及思想体系之中。佛典汉译评论直接借鉴传统典籍中的术语，借用古典哲学、文学评论理论，不仅促使某些评论明显带有传统人论、文论的痕迹，而且在实质上从思维方式角度影响佛学中国化，为佛学中国化拓宽了语境。它与译经实践一道，把佛学置于一个更为广阔的中国传统语境之中，使之完全浸透于中国文化氛围中，沐浴中土文化精神，从而加速了佛学的中国化历程，也使佛学中国化程度更深、范围更广泛。

第一节　佛典汉译评论与佛学渊源

佛典汉译评论需要哲学理论的指导，因为哲学是对现象及精神世界的概括与抽象，是所有意识形态的理论核心。哲学对所有学说思想都起着潜在的制约作用，任何一种理论观念，都是在某种哲学思想所决定的一定的认识论指导下形成的，有时，这种哲学思想观念不一定随时成文成理，但其潜在的支配作用又是十分明显的。在佛典汉译评论中，凡有重要地位的评论家，大多是从佛学和传统文化中吸取思想资料，多方面探索译经规律，提出一系列精辟新鲜的理论见解，完成自己的评论建树的。这就决定了佛典汉译评论与佛教哲学有着密切的关系。据一般说法，佛教自汉明帝永平年间由天竺传入中土后，随即开始了中国化历程，经过与传统文化的不断磨合，最终成为中国传统思想文化的重要的一部分。而诞生、发展、成熟于佛经翻译事业中的佛典汉译评论，正是佛经译者及评论者吸收利用佛教哲学及美学思想，并结合传统文化论述翻译、评论译经、指导翻译实践而形成的思想体系。

一、佛典汉译评论成立于佛典翻译事业

实践是产生理论的基础，佛典汉译评论也不例外。正是随着译经事业的深入发展和译本的不断积累，评论者从中寻找规律，总结方法和技巧，概括译经经验，认识译经的本质、特征以及发展规律和实践作用。总之，译经评论以翻译实践为研究对象，又为译经实践提供系统的价值体系和方法体系，在译经实践基础上产生和发展起来的佛典汉译评论，再反过来又指导、规范、推动译经走向成熟。

(一)佛经翻译是释门弘法事业之首务

僧祐《出三藏记集》指出："有译乃传，无译则隐。"慧皎《高僧传·译经·论》说："经流东土，盖由传译之功。"指出佛典汉译是佛学界一切教化、德业的基础，是梵汉异质文明交汇的本源，所以在佛典汉译事业中，译经成为佛学界人士首要的学科。把梵语、胡文佛经译成汉文，完成天竺佛学智慧表述形式的汉化转换，是移植和借鉴天竺文明，实现两大文化沟通与契合的伟大事业。正是在实现这一伟大事业的过程中，佛典汉译评论的基本体系逐渐形成，译经理论与方法建构渐趋完善，并形成作为佛学五大学科之一的译学(其余为义学、禅学、律学、声学，称为"名蓝五系"，是中国学僧弘法、经律论研究和戒定修持的基本内容)，这就是辩机《大唐西域记·记赞》中所说的"译经之学"。稍后，赞宁《大宋僧史略·卷上·译经》与智圆《翻译通纪序》均将其称为"象胥之学"，至清潘耒《类音·反切音论》说："自梵典入中国，翻译之学兴。"翻译学一名由此正式出现。

（二）信守与理解佛典是译经之关键

从佛经翻译实践上看，翻译佛经，首先就是信守佛经、理解佛经。道安"三不易"中的第三点说："阿难出经，去佛未久，尊者大迦叶令五百六通迭察迭书。今离千年，而以近意量裁，彼阿罗汉乃兢兢若此，此生死人而平平若此，岂将不以知法者勇乎……"（《摩诃钵罗若波罗蜜经钞序》）。"生死人"即未得超脱的平凡人，而佛陀的所有义理都是他在悟道超脱之后的说教，普通人对其教义没有经过切身修持和体会，心境没有达到佛的层次，因而对义理也就缺乏切身的感受，由他们来翻译也就很难忠实准确。初期译经都借用传统儒、道思想概念翻译佛典，导致翻译完全扭曲，就是最好的证明。赞宁《宋高僧传》指出，"儒家为佛教之文而多谬解，解既谬欤，事多误用"，这就决定了佛经译者必须用佛家的思想和概念去翻译佛经，因而自然就要受佛教义理及学说的影响。

（三）佛经译者的哲学基础主要根植于佛学

佛经译者与评论家，其理论的哲学基础主要根植于佛教哲学和美学，因为他们首先都是精通佛教义理和哲学的专家，其思想观念深受佛教哲理影响和左右，佛教的思想观念、思维方法、美学趣味、价值尺度等一整套模式，支配、规定着他们的翻译观念以及理想标准。当然，他们也不免受中国传统文化思想的影响，但从某种意义上说，传统思想本身也受到了佛教思想文化的浸染。中国哲学思想自佛学输入，佛教都以其理论体系的严密渊博、思想方法的辩证灵活与义理学说的精致圆融，自始至终深刻影响着中国的哲学与学术思想。严格说来，除了西学的渗透而具有新质因素外（事实上即使在西学输入时期，一些重要的思想家们仍然在利用佛家的思想资源），隋唐佛学时期与宋明理学时期基本上都是以佛学为主流的。

（四）中国佛学与译经评论同步发展

佛学思想在中国发展成熟经历了三个时期，这三个时期直接带来译经评论的成熟。赞宁在《宋高僧传》中梳理印度佛学在中国的翻译时归纳为初、次、后三个时期，这三个时期分别代表佛经翻译的草创、发展和成熟三个时期，这也就是印度佛学在中国从理解、发展到成熟的三大步骤。这三大步骤又直接制约着译经评论从"案本"经"中道"至"圆融"的三个发展阶段。佛学思想的成熟对于译经评论来说，最直接的后果就是孕育了体系完备、思想成熟的评论体系。第一个时期翻译的经典虽然大小乘佛学一并传入，但中土学人基本没有理解大乘性空思想，而对小乘中一些基本教义及佛陀的原始说法却有所领会。例如，佛陀所总结的修行佛法的四条原则：依义不依语；依智不依识；依了义经不依不了义经；依法不依人以及《毗尼母经》上的教义，"佛告比丘：吾佛法中不与美言为是，但使义理不失，是吾意也"。佛陀本人就是这样强调经文的思想内容的，因此，该时期的翻译和评论最强调的就是对原文的理解、重视和忠实，这就导致了初期的"案本"理论。第二个时期自西晋竺法护始，译经的忠实与流畅发生了深刻的变化，尤其是鸠摩罗什至长安，准确地翻译了大乘般若空宗理论，中道学说在中土得到广泛传播，这直接导致翻译评论谈"中道"的时期。第三时期翻译评论重点转入盛谈"圆融"，这是因为此时期的佛教各宗派理论都已转入融合诸家学说，统一各派思想的时期，各派都崇奉"圆教"学说，正如辩机在《大唐西域记·记赞》中称此时期是"刊方为圆之世"。梁启超在整理佛经翻译时，对这三个时期有过这样简要的概括，第一时期是"所译不成系统，翻译文体亦未确立"。第二时期是"佛教之门户壁垒，于兹确立"，因而"译学渐独立矣"。第三期则是"全体佛教之全盛期，诸宗完全成立，卓然为'中国的佛教'之一大建树，而译事亦造峰极"（《佛典之翻译》）。可见他已隐约地感觉到译事的进步与佛学理论的某种内在联系了，只是还没有明确地意识到佛教哲学对翻译评论的鼓动与制约。

（五）佛学升华译经评论精神境界

传统学术思想原本具有丰厚的人文精神底蕴，然而这种传统的精神底蕴到了魏晋南北朝之际，面临着新的历史环境时，遭遇了信仰危机。魏晋南北朝时期是中国历史上战乱动荡的时代，同时又是继诸子百家争鸣后的又一个思想解放的时代。当时人们面对人生的渺茫与世事的难测，希望在来世得到补偿，将人生寄托于非理性的精神修炼之上，为了寻求精神的解脱与生命的逍遥，他们借助玄学重构新的思想模式。但庄子的思想主张人的形神不可分离，精神不可脱离肉身而存在。而从道家学说衍化出来的道教学说，将肉体不灭作为人生最大的目标，品格并不高妙。显然，这样的思想模式和观念在魏晋南北朝社会动荡时代，难以为人的灵魂找到理想的归宿，精神无法实体化，生命无法轮转，这成为士大夫无法面对的现实。传统儒家是政治哲学、世俗和实用哲学，虽然也关注人生，但主要是现实中的人生，因而在精神维度上，这种对人生的追问难以上升到灵魂安顿和人文穷究的层面。正是由于儒道思想以及玄学观念无法满足人们的精神解脱，这就需要新的精神思想来弥补。佛学正在这时适应当时学者士人和一般民众的需要，为传统人文精神价值的深化带来了契机。袁济喜在《论六朝佛学对中国文论精神的升华》一文中说：

"至两晋之后，以张扬精神维度、提升人的思维深度为特点的佛学从宗教境界层面进入学术，为六朝知识士人所接受，由此提升了传统文化。佛学在精神内涵特别是人生意义上，深化了传统儒道学说及玄学思想，于是佛教作为一种宗教境界，便替代老庄学说而成为新的精神世界的支点，使人的精神超越肉身而得到永恒长存，发扬光大，由此激发中国学人重构其精神世界。"慧远在《与隐士刘遗民等书》中认为佛典使他感受到了另一种精神旨趣，升华到更高的精神维度。他说：

> 每寻畴昔游心世典，以为当年之华苑也。及见老、庄，便悟名教是应变之虚谈耳。以今而观，则知沈冥之趣，岂得不以佛理为先？苟会之有宗，则百家同致。君诸人并为如来贤弟子也，策名神府，为日已久，徒积怀远之兴，而乏因籍之资，以此永年，岂所以励其宿心哉？意谓六斋日，宜简绝常务专心空门，然后津寄之情笃，来生之计深矣。若染翰缀文，可托兴于此，虽言生于不足，然非言无以畅一诣之感，因骥之喻，亦何必远寄古人！

慧远是东晋佛教界领袖，他的体悟和认识可以代表当时大多数人的感受，他的这段话表明魏晋南北朝时期的佛学专注于精神，并以精神的作用作为人生的最高境界，由此他也是当时思想文化重新组合与选择中的代表性人物。其中所说"沈冥之趣"，与僧肇"栖神冥累之方"有异曲同工之处（慧皎《高僧传·僧肇传》）。慧远还主张般若法性说，提倡思想洞达显豁，他在《念佛三昧诗集序》中说："鉴明则内照交映而万象生焉，非耳目之所暨而闻见行焉。于是睹夫渊凝虚镜之体，则悟灵相湛一，清明自然。察夫玄音以叩心听，则尘累每消，滞情融朗，非天下之至妙，孰能与于此哉？"意谓类似于幻觉的鉴明借助冥想可以在心中营造出新的意象，冥会天地万物之境，而不需通过耳目所见来感受万物，从而达到最高的境界。而这种玄照明显地不同于智能，因为智能只能达到普通的心灵境致，满足人的一般需要，无法达于人的心灵奥极，使精神畅朗，运照无碍。

佛学对于传统学术文化的提升，自然将译经评论也引入了佛教哲学，将精神元素浸染于译经评论之中，深化评论的人文和哲理蕴含，使魏晋以下的译经评论不仅具有了更深的形而上意蕴，而且加深了精神层面的多元交流和融汇，既有儒家思想的延续，也有道家与玄学的创辟，更有佛学思想的创新，从而使译经评论的理性和实践的思考趋于深邃。中土佛学不同于老子对"道"的诠释，而是注重精神心灵的弘扬，倡扬神不灭论，将本属于人的精神思维抽象化、实体化，并将其诠释为独立而至高无上的神秘实体，将佛性看成是世界万物的本根和宇宙的本源。例如，支遁在《大小品对比要抄序》中提出："夫体道尽神者，不可诘之以言教；游无蹈虚者，不可求之于形器。是以至人于物，遂通而已。"道安则依据禅智理论诠释精神的作用，认为禅智不依靠日常生活的聪明才智，而是从修炼心境，提升精神的角度去用功。他在《人本欲生经序》中说："神变应会，则不疾而速，洞照旁通，则不言而化。不言而化，故无弃人，不疾而速，故无遗物。物之不遗，人之不弃，斯禅智之由也。"道安将《周易》中"唯神也，故不疾而速，不行而至"的思想与禅智并论，认为周易所倡的神秘感通作用，可以通过禅智体现出来，禅智是将解脱的心智与精神自由融合无间的创造，也是精神潜能空前释放的过程。宗炳在《明佛论》中说："神也者，妙万物而为言矣。若资形以造，随形以灭，则以形为本，何妙以言乎？夫精神四达，并流无极，上际于天，下盘于地，圣之穷机，贤于研微。"宗炳本是虔诚的佛教信士，他与慧远"考寻文义"，讨论佛教义理，认为精神不生不灭，并把它和佛性学说结合起来，以证明"神不灭论"。

佛学认为儒道学说没有深入到人的精神世界的灵奥，被佛教学者视为"糠秕""外道"或"末"，而佛学则超越具相，神思悠远无限。慧远在读《般若经》后慨叹"儒道九流，皆糠秕耳"（慧皎《高僧传》），正表明儒道理论之不足，缺乏抽象的形而上思想。佛学家们主张精神是一种最高的佛性存在，也是佛教学者信士为之倾心的境界，这是一种空明澄澈的精神般若境界，加上微妙至诚的情感体验，进入审美观照，人们所追求的心灵自由正可以与之契合。佛典中的文学性所表现出的美学情趣，被佛经译者心领神会，他们将佛经中的精神慰藉与心灵审美相融合，充分享受其中的审美意蕴，同时也使魏晋南北朝开始的译经评论开始注意精神上的审美观照，如慧远为了寻找"栖神冥累之方"，论述佛教精神不灭，注重表现佛像幽深莫测、神明超妙的神态，使当时思想界的形神观发生了根本变化。东晋时期思想文化界关于"神灭论"与"神不灭论"的长期论辩，反映出僧俗学者对于精神心灵的哲学思考。传统思想认为，外物是无生气的自然存在，"难成而易好，不待迁想妙得也"（顾恺之《魏晋胜流画赞》），所以不必传其神。佛学的形神观将万物视为皆有精神寓寄，将自然看作"神明"的显现，从而改变了这一观念。慧远在《万佛影铭》中说："廓矣大象，理玄无名。体神入化，落影离形。"认为整个山水自然都是

"佛影"，即佛教"神明"的外现，慧远还在《庐山诸道人游石门诗序》中表现了佛家释子对自然山水美的感受：

> 乃其将登，则翔禽拂翮，鸣猿厉响。归云回驾，想羽人之来仪；哀声相和，若玄音之有寄。虽仿佛犹闻，而神之以畅；虽乐不期欢，而欣以永日。

山水美的欣赏使人"神以之畅"，让人在山水欣赏中，不仅仅观赏山水的物质形体，而是以佛教神秘的精神感通方式观照山水，把山水自然看作某种精神实体的显现，以把握其本质特征，感悟其内在精神美和内在气韵之美，这正是佛学"神不灭"观念所倡导的。东晋以下，佛学盛行于文人学士之林，当时的文士如陶渊明、谢灵运、颜延之、顾恺之、宗炳、雷次宗都信奉佛学，宗炳和雷次宗还同与陶渊明并称为"浔阳三隐"的刘遗民、周续之一起参加慧远于庐山般若台精舍阿弥陀像前的建斋，誓相提携，往生西方弥陀净土。后又立"佛影台"，慧远作《万佛影铭》，倡扬佛的"神道无方，或独发为形，或相待为影"。顾恺之《魏晋胜流画赞》主张"迁想妙得也"，与西晋陆机《文赋》提倡"浮藻联翩"意趣相同。艺术的"想象力"出于"迁想"，这是"神思"的基础，没有"神不灭"理论，也就没有艺术。这些思想也被译经评论者所融汇，成为他们评论所遵循的美学法则。僧叡将"尊经妙理，湛然常照"奉为译经原则。在佛学中，"照"指人的直感，具有不可言说的感觉能力，它与人的精神修炼相关。支遁曾说："夫至人也，贤通群妙，凝神玄冥，灵虚响应，感通无方"（《大小品对比要抄序》）。慧远《念佛三昧诗集序》中说："鉴明则内照交映而象生焉。"并指出："每希想光晷，仿佛容仪，寤寐兴怀，若形心目，冥应有期。"慧远所说"希想"也就是精神的感通作用。僧肇《般若无知论》中说："神无虑，故能独王于世表；智无知，故能玄照于事外。"这种"玄照"是一种超越具象的想象，它来自于神秘的神明感通作用。罗什将佛经的"义"与"味"同论，以为"改梵为秦，失其藻蔚，虽得大意，殊隔文体，有似嚼饭与人，非徒失味，乃令人呕哕也"（鸠摩罗什《西方辞体论》）。"嚼饭与人"比喻把经过改写而缺乏新意和辞彩的作品塞给别人，缺乏美感。清代薛雪《一瓢诗话》亦云：

> 用前人字句，不可并意用之。语陈而意新，语同而意异，则前人之字句，即吾之字句也。若蹈前人之意，虽字句稍异，仍是前人

之作，嚼饭喂人，有何趣味？

意谓诗的词和意，均应新颖独创，语言与前人相同或相近，甚至蹈袭前人，作品就毫无趣味和美感可言了。因为诗歌欣赏的根本，不仅在语言文字，更在诗的情意精神。慧皎《高僧传》载："昔竺法护出《正法华经受决品》云：'天见人，人见天'，什译经至此，乃言此语与西域义同，但在言过质。叡曰：'将非人天交接，乃得相见？'什喜曰：'实然'。"意谓罗什将佛经的"言"与"义"看得一样重要。所以梁启超在《翻译文学与佛典》中说："什译之《大品》《法华》《维摩》以及四论不特为我思想界辟一新天地，即文学界之影响，亦至巨焉。文之不可已，如是也。"

二、佛经翻译评论吸收佛教思想的方法与途径

佛学思想对于译经评论的影响，是最为深刻的部分，因为它是渗透到译经评论者的思想深处的影响，是融入译经评论中的。译经评论者通过吸收佛教的义理精神，借助其思维方法，将其融会在自己的评论中，运用于论证里，已毫无痕迹，达到化境的地步，从而在根本上塑造了评论深处的思想观念、思维方法、价值取向以及审美旨趣等。具体地说，佛学的影响体现在佛学教义中最重要也是极有价值的三个理论范畴："性空""中道"和"圆融"。这三个理论范畴是相互联系的。这三个理论范畴通过义理和逻辑方式影响译经评论。

（一）义理思想的催化生发

佛学是谈"空"的理论，又是求"圆满"的哲学，也是"不二"的"中道"法门。它所阐发的"空"的哲学理论，以包容万象的品格和精神显示了它博大精深的内涵。一方面它作为方法论的"空"，破除一切执著，不留任何窒滞，圆融无碍；另一方面作为本体论的"空"，又是一种用否定词汇予以描述的存在，并非是虚无。"空"是佛教哲学的根本思想之一和理论支柱，其他各种理论都是围绕"空"而展开的论述。佛学从小乘到大乘，从大乘有宗到大乘空宗，一步一步发展，就是谈"空"的步步深入。佛学以"空"为自己的哲学基础与最高的追求目标，由此，辩证思维逻辑在佛学谈"空"的过程中得到了广泛的运用与充分的发展。按照缘起说，空只是"无自性"，因此空即是"妙有"，这样就形成了空有结合观察万物现象的方法，这就是佛学谈"空"的本义。佛学谈"空"，目的是反对"执著"，因此佛学将"空"与"无所有""不动""无碍"并列为"虚空四名"。所以说，"空"义的价值，就在于它既不执著于两端，也不执著于中间，一切都是

灵活无滞的。这便导引出中道的思想，中道是佛学的根本立场和基本特色，它是超越有无二边之极端和偏执，不偏于任何一方的中正之道。中观的这种认识方法，即"非非"法，中国佛学家称之为"双遣双非"法。这种双遣思想方法的论证逻辑是，首先否定某物，然后再否定对某物的否定，最后达到对第一个否定的肯定，或肯定与否定并存，这又导引出佛学"圆融"观。"圆融"就是圆满、圆妙，不偏不倚，灵活无滞。

　　佛学的性空、中道和圆融思想深刻地影响译经评论。首先，空是梵文舜若（Sūnya）的意译，是佛教本体论的一个重要范畴，它涵盖了绝大部分佛学义理，也是对中国思想文化及艺术美学影响最大的因素。佛学所言"空"，反对偏执，主张沟通一切，这对翻译艺术的启发来说，就是指翻译艺术在处理翻译中的各种对立矛盾时，既不偏于"文"，也不偏于"质"，同时也不固守在"中"的圈子里，真正做到不著不舍，打通文质，圆融直意，所以说这是一个很有价值的翻译思想。例如，著名翻译家澄观在《大方广佛华严经疏序》中说："繁则倦于章句，简则昧其源流，顾此才难，有惭折中，意夫后学其辞不枝矣。"这就是说连"中"也不能固守。其次，"中道"一词，梵文是 madhyama-pratipad，音译为"马提亚马"，即脱离了两个极端、不偏不倚的道路或观点、方法。"中道"思想是佛学中观学的重要哲学和美学精神，也是翻译评论极为重视的一个思想。道安的理论即透露出一点"中道"，只因当时中观学的著作没有系统传译，他的这一思想不是很明显，至慧远才明确提出"中"，但他似乎还没有明确使用"中道"二字。从他们的论述来看，"中道"的具体内容就是恰当地处理翻译艺术中各种矛盾的关系，注意在互相矛盾的审美趋向中把握分寸，以获取最佳翻译效果。罗什《答姚兴通三世论书》曾说："是故不得定有，不得定无。有无之说，惟时所宜耳。"就是说一切都是相对的，不应该固执一端，偏守一头，是对"中道"的准确诠释。赞宁《宋高僧传》说："如童寿译《法华》，可谓折中。"又说："折中适时，自存法语，斯谓得译经之旨矣。"辩机《大唐西域记·记赞》称赞玄奘"体上德之祯祥，蕴中和之淳，履道含德，居贞葺行"。这里的"折中""中和"即指佛教哲学中的"中道"二字，是"非有非无"之义。再次，圆融也就是"一即一切"的意思，梵文为波利（pari），本是佛学强调统一融合的理论，如华严宗、禅宗等就主张一切事物中都体现了真如，来显示一切圆融无碍。这种思想，到了翻译评论家们那里，转化成翻译与评论的"圆满""圆妙""圆成"说，用来强调翻译艺术要达到圆融和谐的境界。梁启超谓玄奘的翻译"直译意译，圆满调和"，即指译经家"圆融无碍"的艺术手段和"圆和无滞"的翻译技巧，不住不念，灵活把握各种对立关系。

（二）逻辑方法的借鉴

在思维方式上，佛学的逻辑手段直接启迪了翻译评论的研究。章太炎说佛教的优越"一方在理论极成，一方在圣智内证"（《章太炎读佛典杂记》），概括了佛教哲学精致的理论思辨特点。佛经中的论藏文体就是这方面的典型代表，梁启超指出，"论也者，彼土大师，贯穴群经，撷其菁英，用科学的研究方法，自建树一学术系统也"（《翻译文学与佛典》）。这种"科学"的形而上思想体系，有着精致、严密的理论形态和精细、高深的哲学范式，深刻影响了译经评论的构成形态。

1. 逻辑

除初期评论多以经序、译经后记等形式表现外，自南北朝起，相继有隋代编撰的《众经法式》（十卷）、灵裕的《译经体式》（一卷）、明则的《翻经法式论》（十卷）、刘凭的《内外旁通比较数法》（一卷）、彦琮的《辨正论》（一卷）等专著。另有僧传著作中写得极为精彩的《胡汉译经文字音义同异记》、赞宁《译经篇论》、法云《翻译名义集名句文法篇》、灌顶《大般涅槃经玄义》等严整的论述。这些专著、论文围绕译经的性质、标准和方法，译经家的修养和素质等各个层面，共同构成了十分完备的译经评论体系。这些论述注意概念的定义分析，重视发挥推理的力量。例如，彦琮的《辨正论》，全文析理清晰，步伐严整，比中土传统一般文章更注意概念的定义分析，也注意在定义的基础上进行连续的推论，以得出所要达到的结论。对于某一论题的解决，常简明地区别为几种不同的情况，然后逐一加以说明，这种文风正与僧肇、慧远、慧琳等佛学家的论著有相似之处，明显受到佛学因明学及逻辑学的影响。

2. 法数

"法数"又称"事数"，是佛学按数字对教义的分类。佛学的思维方法影响了翻译评论的形态，许多著名的评论都是带数字形态的概括式结构，如道安的"五失本""三不易"彦琮的"八备十条"，玄奘的"五不翻"，明则的"四种翻"以及赞宁的"六例"等。这种评论形态在佛学中称为"数法"，即"经中事数"。佛典中的重要义理都是这样冠以数字概括出来的，如五阴、四谛、八正道、十二因缘等。明朝圆静所著《教乘法数》，全书四十卷，按数字顺序排列，始于"一心"，终于"八万四千法门"，共收三千一百六十二目，其中就收有翻译四例，琮师翻译八备、琮师翻译十条、三支比量等。法数与佛经阐明佛理的需要有关，按数字对教义分类，线索清晰，便于归纳和记忆。

3. 义理

佛教是注重理论探讨的宗教，其义理纷繁，意蕴深厚；佛学是智慧的学问，注重学理和思想。在佛教发展史上，各家对佛理见解的差异又因理论的发展不断出现不同的宗派，使理论不断完备。不同佛学派别之间百家争鸣，各抒己见，最终逐渐发展形成了完整的思想体系。这种理论上的争鸣对佛经翻译和评论进一步提出了更高的要求，即要求译文更准确，以免引起不必要的误解。因为当文本来自翻译时，人们总是对翻译文本提出更高的要求，特别是译经史上，译经大师们曾经走过不少曲折的道路。至唐代，佛经翻译的忠实性提高，涌现出了很多精通梵语的译经大师，他们对佛理研究达到了比较高的水平。这说明到了唐代，整个社会对佛学这一外来文化的认识能力和接受水平，已经远远超出了前代，人们对译文的鉴赏力有了很大提高，这个时候，只有借助于较高水准的译经技巧才能满足时代的要求。所以，玄奘提出"五不翻"原则，代表当时译经明确的忠实取向。玄奘吸取前人的经验教训，翻译技巧更加成熟，"文"和"质"不再是彼此分割、互相排斥的对立体。使译文"比较起罗什那样修饰自由的文体来觉得太质"，"比较法护、义净所译那样朴拙的作品又觉得很文"。（吕澂《慈恩宗》）

佛学的"般若"为佛学所修持的"六度"之一（其余为布施、忍辱、持戒、禅定、精进），意即智慧、明智，特指具有佛教的智慧。般若的全称为"般若波罗蜜"或"般若波罗蜜多"，"波罗蜜多"是"渡过"的音译，"般若波罗蜜多"也就是指通过佛学的最高智慧达到涅槃彼岸的意思。在龙树、提婆一系的中观学派中，般若被放置于至高无上的地位，它是一切佛法的根本。龙树在《大智度论》中说："般若者，秦言智慧。一切诸智慧中，最为第一，无上无比无等，更无胜者。""般若波罗蜜是诸佛母。诸佛以法为师，法者即是般若波罗蜜。"可见，"般若智慧"其实质就是"缘起性空""诸法性空"。只有对包括修行者主体在内的所有世界现象持"一切皆空"的认识，才是无上正等正觉的佛法般若智慧。刘勰赞扬般若性空是"动极神源"的"绝境"（《文心雕龙·论说》），就因为它在处理各种对立的矛盾时，不拘一隅，圆活无滞，左右逢源。

大乘佛学的兴起，以其圆融无碍的教义及其缜密精妙的思维方式，对原始佛学进行了很大的发展。不仅有力地推动了佛学的演变，而且极大地丰富了佛学的理论思想，完成了佛学完备的理论学说。大乘本分为空有二宗之学。空宗理论认为诸法皆由因缘所起，故"无自性"，仅有假象，假象是幻有，其实相为空。吴言生在《论〈涅槃经〉对禅思禅诗的影响》一文中认为，初期大乘般若类经典讲空固然能使人对俗界产生厌弃，却难免使人生的追求与期待无所栖泊，而生茫然失落与虚幻之感，随后空宗激进的般若思想与有部保守的禅定观法相互扞格而又彼此妥协，于是就有大乘涅槃类经典来弥补。印度佛学著名的辩证法论师龙树，总结了吠陀的"无—有"和佛学的"空—有"辩证理论，并在此基础上构筑了一个比较完整的辩证理论体系。他在《中论颂》中系统地阐述了这一新理论——中观论。中观学是印度龙树、提婆一系大乘般若空宗的佛教理论基础，经罗什翻译介绍到中土，形成以讲"空"为主的魏晋佛学。至隋代吉藏创建"三论宗"，并著《三论疏》《三论玄义》《大乘玄论》，阐发"有无双遣，不落两边"的中观学，提出"竖破""横论"主张，即以否定一切而无所得为其旨归，又不落有无两边而谓之"非有非无"的中道思想。中观是既不像有部那样单纯执"有"，也不似方广部那样单纯执"无"，而是认为一切事物自俗谛看是"有"，从真谛观照其实相则是"空无"，"有"不过是其幻象而已，此即为二谛说。由此可见，源自天竺的中观学说已经达到了"有""无"相互包含的水平。三论宗对佛法的可说与不可说也有深刻论述，这种论述从一个方面表述了言与意的关系问题。三论宗以传习龙树《中论》《十二门论》及提婆《百论》而得名。三论义学始自罗什译出诸论，至隋代吉藏弘扬此学。梁武帝《大般涅槃经义疏序》说："非言无以寄言，言即无言之累。累言则可以息言，言息则诸见竞起。所以如来乘本愿以托生，现慈力以应化，离文字以设教，忘心相以通道。欲使珉玉异价泾渭分流，制六师而正四倒，反八邪而归一味。"这正是一种中观的语言思想。

缘起理论是印度佛学讨论宇宙生成与人生变化的学说，集中反映了佛学各家对客观世界万事万物的总体看法。佛学为了达到超越现实存在，力求身心解脱的根本目的，在现实生活即"俗谛"之外，寻求"真空实相"的"真谛"之所在。这样，佛学便把真、俗二谛之间的关系，归结为诸法随缘生灭的一种缘起关系，即由多种原因和条件和合而生或离散而灭的生起或散灭的关系。"缘起论"思想，反映事物的普遍联系，这种整体联系的思想在翻译中处理文质、言意、形神等各类对立概念时，从联系的立场深入观察，正确看待它们的矛盾和依附的范畴，进而在联系实际的基础上，提出符合翻译实践的评论原则。而缘起理论中的"业感缘起"认为"业"由有情众生以身、语、意，日夜造作，所造之业必于现世或来世招感相应之结果，即因各类业力的复杂关系，遂形成此世界千差万别现象。《俱舍论》说："有情世间及器世间各多差别，但由有情业差别起。""业"，梵语为 Karma，意为"造作"，是指有情从自身的身、语、意三方面所造作的善恶行为。这就是业感缘起思想。"业感"一词，系玄奘译经时所用的特殊译语，如他在所译《俱舍论》卷十一说："如上所论十六地狱，一切有情增上业感。"此外，玄奘在唯识学系论书中也常常使用"业感"一词。"业感缘起"的思想核心是"业力"和"十二缘起"。彦琮的译者"八备"按照佛学"戒、定、慧"三学而提，最后的结论是"三业必长，其风靡绝。""三业"就是佛学的身、口、意三业。佛陀指出，一切众生生命的形成都是因为自己前世所造的"业"，而生命结束的走向也只能根据现世的"业"来决定，这就是"自作业，自受报"。众生的生命和命运既不是上天所主宰，也不是无缘无故产生的，而完全具有主观的能动作用，因此，一切责任应由自己承担。可见"业"的理论是佛教学说的支柱思想和修养根本。

4. 思维方式

思维方式是人们大脑活动的内在程式，是人们为了实现特定思维目的，在思维过程中所运用的工具和手段，所凭借的途径和方法。思维方式对人们的理论认识和实践行为起决定性作用。在译经评论中，最有典型意义的是赞宁利用"四句"逻辑探讨翻译评论的思路。赞宁的"六例"说（译字译音、胡语梵言、重译直译、粗言细语、华言雅俗、直语密语），每一例都以"四句"形式加以论述，这就是佛学的四句逻辑。这种四句逻辑是佛教中观学思想的表述模式，在印度哲学史上有着悠久的历史，其表述格式是：有，无，亦有亦无，非有非无。这一模式既有否定作用，又有肯定作用，实际上就是佛教哲学对空有观辩证灵活的认知体系。它通过对肯定和否定的善巧运用，达到最合理的肯定（有）。它同时体现空假二谛，说空不绝假，言假不离空，空即是假，假即是空，空假相融，乃是中道。这种"中道"哲学观处理任何对立的矛盾概念时，都能融洽圆通，无住无滞，因而也是翻译艺术把握各种矛盾的最佳原则。事实上，早在隋朝，著名翻译家灌顶在《大盘涅槃经玄义》中论述译名时，就成功地运用了这一哲学模式。由此来对照赞宁的运用，他所要体现的思想也就是要求译者在处理他所提出的六对矛盾时，以"中"为的，灵活运用，不可有任何偏执与执著，否则就会是"解者不见其全牛，行人但随其老马矣"。因而赞宁接着指出，"更有胡梵文字，四句易解"（《宋高僧传·译经论》）。这"四句"即是佛教"中观"理论和方法的代名词。武则天《大乘显识经序》中称之为"四句微言，极提河之深智"，准确概括了它的理论价值。

三、佛典汉译评论借鉴佛教理论思想的外在因素

佛学与译经评论发生交涉，具有其内在思想机制，一般说来，主要

就是佛学思维，其内容和形式就是价值观念和思维方式。这是佛学与评论发生交涉的重要根源，也是佛学渗透、转化为评论的内在理据。佛教是关于人的宗教，佛学价值观念的主要内容是人生解脱论。佛学认为一切事物都由多种原因和条件构成，并处于不断变化、流动的过程之中的。人生也是如此，人生理想和目标就是超越现实生活求得解脱，就是由现实性转化为超越性，从而达到更高的主体性，即理想人格。由此，佛学特别重视人格修养，强调主体素质。归结起来，佛教学说对于翻译评论的理论价值，体现在它的方法论、标准观、本体论和认识论四个方面。佛学是由成熟的方法论、标准观、本体论和认识论所构成的严整的哲学体系，而且在其哲理论述时，又总是带着美学评价和鲜明的审美态度展开论述的，因而使佛教哲学和美学结合在一起，极有利于翻译评论的借鉴和利用。

（一）方法论

佛学采用肯定与否定结合，俗谛与真谛结合，不了义与了义结合的方式，既不做真正的肯定，也不做真正的否定，既不无也不有，而是空，走"中道"的道路。鸠摩罗什所译《中论》中的"不生亦不灭，不常亦不断，不一亦不异，不来亦不去"就很好地阐释了"空"的理论。由此在方法论上，大乘中观学以其思维方法上的不落一边建立起"中道"学说。其方法就是将一切佛说统归为真俗二谛，借此消除有无、断常等偏见。从"真谛"看，"有"的本质是"无"；从"俗谛"看，"有"亦"不虚"，所以说"虽无而有"。这样，既看到被世俗认识的现象世界（俗谛）以及得道者才能认识的本质方面（胜义谛），又能观悟此二者的不一不异的关系，从而达到中道。中观学的这一方法代表了印度哲学的高峰，又显示其全面的辩证法精神。其思想价值在于它启示人们对一切存在都保持怀疑和批判的理性精神，彻底看空看透世界的诸法实相，不要有任何执著，打破那种"非此即彼"的定式弊端，超越二元对立。这有利于翻译艺术在处理种种对立概念时，始终坚持辨证法，防止走入极端，产生偏执，同时又能灵活圆通，不受任何挂碍。翻译中文与质、雅与俗、形与神、言与意、信与美等一系列对立矛盾，都只有从中道出发、兼顾两头，又脱离两个极端，奉行不偏不倚的道路和方法，同时又灵活自如、圆通无碍，才可以得到"至解"。例如，翻译评论中提出的"文而不越，约而义显"（道安），"质而不简，文而不繁"（陈文帝），最终"以裁厥中"（慧远），并"折中适时，自存法语"（赞宁）。翻译手法如玄奘，"笔则笔，削则削"，灵活自如，正象宋濂《千岩和尚语录序》所说，"禅师之道不实不虚，不有不无，不中不边"。

这种不落有无中边的法则正是翻译艺术的真谛，也正是玄奘一代大师所达到的境界。

（二）标准观

唯识学是论证宇宙人生，都是由识分别所现起的相，全是虚妄不实的。但凡夫俗见不知唯识无境之理，而于心外起实我、法之迷执，以致起惑造业，沉沦生死。依据唯识的立场，识不仅是为了认识、了解而已，它更是一种学佛修行的所依，学者依此唯识无义修唯识观行。观行就是学佛者于"定"中透过对所缘境的观察及修习，将逐渐地改变向来世俗惯性的思维模式，进而就能与观行相契合。这种能对观行获得亲切明晰的体会，称为"观照思维"，如《解深密经》说：

> 彼由获得身心轻安为所依故，即于如所善思惟法。内三摩地所行影像，观察胜解舍离心相，即于如是三摩地影像所知义中，能正思择最极思择，周遍寻思周遍伺察，若忍，若乐，若慧，若见，若观。是名毗钵舍那，如是菩萨能善毗钵舍那。

唯识学对"圆成实性"的论述，最早从真理意义上较为系统地论述了"圆"这一范畴。唯识学又称有宗，强调"境空心有"。按中观学思想，心识也是空无的，按唯识学，如心识也没有自性，那就一切法都不能成立了。依唯识思想，识固然是虚妄的，但是自相是有的。所以依虚妄分别之识为本，成立"唯识"，这就比性空唯名论要完备，所论述的"唯识中道"也比"性空中道"更具严密性。窥基《成唯识论述记》认为"唯识"的根本含义有两个方面，一是否定外境，二是肯定内识；把这两个方面结合起来，才是中道。由此，成立圆融论。"圆"，就是圆满，遍于一切现象，没有缺减，不生不灭，没有变异。从"圆"又引发出"圆融""圆满"等概念，基本意义都是追求完美，以"圆融"作为终极的理想境界。同时，在佛学看来，"圆"的其中一义还有相互通融、不落一端，这就是"如来不在此岸，不在彼岸，不在中流"之意。就是说连"中谛"（"中流"）也不执著，"中谛"与真、俗之间均能融通。可见，这种"圆"是一种左右逢源，毫无挂碍之美。所以说，"圆"既揭示了标准意义，又体现了方法作用。这样，"圆"作为佛教哲学命题提出，形成了自身独有的思维方式、审美方式及其艺术世界的建构方式，它以包含美学、心理学、修辞学等多学科交叉所产生的理论能量，显示出丰富奇异的色彩。

窥基在《大乘法苑义林章》中将"唯识"整体观行，推演作更微细的分析和解释，建立五重唯识观行，旨在明唯识教理行果，即依此教理彻底观察自己身口意三业善恶、世界微尘、惑业等，于事于理明了之后，以智慧为先导，而起正观行修持整个次第，进而证佛成果。依惟贤法师的分析，五重唯识观，就是说观察事物有五个标准。第一观是遣虚存实观，即保存真实的，服从真理，如神我、造物主等均应排遣净尽，这是虚实相对观。第二观为舍滥留纯观，谓舍去境之滥而留心识之纯，亦即遣前观法执之病，进而观事与理不离心识。第三观指摄末归本观，谓所取者相分，能取者见分，此二者皆为末，本是心心所之自体分。第四观是隐劣显胜观，即王所相对观，亦谓隐心所劣，显心王胜也。第五观称遣相证性观，即事、理相对观。前四为事，此一为理，今遣事相证理性之体，就是遣二性证圆成实。在第四重虽已显出心王、心所相对的观法，但心王有事、理之别，所以此观必须舍遣"相用"的心识而证圆成实的"体性"，为此重所观之境。学佛者须熏习无漏法，逐步把染污种子遣除，转为清净种子，证入真如实性，圆成实性。这才是究竟的（《唯识札记：唯识学在佛法中的地位》。由于"圆"在佛教美学中具有完整深邃的含义，表现在技艺的纯熟与艺术生成形态的成熟，而成为高级艺术的审美形式，这就很容易为翻译艺术所接受。玄奘"直译意译，圆满调和"（梁启超《翻译文学与佛典》），"水乳无乖，一味和合"；不空"义了宗极，伊成字圆"；义净"辞理文质相半，妙谐深趣，上符佛意，下契根缘，利益要门，斯文为最"（赞宁《宋高僧传》）等，都是这种境界的写照。

佛学唯识思想的标准观在中国其他艺术领域也产生积极影响，如刘勰在《文心雕龙·知音》中提出以论定文章要素和评论"优劣"的"六观"："将阅文情，先标六观：一观位体，二观置辞，三观通变，四观奇正，五观事义，六观宫商。斯术既形，则优劣见矣。"这是针对轻浮绮靡的齐梁文风和当时对同部作品褒贬不一的现象提出的全面析评文学作品的一个体系，包括作品的主题思想、文体风格、修辞声韵等。谢赫运用昙无谶译《大般涅槃经》中所宣讲涅槃"六法"构建绘画"六法"。其《古画品录·序》说："六法者何？一、气韵生动是也；二、骨法用笔是也；三、应物象形是也；四、随类赋彩是也；五、经营位置是也；六、传移模写是也。"《大般涅槃经》论"佛性"与"六法"时说："如彼盲人各各说象，虽不得实非不说象。说佛性者亦复如是，非即六法不离六法。善男子，是故我说众生佛性非色不离色，乃至非我不离我。善男子，有诸外道虽说有我而实无我。众生我者即是五阴，离阴之外更无别我。"隋代吉藏《大乘玄论》指出，梁代智藏对"佛性"与"六法"及其关系的看法是："第二师以六法为正因佛性，故经云：'不即六法不离六法'。言六法者，即是五阴及假人也。故知，六法是正因佛性也。"《大般涅槃经》中"六法"指众生、色、受、想、行、识，与谢赫"六法"之前两字(气韵、骨法、应物、随类、经营、传移)的意蕴而言，存在着一一对应、相通的关系。

(三)本体论

本体论是阐述世界万物根据的学说。佛学的根本目的就是求得解脱，为了达到这一目的，佛学始终在寻求人生乃至宇宙万象的真实相状，这是佛学重视"真如"本体的根本出发点。佛学本体论是真常学的理论贡献。所谓"真常"，就是本性真净的真常心体，是一切万有的真实本质，用现代哲学的语言表述，就是世界万物的本体。真常学提出真如缘起论，谓宇宙万有是真心(真如)的生起和显现，主张真如为宇宙万法的本体，是佛教哲学对象的中心范畴。唐韬《摩罗小品》说，"有人说佛的主旨只有一个字：空，我以为有一点不空，那就是对真理的发掘"。佛学初期的空宗是不承认有任何本体的，因而导致它理论上最终陷入绝境。唯识学提出"识"来试图对此进行弥补，但因其"识"并非主体的识，所以也不是彻底的本体论。真常学补救了这一缺陷，提出了本身就是圆满具足，毫无欠缺，常住不变的真如佛性，使佛教哲学本体论最终走向成熟。任何一门学科的研究首先必须明确其研究对象，并上升到哲学本体论高度，这就是学科的本体。这一本体论思想的确立对于翻译研究中确立和认识翻译的本质极富指导意义。对于什么是翻译这样的问题，必须要有一个明确的回答，这才有利于翻译本身的研究。如果一门学科连自己所研究的对象都不明确，那么这学科本身的存在也就值得怀疑了。这是佛教学说的发展给予翻译评论的启示。翻译方法可以而且必须圆通灵活，不执不住，但翻译的本质不能有丝毫的含糊。玄奘的翻译"直译意译，圆满调和"，但又是"再译真文"(赞宁《宋高僧传》)。这就是辨证地处理翻译中本体与方法的典范。一旦放弃翻译的本质思考，必将最终导致翻译本身的绝境，使得翻译无法生存。所以钱钟书认为，必须"正确认识翻译的性质，严肃执行翻译的任务"(《林纾的翻译》)，这是最基本的翻译评论原则，是保证翻译正确发展的前提。佛经翻译家们始终坚持翻译的"宿本""案本""求真"等，就是翻译本体论的体现，也是佛教哲学本体论影响的反映。正因如此，佛经的翻译事业才得以健康地发展，直至最终走向"圆融"和完美。

(四)认识论

梵汉思想文化在互补的同时，佛学在思想体系和认识论上，又对中土传统中儒、道两家重点以"人学"为核心的思想，是一个重要的补充。

在逻辑方面，儒家思想不太重视形式逻辑，而佛学思想注重逻辑思维，正如梁启超所说："佛教是建设在极严密忠实的认识论之上的"（《佛典之翻译》）。佛学在认识论建树上，有极深刻而全面细致的总结。其识自证分，变现见相二分之说，探索精神与物质的内在联系。其第八藏识的执持功能差别，研究精神与物质的深邃的发源处。在方法上，佛学主张观空破执，遣相去著；灵活自由，圆融无滞。在理论上，佛学主张人身内部有无始本有的"佛性"，宇宙间万物有绝对真常本来自有的"法性"，二者的统一，就是主客观的统一。因为佛学认识论研究具有认识能力的本身主观世界，诠释认识能力的体相、业用、体系的组成以及其存在和运动的形式，并主张彻底改转和提高认识能力，以通达人生宇宙的实相，使人类进入至真、至善、至美。唯识是佛学"瑜伽"学的核心，唐仲容居士在《关于佛教的认识论》一文中认为，瑜伽意谓主观认识和行动与客观实际相符合，用现代认识论诠释就是实事求是，依据客观真理和知行合一。《瑜伽师地论》中提出"世间极成，道理极成，烦恼障净智所行，所知障净智所行"的四种真实。其中世间极成和道理极成是世俗谛认识的内容，烦恼障净智所行，所知障净智所行是胜义谛认识的内容。其总的精神是要求人们应在一般世俗的知行上，具有世俗的正知正见与真知卓见，指导一般的生活活动和资生事业，从而使人的品格得以完美，素质得以提高。在这种基础上，即应转入胜义谛的认识，对原有认识能力加工改造，将其体系中杂染和卑劣成分排除尽净，而使认识能力转化为至正圆明的清净智慧。同时用这种胜义的认识指导胜义的实践，起不思议业用（普于世间，施作佛事）。

依据唐仲容居士《关于佛教的认识论》一文的分析，佛学认识论最基本特点之一，是主张如实地说明认识的主体，这种主体是一种有其自体的精神性功能，它拥有巨大无比的能量，并有着严密的组合形式，而成为一种完整的、有机的认识系统，所以有"万法唯识"之说。特点之二是追求真实，全面显示真实，进而掌握和利用或亲证一切真实。佛学认识论要求破妄显真，即真空即妙有义。《金刚经》说："如来所得法，此法无实无虚。"无实即是真空，无虚即妙有。特点之三是注重转识成智，净化人生宇宙，即从人生宇宙的本质与其现象的结合上认真观察，深入而全面了解和掌握人生宇宙的实相，也就是从本质上彻底改造人生宇宙，佛学称之为"转依"。特点之四是主张境由识变，识能缘境，本来无境，因有能认识境的功能，所以就有与之相待的被认识的境相。佛学认识论常说："诸识所缘，唯识所变。"佛学的认识论，从量的性质来说，又有现、比、非三量。现量指对所缘之境无任何分别筹度之心，各各逼附自体，显现分明，照了量知。比量指由既知之境比附量度，而正确了解未现前及未知之境。非量即与现量、比量似是而非的"似现量""似比量"的总称。其中现量是不以联想比较记忆等思维活动为基础的，是眼、耳、鼻、舌、身等的感官活动，是纯粹感觉知识，是感官与物象世界相接触的瞬间形成的直觉感悟。王夫之在《夕堂永日绪论内编》中化用现量说论感兴，其有三层含义：现在义、现成义和显现真实义。这三层含义之间虽然有细微的区别，但其中共同的意思还是强调"现量"是直觉性的观照，注重主体与过去切割，以遐心和逸情去观照审视物象，显现形象的真实。"现在义"强调创作时"即景会心"，"因情因景"而作，写眼前的直接感知，不能脱离眼前实在的景物，不能依赖过去的印象。由此批评了单纯的"形似"或单纯的以目相取而不是以心相取的创作方法。"现成义"即捕捉突如其来的灵感，不待忖度，自然灵妙。"一触即觉，不假思量计较"。不能"隔水问樵夫"。"显现真实义""乃彼之体性本自如此，显现无疑，不参虚妄"，即创作不仅是对事物表面的观察，而且也是对事物内在体性的把握，同时也强调创作要忠于自己对审美对象的真切完整的审美体验，而不以自己的主观意志为转移。他说："身之所历，目之所见，是铁门限。"（王夫之《姜斋诗话》），王夫之"现量"说又受佛学"八识"影响。他说："前五于尘境与根合日寸，即时如实觉知是现在本等色法，不待忖度，更无疑妄，纯是此量。第六唯于定中独头意识细细研究，极略极迥色法，乃真实理，一分现量。又同时意识与前五和合觉了实法，亦是一份现量。"（王夫之《姜斋诗话》）

（五）审美论

美学是研究自然界、社会和艺术领域中美的一般规律与原则的科学，探讨美的本质，艺术和现实的关系，艺术创作的一般规律。佛学本身不是美学，它是阐释佛教义理的，其中并没有专门的、成系统的审美理论。但是按照佛教"中观"思维方法，佛学既崇尚"非美"又主张"非非美"，于是有了佛教美学。僧肇说："然则道远乎哉？触事而真，圣远乎哉？体之即神"（《不真空论》），由此使佛学的各种典籍中包含着丰富的美学思想。因为佛学在探讨哲学理论时，总是带着审美意识和评价，以鲜明的审美肯定态度进行论述的，因而，它的哲学中也就充满了美学思想。另外，佛学的般若方法也比传统儒家更具辨证精神和魅力，它所阐述的"中道"也更加超越，没有任何执著，显然更加符合翻译的艺术规律。这实际上都是美学的表现，正如庄子的哲学是美学一样。"庄子的哲学是美学"这一命题是李泽厚在《中国古代思想史论》提出的。以至皎然《诗式》认为谢灵运的诗作"发皆造极"，正是得于"空王之道助"，"其犹空门证性有中道乎?"其实，佛学与美学在价值观念、思维方式、情感体验和表现手法等方面都是相似、相近和相通的。正如赵朴初在《佛教和中国文化》一文中所说:"佛学需要通过自身的审美潜在力的艺术展示来显现自身的存在，佛学也需要艺术，没有艺术活动它就不能存在。自由无羁、丰富热烈、奇诡神异的联想、想象和意象都是佛学和审美不可或缺的内在机制。"佛学尤其是禅学的境界理论，是美学境界说所取资的主要对象，佛学的"言语道断"说、"顿悟"说、"妙悟"说、"现量"说和"境界"说，以及"以禅喻诗"，用禅宗的一套禅理来论述诗的创作、欣赏和评论，就是美学的突出表现。例如，佛学认为，音乐有"供养""颂佛"作用，在举行宗教仪式时都要利用音乐。佛学音乐传入中国称为梵呗，由于汉梵语音不同，曲调难以通用，三国时佛学音乐就"改梵为秦"，用中国的音调来配唱经文，形成中国佛学音乐。祁志祥《佛教美学》一书指出，佛经中有些理论是与美学相关的或者是适用于美学的，这是佛学对美学实践经验的自然反映。比如就美学理论本体论而言，佛学中的一些重要概念和范畴就与其有着内在的因缘，像"色""相""形""神"等就是美学理论中的一些核心论题，而且佛学对种种外在形色的产生根源、基本属性与美学本质也有哲学层面的深入思考。这样，佛学自然形成了表达佛学审美理想的审美体系。

佛教是哲学，其深刻的哲理中包含了深刻的美学意义。宗白华在《艺境》中谈"美"从何处寻时，引宋代罗大经《鹤林玉露》中所载"某尼悟道诗"相比拟:"尽日寻春不见春，芒鞋踏遍陇头云。归来笑拈梅花嗅，春在枝头已十分。"此种悠然心会的"禅境"，直观、具象的"美境"，正是王国维所标举的"无我""不隔""语语都在目前"之"诗境"。它与灵山"拈花微笑"同一意趣。宗白华又说:"禅是动中的极静，也是静中的极动，寂而常照，照而常寂，动静不二，直探生命的本源。禅是中国人接触佛教大乘义后体认到自己心灵的深处而灿烂地发挥到哲学境界—艺术境界。"(《中国艺术意境之诞生》)。其实所谓境界说，亦即意境说，即是指性情景交融的艺术境界。"境界"同样是一个佛学名词，如"了知境界，如幻如梦""我弃内证智，忘觉非境界"。王夫之倡妙悟的现量境界，妙悟说与佛教思想渊源最深。印度美学理论中的"味"的哲学基础是注重"分歧统一"，所以它可以启发译者从"滞形拘名"的桎梏中解脱出来，正确处理"文"与"质"这类对立的矛盾。译经评论者喜谈"味"，如罗什用"失味"来评论译经(慧皎《高僧传》)。道安用"无味"和"真味"评论译经(《摩诃钵罗若波罗蜜经钞序》），真味即真实的、纯正的、本来的味道，如严羽《沧浪诗话·诗评》说："读《骚》之久，方识真味。"朱承爵《存余堂诗话》说："作诗之妙，全在意境融彻，出声音之外，乃得真味。"佛学把色、声、香、味、触、法叫作"六尘"，人们不为六尘玷污，保持心地清静。这种"味"，在中国艺术中称为"传神""神韵""神味"之类。

尤其是佛学对于"圆满"的追求，成为值得追求的至高无上的美的境界。运用"圆融"说讨论翻译，其他论题都围绕着"圆"的论述展开。早期道生就曾深感"自经典东流，译人重阻，多守滞文，鲜见圆义"（《高僧传·道生传》）。而僧祐的《胡汉译经》文字音义同异记批评前人"译之得失，终隔圆通"，肯定罗什译经，"新文异旧者，义皆圆通"。照明赞扬"华严新译义理圆备"。道宣称阇那崛多译经"理会义门，句圆词体""理教圆通"。玄奘批评前期译经"圆宗尚阙"，表明前期所译之不足，表明译界对"圆译"的追求。玄奘在所译《成唯识论》（也是玄奘晚年思想的定论之作）中论证"我"（主体）、"法"，不过是"识"的变现，都非真实实在，只有破除"我执""法执"才能达到"成佛"的境界，说明玄奘受"中观"和"圆融"思想的影响是很深的，这对于他的翻译主张和翻译艺术的影响也是很深刻的。辩机在《大唐西域记·记赞》中称赞玄奘像孔子修《春秋》一样，"笔则笔，削则削"，表明他翻译艺术的无滞无碍。玄奘自己也曾批评前代的译经："有专门竞执，多滞二谛之宗，党同嫉异，致乖一味之旨，遂令后学相顾，靡识所归。"进一步证明玄奘佛教哲学、美学与翻译观的统一。钱钟书说："乃知'圆'者，词意周妥、完善无缺之谓，非仅音节调顺、字句光致而已。"这是对"圆"字含义的准确概括。这"圆"字就是佛教论述标准的最高范畴，它从宗教意义上的"圆教"（教理的圆满无缺），升华为哲学上的"圆融"（统一无碍），再进入美学中的"圆满"（圆满无缺）。翻译评论借鉴这一思想，一是指译本的标准与达到的境界，以其圆满无缺而使人感到审美满足。二是指翻译方法上的圆活无滞和毫无执碍。赞宁说前期翻译"终隔圆通"，涵盖这两义。

佛学中的美学是佛教在探索人生和宇宙时，兼及美的思考而形成的美学观念和理论，它引导人们追寻美的本质，启发人们认识审美欣赏的奥秘。佛学对美的认识有自己的特点，它所形成的美学特点是：美是幻影，美是体验。

1. 美是幻影

佛学从"缘起性空"理论出发，认为世界的万有是没有本质的，它依缘而起，而无自性，这种没有"自性"的世间诸有（法、相）便是一种似有而无的东西。佛学的终极真理是虚无的状态，对它是无法把握的。龙树在《中论》里讲："它既非虚无，亦非不虚无；但是为了说明它，故而称之为虚无。"绝对既非存在，亦非不存在；既非两者，亦非不同于两者，由此将有限的范畴变为无限的范畴。《般若波罗蜜多心经》说："色即空，空即色，色不异空，空不异色，色、受、想、行、识五蕴亦如是空……诸法（自）性空而无相，不生不灭，不增不减。"人的感官知觉，所见、所闻、所嗅、所尝、所想、所行，其本质都是空幻虚无的。于是，自然界的美便是一种幻影。艺术的永恒生命是真、善、美，而佛学尽其所为，旨在追求完美，因此完美便成为佛学的宗旨和目标。"佛"（梵语 Buddha 的音译），意译就是觉行圆满。佛学所追求的"涅槃"（梵语 Nirva 的音译），其意义是圆寂，也是一种完美。佛学这种推崇完美的观念推而广之，则扩大到其他一切领域，在艺术领域里也得到充分的表现。佛经和佛学各派也喜用一个"圆"字来表示圆满、圆通、圆融、圆遍的各种美感，佛学对"圆"的崇拜，并非孤立的，它是古印度审美趣味的反映。

　　2. 美是体验

　　佛学认为，实相不可知，涅槃不可至，要获取它们只能是"觉"或"悟"。所谓"玄道在于妙悟，妙悟在于即真"（僧肇《涅槃无名论》），佛学所讲悟，即觉悟。所谓觉悟指对宇宙人生真理的认知和体悟。方立天在《懂得一点佛教提升自己的修养》中指出，相应地，"觉悟"也含有生命的烦恼痛苦获得解脱之意。这种"觉"或"悟"排除一切逻辑推理和语言论证，只依赖人的感官的直觉运动，正是因为这样的特点，佛学中的美学也便是一种纯粹的体验美学。佛学体验美学中的"妙悟"具有直觉、个体、机缘、整体四个特征：直觉观照，即不作任何理性推断或语言阐释，"言语道断，心行处灭"。从直觉观照得到的领悟，其间的中介只能是事物的具象。如果参悟者具有慧根，遇物而触，得到启示，便可以使智慧与真谛契合无间，在刹那间"见谛""悟道"。这是文学等艺术重视直观的哲学基础。但是，语言文字作为"妙悟"过程中的"筏"，又具有工具性作用。因此要悟得真理，既要借助文字，又必须"舍筏登岸"，丢掉借以悟道的文字，跳出一般的思维规律，这便是"活参"。如果拘泥文字，不能理解深层蕴义和言外之意，就是"死参"。因此，从文字入手又不拘限于文字，通过联想获得新的启示，悟得佛理。这与中国道家美学的"彻悟言外""彻悟象外"，与所追求"言外之味""象外之象"同一意趣。就个体性体验而言，佛学认为参悟中的直觉体验不凭文字、语言、概念，其体验过程与体验结果就只能是个体性的。"如人饮水，冷暖自知"（道原《景德传灯录·袁州蒙山道明禅师》）。意谓只有本人才有真切的体验与感受，他人

无法取代，自身也无法给人以明确传达。在审美过程中，经常出现某种
"只可意会，不可言传"的体验。而且越是丰厚而有深刻意义的美，它的
指向越是多方面的，也越能唤起审美者的美感，但却无法用语言表达，
甚至也是无法用概念与语言去加以理解的。重视机缘的触发，这是因为
佛学的觉悟方式通常分为两种：渐悟和顿悟。渐悟是经历不同次第、阶
段，渐次感悟真理，证得佛果。顿悟则是当下的、顿然的觉悟，成就佛
道。由于参悟的过程主要是主体心理的一种直觉运动，是具象与具象之
间的推演，这就非常需要借助某种机缘的触发，来使具象与具象之间发
生交融，产生心灵的火花。而这种使具象与具象间发生联系与交融的心
理机制，主要就是联想这样一种直觉的心理活动。佛学注重整体思维和
整体感悟，它具有两种形态：一是整体把握和论述对象，不再做具体的、
微观的分别；二是以感知到的对象的不完全的部分为基础做知觉联系，
构成一个朦胧、模糊的感受和想象的整体，然后把这个整体的感受和想
象作为对对象的评论。这种评论，已远离对象的复述而富于想象性和评
论者的创造性。这种整体不分的审美特性是佛学"无二"方法论的意蕴，
也是整体感悟审美特性"不二法门"的差异的体现。佛学认为，当"不二之
悟"契合"不分之理"时，认知主体的心灵活动是息绝想念的，也是无名无
言的；而在审美评论中，"不二之悟"所认识的是对象的整体和感受的整
体，是一个充满意念和想象并物化为语言文字的化境世界。

佛学的这些美学思想都贯穿于所有经典之中，使佛经并非一味宣讲
抽象的教理，而是重视语言的艺术性和文学的参与性，注意塑造出鲜明
生动的形象，感召和激发信众的宗教感情，所以梁启超说："质言之，则
凡佛经皆翻译文学也。"（《翻译文学与佛典》）。但佛学的经、律、论三藏，
在表达思想内容的形式上各有特点。印顺导师《佛法概论》分析，大乘经
典从佛陀本生、本行进窥其精神，其中有丰富的宗教幻想成分和"博喻"
的艺术思维方式。例如，华严境界里，世界一切无不周遍圆融，相即相
入。《般若经》的想象力，好大不经，奇诡无已。《金刚经》的幻化思维，
深妙靡丽、扑朔迷离。《法华经》既是一部宗教宣传作品，也是一部优秀
的文学作品，其想象丰富，色彩浪漫，行文流畅，辞藻优美，文学描写
与宗教宣传融为一体。《维摩诘经》宣传大乘般若思想，批评小乘的片面
性，传统称它为"弹偏斥小""叹大褒圆"。经中提倡"入不二法门"，就是
强调泯灭矛盾双方的差别性，等同视之。想象富丽，文字优美流畅，是
一部优秀的文学作品。小乘经理论多源于佛陀的言教，风格枯燥烦琐，
带有理论特性。而阿含经则用比较朴素简洁、形象的文字介绍佛陀带领

弟子传教的情形和早期佛学的基本教义。佛经中叙事尚铺陈，描写景物多重复、堆砌。佛经的律多以纪实的形式，杂以寓言、譬喻、神话等。论是佛陀和他的弟子及一些学者的话，内容涉及伦理学、心理学和知识论，多采用概念分析和抽象辩论的形式，但语言精美，风格各异，如道安博学多识，以才辩文学著称，文章为当世文人所重。初期学佛，道安重视禅观，认为通过禅观修习，可以获得"以大寂为至乐，无音不能聋其耳矣；以无为为滋味，五味不能爽其口矣"的效果。表明道安早期对小乘禅学颇有好感，并由此而感佩安世高的译经事业。他曾评论说，安世高的译经，"安每览其文，欲疲不能，所乐而玩者，三观之妙也；所思而存者，想灭之辞也"（《人本欲生经序》），其文章措辞，干练有致，本身即是优美的散文。

　　释迦牟尼是一位知识渊博的宗教家和哲学家，同时也是雄辩的演说家。他在初期传法中，为赢得论辩，赢得信众的理解与支持，所用语言都十分通俗易懂。季羡林在《原始佛教的语言问题》中指出，释迦牟尼为使信众易于接受，特地规定运用方言，不用梵语说法，这就决定了初期佛典的语言朴素质直。公元四世纪前后，印度婆罗门教思想一度鼎盛，使梵语得以盛行，并成为学术用语及通用的标准语，尤其是文章写作的书面文字，都用梵语取代以前各地使用的方言俗语。在这种历史背景下，大多数佛学传播者，也开始使用梵语书写佛典，弘扬佛法，而且还用梵语改写原来的方言俗语佛典。经过改写的经典，由于经中长行是散体，容易改写，而偈颂有诗的韵律，难以改译成标准的梵文，这样便形成俗语梵文混合的佛经。梵呗与印度歌赞不同，所谓"至于此土，咏经则称为转读，歌赞则号为梵呗"（慧皎《高僧传·经师论》）。梵呗是佛典中的赞呗，是以短呗形式赞唱的宗教颂歌，后泛指赞颂佛经或诵经声。可见，用印度本土梵语改写俗语，已很困难，译成汉语，则更加困难，尤其是偈颂。偈颂与中土诗歌虽然同是韵文，但是两者韵律却差别悬殊。中土诗歌不但注重平仄，尤其重视韵脚，讲究押韵，诵读起来便有音乐之美。梵文偈颂则注重音节的抑扬，每行中的音节是一致的，而每句中的字数则多寡不一，且多重复。黄夏年《道安法师对中国佛学的贡献》一文中说："偈颂译为汉文单音字，要限定在一定的字数中，再加上韵脚的限制，便扞格难通。"因为梵音和汉语的构造不同，无论用梵腔咏汉语，或用汉曲歌梵声，都不相调和。所以佛教传入中国之初，译经事业虽渐发达，而梵土歌呗却未获传授。慧皎《高僧传·经师论》说："自大教东流，乃译文者众，而传声盖寡。良由梵音重复，汉语单奇。若用梵音以咏汉语，则声繁而偈迫；若用汉曲以咏梵文，则韵短而辞长。是故金言有译，梵响无授。"说的就是这种情况。

佛典的这些美学特征在翻译中自然引起译者的注意，更受到评论者家的关注。梁启超《翻译文学与佛典》说："佛恐以辞害意且妨普及，故说法皆用通俗语，译家惟深知此意，故遣语亦务求喻俗。"而对于那些富于文学技巧和讲究美学品质的经典，自然还需追求诗意和典雅，以求得译本有似于原本的风格效果，随之也使评论注意译本的审美层面，揭示经本义理的审美特征和读者的审美感受。早在东汉，牟子《理惑论》便一方面指出"佛经如江海，其文如锦绣"，另一方面又"引诗书，合异为同"，如同"渴者不必须江海而饮，饥者不必待廪仓而饱。道为智者设，辩为达者通，书为晓者传，事为见者明"。意谓中土人士对儒家学说比较了解，所以多引儒书比附佛学，如直接演说佛经义理，便如同"对盲者说五色，为聋者奏五音"。牟子不仅看到儒佛两家思想在种族文化方面的差异，而且试图从理论和文化交流、互补之中予以解答，他认为借儒家经典阐述佛学思想可以达到最为理想的效果。道宣《续高僧传·僧冥传》说："谨依经文，文玄则玄，文儒则儒。"称善无畏"删缀辞理，文质相半，妙谐深趣，上符佛意，下契根缘，利益要门，斯文为最"，评慧远"文多清素，语恒劝善，存质去华，不存粉墨"。又称潜真"唐梵文字，声韵具知。传译此经，善符圣旨，文质相兼，璨然可观"。僧灿《信心铭》，"论曰：凡历古以来诠道之作多矣，至于穷彻法源，妙尽宗极，无出此篇。言约而义丰，旨深而词雅"。文登《祖堂集序》说："可谓珠玉连环，卷舒浩瀚。既得奉味，但觉神清。"寂晓《大明释教汇目义门》说："恍然悟，霍然解，非庖丁之谓与？"与佛典汉译评论的美学旨趣也一样。杨亿《古清规序》说，"师曰：吾所宗非局大小乘，非异大小乘，当博约折中，设于制范，务其宜也。于是创意别立禅居，凡具道眼者，有可尊之德，号曰长老，如西域道高腊长，呼阿阇黎等之谓也。即为教化主，处于方丈，同净名之室，非私寝之室也。不立余殿，先树法堂者，表佛祖亲嘱受，当代为尊也。所裒学众，无多少无高下，尽入僧堂，依夏次安排"。《大宝积经》是一部丛书，共一百二十卷，玄奘临死前一年曾试译过几行，但感觉气力衰竭而辍笔，后菩提流志完成了玄奘未竟的伟业。徐谔替《大宝积经》译本作的《述》里评论译本说："大乘章句义不唐捐，小品精微拯无遗溺，能事毕矣，佛何言哉？"以审美态度盛赞该经的翻译技巧。

四、佛学影响译经评论的内在机制

佛学理论思想包含深广精粹的哲学与美学，但这只是其外部的条件，而要与翻译评论发生关系，最终还须内部因素起作用。这内部的因素除译者及评论家终日沉浸、熏陶于佛学海洋之中，精通佛学，晓畅义理，从而促使他们运用佛学来阐释翻译观点，指导翻译实践外，还有更重要的一点就是翻译艺术本身的性质所决定。这是打通和连接佛学与翻译的最重要的契合点与纽带。学科与学科之间，必须具备一定的相通性，才能相互影响。翻译艺术的成熟除了译者对两种语言、文化及所译内容有精深透彻的了解外，还有三点也是极为重要的。

(一)翻译观念

翻译观念即对翻译本质的认识。从严格意义上的翻译来说，翻译就是"还原"，即使用与原本不同的语言完全而准确地恢复原本思想内容，同时尽可能地恢复原本的语言条理与行文特色等风格面貌。即使由于两种语言文化的巨大差异，使得真正的"原"不易寻求，保存原本的语言组织面貌不易达到，致使这种"还原"转变为"异变"中的还原，但这种"异变"也应该是积极的，即对读者了解原本起到促进作用，有利于读者看到原本的面貌。这就启发译经评论借鉴佛学的本体论思想。佛学之所以建立起它博大精深严整完善的学说体系，就在于它始终坚持其佛性湛然长住，不增不减的本体论，其他全部体系都围绕这一核心展开；一切修习都聚焦于这一目标的追求。

(二)翻译标准

明确翻译的标准，具有正确合理的翻译追求，既有哲学的理论厚度，又有美学的深广博大，因此，译经评论吸收了佛教"圆融"的思想精华，使原本的内容与形式准确完整地在译本中得到体现。而译本所具有的"天然西域语趣"与本族语的规范又是水乳交融般地互具互摄、圆融统一。玄奘的翻译之所以受到后世肯定和称赞，原因就是他的翻译"圆满调和"(梁启超《翻译佛典与文学》)。而罗什的翻译虽然受到一定程度的欢迎，但所招致的批评也很多，其主要原因一在于他的汉语表达和笔译功力不够，僧睿曾说："法师于秦言大格……苟言不相喻，则情无由比……进欲停笔争是，则校竟终日，卒元所成；退欲简而便之，则负伤手穿凿之讥。"(《摩诃般若波罗蜜经释论序》)。鸠摩罗什在读了僧肇《般若无知论》后，对僧肇说："吾解不谢子，辞当相挹。"也表明罗什自己承认，他的汉文不如僧肇。二在于罗什译经删削过多，有损经义。玄奘的译经从未有人提出任何质疑，这不能不说得曾于玄奘吸收了佛教圆融的思想。

(三)翻译方法

掌握正确的翻译方法，在于译者在忠实与灵活之间善于运筹。道宣

《续大唐内典录赞序》所说的"不饮两端"和《广弘明集序》说的"中庸见信从善"，指的就是译家之"中道"。其他论翻译者如王日休《佛说大阿弥陀经序》说："又其文或失于太繁而使人厌观，或失于太严而丧其本真，或其文适中而意则失之。"这就是说连"中"也不能固守，任何一种偏激都是不符合翻译艺术的。译者必须一切以原作为转移，不能自己预设任何标准或方法，这是翻译的本质所决定的。玄奘在所译《成唯识论》（也是玄奘晚年思想的定论之作）中论证"我"（主体）、"法"，不过是"识"的变现，都非真实存在，只有破除"我执""法执"才能达到"成佛"的境界。说明玄奘深受"中观"和"圆融"思想影响，这对于他的翻译主张和翻译艺术的影响也是很深刻的。

　　翻译的本质、翻译的方法、翻译的标准，三者构成翻译评论体系的三大支柱。佛经翻译界所争论的问题，都集中在这三方面。翻译中其他问题如风格、单位、原理、文体等，都是由此而展开的论述，而佛学在本体论、方法论和标准观上的论述，也能在这三方面满足并指导翻译评论的需要，因而它受到评论家的重视。佛典汉译评论正是围绕这一体系进行探索，使翻译实践和翻译评论一步步走向圆融，使译作日臻完善，评论趋于成熟，理论接近圆通。事实上，佛典汉译评论始终是在佛教学说的滋润中孕育成长起来的，并受到佛教的哲学及美学影响而发展成熟，有这样四层含义：其一，成熟的翻译评论都是在一定哲学思想的影响下得以形成的，它不是脱离某种文化渊源的师心独创，需要选择当时极为流行、人们甚为关注又与佛学传播与翻译本身有紧密关联的理论模式加以融汇创造，只有这样才能让人们迅速理解与接受。其二，佛典汉译评论自佛经翻译开始酝酿，经千年的探索，已发展成熟，自成体系。其三，佛典汉译评论充分吸收佛教哲学、美学思想，以指导翻译实践，建立了完备的翻译评论。其四，佛典翻译评论本身概念丰富，条理健实，所以梁启超《变法通议·论译书》说："翻译之事，莫先于内典；翻译之本，亦莫善于内典。故今日言译例，当法内典。"指出必须继承内典翻译评论。董秋斯在《论翻译理论的建设》一文中要求"用正确的历史观，总结东汉以来一千几百年的翻译经验，从发展的过程中，把握正确的方向和法则"。季羡林《从斯大林语言学谈到"直译"和"意译"》一文"后记"中指出："翻译历史之长，翻译东西之多，翻译理论之丰富，哪一个国家也比不上中国。这一份极可宝贵的遗产可惜到现在也没有认真总结、继承。一千多年以前晋道安提出了'五失本'的主张，差不多同时，后秦鸠摩罗什'手执胡经，口译秦语，曲从方言而趣不乖本'。可以说是意译直译两大派的代表。中间许多翻译家都或多或少讲了一些翻译理论。"这些论述充分肯定了佛典汉译评论的宝贵理论资源。《中国大百科全书》语言文字卷"翻译"条指出："在中国，佛经的翻译自汉至宋代，历一千二三百年，这样历久不衰的翻译工作，在世界上是空前的。从实践中产生的理论，也以佛家为最有系统，最深刻。"

可见，佛典汉译评论随着佛典翻译的开始而诞生，此潘末所谓"自梵典入中国，翻译之学兴"，又随着佛典传译艺术的成熟和中国佛教理论的建立而完善。当然，佛教文体经、律、论三藏不是"宗教文献"一词所能概括的。梁启超《佛典之翻译》指出，"质言之，一切佛典皆文学"，说明五千卷佛经典籍即是文学佳构。而论藏又是"彼土大师，贯穴群经，撷其菁英，用科学的研究方法，自建树一学术系统也"（梁启超《佛陀时代及原始佛教教理纲要》）。这样，佛典翻译便将文章与文学翻译两大文体涵盖殆尽。

第二节　佛典汉译评论与中国传统思想

随着佛经翻译的发展所建立起来的佛典汉译评论，既受到佛学的影响，也受到本土思想的熏陶。译经的目的本是传播佛法，为信众读者传达佛陀的意旨，佛典汉译评论也应符合宗教意旨，这本来是很容易受到宗教精神禁锢的，但是，它又没有完全被宗教精神所禁锢，没有局限于天竺西域外来经典之内，仅仅满足于诠注佛教经典，而是以开放的形态，使评论植根于传统文化的土壤，广泛借鉴传统思想，注意吸取中国传统文化的精华，尤其注意借鉴传统史学、哲学、文献学、美学、文章学、文学评论等，由此使得佛典汉译评论的很多观念、术语，与传统思想相一致，使之始终保持着浓厚而纯粹的国学风味和浓重的中国文化特质。

一、佛学界主体备通内外儒佛一身

佛典汉译从一开始就是在汉文化背景下，沿着华夏文化的思路展开的，而佛典译籍的评论也始终处于传统思想背景下，受着华夏文化影响。佛典汉译实践深受传统因素影响，佛典汉译评论同样受到传统因素影响，中土僧俗都受过传统教育，他们的学问兼及传统学术。当他们信奉佛学，研读佛经，思考义理，传译佛典，评论译籍时，总以传统学术已有的知识结构去理解佛学，解读原典，发挥学理，在他们撰写佛学论文或注解佛经时，也总是引述传统学术知识，因此使得中土僧俗的佛学论文或经论注疏掺杂佛学以外的思想，并将这些不纯粹的佛学教理向外传播，致使经过翻译和评论的佛典不再是原原本本源自印度本土的思想。支谦的译文"颇从文丽"，他的译经观点重"雅"，源于当时社会习俗与汉地传统文章学的影响。汪东萍和傅勇林在《回归历史：解读佛经翻译的文质之争》中认为，三国时中国文章学正处于"汉赋"向"骈文"的过渡期，文人学士追求美妙的文辞和丰富的想象力，引导文章由质朴趋向藻饰。这一崇尚文采、喜好简约的时俗影响了当时兴起的佛经汉译，直接催发崇文思想的产生，也催生了译经评论。佛经翻译既是宗教经典的翻译，又是哲学理论的翻译，同时还是文学创作的翻译。可以说，佛典汉译评论也如同中国化的佛学一样，融合了佛学理论与传统国学。佛典汉译评论在学理上与国学思想一致，在学缘上与国学息息相通，秉承了传统学术在理论品格、思维方式、审美旨趣上所具有的特质，由此使佛典汉译评论的理论根基，在其理论和命题上，基本上来源于中土古典哲学、美学、经学，尤其是古典文艺学。

（一）佛学界主体备通内外儒佛一身，成为沟通内典与外学的机缘

历代高僧硕学往往兼通内典与外典，即兼通佛学和世学。这种兼通使他们在沟通儒道佛，借佛学与传统国学影响佛经翻译评论上发挥了特殊作用。例如，支谦就是一位"才学深澈，内外备通"的佛经翻译家，他的译经和评论都体现了梵汉结合的特点。他"以季世尚文，时好简略，故其出经，颇从文丽"，并主张一切名词，译时不得用胡语、胡音。其所译《大明度经》中有《本无品》，所谓"本无"，按罗什的译法应是"真如"或"性空"，而支谦的译法受正始玄学的影响，因为"本无"正是何晏、王弼哲学中的重要概念，广为传播。又如，支谦翻译的《佛说维摩诘经》中有《观人物品》，"人物"二字罗什、玄奘译为"众生"或"有情"，支译受了当时人物品评风尚的影响。此外，《观人物品》中还有"自然""真人"等词语，更可明显看出道家思想的痕迹。汤用彤指出："三国时支谦内外备通，其译经尚文丽，盖已为佛教玄学化之开端也。"（《魏晋南北朝佛教史》）。慧皎《高僧传》记载，道安"家世英儒，年七岁读书，至年十二出家"，他凭着"再览能诵"的天赋，有深湛的外学功底。《高僧传》还记载说："安外涉群书，善为文章，长安中，衣冠子弟为诗赋者，皆依附致誉……坚敕学士内外有疑，皆师于安，故京兆为之语曰：'学不师安，义不中难。'"可见其世学之深。僧祐《出三藏记集》所集道安著作中也可见其不仅精通儒家学说，且通达诸子百家，如："举足而大千震，挥手而日月扪，疾吹而铁围飞，微嘘而须弥舞，斯皆乘四禅之妙止，御六息之大辩者也。"(《安般注序》)，可见其对《庄子》的熟悉和对骈体文运用的娴熟。道安在佛学上的造诣更为深厚。他研习安世高译籍，并先后为之作注或作序，阐发禅数学。南下襄阳十五年间，转精研般若学，通过比较不同经本（如《放光》《光赞》）的方法，从中得到较为准确地理解，所谓"经义克明，自安始也"（慧皎《高僧传》）。道安晚年在长安主持译经，先后译出的《僧伽罗刹经》《阿毗昙》和《鞞婆沙》等论，都由道安亲自校定，可见他精于毗昙学。慧皎《高僧传》记载，慧远的学说以佛学为核心，又广泛吸收具有中国特质的学术思想及精华，作为东晋时期的佛教界代表之一，他又"博综六经，尤善老庄"。为使来自西域和天竺的佛学乐于被中土学人接受，他在讲授经义时，放弃当时讲经不用俗典的戒律，引用《庄子》中的语汇和譬喻，解释佛学疑义，使"惑者晓然"。慧远在庐山主持佛事三十余年，弘扬佛法，"精思讽持，以夜继昼"，使庐山成为南方佛学中心。其间，慧远著书立说，"所著论、序、铭、赞、诗、书、集为十卷，五十余篇"，他的"渐悟"论，既受到印度佛学"般若性空"的影响，也有老庄思想的印迹。在译经文质上，慧远把译经的修辞论和他所倡导的"渐悟之方"结合起来，主张"厥中"，正是他深厚的外学功底影响了他一生的佛学建树和一生的轨迹，使他的佛教思想具有自己的特色。《世说新语》载其与人讨论《周易》时说："内外之道，可合而明"，"苟会之有宗，则百家同致"，充分体现了他汇通三家，博综诸学的思想特征。佛学在慧远时代不断中国化，正是得益于学者们内外沟通的主体身份及其兼治内外的学养。玄奘自幼学习儒家经典，深受传统文化熏陶，同时又修习佛典，被誉为"释门千里驹"。吕澂认为，他是继罗什和真谛以后在中国传布正统印度佛学的大师，然而，受中外文化的共同影响，尽管他把中国以前的佛学作了清算，又亲身到印度研习，也并没有缩小中国佛学与印度佛学的距离（吕澂《中国佛学源流略讲》）。禅学是彻底中国化的佛学，主因就在于禅学大师本身兼治内外，集儒佛品格于一身。憨山大师德清对《中庸》《老子》《庄子》均深有研究，认为"不知《春秋》不能涉世，不精老庄不能忘世，不参禅不能出世"（《憨山老人梦游集》卷三十九《学要》条）。智旭则提出"惟学佛然后知儒，亦惟真儒乃能学佛"（《灵峰宗论·敷先开士守龛助缘疏》），这都是强调治学的广博与梵汉融会贯通。

（二）备通内外是佛学界的要求

佛学要求僧俗充分运用智慧观照人生和自然界，以求解脱，并从观照中引出佛学智慧，不断丰富和发展佛学教义和学说。这就要求学佛者不仅要能记诵经典，理解经义，而且要有广博的知识，以便不断对经典和教义有新的解说。所以佛学要求学人修学"五明"：声明（语言文字）、因明（逻辑）、内明（教义）、医方明（医学）、工巧明（工艺技术、天文历法）。"因明"属于佛学"五明"之一，五明是佛学所创立的对于学术的分类。《瑜伽师地论》说："云何五明处，谓内明处，医方明处，因明处，声明处，工业明处。""因"即理由，"明"就是"学"，意为研究理由之学。因明学是通过宗、因、喻三支作法作逻辑论证，从而推翻对方的论点，建立自己的论点的一门有关辩论的学问。玄奘在印度时，曾全面精湛地学习了因明，回国后，又译出天主《因明入正理论》和陈那《因明正理门论》等重要因明著作。梁启超曾说："法相一宗，虽渊源印土，然大成之者，实自玄奘。其提倡因明，传译之余，讲析不倦；中国始知'逻辑'以治学，实自兹始。"（《梁任公近著第一辑》）指出了玄奘所译对中国学术的影响和贡献。因明学中的重要范畴和概念是"五分"（宗、因、喻、合、结）与"三支"（宗、因、喻）。

大乘佛学特别提倡利益众生，所以修行者也必须尽量学习一切文化知识，"五明"被认为是能够帮助成就佛果的"大智资粮"。彦琮在"八备"第四条中明确要求译人旁涉中国经史，具备文学修养，不使译笔生硬；第八条要求基本掌握中国文字训诂学问，精通汉语。这两条与中国本土文化传统密切相关，确立了佛经汉译从实践到理论过程中的中国本位文化地位。这样的论述，彦琮完全是从传统思想角度出发的，他以传统儒学作比方，"若夫孝始孝终，治家治国。足宣至德，堪弘要道。况复净名之劝发心，善生之归妙觉"。既然身为佛子，翻译佛经的目的和功能就要"崇佛为主"和"斯法见续"（《辩正论》），如果翻译佛经做不到这一点，佛经的翻译也就没有什么意义了。赞宁是"内外博通，真俗双究"的佛教史学家，主张三教要和平相处，不宜偏废。欧阳修称赞他的文才说："吴僧赞宁，国初为僧录。颇读儒书，博览强记，亦自能撰述，而辞辩纵横，人莫能屈。时有安鸿渐者，文辞隽敏，尤好嘲咏。"（《六一诗话》）。赞宁在《大宋僧史略》中郑重提出各种知识的重要性，主张佛子不但要精于本业，而且还要钻研儒、道义理。

二、传统哲学参与建构佛经译论的思想基础

中国传统哲学、心理学、文论及美学等广泛涉及一般哲学的本体论、认识论、方法论、实践论、现象论等各个理论层面，形成"道""法""理"等一系列范畴，与翻译评论广泛相通，因此影响评论者深化理论思辨，

开拓思维空间。在进行翻译时，无论是对语言运用的理论思辨、规律总结，还是翻译技巧的积累，或是对评论者的精神世界的探索，都会打上本土传统文化的烙印。

（一）传统文化学术为佛典汉译评论提供一定的哲学本体论基础

传统道家思想和玄学思辨关注言意之辨，本质上是对哲学本体论的思考。佛典汉译评论基于传统哲学本体论，提出了适应翻译实践的理论主张：既强调"言外之意""真趣"等理论主张，也重视"幻中有真""遗貌取神"等翻译原则。这些见解，深刻认识到了原本与译本的辩证联系，充分发挥了翻译主体的作用，启发译者灵活处理言意之辨。早在支谦《法句经序》中，借引老子"美言不信，信言不美"及孔子"书不尽言，言不尽意"的观点，表明论者对传统言意思想的直接应用。道安在《道行经序》中说："考文以征其理者，昏其趣者也；察句以验其义者，迷其旨者也。何则？考文则异同每为辞，寻句则触类每为旨。为辞则丧其卒成之致，为旨则忽其始拟之义矣。若率初以要其终，或忘文以全其质者，则大智玄通，居可知也。"指出通过考文察句征验义理，都会迷失旨趣，意谓不能孤立地从文字表面理解佛旨，而必须靠玄通顿悟。这就要从一开始直接体验终旨，摆脱文字的桎梏而保全实质，否则就会丧失最终的大义，忽略初始的旨意。这完全是他经历章句之学后，借道家得意忘言表达的体会，其表述方式和语言措辞也十分相仿。

传统经学的章句之学是经学的重要内容，也是古代经学入门的必由路径。经学章句着重分析某一文本的篇章结构和遣词造句，其中尤以分析篇章结构为基本特点，并在此基础上，再逐次笺解字词，阐释句段的大意。汉代兴起的章句之学，要求学习或讲授一部作品，最初须采用分段分析的方法。徐防曾说："《诗》《书》《礼》《乐》，定自孔子；发明章句，始于子夏。"（《后汉书·徐防传》），表明章句之学早在对儒家经典的整理和注释中得到广泛自觉地应用。关于章句的基本体例，王逸《楚辞章句叙》说："章决句断"；李贤注云："离章辨句，委曲枝派。"这种章句之学，在东汉中前期曾发达一时，因为章句毕竟是学习经典的第一步。黄侃《文心雕龙札记》说："凡为文辞，未有不辨章句而能工者也，凡览篇籍，未有不通章句而能识其义者也。故一切文辞学术，皆以章句为始基。"到了东汉后期，章句之学一度出现低潮，这被认为是与儒学不振相表里的。《后汉书·儒林传序》说："自是游学增盛，至三万余生。然章句渐疏，而多以浮华相尚，儒者之风盖衰矣。"这说明，一意专心章句，将滋生家异其说、不晓大体之弊；但完全摒弃章句，又会导致浮辞无根、经义不明之弊。章句的弊端曾受到通儒的鄙弃和官方政令的直接批驳，如《汉书·夏侯胜传》载，大夏侯谓小夏侯"章句小儒，破碎大道"，小夏侯则说"为学疏略，难以应敌"。可见，夏侯建曾批评章句之学流于琐碎说解。《后汉书·章帝纪》载，建初八年，章帝诏曰："五经剖判，去圣弥远，章句遗辞，乖疑难正，恐先师微言将遂废绝，非所以重稽古，求道真也。"明显流露出将章句之学排除出正统意识形态的意味。章句之学的命运也一样表现在佛学研究中，孙尚勇在《经学章句与佛经科判及汉魏六朝文学理论》一文中认为，"章句直接影响了汉魏六朝的文学理论，并且在解经体制上启发了科判，而成熟的科判则反过来在义解和术语两方面影响了六朝隋唐的经学义疏"，揭示出章句和科判之间的相互影响和相互作用。"科判"即理解佛典时通过分析章段揭示其义理。龚自珍《妙法莲华经四十二问》说，"第三问：此经应作何科判？答：吾初读《法华》白文，审是二分；及见智者文句，果判二分，大喜曰：凡夫知见，乃与大师暗合"。"科判"与"判教"一样，都是对佛典的研究，但"科判"是对佛经经文形式的分析，"判教"是对佛经思想内容的判识。

（二）传统思想会通评论探索的思维方式

传统思维方式缺乏纯理性思辨的哲学基础形态，比较轻视理论思辨和严密的逻辑推理。而翻译评论是一种理论形态，注重的是对翻译实践作理论总结和对原有评论的理论升华，强调的是理性思辨。于是，译经评论便很自然地要在传统哲学中寻找它所需要的理论养料，尤其是寻找那些有理论意识的部分。理论性颇强的评论，都在很大的程度上吸取了传统理论思辨的框架。佛典汉译不仅是语言艺术，更特别强调在有限的语言符号背后所潜含的无限丰富的意蕴，所谓"言有尽而意无穷"。这样，传统的言意方式正好为翻译中的言意思维提供了可资借鉴的内容。支谦《法句经序》中所反映的"因循本旨，不加文饰"和道安所载"案本而传"，反映了这些论者以道家思想为其立论基石的意图。道家主张无为，崇尚俭朴，而这些论者正是将道家的这种"朴素无为"的思想运用于译经与译论当中，因此"朴素无为"，务求忠实审慎，兢兢于"不失本"，就成了那些主张直译者的理论依据。慧远"厥中"论更是深得传统儒家的"中庸"之道，儒家中庸之道启发他辩证地理解文与质的关系。中庸之道，重在适中，不走极端，本是孔子所倡导的最高的一种修养标准，后来逐渐成为儒家的一种方法论。儒家的"中庸"思想影响了佛经翻译审美风格的发展，形成慧远"厥中"的审美标准。僧祐也认为："文过则伤艳，质甚则患野。野艳为弊，同失经体。"（《胡汉译经文字音义同异记》）这实在是孔子"质胜文则野，文胜质则史。文质彬彬，然后君子"(《论语·雍也》)的活用。

儒家在学术形式上注重传承，孔子强调"述而不作"，以后的儒家学者更是采用"我注六经"的模式，来阐发自己的思想，将学术和思想的创新深藏于为圣人著作作注解的形式背后，这也影响佛经评论者的思维方式。玄奘"五不翻"中立"顺古"不译，并明确主张"述而不作"。儒家思想重视文章的社会功能，将文章作为经国济世的工具。孔子认为："诵诗三百，授之以政，不达；使于四方，不能专对，虽多，亦奚以为?"(《论语·子路》)，曹丕更直接提出，"盖文章，经国之大业，不朽之盛事"(《典论·论文》)，将文学作为治理国家必备的工具，体现出传统文人对文章的重视和对国家、社会的责任感。道宣的思想正体现了这一传统，他深感翻译功用之大，有"有翻译之功，诚远大"(《续高僧传》)的名言。赞宁在佛经译论中将"译"解释为同音字的"易"，谓以所有易其所无，正是我国传统经典上早已有的说法。唐代贾公彦在为《周礼·秋官》中"象胥"一节所作的"义疏"中就已这样说了。他还提到"周、秦辒轩使者(扬雄等名儒)，奏籍通别国方言，令君王不出户庭，坐知绝遐异俗之语也"，把方言与翻译相比较，认为"象胥(翻译)知其远也，方言知其近也"，而二者的目的有共通处，"大约不过察异俗、达远情者矣"。

(三)治学路径源自传统模式

道安是中华文化造就出来的中土佛学的一代学者和一代宗教大师。《魏书·释老志》载其"博物多才，通经名理"，于"内外群书，略皆遍睹"。他以注解经义为主，在著述的同时组织并主持译经活动。正基于他深厚的汉文化基础，四十年中撰写了称作"折中解""抄解""折疑""甄解""撮解"的经注著作及《综理众经目录》《答沙汰难》《西域志》等各类著作十五种凡二十七卷。《出三藏记集》载其为译经所撰写的序文十五篇之多，皆可为后学者的经典文章。他首创注经、讲经的"三分"定式，并第一个厘定经典，"撰为经录"，"众经有据，实由其功"。他开创了中国佛学具有深远影响的义理之学，其治学路径和致思方式正是汉地经学传统的发挥。东汉末年，正是两汉经学盛行的时代。疏注"六经"始于子夏，所谓"子夏文学，著于四科，序诗传易"(司马贞《史记索引》)，从此开经学之先河。汉武帝"立五经博士……迄于元始百有余年，传业者寝盛，枝叶密滋，一经说至百万余言，大师众至千余人"(《汉书·儒林传赞》)，从而使经学在汉代达到极盛。道安的佛典汉译评论和佛学研究也深受传统学术模式影响。僧祐说："爰自安公，始述名录，诠品译才，标列岁月，妙典可证，实赖伊人。"可见，我国译经史上有系统的译经评论("诠品译才")，正是从道安开始的。而且，道安的这种"综理"众经目录的方法，显然是用了中土传统的书目文献学的方法，其"诠品"译才的方法，明显是受到魏晋时期人物品评和曹丕《典论·论文》开始的自觉批评的影响。僧肇评罗什所译《百论》"质而不野，简而必诣"（《百论序》），慧远评僧伽提婆所译《三法度论》"虽音不曲尽，而文不害意"（《三法度序》），这些话语形式及思维模式都渊源于传统的文艺美学观。

（四）将所确立的佛典汉译评论纳入本土思想体系

正是由于这些围绕译经的论述本身受到传统文化影响，吸取了传统思想营养，所以论者们自然将历代译经评论纳入传统文化体系。赞宁《宋高僧传》卷三载："逖观道安也，论五失三不易；彦琮也，籍其八备；明则也，撰《翻经仪式》；玄奘也，立五种不翻。此皆类左氏之诸凡，同史家之变例。"将佛经翻译评论纳入传统史学理论一同论述。他自立新义的译经"六例"，归纳译经中的各种现象，提出解决各类矛盾的方法。他认为必须全面了解这六种情况，融合贯通。不然，便是"解者不见其全牛，行人但随其老马矣"。这里，前一句巧用《庄子》中典故，后一句借用《韩非子》中典故。事实上，佛典翻译评论也早已融入华夏文化思想体系，成为其中的一部分，不仅丰富了汉文化思想，而且还源源不断为其注入生机与活力。如文质论，首先在翻译评论中广泛应用，随即进入文学评论，最终成为文论的重要概念。这如同译经一样，采用《老子》《庄子》《墨子》《论语》等传统典籍术语及文化思想来表示佛学概念。而中土学者译经模式本是由评论模式开启的。道安记载赵政对译人的话说：

> 《尔雅》有《释古》《释言》者，明古今不同也，昔来出经者，多嫌胡言方质，而改适今俗，此政所不取也。何者？传胡为秦，以不闲方言，求知辞趣耳，何嫌文质？文质是时，幸勿易之。经之巧质，有自来矣。唯传事不尽，乃译人之咎耳。（《鞞婆沙序》）

又记载慧常表达的译经观点：

> 大不宜尔！戒犹礼也，礼执而不诵，重先制也，慎举止也。戒乃径广长舌相三达心制，八辈圣士珍之宝之，师师相付，一言乖本，有逐无赦，外国持律，其事实尔。此土《尚书》及与《河》《洛》，其文朴质，无敢措手，明祇先王之法言而慎神命也。何至佛戒，圣贤所贵，而可改之以从方言乎？恐失四依不严之教也。与其巧便，宁守

雅正。译胡为秦，东教之士犹或非之，愿不刊削以从饰也。（《比丘大戒序》）

他们都把梵汉之学相融合，与《尔雅》《释古》《释言》《尚书》《河》《洛》同论。辩机《大唐西域记·记赞》将玄奘译经与孔子在位听讼和修《春秋》共论，"笔则笔，削则削"，纳入中土文人治学范围，这种思维模式本受传统治经模式影响。儒家学者在看待佛学与传统学术时，总是以儒学为先，而视佛学为夷狄之学。傅奕认为，佛经所说都是《诗》《书》中未说过的，所以不必崇尚。李师政在《内德论》中，针对真理是否以周孔、六经所说为标准，反驳说："天文历象之秘奥，地理山川之卓诡，经脉孔穴之诊候，针药符咒之方术，《诗》《书》有所不载，周孔未之明言，然考之吉凶而有征矣，察其行用而多效矣。"意谓儒家经典主要涉及的是政事、社会和伦理原则，而世界万物"蠢蠢无穷"，儒家未及之处"茫茫何限"！所以，从认识上说，人们不应拘泥于六经，排斥和诋毁佛经。六经在某种程度上也只是"局教"，并未穷尽世界一切知识，因此从历史进化观来说，晚来的佛学未必蔽陋于早播的儒学。他还指出：

夫能事未兴于上古，圣人开务于后世，故栋宇易橧巢之居，文字代结绳之制。饮血茹毛之馔，则先用而未珍；火化粒食之功，虽后作而非弊。彼用舍之先后，非理教之通蔽，岂得以《诗》《书》早播而得隆，修多晚至而当替？人有幼啖藜藿，长饭梁肉；少为布衣，老遇侯服。岂得以藜藿先获，谓胜梁肉之味；侯服晚遇，不如布衣之贵乎！

意指人类物质生活和精神生活都在发展进步，先得者未必强于晚遇者。在佛学传入中土之前，儒家《诗》《书》已有数百年历史，这只是时间上的先后，不能因此而说儒家一定胜于佛学，甚至是后期胜过前期，晚至胜过早出，或者各家优势平等。"河图""洛书"是经书里面的话，不仅《易·系辞上》说"河出图，洛出书，圣人则之"，而且《论语·子罕》篇也载孔子说"凤鸟不至，河不出图，吾已矣夫"。在古代，圣人所言和经书所载，即是真理。汉儒引申发挥经书所言，是以河图、洛书之说回答经的源头，意在证明经是源自天道，从而确立经书的真理性与权威性。刘勰也把"河图""洛书"当作贯通道与圣人之间的桥梁，认为"河出图，洛出书，圣人则之，于是有八卦，有九畴"。尽管"河图""洛书"只涉及《易》与

《洪范》，并不能证明五经之道都有呈现，但刘勰把"河图""洛书"的功能普遍化，不是把"河图""洛书"看成孤立的两部经典，而是提升到道之呈现的必然性高度，对五经都有效用。后汉《佛说法境经后序》（作者未详）中为强调译经的忠实，指出：

> 夫圣上制经，言要义正，以为具备，无所玷缺，不可复增减矣。犹人之四体，受之二亲，长短好丑，各宿本耳，岂可复改更乎？所谓增之为疣赘，减之为瘢疮者也。且夫世俗《诗》《书》《礼》《乐》，古之遗字，虽非正体，后学之后，莫敢改易，皆尊敬古典，转相承顺矣。况乎斯经之昭昭，神圣之所制，天上天下，群圣仙者，靡不稽首奉受，以为明式，学者益智，行者得度，其无数焉。而斯末俗晚学之人，见闻未广，而以其私意毁损正言，违戾经典，岂不怪哉！名言学佛而违佛教，斯复何求也？昔惟卫佛时，有人反佛名一字，后获其罪五百世盲，朦朦冥冥，其拙久也。至释迦文佛时，其人闻圣德，故来自归，庶得救济，佛遥见呼之，其目即开，投身悔过，乞得除愈。

作者将对经典的增减比作对待父母所授之身不可随意损伤一样，认为对待经典亦不可随意删节。《孝经》上说："身体发肤，受之父母，不敢毁伤，孝之始也。立身行道，扬名于后世，以显父母，孝之终也。夫孝始于事亲，中于事君，终于立身……孝子之事亲也，居则致其敬，养则致其乐，疾则致其忧，丧则致其哀，祭则致其严。"

三、译经评论与传统文论平行发展

译经评论与传统文学评论平行发展，二者沿着同一方向，都在中土的大文化背景下，受到当时传统与佛教影响，在同一社会风气、时尚、心理影响下发展。佛经翻译作为文学形式的一种，逐渐渗透并融合到中国文学中，从这样的角度看，译经评论本是中土文学及美学理论的一种表现形态。译经评论在形式上大都散见于各个时期所出经论的序文跋语中，它们大多简明扼要、论点鲜明、切合实际，也达到了相当高的认识水平，具有高度的概括能力，原因就在于它们是与传统文学评论共同享用同一文化资源。例如，魏晋以后，狭义的审美和纯文学从广义的文化学术中独立出来。鲁迅在《魏晋风度及文章与药及酒之关系》一文中称魏晋是"文学的自觉时代"，又说："这时代的文学的确有点异彩。"表明这时的文学追求美，表达情感。南朝梁代史学家萧子显《南齐书·文学传》即表现出审美的文学观："文章者，盖情性之风标，神明之律吕也。"由此，文章日趋"骈俪化"，行文讲究对偶声韵，使典用事，多用华词丽藻，追求形式美，文坛讲究绮靡、唯美之风。这在魏晋以下的文学评论中表现得尤为突出，诸如评论家们用"美""全美""醇美""精美""粹美""盛美""健美""高美""圆美""真美""和美""清美""秀美""华美"等审美概念评论文学。齐梁时，刘勰就对文学评论提出了这样的审美要求："视之则锦绘，听之则丝簧，味之则甘腴，佩之则芬芳。"(《文心雕龙·总术》)。明代胡震亨明确提出了文学"全美"的观点，指出："綦组锦绣，相鲜以为色；宫商角徵，互合以成声；思欲深厚有余，而不可失之晦；情欲缠绵不迫，而不可失之流……一篇之中，必数者兼备，乃称全美。"(《唐音癸签》)因此，从齐梁到明清，中国古代文学评论追求"色"(视觉美)、"声"(听觉美)和"味"(意蕴美)的"全美"思想。所谓"全美"，就是要求文学作品做到"文采"(文字美)、"声采"(声韵美)和"情采"(意蕴美)三者俱美，使读者从视觉、听觉和心理上获得全面的审美满足。这是典型的审美批评，一直影响到现代的学者，使其依然乐于从审美角度评论文学。例如，林语堂说："原来文彩文理之为物……然鳞章鲛绡，如锦如织，苍狗吼狮，龙翔凤舞，却有大好文章。"(《人生的盛宴》)。朱光潜说："诗必有所本，本于自然；亦必有所创，创为艺术……正犹如织丝缕为锦绣。"(《论诗》)。闻一多说："律诗之发展，丝变毫移，初非旦夕之功。其始也，有句底组织，有章底组织。"(《神话与诗》)，这些观点都是典型的审美评论范式。闻一多还发展出诗歌的"三美"理论，认为，"诗的实力不独包括音乐的美(音节)，绘画的美(辞藻)，并且还有建筑的美(节的匀称和句的均齐)"(《诗的格律》)，这"三美"共同构成了他诗歌理论的"格律"观，成为新诗的理论基础。

佛经翻译，译者们在文与质上都作过探索。早期如康巨"言直理质，不加润饰"，而康孟祥"奕奕流便，足腾玄趣"，康僧会"辞趣雅赡，义旨微密"，表明三位译师风格各有文质之别。罗什是重文的代表，他既在评论上主张文，更在实践和评论中追求文。《高僧传》记载罗什将竺法护"天见人，人见天"一句改译为"人天交接，两得相见"一例。罗什《妙法莲华经》译文是：

　　溪涧沟壑，七宝台观，充满其中，诸天宫殿，近处虚空，人天交接，两得相见。

法护的原译文是:

> 山陵丘墟溪谷荆棘砾石,重阁精舍周匝普满,而用七宝,犹如诸天宫殿丽妙遥相瞻见,天上视世间,世间得见天上,天人世人往来交接,其土无有九十六种六十二见。骄慢罗网,一切化生不由女人。净修梵行各有威德,以大神足飞行虚空,常志精进所作备具智慧普达。

罗什评论此句译文说:"其义与西域义同,但在言过质。"就法护原译文看,上文是赞颂佛土大千世界的美妙庄严,"精舍周匝普满,而用七宝",接着便是"犹如诸天宫殿丽妙遥相瞻见"一句,再下来便是"天上视世间,世间得见天上,天人世人往来交接"这句。如果接罗什改译的译文,显然文意有脱落。既然是"遥相瞻见",一般应先点明天上与世间的距离,所以说,单从法护的译文看,并无不妥。罗什译本中,上文与法护译文一样,后面一句是"诸天宫殿,近处虚空",再接"人天交接,两得相见",从句意上看,与法护译本有一定差异,而且均是四字句,节奏上也要求行文的统一,所以说罗什译本有其自身结构上的完整性,罗什的改译表明其译风偏于文饰。至唐代译经成熟时期,文与质两种译风依然明显存在。赞宁《宋高僧传》载,义净师所译诸经,"偏经律部,自高文采,最有可观";而善无畏"言辞且多朴实。觉救加佛顶之句,人无间然"。《首楞严经义海集解序》说:"适会宰相房融领难铨于此为之润文,笔高语奇,音旨清畅,冥契神会……特秉圆机。"灵耀《楞严经观心定解》说:"以房相笔受,文字工美,无乖名教而已。"高珩《楞严经贯摄序》亦赞美其译笔"文字入妙"。任继愈在《中国佛教史》中指出,在中国佛经翻译史上,始终存在"质朴"和"文丽"两派。这都说明,并非只有初期译经才是过质或过文。传统文论中,文与质也始终是论者的焦点,儒家论文,强调其政治作用和伦理价值,重在抒情言志,事父事君,因而语言多简洁平实,浑厚纯正,虽重视文采但不刻意追求,既不像道家那样飘渺,也不像法家那样峻峭;道家则强调文章自身的审美价值,主张自然天成,质朴全美。这是传统文论中文与质的思想资源。

魏晋时期,在人物品鉴中建立了"神韵"概念,其后便运用到人物画论中,指人物的风神韵致。"神韵"说的中心,是审美表现方式,强调对主体的情感不能直接全面地陈述出来,对景物也不必作全面精细的刻画。

神韵说基于人们对主客体的认识论，即认为在情感和物象二者之间，物象应该完全为表现情感服务，可以超越特定的时空，不一定符合现实自然的真实。王士祯说："镜中之象，水中之月，相中之色，羚羊挂角，无迹可求"，就是对神韵的诠释。作为艺术上的"神韵"说，其要义化实为虚，虚实结合，蕴藉含蓄，意在言外。作为传统文学评论的重要概念，"神韵"其实是来自佛学中的"顿悟""妙悟"说。例如，标举"神韵"说的王士祯在《香祖笔记》中说："唐人五言绝句往往入禅，有得意忘言之妙，与净名默然、达摩得髓同一关捩。"其《咏雪亭诗序》中又说："严沧浪以禅喻诗，余深契说，而五言尤为近之。如王、裴辋川绝句，字字入禅……妙谛微言，与世尊拈花、释叶微笑等无差别。"刘勰"神思"概念的提出，在佛教典籍中随处可见。佛学中常用"神道""神理"等术语。刘勰在《灭惑论》中也曾提出"佛法练神"，这都是指精微的思维活动，"般若之绝境"形容说理之精妙。钱钟书在《管锥编·谢赫〈古画品录〉》中论神韵时说："画之写景物，不尚工细，诗之道情事，不贵详尽，皆须留有余地，耐人玩味，俾由其所写之景物而冥观未写之景物，据其所道之情事而默识未道之情事。"又说："神韵，不外乎情事有不落言筌者，景物有不落痕迹者，只隐约于纸上，俾揣摩于心中。以不画出、不说出为画不出、说不出，犹'禅'之有'机'而待'参然'。"揭示了诗学与禅学的统一。

第三节　梵汉结合的佛典汉译评论方式

佛典汉译评论是评论者（家）以阅读、鉴赏汉译佛典为基础，以汉译佛典为中心所作的理智判断和价值评估。在评论具体的译本及翻译现象时，必定要依据一定的翻译经验、一定的翻译观念和评论理论，选择一定的切入角度和阐释手段，运用一定的价值尺度。这一切构成佛典汉译评论的方式。

一、佛典汉译评论方式的特征

佛典汉译评论包括实用评论和理论评论两大类型。实用评论是指运用一定的观念和译经理论对具体译本的阅读、理解、阐释和评价的一种应用性的实践；理论评论是在一定的哲学和翻译观念的基础上，运用观念、判断、推理的理论形式，评论别人的评论，总结译经评论的规律，并确定其发展方向的理论研究。佛典汉译评论在其千余年从未间断的历史发展中，实用评论和理论评论都有着悠久的传统和丰富的内容，而且在其独特的社会文化背景和考察对象的基础上，在其伴随译经实践产生发展的过程中，形成了与中国僧俗传统审美心理相适应的民族特点和运思方式。这些评论理论在总结批评译经实践经验的基础上，或侧重于翻译实践经验的总结，或侧重于对具体译者译作的品评与解说，创造出合乎自己民族特点的独到见解。概要说来，这些特点表现在以下几个方面。

(一)鲜明的人文主义精神与主体关注

中国文化具有重人事而不重自然的传统，这种文化传统对佛典汉译评论起着深层制约作用，使评论具有鲜明的人文主义精神。首先，这表现在译经评论对理解主体的重视，对评论者和读者阅读时灵活性理解的尊重，肯定评论者参与译本的意义构成，强调评论不是被动解说，而是带有发明性和创造性的，如译经评论反对泥辞以求，很注重主体的玩味涵咏，重视评论者通过对译本神游其中的审视，以获得客观意蕴的主观把握。其次，在佛典汉译评论者看来，评论不应该仅仅是技巧的解释，它应该让读者看到译经大师的性情和风格，看到译人的学养和文化背景。这一原则必然重视理解者的"亲历"和"博观"，使评论带有从个人经验出发而不是从理论范式出发理解经典的特点。例如，僧祐评论罗什译经说："大乘微言，于斯炳焕！"(《胡汉译经音义同异记》)，又说："显扬神源，发挥幽致……传法之宗，莫与竞爽，盛业久大，至今仰焉。"(《出三藏记集·鸠摩罗什传第一》)，这是就罗什对大乘佛学意旨的准确把握而言，也是他的文化和学术背景决定的。而僧叡在为罗什所译《大智度论》所写的序言中，明确指出其有限的中文水平对他的翻译造成的影响，既指出罗什"以梵文委曲，师以秦人好简，裁而略之"，又认为"法师于秦语大格，唯译一往，方言殊好，犹隔而未通。苟言不相喻，则情无由比。不比之情，则不可以托悟怀于文表"，因为罗什毕竟不是中土人士。

(二)内在关注与直观重视

传统的思维方式不重在就评论对象复杂关系作逻辑论证，而崇尚体知和领悟，强调在直观的简单类比和综合中，直接把握对象的本质。这种思维方式反映在译经评论中，便是评论者在品鉴中更多地注重自身主体对译本的玩味、涵咏、神会的心理体验，注重在整体直观中获取译本内在本质的主观印象和内在特征的领悟。这种内在特征往往就是"味"或"神"或"趣"，它表现为译本中无处不在却又不能实指的朦胧、飘忽等富有灵活性的一种弥漫于文中的多层次情绪氛围。所以在很早的一些译本经序中，就已有"味""神"这些概念。对于这种内在特质的把握，只能靠品鉴者的体验，而对这种个体性很强的体验的传达，又往往有赖于艺术性的评论语言，所以很多评论的文体，都赋有文学性和可读性。这种评论指向使评论者在具体操作中往往将评论对象作为其再创造的起点，并且习惯于用文学审美的思维方式评论，追求评论用语的艺术化和美文化，并注意评论文体的亲切性和耐读性，讲究评论的趣味和文采。这种重直觉的评论，限制了分析性评论的发展，缺乏理性色彩，强调意会体悟的直觉性，评论者正是在形象直观中领悟到译本的言外之意，因为语言中隐含的象征意蕴和优美动人的形象是同时呈现、同时感受到的。这正是许多大乘经典所表现出的意蕴，所以在大乘经典评论中，有许多观点都是重文采，强调艺术性的。

（三）天人合一与整体运思方式

"天人合一"是中国传统的思维方式，认为人与天的关系不是主体与对象的关系，而是部分与整体的关系。"天人合一"的思想概念最初由庄子阐述，后为汉代思想家、阴阳家董仲舒发展为天人合一的哲学思想体系，并由此构建了中土传统文化的主体。道家认为天是自然，人是自然的一部分。《庄子·山木》曰："有人，天也；有天，亦天也。"孔子认为人与自然之间可以"比德"，也就是美学上的移情，人常常将自己的品德移注于大自然，孔子主张"求其放心"，达到一种自觉境界，以致"从心所欲而不逾矩"，实现天人合一。佛教禅宗主张"烦恼即菩提，凡夫即佛"，犹如道家一切顺应自然之意，与自然（天）合二为一。这种传统思想使佛典汉译评论较少细腻地剖析和知解分析的逻辑性，而多重主体风神的直观把握，强调品味和涵咏，重视用形象喻示的方法将评论者的直觉感受艺术地表达出来，以维持原本的复义性和暗示性，开发读者的想象，激发读者的参与创造力。许多佛教经典都具有丰富的意蕴，评论者把原本与作者内在情感构成看成是不可分割的整体，从而形成朦胧飘忽的整体形态。评论的目的也是把握对象的整体风神，少有深入字句的细节关注。这种笼统朴素的整体性，以把握对象的整体特征为目标的古朴系统思维，就是"天人合一"观的表现，它表现为注重自然和谐，惯于融会贯通，不从局部、细节上把握事物。在这种认识指向的引导下，译经评论直指译本的整体神韵，强调译本存在不可分割的整体性，对译本的理解多呈混沌的整体式把握，反对离开译本的整体风格作一字一句的训释，以防破坏译本的整体生命。

（四）朦胧猜测的模糊性

传统思维方式注重对对象质的把握，而不作量的分析，对对象的描述不求精确明晰，往往带有朦胧猜测的成分，其思维范畴具有不确定性和多义性，反映到译经评论中，论者们疏于推理，较少思辨色彩，习惯于用一些不加界定的术语或富于暗示性的意象来传达其笼统的感觉。表现在形式上，主要是品第式与感悟式评论，这类评论虽也具有一定的理性认识与自觉意识，并不乏精到而鞭辟入里的思考，但大多缺少侧重逻辑方法的运用与条分缕析的严密论证和语言论述，因而缺乏思想厚度和理论价值，也较少从翻译评论观念出发去探讨方法论问题和评论本体问题，只是从宏观总体的观照中把握译本质量及风格，译本神韵和经味。评论话语也往往简洁凝练地表达评论者对翻译现象的思维结果。这种评论话语，表现出主观感受的敏锐和细腻，也具有一种赏心悦目之感。当然，佛典汉译评论中也蕴藏着理性认识，只是这种理性认识的途径和表达的方式因受到传统思维影响而被有所忽略。

二、佛典汉译评论方式的类型

人类知识的初期，各个领域彼此不可分割，是一种"百科全书"式的学问，一切知识都包裹在哲学或宗教思想中。在这种一体化关系中，人们对事物的研究不是深入具体对象本身，而是借助哲学思辨性的把握，跳过实验与分析的过程，直指事物抽象一般的层面。古代思想家观察社会发表看法，大都是对社会现象笼统的体悟，如中国古人认为"气"是世界的本源，老子认为"道"是本源，这些都是没有经过实验分析的抽象直观的把握。译经评论中以"味"这种抽象直观的方法评论译本，是翻译评论时期最普遍的形式。这种抽象直观的整体把握，以宏观事物的整体现象作为直观判断的对象，其理解停留在直接感受的水平上。于是，评论就从事物抽象性的表面而直达终极目标，放弃深入精确的分析，笼统地把握评论对象，从而得出评论者的一个整体印象。这种思维结构因为抽象直观的整体把握而不能深入对象，不能精确地描绘对象内在的结构和本质，致使整体的性质与整体的联系不能在细节方面得到充分的证明。

（一）印象式评论

印象式评论又称感悟评论，是感想式和鉴赏式的评论。印象性评论不是严密的论证，缺乏足以证明译经优劣的确切根据和客观证据，它较多地倾注评论者的个人感受和领悟，不是从具体的分析和概括着手，而是偏重于主观的体会和含蓄蕴藉的表达；不是侧重于逻辑方法的运用，而是侧重于直觉的领会和体验；不是条分缕析的严密论证，而是借助于形象的比喻，这种评论三言两语，点到即止，有的甚至用形象比喻表达感受。至于美在何处，佳妙在何处，不足和差距在何处，则没有说出，有时点出了风格，但又并未作实质性分析，具有不确定性特征。这种评论往往透着评论者的灵气与感悟，但失之于分析的严谨与理论的深厚，如运用"神""味"一类概念评论译经，这种评论的优点是可以把抽象的意义变为具体的形态，把思维的理式化为直观可感的对象，把枯燥的内容变为生动的东西，从而引人联想，给读者留下充分想象和发挥的余地，读者可以从含蓄隽永的论述语言中体会到十分丰富的内容。但是，这种评论的缺陷也是很明显的。它缺乏评论观念的指导，较少理性的逻辑分析，不够系统全面，也不够细致周密，有时还难免有些牵强附会、主观臆断，甚至从错误的感受出发引出错误的结论。往往面对同一译本或同一译者，不同的评论者会有不同的结论。这种评论也缺乏层次清晰的理论推导，缺乏条分缕析的语言论述，而是惯于运用比喻、暗示等手法，将评论者个人的感受、体验，用生动形象的语言加以表述。例如，道安《摩诃钵罗若波罗蜜经钞序》说："又罗、支越、斫凿之巧者也。巧则巧矣，惧窍成而混沌终矣。"他在《人本欲生经序》中说："……斯经似安世高译为晋言也，言古文悉，义妙理婉，睹其幽堂之美，阙庭之富者或寡矣。安每览其文，欲疲不能。所乐而玩者，三观之妙也；所思而存者，想灭之辞也。"他在《比丘大戒序》中又说："诸出为秦言，便约不烦者，皆蒲萄酒之被水者也。"僧祐《胡汉译经音义同异记》批评前人译经："逮乎罗什法师，俊神金照，秦僧融、肇，慧机水镜，故能表发挥翰，克明经奥，大乘微言，于斯炳焕。"道朗《大涅槃经序》批评前人译经"随意增损，杂以世语，缘使违失本正，如乳之投水"。即使对翻译本质的问题也多采用这种方法，如赞宁《宋高僧传》说："'翻'也者，如翻锦绮，背面俱花，但其花有左右不同耳。由是'翻''译'二名行焉。"这类表述有时除了留下一种优美的印象外，很难有较深入的理性把握。

（二）诠释式评论

诠释式评论以诠释译文辞句为基础，以阐释其原本意旨为主，阐发译本的主题和著者的意图，以恢复原著者的本意为目标。但在译本的意义层面上，要想客观地还原著者的本意是难以做到的，这不仅是因为语言大于思想而"诗无达诂"，而且还因为诠释本身只是个体性的理解与评价，难以避免评论者固有意识的参与和主观性。但诠释式评论弥补了印象式"只可意会不可言传"的评论观念，不再满足于过于笼统、高度概括的点悟方式，开始注重对译本内在结构、内涵意义的阐释性分析和评价，进而使评论更接近客观分析，也使评论"有则可循"，如东汉经学章句的繁荣，影响到经典的注释体例，王逸《楚辞章句》"章决句断"，表现出极其明显的"笺释文句"的特点。东汉严佛调所撰《沙弥十慧章句序》载："创奥博尚之贤，不足留意；未升堂室者，可以启蒙焉。"严佛调注释《十慧》，采用汉代流行的章句为名，并强调"启蒙"，其出发点正与经学章句的第一步相吻合。支敏度《合首楞严经记》和《合维摩诘经序》，分别合抄诸译本《首楞严经》《维摩诘经》，又于二本"分部章句"和"分章断句"。严佛调和支敏度的研究方法理应对道安佛经科判有所启发，道安《十法句义经序》提到"昔严调撰《十慧章句》"，他的科判三分之说将前人佛学章句著作的实践整合为"三分"的固定程序。但魏晋玄学时期，由于玄学的流行，传统章句之学表现出衰颓之势。

（三）评点式评论

评点式评论是对译本的点评，短小精悍，有感而发，独具匠心，切中肯綮。它既重即兴式体悟玄言警句，尤重译文一句一字之精神，一部一本之旨趣的发掘，考察译本得失，品味其中深意。由于评点式评论结合了具体译本的理解和判断，既可站在理论的高度思考和探讨译本，也可从义理和艺术角度研究译本；既可总结译者的翻译经验，又可指导读者的阅读。评点式方法往往具有较高的鉴赏能力和较强的感受能力，评论者往往是对译本下了很大功夫反复阅读、分析、揣摩，从而对其有比较深的感受和理解。他们对译本所作的评点，都是在他们对译本所作的义理分析和审美判断的基础上深入研究才得出的结论，因而其中包括了许多对翻译艺术和规律，以及翻译特性的真知灼见。例如，智旭的《阅藏知津》评价不空所译《圣观自在菩萨心真言瑜伽观行仪轨》说："先观成本尊圣观自在菩萨身修诸咒印。次观行布字法令已身与本尊身，如彼镜像，不一不异，次思惟四字义等。此中所明事理，其文义最精显可玩。"在评价鸠摩罗什所译《佛垂般涅槃略说教诫经》时说："嘱诸比丘以戒为师，离诸恶法，对治诸苦及诸烦恼，勤修出世大人功德，所谓无求，知足，远离，精进，不忘，禅定，智慧及不戏论，盖是最后丁宁，不啻一字一血，宜深玩而力行之。""精显可玩""一字一血"，这类评语，正是评点法的特征，它用于指导读者阅读一些不经提醒就可能被忽略的内容，使读者从佛典中得到更多的艺术感受和知识教益。同时还可以引导读者将自己的阅读理解上升到理论高度，使读者在鉴赏之中同时得到理论的熏陶，以加深读者自身的理论素养，提高读者的翻译鉴赏和批评能力。

（四）品第式评论

品第式评论很少有长篇大论，很少作逻辑演绎，很多情况下是用吉光片羽式的妙语精言，神龙见首不见尾式的隐语暗示，鞭辟入里振聋发聩式的玄言警句，去传达论者们在译本中捕捉到的难以言喻的妙悟到的结论。例如，道安《摩诃钵罗若波罗蜜经钞序》说："前人出经，支谶、世高，审得胡本难系者也。"僧祐《出三藏记集》称赞安世高译经为"群译之首"，称安玄、都蔚、佛调，"三人传译，号为难继"。这都是一种品第式评论。品第式评论从其实质上讲，是一种带了比较性质的方法，在比较中可以发现译本及译者的高低，总结翻译的规律，提炼翻译的标准，为翻译理论提供素材。但品第式评论运用时个人志趣过重，缺乏客观公正性，评论也不一定准确，很难全面地评价一个译者的优劣或一部译作的成败。

（五）鉴赏式评论

鉴赏式评论带有极强的欣赏性质，评论者以读佛经为乐趣，追求自适，求得超脱和闲逸。基于对经典的赏析，特别是阅读大乘经典时，其文学性程度较高，论者将其当作审美对象，从中品味和揭示经本的审美特质，容易激发阅读者的鉴赏式评论。这样的阅读和评论，论者会受到感染，获得愉悦，但其中也始终包含理性认知的成分和因素，往往是鉴赏与阐释相结合。这类评论需要论者具备一定的审美能力和审美经验，尤其是文学水平。通过鉴赏式阅读经本，论者产生强烈的感受，然后用极精炼的文字将这种感受传达出来。鉴赏式评论虽然强调赏，重在概括经本的特征，传达自己的审美感受，而不多作具体的分析和评价，但由赏而评，也不乏中肯和精到，因为它本是在体味经本的基础上揭示其审美意义的，因此阅读解析佛教哲学义理，如果抓住了美的内容，也就很容易进入哲学了。真正有深度的鉴赏评论往往会使评论得到深化与更新，从而推动译经评论多元化，译经史上有很多这类评论的佳例。道安是文章大家，他的许多评论很具审美鉴赏性，他在《人本欲生经序》中评论说："斯经似安世高译为晋言也，言古文悉，义妙理婉，睹其幽堂之美，阙庭之富者或寡矣。安每览其文，欲疲不能。所乐而玩者，三观之妙也；所思而存者，想灭之辞也。"他早期读《光赞般若经》时，"寻之玩之，欣有所益"，其审美之情，溢于言表。僧叡《中论序》云："《百论》治外以闲邪，斯文祛内以流滞，《大智释论》之渊博，《十二门论》之精诣，寻斯四者，真若日月入怀，无不朗然鉴彻矣。予玩之味之，不能释手，遂复忘其鄙拙，托悟怀于一序。"纯粹是一种鉴赏和把玩式的评论，他在《小品序》中更表现出由赏入评的思想过程："玩味斯经，梦想增至。准悟大品，深知译者之失。"通过玩味经本，进而深入经本的哲理。慧远可谓是佛教美学家，他对形神的论述展示了他的审美造诣，这一特质也表现在他的鉴赏式评论中。他在《阿毗昙心序》中说："僧伽提婆，少玩兹文，味之弥久，兼宗匠本，正关入神。""斯乃穷音声之妙会，极自然之众趣，不可胜言者矣。"这些评语，简赅隽永，本身即有文学意味，它们来自对经本的深入品味含茹，正是鉴赏式评论的结晶。

鉴赏式评论表面上似乎偏离了义理而更具有审美品质，似乎只是一种文学性阅读，然而，它又不同于纯娱乐消遣性阅读，而是一种更高级的阅读，因为它带有评论研讨的性质，所以有利于在相互切磋中更为深入准确地把握经本义理，由此使评论中精辟的观点不断出现，如道安评前期译本，僧肇等人评中期译本，道宣、赞宁评后期译本，均已成为译经评论史上的不易之论，常常为后人所引用。《出三藏记集·法祖法师传》："研味方等，妙入幽微。"《道生法师传》："披读经文，一览能诵，研味句义，即自解说。"僧叡《毗摩罗诘提经义疏序》说："既蒙鸠摩罗什法师正玄文，摘幽指，始悟前译之伤本，谬文之乖趣耳。"揭示出鉴赏式评论的"悟"的本质。而"悟"出的内容并未停留在文字表面或仅供娱乐性观赏，而是义理，是思想。僧肇《维摩诘经序》谓："维摩诘不思议经者，盖是穷微尽化，妙绝之称也。"读经者将译经评论变为审美过程，在此过程中领悟义理，评价译人得失，对于提高翻译质量无疑更有深远意义和影响。中土学者重文，有文采的译文更受读者喜爱，而鉴赏式评论无疑又加强了这一趋势，其导向作用是不言而喻的。它对译者的引导无疑是告诉人们，最好的佛经译本当使人"味之弥极""亹亹忘倦"，让人"神超形越"，这就达到了译经的目的。那么，达到这一目的，无疑是说，佛经翻译即文学翻译；而文学翻译当在审美。所以梁启超说："质言之，一切佛典皆文学。"（《翻译文学与佛典》）。因为评论的导向本是指向文学，旨在审美，有的译经评论已经是审美式鉴赏了。例如，慧远在《阿毗昙心序》中评论提婆诵此论的梵颂之音，多有礼赞，比之于中国雅乐："其颂声也，拟象天乐，若云籥自发，仪形群品，触物有寄。若乃一吟一咏，状鸟步兽行也。一弄一引，类乎物情也。情与类迁，则声随九变而成歌。气与数合，则音协律吕而俱作。拊之金石，则百兽率舞；奏之管弦，则人神同感。斯乃穷音声之妙会，极自然之众趣，不可胜言者矣。"以鸟步兽行的精神比拟吟咏时音声浑然天成之美，引人情思，与之冥然若合，人神同感。《阿毗昙心》以偈颂形式写成，据说以梵文诵读，文字精练，浑然天成而音韵华美，艺术技巧高妙，故古来素有"聪明论"之称。

佛学的禅定体验本来只是一种感受，由于个人的文化背景、心理素质、体质条件各不相同，感受也不一样，会带有相当大的个人成分与感情色彩。因此，鉴赏式评论便也呈现出自由式阅读的趋向。这种自由式阅读可以让读者充分发挥主体性，展开想象，能使阅读既具真实性，也具创造性。佛学经典本身形象思维丰富，有自由无羁的联想、想象的性质，也是自身丰富的审美潜在力的艺术展现。虽然中国儒学、道学文化也都具有丰富的形象思维，在审美情感和表现方法上有深厚的传统，如老子提倡"玄览"，庄子主张"坐忘"，孟子讲"尽心，知性，知天"，张载主张"体悟"等，但其浪漫性、想象力以及虚幻性都远不如佛学，也没有人类终极的神化理念，更没有出世、超世的宗教审美价值。佛学的这种联想性思维激发了中国佛教学者对经本深层意蕴的探究，如道生依据六卷本《大般泥洹经》读出"一阐提皆得成佛"的思想，并由此批评译人"鲜见圆义"，既发挥其阅读的自由阐释的创造性，又与经义决无出入。正始玄学之际，王弼即主得意忘言论，忘象以求其意，力图超越言辞，提倡思想及学术的自由发挥，批评严守儒家经典章句只知训诂注解，墨守经典训诂的烦琐和迂腐的学问，是不知本质精神而舍本逐末，由此也动摇了儒家经典的权威性。《后汉书·郑玄传》说："汉兴，诸儒颇修艺文；及东京学者，亦各名家。而守文之徒，滞固所禀，异端纷纭，互相诡激，遂令经有数家，家有数说，章句多者或乃百余万言，学徒劳而少功，后生疑而莫正。"道生的佛学发挥为当时"守文之徒，多生嫌嫉"，"于是旧学以为邪说"（慧皎《高僧传》），表明经典所处时代和地域的差异正需要学者发挥想象，自由阐释。

澄观在《大方广佛华严经疏序》中说："昔人云，人在则易，人亡则难，今为解释，冀遐方终古，得若面会。"道安也曾指出："三达之心，覆面所演，圣必因时，时俗有易，而删雅古以适今时，一不易也；愚智天隔，圣人叵阶，乃欲以千岁之上微言，传使合百王之下末俗，二不易也；《阿难》出经，去佛未久，尊大迦叶令五百六通迭察迭书，今离千年，而以近意量裁，彼阿罗汉乃兢兢若此，此生死人而平平若此，岂将不知法者勇乎？斯三不易也。"（《摩诃钵罗若波罗蜜经钞序》）彦琮《辩正论》也指出："一经才亡，法门即减；千年已远，人心转伪。既乏泻水之闻，复寡悬河之说。欲求冥会，讵可得乎？且儒学古文，变犹纰缪；世人今语，传尚参差。况凡圣殊伦，东西隔域，难之又难，论莫能尽。"都是说的因时间的隔阂而造成的翻译困难，而在中土僧俗来说，还有地域隔离造成的空间层面的困难，加之中土译者很少是达超脱境界的，体验不到佛教那些精致义理的精确含义。每一部经典总是在特定的时代情境和特定的地域背景中产生的，这些时代和地域因素使之与其特殊的文化情境不可分割。但时过境迁，当这一经典被后代或其他地域的读者阅读时，由于读者所处时代和地域与经本产生时所处的时代和地域的差异，读者必须借助想象还原经典产生的文化情景和地域背景，发挥想象在阅读中的地位和作用，把自己想象成这一文化和地域系统中的主体，才能接近经本的本义。这是译经评论者十分关注的现象，即评论一部译经时，译经者作为读者在阅读原本时，是否与原本著者及其时代和地域融于一体。

　　佛学是人生解脱的学说，其宗旨是人生的终极关怀，追求超越现实的人生最高理想境界。这种境界主要有三类：一是成佛进入佛国世界，亲临清静刹土；二是悟解一切皆空，即对人生和世界的本质的最终认识和把握；三是体认人的本性清净，达到对人类自我本性的最终认识与返归。这种境界一方面可以满足学佛人的精神需要，一方面又具有神秘性、意向性、整体性、内在性等特征，这便决定了这种境界的把握要靠非逻辑分析的直觉思维、否定思维和具象思维等。山鹏在《佛文化的影响及佛像特征》一文中分析道，直觉思维主要为禅观、现观、观心、禅悟等，这些思维方式具有直接切入性、整体契合性和神秘意会性等特征。《大乘义章》根据佛教平等说提出"不二法门"，用以处理各种矛盾，认为只有用大乘性空思想把对立面统一起来，并超越这些对立，以达到佛教真谛。这种思想孕育并催化了灵活无滞的审美方法，它一方面推动理论家整体感悟、把握审美评论方式的运用，如许多评论不用分析解剖的方法对译本条分缕析，而习惯作"整体感悟"式的评论；另一方面又因为"不二"并非儒家的"一是非""齐万物"，而是"不落二边""无可无不可"的"中观"方法，因而又促使理论家注意细节的分析，理论的条理和逻辑，如道安、道宣、智旭翻译评论的语言学方法，彦琮、赞宁翻译评论的建构，等等。否定思维是佛学所特有的重要思维方式，它奠定在以相对性原理和以破为立的方法论基础上，以否定现实的真实，赞美肯定理想。佛学的基本理论是缘起论，认为世界上一切事物和现象都是因缘（条件和原因）和合而成，没有永恒实体，都是空的。与这种缘起论相应，佛学提倡以破为主，甚至是只破不立的思维方法，强调主观上对世界破除净尽是成佛的基本条件和理想境界。佛学的否定思维方式，既否定主观世界（"人无我"），也否定客观世界（"法无我"），由此对主体提出一种思维规定："无心"。而传统文化中，否定思维没有得到充分运用和发展，儒家讲现实，不重玄想和否定；道家虽有批判意识，但它的顺应自然观念仍然是肯定思维的运用。形象思维与佛教的宗教特质直接相关，佛教作为宗教所追求的理想境界，本是人们受自然力和社会关系的压抑而力图超越这种压抑的表现，这种理想世界是排除卑俗欲求和污浊功利的。与之相应，它所描绘的彼岸世界，极易使信众产生美感，或抒发虔诚的情感。佛学用丰富、奇特、浪漫神异的意象，运用丰富多彩的艺术手法描绘佛国境界，就需要充分运用形象思维，这种形象思维既是具象思维，又是意象思维。具象思维是对特定的具体形象的反复、是专一的思维活动。意向思维是内心的意想活动，在意想中形成各种形象。佛学不仅运用这些思维方式构成佛、菩萨、罗汉、佛国乐土、地狱饿鬼以及高僧与法术等形象或境界，而且用于宗教修持实践。比如小乘佛学禅观的不净观，就是专以人身为对象观照，以排除欲念，不执著自我为实有，体悟"人无我"的佛理。又如佛学观想念佛的思维方式，教人集中思维观想阿弥陀佛的美妙、庄严，以生起敬仰和向往之心，并说众生因如此虔诚而会由阿弥陀佛接引到西方极乐世界。

第七章　佛典汉译评论在佛学中国化进程中的间接作用

　　佛典汉译评论对于佛学中国化的间接作用主要体现于译经评论为译经提供理论和方法，以至制定具体翻译技巧，修订译经策略，指导和完善译经实践。如道安总结的"五失本"、"三不易"，对当时和后世都产生深远影响。僧叡在罗什译场奉为准则，"执笔之际，三惟亡师'五失'及'三不易'之诲"(《大品经序》)。彦琮、道宣、赞宁都将其用作译经例程。史载玄奘亦将此"五失"、"三不易"作为译场的翻译规则。自道安提出此论至译经事业成熟的唐宋，论者始终不忘这一理论，表明它在佛经翻译历史中的指导作用之大。

第一节　指导佛典汉译实践推动佛学中国化

　　翻译佛经，是佛学中国化的第一步。佛学自西域传入中土后，开始由印度佛学的性质逐渐转化为中国佛学，这一转变的因素固然错综复杂，历程也极为漫长，但译经始终是最基础和最根本的。来华的西域及天竺僧侣，依靠译经传播佛学；西行求法的中土学僧，回国后也是通过翻译佛学经典传播佛学。随着经典数翻译越来越多，佛学的教义也就更清楚地呈现在中土僧俗面前，由此构成佛学在中土传播最重要的一环。

一、译经评论发展与三期译业之演进

　　最早的佛经翻译是西汉哀帝元寿元年(前2年)。贵霜帝国大月氏王遣使伊存来中土口授《浮屠经》，汉地由博士弟子秦景宪协助。这是我国最早的译经记载，也是佛经传入的正式标志。《三国志·魏书·乌丸鲜卑东夷传》篇末注中引《魏略·西戎传》说："昔汉哀帝元寿元年，博士弟子景庐受大月氏王使伊存口受《浮屠经》。曰复立者，其人也。《浮屠》所载临蒲塞、嗓门、伯闻、疏问、白疏问、比丘、晨门，皆弟子号。"载中"浮屠"和"复豆"即"佛陀"的异译，"临蒲塞"即"优婆塞"的异译，其余名称为各种抄本《浮屠经》对沙门、比丘的异称。东汉明帝永平年间(公元58年)迦叶摩腾、竺法兰来华翻译佛经，译出《四十二章经》，这是我国最早的

笔译佛典。《四十二章经序》中说："昔汉孝明皇帝，夜梦见神人，身体有金色，项有日光，飞在殿前，意中欣然，甚悦之。明日问群臣：'此为何神也？'有通人傅毅曰：'臣闻天竺，有得道者，号曰佛，轻举能飞，殆将其神也。'于是上悟，即遣使者张骞、羽林中郎将秦景、博士弟子王遵等十二人，至大月氏国，写取佛经《四十二章》，在第十四石函中，登起立塔寺。于是道法流布，处处修立佛寺。远人伏化，愿为臣妾者，不可称数，国内清宁。含识之类，蒙恩受赖，于今不绝也。"说明汉明帝夜梦金人，知西方有佛，于是派使者赴大月氏国，赍回经像，并为东来的西域僧建寺。于是迦叶摩腾、竺共法兰在寺里译出《四十二章经》。

自此至明清基本完成译经大业，历时千余年，史称"千年译经运动"。武则天《大乘显识经序》说："自金人感梦，宝偈方传，贝叶灵文，北天之训逾远。"智圆《翻译通纪序》中也说："孝明之感梦也，得以丕显之；后世君民者，得以丕承之。是故叶书续至，而主上寅奉，翻传流衍者无代无之。"都是说佛学的传入始于东汉明帝时期，即公元 58 年间。此后，在东汉桓帝建和二年（148 年）安息国僧人安世高来洛阳译出《大安般守意经》，由此揭开了中土大规模的长达千余年的佛经翻译的序幕。安世高介绍的主要是小乘经典。小乘经典宣说四谛、八正道、十二因缘等义理。与安世高同时期来华译经的支谶，传播大乘经典，他所译出的第一部经是《道行般若经》，又称《般若道行品经》。大乘经典主要宣扬诸法悉空、诸法如幻等思想。自后汉安世高至北宋天息灾、施护，在中外译人共同努力下，译出经典一千五百部，近六千卷。佛经的翻译事业，也从草创最终走向了成熟。这绵延千余年的佛典汉译历史，历代学者大多将其划分为三个发展阶段。梁代僧祐《出三藏记集·前后出经异记第五》载：

> 旧经众佑，新经世尊。旧经扶萨，亦云开士，新经菩萨。旧经各佛，亦独觉，新经辟支佛，亦缘觉。旧经萨芸若，新经萨婆若。旧经沟港道，亦道迹，新经须陀洹。旧经频来果，亦一往来，新经斯陀含。旧经不还果，新经阿那含。旧经无著果，亦应旨，亦应仪，新经阿罗汉，亦言阿罗诃。旧经摩纳，新经长者。旧经濡首，新经文殊。旧经光世音，新经观世音。旧经须扶提，新经须菩提。旧经舍梨子，亦鹙鹭子，新经舍利弗。旧经为五众，新经为五阴。旧经十二处，新经十二入。旧经为持，新经为性。旧经背舍，新经解脱。旧经胜处，新经除入。旧经正断，新经正勤。旧经觉意，新经菩提。旧经直行，新经正道。旧经乾沓和，新经乾闼婆。旧经除馑男、除

谨女，新经比丘、比丘尼。旧经怛萨阿竭阿罗诃三耶三佛，新经多陀阿伽度阿罗诃三藐三佛陀。旧经阿耨多罗三耶三菩提，新经阿耨多罗三藐三菩提。

所谓"旧经""新经"即旧译新译之别。僧祐是依据译经体例及佛学名相的不同译法，将鸠摩罗什译经称为"新译"，在他之前的称为"旧译"。僧祐的划分主要依据原典语言而论。因为古译中有从西域胡语翻译的佛典，而古天竺佛典已渐倾向于梵语化，所以体现在汉译中便表现出译语的差异。同时也说明旧译时期名很不规范，甚至很不准确，表明译经的不成熟。其实这样的例子很多。如"世尊"是说佛受到世人尊敬，译为"众佑"。又如将"性"译为"持"，将"正道"译为"直行"等。旧译师以安世高、支娄迦谶为代表，著名的还有支曜、严佛调、安玄、康孟详、康居、孟福、张莲、昙果、竺大力等。宋代赞宁在《高僧传》中依照译经质量将佛典汉译分为初、次、后三期：

> 初则梵客华僧，听言揣意，方圆共凿，金石难和，椀配世间，摆名三昧，咫尺千里，觌面难通。次则彼晓汉谈，我知梵说，十得八九，时有差违，至若怒目看世尊、彼岸度无极矣。后则猛、显亲往，奘、空两通，器请师子之膏，鹅得水中之乳，内竖对文王之问，扬雄得绝代之文，印印皆同，声声不别，斯谓之大备矣。

赞宁的历史意识更强了，自然也是因为自汉至宋的译经历史更有利于断代划分。赞宁认为初期译经中土学僧起辅助作用，译主宣读经文时，他们听其言，揣摩其义，很难吻合。中期译经，仍以西域或天竺高僧为主，他们逐渐通晓汉语，汉地学僧懂梵文的也越来越多，能理解百分之八九十，但终归译主与笔受分途，偶尔会出现差错。后期有智猛、法显等中土高僧亲自到西域印度等国寻求梵本佛经，像玄奘这样的中土大师既通梵文，又通汉语，所译佛经更准确了。梁启超也将佛典翻译分三期："自东汉至西晋，则第一期也"，"东晋南北朝为译经事业之第二期"，"自唐贞观至贞元，为翻译事业之第三期"（《佛典之翻译》），大致相当于赞宁的三个时期。鲁迅按照译经方法及风格也分为三期："汉末质直"，"六朝真是达而雅"，"唐则以信为主"（《关于翻译的通信》）。这里所谓"汉末质直"，指东汉译佛典尚直译（音译）；六朝"达"而"雅"，谓译佛典重意译趋势，唐代以"信"为主，指以直译为主，参以意译。二十世纪上半叶，日本学者境野黄洋在《支那佛教史纲》中根据中土译经体例，佛教名相的不同译法或者弘传情况，将鸠摩罗什之前称为古译时期，以安世高、支谶和支谦为代表；鸠摩罗什至隋唐之前为旧译时期，以竺法护、鸠摩罗什和真谛为代表；玄奘以后为新译时期，以玄奘、义净和不空为代表。小野玄妙在《佛教经典总论》中则依据版本进一步细分，以汉魏西晋为古译时期，梁陈隋为旧译后期，唐以后为新译时期。古译是公元二世纪至四世纪左右由安世高、僧迦提婆等人翻译的来自犍陀罗地区的俗语典籍；旧译是指由鸠摩罗什、真谛等人翻译的梵文典籍；新译为玄奘、义净及宋代译经院翻译梵文而成的经典。

　　五老旧侣在《佛教译经制度考》中论述中国的翻译事业这门很古的学问时说，它是"一桩很有成就的伟大事业"，并将其划分为四个时期。"原始时代"，即"草创时代"，自汉末安世高至鸠摩罗什来华以前，即自佛教传入至西晋，为我国佛经译事的奠基期，又称为古译时代。在这个期间，翻译的术语和体裁都是草创的。"试验时代"，自西晋至罗什前，为试验中的未完成时代，在此期间，为要将那些语格和汉文完全不同的梵语译成汉文，曾经进行过种种的试验。译语的创造和订正，实在费了种种苦心，连一语之微也是经过这样苦心的。"完成时代"，自罗什至于玄奘，是我国译业的中坚时期，译语渐次确立，或可以说是钦定时代，在体裁和文字上可以说是最优秀的译本。这一时期的译事由于名家辈出，因此在翻译上的技巧，选择经论的见识，以及翻译制度上，都比前期大为进步。这一期译籍的影响力相当大。大抵我国佛教界所比较重视的佛书，大部分都是在这一期内所译出的。以各学派或宗派之所据典籍而言，摄论、俱舍、地论、成实、三论、天台、华严、戒律、禅、净土等宗要典，大都译自此期。"衰颓时代"，此时一方面因为印度的佛教灭亡和经典散失，另一方面因为译语笔受不得适任的人而趋于衰颓。志磐《佛祖统纪·徽宗政和三年》载："译经三藏明因妙善普济大师金总持，同译语仁义，笔受宗正，南游江浙。"这是宋朝译经最后的记录。明河《补续高僧传》评论道："南游江浙，则其译场冷淡可知矣。"

　　各学者的分期、角度不同，但译经质量的变化和演进始终是各家考虑的重心。三期译业的质量自然是不同的。古译期的质量由于原本、译者等原因，质量不高。旧译期的质量有所突破，道安基本奠定了佛经翻译的体例，经罗什的翻译实践和变革，译本质量迅速提高。玄奘新译又认真清理旧译达意的讹谬，坚持以直译为主。汤用彤在《佛经翻译》中认为，罗什和玄奘在译经的方法上有所不同。"什公外国人，不熟悉中国文字思想，而其门下，悉一时俊杰，深谙中国学问，什公从其门人之意。"他认为"只有产生一种新的语言，但不是真正意义上的全新，而只是相当于新词——创造于译文中，两者一一对应。"罗什和玄奘是旧译和新译的代表，也表现在译经质量上。他还指出，玄奘等译者的新译"在法相宗之性相学上固然极其适切，然用来诵读，仍以流畅之旧译较为适切。现今经典使用旧译者亦极多"。这是从读者接受角度考虑的。综观各学者研究，结合佛典翻译自身的发展线索、基本内容及特征，佛典汉译可以分为草创期、发展期和成熟期。草创时期自东汉至西晋，是佛典翻译的启蒙时期。发展时期自东晋至隋，为佛典翻译事业的形成期。这一时期又可分为前后两个时期：东晋二秦为前期，刘宋元魏迄隋是其后期。前期代表人物有竺法护、鸠摩罗什、佛陀跋陀罗等。成熟时期自唐至宋，是佛典翻译的全盛期。

(一)《浮屠经》与《四十二章经》

"经来白马寺，僧到赤乌年"(灵澈《芙蓉园新寺》)，汉地知有佛典从此开始。不过当时的佛经只是口传一些简短的经句，也许还谈不上正式的翻译。而各家的考证均依据大量史料，引经据典，但似乎仍未取得一致观点，由此成为佛学界与学术界聚诉纷纭的一大公案，无有定论。

1.《浮屠经》之口授

《浮屠经》之口授是印度佛学初传汉地的最早记载，《三国志·魏志·东夷传》注引三国魏人鱼豢《魏略·西戎传》载："昔汉哀帝元寿元年，博士弟子景庐受大月氏王使伊存口授《浮屠经》。"《浮屠经》约指《本起经》《本行经》等讲述佛陀生平的佛经。"浮屠"为梵文 Buddha 音译，后译作"佛陀"，是释迦牟尼称号之一。据季羡林研究，汉语文中名词"佛"先于"佛陀"。"佛陀"译自梵文，"佛"译自中亚的吐火罗文，或龟兹文，或焉耆文。这种先后次序，正反映出佛学传入中国的历程：先由中亚转折传来，后由印度直接传来。鱼豢的《魏略·西戎传》还提到佛陀弟子的各种称号，如桑门(梵文 Sramana 音译，后译作沙门那，略称沙门，意为勤劳、功劳、修道，指佛教僧侣)，比丘(梵文 Bniksu 音译，指出家后受过具足戒的男僧)。以汉字音译西域或印度佛学词语，是汉译佛学词语的方法之一(《佛经十五题》)。

伊存口授《浮屠经》史料表明，当时汉地不仅知道了佛学，而且佛学的经书也已经传入。时间为西汉哀帝(前 27 年—前 1 年)的元寿元年(前 2年)。对于这一史料，从古到今，不断被学者引述。自从 1938 年汤用彤对其作了详尽考证以后，这个事件的历史真实性得到进一步的证实，并逐步为各界接受。吕澂《中国佛学源流略讲》中指出此说：“有文献记载，也不便否定，所以《魏书·释老志》只好说：‘中土闻之，未之信也。’”周叔迦在《中国佛学史》中也明确地指出“伊存授经说”“言而有征”。赵朴初在《佛教常识答问》中称：“这是中国史书上关于佛教传入中国的最早的记录。”任继愈主编的《中国佛教史》第一卷也把此事作为信史叙述，并作了进一步的背景考证。西汉的灭亡，其内在的根源在于儒家伦理和道教理想的破灭。西汉文帝、景帝开创了中国社会第一个治世——“文景之治”。但西汉后期，元、成二帝时，社会开始动乱，民众又生活在困苦之中。这说明，社会除了物质经济和生存秩序的需要，精神寄托和心灵秩序也是很重要的。范晔在《后汉书》中说：“传称鼎之为器，虽小而重，故神之所宝，不可夺移。至令负而趋者，此亦穷运之归乎！天厌汉德久矣，山阳其何诛焉！”“天厌汉德久矣”一语揭示出这是佛教在西汉末年传入汉地的基础。蔡日新在《中国佛教的初传与早期佛典的翻译》中说：“佛学的输入，使不堪重负的华夏民族虽然外在的身体遭受着束缚，然而在他们内在的心灵深处却找到了一块无限广阔自由的天地，使他们可以在这块自由的天地里作理性的省思，也可以在这一片自由的天地里自由任运地驰骋翱翔。”1998年，世界佛教界举办庆祝佛教传入中国两千年纪念。中国佛教于公元前2年兴起遂成国际共识。

2.《四十二章经》的翻译

关于《四十二章经》的翻译，东汉牟融所作《理惑论》有比较清楚的记载：“时于洛阳城西雍门外起佛寺，于其壁画千乘万骑，绕塔三匝，又于南宫清凉台及开阳城门上作佛像。明帝存时，预修造寿陵，陵曰显节，亦于其上作佛图像。时国丰民宁，远夷慕义，学者由此而滋。”法云《翻译名义集自序》亦称：“摩腾始至，而译《四十二章》，因称译也。”《法本内传》载：明帝派遣求法使者至大月氏处及“中天竺国”，且有印度僧人摩腾、竺法兰应邀赴汉，以白马驮经和佛像，于永平十年（67年）至洛阳。翌年明帝建白马寺安置二僧，二僧译出《四十二章经》一卷，汉译全称《孝明皇帝四十二章经》。这就是中国佛教史上的“永平求法”。僧祐著《出三藏记集·四十二章经》也记载了同样的史实，并有详细说明：“祐检阅三藏，访覆遗源，古经现在，莫先于《四十二章》。传译所始，靡愈于张骞之使。”并称：“唯四十二章经，今见在可，二千余言，汉地见存诸经，唯此为始也。”智升在其《开元释教录》中也持同样的观点。阙名《四十二章经序》称：“昔汉孝明皇帝，夜梦见神人，身体有金色，项有日光，飞在殿前。意中欣然甚悦之。明日问群臣，此为何神也？有通人傅毅曰：‘臣闻天竺有得道者，号曰佛，轻举能飞，殆将其神也。'于是上悟，即遣使者张骞、羽林中郎将秦景、博士弟子王遵等十二人，至大月氏国写取佛经《四十二章经》，在第十四石函中，登起立塔寺。于是道法流布，处处修立佛寺，远人伏化，愿为臣妾者不可称数。国内清宁，合识之类，蒙恩受赖，于今不绝也。"汤用彤认为："东汉时本经(《四十二章经》)之已出世，盖无可疑。东晋时郗景兴撰《奉法要》、三国时《法句经序》，已引本经。汉末牟子作《理惑论》，似亦曾援用。是汉晋间固有经四十二章，为佛学界所得诵读。而最早引用本经者，则为后汉之襄楷。则后汉时已有此经，实无可疑。"不过，《四十二章经》是否是"初传佛典"，学术界始终分歧。梁启超、陈垣、吕澂称其绝非汉代译典。胡适认为该书系后人伪作。郭朋以为摄摩腾译《四十二章经》，只是传说而已，但赞同该经不是伪作，而是早期翻译的说法(《汉魏两晋南北朝佛教》)。

　　《四十二章经》译者摄摩腾"本中天竺人。善风仪，解大小乘经"(《高僧传》卷一《摄摩腾传》)。此经是辑小乘佛学基本经典《阿含经》要点的"经抄"，经本的体例不同于后来翻译经典的体例，类似《论语》风格，由四十二段短片段的格言集结而成，主要内容是关于佛学的一些基本概念。费长房《历代三宝记》载，三国时支谦曾译《四十二章经》，其中记载道："第二出，与摩腾译者小异，文义允正，辞句可观，见《别录》。""文义允正，辞句可观"，说明支谦对原本的《四十二章经》有过修饰加工，这正是支谦的译风，文辞典雅，表明并非重译。如《四十二章经·善恶并明》载："如是十事，不顺圣道，名十恶行。"杨克贤在《中国早期佛教典籍〈四十二章经〉以及相关的学术争论》中指出，没有印度著述所常有的精严风格。支谦所说"近世葛氏传七百偈"，表明距离维祇难译出五百偈本不远的汉末，就已出现过《法句经》的翻译，而它的译文"浑漫"正是通过现存《四十二章经》所见到的面貌。像它用散文改译颂句，使人迷离莫辨，又随处敷衍解释，而现存《瑜伽师地论》卷十八、十九所收二十八颂节本，便是结构整然，迥不相同的。支谦《法句经序》说此经的汉译"浑漫，唯佛难值，其文难闻"。正因如此，此时期佛教在汉人的心目中便与道流牵合附益，等同于专一寡欲、清净无为的黄老之学，甚至被看作有种外来的神祇而崇拜，遂不显其真实面目。楚王英"诵黄老之微言，尚浮屠之仁祠"，即可说明这一点。其原因就是北宋戒珠《净土往生传》所说的："汉魏已来，翘诚西方(期生西方净土)，蔑闻其有人者，实以大法初流，经文之未备矣。"但是尽管如此，在佛学初传时期，能有片鳞半爪的佛语法言，已经是非常难能可贵了。中国禅宗对《四十二章经》极为重视，将它列为"佛祖三经"

之一。

如果将《浮屠经》作为传入中土的第一部佛典，公元前 2 年已有佛法。佛法的载体是佛经。佛教作为一个整体，包括佛、法、僧，称为"三宝"。所以还不能说是佛教的传入。《浮屠经》之"浮屠"，为梵文 Buddha 的音译，后世译为"佛陀"，省称"佛"。所以《浮屠经》即《佛经》。这部经主要讲述释迦牟尼的故事，包括释迦牟尼生卒及家世等。《四十二章经》作为第一部真正的笔译佛典，正式开始了佛典翻译的历史篇章。迦叶摩腾和竺法兰从印度初至中土，不娴汉文，必有汉地学者名儒参与译经。后经过四五年对汉文的学习、酝酿，在永平十一年，即公元 68 年到 70 年，竺法兰又翻译了《佛本行经》《十住断结经》，这是继《四十二章经》之后的早期佛经。此时从他所翻译的《佛本行经》等经典中，可以看出他已有相当程度的汉学素养了。

(二)"案本"与草创期译经——文质不定

草创时期自安世高（译经年代 147—170）始，止于支谦（译经年代 223—253）整整一个世纪，据唐朝智升的《开元释教录》记载，其间共译出佛典三百九十三部七百三十卷，印度大小乘经典已基本上翻译过来。这时期在印度本土佛学的发展已从原始佛学经过五个多世纪的发展，进入大乘时期。翻译风格也已基本形成，翻译评论也已具有一定影响。

1. 草创期主要译家

在东汉皇室敬奉浮屠的同时，佛教信仰也逐渐开始由皇室向社会的各个阶层流布，西来的佛典也开始地在汉地广泛传译。佛典的传译代表了佛教三宝（佛、法、僧）中的法宝已经正式传入中土。佛典汉译标志着佛教已经正式在中土扎根，也更能体现佛教对中土的输入。草创时期中外译者共有二十二人，其中影响最大的是安世高、支谶和支谦三人。

(1)安世高："辩而不华，质而不野"

安世高，安息国人，慧皎《高僧传》说他外国典籍，无不综达，因而其名声"早被西域"。并称其"博晓经藏，尤精阿毗昙学，讽持禅经，略尽其妙。既而游方弘化，遍历诸国，以汉桓之初，始到中夏。才悟机敏，一闻能达，至止未久，即通习华言。于是宣译众经，改胡为汉，出《安般守意》《阴持入》《大》《小》《十二门》及《百六十品》。初外国三藏众护撰述经要为二十七章，高乃剖析护素集七章，译为汉文，即《地道经》是也。其先后所出经论，凡三十九部。义理明晰，文字允正，辩而不华，质而不野，凡在读者，皆亹亹而忘倦焉。"可知安世高精晓义理，并于汉桓帝建和二年（148 年）到达洛阳，开始了译经事业。自桓帝建和二年（148 年）至灵帝建宁四年(171 年)中二十余年,译出三十余部经典,达数百万言。由于他"博综殊俗,善众国音"(晋谢敷《安般守意经序》),故能传译佛典。道安称赞他"译梵为晋,微量阐幽"(《阴持入经序》)。僧祐《出三藏记集序》还称赞其译经"为群译之首"。据汤用彤《汉魏两晋南北朝佛教史》所考,安世高于东汉末译《阴持入经》之时已实行翻行讲,以至"听者云集"。

安世高十分重视佛学基本教义的传译。他所翻译的《安般守意经》为部派佛经,论述对意识活动的控制。"安"指未起;"般"指起毕。如果意未生起,便是守意;如果意已起毕,便是守意。如果意生起任其走动,是不守意,应当回来再守。自安世高来华译出《安般守意经》等四十余部小乘经典,中土人士开始大致了解到了佛学的面貌,佛教的形象也为之一变,使佛学逐渐摆脱方术的外观,而且还有深奥的哲理,借此向着符合佛学真相的方向发展。这是安世高对中国佛学传播的实际开创性贡献。严佛调称赞他的译经"愍俗童矇,示以桥梁"(《安般守意经序》),正反映了这种情况。并说"物非数不定",是说安世高讲经以数为纲。严格说来,安世高的翻译并非象僧传中所评价的那样佳美,基本上只是对原文的自由释疑与摘录,语言表达也模糊艰涩,更谈本不上有稳定的译风,尤其是术语的稳定化,由于没有现存的佛教专门词汇,全靠他自己首创。又由于梵言和汉语分属两种完全不同的语言系统,承载着完全不同的文化内容,因而语词的意义并非完全对等。对于汉地人士来说,佛经里有的术语不仅"音训诡謇",怪异艰涩,而且概念全新,极难找到现成的汉语词汇与之对应。在梵、汉两种语言接触之初,没有约定俗成的翻译规则可供参考,很多译法只得新创生造。很多情况下,安世高的译籍也只能牵合中土传统思想概念,据传统文化和固有思想中的术语来对译印度佛学的概念。道安赞其译经"或变质从文,或因质不饰。皇矣世高,审得厥旨"。是说他依从原本质朴的风格,即使有所变化也不伤原旨,与各部派小乘佛经的思想与语言风格相始终。但是由于梵文文法繁复与语序颠倒,安译中不乏艰涩聱牙之处。如小乘经首多以"我曾这样听(佛陀)说"开篇,表示此经是佛陀亲口所述而为弟子所记,后来译师多译作"如是我闻",此语较安译"闻如是"明显更符合古代文言。再如译"受"为"痛""正命"为"直业治"等,都使读者难以通晓经义。但作为中国佛教史上真正的第一位译经大师和中国翻译事业真正的创始人,他的首创之功却标志着一种文字翻译形式的开始,较之以前没有译本的佛教已是天壤之别了。正是他的翻译,为中国佛教的传播和发展打下了坚实的基础。他所创立的直译风格也为佛典汉译事业奠定了基石。

（2）严佛调："郢匠之美，见述后代"

严佛调，僧祐《出三藏记集》称其幼年颖悟，敏而好学，信慧自然，遂出家修道。东汉末，下邳相笮融崇信佛教，兴建佛寺，使下邳成为佛教传播地区之一，洛阳更是传佛译经重镇，严佛调就是在这样的环境中与佛教结下不解之缘。至安世高、安玄来到洛阳译经重镇传法译经。严佛调与"二安"合译佛经，《开元释教录》卷一载，严佛调任笔受，于后汉灵帝光和四年（181年）与安玄共译《法镜经》二卷、《阿含口解十二因缘经》一卷。中平五年（188年），在洛阳译出《濡首菩萨无上清净分卫经》等书。严佛调与安玄译经，采取的是"都尉口陈，严调笔受"的方法，即安玄将经文原本用胡语念出，严佛调用汉文直接书写下来。然后两人斟酌字句，修饰润色，使语意更加完整显豁，便于阅读。严佛调与安玄合译佛经，与安世高独立翻译佛经一样，也是中国佛教译经史上的一大首创。所以汤用彤《汉魏两晋南北朝佛教史》指出："安世高的译经是个人独立完成的，此后，多数佛经的翻译都是这样，后之佛学译者对这些个人译的经典有不惬意之处，甚至还有重语指责的。从汉和西域文化交流来讲，这种助译合译形式，无疑起到了良好的效果。一种外来文化比较准确地传播到这个国家，非语言高手，错误在所难免。如果无此能力，硬粗制滥造，敷衍成文，那么，贻害就无穷了。"

由于安玄、严佛调都精通胡、汉语文，又都有深厚的佛学修养，所以他们合作译经很成功。他们合译的《法镜经》在佛教史上受到很高的评价。康僧会称赞他"言既稽古，义又微妙"。支谦《法句经序》谓"昔蓝调安侯世高、都尉、佛调，译胡为汉，审得其体"。道安称其出经"省而不烦，全本巧妙"（僧祐《出三藏记集》）。僧祐、慧皎则评价说："世称安侯、都尉、佛调三人传译，号为难继。"可见在南北朝的佛教学者眼中，安玄和严佛调的翻译，可与佛经汉译的创始人安世高比美。

严佛调还是译经初期首重译文优美的译家。僧祐赞其"理得音正，尽经微旨，郢匠之美，见述后代"（《出三藏记集》）。这是说，他的译文文字有修饰润色之美，犹如郢匠挥斥，技艺纯熟高超。《庄子徐无鬼》载："郢人垩漫其鼻端，若蝇翼，使匠石斫之。匠石运斤成风，听而斫之，尽垩而鼻不伤，郢人立不失容。"后以"郢匠"喻指文学巨匠。明确从文学角度受到评论的，其后只有赞宁对鸠摩罗什的赞誉。其实严佛调自己也很注意从文学性上鉴赏佛经。他在其《沙弥十慧章句》中，指出《沙弥十慧》经"辞约而义博，记鲜而妙深"，"其文郁郁，其用亹亹"，意谓这部经书文字优美，文意深远，广通天地，近及本身。"郁郁"谓风采文笔，仪态端庄美好。孔子曾说："周监于二代，郁郁乎文哉，吾从周。"(《论语》)扬雄《剧秦美新》云："郁郁乎焕哉，天下之事盛矣。"

严佛调兼通译经和义解，时人称严佛调为善译，则或擅长胡语，巧于传译。译经之外，严佛调又撰写佛学论文，阐明佛理。他在学佛、译经中心领神悟，发师所未发，悟经中深昧，将自己对佛学经典的理解和体会及思想通过文字著述表达出来，这就是《沙弥十慧章句》，在中国佛教史上开汉地佛学者著书立说之始，首将传统"章句"之学引入佛学研究。史载，严佛调在192年怀着对佛教发源地的仰慕和对佛教文化交流的渴望，前往天竺、大月氏等国，宣传他的佛家思想。由此，严佛调一人兼有汉地佛教史上五个第一：中国出家修道的汉地僧徒第一人，中国翻译经书事业中的第一人，中国自撰述经书第一人，中国修建寺院的第一人，中国境外传播佛经第一人。

(3)支谶："审得本旨，了不加饰"

支谶是汉末与安世高齐名的译者，同被誉为我国"译界开创二杰"。慧皎《高僧传》记载说，支谶是月氏人，他"讽诵群经，志存宣法。汉灵帝时游于洛阳，以光和中平之间(178—184)，传译梵文，出《般若道行》等三经，又有《阿阇世王》等十余部经，岁久无录。安公校订古今，精寻文体。云：似谶所出，凡此诸经，皆审得本旨，了不加饰，可谓善宣法要、弘道之士也"。又据僧传记载："时有天竺沙门竺佛朔，亦以汉灵之时，赍《道行经》来适洛阳，即转梵为汉。译人时滞，虽有失旨，然弃文质，深得经意。朔又以光和二年(179年)于洛阳出《般舟三昧》，谶为传言，河南洛阳孟福张莲笔受。""谶为传言"一句，表明他通晓华言，具备了译者的基本条件。对于他的翻译，僧祐《出三藏记集序》评价是"了不加饰"，"贵尚实中，不存文饰"，然而"弃文存质，深得经义"。支谶译经时，已有安世高为先导，遣词造句已积累一定经验，支谶与竺佛朔的译文较安世高更为通顺。但仍以保全原本文旨为首要目的，即使在译文结构上"因本顺旨，转音如己"，后人因此有"辞质多胡音"之评。又因支谶所译文句过于简略，令人费解，遂有后来甘露五年朱士行远寻大本之举。

支谶来华译经，最先将"一切皆空"的大乘思想传入中土，随即在汉地掀起研究般若学的高潮，这是他对中土佛学的最大贡献。现代佛学家郭朋指出："支谶的译出《般若》系经典，却也标志着：中国佛教，即将进入一个新时代：进入一个由汉代佛教的朴质无文而发展为大兴佛教的义理之学的时代。所以支谶的译出《道行般若》，一方面，意味着汉代佛教的基本结束；另一方面，又意味着佛教的新时期的到来。"(《汉魏两晋南北朝佛教》)这个新时期指的就是魏晋时期义理之学的兴起。他译出大、小品《般若》，与安世高译出禅法，我国佛教界将其视为佛教史上的两件大事，足以表明二人的开创性贡献。

（4）支谦："曲得圣义，辞旨文雅"

关于支谦，慧皎《高僧传》记载道："初汉灵帝之世有支谶出众经。有支亮字纪明，资学于谶，谦又受业于亮。博览经籍，莫不精究，世间技艺，多有综习，遍学异书，通六国语。谦以大教虽行，而经多梵文，未尽翻译，已妙善方言，乃收集众本，译为汉语。从吴黄武元年（222年）至建兴元年（252年）中，所出《维摩诘》等四十九经，曲得圣意，辞旨文雅。又依《无量寿经》《中本起》制菩提连句梵呗三契，并注《了本生死经》等，皆行于世。"支谦生于中国，从小学习中国典籍，因而有着深厚的中国文化底蕴，又"遍学异书，通六国语"，故世有"天下博知，不出三支"（其师支亮、支谶）之美誉。尤其是支谦汉语水平极高，《高僧传》说他曾依《无量寿经》《中本起经》制《赞菩萨连句梵呗》三契，表明其汉语程度之深。因为印度"梵呗"，"犹东国之有赞。赞者从文以结章，呗者短偈以流颂。比其事义，名异实同，故经言以微妙声音，歌赞于佛德，斯之谓也"（《法苑珠林·呗赞篇》）。慧皎说：

> 自大教东来，乃译文者众，而传声盖寡。良由梵音重复，汉语单奇。若用梵音以咏汉语，则声繁而偈迫；若用汉曲以咏梵文，则韵短而辞长。是故金言有译，梵响无授。

译者没有深厚的汉语水平，是很难翻译佛经中的梵呗的。能够精通汉语，这本是梵汉翻译的最大优势，因为翻译佛典，从实际操作而言，对汉语的要求更为重要一些。所以支谦的译文十分流畅，显示了他译本语言的精熟与风格的优雅，与前两位译者的风格大异。支谦的译经，因其深谙音律，长于文辞，故译文生动流畅。这类译经十分有利于佛教的推广和普及。例如，他把《摩诃般若波罗蜜经》意译为《大明度无极经》，其中像"须菩提""舍利弗"这类人名都意译为"善业""秋露子"。他的主要译籍中凡是涉及重大哲学的概念几乎都来自《老子》。吕澂认为支谦这种译文风格得风气之先，很适合于佛传文学的翻译。从三国到西晋支谦所开创的译风占据重要地位，它对佛教的普及化无疑起着相当大的作用。从这种不忠实于原著的译风中，也能看出支谦的翻译思想，看到佛教是如何向汉化行进，并为当时世俗统治者的统治从佛教上找出根据（《中国佛学源流略讲》)。但支谦译本有过于文饰、删节重复之弊。过分强调符合汉人口味，难免背离原著，以致受到后世的批评。评论者称其译文"滞文格义"。"滞文"之"文"，当然指意译；"格义"，指用儒、道典籍比附佛经。支谦的意译观念主要考虑读者的文化语境，尽可能以汉人能理解接受的语言来翻译，这与魏晋间中国思想文化界对形上学的执著追求有关。他的译经风格，与当时正在兴起的玄学之风相适应，也与汉地"尚文""简略"的文化传统相符。倾心思辨的魏晋士人除从《周易》《老子》《庄子》等"三玄"中开掘形上之学以外，也注意于从形上学发达的佛学中汲纳思想资源。与此同时，佛教僧侣借助中国传统学术思想及语汇，阐发佛学精义，译介佛教典籍。

(5)竺佛念："每存莹饰，减其繁长"

竺佛念是中国译经史上第一位精通胡语的翻译家，据慧皎《高僧传》载："自世高、支谦以后，莫逾于念；在苻、姚两代为译人之宗。"在道安、赵政主持的译场中，译胡为汉，实得力于竺佛念。慧皎称其"洞晓方言，华梵音义，莫不兼解"。因为苻、姚两代来华的西方僧人，尝不通汉语，传译之责，就靠念一人。阙名《僧迦罗刹集经后记》说竺佛念翻译时，因不满意梵文"繁质"，"每存莹饰文句，减其繁长"。在五胡乱华时期，前秦政权在长安的建立，长安开始成为一个佛教发展的重镇。尤其是随着竺佛念的译经和道安到长安，长安僧团开始进入了一个新的发展时期。竺佛念是凉州僧人，在少年时代就出家为僧，对于西域语言比较精通。靖迈《古今译经图记》记载竺佛念于建元元年(343年)同西域僧人僧伽跋澄一起来到长安，开始合作翻译佛经。在长达三十二年的译经生涯中，竺佛念主持翻译或参与翻译的佛经共有《大方等无相经》《四分律》《增一阿含经》《阿毗昙八犍度》《摩诃般若波罗蜜抄经》等总十九部合三百零八卷。竺佛念的佛经翻译，慧皎在《高僧传》中作了两方面的评价，一是说其翻译"质断疑义，音字方明"，一个"质"字，指出了竺佛念翻译的精纯；二是"在苻、姚二代为译人之宗"，指出了竺佛念在鸠摩罗什译经之前，他是中原译经僧人中的一代宗师。参与竺佛念译经的僧学有明确记载的就有十八人，其中域外僧人七位。道安是竺佛念后期译经的合作者。同竺法护的译经团体不一样，协助竺佛念译经的已经都是出家的僧人，而不再是世俗信徒，这至少说明，在长安存在着以竺佛念为中心的一个译经僧团。

竺佛念出身当时西域商人、使者、僧人云集的凉州，对西域语言非常精熟，但是佛学、儒学修养都相当欠缺。《高僧传》谓其"讽习众经，粗涉外典，其苍雅诂训，尤所明达。少好游方，备观风俗。家世西河，洞晓方语，华戎音义莫不兼解。故义学之誉虽阙，洽闻之声甚著"。正是因为他在"义学"上的缺陷，所以在当时的环境下，他对长安及其周边地区佛教和学僧的影响力和号召力都是有限的，也就不能形成大规模的僧团组织，更难以形成普遍的义学风气。当时的僧界，有能力参与译经的人是少数的，所以仅仅翻译佛经并不具有凝聚大批学僧的优势，而讲经由于涉及对于经文的传播和讨论，所以不仅能吸引部分学僧参与，还能吸引大批僧俗信徒前来学习。按照隋代彦琮对译者素质的要求，真正具备译者素质的是晋代凉州人竺佛念。据"四朝高僧传"与《佛祖统纪》所载，真正由本土翻译家成为译业的主体的是玄奘和义净。他们佛学精深，华梵双通，是堪称"具足"的大翻译家，不用传译，所以在他的译场中均是华人高僧，没有一个外国僧人。实际上，当时所有的译经都出自他的译笔，而外籍僧学的作用只是背出或写出佛经原文。由于翻译这些复杂而又高度学术化的佛经需要涉及许多重要的知识，也由于他译经的数量超过二百卷，而被认为是罗什之前的一位重要佛经译家。

（6）康僧会："妙得经体，文义允正"

康僧会，原籍康居，世居天竺，但生于交趾，自小深受汉文化熏陶，对儒家伦理学说及道德观念十分熟悉，且早年即出家学佛，因而不但"明练三藏"，并"博览六经"，乃至天文图纬，也多所贯涉。他于赤乌十年（247 年）至建业传播佛学，作为汉地早期译经家，译出《六度集经》《旧杂譬喻经》《吴品经》（相当于《小品般若经》）等重要经典，又曾为《安般守意经》《法镜经》《道树经》等作注并序。慧皎《高僧传》载："会于建初寺译出众经，所谓阿难念弥镜面王察微王梵皇经等。又出小品及六度集杂譬喻等，并妙得经体，文义允正。又传泥洹呗声，清靡哀亮一代模式。又注安般守意法镜道树等三经，并制经序，辞趣雅便义旨微密，并见于世。"康僧会译经，文辞典雅，而且常常运用老庄名词典故和理论。他能够用简洁的语言译出《六度集经》，在初期，能把一本富有思想和文学性的著作译成汉文，本身就是难能可贵的。

康僧会的佛学思想既关涉安世高小乘佛学，又深受支谦大乘佛教思想影响。《出三藏记集》卷六载其师从韩林、皮业、陈慧学佛："此三贤者，信道笃密，执德弘正，蒸蒸进进，志道不倦。余之从请问，规同矩合，义无乖异。陈慧注义，余助斟酌，非师不传，不敢自由也。"他主张以"安般"（调整呼吸等方法）对治因情欲引起的精神放逸。根据佛学在江南初传的特点，他善于用中国传统儒家经典来解释佛学教义，并以天人感应的神学学说和积善积恶的通俗说教来比附佛学的轮回报应思想。他的译籍非常自觉地将儒家思想与佛教理念予以贯通。按照大乘佛学度众生的教义，在他所译的《六度集经》中，多以菩萨"本生"故事，寓以大慈大悲的救世精神，体现出他试图以拯救世人的灵魂而达到挽救人类社会的积极思想。从这一理想出发，他把儒家的"仁道"视为佛的"三界上宝"，提倡"王治以仁，化民以恕"。他在该经中说："为天牧民，当以仁道"，"吾宁殒躯命，不去仁道也"。甚至认为，对于"利己残民，贪而不仁"的君主，臣民可以起来予以废除。所谓"仁道"，实际上是儒家提倡的仁而爱人、安国富民、君亲民和的治国方略，带有孟子的"仁政"的政治理想色彩。这样，他把佛教学说与儒家思想作了协调处理，尤其是把佛学中某些出世的思想改变成为治世安民的内容，容纳了儒家入世的精神，从而为中国佛学的发展开辟了另一蹊径。他曾说："虽儒家之格言，即佛教之明训。"因此，儒、佛两家并不存在矛盾。《法句譬喻经》卷四叙及因前世行五事今生受五戒得为国王，所说的"五事"即"奉佛以信，奉法以净，奉僧以敬，奉亲以孝，奉君以忠"，其中信、孝、忠都是儒家的道德信条，在这里巧妙地安置在前世因缘功德的佛教事理之中了。《六度集经·梵志本生》云："昔在菩萨，时为梵志，经学明达，国人师焉。弟子五百，皆有儒德，体好布施，犹自护身。""儒德"即儒家的传统道德，这是借用中国传统的道德比喻梵志弟子们的德行，印度佛学是没有"儒德"的。儒家道德的核心思想是三纲五常，由汉儒董仲舒提出，后经封建统治阶级加以系统化的一套封建教条。在《六度集经·难王本生》中又说："处世有年，虽睹儒士积德为善，岂有若佛弟子恕己济众，隐处而不扬名者乎？"这里"儒士"本指信奉孔子学说的人。《墨子·非儒》下："令孔丘之行如此，儒士则可以疑矣。"自汉以后儒家学说占统治地位，遂成为知识分子的通称。亦称为儒生，是中国特有的，印度没有这一称呼。

由此可以见出康僧会融会儒佛的用心以及译经的策略，这也可以在他以老庄思想格义佛教的译经策略中看出。其《安般守意经》中说："安为清，般为净，守为无，意为名，是清净无为也。"守意就是集中精神注意力，而安般是梵语 Anapana 的音译，原意指出入息。"安般守意"就是数息观的禅法。康僧会用汉语单音节词汇去肢解音译的双音节"安般"，显得很生硬。"安般"的格义错误还只是一般的名词术语的翻译错误，但由于经文是讲具体禅修的，也许还能勉强操作示范，而对于佛学的极为重要的核心概念"空"的错误格义对中土人士真正理解印度佛学思想则是原则性和理论性的错误。

2. 草创期译经的评价

关于草创期译本的质量，僧祐《高僧传》评论说："初经已出，而旧译时谬，致使深意隐没未通。"僧叡在其《大品经序》曾中有过这样的评语："经来兹土，乃以秦言译之。典谟乖于殊制，名实丧于不谨。致使求之弥至，而失之弥远，顿辔重关，而穷路转广，不遇渊匠，殆将坠矣。"他说先期之译经有"将坠"之危，即是说佛陀经典因中土之传译而已失去其本来面目，佛法义理已面貌全非，表明问题之严重。他又根据罗什的译本，指摘此前的各种译本："既蒙鸠摩罗什法师正玄文，摘幽指，始悟前译之伤本，谬文之乖趣耳。至如以'不来相'为'辱来'，'不见相'为'相见'，'未缘法'为'始神'，'缘合法'为'止心'。诸如此比，无品不有，无章不尔。"(《毗摩罗诘提经义疏序》)"伤本"即道安所谓"失本"。晋代著名义学家竺道生也曾说："自经典东流，译人重阻，多守滞文，鲜见圆义。"说明初期译经不忠实原文。"乖趣"即译文不流畅，缺乏可读性。这样，初期译经的问题集中在忠实性和可读性。

（1）忠实性

忠于原典，是译经的第一要义。翻译的不忠实，是翻译的大忌。从严格意义上的翻译而言，忠实性永远是翻译的生命。佛经属于宣说义理的典籍，富有思想的著作，有的还具有文学性描写性，翻译最主要的便是译本能否保存原文的思想精髓和语言条理。而初期的翻译往往曲解误译，译文也较晦涩难懂，频招后人微词。僧叡曾用罗什新译《小品》作比较，说："考之旧译，真若荒田之稼耘，过其半未讵多矣。"(《小品经序》)僧肇对该时期译经的批评也是"理滞于文"(《维摩诘经序》)，认为他们的译文没有把此经的义理表达清楚，内容的真实性上都存在着严重的问题。如果不达原义甚至曲解原文，那就是僧肇所批评的"玄宗坠于译人"之失。所以要求译本"不失梵义"，准确传达出原文思想。

（2）译文表达

草创期译本的语言表达水平也十分欠缺，早在支谦、道安即对初期译文的语言有过认真的评论。如支谦《法句经序》就批评维祗难、竺将炎的翻译"未备晓汉。其所传言，或得胡语，或以义出音，近于质直"。道安在《大十二门经序》中也指出安世高译经，"仓促寻之，时有不达"。支谶译文"古贤论之，往往有滞"。支谦是深通汉语的，但其译本在表达上，也有许多含混模糊、意义不明的地方。明代智旭在《阅藏知津》中对本期译者及译本有过较为客观的评述。他在书中"选取译之巧者一本为主，其余重译，即列于后"，这样"俾不能遍阅者，但阅其一，即可得其旨，若能遍阅者，连阅多译，便知巧拙之得失也。"按照这一原则与方法，他用"苦涩""文不可句""难晓""古拙难读""文甚烦拙"等一类评语，来批评初期译者。这很能说明初期译经在语言上所存在的问题与不足。如对安世高、支谶、支谦、竺佛念、昙果、康孟祥以及僧伽跋澄等等都是这类评语，而这类评语基本上不用于后两期的译文评价上。对比现存译本，这类批评应该说是很符合实际的。如安世高翻译的《人本欲生经》，基本没有改动原文重复颠倒的结构：

> 若如有如有生无有，亦无应有令有生，……一切阿难，无有生为有老死否？阿难白佛曰：不。无生则无死，诚哉此言也。佛便告阿难：从是因缘当知为从是本、从是习、从是因缘，老死为生故，生因缘阿难为老死。（《大正藏》第一卷）

安世高翻译基本依照梵文语序，几乎只作了一番文字上的对译，没有作任何语言上的调整与润饰，而且倒装句极多，几乎难以卒读，这对理解经旨也是有障碍的。即使道安在读安世高翻译的《人本欲生经》译本时，也经常在注解中批示："是意微妙本句倒""句倒也，言从习有是苦也""今有受倒，宜言令受有也""有因缘阿难受句倒也，言有受因缘也""今发为有欲贪句倒也"，依次指出译文中保留原文倒装语序的句子。其实，初期译经中这种形态的翻译是不少的。而东晋僧伽提婆的译文《中阿含经·大因经》，明显就要通达得多：

> 阿难，彼彼众生，随彼彼处，若无生，各各无生者，设使离生，当有老死耶？答曰：无也！阿难，是故当知，是老死因、老死习、老死本、老死缘者，谓此生也。所以者何？缘生故则有老死。阿难……（《大正藏》第一卷）

译本要易懂多了，译者基本采用顺装语序，基本文通字顺。而且义理也较为明晰，使读者可以理解这是论析生命现象的四要素，说明生命历程的次第相缘。四要素即因、习、本、缘。"因"即是构成生命历程的内外诸要素，它使生命的每一现象成为可能。"习"是生命现象的原动力，它将生命历程诸要素按一定的流向解构、重组，使之成为有机的整体，呈现在生命流中。"本"是生命历程的精神内核，它将每一个生命驿站连成一线，并赋予生命以意义。"缘"是形成生命历程的条件的综合，不可或缺,否则生命就像小树,缺少阳光、雨露和肥沃的土壤。

　　(3)译经质量欠缺的原由

　　导致草创期翻译问题的首先因素是译者主体素质。道安在《注经及杂经志录序》中说:"或善梵而质晋,或善晋而未备梵"。稍后道慈在《中阿含经序》中也指出当时译经,"违本失旨,名不当实,依稀属辞,句味亦差,良由译人造次,未善秦言,故使尔耳"。这都是道安时期显然是无法解决的难题。僧祐也指出:"义之得失,由乎译人;辞之质文,系乎执笔。或善胡义,而不了汉旨;或明汉文而不晓胡意;……所以旧经文意,致有阻碍,岂经碍哉?译之失耳。"(《出三藏记集》)由于草创时期还没有现代意义的"译者"概念,而真正具有"译者"素质的"笔受"又大多不通佛学,这就决定了译经质量低下。僧祐《出三藏记集》载:道安主持的译经比旧译有所改善,但是他去世后,在洛阳译经的法和说:道安所出经、律,凡一百多万字,"并违失本旨,名不当实,依稀属辞,句味亦差,良由译人造次,未善秦言,故使尔耳"。认为原因是外国僧学不善汉语,概念不确,意义模糊。其实赵政、道安主持译经,宣译人都通解汉语,所谓意义模糊,原因不在不善汉语而在于笔受者不明原本意旨。在早期中国佛学传播中,由于义理传授的需要,经典译介依靠梵僧或胡僧,因此他们承担着不可替代的角色,并成为佛教信众崇敬的对象。但至道安、慧远时代,本土佛学大师的出现,开始改变这种现象。梵僧或胡僧的地位开始为汉僧所取代,这标志着中国佛学思想逐步走上独立发展的道路。

　　僧祐《出三藏记集》提到"旧译时谬"。汉译佛经的质量,首先决定于译者佛学的精深程度,其次便与译者对梵汉文字的娴熟程度有着密切的关系。历代译经标准大多集中在"文(文辞)理(教理)俱精","华质得中","曲从方言,趣不乖本"或"意思独断,出语成章。词人随写,即可批玩"或"善批文意,妙显经心"(道宣《续高僧传》)的评论。如"日照出显识之文,刃有余地。思惟涓素,学喜华严,密语断章,大人境界";"流志宝积,菩提曼荼,华胥之理致融明,灌顶之风标秘邃,迪公劝其笔受,般若终乎译场"(赞宁《宋高僧传》)。这都是很高的评语,而要达到这样的标准,译者须有较高的佛学素养,精通梵汉语言的能力以及梵汉文化修养。

　　佛学修养是对佛教义理的理解和精通。翻译佛典的困难,首先就在于佛学义理的了解。而义理的理解不能靠简单的听闻,甚至是道听途说,需要精深的研习和切身的体验,最好直接阅读原本。梁启超曾经指出:"我邦硕学,久留彼都。学既邃精,辩复无碍。操觚振铎,无复间然。斯译学进化之极轨矣。"(《佛典之翻译》)经过汉地学者的西行求学,无论是译才通晓的汉梵语言、文化能力，还是他们对佛经的精通程度，都是前所未有的，这为译经保证传递佛经真谛打下了坚实的基础。汤用彤《汉魏两晋南北朝佛教史》曾言："古昔中国译经之巨子，必须先即为佛学之大师。如罗什之于《般若》《三论》，真谛之于《唯识》，玄奘之于性相二宗，不空之于密教，均既深通其义，乃行传译。"罗什所译《小品般若经》《大智度论》《中论》《百论》《十二门论》等三百余卷，对大乘空宗教理的移植和弘传作出了重要贡献。译场译主都是精通所译义理的高僧，否则不能胜任译经。道梃《毗婆沙经序》说："沙门道泰，杖策冒险，爰至葱西，综阅梵文，义承高旨，并获其胡本十万余偈。既达梁境，王即欲令宣译，然惧环中之固，将或未尽，所以侧席虚襟，企瞩明胜。天竺沙门浮陀跋摩，会至梁境，请令传译。"按说道泰曾译出《入大乘论》与《大丈夫论》等经，不仅通晓梵语，而且"义承高旨"，完全可以胜任翻译，但还是"惧环中之固，将或未尽"，而不敢翻译，就是因为他对本经不很精通。此处"环中"本谓圆环的中心。庄子用以比喻无是非之境地。《庄子·齐物论》载："彼是莫得其偶，谓之道枢。枢始得其环中，以应无穷。"郭象注云："夫是非反复，相寻无穷，故谓之环。环中，空矣；今以是非为环而得其中者，无是无非也。无是无非，故能应夫是非。是非无穷，故应亦无穷。"司空图借以喻灵空超脱的境界。其《二十四诗品雄浑》说："超以象外，得其环中，持之匪强，来之无穷。"译经评论者常常借助这一概念评论译本所达到的境界。僧肇《涅槃无名论》云："伏惟陛下叡哲钦明，道与神会，妙契环中，理无不统，游刃万机，弘道终日，威被苍生，垂文作则，所以域中有四大，而王居一焉。"又据慧皎《高僧传》记载，姚兴曾命罗什翻译《十住经》，罗什说："夫弘宣法教，宜合文义圆通。贫道诵其文，未善其理，唯佛陀耶舍深达幽旨。"所以他"一月余日，疑难犹豫，尚未操笔"。一直等到其师佛陀耶舍到达，解决了疑难之后，罗什才与他"共相微决，辞理方定"。

　　所以在汉地佛经翻译历史上，都选择罗什、真谛、玄奘、不空、义净这五位大师作为代表人物，这不仅因为是他们的译经水平高，更因为他们的译经分别代表了几大主要佛学流派。像罗什主译般若空宗，玄奘译弘大乘，义净传播律藏，不空介绍密典，重在他们对于教理极为通晓。除玄奘、义净、竺佛念、道泰等少数几位中国僧学担任过译场主持人以外，中土的佛典翻译大多数都是由西域僧人或印度僧人或是迁居汉地的西域胡人后裔主持的，就是因为他们更熟悉义理。如南北朝译师辈出，鸠摩罗什、求那跋陀罗、宝云、真谛、阇那崛多等都是一代佛学大师，他们能够"率初以要其终，或忘文以全其质者，则大智玄通居可知也。从始发意逮一切智，曲成决着八地无染"（道安《道行般若经序》），意谓能够透过繁复的文句，体会其精神实质，真正把握佛学主旨。直到隋唐时代，梵文在中土佛教学者间流行后，主译人选还是偏重天竺佛教学者。佛教史籍记载，即使已译成汉文的佛经，也曾有请不通汉语的印度大师讲说的事实。曹仕邦《译场——中国古代翻译佛经严谨方式》一文说："如刘宋时求那跋陀罗讲《华严经》，求那跋摩讲《法华经》及《十地经》。这三经早在东晋时已译成汉文，而仍请他们主讲，就是因为他们在印度研读过原本，较之中土大师用译本讲说，更能宣示精义所在，而且听众的许多疑问，也能获较深切的解答，所以宁可用传译协助也请他们讲经。"

翻译本质上是语言转换，两种语言的熟练程度往往决定译本质量之高低。佛学初传，是中土人士完全陌生的概念和文化现象，他们对这种复杂而又高度学术化的经典没有接受基础，所以多由外籍大师主译，汉地学僧助译。梵文或西域胡文与汉文系统不同，而译成汉文后词句是否切当，不通汉文的主译无法指正。初期的佛典汉译，几无兼通梵汉的译者，西域和印度来华的大师不懂汉文，汉地学僧不晓梵文。所谓"或善胡义而不了汉旨，或明汉文而不晓胡义"（僧祐《出三藏记集》）。如安世高和支谶等大师均是来中土后学习汉语的，他们主持译经，本身修道学佛，在佛学经典方面博通经律论三藏，造诣甚深，并在佛法实际行履方面修持有素。但作为译者，他们还是不能完全精通梵汉语文，译经时要配有专门的"传语"，然后再由"笔受"记录整理成文，才能以比较畅达的文字，传达原作的思想精神。所谓"彼晓汉谈，我知梵说，十得八九"（赞宁《高僧传》）。彦琮说："若令梵师独断，则微言罕革。笔人参制，则余辞必混。"这样的译主译出的经典要么"理胜其辞"，要么"文过其意"，以致"译所不解，则阙不传，故有脱失，多不出者"。正所谓"方圆共凿，金石难合"，最终致使译本无法保留原本义理，更无从保留原文的行文条理或遣词用字的特征。如支谶译经，竺佛朔传语时，于不了解处辄加省略。真正有中土人士懂得义理的，是到了魏晋时期才有的。这就是此时期出现的"义学"大师。在汉地学僧方面，佛学初传时，朝廷不许汉人出家，这就限制了他们对佛学的研习，也限制了他们对梵文的了解。所以他们研求佛学的方法，只能在译本中"寻文比句，为起尽之义，及析疑、甄解"（道安《道行经序》），前后对照，以寻求其名相的含义与全书的意义。文句比较功夫越多，书中意义隐没者就越加显著，道安就是这样研究佛学的。但"寻文比句"的研究，有时会流于"寻章摘句"，仍然不能使学僧们满意。因为"寻章摘句"的方法在本土即指摘取经文的词句片段，限于文字的推求，不做深入研究，或指写文章时套用、抄袭前人章法、词句，没有创造力，而被批评为"世之腐儒"。后来便主动西行求法，搜寻经典，并从天竺高僧亲炙受学，瞻仰佛教圣迹，寻求名师问学，以克服译经中的困难，从而取代被动的传授。在译笔上，当时的译经大师们也没有形成稳定的章法。安世高的译文为了顺从原文结构，不免重复颠倒。支谶的译文则为了保全原本的面目，往往"辞质多胡音"。支谦、康僧会的译文，则注重译本的辞藻文雅，"改胡音为汉意"，用意译取代音译，使用删繁就简等手段使译文尽量适合汉人口味，但又往往背离了原典。

其次，草创期译经没有原本，主要凭译主记忆口授，这大概是印度文化和佛教的传统。如《魏略》记载："秦景宪从月氏使臣口授浮屠经。"慧皎《高僧传》记载：《十诵律》的翻译是"罽宾人弗若多罗以秦弘始六年诵出，鸠摩罗什为晋文，三分获二，多罗弃世，西域人昙摩流支以弘始七年达关中，乃续诵出，与什共毕其业"。又说安世高"讽持禅经"，支谶"讽诵群经"等，这是因为佛典在印度原无写本。梁启超考证，"初期所译，率无原本，但凭译人背诵而已。此非译师因陋就简，盖原本实未著诸竹帛也"（《佛典之翻译》）。正所谓"外国法，师徒相传，以口授相付，不听载文"。（《分别功德论》卷上）道安《疑经录》也说过："外国僧法，皆跪而口受。同师所受，若十、二十，转以授后学。若有一字异者，共相推校，得便摈之，僧法无纵也。"至法显印度求经时，已经是在公元五世纪了，佛经典籍仍"无本可写"。其《佛国记》载："法显本求戒律，而北天竺诸国，皆师师口传，无本可写。"成文的佛经相传是在公元前一世纪末叶第四次结集时才有的，此前形成的是经过诵持传承的口语佛经，称为"无字圣典"。东初法师在《阿含概说》中指出：

> 这个经典，到阿育王时，摩哂陀（Mahinda）传入锡兰，约纪元前八年 Vattag-anani 王时，始命比丘书写此经，"有字圣典"初次出世。

这一方面是由于古印度纸的出现较晚，许多书都是刻写在贝叶上的，因此不易于保存。另一方面也是为了便于中土信徒信仰和传诵，以使佛经教义在中土广为传播。如安世高的《阿含口解》《安侯口解》等。这种口译关注的主要是佛经要义，不受书籍文字等限制。严格地说，这是对佛旨的解说性翻释。但没有梵本或胡本作依据，口耳相传难免有舛误或记忆遗漏，而且容易掺杂歧见，掺入方音，即使出现错误，也无从考订修正，这就影响了译经质量。稍后渐有原本传入，但也不很成体系。道安曾说："此土众经出不一时，自孝灵光和以来迄今晋康宁二年近二百载，值残出残，遇全出全，非是一人，难卒综理。"（僧祐《出三藏记集》）所以初期的翻译多半是从梵文大本中节抄出来的，并非独立的经本。译经零碎，就无法使中土学僧完整地了解佛典的全貌，也不能确切理解其经义，因为佛陀的义理只有在整个经典体系中才能真正把握。这就需要汉地学僧主动西行取经求法，佛典汉译质量才能有所改善。只有西行大师根据中土学僧的理解和需要，有选择地系统地求取原本，这样才有利于译经事业，有利于佛学的发展。否则会是费长房《新合大集经》所说的那种盲目的翻译，"去圣将远，凡识渐昏，不能总持，随分撮写。致来梵本，部夹弗全，略至略翻，广来广译"。

再次，此时期的原本均来自西域，所谓"译胡为秦"，即是指将胡语原本译为汉文。公元前六世纪末起源于古印度的佛教，在公元前三世纪中叶孔雀王朝阿育王弘佛时期，开始自印度向境外传播。西域与古印度地缘相近，成为佛教北传进程中的必由之地，再由西域传入中土。佛典经过这一中转，自然有所变异失真。季羡林在《再谈"浮屠"与"佛"》一文中"论证中国最古佛典翻译中的'佛'字，不是直接从梵文 Buddha，而是间接通过吐火罗文 A（焉耆文）pat 和 B（龟兹文）的 pud、pūd 译过来的。"由此证明中土佛教首先来自西域，这是从语言学角度考察佛教传播的路线和时间，很有说服力。费长房《历代三宝记》记载，西域所传大乘经本就偏于保守，历久相承，无丝毫变异。而在印度本土则不然，各家造论释经，各有相承之本。如龙树所释大品经《智度论》就与西域所传有异。汤用彤《隋唐佛教史稿》指出："经文既因传承派别有异，故前后学说改易，所传又有歧本，因而西域传本与梵本常不同，而印土传本前后又常互异。"

无论是初期译本质量或译者素质，还是导致此类问题的原由，也无论是知名译者还是不知名译者，都为译经评论所关注。支谦《法句经序》、道安诸经序，都对"质"的译经提出批评，对于重"文"的译本，也有相应描述。然而，由于草创时期的评论处于萌芽状态，其评论本身也较主观随意，每个评论者的评价总是限于各自的一己之见，鲜能贯通，有时甚至流于肤廓。喜文者按文而评，好质者依质而论。即使同一位评论者对于同一位译者也会有不同的评价。尤其是评论者被限定在"文"与"质"之间，这就限制了评论的深度和广度，因为文与质都是翻译中最常用的观念与方法，本身并无优劣之分，关键在于用什么样的翻译理念来处理二者的关系。由于本时期翻译评论的认识深度所限，译者们也只是摸索试探，等待后人的研究突破。虽然这些评论本身也不稳定，各自坚持一家之言，但也正是通过这些评论，使译者发现问题，明确方向，从而为提高译经质量，推动译经事业和佛学发展打开了视野。

(三)"中道"与发展期译经——文质偏胜

佛典汉译自两晋开始进入发展时期。发展时期的佛典汉译质量无论是忠实性还是通达性都有显著改观。首先，此时期译经忠实准确，义理明晰。道宣《续高僧传·道宠传》记载："魏宣武帝崇尚佛法，天竺梵僧菩提流支初翻《十地》，在紫极殿，勒那摩提在太极殿，各有禁卫，不许通信。校其所译，恐有浮滥。始于永平四年方讫。及勘雠之，惟云'有不二不尽'，那云'定不二不尽'，一字为异，通共惊美。"这段记载说明该期翻译的忠实性已经值得人们信赖。其次，此时期译经语言也较前期更加流畅，而且形成了比较稳定的译风。如鸠摩罗什译经语言通达，文辞优美，形成重文风格。就《妙法莲华经》译本，明成祖《御制大乘妙法莲华经序》评论说："爰自西晋沙门竺法护者初加翻译，名曰《正法华》。暨东晋龟兹三藏法师鸠摩罗什重翻，名曰《妙法莲华》。至隋天竺沙门阇那笈多所翻者，亦名《妙法》。虽三经文理，重沓互陈，而惟三藏法师独得其旨。第历世既远，不无讹谬，匪资刊正，渐致多疑，用是特加仇校，仍命镂梓，以广其传。"道宣也在《妙法莲华经弘传序》中说："西晋惠帝永康年中，长安青门炖煌菩萨竺法护者，初翻此经，名《正法华》。东晋安帝隆安年中，后秦弘始，龟兹沙门鸠摩罗什次翻此经，名《妙法莲华》。隋氏仁寿，大兴善寺北天竺沙门阇那笈多后所翻者，同名《妙法》。三经重沓，文旨互陈。时所宗尚，皆弘秦本。"前序云罗什译本"独得其旨"，后序云"皆弘秦本"表明罗什译本既忠实，又流通。罗什因深通梵文韵律，所以他的译文在这方面确有特色。如竺法护译籍《渐备一切智德经·目前住品》中，"其三界者，心之所为"。罗什《十住经·现前地品》译作"三界虚妄，但是心作"，读起来就有声律上的美感。经过文饰和修辞，有过文学加工的译本，更受读者青睐。而读者的冷落或喜爱，往往决定译本的流通和命运。罗什的译文准确传递了天竺佛学新的思想，文字亦清晰明畅，克服了前期语言的艰涩和不顺，用自然的语言保留原本的"语趣"，传达原本的"异国情调"，因为原语是自然和新奇的。

其次是译籍数量空前增多。据记载，此时期译出的经典共有一千八百七十七部四千八百七十六卷。仅鸠摩罗什十一年中的译经就有三十五部二百九十四卷。数量的增多，表明译经的范围扩大，体系的完备，学说的系统，不至于如前期那样零碎杂陈，而是涉及佛学大小乘、空有、性相、经、律、论典各个不同体系。这其中包括：（一）译出四部《阿含经》，系统介绍了声闻四谛、八正道等教法，使解脱道迹可资依凭。（二）译出《中论》《百论》《十二门论》)《成实论》，开启三论及成实学派。（三）译出律藏典籍《十诵律》《四分律》《摩诃僧祇律》《五分律》及大乘《梵网》等，为中土习律、传戒及律宗发展奠定了基础。（四）译出《涅槃经》，成立涅槃学派，译出《十地经论》及《摄大乘论》，开启地论宗及摄论宗学风，译出《妙法莲华经》成为智者大师一乘实相佛智见地与判教根本。唐代贤首大师则依据晋译《华严经》教法创立华严宗。正如道宣《大唐内典录》中说："宋、齐、梁等朝……翻传并出，至于广部，绝后超前。"汤用彤亦指出："自安世高、支谶译经以来，传法最盛，有三时。一为支谦、竺法护时，所译《般若》《方等》，其影响在为佛法开辟玄学之领域。二为道安时期，所译多有部经论，引起《毗昙》之研究。三为罗什时代，之大乘之学义理昌明，如日中天。"(《两汉魏晋南北朝佛教史》)汉译佛学经律论基本上都在这个时期介绍过来，并粗具雏型。后世所流通奉行的经典以及影响中国佛学派别及宗派的重要经典大多是此时期的翻译，可以说，南北朝时期的译经大师们，已基本完成了佛典汉译的使命，这样可以使中土人士较为全面地了解到印度佛学的完整而真实的面貌。

三是译经大师素质明显提高，他们兼通华梵，精晓义理，基本上改变了前期译者不能从事翻译的状况。这些大师们借着译场组织的逐步完善，高僧云集，梵汉佛教学者共同磋商义理，系统地译介大经大论，使此期译典的积累促进了理论的深化，学派的渐兴以及宗派的酝酿。慧远于庐山组织译经，形成与金陵并称的两大佛学中心。在北凉的沮渠蒙逊时代，天竺僧昙无谶来到姑臧，与名僧慧嵩、道朗等组成译经集体，译出了对中国佛教影响甚巨的《大般涅槃经》《大方等大集经》《金光明经》等。稍晚的刘宋时代来华的天竺僧求那跋陀罗、梁武帝时来华的西印度僧真谛都是此时著名的翻译家，他们及其助手们共同译出的《胜鬘经》《楞伽阿跋多罗宝经》《摄大乘论》《俱舍伦》等，对中国佛学发展影响深远。

1. 发展期主要译者

发展时期约有一百三十九位译者，其中知名的就有竺法护、鸠摩罗什、昙无谶、真谛。鸠摩罗什与真谛位居我国"四大译师"之列，这时期的翻译质量可见一斑。这些译者在汉地南北各地开展译经，他们在中国佛教义学发展中共同促进了南北朝时代汉地义学的兴盛。

（1）竺法护："言准天竺，事不加饰"

竺法护，祖籍月氏，世居敦煌。慧皎《高僧传》称其"博览六经，游心七籍"，并说他曾"随师至西域，游历诸国，外国异言三十六种，书亦如之，护皆遍学，贯综诂训，音义字体，无不备识。遂大赉梵经，还归中夏。自敦煌至长安，沿路传译，写为晋文。所获《贤劫》《正法华》《光赞》等一百六十五部。孜孜所务，唯以弘通为业。终身写译，劳不告倦。"可见，竺法护既有语言天才，又博通义理，是中国人能直接自译梵文的第一位真正的译者。又据记载，法护"究天竺语，又畅晋言"，支敏度称其"研几极玄"（《合维摩记》），均说明法护对梵汉语言文字及佛学的研习与擅长。对于一个佛经译者来说，其基本条件就是通晓义理，精通两种语言。从他身上即可看出，该时期的译者首先在语言的修养上已大不同于前期。竺法护是汉地译经史上第一位真正具备译者资格的人。从这个意义上说，他的出现也就揭开了佛经翻译的新时期。

唐代智升《开元释教录》记载竺法护译经一百七十五部三百五十四卷，其中对后世影响较大的就有《光赞般若经》《正法华经》《渐备一切智经》《弥勒成佛经》和《普曜经》等。智升《开元释教录》将大乘佛经分为般若、宝积、大集、华严与涅槃五大部，而竺法护对这五大部的佛经都有传译。这说明竺法护所传译的范围也突破了前期，这就不仅打开了大乘佛学在中国广为传播的的局面，而且这种学术上的广博性对译者本身的思想和翻译观都有着直接影响。由于竺法护较为全面、准确的翻译，将般若、宝积、华严、法华、大集等大乘经典介绍过来，为大乘佛学在中国的流传打开了局面。他的翻译忠实，恢复了般若思想的本来意义，推动了般若学的进一步流传，使国内学者的研究有了更多的经典作依据，于是佛学便逐步摆脱传统黄老、玄学思想的影响，独立发展起来，直至与中国传统思想相抗衡。所以僧祐说："经法所以广流中华者，护之力也。"（《出三藏记集》）准确地评价了他开风气之先的贡献。

道安评价竺法护译文的风格"比辞雅便"，表明竺法护很注意译经的文辞表达。同时道安又指出："护公所出，若审得此公手目，纲领必正，凡所译经，虽不辩妙婉显，而宏达欣畅，特善无生，依慧不文，朴则近本。"（《修行道地经序》）这又表明竺法护注重质朴。所言"言准天竺，事不加饰"，即注重存真偏质，提高质量。前期译家对原文往往随意附会删节，他则尽可能传达出原本的真意，因此道安用"详尽""事事周密"评其译本。以后罗什重译其译过的佛经也基本保留了他的原译，表明他翻译的忠实和准确。这从他所用佛学术语的专业化即可得到证实。但是竺法护的"质朴"与前期"质朴"有本质的区别，他是在理解原文，融会贯通的基础上，尽量让译文接近于原本，是"言准天竺"而存真的质。所谓"言准天竺，事不加饰"，特别是把前人随意删略的地方都保存下来，所谓"不厌其详，事事周密"。他的译文虽然多有"依慧不文，朴则近本"，较忠实于原文，但其"宏达欣畅"，又并非"质直"无文。竺法护的这种译风顺应了原本，因为印度文字本身就是繁复而严密，一经删节，就会破坏原本的结构。般若一类的思想阔大深远，思想要通过具体的事例表现，因此，"逐事而明之"就是它结构上的一个特点。比如说般若是因，而其结果则为"一切智"。这"一切智"是佛教三智（一切智、道种智、一切种智）之一，音译为"萨婆若""萨云然"。《四十二章经》说："未有天地，逮于今日，十方所有，无有不见，无有不知，无有不闻，得一切智，可谓明矣。"一切智指了知内外一切法相之智，是对总相（现象的共性，亦称空性、真如）的认识，是声闻、缘觉修行所得的智。《大智度论》卷二七说："一切智是声闻辟支佛事，道智是诸菩萨事，一切种智是佛事。声闻辟支佛但有总一切智，无有一切种智。"一切智就修万法，非列举诸事不可。过去的翻译，把"一切智"所包含的具体内容都删略了，结果使人很难理解般若的内容。法护则忠于原本，把这些都保留下来。由于他的翻译质量提高，真正给中国佛学带来了变化。又由于他的"详尽"，传达了原本真意，而为罗什的翻译奠定了基础，这也说明法护与罗什同属于一个阶段。可以说，竺法护在畅达与忠实上都开始了一个新的时代，他首次以朴真的译笔，将佛陀的本来面目传达给国人。竺法护也打开了翻译文学的新路。王僧孺《慧印三昧及济方等学二经序赞》称赞竺法护所译经"书甚紧洁，点制可观，究寻义趣，或微或显"。胡适《白话文学史》称竺法护译的《修行地道经》"描写，不加藻饰，自有文学的意味，在那个文学僵化的时代里自然是新文学了"。不过道安也指出了竺法护的翻译"悉则悉矣，而辞质胜文也。每至事首，辄多不便，诸反复相明，又不显灼"。这是说法护的质朴也有过分之处，道安的批评既指出竺法护在开始新的译风中的地位，也揭示了他的问题，表明竺法护的翻译还没有达到圆满的境界。

（2）鸠摩罗什："妙显经心，风骨流便"

鸠摩罗什祖籍天竺，生于龟兹（新疆库车），九岁始游历西域等地，这对于他熟悉各地语言，打下了坚实的基础。尤其是后来又在凉州（今甘肃武威）停留达十七年之久，这为他学习掌握汉语，为之后的佛典翻译做了必要的准备。在游历中，罗什又广泛接触佛学各种思想，博综大乘小乘诸家，"道震西域，声被东国"（慧皎《高僧传》），这又使他在佛学的造诣上达到了学通三藏的精深境界，尤其精通龙树提婆的般若性空学说。罗什的来华，使中国发展时期的译经事业又向前推进了一步。他的译籍，涵盖经律论三藏的重要经典，许多经典成为中国佛教史上的定译，为佛教在中国的进一步发展提供了深厚的基础，影响波及以后的整个中国思想界，为隋唐佛教诸宗的形成，起到了相当有力的推动作用。隋唐成实宗、天台宗、净土宗所奉的经典均出自他的翻译，可见其对隋唐之际中国佛教宗派兴起的影响之大。他的译籍第一次系统地介绍了《般若经》而形成大乘性空学派，又完整地翻译了龙树的"三论"和提婆的《百论》，这是中观学派完整的思想体系，也是罗什本人的信仰。这就可以保证他译经在义理上的准确，不至于出现理解上的偏差而导致译文偏离原著，也为中国学人全面把握中道学说提供了坚实的理论基础。所以僧叡在《中论序》里说："《百论》治外以闲邪，斯文祛内以流滞，《大智释论》之渊博，《十二门》观之情诣，寻斯四者，真若日月入怀，无不朗然鉴彻矣。"罗什更是一位佛学理论家，这有利于为他的思想提供哲学支持，进而为翻译实践找到合适的方法，获得较为正确的导向。僧叡在《大品经序》里说：

> 以弘始五年，……于京城之北逍遥园中出此经。法师手执胡本，口宣秦言，两释异音，交辩文旨。秦王躬览旧经，验其得失，咨其通途，坦其宗致。与诸旧宿……等五百余人，详其义旨，审其文中，然后书之。以其年十二月十五日出尽，校正检括，明年四月二十三日乃讫。文虽粗定，以释论检之，犹多不尽，是以随出其论，随而正之。《释论》既讫，尔乃文定。……胡音失者，正之以天竺；秦言谬者，定之以字义；不可变者，即而书之。是以异名斌然，胡音殆半。斯实匠者之公谨，笔受之重慎也。幸冀遵实崇本之贤，推而体之，不以文朴见咎，烦异见情也。

可见，罗什译经的过程是先将梵文口译成汉语，同时宣讲义旨，并用旧译对照，经过与助译详细商讨，写成初稿，又以"论"证"经"，再作修改。如同竺法护一样，罗什的译经也比较忠实，因为他本身深通佛学。竺法护以前的译经大师，往往以中土黄老、玄学思想理解翻译佛经，因此常借用儒道、玄学名词来翻译佛学概念。这实际上是"以译者之思想，潜易原著精神，是为翻译之大忌"（梁启超《翻译文学与佛典》）。而竺法护与罗什精通佛典，则完全按照经义译出，并付出不少心血去创立佛教专用名词，这就使译文更加忠实于原本，正确传达佛学思想，正如僧祐所说，罗什"能表发挥翰，克明经奥，大乘微言，于斯炳焕"(《出三藏记集》)。僧叡在《毗摩罗诘提经义疏序》中说："格义迂而乖本，六家偏而不即。性空之宗，以今验之，最得其实。"谓以罗什所译验之，最能传达原本的实质。而所谓"格义"，即指前期的翻译以中国思想比附佛经含义，运用中土人士易于理解的儒家、道家等的名词、概念和思想方法译介佛典。"六家"是指前期佛学界由于对大乘空宗佛经含义理解不同而形成的六个派别，他们对佛教义理的了解都偏离了原义。这都反衬出罗什译文的准确和忠实。他自己对此也很有信心，曾说："愿凡所宣译，传流后世，咸共弘通。今于众前发诚实誓，若所传无谬者，当使焚身之后，舌不焦烂。"(僧祐《出三藏记集》)这也透露出罗什译经一丝不苟的严肃精神。如"本无"一词，梵文是 tathata parivarta，罗什将其译为"大如"(后玄奘又译为"真如")，就避免了与玄学的附会。再如"五蕴"中的"蕴"，其义本为积聚，即人本为五蕴所聚。所以罗什就译为"众"(僧叡《大品经序》)，基本意义也是符合原意的(后来玄奘译才为"蕴")。

罗什译经既注意内容的考核，力求忠实，"考校正本，陶练覆疏，务存论旨。使质而不野，简而必诣"(僧肇《百论序》)；"陶冶精求，务存圣意。其文约而诣，其旨婉而彰。微远之言，于兹显然"(僧肇《维摩诘经序》)，而且也很讲究文字的推敲。因为罗什"既深通其义，乃行传译"，译场又有"学问文章，均极优胜"的学僧笔受，以婉显辩妙的语言翻译原本，营造了一幅理事如一，弥纶合趣的圆满艺术境界。译文用字也极为审慎，胡本有误，以梵本校正，汉言有疑，用训诂定字。全书完成，再经勘校，直到首尾通畅，才作为定本，成为文字佳制。罗什门下素有"什门四圣"之称的僧肇、僧叡、道融、道生，学识渊博，富有文才，所以译经的质量，"义皆圆通，众心契服"。《高僧传》认为鸠摩罗什及其弟子所译经"词润珠玉""郁为称首"。不论在语言的精美上，还是在内容的确切上，都达到了一个新的高度。如罗什所译《妙法莲华经》站在大乘的立场上，认为小乘佛教过分重视形式，远离佛法真意，故为彰显佛陀的精神，采用诗偈、譬喻、象征等文学手法，以赞叹永恒的佛陀。这一思想无疑会影响罗什的"曲从方言，趣不乖本"译经思想。所以他翻译的《妙法莲华经》，其表达方式具有文学性，但主旨则契入佛陀教说的真思想，而且语言简练，脉络清楚。在佛教思想史和佛教文学史上，都具有不朽的价值。北宋从义《法华三大部补注》说："刘汉以来，谓之旧译；李唐而下，谓之新译。"这是把罗什译籍称为旧译，与此前的古译划一界限，意思是说可以取代此前的翻译。胡适说罗什的译法在当时是最适宜的法子，正是鉴于罗什译文在语言上注意"文饰"，讲究措辞，适应了汉地人士当时的口味，与当时的汉语接近。如果单从翻译的忠实上来讲，竺法护已开始了新的时代，使佛学能以独立的面貌立足于中国文化之林。但他是以"朴则近本"的风格忠实地传达原文内涵开始新时期的。而罗什恰恰是以另一种风格，即"文"来忠实地传达原文的义理，所以罗什的译籍在《出三藏记集》中多标以"新"字，以示重译。从语言素养来说，胡语是罗什的母语，又因他祖籍天竺，且博览印度古籍，对梵文也有较深的根底。至于汉语程度，《高僧传》曾说他是"出言成章，无所删改，辞喻婉约，莫非玄奥"。这使他有条件讲究译经的选词造句。罗什对译文语言的重视以及他对文学较高的欣赏力和表达力，使他在力求不失原意之外，又能注意保存原本的语趣，使佛经更富有文学趣味，使其几个重要的译本一千多年来为人们所传诵不衰。如大小品《般若经》的重译和《大智度论》的新译，因其语言流畅通达而推动了大乘般若学的传播。还有不少译典成为以后中国佛教学派和宗派用来建立自己的哲学理论和宗教学说体系的基本依据和重要思想资料。他所译的《十住毗婆沙论》中有一偈："有人好文饰，庄严章句者。有好于偈颂，有好杂句者。有好于譬喻，因缘而得解。所好各不同，我随而不舍。"说明佛经中本有记载，因人而异，袭用各种文学体裁和修辞技巧来美化经典文句。不过，赞宁称他的译文"有天然西域语趣"，也表明他的译经并非一味过分地求文，无原则地修饰。罗什也很注重直译，如所译《摩诃波罗蜜多经》就主要是直译的，可见他并不排斥直译。据僧叡《大品经序》说："异名斌然，梵音殆半。斯实匠者之公谨，笔受之重慎也。"这说明罗什的译文是创造了一种具有外语与汉语相调和之美的文体，这对后世佛教文学的发展是有深刻影响的。

　　罗什论述译经文体时，指出"天竺国俗，甚重文藻，其宫商体韵，以入弦为善。凡觐国王，必有赞德见佛之仪，以歌叹为尊。经中偈颂，皆其式也"。由此认为，"改梵为秦，失其藻蔚，虽得大意，殊隔文体，有似嚼饭与人，非徒失味，乃令呕哕也"。（慧皎《高僧传》）表明了罗什译经的风格与竺法护明显不同。其实，孤立地就文与质而论，是很难就译文质量做出高低判别的。因为译文一旦做到了忠实，那么"文"与"质"就只能是译者的用词风格了，而且文与质的程度也很难有一个准确的衡量尺度。《高僧传》曾记载说："昔竺法护出《正法华·受决品》云：天见人，人见天。什译经至此乃言曰：此语与西域语同，但在言过质。叡曰：将非人天交接，两得相见？什喜曰：实然。"僧叡的措辞，虽较法护译文更

"文"一些，但字数却也多于法护译文；而且，"人天交接，两得相见"，完全是同义反复，如果仅从简洁文雅的角度谈翻译，还可以译成"人天相见"的一句话，或许更为简练。这就可以看出，文与质仅仅只是风格。还是僧祐的《罗什传》可以显示出罗什与前期译本的区别来："自大法东被，始于汉明，历涉魏晋，经论渐多；而支、竺所出，多滞文、格义。什既至止，仍请入西明阁及逍遥园译出众经。什……既览旧经，义多乖谬，皆由先译失旨，不与胡本相应。于是兴使沙门僧肇……等八百余人，咨受什旨。"《晋书·载记》记载了姚子略评论罗什一段话也说："兴入逍遥园，引诸沙门于澄玄堂，听鸠摩罗什演说佛经。罗什通辩夏言，寻览旧经，多有乖谬，不与胡本相应。兴与罗什及沙门僧略等八百余人更出《大品》。罗什持胡本，兴执旧经，以相考校。其新文异旧者，皆会于理义。续出诸经并诸论三百余卷。今之新经，皆罗什所译。"

陈寅恪曾在《童寿〈喻蔓经〉梵文残本跋》一文中将罗什所译《大庄严经论》与原本比较，指出罗什翻译艺术运用了三种技巧：一是删去原文繁重，二为不拘原文体制，三则变易原文。如将原本散文译为偈颂，或将偈颂译为散文。特别是将 Kanva（天竺古仙专名，非汉人所熟悉），Mandara（印度山名）都改译作"诸仙""须弥山"，以使读者易于理解，乐于接受。他还指出："予尝谓鸠摩罗什翻译之功，数千年间，仅玄奘可以与之抗席。"这与我们将罗什与玄奘分别作为第二、第三个时期译经的杰出代表是一致的。接下来的话也很值得我们深思。他说："故以言普及，虽慈恩犹不及。"他所举的例子就是《金刚》《心经》《法华》等经。检阅《释氏十三经》等佛集，所列均为罗什所译。"所以致此之故，其文不皆直译，较诸家雅洁，当为一主因。"如《妙法莲华经》中火宅一段，原文写得如火如荼，是相当优美的文学作品，译文也足具原文的想象力与诗意，淋漓地传达了原文的情趣，文学意味十足。如叙述起火一段：

> 于后舍宅，忽然火起。四面一时，其焰俱炽。栋梁椽柱爆声震裂。摧折堕落，墙壁崩倒。诸鬼神等，扬声大叫。雕鹫诸鸟鸠槃荼等，周章惶怖，不能自出。恶兽毒虫藏窜孔穴。

罗什的译文忠实，语言讲究，而且他翻译态度也严肃认真，慎重严谨。如译《十住经》时，因对其不太熟悉，犹豫了一个多月，未敢下笔，直到请来了老师佛陀耶舍商量后，理解了义理，方才译出。译《大品般若经》用了八个月，校勘则用了四个月时间。他译《维摩经》时"三千余僧，禀访精研，务穷幽旨"(《佑录》)；"道彤……与罗什共相提掣，发明幽旨"
(《魏书·释老志》)。梁武帝《大品经序》还说："此经东渐二百五十有八
岁，始于魏甘露五年至自于阗。叔兰开源，弥天导江。罗什澍以甘泉，
三译五校，可谓详矣。"正是这种对待翻译"三译五校"的精神，使般若思
想的传译极为完美，也保证了他翻译的质量。事实上也正是他勤于推敲，
严肃认真的态度，弥补了他汉语的不足。僧肇就《维摩诘经》的翻译说：
"罗什法师重译正本，什以高世之量，冥心真境，既尽寰中，又善方言。
时手执胡文，口自宣译。道俗虔虔，一言三复，陶冶精求，务存圣德。
其文约而诣，其旨婉而彰，微远之言，于兹显然。"(《维摩诘经序》)他于
后秦弘始四年(402年)译出禅经，到六年后的弘始九年(407年)再将其检
校一遍。这样慎重其事，也是佛学传播讲经的要求，如真谛于陈天嘉四
年(563年)译出《阿毗达俱舍论》，次年弟子们又要求重译，原因是他们
持译本讲说时遇到讲不明白之处，发现前译未为尽善，需要郑重校雠。
这都表明罗什译场确实具有一丝不苟遣词造句的精神和严谨求实忠实佛
理的学风。

　　(3)僧伽提婆："去华存实，务尽义本"

　　《晋书》卷六五载："时有外国沙门名提婆，妙解法理，为珣兄弟讲
《毗昙经》。"明示提婆在中国所弘传的以阿毗昙论典为主。提婆约在苻秦
建元中(365—384)来到长安弘法。在被慧远迎请入庐山之前，曾于苻秦
建元十九年(383年)与竺佛念共译阿毗昙《八犍度论》二十卷，次年应道
安之请，与僧伽跋澄及昙摩难提共宣译梵文《尊婆须蜜菩萨所集论》为十
卷，道安为之作序。此外还译有《中阿含》《杂阿含》《阿毗昙心》《鞞婆沙》
及《三法度》等论。后因道安去世，而未及改正诸经译本未尽善处。僧祐
《出三藏记集》记载，提婆曾与法和等东游洛阳，"研讲先前所译《阿含》等
经，知先前所译，因慕容之乱，兼及译人造次，而未尽详悉，乖违失旨。
法和慨叹未定，于是请提婆重译《阿毗昙心》及《鞞婆沙》众经"。后来，提
婆应慧远所请至庐山，重译《阿毗昙心》及《三法度》。这是他第三次译出
《阿毗昙心论》。僧伽提婆是有部的毗昙学大师，道安提到由于阿毗昙论
藏在法数名相的整理及解释上，是佛典三藏中搜罗最详备的，因此赤泽
深善义学的僧徒，莫不以修习阿毗昙为先。尤其是研读《般若经》，必定
要悉了法数，再超越法数表层之意义，达到中观四句不落二边，荡相遣
执的最终目的。在道安看来，不习毗昙便不能读经，通晓毗昙学是佛典
修习的基本要件，修习毗昙犹如掌握入道之枢纽。道安所重视的"阿毗
昙"论典，梵语谓"对法的说明"，而佛所宣"法"有殊胜之义，所以又意译

为"无比法"或"胜法"，是佛典三藏经、律、论之一。阿毗昙最早的形式是归纳《阿含》经中的佛学名相，后来渐渐地开始解释名相的意义，以致发展成为以各部派义理解经的形式。可见此论内容上偏重于整理佛学的基本名相，并加以诠解。这与道安、慧远向来所极为重视，培养基本佛典名相判读能力训练的要求，是相符合的。因此，对于亟欲摆脱"格义"羁绊的道安和慧远来说，这样一部纲目精简，条理分明的论书，正是适合作为基础的佛学概论来阅读的。李幸玲认为，这对于满足二人深于思辨的学风，适应其知识性的分析和探求佛理的进路，都是大有裨益的（《格义佛学的翻转——毗昙学对慧远的启发》）。

僧伽提婆译出《三法度论》及《阿毗昙心论》两部论典后，慧远为之作序。《三法度论》是旧译《四阿鋡暮抄解》异译本，为犊子部对《阿含经》所作的诠释。《阿毗昙心论》是浓缩《大毗婆沙论》精华而成的论典，《大毗婆沙论》是阐释有部中期重要论书《发智论》的注释书，在佛学史上，由于《大毗婆沙论》的编定，而确立了有部的地位。因此，由于《阿毗昙心论》精简化《大毗婆沙论》的思想体系，而便于论师记诵，这有助于促进有部思想的传译流通。僧叡《维摩义疏序》说："自提婆以前，天竺义学之僧，并无来者。"慧皎《高僧传》载提婆译经时："提婆乃于般若台手执梵文，口宣晋语，去华存实，务尽义本。"可知提婆务求忠实义本的翻译标准。僧伽提婆在汉译时，没有借助传译者，而是一面手执梵本，一面自译为晋语，临文诚惧再三，将此论译成汉语，其形式正如慧远《阿毗昙序》评论所说："又其为经也，标偈以立本，述本以广义。先弘内以明外，譬由根而寻条。可谓美发于中，畅于四肢者也。"即先以偈颂标示主旨，再于偈颂下以长行的方式详述论旨，犹如由根干茂发枝条，畅于四肢一样。这有点像中土文章的"立片言而居要，乃一篇之警策"（陆机《文赋》）。

（4）佛陀跋陀罗："究其幽旨，妙尽文意"

佛陀跋陀罗是北天竺迦毗罗卫国人，十七岁出家，后博通经典，以精于禅定和戒律名世。曾于罽宾师学当时大禅师佛大先，并在罽宾遇中国僧人智严，随即与智严来中国弘法。先曾于长安与罗什切磋佛理，发挥奥义，但因学风不同，师承渊源各异，便离开关中，南下庐山。罗什专弘经教，并专在龙树一派的大乘学说。佛陀跋陀罗则谨守声闻乘上座部教学规模，修习禅定。罗什虽也传授禅法，但仅介绍上座部旧师各家禅要，也没有很好的组织；而佛陀跋陀罗的禅法自始一脉相承，保持了它的纯洁性。尤其二人各自的大乘思想并不一致。慧皎《高僧传》载：

时秦太子泓，欲闻贤说法，乃要命群僧，集论东宫。罗什与贤数番往复。什问曰："法云何空。"答曰："众微成色，色无自性，故唯色常空。"又问："既以极微破色空，复云何破一微。"答曰："群师或破析一微，我意谓不尔。"又问："微是常耶。"答曰："以一微故众微空，以众微故一微空。"时宝云译出此语，不解其意。道俗咸谓贤之所计微尘是常。余日长安学僧复请更释。贤曰："夫法不自生，缘会故生。缘一微故有众微。微无自性，则为空矣。宁可言不破一微，常而不空乎。"此是问答之大意也。

汤用彤就此指出："谓微尘是常。而什言大乘空义说无极微，则似贤之学不言毕竟空寂。"（《汉魏两晋南北朝佛教史》）这是说，罗什的大乘空观是彻底的空诸一切，而佛陀跋陀罗的空还没有这样彻底。他认为罗什对佛经的释义，都在常理之中（"君所释不出人意"），这意味着罗什似乎没有注意到佛学在印度的近期发展。慧皎《高僧传》记载佛陀跋陀罗在庐山译出《修行方便禅经》后，时法显西行印度归来，二人从义熙十二年到十四年（416—418 年），先后合作翻译了法显携归的梵本经律《大般泥洹经》六卷，《摩诃僧祇律》四十卷，《僧祇比丘戒本》一卷，《僧祇比丘尼戒本》一卷，《杂藏经》一卷，《大方广佛华严经》五十卷（后来改分六十卷，称为六十《华严》）。慧皎还称赞佛陀跋陀罗译经"诠定文旨，会通华戎，妙得经意"，"为究其幽旨，妙尽文意"。

佛陀跋陀罗是东晋时在南方与鸠摩罗什相抗衡的译经大师。他翻译的经典对汉地佛教义学的发展影响很大。"义学"即教义理论的学问，为训义名相，研究理论之学，又称解学。如俱舍、唯识之学，分析法相名目与数量，并详细规定修行因果、阶位之组织与文字章句解释。佛陀跋陀罗和法显法师共同翻译的《大般涅槃经》，在鸠摩罗什弟子群中曾产生重大反响。诚如僧叡《喻疑论》所说："泥洹不灭，佛有真我，一切众生皆有佛性。"任继愈认为："这一《泥洹经》的基本观点，使长期困惑于般若空观的学僧豁然开朗，即使罗什在世闻得此理，也'应如白日朗其胸襟，甘露润其体'。"（《中国佛教史》）此经的译出，是中国佛教思想由般若学转到佛性论的重要标志。佛陀跋陀罗所译《大方广佛华严经》梵本三万六千偈，由西晋支法领从于阗取回，一直无人翻译，罗什先译出《华严经》中的《十住品》，直到佛陀跋陀罗才完成这一大译事。佛陀跋陀罗译本完全采用罗什的译文，将其余各品和它配合，并斟酌文义，符合原本的意旨，自然也受到了罗什译文风格的影响。慧皎《高僧传》卷二说："东晋义熙十四年，吴郡内史孟、右卫将军诸叔度，即请贤为译匠。乃手执梵文，共沙门法业、慧严等百有余人于道场译出。"佛陀跋陀罗在东晋元熙二年（420年）六月译完《华严经》，而校勘至刘宋永初二年（421年）十二月才完成，用时一年半。唐代武周时期，实叉难陀的八十《华严》和般若的四十《华严》相继译出后，法藏集华严之大成，建立起汉传佛教的华严宗。他在立宗之前，首先研究的是六十《华严》。《大方广佛华严经》的译出，开创了全面研习《华严经》的新阶段。《华严经》所阐述的教理是法界缘起，认为宇宙万法，相即相入，圆融无碍，如因陀罗网，重重无尽。并用四法界、六相、十玄等法门，来阐明这无尽缘起的意义。《华严经》的缘起理论既解释"自然"，也重视对"社会"的分析。由于这一理论的成立，在理论上将世界人生本源的"十二因缘"统一到了"唯一心作"上，这便是"法界唯心所现"理论。并在实践上促使学僧把菩萨行彻底贯彻到社会日常生活中，催发人间佛教的诞生。同时，这一理论倡导教内各种关系的融合，消除一切矛盾，由此促使佛教内部各宗及佛教与外部的融合，从而促使人们世界观的形成和转变。佛陀跋陀罗的翻译范围虽较广泛，但他专精禅法，尤重达摩多罗和佛大先两家法门。他在庐山应慧远之请译出有关修禅的专著《修行方便禅经》二卷，对慧远的修持给予很大帮助。《修行方便禅经》中数息和不净观被称为"二甘露门"，这种禅法比安世高和鸠摩罗什所译禅法更加系统也更讲传承，对于增强修者的师承观念，有着重要作用，并影响了日后唐代禅宗及天台宗的形成。而且佛大先所传禅法次第本属上座部瑜伽师地（旧译修行道地）一类，意即瑜伽师修行所要经历的境界（十七地），从安世高以来已传入中土。到了佛大先，更推进一步，"搜集经要，劝发大乘。弘教不同，故有详略之异"（《达摩多罗禅经序》）而接近了大乘瑜伽系。这样，佛陀跋陀罗的传译就为稍后的大乘瑜伽学说东流开了先河。

（5）真谛："辞理圆备，文质相半"

真谛是西天竺优禅尼国人，于梁武帝时来中国建康。赞宁《高僧传》称其"少游诸国，历事众师，先习外典，备通书奥"，记载他的译经"凡二十三载，所出经论记传六十四部，合二百七十八卷"，所译《摄大乘论》《中边分别论》《俱舍释论》《大乘唯识论》等，都是法相的秘钥，是中国唯识学发展的初基。南北方时，由于长期分裂，社会环境和经济状况迥异，使得南北两方的各种教学派别形成了不同的学风。南方延续了魏晋时期崇尚的玄学，佛学便与玄学相结合。翻译也顺应当时的风气，由翻译经部转而较多地翻译论部。而北朝崇尚经学，佛学自然而然与经学相结合，禅学成为北朝佛学的主流。翻译禅学经典，就符合北朝统治阶层和佛教信众的需要。真谛译经，反映出南方学风特点，也在我国佛典翻译历史上功勋卓著，被后人誉为"旧译翘楚，法相先河"，又列为"四大译家"之中。唐代遁伦在《瑜伽论记》卷一中说："传闻梁武帝时真谛，太清四年岁次庚午十月，往富春令陆元哲宅，为择琼等二十名德，翻《十七地论》，始得五卷。今始部分具足，文义圆明。"《十七地论》即后来玄奘所译《瑜伽师地论》。真谛译《金刚般若波罗密经后记》说：

> 梁武皇帝远遣迎接，经游闽、越，暂憩梁安。太守王方赊乃勤心正法，性爱大乘，仍于建造伽蓝，请弘兹典。法师不乖本愿，受三请而默然。寻此旧经甚有脱误。即于壬午年五月一日重翻，天竺定文依婆薮论释，法师善解方言，无劳度语。瞩彼玄文，宣此奥说。对偕宗法师、法虔等并共笔受。至九月二十五日，文义都竟。经本一卷，文义十卷。法虔尔目，仍愿造一百部，流通供养，并讲之十遍。普愿众生因此正说速至涅盘，常流应化。

表明真谛有一定汉语能力。梁启超曾称之为"小玄奘"，可见其地位之重要，特别是传播唯识思想贡献卓著。真谛熟悉印度各派哲学思想，又对佛学各宗主张深有研究，因而"以通道知名"。道宣《续高僧传》载真谛："景行澄明，器宇清肃，风神爽拔，悠然自远，群藏广部，罔不厝怀。艺术异能，偏素谙练。虽遵融佛理，而以信道知名。远涉艰关，无惮夷险，历游诸国，随机利见。"表明真谛学通内外，尤精于大乘之说。又说真谛"自谛来东夏，虽广出众经，偏宗摄论"，但其译经范围比之罗什还要广泛，他不仅首次传译了印度大乘瑜伽行派无著、世亲、陈那等人的著作，使中国学人得以大致完整地了解瑜伽派的学说，还介绍了此派主要开拓者世亲的传记《婆薮槃豆传》与佛学的逻辑思想。其中《摄大乘论》的翻译，对中国佛学以及学术思想的完备起到了不可估量的作用。参与《摄论》翻译的慧恺在其《摄大乘论序》写道："此论，乃是大乘之宗旨，正法之奥秘，妙义云兴，清词海溢。……唯识微言，因兹得显；三性妙趣，由此而彰。"于此可知，《摄论》一书的翻译，在唯识系论典中所具有的重要意义。《摄大乘论》是瑜伽行派唯识学的奠基性著作，此论着重探究"心"的性质，心生万物的原理，以及众生如何依据此心修习成佛等，即"唯识微言，因兹得显；三性妙趣，由此而彰"（《摄大乘论》)由于真谛与玄奘两家学说渊源不同，真谛所译瑜伽行派经论，后来玄奘都予以重译，并引起唯识学新旧之争，涉及早期摄论学与后来唯识宗的理论差别。虽然真谛摄论学被称为唯识"旧译"（古学），以与玄奘的唯识"新译"（今学）相区别，但是两家阐述的范围都属大乘瑜伽行派，讨论的对象和范围大体一致。道宣《拘那罗陀传》说："自谛来东夏，虽广出经论，偏宗《摄论》。故讨寻教旨者，通览所译，则彼此相发，绮缋辅显。故随处翻传，亲注疏解。依心胜相后疏，并是僧宗所陈。躬对本师，重为释旨；增减或异，大义无亏。"道宣《法泰传》又说："恺素积道风，词力殷赡，乃对翻《摄论》，躬受其文。七月之中，文疏并了，都合二十五卷。后更对翻《俱舍论》，十月便了，文疏合数，八十三卷。谛云：吾早值子，缀辑经论，结是前翻，不应缺少；今译两论，词理圆备，吾无恨也！"

真谛一生虽历经坎坷磨难，但仍译出《大乘唯识论》《阿毗达磨舍释论》《摄大乘论》《摄大乘论释》等重要经论，较为系统地译介了大乘瑜伽行派思想，并撰有《摄大乘论》义疏八卷。真谛的翻译严肃认真，译笔慎重谨审。慧恺在《摄大成论序》里，谈到真谛翻译《摄论》时谨慎、勤苦的情况时说："法师既妙解声论，善识方言，词有以而必彰，义无微而不畅，席间函丈，终朝靡息。恺谨笔受，随出随书，一章、一句，备尽研核，释义若竟，方乃著文。……与僧、忍等同共禀学，夙夜匪解，无弃寸阴""一章、一句，备尽研核"，足见真谛译风之严谨；"夙夜匪解，无弃寸阴"又可见他翻译的勤苦。"释义若竟，方乃著文"，以及《义疏》八卷"，可知真谛将翻译、讲授和注疏统一起来。他的译经注重融会贯通，表达圆活流畅。慧恺曾在《俱舍释论序》中说："法师游方既久，精解此土音义，凡所翻译，不须度语。但梵音所目，于义易彰，今既乃变梵文，词理卒难符合，故一句之中，循环辩解，翻复郑重，乃得相应。"而且能够"随方俗语，能示正义，于正义中，随置义语"，既能保存原本面目，又可使之明白通晓。表明真谛译经具有可靠的忠实性与可读性。正如道宣所评"其有文旨乖越者，熔冶成范"。又说："至陈太建三年，泰还建业，并赍新翻经论，创开义旨，惊异当时！其诸部中，有《摄大乘论》……文辞该富，理义凝玄，思越恒情，鲜能其趣。"（《法泰传》）法泰携带真谛所"新翻经论"，"创开义旨，惊异当时"，表明其译对当时佛学界的影响之大。同时又称道该译"文辞该富，理义凝玄，思越恒情，鲜能其趣"。

道宣《续高僧传》记载，真谛于梁武帝大同元年（535 年）到达南海（广州），太清四年（550 年）始译《十七地论》，承圣二年（553 年）翻译《金光明经》。此时"法师在都稍久，言语略通。沙门慧宝传语，萧梁笔受"。至天嘉三年（562 年），重译《金刚经》时，"其时法师已善解华言，无须传译。

对偕宗法师、法度等笔受"。其后，译《摄大乘论》《俱舍论》等，"三藏自译，慧恺笔受"。这也说明，真谛的汉语水平，犹如罗什那样，到了晚年译经，才"不须度语"。这大概是这一时期外来译者的共同经历，同时也反映了此时的译经还不可能成熟。这从真谛《摄大乘论序》中一句话可以看出："重为释旨，增减或异，大义无亏"。就是说真谛译文只重在"大义"，似乎又回到草创时期的翻译境界了。彦琮《辩正论》说"真谛陈时，语多饰异"，反映他的翻译文字比较艰涩难懂。这也正是真谛译经的特色，忠实于原文，尽量保存经典原有的面貌。如真谛译《金刚经》中的一段：

> 复次，须菩提，此法平等，无有高下，是名阿耨多罗三藐三菩提。复次，须菩提，由无我无众生无寿者无受者等，此法平等，故名阿耨多罗三藐三菩提。复此，须菩提，由实善法具足圆满，得阿耨多罗三藐三菩提。须菩提，所言善法善法者，如来说非善法，故名善法。

《金刚经》内含般若学说精华，宣说"性空幻有""扫相破执"等义理。自罗什首次译出到义净最后一次重译，三百年间共有六种译本问世，足见此经在中土所受崇奉的程度。罗什此段译文是：

> 复次，须菩提，是法平等，无有高下，是名阿耨多罗三藐三菩提。以无我、无人、无众生、无寿者修一切善法，即得阿耨多罗三藐三菩提。须菩提，所言善法者，如来说即非善法，是名善法。

罗什译文内容清晰，明白流畅，而且优雅可诵。但整整删节了"复此须菩提，由实善法具足圆满，得阿耨多罗三藐三菩提"一长句，反映出罗什译经喜好删减的特征和求简洁的风格。对照玄奘译文：

> 复次善现，是法平等，于其中间无不平等，故名无上正等菩提。以无我性、无有情性、无命者性、无士夫性、无补特伽罗等性平等，故名无上正等菩提。一切善法，无不现证。一切善法，无不妙觉。善现，善法善法者，如来一切说为非法，故如来说名善法善法。

玄奘译本与真谛译文基本一致，说明比罗什译文要忠实。还有一段偈颂，真谛译文是："如如不动，恒有正说，应观有为法，如暗翳灯幻，露泡梦电云。"罗什只用四句译出："一切有为法，如梦幻泡影，如露亦如电，应作如是观。"译文虽用词简洁，通顺晓畅，但省略了其中一个重要的比喻：翳。翳本指眼角膜上所生障蔽视线的白斑，佛学用这一比喻来说明众生本都有成佛的可能，只是因无明所障，所以不能成佛。这无明就像障蔽眼睛的"翳"一样，其比喻生动贴切。玄奘的译文是："诸和合所生，如星翳灯幻，露泡梦电云，应作如是观。"译文更忠实，因为译出了"诸和合所生"一句，即一切现象皆为因缘和合而生，这就是著名的缘起说。一切现象之所以是虚空，就是因为他们是因缘所生，这才是一个完整的道理。偈颂，《康熙字典》上说"偈句释氏诗句"。在佛学典籍中的形式是有韵的诗，其作用是把经文散文体的说教再以四言、五言、七言偈句形式重说。从这两段译文可以看出真谛语言仍然流畅，而且较罗什更为忠实，但比玄奘又稍逊一筹，这是因为真谛仍处于旧译时期，完美的译本有待于诸多因素的发展。

(6)昙无谶："富于文藻，辞制华密"

昙无谶是中天竺国人，幼年随达摩耶舍习学小乘，后遇白头禅师改习大乘，为汉地涅槃学始祖。慧皎《高僧传》记载，昙无谶兼究大、小乘经论，河西王沮渠蒙逊"欲请出经本，谶以未参土言，又无传译，恐言舛于理，不许即翻，于是学语三年，方译写《初分》十卷"，并称其译经"临机释滞，清辩若流，兼富于文藻，辞制华密"。表明他译经的忠实和优美。昙无谶对中国译经事业与佛学发展的贡献在于他译出《大涅槃经》和《佛所行赞》两部重要经典。涅槃经典的翻译自支谶、支谦即有零散译本，但完整的译本是由昙无谶于公元421年译出的《大涅槃经》，世称《北本涅槃经》。《大涅槃经》属于印度大乘佛学的中期思想，宣说涅槃所具有的"四德"，"泥洹不灭，佛有真我；一切众生，皆有佛性"。肯定一切众生皆有佛性，都能成佛，使当时的佛学从佛性理论的困惑中和罗什般若学的怀疑一切的思潮中解脱出来，也使佛学理论趋于严密和完善。所以《涅槃经》译出后，从教义上对罗什以后占主导地位的般若性空思想以极大冲击，改变了一代学风，将佛学义学研究引向深入，对后来中国佛学的发展以及学术思想的发展都产生了极大的影响。马祖毅在《中国佛经简史》中认为，涅槃学者掀起研究《大涅槃经》的高潮，形成南北朝时期佛学派别的第一个学派——涅槃学派，结束了魏晋般若学的历史。昙无谶译本还以清和流美的笔调，演回旋萦迂的胜义，使人读后如饮醍醐，如饮醇醪，非终卷不能自已。道朗在《大涅槃经序》中评价此经的翻译说："临译敬慎，殆无遗隐，搜研本正，务存经旨。"梁启超认为其"译业之伟大，略与罗什、佛驮等"（《翻译文学与佛典》）。

昙无谶所译《佛所行赞经》为佛教大诗人马鸣的杰作，这是在印度文学史上也占有重要地位的文学巨著。马鸣是贵霜王朝迦腻色迦王时代著名的佛学思想家和文学家，所著《佛所行赞》通过释迦牟尼的经历讲述出世之道，细致地描绘释迦的在俗及修道生活，详尽地叙述其伟大而不平凡的一生。在艺术手法上，作者继承并充分汲取古印度神话传说和婆罗门教圣书《吠陀》《奥义书》、古代史诗《摩诃婆罗多》《摩罗衍那》的艺术技巧，借鉴各部派经、律中有关释迦牟尼的传说和以前结集的各种佛传的写法，将历史传说、宗教故事、佛学义理等用偈颂的形式巧妙地表达出来，以优秀的长篇叙事诗形式，创造出了佛传艺术的一个新的高峰。义净记载他旅印时这部作品流行的情形说："尊者马鸣亦造歌词及《庄严论》，并作《佛本行诗》，大本若译有十余卷，意述如来始自王宫，终乎双树，一代教法，并辑为诗。五天南海，无不讽诵。"昙无谶译本共九千三百句，四万六千余字，全部用整齐的五言诗译出，文字遒丽，再现了原本奥衍繁复、奇谲变怪的恢宏气势。其中描绘太子出游，街头巷尾观赏太子的风姿：

> 街巷散众华，宝缦蔽路旁，垣树列道侧，宝器以庄严，
> 缯盖诸幢幡，缤纷随风扬。观者挟长路，侧身目连光，
> 瞪瞩而不瞬，如并青莲花。臣民悉扈从，如星随宿王，
> 异口同声叹，称庆世稀有。贵贱及贫富，长幼及中年，
> 悉皆恭敬礼，唯愿令吉祥。郭邑及田里，闻太子当出，
> 尊卑不待辞，痟瘵不相告，六畜不遑收，钱财不及敛，
> 门户不容闭，奔驰走路傍。楼阁堤塘树，窗牖衢巷间，
> 侧身竞容目，瞪瞩观无厌。高观谓投地，步者谓乘虚，
> 意专不自觉，形神若双飞。虔虔恭形观，不生放逸心。

译风朴实淡雅，句法流畅，既充分保留了原作的口吻，又保留了声调的和谐流畅；既较好地表达了作品的原意，又注意到汉诗的特点。实有中国古诗《陌上桑》的情趣。

> 日出东南隅，照我秦氏楼。秦氏有好女，自名为罗敷。罗敷喜蚕桑，采桑城南隅。青丝为笼系，桂枝为笼钩。头上倭堕髻，耳中

明月珠。缃绮为下裙，紫绮为上襦。行者见罗敷，下担捋髭须。少
年见罗敷，脱帽着帩头。耕者忘其犁，锄者忘其锄。来归相怨怒，
但坐观罗敷。

诗中用藻采化的语言，侧面映衬和烘托，暗中映显出罗敷美貌丽态
的魅力，成功地塑造了一个平淡中含着典雅、质朴中透出高贵、清丽中
显露豪华、貌美品端、机智活泼、亲切可爱的女性形象，从而赋予这一
艺术形象更高的审美价值。犹如《江南》诗句"莲叶何田田"，"不说花偏说
叶，叶尚可爱，花不待言矣"（张玉谷《古诗赏析》卷五）。昙无谶的译笔也
运用烘托暗示，而叙写铺叙得更加夸饰细腻。

2. 发展期译经评价

随着佛学在中土传播的深入广泛及传布的需要，对佛典汉译提出了
更高要求。汉地学佛读者需要的不仅是能够传达梵语佛典原意的译本，
而且要读起来顺利甚至具有文学美感。同时，随着佛经翻译事业的发展，
译师们的学养与素质改善也越来越能够解悟佛经原典精神本质，加之妙
善梵文与汉语者逐渐增多，译本质量也不断提高。正是这些杰出的译经
大师，译出了印度各时期的重要经典，使中土人士可以全面地了解到印
度佛学完整而真实的面貌，为后期佛学思想的创造奠定了坚实的基础。
杰出的译者辈出，更预示着译经事业已达到一个新的高度。

（1）发展期译经的进步

发展时期译本质量明显提高，关键因素在于多数译者兼通华梵，既
是佛学的研究者和佛法的修持者，又精晓义理，深谙佛旨要义。许多译
经大师本身就是佛学家，深研义理，基本上改变了前期译者笔受分离的
状况。两晋时期中土学僧已开始通晓佛教义理，并涌现了一大批以中土
学者为主导的佛学理论家，即义学沙门。自竺法护始，汉地佛学界人士
备观异国风俗圣迹，体验了宗教信仰，梵语和佛理都得到实地体验，他
们西行的目的也大多是带回梵典翻译，这便使译经比以前仅仅凭借西域
或天竺僧人的传述，要准确完善。其次，从佛学传入中土至两晋南北朝
已有四百余年，佛学义理经过前期无数译者的传播，已为社会很多人士
理解，这使此时期的译者在译经时可以更多地选用更符合佛学原义的词
汇，也有条件使他对以往的译经甄别、参考、改译。特别是从鸠摩罗什
开始，译经因为有了原本而具备一定的系统性。佛学原典本有巴利语、
梵文、混合梵文以及胡文，早期传入中土的佛典主要是经过西域大月氏、
安息、康居等地语言转译的，所据原本大都是胡本，如焉耆语（吐火罗

语)或龟兹语(吐火罗语)等。所以当时有"译胡为秦"或"译胡为汉"的说法。甚至在隋朝时,用以翻译的梵本,仍然并不完整,法经编辑《众经目录》时仍说"无梵本校雠","致来梵本,都篋弗全,略至略翻,广来广译"。隋、唐以后,译经才主要依据梵语佛典。彦琮认为称梵为胡,有失"真圣之苗"(《辩正论》)。唐代道宣《大唐内典录》和智升《开元释教录》将"胡"字改成"梵"字。赞宁在《宋高僧传》中指出:佛经语言"有梵有胡",使佛经翻译有"直译"和"重译",故而"当初尽呼为胡,亦犹隋朝已来,总呼为梵,所谓过犹不及也"。有了原本,翻译也就更为准确、更加系统了。

然而,译经评论的发展也推动、引导和促使翻译质量的提高。翻译评论依据对翻译本质特征的认识,着眼于佛学的发展,从理论上把握翻译实践的走向,关注翻译的得失和译本质量的高低,始终强调译经的目的、本质、功能,尤其是标准。在评论的推动下,译经大师们的翻译观念也发生重大改变,他们认识到翻译的本质就是忠实传达原本的思想内容,并尽可能地保留原本的行文特征。翻译观主要涉及对翻译活动的目的、本质、功能等方面的认识和把握,尤其是标准。翻译观的转变是提高翻译质量的根本,因为翻译观是对翻译本质特征的深刻认识和准确表述,是翻译实践的理论把握。两晋以后的译经,首重忠实准确,其次讲究通达流畅。鸠摩罗什的翻译观念就是不严于务得本文,而在获取原义。特别是慧远,折中调和,兼取文质,强调"依实出华,务存其本"(《三法度论序》)。僧叡提出"烦而不简者,贵其事也;质而不丽者,重其意也"(《毗摩罗诘提经义疏序》)。僧祐明确主张:"文过则伤艳,质甚则患野,野艳为弊,同失经体。故知明允之匠,难可世遇矣。祐窃寻经言,异论咒术,言语文字,皆是佛说。然则言本是一,而胡汉分音,义本不二,则质文殊体,虽传译得失,运通随缘,而尊经妙理,湛然常照矣。"(《出三藏记集》)这些评论的重点,都不在文体的质雅,而在不失原旨。正如僧肇所云罗什译经"陶练覆疏,务存论旨,使质而不野,简而必诣"(《百论序》),这表明本期译经,务求信达;至于语言形式,则已不像前期那样一味固守,而是显得较为圆活了。这些较为正确的翻译观,为当时译经事业的健康发展提供了理论导向。

(2)发展期译经的不足

发展时期的翻译仍有不足之处,这主要是译经大师们汉语知识的不足制约了译本质量,因为发展期的译场主译仍主要是来自西域或天竺的传教大师。道安批评法护译文"悉则悉矣,而辞质胜文也。每至事首,辄多不便，诸反复相明，又不显灼"。"辞质胜文"一语表明他的翻译偏于质直，离"圆融"还有很大距离。再如真谛翻译《起信论》时，译语仍需依靠笔受创制，所以《起信论》译语与真谛其他所译论书译语略有差异。杨维中在《中国唯识宗通史》中指出，真谛译经，是将《中论》《十七地论》《如实论》等几部大论典同时翻译，而且所译多为半成品。其原因主要是真谛汉语生疏，传译、笔受配合欠佳，一旦笔受有变，译经质量即大相径庭，因而屡屡撤换经典。慧恺先后与真谛同译《摄论》和《俱舍论》，真谛对他有相见恨晚之慨，曾对他说："吾早值子，缀缉经论，结是前翻，不应缺少。今译两论，词理圆备，吾无恨矣。"此处所说"两论"指《摄大乘论》《俱舍论》，表明真谛译经依赖助手。罗什也是一样，虽精通梵文和佛学，但只能"手执胡本，口宣秦言"，下笔抒词，需靠弟子的协助校订修改，由助手笔录。因此他的译典未必能极尽完美，甚至仍有意而未尽以至错译的地方。僧叡在《思益经序》中指出他"未备秦言名实之变故"，在《大智度论》中又说他"于秦语大隔，唯识一方；方言殊好，犹隔而未通"，谓罗什对汉语隐晦之意和含蕴之处理解不透，领会不深，致使某些译文虽经反复推敲，仍有"隔而未通"之处，连笔受也还不知所云，无所措手。"进欲停笔争是，则校竟终日，卒无所成；退欲简而便之，则负伤手穿凿之讥，以二三唯案译而书，都不备饰"。并指出其严重的后果：

> 苟言不相喻，则情无由比；不比之情，则不可以托吾怀于文表，不喻之言，亦何得委殊途于一致？理固然矣。

僧叡还特别指明《思益梵天所问经》中译为"思益"一名的谬误，其梵文原义是"殊特妙意"，认为这一名词的翻译，远不如竺法护在同本异译《特心梵天所问经》中译为"特心"准确。说明罗什对汉语具有特殊意义的表达方式不能灵活运用。如初期翻译将"五蕴"译为"五阴"，这固然不切，因为阴是幽微的意思，可以用于对识的描述，但对色就不贴切。以致后人牵强地解释"阴者，蔽也"。罗什改译为"五众"，虽有改进，但却未能将其原义充分地表达出来。"蕴"原同于"聚"，指一类法略为一聚，如色一类包括过去、现在、未来的色，都可略归色蕴。"众"就不能体现这一含义。说明罗什只了解汉文的一般意义，而不能理解它所蕴含的"殊好"。对此，僧叡曾叙述自己在罗什译场的心情："予既知命，遇此真化，敢竭微诚，属当译任。执笔之际，三维亡师'五失本'及'三不易'之诲，则忧惧交怀，惕焉若厉。虽复履薄临深，未足喻也。"（《大品经序》）由于汉语欠缺，导致译本在表达上的缺陷，进而影响其准确性。如罗什所译龙树《中论·观四谛品》中的一偈："众因缘生法，我说即是空，亦为是假名，亦是中道义。"从译文看，含义比较模糊。其中"众因缘生法"一句，梵本原无"法"字，是罗什为了适合汉文语法加上的，但似乎仍未尽传原义。这一偈道泰《入大乘论》译义要显豁一些："十二因缘空我今欲解说，假名因缘法，此即是中道。"僧肇也批评过罗什译籍，他在《百论序》中说：

> 常咏斯论以为心要。先虽亲译而方言未融，致令思寻者踌躇于谬文，标位者乖忤于归致。

批评罗什"亲译"是"谬文"，致使解者"乖忤"于原文的宗旨。后又由姚嵩"集理味沙门，与什考校正本，陶练覆疏，务存论旨，使质而不野，简而必诣，宗致划尔无间然矣"。罗什自己也曾对僧肇说："吾解不谢子，辞当相挹。"意即在佛理方面，我要比你强；但在文采方面就不如你了。很坦率地承认自己汉文并不精通。所以他对自己的译文也不甚满意，他说过翻译"有似嚼饭与人"，临卒时也只能谓其"所传无谬"。事实上，罗什于后秦弘始三年（401年）自凉州至长安，第二年始译《阿弥陀经》《大智度论》《百论》等经，此时罗什汉语并不精通，故僧肇《百论序》谓什"先虽亲译，而方言未融，致令思寻者踌躇于谬文，标立者乖迕于归致"。第三年译《大品般若》时，罗什才能"手执胡本，口宣秦言"。弘始九年（407年），译《自在王菩萨经》时，"经师渐闲晋言，乃自宣译"（道标《舍利弗阿毗昙序》）。更重要的是，罗什对意译的偏好与执著使其译文"删削"过多，这也同时影响其忠实的程度。僧叡《小品经序》载，其译法华"曲从方言，趣不乖本"；译智度，"梵文委曲，师以秦人好简，裁而略之"；译中论，"乖阙繁重者，皆裁而裨之"；译百论，"陶练覆疏，务存论旨"。表明罗什译经多有删削。僧叡在《中论序》里也指出罗什对经中"辞不雅中"和"乖阙繁重者"，"皆裁而裨之"。僧肇《大智度论序》说："论之略本有十万偈，偈有三十二字，并三百二十万字。胡夏既乖，又有繁简之异，三分除二，得此百卷，于大智三十万言，玄章婉旨，朗然可见。"说明仅全译"论初品三十四卷，解释一品，是全论具本"。因为初品主要阐述名相事数，正是二百余年来中国佛教学者一直不清楚的问题，详译出来，原原本本地加以解释，以适应学者研究的要求。而二品以下，罗什认为中土人士喜好简略，不习惯于烦琐议论，只略取其要，以释经文大意，不再备译广释，仍有一百卷。这些阐明义理部分，都被简化删节，三分除二。罗什自己也曾说："自以暗昧，谬充传译，凡所出经论三百余卷，唯《十诵》一部，未及删烦，存其本旨，必无差失。"可见其余诸译都是经过他删削的。删繁就简不仅会导致经典原貌的变形，义理思想也会受到损伤。对比竺法护的同本译籍《正法华经》，罗什译本对于经中"偈颂"即多有删节，"长行"行文也大为精简。宋代陈善也曾在其《扪虱新话》中肯定罗什译经的文采才华，都较竺法护为胜，但在肯定其语工的长处时，也指出他"除繁去重"的缺点，因为这已完全违背了翻译的宗旨。因为删减文辞，虽然明白流畅，饶有文学兴味，但总不免会有遗漏，甚至以词害意或讹略。如罗什所译龙树《中论》中一颂：

> 不生亦不灭，不常亦不断，不一亦不异，不来亦不出，能说是因缘，善灭诸戏论。

这就是著名的"八不缘起说"。它包含两层意思：一即以不生亦不灭等辩证方法灭诸戏论；一即是寂灭。而译文为了文句上的匀称，却将此层重要的意义省略了，这就改变了经中的重要思想，实际上也就等于没有达到翻译传播佛学思想的目的。在龙树中观学派看来，寂灭就是空性，即由空及灭戏论所显之"空性"。灭戏论是消极的，是否定性，寂灭是积极的，是肯定性，一面否定，一面肯定，否定即肯定，二者是同一的。这就是中道观的辩证意义，也就是龙树中道观的认识论。龙树在认识论方面的中心思想就是以假成空，以空成立中道。所以破除戏论与归于寂灭是一个不可分割的整体，这才是经中完整的意思。龙树破他执的方法有其基本原则，他在《中论·观五阴品》最后二颂中说：

> 若有人问者，离空而欲答，是则不成答，俱同于彼疑。若有人难问，离空说其过，是不成难问，俱同于彼疑。

是说破执以"空义"为理论工具，同时声明自己的工具也是空。空义是全面的，不留给他人以反击的余地。他在《无畏论》中特别说明此两颂为一切空义中之要义。罗什没有忠实地传达出这一偈，龙树中观思想的真正意义也就没有显示出来，也就没有把握住真正意义上的中观精神。应该说罗什的中道思想也并不是很完整。罗什作为发展时期译经的代表，其译文的欠缺，既有主观的因素，也有客观原因。从主观上说，汉语及汉文化毕竟不是罗什的学养背景，对汉语的具有特殊意义的表达方式自然不能灵活运用。客观方面言，原本内容在发展，佛学思想本身也处于不断完善之中，旧的理论不断被新的学说所替代，所以先期的传译由于原本的不成熟而导致理论的局限。罗什的译籍主要是弘传大乘空宗的中观思想，所要表达的就是一切皆空，连空的本身也是空的。这种空观，既要求看到性空的一面，又要看到假有的一面，亦有亦无。既不能执着于性空，又不能执着于假有，非有非无。甚至对这种观点也不能执着，非非有非非无，这就是中道。这种"中道"理论本身是有缺陷的，因为一切皆空的哲学基础本身就是一种偏执，不可能成立真正的"中道"方法，正如隋炀帝致书智顗说："若习毗昙，则滞有情著；若修三论，又入空过甚。"（灌顶《国清百录》）这是罗什思想的最大局限。影响到翻译思想，就是过于求文求简。而语言的民族风格有差异，尤其是译经的发展，以及交流的深入，特别是译经评论的完善，都会直接影响到译者的策略与译本的面貌。明河《补续高僧传》说："非老庄不行六朝教也，非诗文不大宋元禅也。"表明佛典汉译受时代文风影响是自然之理。发展时期译经的美中不足，实与译经评论密切相关，因为评论的导向本是各有偏胜，评论者的意向始终定位于重文和偏质之间。

（四）"圆融"与成熟期译经——文质调和

汉地译经事业的成熟期是隋唐宋三代，圆照说，从唐高祖武德元年（618年）至唐德宗贞元十六年（800年），共一百八十三年，译佛经四百三十五部二千四百七十六卷，一千三百多万言。著名译者有玄奘、义净、不空、法天、法贤、施护等五十二人。其中尤以玄奘最为杰出，据佛教史书记载，仅玄奘所译经论七十五部一千三百三十五卷，占唐代新译经论总数一半以上。在中国佛教史上"四大译师"，罗什（九十八部四百二十五卷）、真谛（十六部四十六卷）、不空（一百一十部一百四十三卷），三人译经的总卷数（六百一十四卷），还不及玄奘一半。

1. 隋代译经

隋朝伊始，开始了大统一时代，佛学与儒道受到朝政同样尊崇。隋文帝开皇二十年下诏三教并奖："佛法深妙，道教虚融，咸降大慈，济度群品。凡在含识，皆蒙覆护。所以雕铸灵象，图写真形，率土瞻仰，用申诚敬。其五岳四镇，节宣云雨；江河淮海，浸润区域；并生养万物，利益兆人；故建庙立寺，以时恭敬。敢有毁坏偷盗佛及天尊像、岳镇海渎神形者，以不道论。沙门坏佛像、道士坏天尊者，以恶逆论。"（《隋书·高祖本纪》）朝政对佛教的保护，促使了佛教文化的发展和译经事业的进步。隋代的翻经方式，又开一新局面。道宣《续高僧传》载："有隋御宇，重隆三宝，爰降玺书，请来弘译。住大兴善寺，敕昭玄统沙门昙延等三十余人，令对翻传。"又说："尔时，耶舍已亡，专当元匠。又置十大德沙门僧休、法粲、法经、慧藏、洪遵、慧远、法纂、僧晖、明穆、昙迁等，兼掌翻事，铨定宗旨。"可见，这时的译场人数虽仅数十，但人才云集，精英汇集。如慧远精《涅槃》《十地》，是地论学派的大家。昙迁创北方摄论学派。洪遵为律学大家，名震一方。译经的程序和分工等，也较前朝更为具体和明确。这样严密的组织和明确的分工，使译经效率和质量大为提高。隋代以前的译经多为"行讲行译"，听者众多，翻经时随讲随宣，即使经文"定之未已，已有写而传者"（僧叡《法华经后序》）。隋代重视佛经翻译，先后以长安大兴善寺、洛阳上林园翻经馆为全国译经中心。由佛学大师掌管译事，宰相重臣充监理，译经完全成为官方的文化事业，使传、译分离。隋文帝在译经的同时，又组织人员对翻经大量抄写。法琳《辩正论》记载说："自开皇之初，终于仁寿之末……凡写经纶四十六藏，一十三万八十六卷，修故经三千八百五十三部。"彦琮《辩正论》卷三载，从开皇初到仁寿末，"帝以年龄晚暮，尤崇尚佛道，又素信鬼神"，缮写新经四十六藏，十三万二千八十六卷，修治故经三千八百五十三部。"天下之人，从风而靡，竞相景慕，民间佛经，多于六经数十百倍"。《隋书·经籍志》载：隋初"官写一切经"已成风气，所谓"京师及并州、相州、洛州诸大都邑之处，并官写一切经置于寺内，而又别写藏于秘阁。天下之人从风而靡，竞相景慕，民间佛经多于六经数十百倍"。隋朝译馆，有昙延等三十余人主持，西域僧人传译的大兴善寺译场和由达摩笈多并诸学士译经的上林园翻经馆。在文帝与炀帝三十七年之间，有二十六位译经师，译出八十二部经论。《隋书·经籍志》记载："大业时又令沙门智果，于东都内道场撰诸经目，分别条贯，以佛所说经为三部：一曰大乘，二曰小乘，三曰杂经，其余似后人假托为之者，别为一部，谓之疑经。又有菩萨及诸深解奥义，赞明佛理者，名之为论，及戒律并有大小及中三部之别，又所乐者，录其当时行事，名之为记。凡十一种，今举其大数列于此篇。"这是撰述经目，并分类为大乘、小乘、杂经等三部。其中主要译师有"大兴善寺三高僧"那连提黎耶舍、阇那崛多、达摩笈多和彦琮及费长房等。

（1）昙延："词辩优赡，弘裕方雅"

昙延十六岁游学僧寺，因听道妙法师弘演涅槃，"探悟其旨，遂舍俗服，幽讨深致"（道宣《续高僧传》）。同时，精通四书五经，熟知天文地理。尤其深研《涅槃经》《达摩经》。开皇二年（582 年），隋文帝封昙延为昭玄统沙门，管理佛教和翻译经卷。开皇五年（585 年），昙延等人上奏文帝，从突厥迎北印度犍陀罗国名僧阇那崛多来主译经事。那连提黎耶舍译经时，昙延等三十余人协助翻译。智升《开元释教录》卷七载："隋文即位之年，齐僧宝暹、道邃、智周、僧威、法宝、僧昙、智昭、僧律等十人携梵本二百六十部至京师，天子下诏翻译。自是设译馆，立佛经学士，广求中外义学僧人。"周雁飞《昙延与隋朝佛教意识形态的全面发展》一文认为，这段文字说明：一、"下诏翻译，设立译馆"。自隋文帝称帝，即在大兴善寺敕建国立译经馆，由官供一切所需。二、"立翻经学士，广求中外义学僧人"。刘冯、费长房、彦琮为翻经学士，这是隋朝首创，与儒学五经博士并立。表明文帝将佛学经典翻译纳入政府官制及传统学术系统，与儒家教化体系并行不悖。三、"广求中外义学僧人"，此为有计划、有组织地开展译经事业；四、众僧"携梵本二百六十部至京师"。此如汤用彤《隋唐佛教史稿》所说："此事足见隋唐译事之特质，盖我国人亲寻经典，能自行翻译，此已启其端也。"

昙延弘扬义学，辅佐朝政，在北齐、北周及隋代诸帝实施佛教教化过程中，被称为"三朝帝师"。道宣《续高僧传》载，昙延既不像鸠摩罗什那样"博通多识"，也不像佛图澄"秘咒神验"，而是"词辩优赡，弘裕方雅"。他"挟道潜形，精思出要"，著有涅槃义疏十五卷、宝性、仁王等注疏。开皇伊始，昙延被敕任隋朝第一任昭玄统，并以"帝师"身份提出奏请度僧；周废伽蓝，并请兴复；建立经像；翻译佛经；为文帝受菩萨戒；亢旱祈雨等复兴佛教的措施。道宣在《续高僧传》中称昙延"信足追踪澄什，超迈安远"，把昙延与佛图澄、鸠摩罗什、道安、慧远等四人相提并论。此四人都是通过传播佛学，推动中土译经发展的高僧。昙延倡导译经，旨在系统传译大乘经典，明确指导护法实践。赞宁《宋高僧传》说："译经是佛法之本，本立则道生。"

（2）阇那崛多："宣辩自运，不劳传度"

阇那崛多，意译志德，北印度犍陀罗国人。阇那崛多幼年出家，随阇那耶舍学习禅定。师徒二人于北周明帝武成元年（559 年）携经到达长安。道宣《续高僧传》载："崛多道性纯厚，神志刚正。爱德无厌，求法不懈。博闻三藏，远究真宗，遍学五明，兼闲世论。经行得道场之趣，总持通神咒之理。三衣一食，终固其成。仁济弘诱，非关劝请。勤诵佛缕，老而弥笃。"谓阇那崛多不仅博学多识，性情纯厚，且生活简朴，重视修持。智升《开元释教录》也同样赞美阇那崛多。阇那崛多于北周明帝武成元年（559 年）与其师阇那耶舍等，携经到达长安，并渐通汉语。后被诏延入后园，共论佛法，译传佛经。齐武平六年（575 年），宝暹、道邃、智周、僧威、法宝、僧昙、智照、僧律等十人，西行求法，获梵本佛经二百六十部。行至突厥，与阇那崛多相会，共同翻阅所得新经，又与旧录对勘。隋代佛法兴盛，开皇五年（585 年），阇那崛多受命于隋文帝，开始译经，若那竭多、高天奴、高和仁兄弟，及毗舍达等道俗六人助译。先由耶舍主译，耶舍圆寂后，阇那崛多主译。达摩笈多和高天奴、高和仁兄弟二人同传梵语，又有僧休、法粲、法经、慧藏、洪遵、慧远、法纂、僧晖、明穆、昙延等监掌译事，鉴定宗旨。明穆、彦琮，重对梵本再审复勘，整理文义。

阇那崛多译经自开皇五年至仁寿末年，《开元释教录》卷七载为三十九部九百一十二卷，其中重要译籍是《妙法莲华经添品》七卷。道宣评其译经"言识异方，字晓殊俗。故宣辩自运，不劳传度……笔受之徒，不费其力"。仁寿元年（601 年），阇那崛多与达摩笈多二人重勘梵本，补译出前译者所缺内容，故称《添品妙法莲华经》。道宣《妙法莲华经弘传叙》说："《妙法莲华经》者，统诸佛降灵之本致也，蕴结大夏，出彼千龄，东传震旦三百余载也，西晋惠帝永康年中，长安青门敦煌菩萨竺法护者，初翻此经，名《正法华》。东晋安帝隆安年中，后秦弘始，龟兹沙门鸠摩罗什，次翻此经，名《妙法莲华》。隋仁寿大兴善寺北天竺沙门阇那笈多后所翻译者，同名《妙法》。三经重沓，文旨互陈，时所崇尚，皆弘秦本。"

阇那崛多与那连提黎耶舍和达摩笈多并称"开皇三大师"，开创隋朝一代佛教翻译。那连提黎耶舍（约 490—589），北天竺乌场国人，十七岁时便立意出家，寻师问教，遍访佛迹。经四十年，历五十余国，于北齐天保七年（556 年）至长安，与昙延等三十余人译经。超以"佛法难逢，宜勤修学"诫勉诸学子。所译经论有《菩萨见宝》《月藏》《日藏》《法胜毗昙》等八部。达摩笈多（？—619），意译为法藏、法密等，南印度罗啰国人，曾历游大小乘诸国。开皇十年（590 年）到达长安，后专主传译。在大业初年至大业末年，译经九部四十六卷，彦琮、明则、行炬等笔受。他"执本对译，允正实繁。所诵大小乘论，并是深要"。《续高僧传》卷二谓其"义理允正，华质显畅"。笈多还传授密宗，影响极大，"海内僧尼慕名相即者达二十万"（康寄遥《大兴善寺纪略》）。

（3）彦琮："辞笔之能，殊超群流"

彦琮十岁出家，受具足戒后，专习律藏。曾与陆彦师、薛道衡、刘善经、孙万寿等一代文宗，著内典文会集，并撰唱导法，改正旧体，繁简相半，为后人传习。道宣《续高僧传》卷二《达摩笈多传》载："炀帝定鼎东都，敬重隆厚，至于佛法，弥增崇树，乃下敕于洛水南滨上林园内，置翻经馆，搜举翘秀，永镇传法。"炀帝在洛阳南滨的上林园中设置翻经馆，请达摩笈多等外国僧众住入译经。道宣《彦琮传》载："新平林邑所获佛经，合五百六十四夹，一千三百五十余部，并昆仑书，多梨树叶，有敕送馆付琮披览，并便编叙目录。"隋仁寿三年（603年）获得佛经五百六十四夹，一千三百五十部，以及昆仑书、多梨叶树等，奉敕命送至洛阳的翻经馆，然后由彦琮据以编纂成目录。在大兴善寺的译经馆有那连提梨耶舍、毗尼多流支、阇那崛多、达摩笈多等经师译经。隋朝达摩、崛多等人译经时，彦琮掌理庶务。彦琮精通梵文，监掌翻事，充任笔受，"诠定宗旨，重对梵本，再审复勘，整理文义"，并为译籍作序。他奉令撰《众经目录》五卷，分单本、重译、别生、疑伪、缺类，这些刊定当时书写佛经总集的标准，对后世影响很大。

彦琮自称通梵沙门，经常诵读梵文原文《大品般若经》《妙法莲华经》《维摩诘经》《楞伽经》《摄大乘论》《十地经论》等。道宣《续高僧传》卷二本传称，彦琮"凡前后译经合二十三部一百许卷，制序述事，备于经首"，被称为翻经大德彦琮法师。彦琮深谙佛理，《大品》《法华》《维摩》《楞伽》《摄论》以及《十地》等经均受到亲传。阙名《佛说缘生初胜分法本经序》赞其译笔说："琮师博通经论，兼善梵文，共对叶本，更相扣击，一言靡违，三复逾审，辞颇简质，意存允正。"赞宁《宋高僧传》称彦琮"辞笔之能，殊超群流"。开皇三年（583年），彦琮奉敕辨《老子化胡经》，著《辨教论》，说明道教的邪恶有二十五条。彦琮还将《舍利瑞图经》《国家祥瑞录》译为梵文，赠诸西域。这说明彦琮的梵文水平可以与唐玄奘并肩比美，在中国佛教史上，由汉译梵者只有这两个人。仁寿二年（602年）彦琮敕撰《众经目录》，又撰《西域传》《沙门名义论别集》《达摩笈多传》《通极论》《辨教论》《辩正论》《通学论》《善财童子诸知识录》《新译经序合》等。《内典录》还简介其中几部著作的内容："《通极》者，破世诸儒不信因果，执于教迹，好生异端，此论所宗佛理为极。《辨教》者，明释教宣真，论教弘俗。论老子教不异俗儒，《灵宝》等经则非儒摄。《通学》者，劝诱世人遍师孔释，令知内外，备识俗真。《善知识》者，是大因缘登圣越凡，不因知识无由达到。此劝于人广结知友，若善财焉。"那连提黎耶舍、毗尼多流支、阇那崛多等人的译籍皆由彦琮作序，彦琮本传称："凡所新译诸经，及见讲解大智释论等，并为之序引。"

（4）费长房："文字工美，无乖名教"

费长房原为北周佛学家，隋文帝杨坚于开皇元年设置译场，因其精通佛学("妙精玄理"),并通诸子百家,被搜访敕召入京,并委任为翻经学士,此后在大兴善寺担任笔受。助那连提黎耶舍、阇那崛多和昙无谶笔受,译经总计八部九十五卷。道宣在其《大唐内典录》中说:"《开皇三宝录》一十五卷。右一部,翻经学士成都费长房所撰。房本出家,周废僧侣,及隋兴复,仍习白衣。时预参传,笔受词义。"道宣后又在《续高僧传》卷二《隋东都雒滨上林园翻经馆南贤豆沙门达摩笈多传》中附录了费长房的资料:"时有翻经学士成都费长房,本预细衣,周朝从废因俗。传通妙精玄理。开皇之译,即预搜扬。敕召入京,从例修缉。以列代经录散落难收,佛法肇兴,年载芜没,乃撰《三宝录》一十五卷。始于周庄之初,上编甲子,下舒年号,并诸代所翻经部卷目。轴别陈叙,函多条例。然而瓦玉杂糅,真伪难分,得在通行,阙于甄异。录成陈奏,下敕行之。所在流传,最为该富矣!"清代灵耀《楞严经观心定解大纲序》说:"房相笔受,文字工美,无乖名教。"又说:"笔授或云笔受,谓以此方文体,笔其所授梵本。缉缀润色,令顺物情,不失正理也。初密谛割膊,藏经泛海达广州制止寺。遇宰相融知南铨闻有此经遂请对译,经苦血凝融妻以水清之方得就笔,是皆有功于正法者例得并书经首。"

　　隋文帝开皇十七年(597年),费长房撰成《历代三宝记》十五卷。其序文说:"窃观上代有经已来,贤德受笔,每至度语,无不称云译胡为汉。胡乃西国边俗,汉是东方……于西方总言天竺……有中天竺,即佛生处天竺地也,有东有西有南有北,故云五天;而彼五天目此东国,总言脂那,或云真丹,或作震旦。……胡既是西域边俗,类此氐、羌、蛮、夷、獠、獠,何有经书?乃云胡语,创标胡言楷模世间谁之过欤?佛生天竺,彼土士族婆罗门是总称为梵,梵者清净,承胤光音,其光音天梵之最,下劫初成就,水竭地干,下食地肥,身体粗重不能飞去,因即生人,缘本祖宗,故称为梵,是以应作梵语、梵书。"费长房把汉、胡、天竺划分为三个范畴,这比胡、汉或梵、汉二分法显然要更加准确,使人们意识到西域佛学与天竺佛学的差异。而天竺是佛教的故乡,其梵之光音是为宇宙最高主宰的梵天之最,表示在三者之中,天竺具有主宰的优越性。故他又说:"闻昔世语:'光武起南阳,南阳无贱士',常谓此虚诞;见今《经》说:'释迦生天竺多圣人',方验斯真实。"相互比较之下,汉地只因人而"无贱士",天竺却以佛能"多圣人",天竺仍旧充满优越性。所以他要改"胡语"为"梵语""梵书",也就是为了显露此种优越性。道宣在《大唐内典录》中评价道:"瓦玉杂糅,真伪难分。得在通行,阙于甄异。"

2. 唐代译经

　　成熟时期的译经尤以玄奘、义净、不空、实叉难陀、菩提流支、善无畏、金刚智、般若为著，史称"唐代八大翻译家"，其中玄奘、义净、不空为佛教史书列为"四大译师"之列。唐代中印佛学交流繁荣，佛教学者陆海往来络绎不绝。西行的汉地学僧问学名师，不像以前得经即返，而是久留域外多闻深学。以玄奘、义净为代表的一代高僧硕学，不仅带回大批原本，而且精晓义理，兼通华梵，学问渊博。梁启超指出，"翻译事业，至玄师已达最高潮，后此盖难乎为继"（《佛典之翻译》）。玄奘译经，"敬执梵文，译为唐语"，他以自己的实践、评论和技巧开创了佛典翻译史的新纪元。吕澂《慈恩宗》评价玄奘译文说："比较罗什那样修饰自由的文体来觉得太质，比较法护、义净所译那样朴拙的作品又觉得很文。"表明玄奘译文融合了文质的优点，真正做到了"案本而传"，"以质应质，以文应文"，不但传达了原文意义，而且能够再现原文风格，译文语言流畅，超出前人所译。至此，文与质终于统一起来，译文的文丽或质朴不再成为困扰佛经翻译的主要矛盾，文与质，作为评论焦点，也终于完成了使命，退出了历史舞台。梁启超认为，唐以前的翻译大家"无论若何通洽，终是东渡以还，始学华语，辞义扞格，云何能免。口度笔受，终分两橛"。即使是鸠摩罗什、真谛也不例外。如真谛翻译《起信论》时，译语仍需依靠笔受创制，所以《起信论》译语与真谛其他所译论书译语略有差异。真谛译经，将《中论》《十七地论》《如实论》等几部大论典同时翻译，而且所译多为半成品。其原因主要是真谛汉语生疏，传译、笔受配合欠佳，因而屡屡撤换经典。要达到直译意译圆满调和，"必如玄奘、义净，能以一身兼笔舌之两役者，始足以语于译事矣"。玄奘译经"意思独断，出语成章。词人随写，即可披玩"（道宣《续高僧传》）。正由于译笔严谨、质量上乘，因此玄奘的译品被后人通称为"新译"。梁启超评价道："若玄奘者，则意译、直译，圆满调和，斯道之极轨也"（《翻译文学与佛典》）。义净也曾在玄奘求学过的那烂陀寺学佛十年，回国后的译经也深受诸家赞扬。唐代宗《仁王护国般若波罗蜜多经序》称不空"推校详译未周部卷，三藏学究二谛，教传三密，义了宗极，伊成字圆，褰裳西指，泛杯南海，影与形对，勤将岁深。妙印度之声明，洞中华之韵曲，甘露沃朕，香风袭予。"道宣《续高僧传序》称阇那崛多译经"理会义门，句圆词体，文义粗定，诠本便成，笔受之徒，不费其力。……恨文相未融，乃例括相从，附入八大部至于词旨惬当……理教圆通……文义澄洁华质显畅。"

（1）玄奘："唐朝后译，不屑古人"

玄奘自幼即遍访名师，遍学经论，他深感各派教理"所说纷纭，难得定论"，"验之圣典，亦隐显有异，莫知适从"（《慈恩传》），认为此土已译汉本佛典不能满足其追求真理之志，始"乃誓有西方，以问所惑"，以探求佛本法源。他在印度学习《瑜伽师地论》《俱舍论》等佛学要义，并修习了《因明论》《声明论》等逻辑文字音韵学论典。这使玄奘的佛学思想能够融合诸家，不流于拘执。唐太宗高度赞扬他："法师夙标高行，早出尘表。泛宝舟而登彼岸，搜妙道而辟法门。弘阐大猷，荡涤众累。是以慈云欲卷，舒之荫四空；慧日将昏，朗之照八极。舒朗之者，其为法师乎。"（慧立《大唐慈恩寺玄奘法师传》）准确的佛学思想使他具有圆融的翻译观。他说："佛道两教，其致天殊，安用佛言用通道义。……以中华之无质，寻印度之真文，远涉恒河，终期满字，频登雪岭，更获半珠，问道往还，十有七载，备通释典，利物为心。"表明他深识佛道两家之差异，不至于如第一期译经那样，以道家思想去附会佛教义理。又由于他"通言华梵，妙达文筌，扬道国风，开悟邪正"，"唐梵具赡，词理通敏"，因而他的译经"意思独断，出语成章。词人随写，即可披玩"。加之有"辩机等，删缀词理。……行友，详理文句"（道宣《续高僧传》），然后亲自"于论重加陶练"，对以前的旧译文，凡错误艰涩，不易晓悟，或"中间增损，多坠全言（有失原意）"者，一一予以重译，使其翻译最终达到了圆满境界。赞宁《高僧传》说："奘嫌古翻《俱舍》义多缺。然躬得梵本，再译真文。"这虽然是就《俱舍》的翻译而说的，实际上玄奘对各部的翻译都可以说是"再译真文"。吕澂认为玄奘对梵文的造诣精深，各名相的安立，文义的贯练，莫不精确异常，而且矫正旧译的讹谬，遂在中国译经史上开辟了一个新纪元（《中国佛学源流略讲》）。从其翻译传播的学说来看，纲举目张充分反映了公元五世纪以后印度佛学的全貌。当时印度那烂陀寺等处的佛学，已显然分为因明、对法、戒律、中观和瑜伽五科。他译因明，树立了在议论基础上的佛家逻辑轨范，原原本本地传译了中观，译出了护法的《广百论释》，以见瑜伽系贯通中观的成就。这都是最盛时期所传的佛学精华，都传入中土。所以章太炎赞美玄奘说："佛典自东汉初有译录，自晋、宋渐多，犹多皮傅。留支、真谛、术语稍密。及唐玄奘、义净诸师，所述始严栗合其本书，盖定文若斯之难也。"（《章氏丛书》）

玄奘自贞观十九年（645年）他开始翻译直到龙朔三年（663年）绝笔止，孜孜不懈。以质量而论，也是空前的佳制。玄奘的译经"岁月未多，而功备前贤"。冥详《大唐故三藏玄奘法师行状》概括玄奘译经成就云：

"法师还国以来，于今二十载，合翻梵本七十五部，译为唐言，总一千三百四十一卷。尚有五百八十二部，未译见翻者。《大般若》《瑜伽论》《大毗婆沙》《顺正理》等，皆是镇国之宝，学人薮泽。然译经之事，其来自文，起汉摩腾，迄今三藏，前后道俗百余人。先代翻译，多是婆罗门法师，为初至东国，夏方言未融，承受之者，领会艰阻，每传一句，必详审疑回，是以倒多说毗。今日法师，唐梵二方，言词明达，传译便巧，如擎一物，掌上示人，了然无殊。所以岁月无多，功备前贤。至如罗什，称善秦言，译经十有余年，唯得二百卷。以此较量，难易见矣。所悲运促，不终其志，乌呼哀哉！"《慈恩传》记载："法师还慈恩寺，自此之后，专务翻译，无弃寸阴。每日自立程课，若昼日有事不充，必兼夜以续之。遇乙之后，方乃停笔摄经，已复礼佛行道。至三更暂眠，五更复起，读诵梵本，朱点次第，拟明日所翻。每日斋讫，黄昏二时，讲新经论，及诸州听学僧等恒来决疑请义。……如夕已去，寺内弟子百余人，咸请教诫，盈廊溢庑，皆酬答处分无遗漏者。"玄奘一生的翻译为三个阶段：前期的六年间以翻译《瑜伽师地论》为中心，同时译了与此有关的著述，中期十年以翻译《俱舍论》为主并遍及与它有关的著作，后期四年以翻译《大般若经》为中心。关于玄奘的译经，《大唐圣教三藏玄奘法师行状》说："今日法师，唐梵二言，言词明达，传译便巧。如擎一物掌上示人，了然无殊。所以岁月未多，而功倍前哲。至如罗什称善秦言，译经十有余年，唯得二百余卷。以此较量，难易见矣。"道宣也有高度评价："自前代以来，所译经教，初从梵语，倒写本文，次乃回之，顺同此俗。然后笔人观理文句，中间增损，多坠全言。今所翻传，都由奘旨，意思独断，出语成章。词人随写，即可披玩。"先期译经程序，是先按梵文语法结构直译成汉文，再将其改从汉语语法，最后笔人修整文句，中间或增或减，多失原意。玄奘则不然，他精晓梵文，深通佛理，汉文程度又好，如此言意已融，主译者能统摄始终，无虞歧异。达到"览文如已，转音犹响"（《西域记》），译时出口成章，只要记下来就行的程度了。从玄奘的译文形式来看，他既不同于支谦罗什那种自由的文饰，也不同于竺法护、真谛那种质朴，而是文质的"恰恰调和"。唐太宗评论说："其所翻译，文质相兼，无违梵本。由善业力，今见生睹史多天慈氏内众，阇法悟解，更不来人间。"（慧立《大慈恩寺玄奘传论》）季羡林说："玄奘的翻译对原文忠实，读起来又不别扭，达到了登峰造极的地步。"（《五四谈翻译》）吕澂曾说玄奘的翻译，"最善胜的地方，在由于学力的深厚，和对华梵语文的通彻，所以能够自在运用文字来融化了原本所说的义理，借以发挥自己信奉的一家之言。

换一句话来说，就是玄奘能熟练而巧妙地掌握一家之言来贯通原本，甚至改动原本。这样的事实在从前没有梵文原典的对照是看不出来的"（《中国佛学源流略讲》）。

吕澂指出，玄奘翻译的忠实首在于他严格地按原本翻译，丝毫不损伤原文结构与意义，尽力保存原文的文字外形。所以读他译籍，可以领略原文的语言形式，如断句破句，反复回环，韵白夹杂，或是为了表达佛教深奥玄妙的义理，一些复杂微妙的表达方法，如不断地使用否定句、非想非非想、不去不来不此不彼等，还有细密的驳论层次，像维摩诘居士回答各种提问逐渐逼近问题的核心，以及矛盾的反逻辑的语言等，这是真正的"西域语趣"。从其"文句钩锁，联类重沓"的文体中，正可窥见"当时一般所流行的骈文体非常晦涩呆板，翻译却用一种特殊的文体，一点都不带骈文的气息"，其实玄奘的翻译，是应用六朝以来那一种字句"偶正奇变"的文体，在参酌梵文钩锁、连环的方式融合而为一种"精严凝重"的风格，用以表达特别着重结构的瑜伽原典，非常调和。并认为"从翻译的质量言，不论技巧和内容的正确程度方面，都是中国翻译史上前所未有的，可以说开辟了中国译经史上的一个新纪元"（《慈恩宗上》）。因此他的译籍是形式与内容高度统一的艺术表现。次在于译文通顺流畅以及翻译手法和技巧的创造性。柏乐天（P. Pradhan）与张建木曾对勘玄奘《集论》《俱舍论》译文和原本，指出玄奘译时，随文增减，分合自如，而又丝毫不损伤原文的内容与义理。并总结出他具体的翻译技巧是补充、省略、变位、分合、译名假借和代词还原六法。再概括一点说，就是增、减、变三个字。或用直译意译来衡量，那就是："他的译风，既非直译，也非意译，而是融合直意，自创新风。"玄奘的译文之所以达到形式与内容的高度统一，正如柏乐天所说，他是把原文读熟，嚼烂了，然后用适当的汉文表达出来。从许多增益的字句中，我们可以看出，玄奘如何透彻明了像梵文这样难懂的语言，而用正确和明白的字句翻译出来，足以显示他学识的渊博精深，梵汉语言精通，义理的通彻。范文澜指出："东汉到东晋，所有译出经典，全是直译，没有意译"，直到"后姚兴时秦鸠摩罗什来到长安，大译经典，意译派盛行，佛学因此广泛的流行起来"。（《中国通史简编·佛经的翻译》）直译缺乏文采，甚至晦涩难懂，导致词不达意；意译纠正了直译文句不通的弊端，但与原著的思想又有出入，因此也不是圆满的翻译。只有玄奘为首的唐代译经，改变此前译经方法，创造了一种严谨而科学的翻译方法，这就是新的直译法，无论在文字或是义理上都能切合原典，所翻经论，华梵吻合，无有间隔。

（2）义净："释门象胥，两全通达"

义净与法显、玄奘并称为"三大求法高僧"，在佛经翻译史上，他又是玄奘以后译经最为有名的译家。与玄奘一样，义净曾居印度十一年，学习大小乘教义，博综各家学说。他在游历各地时，"所至之境，皆洞言音"，研究瑜伽、中观、因明和俱舍。义净著《南海寄归内法传》一书，书中详细介绍声明基础，涉及各种名物时，凡旧译有不合处，都随处校正。他又主张"总习梵文，无劳翻译之重加隔阂，以为骨仑、速利尚能总读梵经，何以中土反不究其本"。义净认为瑜伽和中观二者相通，他说："大乘无过中观、瑜伽，二者同契涅槃，理无乖意，应该和合。"因为中观讲俗有真空，体虚如幻；瑜伽讲外无内有，事皆唯识，这两家"咸尊圣教，孰是孰非？同契涅槃，何真何伪？……依行则俱生彼岸，弃背则并溺生津"。这既是对国内性相二宗互相排斥而提出的中肯批评，也反映他思想圆融的一面。他还说："中观则俗有真空体虚如幻，瑜伽则外无内有事皆唯识，斯并咸遵圣教孰是孰非，同契涅槃何真何伪。意在断除烦惑拔济众生，岂欲广致纷纭重增沉结，依行则俱升彼岸，弃背则并溺生津，西国双行理无乖竞。"显示出他对大乘意境的深切了解。赞宁盛赞其懿行说："美哉，亦遗法之盛事也。"（《宋高僧传》）中宗李显《大唐龙兴三藏圣教序》中盛赞义净"业核经史，学洞古今，总三藏之元枢，明一乘之奥义"，"既闲五天竺语，又详二谛幽宗，译文缀文，咸由己出，措词定理，匪假于旁求。超汉代之摩腾，跨秦年之罗什"。

赞宁《宋高僧传》记载，义净译经"自天后久视迄睿宗景云，都翻出五十六部，二百三十卷。又别撰《大唐西域求法高僧传》《南海寄归传内法传》。别说《罪要行法》……又出《说一切有部跋窣堵》，即诸律中犍度跋渠之类，盖梵音有楚夏耳，约七十八卷。净虽遍翻三藏，而偏攻律部，译缀之遐，曲授学徒"。道宣称赞义净"传度经律，与奘师抗衡。比其著述，净多文。性传密咒，最尽其妙，二三合声，尔时方晓矣"，表明义净的翻译特别注重梵文读音的准确性，对梵语音义的翻译有其独到之处，如他的音译，除分别俗语、典语（如说明和尚是印度俗语，非是典语，梵本经律皆云邬波陀耶）及校补略音（如说明褒洒陀旧译为布萨之讹，褒洒是长养义，陀是清净洗涤义，有遮现在及惩未来之慢法二义，不可省略）。对于咒语中一些字的读音多附注四声或反切，分别发声的长短轻重，弹舍音借字则加口旁，又对二三合音之字，选用适当字音，也能曲尽其妙。魏承思《中国佛教文化论稿》也认为义净的翻译注重对梵文音义的翻译极为认真，常于译文下加注以作分析说明，并着重订正译音、译义，以及考核名物制度。赞宁《宋高僧传》称他"遍寻名匠，广探群籍，内外闲习，今古博通"。译义方面，指出旧译如理作意应正翻寂因作意，以及《金刚般若经》译文保留陀罗音译，以见梵文一词含多义之例。在这些译文里，可见他对于译事一丝不苟，有独到之处，不愧为新译时代之一大家。他在译籍和撰述上介绍了印度当时的综合学风，并表现他对于佛学的认识。义净翻译的佛经中，还有一个显著的特征就是常于译文下加注以作分析说明。

由于义净兼通华梵，又晓义理。在翻译史上被看作中国人自行翻译，仅亚于玄奘的译者。在"中国四大译师"中，有人还拿他取代不空的地位，但义净的地位在于他对律部的传译，他将律籍译得最为完备。可以说，在中国，律籍的翻译至义净而趋于完备。而不空的地位，在于他对密典的传译，二人似乎是无法分别高低的。唐中宗《大唐中兴三藏圣教序》说："三藏法师义净者……所经三十余国，凡历二十余载。古来翻译之者，莫不先出梵文，后资汉译。今兹法师不如是矣，既闲五天竺语，又详二谛幽宗。译义缀文，咸由己出。超汉代之摩腾，跨秦年之罗什。"赞宁《续高僧传》对义净评论说："传译者宋齐已还，不无去彼回者。若入境观风，必闻其政者，奘师、法师为得其实。此二师者，两全通达，其犹见玺文知是天子之书可信也。《周礼》象胥氏通夷狄之言，净之才智，可谓释门之象胥也欤！"这些评语对义净来说，应是当之无愧的。赞宁称赞该经译本"辞理文质相半，妙谐深趣，上符佛意，下契根缘，利益要门，斯文为最"。义净译经，"其文字教理之预备，均非前人所可企及也"（汤用彤《隋唐佛教史稿》）。季羡林曾根据《根本说一切有部律》的残卷梵文原本与义净的译文对照，证明了义净的译文相当忠实。不过，季羡林又说："但这只限于散文部分，一提到韵文部分，所谓伽陀（Gatha），情形就有点不同。"意谓义净的忠实只限于散文部分，而韵文部分则不然。义净对梵语音义的娴洽递达，考核名物的精审，他的文学语言能力同样，如《根本说一切有部毗奈耶杂事》上一偈译得清新可诵："春时可游戏，春时可为乐，我即是春花，共为游赏事。"四句一气呵成，笔调愉悦轻快，使人感到春天节物风光的骀荡美好。诗中的我与四边的春色融合在一起，即是宗教意趣的感召，也是审美主体移置与化入自然美客体的情人心醉神迷的艺术境界。（季羡林《谈佛学》）

魏承思《中国佛教文化论稿》指出，义净译经，注重经典的忠实和传播，因而有其独特的翻译技巧，除了一般直译之外，有时，在译文下面加上注解，这些注解有订正译音的，有改正译义的，还有核实名物制度的。他尤其注重梵文的译音，如咒语字音，为了阅读方便，而使原音不走样的就注明四声或拼写法的反切，并分别发声的长短轻重，舌音字都加上"口"字旁，即使是让读者看来难翻译出的字，他也尽量选择合适的译字。对于原典中的俗语、典故、名物制度等，义净的译本也一丝不苟。如他注意保留梵语的音译词"陀罗"，因为换成意译的汉语词汇（唐音）"流"或"持"，都不足以概括它在原本中的含义。义净的注释大多是针对原典中一词多义情况而采取的对策。而玄奘对于原典中的多义词主张"不翻"，如梵语 bhagavat（薄伽梵）一词具有六种意义：自在、炽盛、端严、名称、吉祥、尊贵。这些词具有多种含义，不能找到等同的中文辞。这是要求音译原典中的文化局限词，即特有的事物、概念，以保持原本的精神风貌。但音译过多，对于了解原本文化不多或毫无了解的读者，反而是人为地制造了理解上的障碍。而义净运用在译文中添加夹注的形式，以帮助读者理解，可以弥补玄奘的"五不翻"思想。如义净译无著造颂世亲释《能断金刚般若波罗蜜多经论释》卷中的夹注：

> 言惊者谓于非处生惧（若正译梵音，应云越怖，今言惊等者，此为不能移旧，若准论释惊，义未甚和，当下二准此应可思之也），违越正理，如越正道可厌恶故，言怖者（应云续怖），相续生惧怖，既生已不能除断故，言畏者（应云定怖），生决定心一向畏惧，此等若无便成心离惶惑（若不见本音本意，于文即未闲，释义为此注出本音，斯乃可亡疑惑，余家释别义，非此论），又此法门胜余略诠故者，由经说此是最胜波罗蜜多如来所说（经是略诠）。

经中对"惊""怖""畏""惑"这些重要概念都——作了注释。又如："由被轻辱故，所有应生恶趣之业，皆当消尽故，此显净除业障，言此为善事者，谓遭轻辱时，显被辱之人有福德性故，言此为善事（自古翻译，皆无此语，由梵本中字隐密故）。"指出原本隐秘不翻的问题。又如：

> 即是种种识有六识殊故，复是其妄，何因名识为心流转？经云如来说为无陀罗者，此显离于念处性故，由彼念处是此持处，彼若无者，即是无持，陀罗喃阿罗痫陀罗，此之三名，共目二义，皆得名持，亦有流注义，由无持故心即流散，言无持者，为显常转之缘，既无持故，显其常转，是虚妄性（问：何故本经初留梵语陀罗，不译为汉字者，有何意趣？答：梵本三处皆是陀罗，而义有差别，今时

译者若也全为梵字，即响滞于东土；如其总作唐音，顿理乖于西域。是故初题梵字，可谓义诠流转所由，于内道持，便是正述执持之事，作斯译者方称。颂本无著菩萨之意，符释者世亲菩萨之情，如其不作斯传，定贻伤手之患。若总译为流，持理便成不现；咸为持字，流义固乃全无。作此双兼，方为惬当。若译为流，于理亦得，然含多义，不及陀罗，一处既尔，余皆类知，诸存梵本者咸有异意，此波若已经四译五译，寻者当须善观，不是好异，重译意存鞫理，西国声明，自有一名目多事，一事有多名，为此陀罗一言，遂含众义，有流有持，理应体方俗之殊致，不得恃昔而胶柱，若勘旧译全成疏漏，无暇言其藏否），何以故者，由有过去等心不可得言故，所云过去未来心者，由是过去未来性故，是不可得；其现在者即是遍计所执，自性非有故。此显流转之心，是妄识性所缘，无有三世性故。

文中用了一段很长的注释解释何故本经初留梵语陀罗，不译为汉字的缘由，是因为梵本三处皆是陀罗，而义有差别。又如义净译《根本说一切有部羯磨》卷三中的夹注：

> 梵云褒洒陀者，褒洒是长养义，陀是清净洗濯义。欲令其半月半月忆所作罪，对无犯者说露其罪，冀改前愆。一则遮现在之更为，二则惩未来之慢法。为此咸须并集，听别解脱经，令善法而增茂。住持之本，斯其上欤。岂同堂头礼忏而已哉？此乃但是泛兼俗侣，敛粗相而标心。若据法徒，未足蠲其罪责。故云布萨者，讹。

这里的褒洒陀，梵语为 posadha 或 uposadha，旧译"布萨"。义净认为旧译音译有误，但他考虑改译音之后引起读者不解，于是在夹注中详尽地介绍了构成原词之各音节的具体含义、整个词的意义以及布萨行仪的宗教本质与实施方法。义净译《根本说一切有部毗奈耶》中有"叶婆"一词，译者有夹注："叶婆者，正目西方说男女交合不轨之言。若准此方音者，言多鄙媟。又复方音随处不定，故存本字。然西方教授说此言时，亦不全道，以鄙恶故，但云叶字婆字耳。"相对而言，中土文化性方面的用词更严格，如梵语 alingita 意为男女拥抱。《华严经》等音译作"阿梨宜"。法藏《华严经探玄记》卷十九释云："阿梨宜者，此云抱持摩触，是摄受之相。"表明他的翻译注重对梵文音义的翻译极为认真。

从义净详细的夹注方法，可以看出其译经原则是"欲令易了"，在尽量方便读者理解的前提下，忠实于原著，准确通俗地将原典内容传递给读者。这是与他对于文体写作的思想相一致的。他说过："又凡是制作之家，意在令人易解，岂得故为密语，而更作解嘲？譬乎水溢平川，决入深井，有怀饮息，济命无由。准验律文则不如此，论断轻重但用数行，说罪方便无烦半日，此则西方南海法徒之大归矣。至如神州之地，礼教盛行，敬事君亲，尊让耆长，廉素谦顺，义而后取。孝子忠臣，谨身节用皇上则恩育兆庶，纳隍轸虑于明发。"这与鸠摩罗什论西方辞体相似，由此形成其翻译特点，一是鉴于梵汉语言系统的差异，对于含有多重意义的术语，采用音译；二是涉及梵汉习俗差异较大者，为便于理解而略加变通，尽量用汉语习用的表达方式来译。有时为了一个术语的定名而遍翻检梵本，加以详细论证。由此，在音译方面，除分别俗语、典语（如说明和尚是印度俗语，非是典语，梵本经律皆云邬波陀耶）及校补略音（如说明褒洒陀旧译为布萨之讹，褒洒是长养义，陀是清净洗涤义，有遮现在及惩未来之慢法二义，不可省略）。对于咒语中一些字的读音多附注四声或反切，分别发声的长短轻重，弹舍音借字则加口旁，又对二三合音之字，选用适当字音，也能曲尽其妙。他对于译事一丝不苟。"所出跋窣堵唯存真本，未暇覆疏。"正表明其译经之严谨。

（3）不空："义了宗极，伊成圆字"

不空自幼来华，与善无畏、金刚智在佛教史上并称为开创中国密宗的"开元三大士"。赞宁《宋高僧传》载其"善解一切有部，谙异国书语。师之翻经，常令共译"。不空既广学唐梵经论及密法，又通晓中国语文及文化，从他的撰述中可以看出他的中国文学的修养也达到了很高的水平，这使他能够成为一名杰出的佛经翻译家。他曾自述说："爰自幼年，承事先师三藏十有四载，禀受瑜伽法门。复游五印度求所未授者，并诸经论，计五百余部，天宝五载却至上都。上皇召入内立灌顶道场，所赍梵经尽许翻度。肃宗于内立护摩及灌顶法。累奉二圣令鸠聚先代外国梵文，或绦索脱落者修，未译者译。"（赞宁《宋高僧传》）他曾于金刚智译场任译语，并尽传其学。天宝元年（742年）不空至狮子国，前后三年，广搜密藏和各种经论，获陀罗尼教《金刚顶瑜伽经》等八十部，大小乘经论二十部，共计一百二十卷。天宝五年（746年）至长安，奉敕于净影寺译经。乾元元年（758年），唐代将梵文佛典大规模集中，不空上表请搜访梵文经夹以修补，并翻译传授，得敕许将凡有旧日玄奘、义净、善无畏、流支、宝胜等三藏所带来的梵夹，都集中起来，由不空陆续翻译奏闻。永泰元年（765 年），为嘉奖其译经之功，制授特进试鸿胪卿，加号"大广智三藏"。圆照《贞元释教录》载，不空先后在长安、洛阳、武威等地前后译经四十余年，译出显密经籍总计一百一十一部一百四十三卷，其中绝大部分为密宗典籍，为密教的建立奠定了基础。由此，不空在中国佛教史上，与罗什、真谛、玄奘并称为"四大译师"。他在华"弘教数十年，备受朝野崇奉"，"亲承圣旨……授以列卿，品加特进，冠绝今古，首出僧伦"（圆照《大唐贞元续开元释教录》）。赵迁《不空三藏行状》说，不空有弟子二千人，其中被认为能尽传五部之法的时称六哲，他们或参与译事，或对其译经传法尽力护持，使密宗臻于鼎盛。

不空所译，涉及显密各部，包括显教、杂密、金刚界、大乐等类。而所译密法经典也不仅限于金刚界一类，但他的学问与弘传重点是金刚界密法，并精研律义，始传五部密法，是中国密宗创始人之一。同时又研习唐梵经论等要籍，而且"学无常师"，对大乘佛学中"般若梵夹"一并兼修，表明他的佛学思想及其翻传不局限在"空"宗一派，而是诸宗融通，兼而译之。密宗的昌盛基于"安史之乱"后的"护国""护法"活动。不空在天宝后期请福疆场，修法河西，为护念国土退却敌寇尽力。为此，他在给肃宗的上表中，处处突出译经的护国意义。赵迁《不空三藏行状》载："至德中，銮驾在灵武凤翔，大师常密使人问道，奉表起居，又频论克复之策。肃宗皇帝亦频密谍使者，到大师处，求秘密法。"至德三年，不空表称："既许翻译，仍与度僧，渥泽已深，报效何日！谨当三时浴像，半月护摩，庶三十七尊保明王之国土，一十六护增圣帝之威神。寿如南山，永永无极。"（《贞元新定释教目录》）不空《进翻译佛经表》又说："肃宗皇帝配天继圣，特奉纶音于内道场，建立护摩及灌定法。又为国译经，助宣皇化……所译诸大乘经典，皆是上资邦国，息灭灾厄；星辰不衍，风雨顺序；仰恃佛力，辅成国家。"在他看来，密教经典的翻译，道场建立，密咒念诵，都是为了护念国土，维护皇化。这表现出他对佛教功用的看法和译经的观念。

代宗时，国力极度衰弱，代宗从不空之请，于广德元年（763 年）置灌顶道场，次年又命内出《仁王经》二辇送西明诸寺，诏不空置百尺高座讲经。不空认为《仁王》宝经，义宗护国，前代所译，理未融通"（《请再译仁王经疏》），因此要求加以重译。不空重译《仁王护国般若经》后，代宗亲制序文，序文以为该经具有"镇乾坤，遏寇虐，和风雨，著星辰"的"护国"功能（《仁王护国般若经序》），"颁行之日，庆云俄现，举朝表贺"（《宋高僧传·不空传》）。《仁王经》先已有罗什译本，不空重译时突出其中的护国功能和密教色彩，所以在这一特定历史时期受到特殊欢迎。代宗之时"每西番入寇，必令群僧讲诵《仁王经》，以攘虏寇。苟幸其退，则横加锡赐"（《旧唐书·王缙传》）。不空又译有《仁王护国般若经道场念诵仪轨》，详述护国法会建立的步骤、曼荼罗仪轨及修行次第，成为此后护国法会的经典性依据。密宗教义暂时满足了朝廷的急切需求，帝王的取向决定了密宗在安史之乱后鼎盛。不空又译出《大乘密严经》三卷，此经沟通了多种大乘经典。当时佛教中各宗竞立，密法渐行，有一种要求抉择统一的趋势，不空也深刻认识到了这一点，这也是他毕生的译经事业，更是中国密宗所达到的最高阶段。不空的译经，代表了汉地佛教译经史上最后一个高潮。赞宁《宋高僧传》在评述密宗诸祖时将不空比喻为："羽嘉生应龙，应龙生凤凰，凤凰已降，生庶鸟矣!"不空称得上是凤凰，但后世只属庶鸟，其衰败的原因，赞宁认为是后世缺少变革："欲无变革，其可得乎?"事实上，唐代玄奘翻译的瑜伽典籍，义净翻译的戒律学说，加上不空翻译的密教经典共同构成了佛学的全貌，使得这一时期的佛学研究完整而系统，带来了佛学理论在这一时期的完全成熟。而不空通晓梵本悉昙章及声明论，因此他的翻译对确立梵语与汉字间严密的音韵组织，具有深远意义。他曾音译含有 cittavarana 这个词和有争议的句子，并将梵本的梵文音节用汉语语音直译为《心经》汉语音译本：

> 钵啰（二合般）誐攘（二合若）播（波）啰（罗）弭（蜜）哆（多）纥哩（二合）那野（心）素怛嚂（经）阿哩也（二合圣）嚩噜（观）枳帝（自）湿嚩路（在）冒地（菩）娑怛侮（萨二）儞鼻嚂（深）钵啰（二合般）誐攘（若）播（波）啰（罗）弭（蜜）哆（多三）左哩焰（二合行）左啰（行）么汝尾也（二合时四）嚩噜（引）迦（照）底娑么（二合见）畔左（五）塞建（引）驮……

对于这种音译，不具备精湛的梵文悉昙声明知识是达不到的。准确的音译是正确理解佛经微妙意旨的前提，这也是玄奘所十分强调的。所以唐代宗称赞不空说："和尚久证菩提，入佛知见，所翻经论，皆洞精微。"（《大唐贞元续开元释教录》）

3. 宋代译经

宋朝分为北宋和南宋，佛经翻译集中于北宋时期。《宋高僧传·译经论》云："朝廷罢译事，自唐宪宗元和五年至于周朝，相望可一百五十许岁，此道寂然。"北宋政权建立后，一反前代后周的政策，给佛学以适当保护，以加强国内统治的力量。太宗还亲自作《新译三藏圣教序》，使宋朝时期的佛学一直能保持一定的盛况，译经事业随之兴盛。宋真宗认为："道释二门，有助世教，人或偏见，往往毁訾，假使僧、道士时有不检，安可废其教耶？"（《续资治通鉴长编》）佛学本质上有助于帝王统治，不能因为僧尼质量的低下而废除。宋代是华夏文化建设的重要时期，文士也深受统治阶层重视，正如《宋史·文苑传》所说"海内文士彬彬辈出焉"。陈寅恪说："华夏民族之文化，历数千年之演进，造极于两宋之世。"（《邓广铭宋史职官考证序》）佛学文化一同深入发展，佛经翻译在数量与质量上都不逊于唐，对译经的重视以及所采取的措施甚至超过唐代。《宋史·太祖纪》记载，宋太祖赵匡胤即位后，志在振兴学术文化，振兴佛教，佛经翻译亦受到高度重视。赞宁《宋高僧传》说：

> 洎我皇帝临大宝之五载，有河中府传显密教沙门法进请西域三藏法天译经于蒲津，州府官表进，上览大悦，各予紫衣，因敕造译经院于太平兴国寺之西偏。续敕搜购天下梵夹，有梵僧法护、施护同参其务，左街僧录智照大师慧温证义。又诏沧州三藏道圆证梵字，慎选两街义解沙门志显缀文，令遵、法定、清沼笔受，守蛮、道真、知逊、法云、慧超、慧达、可环、善佑、可支证义，伦次缀文，使臣刘素、高品王文寿监护，礼部郎中张洎、光禄卿汤悦次文润色，进《校量寿命经》《善恶报应经》《善见变化》《金曜童子》《甘露鼓》等经，有命授三藏天息灾、法天、施护师号，外试鸿胪少卿、赐厩马等。笔受证义诸沙门各赐紫衣并帛有差。御制新译经序，冠于经首。观其佛日重光，法轮发轫，赤玉箱而启秘，青莲朵以开芳，圣感如然，前代孰堪比也。

足见宋朝译经繁荣。太平兴国八年（983 年），天息灾上奏，认为历朝译经，多靠天竺梵僧，一旦没有梵僧来华，译经就将中断，为此请求在京城内挑选儿童五十人学习梵语，学成之后，从事译经。于是朝廷从五百儿童中挑选出惟净等五十人送译经院学习梵文，译经院也由此改名传法院。从太平兴国七年（982 年）始，译经院（传法院）每年都有新经译出。仁宗时代盛行梵语研究，来华梵僧八十余人，梵本经数一千四百二十八卷，译出五百六十四卷。至仁宗景祐二年（1035 年）的五十多年间，共译出经、论五百六十四卷，合梵本一千四百二十八箧，这些新出经典，随译随刊，流布天下。宋代译经也极为严肃，仪式也相当复杂，译经之前，要按密教仪轨来作道场，念秘咒七天七夜，每位参与译经人员，还要"每日沐浴，严结三衣、坐具，威仪整肃"（志磐《佛祖统纪》）。佛学至宋朝，已基本完成了与中国文化的融合，与儒道一起共同成为中华思想的精神支柱。这与宋代重视佛学文化事业的努力是分不开的。宋初，中央王朝为恢复佛教，力图把佛教当作扩大对外联系的纽带，设立译经院组织译经，在官方直接控制下译经。宋代翻译佛经的译场，规制比唐朝更加完备，是中国译经史上最为完备的译经院。太祖赵匡胤于乾德四年（966 年）一次就派遣僧人行勤等一百五十七人"游西域"，创造佛教史上的记录。宋代还提倡梵学研究，加强中印文化交流，保持与西域交通，搜集梵本，注意培养自己的梵语人才，由此具备了懂华梵双语的译者。同时鼓励西域及天竺派遣僧侣使者来宋，并召令太祖时赴西域的一百五十七人僧团得还充为导游，带领西域人士入宋朝觐。到景祐二年（1035 年）止，仅由五天竺来汴京进贡梵经的僧侣即有八十人，此土西去取经得还者一百三十八人。宋太祖在位时，因译经院需要梵本，便注意梵本佛经的收集，赏赐献经者，资助求经者。通过印僧献经和华人赴印取经两种渠道，内廷存有的新旧梵本佛经达千数百箧，使得宋代的译经事业持续了百余年。

据关德栋《五代及宋代中印佛教僧侣的往来与译经》考察，从太宗宣布建译经院（980 年）起至真宗即位（998 年）不到二十年间就有进梵经者十一起。从宋太宗太平兴国七年（982 年）至宋仁宗景祐二年（1035 年），五十四年间，共出梵本一千四百二十八夹，译出经论五百六十四卷。据智旭《阅藏知津》的评论，宋代译经的质量也很高。如智旭《阅藏知津》认为法贤所译《佛说最上根本大乐金刚不空三昧大教王经》超过不空译本《大乐金刚不空真实三么耶般若波罗蜜多理趣经》。法天《诸佛心印陀罗尼经》还超过了玄奘异译本《诸佛心陀罗尼经》。天息灾译本《大方广菩萨藏文殊师利根本仪轨经》超过义净译本。

佛典汉译，从唐宪宗元和六年（811 年）译成《本生心地观经》之后就暂时中断了，直到宋太宗太平兴国七年（982 年）才复兴。据《佛祖统纪》载："河中府沙门法进，请三藏法天译经于蒲津，守臣表进，上览之大悦，招入京师始兴译事。"当时主持译经的就是法天、天息灾、施护、法护（中印人）、法护（北印人）、惟净等三藏译师群体，其中惟净、慧询、绍德都是由传法院培养出来的中土学僧，惟净没有西行出国，是在本土学会梵语的。他曾担任梵学笔受，宋真宗时，开始直接主持佛经合译，完全不依靠西域僧学。天吉祥等则帮助金总持翻译。由于他们的努力，中国的译经史又出现了一次高潮，译经总数达二百八十五部七百五十八卷(吕澂《宋代佛教》)。

(1)施护:"文简义切,最宜流通"

施护是北印度乌填曩国人,与天息灾原系同母兄弟,在太平兴国五年(980年)一同携带梵本来中国,当时宋太宗"留心释典,好谈佛理",而且能写出对佛教还有相当认识的佛学诗文。太宗敕施护于译经院译经。据《大中祥符法宝录》所载,施护共译经一百一十一部,是宋代译经最多的,所译佛经中以密教经典居多。志磐《佛祖统纪》载:"二月北天竺迦湿弥罗国三藏天息灾、乌填曩国三藏施护来,召见赐紫衣,敕二师同阅梵夹,时上盛意翻译,乃诏中使郑守均于太平兴中寺西建译经院为三堂,中为译经,东序为润文,西序为证义。"正因为二师的到来而建译经院。随后"译经院成,诏天息灾等居之,赐天息灾明教大师,法天传教大师,施护显教大师,令以所将梵本各译一经,诏梵学僧法进、常谨、清沼等笔受缀文,光禄卿汤悦、兵部员外郎张洎润文,殿直刘素监护"。又说:"天息灾上新译《圣佛母经》,法天上《吉祥持世经》,施护上《如来庄严经》,各一卷,诏两街僧选义学沙门百人详定经义。时左街僧录神曜等言,译场久废,传译至艰,天息灾等即持梵文,先翻梵义,以华文证之,曜众乃服。召新经入藏,开版流行。""成都沙门光远游西天还,诣阙进西天竺王子没徒曩表佛顶印贝多叶菩提树叶,诏三藏施护译其表曰……""二年上览新译经,谓宰臣曰:天息灾等妙得翻译之体,乃诏天息灾除朝散大夫度光禄卿,法天、施护并除朝奉大夫试鸿胪卿。"施护的翻译一直持续到天禧元年(1017年),智旭曾指出施护的译本《佛母出生三法藏般若波罗蜜多经》"文较畅顺",《佛说大乘戒经》"文简义切,最宜流通"。尤其是施护所译《佛说胜军王所问经》,就连玄奘、义净二人的异译本也排在后面。他所译的《大乘舍黎娑担摩经》,不空的异译本也排在其后。

施护译经,技巧灵活,他运用了省译、改译、暗语译法等。其实这也是宋代译经普遍运用的技巧。正是这些技巧使后人认为宋代译经不够严谨,错漏之处较多,常因笔受者理解不通,写成艰涩难懂的译文,还时有文段错落的情形(吕澂《中国佛学源流略讲》)。其实宋代的译师华梵兼通,精晓义理,又有朝廷润文官监译,且"非位德并隆者。不得参预。如吕夷简宋绶。如富弼文彦博韩琦。皆以宰臣入选。弘阐之盛。古所未有"(明河《补续高僧传》)。范慕尤《重估施护译经的价值与意义》一文认为,这些表面上的省略和误译,实际上是译经技巧的运用,并非译者能力不足。在这些技巧现象背后有着复杂的社会历史根源。当时中国佛教日益本土化,天台、禅宗等本土宗派兴盛,印度佛教的影响日益衰微,中国僧学对梵文佛典与译经事业的兴趣大不如前，致使译经只能依附于皇室资助。宋太宗对译经事业极为支持，建立译经院，组织译场，收集梵文佛经，培养译经人才，设立印经院，雕版印经等。这样，译经势必受到宫廷的影响。太宗重视译经是为了教化人心，治理天下。密教经典中对于杀戮等恶行的赞扬，对贪、嗔、痴三毒的肯定，以及一些涉及性与暴力的祭祀，不仅与儒家的伦理道德相悖，甚至与之前的佛典所宣扬的思想也是大相径庭的，所以，译经大师们必然要避免将这些内容直译出来。原典中的内容一旦与中国传统的伦理道德相悖，不符合朝廷及文人士大夫的要求，译者和润文官们只能对其加工，或省略不译，或改其内容，或不明确译出，模糊其义。中土传统的思想是儒家思想，其道德观念与印度教的许多观念差异悬殊。又由于印度佛学传入中国至宋代已有一千余年，人们对于佛学的精神已形成一种中国化的概念。所以偏离了佛学传统，又与中国传统思想不相协调的密教末流思想自然无法取得汉民族的欣赏和流通。正是由于译场翻译了某些夹杂大量不纯思想的密典末流，使得当时的中国人对整个译场的密典都持保守态度。其实，宋代统治阶层一直十分关注译场译经的内容，留心经文的真伪和健康。《佛祖统纪》载："五年（994年），中闻国沙门吉祥进大乘祝藏经，诏五藏法贤等详定。贤奏此经是于阗书体，非是梵文，其中无请问人及听法众，前后六十五处文义不正。帝召贤谕之曰：使邪伪得行，非所以崇佛教也，宜焚弃此本，以绝后惑。"又载："天禧元年（1017年）四月，诏曰：金仙垂教实利含生，贝叶誊文当资传译。苟师承之或异，必邪正以相参，既失精详，寖成讹谬，而况荤血之祀，甚渎于真乘，厌诅之辞，尤乖于妙理。其新译《频那夜迦经》四卷不许入藏。自今后，似此经文不得翻译。"可见，统治阶层已经注意到密教中的不纯部分和与佛教传统不一致的经典，因而禁止流通与翻译。这就极大地限制了译场以后的翻译。此外，宋王朝委派宰相润文，对监督译文修辞和内容，实行最后把关。润文官都是通内外学的翰林，这既是为了保证译经的质量，也是为了监督检查，谨防译经中有不合传统思想或不利世道人心的内容。

（2）法贤："现观事仪，皆悉明备"

法贤即天息灾，中印度惹烂陀罗国密林人，宋太宗太平兴国五年（980年）到中国。念常《佛祖通载》记载，法贤进献梵本，帝召见并赐紫衣，敕其审查梵本，帝命中使郑守钧于太平兴国寺西建译经院。译场开始后，法贤主持大法曼荼罗仪式，参酌密教仪轨，布置译场。场内设一金刚界的种子圆坛，分布诸尊的种子梵字，辰为"大法曼拏罗"。每天用香华灯水果品等二时供养，礼拜旋绕，做着祈祷。坛外安排了译场各种职事的坐位，其职事包括译主、证梵义、证梵文，他们都坐在译主的左边。笔受、缀文、证义、参详，这些是跟着读文译义记录下来并改定为译本的，都坐在译主的右边。其中参详一职不常设，后来更改设校勘华字一职。另有润文，对译本为最后的笔削刊定，监译，维持译场的秩序，他们分坐在东南西南两面。译主虽为印度人，但通达华语，所以不必再设传译。又因参加译事的印度三藏不止一人，所以又设了证梵义、证梵文两职，以便合作。

明河《补续高僧传》称赞法贤、法天和施护"三师遭逢圣世，首隆译场，续狮弦之响，发空谷之音，阐宣之功，无忝前哲矣。"法贤、法天和施护最初于太平兴国七年(982年)七月，分别试译《圣佛母小字般若波罗蜜多经》《大乘圣吉祥持世陀罗尼经》《无能胜幡王如来庄严陀罗尼经》各一卷。当时集合了京城义学沙门一百人共同审查，又经左街僧录神曜对勘后，肯定其价值，并编入大藏。由此更充实了译场各职，将证义扩充到十人。并在每年十月间太宗生日的一天，以献祝新经为点缀，后来帝诞献经，即成为定例。天息灾等所译新经在雍熙元年(984年)九月刻版流通，太宗还作了《新译三藏圣教序》加在各经的前面，并赞扬说："西域法师天息灾等，常持四忍，早悟三空，翻贝叶之真诠，续人天之圣教。芳猷重启，偶运当时，润五声于文章，畅四始于风律。堂堂容止，穆穆辉华，旷劫而昏蛰重明；玄门昭显，轨范而宏光妙法，净界腾音。"法贤译经的质量很高，明河《补续高僧传》称其"妙得翻译之体"。智旭《阅藏知津》曾举出其译本《佛说大乘观想曼拏罗净诸恶趣经》为例，称赞是"现观事仪，皆悉明备"。法贤所译《佛说最上根本大乐金刚不空三昧大教王经》，不空译本为《大乐金刚不空真实三么耶般若波罗蜜多理趣经》。法贤译本《大方广菩萨藏文殊师利根本仪轨经》，义净译本也列其后。法贤译籍中，大乘秘密部经典甚多，主要包括陀罗尼密典、持明密典、瑜伽密典、无上瑜伽密典四类，而且基本上都属于《金刚顶经》系统。这与八世纪后半叶印度密教走向世俗化而涌现出许多新经有关，也与当时统治者的重视有关。据《佛祖统纪》记载，早在译经院创立之初，太宗就曾下诏用新刻的大藏经目录(大体同于《开元录》)对勘，选择没有的佛经翻译，以免重复。为了正确地念诵陀罗尼和讽咏赞呗，译者在音译方面多有创造，着重对音的正确，以致佛名都没有沿用旧译。特别是译出许多梵赞。有了这些华梵对翻的经验，后来法护、惟净更加以总结，依着悉昙章十二番字母编成《景祐天竺字源》一书，即作为一代音译的典范(吕澂《中国佛学源流略讲》）。法贤也译有中观、瑜伽学派的重要论著，如龙树的《六十颂如理论》《大乘二十颂论》，陈那《佛母般若圆集要义论》，三宝尊同论《释论》，寂天《菩提行经》等。不过译文晦涩，且多错误，这大概是由于当时的翻译流于形式不求甚解所致。天息灾还建议选拔童行，修习梵学，以储译才。雍熙二年（985年）奏请让惟净等学习梵文，后来惟净、澄珠、文一等数人均学有成就而参加了译事。

（3）法护："法海之津梁，真乘之车轨"

法护是中天竺国人，幼年习四吠陀典及诸记论，出家后曾从希有乘、妙意尊、布施铠等学毗尼、声明、三乘之学，又访名师学大乘经论。真宗景德元年（1004年），与法兄觉吉祥智携带贝叶梵经至中国，并从事译经，参加证梵义，与梵学僧法进合译出《大乘圣无量寿决定光明如来陀罗尼经》《最胜佛顶陀罗尼经》和《七佛赞呗伽陀》。由于法进熟习教典，所以译文委婉简约，具备传统的风格。仁宗天圣元年（1023年），受诏翻译南海驻辇国使所进金叶天竺梵经。志磐《佛祖统记》记载，法护所译经典有《大乘集菩萨学论》《大乘菩萨藏正法经》《如来不思议秘密大乘经》《大乘大方广佛冠经》等三十五部二百七十卷。明河《补续高僧传》载，法护于"景德改元，携策入京，赐紫衣束帛馆于传法院，时天息灾、法贤相继迁逝，虽译事不寝，而司南乏人，金议非法护不可，遂被诏补其处，仍敕光梵大师惟净试光禄卿同预译经，参政赵安仁等润文"。由此可见，法护和惟净是天息灾、法贤逝后的主要译经师。法护于景德四年（1007年）受赐"传梵大师"，宋仁宗天圣元年（1023年）奉诏翻译驻辇国使进贡的金叶天竺梵经，御制《译经颂》赐之。

景祐三年（1036年），法护与惟净、法贤，施护、法贤五人，以华梵对翻，著成《天竺字源》七卷。仁宗在《景祐天竺字源序》中盛赞此书为"法海之津梁，真乘之车轨"。并说："《景祐天竺字源者》，西天译经三藏试光禄卿传梵大师法护，译经三藏试光禄卿光梵大师惟净所同缀集也，西天章典以八字为句，四句成颂，成劫之初梵王先说具百万颂，传授天人，以其梵王所说，故曰梵书。住劫之初，帝释天主又略为十万颂，其后波腻尼仙人又略为八千颂，此并音字之本，其之派论有一千颂，字体有三百颂。字缘有二：一首三千颂，二者二千五百颂。"本书于宋景祐二年（1035年）敕板，首先简略解释十二转声、三十四字母、五音及生字意义，然后立四章详释。其梵字不同于悉昙，近于尼波罗梵夹文体。因为法护戒德高胜，于至和元年（1054年）受赐六字师号"普明慈觉传梵大师"。

（4）隋唐宋三代译经成熟的标志

隋唐宋三代在文化基本是一个连续体，隋代把统一的天下留给唐代发展，有了隋唐打下的基础，出现宋代儒家文化和学术的全面兴盛，以致有外国学者称宋代为中国的文艺复兴。隋唐宋三代翻译事业成熟的标志，一是译者的知识素质完备；二是佛典的原本纯粹；三是翻译评论与技巧发展成熟。

首先，隋唐宋三代佛典汉译达到极高的水平，其关键在于该时期有了真正意义上的译者。这些译者在语言文化及专业三方面不断完善，特别是佛学理论方面的修养更高，这就产生了兼佛学义理和中外语言于一体的译者，有时还是理论家和批评家为一体的译者。中国几个重要的佛教宗派，其创始人都是深通义理的译经大师。如三论宗的创始人鸠摩罗什、唯识宗创始人玄奘、华严宗创始人吉藏以及天台宗创始人智顗以及义净弘传律藏、不空盛传密典等。他们都是在隋唐佛学空前发展中，造就出的一大批有素养的佛学人才，隋唐佛学为译经事业提供了学术基础。他们彻底改变了以往依靠西域或印度学者主译的局面，消除了语言隔阂。合格的佛经译者所应具备的基本条件是精通义理，深晓梵汉，博达书史，具备正确的翻译理论和掌握熟练的翻译技巧。唯有进入隋唐宋三朝，译经大师都是华梵俱精，义学高深的大师。

其次，汉地学僧直接从印度取回原本，改变了草创期和发展期通过西域转译佛学或是依赖外域学僧传入的被动式佛学。不经转译的纯粹的梵本可以保证佛典在内容上的原貌和语言上的准确，避免佛学失真。主动西行求取原典，使中国佛学从天竺学僧的送经变为主动求取，使经典传译更加系统完备，因为依赖天竺学僧传入，经典内容往往受传入者的学养、学派、兴趣及能力各方面影响，致使佛学经典往往篇章不备，佛学面貌零碎混乱。张曼涛在《中国佛教的思维发展》中指出，印度佛学的发展本是按照自身逻辑演变的。初期是从原始佛学到部派佛学的展开，从单一到复杂，从伦理到形而上，从实践到理论。中期是大乘佛学的展开，经过部派佛学的理论熏染，综合了实践与理论，既倾向于伦理，又同时倾向于形而上。后期则是融摄中观的密乘展开。所以，只有按照印度佛教本身的发展演变，才能真正理解佛学。如朱士行因研习《道行般若经》感到译音理解未透，删略颇多，文句艰涩，难于理解，因而西行求得《放光般若经》梵本四十章，六十余万字。后由无罗叉和竺叔兰等译出，促进了当时般若学的研究。法显西行带回来的戒律使中国律学更加完整，促进汉地僧团制度完善，推动汉地毗昙学发展，促使汉地佛学由般若转向涅槃。玄奘西行带回梵本大小经论六百五十七部，译出后，完善了汉地瑜伽学、因明逻辑等。

最后，更有译经评论的进步，隋唐宋丰富的佛学撰述中，其中有不少是专论译经的著作。如彦琮《辩正论》，明则的《翻译法式论》，灵裕《译经体式》，刘凭《内外旁通比较数法》等。从玄奘"五不翻"即可见出此时期翻译评论的建树。译经的困难，更多地体现在译名，因为佛教哲学中的概念术语是其义理的支柱，了解了概念，可以领会基本义理，因此概念的准确与否直接关系到义理的忠实性。前期的佛典汉译因没有形成一套语言体系，译本质量参差不齐。玄奘所译佛学名相一直沿用至今，可以看出"五不翻"的重要性和正确性。陈寅恪说："玄奘译经，悉改新名，而以六朝旧译为伪误。"（《陈寅恪先生论集》）章太炎也指出："佛典自东汉初有译录，自晋、宋渐彰，犹多皮傅。留支真谛，术语稍密。及唐玄奘义净诸师，所述始严栗合其本书，盖定文若斯之难矣。"（《初步梵本典序》）欧阳竟无也认为："玄奘以九死余生，探五分秘要，回环师授，盖亦有年，是以一语之安，坚如磐石，一义之出，灿若星辰。"（《瑜伽法相辞典序》）足见译名是译经中坚，也足见评论对于译经质量的提高和译经事业的发展所起的重要作用。

（五）宋神宗元丰五年（1082 年）以后——衰微中的佛典汉译

宋神宗元丰朝以后，译经事业正值于印度佛教受到印度教的压力而处于衰亡。印度教源于古印度韦陀教及婆罗门教，起源于哈拉帕的转世及灵魂不死之说，认为凡人一生中产生的业，决定了他的灵魂下次转世重生时的地位。印度教的信仰、哲学、伦理观点等都综合了印度文化的宗教、哲学、文化和社会习俗，是紧密联系本土文化的宗教。公元二世纪左右，奥义书集大成，六派哲学体系成熟，其产生的影响也就越来越大。最后在八世纪吠檀多哲学大师商羯罗提出更完整的哲学体系，创立了不二论，即一元论学说，认为除宇宙精神梵以外没有任何真实的物，梵和个人精神是同一的、"不二"的。为信众指出了如何摆脱虚妄，达到真实的道路。更由于印度教全面吸收了佛教的精华，使佛教最终消融在印度教之中。思想精华被吸收，自然只剩下一具徒具形式的躯壳了，致使源头的活水枯竭，原有的理论已经被消化，缺乏新的理论滋养，所以译经事业也开始衰微。如惺《明高僧传·译经篇》说："译经之盛，莫过于六朝、盛唐，鸠摩罗什、实叉难陀辈。及入五代北宋，则渐寝矣。况自康王渡江，胡马南饮，銮辇驰道。淳熙之后，虽有一隙之遇，乌能于是哉。至元世祖而华夷一统，始复有译经之命。入我国朝洪武建元以来，三藏颇足，摩腾不至，于止是例，今于元史，仅得此人，庶不虚此首科，亦几希矣。"指出中土早已有了十分完备的汉译佛典（"三藏颇足"），因而再也无须像摩腾之流的梵僧东来了。

1. 宋代末期译经事业的终止

佛典汉译至宋神宗熙宁四年（1071 年），废译经院，元丰五年（1082年），罢译经使，润文官，废译经使司印。至此，宋代译经就算基本结束，也标志着中国近千年的大规模佛典汉译事业基本结束。佛典汉译走向衰微，原因是多方面的。

首先，佛典汉译，至南北朝，尤其是经过唐代译经的鼎盛，主要佛学思想体系已基本上译介过来了。经过无数译经大师持久不懈的辛勤努力，把印度佛教的声闻乘、性、相、显、密各系统的学说都已介绍到中土，从而形成了中国佛教的巨大宝藏。比较僧祐《出三藏记集》、慧皎《高僧传》、道宣《续高僧传》以及赞宁《宋高僧传》中的"译经""义解"的篇幅和所载人物数量，可以看出，"译经"的篇幅逐渐减少，而"义解"的佛学大师越来越多，说明印度佛教的翻译已逐步完成使命，中土学僧面临的使命是研习，消化译出的经典。修明在《北宋太平兴国寺译经院——官办译场的尾声》中认为，正是经过自汉至隋唐有组织有系统的翻译，佛学的理论和实践领域在中国空前发展。这使普通信众学者都有足够发挥的空间。唐代各大宗派的成立，又给原来的印度佛学注入新的活力，从学术、实践及信仰都给汉地学僧带来了许多新的课题，使他们有足够的精神和强烈的兴趣，因而对于新流入的佛典不加注意。

其次，宋代译经完全由朝廷主持，这样，译经就会受到朝廷制约。如宋太宗极为支持译经，并以统治者的身份管制译经及佛藏的内容与流传，从译经院建立起，他就要求其每岁献所译新经，后改为每诞圣节献经。这实际上把译经当作形式粉饰太平。复次，宋译场传译的经典多是阿含类和密教类，阿含类属于小乘思想，而所译密典又多为烦琐的密教仪轨，其教义讲"义理"的并不多，哲学思想比较贫乏，很少有理论的吸引力，不能给中国佛学界、文化界带来新的思想和方法。密宗本已是印度佛学走向衰落时的产物，以咒术、礼仪、粗俗信仰为特征，充满了极度的神秘主义说教，加之其中还有违反佛学传统的不纯部分，不少论点又是与儒家的伦理观念相抵触的，并不为当时中国的义学僧徒重视。更受到朝廷的禁译，太宗一直很注意所献梵夹的真伪，淳化五年（994 年）于阗吉祥献大乘密藏经，太宗诏令法天等人验其真伪，法天等人验证后认为此经为伪经，太宗于是下令将其焚毁。1017 年，《频那夜迦经》由于涉及流血祭祀等内容被禁止入藏，而且含有类似内容的经典也被禁止翻译。

再次，皇帝委派的润文官实际上掌握着经典的最终命运。译稿须经润文堂润色勘定后，才能过关。北宋润文官的选任非常严格，赞宁曾说："令通内外学者充之。良以笔受在其油素，文言岂无俚俗。倘不失于佛意，何妨刊而正之。"(《宋高僧传》)范慕尤《重估施护译经的价值与意义》一文认为，这些润文官都是通内外学的翰林，这自然有助于保证译经的质量，但更加是为了监督检查，以防译经中有不合传统思想、不利世道人心的内容。正如唐太宗所说："大慈恩寺僧玄奘所翻经纶，既新翻译，文义须精，宜令太子太傅尚书左仆射，燕国公于志宁时为看阅，有不稳便处，即随事润色。"这就是说，译经内容一旦与中国传统的伦理道德相悖，不符合朝廷及文人士大夫的要求，如经典中对于杀戮等恶行的赞扬，对贪、嗔、痴三毒的肯定，以及一些涉及性与暴力的祭祀，不仅与儒家的伦理道德相悖，甚至与之前的佛典所宣扬的思想也是大相径庭的，译者和润文官都会对其加工，采取省略不译，或改其内容，或模糊处理，不明确译出。

最后，宋代在处于禅宗发展极为兴盛时期，明河《补续高僧传》共二十三卷，而其中"习禅篇"占十一卷，足以说明禅宗的历史地位。禅宗又称佛心宗或宗门，中晚唐之后开始成为汉传佛教的主流。这一方面是由于晚唐五代动乱的社会，限制了研习佛理的各宗派的发展，而这些宗派又大多依靠帝王们的支持，一旦支持者失去王位，自身也失去依存而不能发展。会昌法难之后，中国佛学日趋衰落，已不再有昔日鼎盛时期的黄金时代。禅宗尤其是早期禅宗刚一兴起时，很具有自身独特的魅力，上及帝王将相，中有学者士人，下至普通信众，都被禅宗活泼自由的风格所吸引。它不仅满足信众的宗教追求，适应哲理的学理思索，也符合文士的艺术发挥。中土人士本喜欢气势磅礴的大乘思想，喜好简略，这自然不利于讲究烦琐仪式的密典的传播。禅宗曾一度忽视经典，反对文字，多主张祖师运用各种教学方法引导学僧，用各种"机锋"让弟子们悟入真如法性、自性清净心，名为开悟。这种"不立文字，教外别传"的禅宗逐渐取代了宗派纷呈、义理幽深的佛学。

汉地译经事业的衰微，也与译经评论密切相关。这就是，衰落期的译经评论已完全出于政治意识形态。译经评论的指导思想基于"治心"的目的，要求译经"有裨政治"，把译经事业完全纳入"治术"，自然限制了译经事业。宋初统治阶层十分重视译经，《佛祖统纪》记载，早在译经院创立之初，太宗就曾下诏用新刻的大藏经目录（大体同于《开元录》）对勘，选没有的佛经翻译，以免重复。但统阶层的重视也常常使译经事业改变其文化交流与学术研究的性质。宋代帝王既重视佛教，但也绝不允许其过度膨胀或走向惑众途径，以危害国家中央集权的实力。《佛祖统纪》卷四十四载："天禧元年（1017 年）四月。诏曰。金仙垂教实利含生。贝叶誊文当资传译。苟师承之或异。必邪正以相参。既失精详寝成讹谬。而况荤血之祀甚渎于真乘。厌诅之辞尤乖于妙理。其新译频那夜迦经四卷不许入藏。自今后。似此经文不得翻译。"可见，统治阶层十分注意密教中的不纯部份和与佛教传统不一致的经典，并禁止翻译流通。宋译场的润文官和译经使都是朝庭重臣，是典型的儒家正统学者，他们掌握了译典的最后审核权，如果经文内容与儒家道德相悖，就不能入藏。这表明，正向的评论，能促进译经事业的发展；而反向的评论则导致译经事业的衰竭。正如真谛译述，在当时仅限于南海一隅，其原由亦是时人评为"言乖治术，有蔽国风，不隶诸华，可流荒服"（道宣《续高僧传》）。

2. 元明清三代译经大略

宋代成熟的程朱理学，继承和发展儒家学说，伴随着新儒学的发展，使得君主专制制度在元明清也达到了顶峰，也造就了元明清的大一统。宋以后，佛典汉译仍在延续。自汉至元，佛学史著都有专章讲叙历代译经，从明代起就不讲了。这从中土僧传著作中译经的记载也可以看出。僧祐《出三藏记集》"述列传"叙述历代译家和义解僧学三卷，前两卷记叙外国僧学二十二人，后一卷记叙中国僧学十人（附见者尚有多人）。慧皎《高僧传》"译经"三篇，记载译经大师六十五人，道宣《高僧传》"译经"四篇，记载五十人，赞宁《高僧传》"译经"三篇，记载四十四人。到了明代，如惺《明僧传》"译经"仅一篇，译者只有三位。明河《补续高僧传》"译经"也为一篇，译者十八位。喻昧庵居士《新续高僧传》译经大师三十二位。这已说明，译经在宋以下的佛教史上不是很重要了。明高僧传卷一译经篇说：

> 系曰：译经之盛，莫过于六朝、盛唐；鸠摩罗什、实叉难陀辈。及入五代北宋，则渐寝矣。况自康王渡江，胡马南饮，銮辇驰遁，淳熙之后，虽有一隙之眼，乌能于是哉。至元世祖而华夷一统，始复有译经之命。入我国朝，洪武建元以来，三藏颇足，縻（摩）滕（腾）不至，于正是例，今于元史，仅得此人，不庶不虚此首科，亦几希矣。

　　如惺指出宋以下，译事不振，原因是中土早有整部译成汉文的佛藏（"三藏颇足"），再无像摄摩腾一类梵僧东来（"縻滕不至"）。元代庆吉祥等人编纂的《至元法宝勘同总录》十卷，是记叙我国古代译经名目的最后一部经录。元以后的译经，据《现代佛教学术丛刊佛典翻译史论》，由于汉文佛教经典影响，多为少数民族文字译经，如回鹘、西夏文等。特别是汉藏间的互译，如将汉文译为藏文，如法尊译《大毗婆沙论》。将藏文译为汉文者，如法尊译龙树《七十空性论》、月称《入中论》、弥勒《辨法法性论》及《现观庄严论释》、宗喀巴《菩提道次第广论》。吕澂译陈那《因轮论》及《集量论》、安慧《三十唯识释》等。其次是将巴利文译为汉文。如法舫译《阿毗达摩摄义论》，了参译《法句经》《普会大藏经》中所录《中部》《本生经》《发趣论》等。

　　辽代译经主要是密典。其时民间风行密法，中印摩竭陀国慈贤被尊为国师，诏入译经院，译出《大佛顶陀罗尼经》《大随求陀罗尼经》《大摧碎陀罗尼经》《妙吉祥平等观门大教王经》《妙吉祥平等观门大教王经略出护摩仪》《妙吉祥平等瑜伽秘密观身成佛仪轨》及《如意轮莲华心观门仪》等十部（《至元法宝勘同总录》）。

　　元代统治阶层崇尚佛教，有拔合思巴、管主八等奉诏翻译佛经数十部。元世祖迎请西藏萨迦派的八思巴入京，请制蒙古文，译述藏经。沙罗巴精通藏文，译有经典七卷。必兰纳识里精通佛教三藏及诸国语言，受命翻译经典。西域各地送来的文书，也经他翻译。西域人沙罗巴通晓不同民族语言，尤精通藏文，任世祖和八思巴之间的译人，译有八思巴《彰所知论》《药师琉璃光王七佛本愿功德经念诵仪轨》《佛说坏相金刚陀罗尼经》《佛顶大白伞盖陀罗尼经》《文殊菩萨最胜真实名义经》等，所译经典都雕板流通。迦鲁纳答思通达佛教及诸民族语言，师从八思巴学习佛法和藏文，曾用维吾尔文翻译梵文和藏文的经论，世祖命锓版，散给诸王和大臣。必兰纳识里精通佛教三藏及诸国语言，皇庆中译出梵文经典。西域各地送来的文书，都由他翻译。他还用蒙古族文字译出汉文的《楞严经》，梵文的《大乘庄严宝度经》《干陀般若经》《大涅槃经》《称赞大乘功德经》和藏文的《不思议禅观经》等。

　　明代，仍有少量梵文译典。主要有智光等人译有几部经典。明洪武十七年（1384年），太祖命僧智光与其徒惠辩等赍玺书彩币出使尼八剌国（尼泊尔），其王马达纳罗摩遣使随智光入京，送金塔、佛经及名马方物，于洪武二十年（1387年）到达南京。智光在尼泊尔时，曾从麻诃菩提上师受传金刚曼陀罗四十二会，归国后译有《八支了义真实名经》《仁王护国经》《大白伞盖经》等(《明史西域列传》)。

清代译经，主要是国内各族文字的互译。雍正初年北京黄寺土观呼图克图第一世曾将藏文藏经《甘珠尔》部分译为蒙文。乾隆六年到十四年(1741—1749)将《丹珠尔》全部译成蒙文。乾隆三十八年至五十五年(1773—1790)又译藏文大藏为满文。乾隆七年(1742年)工布查布在北京依藏文佛典译成汉文的有《造像量度经》《造像量度经解》，附撰《造像量度经引》及《续补》《弥勒菩萨发愿王偈》《药师七佛供养仪轨如意王经》等。稍后阿旺札什继译《修药师仪轨布坛法》《白救度佛母赞》等。嘎卜楚萨木丹达尔吉和萨穆丹达尔吉分别译出《极乐愿文》《释迦佛赞》等。

二、评论导向下的佛典汉译开启佛学中国化历程

佛学传入中土，由汉末至宋初，都是翻译的时期，佛教大藏中五六千卷经典，都是这时期的产物。传入中土的经典除《陀罗尼经》外，全部译成了汉语。这是中国僧俗用自己的语言理解佛学的结晶。所以佛学自两汉传入中国至宋代，一千余年的时间里，翻译经典被当作头等重要的事业，译经大师辈出。印度佛学传入汉地后，与中国固有的意识形态相融会，逐渐演化为不同于原本印度佛学的中国佛学。使印度佛学中国化，必然要从内容到形式使佛经打上中国社会历史及文化烙印，这项事业首先便是从佛典汉译开始的。而佛典汉译，始终是在评论导向之下展开的，译者总是按照佛学家、佛经接受者以及译经大师和评论者的指点和意图译写自己的译本，只有如此，其译本才能得到认同和流布。

(一)译经——将佛学置于中国文化语境之中

佛学自传入汉地始，就开启了一个不断中国化的历程，这一历程最早主要途径就是通过佛典汉译表现出来的。佛学传入初期，只是被当作黄老神仙方术的一种而在皇室及贵族上层中间流传，一般民众很少接触，也没有汉人出家为僧，主要原因就是佛典汉译尚未开展，没有这方面的义理作为佛教实践的依据。东汉末年，佛学开始在社会上有进一步的流传，因为有了《浮屠经》和《四十二章经》。但相对于博大的佛学，这两部经典仍然显得极为单薄和匮乏，所以直到三国时代，佛学仍然处在蒙发阶段，当时虽然也出现了一些优秀的佛教学者，但由于佛学从等同于"黄老之术"又转变成为玄学附庸，仍然没有成为一支独立的力量，也缺乏清醒的自我意识，因此佛教学者在思想的建树上并不多。魏晋时期，随着

西域和天竺来华学僧的增多，译经事业日趋兴盛，大小乘佛学都于此时传到中国，各派经典大体上都有传译，于是佛教义学逐步展开。南北朝时，统治阶层都极为重视佛学传播与佛典汉译，使佛学得到迅速发展。东晋是佛典汉译的高峰，不仅创译了小乘佛学的基本经典《阿含经》系列，而且大乘佛教的重要经论、密教经典、律典等都已译出。

佛典汉译为佛典开辟了一个全新的汉语语境，新的语言载体不仅丰富了胡梵汉三种文本中可以直接互译的词汇，深化了佛教义理的思想渗透，为中土人士打开了通向佛学义理的大门，而且逐步克服民族间的语言障碍，扩大了思想交流的视野。佛学在流通中注重思想传播，重视译经，使佛学思想体系发展成为众多学派和宗派，学术成果辉煌。在佛学向中土社会的深入传播过程中，佛经翻译既是最重要的步骤，更是佛学传入中土的标志。佛学传入中土从一种外来的宗教形式到逐渐在中土立足，并发展成为中土传统文化不可分割的一部分，这个发展过程与佛典汉译密不可分。缘于梵、汉语文系统的不同，西域或印度学僧若要在汉地弘传佛学，必须先将梵文或西域文字写成的佛经译成汉语。佛典汉译是思想传播的基础，它代表文化的输入，正是有了输入才会有理解和接受，才会有融合和发展，才会有中国化的佛学。黄心川在《印度佛教哲学》中称，现有佛经中可以确定为属于翻译印度次大陆各国的约一千五百种五千七百卷。这些译经使佛学思想得以在中国广泛流传，并逐步形成了具有中国特色的佛学体系。佛学在汉地的传播，依赖佛经翻译使佛学得以在中土广泛传播并为华夏民族所接受。因而如何把佛学义理介绍给中土民众，是译经大师和佛教学者共同面对的首要论题。历代学者都以极严肃的态度从事佛典翻译，他们有严密的制度和非常隆重庄严的仪式，更有指导规范的评论。

在汉语文化圈中，佛学作为一种外来思想，初传时在中土本没有佛学语言背景，西域及汉地的译经大师所赖以思维的汉语中没有佛学的概念和语词。如安世高译经时，一切佛学概念都需独创。佛学既然传入，自然不会愿意被排斥在中土人士的思想之外。所以它急需解决语言交流上的难题，没有共同的语言结构和语言符号，佛学便无法表达。所以急需通过译经在汉语中开辟一个新的语言环境，建构佛学的汉文言语系统，将佛教义理的理论言语置于汉民族文化的语境之中，使之成为能够被中土人士所阅读、所理解的文本，以扩展他们的思想，满足佛学在中国传播的条件，促使中土的信众深入理解佛学义理，从而使佛学扎根在中土的土壤之中。这个新的佛学言语系统，包括概念体系及思想氛围。佛典汉译既是介绍教理的需要，更是因为法与佛、僧并称为三宝，而主持三宝中的法就是佛经。梵汉异质文化的交流必然要从语言开始，因为了解外来思想，语言转换是第一步，这就是佛典汉译。这是佛学传入中国的起始点，也是佛学中国化的出发点。昙噩《新修科分六学僧传》"慧学"中说："语言文字，音声之所在，而佛法义理之所寄也。苟通乎音声，则语言文字与佛法之奥举通，而性相诸宗之辩，乃可得而传矣。译之功其不亦谓之大欤！佛以一音演说法，众生随类各得解。经之明文，悬记今日。故以译经、传宗二科，系之慧学之下，以著见吾教之流绪焉。"正确地指出"译之功"之大。

　　佛典汉译要解决的主要问题是将佛学理论置于中土民族文化的语境之中，通过语言的转换和语言的更新构造出能够容纳新思想、新观念、新理论的中土语言、概念系统，由此创造出能够为中土人士阅读和理解的佛学理论的汉语文本。佛典文本的翻译不只是文字和语法的转换过程，而是将天竺的思想文化置于本土民族的文化语境或话语方式中。其中，语词或语义的翻译既包含着对外来文化的理解，也包含着对本民族文化的理解，因而翻译文本本质上已包含着两种文化的交融。所以说，佛学中国化过程的首要环节就是将佛经典籍从胡语或梵文的文本翻译成汉语文本。汉语属于汉藏语系，是典型的孤立型语言，用虚词和语序而不是词尾屈折变化来表示语法关系。而佛典的语言是印欧语系的梵语和犍陀罗语等古代印度语言，以及古代中亚语言等，其中以梵文佛典数量最大。王继红《语言接触与佛教汉语研究》一文指出，梵语是印欧语系印度—伊朗语族印度语支的一种古代语言。广义的梵语包括吠陀语（印度古代四吠陀的语言）、史诗梵语（两大史诗的语言）和古典梵语（用于文学作品、宗教、哲学、科学著作的语言）。狭义的梵语指古典梵语。梵语在印度谓之雅语，是高贵的语言，文法的组织相当繁复，而且字形字音类似的极多，一有差误，便毫厘千里。所谓"音训诡謇，与汉殊异"（慧皎《高僧传》）。汉地人士第一次接触到梵文梵语时，称之为"天书""天语"。因此，如何流畅地翻译佛经，介绍佛经原典，不仅要传达出原本主旨，而且要照顾到中土民族固有的审美传统，还要保有佛经文本独具的体例风格，这对译者素质提出了极高的要求。它要求译经大师须有较高的佛学素养、梵汉语言能力以及中、印文化修养，同时也需要评论的监督和指导。评论者对比不同的语言文字，品味、比较、选择、论证、润色，寻找最佳转换形式，以理性的精神和严谨的学风，始终伴随着译经事业的发展和成熟。

1. 语言转换作为佛学传播的手段和基础

佛学在印度的诞生是释迦牟尼先在菩提树下开悟，随之宣传教义，发展信徒与僧团，后来有了文字符号记录的经文，有了逐渐严密的戒律和组织，直至佛学问世，其发展历程不存在语言隔阂，也就不需要译经这一环节。佛学传入中土，文字语言变了，因此佛学发展的逻辑顺序也改变了，传播佛学变成从译经、讲习到创新的流传过程。这就使佛学的传播首先要解决语言的转换，这就是译经。佛经的译出说明中土人士希望进一步了解佛学义理及其有关知识，这是佛学发展的重要一步。这一步促使印度佛学文化同中土传统文化融合。这种融汇是否成功，因素之一就是语言的转换是否成功，这就是中国自汉末至清代长达千余年的译经事业。梵、汉语文系统差异悬殊，中土人士要读懂并领会释迦牟尼所创、印度历代佛教学者所传的佛学，唯有通过翻译一途。欧阳渐以结集——阐发——翻译——刊刻四个环节，概括佛学传播发展的基本过程，他说："释迦以至道救世，承其后者事乃在于流通。迦叶、阿难，结集流通；龙树、无著，阐发流通；罗什、玄奘，翻译流通。自宋开宝雕版于益州，至予师杨仁山先生刻藏于金陵，为刊刻流通。"(《支那内学院经版图书展览缘起》)在这四个环节中，佛学在中土的传播，译经是基础。中土学僧的经义阐发和创宗立说以及经籍刊印，都是建立在译经基础上的。因此，译经被梁启超在《佛典之翻译》中称为"托命"之事。他指出，翻译佛典，对于弘传佛法，是一项艰苦卓绝、功德无量的虔诚奉献，"佛教为外来之学，其托命在翻译，自然之数也"。

2. 佛典汉译形成汉语佛学文本成为推动佛学研究的源头活水

佛学在中土的传播，本由翻译所肇启。汤用彤按照各个朝代佛学思想的不同特点，将两汉时期作为佛教方术化时期，魏晋南北朝时期作为佛教玄学化时期，隋唐时期称为佛教宗派鼎盛时期，唐以后则是佛教开始走上衰落时期。又按照中国佛学自身发展的特点，分作为三大阶段：第一阶段称为"格义"时期，第二阶段称为"教门"时期，第三阶段称为"宗门"时期。此三阶段说，大致揭示了中国学僧对印度佛学理解的由浅入深的认识过程，也揭示了印度传统佛学逐步演变成为中国佛学的历史进程，这其中译经正是第一个阶段(《新知言》)。汤用彤按照历史演进把佛教分为"翻译佛教"和"同化佛教"两种(《隋唐佛教史稿》)。翻译佛教指初期由印度传入的佛教，即魏晋南北朝佛教。同化佛教则指经过中土文化洗礼、由中土人士加以组织的佛教，也就是隋唐佛教。佛学中国化的历程也与此相一致。赞宁指出："良由译经是佛法之本，本立则道生。其道所生，唯生释子，是以此篇冠首。故曰先王将禜海，必先有事于河者，示不忘本也。其余诸公，皆翻夹牒，欲知状貌，聊举喻言。其犹人也，人皆人也，奈何姿制形仪，各从所肖，肖其父焉。若如此，大则同而小有异耳。"(《宋高僧传·译经篇论》)方立天指出：佛典汉译，始终是佛学传播运动的中心事业，它是"建设中国佛教的基础工程，也是中国佛教哲学形成的一个特殊条件。它确定了中国佛教哲学的重要思想来源，也决定了中国佛教哲学的重要思想倾向"(《中国佛教哲学要义》)。佛典汉译，严格意义上是一种学术行为，它是中国佛教学派、宗派形成的活水源头，是推动佛学中国化的根本。张申娜在《从"格义"看佛教中国化》一文中说："佛典汉译推动讲经说法，掀起义学高潮，讲经和义学又推动对佛教经典由表及里、由浅入深的研究，从而促使佛学迅速走上中国化道路。"从西晋开始，随着佛学讲经和译经的相互促进，也随着般若学的弘传，学者们对研究佛教义理的兴趣也随之增加，新的时代主题和佛学思潮促使学者们进入以论著为主的佛教义学时期，大量佛学论著不断问世。唐代法琳在《辩正论》中说：

> 汉魏齐梁之政，像教勃兴；燕秦晋宋以来，名僧间出。或画满月于清台之侧，表相轮于雍门之外。逮河北翻辞，汉南著录，道兴三辅，信洽九州岛岛，跨江左而弥殷，历金陵而转盛。渭水备逍遥之苑，庐岳总般若之舌，深文奥旨，发越来仪；硕学高僧，蝉联远至。暨梁武之世，三教连衡，五乘并骛。

法琳的论述，描述了佛学传入至南北朝时代在中国流传的情况，清楚地看到中国佛学是如何在"硕学高僧"们翻经著述过程中一步步"转盛"的情景。中国佛学正是在佛教典籍的翻译和理论著述共同发展中成熟起来的。这里，法琳十分突出地讲述了在中国佛学典籍的翻译和著述中极为关键的两位大师的贡献，一位是"河北翻辞，汉南著录，道兴三辅，信洽九洲"的道安；一位是"渭水备逍遥之苑"的鸠摩罗什。李富华在《佛教典籍的传译与中国佛教宗派》一文指出，正是道安和鸠摩罗什以及他们的弟子把佛学经典的翻译和著述推向了高潮，并掀动了在中国佛教史上影响深远的"义学"之风，为中国佛学鼎盛时代的到来奠定了基石。孙昌武指出："佛教自传入到隋以前的发展状况，这是一个佛教思想越来越完整准确地被介绍和阐扬的过程，又是一个它越来越深刻地中国化的过程。"(《唐代佛道二教的发展趋势》)在这一过程中，随着佛典汉译不断增多以及来华的佛教学者弘教时各自所宗的典籍和学说思想，形成不同的"师说"。不同师说在义理上的差异又促使中国佛学者对佛学义理真谛的思考和追寻，进而促使他们西行求法取经。中国佛学者的西行，兼收并蓄地带回佛学原典翻译，这又使中国佛学者们开始了解印度佛学的精神和义旨，了解佛学各部派在义理上的差异。中国佛学就是这样沿着佛教经典的翻译和理论探讨一步步发展的。自道安和罗什始，中国佛学才开始有了独具特色的形态，这种形态就是在南北朝时代发展起来的众多的佛教学派。此后，中国佛教义学深入发展，形成"融、恒、影、肇，德重关中；生、叡、畅、远，领宗建业；昙度、僧渊，独擅江西之宝；超进、慧基乃扬浙东之盛"（慧皎《高僧传》）。

至隋唐，忠实准确的译经方法伴随着成熟的译经评论，使佛经翻译完全成熟，佛学典籍系统完备，印度佛学理论为中土人士准确地理解，而且能够灵活自如地运用，于是在此基础上诞生了隋唐佛学和八大宗派。这些宗派研习印度佛学，但又不是简单地移植，而是结合本土文化再创造出自己的学说体系。这些佛教宗派标志着佛学中国化过程的基本完成，原因是这些宗派都是中土人士的创造，带有鲜明民族文化特色，并脱离了对外来天竺佛教的依赖。至宋，诞生了理学，理学将佛学的精华思想吸收到自己的学说体系中，如同印度教吸收佛教的精华思想一般，使得佛教在中土只剩下形式了。中国学者往往指出佛教在宋代以后逐渐衰微，其实是它被中土文化所吸收了。元代以后，佛学义理从理论和心性深处已完全融入中国文化思想之中，成为宋明儒学的重要理论渊源和组成部分，并且随着官方意识形态地位的确立部分地融入国家的指导思想之中，与儒、道学派一起，形成中国民族文化心理结构、思维模式以及性格特征，影响华夏民族的思想和精神。

（二）佛学在中国的传播历程是一部佛典汉译史

佛学中国化，首先在形式上表现为译经，因此译经是印度佛学演化为中国佛学的必经桥梁和载体；同时，佛学思想在汉地的传播，也始终伴随着佛经的翻译而展开，佛典汉译引导并直接促进了佛学在中国的传播与发展。从一定的意义上说，佛学在中国的传播及其中国化过程，也就是佛学经典的翻译过程，佛学传入中土并与中土文化融合的历史，就是一部经典翻译史，从佛学经典的翻译史中可以追寻佛学在中土演变的轨迹。佛学自汉代传入中土，随即开始了佛典汉译。安世高译出禅法，支谶译出大、小品《般若》，我国佛学界将其视为佛教史上的两大事件，奠定了中国佛学在未来发展中所表现的基本走向。魏晋南北朝时期，佛学繁荣盛行，佛典汉译进入一个新的时代，完成了大部分汉译佛典。到唐宋时期，凡是重要佛学经典都有了中文译本，佛经汉译最终完成其历史使命，也标志着佛学引进及其中国化的完成，由此出现唐代"八宗弘扬"时代，阐述佛学理论的著述大量问世，并涌现一批佛学大家。至宋代，佛学曾一度保持一定的盛况，译经事业随之大兴，宋代对译经的重视以及所采取的组织措施甚至超过唐代。智圆《翻译通纪序》说："自乎李唐宪宗以降，其务寝者凡一百七十龄，故五代之间，绝闻传译。逮乎我大宋太宗神功圣德文武皇帝，钦承佛记，扶起坠风，由是象胥之学重光，能仁之道益振，禅扬之利，盖不可得而思议焉。"至元明清时期，译经事业仍然没有停滞，但由于佛学已在中土被佛学大师和思想家们吸收，没有也无须再依考译自印度的佛经，而更愿诵读由汉语撰写的经文。因为这些经过长达千年和无数译经大师理解过的印度佛典，又掺入了中土文化思想，其内涵比之于印度原典更加丰富，这些被译经大师鸠摩罗什喻为"嚼过的饭"，始终吸引着中土大师们的咀嚼。

　　1. 佛典汉译是印度佛学中国化的出发点和原动力

　　佛学中国化本是通过汉译佛典的传播而产生的，译经既是传播佛学的手段，又是佛学扎根于中国的前提。陶全胜在《佛经翻译策略与佛教的中国化》一文中认为，作为佛学中国化重要的外部推动力之一，佛典汉译的直接目的是传播佛学，最终目的则是为佛学扎根于中国，逐步为其中国化创造前提条件。而佛典汉译必然带来印度佛学形式和思想内容的变化，这便是佛学中国化。因为佛学从印度传入中国，首先在语言层面上发生变化。思想以语言为载体，语言的改变随之引起思想的改变。韩焕忠在《佛教中国化的形式和内容》一文中指出，当佛学的思想从梵（胡）语文移植到汉文上时，用旧有的汉语词汇表达对于汉语来说完全陌生和崭新的词义时，佛学已经发生了第一次改变。即当佛学中那些深奥的思想在寻求中文表述方式时，自身即已发生了不可避免的深刻变化。因为任何一种语言都承载着自身固有的思想文化，都是一定思想文化的表现。赖永海《佛教的中国化与中国化佛教》一文指出，佛典汉译就是将胡语或梵语系统转换成为汉语系统，这种转换对于胡语或梵语系统所表现的思想文化内容来说，意味着这种思想文化内容固有的形式被放弃而获得了一种新的形式，在其获得新形式的同时，原有的思想内容就经历了改造，也发生了变化。而对于汉语表述系统来说，则是意味着汉语系统又接纳了新的思想文化内容，当其容纳新的思想内容时，语言系统必然会发生相应的变化，以容纳新的内容。在此基础上，随即开始义理的转变。西汉哀帝元年(前 2 年)佛学传入时，还只是御用品，仅为宫廷贵族所供奉。西域和天竺学僧来华，译出佛经，佛教义理开始传播，但为了便于汉地学者对佛学经典的理解和接受，早期译籍运用黄老道家的名辞、概念和术语，使当时人们将佛学比附为黄老道术的一种，像早期佛教信徒楚王刘英等人将黄帝老子与浮屠并祠。这种简单而机械的对照、比附，不可避免会歧解和误读印度佛学经典。然而正是在这种歧解和误读之中，那些翻译过来的经典开始在汉语语境中具有了意义，并在中国社会生活中流布开来，产生实际影响，由此为嫁接术而真正地得以植根于中土。魏晋时期，玄学风行，佛学思想与老庄玄理相互诠释，相互融合，并由此形成格义佛学。正是格义使佛学的表达方式在中土语境中得以增长和积累，并促成了中土佛学理论研究的初步兴盛和繁荣，形成中国化佛学的独立发展阶段，也诞生了中国独立的佛教学派。可见，将把梵文经典译成中文，本身就是佛学的一种中国化，而且是一种重要的中国化。

2. 创造性的译经推动佛学中国化历史进程

佛学教义通过梵汉转换，在中国语境中被转化，重新获得阐释。由于梵汉两种语言文字的悬殊以及译经大师社会文化背景的差别等诸多因素的影响，佛典的翻译不仅存在着文字表述形式上的变化，而且存在着思想内容方面的变化。为了使佛学思想被汉地人士接受，译经大师们会选择让佛学思想适应中土民族固有文化的策略，在翻译中作出有利于汉语及时俗的调整。道安说："然《般若经》，三达之心，覆面所演，圣必因时，时俗有易，而删雅古，以适今时，一不易也；愚智天隔，圣人巨阶，乃欲以千岁之上微言，传使合百王之下末俗，二不易也；今离千年而以近意量截，三不易也。"(《摩诃钵罗若波罗蜜经钞序》)说的都是译经大师对原本的改变，以适应当时的读者。方立天说："事实上，当时的译经者为了使中国人能够看懂佛典，译经时不得不采取中国固有的，尤其是道家、儒家和阴阳家的名词、概念、术语，作出相应的翻译，从而导致原义的某些变异。更有甚者，译者为了和中国儒家伦理道德相协调，常常通过选、删、节、增等方法对佛典描述的人际关系进行调整，尤其是删去了论述父子、夫妇、主仆平等和性生活混乱的原文，从而背离了印度佛典的本义。"(《中国佛教哲学要义》)初期译经，译主基本都是以西域或印度大师为主，由于语言文字沟通的障碍，总有中土学僧参与译经。而中土学僧主译或助译，因其精通梵语的程度不同，必然影响对原本的理解。中土学僧的传统知识结构和本土文化素养以及自身的情感经历，始终在译经中起着无形而又十分重要的作用。正如方立天在《中国佛教哲学要义》中所说："他们原有的传统思想、价值观念和思维方式极大地左右着对佛学的理解和翻译，以致有时导致印度佛学理论的某些根本性变化，即中国化。"例如，译经大师对"如性"概念的翻译，就反映了中国固有的哲学术语、思想方法和世界观对佛学概念的理解和改造，体现翻译直接导致佛学的中国化。吕澂在其《中国佛学源流略讲》中写道：

> 例如，关于"如性"这一概念，当初译为"本无"。现在考究起来，这是经过一番斟酌的。"如性"这个概念来自《奥义书》，并非儒家所独创，表示"就是那样"，只能用直观来体认。印度人已习惯地使用了这一概念，可是从中国的词汇中根本找不到与此相应的词。因为我国古代的思想家比较看重实在，要求概念都含有具体的内容，所以没有这类抽象含义的词。

文中揭示出印度佛教与中土儒学之间的原则性差异，其中最大的差异在于印度佛教中的"佛"多是一种抽象的本体，如"真如""实相""佛性""如来藏"等，而中土人士一般习惯将"佛"人格化，实在化，其目的正是意在使之成为更容易被中土人士理解和接受的内容，使之深深扎根于中土人士思想中。儒家的圣贤人格，就是心性修养、人格完善的产物。印度佛教最终走上儒学化的道路，因为这种儒学化着重表现为心性化和人格化，使外在的、抽象的佛变成为内在的、可见的佛。他接着说道：

> 所谓"如性"即"如实在那样"，而现实的事物常是以"不如实在那样"地被理解，因而这一概念就有否定的意思；否定不如实在的那一部分。印度人的思想方法要求，并不必否定了不实在的那部分以表示否定，只要概念具有否定的可能性时就表示出来了。所以佛家进一步把这一概念叫作"自性空"，"当体空"。从这个意义上说，译成"本无"并不算错。而且"无"字也是中国道家现成的用语。要是了解"本无"的来历，本来不会产生误解。但这种用意只有译者本人了解，译出以后，读者望文生义，就产生了很大的错误。最初把这一概念同老子说的"无"混为一谈，以后联系到宇宙发生论，把"本"字理解为"本末"的"本"，认为万物是从无而产生。这一误解并未因它的译名重新订正而有所改变。例如，以后"本无"改译成"如如""真如"等，反而错上加错，以至于认为是真如生一切。……总之，我们不能把中国佛学看成印度佛学的单纯"移

植"，恰当地说，乃是"嫁接"。两者是有一定距离的。这就是说，中国佛学的根子在中国而不在印度。

中土大师对佛学的研究，总是旨在融会贯通，经过这一过程，无论是翻译还是理解都不可能如实反映印度佛学的全貌。因此吕澂认为，佛教在中国的传译和讲习，必然会有不正确之处。这种"不正确"之处其实正是印度佛学的中国化改变。

3. 译经是佛学传播事业的关键

佛学在中土的传播，本由翻译所肇启，所以僧祐《出三藏记集》说："梵文虽至，缘运或殊，有译乃传，无译乃隐。"道宣《续高僧传》说："观夫翻译之功，诚远大矣。"赞宁《宋高僧传·译经篇论》说："译经是弘法之本，本立则道生，以此篇冠首，示不忘本也。"而且三朝僧传都以"译经篇"冠首，甚至译经大业基本结束后问世的三部僧传(如惺《大明高僧传》、明河《补续高僧传》、喻谦《新续高僧传四集》)仍以"译经"篇冠首。就因为佛学成为中国文化的一部分，翻译佛经是将佛学介绍到中国的第一要务。慧皎《高僧传》，道宣《续高僧传》和赞宁《宋高僧传》均从弘法修持的"德业"中归纳出重要的五科：译经、解义、习禅、明律、声业。这样分类，依据时代的演进和佛学本身的发展而设立科目，既符合历史事实，也反映佛教与佛学在中土演变的真相。这五大科，是汉地佛学的主要学术科目，涵盖了佛教经律论的研究和戒定慧的修持。大师们的"五学"行修，或专攻，或兼攻，各成德业。在诸科发展历程中，形成译学、义学、禅学、律学、声学。五学之中，有天竺文化的传承，有中土思想的精髓，有儒道佛的融合互补和梵汉异质文明的交汇，有对自然、社会以及宗教思维方式的探索和思考，有学僧人格和精神的铸造和砥砺，更有佛学独特的义理及其所衍生的广博学理。五学的精华，是梵汉学僧及世间学者用才智积累的文明和智慧，更是中土传统文化的宝贵遗产。而佛学东来，首在译经，汉文译经是佛学一切教化的基础，所以译学又是五学之首。佛学诞生在印度，其源流如此，经典传译的重要性就自不待言了。没有印度经典的传译，便没有佛学在中土的生存与发展。中土僧传著述，一向将译经排在首位，意在不忘本源，同时也在表示对佛学翻译家的敬仰与他们崇高地位的认同。《中国百科全书》(佛教篇)写道："佛学弘传，依靠学僧。僧传是记载他们传播佛学事迹的著述。他们的事迹都是在一定的历史条件下体现的，因而和一切有关佛学的大事息息相关，如佛教的盛衰，经典的翻译和注疏，宗派的建立，学说的传播以及典章制度、寺宇建筑、佛学交流等。"所以僧传著作无论是总传、类传，还是别传；也无论是同类别僧人的传记、综合性的僧传，或专记西行求法僧人、专载高逸人物、专记一山一寺僧人，还是专志某宗某派大德，至少都有"译经"专章。可见译经对于佛教和佛学的重要性。

（三）佛经译者在佛学传播中占有重要地位

蒋维乔在其《中国佛教史》中说："故我国佛教史当视翻译家之见解为转移，而此翻译家即可视为开创一宗或宣布新义者。鸠摩罗什、真谛、不空、玄奘四人，可推为中国佛教史上四大翻译家，于佛教上，影响最大也。"佛经译者为适应中土当时的文化情境，"本质地改变"了佛学原有的思想内容。无论是天竺梵僧译经传法，还是中土大师求法译经，往往都按自己的理解去弘法和接受，翻译时总会经过选择，经常改动、加工以至按中土语文表述乃至思想形式予以增删，他们理解、消化和再发挥印度佛学思想，创造了不同于印度佛学的中国佛学。姚洪越在《佛教中国化对马克思主义中国化的启示》一文说："这些译经大师汇集了语言学家、宗教学家、高僧大德、硕士鸿儒和著名道人，他们从不同的角度翻译、诠释佛经，用尽可能中国化的语言、符合中土民族习惯的方式来翻译、阐释佛教经典，使汉文佛经和本土文化紧密结合，使之更好地适应中国人士的接受心理和阅读特性。"僧祐《异出经录》说："梵书复隐，宣译多变，出经之士，才趣各殊，辞有质文，意或详略，故今本一末二，新旧参差。若国言讹转，则音字楚夏，译辞格碍，则事义胡越，岂西传之蹉驳，乃东写之乖谬耳。""辞有质文，意或详略"，"新旧参差"，"译辞格碍"等所有翻译中的问题，均是由于"出经之士，才趣各殊"而造成的。这是从表达上说的。从对原文的理解上说，也会因为读者各自根基不同而有差异，这就是陈文帝所说的那样："法雨一味，得之者参差，法雷一音，闻之者差别。"（《妙法莲华经忏文》）

1. 译出汉文大藏经

汉文大藏经是汉文佛学典籍总称，分为经、律、论三藏，包括印度原典汉译和中土佛学著述。佛学创立于公元前六世纪至五世纪的古印度，西汉时期传入中土，作为一个与中土文化完全不同的文化体系，佛学是建立在印度自有的语言基础上的。为弘法传教研习佛学的需要，印度的佛学经典逐步译为汉语。最初由西域或天竺西来的僧学主导，与汉地人士合作译经，他们传播佛学和弘扬佛法，其主要方式就是译经、讲解和注疏。从西汉哀帝元寿元年（前 2 年）大月氏使臣伊存口授《浮屠经》，至清代译经基本结束，长达千余年，据黄心川《印度佛教哲学》中统计，现有佛经中确定为翻译自印度次大陆各国的大小乘经律论约一千五百种，五千七百卷。佛学经典浩瀚，总有三藏十二部之众。博大精深的汉译佛典凝结着梵汉民族的聪明睿智。佛经汉译经历千余年，无数西域天竺和中土的僧俗学人怀着宗教热忱与对学理的追求，谨慎而认真地译经弘法，"孜孜所务，唯以弘通为业，终身写译，劳不告倦"（惠详《弘赞法华传》），完成了天竺佛学的引进，使佛学在中土生根并融汇成中国文化中不可分割的重要部分。张申娜在《从"格义"看佛教中国化》一文中说："佛经的翻译使流传入中土的佛学成为有源之水，有本之木，为佛学在中国的传播奠定了基础，提供了文本的支持。这足以说明佛学在中国传播的广度与深度。"赞宁注意到了印度佛学术语与相关本土术语之间的异同，曾生动地比喻说："譬诸枳橘焉，易土而殖，橘化为枳。枳橘之呼难殊，而辛芳干叶无异。又如西域尼拘律陀树，即东夏之杨柳，名虽不同树体是一。"（《宋高僧传》）赞宁意谓，一方面，通过翻译，印度佛经之"橘"给中土带来前所未见的崭新文化物种。另一方面，中国的"水土"也造就了汉译佛经之"枳"，使之改变印度佛经的原生态而成为异于"橘"的亚种，使之以中土人士的理解和阐释的方式成为中国化佛学。

2. 培育翻译评论

长达千余年的佛经汉译，涌现出一批翻译评论家，他们在评论中不断探索总结，提出了不少卓著的译经理论。诸家之说，共同形成了完整的评论体系。支谦以"雅"评译，为译文修辞润饰奠定思想基础。道安评论前人译经，归纳"五失本""三不易"之说，为译经提供方法和策略。鸠摩罗什论天竺辞趣及文体，为译经美学指出理论方向。慧远以其中道思想提出"厥中"说，既指出直译弊端，也批评意译的不足，为灵活运用译经方法铺平道路。僧叡研究字译，使译经评论深入微观的语言层面并追寻其根源。僧祐对比梵汉，剖析译经错误，以梵汉对勘方式评论译经成败。彦琮论"八备"，为译者素质修养建立完备的理论体系，以"十条"保证译经质量。玄奘论"五不翻"，确定音译的范围，规范译经的准确性。道宣评论历代译经，讨论"风骨"，涉及译本的艺术风貌及表现效果。赞宁论"六例""四句"，为译经中的六类情况以及对每一类情况的四种处理方法，罗根泽指出："由翻译梵书进而讨论梵文。翻译一种文字，必先彻底了解此种文字，所以讨论梵文，实为翻译梵经的根本，也是佛经翻译评论探本求源的应有之义（《中国文学批评史》）。从译经实践中产生的译经评论，无论是标准、方法，还是语言、修辞，抑或翻译的内部与外部研究，都有独到的见解，并已自成体系。

3. 佛典汉译是中外文化交流史上的典范

一部汉文大藏经一千六百六十九部，七千一百六十八卷，是汉地民族和西域及印度学僧共同创造的文化结晶，融进了众多民族的思想文化，体现了众多民族思想共创的融会与贯通，是中外文化交流史上的一部杰作。佛典汉译，既是胡汉语言和梵汉语言间的交流，又集中体现着两种不同文化思想之间的融会。异质文化交融有时是充满矛盾和冲突的复杂过程，历史上佛教思想和中土文化的长期交争论辩，体现了梵汉融合的艰难步伐。汤用彤认为，在汉代时，佛学被视为九十六种道术之一而得以流传，而到了魏晋时，佛学则倚傍玄学而传播，直到隋唐时期才能不借他力而自立门户(《魏晋南北朝佛教史》)。经过中土文化思想的过滤，佛学经典的翻译和传播经历了一条由依附中土文化到独立化发展的道路。这表明，佛经的翻译并不仅仅是一种文字符号层面的转换，而是不同文化思想之间的交流和融通。杨谦在《马克思主义哲学的中国化与中国哲学的现代追寻》一文中说："通过译经，印度佛学思想理论以一种可阅读、可理解的文本形态进入本土文化的思想体系，这必然首先会在学术层面引起民族文化与外来文化之间的对话或思想交锋。这个对话或交锋或者表现为学术界对印度佛教文化的抵制或抗拒，或者表现为对本民族文化的贬损或消解，或者表现为比较、融通、互补梵汉两种文化思想。"这就是佛教史上的学术论辩，如本末之争，神灭与神不灭之争，夷夏之争，沙门应否敬王之争，大乘空宗理论中的二谛、法身、佛性，或般若与涅槃、成佛成圣等一系列佛教界内外激烈辩争的论题，始终伴随着佛学中国化的进程。近代佛学史上围绕《大乘起信论》《六祖坛经》《四十二章经》《牟子理惑论》及佛灭年代的考辨，在佛学界形成百家争鸣的局面。一部中国佛学史，就是印度佛学与中夏本土儒道思想相互影响，彼此渗透，直至汇通交融的历史。中国的佛教义学，在论辩中形成、发展、成熟。所以僧祐明确表达编纂《弘明集》，是有慨于佛教传入中国不久，世人崇信者少而疑惑、排斥者多，尤其是来自道教的非难和攻击较多，因而才"志深弘护，静言浮俗，愤慨于心，遂以药疾馀间，山栖馀暇，撰古今之明篇，总道俗之雅论"(《弘明集序》)。所谓"弘明"即阐明佛学义理，弘扬佛教精神。道宣编撰《广弘明集》同样是不满于"中原周魏，政袭昏明，重老轻佛，信毁交贸"，于是在《弘明集》之外，更扩而大之，"寻条揣义，有悟贤明，孤文片记，撮而附列"(《广弘明集序》)。

三、评论关注下的佛典汉译直接推动佛学研究

佛学在中国的发展史，既是一部佛典汉译走向成熟的历史，同时也

是中国佛教学者理解、接受与消化印度佛学并使之中国化的历史。佛学中国化，本质上就是改变印度佛学自身，使之为适应中国社会文化与政治经济的需要，最终演变发展成为具有中国特质，表现出中华民族传统精神风貌与价值取向的中国佛学。中国佛学成熟的历史，历经三个主要时期最终融入中国思想界，这三个时期与佛典汉译实践发展的三个时期紧密相连，佛典汉译的成熟度直接制约并促使着中土佛学的成熟。

（一）萌芽时期佛典汉译引发汉地学者的佛学热潮

慧皎在《高僧传》指出，在摄摩腾来华之时，汉地人士对佛学的认识及兴趣都十分有限。他写道："大法初传，未有归信，无所宣述。"正因为"无所宣述"，才"无有归信"，更没有佛学义理研究。《后汉书·西域传》载云："汉自楚英始盛斋戒之祀，桓帝又修华盖之饰。将微义未译，而但神明之邪？详其清心释累之训，空有兼遣之宗，道书之流也。且好仁恶杀，蠲弊崇善，所以贤达君子多爱其法焉。"没有经典译释，人们只能将佛学当作黄老之学看待。自汉哀帝元寿元年，博士弟子景卢受大月氏王使伊存口授《浮屠经》，《通典》卷一百九十三载："曰复豆者，其人也。临蒲塞、桑门、伯闻、疏闲、白闲、比丘、晨门，皆弟子号也。浮屠所载，与中国老子经相出入。盖以为老子西出关，过西域之天竺，教胡为浮屠。徒属弟子号合有二十九，不能详载，故略之。诸家纪天竺国事，多录诸僧法明、道安之流传记，疑皆恢诞不经，不复悉纂也。已具序略注中。"可见，一连串新的名词，进入中土人士的视野，但没有义理阐发，人们只能将其看作"恢诞不经"之说，甚至认为"与中国老子经相出入"。自东汉明帝刘庄（28—75）感梦求法，摄摩腾译出《四十二章经》，成为汉地第一部笔译佛经，不仅开启汉地佛学研究序幕，如牟子《理惑论》，也迈出了佛学中国化的第一步。至安世高、支谶相继来华，各类译经逐渐形成，为汉地学者的佛学研究打下了基础。

1. 般若经典译介与仓垣水南学

《般若经》是大乘佛学空宗的主要经典，约在公元一世纪中叶，般若类佛经就已问世，龙树时代（2—3世纪）流行的般若类经典有《小品般若》和《大品般若》两种。"大品"或"小品"是指两部《般若经》在篇幅上有大小长短的区分，而它们的中心内容是基本相同的。《般若经》的中心思想就是以空观为原则，倡"性空假有"。"性空"和"假有"是一个事物的两个方面，只有获得般若智慧，才能把握佛学真谛，达到觉悟的境界。由此发展出关于"缘起"说、"本无"说及"方便善巧"等义理。般若思想是大乘佛教思想的基础，后期形成的《华严经》《法华经》及《涅槃经》等都是在般若思想的基础上发展起来的。般若经传入汉地后，其思想激发了汉地人士的学佛热情，当时的佛教学者们从中吸收般若精义，很快形成般若学，并把般若与玄学思想相结合，创造性解说般若学说，形成各自的派别"六家七宗"，对佛学在中国的发展及佛教思想的发展都起到了推动和促进作用。道安即特别着重研习《般若经》，由于他的精心研究，提出"本无""性空"思想理论。罗什所译的佛教经典中，大都贯穿了大乘般若思想，这些富有理论性的译著使"诸法性空"等理论形成了新的系统，与"六家七宗"带有玄学色彩的学说区别开来。僧肇在罗什般若思想基础上，进一步发挥般若学的深妙之理，而且指出了原来流行的"本无""心无""即色"等理论的偏颇，并予以纠正，对般若学的发展起着重大的推动作用。其《般若无知论》说："夫有所知，则有所不知。以圣心无知，故无所不知，不知之知，乃曰一切智。故经云：'圣心无所知，无所不知。'"此中"有所知"简称为"知"，指世俗认识；所谓"无知"，"不知之知"，简称"智"，是佛学的般若智慧。意思是说，世俗认识是片面的、虚幻的，都有局限性，所以说"有所知则有所不知"。但圣人的认识是从否定世界万物的"无知"（空），最后得出肯定世界万物存在的"无所不知"。所以说"圣心无所不知"。他还在《不真空论》里明确规定般若的特点："至人通神心于无穷，穷所不能滞"；更不是耳目听视所能描述，所以说"声色所不能制"。

　　中国汉化佛教第一宗天台宗基本思想之一"一心三观"，即是慧文根据罗什所译龙树《大智度论》里的"一心中得"和般若的"空""假""中"综合而成（《佛祖统纪慧文传》）。"一心中得"就是"三智一心中得"。即通达诸法如幻如化，如水中月，镜中花。三论宗的"二谛"与龙树根据般若"缘起性空"思想而成立的"三谛"相联系，吉藏《二谛义》说："于世间是实有，名为世谛；于圣人是第一谛。"只有达到"言忘虑绝"的无所得，是为真谛，而"言忘虑绝"是说不是一般言虑所能求得理解的，这和般若的"空慧""中道觉慧"是一个道理的不同说法。华严宗的"法界缘起"是本宗的根本教义，它是在缘起说基础上建立的。华严宗认为宇宙成法，都是一心所生，这就是"心性缘起"。《华严经》说："一尘中有尘数刹，一一刹有难思佛，一一佛处众会中，我见恒演菩提行。"意思说，每一微尘中有无穷无尽的佛刹，各佛刹中又有不可数尽的佛，便一尊一尊的佛都住在各处的一切法会中。这说明法界不是孤立的，它们之间是无穷无尽的相互依存。因此华严宗主张"法界缘起"或"无尽缘起"。这种"缘起"与般若讲的"缘起"同一意趣。小有不同的是，在般若缘起的基础上，进一步地推展出"三界唯心""万法唯识"，只有心明，即能明一切法。华严宗还从四重法界推出理事无碍境界。法藏《金狮子章》中说："谓狮子相虚，唯是真金，狮子不有，金体不无，故名色空。"金和狮子象，一真一幻，互不相妨，即理事无碍。这个比喻说明色是幻有，空是真空，但二者之间是依存关系，互不相碍。《般若经》说："色不异空，空不异色，色即是空，空即是色。"禅宗主张以"无念"为宗旨，即无妄念，不是百物不思。南禅宗《坛经》中提出"无二相"，说"无念者，于念而无念"，意思是说，在诸境界之上，心不生贪染，不起执着。神会也说："不作意即是无念，无念体上自有智命，智命即实相。"（杨曾文《神会禅话录》）实相、真如、本性、中道等都是义同名异，与般若相辅相成，互照互用。

（1）般若经典的汉译

汉地初期的般若汉译本共有六译。支谶与竺佛朔于179年在洛阳译出《般若道行品经》十卷，通称《道行般若经》，此为大乘经典传入中土之始。随后支谦将此本重为《大明度无极经》六卷，称《小品般若经》。再后康僧会又别译成《吴品经》五卷。无叉罗于291年在仓垣（河南开封西北部）水南寺译出二十卷本《放光般若经》。十余年之后，竺法护从西域得到此《大品般若经》的另一个梵本，译成《光赞般若经》十卷。符坚前秦建元十八年（382年），昙摩蜱与竺佛念共译出《摩诃钵罗若波罗蜜经钞》五卷。般若经典在短短二百年间，六此传译，反映出汉地学者对它的重视，也体现出汉地学者对于佛教义理的渴求，特别是对大乘佛学的关注。因为同一时期有安世高小乘禅观译籍，人们似乎并未表现出如此巨大的热情，更没有形成"禅观学"。安世高译典重要的有《安般守意经》和《阴持入经》，而以禅数最为完备，禅数之学是印度小乘上座部佛教中说一切有部的学说，内容为戒定慧三学中的定慧两学，禅修行之定学，数是理论之慧学。"安般"为"安那般那"（Anapana）和"沙第"（Sati）缩译式音译。"安那"为出息意，"般那"为入息意，"沙第"译为"守意"，指以意识心系缘在入出息上而修行的功夫。可见安世高音译和意译互用。"数息"为数息观，具体修行方法分为十个阶段，安译为"十黠"，即十种智慧。《阴持入经》之"阴"，后译为"蕴""持"后译为"界"，可见安世高译籍在佛教初传中国时，为了适应中土传统思维模式，援引中土人士熟悉的语汇或概念，特别是老庄术语译介比附诠释佛典。也说明安世高译经既质朴，又较晦涩，且也存在着译、释不分的情形。当时从安世高受学者，有南阳韩林、颍川皮业、会稽陈慧等人。道安前期研究过安世高定学或禅学，注释安世高所译禅籍，后受其师佛图澄影响，后期则转向般若学。自汉以下，佛学有两大系，一为禅法，一为般若。道安表现出集二系之大成的风格，这体现在他既提倡"本无"（性空）学说，又重视戒律，主张僧侣以"释"为姓。

（2）仓垣水南学

随着汉地传入的大乘佛学般若经典汉译及流播，涌现出众多般若学者，对般若的研究蔚然成风。尤其是《放光般若经》的译出，译本随即风行京华，道安《合放光光赞略解序》说："《放光》寻出，大行京华，息心居士翕然传焉。中山支和尚遣人于仓垣断绢写之，持还中山，王及众僧城南四十里幢幡迎经，其行世如是。"研习者均奉为圭臬，当时的学者有的注疏释义，有的注释讲解，都借此经弘扬般若学说，由此掀起两晋五胡十六国佛学僧俗以此经为唯一典据而研究般若思想的高潮，此即"仓垣水南学"。但在般若经传译的二百年间，译本在质量上存在很多问题。原因是此时的翻译主要依赖西域学僧，他们对中国语言文化较为隔膜，只能通过中土僧俗笔受传播佛学，通过传译了解中国。担任传译的中国僧俗又不能真正了解佛学，他们都用中国传统的目光来看待佛学，用自己所熟悉的学说与中国传统文化术语附会佛学。致使佛学的本来面目模糊不清。同时，各家译本也极不系统，又多删节遗漏，不严格遵守原著，致使经旨奥义前后不连贯，无法了解全貌，而最终不能准确把握经义。支遁专门对比大小品般若，他在《大小品对比要抄序》中说：

> 至于说者，或以专句推事，而不寻况旨；或多以意裁，不依经本，故使文流相背，义致同乖，群义偏狭，丧其玄旨。或失其引统，错征其事，巧辞辩伪，以为经体，虽文藻清逸，而理统乖宗。……或辞倒事同，而不乖旨归；或取其初要，废其后致；或荃次事宗，倒其首尾；或散在群品，略撮玄要。

支遁指出各家译文各有弊端。道安重点研究朱士行译本《放光般若经》和竺法护译本《光赞般若经》。他对比两译，"互相补益，所悟实多"，认为《放光般若经》"言少事约，别削重复，事事显炳，焕然易观也。而从约必有所遗，于天竺辞及传每大简焉"，且"晋梵音训，畅义难通"；而《光赞般若经》"言准天竺，事不加饰，悉则悉矣，而辞质胜文也，每至事首辄多不便，诸反复相明又不不显灼，考其所出，事事周密耳"。"寻之玩之，欣有所益"（《合放光光赞略解序》），可见这两个译本翻译水平都不高。所以僧祐指出："初经已出，而旧译时谬，致使深义隐没未通，每至讲说，唯叙大意转读而已。"(《出三藏记集》)又说竺佛朔所译《道行经》是"译人口传，或不领，辄抄撮而过，故意义首尾颇有格碍。士行常于洛阳讲《小品》，每叹此经大乘之要而译理不尽，誓志捐身，远迎《大品》"。僧叡《思益经序》批评当时的佛典汉译多有乖庚，批评支谦的翻译："颇丽其辞，仍迷其旨。是使宏标乖于谬文，至味淡于华艳。虽复研寻弥稔，而幽旨莫启。""常恨支竺所出，理滞于文，常恐玄宗坠于译人。"(《维摩诘所说经注十卷序》)表明初期的翻译问题的确是很严重。正是这些问题，致使当时各家学僧对般若思想的理解各行其是，自由发挥，理解各异，以致般若思想分裂。这也说明两汉至三国时期的译经处于草创阶段，译经的质量无法满足当时学人们的佛学研究，进而影响到佛学在中国的发展进程。

　　2."六家七宗"的佛学研究

　　魏晋时期，在老庄玄学影响下，汉地佛教学者对般若学理论的兴趣激增。但是他们都对般若性空学理论的理解采取有无二分对立的方式，而且各持一理，用不同的观点对般若"空"义作出各自的发挥，"众论竞作，而性莫同焉"(僧肇《不真空论》)，从而形成"六家七宗"众多的旧般若学派。其中影响最大的为"本无""即色""心无"三家。僧叡在《毗摩罗诘提经义疏序》中说："格义迂而乖本，六家偏而不即。"最早提出"六家"概念。昙济《六家七宗论》论六家七宗，指出："第一本无宗，第二本无异宗，第三即色宗，第四识含宗，第五幻化宗，第六心无宗，第七缘会宗。本有六家，第一家为二宗，故或七宗也。"后来僧肇在《不真空论》中将六家概括为心无、即色与本无三家，并加以评论。这三家的创立者就是在佛经翻译评论上做出过突出贡献的道安、慧远、支遁与支敏度。道安"本无"宗把般若学说所讲的"空"解释成玄学所讲的"无"，认为"无"在一切变化之前，"空"是各种事物的开端。支道林"即色宗"认为色的存在由因缘条件所决定，色不能决定自己的存在，它没有真实的自身，所以说它是空；但是色与空的本性又有区别，所以色又不等于空。支敏度"心无宗"认为，由于人们主观上不去想象事物的存在，所以说事物是无，但事物本身却并非不存在。

　　这六家七宗正是按照传统的思维方式和学术理论对《般若经》进行的研究，在理解般若性空中观义上表现的共同特点是以"有无"解空，用有无之谈取代般若性空的中观真义，认为"有"就是存在，"无"就是不存在，致使佛学般若性空中观思想的本义改变，由此而"有无殊论，纷然交竞"(僧肇《注维摩诘经》)。这种具有中国特色的般若学的出现，表面上看是玄学的影响，其实则是因为当时般若经典的翻译是以老庄玄学术语表达的。以印度佛学准确的般若学原理，"六家七宗"和玄学各流派的观点都是"偏而不即"。僧肇批评"六家七宗"是割裂有无谈空观，他提出以"不真空"诠释"性空"义。道安是这一时期佛学界的杰出代表，在他之前，经典的传播与研究仅是"唯叙大意，转读而已"，至道安才"条贯既叙，文理会通"（僧祐《出三藏记集》），这反映出道安在扭转佛学上的混乱作出的贡献之大。道宣在《唐京师大慈恩寺释玄奘传》说："晋有道安，独兴论旨，准的前圣，商榷义方，广疏注述，首开衢路，远持追踪，于遂古愿。睿振藻而传芳，故著序云：安和上凿荒涂以开辙，标玄旨于性空。削格义于既往，启神理于来世。"然而，即使道安这样"洞入幽微，能究深隐"并"开通后学"，为时人奉为"印手菩萨"的"东方圣人"，依然无法根据当时的译本准确理解般若的要义，原因既在于当时汉地学者既无理论准备，也无实践经验，更在于当时般若译籍的玄学化，致使道安也以玄学"本无"理解佛学"性空"。吉藏《中观论疏》也认为本无宗主张"无在万化之先，空为本形之始"。其理论的根本缺陷在于把"无"看作绝对优先，没有把握"非有非无""即有即无""有无致一"这种超越二元对峙的辩证，没有契合般若性空学的真谛。这都归因于译经质量所致。

（二）发展时期佛典汉译促进佛教义学之兴

汉地发展时期的佛典汉译已基本能够准确地传达原本精神和主旨，这一方面是有较大规模的译经组织，使译经具有规范性，另一方面是因为译经师大都来自西域或印度，精通胡语梵文，兼解汉文，如鸠摩罗什、佛陀耶舍、竺佛念、昙无谶、求那跋陀罗、真谛、佛陀跋陀罗、僧伽提婆、法显等大师。他们译出的经典系统而完备，大小乘经论、大小乘禅经、密教经、律典等，内容广泛，涉及印度佛学各个流派，特别是当时在印度盛行的大乘空、有两大学说，直接促进当时佛学思潮的发展。

1. 罗什译经与关河旧学

罗什以其对梵语的精通和汉语的了解，翻译出了一批优秀的佛典。其一生译籍以《中论》《百论》《十二门论》《大智度论》及《妙法莲华经》最具代表性。罗什的译经放弃了以往用中国哲学固有名词译释佛教义理的"格义"之法，将大乘般若空宗思想准确而系统地传入中土，特别是开论典翻译先河，引起中土佛学界对论典的重视和义学的研究。

（1）罗什译籍

罗什译籍除了一部分是应中国僧俗修习实践需要而新译或重译的禅法著作，主要部分都属于大乘般若学的理论著作。其中以龙树、提婆所著《中论》《十二门论》《百论》为中心，汇集了《大智度论》《维摩诘经》《金刚经》《小品般若经》以及《妙法莲华经》等倡扬般若性空义理的大乘重要典籍，这些译籍直接为隋唐之际佛学宗派提供理论依据。所译"三论"是三论宗理论基础，所译《成实论》形成成实宗，所译《法华经》成为天台宗的根本典据，所译《无量寿经》为净土宗所奉三经之一。罗什译籍能准确传达原义，使般若思想从前期的分裂中趋于一致，使龙树中观学以其本来面貌呈现于中土学僧面前，使中土学僧能够准确理解大乘中观学的核心思想，其"诸法性空"理论开启了中国佛学沿着大乘空宗思路方向发展的趋势。罗什来中土之前，汉地佛学都用老庄思想理解佛学"空""无"理论。如以佛学"无我"为"非身"。佛学所论"我"既包括肉体也包括灵魂，"无我"是旨在破除人们把"身"与"灵"综合起来当作"我"而加以执着的观念。但中土传统思想中根本没有这一观念，因而当时的佛教学者无法理解印度佛学这一观念。如安世高译"无我"为"非身"，其实"无我"既否定肉身，也否定灵魂，译本仅仅否定了肉身的真实性。李霞在《中国佛教解经方法的演变》一文说："这显然受到当时中土灵魂不死观念的影响，很多思想家包括译经家都认为有生有灭的只能是有形之肉身，无形之灵魂是永存不灭的。不过这种理解在佛学中国化过程中发挥了重大用，使后来汉译佛典特别突出'灵魂'的作用。"南北朝时期，佛教学者与传统无神论思想家有过神不灭论与神灭论的论辩，灵魂不死观念不仅在中国佛学领域赢得论辩，而且进入哲学、艺术及美学领域。

但从佛学本义而言，当时的般若学确实已偏离甚远，即使道安也未能彻底明白。僧祐在《出三藏记集》中说："辍章遐慨，思决言于弥勒。"自罗什来华以后，译弘三论学说，汉地佛学才渐渐明白了"非有非无"和"识神性空"的道理。从而澄清了"神无常宅，迁化摩停"的"神存形灭"的观念。"无我"不确切的翻译，致使汉地人士误以为有一"住寿"存在。慧远就曾向罗什请问"住寿"。释门肃在《试论鸠摩罗什法师的义学造诣》一文中指出，罗什完全否定了这种住寿一劫的说法，他说："若言住寿一劫有余者，无有此说，传之者生。"（《大乘义章》）住寿的说法只是译经产生的观点。罗什曾师从大乘名僧须利耶苏摩学习大乘中观学派诸经典，深得般若性空之要义。他强调以中观的方法解说一切缘起现象的实相，说："佛法有二种，一者有，二者空。空常在有，则累于想著；若常观空，则舍于善本。若空有迭用，则不设二过，犹日月代用，万物以成。"（僧肇《注维摩诘经》卷六）强调不能执着空有两边，既要看到有，又要看到空，以合乎中道。正由于罗什精通义理，中国的佛经翻译才达到了一个新的水平。尤其是罗什译《十住毗婆沙论》中明确指出"说法者处师子座"之"四法",其中第三法即明确规定"不说外道经书"。这就与道安时期"不废俗书"的"格义"方法有了质的不同,也是翻译思想的划时代进步。罗什基本废除先期"格义",从根本上澄清了人们对于《般若》"性空"学说的误解,确立了比较正确的"性空"学说,使中土学僧开始真正懂得佛学义理,而且在理解的本身,学者们也已泯灭了着意静修的痕迹,表现出"湛然常寂"的风格,说明他们已对佛学有了深入透彻的理解,真正标志着此时中国佛学已经基本成熟。

罗什在翻译与讲说佛经时,还经常对照旧译本,辨析两者异同,阐释佛典真义,"两释异音,交辩文旨"(慧皎《高僧传》),从而使中土学僧可以了解佛学名相与玄学概念之间的差异。《晋书》载罗什"通辨夏语",说:"兴如逍遥园,引诸沙门于澄玄堂听鸠摩罗什演说佛经。"意思说,罗什依据印度佛学的般若思想,尤其是般若思想中的中观理论,彻底阐明了中国原有的在玄学笼罩下的佛学般若理论,使得听讲的中土学僧有茅塞顿开的感觉。罗什译籍系统性也很强,其所译"四论"有着内在的联系,与重译《新大品经》二十四卷、《新小品经》七卷,共同构成了中观理论的完整体系。僧叡《中论序》说:"《百论》治外以闲邪,斯(《中论》)文袪内以流滞,《大智释论》之渊博,《十二门论》之精诣,寻斯四者,真若日月入怀,无不朗然鉴彻矣。"(《出三藏记集》)将四论作为一个整体看待,其中中观又是核心观念。龙树主要著作系统译出,使大乘般若文献齐备,这就可以使中土学人了解其全貌,系统地了解般若性空的思想。

但罗什译籍也有佛学理论和翻译上的局限和不足。从佛学理论上说,罗什所译经论集中于"诸法性空"学说。所谓"诸法性空"是从缘起说立论的。龙树、提婆等人的中观学派认为,既然世界万物都是因缘和合而生,没有自己的自性,因此万物都是不实在的,其本质只能是"性空"。这类般若经论全都采用"破法",只破不立,即没有任何肯定,对一切都采取彻底否定的态度。罗什译籍开启的中国佛学,主要就是按这种大乘空宗的思路发展。胡遂在其《魏晋南北朝中国佛学三大理论述评》中认为,罗什所译经论也体现了他本人的佛学主张,由"诸法性空"理论出发,罗什对众生轮回的主体"识"的在存在也持否定态度。他曾就"神识"是否实有与慧远辩论。慧远主张"神不灭",而罗什则不仅不承认"神识",连佛、菩萨、诸天神等都不予承认,甚至认为众生通过修持成佛的最终目的涅槃境界也只是一种名言假设,根本就没有西方净土极乐世界存在。这种空诸一切的思想，势必在彻底否定外在客观世界的同时也否定了主体心性的实有，进而连佛教修习的最高目标涅槃成佛境界也一起否定。按这一思想逻辑，将彻底动摇人们对佛教的宗教信仰，佛学本身也将无法存在。谈"空"过了头，就必须转过来说"有"，无著、世亲崛起，以瑜伽学说补苴二家之说以矫正时俗，为大乘学说在龙树、提婆之后带来重大发展，使大乘学说又走向复兴之路。无著依据弥勒所说《瑜伽师地论》等撰成《摄大乘论》等重要著作，这些著作不但集"瑜伽师"学说之大成，更重要的是巩固了二期大乘哲学思想的基础。瑜伽学说倡扬三乘行者所观之境、所修之行及所证之果，以及阿赖耶识、三性三无性、唯识中道等义，而这些思想都是真谛和玄奘后来的译弘。

事实上，罗什于建元十八年（382年）离开龟兹到凉州，并在此留居十七年。龟兹为西域古王国。玄奘《大唐西域记》载此国"气序和，风俗质，文字则取印度，粗有改变，管弦伎乐，特善诸国"。龟兹的佛学比内地要早繁荣千余年，实为佛学第二中心，是大乘佛教经典的主要区域。特别是《大方广华严经》都来自龟兹附近的于阗。罗什出生于龟兹，其所译《妙法莲华经》原本有类似龟兹语之说。佛学虽发源于印度，但因龟兹自汉唐以来为中印陆地交通要冲，大月氏、安息、康居以及印度诸国僧学来中原，必经龟兹。佛学若干经典，首先传至龟兹、于阗等地，再传入中土。六朝以前，龟兹为佛典传播中心，若干佛经由龟兹传入中土，或由龟兹学僧直接参加传译。僧祐《出三藏记集》记载：曹魏正始之末，龟兹王子帛延，参加支施仑译出《首楞严经》，时译者龟兹王世子帛延，善晋胡音，延博解群籍，内外兼综。龟兹本有众多大乘高僧，罗什是其中之一，还有佛图舌弥、达摩跋陀等，他们对大小乘佛学的宣扬，不遗余力。罗什在龟兹时，佛学兴隆，可谓登峰造极。而罗什离开龟兹后，大乘佛学已发生变化。印度大乘佛学发展基本脉络是：公元一至四世纪间为初期大乘，重要的经典有《般若经》《法华经》《华严经》《维摩经》以及净土诸经。其中《般若经》是最早出现的经典，也是促成大乘佛教兴起的原动力。它所主张的"诸法性空"的思想，是以后整个大乘佛学重要的理论基础。龙树及弟子提婆即依据《般若经》性空思想，造《中论》《百论》《十二门论》《大智度论》等，进一步阐释中道的理论，而创立中观学派，主张"不厌世间苦，不欣涅槃乐"，为初期大乘中最重要的思想。这便是罗什所译传的重要经典。公元四至六世纪，印度中期大乘兴起。重要经典包括宣说"如来藏"和"佛性"思想的《涅槃经》《胜鬘经》，发扬唯识思想的《解深密经》，以及兼说两种思想的《楞伽经》。无著、世亲在这些经典基础上，又以弥勒《瑜伽师地论》为根据，撰《摄大乘论》《唯识三十颂》《唯识二十颂》等，阐述宇宙万有皆是阿赖耶识所变现的"万法唯识"思想，创立了瑜伽行派，亦即唯识学派。可见，罗什所传大乘主要是初期学说。所以佛陀跋陀罗认为罗什的佛学没有超出常识（慧皎《高僧传》云："观公见解，未出常流"），佛陀跋陀罗于后秦弘始八年（406年）至长安。而鸠摩罗什（344—413）早已于前秦建元十八年（382年）离开龟兹到了凉州。其间二十余年，西域佛学已发生不少变化。这当然源于佛学修习和旨趣不同。佛陀跋陀罗弘传的是无著世亲学说，来华后译出《大般泥洹经》六卷。后又创译《华严经》六十卷，因此对中国佛学的发展影响甚大。

（2）关河旧学

罗什在长安的翻译，是从弘始三年至弘始十五年的十多年间，正是"五胡"之一姚氏称帝关河时期。"关河之学"即指罗什到长安后与其弟子一起创立的佛教学派及其在关中洛河所传学说。罗什的弟子僧肇、道生等以深广的哲思学理，创造性发挥"般若学"，使般若学说与龙树中观之学兴盛一时，"中观"的思维方法在中土极盛，形成东晋时期般若学说的研究高潮，并在关中形成一个大乘般若学研究中心和新的佛学中心。"关河之学"主要包括中观、戒、禅三学，其中尤以罗什所服膺的龙树中观理论为重心。关河之学的诞生使中国佛学从前期的引进移植阶段进入成长发展阶段，并影响着中国佛学的发展方向。"关河之学"的诞生首次以对佛学准确的理解阐发了佛教教义的要旨。理论追求的是彻底，注重的是体系，这就要求一种思想既纯粹又具有完整的面貌。从这个意义上说，中国佛学发展新时代的出现，首先应归功于罗什及其弟子对大乘中观学派论典准确而系统的传译。后来关河之学传入南方，吉藏依据罗什所译"三论"创立三论宗，在师承和方法论上直接继承和发扬龙树、罗什和僧肇的思想，强调以中观的方法来解说一切缘起现象的实相。他依中道世界观和方法论，采用中观派的非有非空，不断否定的思维方式以及中观派二谛、八不中道等理论论证一切事物都是因缘和合而生，是性空"无所得"。可见，吉藏虽也有发挥，但仍是符合般若性空思想之本义的发挥，没有脱离中观本义。

2. 罗什门下的佛学研究

罗什门下弘扬般若学者一时英杰，义学僧俗大多都成长为各具学术特色的学问僧，有"四圣""什门八子""八俊""十哲"等称说，他们大多都以弘扬佛学义理而见长，而且对魏晋南北朝佛学的发展产生了极大的促进作用。而僧肇、道生、道融、慧观就是其中出色的四位。

（1）僧肇"不真空"论

僧肇师从罗什，参与其译经，评定经论，"既精教理，复擅文辞"，协助罗什翻译，"相得益彰，庶无大过耳"（慧皎《高僧传》）。僧肇除译经、注经和作序外，还撰写了一系列佛教哲学论文，准确理解和揭示般若学派的学术思想。钟芳华、龚洁《僧肇的有无观研究》一文说：僧肇"以正面宣传大乘空宗思想并破除人们对般若学的曲解"。如在《答刘遗民书》中，僧肇对其《注维摩经》有一段说明："什法师以午年出《维摩经》，贫道时预听次。参承之暇，辄复条记成言，以为注释。辞虽不文，然义承有本。"僧肇说对《维摩经》的注释是"义承有本"，即指发挥罗什的见解。慧皎《高僧传》称："初关中僧肇注《维摩》，世咸玩味。生乃更发深旨，显畅新异。"又载僧肇少年时"乃历观经史，备尽坟籍。志好玄微，每以《庄》《老》为心要。……后见旧《维摩经》，呼吸顶受，披寻玩味，乃言：'始知所归矣。'因此出家"。这是说他的治学经历是由儒而佛。而在佛学上，僧肇以擅长般若学著称，"善解方等，兼通三藏"，被罗什称为"法中龙象"，二十岁时便名震关辅，成为南北朝盛行的般若学派的主要代表。"三论"译出后，僧肇精勤研习，罗什十分赞赏他对般若性空的理解符合自己的看法，并誉之为"解空第一"，表明他对"空"的实质性理解。吉藏在《大乘玄论》中说僧肇"可谓玄宗之始"。智旭也认为僧肇性空思想最为契合原经精神，他在所著《阅藏知津》凡例中说："此土述作，唯肇公及南岳、天台二师醇乎其醇，真不愧马鸣、龙树、无著、世亲。"

大乘空宗佛学以"空"揭示宇宙的真谛，以"空"解释宇宙万物存在的本质。这种"空"不是主宰万物的"一"，也不是超离于"万"之外，而是存在于"万"之中。"空"不但要否定那些以"精神"或"物质"作为"第一因"的解释，而且还要再度否定其自身的空，成就超空之"空"。这种理论与汉地传统思维不同，所以很多学者一时很不容易接受。在印度，《般若经》流行之后，般若思维方法就逐渐成为佛教学者体察事物的基本思维模式。这种思维模式是一整套方法论体系，包括中道思想、无分别观念、二谛理论、遮诠法和空的观念等五个方面。罗什译出中观学重要典籍"三论"后，为僧肇充分理解其中的般若思维方法提供了条件。僧肇的中道思想就是承自中观学。只是僧肇般若思维的核心是空的观念，即"空"的思维方法或"有无双遣"方法，而中观学般若思维的核心是中道思想。僧肇所用的方法就是罗什所传中观学，其特点是用相对的方法来论证世界的空无，讲亦有亦无，非有非无，有无双遣，有无并存，合有无以构成空义。这种有无统一，不落两边，不偏不倚的中道，就是中观。他还将《老子》

《庄子》与《维摩》融会贯通，融会梵汉学说。慧皎《高僧传》记载，僧肇在协助罗什译成《大品般若经》后，将自己的心得写成《般若无知论》一文呈递罗什。罗什读后赞叹说："吾解不谢子，辞当相挹。"罗什的称赞，不仅是指僧肇文字的优美，更主要的是肯定僧肇在不违背佛学基本思想的基础上，采用当时思想学术界所通用的哲学概念，融合中国传统哲学的理论架构，正确地阐述佛学理论。这对于当时的人们了解、认识并接受佛学，使佛学在中国普及、流传是极为重要的。他根据般若学缘起性空的理论，用"不真空"理论批评旧般若学在理论上的偏失，澄清了旧般若学派中有关"空"的理论误解。他指出："夫以不同而适同，有何物可同哉？"（《不真空论》）认为旧般若学派在理论上歧义竞出的原因，是由于般若学者们执着于各自的不同立场，以不同的观点研究同一个论题，所以不能取得理论上的一致。

僧肇的佛学著作有《肇论》，包括五篇互有联系的文章：《宗本义》《物不迁论》《不真空论》《般若无知论》《涅槃无名论》。《宗本义》就概述本无、实相等名相义理。《物不迁论》论证"法无去来无动转者"。《不真空论》阐述诸法假而不真，故是空。《般若无知论》解释真谛无相，所以般若无知。《涅槃无名》申述涅槃无相，所以无可言名。这五篇文章以般若为中心，组成一个完整的理论体系，以高度抽象的理论形式，针对魏晋般若学"六家七宗"以"无"谈"空"，与玄学本体论混淆不清的思想，重点阐述佛学性空理论。僧肇认为六家七宗对"有无"的理解有悖于佛学中观思想，于是以"不真空"立论，批评和纠正玄佛合流中出现的偏差，为魏晋时人展示了大乘空宗佛教的本真精神和原始义。他站在佛学立场上，从假有性空的缘起论、名实无当的名实论等角度论证非有非无的中观思想，并运用这一思想来达到融通佛学出世入世的意蕴，从而为当时学者准确理解佛学奠定了基础。作为印度大乘空宗佛学本义的阐发者，僧肇在哲学思想上业已超越魏晋玄学，他用中国式的语言形式较为准确地表达了般若中观学的核心观念"空"。在佛学缘起论基础上，僧肇反对任何实在性，他的"空"的实相具有否定本体的非本体论特征。曹树明认为，虽然僧肇仍是在语言形式上使用玄学范畴，但在实际运用它们时已经赋予其新的含义（《论僧肇的般若思维方法》）。

僧肇批评了当时流行的"格义佛学"，也是对当时以"格义"方法翻译佛典的纠正，由此使人们开始理解大乘中观"非有非无"的理论。他以中观思想反复论证非有非无的本体论，其"非有非无，有无双遣"的空宗中观方法论，摆脱了魏晋时期"以无为本，得意忘言"的玄学方法论，使学者接触到"非有非无，体用一如"的观点和"不落两边，有无双遣"的方法论。僧肇的般若思维也是对魏晋玄学"得意忘言"方法论的哲学超越。魏晋玄学是为天地万物包括政治人伦的存在确立一个形而上学的根据，它所讨论的是"本末有无"，天地万物都以无为本。何晏突破两汉经学的局限，从《老子》和《周易》中提炼出"以无为本"的本体论命题，将以往存在于天地之外的宇宙本源转移到事物之中，建构起具有自觉意识和独特精神的人格本体。接着王弼创造性地以"得意忘言"方法，建构起以无为本的玄学理论体系，以"得意忘言"为工具阐释"以无为本"的道理。魏晋时代的玄学促使佛学家以玄学方法解释佛学经典，认为大乘空宗和玄学一样，讨论的也是本末有无论题，把无当作世界的本体，把有当作表面现象。他们采用的方法也是"得意忘言"，认为世界空无的本体是"象外之谈"，认识世界必须超言绝象。这就是格义佛学，实际成了带有佛学色彩的玄学，而不是真正意义上的大乘中观学。大乘般若学认为，"万法缘起而成"，一切事物是由一定的条件和原因结合而成，没有自己独立不变的本质，是"无自性"的，因而是空幻的，即"缘起性空"。"性空"是大乘般若学的基本思想，被译作"本无"。

僧肇在《不真空论》中阐述性空思想，从佛教的缘起论、名实论等方面论证，以"不真"解释"万有"，以"虚假"取代"空无"，揭示了印度中观般若性空本意。欧阳镇、胡水凤《析僧肇〈不真空论〉的性空观》一文认为，僧肇以"不真空"的命题阐释"性空"义理。这一命题的提出，对般若性空义理理解也就克服了玄学各派所执着"无"的片面性，改变了以往学者从玄学沿袭下来的那种从有无的角度说明事物本性的观点，使对空的理解恢复到了般若学的本来意义，同时又摆脱了在老庄那里难以解决的如何从无到有的难题，从而解决了玄学长期以来的有无纷争，贯彻了大乘空宗般若学的思想，恢复了般若学以缘起说无自性，无自性即假，假即不真，不真即空的思想。僧肇所说的"不真空"中的"空"，既不是玄学所说的"有"，也不是玄学所说"无"，而是两者的统一，是不真实的存在。同时他所说的"空"又是对有和无的否定，是"虽有而无，虽无而有"，有无皆非真。僧肇所批评的"六家七宗"是割裂"有"与"无"的思想，这就需要把"有"与"无"统一起来。佛学诸法"有"与"无"的论题与缘起论密切相关，只有以缘起论为基础，"有"与"无"的关系才能立论。缘起论正是整个佛学的基石，大乘中观般若缘起性空思想的经典表述是龙树"三是偈"："众因缘生法，我说即是空，亦为是假名，亦是中道义。"（《中论》）僧肇正是以假有性空的缘起论为基点，论证非有非无的性空义。他引用了佛学的经典来阐述他的缘起论思想，他说：

> 故《摩诃衍论》云：一切诸法，一切因缘，故应有。一切诸法，
> 一切因缘，故不应有。一切无法，一切因缘，故应有。一切有法，
> 一切因缘，故不应有。

僧肇指出，诸法都是随着因缘的生起或坏灭，没有独立的自性，这样理解非有非无就符合逻辑了。僧肇运用中观般若学的非非论证方式，比较准确地阐述了他的性空思想。这种性空思想，较为全面而准确地把握了罗什所传龙树系统的中道实相理论，基本符合印度佛教的要旨。因为他以"空"取代"无"，这就完全摆脱了原来以"无"译"空"，以"无"解"空"的格义佛学。因为佛学的性空思想，强调万物非真，既不把万物归之于绝对的空无，也不在万物之外再立一个空本体。它是"不真即空"，二者是统一的。欧阳镇、胡水风认为，僧肇的性空思想虽然符合中观原理，但又并不是印度佛学的简单复制，因为它既吸收魏晋玄学的"名实之学"与"言意之辨"的思想来论证般若性空义，还融会了老庄玄学本体实有，儒家强调现实现世、人伦日用的思想，对大乘般若学一切皆空的般若空观以及涅槃与世间两际的思想进行了改造，它是一种佛教中国化的思想。这种思想实际上较印度大乘般若学以来的经验性观照般若倾向更进一步，这在相当程度上克服了大乘般若学既要试图连接世间与出世间而又缺乏解脱主体、价值悬设的内在矛盾性。（《析僧肇〈不真空论〉的性空观》）

对比道安的佛学，就会发现，其格义的影响是十分明显的。《阴持入经》是安世高的代表译作，则集中讲"五阴""十二入""十八持"。道安在《阴持入经序》中先说了阴、持、入的危害，接着说：

> 大圣悼兹，痛心内发，忘身安、赴涂炭、含厚德、忍舞击。观罗密于重云，止置网于八极。洪痴不得振其翼，巨爱不得逞其足。采善心于毫芒。拔凶顽于虎口。以大寂为至乐，五音不能聋其耳矣。以无为为滋味，五味不能爽其口矣。曜形浊世，拯擢难计，陟降教终，潜沦无名。诸无著等，寻各腾逝。大弟子众，深惧妙法混然废没，于是令迦叶集结，阿难所传，凡三藏焉，该罗幽廓，难度难测也。

胡中才《道安著作译注》一书指出：本来是说佛陀悲怜世间的病患，忘却自身的安危，再大的愚痴烦恼也动摇不了他，再大的爱也影响不了他，但道安却以老子的表述来描绘佛陀。道安的这些解释，不是以佛陀的言教理论或天竺言辞直叙其义，而是以老子的思想和中国道教说词和观念解释其义理。老子《道德经》第十二章说：

> 五色令人目盲；五音令人耳聋；五味令人口爽；驰骋畋猎，令人心发狂；难得之货，令人行妨。是以圣人为腹不为目，故去彼取此。

老子认为，人们一味追求五色五音五味等物欲和享受时，这就是灵肉的分享，会损伤内在的精神。而有修养的人不能只去追求外在的物质享受，应保留精神上的需求。道安正是用老子这种多欲多祸，寡欲清心的思想解释佛学阴、持、入的危害以及对这种危害的对治。他认为，对"驰骋人心，变德成狂，耳聋口爽"的人，只要"以大寂为至乐，五音不能聋其耳矣。以无为为滋味，五味不能爽其口"。他以老子语言，老子思想，说明只有以涅槃为安乐境界，各种杂音才不能干扰人的听觉之聪，只有以"无为"为滋味，各种美味佳肴才不能使人口味伤败。他把佛陀的"涅槃"和老子的"无为"放在一起，释为同义。这与当时译经大师直接将泥洹（涅槃）译作无为，以老庄无为观念来比附佛教涅槃概念一样。汉魏两晋南北朝时期，正是中国人士从接触佛教，到吸收、消化佛教的时期，对佛教的涅槃概念，此一时期的佛教学者都是以中国固有的观念简单地比附这一外来思想，如安世高、康僧会主张养身成神谓涅槃，支谦以证体达本、体道虚无为涅槃。这自然是当时既无合格译本，般若思想又不系统的原因。正如僧叡《毗摩罗诘提经疏序》所说：

> 自慧风东扇，法言流咏已来，虽曰讲肆，格义迂于乖本，六家偏而不即。性空之宗。以今验之，最得其实，然炉冶之功，微恨不尽。当是无法可寻，非寻之不得也。何以知之？此土先出诸经，于识神性空明言处少，存神之文，其处甚多。中百二论，文未及此，又无通鉴，谁与正之？先匠所以辍章遑慨、思决言于弥勒者，良在此也。

这是说，由于生硬的比附和解释背离了佛学本旨，六家的解释都偏颇而不合佛教原意，致使佛教本性空寂之说，犹如锻造陶冶，总欠功夫。

原因是缺少可探究的经论，而不是探究得不够。因为中土以前译传的各种经论，对于识神性空很少有明确的论述，而关于神奇之事讲得很多。正是《中论》《百论》二论尚未传到本土来，又没有其他经论可通盘考察借镜，因此无法勘验修正。道安自己也说过："世不值佛又处边国，音殊俗异，规矩不同。又以愚量圣，难以逮也。冀未践绪者，少有微补，非敢自必析究经旨。"（《阴持入经序》）意谓由于佛不生在现世，汉地又处于边远国土，语言、风俗、文化等，都不同于天竺，加上知识浅陋，所以，以此来理解佛陀的教义，是难以达到的。因此，此注解只是希望对未入门的学人稍有启发，而不敢说自己一定是深入探讨了佛经的义旨。

不过也有学者指出，僧肇的佛学并不纯粹，或者说并未完全摆脱玄学的影响。自然，僧肇出身中土文化背景，又自幼诵习传统经典，而且身处玄学思潮之中，很难使自己的佛学完全不与传统学术发生交涉。严格地说，僧肇的理解也没有完全脱离传统道家的影响。他在《不真空论》中将"至无空豁"之境比附于"无物于物，故能齐于物"，这说明他对般若思想的体会也并不充分，因为他依然没有摆脱老庄的"齐物"思想，这就使得他的"般若"观有等同于"齐物"观的嫌疑。他还认为，要真正掌握假有性空的思想，须以般若玄鉴，体认到"当体即空"。对此，他以援玄入佛的方式，借用玄学的名实之辨论证非有非无的性空思想。他认为，约定俗成的名言概念与非有非无、没有自性的假象世界之间没有同一性。因为"以名求物，物无当名之实，故非物也"。同样"以物求名，名无得物之功，故非名也"。因此，名实是不相当的。他还进一步强调名实的相异性，说："物不即名而就实，名不即物而履真。"根据名实的相异性，就可以得出物的非真实存在的结论："故知万物非真，假号久矣。"所以赞宁在《宋高僧传》中曾批评说："僧肇征引而造论，宜当此消焉。苟参鄙俚之辞，曷异屠沽之谱？然则粿书勿如无书，与其典也宁俗，傥深溺俗厥过不轻，折中适时自存法语，斯谓得译经之旨矣。"意谓僧肇的佛学也搀杂了外道思想，是不纯粹的佛学。

（2）道生"顿悟"说

道生也是罗什的高足弟子和译经主要助手，慧皎《高僧传》记载，道生曾与慧严及佛驮什、智胜等于龙光寺译出《弥沙塞律》三十四卷，称为"五分律"。道生以"慧解"和"通情"著称。慧皎《高僧传》说："龙光释道生，慧解入微，玄构文外，每恐言舛，入关请决。""通情则生融上首，精难则观肇第一。""慧解"和"通情"在佛学文献中指紧紧根源于对佛学义理的发挥性理解，这里是对道生学术方法和特长的评价，概括了道生对于经文的超凡理解与感悟能力。慧皎也总结道生在庐山修道的特别之处乃是："常以入道之要，慧解为本，故钻仰群经，斟酌杂论。"意谓道生把"慧解"作为"入道之要"，对于经典知识和理论的追求不是仅仅限制在"经典"本身的一些提法，而是追求对经典知识、思想的阐发和突破，擅长体悟与发挥经义。尚永琪在《龙光竺道生"慧解"考论》中认为，道生孜孜以求"慧解"，认为"慧解"，也就是体悟佛经的经文大义，才是修得正道的唯一途径。这也是当时汉地学术从经学向玄学转变的历史背景，对道生佛学的影响。道生曾在庐山七年，钻研群经，斟酌诸论，遍阅大小乘诸种经典。法显与佛陀跋陀罗译出《大般泥洹经》，昙无谶译《大般涅槃经》相继问世，将大乘"涅槃佛性"说传入汉地。道生信奉此说，并撰《二谛论》，他对罗什倡扬的般若性空义理十分精通，又著《佛性当有论》，综合自己对涅槃理论的深入理解与对般若实相的独特认识予以发挥，提出"一切众生皆有佛性，一阐提人也具佛性"，提倡"顿悟成佛"的著名论断，人称"当时法匠""涅槃圣"。汤用彤指出，道生学说可谓振聋发聩，"旧学以为邪说，讥愤滋甚"，但对中国佛学以及中国学术的发展都带来了实质性的变化。"为中华学术开数百年之风气。"（《魏晋南北朝佛教史》）

道生对龙树和僧伽提婆所弘传的中观空义旨要能够深达玄奥，因此体会到语言文字只是诠表真理的工具，不可执着和拘泥。可见他的"慧解"不同于"守文之徒"的拘泥文字，而是不死守佛经文句，依靠"悟"而理解经文深义。从道生早期研读《大般泥洹经》（法显译六卷本）的实践可以看出。他在研究佛学义理时，不守滞文，直达圆义的学风，实际上追求的是佛学如何中国化和更方便地应用法门，也标志着中国的佛学研究不仅在义理方面而且在治学方法上都已真正领悟了大乘学说的精神。道生能先于经典的传入和翻译提出"暗合"经义的说法或观点，这需要创造性阅读，需要领悟经文的言外之意。这在中国佛学史上已多有先例。慧皎《高僧传》记载说："初，魏晋沙门，依师为姓，故姓各不同。安每以为大师之本，莫尊释迦，乃以'释'命氏。后获《增一阿含》，果称'四姓为沙门，皆称释种。'既与经符，遂为永式。"由此佛图澄称赞道安"此人远识，非年侪也"（慧皎《高僧传》）。只是彦琮在《辩正论》中认为："安虽远识，未变常语。"因为道安不懂梵文。还有慧远立"法性"说一例，慧皎《高僧传》载："先是中土未有泥洹常住之说，但言寿命长远而已。远乃叹曰：'佛是至极则无变，无变之理，岂有穷哉？'因著《法性论》曰：'至极以不变为性，得性以体极为宗。'罗什见论而叹曰：'边国人未有经，便暗与理合，岂不妙哉！'"慧远《法性论》是为对治中国传统哲学老庄道学"长生不老"思想而著,当时中国佛教义学尚未定型,尤其盛行"格义"佛学。佛学是何种面貌,取决于它用汉地何种学术"格义"。如果以道学格义,佛学旨趣便理解为与"长生久视"相类似的观念。这当然首先要归功于罗什对性空思想的忠实翻译,使般若思想在中国的传播打下了坚实的基础,使中国学僧在正确理解空的基础上,再行发挥创造。涅槃经典提出了真我的概念,就是真如本体,即诸法实相,这说明佛教不能一味谈空,必须既有超脱又有执着,既谈空,又讲有。涅槃经的出现,标志着佛教哲学本体论思想的成熟。

正是凭借"慧解"和"通情"的治学方法,道生实现了学术上的"求新求异"。他一面继承鸠摩罗什的"义学"和"重慧轻禅"的精神,一面坚持佛性论的追求。他虽然也以非有非无本体论为理论基础,但又坚持涅槃学思维,认为真如之体性不空,佛性我实有,接近慧远所倡导的禅修世界。这种"慧解"和"通情",使他在佛经理解与发挥上不同于当时的"守文之徒",其趋向不是靠近鸠摩罗什的"天竺思维程序"和"西域语趣",而是为"天竺思维程序"适合中原众生而寻找切入点。如他在精研《涅槃经》诸典籍的基础上,开创中国佛学理论"顿悟"说。"顿悟"学说的确立又是道生对玄学"言意观"的创造性运用。魏晋玄学所说的"意"指圣人对"道"的领悟和拟想,是圣人对大道之"理"的感悟,而不是"道"本身,因为"道"是超越言知的。而道生的"得意忘言"是指得道或体道而忘记言象,完全打通了"言"与"道"。由此改变了"得意忘言"仅仅作为一种阐释理论的方法,而直接将它与人们对大道的体悟联系起来。韩国良还认为,"这不仅实现了它由经典阐释理论向体道实践理论的过渡,而且也使它与人们的审美观照发生联系,在引导人们对最高审美境界的把握上,也同样可以给人以有益的启发。"(《竺道生对玄学"言意观"的解构与重建》)人们所以将竺道生的"得意忘言"理论称为"顿悟圆义",就是因为它是与人们的成佛实践以及审美观照密切相联系的。道生师从罗什多年,对龙树和僧伽提婆所弘传的中观空义旨要能够深达玄奥,因此体会到语言文字只是诠表真理的工具,不可执着和拘泥。其"顿悟"思想显然是在究寻佛典的过程中,从魏晋以来关于"言意之辨"的玄学大讨论中受到的启发。他认为,佛经万卷,设象而已,象外之意即佛之真理,多守滞文者则莫能舍象取意。在《注维摩诘经》中,道生的语言几乎看不出有道家玄谈的痕迹,表明他具有良好的般若学素养,更体现出他高深的佛教义学概念逐步突破天竺思维程序,开始了实质性的中国化。他运用道家"言不尽意"的方法建立起来佛性论,又折中儒佛,提出顿悟成佛说,将儒家认为圣人可学而不可至的思想引入佛学研究，并加以改造。说明一种完善的理论需要兼取诸家之长，才有可能严密有效。

僧肇和道生的理论建树，标志着中国佛学在理论上已开始了对印度佛学经论的独立研究和阐述。这说明，佛学研究可以而且应该多途径、多视角，说到底，应该灵活运用"六经注我"和"我注六经"等各种方法。陆九渊《语录》载："或问先生：何不著书？对曰：六经注我！我注六经！""我"指自己的观点，"六经"即六部儒家经典（《诗》《书》《礼》《易》《乐》《春秋》）。"我注六经"就是读者去尽量理解六经的本义，根据其他典籍提供的知识注解经书，力求追寻经书的原始意义。"六经注我"是读者利用六经的话解释自己的思想，有可能是故意误读。这是读者用经书里的思想、智慧来诠释自己的生命。也可以二者结合，以"我注六经"为基础，深入融会其他领域的知识，融通经文与经文之间的思想，并引申、发挥原有经义，从而建立新的学术观点和新的思想体系。这是六经为我所用了。陆九渊是南宋理学家，宋明两代"心学"的创立者。在程朱理学集大成之际，他以深邃的理论洞察力，及时发现理学内化道路潜在的支离倾向和教条隐患，成功地开拓出一条自吾心上达宇宙的外化道路，为宋明新儒学思潮从朱子学到阳明学的心学转向创造了必要的学术条件。而道生一批学者，凭借其梵汉思想的精深造诣，他们的佛学思想既有佛学的理论基础，又有中国传统思想的融合，由此推动了此时的佛学研究，使当时的学派师说开始显得繁荣兴旺，众多的学派说明佛学教理的研究开始深化。如研究佛性思想的涅槃学派，追寻佛教名相真实含义的成实学派，以名相分析和理论阐述并重的毗昙学派，探讨"三界为心"的地论学派，穷究"心"的性质、心生万物的原理以及众生如何成佛的摄论学派等。这些学派的诞生表明中国佛教学说已进入了繁荣期和理论的创造期，尤其是紧跟其后诞生于陈隋之际的天台宗，其三谛圆融与一念三千、一心三观等教义学说，几乎囊括了佛学的各种理论与实践，不仅将南北朝时期的佛学研究推向了一个更大的高潮，同时也为隋唐宗派的建立揭开了序幕。

3. 涅槃学译者昙无谶译经与汉地佛学转型

昙无谶是涅槃学重要译者，他在中国佛学界的贡献主要是其涅槃译本直接推动了中国佛学思想的转向。《涅槃经》有三家译本，一为东晋法显与佛陀跋陀罗翻译的六卷本《大般泥洹经》，二是北凉时期中天竺昙无谶翻译的四十卷《北本涅槃经》，三系南朝宋慧严、慧观与谢灵运等以昙无谶译本为主，对照法显译出的六卷本，又增加品数而成的《南本涅槃经》三十六卷。道生早期研读的《涅槃经》就是法显译出的六卷本。在这个六卷本《涅槃经》中，只有"一切众生悉有佛性"的经文，但没有"一阐提皆得成佛"的文句。而道生根据这个不完全的《涅槃经》译本，不为经文所囿而"孤明先发"提出"一阐提"也有佛性，从经文字面上看来是没有根据的，从而在当时的佛学界引起轩然大波。昙无谶于北凉玄始十年（421 年）在姑臧译出四十卷本《大般涅槃经》，由慧嵩、道朗笔受。相对于法显的六卷《泥洹》而被称为"大本《涅槃经》"或《大涅槃经》。宋文帝元嘉七年（430年），大本《涅槃经》由凉地传至宋京建康，当时的义学大师慧严、慧观，因其文言质朴而品数疏简，遂与文学家谢灵运等，依法显六卷《泥洹》修改文字，增加品目，把原来的四十卷十三品修订为三十六卷二十五品，称《南本涅槃经》。经中明确地讲到"一阐提"可成佛，从而印证了道生先前的观点。由此道生被佛学界称誉为"孤明先发"的"涅槃圣"。

《涅槃经》唱言"泥洹不灭，佛有真我，一切众生皆有佛性"，肯定涅槃成佛境界的存在，认为除一阐提人外，一切众生皆有佛性，涅槃之妙境是"常乐我净"涅槃四德，这种美好境界既与小乘佛教以"灰身灭智"为涅槃的悲观思想不同，并纠正了大乘般若空观对涅槃的存在也不予肯定的虚无观，从而解决了佛学的生存危机，也使佛学的理论更加完备。由此，佛学研究重点由魏晋的般若学转向涅槃学，研究涅槃学成为一时热潮。这一重点的转移是随着当时译出的《大般涅槃经》主"一切众生皆有佛性"说而出现的。晋宋之际大乘《涅槃经》及与此性质相类似的一些佛学经典如《如来藏经》《胜鬘经》《楞伽经》《央掘魔罗经》《大法鼓经》等的陆续译出，为涅槃佛性学说的兴起提供了直接的经典依据。在整个南北朝，除了专门讲习《涅槃经》的涅槃师之外，其他各家论师如成实师、三论师、地论师、摄论师等也大多兼研《涅槃》。正如张风雷在《从慧远鸠摩罗什之争看晋宋之际中国佛学思潮的转向》一文中所说："各家各派在经典判释中，也都把《涅槃》列于很高的地位，视之为佛陀最重要的教说之一。直到隋代一统南北，涅槃学仍在当时的佛学'五众'中名冠群首，居于'显学'地位。"

在由"般若性空"学说向"涅槃妙有"学说的历史性转向之前，中土流行的是罗什一系性空般若学，其基本思想主张诸法因缘和合，毫无任何自性，根本否定一切事物的真实存在，甚至认为佛、我皆空，一无所有。赖永海指出，这种诸法空无的佛学思想，不但满足不了当时处于战乱中的人们能在现实生活之外，去寻求思想安慰和精神寄托的实际需要，而且与中国传统的灵魂观念和鬼神思想也相违背。按照这种诸法皆空佛性思想的逻辑发展，必然否定灵魂与鬼神的实体性存在，也必然否定今生的苦难与来生的救赎，这对讲求实际、注重功用中土普通信众和一般僧俗来说，不但难以理解和接受，而且，一旦按性空般若思想修行实践，其任何成佛的希望都会落空，学佛也就失去了意义（《中国佛教通史》）。这从支遁的般若学阐述到道生的涅槃学研究，佛学发展转化的轨迹明晰可见。早在罗什译出《维摩诘经》时，东晋的佛教学者就把此经看成阐发佛理的最高准绳。经中说："出家者，无彼无此，亦无中间，离六十二见，处于涅槃……若能如是，是真出家。"僧肇曾评论说："予始发心，启蒙于此，讽咏研求，以为喉衿。"（《毗罗诘提经义疏序》）把该经作为佛学理论的入门读物。他在《维摩诘经序》中还说："大秦天王隽神超世，玄心独悟，弘至治于万机之上，扬道化于千载之下，每寻玩兹典，以为栖神之宅。"认为《维摩诘经》是国君当作推行"圣治"、宣扬"道化"的法宝。原因是此经含有"涅槃"思想。而《法华经》因具有从般若到涅槃的过渡性质也备受汉地学者重视。慧睿等曾问众生作佛义，鸠摩罗什以《法华》"开佛知见"义相答，显示出《法华》在《般若》和《涅槃》中间重要的过渡作用。僧叡也正是在看到《法华》开权显实、言佛寿无量之后才开始反思到《般若》"悟物虽弘，于实体不足"。可见《法华》"开佛知见""佛寿无量"等观念曾给当时的般若学者以强烈的思想激发，促使他们反省般若学自身，这为后来大乘般若学向大乘涅槃学的迅速转向起到了很好的思想铺垫作用。僧叡在《喻疑》中通过对此前佛学思想的基本评价，不仅再现了当时代汉地僧学的思想特征和中国佛学的基本趋向，也反映了当时义学大师的精神生活状况和晋宋之际内地佛学思想正在酝酿的重大转折和变化，并展望此后佛学思想的发展前景。据僧叡所说，罗什在译经中，对中观学派的"性空"学说也产生过疑虑，曾提出："佛之真主，亦复虚妄，积功累德，谁为不惑之本？""佛若虚妄，谁为真者？若是虚妄，积功累德，谁为其主？"意思是，若真佛也属虚妄，就没有什么是真实的了，积功累德也就失去意义了。但罗什毕竟深信龙树学说，信守一切皆空，毕竟空义，坚持中观学派的彻底批判怀疑精神，因此他的佛学思想未能转入新的阶段。在他之后来汉地的佛陀跋陀罗曾明确指出罗什之学，"未出常流"，并"拂衣而去"（慧皎《高僧传》）。大概是说罗什过于谨守空义一端。

因此，由般若转入涅槃，具有重大佛学理论意义。就此，赖永海《中国佛教通史》总结道：第一，大乘《涅槃经》宣说"一切众生皆有佛性，皆可成佛"的思想与中国传统儒家"人皆可为尧舜"（《孟子·告子下》）及"涂之人可以为禹"，"尧、舜之与桀、跖，其性一也；君子与小人，其性一也"(《荀子·性恶》)等学说合若符契。因而大乘《涅槃经》一经译出,立刻引起了中国佛学界的极大关注和普遍认同。这也表明,佛经翻译借助传统思想表达其理念,佛学生存和发展也依赖传统文化。第二,此前,中国佛学盛传般若学。自东汉末年支谶译出《道行般若经》后,大乘"般若性空"之学开始在中土传扬。至东晋道安时代,般若学更是盛行一时,形成"六家七宗",在中国佛教义学中基本上确立了主导的地位。后鸠摩罗什译经,又从根本上改变了中国佛教般若学"偏而不即"的弊端,使般若学如日中天。罗什的佛学正解带来中国佛学史上第二个信仰高潮。第三,佛学中国化迈出了一大步。随着《涅槃经》的翻译,佛教学说的重心由"性空说"转向"佛性说"和"阿赖耶识说",而其中心论题则是心性论。心性论最终成为融合佛学与传统思想的根本学说。第四,《涅槃经》肇启的佛学思想转变,是继中国佛学第一个信仰高潮期中汉地佛学义理由主要和道家结合转向和儒家结合的第一次转变,由主要探讨宇宙本体转向探究人类本体、人类本质。中国佛学这种向着经世之学的主动靠拢和对"人本"的兴趣转移,使它获得了赖以生存的广阔空间和长足发展的机会,从而为隋唐时代的繁荣奠定了坚实的基础。第五,《涅槃经》开启的佛学思潮的转向,其实质是由"般若性空"转向"涅槃妙有",亦即是由"性空无我"转向"佛性真我"。这表明当时的中国佛学界,接受或拒斥一种佛学经典或佛学思想,其最主要的标准并不完全在于它是否与儒家等中国传统的观念相契合,而是必有其佛学自身的内部逻辑。

4. 慧远及庐山佛学

慧远一生研习、传播、译弘佛学,经历了三个时期:第一时期为早年求学(334—353),约二十年;第二时期为出家师学道安(354—378),约二十五年;第三时期为庐山弘化(379—416),约三十七年。在这三个时期中,慧远虽广涉内外学术,思想丰富,但始终有一条不变的主线,那就是追寻"实有"。尽管他深入研习、理解、接近罗什的般若性空,修习禅观,而始终没有放弃对"实有"思想的坚持。这从佛学中国化角度而言,正是慧远融会中国传统思想文化与印度佛学思想文化双重影响的结晶,更是他精勤治学,博闻多思的结晶。

(1)慧远与佛经翻译及佛学研究

慧皎《高僧传》载慧远"少为诸生,博综《六经》,尤善《老》《庄》"。他在致刘遗民的信中回忆自己的治学经历先是由儒而玄:"每寻畴昔,游心世典,以为当年之华苑也。及见《老》《庄》,便悟名教是应变之虚谈耳。"后出家学佛:"以今而观,便知沉冥之趣,岂得不以佛理为先?"(《广弘明集》）与僧肇一样，慧远早年也是历观传统经史，且有深厚的玄学修养，后读《维摩诘经》，又听道安宣讲《般若经》，便豁然开悟，深有"儒道九流，皆糠秕尔"之叹。在佛学方面，慧远对于毗昙学的传布、禅经的翻译都作出过重要贡献。《高僧传》说："初经流江东，多有未备，禅法无闻，律藏残阙。远慨其道缺，乃令弟子法净等，远寻众经。逾越沙雪，旷岁方反，皆获梵本，得以传译。"在般若方面，罗什译出《大智度论》后，姚兴遥遥致书请他作序，可见其对义理的精通。在慧远的佛学著述中，对佛学理论有着重大贡献的是他所集中阐述的"神不灭"思想。在《神不灭》论中，他提出了一个与"识"颇为相似的"神"的概念，他说：

> 夫神者何耶？精极而为灵者也。精极则非卦象之所图，故圣人以"妙物"而为言。虽有上智，犹不能定其体状，穷其幽致，而谈者以常识生疑，多同目乱，其为诬也。
>
> 神也者，圆应无生，妙尽无名，感物而动，假数而行。感物而非物，故物化而不灭；假数而非数，故数尽而不穷。

在这里，慧远的思想显示出与原始佛学的教义以及大乘空宗般若性空学说之间有着较大的差异。按照大乘般若性空学说是不承认这个世界上有任何实在物存在的，而慧远却明确肯定"神"虽"无名"，但却"不灭"，是一种可以脱离"物"（形体）与"数"（寿命）而"圆应无生"的最高精神实体。因而是"形尽而神不灭"。显而易见，慧远的"神不灭"论深受中国传统形神论的影响，这无疑是在宣称，"空"之外，还有"有"，不能一味舍有谈空。这一方面表明他对当时般若空观"中道"思想理解的准确，一方面又显示其融合各家的治学理路，由此表现出对罗什一切皆空思想的修正。慧远在谈空的同时，没有忘记有，说明已少了一份拘泥和执着。僧叡也对罗什有关无神无佛性的主张提出过婉转的批评，僧祐更明确地说："般若之明自是照虚妄之神器，复何与佛之真我法力常符。一切皆有佛之真性，真性存焉，学不越涯，成不乖本乎！"（《出三藏记集》）但僧肇和慧远的提法在当时还没有充分的佛典依据，真正使中国佛学研究从无转到有的是对佛性论的研究，这就是竺道生的佛学研究。

东晋佛教理论家、山水画家宗炳在《明佛论》中也主张"神不灭"。他说："神也者，妙万物而为言矣，若资形以造，随形以灭，则形为本，何妙以言乎？夫精神四达，并流无极，上际于天，下盘于地。"这与他在《画山水序》中的思想一致，他说："夫理绝于中古之上者，可意求于千载之下。旨微于言象之外者，可心取于书策之内。况乎身所盘桓，目所绸缭。以形写形，以色貌色也。"又说："夫以应目会心为理者，类之成巧，则目亦同应，心亦俱会。应会感神，神超理得。虽复虚求幽岩。城能妙写，亦城尽矣。圣贤暎于绝代，万趣融其神思。余复何为哉，畅神而已。神之所畅，熟有先焉。"宗炳信仰佛教，曾参加庐山僧慧远主持的"白莲社"，表明其佛学思想与慧远有着紧密联系。宗炳还曾著《庐山诸道人游石门诗序》一文，此诗原题为《庐山诸道人诗》，据《方舆纪要》载，为慧远作品。

（2）庐山佛学

慧远是东晋继道安之后的又一位义学大师和佛学领袖，太元四年（379年），慧远至庐山，从此"影不出山，迹不入俗"（慧皎《高僧传》）。在庐山的三十余年，慧远建立了庐山僧团，探讨中国佛学改革与发展之路，使庐山成为与长安齐名的东晋佛学中心，并与之形成南北呼应，开展义学交流和学术讨论。罗什佛学宗"般若性空"，慧远重"涅槃实有"，各自形成义学体系、思维形式与禅法。两者之间产生了中国佛教史上最激烈的一次争辩，而争辩之后又逐渐融合。鸠摩罗什译出《大智度论》后，姚兴立即送给慧远，请其作序。慧远和罗什也常书信往来，探讨般若大义。慧远曾就十八个佛学论题致书罗什请教，罗什一一答复，后汇集为《大乘大义章》。慧远还参与了当时佛法与名教关系的大讨论。辅佐成帝的庾冰主张，沙门应该"敬王"，向国王行礼致敬，而尚书令何充等人则认为不应敬王，一时争执甚烈。后桓玄重新引发这一争论，他本人也主张沙门应敬王，他写信给慧远说，"沙门不敬王者，既是情所未了，于理又是所未谕"（《桓玄书与远法师》）。慧远写了《沙门不敬王者论》，主张沙门不应敬王，认为出家人是方外之宾，不必遵守在家俗士所守之礼，无须礼敬王者。慧远从理论上对沙门不敬王者作了阐发，使这一论辩得到理论上的澄清。

5. 南北朝时期的佛学学派

李富华在《佛教典籍的传译与中国佛教宗派》一文中说："南北朝时代，研习新译经论成为普遍风尚，特别是曾经参与过译经的研习者，他们专注于一经或一论，或以一经一论为主，并影响门下弟子，形成学派或称'师'"。当时的主要学派有：研修《大般涅槃经》的涅槃学派，传习《成实论》的成实学派，弘传毗昙义理的毗昙学派，修习地论译籍的地论学派，弘扬楞伽学说的楞伽学派，专修净土的净土师，弘传律学的律师，研修摄论的摄论师以及弘传《俱舍论》的俱舍师。这些学派或师，在当时引发了中国佛学义理之学的展开，使中国化佛学在这一大潮中趋向成熟。

这种成熟的最鲜明的特征，就是经过南北朝义学大师的研习，汉地佛学开始脱离印度佛学的传统，建立自己的佛学体系。如《法华经》的研习，有慧文、慧思、智𫗦、灌顶等学者，他们一脉相承，专弘《法华》宗旨，并建立了后称天台宗的佛学体系，而这一体系已超出了疏释经文的范畴，已经走出了印度经典范围，在"止观并重"的根本宗旨下，创造了中国佛学全新的理论。慧思的《大乘止观法门》《法华经安乐行义》，智𫗦的《法华文句》《法华玄义》《摩诃止观》等具有独创性的理论著作，呈现的正是这种理论体系。

　　南北朝佛学学派形成各自的专长，所谓"开善以《涅槃》腾誉，庄严以《十地》《胜鬘》擅名；光宅《法华》当时独步"（湛然《法华玄义释签》）。他们依据特定经论并提出有代表性的思想，他们研究的论题主要有两大焦点。一是大乘佛学的本体论，学者们广引经论，或发挥般若中观的思想，认为世界万有本体为空，世俗认识和外在世界虚幻无实；或发挥唯识学说，认为世界万有唯识所变。二为大乘佛学的心性论，论证达到觉悟的内在根据。杨维中《中国佛教心性论的四种范式及其比较》一文认为，成实与三论学者沿续和发展两晋般若本体论，继续深入探究，因成实学派没能上升到空有相即不二的立场，最后被三论学派取替。地论、摄论学派论证世界万有以心识为本体，并探讨心性善恶、觉悟的内在依据。涅槃学派主要论证心性，心性论代表了南北朝以下佛学思想界的时代思潮。还有一部分学派在释经的同时，也在摸索探寻自己的新路，创造性地建立自己的佛学体系，并在不断地完善这种体系的过程中，确立自己的传承道统，以打破印度佛学的传统，向完善的中国佛学宗派过渡，成为隋唐时代中国佛学宗派创立者的先驱。如三论学派在罗什译出三论后就有研习者，至被称为"三论学之元匠"的吉藏确立三论学的正宗地位，并最终完成了三论宗的理论体系，形成了自罗什经僧肇至吉藏的三论学的道统。《法华》《楞伽》《华严》《四分律》及"净土"诸经的研习者，都在以后的发展中，表现了与三论学者大体相同的发展道路。

　　（三）成熟时期的佛典汉译催生隋唐佛学

　　隋唐两代是中国佛学思想发展成熟的时期，这体现在佛学与汉地儒、道二家已经拥有鼎足而立的社会文化地位。这一时期，先后形成由中国人士自己创立的带有鲜明民族特色的天台、三论、唯识、华严、律、密、禅、净土等八大宗派。另外还有属于小乘佛教的俱舍和成实二宗，实为十大宗派。这些宗派在对佛学义理准确理解的基础上，对各自的佛学体系、修行解脱理论等都作了系统的论述，形成了各家独特而完整的思想学说，标志着佛学民族化过程最终完成。毋庸讳言，这首先得力于翻译的忠实准确与翻译艺术的圆满成熟，不仅是因为各宗派依据的经典出自译经大师之手，重要的是创宗者本身即是译经大师，或译经执笔。如三论宗依据鸠摩罗什译籍《中观论》《百论》《十二门论》研究传习而建立。瑜伽宗依据《解深密经》《瑜伽师地论》《成唯识论》等。玄奘大师译传此宗并糅译十师之说为《成唯识论》，故此宗又称法相唯识宗。天台宗以罗什译籍《法华经》《大智度论》《中论》等为依据。贤首宗以《华严经》为根据，创始人法藏曾参与《华严经》翻译。禅宗初祖达摩以四卷《楞伽经》传于二祖慧可，弘忍、慧能又传《金刚般若》，以后更有《坛经》和许多"语录"。净土宗依《无量寿经》等提倡观佛、念佛，初祖为慧远。律宗依《四分律》，由终南山道宣律师一系所立。密宗教义在唐代由善无畏、金刚智、不空等传入中国，从此修习传授形成密宗。此宗依《大日经》《金刚顶经》建立三密瑜伽，事理观行，修本尊法。玄奘、义净、不空等为代表的唐代诸译家，一方面致力于前期经典的重译，澄清旧译中的理论议题，一方面又将印度最新的佛学思想及时传入本土，准确而系统地将印度佛学界教义理论输入中国，催发隋唐佛学的诞生。

1. 玄奘的译经与佛学贡献

玄奘是佛学家兼译经家，被誉为"正遍知"和"法门领袖"，他一生学佛的最终目的是为了弘法，弘法的重要内容是译经和创宗。他在西行前即表示到印度要"展谒众师，秉承正法，归还翻译，广布未闻，补像化之遗阙，定玄门之指南"。又说："玄奘往以佛兴西域，遗教东传，然则胜典虽来而圆宗尚阙，常思访学，无顾身命。"（慧立、彦悰《大慈恩寺三藏法师传》）说出了他不满意中国佛学现状，而要重翻经典，开创圆宗，弘布正法的愿望。谢重光在《玄奘译经和创宗事业述略》中说："玄奘译经，计划严密，每阶段以一种重要经论为中心，围绕中心安排译事，称为正译。正译之余，再译出《因明论》《理门论》等经论，总计译出大小乘经、律、论七十五部，一千三百三十五卷。"此外，玄奘还把老子《道德经》及在印度久已失传的马鸣《大乘起信论》译成梵文，传播印度。在译经的基础上，玄奘创立法相宗，继承印度佛学究竟之说。法相宗着眼于研究佛法和实践佛法，深究唯识论真谛和因明逻辑，其所建立的"三自性说""唯识无境""五种性说""五位百法""因明学说""五重观法"等义理对后代佛学产生了极其深远的影响。律宗创始人道宣专弘《四分律》，在理论上吸收了玄奘新译唯识学的观点，以阿赖耶识所含藏的种子（功能）思心所（意旨作用）为戒体，称为心法戒体论。晚明思想家王夫之精研法相宗的基本概念，认为审美思维不是比量，而是现量。清代思想家龚自珍在《发大心文》中运用因明三支比量，愿"久远超出因明、内外五明，神明第一"。谭嗣同研习唯识思想，在发展"仁"的哲学概念时，把"仁"看作"唯识"，以及这种思想与整个事法界的"无碍"相"通"。章炳麟研究因明逻辑，在其《原名》中把因明三支论式界定为辩论言说的完善辩式，认为"辩论言说的最好方式是，先列出论题，然后寻找论据来论证。印度因明的宗、因、喻推论式正好符合这一理想模式。"此外，欧阳竟无、韩清净、太虚等研究法相唯识学，熊十力《新唯识论》以新儒家学说重新诠释唯识学，也都是玄奘学说的影响。

（1）玄奘的译经

玄奘译经，始于贞观十九年（645 年），止于麟德元年（664 年），前后二十年。谢重光《玄奘译经和创宗事业述略》一文认为其间分为三个阶段。第一期从贞观十九年夏到贞观二十三年，以《瑜伽师地论》部帙最大，共一百卷。大乘有宗瑜伽行派经论是玄奘最为重视的经典。同时又译出瑜伽行学派的"一本十支"，这是法相宗的十一部重要论书，穷源尽委地介绍了此派《地论》《摄论》说的全貌和真相，由此奠定了《瑜伽师地论》在唐代佛学中的崇高地位。第二期从贞观二十三年至显庆四年，译出《大乘广百论释论》《说无垢称经》《阿毗达摩俱舍论》以及《成唯识论》十卷，近五百余卷。第三期从显庆五年至临终，以译《大般若经》为中心。玄奘是法相宗创始人，因此无论是印度求经的动机，还是回国后关于法相唯识学的翻译与研习，其治学重点都在于瑜伽行派有宗一系经论，如《解深密经》《唯识二十颂》等。但玄奘的思想与学说并不局限于他所致力传播的唯识学，他是从法相唯识学入手去探索佛学，而集般若（中观）瑜伽之大成，融有空于一体。玄奘以汉地学人重视般若，便在他译经生涯的后期译成集空宗理论之大成的中观般若学经典《大般若波罗蜜多经》六百卷，体系庞大，思想完整，包罗甚广，远远超出了当时佛学界有关般若部类的知识范围。其中有四百八十一卷是玄奘新译，其余各卷中分别融入了无叉罗与竺叔兰、竺法与护聂承远、鸠摩罗什、支谶、支谦、施护、月婆首那、僧伽婆罗、翔公、菩提流支、真谛、达摩笈多、义净、菩提流志等人的译本。《大般若波罗蜜多经》的翻译是与他在《会宗论》中调和空、有两派的主张相符合的。此经的中心思想是讲"性空幻有"，认为一切事物都是因缘和合而成，假而不实，本身并没有一个常一自在的自性，所以叫"性空"。然而自性虽空，因缘关系却是存在的，只是幻化不实而已，所以叫"幻有"。这种"性空幻有"的道理，能使人真正契合世界的实相，得到解脱。《大般若波罗蜜多经》在印度十分流行，先后成为印度佛教大乘中观派和瑜伽派尊崇的基本典籍。在中国译出后被当作"镇国之典"。玄奘的新译在质量方面远超前人，译本严格忠实原著，不增不减，文笔圆通，这就使本土学者完全可以正确而全面地了解性空思想学说。比之罗什，玄奘梵汉兼备，学理精通，正是彦琮所追求的那种"得人"。尤其是玄奘翻译态度严谨，据《大慈恩寺三藏法师传》载：

> 至五年春，正月一日，起首翻《大般若经》。梵本总有二十万颂。文既广大，学徒每请删略。法师将顺众意，如罗什所翻，除繁去重。作此念已，于夜梦中即有极怖畏事以相警诫。或见乘危履险，或见猛兽搏人，汗流战栗，方得免脱。觉已惊惧，向诸众说："还依广翻。"夜中乃见诸佛菩萨，眉间放光，照触己身，心意怡适。……不敢更删，一如梵本。

传中还记载说："法师于西域得三本。到此翻译之日，文有疑错，即校三本以定之。殷勤省覆，方乃著文；审慎之心，自古无比。"这种"殷勤省覆""著文审慎"的精神使玄奘译文不管是在内容的准确上，还是形式的完整上都超出了前代。冯友兰指出玄奘的翻译是"忠实输入不改变本来面貌者"（《冯友兰中国哲学史审查报告》）。

（2）融合中观、唯识，完善"中道"学说

从玄奘所译佛典，可以看出其思想的包容性、完整性与圆通性。他不拘泥滞守于单一的某一派，而是综合各家，融通诸学，对印度各派佛学思想兼收并蓄，兼取并用，对中外思想，融会贯通，真正具有"中道"品质。

唯识学典籍很早就传入中国，六朝梁代时翻译及研习者众多，并形成"摄论"与"地论"两大学派。"摄论"派以真谛所译（563年）无著《摄大乘论》为主，属于真谛"实尽输入世亲学之真传"（汤用彤《汉魏两晋南北朝佛教史》）；"地论"派以菩提流支、勒那摩提等翻译（508年）的世亲所作《十地经论》为主。因此译为二人别译，所以"其间隐没，互有不同"（慧皎《高僧传》）。《摄大乘论》与《十地经论》同是无著、世亲兄弟一系的瑜伽学说，思想初无二致，但传入中土后却形成两派对立之势。当时虽有学者同时精习《摄大乘论》与《十地经论》并试图融合，但并未能真正弥合其思想分歧。面对这种同一学说而理解纷争，玄奘觉得应进一步深入了解。同时，他感觉到当时所流行的经籍如《涅槃经》《瑜伽地师论》《俱舍论》等，或者是翻译不善，或者是翻译不全（真谛译《十七地论》仅五卷，只相当于《瑜伽师地论》中《五识身相应地》《意地》二地，只有后来玄奘所译百卷的二十分之一），而有探索原本重新翻译的必要。这是玄奘西去印度学佛的初衷。尤其是针对当时国内佛学界在"佛性论"上争论的热点，即"当常""现常"这两种说法的差异疑惑不解，无所适从，便认为可能是由于佛经翻译上的舛误所造成，遂立志西行亲求佛经原典，以释疑惑。在印度，玄奘从戒贤学习《瑜伽师地论》，从胜军学习《唯识论》，同时还兼修有部与中观学派的著作，旁及大小乘毗昙各论。《旧唐书·方伎列传·玄奘传》说他"大业末出家，博涉经论，尝谓翻译者多有讹谬，故就西域广求异本，以参验之。……在西域十七年，经百余国，悉解其国之语"。在印度，玄奘的中观学与瑜伽学均得两派学说的真传，尤精两派丰富而深刻的辩证法思维方法。他针对认识的主观与客观的关系，把一心分为二，一为客观，一为主观，两者既是对立的，又有密切联系的关系，不可截然划分。这样从对立的统一或同一（辩证法的核心）的观点上立论，显示了其思维方法的辩证性，使佛家哲学的精义经玄奘发挥到极尽精微的地步。因此范文澜指出，"法相宗讲心、性、情、意识、中道、三学"，"在各宗派中最精最密"。（《论佛教的真面目》）尤其是玄奘在瑜伽学各方面又有很大的创造性发挥，真正使印度佛学在中国发扬光大并深刻地影响了中国文化。

　　田光烈《玄奘大师与世间净化论》一文中指出：早在印度，中观和瑜伽两派一向是对立的。两派争辩的焦点，是在对真理的相对看法的二谛有无上。中观从孤立的一重二谛上观察世界，以为瑜伽派主张现象界的实在（"俗谛"）是无，本质界的实在（"真谛"）是有；而中观派自己则主张本质界的实在（"真谛"）是无，现象界的实在（"俗谛"）是有，所以两不相融。玄奘在印度时，曾撰《会宗论》三千颂，为破斥瑜伽学说的中观学者所折服，最终融会中观与唯识两派。他指出，真理的二谛的理解是有层次的，到了认识真理（"见道"）的阶段以后，在面对真理（"实证"）的过程中，所谓现象界的实在（"真谛"），有是本质界的实在（"真谛"）的具体体现。它同本质界的实在（"真谛"）一样的是有，一样的是无，不可拘执有无，这就是中观与瑜伽两派的共通之处。从这样的理解来沟通中观与瑜伽两派，表明玄奘在"空""有"这类重大哲学问题上的兼容性，真正达到了"中"的境界。梁启超说："会通般若（中观）瑜伽，实奘师毕生大愿，观其归后所译经论，知其尽力于般若，不在罗什下也，惜梵本《会宗论》未经自译耳。"（《支那内学院精校本玄奘传书后》）事实上，龙树、无著均通《般若》《华严》，"皆对一切有而明空，皆对方广道人而明中道。二家之

学，先后融贯，不过一相三相立说方式不同"。(吕秋逸《复熊十力书七》)
缘起论或唯识论是无著瑜伽学的中心思想，实相论或唯智论是龙树中观
学的中心思想，二家学说实相即相贯，殊途同归。玄奘沟通二家，融合
"空""有"，弥缝其间，使学术思想不局限于无(中观)或有(瑜伽)，从而
缔造了玄奘哲学思想中的辩证法。

(3)博大精深的辩证思维体系

作为佛学大师，辩证法是玄奘学术思想中最优异的部分，也是他始
终能够以"中观"的精神融会各家学说，自成一家之言，处理各种矛盾的
思想方法。比如他注重因明学的翻译和运用。智旭在其《因明入正理论直
解》中强调因明摧邪显正的作用，谓其"能立能破，能破则邪无不摧，能
立则正无不显，摧邪则偏计之我法俱破，显正则依圆之真俗并立"。吕秋
逸《因明纲要》说："慈氏而还，因明广用，依教成理，诸论并然。唐代玄
奘，东传其密，基泰以次，莫不穷研。以是译籍著书，处处如津，学人
索解，舍此无由。今时说者更比诸逻辑，称其周详。以为佛学精英，唯
识因明二美斯并。"赖永海在《中国佛教通史》中指出，因明学发展到玄奘，
已不仅限于辩论和论证的作用，而成为讨论认识的起源、发展与作用的
认识论，到这一最高阶段就与辩证法接近了。他在那烂陀寺学习时，当
时那烂陀寺的全部佛学约分为毗昙、因明、般若、戒律、中观、瑜伽等
六科。这六科可概括佛学的全部，而这六科玄奘不仅都有传译，并都有
极深湛的研究，这就使得他的思想可以远离局限和偏见，达到圆融的境
界。特别是因明与瑜伽是玄奘的独传之学，反映了他学术思想的辩证精
髓。智升《开元释教录》记载，玄奘在高宗显庆四年十月译出《成唯识论》
一书，它不是根据任一梵文原本翻译的，而是玄奘自己以其"晚年定论"
的哲学思想为裁决标准有所取舍而杂糅编译的、体现玄奘哲学思想的总
结之集籍，集中而深湛地反映了玄奘哲学思想中之辩证法。他在印度期
间，不但精通了内典，而且也精通了婆罗门教"吠陀"经典以及印度逻辑
学(因明学)、文字音韵学(声明)、医学(医方)、工艺学(工巧)等，成为
五印景仰的大师。尤其是全部佛典中的重要经典都是来自亲传，这就保
证了他学问的正宗和纯粹。特别是玄奘治学不仅内外兼通，而且在佛经
内部也各派融合，不局限于一家，这又使得他的哲学思想圆通无碍，能
够兼容并包，毫无拘执。

范文澜《中国通史简编》第九章《佛经的翻译》中认为，佛典汉译，是
移植；创立宗派，是改造。所谓"移植"，就是原原本本原封不动的培植；
而改造，是在准确依据原典思想并结合本土思想文化的发挥和创新。二

者都是佛学"中国化"过程中不可或缺的条件，没有准确的翻译，创造便失去了依据；没有创造性发挥，翻译引进的外来思想不能与本土文化结合，不能被本国人士吸收，最终仍然是别人的。以般若学说在中土翻译的三个阶段为例，可以说明翻译与创新对于佛学中国化的关键作用。第一个阶段的翻译在忠实与译文的质量上存在着严重问题，导致中土学人的误解，这就不可能准确地把握般若理论的真实含义，因而也就没有任何思想创造，大多只是将般若与玄学并谈，那些谈佛学的名士文人也往往不是纯粹的佛学家，所谈也非玄非佛，亦玄亦佛。在第二阶段，由于罗什本人对义理的精通，所以他的传译是很准确的。但由于罗什所传限于龙树、提婆二人学说，致使中土人士不能了解无著、世亲的新发展，这是罗什所无法解决的，所以当时的佛学虽有创造性，但多限于空宗学说。特别是这种空宗思想发展到一定阶段，理论上暴露致命弱点，致使佛学难以继续发展，这就有待于玄奘的翻译了。在第三阶段，由于玄奘博宗诸家，义理精深，使其传译正确无误，体系完整，译文精湛。田光烈《玄奘大师与世间净化论》说："玄奘在其毕生所译的一千三百余卷佛典中，并不单是属于某一派或某一家之言，而是系统地把全部有关佛学的哲学与逻辑的各方面都次第传入。"正是玄奘的翻译和研究，中国佛学至此已经发展到了全面成熟的阶段，不仅天台宗、三论、唯识诸宗创造出具有完整的理论体系，华严与禅宗也已确立了相当成熟的核心思想。

2. 隋唐佛学成就

隋唐时期，承续隋代政治由分到合的环境，国力昌盛，朝政重视佛学文化事业，译经处于历史高峰等多种因素，使隋唐的佛学思潮成为中国思想史上的文化焦点。谈中国学术思想史的时候，到了隋唐就只讲佛学了。佛学与诸子百家、汉代经学、魏晋玄学、隋唐佛学、宋代理学、明代心学、清代朴学一道构成中国学术思潮历史。又与文学创作从《诗经》《楚辞》、先秦叙事说理散文、汉赋、唐诗、宋词、元曲到明清小说组成两条平行线，相互激荡，构成中国文化大貌。潘桂明《中国佛教思想史稿》认为，隋唐两代，虽然从社会历史角度是两个阶段，但佛学在隋唐时代臻于鼎盛，共同形成四大特性：统一性、国际性、独立性、系统性。统一性是指隋唐时期，佛学在中国能够在理论和宗教两方面臻于统一。如华严的"一真法界"本为其根本理论，而其"法界观"则为禅法。天台宗也原是重禅一派，所尊奉的是《法华经》，其理论也是坐禅法，即"法华三昧"。法相唯识，本为理论系统，但也有瑜伽观行。禅宗虽重修行，但也有很精密的理论。这都表明隋唐佛学已定慧并重。当时的思想及佛教学风是"破斥南北，禅义均弘"（《智者大师别传》）。而此前，南北佛学分化。南方佛学以魏晋以下的玄学为主导，重玄理研究，表现在清谈上，以及理论上激烈的讨论，佛学中心势力在士大夫中。而且依然认为佛教学理和固有的玄学理论没有本质上的不同。玄学本比汉代思想超拔玄远，所以南方学术求新，北方守成。如道生因孤明先发提出"一阐提也能成佛"和"顿悟"，被北方学界摈弃，但到了南方仍可流布。北方为汉代旧学残存之地，仍多承袭汉代阴阳学、谶纬学，重仪礼程式、修行坐禅及造像艺术，又因北方重信仰，佛学的中心势力在信众。国际性是指隋唐仅次于印度，成为当时亚洲佛教中心，外国人求法，往往来华，不一定去印度。独立性指这时的佛学已不是中国文化的附庸成分，它已能自立门户，也不必借皇帝和士大夫的提倡，便能自主流行。更重要的是，佛学大师已经多为中土人士，他们能够独立自主地主导中国佛学。这与南北朝时大师都是西域或印度学僧全不相同。如南朝末年法朗是中国人，隋唐天台智者大师是中国人，唐法相宗大师玄奘是中国人。系统化指隋唐佛学大师运用判教理论以及科判方法，系统组织佛学不同派别及互异的经典，使各学说和各经典都有相应地位，由此才有隋唐宗派成立。而前南北朝时，只有学说上的学派。而宗派对于佛学理论有着自己的理解，并有自己的历史和谱系。这种宗派意识，使唐朝佛学系统化。同时，佛学与外学，经过数百年的儒化与融合，确立了以儒为基础，以佛、道为羽翼的文化格局。三教合一成为社会共识，此即"圆融"。

（1）隋唐佛教宗派与隋唐佛学

隋唐以后，中国佛学就展现了一种新的姿态，那就是最能反映中国佛学特色的宗派相继创立。佛学经过长达六个世纪在中国传播的历史积淀，使中国佛教学者在隋唐时代有条件充分地发挥自己的创造性，诞生一大批知识渊博、德操高尚的佛学大师，他们以对中国佛学独特的理解和精湛的佛学著述，创立了中国佛教宗派，完成了佛学中国化的历史进程。这些宗派主要有智𫖮所创天台宗，吉藏所创三论宗，信行所创三阶教，道宣所创律宗，玄奘奠基窥基建立的唯识宗，善导所创净土宗，法藏所创华严宗，开元三大士善无畏、金刚智、不空所创密宗，神秀、慧能所创南北禅宗。这些佛学宗派形成"隋唐佛学"，他们派深研义理，建立各自的思想体系，将中国佛学发展到成熟，完成了佛学中国化历程。

天台宗是中国第一个佛教宗派，是吸收印度和中国各派思想，重新加以系统地组织而形成的思想体系。它尤其将佛学教义加以精密调整，发展了大乘圆教理论，展示了中国独创的大乘思想。天台宗以《法华经》

为本宗信奉对象和主要理论依据，智顗著《法华玄义》《摩诃止观》《法华文句》，称作"法华三大部"。天台宗教义有四大理论："诸法实相论""三谛圆融""一念三千"和"性具善恶"。"诸法实相"谓一切事物和现象都是本来自然存在，圆满自足。"三谛圆融"认为一切事物和现象都由各种条件聚合而形成，没有永恒不变的实体，是"空"；但是当各种条件具备的时候，这些事物和现象又形象宛然、历历在目，所以是"假"，因此既要看到"空"，又要看到"假"，而不能固执地偏执于一端，这就是"中道"。"空""假""中道"又是互相联系，融合在一起的。"一念三千"认为在一念之中就完全地具备了宇宙间的森罗万象，无不圆满具足。"性具善恶"认为一切众生一念之中无所不包，一切善或者恶、杂染或者清净都是人天然具有的本性。

三论宗主要依据鸠摩罗什所译《中观论》《百论》《十二门论》研究传习而建立，实为印度龙树、提婆中观学说的直接继承，其教义以真俗二谛为总纲，以彻悟中道实相为究竟。"谛"即真实意，从法性理体说为真谛，从缘起现象说为世俗谛。从俗谛说事物是有，就真谛说诸法是空，所以又叫空有二谛。真俗不二就是中道，也叫诸法实相，这就是此宗的中心思想。三论宗着重从真空理体揭示一切世出世间染净诸法缘起无自性，五阴十二处等虚妄不实，彻底破除迷惑，从而建立起无所得的中道观，以求实现其无碍解脱的宗旨。罗什所译《中观论》《百论》《十二门论》及《大智度论》本是一个严谨的思想体系，属于大乘中观学派的基本著作，所以合称"四论"。僧叡针对这几部论的特色说："《百论》治外以闲邪，斯文（《中论》）祛内以流滞，《大智释论》之渊博，《十二门》观之精诣。寻斯四者，真若日月入怀，无不朗然鉴彻矣。予玩之味之，不能释手。"可见该"四论"是一个整体，所以在北方有"四论学派"，以其对《大智度论》的足够重视，而成为"大论众"，又称"智论学派"。而吉藏只以"三论"创宗，放弃《大智度论》，显然是照顾到中土人士喜好简略的特点。因为《大智度论》据僧叡《大智释论序》说："论之略本有十万偈，偈有三十二字，并三百二十万言。胡夏既乖，又有烦简之异，三分除二，得此百卷。于大智三十万言，玄章婉旨，朗然可见，归途直达，无复惑趣之疑。以文求之，无间然矣。……胡文委曲，皆如初品。法师以秦人好简，故裁而略之；若备译其文，将近千有余卷。"

中土禅宗由于有南北之分，所以真正的创宗人也只能以南北论。北宗当为神秀所创，南宗当为神会所创。禅宗的"禅"即静中思虑，即将心专注在一法境上一心参究，以期证悟本自心性，名为参禅，所以称禅宗。

从禅学上论,"教外别传"的禅宗传习达摩所创直指心性的顿修顿悟的祖师禅。禅宗虽单传心印,不立文字,但达摩以四卷《楞伽经》传于慧可作为印心的准绳,弘忍、神秀及慧能又弘持《金刚般若经》,这样,《楞伽》《般若》便是此宗的经典依据。以后更有《六祖坛经》和许多"语录",可见禅宗经典甚多。禅宗自创立,一直十分兴盛。后分为南北两宗,北宗神秀主张渐修,南宗慧能主张顿悟。南宗分出南岳怀让和青原行思两大支系,这两大支系又分成"五宗七派"。这五宗七派主要是禅学风格有别,其佛学意旨没有差别。它与东晋时代"六家七宗"不同,这是佛教学者对于般若性空的不同解释而形成的佛学派别。六家七宗各出异义,纷纭不一,都不符合佛学原意。

印度佛学,不论大小乘各派,甚至佛教以外的宗教,都很注意禅定的宗教修养方法,但在印度没有相当于中国禅宗的宗派,印度大乘佛学中的禅定只是六度之一,禅宗纯粹是中国佛教的产物,是佛学中国化的典型。禅宗的重要特色是在教义上结合儒家心性论、道家修养论和中国本土宗教仪式,完成了佛学中国化。在理论创造方面,禅宗有自己的特色,不提倡烦琐的读经修佛方法,而主张"不立文字","以心传心",且由"渐修"过渡到"顿悟",提出"一念相应,便成正觉"的"顿悟成佛"学说,并发展了"人人皆有佛性"理论。禅宗主张发"四大弘愿",普度无边众生,断除无边烦恼,学通无边法门,成就无上佛道。提倡抑恶扬善,破迷归明及"三无"修道方法。由此形成禅宗围绕修习佛道严密的理论体系,既规定了崇高的修习目标,也指出了严格的修习方法,从而保证了佛门子弟不流入俗套,不落入迷妄,能自觉地在"明心见性"中做出成绩。

三阶教由信行(540—594)创立,信行十七岁时依法藏寺出家,博览佛学经典,对佛法具有自己的独特看法,又注重修持。信行的著作,费长房《历代三宝记》载有《对根起行法集录》和《三阶位别集录》,窥基的《净土要诀》和怀感的《释净土群疑论》中还载录了信行的部分思想。三阶教的思想体系由普法思想、无尽藏构成及三阶划分构成。普法思想提倡普度众生为理想,而要普度众生,修菩萨行,比丘的生活方式对此有所限制,于是舍戒修头陀行。无尽藏提倡布施,积聚财物,用于修理寺塔、布施贫穷老病及寺院支出。无尽藏源自大乘菩萨诸无尽藏功德,尤其是"施藏"理论。三阶即按时、处、人而分。依时分三阶,分别以正法时、像法时和末法时为第一阶、第二阶和第三阶。依处而分三阶,以净土为第一阶,以秽土为第二阶,以众生之处为第三阶。依人而分三阶,则一乘为第一阶,三乘为第二阶,世间根机为第三阶。信行认为,他所处的时代,正值第三阶，第三阶的众生，不如第一阶的众生那样有戒有见，戒见俱不破，也不如第二阶的众生，虽然破戒，但不破见，而是戒见俱破，颠倒一切，凡是有正确见解的人，都灭尽了，众生都不持戒。这样，众生即使再读经也好，念佛也好，修禅也好，多半不能达到学佛的目的。这就必须要选择一种适应这个时代众生根性的佛法，即"当根佛法"，亦即信行的"对根起行"，按照众生的实际根性而有针对性传播佛法。这种当根佛法，信行称之为"普法"。据《对根起行法》，"普法"一是体普，一切众生，不论凡圣，都以如来藏为体，这实际上也是佛性论，一切众生都有佛性，不过被邪见覆盖住了。唐临《冥极记》载信行的话说：

> 今去圣久远，根，时久异，差以下人修行上法，法不当根，容能错倒，乃抄集经论，参验人法所当学者，为三十六卷，名曰《人集录》。……信行又据经律，录出《三阶法》四卷。其大旨，劝人普敬，恶认本，观佛性，当病授药，顿教一乘。

可见信行认为，佛陀涅槃已很久远，虽然群经浩瀚，想使后人在浩如烟海的法门里寻找一条出路，极为困难，于是他披阅群籍，孜孜寻觅，在各类的经典里整理出一部可谓"诸经精华录"的《集录》。这与道安在《摩诃钵罗若波罗蜜经钞》中提倡的译经"三不易"思想略同。道安说：

> 然般若经，三达之心覆面所演，圣必因时时俗有易，而删雅古以适今时，一不易也；愚智天隔圣人巨阶，乃欲以千岁之上微言，传使合百王之下末俗，二不易也；阿难出经去佛未久，尊大迦叶令五百六通迭察迭书，今离千年而以近意量裁，彼阿罗汉乃兢兢若此，此生死人而平平若此，岂将不知法者勇乎？斯三不易也。涉兹五失经三不易，译胡为秦，讵可不慎乎？

信行还说："问：'抄出三阶佛法，为经中有故抄出？为经中无故抄出？若尔，何失？若经已有，何须抄出？若经中无，何得抄出？'答：'有同而异，同故抄抄出，异故须抄出。异有三义：一者所为人不同；二者所说法不同；三者为人说法，广略，兼正不同。……今正为第三阶位人说出教义，兼为第一，第二阶下根人同说普真，普正佛法。又广，略不同，佛广说第一，第二阶，略说第三阶，今广说第三阶，略说第一，第二阶，故须别为第三阶人抄略……'"信行抄写群经的目的显而易见，第三阶位的人根机偏钝，抄出精要，便于修学。这又与慧远略抄《大智度论》一样。信行的主要著作《三阶佛法》的文字结构，信行本人也有说明："三阶一部，文有四重：大段、段子段，子句。大段文中，即道第一大段第二大段第三大段是也。提示中，即道第一段，第二段，第三段等是也。子段文中，无子段字。但道第一、第二，第三等是也。子句文中，亦无子句字，但道一者，二者、三者等是。若要细论之，文有六重，或有段内段，少故不说：或有子子句，多故不说。《三阶》一部，大段有三，段有十，子段有二十五，子句数多，或大或小，不可具说。"这是三阶教的根本著作四卷本的《三阶佛法力》的文字结构，第一卷第一大段，第二卷第二大段，第三、四合为第三大段，它的内容，就是三阶教。道宣评论信行著作说："初，信行勃兴异迹，时或致讥，通论所详，未汤甄别。但奉行克峭，偏薄不作，至于佛宗，亦另衢之一术耳。"(《续高僧传》)

湛如法师在《论信行禅师及三阶教》一文中指出，三阶教的创立是与当时末法思想有着直接关系的，根据《四分律》《中阿含》《杂阿含》，这种末法思想反复在经律当中提到，并演变为一种时代观。三阶教的佛学思想在某些方面冲击了当时的正统佛教，特别是其普法主张，在博遍经论基础上组织成书，反对空洞的理论，强调修行路线既简捷易行，而并不缺乏理论依据，发前人所未发，行前人所不行，这对于佛学中国化无疑具有促进作用。

律宗为道宣所创，主要研习戒律，特别是依声闻律部中的《四分律》。戒律是释迦牟尼佛为信徒制定的修行与做人的生活准则或行为轨范，在佛学中具有十分重要的意义，因此佛陀在临涅槃时强调，佛在世时以佛为师，佛涅槃后要"以戒为师"。但是戒律始终在印度并没有独立为宗派，反而附属在各派的教义之下以多元形式呈现。道宣所弘《四分律》虽属小乘戒，但其文义通于大乘，所谓"分通大乘"。汉地崇尚大乘，以大乘教义解释律藏，摄小入大。律宗以《十诵律》《四分律》《摩诃僧祇律》《五分律》和《毗尼母论》《摩得勒伽论》《善见律毗婆沙》《萨婆多论》《明了论》等为基本经典，通称四律五论。将释迦一代教法判为化、制两教。化教为佛教化众生令生定慧的教法，即经论之所诠，如四部阿含、《发智论》和"六足论"等。分作性空教、相空教、唯识圆教三类。性空教摄一切小乘，相空教摄一切大乘般若，唯识圆教摄大乘《华严经》《楞伽经》《妙法莲华经》《大般涅槃经》。制教为佛教诫众生而对其行为加以制御的教法，即律教之所诠，如《四分律》《十诵律》等。又分为实法宗、假名宗、圆教宗三宗。实法宗即立一切诸法唯有假名的经量部等，以非色非心法为戒体。圆教宗即立一切诸法唯有识的唯识圆教等，以心法种子为戒体。律宗在三教三宗中属唯识圆教宗。史载释迦牟尼在世时，为约束僧众，制定了各种戒律。第一次佛教结集时，由优婆离诵出律藏。其后因佛教各派对戒律的理解不尽一致，所传戒律也有所不同。中国汉地翻译戒律和实行受戒，始于三国魏嘉平（249—254）中。时中印度昙柯迦罗来洛阳，见中国僧人只落发而未受戒，即译出摩诃僧祇部戒本，以为持戒的准绳。又请印度僧立羯磨法（受戒规则），创行受戒。正元（254—256）中，安息昙谛来洛阳，译出法藏部羯磨，从此中国僧众受戒即依法藏部的作法。东晋时又译出《摩诃僧祇律》《十诵律》等广律，用作行事的依据，以致受戒与随行不相一致。

唯识宗由玄奘译传而成立，是印度无著、世亲学说的直接继承，主要经典是《解深密经》《瑜伽师地论》《成唯识论》等，其教义以五法三自性、八识二无我为总纲，以转识成智转依为宗旨。唯识宗的理论重在佛学本体论和佛性论及其二者结合的研究。他们研究"识"，"识"即意识、观念、精神。唯识宗主要研究世间各种现象的根源和成佛的依据，深入分析诸法性相，阐明心识因缘体用，修习唯识观行，以期转识成智，成就解脱、菩提二果。他们认为世界并非绝对"空"，它有一种独特的存在，这就是"识"，即"万法唯识""一切唯识所现"，"识"是真实的存在，现象界的一切都由"识"变化而来，"境"由"识"生，"识"为"境"因。由此修正了大乘空宗"万法皆空""佛性本空"，否定对现象界一切存在的主张。唯识宗按照"五性说"阐发成佛理论。"五种性"指"声闻乘种性""缘觉乘种胜""如来乘种性""不定种性"和"无种性"。其中"无种性"人，是不能修成佛道的。所以唯识宗认为"一阐提人"无种性，永不能成佛。这就否定了《大般涅槃经》提出的"一切众生悉有佛性"，肯定"一切众生"皆可以修成佛道的主张。玄奘在印度时，曾同印度佛学家讨论过"一阐提"。当时有的学者劝他回国后回避它，但戒贤要求他回国后不得增减佛教义理，如实传播。玄奘回国后对窥基秘传"五种性说"。窥基发挥"无种性"基本思想，提出三类阐提说，一为"断善阐提"，二为"大悲阐提"，这两种"阐提"皆有成佛可能性。三为"无种性阐提"，不能成佛，因为产生"无种性阐提"的"种子"属于先天具有的"有漏种子"。以后，禅宗提出"一阐提人皆可成佛"，直接否定了唯识宗的观点。

净土宗一般以慧远为初祖，以往生极乐净土为目的。净土宗典有《阿弥陀经》《无量寿经》《观无量寿经》和《往生论》，称"三经一论"。净土思想发展至昙鸾（476—542），更富于义学理趣。他对于龙树一系的《智度论》

《中观论》《十二门论》《百论》等四部论及佛性义的研究特别有心得。慧皎《高僧传》记载，昙鸾读《大集经》时，感觉到经中的词义深奥不易悟解，随即着手写作注释。而这时感到佛学深邃博大，但生命短促，如果不获长年，便难完成一切志愿。他听说江南隐士陶弘景（456—536）精研神仙方术，学问渊博，深受梁武帝尊敬。即南游相访，陶弘景便授与《仙经》十卷。昙鸾即携经回到洛阳，又向菩提流支询问佛学中有没有胜过此土《仙经》的长生不死之法。菩提流支告以《仙经》比不上佛学，并且仙术也不能长生，即以《观无量寿经》授给他说："这是大仙方，依此修行，便能解脱生死。"昙鸾受了这一番教化，即把随身所带的《仙经》烧掉。从此精修净业，自行化他，逐渐得到信众的皈依。慧皎的记载实际隐含的意思是，汉地的文化思想及典籍，根本不能与印度相比。昙鸾的佛学著述有《大集经疏》《安乐集》《净土往生论注》《略论安乐净土义》等十种。其中《往生论注》是印度世亲的《无量寿经优婆提舍愿生偈》的注解，其间随处发表他的见解。其特创的见解，有二道二力、名号为体、往还二向等义。

净土宗实际创始人是善导（613—681），他提倡"称名念佛"法门，即《佛说阿弥陀经》所说"执持名号"，《佛说无量寿经》所说"一向专念无量寿佛"。就是称念"南无阿弥陀佛"六字圣号。称名念佛表面上是入佛的捷径法门，但念佛只是往生的外在条件，念佛的方法也有很多种，慧远以后多采取"观察"的办法，即专心思想、观察、忆念阿弥陀佛形象和极乐世界的美好庄严。可见，中国净土信仰本质上是中土人士深感汉地远离印度释迦牟尼故乡，不是佛学的发源地，佛学虽经翻译，但再好的译本，也不能替代原本。因而希望往生西方净土，直接聆听佛陀言教。汉译佛经浩瀚，佛陀的本意只有他本人最清楚。这应该是中土僧学提倡称名念佛的真正原因。而汉地西行学佛的大师后来都回到本国，他们或者翻译佛经，或者讲解佛学，但最终不能让国人放心，他们的佛学是否是真正的佛陀意旨。玄奘是译经大师，其译经质量受到众多好评，仍然有学者指出其译经不纯。且自中唐以后广泛流行净土，实为汉地人士对经过翻译的佛经的不完全信赖。所以此宗称不一定要通达佛经，广研教乘，也不一定要专修。道安早在《阴持入经序》中说："世不值佛又处边国，音殊俗异，规矩不同。又以愚量圣，难以逮也。冀未践绪者，少有微补，非敢自必析究经旨。"其实，西域来汉地的佛学大师也有这样的感慨。佛学大师鸠摩罗什在中国的译经事业已是无上的贡献，但他仍感到无法在中国再现能与其故土相匹的思想氛围，只有在那种环境中，他的佛学热情与才华才能得到真正的满足。慧皎《高僧传》载：

什雅好大乘志存敷广，常叹曰："吾若着笔作大乘阿毗昙，非迦游延子比也。今在秦地深识者寡，折翮于此将何所论。"乃凄然而止。唯为姚兴著《实相论》二卷，并注维摩。

罗什在异域之间存在着的这种心理上的隔膜以及表达出来的这种失望之情，表示他要写出一本超越迦游延子的大乘阿毗昙的愿望是无法再实现了，原因正是"秦地深识者寡"，缺乏知音所致。在罗什看来，译经往往只是在异域不得已的，用罗什的话来说，就是"自以暗昧，谬充传译"。佛学的成就还是要以印度佛学标准来衡量。而以此标准，只有写出论著，才算自成一家。所以他心目中理想的学者依然是在佛学的故乡。佛陀跋陀罗(359—429)于后秦弘始八年(406年)自龟兹至长安。鸠摩罗什(344—413)已于前秦苻坚建元十七年(381年)至凉州。二十年间，西域佛学发展很快。慧皎《高僧传》记载，佛陀跋陀罗与鸠摩罗什有一次关于佛学的对话，而佛陀跋陀罗认为罗什的佛学"未出常流"，同一般学佛一样，说明罗什佛学没有跟上西域的发展。道宣《续高僧传》记载，真谛曾三次启程，希望回到故国印度。第一次回国是在他刚译完《立世阿毗昙》十卷。当时，"真谛虽传经论"，却感到"道缺情离，本意不申"，郁郁不能得志，难以实现自己弘扬佛法的愿望，所以"遂欲泛舶，往楞伽修国"。由于"道俗虔请，结誓留之"，他"不免物议，遂停南越"，于是与僧宗、法准、僧忍等人核对以前所翻译的经论。第二次回国是由于"飘寓投委，无心宁寄"，又经弟子们再三劝阻，只好在建造寺翻译《谛节经》。第三次回国仍未成行。看到"西还无措"，就与慧恺等人一起翻译《广义法门经》及唯识论等。尤其是真谛留在中国翻译和传播佛学唯识宗思想的愿望也难以实现。道宣还指出，当时，反对真谛的人批评他所翻译和介绍的学说"言乖治术，有蔽国风，不隶诸华，可流荒服"。致使他的学说在陈代始终没有流行。他甚至几次想到了自杀，"厌世浮杂，情弊形骸"，"将捐性命"。他曾"喟然愤气冲口者三"，说："但恨弘法非时，有阻来意耳。"感慨自己弘扬佛法不能如愿。并说："大法绝尘，远通赤县"，立志日后要传播师傅的学说。智旭《参究念佛论》说：

然了义中最了义，圆顿中极圆顿，方便中第一方便，无如净土一门。何以言之？随其心净，则佛土净。见思净，超同居；尘沙净，超方便；无明净，超实报。故曰："唯佛一人居净土。"尚何不了之义？众生心念佛时，是心作佛，是心是佛，以一念顿入佛海。故曰：
"一称南无佛，皆已成佛道。若人专念弥陀佛，是名无上深妙禅。"岂
不至圆至顿？果德愿力不可思议，因心信力亦不可思议。感应道交，
文成印坏。以凡夫而阶不退，未断惑而得横超。又复三根普被，四
土横该，五浊轻净在同居，体空巧净在方便，三观圆净在实报，究
竟觉净在寂光。尚无等者，刹或过之？是名不可思议功德，世间难
信之法也。

又说：

> 　　心、佛、众生，三无差别。果能谛信，斯直知归。未了之人，
> 不妨疑著。故"谁"字公案，曲被时机，有大利亦有大害。言大利者，
> 以念或疲缓，令彼深追力究，助发良多。又未明念性本空，能所不
> 二，借此为敲门瓦子，皆有深益。必净土为主，参究助之，彻与未
> 彻，始不障往生。言大害者，既涉参究，便单恃己灵，不求佛力，
> 但欲现世发明，不复愿往。或因疑生障，谓不能生。甚则废置万行，
> 弃舍经典。古人本意，原欲摄禅归净，于禅宗开此权机。今人错会，
> 多至舍净从禅。于净宗翻成破法，全乖净业正因，安冀往生彼国？

因为"了义中最了义，圆顿中极圆顿，方便中第一方便，无如净土一
门"，"唯佛一人居净土"，所以"古人本意，原欲摄禅归净"。

华严宗阐扬《华严经》，其实际创始者为法藏（643—712）。法藏像支
谦一样，祖籍西域康居国，但本人生于汉地，出家后即精研《华严》，撰
有多部佛学注疏。华严宗的主要教义是"法界缘起"理论。"法"指事物，
"界"指分界和类别，也有原因、体性意。总合一切事物称为"法界"。华
严宗通常用"法界"指称万物本原、本体，即"如来藏自性清净心"，认为
宇宙间万事万物都从"如来藏自性清净心"生起。在这个过程中，作为本
体和原因的"如来藏自性清净心"并不孤立在万物之外，而是普遍深入地
存在于一切事物之中，并构成它们共同的本质。由此万事万物互相依赖，
圆融无碍，处于重重无尽的联系之中，因此又称"无尽缘起"。华严宗还
用理事、体用、本末、性相、一多等范畴来说明世界的本原本体与具体
事相之间这种相即相入的统一关系。认为真理（本体）普遍地内在于具体
的万事万物之中，万事万物也因此而完美巧妙地互相联系、互相渗透在
一起。华严宗重重无尽、法界圆融的思想，虽导源于《华严经》，而实际

为中国学者所独创，其法界缘起、一切无碍的学说都极大地发展了印度传来的大乘思想。

密教本是公元七世纪以后，印度大乘佛教的一些派别如中观、瑜伽等与婆罗门教相结合的产物。密宗教义由善无畏、金刚智、不空等传入中国，从此修习传授形成密宗。此宗依《大日经》《金刚顶经》建立三密瑜伽，事理观行，修本尊法。本尊指学者选择自己最敬爱最尊崇的一尊佛、一位菩萨或者一位明王作为学习成就的对象或榜样。要成就本尊的所有功德智慧，就要修习三密瑜伽法。三密即身、口、意三业，瑜伽又译为相应。三密瑜伽，即三业相应。也就是修行者自己的身口意与本尊的身口意三业相应。

佛教依释迦牟尼所创，本是一味的，但随着历史的发展和演变，其教理愈加丰富繁杂，产生了深浅不同的义理。又由于接受者的程度或根性高下不一，以及生存时代与生活环境的差异，对于佛学的看法，也因人而有不同的解释。佛经中说："佛一圆音演说法，众生随类各得解"。佛的十大弟子中，他们各有一种第一的特殊的性格，即各有专功。所以，佛涅槃后的四五百年间，在印度境内的小乘佛教就已分有二十部派之多。中国佛学各宗派都是中国佛教学者译经、诠释印度经典的产物，其根本依据没有偏离佛所说的教法。每派都有其完备的体系和经典理论依据。有学者说，这些宗派中，唯识近于科学；三论近于哲学；华严及天台近于文学；真言、净土及禅宗近于美学；律宗近于法学。星云大师《从佛教各宗各派说到各种修持的方法》以一偈表达各宗的性格："密富禅贫方便净，唯识耐烦嘉祥空。传统华严修身律，义理组织天台宗。"自晚唐以下的中国佛学，禅宗始盛，继而禅净合一，最终以净为主，完成了佛学内部融合。至宋明理学，佛学完全融入传统学术思想。

（2）隋唐佛学的体系

隋唐佛学宗派注重理论探索，重视创建新体系。各宗都以相应的经典为宗本，深入研究和探索佛学义理。尤其是在佛教理论论辩中，既表现出各宗的优势，也揭示出佛经中存在矛盾，由此使佛教学者深入开展追根寻源式的理论探索，使隋唐佛学自成体系。这种体系首先表现为般若学向涅槃学的转型，并逐步成为整个佛学研究的主潮，这也是隋唐佛学最重要的特征之一。尹德蓉说："魏晋时代，佛学争论的核心是佛的本体。隋唐时期，佛学各宗派解决的主要问题是如何成佛，理论的中心从魏晋本体曲折的肯定转向中国僧侣成佛道路的探索。"（《从历史演进论佛教中国化》）魏晋玄学从两汉经学发展出"本""末"之学，将宇宙生成论发展到哲学本体论的高度，以调和名教与自然。受到玄学影响，佛学本体理论成为关注重心。而隋唐佛学并不满足于对佛学本体的研究，如智顗天台宗、吉藏三论宗、玄奘法相宗等许多宗派都把佛性学说作为其重要的理论支柱。罗宗强在《隋唐思想史》中指出，天台宗综合南方文学和北方禅宗的成果，明确强调"心"体的作用，提出"一心三观"学说，认为一心包括了中观、客观和假观三种认识；又建立"一念三千"理念，主张心体在一瞬间的运动变化，包括了过去、现在和未来三千世界无穷的运动。僧侣的"止观"，就是为了认识这种"佛心"，达到成佛的境界。华严宗论法界缘起，把天台宗的"心"和"止观"连成一体，把一心划为事法界（客观现象世界）、理法界（主观本质世界）、理事无碍法界（客观现象与主观本质并不违背）、事事无碍法界（客观现象都是主观本质的产物，因而没有区别），并通过四种法界肯定现存的社会意识。同时，主张"因缘"与"自然"相结合。佛学"因缘"说是解释事物生成并证明事物"空性"的重要思想，它认为"一切法因缘生"，并以此为依据说明一切事物一切法的虚幻不实。主张"自然"是道家的思想。在印度，佛教学者为申明佛学的宗旨，特别强调"因缘"观，反对外道的"自然"观。因为一旦承认"自然"，就应该有一个"自然"的本体，承认"自然体"的真实性，就与佛学的基本原理相悖。这实质上也就是"空"和"有"的对立。隋唐佛学界已不再从"有""无"对立的角度看待"因缘"与"自然"的对立，而是努力超越这种对立。

正是因为隋唐佛学在"有""无"对立上的消解，使得隋唐佛学表现出博大和圆融。佛学思想上的圆融，实际上也影响了译经以及译经评论对圆融的重视。所以，隋唐的译经评论中很少有"文""质"对立的观点。如吉藏《三论玄义》从"中道"思想出发消除了两者的对立，把"自然"与"因缘"置于同样的地位，并把道家的自然世界观引入佛学。法藏也在《义海百门》的《实际敛迹门》中说："一切法，皆不自生，亦不他生，故无自他也。""无自他"即"无分别"，这是般若学的基本观点之一。法藏曾参与玄奘译经，深研东晋译本《华严经》。武则天时，于阗实叉难陀携带梵本《华严经》来洛阳，奉敕翻译，法藏担任笔受，完成新译《华严经》。法藏先后讲解新旧《华严经》三十余遍。所撰《金师子章》囊括了华严宗的基本理论和判教说法。法藏运用这一观点的本意是为了强调心尘两泯，而"不自生、不他生"的思想，与西晋时郭象所阐发的"独化"论很接近，而正是《楞严经》所批斥的承认"自然体"的"外道"思想。后来的佛学者，不仅主张超越"因缘"与"自然"对立，进而主张将"自然"和"因缘"统一起来，以统一来实现超越。如神会从人人佛性都是自足的思想出发，主张"自然"

与"因缘"的统一，他认为否定"自然"也就否定了佛性的自足，否定了人人皆可成佛的依据。胡适在《中国中古思想小史》论隋唐时代思想时曾说，唐时期佛学的发展受到道家自然世界观的影响。

其次，隋唐佛学的体系表现为本体论的实体化趋向。佛教从产生之时起就重视"空"的观念。般若学发展了"空"的思想，从主体和客体两个方面突出了"空"的观念，即一方面认为事物本身就是无自性的存在，即"当体即空"，另一方面认为人们对事物的认识犹如镜中看花、水中看月，同样虚幻不实。中观学派对般若"性空"思想又作了进一步发挥，并提出"缘起性空"理论。龙树在《大智度论》中说"未曾有一法，不从因缘生。是故一切法，无不是空者。"他认为由于任何事物都是"因缘"而生，因此事物的本质在缘起上就是"空"。他还在著名的"三谛偈"中以"缘起性空"理论说明"中道"："众因缘生法，我说即是无。亦为是假名，亦是中道义。"青目在解释"三谛偈"时说："众缘具足和合而物生，是物属众因缘，故无自性。"（《中论》）这种以非存在为基础的本体论思想，与中国文化精神是不相吻合的。中国文化的特点之一是富于实践理性，与这种精神相一致的是在哲学上承认实在、实有的世界观成为占主导地位的世界观。唐代的佛学大多主张本体论的实体化。如唐代元康在解读僧肇《肇论》时说："肇师假庄老之言，以宣正道。岂即用庄老为法乎？必不然也。"他对于《肇论》中使用的老庄典故，常注以"今借此语为用也""今借此语名至理也"（《肇论疏》），表明他严格区分了佛道两家的不同。

3. 禅净合一：佛学中国化的完成

禅宗理论的发展到了唐代，已相当成熟了。无论是理论的建设上，还是其社会地位，或是宗教观念以至组织上，都形成了完备的体系。净土宗也有自己的优势，并发展到更为成熟的境界。因为净土立宗关注的是生与死、此岸与彼岸、人间与天国等人类最深刻的终极关怀这样一类根本性议题。尤其是它简捷、通俗的理论和实践，以念佛的形式高度概括了广大深邃的佛理，从而赢得了众多民众的信赖。以致到了宋代，佛学各宗相互融摄更加紧密，从最初的禅教一致发展到后来的各宗与禅净合一，最后，形成了中国佛学禅净教大融合的总趋势。禅净合一，以净为主，既是佛学内部发展的结果，也是佛学与外部交融的结果。禅宗与净土虽然在理论基础上表现出两个独立的宗派，但二者在成佛根据、解脱途径的学说上基本是一致的，所以二者可以最终走向合一。禅净合流的实质是禅宗在适应历史情境，调节自身，选择了净土思想。禅净融合，早在慧远倡导的念佛禅中就已初露端倪。慧远在《念佛三昧诗集序》中曾提出，诸种禅定中"功高易进，念佛为先"。洪修平在《什么是禅净合流？》一文中说："尽管慧远的念佛为观想念佛，不同于净土宗注重的持名念佛，但已说明念佛与修禅可以在具体的宗教实践中相结合。"至唐代，宗密明确主张禅净合一，他在《禅源诸诠集都序》中着意调和禅与教的分歧，提倡禅净统一。宋代，永明延寿的禅净合一思想对宋明以下的佛学产生了决定性的影响。其《万善同归集》就是延寿调和禅净分歧，论述禅净一致，强调禅净双修必要性的代表作。"万善同归"的旨趣在于通过对佛学义理的圆融阐述，会归净土念佛实践。"万善"即所有与善相应的思想和行为，"同归"即共同归趣的真理，也就是实相。由此，延寿使禅净双修思想既强调理之"唯心净土"，又肯定行之"持名念佛"，并建立"四料简"，分别拣择正法，成为禅净合流的标志。

（1）禅学——中国佛学发展的顶峰

禅学是我国佛经翻译最早的典籍，安世高所译即主要是禅经著作，他自己也是一位修习禅观的学者。梁代僧祐在《安世高传》中称他"博综经藏，尤精阿毗昙学，讽持禅经，略尽其妙"。道安也说："昔汉氏之末，有安世高者，博闻稽古，特专阿毗昙学，其所出经，禅数最悉。"（道安《阴持入经序》）安世高所云"禅数"之禅，即是禅定；所云"数"，指用四谛、五阴、十二因缘等解释佛教基本教义。安世高禅学讲"安般守意"，也就是通过数息的方法控制自己的意识，达到"入定"的境界，它有复杂的修行过程。禅学发展至南禅宗，明确主张"顿悟成佛"，改变了印度"禅"的内涵，转变为中国禅宗之"禅"。南禅宗主旨的基本要点就是"净性自悟""顿悟成佛"。随着南宗禅的发展衍化，内部又继续分宗立派，形成"五家七宗"。五家七宗禅思想的核心，是对宇宙人生奥秘的直观，其侧重点是要解答学僧个体在宇宙中的地位以及人生的真实意义与精神价值等。这种与人生现实密切相联系的佛学思想，虽然与传统哲学讨论的角度和方法有异，得出的结论不尽相同，但在研究兴趣和探索对象上都有着许多共通之处。五家七宗的禅学，把南禅宗思想发展到了极致，它与魏晋时期的"六家七宗"，已大异其趣。"六家七宗"是当时的佛教学者对于般若性空的不同解释，各出异义，纷纭不一。而"五家七宗"对佛学"空"的理解都是准确无误的，只是学佛和修行的方法不同而已。

禅宗的成熟完成了佛学中国化的历程，其根本原因在于它一方面以印度佛学的基本教义为出发点，一方面又以中国传统思维方式改造了它，使佛学最大限度地适应中土士人及普通信众的文化心理需要。从理论逻辑上，禅宗解释了佛学中主体与客体这一对基本范畴，并利用认识过程中客体与主体的相关性，借客体需要主体印证这一实际现象，把客体变成客观世界，结果成为客观世界依赖主观精神而存在，因此在理论上最终完成了佛学和中国传统文化的融合，使其思想既相同又区别于印度佛学和本土其他宗派。其相同点是它在本体论上依然继承了佛学的根本教旨，以真如、佛性、涅槃为依归，把世间万物看成真如本性的显现。不同点是它在认识论上变佛学"凡人前生皆有过失"的性恶论为儒学"人皆可以成尧舜"的性善论，强调佛性本有，自性具足一切，又不执着一切，觉悟不假外求，只须内求于心，自在解脱，就可去迷转悟，见性成佛，从而在根本点上与儒家取得了弥合。李泽厚在《庄玄禅漫述》中认为，对于经典和语言，禅宗主张"不立文字"，"不借经教"，提倡"顿悟成佛"，则是吸收道家和玄学思想，借"得意忘言"的直感悟发式思维模式来修养自身，尽力克服意义与语言文字的天然矛盾，尽量利用语言的多义性、不确定性和含混性，使语言表达出非语言的成佛境界，即"言外之意"。但禅宗又并未停留在这一步，而是超越了玄学中的"言不尽意""得意忘言"，因为禅宗不只是"忘言"或"言不尽意"，而是直接指出那个本体常常只有通过与语言、思辨的冲突或隔绝方能领会和把握。

（2）禅净合———中国佛教内部的最终归宿

净土思想早在西晋时期已传入我国，所依据的经典主要是三国康僧铠译《无量寿经》、南朝疆良耶舍译《观无量寿经》和罗什译《阿弥陀经》。慧远在庐山时，"于精舍无量寿像前，建斋立誓，共期西方"（慧皎《高僧传》），表达了他通过佛教修行而往生西方净土的意愿。潘桂明《中国居士佛教史》指出，慧远所理解的西方净土，与道家所描绘的神仙妙境有相通之处。在他看来，西方净土即云峤之"神界"，修行以"太息"为目的，而"太息"即涅槃别名。但他又认为神界高于"天宫"，意即涅槃是超越天宫享乐的境界，所以既"缅谢"三途轮回，又"长辞"天宫之乐。慧远的净土思想是基于对三世轮回、因果报应的确信，他主张以念佛三昧为主要内容的佛教实践而摆脱轮回报应。这种念佛三昧的核心是观念念佛，即通过息心禅坐，思念阿弥陀佛形象和西方净土境界以达到往生目的。虽然慧远的观念念佛与后来的持名念佛有着明显区别，但他所开拓的净土信仰道路影响深远。自善导开始，持名念佛的净土宗确立。宋代延寿提倡禅净双修，明末的佛学四大家，融合诸宗，发扬净土，开辟了融混佛学的发展道路。"融"即融合统一，"混"即诸宗混杂，"归极净土"。智旭力倡禅净合一，归趋净土。他认为，"念佛法门，至圆至顿，高超一切禅、教、律，统摄一切禅、教、律，不复有泣歧之叹也"。（《灵峰综论》）念佛净土是"了义中最了义，圆顿中极圆顿，方便中第一方便"，因此，在禅净共修中，应"以净土为主，参究助之"，只有这样，才真正符合"古人本意"。正是由于净土思想摆脱了深奥的经典，修持易行，"下手易而成功高，用力少而得效速"，而深受僧学重视。因此明清以后，禅宗虽依然是独立宗派，但实际上地位已为净土宗的念佛实践所取代，而且其他各宗也是如此。因此在某种意义上说，是净土宗融化、吞没了其他各宗，而不是禅宗。

第二节　总结译经策略为译经提供操作手段

印度佛学传入中土后，经过与中国传统文化的交汇与融摄，最终扎根于中国人思维的深层，逐步成为中国传统文化的组成部分。在这一过程中，佛经翻译策略起着关键作用。由于梵汉之间存在着语言及历史文化背景差异、民族思维与心理差异、地域文化和宗教信仰差异等，在翻译时很难在汉语文化中找到梵语文化的对应范畴，于是翻译策略的选择便显得至关重要。只有采用恰当的翻译策略，译者才能既尽可能地减少译经中的失误，又确切地将佛学思想传达给国人。其中归化和异化是佛典汉译最主要的策略。归化和异化都能在译经中完成各自的使命，因而也都有其存在的价值，都有各自所适用的范围。归化和异化相互补充，相辅相成、相得益彰。恰当的翻译策略就是调和异化和归化的矛盾。忽视中土语言文化的过度异化不利于佛学传播，而脱离印度语言文化的彻底归化也不能达到译经传播佛学的目的。

一、译经策略是译经评论的重要组成部分

策略本为"谋略"。如刘劭《人物志接识》说："术谋之人以思谟为度，故能成策略之奇，而不识遵法之良。"而在实际的运用中指的是根据条件而制定的具体方法。译经策略即是佛典汉译中的具体方法和技巧。

(一)译经评论中的"学"与"术"

佛典汉译评论经过长期发展，形成了学和术两种形态，"学"探究深层次的理论，关注学术层面。如历代高僧传等学术性著述中将译经列为"译学"。"术"讨论译经策略和技术，重在操作层面。如各类梵学音义等著述探讨译经策略和方法。译经评论的学术和策略各有不同的作用，在不同层次间发挥其功能。学术性研究作用于宏观指导，策略在于微观应用。二者之间相互补充又相互制约，相得益彰。学术形态的译经评论注

意从实践中概括出有系统的结论，抽象为一般规律，从宏观上对译经中所采取的策略、翻译的整体质量及译本的选材等方面施以影响，或从宏观方面影响译本的评价。译经策略作为译经的具体手段和方法，具有直接指导实践的具体操作性和有很强的实用性，对于翻译质量及考量译者的语言运用能力具有直接的影响和指导作用。微观策略研究，使宏观评论得到充实和印证；宏观评论研究，使微观策略具有明确的方向。微观策略研究是译经评论研究的基础和出发点，宏观的评论研究将译经之学引向真正独立的领域。在佛典汉译研究评论中，译经策略一直占有重要地位，与翻译标准共同构成了翻译研究的主体。支谦、道安、玄奘等人对翻译技巧都有过论述，后经历代不断发展，得以归纳提高。

(二)立论的实用性与理论性

中国传统文化重视实际，讲究实用。儒家学说探究"人学"，强调天人合一。这样的哲学重于形象思维和悟性思维，又重于归纳推理和以史为鉴，但轻于形式逻辑和理性思维。反映在佛学上，求"实"弃"虚"，而且多探究成佛的方法。表现在译经评论上，重言简意赅，重暗示含蓄，并且崇尚古人，遵崇权威思想，讲究文无定法，发挥创造性，重视立论的实用性，讲究理论和实践的联系。对于每一种译经思想或观点的提出，首先关注的是这一思想或观点能否用来指导译经的实际操作，对译经质量的提高和改善有没有立竿见影的作用，它是不是最佳的方法和技巧。于是，许多评论都重于描述翻译困难，关注翻译实践，提出实用性、针对性的策略，集中于译经的大原则、主要目的、基本范畴，特别是大致过程、简要步骤、具体操作方法和手段以及翻译中的各种关系，如原本及其著者、译本及其译者、传播及其读者等。如支谦所说"因循本旨，不加文饰"，说的就是音译、直译的方法。所说"嫌其辞不雅"则是"文"的译法，包括意译、活译，译师们根据这种方法，可以实际操作。这一思路在其后的评论中一致受到重视，并得到发扬光大。如道安的"五失本三不易"也是具体的方法，译师们在译经中的困难都可以利用这些方法来克服。玄奘的"五不翻"更可以直接用于译名实践。历代设立的译场分工，本质上都是具体的翻译方法和操作规程的设置。而对于译经的本质、译经的原理、译经定义等理论问题，甚少理性和学理性严密探讨。基本不思考译经理论的抽象性、条理性和系统性等深层、根本的问题，甚至反对脱离翻译实际的抽象思维，不注意将经验提升到高层的理论分析和系统总结，不重视透过实际操作层面挖掘抽象理论。而往往满足于就事论事，注重在如何指导和教范译者的实际的翻译操作。

二、译经评论对译经策略的总结与归纳

译经评论以译者、译本以及读者为研究对象，也包括对译经理论的理性审视。它的核心任务是按照一定的翻译观念，采用一定的评论方法，依据一定的翻译标准，有针对地评价译本、译者或译论，并创造性地作出分析，并从中总结、归纳出翻译理论，反过来又以自己提炼的译经理论的精髓来充实自己，规范自己的评论。可见，译经评论是译经实践与译经理论两极之间的中介性环节，它在二者之间充当合适的桥梁，使两者之间得以沟通，既指导规范译经实践，又承担译经理论的建构和创造。实践主要是一种感性的活动，其间也蕴含着理性的因素，评论则基本上是一种理性活动，其间也潜留着感性的基础，并不忽略译经实践的具体丰富性的存在，二者分处于思维的不同层面。

（一）译经评论总结译经经验和规律，提高译者翻译水平和翻译质量

佛典汉译评论通过对译经实践正反两方面经验的总结，客观地总结译本的成败得失，评价译人的地位和贡献，深入探索译经规律，起到提高翻译质量，促进译经事业发展，推动佛学在中国传播的作用。比如，随着翻译评论与翻译实践的发展，探讨新的翻译标准和翻译方法，归纳新的翻译策略，等等，最终使翻译事业发生质的变化。

译经评论是译经理论在实践中的直接应用。译经评论的发展与成熟一方面有赖于译经理论的发展成熟，即评论必须在正确的译经理论的指导下才能开展，必须根据理论体系所提供的范畴、规范、方法、标准，运用其特有的概念和术语，才可能正确表述自己的见解并为他人所接受。离开了这个基础，评论者与译者、读者以及其他评论者之间便不能沟通。另一方面评论又有其自身的规律，亦即它自身的独立性。这就是说，译经评论在充分占有材料的基础上，以客观的态度，经过认真的分析和合乎逻辑的推理，最终得出正确的结论，而不是纯粹个人的、自由随意的、完全可以仁者见仁智者见智。这样的佛典汉译评论是学术活动，是理论研究，是一种提升性的理性判断，这种提升性的概括使评论的结果最后积淀为理论形态，成为翻译思想的结晶。

译经评论的起点是其对译本及译者成败和价值的评判，因此，译经实践在前，然后才有评论。但其自觉的起始点是同时的，即实践与评论同时展开。没有翻译实践的自觉，评论的自觉便无从谈起；而没有评论的自觉，翻译自身的价值便不可能被充分认识。无论是实践本身的求"文"求"质"，还是评论方面认可"文"或"质"的价值，二者的自觉是互为

条件的。而评论又是实践显著的表现，其逻辑起点是对译经自身价值的认识与肯定。在具体的研究中，它不但注意到佛典汉译与社会、时代、政治、经济诸外部因素的关系，而且关注翻译内部诸因素，如译者个性、译者的素质以及各种文体的特点与风格等。从文质最初的伦理范畴转变为翻译评论术语，已标志着评论开始走向自觉和独立。许多著名的译经家根据自己的翻译实践提出了对于翻译评论的见解和技巧的研究。历代评论家众多，风格各异，他们提出的评论和技巧对译经实践产生了深远影响。从支谦《法句经序》及道安众多经序到僧祐《出三藏记集》与历朝僧传，历代译经评论家们逐渐建构起较为严格意义上的佛典汉译评论体系。僧祐《高僧传》也是译经评论上重要的文献，它关注译经的内部研究，第一次全面系统地评论了前期的译经。僧祐自述其创作《出三藏记集》之因说：

> 原夫经出西域，运流东方，提挈万里，翻传胡汉。国音各殊，故文有同异，前后重来，故题有新旧。而后之学者，鲜克研核，遂乃书写继踵，而不知经出之岁，诵说比肩，而莫测传法之人。授之受道，亦已阙矣。夫一时圣集，犹五事证经。况千载交译，宁可昧其人世哉！昔安法师以鸿才渊鉴，爰撰经录，订正闻见，炳然区分。自兹以来，妙典间出，皆是大乘宝海，时竞讲习。而年代人名，莫有铨贯，岁月逾迈，本源将没，后生疑惑，奚所取明。祐以庸浅，豫凭法门，翘仰玄风，誓弘大化。每至昏晓讽持，秋夏讲说，未尝不心驰庵园，影跃灵鹫。于是牵课羸志，沿波讨源，缀其所闻，名曰《出三藏记集》。一撰缘记，二铨名录，三总经序，四述列传。缘记撰则原始之本克昭，名录铨则年代之目不坠，经序总则胜集之时足征，列传述则伊人之风可见。并钻析内经，研镜外籍，参以前识，验以旧闻。若人代有据，则表为司南，声传未详，则文归盖阙。秉牍凝翰，志存信史。三复九思，事取实录。有证者既标，则无源者自显。庶行潦无杂于醇乳，燕石不乱于楚玉。

僧祐的评论意识是非常自觉的。梁代以后，译经评论自身进一步走向自觉，其最鲜明之标志是慧皎《高僧传》的问世，系统总结历代译经译人，评论译经质量，提炼翻译理论。此后，道宣《续高僧传》、赞宁《宋高僧传》相继问世，直至清代喻谦《新续高僧传四集》，使这种总结延续至译经事业的始终。越到后期的僧传作者，越加表现其与先期评论的不同品格，那就是，先期的评论如支谦等人主要是译者兼评论的身份，而后期如道宣、赞宁及智旭，则是专门的评论家了。佛典汉译评论到了自觉的更高阶段，即评论独立的阶段，已经是评论家的专攻。因而独立时期的评论更加表现出细密化的建构，概括性更强，理性程度更高。这样的评论其意义不仅在于指导历代译经实践，提高译经质量，建立起自身独立发展的体系，还在于推动佛学文化传播及佛学中国化，从而深入而全面影响中国文化建构。

（二）由译经评论提出并探索新的译经理论

译经评论作为一种理性的思考，从一定的理论视角考察具体译本，以抽象的尺度来比量翻译，将千差万别的翻译实践中具体问题提升到一个较为抽象的范畴，由此将对翻译的体察充实到翻译理论体系中，为理论的总结和归纳奠定基础。译经评论单从各家观点来看，似乎缺乏理论体系的建构意识，所表达的见解都是散见于序、跋、例言甚至注疏中的片段思想，是基于直接经验的随感式、评点式和内省式的学术散文和序跋小品，而不是以体系建构为己任，以分析论证和抽象思辨为方法的学术论文和理论著作。但正是这种形态表现出译经评论中翻译策略的重要性。联系起来看，这些观点和思想已构成了十分完整的思想体系。这一体系映射着译经评论者们深厚的美学、哲学内涵，无论是翻译方法、翻译原则、翻译标准等翻译本质问题的思考，都有深奥的寓意，透射着精辟的见解。这些评论，言辞精辟，引征经典，寓意深远，对当时的译经实践和理论研究以及佛学发展都起着重要作用。评论者在总结、揭示和创造译经理论的背后，或明或暗，或显或隐，始终都是为阐发深层的道理，其中往往都与翻译本质或翻译法则、方法等涉及翻译的根本问题相关。重要的是它鲜明地体现了翻译本质、翻译法则和翻译方法的普遍问题，引发人们思索，指导翻译实践。他们深邃的佛学哲思、深厚的艺术意味，可以发掘佛经翻译时期译论起源之根本，思索其中蕴含的翻译本质。

在评论的基础上，评论家再一次抽象，提炼概括出更为普遍性原则，成为译经理论，在当时称为"译例"。这些译例不可能直接从实践中来，而是经评论者的中介而来，它与实践既有联系，又隔着一层。它是一种通过对理性的评论和实践的反思，从这一意义上说，评论就愈发显得珍贵。译经理论或曰译例是一种抽象的形而上思维，需要在学科意识高度发展的基础上才能诞生。而佛典汉译，虽有"译学"的专科，但主要在于译经实践和基本应用层面的讨论，并未发展到如此精细的分支，以学科自觉意识上升到高度的理论层面。所以说，佛典汉译时期，很难见有严格而独立意义上的翻译理论，也少有严格而独立意义上的翻译理论家。而更多的是译经评论家，他们是直接面对译经实践的，同时又从实践中提取出经验或规则。基于理性思辨，又立足于实践的课题以及个人素质学识，他们的观点都具有很强的针对性和概括性，抽象程度虽然没有达到理论的高度，但为理论家的进一步归纳和总结提供第一手材料。这样的译经评论，一方面是译经理论在实践运用中的具体化，另一方面它又不是译经理论直接演绎所推导出来的现成结论，而是在大量的评论实践的基础上，经过无数评论者的提炼、概括和选择、运用，逐步形成的各具特点内涵的评论。

三、佛典汉译的归化策略

归化译经指出恪守中土文化的语言传统，强调符合译本语的表达习惯和文化惯例，尽可能为译本读者提供圆润、流畅、无翻译痕迹的读本，使读者感觉不到所读的是译本，让读者熟悉，毫无不顺感和阻拒感。"归化"，《辞海》解释，"即'入籍'的旧称"，指一个国家的人入籍另一个国家。翻译的"归化"则喻指翻译过程中，把客"籍"的语言纳入译本语言之"籍"，以原本同化于译本文化和语言价值观的方式归化原本。《扬子·方言》中说："译，传也。""传"是传递，意谓没有任何障碍的传输。虽然归化的译经更容易取悦于中土读者，更容易理解译文，但会影响传递给读者的佛学思想内容，结果不利于佛教思想的传递和交流。译经一旦改变原本中的思想，翻译也就失去了意义。因此思想文化传真应是译经的基本原则。这就要求佛典汉译以原本为基准，译本向原本靠拢，要本真地吸收佛学文化，保留佛学文化传统、风土人情、习俗时尚、宗教思想、地理风物以及语言习惯等。庄子说："瞽者无以与乎文章之观，聋者无以与乎钟鼓之声。岂惟形骸有聋瞽哉？夫知亦有之。"（《庄子·内篇》）在"知"的领域里，太偏向某一方面就成了精神上的"聋瞽"。在语言和思想领域中，对于有异域文化的佛典的"文章之观"与"钟鼓之声"长期听而不闻、视而不见，也会成为"聋瞽"。

(一)归化的语言手段

归化策略的本质是用译本语文化代替原本语文化或采取换译、漏译甚至替代法，将佛经的本义转换成与之相近的汉义，从而促成佛学文化逐步同中国文化相融合，并最终得以在中国生根，使异域文化本土化。

1. 文饰译本

汉地译师和学者译释佛典，习惯于顾及汉语讲究文采的特质和文人重文传统而文饰译本。汉语有悠久的历史，无论是儒家还是道家，都对文采十分重视，讲究文章修辞，使得翻译也趋向重文。未详作者《僧伽罗刹集经后记》载译者竺佛念"常疑西域言繁质，谓此土好华，每存莹饰文句，减其繁长"。如昙无谶所译《大般涅槃经》因译文较为质朴，后经谢灵运"改治"，将其过于质直的文字改得较为文雅，才得以广泛流传。这说明汉地人士看重译笔流畅的佛经，也说明译文读者的接受和喜爱往往会决定译本的最终命运。季羡林《记根本说一切有部律梵文原本的发现》也证明义净译本与梵本原文相去甚远。任继愈在《汉唐时期佛教哲学思想在中国的传播和发展》中指出般若学"介绍到中国后，当时的中国学者和僧众并没有完全按照印度原来的般若空宗理论理解它，而是用魏晋玄学唯心主义的观点去迎接"。意谓汉地学者喜读译笔流畅的，符合读者口味的佛经。玄奘主张直译，他将鸠摩罗什已译过的《阿弥陀经》据其原本加以重译，改名为《称赞净土佛摄受经》，但其流播面却不如什译本。罗什译《阿弥陀经》：

> 又舍利弗，极乐国土有七宝池，八功德水充满其中，池底纯以金沙布地，四边阶道，金银、琉璃、玻璃、砗磲、赤珠、玛瑙而严饰之。池中莲叶，大如车轮，青色青光，黄色黄光，赤色赤光，白色白光，微妙香洁。

玄奘译《称赞净土佛摄受经》：

> 又舍利子，极乐世界净佛土中，处处皆有七妙宝池，八功德水弥满其中，何等名八功德水？一者澄净，二者清冷，三者甘美，四者轻软，五者润泽，六者安和，七者饮时除饥渴等无量过患，八者饮已能定长养诸根四大。是诸宝池底布金沙，四面周匝有四阶道，四宝庄严甚可爱乐。诸池周匝有妙宝树，间饰行列，七宝庄严，甚可爱乐。言七宝者，一金，二银，三吠琉璃，四颇胝迦，五赤真珠，六阿湿摩揭拉宝，七牟娑落揭拉婆宝。是诸池中，常有种种杂色莲花，量如车轮，青形青显青光青影，黄形黄显黄光黄影，赤形赤显赤光赤影，白形白显白光白影。

玄奘译文描述详细，是很忠于原文的译本。但为了顾忌汉地文章成规与习惯，使译本易懂易读，也有文饰甚至重新编辑的痕迹。而罗什译文直接略去许多文字，近乎节译，如"八功德水"罗什没有具体译出。又如"七宝"，据玄奘译本知道是在"妙宝树"上，而罗什简略，会使人误以为它们嵌在"四边阶道"上了。这证明罗什好删节的译风。但罗什译经注重音节，例如七宝次序，据玄奘译文应该"赤真珠"在"玛瑙、砗磲"之前，而什译作"砗磲、赤珠、玛瑙"，音节流畅易诵。这证明罗什好文的特点，也印证了他说的"天竺国俗，甚重文制，其宫商体韵，以入弦为善"那句话。曹仕邦在《中国佛教的译场组织与沙门的外学修养》一文中指出，玄奘译文因忠于原文，读来不免拗口，不如罗什译文顺达。罗什所译《佛说阿弥陀佛经》，后来玄奘译为《称赞净土佛摄受经》，忠实完整。但因罗什译本译文简洁流畅，所以诵读者最多，流行最广，反而冷落了奘译本。陈寅恪认为罗什的地位仅玄奘可与之比肩，但就佛经译本的普及而言，却比不上罗什。原因即在于"其文不皆直译，较诸家雅洁，应为一主因"。其次在"罗什译经，或删去原文繁重，或不拘原文体制，或变易原文"，因而其中文译本较梵文原本简略。罗什在文体上采用"散文与偈颂两体相间"，这样既保存了原典的文体特征，又能很好地为中原人士接受理解。并援引梵文原典与其译文比较后指出罗什对"天竺偈颂，颇致精研"，且翻译中"不拘原文体制"，从而"知哲匠之用心，见译者之能事"（《童寿〈喻鬘经〉梵文残本跋》）。

罗什的译本总是注意词语的选用，句式的调整。这当然与参译经的助手有很大关系，因为罗什主持的译场，所有译本基本是都是靠笔受执笔成文的。如他所翻译的大乘般若诸经中，《金刚经》与《维摩诘所说经》都由僧叡和僧肇执笔，文字就十分优美。其中《金刚经》是大乘般若经典的代表之作，言简意赅。其述说"诸法性空"理论又最为直截透辟，因而深为中国僧俗所喜读。经中对"如是观"有一个十分明确而集中的表述，被概括为四句偈句："一切有为法，如梦幻泡影，如露复如电，应作如是观。"这就是大乘佛学中著名的"六如偈"，号为《金刚经》之"眼目"，一句话，都是虚幻不实，转瞬即逝的。这样的译文，即准确传达了大乘佛教一切皆空的思想，又具有十分优美的文字外壳，相当于阅读文学作品。所译《维摩诘所说经》中《观众生品》就将菩萨观众生比喻为魔幻师见所幻人一般，知其虚幻不实，其中系列的比拟如"空中云""水中月""空中鸟迹"等等，形象逼真，生动贴切，近乎文学创作。不过，罗什也一定程度地通解汉语，能创作出较有文采的诗偈，写作佛学文章。如他在论述有关法性、佛身的著作《大乘大义章》中写道："青青翠竹，尽是法身；郁郁黄花，莫非道场。"一偈，不亚于美妙的诗行，正见出他对梵汉音韵的重视与讲究，也反映出他确实于汉语有一定的欣赏与驾御能力。将大乘经典译得如此美妙可诵，赋予哲理以文学价值，予理论以形象，不仅忠实地传达了佛学义理，发挥了原作精神，又传达了"西域语趣"，打开了佛典文学翻译的新篇章。所以赵朴初《佛教常识问答》说："他和玄奘法师是翻译事业的两大巨匠，他所译出的三百多卷典籍，不仅是佛教宝藏，而且也是文学的重要遗产，它对中国的哲学思想和文学上的影响非常巨大。"

2. 借助得意忘言

《易传·系辞上》说："书不尽言，言不尽意。然则圣人之意其不可见乎？子曰：圣人立象以尽意，设卦以尽情伪，系辞焉以尽其言，变而通之以尽利，鼓之舞之以尽神。"《论语·公冶长》说："夫子之文章，可得而闻也，夫子之言性与天道，不可得而闻也。"《老子》一章说："道可道，非常道，名可名，非常名。"庄子认为语言有局限性，人们借助语言不能把握真实，因为事物的本质和人对客观世界的细致体验都是语言难以充分表达的，于是，为克服语言的局限而把握最高的认识大道，他提出"得意忘言"。他说："筌者所以在鱼，得鱼而忘筌；蹄者所以在兔，得兔而忘蹄；言者所以在意，得意而忘言。"（《庄子·外物》）先秦思想家们的理论受到后人的重视，两汉经学时代的理论支柱，正是先秦"言意之辨"。余卫国《经典文本的意义追寻与终极价值的哲学建构——魏晋"言意之辨"》一文指出，魏晋时期，玄学家们继承"言意之辨"的论题，以经典文本的意义探求和终极价值的哲学建构为旨归，确立"言尽意论""言不尽意论""立象尽意论"和"辨明析理""得意忘言"和"得意忘象"论的理论与方法。

佛学传入中国之初，正是中国学术思想史上的经学时代，佛经汉译表现出经学形态。魏晋时期，演变为玄学，佛学随之表现为玄学化，并由此开启了佛学真正意义上的中国化。余卫国认为，这一发展的最重要的动力机制和深层原因正是魏晋玄学赖以建立的与"言意之辨"理论和方法。佛学中国化首要的是佛经的翻译及其方法，而这种方法正是与汉地经学家通过"得意忘言"理论和方法在经典诠释中建立的与"章句之学"和"象数之学"相适应的以"内书"配"外书"的"格义"方法。（《魏晋"言意之辨"与佛教中国化问题探析》）僧叡《喻疑》说："汉末魏初……寻味之贤始有讲次，而恢之以格义，迂之以配说。"意思是，以"言尽意论"为基础，而与"章句之学"的诠释方法相适应的"格义"之法，是汉地佛学者力图融合印度佛学和中土思想的译经策略。但"格义"有其局限性，它在促进佛学义理与中国思想、思维方式和内在精神深度融合的同时，也严重阻碍了佛学的中国化进程。这一点，佛学家们已逐步有了清醒的认识，并开始运用玄学名士用于经典诠释的"言不尽意"和"得意忘言"方法探求佛典，摆脱"格义"的比附，仿效玄学关于有无、本末、体用、言意之辨的理论和方法，以清通简要、融会内外、通其大义方法体悟佛学真义。王晓毅认为，中国佛教建立自己哲学体系时运用的学术方法，不是来自印度的因名逻辑，而是魏晋玄学的"形名学"与"言意之辨"（《王弼评传》）。道生正是运用"得意忘言"方法读出经中的言外之意，创立新说。禅宗的一大特点就是认为语言文字不能体现实相，"言语道断"，"说即不中"，即使佛学经论、诸佛名号也是如此。具体而论，得意忘言的语言策略对于佛学中国化，有三个方面的催化作用：

（1）性空本无的本体论哲学体系的理论建构

本体是一切存在的终极本质，一切学术都有其与之相关的本体观念。释圣玄《辨析〈不真空论〉中观本体实相的"空"义》一文指出，佛学的主旨是探究诸法实相，这个实相就是一个本体。印度大乘佛学一是般若中观，二是瑜伽唯识。魏晋时期传入汉地的是般若中观，缘起性空是大乘佛法共许的诸法实相，但具有代表性的"六家七宗"都依据传统理解佛学本体论。如道安借用老子的道论，以"本无"解佛学"性空"。僧肇《不真空论》以概念抽象性与事物具体性之间的矛盾，运用形名学方法否定事物有真实的性质，证明宇宙真相是"不真"的"空"。他用以批评"心无""即色"和"本无"三宗的理论，正是其"非无非有"的"中道"观。他说："夫涅槃之为道也，寂寥虚旷，不可以形名得，微妙无相，不以有心知"，所以有"言语道断"之说。本体诠释中的"有无""本末""体用"之争，借助"言意之辨"的方法，表明汉地学者开始摆脱"格义"，开启佛学中国化的新阶段。言意之辨是老子探寻"道"的方法，与儒家提倡的经典文献及其所代表的周代礼乐文化不同，他主张"绝圣弃智"，"绝仁弃义"，"绝学无忧"，他所追寻的是代表宇宙本源，体现自然无为原则的大道。这种"道"是独立于人的意志之外，但又不同于一般的物，它不可用感官去把握，不能用语言去述说，必须屏除知识和理念，用心灵去体悟。僧肇论证的"空"与老子追寻的"道"都是运用了得意忘言方法。

（2）"言意之辨"方法论的直接运用

传统"言意之辨"与"有无""本末"之争相联系，也为佛学的中国化开辟了广阔的思维空间。庄子的体道方式就是"心斋""坐忘"和"忘言"，即忘记一切功利追求，排除语言文字乃至理性思维的作用，从一切束缚中彻底解脱出来。余卫国认为，以"有无""本末"之争和"言意之辨"为核心，佛学中国化必然涉及对本体存在的理解及其语言表达，而本体论上的"言意之辨"显然已经超出了经典翻译中的"格义"范畴，具有本体诠释学的方法论意义。正是基于本体论的视角，审视语言和本体存在的关系，发展出佛学诸宗派的"言意之辨"。(《魏晋"言意之辨"与佛教中国化问题探析》)僧肇指出："无相之体，同真际，等法性，言所不能及，意所不能思"(《维摩诘经注》)，并强调名实之间的对应关系既是"言意之辨"中"言尽意论"者的理论根据，也是佛学"格义"方法的理论根据。不过，僧肇并未彻底否认"言虽不能言，然非言无以传"(《般若无名论》)。道生则吸取了王弼"得意忘言""得意忘象"的思想，不仅批评拘守佛经字句的流弊，而且提出以顿悟见佛性的观点。慧达《肇论疏》载："竺道生法师大顿悟云：夫称顿者，明理不可分，悟语极照。以不二之悟，符不分之理。……见解名悟……如果熟自零。悟不自生，必籍信渐。"庄子的"得意忘言"之"意"，不是人们通常所理解的思想或情意，而是最高的存在——大道，并认为应当超越语言的障碍而进入得道的境界。尚学锋《先秦的文学接受思想》一文认为，庄子的体道和阅读理解有着一致性，因而它启发人们认识阅读理解中言与意的关系。按照庄子的观点，阅读理解应该是追寻隐藏在语言文字背后的意，只有这超越具体语言之上的意，才是文本的本体。读者借助语言文字追寻其背后之意，最终进入"忘言"之境。"忘言"是把握了"意"之后的心领神会和物我两忘的精神状态，也是庄子所追求的体悟大道的最高境界。可见，庄子是将阅读理解看作体悟最高真理大道的行为。这种最高真理无法用语言文字表达，但又必须表达——"吾安得夫忘言之人而与之言哉？"(《庄子·外物》)虽然这就会使得文本与著者之意不尽相符，但读者应该借助文本去追寻作者之意，发挥主观创造性，体察、想象、领悟其中蕴含之意。这种主观创造性不同于孟子的"以意逆志"，因其根本目的不在于与作者沟通，而在于进入领悟大道之境。因此，"得意忘言"并非得作者之意，而是读者自得其意。"得意忘言"的过程，就是破除各种束缚而体悟大道，从而臻于精神绝对自由的过程。"坐忘"就是体悟大道的途径。

(3)直觉思维方式的价值选择

依据"得意忘言"方法，禅学确立了"不立文字，明心见性，顿悟成佛"的直觉思维方式。禅学家认为"不立文字"是佛陀已有的思想。《五灯会元》"释迦牟尼佛"一则记载释迦创立了"不立文字"思想并将其传给迦叶。《楞伽经》卷四说："诸菩萨摩诃萨依于义，不依文字，若善男子、善女子，依文字者，自坏第一义。""文字"既是语言，也是书面语言构成的佛教经典。禅宗的"悟"境"如人饮水，冷暖自知"，是无法用语言表述和传达的，必须由师心直接传予弟子心。因为语言在传递意义的同时又遮蔽了意义。"不立"就是不执着于经典和语言。《坛经》说："如何是不立义？师曰：自性无非、无痴、无乱，念念般若关照，常离法相，自由自在，纵横尽得，有何可立？自性自悟，顿悟顿修，亦无渐次，所以不立一切法。""不立"是"自由自在，纵横尽得"，"自性自悟"。意谓学佛修禅不能依靠外在的力量，而是应明了佛性在自心中，要在自我生命的流程中自然体悟。道生依《维摩诘所说经·法供养品第十三》之"四依四不依"真谛，倡"顿悟"说，主张不执着于名相，不滞守于经文，而直悟佛法之真义。慧琳引道生话说："象者理之所缀，执象则迷理。教者化之所因，束教则愚化。是以征名责实，惑于虚诞；求心应事，芒昧格言。"(《广弘明集·道生法师诔》)谢灵运认为，道生"顿悟"学说是折中儒、佛二家学说。因为佛学圣道认为"积学能至"，而主张"渐悟"；孔子则以为"理归一极"，"虽颜殆庶"，非学能至。"今去释氏之渐悟，而取其能至，去孔氏之殆庶，而取其一极。"(《与诸道人辨宗论》)"敢以折中自许，窃谓新论为然。"(《辨宗论》)冯契说，谢灵运所说的"孔氏之论"，其实就是玄学家的理论。(《中国古代哲学的逻辑发展》)竺道生关于"佛性"与"顿悟"的学说，正是佛学与玄学的结合。

3. 创制译经文体

佛典汉译形成了一种新的书面文体"译经文体"，它是印度佛经与中国本土语言表达形式结合的产物，也是印度佛典文本的中国化。高文强《论佛学影响六朝文学的三个维度》认为这种文体的特征是梵汉结合，韵散相间，雅俗共赏。它是既不同于口语又区别于传统文言的新型书面语，也是汉语文言文之后最早的白话文。这种译经文体的韵文形式与汉语当时五言、七言诗歌相一致，散文形式则与秦汉以来的四六文句成篇一致，同时它又以汉魏以下民族共同语为基础，多表现为南北朝以前的白话文。随着佛经汉译数量的剧增及译经用语的规范，译经文体就形成了一种既保持外来语风格又融合汉语特质的文体。

（1）充分的口语性

在释迦牟尼创教之初，佛学并无文字记载的佛经，只是口头讽颂的佛语。同时，佛教作为平民宗教在印度初兴时，本是对当时占统治地位的婆罗门教的反抗和革命。而梵语正是婆罗门教的语言，也是贵族语言，因而佛教允许比丘们用自己的俗语学习佛学教义，用口语化、世俗化的语言传播佛学。巴利文《律藏》载，佛陀不准比丘用梵文表达佛语，"违者得突吉罗"。释迦说法时使用以当地听闻者易懂的"俗语"，杂以梵文"雅语"，以偈颂、譬喻、议论、问答等，根据场合与对象，灵活阐发佛理。俗语为印度各地流行的方言，主要用于口语，间或用于书面语。雅语即梵语，一般用于书面。但印度各地佛学传播语言并不一致，吕澂认为，活动中心在西北印度一带的说一切有部，使用梵语或接近梵语的俗语；大众部使用俗语；正量部使用西方讹略语（最缺乏文法的梵语）；以阿品第为中心的上座部使用中间语（介乎梵语、俗语之间的语言）。文字记录的佛经阿育王时代开始出现，所用的是古典梵语和摩揭陀方言混成的梵语。从一世纪以后各部派渐次以这种梵语将口传的三藏记录下来。迦湿弥罗结集时的三藏一般认为也是使用混成梵语写成。梁武帝时来华的真谛曾谈到，化地部的产生，是因为其部主婆罗门出身的正地用吠陀"好语"庄严佛经，致使义异，故而分部。（《印度佛学源流略讲》）语言的差异不仅影响理解经义，也促使佛学部派分化。正是印度佛学语言的复杂性，使得佛典汉译语言风格多元化。道安的"五失本"思想是他鉴于经典本身语言特征而言的。普慧《佛典汉译及汉译佛教哲学对中国古代诗学的影响》一文认为，原始佛学允许学僧用自己的方言学佛的语言观，又为佛典汉译根据汉语表达习惯方式提供了理论依据，促使译经文体口语化。使佛典汉译不需要在语法句式上保留梵（胡）语的特殊风格，而把重心放在准确无误、生动有效地传播佛学教义，这是重意译的根据。

汉语很早就形成了民族共同语，在《方言》中，称为通语，也称雅言，与各地方言相对。在东汉，以这种雅言为基础的汉语文言逐渐形成，文人学士们正式作文时都有意无意地效仿先秦经典的用语，与口语相区分。作为一种外来的新思想，佛学与传统思想相距较远。所以佛经译者借用传统汉地思想中的许多观念和术语，借助古代文献典籍或当时社会生活中广为流传的用语表达佛理。在汉译佛典时，有的助译者古汉语修养较高，会从文言系统的汉文典籍中寻找佛经翻译的写作范本，如安世高译经，"博闻稽古"。严调笔受，"言既稽古，义又微妙"（慧皎《高僧传》）。有的助译者为保存印度佛典风貌，真实再现原本贴近民众口语的佛经经文风格，使所传佛法亲切感人，达到弘法和普度众生的宗旨，他们便根据佛陀教诲和精神，不用艰涩典正的古文，而用朴实平易的语言译经。如汉末支谶译经内容准确，语言朴实，道安认为他"审得本质，了不加饰"，"可谓善宣法要，弘道之士也"（《道行经序》）。而罗什译风虽然注重"文藻"，但与当时中土流行的骈文相比，其译经的语言也并不能算很

"文"。所以胡适认为"罗什等人用的文体大概很接近当日的白话",并指出佛经的译文是朴实的白话,而不是当时盛行的华丽的骈文或古雅的文学语言。原因有四点:"第一因为外国来的新材料装不到那对仗骈偶的滥调里去。第二因为主译的都是外国人,不曾中那骈偶滥调的毒。第三因为最初助译的很多是民间的信徒;后来虽有文人学士奉敕润文,他们的能力有限,故他们的恶影响也有限。第四因为宗教的经典重在传真,重在正确,而不在辞藻文采;重在读者易解,而不在古雅。故译经大师多以'不加文饰,令易晓,不失本义'相勉,到了鸠摩罗什以后,译经的文体大定,风气已大开,那班滥调的文人学士更无可如何了。"在胡适看来,罗什的译风并不很"文",既算不上"古雅",也没有骈文华丽。如"于后宅舍忽然火起"和"诸鬼神等扬声大叫"等句子念起来与当时老百姓的日常口语应该是非常接近的。在文丽古雅的古代诗句中,大概是不会出现"扬声大叫"之类的字眼的。另外,诗的节奏读来甚至有点像打油诗。(《白话文学史》)

(2)四言为主的句法形式

译经文体在句法上多为四言,这应该是中土诗文的传统。上古时期,四字句是"古人属文之例"(王念孙《读书杂志》)。俞理明认为,我国先秦典籍中的诗歌韵文均以四字句为常态(《关于汉译佛经修辞研究的回顾与前瞻》),如《诗经》句法。孔子曾说"不学《诗》,无以言"(《论语·季氏》),使得文人学士们在散文甚至诏令文书中也常运用四言句法。丁敏指出,汉魏译师受其影响和启发,汉译佛经中也多采用一种并不十分严格的四言句法表达佛理,并逐步形成佛典汉译的基本句式和固定形式。(《佛教譬喻文学研究》)四言行文,既在节奏上整齐匀称,明朗上口,适应佛典口诵,又在文采上典正雅洁,适应佛理的庄重严饰。早期译经大师在汉地首先接触和熟悉的是道家的方术文体,这类文体被归入无韵之"笔"一类。如《牟子理惑论》记载:"问曰:夫事莫过于诚,说莫过于实。老子除华饰之辞,崇质朴之语。佛经说不指其事,徒广取譬喻。譬喻,非道之要。合异为同,非事之妙。虽辞多语博,犹玉屑一车,不以为宝矣。"说明当时译经文体重视结构的匀称。这使译大师们不仅借用道家语汇"附会""格义"佛学理论,而且选择四字格演述佛典。如《四十二章经》译写形式即与汉代道家的方术文体非常相合,与汉代所译其他经典也基本一致。汉灵帝时支曜所译《成具光明定意经》,四言句与杂言句交替。后康孟详用四字结构作为主体写成全经,使经文四字一顿,开一代译风。道安称:"孟详所出,奕奕流便,足腾玄趣也。"(僧祐《出三藏记集》)表明其译经文辞雅驯，译笔流畅。后来的译师不仅译经，包括佛学撰述也多用四字文体。有的译者甚至用了比较严格的四言句法，如竺法护《普曜经》"为太子求妃品"：

> 不舍兴导味，无畏德真成。我心所慕乐，志无逸清净。

　　即使在散文部分，译经也多表现出四字节奏。如《普曜经》中"此间宁有奇异妙术与我等乎？"实为三个四字音节。法护译《生经》卷二《佛说舅甥经》中"见帑藏中琦宝好物"，为两个四字音节。法护是罗什之前的译经大师，道安说："夫诸方等无生诸三昧经类多此公所出，真众生之冥梯。"（《渐备经叙》）僧祐也说："经法所以广流中华者，护之力也。"（《出三藏记集·法护传》）其译风更是深受赞誉，道安称赞他译的《光赞般若经》"事事周密"、《放光》"互相补益"，"所悟实多"（《合放光光赞随略解序》）。并说他译的《渐备经》"说事委悉"，《兴显经》"辞叙美赡"，《首楞严》"委于先者"（《渐备经叙》），都对义理研求有相互启发作用。又说："护公所出，若审得此公手目，纲领必正。凡所译经，虽不辩妙婉显，而宏达欣畅，特善无生，依慧不文，朴则近本。"（《修行道地经序》）译经大师的这种选择，既与他们本身的学养有关，更是为了适应当时佛学的需要，特别是考虑到中土读者的接受习惯。王继红认为，这种四字结构经过长期发展和演变，直至最终形成稳定。（《玄奘译经四言文体的构成方法——以〈阿毗达磨俱舍论〉梵汉对勘为例》）汉末魏晋，译师们译经时四言的运用还比较自由。到了康僧会、竺法护以后，译经用语逐渐进入稳定状态，因为译师们不必再处处尝试了。罗什以后，译经用语更形成规范。这时的译师都比较重视文句的整饬，讲究译文的句子字数。罗什翻译佛偈多用五言，因为当时是五言诗的鼎盛时期，"五言居文辞之要，是众作之有滋味者也"（钟嵘《诗品序》）。罗什处于六朝唯美时期，为顺应当时趋尚绮丽的文风，因而主张只要能存本旨，就不妨依实出华。因此六朝时的经文体基本是流畅明白的散体，而翻译偈颂则是一种不规则的韵文，有五言、四言、七言或六言句，因为当时正处于从五言到六言过渡时期。偈语也基本不用韵，节奏和句式都根据语义安排，而不同于汉语诗歌格律。这种"偈颂体"可以说是一种独特的"自由体"诗。唐宋以后，译师们更加注意句子整齐，多用四言句，以致少用散句，这种规范在形式上也变得严谨。如佛经一句，东晋齐梁间的经文，或用"闻如是"，或"我闻如是"，或"如是我闻"。陈隋以后，用"如是我闻"成了固定格式。这是译经用语规范化的标志。这种规范化实际上表明佛学的中国化，因为佛学已通过汉语风格及文体被纳入汉文化体系了。

（3）译语简洁化

孙昌武《佛教与中国文学》中说："佛学经典的体裁主要有三种类型：一是哲理式，一为道德训喻式，一是文学式。"佛经原典在语言风格上，小乘经多为释迦牟尼的言行实录，虽有描摹、夸饰和譬喻，但大多是以事实为基础的敷衍，语言基本讲究朴质无华；而大乘经多为渲染润饰的文学笔法，语言瑰丽华藻，情节奇谲曲折，实际上已是文学创作。佛经中的"论"，是论书，通篇是义理的推演和名相的剖析，所以也很注意语言的准确和行文的流畅。林威认为，与小乘三藏不同，大乘的经典普遍采用梵语写录，其间夹杂俗语或带有俗语语尾。在简洁和繁缛上，佛学在阐述某种思想和教说时，往往根据各种情形，或者运用尽可能少的文字简洁地阐述，或者尽可能详细论述。有些论书认为，为根机锐利者所说的教法，注重简洁；而为钝根说法，多是曲尽其意。（《汉代佛经翻译风格刍议》）如真谛译《俱舍论》第一章界品说："根亦有三，谓利、中、钝。乐亦有三，谓乐略、中、广文。为此三人次第说三，谓阴、入、界。"其中的"乐略、中、广文"的梵文原文意为听闻教说的众生的根机利根、中根、钝根三种。可见，在印度佛学中，本有喜好简略与崇尚广本两种倾向。而且，崇尚广本的传统又与经典"增广"的历史相联系。如《二万五千颂般若》《十万颂般若经》非常冗长，有许多重复内容的经典。

汉译佛典受到传统文风影响，也有简洁与繁缛两种倾向，但更趋于简要化、节略化。如汉地最早戒律译者昙柯迦罗译出《僧祇戒心》，成为中国佛教有戒律和受戒之始。《高僧传·昙柯迦罗传》载："迦罗以律部曲制，文言繁广，佛教未昌，必不承用，乃译出《僧祇戒心》，止备朝夕。""律部曲制，文言繁广"，不能适宜汉民族重简要、尚实用的文化心理，因而译出《僧祇戒心》。《般若波罗蜜经》也是部卷较长的典籍，于是有《般若波罗蜜经抄》，"明诸佛之始有，尽群灵之本无；登十住之妙阶，趣无生之径路"。其意"谓至极以无为体。因须证无之旨，支公特标出即色空义"（汤用彤《汉魏两晋南北朝佛教史》）。《大智度论》的编撰过程，也是一个典型例子。鸠摩罗什所译《大智度论》是百卷本的一部巨著，但据《出三藏记集》卷十的《大智释论序》（僧叡）和《大智论记》的记载，百卷本也非全译，而是略去了全本的三分之二的内容。完全忠实印度原本的部分仅限于序品（汉译的初卷至三十四卷），而之后的六十六卷是在对原本缩略基础上译出的。关于节译的理由，僧叡在《大智释论序》中说："胡夏既乖，又有烦简之异，三分除二，得此百卷。"又说："法师以秦人好简，故裁而略之。"即是说，印度人喜好曲尽其意的说明，而中国人更看重简洁，为适合中国人的价值观而作出节略。而慧远为《大智度论》作序之后，认为此书太繁杂，不便于初学者研习，又删繁就简，编成二十卷，名曰《大智度论要略》。尽管如此，吉藏在创始三论宗时，还是放弃了《大智度论》。

（二）归化的选择手段

佛典汉译也是译者对原典的选择和淘汰，既是内容的过滤，也是文本形式的拣选。佛学作为从印度文化母体中生长形成的异质文化，当其传入汉地之后，为了适应其生长和发展，必然要经历一个选择和淘汰的过程。译经大师一般只选择那些有利于中土文化自身发展的部分，将其吸收并整合入中土文化母体，成为其重要组成部分；而那些与中土文化有着较大差异的部分，一般会被淘汰。

1. 文本选择

文本形式的选择是译经中对于具体经典的选择。如中宗皇帝于神龙三年（707年），诏义净翻译《药师琉璃光佛本原功德经》。原来，中宗皇帝继位，被武则天废黜，贬为庐陵王，移徙房县，让中宗的兄弟睿宗继位，随后武则天废黜睿宗，自己直接掌管朝政，废唐为周，改元光宅元年（684年）。庐陵王在房县忧心忡忡，担心其母诬害，便托念药师佛保佑。二十一年后，其母让位，中宗重登帝位，念及药师恩泽光被，特命义净重译药师经典。翻译时，中宗亲临法筵，手自笔受。二卷成文，念诵不已。这是佛经翻译迎合帝王需求而选择文本的一例。另如武则天对于华严典籍的重视，既出于她对佛学的信仰，更出于其政治考虑。为此，她改变唐太宗时期由玄奘一统组织译场的局面，鼓励各方译师译经，如于阗实叉难陀、提云般若，中印地婆诃罗，汉地学僧义净，而最有影响的是南印菩提流志。与此同时，武则天为与李唐皇室支持唯识宗加以区别，大力扶持华严宗。在她看来，《华严经》把世界描述为无穷无尽，恢宏廓大的圆满境界，其中以"法界"为总相，统摄万有，而万有又各自独存，圆融自在。这种思想正可表现盛唐时期整个国家博大雄浑、含容万象的气势，也有助于影响人们对武周政权的认同。所以译经大师们把《华严经》的翻译与"武周革命"联系在一起，说"女皇革命，变唐为周，遣使往于阗国求索《华严》梵本"。在八十卷本《华严经》译成后，武则天亲制序文，谓该经"添性海之波澜，廓法界之疆域。大乘顿教，普被于无穷；方广真筌，遐该于有识"（《大周新译大方广佛华严经序》）。此后，她又敕法藏于佛授记寺讲说新译《华严经》，并引对长生殿，敷宣玄义，被封为"贤首菩萨",冠以"康藏国师"之号。武则天还在龟兹、疏勒等地建立以汉地僧学为主体的大云寺,将于阗实叉难陀请至京师担任译场主译,给予高于其他外来僧侣的特殊优礼等条件。神功元年,唐王朝出师契丹,武则天特诏法藏依经教遏寇虐。法藏乃"盥浴更衣,建立十一面道场,置光音像行道"。不日捷报以闻,"天后优诏劳之"(崔致远《唐大荐福寺故寺主翻经大德法藏和尚传》)。

巴利文《涕利伽陀》第六十四《莲花色尼篇》叙述莲花色与女儿共嫁与前夫所生的儿子情节,以说明果报因缘的佛学理念。敦煌写本莲花色尼出家因缘,大部分与此相同,只缺聚麀恶报一段。陈寅恪在《莲花色尼出家因缘跋》中,曾就此因认为是"故意删削而非传写时无心之脱漏","考佛典中往往以男女受身之由推本于原始聚麀之念,用是激发羞恶之心,且可借之阐明不得不断欲出家之理"。至于不见父母唯见男女根门的观念,他认为:

> 此种学说,其是非当否,姑不置论,惟与支那民族传统之伦理观念绝不相容,则不待言。佛法之入中国,其教义中实有与此土社会组织及传统观念相冲突者,如东晋至初唐二百数十年间,"沙门不应拜俗"及"沙门不敬王者"等说见于彦悰六卷之书者。唐彦悰《集沙门不应拜俗议》皆以委婉之词否认此土君臣父子二伦之议论,然降及后世,国家颁布之法典,既有僧尼应拜父母之条文(见薛允升《唐明律合编》卷九及《清律例》卷十七《礼律仪制僧道拜父母条》)。僧徒改订之规律,如禅宗重修之《百丈清规》,其首次二篇,乃颂祷崇奉君主之《祝厘章》及《报恩章》,供养佛祖之《报恩章》转居在后。……夫僧徒戒本从释迦部族共和国之法制蜕蝉而来,今竟数典忘祖,轻重倒置,至于斯极。橘迁地而变枳,吾民族同化之力可谓大矣。

另有一部《大云经》,为北凉天竺三藏法师昙无谶所译,经中说:

> 尔时佛告天女。且待须臾。我今先当说汝因缘。是时天女闻是说已。即生惭愧低头伏地。佛即赞言。善哉善哉。夫惭愧者。即是众生善法衣服。天女。时王夫人即汝身是。汝于彼佛暂得一闻大涅槃经。以是因缘今得天身。值我出世复闻深义。舍是天形即以女身当王国土。得转轮王所统领处四分之一。得大自在受持五戒作优婆夷。教化所属城邑聚落男子女人大小。受持五戒守护正法。摧伏外

道诸邪异见。汝于尔时实是菩萨。为化众生现受女身。

经中所描述的净月天女，被武则天附会到她的身上，并在其统治期间大力推广此经，为其造势。据敦煌残卷《大云经疏》(《大云经神皇授记义疏》)说："经曰：'即以女身，当王国王'……者，今神皇王南阎浮提一天下也。"将佛经里的女王解释成为当时的"圣母神皇"武则天。因此武则天即"制颁于天下，令诸州各置大云寺，总度僧千人。……九月九日，壬午，革唐命，改国号为周，改元为天授，大赦天下"。后又下诏将佛教的地位提高到道教之上。《旧唐书》卷六记载说："天授二年……夏，四月，令释教在道法之上，僧、尼处道士、女冠之前。"武则天早曾削发为尼，登基后很重视利用佛教，自称"佛弟子"和"女菩萨"。长寿二年，印度译经大师菩提流志又译出《宝雨经》十卷，这是此经的第三次翻译。经中说道："尔时东方有一天子，名日月光，乘五色云，来诣佛所。……佛告天曰：'……天子，以是缘故，我涅槃后，最后时分，第四五百年中，法欲灭时，汝于此赡部洲东北方摩诃支那国，实是菩萨，故现女身，为自在主，经于多岁，正法教化，养育众生，犹如赤子，令修十善，能于我法广大住持，建立塔寺，又以衣服、饮食、卧具、汤药，供养沙门。'"经文比《大云经》说得更加明白，很清楚地说了有一个女菩萨要在中国做皇帝。这些经典中的"佛意"，可以为武则天做皇帝提供理论。她为自己加尊号为"金轮圣神皇帝"，正是佛经中最高的"转轮圣王"。

这是佛经汉译顺应中土文化主流意识形态而选择经本。影响这种选择的主要是主流意识形态，也包括译者主体和民风习俗。从主流文化论，本土主流文化需求不仅制约着译经的盛衰，也规定文本的选择。佛教作为宗教，是一种借对超自然实体即神灵的信仰和崇拜来支配人们命运的一种意识形态形式。统治阶层大多会将其中"对超自然实体即神灵的信仰和崇拜"转化为对皇帝权利的信仰和崇拜，达到利用佛教以巩固自己统治的目的。而佛教作为外来文化，为了取得中国占主导地位意识形态的接纳与认可，总是主动地与传统文化思想协调，以博得统治者的支持。所以赞宁说："帝王不容，法从何立。"(《大宋僧史略》)所以说，译经表面上是译经大师的个体行为，其实它作为梵汉文化交流大业，作为文化历史事件，并不拥有绝对的自由，无论是译本内容的选择还是翻译策略的制定，以至译本的表述方式，都要受到本土主流意识形态的制约，才能真正达到译经的目的。这体现在佛经翻译中，就是用儒道思想等占统治地位的意识形态来理解原本，归化原本。佛经翻译在方式、方法和技巧等方面的选择，实质上表现的是梵汉文化交流中，翻译受到的本土文化制约。佛学文本的选择也受到这种制约。历代佛典本是汉译大师遵守汉地民俗，接受主流意识形态共同干预，适应中国的文化政治需求，满足民众信仰佛教愿意的结果。因为佛经的生存和发展，往往要受制于这些因素。汉文化民俗是在特定历史、地理、文化等条件下，经过长期选择和凝聚而形成的一种重要社会力量，它具有维系整个民族文化心理，模塑社会成员行为方式，形成群体共同思维习惯的功能和作用。因而，各种上层建筑如社会制度、法律、宗教、政治、哲学等，不仅都脱胎于原始民俗文化的母体，而且建立于各民族特有的民俗心理之上。所以，佛教要在汉民族中生存发展，必须适应这种文化背景。译者主体更是翻译文本选择的重要因素。译者是译本面貌的直接塑造者，译本的风格和质量关键都决定于译者。僧祐《出三藏记集》指出："是以宣领梵文，寄在明译……义之得失，由乎译人；辞之质文，系乎执笔。或善胡义，而不了汉旨；或明汉文，而不晓胡义；虽有偏解，终隔圆通。若胡汉两明，意义四畅，然后宣述经奥，于是乎正前古译，人莫能曲练。所以旧经文意，至有阻碍，岂经碍哉？译之失耳。"揭示了译者的关键作用和重要地位。蒋维乔在其《中国佛教史》中说："故我国佛教史当视翻译家之见解为转移，而此翻译家即可视为开创一宗或宣布新义者。鸠摩罗什、真谛、不空、玄奘四人，可推为中国佛教史上四大翻译家，于佛教上，影响最大也。"(《中国佛教史》)

佛典汉译大师主要由两类人群组成：一类是中土的汉籍译经大师。他们是在汉语文化中成长起来的译经大师，其优势是精于汉语和汉文化，他们通过协助译主，或亲自西行获取经本，译成汉语。佛典汉译后期，开始有了精通佛学基本理论、通晓梵语胡语、可以主持译经的大师。这样的大师受过严格的佛学和梵语训练，成为译经的主导者和中坚，如玄奘及其弟子、义净、不空、李义诎等。一类是来自西域和天竺的外籍大师，曹士邦称他们为"非汉语文化籍大师"(《译场——中国古代翻译佛经严谨方式》)，他们的优势是深谙佛学，通晓梵言胡语，有的具有一定汉语理解和表达能力，如罗什、真谛，但需要汉地学者助译，修饰润色译本语言。佛典汉译，佛教传播，佛学中国化的完成，都是这两类大师协作的结晶。这两类译经大师的母语不相同，文化背景悬殊，译经旨趣和策略也不同。所以他们对于佛学中国化的贡献也不同。

汉语文化籍译者基于他们有深厚的汉文化学养，他们的译籍多尽力融入汉语文化。他们基于汉语础理解佛学，用传统儒道语言诠释佛学，将其本位化进而在内部深入融合梵汉文化。因而在他们的译笔下，归化自然成为主要手段。即使玄奘译经，道宣《续高僧传》称：玄奘译经，"都由奘旨，意思独断"。吕澂据此认为，玄奘译经有一定的宗派观念和门户之见。如法藏曾参加玄奘译场，"后因笔受、证义、润文见识不同而出译场"（《宋高僧传》）。道宣还讲到玄奘曾因宗派观点歧视旧译："三藏玄奘不许讲旧所翻经。冲曰：君依旧经出家，若不许弘旧经者，君可还俗，更依新翻经出家，方许君此意。奘闻遂止。"吕澂通过勘真谛、义净和玄奘翻译的《观所缘释论》，还进一步揭示出玄奘翻译的发挥性质："一者，奘净两家所用原本未尝有异也，而奘译翻译修辞改之。"意谓玄奘在文辞上作了修饰发挥。由此他认为，义净的翻译"近于直译"，玄奘的翻译则"近于意译"。所以"两家虽有文质繁简之殊"，实际上"其原本犹无害为一类"。他接着又说："奘译力求整齐，每释皆先引全颂，于是文句未能分段落者必改组而断句，意有未尽者亦必引而足之，错综其词，庐目遂非。"这是意译发挥的一种格式。同时，"奘译据文敷演，不觉其词之酣畅"，这又是意译的一种格式。所以他认为，"奘译原本不必与净译异，特译文敷畅见其文采有殊而已"。"二者，奘译之润文非但畅意而已，亦取注释家言以改论。"意谓玄奘的翻译还不仅仅是在文辞上加以修辞，使之词意通畅而已，而且还常常采用注释家的言论来改变论文的原意。在他看来，玄奘的翻译，有许多地方都是采用了护法所作疏中的言论和观点。"三者，奘译改论非真宗护法之解也，乃别取诸后起之说。"意谓玄奘的翻译还并不都是直接依据护法的注疏以改变论中之文，有些地方还另外采取了护法以后的一些佛教学者的理论。所谓"奘译文义大同护法而不尽同，其所依据殆在继承护法而变其说者"。他认为护法以后的学者，大概就是护法的门下弟子胜子等三家，或者就是戒贤其人。最后他归纳出玄奘译经的三大特点：

> 一、奘师译文与其谓为忠实之直译，宁谓为忠实之意译。二、奘师意译与其谓为信于原本，宁谓为信于所学。三、奘师所宗与其谓为护法之学，宁谓为晚起变本之说。

在吕澂看来，玄奘的翻译，乃是"恃其天才，纵横演绎，其短长得失，固有可议"之处。（《观所缘释论会译·附论奘译本之特征》）他的结论是："奘师喜以晚说改易旧文，严谨实有不足。"（《辩佛学根本问题》）如《成唯识论》，名为玄奘所译，实则有许多是玄奘的观点，可以说等于是一部自著。因为这部书是将印度十大论师对世亲《唯识三十颂》所作注疏糅合在一起翻译而成的。但玄奘翻译时，只是以他所传护法论师的观点为主，其他论师的思想就没有完全反映出来。这样，后世学者在研究唯识学时，便无法窥见其他九家论师的全部思想，从而不能在学术思想方面作参证、比较的研究。这说明玄奘的译本对原本是有所取舍的，并非是完全忠于原本的直译，而是信于戒贤所传护法一系的学说。他信于晚起变本之说，对原本作出取舍，表明他的翻译也打上时代烙印，体现了各种利益的需求。事实上，玄奘很注意读者的接受，他重译旧典，修正错误艰涩之处。他在译经时，技巧灵活多变，如《俱舍论品》中"大德法救复作是言"，原文没有"法救"一词。法救是人名，加上后可以使读者知道"大德"指的是谁。又如"为对治彼八万行故，世尊宣说八万蕴"，原本没有"八万行"一词。如果照原文直译为"彼"，读者就有可能误读。这种归化翻译策略扩大了佛学在中国的影响，成为佛学与儒道的沟通桥梁，最终形成了三家思想的合流，加快了佛学中国化的步伐。

　　而西域或天竺译经大师们的文化传统以及思维方式多建立在母语基础上。如安世高的学问背景，僧祐《出三藏记集》说："其为人也，博学多识，贯综神摸，七正盈缩，风气吉凶，山崩地动，针脉诸术，睹色知病，鸟兽鸣啼，无音不照。"这正是西域文化的特色。所以在他的译典中，许多术语是他自己创译的，很难在汉语语源中找到先例，译文的句法也与中国传统文法和文章程序很不一样。罗什在西域文化背景中成长和养育，因而其译籍富于"天然西域语趣"，当然，又有汉地助译大师协助，使译经表现出一种融和梵语与汉语之美感又不失佛经原有韵味的文体。南怀瑾认为：他的翻译，"尤其它的文字格调，形成了中国文学史上一种特殊优美，感人的佛教文学……文字也很特别，是另创一格的文字意境。后来玄奘法师等人的翻译，在文学境界上，始终没有办法超越鸠摩罗什，这就是文字般若不同的缘故"。(《金刚经说什么》)"文字般若"即文字运用的智能，正是罗什基于母语的文字智能，使译本令中土读者耳目一新。而南怀瑾所认为的不如罗什的玄奘译本，实因玄奘基于汉语文化背景理解佛学的结果，他所赖以思维的语言形式是基于其传统子史经籍和汉译的佛家经典。玄奘自幼即深受传统文化熏陶，熟读儒家典籍，"备通经典"，"爱古尚贤"(道宣《大慈恩寺三藏法师传》)。葛兆光认为："在中国语境中理解佛教，首先会用中国思想世界的传统术语来匹配佛教名词。……正如过去很多学者指出的，以道来理解菩提 bodhi，以无来指代空 sunyata，以无待来代替涅槃 nirvana，等等。"(《七世纪前中国的知识、思想和信仰》)由于非汉文化籍译大师的母语提供源源不断的动力，使他们的译经富有生机和开创性。也由此使他们的译经从实质上真正推动了佛学的中国化。因为汉文化籍的译经大师对佛学经典的翻译，只是他们运用自己的语言去理解和解释佛学经典的结果，必然会与原典有差距，甚至背离原典而难以传达其玄旨和奥妙所在。这种翻译严格说来没有带来实质性的新因素。所以彦琮说"服膺章简，同鹦鹉之言，仿邯郸之步"（《辩正论》），"章简"即汉文译本，它体现的汉文化语境。

2. 内容选择

内容的选择指佛典汉译对大乘佛学的重视。印度佛学本是空有二宗并举，大小乘学说并弘，没有轻重主从之分。东汉时，佛典汉译伊始，安世高译出小乘经典，支谶译出大乘经典，分别代表小乘禅数与大乘般若性空学的两大派系，在社会上都有相当影响，也反映了佛学大小乘同时传入中土的情形。张永帅《中国传统的佛教礼仪制度》一文分析，由于中国传统社会结构及与此相应的伦理观念背景，尤其是中土传统文化赖以形成的民俗心理，总体上具有讲求实用实效，崇尚简易方便的特点，使得汉地佛学主要是大乘佛学，而小乘佛学在汉地难以独立发展。大乘佛学关于入世舍身、普度众生的主张更契合中国的传统，这决定了佛学传入中大乘思想选择的原则。至南北朝时，虽然佛教义学总的特点是大小乘并弘，经律论同传，但大乘学说及其经典的传播始终占主导。在以后的发展中延续和增强，成为中国佛学的主流与特色。大乘经典中的《大品》《小品》《中论》《百论》等经论，尤受学人重视，有关的注疏也最多。周可真《佛教中国化进程述略——兼论中国本土文化之基本精神》一文认为，即使是一些小乘经典，如南北朝流行的《十颂律》、北朝流行的《四分律》以及成实、毗昙学派崇奉的《成实论》《阿毗昙心论》《杂阿毗昙心论》等，由于研究者中有不少是大乘学者，他们把小乘学说当作大乘学说的初阶，把小乘经典作为学习佛学基本知识的入门书籍，因而在研究阐释时，往往融入了大乘思想成分。如中国佛教律宗以《四分律》为经典依据，《四分律》虽属小乘，但其文义通于大乘，因而有"分通大乘"之说（道宣《行事钞》）。因此，同样是十颂律学、四分律学、成实学、毗昙学，在印度和在中国所包含的思想内容却不同。在印度，它们是纯粹的小乘佛学，而在中国，它们是在大乘佛学指导下的小乘佛学，或者是大乘佛学的一部分，如十颂律学、四分律学。而在对大乘佛学的选择中，又是那些与中国文化有较多相似处的经典如《涅槃经》《维摩诘经》《法华经》《华严经》《楞严经》和《阿弥陀经》等在中国的传播更为广泛，而这些经典在印度的影响并不大。中国学人依据这些经典分别创立了天台、华严和净土诸宗，这些宗派成为中国佛学的主要派别。后来成立的诸宗当中也有小乘学派，如成实师、俱舍师。但唐代盛行的只有后八个宗派，它们都属于大乘佛学。这说明在中国文化环境中，只有大乘佛学才能适应本土文化的精神。大乘佛教的经典系统主要为以下几类：（一）般若类，如《大品般若经》《小品般若经》等。（二）《法华经》类。（三）净土类，如《阿弥陀经》《无量寿经》等。（四）秘密类，如《大日经》及各种陀罗尼等。（五）《华严经》类。（六）《大集经》类。（七）涅槃类。（八）如来藏类，如《胜鬘经》《无上依经》等。（九）唯识类，如《解深密经》《楞伽经》《密严经》等。李尚全在《汉传佛教经律论概要》一文中指出，由于中国人士选择大乘佛学，由此形成以下四大翻译体系。

（1）般若经论的翻译

佛学般若部诸经的结集约为公元前一世纪，东汉桓帝建和元年（147年），支谶与竺佛朔在洛阳译出《般若道行品经》十卷称《道行般若经》，佛学史上称为"小品般若"，此为大乘经典传入中土的开始，大乘佛教经典由此得以系统传入中国。此后，汉地佛典翻译与印度本土大乘佛学兴盛相一致，以般若类经典为主。三国时代支谦将此本重译成《大明度无极经》六卷；康僧会别译成《吴品经》五卷。随后朱士行以佛朔等所译《道行般若经》文义扞格，译理不尽，至于阗求得梵本《二万五千颂般若》九十章，遣其弟子送归洛阳，由于阗无叉罗于291年在仓垣译成二十卷，名《放光般若经》。（僧祐《出三藏记集》）可知般若经典对汉地佛学的巨大影响，它激发汉地僧学西行求法。当时竺法护也从西域得到《大品般若经》的另一个梵本并译成《光赞般若经》十卷。

在大乘经典中，般若类经典成立的年代最早，传入中土也几乎是与小乘经典同时。因为般若类经典是印度初期大乘经典，是大乘佛学的基础理论，是大乘佛学的根本教理"六度"中最重要的一度，是一切大乘修行法门赖以滋生的本母，被称为"诸佛之智母，菩萨之慧父，众圣之所依"。般若经典宣说缘起性空思想，它的中心思想在于说明诸法"性空幻有"的道理。所谓性空，指客观存在的一切现象都没有实在的自性；所谓幻有，指人们经验范围内的所有现象，虽然在本质上是空的（自性空），但并非虚无，现象仍然是存在的，不过是在特定的时空里的各种条件组合，即"因缘和合"。般若经典也讨论人生的根本道理，论述一切事物和现象性相皆空，倡导无住无执，一无所得。这是大乘佛学探索本体论、真理观和方法论的思想精华。《般若经》为人人皆可修得佛果提供了理论根据，是佛学从小乘向大乘转化的一个标志。大乘学者理论思维已经达到了本体论的高度，他们探讨世界本源，超越了小乘佛学仅仅侧重于人生哲学的思考。所以玄奘说，"佛法大乘，般若为本"（《请御制大般若经序表》）。而这些思想精华，初期都出现在般若经中，这就是初期般若经典在中国传译之多，研究之盛的原因。大乘佛学般若经典的不断翻译，显示出汉地学者对大乘学说的重视。十六国时，罗什重新翻译这部经典，题为《摩诃般若波罗蜜经》。直到唐代，玄奘也以此土学人重视般若，便译成《大品般若》共六百卷，不仅全译出传说中的八部《般若》，而且还译出前所未闻的多部《般若》，扩大了当时佛学界有关般若部类的知识范围。般若经典的缘起性空理论，与中国固有的老庄玄学非常地相似，所以般若部诸经在东晋成为汉地僧俗研修的显学，形成般若学"六家七宗"。尤其是罗什重新译出"大品般若"和"小品般若"，以及《金刚般若》《大智度论》《中论》《十二门论》《百论》等般若部经论，汉地兴起义学高潮。潘桂明认为，般若思想的批判精神和否定性的思维方式，启发了汉地义学僧俗的反传统激进思想，激发他们的佛学研究热情。他们以般若经的翻译和研习为契机，通过译经和义解，力图显示民族文化的差异，摆脱以天竺或西域僧学为师的佛学传承，确立本民族独立的佛学思想体系，用以取代与民族文化有别的印度文化影响。（《论僧叡的佛学贡献》）如僧叡佛教思想的演进，道生顿悟学说的提出，都与般若学的思想体系有关。南北朝佛学各派的义学以及慧能佛学思想的形成也都根植于般若学。般若经的翻译还直接滋润了隋唐宗派，三论宗以《中论》《百论》《十二门论》为根本典籍，禅宗以《金刚般若经》为传心法本，天台宗以《大品般若经》为观法。

（2）《法华经》的翻译

《法华经》结集约为二世纪，其主要思想是空无相的空性说和《般若》相摄，究竟处的归宿目标与《涅槃》勾通，指归净土，宣说济世以及陀罗尼咒密护等，可谓集大乘思想之大成。其突出重点在于会三乘方便，入一乘真实。因此，《法华经》在中国佛学史上具有很高的地位，在《高僧传》所列举的讲经、诵经者中，以讲、诵此经的人数最多，仅南北朝时期，注疏此经的就达七十余家，陈、隋之际智顗依据此经立说而创天台宗。隋、唐以后，以至明、清，一直流传不衰。三世纪时，由竺法护首译成汉文，题为《正法华经》，所据原本是"胡本"。"胡"为西域别称。随后罗什译出《妙法莲华经》。隋代阇那崛多和达摩笈多重勘梵文，译为《添品妙法莲华经》。玄奘译有《药王菩萨咒》。僧叡《妙法莲华经后序》说，罗什翻译此经的缘起是："经流兹土，虽复垂没百年，译者昧其虚津，灵关莫之成启。谈者乖其准格，幽踪罕得而履。徒复搜研皓首，并未有窥其门者。秦司隶校尉左将军安城侯姚嵩，拟韵玄门，宅心世表，注成斯典，信诣弥至。每思寻其文，深识译者之失。既遇鸠摩罗什法师为之传写，指其大归。真若披重霄而高蹈，登昆仑而俯盼矣。于是听受领悟之僧，八百余人。"意谓罗什以前竺法护的译本，文辞艰涩，含义模糊，令人难以深解，因此姚嵩又请罗什重译并讲解此经。罗什译本与竺法护译本相比，其内容要比竺法护的译本少得多。例如《正法华经》的《药草品》，在后半部分讲到了菩萨修行的归宿是"成就平等法身"，而罗什所译《妙法莲华经》就没有译出这一内容。另如《正法华经》的《五百弟子授记品》及《法师品》二品的前一部分，还有《提婆达多品》和《普门品》最后的偈文等，罗什的译本也都没有译出。此外，罗什译本还把《嘱累品》放在《药王品》之前，成为第二十二品，而竺法护的《正法华经》则是和一般佛经一样，把《嘱累品》放在最后的结尾部分。这可能是因为二人所据原本不同，也可能罗什在译出《妙法莲华经》时，将原本次序略为加以改动所致。但后世流行最广的却是罗什译本，大致是因为竺法护译本虽然比较齐全，但由于偏重于直译，导致译文艰涩，读解困难，因而不很受人欢迎。而阇那崛多与达摩笈多的共译本，虽然比法护和罗什两本都齐全，但由于后出，学者已经习惯于罗什所译的传本，加上罗什弟子听罗什讲解者甚多，借助他们的宣传和弘扬，使罗什译本深入人心。还有一点就是，罗什译本文义流畅，词义通顺。虽然后来有新的译本出来，但他的译本仍然十分流行，新的译本始终无法取代它。所以道宣《妙法莲华经弘传序》中说："三经重沓，文旨互陈，时所崇尚，皆弘秦本。"

（3）《涅槃经》的翻译

《涅槃经》结集约在二世纪，史载三世纪时支谶最先译为汉文，题为《梵般泥洹经》。五世纪时，法显在摩揭提国巴连弗邑得到优婆塞伽罗写赠的《大本涅槃》前分梵本，回国后在建康道场寺与佛陀跋陀罗译出六卷本《大般泥洹经》，又名《方等大般泥洹经》。421年，昙无谶至姑臧，与慧嵩、道朗等译出对中国佛学影响甚巨的《大般涅槃经》四十卷及《大方等大集经》《金光明经》等。其中《大般涅槃经》称为《北本涅槃经》，于430年由凉地传到江南建邺，当时慧严、慧观、谢灵运对北本《涅槃经》作了文字加工，并依据法显译本，把北本十三品增加成二十五品，而卷数由四十卷压缩为三十六卷，称《南本涅槃经》。《涅槃经》义理丰富而精致，其精神为针对灰身灭智的小乘涅槃说而阐述佛身常住不灭，及常乐我净义。

但它又不同于大乘的三乘五姓说，而显示众生悉有佛性，一阐提和声闻、辟支都当成大觉义，并广说与涅槃有关的一切菩萨法义。因之此经可称为大乘佛学的极谈。《涅槃经》在印度影响不大，但对汉地佛学义学响极其深远，在南北朝时，出现南北涅槃师，成为当时佛教义学主流。因为罗什译出大乘主要经典"四论"后，大乘空观思想得到广泛传播。但因谈空过甚，于是晋宋前后，由性空般若学为主迅速转变为涅槃佛性说占据主导地位。相对于罗什译籍的宣扬大乘般若性空理论的《金刚经》之类，《涅槃经》更能坚定人们修持成佛的坚定信念。汤用彤说："晋宋之际佛学上有三大事。一曰《般若》，鸠摩罗什之所弘阐。一曰《毗昙》，僧伽提婆为其大师。一曰《涅槃》，则以昙无谶所译为基本经典。"(《魏晋南北朝佛教史》)吕澂也说："刘宋时(431年)将《涅槃经》的两种译本合起来改定成'南本'之际，在元嘉年间(424—452)还陆续地有和《涅槃》性质相类的经典译文，较早一些的是《如来藏经》(420年译)，其次为《胜鬘经》《楞伽经》《央掘魔罗经》《大法鼓经》等。这些经典的译出对于《大涅槃经》的研究更为便利了，因之《涅槃》的讲习一时甚为风行，出现了各种说法和各有不同师承的一群涅槃师说。"(《中国佛学源流略讲》)隋唐以后，涅槃学说主张的人人皆有佛性的理论，完全纳入八大宗派的各自理论体系之中。

(4)《华严经》的翻译

释迦牟尼演说《华严经》后，其教义很快隐没无闻，直到二世纪时，才由龙树流传于世。东汉末年，支谶最早翻译《法华经》，名为《兜沙经》。随后支谦、竺法护、聂道真直至南北朝、隋、唐各朝译出的支分别行本《华严经》多达三十五部。其中影响较大的有三本，一是东晋佛陀跋陀罗译的《六十华严》，其梵文原本为三万六千偈，由慧远弟子支法领从于阗获取，佛陀跋陀罗在418年至420年于道场寺译为汉文，共六十卷，为区别于后来的唐译本，称为旧译《华严》。二是唐实叉难陀译《八十华严》，其梵文原本有八万四千偈，由武则天遣使从于阗取得，并请实叉难陀于695年至699年译成汉文，计八十卷。后法藏发现此经《入法界品》中尚有脱文，便与地婆诃罗校勘梵文，于第八十卷初从"弥勒菩萨"后至"三千大千世界微尘数善知识"前之间，补入"文殊伸手摩善财顶"十五行，称新译《华严》或称《大方广佛华严经》。三是唐代般若译《四十华严》，其梵文原本一万六千七百偈，由南天竺乌荼国王亲手书写并遣使送到汉地，德宗嘱般若在796年至798年译成汉文，共四十卷。其内容系勘同旧新两译《华严经》的《入法界品》一品，但文字广增很多；尤其是《四十华严》第四十卷有普贤十大行愿，和新添的普贤广大愿王清净偈，是前两译《华严经》中所未有的。《华严经》的中心内容是强调从"法性本净"观点出发，经过十信、十住、十行、十回向、十地等法门的修行，使阿赖耶识辗转增胜为普贤十大愿行，而最终修行成佛。

李尚全在《汉传佛教经律论概要》中指出，大乘佛学四大翻译体系对汉地佛学产生了深远的影响。第一，般若部经论的译弘，确立了中国佛学真俗二谛的理论框架，成为佛学沟通道家玄学的理论基础。它继佛经汉译肇启佛学中国化第一步历程，开启魏晋南北朝佛学理论的老庄化，成为佛学中国化的第二步。第二，《法华经》《涅槃经》《华严经》突显出的佛性论思想，成为沟通儒家人性论思想的桥梁，奠定了隋唐八大宗创立的理论前提，成为佛学中国化的第三步。因为此前学者尽管盛谈三家融合，但多停留在社会功能上，没有理论基础。只有在理论上找到依据，才能最终融合，这就是心性学。第三，从四大翻译演变出汉地佛学四大宗，即从罗什译般若部经论出三论宗、禅宗；从罗什译《法华经》、昙无谶译《涅槃经》出天台宗；从觉贤译《华严经》出华严宗。宗派的形成标志着佛学中国化的完成，因为佛学宗派标志着理论的体系化。

(三)归化的技巧手段

佛学思想最初进入中土一种新的文化土壤时，遇到本土文化思想的阻力。于是佛学改变自身，依附本土文化，并与之不断融摄与协调。最初是依附汉地儒家经学，表达自己的思想体系。两汉时期则比附于黄老之学和神仙道术，而后又与魏晋时期的玄学交融，再后又经过南北朝时期的佛教儒学化，直至隋唐与中国儒道相互交融，成功与本土文化相融汇。佛学本土化与译经大师选择归化的翻译策略有着紧密的关系，这一选择使佛学自进入汉地始，即开始了其中国化历程。译经大师的归化翻译策略，就是参照汉地文化背景解释佛学思想，用儒、道思想等占统治地位的意识形态理解原本，归化原本。在归化策略中，主要手段包括：附会、格义、连类、慧解。

1. 附会

译经中的附会就是比附梵汉两种相同、相似或某种可以相通、可比的思想观念。比附多是消极的攀缘，只是形式上的对应。因为佛教初入汉地，中土人士不容易接受，甚至受到排斥，为使汉地人士接受和了解，佛教不惜改变自身教义而比附中土思想。因此比附只是机械地套用本土思想概念比附译释佛经概念，进而对经中义理做出牵强附会的解释，从而形成两者貌似神异的情形，其相似只是外表上的，深层仍然悬殊，两种思想文化的隔阂没有消除，更不相融合。赞宁对东汉附会译经法所导致的对佛典原义的误解有过精辟的总结："梵客华僧，听言揣意，方圆共凿，金石难合，盌配世间，摆名三昧，咫尺千里，觌面难通。"(《宋高僧传》)李霞在《中国佛教解经方法的演变》中指出，附会在佛学传播初期仍发挥了重要作用，因为附会本是对尚属陌生的佛学义理的解读，是对它的推断并试图理解它的努力。没有附会便无从体会佛学的义理观念，就没有对佛学的理解和最终的融会贯通，也就不可能在这样的基础上再作诠释，更没有创造与发展。中国佛学先有六家七宗，后有八大宗派，禅学有五家七宗，从思想结构看，自始至终都包含着接触、理解、创造的过程。创造就是再诠释，如果说再诠释是杠杆，那么其支点就是附会。附会作用佛典汉译最初的策略，主要包括删略取舍、牵合援引、衍生补益和改写发挥。

(1)删略取舍

删略取舍即删减原本内容。佛学初传中国时，儒、道两家思想已取得主导地位，自董仲舒提倡"独尊儒术"，儒家学说实际上成为中土人士的精神支柱，支配了人们的思想和言行。佛学为了与儒家思想相适应，使之能够在中国生存与发展，早期译经大师总是自觉不自觉地调整译文，以符合儒家思想观念，以保持和汉地思维方式的一致性。如关于伦理范畴中的男女两性关系，印度佛教学者常对其作客观的细节描写。《华严经·入法界品》讲述善财童子五十三参中的第二十六参，遇到举世无双的美人婆须蜜多，并以她为师，而她对善财说：有人只要拥抱我，亲吻我，就能离欲，提高入定的境地。东晋佛陀跋陀罗用音译"阿梨宜"译"拥抱"，用"阿众鞞"译"亲吻"。敦煌写本《诸经杂缘喻因由记》第一篇叙述了莲花色尼的出家因缘，其中一节有莲花色尼一再改嫁的因缘，她与所生孩子也不复相识，以致后来竟与亲生女儿共嫁给他人，莲花色尼发觉后，深感羞愧而出家为尼。译者认为这种乱伦不宜出现在神圣的佛典里便全部删去。(陈寅恪《莲花色尼出家因缘跋》)译经大师根据中土伦理标准，删略原本中不符合中土文化的理念与习俗，并结合新的历史和文化环境创译出新的思想学说和修持规范，由此在翻译过程中一定程度上改变了印度佛学，使中国佛学相对于印度佛学来说从形式到内容都有所变化。当然译经大师也尽力保持佛学解脱的根本立场和基本义理，因为一味地改变佛学也就失去了翻译和传播佛学的意义，因此译经大师们对原本的改变也内在地甚至是深层次地蕴含着忠实。如支谦十分注意语言形式，注重译本的文学性和可读性。然而支谦的译本删削较多，在很大程度上放弃了译本的忠实性，道安批评支谦的译本"巧则巧矣，惧窍成而混沌终矣"（僧祐《出三藏记集》）。李霞《中国佛教解经方法的演变》一文也认为，正是有了这种不忠实，佛学才能在中国扎下根，走上中国化道路。因为这种不忠实并非汉地学者凭空臆造的结果，而是当时中国文化主流思潮在佛经译解中的反映。所以任继愈认为："正是从这种不忠实于原著的译风中，可以使我们看出支谦的思想来，看到佛教是如何在继续向汉化行进，并为当时世俗统治者的统治找出佛教的根据来。"（《中国佛教史》）从三国到西晋，支谦的译经风格因为迎合了当时的玄学风气，发展了印度佛学，进一步加快了佛学汉化的进程。

（2）牵合援引

牵合援引即附合传统思想，援引中国传统文化中的概念解释佛学义理。这是佛学与汉文化的一种牵强附会式参合，深层上并不能融为一体。佛学初入中土时，许多译者都采用这一策略。他们比附援引道术，将佛学道术化方术化。洪修平在《论汉地佛教的方术灵神化、儒学化与老庄玄学化——从思想理论的层面看佛教的中国化》一文中指出，因佛学与方士道术同在解决人们生老病死而很快合流，而使佛学表现为对中土黄老神仙术的依附，对灵魂不死、鬼神崇拜等观念、迷信思想的融合、吸收。汉地方士道术本是汉初黄老思想与先秦方术相结合的产物，追求成神成仙，幻想长生不老，神化人生境界，与佛学意趣相去甚远。所以慧皎《高僧传》说："先是中土未有泥洹常住之说，但言寿命长久而已。"说的就是这种译经策略。致使佛学"泥洹常住之说"变为中土"寿命长久"。慧远并由此建立佛学法性思想，他说："佛是至极，至极则无变。无变之理，岂有穷耶？"慧皎《高僧传》载："因著《法性论》，曰：'至极以不变为性，得性以体极为宗。'罗什见论而叹曰：'边国人未有经，便暗与理合，岂不妙哉？'"初期译者还在译经中比附当时流行的道术名言及《老子》《庄子》《淮南子》等书思想观念。最早的汉译佛典《四十二章经》最大特点是比附方士道术。方士道术重言"道"，而《四十二章经》的译者也全面借用了这一概念，称佛学为"佛道""释道"或"道法"，称学佛为"为道""学道""行道"，称对佛学有所领会者为"道人"。译者还以当时流行的灵魂不死、肉身成仙观念理解"阿罗汉"，说"阿罗汉者，能飞行变化，住寿命，动天地"。佛教学者出家修行原是从肉体的生老病死中解脱，并非"住寿命，动天地"，也不是想修炼成"能飞行变化"，译者显然是援引方士道术的神仙境界译释阿罗汉境界。

安世高对中土文化有一定了解和体悟，其译经附会当时流行的道术名言、阴阳星算、神咒方术的观念，表现出对中土文化的依附，借以实现其传教目的。他的代表译作《阴持入经》弘扬的中心观念是"诸法无我"，这种"无我"既否定肉身，也否定灵魂，目的是破除人们把"身"与"灵"综合起来当作"我"而加以执着的观念。但中土传统思想中根本不存在这种观念，当时中土盛行的是灵魂不死观念，因而当时的佛学者及译经大师无法理解天竺佛学这种对灵魂也否定的观念，他们认为有生有灭的只能是有形的肉身，而无形的灵魂是永存不灭的。于是译者便将佛学的"无我"观念译为仅仅是对"身"的否定，即"非身"。此后，汉译佛典特别突出"灵魂"的作用。南北朝时，佛学者与无神论者之间有一次神不灭论与神灭论的论辩，灵魂不死观念依然在中国佛学中根深蒂固。安世高另一代表译作《安般守意经》将"安般守意"也附会为道教的呼吸吐纳术及医学气功。"安般守意"本为小乘禅法之一，"安般"即"数息"，指用数息的方法使浮躁不安的散乱之心平定下来。这种禅法与东汉流行的道教呼吸吐纳术及医学气功在外表上有许多相似之处，本质并非相同，道教呼吸吐纳术旨在长生，医学气功旨在健身，而安般禅法则旨在通过"四禅""六事"的修习，达到去欲存净，厌离生死，不受五阴的目的，它们在目标上完全相反。但安世高在译释此经时将它们视为同义概念，将经中"安般"说附会为中土"元气"说，将"息"（呼吸）抽象为"气"，用"气"解释"身"，用气灭解释"空"，这是原本中不曾有的观点。小乘佛学视人身为地、水、火、风"四大"所构成，呼吸属于其中的"风"，而"风"是不能概括人身的。译本用当时流行的元气说译解佛学禅法，使译经中充满"气""元气"等纯粹中国化的概念。经中的因果说也被附会为中土宿命论，如"业报"译为"宿命对"，使此后中国传统的宿命论赋予了佛学业报轮回的内容。译本还将经中的禅定译为成神成仙的手段，如"断生死，得神足"，"得神足者能飞行故，言生死当断也"等语，又把"得四神足者，可久在世间"看作"不死药"，把佛学修行的最高目的归结为成仙。康僧会在《安般守意经》序中进一步发挥说："得安般行者……无遐不见，无声不闻，恍惚仿佛，存亡自由，大弥八极，细贯毛厘，制天地，住寿命，猛神德，怀天兵，动三千，移诸刹，八不思议，非梵所测。"道安《安般注序》仍发挥这种神化："举足而大千震，挥手而日月扪，疾吹而铁围飞，微嘘而须弥舞。"

与安世高同时的支谶在译《道行般若经》时同样采取了比附法。支谶译经的东汉末年，中国思想主流之一的道家正在向玄学转变，老庄以无为本的思想受到学者重视，支谶的《道行般若》即比附"本无"学说。佛学中"如"或"真如"或"实相"是佛学重要概念，指的是离开人的思想言说，不受任何经验左右的精神实体，对此不可言说而又不得不说的概念，佛学认为只有用"如"或"真如"来表达。而支谶将其译为"自然""本无""璞"等，这明显是以《老子》的"自然"附会"如"或"真如"之义，用老庄的无为有本、有生于无的观念译解佛经，使译经中充满了"本无""无"等概念。《道行般若经》还将"波罗蜜行"译为"道行"，借道家的"无"传播般若。如《道行经·照明品》说："何谓知识？知识之本无。何所是本无？是欲有所得者亦本无。""何所是本无？一切诸法亦本无。"此"本无"所否定的对象包括世间和出世间诸法，后来罗什改译为"诸法性空"。"诸法性空"只是否定诸法体性的实存性，并不否定诸法现象的存在，而诸法"本无"并不能准确表达大乘佛学这一旨趣。

支谦是一位汉文化修养很高的佛经译家，同时又深谙胡语，具备极强的文化驾驭能力，其译典受《老子》影响很深，且追求文丽，具有明显的中国化倾向，有时甚至不免离开原著，其忠实性受到很大影响，因而屡受批评。他的主要译经，凡涉及哲学重要概念时，都取自《老子》的表述。如《大明度无极经》第一品注中说："菩萨心履践大道，欲为体道，心与道俱，无形故言空虚。"这与老子所言心道合一，道常无形，故心亦无形的思想一脉相承。支谦改译支谶的《首楞严三昧经》，"恐是越嫌谶所译者，辞质多胡音。异者删而定之。其所同者述而不改"(支敏度《合首楞严经记》)。支谦有意识地变通原文，删减原本中繁复的表达，用意译替代音译，连向来不翻的真言也没有例外，如《无量门微密持经》的八字真言(《中华佛教百科全书》)，他把《摩诃般若波罗蜜经》意译为《大明度无极经》，其中像"须菩提""舍利弗"这类人名也都意译成"善业""秋露子"。他还运用老子的"自然"来格义佛学的重要概念"如"或"真如"。如此变通之后，支谦译本语言简洁流利，"以季世尚文，时好简约，故其出经，颇从文丽。然其属辞析理，文而不越，约而义显，真可谓深入者也"(僧祐《出三藏记集》)。此外，支谦还首创"会译"的体裁和加注的方法，以适应汉地人士的阅读习惯，具有初步的读者接受意识。

康僧会深谙汉梵文化，"明解三藏，博览六经，天文图纬，多所综涉"(慧皎《高僧传》)。为了显示佛学教义的最终旨趣与儒道思想的一致性，他借用中国传统儒家经典和天人感应论译释佛学教义，把"儒典之格言"同"释教之名训"等量齐观，把佛学的"幽微"当作周孔名教"近迹"的补充，借此希望统治阶层以孝慈仁德训世育物。这实质上是融合儒佛思想的一次重要尝试。"仁政"本为儒家思想的最高最基本的范畴，是儒家设置的道德和政治的最高原则和目标，与印度佛学的慈悲本不相同。但康僧会借附会法，以佛道比附仁道，提出"佛教仁道"说，他编译的《六度集经》称："诸佛以仁为三界上宝，吾宁殒躯命，不去仁道也。"他还以五戒比附五常、五行、五方、五星等，将"不偷盗"扩展为"捐己济众""富者济贫"；将"不杀生"扩展为"恩及群生""爱活众生"；将"不饮酒"解释为"尽孝"，这都是佛学戒律本身没有的内容，其目的只是希望把佛学思想与中国政治、伦理保持相似类同。佛学并没有"仁"观念，但康僧会把它作为佛学的最高最重要的原则。他还说："绝杀尚仁，天即佑之，国丰民熙，遐迩称仁，民归若流。"（《六度集经·精进度无极章》）这是把佛学的"不杀生"与儒家的"仁"加以比附贯通，进而融合佛学思想与儒家观念，作为理想的社会政治伦理，尽量使流传于印度的佛经故事涂上中国固有的佛家色彩，取消了佛学思想与世俗观念的界限，使读者通过佛书会通儒佛。儒佛相通的主张得到了统治阶层的认同，从而使佛学取得了在中国传播的合法性。

译者运用附会策略，这时早期译经的规律。由于佛学是与中土文化思想完全不同的内容，佛教初入中土，佛典初译，译经大师鉴于梵汉两种语言中没有确切对应的概念和语汇，只能暂时比附于中土文化概念。也有的译者限于汉语言文化素养不高，像早期的口授多不娴汉语，笔授又罕明梵旨，译经时也只能借用现成术语。佛教作为异域文化，在其传播初期，必然会在不同程度上受到本土文化的拒斥。佛学要在汉地生存发展，译者首先必须克服汉文化的拒斥，因而译者便借助汉文化传统译释、接受佛学思想。结果便是将佛学尽力纳入汉文化，有时甚至改变佛学面目，偏离原本意旨，以使译本能为汉地人士接受，从而使佛经译本带上了中土的语言和文化印记。道安的"五失本"揭示的正是这一现象。田文棠在《试论中国佛教的文化特征与现代转换》中指出，佛学戒、定、慧三学中的慧学，广泛涉及宇宙与人生的基本看法，集中体现着佛学的宗教世界观和人生观。慧学中所包含着的种种佛学哲理，又有一系列特定的名词、概念、范畴、命题作为基础，诸如说明般若理论的事数、名相，分析人们有关心理和物理现象构成的"五蕴""十二处""十八界"等名词术语。只有理解了这些名词、用语和概念、范畴的真实含义，才能真正理解和把握印度佛学的实质及其根本旨趣。但是，由于梵汉间的文化隔离，形成语言文字方面的相互隔膜，以致佛学传入后，只能比附佛学经典中的哲学概念、范畴，求得部分相似。

傅小平、郑欢在《佛经翻译与中国传统思想文化——从文化交流看翻译的价值》一文中认为，附会策略对于初期的佛学传播也有着重大意义，并总结出三点，大意是：第一，佛经译本的读者对中土传统思想文化都有一定了解，有的甚至精通国学，而对佛学思想了解很少。采用附会策略可以把佛学思想和传统思想联系起来，使译本归化于中国传统文化，不仅使佛经译本易于在文化心理上取得读者的认同，而且也使译本以鲜明的本土形式易于理解。第二，附会译法尽管使译本和原本有较大差异，多数译本实际上仅是对原文的自由释义和摘录，甚至是模糊不清的表达，但从佛典汉译历史看，它履行了佛学传播的第一步任务，顺利地完成了佛学初传，让佛学顺利进入中土，并且在以后的译经中，这种策略仍然发挥作用，推进了佛学在中国的传播。第三，运用附会策略的本义是为了表达佛学义理，并非要表达传统思想，如以儒家"博施于民而能济众"（《论语·雍也》）比拟大乘佛学菩萨行，以无为思想配合佛学"法身"，以道术比配佛学。这就像运用修辞中的比喻一样，要说明的是本体，喻体只是对本体特征的有效修饰。因而它使得传译的概念包含了多重意义，既适用于佛学，也适用于中国传统思想文化，这就为理解上的创造性发挥打开了广阔的思路。

上文前两点对于"比附"的认识是比较客观的，但第三点用修辞学上的比喻来类推比附，不太切题。作为修辞学上的比喻，是借用与甲事物有相似之点的乙事物来描写或说明甲事物。使用比喻的前提思想是对象同另外的事物有了类似点。比喻的目的一是对事物的特征进行描绘或渲染，使事物生动具体，给人留下鲜明深刻的印象；二是用浅显的或人们熟悉的事物对深奥难懂的事物加以说明，便于人们深入理解。可见比喻是同一文化体系内的两种概念或事物的比较，而佛学与传统思想并不是同一文化体系内的概念。正因为如此，比附出来的佛学往往变了味。译本读者运用中国传统文化中的概念、理论来解释，表面上是理解了，但其实并不符合原意。如魏晋时期传入中国的般若学，因为译经大师多以玄学译释佛典，致使佛教学者将本是玄学中的争论分歧，如"本末有无"理解成为般若学中的"本无义""心无义""即色义"的分歧，从而形成"六家七宗"。各宗自由发挥，相互辨析，各执一端，结果都成为对大乘佛学主客观现象虚幻本性一切皆空（sunyata）学说所作的不同玄学解释。而到了唐代，佛学已被中土人士准确理解，所以禅宗的"五家七宗"，在本质上仍直接继承神会南宗顿悟禅精神，共同的宗旨依然是"事理圆融"，只是宗风不同，门庭设施各异而已。汤用彤在评述支谦和康僧会二人译经时说："支谦、康僧会系出西域，而生于中土，深受华化。译经尚文雅，遂常掇拾中华名辞与理论，羼入译本。故其学均非纯粹西域之佛教也。又牟子采老庄之言，以名佛理。僧会《安般》《法镜》二序，亦颇袭老庄名词典故。……明乎此，则佛教在中国之玄学化，始于此时实无疑也。"(《魏晋南北朝佛教史》)支谦和康僧会的译经实践显示出本土文化形态对佛经翻译和佛学传播的巨大影响，也表现出译者对本土文化的主动适应，正是通过牵合援引策略消除了佛经的陌生感，顺应了本土文化元素。

(3)衍生补益

衍生补益就是译者根据汉地传统思想，并以此为取向，结合印度佛学的相关义理，在译本中加以引申演义。如汉末魏初译者在译本中阐扬孝道思想，即是对佛学思想的扩容和推展。因为印度佛学虽然也提倡尊亲，但并不居重要地位，而是认为人是受因果报应规律支配的，"父母自言，是我所生，是我之子。子非父母所致，皆是前世持戒完具，乃得作人"(《中本起经》)，认为人是前世持戒的结果，父母并非人受生之因，子女与生母只是短时的寄住关系。在中土政治经济和文化背景的制约下，尤其是儒家重孝思想的影响，译经大师在翻译佛典时，用《孝经》和"天人合一"观点翻译佛经，调和出家修行与孝亲的矛盾，从而在译本中搀杂修福不如行孝的思想，把孝提到了最高德行的高度，致使有别于印度佛学观念。康僧会说，布施"诸圣贤，不如孝事其亲"(《六度集经·布施度无极章》)，把"孝事其亲"置于"布施圣贤"之上，强调孝亲比布施更为重要。经过佛学译者的融会贯通，以孝道为核心，以孝为戒、戒即孝的比附方式，有效地调和了与儒家思想的矛盾。但这种译本离印度佛教思想也就更远了，而距儒家观念更近了。因而，尽管衍生补益的目的是力图解决译经的汉语表达，但其结果必然会影响经文原义的准确性。因为语言与思想是联系在一起的，语言是义理的载体，语言表达的不准确必然导致义理的不准确。正如僧叡所说："苟言不相喻，则情无由此。不比之情，则不可以托怀于文表；不喻之言，亦何得委殊涂于一致？理固然矣。"(《大智释论序》)这正是佛典汉译中的"言意之辨"论题。后汉阙名的《佛说法句经后序》说："夫圣上制经，言要义正，以为具备，不可复增减矣。犹人之四体，受之二亲，长短好丑，各宿本耳，岂可复改更乎？"序的作者用儒家孝的理论来比喻经典的本质特征。《孝经·开宗明义》说："身体发肤，受之父母，不敢毁伤，孝之始也。立身行道，扬名于后世，以显父母，孝之终也。"

(4)改写发挥

改写发挥是译者根据中土传统思想改变佛教原典精神和意旨，推展出原典所没有的经义。如印度佛学讲"无我"，即主张人没有常恒不变的灵魂，与中国传统的元气灵魂说是不同的。传统民间灵魂说认为，灵魂类似于魂魄，可以被分作"魂""魄"两部分，魂主精神，魄主身形，并有"三魂七魄"之说。为了在译本中导入轮回业报理论，译者吸收中国的元气灵魂说，改变原本思想，使译本掺杂灵魂不死说。再如佛学传入汉地时，始终坚持沙门不拜君亲的传统，但由于这一传统与中国伦理纲常相冲突，所以不断产生交争。经过译者的阐发和译本的引导，最后，佛学终于接受了拜君亲的思想，与中国传统文化取得了协调。康僧会用当时流行的天人感应神学观点和儒家善恶观译释佛学善恶报应论，从而劝说吴国末代君主孙皓接受佛学，也是改写原本的范例。实叉难陀、义净和法藏等人所译《华严经》，几乎将原本改为效忠武则天的表白。唐译《华严经》有意把三十九品中的第一品改译为《世主妙严品》，以神化"世间主"，即神化武则天及周武统治。而原本的主题思想是"圆教"，根本思想在于纵横于三世十方的一切时空，都是事事无碍、相即相入、一即一切、一切即一的，因中即已有果，果上亦不离因。《入法界品》有善财童子五十三参的故事。其中菩萨、比丘、童子、童子师等共十六类，而数量最多的是长者及妇女，各有十位。这意味着《华严经》的菩萨世界广泛地包含了各种年龄层次、各种社会阶级、各种性别职业、各种宗教领域、各种信仰对象，他们同成佛道。又强调女性身的菩萨之多，女人及女神，总数多达二十位。这样的译本给读者的主旨是：暴君，豪富，甚至妓女，都是"菩萨"，而封建王国，就是"佛国净土"。

又如玄奘的佛学被认为是忠实的印度思想，而吕澂认为玄奘"以《瑜伽》说改《般若》，时见唯心所现与无性为自性之义。又以《毗昙经》改《本地分》，而有言说性与离言性平等之义。又以慧护遍计执余之说改《摄论》，以清辨和集说改《二十颂》，以护法五识说改《观所缘》，几乎逐步移观，终不以完全面目示人"(《覆熊十力书七》)。这种改写发挥是根据经典本身的义旨所作的创造性阐发。正因为译经者改造了原本思想，使佛学理论取得统治阶层的认可和支持，从而为佛学中国化提供了政治上的保障。

2. 格义

"格义"是译经时用中国传统的儒道用语表达佛学的思想内容。慧皎《高僧传》载："以经中事数拟配外书，为生解之例，谓之格义"，即"外典佛经，递互讲说"。"经中事数"指佛经中的事项、教义和概念。早期译经大师和佛教学者们为了让人们接受和理解佛学，从论证佛学与中国传统文化义理上的一致性入手传播、翻译佛经，这便产生了"格义佛学"。魏晋时期，随着中土时代思潮的转变，佛典汉译也自觉攀附玄学，译师们借助玄学译介佛经，诠解佛理。般若学所具有的精致体系与玄学旨趣表面相符，因而容易格义。于是依附玄学的般若学，也以追求超越物质世界的本体为其理论基础，使得佛学教义与玄学之间彼此促进，共同发展。这样，格义式译经在依附儒学中发挥了重要作用。因为佛学"出世"，儒家"入世"，两者思想差异较大。自汉以后，儒学在中国处于主导和正统地位，因此佛学传入中土，必须调整自己的理论，以协调迎合、吸收改变的态度向儒家靠拢，以显示儒佛一致，这才有利于佛学传播。而译经大师也以积极主动的姿态改造佛学。李霞在《中国佛教解经方法的演变》中说："格义译经法一方面是由于译者对梵汉两种文化的差异不甚了解，无法准确地用汉语表达经中的真正意蕴，另一方面则是想借用为当时汉地人士所普遍接受的传统观念消除佛学与儒家思想的隔膜，来帮助他们了解佛学。"

首先，格义为佛学在中土的传播创造了条件。格义法既不追求忠实于佛学义理的本义，也不只限于借用中土传统名词概念对佛典作只言片语的训释，而且还力图从思想义理上寻找梵汉文化的共同点，消除两者交流中的隔阂，进而促进融合。一旦达成某种共同点，便可自由发挥，创立新解。林传芳《格义佛教思想之史的开展》一文指出：这一方法尽管在传达佛典本义方面有失准确，但为中土人士理解和接受佛学开辟了一条道路，为以后的佛典传译打下了良好基础。"格义"翻译法之所以为译者重视，从主观上说，格义的先决条件是译者对玄学的熟谙。玄学的主旨是老庄思想，而魏晋佛教学者普遍研阅过老庄学说，精深的道玄造诣为他们沟通佛玄提供了理论基础。从客观上说，佛学般若学与魏晋玄学同属本体论哲学，都旨在探讨宇宙本体，并且都作出玄思式的回答。这种理论形态的同一性决定了两者在这一范围内具有相当大的相通性。所以当时的格义主要是围绕本体论的哲学概念去沟通佛玄，探究"有无""本末""色空"等范畴，在它们中间寻找对应关系。当时的译经大师译解《道行》《放光》等般若经典时，把玄学中的名词概念和思想观念引入译本，虽然程度不同地背离了经文原义，但兴起了一股具有中国玄学特色的般若学思潮。正如道安在《毗奈耶序》中所说："于十二部，毗目罗部最多，以斯邦人老庄教行，与方等经兼忘相似，故因风易行耳。"这不能不说是"格义"的贡献。

其次，格义佛学迈出了佛学中国化第一步。林传芳认为，从诠释学角度，格义是诠释学的基本要素和思维方式，也是认识初级阶段的工具。人们获得知识的途径总是从已知到未知，总是根据已知为立足点去观察考虑比较新的知识与观念，而且，一切新知识的发展都有一个接受、继承、增补、添加与发展创造的过程，格义就是这一过程中必不可少的环节。所以人们在获得新知识时始终是离不开格义的，没有格义，也就没有了知识的历史发展。（《格义佛教思想之史的开展》）慧睿《喻疑论》中提及"格义"说："昔汉室中兴，孝明之世……曾是像法之初。自尔以来，西域名人，安侯之徒，相继而至。大化文言渐得渊照边俗，陶其鄙俗。汉末魏初，广陵、彭城二相出家，并能任持大照，寻味之贤，始有讲次。而恢之以格义，迂之以配说。"可见，"格义"作为一种普遍的认识方法，是汉魏以来的治学传统。道安在《安般经注序》中说："安般者，出入也。道之所寄，无往不因。德之所寓，无往不托。是故安般寄息以成守，四禅寓骸以成定也。寄息故有六阶之差，寓骸故有四级之别。阶差者，损之又损之，以至于无为。级别者，忘之又忘之，以至于无欲也。无为故无形而不因，无欲故无事而不适。无形而不因，故能开物。无事而不适，故能成务。成务者，即万有而自彼开物者，使天下兼忘我也。彼我双废者，寄于唯守也。"这是以《老子》的"损之又损"、《庄子》的"忘之又忘"及《周易·传》的"开物成务"等义，格义佛学中坐禅息念。支遁《大小品对比抄序》说："夫般若波罗蜜者，众妙之渊府，群智之玄宗，神王之所由，如来之照功。其为经也，至无空豁，廓然无物者也。无物于物，故能齐于物。无智于智，故能运于智……般若之智，生乎教迹之名。是故言之则名生，设教则智存。智存于物，实无迹也；名生于彼，理无言也。何则？至理冥壑，归乎无名。无名无始，道之体也。无可无不可者，圣之慎也。苟慎理以应动，则不得不寄言。宜明所以寄，宜畅所以言。理冥则言废，忘觉则智全。若存无以求寂，希智以忘心。智不足以尽无，寂不足以冥神。何则？盖有存于所存，有无于所无。存乎存者，非其存也。希乎无者，非其无也。何则？徒知无之为无，莫知所以无。知存之为存，莫知所以存。希无以忘无，故非无之所无。寄存以忘存，故非存之所存。莫若无其所以无，忘其所以存。忘其所以存，则无存于所存。遗其所以无，则忘无于所无。忘无故妙存，妙存故尽无。尽无则忘玄，忘玄故无心。然后二迹无寄，无有冥尽。是以诸佛因般若之无始，明万物之自然。众生之丧道，溺精神乎欲渊。悟群俗以妙道，渐积损以至无。设玄德以广教，守谷神以存虚。齐众首于玄同，还群灵乎本无。"这也以《老子》的"损之又损"、《庄子》的"忘之又忘"格义佛经义理。

道安最先批评格义，他说"先旧格义，于理多违"，意谓前人以格义阐发佛理的方法，有许多地方是不符合佛学本义的。并指出："弘赞理教，宜令允惬，法鼓竞鸣，何先何后?"传播佛学，一定要以真理为准，充分而准确地说明其中的含义，准确传达佛旨，不必有前贤后人之分，不必忌讳批评前人。道安所说"先达"即先达于佛道者，指竺法雅，他曾以"格义"训门徒。道安深觉不妥，才有"格义"违理之说。道安也曾经用过"格义"，后来积学有得，经过反省，才体会到先前"格义"不妥。他在《道行经序》中说："然凡谕之者，考文以征其理者，昏其趣者也；察以验其义者，迷其旨者也。何则? 考文则异同每为辞，寻句则触类每为旨。为辞则丧其卒成之致，为旨则忽其始拟之义矣。"佛经中的大义不应拘泥于文字本身，不应于字句上执迷。格义就是泥于字句表面而满足于简单的联想与比类。真正得到佛语要旨的人应该"若率初以要其终，或忘文以全其质者，则大智玄通，居可知也"。道安在这里强调了不要拘泥于字句，但不是否定语言文字。僧叡在《毗摩罗诘提经义疏序》中也批评"格义"："自慧风东扇，法音流咏已来，虽曰讲肆，格义违而乖本，六家偏而不即。"所云"六家偏而不即"指未能达到即体即用，即有即无等"相即"的认识。僧叡从罗什受学久，深得罗什法义，对旧有"格义"以至六家七宗学说，都能看到其中的不足。

事实上，印度佛学正是经过这种"误译"，最终吸引中土学僧注意并被传统学术接纳。颂理的《推动中国佛学发展的"格义"方法》一文说，在道安、罗什及僧叡之后，"格义"方法并未完全消失。原先以《老》《庄》等书义理拟配佛经义理的治学方法仍然存在。如僧肇研习罗什所传龙树《般若》学说，并未脱离《老》《庄》。僧肇《宝藏论》说："道始生一，一为无为。一生二，二为妄心。"基本上就是《老子》中有"道生一，一生二，三生万物。万物负阴而抱阳，冲气以为和"的句子。僧肇用来谈世界的起源，并进而以阴阳配身心。他的三篇佛学论文《不真空论》《物不迁论》《般若无知论》也都是基于同样的思想理路，说一切事物的不真所以才空的道理。他所发挥的"因缘凑合而生"，是借道家的"禀阴阳虚气而生"，已经离开了印度般若学中的因缘本义。他所发挥的"般若无知"思想，认为真正的般若智是虚寂而无为的，在不知不动的状态上它才真正是无所不知无所不照，这正是《庄子》中"圣人之用心若镜"的思想。僧肇又以《庄子》是非义解释佛经，其《维摩经注》说："夫以道为道，非道为非道者，则爱恶并起，垢累滋彰。何能通心妙旨，达平等之道乎? 若能不以道为道，不以非道为非道者，则是非绝于心，遇物斯可乘矣。所以处是无是是之情，乘非无非非之意。故能美恶齐观，履逆常顺。和光尘劳，愈晦愈明。斯可谓通达无碍，平等佛道也。"事实上，格义广泛涉及儒道书籍与义理，也涉及中国文化传统中的其他思想观念。如道生深研涅槃学，孤明先发，就援儒家义比拟佛理。慧皎《高僧传》说他能够"剖析经理，洞入幽微，乃说一阐提人皆得成佛"，其实这种众生都有的佛性，人皆可以成佛的主张，也就是《孟子》"人皆可以为尧舜"的另一表述。《荀子》也有同样的思想，即"涂之人可以为禹"。道生"校阅真俗，研思因果，乃立'善不受报''顿悟成佛'"，以经中语言文字为筌，忘筌取鱼，直探本源而讨论大道，从譬喻方法到精神体悟都与格义方法相联系。

颂理在《推动中国佛学发展的"格义"方法》中指出，无论原始佛学的四阿含，还是后来的大乘经典，其中的一切佛学观念如"三法印""四谛""十二因缘"等都是逐步传入汉地的，人们对它们的理解也有一个不断深化，不断丰富的过程，是一个不断趋近于正确理解原本意旨的过程，也是印度佛学理论体系在中国环境中不断发展推进的过程。这之间，通过格义，融合了众多佛教学者的理论创造，因为佛学观念的内涵本是抽象的，具有极宽广的包容性，因而是变化的。这种包容性具有三方面含义：一是它容纳了人们理解佛学时先在的知识积累，包括既定的思想框架和模式，这些都是理解佛学的前提和深化佛学的基础。二是它保留佛学的潜在内容，这种内容只能用汉语以尝试性的表述。三是它容留了佛学的发展与变动空间，给读者创造性发展的潜能，使佛学可以作多义的诠释。格义方法就存在于这三个层面中，因此很难说哪一种思想是佛学原来的真正意义，哪一种思想是本土的。这表明格义已不同于汉魏时期的附会，它不仅把佛经中为中土人士所不熟悉的概念术语转译成当时流行的概念术语，并作出相应的解释，而且还借用其理论议题、思想旨趣阐释佛学义理，力图依靠本土理论使佛学为本土人士理解。因而，这种格义已不是简单、宽泛、一般的用中国思想附会佛学义理，更多的是自由发挥和积极参与。因为南北朝的佛教学者无论对佛学还是本土思想都有较深入的了解，因而能顺利地在两种思想之间找到某些共同点或相似点，再融会贯通，促使传统思想真正从内容上融入佛学。

但"格义"毕竟是用汉文化概念译释佛学思想，儒道理论与佛学思想毕竟存在差距，其含义不可能完全一致。佛学有自身完整的理论体系，有自己的思想义旨。以"格义"方法理解翻译佛典必然曲解佛学的本义，导致佛学失真。所以道安已明确认识到格义的偏差，并竭力改变这种治学方法。为了纠正格义法的自由发挥、不忠实于原本的弊端，克服翻译的"失本"，道安创立"合本"解经法。"合本"即比较各种经本异同，探求佛学义旨。他曾用比较的方法，研究《光赞般若经》与《放光般若经》、大品《放光般若经》与小品《放光般若经》。这种方法是以佛释佛，不是以玄释佛，是用佛学检验佛学，不是用国学检验佛学，因而具有摆脱玄学影响而独立发挥佛学固有义理的性质。所以僧叡在批评六家"偏而不即"的同时，肯定道安的"性空之宗，以今验之，最得其实"(《《毗摩罗诘提经义疏序》)。自罗什以后，佛学义理逐渐摆脱对玄学的依附而开始走上独立发展的道路，佛学典籍在一定程度上取代了《老》《庄》《易》"三玄"的地位，佛学讨论的议题也超出了玄学范围。至唐代，特别是玄奘西行取经后，中国对印度佛学的教义已经基本了解，不再需要借助儒道思想阐释，格义方法也随之为译经大师放弃。即把传统思想与佛学相提并论，而对佛学本身的理解却是准确无误的。这时的相提并论，其实是旨在融合。

3. 连类

《高僧传》卷六"晋庐山释慧远"载：慧远"年二十四，便就讲说。常有客听讲，难实相义，往复移时，弥增疑昧。远乃引庄子义为连类，于是惑者晓然"。这里指出慧远借庄子解佛，明确说"连类"也是一种阐释方法。林传芳《格义佛教思想之史的开展》一文认为，表面上看，连类虽然也是以传统思想诠释佛理的思维模式，除去对原本表面的疑惑，但不论就方法的精神上或义理的根本上说，都不同于"格义"。因为"格义"是一种纯粹的"比附"，而连类虽然也是"比"，但不是简单的"比附"，而是"比照""对比"。格义往往有以比附所用的词义本身作为被比附词语的本义的危险，而"连类"在译解佛学义理时既比照传统思想，同时也说明这两者之间仍是不等同的，比照的概念与被比照的概念间存在着本质上的差异。用"连类"方法译解佛学，往往经过迂回曲折的释义，不会使读者混淆比照与被比照二者的界限。而"格义"多是直接而容易地用传统某一概念，没有忠实地解说佛学意蕴。慧皎《高僧传》曾记载罗什使用"连类"为盘头达多解说大乘方等空义，其文载：

> 如昔狂人，令绩师绩线，极令细好，绩师加意，细若微尘，狂人犹恨麄，绩师大怒，乃指空示曰："此是细缕。"狂人曰："何以不见？"师曰："此缕极细，我工之良匠，犹且不见，况他人耶！"狂人大喜，以付织师，师亦效焉。皆蒙上赏，而实无物。汝之空法，亦由此也。什乃连类而陈之，往复苦至，经一月余日路，方乃信服。

罗什运用的"连类"，即以小乘义理比照方等空理，这与慧远以庄子义"连类"般若实相义相同。可见比照式的连类是把两种概念或思想安置在一定条件下，形成相辅相成的呼应关系，以揭示其间的源流，证明二者的差异。因此，这种连类方法并不限于以外书比照佛理，也用于以小乘义说大乘法，它只是在"方便"下的施设，只是比喻，并不意谓等同。而且"连类"策略主要用于接引世俗学人，或是初学佛者，而与佛教学者间对话则多为纯粹佛学用语。如慧远初闻罗什入关时，盛赞罗什入华是"栴檀移植"，"摩尼吐曜"，又说罗什在长安弘法"令法轮不停转于八正之路，三宝不辍音于将尽之期，则满愿不专美于绝代，龙树岂独善于前踪"（慧皎《高僧传》），全是佛学用语，没有"连类"语词。他与罗什所讨论的论题也广及各派，深及各种异说，完全不同于"格义"文字或义理的比照。这一方便，也是时人探索出摆脱依赖传统思想译解佛理必要的第一步。由尽可能地不以传统思想解经，不得已时才用"连类"，最终到达完全以佛学概念解释佛理。

道安是明确反对用"格义"的，但特许慧远不废俗书，可以引道家道体的永常不减，来诠释法性，说明连类不同于格义。在运用者慧远来说，他已深通佛理，"使道流东国，其在远乎"，又"博综六经，尤善《庄》《老》"（慧皎《高僧传》），所以他不会把佛理混同与老庄，而且在讲解时，也会指出其中的差异。僧肇在其《肇论》及《维摩经注》中，用《老子》及《庄子》书中"至人""圣人""有""无"等概念，以有无论圣人之心，其"至人"不但和老子的圣人一样"和光同尘"，甚至和佛学轮回说的"周旋五趣"结合，且"无为而无不为"，或用"至人""圣人"指"佛"。但时人仍然不怀疑他佛学思想的准确性，罗什及时人评论他为对佛学有正知见的义学僧，称他为"解空第一"。李幸玲认为，判定"格义"的标准并不在于是否使用玄学用语译释佛理，而主要由其完整的论述来归纳其用语习惯及其立论主旨，由此推知该语在其语境脉络意义上的特殊定义。（《格义佛学的翻转》）事实上，慧远的佛学已与道安时期的佛学有了更大发展，更接近于印度佛学本义。慧远在《大乘义章》中对于诸多佛学名词概念作出严格界定，并区分对应或相似名词概念之间的异同，例如：

> 道者，外国名曰末伽，此翻名道。菩提，胡语，此亦名道。外国名多，故于一道，立种种名，或名菩提，或曰末伽。此方名少，同名为道。如外国人，于一灭中，立种种名，或名涅槃，或名毗尼。

正是因为慧远的连类已不同于他人所用的格义，所以慧远才有对佛理的正确理解。佛学概念丰富，不同概念使用于不同场合，传统学术概念较少，往往以同一概念在不同场合表达不同意义。如佛学"菩提"意为智慧、觉悟，指能获取真理的觉悟，相当于对涅槃的能证主体。"末伽"译为"道"是从"菩提"的对象而言，"通义名道"，"此通名灭，道亦如之"，灭尽无余即名道。慧远还进一步解释"道"的含义，他说："此通名灭，道亦如之。云何名道？通义名道。解有四义：一对人释，通人至果，名之为道，如世行处，名为道也。二对障释，能除壅障，行时无碍，名之为通，通故名道，如似世间，无壅障处，说为道矣。第三约就行义辨释，戒定慧等，行数各别，道如迹乘，四义宽通，通故名道。第四约就行体分别，于真德中，诸行同体，虚融无碍，名之为通，通故名道。"所以，"道"的本意是通往涅槃之果。他又指出"菩提"与"末伽"的三项区别，云："菩提，末伽，两道何别？通释是一，而立异名，其犹眼目，别则显法，非无差别，异有三种：一因果分别，因中之道，名为末伽；果中之道，说为菩提。二通局分别，末伽之道，通因及果，故四谛中，末伽之道，说通因果；菩提之道，局唯在果。三事理分别，通理之道，说为末伽；事别之道，说为菩提。其义云何？戒定慧等三十七品，各各别异，名为事道；道如迹乘，四义齐通，说为理道。"

4. 慧解

"慧解"意谓智慧颖悟，即通过对佛学基本原理的准确理解而独立地诠释佛经本义，以至揭示佛经中虽未明言却已蕴含的义理。慧皎《高僧传》说："远藉慧解于前因，发胜心于旷劫。"南北朝时，佛学典籍翻译不断完备，学者对佛典原义已有精确、整体的理解，佛经的研习解说已自成体系，学者们不再比附或比照传统思想，而是透过经论的语言表层而直探其中的原理义旨，注重从义理上融会贯通，由此形成不同学派。如道生认为解经的宗旨是要解出经中义理，正确阐释佛典原义。他借鉴老庄的体道方法，提出"入理言息"的慧解法，主张不应只援引道玄的名言术语格度佛理，而应运用道玄"得意忘言"的方法理解佛理。李霞在《中国佛教解经方法的演变》一文中认为，道生从义理层面将般若学与涅槃学统一起来，从整体上统观空有，提出"佛性当有"说。其实，此说原本已包含在《涅槃经》的如来藏思想中，但译者因不理解"如来藏"这个概念，故翻译时前后不一，意义隐晦。而道生运用义解法从如来藏思想中揭示出"佛性当有"说。他的"一阐提"思想，也是通过仔细分析经文义理，依据六卷本《泥洹》中说除一阐提皆有佛性而立。后来大本《涅槃》传到建业，其中果然说"一阐提人有佛性"，与道生所说完全相合。这是他不执着粘滞语言文字，寻求言外之意的结果。玄奘译经，同样运用这种融会贯通的慧解法。他在第一时期译出《瑜伽师地论》及相关论著，理清了瑜伽行派的理论脉络，消解了旧译中的矛盾。第二个时期译出《俱舍论》及相关论著，阐释了该系统经论的整体思想，纠正了过去此经翻译中的错误。第三个时期译出《大般若经》及相关论著，使原来松散的经典结构形成了体系。经过玄奘三个时期的翻译，再现了印度佛典的本来面目，使佛学原理的整体精神得以显扬，整个印度佛学的面貌清晰起来，这正是他运用慧解方法译经的结果。慧解译经允许译者发挥诠释，因而具有创造性质。但这种创造与发挥，虽然也会与传统思想发生交涉，但二者不会混同，创造与发挥都是依据原典的引申，本质上没有脱离原本思想，没有背离佛学精神。道生以慧解著称，创造性提出"善不受报""顿悟成佛""佛性当有论""法身五色论""佛无净十论""应有缘论"等一系列"新义"，成为"孤明先发"，被誉为"新论道士"，使"守文之徒多生嫌嫉"，可见"慧解"就是不固守佛经文句，但其精神意旨毫无偏离，所以竺道攸称赞道生"义暗与经会，经袭义后"（慧皎《高僧传》）。特别是道生提出的"顿悟成佛"思想，开创了中国佛教修炼中的"顿悟"法门，在鸠摩罗什的弟子"关中四子"中是最有开创性的一位，并以"慧解"著称，其慧解方法对于佛教经义与中国文化的融合发挥了重要作用。

四、佛典汉译的异化策略

"异化"是在译经方法上顺应佛经的语言及文化特点，尽量传达原本的思想和特质，又最大限度地保留梵本的语言形式和所蕴含的文化内容，让译文读者感受到是在阅读来自印度的思想内容。异化的选择一般出于佛学思想与传统的差异而不可译，因不可译而须采用异化。佛学概念有其自身特有的含义及文化内涵，有时候很难在传统语汇中找到确切对应的表述，因而异化翻译法有意使译本突破汉语词汇及文化习惯。

（一）修辞语句的异化

异化策略的应用，也是为适应佛学进一步中国化而采用的策略。傅小平与郑欢在《佛经翻译与中国传统思想文化——从文化交流看翻译的价值》一文说："佛学在中国立足之后，开始谋求回归自身的本来面目"，顺应这一要求，佛经翻译策略必然谋求异化，以为只有异化才能真正表达印度佛学的本色。而异化策略的应用，在展示印度佛学真面貌的同时，也加剧了佛学与传统思想的差异，进而扩大了佛学在中国的影响，推动两种思想的融合。由此可见，归化的翻译很难做到准确。早期采用归化译释的佛学缺乏自身的独立性，无论是在理论建设或组织形式上，还是在与儒道关系上，始终不能摆脱对传统思想的依附，也缺乏自我发展的能力。常慧在《略论佛教义理和制度的中国化》一文中指出，这种佛学不能"让人们真正认识到佛学解众生于水火，点化众生的根本目的"。如支谦改胡音为汉音，不主张在译文中夹杂胡字译音，并追求文字的典雅，结果因求"巧"而"失本"。后经赵政、慧常、道安以"案本"求真，佛学在东晋才开始显其真相。译经中修辞语句的异化体现于不同层次，即有不同层次的异化。

1. 词法层次

由于梵汉语言各自独特的文字体系，为了更准确地传达原本思想，翻译时译文总会把文字特点考虑在内。语言由语音、词形和词义三大因素构成。汉语属于集音形义于一体的意音文字系统，而梵语属于表音文字系统。为实现两种不同语言体系所表达的思想的转换，同时又尽力保留原本的语言形式，译者会求助于汉语的各种语言手段，以避免思想的模糊或误解。这样，异化会表现出词法层面的转写，玄奘"五不翻"概括了这一层次的异化范围。文字层面往往是概念层面，概念的翻译是译经质量的生命。僧祐《新集安公关中异经录第四》说："外国僧法，学皆跪而口受，同师所受，若十、二十，转以授后学。若有一字异者，共相推校，得便摈之，僧法无纵也。"困难集中在"字"上。僧叡曾说罗什"未备秦言名实之变"，即批评他对汉语的含蕴处不甚了解而致使表达不够确切。所以后来译场设置的重要职位"正字"，就是当音译梵语时，查阅其文字是否正确之职务。"正字"必须精通梵汉语言的发音。如玄应本是文字学家，在玄奘译场任"正字"，后撰有《一切经音义》二十五卷。慧琳也是文字学家，曾在不空译场任"正字"，后撰《一切经音义》一百卷。关注文字本位与中国的语言使用习惯相关联，传统文字学和文章学发达，人们在关注翻译时自然会将精力集中在这两个方面。傅惠生在《我国的佛经译论体系》一文中指出，尽管在佛经译论中多次出现过"句"的概念，但在翻译中如何处理，却未见展开讨论。所以初期译经评论者很注重文字本位的讨论，随着译经大师逐步掌握了一定的梵语规律，翻译技巧逐步娴熟，译本质量达到比较高的水平后，逐渐过渡到句子层面。因为逐字翻译，往往会忽视辞句的完整性，也不能表现原文的真意。

杨曾文在《佛教中国化的回顾与思考——中国古代佛教的三个问题》一文指出，汉语中一词多义现象极为丰富，如"受"字有接受义，如"笔受"的"受"；还有付与义，如《魏略·西戎传》"口受"之"受"。古人谓之"反训"。又如"道""理""心""性"等，含义更是丰富。但在翻译佛经时，译经大师一般仅根据经文背景赋予这些词以特定的含义。而语言随着时空的变化和佛学的传播而演化。所以道安在"三不易"中特地指出："阿难出经，去佛未久，尊者大迦叶令五百六通，迭察迭书；今离千年，而以近意量裁，彼阿罗汉乃兢兢若此，此生死人而平平若此，岂将不知法者勇乎？"（《摩诃般若波罗蜜经抄序》）说明时过境迁，原来的词语含义发生了变化。如"劳"在旧译佛学术语中专指人世间贪欲嗔恚等精神痛苦，而在新译中表达这一概念时改以"烦恼"替代。又如"障碍"，在旧译中没有，而在新译中则使用频繁，形成固定概念，如罗什译《集一切福德三昧经》说"去无障碍，一切佛土诸功德故"。又如"习"，旧译用的是上古时期"习近"中专指亲幸的人之义，而在新译中改用其他词语对译"习"。后世学者因不同的理解，形成不同的佛学思想体系和学派。隋唐时期的佛学宗派正是借这些多义词并巧妙地利用般若中观学说中的"不二法门"建立起各自的理论体系。禅宗的"心"，既可以是具有思维功能的"心"，又可以是先天内在的自性、本性之"心"，此心可以与作为世界万有本源、本体的"真如""法性""佛性"等相通，还可称之为"理""道"。在禅宗众多语录中，禅师正是前后借用它们不同的含义向人们提示解脱之道，形成"六家七宗"不同的宗风。

2. 句法层次

汉语侧重知觉、体验、感悟的思维方式，表现在语言上就是以神驭形，略于形式变化，崇尚简约，注重意合。这一特征与梵语的线性次序特征不相容，所以翻译时，句法异化既不可避免，也是必要的。梁启超曾指出："吾辈读佛典，无论何人，初展卷必生一异感，觉其文体与它书迥然殊异。……凡此皆文章构造形式上，画然辟一新国土。质言之，则外来语调之色彩甚浓厚，若与吾辈本来之'文学眼'不相习，而寻玩稍近，自感一种调和之美。"（《翻译文学与佛典》）揭示出佛典汉译在语言形式上的异化特征。罗什译本再现出"天然西域之语趣"，表现出句法层次的异化。而道安说的"胡语尽倒，而使从秦"，表明译者不愿异化。《中华百科全书译经》指出：过度照顾译本句法，也会损害原义，因为佛典义理幽微深远，辞句一旦放弃过多，出入甚大，往往有一毫之差常有千里的悬隔。所以真正忠实的译经，尽力传达原本语句的琐细之处。如玄奘认为在他以前的许多译典，那些微妙的教理只是达意的翻译，未能充分地诠显。而他所译的经典，辞句非常忠实。

译经中的省略删削，以及加笔增语等，都是因句法差异所作的变通。道安在《摩诃钵罗若波罗蜜经钞序》中提出"五失本三不易论"，其中第三

"失本"即："胡经委悉，至于咏叹，丁宁反复，或三或四，不嫌其烦，而今裁斥，三失本也。"汤用彤在《两汉魏晋南北朝佛教史》中指出梵文与汉语行文不同。一是梵文简略的地方，句中字有缺省，这原本中已成习惯。但译为汉语，则极难了解。二是因梵语简略，且名词又晦涩，译为汉语，往往不知其所指。此均道安所指"每至滞句，首尾隐没"。三是佛经行文，譬如剥蕉，章句层叠，而意义前后殊异。但骤观之，似全重复。但含义随文确有进展，读者乃不能不合前后以求其全旨。故经颇有"辞句复质，首尾互隐"者。四是梵语文句常前后倒装，此道安所谓"胡语尽倒"，支道林所谓"须筌次事宗，倒其首尾"也。夫旧译间甚朴质，而多有谬误，读之者如不悉原文，其研求方法，只能在译本中"寻文比句"，前后比较，以求其名相之含义与全书之意义。文句比较之功夫愈多，则其意义之隐没者愈加显著。道安穷览经典，其寻文比句功夫最深，乃能钩深致远。既通其滞文，乃能"析疑"，道安曾作《放光析疑略》和《析疑准》；既窥其隐义，乃加"甄解"，安著有《密迹》《持心》二经"甄解"。既了其全旨，乃能作经科判，又曾作《放光起尽解》，系分段标其起讫，而说明其要旨。

3. 篇章层次

篇章层次的异化主要表现于具有文体性质的经、律、论等经本类型的翻译中。异化作为处理不同文体的必要手段，当原本为论藏和律藏及部分经藏文本时，翻译时最重要的是将原本的意义传达给读者。如道安在"五失本"中说："胡经委悉，至于叹咏，丁宁反复，或三或四，不嫌其烦。而今裁斥"；"胡有义说，正似乱词，寻说向语，文无以异。或千五百，刈而不存"；"事已全成，将更旁及，反腾前词，已乃后说。而悉除此"。此三失本均为篇章层面的归化，道安认为译经大师没有采用异化。道安的时代，佛学传入中国只有约三百余年历史，这个时期的译经，"旧译时谬，致使深义隐没未通，每至讲说，唯叙大意，转读而已"（慧皎《高僧传》）。这样的译经质量，难以使学佛者满意，更不能满足道安这样笃信精进而穷究深隐的佛学大师。为传播佛学，道安听取不同译师讲译，寻找不同译本比较研究，并用重要佛典参证，又品评优劣，因而得以弄清部分真相。在深入研究译经后，道安领悟到了译经质量对于传播佛学的重要性，总结出前人译经的"五失"，实为五种归化的翻译。他说道："昔在汉阴十有五载，讲《放光经》岁常再遍，及至京师渐四年矣，亦恒岁二，未敢惰息。然每至滞句，首尾隐没，释卷深思，恨不见护公、又罗等。"每讲经遇到意思隐晦之处，很想立即面见译者，把义理解释清楚。但无法再见到过去的译经大师，他只能依靠比较他们译出的经典，"互相补益，所悟甚多"（《摩诃钵罗若波罗蜜经钞序》）。他由此推知佛经翻译对于弘扬佛学所起的关键作用，译本质量不高，就会使佛义有所增损歪曲。道安的研究和评论，多是基于经本篇章层次的阐发，有助于译经大师们正确认识佛典的文体性质，从而根据文体的不同，准确传达佛经意旨。

4. 修辞层次

梵汉语言各有其独特的修辞手段，如果不采用异化翻译策略，有些时候会造成误读或使读者难以领略原本的特殊意味，进而影响佛学思想传播的目的。僧祐《出三藏记集》载竺佛朔译经，"转梵为汉，译人时滞。虽有失旨，然弃文存质，深得经意"。道安称支曜、康巨"并言直理旨，不加润饰"，谓安世高"又析护所集者七章译为汉文，音近雅质，敦兮若朴，或变质从文，或因质不饰。皇矣世高，审得阙旨"。（《地道经序》）表明这些译者注意忠实传达原本修辞层面。佛经中有的是谈理记事的作品，文辞比较质朴。因此，译文也应保留这一特征。"质"是不加修饰的语句，"文"就是加以各种修辞方法的语句。道安觉得，译经既应准确保持内容，还要保持佛经文辞上的特征，使之展现原本的语言特质。他说："胡经尚质，秦人好文，传可众心，非文不合。"揭示出质朴与骈俪之间的对立统一关系。当然，佛经也有自身的"雅"与"文"。僧叡在《小品经序》中说"胡文雅质"，罗什《为僧叡论西方辞体》也说"天竺国俗，甚重文藻"。这就需要译经也具有文雅的品质，如支谦就很注意文丽简约，因为支谦所译《般若经》本是具有文采的典籍。罗什译《中论》选用宾罗伽释本，"其人虽信解深法，而辞不雅中，其中乖阙繁重者，法师皆裁而裨之，于经通之，理尽矣"（僧叡《中论序》）。刘也玲在《道安的五失本、三不易说》中指出，罗什在修辞与内容的认识上，缺乏很圆融的观念。他认为旧译本只是"得其大意"，而失去了梵文的藻蔚和华美，这就把文体看作只是外在性的辞藻华丽，而不是与意义不可分割的内容，显然在认识上是割裂了语言形式和内容的联系。他的译经常常"梵文委曲，师以秦人好简，截而略之"，即不拘原文体制，变易原文，并强调"存其本旨，必无差失"，偏重勿失大意的"信"。表明他在实践上追求文丽，因此常背离原本文体风格，从而偏离原本思想内容。虽然他的译经"有天然西域之语趣"，但他改变了原本文体，由此也不能完全再现梵文文体。不能再现文体，也就难以确保译经的忠实。这正是罗什强调的"信"并未与他对文体差异的洞察圆满结合的根源。

重文是汉地文学传统，重质也是汉地文学传统，因为传统中国文化流派不同，历史不同，文质思想不同。儒家重视道德、礼教和仁义，要求"尽善尽美",修辞有崇尚质朴无华的一面。老子"道"的特征则是"四无":不仁、无味、无用、无言。一言以蔽之,"道法自然"(《道德经》第二十五章),表现在言辞表达上即合乎自然,"道之出口,淡乎其无味",并认为"信言不美,美言不信"(《老子·八十一章》)。这是质朴的一面,重视自然美,崇质胜文,尚理愈辞。孔子说"辞达而已"(《论语·卫灵公》),《仪礼·聘礼》说:"辞无常,逊而说。辞多则史,少则不达。辞苟足以达,义之至也。"要求"达",就是能把自己的意思表达出来,这和孔子的思想一致。特别是墨子反对一切雕饰、文采,主张"先质而后文,此圣人之务"(《墨子》佚文),特别强调"尚质""尚用"思想。安世高、支谶是中国早期译经大师,严佛调、孟福是中国最早的译经助手,他们的译经弃文存质,符合汉地的重质传统。另一方面,孔子虽然反对"巧言令色"(《论语·公冶长》),但也不排斥文采,《左传·襄公二十五年》引他的话:"《志》有之,言以足志,文以足言。不言谁知其志,言之无文,行而不远。"他还说过:"为命……行人子羽修饰之,东里子产润色之。"(《论语·宪问》)都可说明他对文采的重视。庄子在《马蹄》中说:"故纯朴不残,孰为牺尊!白玉不毁,孰为珪璋!道德不废,安取仁义!性情不离,安用礼乐!五色不乱,孰为文采!五声不乱,孰应六律!"说明道家并未完全忽略文采。慧皎《高僧传》记载,汉末康孟祥译《修行本起经》"奕奕流便,足腾玄趣"。表明译经大师也很重视文。孔子讲"述而不作",又说:"书不尽言,言不尽意。"(《周易·系辞上》)庄子说:"可以言论者,物之粗也;可以意致者,物之精也;言之所不能论,意之所不能察致者,不期精粗也。"(《庄子·秋水》)都强调概括性的语言无法完成对意的准确性表达,从语言表层现象上探寻"意",无疑是缘木求鱼。这些观点实际上强调了"言"的重要性,因为"言"指对具体事物的概括性指称,"意"是指主体对事物的体认和主体的思想感情。言意之辨还可替换为形神之辨。

(二)思想内容的异化

思想内容的异化指译本忠实传达原本义旨,不曾改变或附会。僧祐《出三藏记集》说:"初天竺朔佛,以汉灵帝时出《道行经》,译人口传,或不领辄抄撮而过,故意义首尾颇有格碍。士行常于洛阳讲《小品》,往往不通,觉文章隐质,诸未尽善。每叹此经大乘之要,而译理不尽,誓志捐身,远迎《大品》。"意思说朱士行当时所学习的《道行经》译文,就是因为"译人口传"的内容往往略去太多,所以读起来前后不连贯,解释不通。

1. 罗什对中观学的传播

道安时代的译经,运用"格义"方法,从本质上改变了佛学。因为老庄学说与佛学只是表面的相似，而本质上则是两种不同的思想体系，内涵完全不同。当时的佛学重心是般若学，它是通过对主观和客观的"自性"的否定，消融二者的差别，体认"真如"的境界，认为作为现象的本质的"真如"，只有在对现象的彻底否认中才能实现。虽然般若学也是说空论无，但其"空"和"无"是"因缘生"之意，强调的是因和果的相依相存，重在认识论。龙树《中论》说："众因缘生法，我说即是'无'（空），亦为是假名，亦是中道义。未曾有一法，不从因缘生，是故一切法，无不是空者。"大乘般若也认为"经法本无"，否定了小乘把佛或佛经语言概念实体化的理论观念。而老庄学说中的"无""本无"，是指宇宙的本源或本体，它能够作天地之始，万物之原，重在本体论。如《老子》第一章说："无，名天地之始；有，名万物之母。故常无，欲以观其妙；常有，欲以观其徼。"佛学初传时，译经大师在本土固有思想中寻找相似之处以引导佛学，即以老庄思想引介佛学，目的在于使之容易为当时从未接触过佛学的中土人士所了解。后来研究渐深渐清，便发现其实它们并不真正相同。这就是"格义""拟配"等方法被放弃的原因。按照当时译本对般若的译释，佛学界分化为"六家七宗"（慧达《肇论疏》）。其中主要的三派，本无宗、即色宗和心无宗，正与玄学的贵无、独化、崇有三大派别相对应。可见，原本思想内容一旦被归化，本质上并未输入新的思想。这种中国化，其实质只是形式上的。因为中国学人依然没有学到《般若经》的中观论证方法，所以在论证本体与现象时，也不能运用否定和"不二"的方法，得出非有非无，色空相即，真俗不二的结论，而只能得出简单的肯定或否定的结论。而简单的肯定或否定方法，正是传统的思维模式。

　　虽然有学者认为，"六家七宗"是大乘般若学说与传统玄学相互会通的产物，标志着民族佛学的正式形成。其实，六家七宗的佛学，本质上只是佛学为适应传统文化而作出改变和权宜之计。如果真正把佛学作为一种新思想引入，就必须异化。这只能是在对印度佛学有了充分的理解之后，才能达到的境界。如僧肇能够站在中道的立场，对六家七宗作出批判性总结，在其《不真空论》中指出他们"或偏于有，或偏于无，或不空万物，皆背离非有非无，空有相即"的中道精神。六家七宗本是想努力理解诸法皆空这一基本佛学原理，但由于当时的译本本身就已曲解了般若思想，所以在译文读者看来，空就是无。如支谦所译《维摩经》说"色空不色败空"，实际上就是支遁所说的"色即是空，非色灭空"。后来罗什译本中此句译作"色即是空，非色灭空"，意思就很准确了。《放光经》的翻译，也都是直接沿用老庄思想及术语，如"有""无""道""性""自然"，等等来传达佛典要义，以致引发各种不同于般若原典的联想。"心无义"宗的思想明显就来自《放光经》的说法。经中说："但以空为法……不见诸法之字，以无所见无所入。"可见六家七宗中主要的三家对"空"的解释明显地受到了玄学本体论思维框架的影响，把佛学之道等同于老庄之道，套用传统学说比附般若理论，因而脱离了般若学说的原义。真正的般若学是非有非无，亦有亦无，有无不二的般若中道思想。儒家的中道指的是有无二重性，佛家中道是指假名与性空的兼顾。直到罗什系统译出了龙树以严密的思辨逻辑来阐述《般若》"性空"之学的"三论"，僧肇写了阐述般若空观的论文《不真空论》，才使这些不准确的理解得到纠正。

方立天说："事实上，当时的译经者为了使中国人能够看懂佛典，译经时不得不采取中国固有的，尤其是道家、儒家和阴阳家的名词、概念、术语，作出相应的翻译，从而导致原义的某些变异。更有甚者，译者为了和中国儒家伦理道德相协调，常常通过选、删、节、增等方法对佛典描述的人际关系进行调整，尤其是删去了论述父子、夫妇、主仆平等和性生活混乱的原文，从而背离了印度佛典的本义。"(《中国佛教哲学的形成》)早在道安已发现"格义"佛学的弊端，并提出"附文求旨，义不远宗，言不乖实"(僧叡《喻疑论》)的译解佛经态度，这才为佛学在中国的进一步发展指明了方向。所以通了法师在《道安法师与佛教戒律》一文中认为，道安思想的变化标志着中国佛学初传期的结束，虽然他的主张也未完全脱离玄学，回归佛教义理本体研究，这主要是因为当时还没有中观学译籍。至罗什译籍问世，中土佛学才以全新面貌出现在人们面前。智升《开元释教录》刊定，罗什共译经七十四部三千八百一十四卷，涉及佛学大小乘、空有、性相、经、律、论典各个不同体系的经典。正如道宣《大唐内典录》中说："宋、齐、梁等朝……翻传并出，至于广部，绝后超前。"后世所流通奉行的经典以及影响中国佛学派别及宗派的重要经典大多是此时期的翻译，所以说南北朝时期的汉译佛经，基本上完成了介绍的使命。罗什所译经典有不少成为当时的佛学学派和隋唐佛学宗派所尊奉的主要经典，所译大品和小品《般若经》，不仅是当时般若学要典，而且是中国各个佛学学派、宗派用以建立其理论体系的重要思想资料。《维摩诘经》《金刚经》也为般若学所重，又为后来的禅学所重，《成实论》为成实宗所宗，《阿弥陀经》《弥勒成佛经》为净土宗所宗，《中论》《百论》《十二门论》为三论宗所宗，《法华经》为天台宗所宗，《十住毗婆沙》也是华严宗所重的经论之一，《金刚经》则直接影响禅宗的形成。所译禅经和戒律经典也产生了很大影响，如《禅要》经典综合童寿、马鸣等七家禅法，将安世高、支谶和道安三家结合起来，开拓了佛学三系融合的新领域。正是因为罗什译籍数量广大，范围宽广，体系完备，学说系统，尤其是译本忠实和准确，国人才得以全面地了解到印度佛学的完整而真实的面貌。罗什自幼学习教理，有"师授其义，既自通达，无幽不畅"之称。后精习大乘，自谓过去学小乘，"如人不识金，以鍮石为妙"（慧皎《高僧传》），这使其所译经文忠实可信，理论准确，"宗致划尔，无间然矣"。僧叡《毗摩罗诘提经义疏序》赞扬罗什译文"性空之宗，以今验之，最得其实"。以今验之，谓以罗什所译验之，表明罗什译籍传入了全新的思想。这种全新的思想，就是异化的内容。

2. 玄奘唯识学的译介

玄奘一生，按慧立《大慈恩寺三藏法师传》记载，在四十六岁以前"乘危远迈，杖策孤征"，"遍谒名贤，备餐其说"，潜研佛学；四十六岁回国后十九年中，"专精夙夜，不堕寸阴"，"三更暂眠，五更复起"，译出从印度带回的经、论共七十五部，一千三百三十五卷。玄奘在印度学习《声明》，研习梵语语法，"皆洞达其词，与彼人言清典逾妙。如是钻研诸部及梵书，凡经五岁"。这使他的梵语十分典雅优美，合乎规范。他译《瑜伽师地论》时，"敬执梵文，译为唐言"，梁启超慨叹道："呜呼！真千古学者之模范也已！"（《饮冰室佛学论集》）汤用彤说："嗟乎，其克享大名，千古独部，岂无故哉！岂无故哉！"（《魏晋南北朝佛教史》）道宣曾说："宠在道北，教牢宜四人；光在道南，教凭范十人。故使洛下有南、北二途。当、现两说，自斯始也。"（《续高僧传》）这里指出了南北两派地论师的代表人物及其在思想上的主要分歧。因为《十地经论》讲"佛性"论思想，而对于"佛性"说，历来就有两种主张：一是说佛性"本有"，即道宣所说的"当说"；二是说佛性"始有"，即道宣所谓的"现说"。玄奘曾至各地游学，正是因为各家说法不一而感到困惑，遂立志西行求经问学。范文澜在《中国通史简编》中说：

> 大小乘无不通达，但还不能融贯。……发心去天竺学《瑜伽师地论》。……投戒贤法师，受《瑜伽师地论》，同时旁及大小乘《毗昙》各论，又向胜军居士学习唯识，天竺佛学的要义被玄奘全部吸收了。……大小乘一直推崇，大乘人称为"大乘天"，小乘人称为"解脱天"。玄奘战胜五天竺佛学者，取得无上荣誉，标志中国佛学已经超越天竺。

　　玄奘之前的译经，方法和过程同一，先按梵文逐字转换，再按汉语语法重写修改，最后由笔人润饰。其中辗转传递，加上译经大师之间理解与阐释的差异，必然造成语词增减，原意走失。而玄奘则是"意思独断，出语成章。词人随写，即可批玩"。窥基《唯识二十论述记》卷上说：

　　　　唯识二十论者，筏苏畔徒菩萨之所作也。题叙本宗有二十颂，为简三十，因以名焉。昔觉爱法师，魏朝创译；家依三藏，陈代再翻。今我和上三藏法师玄奘，校诸梵本，睹先再译，知其莫闲奥理，义多缺谬，不悟声明，词甚繁鄙，非只一条，难具陈述，所以自古通学，开（阅）而靡究。复以大唐龙朔元年，岁次辛酉，六月一日，于玉华庆福殿，肇翻此论。基受旨执笔，其月八日，详译功毕。删整增讹，缀补纰阙，既睹新本，方类世亲。圣旨创兴于至那，神容重生于像季。哲鉴君子，当自详之。

　　幻生《关于佛典的梵文原典原语问题》一文由此认为，可知玄奘重译《唯识二十论》，曾先以梵文原本校勘魏译与陈译，发现魏译与陈译"莫闲奥理，义多缺谬，不悟声明，词甚繁鄙，非只一条"，便决定重译。经过"删整增讹，缀补纰阙"，将世亲论典之原形义显现出来。玄奘重译《俱舍论》，也因真谛原译"方言未融，时有舛错"（普光《俱舍论记》）；"义多缺"（赞宁《宋高僧传》）。陈寅恪指出："玄奘译经，悉改新名，而以六朝旧译为讹误。"（《金明馆丛稿初编》）说明玄奘基于旧译，惩前代翻译之失。这从《大唐西域记》中玄奘对梵名的自注，指出旧曰某某讹也等等凡五十八条，可以见出。印度学者柏乐天与我国学者张建木认为玄奘娴熟地运用了种种翻译技巧，使译文真正做到了"质文有体，义无所越"。（《伟大的翻译家玄奘》）王文颜认为："玄奘久游印度，对于印度境内的各种语言，了解十分深入。……既然他有如此优秀的梵文造诣，再加上精通汉文的有利条件，所以他的音译的名相，自然较前人准确。在《大唐西域记》及他所重译的经典之中，我们随处都可发现他订正旧译的例证。"（《佛典汉译之研究》）

　　玄奘所创立的法相唯识宗是完整地忠实于印度后期佛教大乘有宗、无著、世亲的哲学体系，是印度佛学的真正异化。这首先在于他对唯识学的忠实传译，恪守于印度佛学，保留梵语形象和原本的宗教色彩及哲学意蕴，而不是归化式地迁就中国民俗心理。玄奘西行之前已知道中国佛学界多主众生有性说，也曾倾向于"一切众生悉有佛性"理论。在印度学习时，瑜伽唯识学关于"五种种性"说中，主张有一类众生不具佛性，也永不成佛的文字，玄奘担心将此阐提无性思想"传至本国，必不生信"，因而"愿于所将论之内略去无佛性之语"，并意欲回国翻译时，将《瑜伽师地论》中有关"无出世功德种性"思想删去。但戒贤法师说："边方之人何知，不可随便为之增减义理。"于是玄奘在回国后的翻译中，忠实于师说，将阐提无性思想及"五性宗法"传授给窥基。窥基出身名门望族，门第意识极强，故对此说特别赞赏，著文光大。五种姓说，是法相宗依据"本有种子"说而建立的佛性论，包括声闻种性、缘绝种性、佛种性、不定种性、无种性。这五种之中，只有佛种性和不定种性中具有佛果的种性将来才能成佛。中国佛学自东晋竺道生首创"一阐提"也能成佛之说，并在后来传入的北本《大般涅槃经》中得到印证以来，一般都认为"一切众生悉有佛性"，都存在着成佛的可能性。而法相宗的"五种性"实际上否定了"一切众生悉有佛性"的理论，这是与各宗都不同的思想。但如果从"新熏种子"分析，又是难以成立的。因为即使是不具备成佛的无漏种子的众生，也可以通过修行而形成成佛的新熏种子。而新熏种子也会生起"现行"，产生成佛的结果。

玄奘和窥基所创法相宗又名唯识宗或慈恩宗，自智周弟子如理以后，开始衰微。(太虚《法相唯识学》)由此有学者认为，是因为玄奘学说照搬印度，没有中国化(归化)的缘故。唯识学确实属于经院式佛学，体系庞大博杂，论证繁复琐碎，论述艰涩支蔓。宋代以后，中土佛学开始融入社会，表现出平民化、世俗化的趋向，如禅宗、净土宗已基本成为佛学主流。这时不仅法相宗受到冷落，天台宗、三论宗、华严宗、律宗等深研义理的宗派都受到冷落。特别是法相宗的"五种性"说将成佛限定于少数人群，更损伤了一般众生学修成佛的愿望，这使法相宗在佛学世俗化的进程中一度受到社会冷遇。但法相宗的学术品格，特别是所传唯识因明学对后世影响很大。这一义学传统在辽代得到了延续，许多佛教学者和佛学著译都出自法相宗。辽代僧学虽有专攻，但多不专一经一宗，而是诸经皆通，不少学者还兼通儒学。如海山既治《华严》，又习戒律，而对《涅槃》《法华》《般若理趣分》《大宝积》《观无量寿》《报恩奉盆》《八大菩萨曼陀罗》诸经也有注疏和科文。道殿是一位会通华严圆融思想与密教教义的僧学，著有《显密圆通成佛心要集》。觉苑著《大日经义释演密抄》，广征儒书、经史，旁及子、集，以证佛典。诠明除精通唯识学外，还撰有《续开元释教录》，这显然需要博览群经。希麟撰《续一切经音义》，行均撰《龙龛手镜》，不仅需攻读群经，还需兼通文字、音韵学。一般佛教学者，也都习读儒书，通解儒学。如了洙"研讨六艺子史之学，掇其微妙，随所意得，作为文辞而缀辑之，积数十岁，不舍铅素，寖然声闻，流于京师"（《沙的洙公壁记》）。

五、佛典汉译策略与佛学中国化

归化和异化都有助于佛学中国化，也都有不利于佛学中国化的一面。它们在译经中各有其存在的合理性，各有其不可替代的作用，各有其适用的范围。佛学要在与之不同的汉文化土壤中生存和发展，不能依靠某种单一的方法。因为佛学一旦坚持其本有文化的全部因素，那就不可能在汉文化环境下获得生存；但如果完全放弃其本有文化的全部因素而归入汉文化，那便是自身的完全消失。因此，佛学中国化，既应保持印度佛学原有的本质性特点，与汉文化保持一定距离，同时又需改变其不适应汉文化的某些因素，与汉文化保持一定亲近，从而形成独特的个性和风格。方立天在《佛教文化发展样式：传承与创新》一文中指出，佛学在传播中，形成了"如理如法""契时契机""方便"法门以及"真俗二谛"等方法。"如理如法"即要求随佛所说的教理教法而不违背。"契时契机"即适应历史与对象的实际需要。"方便"即接引众生的种种权宜便捷的方式。佛学二谛虽有高下真假之分，但又互不相离。早在佛学初创时期，佛陀给普通大众的说法以"无数方便，种种因缘，譬喻言辞，而为众生，演说诸法"，但在为上首弟子们说法时，却采用不立文字，以心印心，注重非言语的交流。大乘佛学则更进一步发挥了"言语道断""无言无说"或"默然无言"的"不二法门"，超越逻辑推理和语言概念理性分析的樊笼，突出直觉、感悟、体验、亲证的认知方法。这便启发佛典汉译者注意方法和技巧的灵活，也说明译经策略的选择要受制于多种因素，其中主要受到译经目的、经本类型、语言体系、译本读者的影响。

佛典汉译策略受着各方面因素的制约和影响。首先，译经目的制约佛典汉译策略的选择。一般而言，译经的目的是准确地反映原典义旨，再现原典的内容。但这并不是译经的唯一目的，有时译经的直接目的是传播佛学，最终目的是为佛学扎根于中国并逐步中国化创造前提条件。因此，只要是在这个目的范围内，一切有助于达到这一目的的策略都会发挥作用。而行之有效的翻译策略必然深刻影响以传播佛学为目的的佛经翻译。其次，经本类型既是承载佛教含义的基本单元，也是译经策略选择的基础。不同类型的经本对译经提出不同的规范和要求，译本需遵守原本的文体，不可另立体制，否则译本不仅风格将与原本大相径庭，内容也同样受到损害。彦琮《辩正论》所提翻译"十条"如"字声一，句韵二，问答三，名义四，经论五，歌颂六，咒功七，品题八，专业九，异本十"即重在文本类型。如佛学论藏主要是议论，注重名相、事数的辨析，运用由因及果的逻辑结构、条分缕析的分析方法和举事为譬的说明方式等，与译"经"的策略自然不同。道安早已指出前人译经随意改变原文的五种弊端"五失本"，其中有三"失"属于译者改变原文的文体。再次，语言体系影响译经策略，因为语言体系是词、词组、句子的组织规律，梵汉语言不同，不同的语言表达同一思想时语言结构便不同，这自然需要通过技巧和策略予以调整。思维和语言有着密切的联系，有时甚至无法分离。虽然同一思想内容可用不同的语言形式表达，但这并不意味着原本语言和译本语言间在语言上有相同的"意义"，因为任何一种语言都受制于自己特定的历史文化背景，各自有独特的表达方式，并作为文化的载体承载丰富的文化内容，带有鲜明的民族特色和地域特色。最后，译文读者限定译经策略。佛典汉译一般要适应统治阶层、佛教学者、广大信众三类人群的需要。对于统治阶层，目的在于有效地服务其政治利益。《降魔变文》载：

> 传译中夏，年余数百。虽则讽诵流布，章疏芬然，犹恐义未合于圣心，理或乖于中道。伏惟我大唐汉圣主开元天宝圣文神武应道皇帝陛下，化越千古，声超百王，文该五典之精微，武折九夷之肝胆。八表总无为之化，四方歌尧舜之风。加以化治之馀，每弘扬于三教。或以探寻儒道，尽性穷源；批注释宗，句深相远。

这表明佛经汉译有各种不同目标。对于上层人士，主要是为了合于圣心，有利教化，不致乖于中道。对于佛教学者，在于满足他们对玄奥的哲学思辨的要求。对于信众，则在于符合一般民众急功好利的世俗愿望。因此，译者必须考虑各层次读者的阅读目的，顾及他们的知识范围，采用相应的翻译策略。如对于以义学研究为目的的读者，他们对译本的异化程度要求较高，要求译本能最大限度地反映出原本的思想内容甚至语言条例，包括原本的文体特色和语言风格。义学研究为主的读者群中又可分为教化性读者、娱悦性读者与评论性读者。教化性读者多希望从译本中获取新知，接受精神上的洗礼，而且他们的需要永远处于变化中，所以译本对他们的适应性不只是符合其现有的水平，还要适当保持读与译的落差，有意提高他们的阅读能力，改变他们的接受能力。娱悦性读者多是为了娱乐，注重艺术消遣和精神享受，满足于经本的美学意蕴的品味。评论性读者在鉴赏阅读的基础上，还有意去追寻与原本有关的历史文化、社会背景、专门知识或哲学思想，然后对照译本与原本，看译本是否忠实，译笔如何，等等，更有甚者，还会反思翻译理论，开掘译本的意图。而普通信众的阅读只是出于信仰，译本如果过于晦涩或者注释过多，就会失去阅读兴致。这就需要更多的本土化改造，甚至有选择地"接受"和适度地"修正"原本。罗什注意到这一层次的读者，他的译经注意梵汉民族风格上的差别，如天竺重文藻，喜反复咏叹，汉文化则好简明，厌繁杂。而更深一层的原因，在于读者的接受，因而他注意变通，有的地方不全部译出。历史上，人们对罗什的译经评价不一样，多是没有注意罗什在这方面的用心。佛学在宋代完成了一次脱胎换骨式的转型，由"正信佛学"转变为"民间佛学"，正说明普通信众对于佛学的发展起着关键作用，也说明这个层次的接受者会最终决定译经大师们的策略。

（一）归化——佛学中国化的第一动力

由于梵汉文化的差异，在原本中所表达的内容可能是其文化中独有的，在译本中难以找到相应的表达，这就需要采取归化。因为归化更容易寻找结合点，并通过翻译词汇的媒介，进入观念的对应和文化精神的融合。有时，由于异化翻译只照顾到表面形式，会对缺乏佛教文化背景知识的读者造成阅读的困难和理解的模糊，这也需要采用归化。归化译经多是考虑中国多数读者的理解水平和接受能力，有利于佛学的普及化。因为佛学中国化，必须有众多信徒，这是佛学在中国得以发展的社会基础。因此旨在传播佛学义理的佛经翻译，必然要关注普通读者的接受能力和阅读需求以及对译文的反应。

1. 改变原本是归化的本质

归化的本质是将外来佛学思想本土化。佛经翻译的归化为梵汉两种不同的文化寻到了沟通点，避免梵汉民族心里的对抗，体现了译经大师力图将佛学纳入中国传统文化轨道的努力，表明他们站在汉文化传统立场接受佛学的心态。更多的时候，是由于中土文化的主流意识形态制约译经大师们以汉文化为中心审视并吸纳佛学思想。道宣《续高僧传》记载："时宗恺诸僧，欲延还建康，会杨辇硕望，恐夺时荣，乃奏曰：'岭表所译众部，多明无尘唯识，言乖治术，有蔽国风。不隶诸华，可流荒服。'帝然之，故南海新文，有藏陈世。"陈代帝王偏爱《般若》学，尤其推崇《三论》，对于《摄论》不感兴趣。听了京城高僧大德的观点，便将真谛视为异端，加以排斥。所以真谛的译籍难以传播。瑜伽行派"有乖治术"，与当时的主流意识形态不协调而受到排斥。真谛弘法未果，不能入京，便是因为"言乖治术，有蔽国风"。说明真谛没有采用前期译经的"格义"方法。佛教在中国传播，首先要使中国人士接受基本教义。这就要求译经适应由中国本土文化培育出来的中国人士的性格学养和心理结构，佛学称之为"应机"，进而提升其对佛学的认识水平。

经过归化而发生改变的佛学，严格说来，汉地人士只是以为它是从印度传进来的一派"道术"或"玄学"而已，并未传播新的思想。佛典译者以传统思想文化的模式来表达印度佛学，从本质上改变了印度佛学的本义。如佛学原本主张"诸法皆空"，宇宙间既无创造者，也无主宰者，万物万事皆由因缘和合而生，所以没有"本体"存在。但这种性空思想在中国社会很难流布，于是译经比附老庄哲学译为"无"。而《老子·德道经》中"无为"一词中的"无"，不是表示不存在或什么都没有的含义，而是指虽无具体形象，但表示抽象思维的属性概念。佛学也不拜任何鬼神，只主张自己努力修行，依靠自己悟道。这种无神观念也难以在中土被接受，于是译经和义解大师都附会中土神灵观念，如《四十二章经》把佛陀描绘为"轻举能飞"的"神人"，把小乘佛教修行的最高果位"阿罗汉"描绘为"能飞行变化，旷劫寿命"。牟子《理惑论》以道家神仙家言辞解释佛陀，认为"佛乃道德之元祖，神明之宗绪"，能够"恍惚变化，分身散体"，"蹈火不烧，履刃不伤"，极似神仙道术之士所讲的"神人""真人"。魏晋时期的格义佛学方法，对于普通人士似不存在问题，但对于佛学理论家和儒士学者，则达不到他们研习佛学的目的。中国佛学面临的许多论题大都是由"格义"式佛学造成的，加上经典不备、理解不深等，促使汉地学者对纯粹的原本和印度纯正佛学的渴求。东晋时期，佛经译本日多，但由于译者水平参差不齐，以及格义佛学等因素，艰深晦涩的直译或增删改换的意译，致使彼此之间常有抵牾。《旧唐书·方伎列传·玄奘传》记载："博涉经论，尝谓翻译者多有讹谬，故就西域广求异本，以参验之。"加之佛典宣传中"各擅宗涂""隐显其异"的讹谬，促使玄奘决心到西方诸国，亲自求法，"以问所惑"。

2. 归化源于汉地译者外学的参与

佛学在中土传播首先面临的是语言改变，因为在汉地人士所赖以思维的汉语中，原本没有佛学的概念和语词。因而佛学传入汉地第一步就是要在汉语中建立一个新的语言环境，建构佛学的汉语系统，使中土人士能够进入佛学语汇。佛典汉译主要由来自西域印度和汉地本土的两类译经大师承担。从汉代到隋唐，历代译经大师在佛学传播中发挥着重要作用，在佛学界也有很大的影响力，如东汉安世高，西晋竺法护、竺叔兰，后秦鸠摩罗什，南朝宋佛陀跋陀罗，陈代真谛，北魏菩提流支，隋朝阇那崛多和达摩笈多，唐代玄奘、义净、不空等，都把当时最新的佛教学说传译到中土。但无论由外域或本土译师主译，总有汉地人士参与助译，他们或担任口译，或负责笔录成文，或审核和修饰译文。这样的译经形式实际上是一种阐释，因为口述和笔录都会加进自己的理解，使佛学义理发生不同程度的变通和改造。尤其是传译、润文或笔受，因其汉语文章的修养与其语言背景的限制，他们不仅从汉文经典中选择语言形式，而且借用其概念内涵。这其实是在新的语言基础上，也就是从原有的知识结构中译解佛学这种陌生的、新的思想，本质上是用外学的观念阐发内学精义，其结果是使佛学理论中的各种精义思想在翻译中发生着一些微妙的变化。正像汉地学者用中国思想材料论证神不灭论一样，使无神论的佛学走向有神论。慧远、罗含生、郑鲜之分别作《形尽神不灭》《更生论》《神不灭论》，他们运用历来的薪火之喻，强调"薪"生灭无常，"火"则永恒不灭，以论证人死而神永恒存在。慧远还引用道家"形有靡而神不化"的言论来论证"形尽而神不灭"的观点。这种佛学本质上已不再是印度佛学的本义了。

3. 迎合读汉语者是归化的目的

归化译经策略，重在以中土读者为中心，强调译本意义明晰，语言通俗易懂，使译本最大限度地适应汉民族传统文化的观念，最大限度地淡化原本，最终使原本同化于译本语言文化。符合读者心理和能力，要求将上层人士的趣尚与向往佛学的各层人士的阅读需求结合起来，使其各取所需，各得其所，从而扩大了经典的阅读者，扩大了佛学的社会基础，自然也促进了佛学的中国化。归化在特定历史时期内便于佛学思想传播，有助于打上异国文化烙印的佛学思想顺利地传播给汉地人士，使他们较少抵抗地接受佛学思想。译经大师们对佛学的适当改造和加工，以使其学理能够符合中国流行的学术观念乃至整个文化思想而得以流传。康僧会即用当时流行的天人感应神学观点和儒家善恶观译写佛学所说的善恶会有报应，最终劝说孙皓接受佛学。魏晋时期盛行的"格义"佛学，使佛学话语在中国语境中得以增长和积累，并促成了中国佛学理论研究的初步兴盛和繁荣。

佛经翻译史也是一部译者与译本读者之间相互影响的历史，译经的历史不仅是译者译介佛学的历史，也是译本读者接受佛学的历史。读者的审美情趣、主观愿望和期待心理，都会促使译经大师选择相应的策略。

随着译经经验的积累以及佛学传播的进展，佛经译者逐渐注意译本读者的因素，意识到译本的评价标准不应只限于原本、译者、评者等方面，而且还有读者对译本的反应。译本要真正实现大众化，为中土人士顺利接受，实际影响佛学中国化的进程。如译经中为了便于普通读者理解译文，译者在译文中插入注释性文字。最典型的就是音译后面所加的"秦言某某""唐言某某"等手段。这些夹注性质的文字多用小号字体，以与正文相区别，但有时也与正文混杂在一起。历史也证明，译本通顺而优美的文字，往往深受读者喜读，这是罗什译本能够广泛流传的根本原因。从忠实上论，罗什译本不能超出玄奘，但他的译本有着精美的语言形式，既为读者展现一片新颖的佛学天地，又使读者感受到空灵的文辞意境。所以梁启超说：罗什译经"不特为我思想界辟一新天地，即文学界之影响亦至巨焉。文之不可以已如是也"。（《翻译文学与佛典》）

4. 归化适于佛学的初步接触和了解

佛学是古印度文化思想的结晶，传入汉地，必须以中土文化为依托，即以归化手段把佛经译成汉文以克服语言文字和理解上的障碍。佛学传入中土时，中国文化高度发达，以儒道为代表的传统文化思想体系在社会生活中发挥着巨大作用并积淀为社会心理和民族心理。佛学与儒道等本土文化，在理论思维、价值观念及思想内容上都有差异，其间的交争，集中表现在哲学思想、政治伦理观念以及儒道佛三家地位高下等。佛学最初传入，是与儒家的矛盾和冲突。儒家是入世的学说，在价值观念上更注重人生，孔子说："未知生，焉知死。"（《论语·先进》）而佛学强调生死事大，尤其重视人的"来世"。生和死是人生的两个对立面，是严肃的整体人生观。而儒家和佛学在这一点上十分对立。陈寅恪在《诗集》中说：

> 释氏之教，无父无君，与吾国传统之学说，存在之制度无一不相冲突。输入之后，若久不变易则决难保持。是以佛教学说能于吾国思想史上发生重大长久之影响者，皆经国人吸收改造之过程。其忠实输入不改本来面目者，若玄奘唯识之学，虽震荡一时之人心，而卒归于消沉歇绝……其故非他，以性质与环境互相方圆凿枘，势不得不然也。

表明诞生在古代印度文化背景中的佛学，与中国传统文化"方圆凿枘"，初期传入中夏异国风土之中，自然需根据异地环境有所变异。《晏子春秋》上说："橘生淮南则为橘，生于淮北则为枳……所以然者何？水土异也。"陈寅恪认为，只有经过国人改造的中国化的佛学才能在中国得以生存发展，产生重大长久的影响。佛学无父无君，在排佛者看来，这是佛学的主要缺陷，也是佛学的真精神。正是这一点受到儒家传统文化的排斥，所谓"世人学士，多讥毁之"（牟子《理惑论》）。此外，生死、形神之辨和因果报应等也体现出儒家和佛学的不同取向。儒家认为人有生必有死，才合乎自然规律，不赞成转生说和灵魂不灭论。而佛学既反对灵魂不灭，但又承认轮回转生和进入涅槃境界的主体，在儒家看来就是灵魂，这就是神不灭论。永明年间范缜著《神灭论》，与萧子良主张神不灭的立场不同，这场围绕"神不灭"展开的哲学大讨论，成为当时学术界的一大事件。于是为了立足于汉地思想，佛学便主动调整乃至改变佛教义理，以求与儒家伦理相适应。如关于"孝道"，佛学伦理与儒家世俗伦理甚为悬殊，牟子《理惑论》从"苟有大德，不拘于小"的观点出发，指出是否行孝道应看其内在本质而不能只看外表形式。慧远专门作有《沙门不敬王者论》长文，论证"道法之与名教，如来之与尧孔，发致虽殊，潜相影响；出处诚异，终期则同"。孙绰著《喻道论》提出"周孔即佛，佛即周孔，盖外内名耳"，两者可以并行不悖。慧琳《白黑论》主张"六度与五教并行，信顺与慈悲齐立"。宗炳在《明佛论》中说："孔老如来，虽三训殊路，而习善共辙也。"北周道安《二教论》中也引用时人语说："三教虽殊，劝善义一，途迹诚异，理会则同。"宗密在《盂兰盆经疏》中把"孝"说成儒佛共同崇奉的宗旨："儒佛皆宗之，其唯孝道矣。"契嵩在《辅教编》中进一步引《孝经》说："夫孝，天之经也，地之义也，民之行也"，把"孝"放到天地根本法则的高度，并提出"孝也者，大戒之所先也"的观点，认为佛学比儒道等更尊奉孝道："夫孝，诸教皆尊之，而佛教殊尊也。"他还尽力沟通儒佛间的不同点，从劝善等社会作用的相同来论证儒佛不二或儒佛互补，两者都有助于社会教化，以强调两者的"殊途而同归"。在论证儒佛社会教化功能不二的同时，佛教学者还特别注意以佛学伦理的独特性弥补儒家名教的局限或不足。如慧皎《高僧传》载康僧会说："周孔所言，略示近迹，至于释教，则备极幽微。"经过调和，出世、思辨、神秘、烦琐的印度佛学最终融为入世、实用、圆融、简捷的中国化佛学。佛学融会中国传统思想，化解差异，融入中国文化，自然地影响了佛学的纯粹性，以致模糊了佛学的本来面目。

佛学传入中土时，道家也是主流意识形态之一，和儒家具有同等地位。道家的价值观念和儒家不同，对现实具有较强的超越意识。道家提出"逍遥游"的观念，以个人的自由超脱为人生理想，认为任何事物都不能超越自身本性和客观环境，主张人要各任其性，消解差别，超然物外，从而在精神上产生一种超越现实的逍遥自在境界，成为"神人"。佛学传入后诞生的道教则主张经过修炼得道，使形神不灭，超越生死，变幻莫测，成为"神仙"，并具有出世的价值观念。而小乘佛学的理论是不承认万法皆空，只承认"人无我"，即"人空法有"。大乘佛学突破了这一执着，主张万法皆空，否认一切存在。可见，佛学与道家在主张超越现实这一点上只是表面上的相通，其实，道家的"道"是形上的存在，本有实在论倾向，是能继续成就万物，使之生生不息的。同时，道教不仅重死，而且乐生，贵术养神。佛道在超越的途径、方式和目标上也不同。但大乘空宗以性空为宗，很容易引起深受老庄思想熏陶的崇尚虚无的中国士人的认同，使性空学说盛行一时。南北朝时，道教与佛学进一步相互融合，理论上相互渗透，正是佛学在表面上与道家有了一定的相似性，于是佛学借助道家赢得了发展。也正是借助道家，东汉后佛典汉译迅速开展，并开始注重佛学经义的系统性，安世高重点译出定慧学说，其影响最大的《安般守意经》将印度佛教中的禅学传入中土。支谶侧重大乘般若性空思想，其所译《般舟三昧经》介绍了阿弥陀佛，所译《道行般若经》宣说"诸法皆空""诸法如幻"的大乘佛教般若学理论，为大乘般若学传入中国之始。魏晋时，大乘般若学依附玄学盛极一时，对中国佛学理论产生巨大影响。支谦继承支谶的大乘般若学系理论，其译经促进了般若理论在汉地的传播。其所译《阿弥陀经》宣传净土思想。随着经典翻译的增多和汉地佛教学者对佛学理解的不断深入，佛学的特征逐渐为汉地学者所认识。

可见，佛学为求发展，改变自身，与儒家的融合，重要在伦理道德学说。与道家的交融，重在哲学理念思想。这种经过融会的佛学，实际上掺杂了中土学说，致使此时的中国佛学理论显得不是十分成熟，学者们对般若学、涅槃学等要旨的理解也显得不纯碎，总有所牵强和偏执，不如后世学者圆赅。这样的不准确的译文，已经不能适应时代的要求，也不能满足学者的需要。梁启超在《翻译文学与佛典》中说："译家之大患，莫过于羼杂主观的思想，潜易原著之精神。""羼杂主观的思想"其实就是羼杂传统思想，致使佛学变质，亦即道安所谓"葡萄酒之被水"，使原文意思被稀释、淡化。因此，佛学虽已传入中国，经典也于东汉显宗时期译出，但并未普及流行。直至魏晋以后，才开始普及。正如沈约在《枳园寺刹下石记》中所说："佛教东流，适未尤著，始自洛京，盛于江左。"为此，中国佛教学者力图扭转这一困境。

5. 归化是佛学形式上的中国化

在中国佛学发展的特定历史时期，归化的佛学推动了佛学中国化。魏晋时期，玄学家探讨有无、言意和动静等论题，佛学由此呈现出玄学化，以致后来发展为"三教同源"思想。这种对中国文化的符合与比附，是一种外在的融合，亦即形式上的中国化。因为经过归化总会改变原本思想，因此它所传给读者的佛学都是不纯的。学者或信众表面上是在研习或信奉佛学，其实不过是在重温传统文化。如佛学中的"泥犁"一词，本意为"苦器"，指受苦之地。安世高《佛说罪业应报教化地狱经》中将其译为"地狱"，康巨所译《问地狱事经》也译作"地狱"，其实都不是原义。因为佛典中的"泥犁"既有"八大地狱"的分类，也没有固定的位置，可在地下，也可在地上，与汉文化的"地狱"有很大出入。佛学的这些中心概念和关键命题一旦附会中土术语和老庄名词典故及理论，译本立即失去了本义，不再是印度或西域佛学了。正如彦琮所指出的那样："是知若用外书，须招此谤。……今观房融润文于楞严，僧肇征引而造论，宜当此诮焉。苟参鄙俚之辞，曷异屠沽之谱？然则糅书勿如无书，与其典也，宁俗。倪深溺俗，厥过不轻。折中适时，自存法语，斯谓得译经之旨矣。"（《辩正论》）事实上，正是由于初期的这类用"外书""鄙俚之辞"的曲解式翻译致使当时汉人将佛陀与黄老并谈，使般若与儒道同论。

佛学传入之初，译者关注的是如何使译本为汉文化所接纳，因而总是借助人们熟悉的中国传统文化观念附会沟通。加之语言隔阂，佛典的思想内容难以原封不动地复制，只能比附玄学演绎。牟子《理惑论》充分地表现出这种附会和沟通，以期调和各家思想，表明当时儒家学者对于佛学思想及其行仪的批评已经相当激烈。牟子文中相对集中于几个关键性论题，也表明人们对佛学的认识有所深化。牟子认为，佛经之说和《五经》之要，都主张"无为淡泊"。他以儒、道概念和思想解释佛学教义，正是当时译经所采用的"附会"方法。这表明汉末中国知识阶层对佛学的早期接受形式，自佛学传入汉地，无论是译经还是义解，就已开始采取归化策略。尤其是面对儒家思想，不归化就不能生存。方立天《中国佛教哲学要义》认为，因为儒家思想虽然初期讲过"礼之用，和为贵"（《论语·学而第一》），但在秦汉以后"独尊儒术"，"攻辟异端"，对佛、道学说不无排斥和改造。尽管道家否定礼教，但也不正面批评儒家。道教更是接受了儒家伦理思想，起到辅助儒家维护传统宗法秩序的作用，被称为"第二儒家"。在这种文化背景下，面对世俗政治、社会文化系统的主流意识形态，佛学虽然在义理阐述和思想深度上都达到鼎盛，学派繁荣，但始终处于从属和依附的地位，随时以自我辩护的形式，不断调整自己的教义、思想乃至思维方式，以保持与传统文化的一致性，很少明确否定儒家的主流思想。隋唐佛学宗派诞生，也没有真正脱离传统文化的背景，反而与传统文化的思维习惯、思考范围及思想兴趣的联系更加紧密。

由于归化译经策略在译本中融进了中土文化要素，于是在形式上促进了佛学中国化的进程。但在本质上实为缺乏独立思考的传统误读。秦汉时代，社会战乱，佛学为儒家所不屑于说的"怪力乱神"部分和所不知的"死"的部分提供了具有相当说服力的理论，填补了中土世界观中原本所欠缺的空白，其中最明显的就是"轮回"的观念。传统早有鬼神的观念，但是中土人士对鬼神只讲祸福，不讲轮回报应。受印度佛学影响，学者把轮回报应与鬼神结合在一起，形成一种新的思想。在北齐魏收所著《魏书·释老志》中，已改变佛学与黄老道术、玄学的比附，而直接类比儒家伦理，认为"修心则依佛、法、僧，谓之三归，若君子之三畏也。又有五戒，去杀、盗、淫、妄言、饮酒，大意与仁、义、礼、智、信同"。又说："塔亦胡言，犹宗庙也，故世称塔庙"；"三藏十二部经，如九流之异统"；"所谓佛者，本号释迦文者，译言能仁，谓德充道备，堪济万物也"。这种类比表明，魏收已有意识将佛学思想纳入中国传统儒家伦理范围，这既反映了学者对佛学认识的变化，又体现了社会对佛学思想的普遍要求。虽然这种类比仍然是早期附会佛学方法的延续，但其目的是要将印度佛学的精神转化为传统文化资源，当然也就促进了佛学中国化。

东汉桓帝对佛学的提倡，使佛学译经家和译经事业逐渐发展。其时安世高、支谶、竺佛朔、安玄、严佛调等译家相继开展译经，洛阳成为汉地佛经翻译的中心。安世高在译《安般守意经》时，参用中国传统文化特别是道家的固有术语，影响了以后的佛经翻译和佛学理解。《安般守意经》的思想在很长时期内影响着后人对佛学的理解。康僧会、道安在其序文中对佛的认识，即反映出安世高译经的影响。道安的禅学，沿着安世高的思路而更与玄学接近。其《安般注序》说："安般者，出入也。道之所寄，无往不因；德之所寓，无往不托。是故安般寄息以成守，四禅寓骸以成定也。寄息故有六阶之差，寓骸故有四级之别。阶差者，损之又损之，以至于无为；级别者，忘之又忘之，以至于无欲也。无为故无形而不因，无欲故无事而不适。无形而不因，故能开物；无事而不适，故能成务。成务者，即万有而自彼；开物者，使天下兼忘我也。彼我双废者，守于唯守也。故修行经以斯二法而成寂。得斯寂者，举足而大千震，挥手而日月扪；疾吹而铁围飞，微嘘而须弥舞。斯皆乘四禅之妙止，御六息之大辩者也。"文中以"道""德"范畴来表述安般之寄寓，又以老庄"无为""无欲"思想说明禅定的意义，还以《周易·系辞》"开物成务"之说比喻禅定所达到的境界，这些都与玄学的思想方法高度一致。所以他进而得出"安般"禅的核心思想为"执寂以御有，崇本以动末"。这就完全符合玄学讨论的主题，属于本末有无的思辨。在《地道经序》中，道安还以玄学思维方式和概念命题表述"止观"，他说："夫道地者，应真之玄堂，升仙之奥室也。无本之城，杳然难陵矣；无为之墙，邈然难逾矣。微门妙闼，少窥其庭者也。盖为器也犹海与，行者日酌之而不竭，返精者无数而不满。其为像也，含弘静泊，绵绵若存，寂寥无言，辩之者几矣。恍惚无行，求矣漭乎其难测。圣人有以见因华可以成实，睹末可以达本，乃为布不言之教，陈无辙之轨，阐止启观，式成定谛。髦彦六双，率由斯路，归精谷神，于乎羡矣。"这段话完全是玄学的本末、有无之辨。在道安看来，"止观"或禅定能达到"无为""升仙"的境界，在这一境界上，宇宙万物"含弘静泊，绵绵若存"，漭然恍惚。这种理解显然与老庄的道家思维方式相通，却于佛学禅定的意思颇不一致。

罗什译经在佛学史上被认为是地道的印度大乘中观学说，但这只是相对而言。因为罗什的译本最终要依靠门下弟子执笔成文。慧皎《高僧传》载罗什门下一时英杰，"有的共咨询，有的同研讨，有的作笔受，熙熙攘攘，对罗什的翻译，实际上起着制约的作用"（任继愈《中国佛教史》）。这些弟子大多学赅内外，既善佛典，又通《老》《庄》《易》等。正如僧叡所说："敢预希昧之流，无不竭其聪而注其心，然领受之用易存，忆记之功难掌。自非般若朗其闻慧，总持铭其思府，焉能使机过而不遗，神会而不昧者哉？"（《毗摩罗诘提经义疏序》）曹士邦《译场——中国古代翻译佛经严谨方式》一文认为，罗什虽为主译，但他却无法左右参译者和译经过程。弟子们"无不竭其聪而注其心"，表明他们要以自己的观点影响罗什，要将汉文化精神渗透到罗什译经思想之中，他们基于汉语背景理解佛学，受到所处时代语言风尚的影响，使得罗什译籍不可能从根本上超出前人。尽管罗什本人力求忠实原典，弟子的参与依然改变了罗什原意，使罗什的中观学说也不是纯粹的印度佛学思想。潘桂明进而认为，"曲从方言"是罗什不得已的做法，而从罗什"犹谓语现而理沉，事近而旨远"句看，"趣不乖本"只是掩盖矛盾的遁词。罗什所云"理沉""旨远"，清楚不过地表达他的不满情绪。事实上，在"与众详究"的过程中，罗什无法坚持自己的意见（《鸠摩罗什与关中般若学》）。据慧观《法华宗要序》说：

> 有外国法师鸠摩罗什，超爽俊迈，奇悟天拔，量与海深，辩流玉散，继释踪以嗣轨，秉神火以霜烛，纽颓网于将绝，拯漂溺于已沦。耀此慧灯，来光斯境。秦弘始八年夏，于长安大寺，集四方义学沙门二千馀人，更出斯经，与众详究。什自手执梵经，口译秦语，曲从方言，而趣不乖本，即文之益，亦已过半。虽复霄云披翳，阳景俱晖，未足喻也。什犹谓语现而理沉，事近而旨远。又释言表之隐，以应探赜之求。虽冥扉未开，固已得其门矣。夫上善等润，灵液尚均。是以仰感嘱累，俯慨未闻，故采述旨要，流布未闻，庶法轮退轸，往所未往。十方同悟，究畅一乘。

《法华经》译完后，大家都觉得满意，而罗什"犹谓语现而理沉，事近而旨远"。意谓译文虽然满足了汉地学僧的需求，符合汉文表达方式，但其中一些概念所包含的哲理深意未能显示出来。其实，罗什很清楚，参译的中土人士在执笔承旨的过程中，他们的佛学修养和思维早已通过各种途径渗进译本中了，所以说罗什的译经也明显渗透着汉文化思想。当经中以"非有非无"说明事物"性空"，并分析批评各种有无对待认识时，仍让人回到熟悉的玄学思维。《百论》说："物物非物，物互不生。物不生物，物物不生非物，非物不生物。若物生物，如母生子者，是则不然。"这种表述方式，显然带有先秦庄学和魏晋玄学的烙印，进入汉地学僧所熟悉的思想领域。庄子认为，世界的根源是绝对虚空，它没有任何物体性，只是精神实质。但是，世界万物正是由这一精神实质体系所派生。《庄子·知北游》说："有先天地生者，物邪？物物者非物。物出不得先物也，犹其有物也。犹其有物也，无已。"意为产生物的内容（物物者），应当是物的否定（非物），即道，它先于天地万物而存在。再从道生和僧肇二人的佛学中也可以看出其中的玄学意味。道生曾以《维摩诘经》和《法华经》的"不二法门"为经典依据阐释事理关系，表述体用不二的思想，然而其传统理论源头则是《老子》书中所说"道生一，一生二，二生三，三生万物"。道生《妙法莲华经疏》说："如来道一，物乖谓三。三出物情，理则常一。"这是一种兼采中印经典而又巧妙予以融会的精神。僧肇也借助玄学方法建立"不真空论"，以"即体即用、体用如一"的本体论，完成了般若学由对玄学的依附到融会般若学与玄学。其"不真空"既讲"空"（真）又讲有(不真)，而将"有"(不真)归于"空"(真)，就是要说明认识真谛的必要性。

　　归化的译经自然会带来负面作用，从而在较长时期内妨碍人们对佛学本真的认识。安世高译"无我"为"非身"，适应了传统文化中灵魂不灭的观念，而且化解了印度佛学自身的内在矛盾。但事实上，对"无我"学说的全面认识，是在罗什时代才逐渐显现的。魏晋时般若学形成六家七宗，其原因之一也是译经不完备不准确而造成的对般若空观理解的差别。以道安为代表的本无宗，认为世界万有本体为空，这种空就是"本无"。这与玄学王弼、何晏的贵无论相似。可见本无宗的思想基本上是玄学"以无为本"命题的发挥，但又有所变通。以支道林为代表的即色宗，认为世界万有本来性空，所以色即是空，这与郭象主张的"无不在有之外，无在有之中"的自生独化论相近。以支愍度和道恒为代表的心无宗，主张心应脱离外界，不执着万有，但不否认客观世界的存在。而这三家思想都不是佛学的中道立场，或偏于有，或偏于无，或不空万物，都不符合佛学"非有非无，空有相即"的中道精神。"六家七宗"在形式上确实标志着民族佛学的正式形成，因为这是大乘般若学说与当时流行的玄学相互会通的产物，汉地学僧结合时代风尚借用玄学概念和方法论证一切皆空的般若本体论。王振复在《唯务折中〈文心雕龙〉文论思想的文化品格》中指出，当时他们还不善于运用《般若经》中的中道论证方法，而是以道(玄)学的"无"来说佛学的"空"，并以潜在的"儒"(有)作为其思想文化背景，形成道、佛、儒三学相会并谈的文化与学术格局。从本质上论，归化译经是对佛学的损伤，但从思想史发展角度论，它又是佛学中国化进程中的一个必经阶段，因为佛学中国化是从形式到内容，由浅至深的逐步变化。这正是归化存在的依据和基础。

(二)异化——佛学中国化的活水源头

　　异化译经是以一种更加宽容的心态对待佛学思想。佛学在中国的传播与中国化大体经历了以本土思想"比拟配合"的格义阶段、客观如实的译释阶段、深入细致的研究阶段和创造性的融合阶段。这四个阶段说明佛学中国化进程中异化是最终目标。

1. 异化译经的本质是防止原本被同化

　　由于异化译经尽可能地保留了佛学的思想内容和语言表达，使读者可以领悟到佛学的真谛，感受到梵语的不合常规和新奇，从而真正开拓了汉地读者的思想视野，促进了梵汉学术交流。特别是在翻译佛学中文化意义浓厚的词汇时，异化有助于译出原本的文化本意，以避免误译。

没有异化的翻译，往往使人看不到佛学的真面目，思想传播就会受阻。如初期由于参与译经者多是深通儒学、玄学、道学的文士，他们没有领会佛学原始教义，佛学的清规戒律和生死观等，也与中土传统的伦理纲常多有扞格，为圆融地调和矛盾，他们借用本土学术表达佛学义理，结果使深奥的佛学思想在寻求汉语表述方式时，发生了深刻变化。由此使改变了的佛学成为制约中土佛学发展的瓶颈，这证明了译经的准确性是制约佛学发展的关键。比附和格义在佛学传播初期有其必然性和必要性，它有利于中土士人对佛经的接受和认同，但由于附会和格义多局限于局部概念，用概念和概念之间严格配对的方法，常常背离佛理的本来精神，导致理解上的困难，成为中土学僧进一步深入佛学义理的阻碍。因此，比附和格义终究不是长久之计。中期译经时，佛学经过四百余年的发展，空宗理论已基本上为中土文化所接受，佛学界也开始评论此前的各种学派，因对旧译的怀疑，首先便是勘误和审订译本，译者不必再依附于玄学以求认同，比附和格义便逐渐废弛，而开始运用异化方法。适度的异化不仅把佛学直接移植到汉文化中，使读者真正受到印度文化的熏陶，而且使梵汉文化互相融合，使佛学与传统思想交争转变为平等交流，使之共同发展。因此可以说，归化翻译带来的佛学中国化主要是形式上的，而异化产生的中国化才是本质上的。因为归化的翻译本质仍然是本土的内容，而异化的翻译是异域思想与本土的结合。

2. 异化翻译缓和梵汉交争

梵汉语言由于在生活习惯、文化情境、社会制度、宗教信仰和价值观念上不同，各自被赋予不同的含义。异化最大限度地传达梵语文化，将梵语所承载的有关印度历史背景、民族传统、社会习俗等内容如实地传达给汉地读者，使其直接接触原本的文化背景和历史渊源，通过了解进而比较梵汉语言和思想的差异，由此缓和梵汉交争，促进思想交流。如佛学初期传入汉地，译经大师们将其等同于神仙方术，表面上相互调和，实际上人们并未理解佛学。自两晋后，因为经过较长时期的传播，佛学主要义理已为汉地学者所理解，佛学自身也需要显露本相，需要独立发展，由此佛学与传统儒道思想交争开始激发。这时，僧俗界通过各类佛学议题论辩，一些重大论题逐步澄清，达到真正意义上的中国化。洪修平在《中国佛学精神的形成与发展》一文中指出，从短期接触佛学思想看，归化似乎避免了矛盾和交争；但从长期看，异化更有利于化解矛盾和交争。长期交融的结果，就是在辨明思想差别的基础上，将佛学各类经论逐渐调和。同时随着学者研习范围的扩大，综合消化能力不断提高，在思想理论上为融合佛学与传统准备了条件。由于对经典研习的深化，新的学术观点迭出，即使在同一学派之内，也出现了各种思想歧见，这正是推动佛学义理纵深发展的结果。这样，在正确把握儒道佛三家思想差异基础上，经过对三家的长期比较和深刻反思，在佛学界内部，由分歧和论辩走向融会和调和；在佛学与儒道关系上，则更自觉而全面地融摄儒道二学。所以，到了唐中叶以后，学者们以儒学为汉地主流意识形态，佛、道两家成为辅助。至宋，新儒学理学成为社会正统的主导意识形态，理学家吸收佛学心性理论，援佛入儒，更加内趋于心性的探求与修养。而佛教学者也将理论重点放在阐述心性之上，并归结为与儒道合一的心性论，他们在"不昧本心"的共同思想基础上，重点阐扬儒道佛"三家一道"的理论，从而确立与儒道合流的佛学精神境界。真可说："学儒而能得孔氏之心，学佛而能得释氏之心，学老而能得老氏之心……且儒也，释也，老也，皆名焉而也，非实也。实也者，心也。心也者，所以能儒能佛能老者也。……知此乃可与言三家一道也。而有不同者，名也，非心也。"（《长松茹退》）儒佛道三家所不同的只是名称，相同的则是心，是本心。心是成就儒佛道理想的共同基础，都以"直指本心"为道。三家合一之"一"就是指"本心"，三家最后归结为本心的同一，既从根本上消解了三家的实质性差异，又最终达到圆融与调和。

　　3. 异化最能体现译经的本质

　　汉译佛经原本是传播一种本土所无的思想，其中本来就存在着汉语原本没有的、受到原典语言影响而产生的内容，这使得汉译佛经在语言上与当时的口语与书面语都存在一定差距，在思想内容上也有别于传统文化。译经的归化和异化都是在一定阶段内在特定条件下的有效策略。佛学在传播初期，译经的归化可以使佛学顺利地进入中土，并为汉地人士认同。但当佛学发展到一定时期一定程度，特别是当人们需要见到一个真实的佛学时，归化就难以满足这一愿望，这就有待于异化的翻译。东汉楚王刘英是最早信奉佛教者。当时社会上盛行"黄老"之学和神仙方术，人们把刚传入的佛学也看作一种方术，将佛当作神仙，依附于黄老一同祭祀。永平八年（65 年），明帝下诏天下有死罪者可以用缣赎罪，刘英遣使至国相献黄缣白纨赎罪。明帝得知，立即下诏："楚王诵黄老之微言，尚浮屠之仁祠，洁斋三月，与神为誓，何嫌何疑，当有悔吝？其还赎，以助伊蒲塞、桑门之盛馔。"（《后汉书·楚王英传》）这说明当时的人们并没有分清佛学与方术，就连帝王也认同佛陀、居士、沙门这些概念，并将其等同于黄老、结斋、神祇。佛学与传统思想没有差异，也就没有交争，当时的人们也满足这一状态。汉代译经大师安世高、支谶，以尚质直译的风格译写佛经，使佛经的宗旨、语言风格与中国思维习惯、汉语表达方式之间的差异在他们的译文中得到充分表现，也使汉地人士初步认识了佛学的基本面貌。随着译经不断的积累，人们探索纯正佛学的愿望日益增强，初期译经的水平自然不能满足朱士行、道安、法显等人深入探究佛学理论的需要了。他们或是西行取经求学，或是在国内搜求译本，比较研究，目的都是寻求佛学本义。

历代译本的重译正是致力于异化的一种努力，因为重译本不仅在语言表述上更加切近原本，而且显示出佛学在传播过程中力图摆脱对中国传统文化的依附和对主流意识形态的牵合，寻求独立地位的努力。重译自道安始，经罗什的发展，至于玄奘，使汉译典籍逐步趋于准确。罗什重译了《摩诃般若波罗蜜经》，前此有无罗叉、竺叔兰、竺法护等的同本异译。重译《妙法莲华经》，前此有竺法护、达摩笈多及后来阇那崛多的同本异译。重译《维摩诘所说经》，前此有支谦的同本异译等。罗什在重译时，运用音译重新定名，改正旧译本中直接援引中国传统思想文化的概念术语，基本上避免了理解上的歧义，表达了佛典本来的面目。傅小平和郑欢在《佛经翻译与中国传统思想文化》一文中指出，这种重译，就表面看似乎只是定名求"信"，但实质上反映了佛学在发展到一定阶段后对翻译提出的新要求，即佛学在中国本土文化中立足之后，佛学开始在意义、语言以及表述模式等方面寻求存在的合法性与独立性。大乘佛学的空宗理论在传入初期，为求发展，曾依附于玄学，援玄入佛，进而导致"六家七宗"的产生。南北朝时，空宗理论因借助于玄学而要求一种独立的地位，并对六家七宗提出批评，批评的第一步就是对旧译重新认定，结果便是罗什的重译。正是罗什的重译真实地传达了原本思想，由此推动了佛学的发展。玄奘对于旧译梵本不全的，或只是大部经典中一部分的，都予以重译。如《瑜伽师地论》，昙无谶曾译其中一小部分为《菩萨地持经》十卷，求那跋陀罗曾译其中一小部分为《菩萨善戒经》十卷，真谛曾译其中一小部分为《十七地论》五卷和《决定藏论》，玄奘重译成《瑜伽师地论》一百卷，使瑜伽的翻译首尾俱全。又如玄奘所译三百卷《大毗婆沙论》，即为补足北凉道泰的百卷本《婆沙论》。《大般若经》共四处十六会，梵本共有十万颂，其中九会是单本，七会是重译，而玄奘则一字不删，重译为六百卷。玄奘的重译也是为了订正旧译文义的舛讹和漏失，使之成为善本，尤其摆脱附会和格义，如他所翻译的唯识学思维模式就完全是印度原貌。

4. 异化翻译有助于佛学中国化

译经是梵汉思想的交流，只有当读者同佛学思想接触时才能达到交流的目的。异化可以该给读者提供更多接近佛学思想的机会，通过译经的异化，把佛学中的文化要素诸如思想、历史、宗教和风俗等尽可能准确地传递给汉地读者，他们就能接触更多原样的内容。在阅读异化翻译时，读者会很自然地联系本土的文化思想和表达方式，再通过对梵汉差异的比较，进一步理解两者的不同，便能加深对佛学的理解和接纳，从而丰富自己对佛学思想文化的了解和把握，真正达到学佛的目的。因此，异化翻译有助于推动佛学中国化进程。

从这个角度论，非汉文化籍的译经大师，为佛学中国化作出了实质性贡献，因为他们的汉地传统文化熏陶不深，不受汉文化影响，只有母语文化基础，他们的思维方式很大程度上是建立在母语的基础上，因而能够在译经中提供新思想新语言。他们把中国佛学置于新建构的语汇中，使译经表现得富于生机和开创性。他们在佛典汉译中，一般是在精研佛学的基础上，再融入汉语文化，不像汉文化籍学僧总是在汉语文化基础上理解佛学，翻译中也是把佛学置于传统思想之中。如安世高译经，当时汉语语汇中并没有现成的佛学术语供他使用，因而他的大部分术语都是自己的新创，他翻译的文字文法与中国传统的文法也有明显的区别，表现出明显的异化。慧皎《高僧传》称其"其先后所出经论，凡三十九部，义理明晰，文字允正，辩而不华，质而不野"。尤其是竺将炎，"其所传言，或得胡语，或以义出音，近于质直"（支谦《法句经序》）。支谶亦"审得本旨，了不加饰"。罗什更是新创了一种融和梵语与汉语风格又不失佛经原义译经文体，令中土读者耳目一新。这样的翻译，从实质上推动了佛学的中国化。南怀瑾进而认为玄奘译本不如罗什译本，正是由于玄奘基于汉语语境，以子史经籍和汉译的佛家经典的语言形式，理解佛学的结果。

5. 异化适于佛学的深入阶段

译经的归化是放弃佛学中不适应汉文化的内容，使译本偏离原本。异化则是保持印度佛学原有的本质性特点，接受其不同于汉文化的内容。可见，只有异化才能真正保证译经的准确性。也就是说，译经应当站在佛学的立场，而不是站在传统文化的立场，才能真正表现佛学。道安、慧远研究毗昙学，目的就是以佛学名相研究佛理，而不再"格义"佛学。南北朝时期，汉地学者围绕涅槃学、成实学、三论学、十地学等，相继展开对佛学义理的探讨，义学研究走向深入，使印度佛学本来面目更为清晰。由此也引起道士、儒士、朝臣、政论家以及无神论思想家的纷纷议论，并从各自立场和观点出发批评佛学。而佛教学者的众多护法著作也纷纷诞生，就形神、因果、夷夏、以及废除佛学等论题，纷纷展开讨论。梁武帝还先后七次召集名儒、百官、沙门、道士评量三家优劣。道士假托张融作《三破论》，谓佛学入国而破国，入家而破家，入身而破身。刘勰撰《灭惑论》批评"三破"之说，反映了佛道之间的学术论辩。儒士范缜著《神灭论》，提出"神者，形之质"，"神者，形之用"，因此"形存而神存，形谢则神灭"。沈约撰《论形神》等加以辩难。僧祐将东汉以下各方人士撰作的弘法著作，汇编成集，以"道以人弘，教以文明，弘道明教"之意，题名为《弘明集》，成为汉地佛教第一部护法类总集。

　　魏晋以后的中国佛学已经基本成熟，一方面是翻译越来越接近原貌，另一方面，经过六百余年历史的消化过程，人们也越来越熟悉佛学，对它的基本理论、核心思想也都有了远比前期要清晰准确的理解。但是，魏晋佛学本身在理论上并不成熟，因为此时所传印度佛学还属于处在发展阶段的大乘初期思想，所以人们虽然对空即是色、真空幻有等佛理确有透彻的理解，但在佛性有这方面仍然还处于起步阶段，这就不能真正达到中道、圆融的境界。也就是说，对空与有的理解，真假二谛圆融乃至空、假、中三谛融合贱圆的理论并不成熟。汉地学者对空有不二准确的认识，是在天台宗诞生以后。因为仅限于传译龙树一系的空观，要达到色空一如、即真即幻的认识境界，理论基础显然是不够的。这就有待于经典原本的更新。至唐代，佛学正式融入传统思想文化，与传统鼎足而立。刘宾客《嘉话录》载德宗降诞日，内殿三教讲论，以僧监虚对韦渠牟，以许孟容对赵需，以僧覃延对道士郗惟素。诸人皆谈毕，监虚曰："臣请奏事：'玄元皇帝我唐天下，文宣王古今之圣人，释迦如来西方之圣人，陛下是南赡部州之圣人。'"随着佛学从小乘到大乘，由禅宗到净土宗，儒佛道也一步一步合流，佛学最终融入了中国传统文化，成为中国传统文化的有机组成部分。这表明，只有异化翻译，才能真正保证佛学的原貌，也才能真正实现佛学中国化。

　　6. 异化是佛学实质上的"中国化"

　　佛学中国化的全部历程表现出由外层融合进入内层融合的过程，通过异化译经准确传入的佛学理论，经过与传统思想文化抗衡而后的融合和创宗，可以说是一种内在的融合，也是实质上的中国化。随着佛学在中土的传播发展，佛学的中国化，开始只是从表面层次附会调和传统儒家纲常名教，随后从深层次上融合吸收儒家重现世现生的人文精神和思维特点及思想方法，特别是通过与儒家心性论的交融而形成的中国佛学的心性论，成为中国佛学的理论支柱。由于异化忠实准确地传达了佛学意旨，因此基于原本意义的中国化，才是实质性的中国化。当学者们认识到"《浮屠》所载，与中国《老子经》相出入"后（鱼豢《魏略·西戎传》），才会真正感觉到接触了新的思想。佛学产生的文化背景及思想体系与中国不同，历代学者随着佛学传播，逐步认识到了佛学与传统思想的差异。桓谦说："佛法与老子殊趣，礼教正乖，人以发肤为重，而髡削不疑，出家弃亲，不以色养孝……世之所重，已皆落之；礼教所重，意悉绝之。"佛学虽然为纲常名教提供理论依据，但毕竟是从出世的一端来论证，带有很浓厚的宗教意味，与传统的儒家文化不相符合。二者的差异性决定了二者的结合只能是暂时的，交争总会显露出来。东晋宗少文《明佛论》时说："中国君子，明于礼义而暗于知心。"意思是说，儒家规定了纲常名教，却没有说明理论根据。北周道安《二教论》说："推色尽于极微，老氏之所未辩；究心穷于生灭，宣尼又所未言。"这些认识，表明汉地学者区分了佛学与汉地学问，从而也表明他们真正接触了一门新的思想。

汉地僧俗学者对印度佛学的吸收和批评，早期中国佛学思想的形成和发展，都与经典翻译的内容及水平尤其是翻译策略密切相关。后人之所以批评六家七宗的般若学，就是因为相关学者所依据的译经多是归化的翻译，不能完整反映大乘中观学派的真实思想。要满足汉地学者获取新思想的追求和欲望，只有异化翻译才能达到目的。如罗什是大乘中观派教典的主要译者，真谛和玄奘是大乘瑜伽行派典籍的主要译者，不空是密宗经典的主要译者。"罗什之于《般若》《三论》，真谛之于《唯识》，玄奘之于性相二宗，不空之于密教，均既深通其义，乃行传译。"（汤用彤《汉魏两晋南北朝佛教史》）他们忠实翻译的经典，为汉地输入了异域文化的新思想，如大乘佛学思想有中观、瑜伽和真常三大学派，各有其理论与实践体系。中观的思想建立在"缘起性空"上，代表有宗的瑜伽系强调的是"境空心有"的唯识思想。而主张"如来藏自性清净心"的真常系思想，则宣说人性中本有佛性的存在。这些都是汉语传统所没有的思想。如中观的辩证思维，唯识的分析比量等新思想，也是汉地传统所未闻见的新学说。异化翻译也对东晋南北朝的般若、成实、摄论、俱舍等学派以及隋唐时期的天台、三论、净土、法相以及禅密各宗的形成，提供了重要的思想资料。僧叡在《毗摩罗诘提经疏序》中提到，在龙树、提婆中观学说介绍到汉地之前，汉地经本多为"存神之文"，很少涉及"识神性空"思想，以致道安那样著名的般若学者，也难以"机过而不遗，神会而不昧"。

这正是由于性空译籍将般若经典的精神所在加以逻辑地体系地阐发的论书如《中论》《百论》等，还没有翻传，致使译典没有周备，道安也深感犹隔一层，验之以般若正义，不免"炉冶之功，微恨不尽"。张风雷在《法显携归之〈大般泥洹经〉的译出与晋宋之际中国佛学思潮的转向》一文中指出，僧叡这种评论真实地反映了罗什入关之前中土般若学发展的实际状况。般若性空的正义，直到罗什译出《中论》《百论》后才阐发无遗，罗什尊奉"中道"思维原则，破除"神我"，确立"性空"，以"非有非无"思维方式表述宇宙与人生本质。罗什认为，非有非无才是表达中道实相的有效方式。这种表述出自其所译《中论·观因缘品》的"八不"思想。他说："有无非中，于实为边也。言有而不有，言无而不无。"又说："大乘部者，谓一切法无生无灭，语言道断，心行处灭，无漏无为，无量无边，如涅槃相，是名法身。"(《大乘大义章》卷上)在罗什看来，语言文字不能揭示最高真实，修行的最高境界应该是"无言于无言"，这一思想正是出于其所译《维摩诘经》。罗什注《维摩诘经》，严格遵循了中观学派的思维方式，同样视语言文字为入道的障碍。其译本提出以"无言无说"表达"不二法门"，是在支谦译本基础上的明显变化。他说："法有二种，一文字语言，二义法，莫依语也。义亦有二种，一识所知义，二智所知义。识则唯求虚妄五欲，不求实利，智能求实利，弃五欲故。依智所知义，不依识所知义，为求智所知义，故依智也。"所云"义法"中的"智所知义"即与语言文字对立的般若智能。对于语言文字的排斥是中观学派般若思想的重要特征，罗什在翻译"四论"时，显然完全接受并介绍了这些思想，其中包括对因明学的排斥。

可以说，罗什对中国佛学的贡献并不在于他对汉地传统文化的结合，而在于他本真地传译了佛学义理，使汉地学者可以接触一种真实的佛学，并依据其准确的佛理，结合本土思想加以再创造，形成新的中国化的佛学。他寻真求实的译经，加之其学养由小乘而入大乘，对大乘佛学有深刻认识，且又具备多种语言的修养，因此他的译经能够更加如实地反映原典精神。所以汤用彤说："中华佛教，进至什公之时，一方经译既繁，佛理之名相条目，各经所诠不一，取舍会通，难知所据。又一方魏晋以来，佛玄合流，中国学人，仅就其所见以臆解佛义。或所见本不真切，所解自无是处。或虽确有所悟，然学问之事，失之毫厘，谬以千里。此则什公欲大乘之微言大义为华人证知，自又甚难。"(《汉魏两晋南北朝佛教史》)罗什通过译经，综合般若经论建立毕竟空义，从根本上改变了中国佛学的面目，使中国佛学以纯正清晰的轮廓展现在世人面前。李富华

《佛教典籍的传译与中国佛教宗派》一文指出：在罗什之前，佛学真正的义理还没有被中国学僧所阐释，也没有形成为一种独立的学术思潮。自罗什开始，中国佛学才有了自己独立的形态，这就是南北朝时代在中国的南北广为发展的义理之学和众多的学派，而中国佛学也正是在这种义学风潮中成熟起来，逐渐从理解和诠释印度佛学的传统中走出来，以求探寻中国佛学自己的发展道路，并最终借南北一统的环境，创造性地建立起中国佛学自己的体系，这就是隋唐时代创立的中国佛学宗派。

罗什译籍使本已寂寥的般若之学"复得挥光"（僧祐《出三藏记集》），但此时的般若学已不是比拟附会老庄的虚无说，而是印度龙树、提婆一派所倡"毕竟空"的中观学。在罗什之前，虽已有般若经类的翻译，但般若系的"性空"学说，由于翻译的曲解，始终未能正确表达出来，不显其本义，直到罗什译出大小品般若经及"四论"等，中国佛教学者才真正改变了对空宗教义的误解。隋初，据隋炀帝为晋王时尝致书智顗说："若习毗昙，则滞有情著；若修三论，又入空过甚；成实虽复兼举，犹带小乘；释论、地持，但通一经之旨，如使次第遍修，僧家尚难尽备，况居俗而欲兼善。当今数论法师无过此地。"吉藏《百论疏》说："大业四年，为对长安三种论师，谓摄论、十地、地持三种师，明二无我理及三无性，为论大宗，今立此一品（破空品），正为破之，应名破二无我品及破三无性品。"都表明罗什译经带来了全新的思想，这个思想就是罗什系统译出的龙树论"中观学"的学说。汤用彤说："晋宋之际佛学上有三大事。一曰《般若》，鸠摩罗什之所弘阐。一曰《毗昙》，僧伽提婆为其大师。一曰《涅槃》，则以昙无谶所译为基本经典。"（《魏晋南北朝佛教史》）他还指出以道生为代表的涅槃师说确于中国佛学有深远之意义，"此则后日谈心性主顿悟者，盖不得不以生公为始祖矣"，"下接宗门之学，更为中华学术开数百年之风气也"。吕澂也说："刘宋时将《涅槃经》的两种译本合起来改定成'南本'之际，在元嘉年间还陆续地有和《涅槃》性质相类的经典译文，较早一些的是《如来藏经》，其次为《胜鬘经》《楞伽经》《央掘魔罗经》《大法鼓经》等。这些经典的译出对于《大涅槃经》的研究更为便利了，因之《涅槃》的讲习一时甚为风行，出现了各种说法和各有不同师承的一群涅槃师说。"（《中国佛学源流略讲》）至玄奘赴印度学习梵文经典，"学尽梵书，解尽佛意"，因此他的译典能"出语成章"，"览文如己，转备犹响"（道宣《续高僧传》），他所开创的"新译"与罗什、真谛之"旧译"不同，注重梵语原语的音译，旧译则多印度的俗语与中亚细亚语言的音译。如梵语 paramita 旧译波罗蜜，新译则为波罗蜜多。玄奘既是义理精深的佛学大师，又是"具足"的译经大师，他的译经既忠实原典，又有创造性。比之罗什，玄奘梵汉兼备，教理精通，正是彦琮所追求的"得人"。由于玄奘的翻译忠实可靠，文笔圆通，这就使本土学者完全可以正确而全面地了解性空思想学说。而早期译经比附传统文化思想，本质上说，只是自然而然形成的对佛学的改变，是佛学进入中土后不得不因时因地而作的改变，是佛学为适应中土而作出的临时权变，并不是真正意义上的佛学中国化。真正的中国化应该是要在对梵汉思想都有了相当的了解，对佛学有了准确认识，对佛学在中国的传播有了相当的积淀之后所作的主动而自觉的创造性改变。邵勤之认为，佛学的中国化并不是站在印度佛学本义的反面，而是顺应印度佛学的本义，且最适合中土思想的一种创造性展开，有时更需要站在其"自适应"的反面，才是真正意义上的中国化。(《道安与佛教中国化》)

7. 异化的翻译才能输入新思想

译经的异化强调原本的义旨，而且注意保留语言上的差异。僧祐《弘明集》与道宣《广弘明集》中所记载自东晋以下的"神灭与神不灭""因果报应有无""空有关系""沙门应否敬王者""夷夏之争"等等论争，都是在佛学思想为汉地人士有所了解之后出现的。也就是说，是在汉地学者发现其与本土思想相异时才出现的。如果与本土思想相同，就不会有论争。而在两汉之际至东汉末年，佛学被国人理解为与黄老、神异道术相类的学说。既然佛学与本土老庄没有区别，自然不会有论争。《四十二章经》宣说"孝其二亲"，表明佛学与儒家观念一致。牟子《理惑论》从追求理想人格的角度，强调佛与儒道一致，提出"至于成佛，父母兄弟皆得度世"即为最大的"仁孝"。康僧会译《六度集经》说"为天牧民，当以仁道"和"布施一切圣贤，又不如孝事其亲"。都表明佛学教义与儒家伦理名教相一致。这既是佛教学者解释佛典的结果，更是佛经译者翻译的结晶。译者总是绕过异化，尽力寻找相似点，以强调梵汉一致。有的译师甚至把佛学"五戒"比同于儒家"五常"，认为二者"异号而一体"。受儒家天人合一、天人感应和阴阳五行等思想的影响，有的译师还进一步把佛学"五戒"与五常、五行、五方和人的五脏等相比附。这种比附虽然通过对儒家纲常伦理的肯定而沟通了世间法和出世间法的联系，拓宽了佛学中国化的道路，但实际上并未给予国人新的思想内容，他们对于佛学的研究只是一次传统思想的重温。这自然会招致那些探究佛学真义的学者的不满和批评。

佛学与传统思想产生交争，大多是与佛经翻译追求义理的准确性、系统性分不开的。般若学在传人初期，因过度归化，致使译本义理未尽，结果出现"六家七宗"。直到罗什准确译出佛学义理，尤其是系统阐发龙树的中观学说，使汉地义学僧俗看到了地道纯正的印度般若学，于是"六家七宗"的争论便因僧肇的《肇论》的问世而宣告结束。在《肇论》中，僧肇在充分理解、把握般若学经论原义的基础上，紧密结合神学论题和认识论，准确阐发了空宗的要义，提出"非有非无"的"不真空"论，标志着当时中国佛学的新阶段。玄奘更凭借其"学力深厚，和对于华梵语文的通彻，所以能够自在运用文字来融化原本所说的义理，借以发挥他自己信奉的一家之言"（吕澂《中国佛学源流略讲》），使佛经翻译达到了前所未有的高峰。译经的异化使译本能够比较准确地传达原本的意蕴，使印度佛学逐渐显示出不同于中国传统思想文化的独特风貌。玄奘的翻译准确传播了公元五世纪以后印度佛学因明、对法、戒律、中观和瑜伽五科全貌。所译因明，建立了在议论基础上的佛学逻辑轨范，他准确译出中观学说，译出护法《广百论释》，以见瑜伽系贯通中观的成就。正如汤用彤所说："古昔中国译经之巨子，必须先即为佛学之大师。如罗什之于般若、三论，真谛之于唯识，玄奘之于兴相二宗，不空之于密教，均既深通其义，乃行传译。而考之史册，译人明了于其所译之理，则亦自非只此四师也。"（《魏晋南北朝佛教史》）

8. 异化翻译适用的条件

在存在文化差异的条件下一般需要异化，即因文化差异而不可译，因不可译而须异化。佛学诞生于古代印度，深深地打上印度传统文化的烙印，带有印度民族的思想文化观念和思维方法，与汉民族语言文化差异悬殊。在梵汉转换时，如果异化既能表达原本的意旨，保留原本的语言性格，又不影响译本的质量，或原本思想与形式对汉语读者具有特殊意义，并易于接受，这都促使译者采用异化。同时，梵汉民族历史发展不同，受到内在的历史文化因素的影响，在思想文化上存在许多不能对应的地方，在汉语文化中找不到相应的对等词，只有把梵语表达方式保留下来。如玄奘确立"五不翻"原则，正是为了化解这一难题。或汉语读者渴望获取佛学文化知识，有与阅读汉语典籍不同的需求，这也促使译者采用异化。梵汉各民族所处地域，自然条件和地理环境形成不同的文化，表现出不同地域附带有不同的历史文化烙印，或者对同一种事物现象有不同认识或语言表达形式，自然也使译者选择异化。

异化也与译经大师自身的学养及态度相关。有的译师出于对佛陀及其经典的信仰，深恐违背原意，便会大多信守异化。他们多强调原本的神圣，少有形式的任何变动，重视保留语言上的差异，如道安评竺法护译《光赞》译本"言准天竺，事不加饰"（慧皎《高僧传》）。支敏度评论支谶："谶所译者，辞质多胡音。"（僧祐《出三藏记集》）表明支谶译经多用音译，语言不够畅达；句法结构颠倒重复，因为梵本倒装句多，叙述迂曲繁复。体现在文体上的特点就是质朴，"不存文饰"。译经大师们提出的"佛言，依其义不用饰，取其法不以严"（支谦《法句经许》）是他们的理论依据。这也说明了音译作为异化的主要手段之一，一直受到每代译师的重视，即使是赞同译文归化的罗什也不例外，他用音译创立了许多佛教专用名词。而玄奘明确规定了音译的范围，也是出于对经文的异化。

第八章　佛典汉译评论在佛学中国化进程中的直接作用

佛典汉译评论作为中国佛学著述，本是整个中国佛学研究的一个分支，直接参与佛学理论中国化的建构。因此译经评论也是一种广义的佛学研究。在评论形式上，译经评论基本上都是以经序的形式讨论翻译，也有的是一些书信往来或弟子们的记录，更多则是在经典义理的阐发中，涉及译经评论，很少直接或专门对译经评论理论和方法进行研究。这使得不少论者认为佛经翻译评论没有体系，甚至说没有理论建构的自觉意识。其实正是这种著述方式和思维模式，表现出译经评论与佛学研究的统一，体现了译经评论在佛学中国化进程中的特殊意义。它将译经评论与佛学思想融于一体，有的评论观点本身就是论者的佛学思想，它们本身就不是独立的命题。这类著述，因作者对原典义理的阐发，往往是其佛学哲理思想的投射。

第一节　佛典汉译评论本身是梵汉思想的融合体

佛典汉译评论的撰述与经典汉译是佛学中国化进程之中两条平行发展的道路，二者相互促进，共同发展。评论者和译经大师共同思考梵汉转换的规律和译本的得失，探究佛学传播的进展和中土人士对佛学义理的理解与接受。佛学中国化最根本的标志是印度佛学与汉文化思想毫无痕迹地融为一体，这也意味着佛典汉译评论应该首先是梵汉融合的思想体系，只有如此，它才能顺利引导佛典汉译走向成熟。因此佛教学者对于外学极为重视。赞宁在《大宋僧史略·外学》中说："夫学不厌博，有所不知，盖阙如也。吾宗致远，以三乘法而运载焉。然或魔障相陵，必须御侮，御侮之术，莫若知彼敌情。敌情者，西竺则韦陀，东夏则经籍矣。故祇洹寺中有四韦陀院，外道以为宗极。又有书院，大千界内所有不同文书并集其中，佛俱许读之。为伏外道，而不许依其见也。此土古德高僧，能摄伏异宗者，率由博学之故。譬如夷狄之人，言语不通，饮食不同，孰能达其志通其欲，其或微解胡语，立便驯知矣。是以习凿齿、道安，以诙谐而伏之；宗雷之辈，慧远以诗礼而诱之；权无二，复礼以辨惑而柔之；陆鸿渐、皎然以诗式而友之。此皆不施他术，唯通外学耳。况乎儒道二教，义理玄邈，释子既精本业，何好钻极以广见闻，勿滞于一方也。"揭示出外学对于内学的重要性。

一、内外兼通的佛学主体

佛学中国化的推进，离不开作为体现佛学主体和代表梵汉融合身份的佛学界人士的作用，特别是佛学精英和学术精英的作用，正是他们内外兼通，不仅推进了佛学中国化的进程，更体现了佛学中国化的面貌。历代僧传所列十科中每一类僧学都有相应的素质修养，但他们共同都兼备内外学术，通晓梵汉文化。只有梵汉兼通，既深研佛学意蕴，又通达传统精粹，才能真正打通内外，才能在佛学中国化大潮中发挥作用。

(一)兼修内外——佛学主体的素质要求

佛学主体必须兼学内外，这是对学佛人学养的要求。历代的高僧、名僧往往兼通内典与外学，这种兼通使得他们在沟通儒道佛，以及借佛学影响翻译评论方面起到了特殊的作用。康僧会是中国佛学史上第一位兼有佛、儒、道思想的译者，他的翻译将佛儒道三家并论，内典外典配合讲说，释儒道文化精神一道阐释发挥，译出之初便"弘通甚盛"。赞宁称赞不空"内持密藏，外究儒流，印度声明，支那诂训，靡不精奥"。义净在《南海寄归内法传》中说："法师之博闻也，乃正窥三藏，傍睨百家，两学俱兼，六艺通备。天文地理之术，阴阳历算之奇，但有经心则妙贯神府。洋洋慧海，竟泻流而罔竭，粲粲文囿，镇敷荣而弗萎。"智旭佛教思想的核心是"融会诸宗，归极净土"。一生三次遍阅藏经。他提出"惟学佛然后知儒，亦惟真儒乃能学佛"。这都是说佛家的治学广博与融会贯通。王日休博览群书，通六经训传，是位弃儒学佛的学者。他著有《龙舒净土文》一书，宣说西方净土思想，弘传因果之理论，把信因果与信净土视为不可分割的学养。这些佛学大师博该三学，才学出众，无论翻译还是著述，广征博引，融合梵汉思想，梵典华章各显异彩，交相辉映。有的还以其文学才华，通过文学的形式表达其佛学观念和佛学信仰。

佛学追求人生的整体性完善，提出"八中道"，从精通教理、人格完善、威仪完美、体用统一，且具有训练有素非同一般的心理素质等方面规范僧学的行为。中国佛教之中，既有对自然、社会及宗教思维方式的探索和思考，也有学僧人格的铸造和砥砺，更有儒道佛的融合互补，梵汉异质文明的交汇。彦琮为合格译者制定的条件，即重内学与外学的结合，他认为学习汉文和学习梵文一样重要，而学习汉文要"历览数年，其道方博",因为汉文典籍"业似丘山,文类渊海",在浩淼无涯的学海之中,欲"包括今古,网络天地",并非容易之举。他在《辨正论》中所论,既有译者综合修养,也有梵汉双语知识,天竺文化与传统学术修养。其中如"晓诠三藏,义贯两乘","旁涉坟史,工缀典词","要识梵言,乃娴正译,不坠彼学","博阅仓雅,粗谙篆隶",将内外之学同等视之,强调治学的广博与融会贯通。这样的标准从佛学主体上真正沟通了内外学术,这种兼通使得译者、学者在沟通儒道佛,以及融合佛学于传统中,进而影响译经和译经评论等方面,起到了特殊的作用。彦琮对译人的"八备"其实也是对所有学佛人士的要求。因为译者作为佛学真义的阐释者和传达者,本身就是佛教学者的代表。德清对《中庸》《老子》《庄子》均深有研究,认为"不知《春秋》不能涉世,不精老庄不能忘世,不参禅不能出世"。智旭则提出"惟学佛然后知儒,亦惟真儒乃能学佛"。《五运图》作者认为:"释子既精本业,何妨赞极以广见闻,勿滞于一方也。"他对于外论的观点是,御敌须知敌情,慑服外道的唯一方法在于精通外学,因此佛允许弟子读外道文书经典,"为降外道故,不许依其见解,又不得为好而废道业"(道诚《释氏要览》),即接受外学的观点。

(二)内外兼治的历代佛学主体

作为体现佛学形象的中国佛教学者的主体身份,在佛学中国化进程中发挥了决定性的作用。中国佛教学者通常都在早年学习儒、道典籍,深受中国固有文化,尤其是先秦文化的熏陶,兼通内典与外学,博通经论史书,精于旁征博引,又具有华夏民族性格和精神以及综合性思维方式。而西域或天竺佛教学者来中国之前,有的已在西域诸国接触汉语及汉文化,有的来中国后更深受汉文化影响,为他们提供了梵汉融合的丰富思想资源。中国第一位佛学研究者牟子既信奉佛学,熟悉已译各类经典;同时又精通儒学,博览诸子百家之书。他在其《理惑论》中自称"略引圣贤之言证解之",即引述儒学、道家和诸子百家之书,以说明佛学与中国传统思想并行不悖。内外兼治的佛学主体从实质上沟通了传统文化与佛学,使二者珠联璧合,水乳交融。而真正在佛学上做出突出贡献和建树的也正是那些既精佛学又深通国学的大师。他们既精佛学研究,又深通佛经翻译和评论。尤其是译经大师和义解大师对于佛学和国学造诣极深,他们博通经论史书,著述时善于旁征博引。所谓"商榷经论,采撮书史,博之为用也"(慧皎《高僧传》)。如支谦,是一位"才学深澈,内外备通"的佛经翻译家。支道林精通佛理,又擅老庄,能够将佛道二家之学调合发挥,益见精彩。由于他的内外兼治,对佛法的传布,自然颇有裨益,因而成为沟通佛法与中国哲学的关键人物。他常以佛学之"空"释明庄子"逍遥"的真义，又用老庄学说解释佛法，让人容易了解。道安更是内外兼修，佛学深湛，修养精纯，他用"三玄"比附佛学，同时又是深有修养的文学家，挥笔成文，一生著述丰硕，著有《光赞折中解》《光赞抄解》《性空论》等。这种内外兼通和博洽使他的翻译组织和翻译评论成绩卓著，并在总结译经、编撰经录、注释佛典、创立戒规僧制等诸多方面皆有建树。慧远少为儒生，"博综六经，尤善老庄"，且善属文章，辞气清雅，"既入乎道，历然不群，常欲总摄纲维，以大法为己任。精思讽持，以夜续昼"，正是他深厚的外学功底影响了他的一生的佛学建树。《世说新语》载其与人讨论《周易》时说："内外之道，可合而明"，"苟会之有宗，则百家同致"，体现了他会通三家，博综诸学的思想特征。他引庄子以讲"实相"义，与竺法雅创"格义"，都是相同的治学门径。

凡具有重大建树的佛典翻译评论家，其评论都受到过传统儒道思想和佛学思想的共同影响。慧皎是《高僧传》作者，学通内外，博达经论。彦琮"亲传梵书"，"专寻叶典"，兼通梵汉，同时又"内外通照，华梵并闻；预参传译，遍承提诱"（道宣《续高僧传》）。慧立《大唐大慈恩寺三藏法师传》称玄奘"博考儒释，雅善篇章，妙辩云飞，溢思泉涌"。续法称华严四祖澄观，"博览六艺图史，九流异学，华夏训诂、竺干梵字、四围五明、圣教世典，靡不该洽"（《法界宗五祖略记》）。澄观曾奉诏参与不空译经，又与般若同译《华严后分》。前后讲《华严》新经五十遍，著有《华严经疏》《华严纲要》《中观》等疏，总三十余部一百余卷。法道在《重开僧史略序》中赞扬《大宋僧史略》作者赞宁说："宁师内外博通，真俗双究。观师所集《物类相感志》，至于微术小技亦尽取之，盖欲学佛遍知一切法也。"清代《宗统编年》作者纪荫，少通儒术，善文辞。出家后遍参释乘，并创用多种评考形式，考虑历代经卷。《大唐贞元续开元释教录》和《贞元新定释教录》作者圆照十岁出家，曾于开元年中，应选参与译经。赞宁称其于佛学"寻究经论，访问师承，于维摩、法华、因明、唯识、中观、华严新经，或深入奥堂，或略从染指，且旁求儒墨，兼擅风骚"。（《宋高僧传》）赞宁又称义净"内外闲习，今古博通"，"仰法显之雅操，慕玄奘之高风"，志游西域，成为玄奘之后赴印求法僧人中最杰出的一位。他回国后致力译经，成就斐然。义净学业多方，但以说一切有部为宗，所撰《南海寄归内法传》，本意是想用印度和南海一带佛教的律仪规式匡正汉地寺院沿袭已久的一些不同做法，改变一些人所持的"佛生西国，彼出家者依西国之形仪；我住东川，离俗者习东川之轨则"的观点。传中以纪实性手法，广

涉历史文化、风俗技艺、语言文字、经典学术。其"西方学法"详细介绍
印度学术状况,特别是"五明"中的"声明",指出印度普遍学习的"声明"
类经典主要有五部,《创学悉谈章》《苏旦罗》《驮睹章》《三荒章》《苊栗底苏
旦罗》,极大地开阔了佛教学者的知识视野。道宣《续高僧传》载有众多佛
教学者内外兼明的学例。智顗"专习子史,今古集传,有关意抱,辄条疏
之。随有福会,因而标拟"。昙迁"笃好玄儒,游心佛义,善谈老庄,并
注十地"。宝象"外典佛经,相续训导"。圆光"校猎玄儒,讨雠子史"。僧
旻"经论博通,立义多儒"。慧頵"业贯儒家,艺能多具……旁询庄老三洞
三清,杨子太玄,葛生内诀,莫不镜识根源,究寻枝派"。这些佛教学者
融会儒佛,贯通内外,既精佛理,且深悟中国哲学。在长期的这种儒释
文化交融的氛围中,佛学也逐渐走向了中国化。

佛学与传统思想会通,首先有赖于佛教学者的主体身份。正是他们
兼学儒释,融通梵汉,他们的译经与佛学撰作也亦儒亦佛,贯通内外。
有的由佛入道,有的由道转佛。他们从根本上会通了佛学与传统思想,
不仅发展了佛学,也扩大了传统思想领域。如《释门自镜录》作者怀信原
是沙门后来转为道士,他利用佛学概念义理编撰道教经典充实道教教义。
怀信《释门自镜录》载:梁代沙门智稷,"幼出家,事沙门道乘为师,聪悟
过人,长于谐噱,善《涅槃》《净名》,尤攻数论,庄老二论弥所留意。后
值寇还俗,生计屡空,而为道士孟悉达往来提诱,给以资费,晨夕晓喻,
使作黄巾。稷愧其为惠,因从之。既凤有声闻,便为道宗。解《西升》《妙
真》及诸大义,皆稷之始也。而道家诸经略无宗旨,稷遂参佛教为之润
色"。这种努力最终丰富了道家思想,这是一种根本意义上的相互影响和
作用,相互激荡和交渗,从实质上推进了佛学与传统文化的融合,加快
了佛学中国化历程。梁代王斌,少为沙门,后"反缁向道,以藻思清新乃
处黄巾之望。邵陵王雅相尚接,号为三教学士。所著道家《灵宝大旨》,
总称四玄、八景、三洞、九玄等,数百卷,多引佛经。故有因缘、法轮、
五道、三界、天堂、地狱、饿鬼、宿世、十号、十戒、十方、三十三天
等。又改六通为六洞,如爵单之国云弃贤世界,亦有大梵观音、三宝、
六情、四等、六度、三业、三灾、九十六种、三会三斋等语。又撰《五格
八并为论难之法》"。可见,道家思想正是通过借鉴佛学内容与形式得到
补充和完善的。

佛学中国化或曰佛学与中国传统文化融合,从根本上得益于佛学主
体的内外兼通。如昙鸾初治道家术学,后遇菩提流支授与《观无量寿经》,
并专修此经,成为净土宗理论奠基人。"净土"本是在中国发明的一个词

语，指由阿弥陀、无量光与无量寿佛为净化与觉悟的众生创造的西方世界中的至福之地。阿弥陀佛有摄受念佛众生往生该处的誓愿和能力，因此只要一心一意唱念阿弥陀佛的名号，就能进入西方净土。大乘佛学认为，所有的佛陀都有活动领域（国土），但阿弥陀的国土最为流行，它是基于阿弥陀的誓愿，即众生通过简单地皈依，能够再生于彼，并由此获得快速无痛苦的必然觉悟。净土崇拜开始出现时，《般舟三昧经》等经相继译出。佛学中有自力教和他力教两种教门，自力教提倡依靠自己的精进努力，修持戒定慧三学，在现世获得解脱；他力教主张依靠阿弥陀佛的本愿力在死后往生西方极乐净土。净土理论主要来自"三经一论"，即康僧铠所译《无量寿经》、疆良耶舍所译《观无量寿经》、罗什译《阿弥陀经》和菩提流支译《往生论》。中国佛学最终归于净土，不能不说正是得力于昙鸾这样的内外兼修的学者。昙鸾深受传统文学教育，其主要著作《往生论注》中引用至少十五种儒道及官方史书以及四十种佛学经典与论著。其传记载，当他阅读《大集经》时，经文中的术语与句子非常难以理解，他深为其烦扰。因此，他开始为此经撰写著疏。因为《大集经》是各种佛教经典的汇集，缺少某种内在的统一性，致使昙鸾理解困难。他在其《往生论注》中把佛学分为两种途径：困难的与容易的。困难的途径包括所有基于自我努力的传统佛学修行，容易的途径就是净土，即立足于一种基本的解释原则。通过两种方法，昙鸾首先撰著《往生论》的经典注释，细致、逐行地注释原典，以建立思想资源。其次是依据传统思想，解释经典教义，融会净土与"无生"及"涅槃"，由此建立起新的净土学说，既有选择性吸收印度净土思想，又融合传统思想。

　　袾宏《缁门崇行录》谓："今沙门稍才敏，则攻训诂、业铅椠，如儒生。又上之，则残撦古德之机缘，而逐声响捕影迹，为明眼者笑也。听其言也，超佛祖之先；稽其行也，落凡庸之后。盖末法之弊极矣。予为此惧，集古善行，录其要者，以十门罗之。何者？离俗染之谓僧，故《清素》居其首；清而不严，狂士之清也。摄身口意，是诸佛教，故受之以《严正》；严正繇师训而成。师者，人之模范也，故受之以尊师；亲生而后师教，遗其亲是忘本也。戒虽万行，以孝为宗，故受之《孝亲》；忠孝无二理，知有亲不知有君，私也。一人有庆，而我得优游于林泉，君恩莫大焉，故受之《忠君》；忠尽于上交，而惠乏于下及，则兼济之道亏，故受之以《慈物》；慈近于爱，爱生者出世之碍也，故受之以《高尚》；高尚非洁身长往而舍众生也，欲其积厚而流光，故受之以《迟重》；迟重而端居，无为不可也，故受之以《艰苦》；劳而无功，则苦难而退，因果不虚，故受之以《感应》终焉。十行修而德备，则任法之器也。"将沙门与儒生学业同论，佛祖与佛学功德与世俗忠孝、君亲思想有机融合，较之东汉初期，硬性糅合儒佛的做法，显得更为自然了。

幻轮《释氏稽古略续集叙》载："尝言：为僧而不兼外学，懒而愚，非博也，难乎其高。为儒而不究内典，庸而僻，非通也，乌乎其大。株守而弗移，自书而无进，空腹高心，拘虚束教，终贻笑于大方也亦矣。……然古今传记之作，各有所专。国史则遗佛教，禅编则略世缘。无怪乎二宗学者之非博非通也。"意思是，世俗的史书对佛学的事情记载得很少，而佛学的史书也对世俗的事情记载得很少，偏而不通，透露出作者融通内外的强烈愿望。《佛祖通载》兼论历朝纲纪，《释氏稽古略》备列皇王政治、贤圣风规，这样就把佛史与世史统一起来了，既便于佛教学者了解王朝政治的变迁，也有利于世俗学者了解佛祖源流、法门规则。明如臣《缁门警训》辑存各代高僧硕学和居士开示后学的言语，为佛教学者如何参禅学道，摄心自律，内外俱通，自利利他提出了要求，指示了门径，也反映出他们的思想以及佛学修养。如法云有感于"玉不琢不成器，人不学不知道"，晚年结合自己的治学体会，撰《务学十门》劝引学子精进务学，提出十分透辟的治学根本，他说："不修学无以成，不折我无以学，不择师无以法，不习诵无以记，不工书无以传，不学诗无以言，非博览无以据，不历事无以识，不求友无以成，不观心无以通。"

二、佛教学者的外学修养扩展了佛学

曹仕邦曾在《中国佛教的译场组织与沙门的外学修养》一文中指出，参与译经的中土僧俗，都有深厚的国学功底，正是这种国学功底推展了佛学内涵。正如翻译中会改变印度佛学原貌一样，佛学著述也不可能忠实再现和反映印度佛学原貌。因为注释佛经或撰写佛学论文的佛教学者既先受过外学教育，他们下笔之时总会按照自己所学所知，借助于自己原有的中国思想背景理解和接受佛学。也就是说，佛教学者总是从外部借助于其他派别的学说来支持自己的论点，比较本土学说与佛教学说，如附会、格义、连类之类以传统学说尺度考虑佛学的方法。如北朝地论学派兴盛一时，朝野共尊，其中不少学者由儒入佛而将儒学思想带入佛学之中，这自然已不再是纯粹的佛学了。僧肇曾先研究老庄，后从学罗什，其《肇论》正是运用庄子的文风和方法论证"不真空"。罗什曾学习文学创作，所以他的翻译注意文学性发挥。再经这些杂有外学的著述传播流布，致使汉地佛学自然越来越乖离印度原本的佛学了，并渐渐发展出中国化的佛学，即在教义上推展出印度佛学原本所无的新理论。

(一)佛教学者外学修养的范围

相对于佛学，世俗学问称为"外学"，佛学也称"内学"，古印度佛学称"内明"。唐代湛然《止观辅行传弘决》说："大论曰：习外道典者，如以刀刈泥，泥无所成而刀日损。又云：读外道典者，如视日光，令人眼暗。"曹仕邦在《中国佛教的译场组织与沙门的外学修养》一文中认为，汉地佛教学者的外学修养范围极为广泛，涉及经学、小学、诸子、史学、赋诗、文章、书法、绘画、医药、兵法以至占候等学问。各门外学相互配合，对译经及佛学研究起着支撑作用。比如，传统经学是儒家学说的核心，是中国古代学术的主体，包括各家学说要义，蕴藏着丰富而深刻的思想。汉代独尊儒术后特指研究儒家经典，解释其字面意义、阐明其蕴含义理的学问。经学是中土学者的重要学养，自东汉至于南北朝，受着儒学熏陶的学者一直是社会中坚，译经大师为了争取他们的信仰和皈依，或使他们通过阅读佛典由儒入佛，精研佛理，都重视研习五经，了解儒家经典所载的"先王之道"，并熟悉儒经的句法和修辞传统，以找到共通的思想基础，使他们接受作为外来思想的佛学。汉译佛典一旦译得与他们所熟读的四书五经一样典雅古奥，则更能引起他们的兴趣。又如传统诸子学，先秦诸子继周代王官学之后的主要学术文化形态，与经学有着密切联系，所以译经大师也重视研读诸子，尤其是道家和墨家中与儒家相对抗的思想，从更广泛方面了解传统的各种学说，以更有效地译介和传播内容与传统不相同的佛学。特别是老庄哲学跟佛学思想最接近，因而借老庄思想有助于人们了解佛学，早期翻译佛学名相时多引用老庄术语，以使人们容易接受这些充满老庄术语的汉译佛典。魏晋时期的"格义"佛学正是诸子学的结晶。在魏晋清谈盛行时代，不通老庄便不能与清谈之士沟通。天台学者智𫖮即将阴阳易理融会到佛学神变的义理之中。

汉地传统重视文章，视为"经国之大业，不朽之盛事"(曹丕《典论·论文》)。文章学通过阅读、写作、应用及欣赏，直接服务于政治。士人重诗也重文，文笔好的人士受他人敬重，有很高的社会地位。佛学传入汉地，始终与儒、道思想相论辩，佛教学者为了护法需要磨砺自己的文笔，以有利于论辩。因为文章有助于弘法，而且汉地学者解说佛法，也必须借助佛学著述，写作论文或注解佛典，申论或注释文笔流畅，更易吸引读者，所以文章学也成为译经大师重要的修持。翻译佛经需有好的中文文笔，历代笔受、缀文、润文等职都是文章大师。音乐对于佛学弘法也很重要，因为佛经文辞深奥，为使普通听闻者能听懂讲经，将译本谱以音乐拍节，对众持经作清唱，借音乐感动信众，称为"转读"，既易于吸引听者，又可抚平情绪。将译出的汉典，谱以音乐，也是一种"改梵为秦"。所以赞宁《高僧传·读诵篇论》说："入道之要，三慧为门。若取闻持，勿过读诵者矣。何耶？始惟据本，本立则道生。次则舍诠，诠留则月失，比为指天边之桂影，而还认马上之鞭鞘。如此滞句，去道弥远。然则机有新发，迹或乍移，须令广览多闻。复次，背文高唱，在乎品位，先号法师。故经云：受持读诵，解说书写，如法修行是也。"曹植就是汉地创造中国化梵呗第一人，他在"十余岁，诵读诗论及辞赋数十万言，善属文"，"言出为论，下笔成章"，"援笔立成"，有"七步成诗"之典，被谢灵运称为"天下才共有一石，曹子建独得八斗"。《法苑珠林呗赞第三十四》载："陈思王曹植，字子建，魏武帝第四子也。幼合圭璋，十岁属文，下笔便成，初不改定。世间术艺，无不毕善。邯郸淳见而骇服，称为天人。植每读佛经，辄流连嗟玩，以为至道之宗极也。遂制转赞七声升降曲折之响，世之讽诵，咸宪章焉。尝游鱼山，忽闻空中梵天之响，清雅哀婉，其声动心，独听良久，而侍御皆闻。植深感神理，弥悟法应，乃摹其声节，写为梵呗。撰文制音，传为后式。梵声显世，始于此焉。其所传呗，凡有六契。"史载支谦通晓音律，曾留意经文中赞颂的歌唱而"依《无质寿经》《中本起经》创作《赞菩萨连句》《梵呗》三契"（吕澂《支谦》）。

　　传统"小学"也是译经大师的重要学业。小学在古代为古汉语文字学，附庸于经学，以经学为大学，故称语言文字之学为小学。分音韵、文字、训诂。宋末王应麟《玉海》将小学分成三种：体制、训诂、音韵。清代《四库全书》分为训诂、字书、韵书三类。章太炎《国故论衡小学概说》说："盖小学者，国故之本，王教之端，上以推校先典，下以宜民便俗，岂专引笔画篆、缴绕文字而已。苟失其原，巧伪斯甚。"翻译佛经，无论一个梵文单词有多少音节，只要它是一个"词"（字），都只能用一个汉字来转译。如 Dharma 有三个音节，音义为"昙摩""达摩""昙无"等，但它是一个"字"（词），所以译为"法"字。又如 Bodhi 音译为"菩提"，由两个音节构成，但它也是一个字，所以译为"觉"。只有当不能用一个汉字翻译一个梵字时，才能用两个汉字或以上。例如 Guna 音译为"求那"，意译为"功德"；Wri 音译为"师利"，意译为"吉祥"。因为"求那"既非单是"功"或"德"，"师利"也非单是"吉"或"祥"，因此只能用复合名词译出。由于译经用字的这一原则，译师们不得不运用训诂学。曹仕邦说："训诂学本是研究汉字形、音、义的演变，译师们是将这门学问倒过来运用，从汉字中选一个最古奥、最合适的字来翻译原本的梵字。"(《中国佛教的译场组织与沙门的外学修养》)

(二)佛教学者外学修养对佛学思想的扩展

佛学之所以能在中土迅速发展，关键在于它在传入之初就借助儒道文化作为传布教义的桥梁。而在佛经传译与注解过程中，无论是初期西域和天竺大师主译、还是中期梵汉大师合作翻译抑或后期由中土大师主译，真正形成佛经的汉语译本，总有汉地学者的参与。因此，汉译的典籍都是综合了集体的智慧，是梵汉思想文化的结合体。出于文化背景和思维方式的差异，汉地人士总是按照自己原有的知识结构和文化素养甚至情趣偏好接受和理解佛学，力图把佛学纳入传统思想体系，以掩盖佛学作为异域文化的再现。如参与罗什译场的绝大部分是中土人士，他们已在内地佛学界早有名望，尤其儒家庄学造诣极深，经本的最后形成全依赖于他们。他们在译经时，表达出自己的意见，罗什往往不得不予以接受，使译本渗透着传统思想和思维方式。当经中以"非有非无"说明事物"性空"，并分析批评各种有无对待认识时，总不能摆脱人们所熟悉的玄学思维。而玄奘译场中，如慧立、栖玄、道宣、辩机、靖迈、行友、道卓、玄则等"缀文大德"，深受汉文化传统熏陶，他们不仅在语言形式上而且也在概念内涵上，或多或少以外典传达内典章句和要义，由此扩大以致改变了佛学。曹士邦说："这种改变，也就是佛学的中国化。又由于中国化的译本，自然影响研诵汉译佛典的僧俗，使汉地佛学随之呈现新的推展。"(《中国佛教的译场组织与沙门的外学修养》)

杨衒之《洛阳伽蓝记·融觉寺》载："比丘昙谟最善于禅学，讲涅槃、花严。天竺国胡沙门菩提流支，晓魏言及隶书，流支读昙谟最大乘义章，每弹指赞叹，唱言微妙，即为胡书写之，传之于西域。"曹士邦就此指出，昙谟最是汉地僧学，所著《大乘义章》一定是表现了印度佛学所没有的新见解，所以才为"晓魏言及隶书"的菩提流支所"弹指赞叹，唱言微妙"之余，将其译作胡书而传之西域。(《中国佛教的译场组织与沙门的外学修养》)而智颉更有对佛学理论的推展，其超越"止观"等法门，就是基于佛性有"善"与"恶"两面的新理论。印度佛学认为佛性只有"善"的一面。昙无谶所译《大般涅槃经·迦叶菩萨品之二》说："若断善根有佛性者，则不得名断善根也。若无佛性，云何复言一切众生悉有佛性?"意谓"佛性"不能与"善"根脱离。而智颉在所撰《观音玄义》卷上却说："今明阐提不断性德之善，遇缘善发。佛亦不断性恶，机缘所激，慈力所熏。如来性恶不断还能起恶，虽于起恶而是解心无染，通达恶际即是实际，能以五逆相而得解脱。"这是对"佛性"理论很大一步的推演。灌顶《隋智者大师别传》载智顗家父"学通经传，谈吐绝伦"。儒家中有《孟子》的"性善说"与《荀子》的"性恶说"，智顗很可能兼采孟、荀两家学说，而提出"佛性"也有善与恶两面。道宣《唐京兆大兴善寺含光传》载，智顗的教法在唐代已远闻印度，彼方僧徒亟欲知其详情，故梵僧再三嘱含光将智顗著作译成梵文，寄来细读。这一定是有新的观点才吸引他们的兴趣，所以才急于了解。正如彦琮译《舍利瑞图经》及《国家祥瑞录》为梵文，玄奘译《老子》为梵文，出于西域本无的思想，才有译梵之举。

（三）佛教学者外学修养对佛学思想的改变

佛典汉译首先在细致的语言层面，开启了佛学中国化进程，因为梵文系统的佛经译成汉文本身实质上已是一种佛学的中国化操作。道宣《玄应音义序》说："然则必也正名，孔君之贻诰，随俗言悟；释父之流慈，非相无以引心，非声无以通解。"智光《龙龛手镜序》指出："矧复释氏之教演于印度，译布支那，转梵从唐，虽匪差于性相，披教悟理，而必正于名言。名言不正，则性相之义差；性相之义差，则修断之路阻矣。故祇园高士探学海洪源，准的先儒导引后进，挥以宝烛，启以随函。"黄子高《一切经音义跋》也说："顾西域有音声而无文字，必藉华言以传，随义立名，故不得不借儒术以自释。唐代浮屠多通经史，又去古未远，授受皆有师承。"在佛典汉译初期的一些名相如因果、缘起等重要范畴的译释中，佛学思想已发生变化，梵文系统的佛经概念名词本源自印度，当它被译为汉语时已经融入了梵汉共有的文化的内涵，以致汉地佛学逐步乖离印度佛学的原来精神与面貌。正如汤用彤在《文化思想之冲突与调和》中所说："外来思想必须有所改变，适合本国思想，乃能发生作用。不然则不能为本地所接受，而不能生存。所以印度佛学到中国来，经过很大的改变，成为中国的佛教，乃得中国人广泛的接受。"

1. 译经大师的外学改变佛典思想

外学是佛学以外的学说思想。如果译经大师本身具有深厚的外学修养，其译本必然表现出外学化。在儒、道、佛三家鼎立的总体格局中，儒家和道家学说始终是中国文化的主流，所以面对与儒家、道教的总体关系上，佛学一直非常清醒地采取协调立场。如佛学初传中国时，还一直坚持沙门不拜君亲的传统，但由于这一传统与中国传统的伦理纲常相冲突，所以不断产生纠纷与争议。最后，佛学终于接受了拜君亲的思想，与传统文化取得了协调。这样，印度佛学经过与传统文化的融摄与协调，悄然地改变自身，逐步扎根于中国人思维的深层，最终成为中国传统文化的有机部分。

（1）心性学

用中国本土文化改造印度佛学以创造新的佛学教义，是印度佛学发生改变的重要途径之一。如佛学的心性论是大乘佛学理论深化的产物。地论学派所研习的《十地经论》是印度世亲所著，论释《华严经·十地品》的唯识学派早期论书之一，由北魏菩提流支和勒那摩提译出。因为僧学对于经文"三界虚妄，但是一心作"中的"心"字有不同见解而分成南北两派。按照唯识学派的说法，在眼耳鼻舌身意六识之外，还有第七末那识，第八阿梨耶（阿赖耶）识。阿梨耶相当于精神主体、灵魂，所具有的精神性种子，被看作世界万有的本源。南派主张阿梨耶清净无染，即为真如或"如来藏自性清净心"，亦即佛性，通过断除妄念烦恼的修行，可以见性成佛。北派则认为阿梨耶在性质上属杂染不净，主张佛性"当有"（相对于"本有"，以后才有，也称"始有"），只有累世修行才能达到解脱。真谛译《大乘起信论》，调和当时的各种心性见解。认为"心"以永恒清净的真如为体，以具有思虑功能并与烦恼相俱的阿梨耶识为"相"，为"用"，修行的要旨是直探心源，舍染返净。

潘桂明《中国佛教思想史稿》认为，在传统思想史上，对于人性的本源虽也有涉及，如用"天""天命"或"元气"来加以说明，但是理论过于简单朴素。儒家的伦理人性学说或主张性善，或主张性恶，或主张善恶俱，由此探求成为贤圣的依据。其中占正统地位的是孔孟以下的性善论，认为人性本善，通过学习和道德修养使本性扩充发展，就可以成为贤圣。中国佛教学者在论证心性时，多受到儒家人性论的影响。比如，涅槃学派和地论南派的心性清净论，相当于人性论中的性善论；地论北派的心性论相当于性恶论；摄论学派和《大乘起信论》的心性论与人性论中的性俱善恶论比较相近。本来儒家人性论旨在修身治国，而佛学在于为出家修行和出世解脱提供理论依据，但经过佛学与传统的互释，二者实际已贯通融会在一起了。

（2）"一心"与"二心"

《大乘起信论》旨在启发众生树立对"大乘"的"信心"，为此，此论以如来藏为中心理论，提出"真如缘起论"（如来藏缘起论）。"真如"即"心真如"，"心"是"众生心"，指一般众生共有的心性；"真如"即永恒常在的实体、实性。这是"唯识"思想的核心理论基础。般若思想偏重于"空"，有偏执之嫌；唯识学旨在纠正这种偏，提出唯识以倡"有"，使"空""有"结合，消除偏执。郭朋《中国佛教思想史》指出，此论对中国佛学思想影响极为重大，其中又以将如来藏和阿赖耶识一分为二的观点影响最大。佛学的根本目的是要解决众生如何成佛，而解决成佛的理论前提则是众生成佛的依据所在，所以，印度大乘佛学的重要经典实际上都是围绕这些论题展开的。最早传播的《般若经》就根据佛学的"心性本净，客尘所染"的基本原理，提出一切现象自性空，即"法性本净"的观点，以阐明众生如何由染转净，达到成佛的境界。但是，这种理论只解决对外界事物即向外的认识，还没有涉及向内的心性，于是又出现了《涅槃经》。《涅槃经》以"佛性如来藏"为主题，宣说一切众生都有佛性和佛身常在思想，也就是转而侧重于向内的认识了，这便触及佛学的根本。随之又有融合《般若经》和《涅槃经》的《胜鬘经》问世，以宣说大乘佛学"一乘真实"和"如来藏法身"为主旨，力图综合两种不同思想。《般若经》主张"如来藏智就是空性智"，《涅槃经》提出"如来藏本身就是自性清净心"，用如来藏把两经沟通起来，兼顾向外和向内的认识，这在思想上又向前推进了一步。但是，这种思想只论述众生如何成佛，如何由染转净，而没有涉及众生痛苦的形成及妄染境界的生成，即只论述"还灭"，没有详论"流转"。这就需要解释流转原理的佛典问世。于是又有《解深密经》论阿赖耶识和阿陀那识。阿陀那识是执持的意思，意谓有保持的作用，而阿赖耶则是收藏的意思，实际上阿陀那识是对阿赖耶识的补充，所指为一。以往佛典所论如来藏是众生具有的自性清净心，只是为烦恼隐覆不显，其本质是清净的，由此一切理论都是围绕"净法""还灭"的论述，而阿赖耶识或阿陀那识不同，是以杂染为本，由此一切理论都围绕"染法""生灭"论述。

　　由此，又出现了相异的立说。随之有《楞伽经》问世，调和以上诸说，作出更高度的综合，提出了新的命题："如来藏名藏识，与生识俱生。"这里的"如来藏"和"识藏"都是指阿赖耶识，意相同义，即说佛性用如来藏，说人心用识藏，只是名称不同，两者的体性和本质都是一样，都具有杂染与清净之性。这是有意把染净二说加以沟通，用来解释"心性本净，客尘所染"的原理，以解决众生成佛的根据。《楞伽经》倡说唯识，既批评般若"执着空无"否定一切的观点，也反对二乘"执实有物"思想，是大乘理论发展中重要的经典。在中国分别有南朝宋求那跋陀罗、北魏菩提流支及唐代实叉难陀三家译本。求那跋陀罗译本虽"文字简古，读者或不能句"（苏轼《楞伽阿跋多罗宝经序》），但一般认为它是接近梵文原本的。如经中说："若无识藏名，如来藏者则无生灭"，两识并称很清楚地表现了"如来藏"与"阿赖耶"二识的一致性，这是符合经典原义的。对比玄奘所译《显扬圣教论》与慧琳《一切经音义》，阿赖耶识与如来藏识都是一体的。而菩提流支译本则把并提在一起的如来藏和阿赖耶分译为："如来藏识不在阿赖耶识中，是故七种识有生有灭，如来藏识不生不灭。"这就等于明确提出了"不生不灭"和"有生有灭"两个截然不同的精神实体。其译本卷九中还说："八、九种种识，如水中诸波，依熏种子法，常坚固缚身。"这样，将本来只说有一心，即一种自性清净的心，却说成为二心，即净心和染心了。这就形成了与印度传统佛学迥然不同的新说。如果按照"一心"说，就是真常学的"真如缘起论"，此心为宇宙万有之本体，是明确的本体论学说，而且一切众生都具有这一成佛之"真如"心。而按照"二心"说，就是唯识学的"阿赖耶识缘起论"，众生必须经过"转识成智"才能成佛，也就是说没有明确的本体论。可见两学差异之大。将如来藏和阿赖耶识一分为二的观点与印度佛学不同，完全是根据《楞伽经》的思想发展起来的中国化的佛学思想。

2. 印度佛学因果理论的改变

佛学因果理论是佛学的核心思想之一，佛学传入中国之后，随着佛学的若干教义中国化，从而变成了中国佛学的因果理论，成为中国佛学的特色之一，是多数中国人士所理解的佛学因果理论，是佛学教义与传统天道观及报应思想相结合的结晶。"因果"一词在汉语辞典里通常指"事情的原因和结果"，特殊的定义则与佛学有关。《中文大辞典》"因果"条说："佛家语，谓因缘与果报。又过去之因缘产生今日之果报，今日之因缘产生未来之果报。按人有恒言，种瓜得瓜，种豆得豆。种瓜、种豆因也，得瓜、得豆果也。有因必有果，自然之理，佛教通过去、现在、未来三世说因果报应之义，谓之三世因果。""因缘"的"因"在梵语的原义是"主因"之意，而"缘"则是"次因"或"助因"之意。《辞源》引罗什语谓"力强为因，力弱为缘"，指的即是主因及助因。又引僧肇语谓"前缘相生，因也；现相助成，缘也"。也是分别主因与助因而言，同时指出它们在时间上的先后顺序。"尼陀那"指佛学"十二有支"或"十二因缘"，为佛学因果理论的根据。既然"因缘"含主因与助因，那么佛学因果理论就不是建立在单一的因上，而是建立在二种以上的因上。而且任何因缘的形成与变化，在时间上都是持续的，从过去、现在、到未来，前后相关，所以叫作因缘连锁，是"十二有支"或"十二因缘"的特色。

早期小乘佛学因果理论以"缘起说"为基础，以十二因缘为前提，以三世因果为内涵。这种因果理论随着大乘佛学问世及佛学传至中国而产生了变化。小乘佛学的缘起理论表现于"业感缘起说"时，其因果关系纯粹以个人的道德、行为为基点决定一切现象、有情生死流转或命运，而忽略了外在环境对人或其他生物所产生的作用及影响，也忽视人的自由意志及其所累积的知识力量，同时对业感缘起造成的因缘连锁，靠什么来运作，也未阐述清楚，因而意义比较狭隘。这种缺点，在佛学传入中国之后，由法藏加以修正，提出"四种缘起"说，在"业感缘起"之外加上"阿赖耶识缘起"（或"藏识缘起"）、"如来藏缘起"（或"真如缘起"）及"法界缘起"。"四种缘起"是大乘佛学对小乘"缘起说"的发展，也是"缘起说"及因果理论中国化的一个表现。显然，"四种缘起"较"业感缘起"更有理论深度，它突破了"业感缘起说"局限于从生命流转为出发点，以行为的道德性为因果的唯一考虑，而兼顾外在环境及个人心识与意志之间的关系。由此突破人生中心，扩大到宇宙的一切现象及其互相依持，丰富了佛学因果理论的内容，也使佛学的因果理论更具有理性和普遍性。不过，法藏的"四种缘起说"虽然丰富了佛学因果理论，但只是佛学菁英之间的看法。因为早在"四种缘起说"问世以前，汉地民众已深受"业感缘起说"影响，而相信了一种很简单的因果报应论。这种因果报应论，虽然仍以三世因果为依归，但强调善业或恶业在造成善报或恶报时的现验，或是"现报论"。也就是大乘《涅槃经》所说的"善恶之报，如影随形；三世因果，循环不失"。

佛学缘起论在汉地译师笔下的意义嬗变表明，缘起论在后来引起的僧学对"空"的争论，已在早期佛典翻译中不经意间埋下了伏笔。它作为理解佛学理论的基石，在翻译中的嬗变是佛学中国化的第一步，也是非常关键而微妙的一步。翻译过程中的这种改变致使佛学因果报应说演化成灵魂不灭的生死轮回说，并取代缘起性空论而广泛流布，缘起论在无形中也被理解为气化论了。东晋时，慧远为了回答世俗怀疑善恶无现验而作《三报论》一文。他在文中解释了佛经所说的"三报"观念，指出"积善之家必有余庆，积不善之家必有余殃"的传统观念与人世间实际经常相反，而有"积善之无庆，积恶之无殃"。慧远在《三报论》中只是依佛经的大概来解释"三报"，并未详细说明"三报"发生的原因与究竟为何。他认为"心"是受报之源，也是果报形成之因。由于"心无定司，感事而应；应有迟速，故报有先"。这是用"感应说"来解释受报先后，因为心会受到自己所为善事或为恶事的感应而获报，感应快受报就快，感应慢，受报就慢。慧远的因果报应说，认定心与事为招来报应之因，强调"事"或行为的道德性能迅速产生苦或乐的结果，否则即是前生之业力先于今生之业力发生效用之故。慧远没有论及行为也有中性而无关于道德的，而真正与道德相关的"行"。因为"行"需要一段时间的累积和与意念的交互作用，才会产生果报，也才会有报之迟速与先后及三报的发生。可见，慧远没有理解佛学业报的特性是"自业自得"，它不会发生转嫁他人而使其获祥或获殃。他虽然解释了"积善之无庆，积恶之无殃"的原因，但其理论根据却用一个非佛学的命题来论证报应之不爽，其实质是在法藏的佛学因果理论之外，又开辟了一个不同的中国化因果理论。但也由此使环绕在"积善之家"论题的因果论与慧远所说的因果论相结合，形成了中国民间所流行的因果论。黄启江认为，这个因果论既关注当下即验的"现报"或"速报"，又强调报应来自天，而垂及家庭、后世。以传统中国的天道观与家庭观为基础，而谈"生报"或"后报"，奉不可知的天为赏善罚恶的主宰，推造业者应受之业报至其家庭之成员，而忽略了个人应对自己行为负责而受报的"自业自得"的道理。（《佛教因果论的中国化》）这种中国化的佛学因果观，和法藏所提出的法界缘起的因果观既不相符合也不相统属，但它却广为民众接受，成为民间长期所信仰的佛学因果论。这种民间因果报应信仰，以现报及上天施报为主轴，是佛学中国化的一个现象。其实，这种经过中国化改造的因果报应思想，迎合了汉地信众求简易，重功利的心理，极容易造成世人期待速报心理，认为善业可速招善报，从而把注意力放在徒具形式的善行上，而不去培养善心、善念，熏发大乘佛学的"菩提心"。还会养成"以善养恶"心理，用"功过格"的善恶平衡观念，借行假善以为真恶，由此产生许多专事末节而不求其本的"功德"行为。其实是误解佛学的本意，扭曲了行善的动机。由此因果这一佛学的核心教义，在中国出现了两个不同的解释：以法藏"四种缘起"为基础的解释和以融合传统天道之报应观与业感缘起为基础的解释。法藏提出四种缘起说虽弥补了业感缘起偏向道德行为考虑的不足，使佛学因果说呈现出比较周延的特征，但并未发展成为普遍认知的因果观。而慧远融合业感缘起与中国本土天道、报应观形成的因果论，则透过文人学士作品的宣说，受到普遍认知，认为佛学因果与儒家感应说不谋而合。

　　与因果理论相联系的是业报轮回思想，这是印度佛学许多理论得以展开的基础。佛学有许多派别，每派都提出了某些不同的思想，但所有派别都重视"业"的学说。"业"为行为、动作。但是业的实际含义并不限于外部的行动，而且包括有情物的所说和所想。佛学认为，宇宙万法，都是心的表现。所有业都是心的结果，这个结果也是业的报应。业是因，报是果，人生就是一连串的因果造成的。佛学经典中也经常使用譬喻的形式来阐释这一重要思想，如《瑜伽师地论》中以良慧、鹦鹉、炬烛、电光等分别从不同角度取譬，其中以书画喻补特伽罗："云何书画喻补特伽罗，谓如有一，如其所制，揭磨言词，即如是转，不增不减，如书画者。"用书画不增不减的性质，比喻补特伽罗承担业报时的永恒不变。书画本身是非实体的，只能流转展现而不能对事物本身有所增减。作为业报轮回的主体和种子，补特伽罗本身无可捉摸，是一个不易解说的概念。汉地学者赋予轮回报应说中国特色，为印度佛学因果报应、三世轮回说添上耳目一新的生死观，也引起了一定的怀疑，对此，慧远及孙绰、郗超分别撰写《明报应论》《三报论》《喻道论》《奉法要》作出回答，予以肯定。他们把佛学的因果报应说与中国的祸福报应观念、儒家的道德修养相协调，形成具有中国特色的轮回报应思想。

3."无我"概念的变化

早期印度佛学主张无神论，其真理观是以辩证法为基础的"诸行无常，诸法无我，涅槃寂静"的"般若"思想。这是因为佛学是由继承印度"吠陀经"的《奥义书》派生出的众多哲学流派中的一种。印度"吠陀经"主要源自于其第一部经典《梨俱吠陀》，其内容涉及宇宙起源、世界本源、有无、非有非无、人类四种姓、意识起源、原人、灵魂、转生、如幻等哲学论题。在对"吠陀经"权威性的态度上，贯穿两大派的基本哲学观点有"永恒的""常见"观念与"断灭的""断见"观念。佛学否定永恒性精神实体，但也并非绝对否定，而是带有一种极其微秒的辩证思想。但是，随着信仰者宗教情怀的发展，必须有一个真切的皈依实体以满足其情感的无限需求。于是龙树撰《中观论》，论述八不否定、四句逻辑、三谛原理，新吠檀多思想家乔荼婆陀讲"绝对不二论"，商羯罗说"无分别不二论"，建立起较完美的客观缘起实在论。佛学论"诸法无我"，本为无自性之义，所谓诸法缘起性空，既无肉身我，更无魂神我。"我"是梵语"补特伽罗"的意译，表示灵魂，是作为超越或主宰个人的绝对实体存在或形而上学存在。"无我"是释迦牟尼提出的三大法印之一，意即世上任何事物都不可能独立存在，必须依赖一定的因缘和合而生，因此任何事物也就失去了主宰的作用，失去了具有独立性质的实体意义。佛学的性空理论承认现象没有自我主体，并非说连现象本身也没有。安世高《阴持入经注》将"无我"译为"非身"。经云："身为四大，终各归本，非己常宝，谓之非身。"此种非身，意谓肉身腐坏形体毁灭而魂神永存。这种对无我的译解，还包括五阴与元气、识与神等这些相对的意译概念，无不与汉代佛学的轮回报应说的识神化翻译有关。这种翻译，是援引本土理论对佛学名数的附会。通过识神化的佛学因果报应论便上承阴阳五行之气论，下接汉代道教神仙不死观，而构成中国化的佛学形神论。以此来理解佛学无我义，则无我是为无肉身我，而非无魂神我，即灭肉身之形而留魂神之识。支谦译《大明度无极经》说"是身非身为如火"，也是完全偏离了佛学本义。佛陀提出"无我论"，目的是要人们破除"我执"，达到解脱，这是佛学理论中一个极为重要的基本论点，后世许多学派的理论创见都是在此基础上展开发挥的。如中国禅宗破除一切，反对任何执着，就是这一思想的继承和发展。佛学这种"无我论"与儒家以全身为孝及道家贵己养生的传统思想相抵触。从这个角度说，中国早期的译经大师并不完全了解佛陀"无我论"的理论意义，因而译文与原始佛学含义完全相反。初期中国佛学人士将佛教的涅槃理解为灰身灭智，也是这类错误翻译所致。因为"非身"的译法，很容易被理解为仅仅是否定肉身的真实性，而并不否定灵魂的存在。佛学的涅槃与无我论是联系在一起的，佛学所说的涅槃，是指超越了四禅八定中第八定的非想非非想处而达到了灭寂的极乐境界，所以玄奘译为圆寂，以示圆满寂静，不可增减，不可变坏，周遍一切，真性湛然。比罗什译为灭或灭度更能显示原意。而中国人士曾长期将涅槃理解为死亡，就是从"非身"这一译名产生的。

译者以"非身"译"无我"，实为比附传统文化思想，使佛学无我义染上形尽神不灭的思想。魏晋时期以形神关系讨论人的构成，将人分为肉体之形与魂神两部分。识这一佛学概念则被理解为神的一部分，属于人的魂神。所以识神不分，形尽神不灭，识自然也随人的死亡而进入流转的轮回生死之中，从而构成汉以下佛学因果报应、灵魂不灭的学说渊源。进一步看，无论是肉身之形还是魂神之识均由气聚合而成。由此影响到对佛学识义的歧解，致使佛学之识虽理解为神，但实则归属于气，而气既是产生世界万物的基质，又可理解为五行之气，这一概念可谓亦物质亦精神，如此则识的含义不免染上实存色彩，而非缘起性空的本义。慧远《沙门不敬王者论》论形尽神不灭说："夫神者何耶？精极而为灵者也。精极则非卦象之所图，故圣人以妙物而为言。……神也者，圆应无生，妙尽无名。感物而动，假数而行。感物而非物，故物化而不灭；假数而非数，故数尽而不穷。有情则可以物感，有识则可以数求。数有精粗，故其性各异；智有明暗，故其照不同。推此而论，则知化以情感，神以化传，情为化之母，神为情之根，情有会物之道，神有冥移之功。但悟彻者反本，惑理者逐物耳。……形有靡而神不化，以不化乘化，其变无穷。……火之传于薪，犹神之传于形，火之传异薪，犹神之传异形。"用本土文化的神解读佛经，使佛陀、无我、识等佛学基本概念都被神化、实有化。后来，罗什与玄奘译为"是身无我为如水"，才改变了人们对"无我"的认识。

三、梵汉融会的译经评论

大乘佛学从般若观出发，坚持"心物一元论"，在这种学术背景中诞生的佛典汉译评论，成为华夏文化与天竺思维融合的产物。译经评论来源于译经实践，但译经实践不能脱离一定的社会文化背景而独立存在，因而来自实践的评论必然受到特定社会文化的影响和制约。佛典汉译评论正是融合中印两大文化系统而形成的。博大深厚的华夏文化为译经评论的产生和发展提供了取之不尽的文化资源，玄妙精细的佛学文化为译经评论提供了丰富的理论思想。

（一）"中庸"与"中道"

译经评论中的"折中"学说受到中国传统"中和"与佛学"中道"影响，形成翻译的方法观念。"中和"是中庸之道的主要内涵，也是中国传统文化中的重要思想。儒家提倡"不偏之谓中，不易之谓庸"的"中庸"之道，主张不偏不倚，反对"过与不及"。《礼记·中庸》说："喜怒哀乐之未发谓之中，发而皆中节之谓之和；中也者，天下之大本也，和也者，天下之达道也。致中和，天地位焉，万物育焉。"中和思想强调人与自然、他人及社会之间相互渗透和协调，达到一种"至善和谐"的境地。"中"的基本原则就是要适度，无过，也无不及，通过内外协调来保持平衡，不走极端。具体到翻译中，就是将"文质"一类相对的概念调和融通。慧远、玄奘、赞宁等人的"折中"思想正是传统思想的影响，同时也深受佛学"中道"的影响。佛学常自称为中道学说，梵语 majjhao（马提亚马）即脱离了两个极端、不偏不倚的道路或观点、方法。佛学"中道"以龙树在《中论》中的表述为最扼要："众因缘生法，我说即是无，亦为是假名，亦是中道义。未曾有一法，不从因缘生，是故一切法，无不是空者。"可见佛学的中道观是在根本否认客观世界和一切矛盾存在的前提下提出的。《大智度论》中更明确地说："离是二边行中道是为般若波罗蜜。"三论宗以"八不"为中道，唯识宗以"唯识"为中道，天台宗以"实相"为中道，"中道"一词成为佛学"真理"的代名词，故又有"般若波罗蜜"之称。

折中的方法在佛学中国化的过程中，尤其是东晋南北朝佛学与儒道学派的相互论辩与融合中得到普遍运用。佛学自两汉之际传入中土至南北朝时期，本身即经历了从"依附"到"折中"的过程。从依附黄老道术转而依附玄学，自东晋至南朝，在佛儒道三家会通过程中，道安、慧远等佛学思想家融合儒佛，折中内外，经过神不灭、报应、沙门袒服踞食、渐悟顿悟等颇有说服力的折中，佛学逐步为汉地学者接受，说明道安及慧远等佛教学者在调和儒道佛三家思想中的折中原则和方法的成功运用，并为后世佛学者所赞同和坚持，成为后来中国佛学主流在调和佛学与中国传统思想文化诸方面矛盾时所遵循的基本原则。道安和慧远在佛学上的折中立场，也成功地运用于译经评论之中。道安在《合放光光赞随略解序》中说："宜精理其彻迹，又思存其所指，则始可与言智已矣。何者？诸五阴至萨云若，则是菩萨来往所现法慧可道之道也；诸一相无相，则是菩萨来往所现真慧明乎常道也……此两者同谓之智，而不可相无也。"他又在《道行经序》中说："得字而智进，令名诸法参相成者，求之此列也……琐见者庆其迩教而悦寤，宏哲者望其远标而绝息。"可见，他是折中渐顿两边。慧远在《维摩义记》中说："菩萨藏中所教亦二，一是渐入，二是顿悟。言渐入者，是人过去曾习大法，中退住小后还入大，大从小来谓之为渐……言顿悟者有诸众生，久习大乘相应善根，今始见佛即能入大，大不由小目之为顿。"他在《无量寿经义疏》中也有相似的观点，对渐悟和顿悟的看法比较圆通，认为菩萨藏中的两种悟入途径并非对立的，而是殊途同归的。萧衍在《注解大品序》中评述二家师承渊源说："所以龙树、道安、童寿、慧远，咸以大权应世，或以殆庶救时，莫不伏膺上法，如说修行。况于细人，可离斯哉。"慧远《大智论抄序》叙述自己佛学渊源乃自龙树、童寿之学，在论述佛学经典的文质问题时说："则知圣人依方设训，文质殊体。若以文应质，则疑者众；以质应文，则悦者寡。是以化行天竺，辞朴而义微，言近而旨远。义微则隐昧无象，旨远则幽绪莫寻。故令玩常训者，牵于近习，束名教者，惑于未闻。若开易进之路，则阶藉有由。晓渐悟之方，则始涉有津。"他在《三法度论序》中更主张"参通晋梵，善译方言，幸复详其大归，以裁厥中焉"。可见，他主张折中渐顿，兼容二学，以确立一种兼容并包的完整全面的理论体系。

(二)中土古贤与释迦大义

传统思想与佛教文学、美学、文章学、文艺学、语言学等更是译经评论的理论基础和基本方法。中国文学评论中的"以意逆志""知人论世""象外之象""景外之景""有我之境""无我之境"等理论思想，经过转换后已成为评论原则。无论是支谦、道安、彦琮，还是玄奘、道宣、赞宁、智旭，无不以中国传统文化为基础，凭借古代圣贤言论和经典，并且以中国传统文化为手段阐发自己的译经评论。《法镜经》由严佛调与安息人安玄译于东汉灵帝光和十年(181 年)，安玄口译梵文，佛调笔受。《高僧传》评论此经译本"理得音正，尽经微旨。郢匠之美，见述后代"。又称安玄"渐解汉言，志宣经典，常与沙门讲论道义"。后汉阙名《佛说法境经后序》指出原典"言要义正"，翻译不可随意增减，尤其提出"宿本"一命题，是此后道安"案本"说的源头。这一忠实性原则奠定了佛典汉译评论追求忠实的思想传统。序中写道："然夫上圣之妙旨，厥趣幽奥，难可究悉，余察其大义，颇有乖异，惧晚学者以此为真而失于正义，彼此俱获其衍矣。予反复历思，理其阙者，有七十八事，谨引众经，比定其义，庶令合应，不为疣肬。又经本字句多渐灭，除去改易其字，而令句读不偶，音声不比，义理乖错，不相连继，甚失其宜也。夫圣上制经，言要义正，以为具备，无所玷阙，不可复增减矣。犹人之四体，受之二亲，长短好丑，各宿本耳，岂可复改更乎？所谓增之为疣赘，减之为瘢疮者也。且夫世俗《诗》《书》《礼》《乐》，古之遗字，虽非正体，后学之徒，莫敢改易，皆尊敬古典，转相承顺矣。况乎斯经之昭昭，神圣之所制，天上天下，群圣仙者，靡不稽首奉受，以为明式，学者益智，行者得度，其无数焉。而斯末俗晚学之人，见闻未广，而以其私意毁损正言，违戾经典，岂不怪哉！名言学佛而违佛教，斯复何求也？"序中将佛典与世俗《诗》《书》《礼》《乐》并论，体现出梵汉文化的有机结合。支谦《法句经序》主张"雅"，认为其同道竺将炎的翻译过于直译。但维祗难认为翻译佛经不必讲究文饰，而应当"易晓，勿失厥义"，座中人又引用儒道经典进一步证明维祗难的观点，涉及儒家和道家的文艺观念。而维祗难用佛陀遗训"依其义不用饰，取其法不以严"，又用了"饰"与"严"佛学用语来表达他的翻译思想。"严"与"饰"是佛学美学中独特的概念，翻译家早期将其译为"庄严"，后来译为"装饰"。佛典中也写成严饰，如《法华经》有"严饰作佛像"之语。按法藏《华严探玄记》的解释："庄严有二义：一是具德义，二交饰义。""具德义"指褒美功德修养充分完满，"交饰义"指褒美充分完美装饰美化。佛经翻译评论用的是后一个意义，指修饰文辞。按维祗难的意思是，翻译佛陀的话，主要的是传达义理，文辞不必修饰。由于"严"与"饰"和传统概念中"文"与"美"有一部分意义重合，所以支谦序中梵汉两种理论融合并存了，可谓内外并谈，梵汉共论，两者水乳交融。并且多以"文"来指译文风格，直至取代了"严"和"饰"。

（三）道安对梵汉思想的融通

道安学兼华梵，内外兼通。首先，道安在佛学上造诣深厚，《神僧传》载："安注诸经恐不合理，乃誓曰：若所说不甚远理，愿见瑞相。乃梦见道人头白眉长，语安云：君所注经殊合道理，我不得入泥洹，住在西域，当相助通，可时时设食。后《十诵律》至，远公乃知，和尚所梦即宾头卢也。"表明道安的佛学领悟力极深。道安的佛学研究大致经历了三个时期：第一个时期，他从佛图澄研修小乘教法，采取为《阴持入经》《大十二门论》《人本欲生经》等经典作注作序的方式，研习佛学理论及安世高所译禅数学。虽然当时的译本对佛学的许多概念内涵采用以老庄哲学中固有名词来比附佛学义理的"格义"方法，但道安的学说还比较符合经义，没有离开佛学的基本立场。如慧皎《高僧传》记载："大师之本莫尊释迦，乃以释命氏。后获《增一阿含》，果称四河入海无复河名，四姓为沙门皆称释种。既悬与经符，遂为永式。"表明道安对佛学的深刻认识，因此其师称其"远识"，以致远在西域的鸠摩罗什称他为"东方圣人"。第二个时期，道安以对经典的注释和翻译技巧的研究，专阐般若等大乘经典，通过比较、研读诸家译本，评论前人译经的弊端，他在《摩诃钵罗若波罗蜜经钞序》中总结出"五失本三不易"，这一总结有很大的警示和纠正作用，客观上起到了理论的作用。第三个时期"大弘法化"，明确提出"先旧格义，于理多违"，主张弘扬教理，首先要求正确。为了避免翻译的拙劣与谬误，道安极力反对运用"格义"的方法翻译佛经，而采用对照异译本的方法，比较、考证和参照译经，从而帮助中国佛学摆脱对传统玄学的附庸，结束了佛学在中国传播的初级阶段。其次，在外学上，道安早年即打下了深湛的外学功底。《高僧传》记载："安外涉群书，善为文章。"《太平广记》载，当时长安有"学不师安，义不中难"之说，表明道安学问之深。道安的著述，更体现出他不仅精通儒家之学，且于诸子百家亦皆通达。慧皎《高僧传》说："安外涉群书，善为文章，长安中衣冠子弟为诗赋者，皆依附致誉。""时蓝田县得一大鼎，容二十七斛，边有篆铭，人莫能识。乃以示安，安云：此古篆书，云鲁襄公所铸，乃写为隶文。又有人持一铜斛，于市卖之，其形正圆，下向为斗，横梁昂者为斗，低者为合。梁一头为龠，龠同钟容半合，边有篆铭。坚以问安，安云：此王莽自言，出自舜皇，龙集戊辰，改正即真。以同律量布之四方，欲小大器钧令天下取平焉。其多闻广识如此。坚敕学士内外有疑皆师于安，故京兆为之语曰：学不师安，义不中难。"道安在《比丘大戒序》中写道：

昔从武遂、法潜得一部戒，其言烦直，意常恨之。而今侍戒规矩与同，犹如合符，出门应辙也，然后乃知淡乎无味，乃真道味也。而嫌其丁宁，文多反复，称即命慧常，令斥重去复，常乃避席谓："大不宜尔！戒犹礼也，礼执而不诵，重先制也，慎举止也。戒乃迳

广长舌相三达心制，八辈圣士珍之宝之，师师相付，一言乖本，有
逐无赦。外国持律，其事实尔。此土《尚书》及与《河》《洛》，其文朴
质，无敢措手，明祗先王之法言而顺神命也。何至佛戒，圣贤所贵，
而可改之以从方言乎？恐失四依不严之教也。与其巧便，宁守雅正，
译胡为秦，东教之士犹或非之，愿不刊削以从饰也。"众咸称善。于
是按胡文书，唯有言倒，时从顺耳。前出戒十三事中起室与檀越议，
三十事中至大姓家及绮红锦绣衣及七因缘法，如斯之比，失旨多矣。
将来学者，审欲求先圣雅言者，宜详览焉。诸出为秦言，便约不烦
者，皆蒲萄酒之被水者也。

序中的评论依据有佛学的"四依不严之教"，这是佛陀临终以"四依"
教弟子，四条不准修饰文藻、谨依原文的教导（《大智度论》卷九），大乘
佛学亦继承这"四依四不依"之说。具体内容是：一、依义不依语；二、
依智不依识；三、依了义经不依不了义经；四、依法不依人。运用佛典
中适合翻译的观点，"四依不严之教"，这是中土人士第二次运用外域理
论，第一次是支谦引用佛陀的话作为评论翻译的依据。文中也有传统思
想影响，"规矩与同，犹如合符"，"合符"，古代以竹木或金石为符，上
面写文字，剖而为二，各执其一，合之为证，后称事之彼此相符曰"合
符"。如《荀子·君道》："合符节别契券者，所以为信也。"以论译经，指
译本与原本的一致和忠实。"乃知淡乎无味，乃直道味也"，"味"指体察
事理，辨味析旨。《老子》三十五章："道之出口，淡乎其无味。"三十六章
亦云："为无为，事无事，味无味。"意即道之所有的，是超感官的形而上
的至味，这是精神活动，属于审美范畴。把恬淡无味当作味之极至，即
"无味乃至味"，引入翻译评论，是翻译美学的课题。《河》《洛》为《河图》
《洛书》的简称。《周易·系辞上》："河出图，洛出书，圣人则之。"

道安的佛学与印度佛学既有差别，又基本符合原义。其一，按照印
度佛学思想，世界是以风、火、地、水"四大"为基质建构起来的，而道
安用中国传统"元气论"解释世界的起源，这显然是当时流行的"以华释
夷"的格义学风。早在康僧会所编译的《六度集经·明度无极章》之《察微
王经》中，即以中国传统"元气论"解释世界起源，经中说："元气强者为
地，软者为水，暖者为火，动者为风。四者和焉，识神生焉。"将"元气"
置于"四大"之前，这显然是为适应本土文化而对佛学的改造。道安对"元
气生物说"的化用，与魏晋玄学对这一思想的传布是分不开的，他的"气
化论"思想的形成明显受到嵇王玄学"生成论"思想的影响。魏晋玄学以王

弼、嵇康、郭象为代表，形成"贵无""自然""独化"三派，尤其是前二派，在"生成论"上，都认为在万有之前有一个客观存在的实体，天地万物均是由此化生的。王弼把这个实体描述成一个"混成"之物，其《老子指略》说："故其为物也则混成，为象也则无形……故能为品物之宗主，苞通天地，靡使不经。"显然和老子一样，王弼所理解的这个"混成"之物也同样带有"气"的特征。嵇康《明胆论》说："夫元气陶铄，众生禀焉。"这都与道安"元气陶化，则群象禀形"同一表述。道安将"气化论"引入佛学，并省去风、火、地、水"四大"这些中间环节，直接把天地"群象"的化生建立在中国传统的宇宙论基础上。如此，就可进一步消除国人理解佛学的隔膜，使印度佛学与中国文化更全面地交融。虽然道安的阐释背离了印度佛学原意，但印度佛学最根本的特征也讲因缘和合，所以说，讲"四大成物"与讲"元气成物"，在本质上可以沟通。道安绕开"四大"而只论"元气"，也是以对佛学本质的清醒认识为前提的。他在为汉译佛典作注释或作序跋时，也讲"四大"，而且也同样把它们看作构成万物最原初的基质，这实则是他受所译经典的制约。

其二，印度佛学论"空"是从因缘和合角度立论的，万物由缘，没有自性，所以为空。也就是说，"空"与万物是本质与现象的关系，并不存在时间的先后。而道安的观点是："无在元化之前，空为众形之始。"这显然不符合佛学精神。这同样是道安为便于本土民众接受佛学而作的解释。虽然嵇康明确提出"气化论"的观点，王弼的"宇宙生成论"也明显带有"气化论"的性质，但二家由此出发皆未形成对万物的否定，这与佛学主张"万法皆空"的思想不同。为了忠实于佛学"我空""色空""法空"的思想特色，所以道安引入郭象的"独化论"学说作补充。郭象《庄子注》把"无"看作空无一物，并以此为据否定王弼"无能生有"的观点。"独化论"即是对嵇王"自然论"和"贵无论"的否定，亦即否定万有之后有一个客观存在的实体，认为万有是自古以存，自运独化的。他认为庄子所说的"无"即空无一物，万物都是各依自己的性分冥然自化的。对于"自然"，他在《知北游》注中说："自然，即物之自尔耳。"若与道安所说的"元气陶化，则群象禀形，形虽资化，权化之本，则出于自然，自然自尔，岂有造之者哉"加以对照，则不难发现二者也同样是契若合符的。可见，道安"本无论"学说的形成，明显受到郭象"独化论"思想影响。而郭象"独化论"也同样没有否定万物的意思，其所以强调"独化"，目的在于肯定万物各有性分，万物尽管千差万别，但是只要各得其性，各适其分，就均可视作达到了逍遥的境界，彼此之间并无高下之分。这种认识与佛学否定万物各有自性，认为一切色法皆空寂不实的观念显然也是不相容的。但正是这种不相容，显示出道安融会梵汉文化的理论创造性。他虽然继承了嵇王元气化物的观念，但却并没有得出空幻不实的结论。他虽然接纳了郭象"自然自尔"，别无主宰，亦即别无本体的思想，但却并没有推论出"物任其性""各当其分"的认识，相反是导出对万物自性的否定，演绎出万物随缘，诸法性空的般若性空理论。因为按照道安的解释，万物虽由元气陶化而生，但在陶化之前，却廓然无物，只有一气，万物都由此一气生成。所谓"自然自尔"，也就是说它没有自性，只是机械的拼聚和偶然的巧合，所以道安将万物的陶化称为"冥造"。"冥造"也就是一种不自觉的无目的的完全冥寂的生化状态，这种生化状态是完全没有自性的。陶化万物的元气，仅是为万物提供了得以化生的因缘条件，没有一个能够主宰它或者给予它自主力的本体存在。如果非要为它寻找一个本体，那这个本体就只能是一个"无"。昙济《六家七宗论》记载道安话说：

> 形虽资化，权化之本，则出于自然，自然自尔，岂有造之者哉？由此而言，无在元化之前，空为众形之始。

可见，在道安看来，万物虽然皆无自性，但却并非生于空无所有的"虚豁"，此"豁"之中是有元气在的。他说"冥造之前，廓然而已"（昙济《七宗论》），意谓在"元化之前"，也即元气造物之前廓然无物，别无本体，并非是说连充当因缘的元气也没有，否则大千世界也就无从呈现了。"非谓虚豁之中，能生万有也"，正是由此而发。道安之所以要特别强调元气的存在，而不像郭象那样认为除了空无所有的"无"外，否定一切，原因就在于如果按照郭象的观点，佛学以因缘和合为基础的"万法皆空"思想也就失去了立足之地。这说明中国佛教学者偏向于实在论，正如方立天所说："在中国传统观念的熏陶下，中国佛教学者对于'空'的理解往往偏离印度佛教。如慧远即认为，一切现象的本性都是实有的，并把这种实有的本性与人的精神、灵魂结合起来，为阐明众生轮回转世的主体和修持成佛的根据提供本体论的论证，慧远的观点受到当时的大译经家鸠摩罗什的批评后，中国佛教学者又转而强调法性是真理之所在，法性即是真如本体，并进而将这种真如本体与众生主体合而为一。把'真心'作为成就佛果的根源和一切现象、存在的本体。"（《中国佛教法性实在论的确立与转向》）而佛学说的实体指"实我"和"实法"。大乘各宗对两者都否定，小乘则只否定"实我"。佛学特有的理论是"无我"，小乘主张"人无我"，大乘更强调"法无我"。所以，佛学批评外道各种认为有"我"之实体的学说。如唯识宗的经典著作《成唯识论》指出："我谓主宰。"因此，"主"和"宰"是破"我"时必破的两个观念。僧叡《大品经序》评论道安"本无论"佛学的本质时认为，尽管道安借用的是魏晋玄学的名词、概念和术语，尽管他的佛学思想在很大程度上是建立在对魏晋玄学三大流派综合利用及整体借鉴的基础上，但他在本质精神上于佛学理论却并不相违。他在《毗摩罗诘提经义疏序》中说："性空之宗，以今验之，最得其实"，只是"炉冶之功，微恨不尽。当是无法可寻，非寻之不得也"。他在《大品经序》也赞扬道安"标玄旨于性空"。像道安这样理解佛学，既能将佛学与本土文化的矛盾降到最低，又不改变其本质精神，并充分体现本土化，这正是道安佛学的意义。这个意义就是佛学中国化。

（四）慧远的内外结合

慧远是著名佛教学者、文学家、佛经翻译的组织者与佛典评论家。罗什亦称赞慧远"才有五备：福、戒、博闻、辩才、深智，兼之者隆，未具者凝滞，仁者备之矣"（慧皎《高僧传》）。慧远在译经评论上注意吸取传统与佛学二学之长，主张"折中论"，倡导"质文有体，义无所越"（《三法度论序》）。很明显，他的翻译评论与他的"形神"观及佛学观是一致的。他在《阿毗昙心序》中说："心本明于三观，则睹玄路之可游。然后练神达思，水镜六府，洗心净慧，拟迹圣门。""三观"是治学的门径，是大乘中观学的重要思想方法，指空观、假观、中观，即用一种极为辩证的思想显示其灵活无滞的态度和方法，说空不是空，说假也不是假，同时又不拘泥于中，十分圆融。"三观"将空、假、中三"谛"统一联系起来观察问题，自然有助于减少执着，这一佛学思想是慧远能在翻译评论中提出"厥中"理论的关键，使他在认识到"方言殊韵，难以曲尽"的同时，寻求通脱的途径。这一评论思想很好地体现在他的《大智论钞序》中：

　　譬大羹不和，虽味非珍。神珠内映，虽宝非用。信言不美，固有自来矣。若遂令正典隐于荣华，玄朴亏于小成。则百家竞辩，九流争川。方将幽沦长夜，背日月而昏逝，不亦悲乎！于是静寻所由，以求其本。则知圣人依方设训，文质殊体。若以文应质，则疑者众。以质应文，则悦者寡。是以化行天竺，辞朴而义微，言近而旨远。义微则隐昧无象，旨远则幽绪莫寻。故令玩常训者牵于近习，束名教者惑于未闻。若开易进之路，则阶藉有由。晓渐悟之方，则始涉有津。远于是简繁理秽，以详其中。令质文有体，义无所越。辄依经立本，系以问论。正其位分，使类各有属。谨与同止诸僧，共别撰以为集要，凡二十卷。虽不足增晖圣典，庶无大谬。如其未允，请俟来哲。

"譬大羹不和，虽味非珍"，"羹"，古代祭祀时所用的不加五味的肉汁。《左传》载："大羹不致。"注曰："大羹，肉汁，大致五味。"大羹的味如果调和不好，味道就不正。"小成"，指初步、稍有成就。《易·系辞上》说："十有八变，变而成卦，八卦而小成，引而伸之。"《庄子·齐物论》说："道隐于小成，言隐于华荣。"此序虽为谈佛学义理，但也是在谈文章。慧远精于文章之学，所以他能从文章学欣赏角度评价译文。"少玩兹文，味之弥久，兼宗匠本，正关入神。""阿毗昙心者，三藏之要领，咏歌之微言。""其颂声也，拟象天乐，若灵籥自发，仪形群品，触物有寄。若乃一吟一咏，状鸟步兽行也；一弄一引，类乎物精也。"这都是在谈审美的过程和欣赏原理，所用术语完全是阅读学的范畴。毋庸置疑，这本是对佛学而发的思想，但对于佛典翻译是完全有启示意义的。此序中"触物有寄""情与类迁"等思想强调"情"对"物"的感受，注意"感"的直接性，出于自然说，与刘勰在《文心雕龙》所说"情以物迁，辞以谦发"，"人禀七情，应物斯感，感物吟志，莫非自然"十分契合。慧远在《三法度序》中明确用"厥中"说评论佛典译籍，即"详其大归，以裁厥中"。又说"虽音不曲尽，而文不害意。依实去华，务存其本"，反对"或文过其意，或理胜其辞"，反映出传统思想的熏陶。"文不害意"是孟子的命题，《孟子·万章上》说："故说诗者，不以文害辞，不以辞害志。"指断章取义地割裂个别字眼以曲解词句，或就词句的表面作解释而歪曲文章的原意，都不是正确的读书法。慧远此处认为译经不能以文饰而损害原意。

慧远这里的意思也是说须使译文的文质折中适当。但慧远的"中"是佛学的"中道"，并非儒家的中庸之道。传统思想虽也早已有"中道"之说，但仍然有一个确定的归宿。如《孟子·尽心上》："中道而立，能者从之。"《中庸》上说："喜怒哀乐之未发，谓之中；发而皆中节，谓之和。中也者，天下之大本也；和也者，天下之达道也。致中和，天地位焉，万物育焉。"可见《中庸》的"中"的真正含义是既不太过，又无不及，即"恰倒好处"。正如宋玉所云："增之一分则太长，减之一分则太短，着粉则太白，施朱则太赤。"慧远在《襄阳丈六金像颂》中更是以传统思想关照谈佛理禅思，指出："昔众佑降灵，出自天竺，托化王宫，兴于上国。显迹重冥，开辟神路。""神"也是中国传统思想中早已有的概念。早在先秦以远的文献典籍中，已有许多关于"神"的提法，如《周礼·春官·大司乐》有"以祀无神"，《易传·系辞》有"阴阳不测谓之神"等说法，多指一种不可知的神秘力量。《周易》中关于"神"的概念已开始作为哲学范畴使用，儒、道两家都将"神"看作人的心理活动中一种最高的精神体验。如《庄子·达生》中两则描述能工巧匠的创造性技艺而至出神入化的寓言即是。这样从哲学开始进入文学和艺术。慧远这里的论述系统深刻，并且明确和突出地强调了"神"的特征，可以说为翻译艺术树立了一个更高层次的审美理想。他在《万佛影铭》中还用了"体神入化，落影离形"的审美原则。这种"神"指事物的精神本质，是无形无象、无方可执的形而上者，处于事物的最高层次。刘勰《文心雕龙·夸饰》中说："夫形而上者谓之道，形而下者谓之器。神道难摹，精言不能追其极；形器易写，壮辞可得喻其真。""道"之与"器"，犹"神"之与"形"。"精言"不能通"神道"，而"壮辞"却可写"形器"，亦含重神之意。翻译中的传神，就是传原作之神，也指译作所达到的出神入化的最高造诣。

四、译经评论为译经实践确立导向

译经评论从理论、观念及概念语境各个维度将译经实践、经本得失及评论本身表述、定位于传统思维模式，这无疑从原则上告诉人们，佛典汉译或评论就是汉地学问，研治佛学就是汉地学术，这一导向也奠定了佛教学者学问的致思方向。

(一)道安："格义"与反"格义"之间

道安是开创纯正佛学研究的先驱，较早批评译经"格义"之弊，但他的佛学始终带着传统文化烙印，译经评论概念系统也始终没有脱离汉语背景。他在《摩诃钵罗若波罗蜜经钞序》中批评叉罗、支越译经，"斫凿之巧者也，巧则巧矣，惧窍成而混沌终矣。若夫以诗为烦重，以书为质朴，而删令合今，则马郑所深恨者也"。这里引用了《庄子》中有关"混沌之死"的典故，并假设若有人觉得《诗》过于烦琐，《书》过于质朴，便随意删减原文内容而令其符合后世的语言，则定会遭到大儒们的痛恨，借以批评那些在翻译中不忠于原文，妄加删改的行为。"混沌"喻天地未开辟之前的元气状态，比喻自然。意为如果译者随意增删，就破坏了原文的自然天成。典出《庄子》。马、郑为后汉大儒马融和郑玄。马融在安帝时任校书中郎、典校秘书，才高博洽，为世通儒，曾注《诗经》《尚书》等。郑玄是马融的学生，意主博通，亦遍注五经。而般若三达指佛学三明，覆面所演指佛"舌出覆面"，即释迦牟尼。阿难、尊大迦叶、五百六通、阿罗汉、生死人等为佛教中人物或称谓。道安在《疑经录序》中批评译者羼杂己意时说："而喜事者以沙标金，彬彬如也，而无括正，何以别真伪乎？农者禾草俱在，后稷为之叹息，金匮玉石同缄，卞和为之怀耻。"后稷与卞和，成为道安的理论依据。他借赵政的话说："《尔雅》有《释古》《释言》者，明古今不同也，昔来出经者，多嫌胡言方质，而改适今俗，此政所不取也。何者？传胡为秦，以不嫌方言，求识辞趣耳，何嫌文质？文质是时，幸勿易之。"认为尸陀般尼、名悉达、鞞罗尼三人训释阿毗昙的著作中，悉达"迷而近烦"，鞞罗"要而近略"，只有尸陀最为"折中"。这也证明了道安的"折中"评论观。他在《阴持入经序》中"以大寂为至乐"，"大寂"指"涅槃"。"无为"指无因缘、生灭异住四相之造作。"五味不能爽其口"，《老子》上说："五音令人耳聋，五味令人口爽。""爽"，伤害、败坏之意。

　　道安在这篇序中涉及的一个重大课题是对"味"的阐述。"以大寂为至乐，五音不能聋其耳矣；以无为为滋味，五味不能爽其口。"从宗教的"大寂""无为"出发，延伸到审美中的"滋味"说，简要地揭示了"味"的特征和内涵。这就是"无味"之"味"。其实质就是追求一种自然状态，不作任何人工雕饰。翻译中所追求的"化境"，实际上也就是不落斧凿痕迹的状态。正如钱锺书所说："把作品从一国文字转变成另一国文字，既不能因语文习惯的差异而露出生硬牵强的痕迹，又能完全保存原有的风味，那就算得入于'化境'。"（《林纾的翻译》）道安这里评论译经的思维模式与初期译经方式基本一致。初期的翻译，支谶、支谦译本中的大乘概念和本体论思想如"智"或"明"（prajna）、"空"（sunyata）、"寂"（santi）、"方便"（upaya）、"涅槃"（nirvana）、奢摩地（samata）、真如（tathata）、菩提（bodhi）等都译成了与中国玄学术语相当的"圣""虚""无""静""无为""自然""感应"等与老庄思想混在一起的模糊概念。甚至连"释迦牟尼"（Sakyamuni）一语，支谦也译为"能儒"。"阿耨多罗三藐三菩提"（anuttara-samyak-sambodhi），意为"无上正等正觉"，是指只有佛才能具备的智慧或觉悟，而《放光经》中不少地方意译为玄学常用的"道"。

（二）评论观念引导下的佛典汉译

　　观念是人们对世界形成的总体看法。观念具有主观性，但也具有实践性、历史性和发展性等特点。佛学中指对特定对象或义理的观察思维和记忆。唐代魏静《〈禅宗永嘉集〉序》说："物物斯安，观念相续；心心靡间，始终抗节。"意谓物与物之间相安，是因为它们有着相同的观念，心与心之间没有隔阂，是因为它们有着相同的认识。翻译评论的观念是对翻译评论的看法，具有先导性和制约性。正确的评论观念有助于指导评论者正视原本和译本以及批评者之间的时空距离，掌握评论的原则，避免随意性和盲目性，引导评论的顺利开展，进而推动译经事业发展成熟。

1. 导向传统修辞美学

中国古代的传统文化思想源远流长，传统修辞美学就是诞生于中国传统文化思想氛围中的关于书面语修辞，尤其是文学文本修辞的论述。传统修辞美学概念丰富，自成体系。译经评论家常用"雅""趣""正""妙"等，评价译人译典，实质上是有意将佛典汉译导向传统修辞美学。如后汉阙名《佛说法镜经序》说："敷演义方，辞语雅美。"支谦《法句经序》谓"嫌其辞不雅"。严佛调《沙弥十慧章句序》称："辞约义博，说鲜而妙深。"这些评论无疑是要把佛经传译导向汉语的辞章美学之中，使佛典与汉文化典籍有同样的文化品格以使汉地学者容易理解接受并受其关注。康僧会《法镜经序》评价其经"言既稽古，义又微妙"；支敏度《合维摩诘经序》赞扬法护叔兰等译者"并博综稽古，研机极玄，殊方异音，兼通开解"；道安《地道经序》称安世高译经"聪而有融，信而好古"，其《人本欲生经序》中又赞其"言古文悉，义妙理婉"，显然是希望译出经本进入汉文化圈内，适应汉地学者崇古尊经的学术理路。这类概念自然把人们引入汉文化系统，制约其思维模式。

2. 导入玄学思辨

玄学思想的出现，标志着思想界努力摆脱神学经学思维所取得的重大成就。玄学讨论的核心论题是"有无本末"。由于这一论题在老庄哲学中已经有所涉及，所以时人常把玄学称为"老庄""玄宗"或"玄虚"。"玄"为深奥、神秘之意。《说文解字》卷四释"玄"为"幽远也"。老子曾以"玄之又玄，众妙之门"指道家之道。后特指道家。《南齐书·百官志》说："太始六年，以国学废，初置总明观，玄、儒、文、史四科，科置学士各十人。"所谓"玄理"或"玄宗"本指幽深微妙的义理，即老庄道之说。《晋书·王湛传》说："齐尝诣湛，见床头有《周易》，……齐请言之，湛因剖析玄理，微妙有奇趣，皆齐所未闻也。"《梁书·谢举传》载："举少博涉多通，尤长玄理及释氏义。"明确将道家之学与佛学分开。"玄学"即道家之学。佛学最初传入汉地，译经大师本依附于黄老道术及方士神灵，还未明显透出玄化意趣，而是评论者"玄"义十足。佛学的玄学化是佛学中国化的标志，是译经大师翻译佛教义理时采用玄学术语的结果，也是译经评论在这方面的推波助澜。因为评论者直截了当地以"玄"字来评论译本，促使译师向这一观念靠拢。如支敏度评论支谶译经说："凡所出经，类多深玄，贵尚实中，不存文饰。"（僧祐《出三藏记集》）在佛学还在依附黄老道术时期，在译师还没有找到玄学术语译释佛典之时，评论者就已开启了佛学玄化的大门。这似乎是评论者出于本能，要将佛典翻译引向玄化。因为支谶译经还不是玄学盛行时代，而支敏度正是玄学影响下的般若学派六家七宗之一心无宗之创始者。其实，支谶译经，只是在安世高译经基础上，在遣词造句方面积累有一定的经验，有所观摩取法。而安世高译经，既没有现成的佛学概念供其参考，他对汉语文化也没有高深的理解，许多术语都是他创译的。而评论者基于其深厚的汉学根底，要把他的译经纳入玄学体系。

《法镜经》由康僧铠所译，其译语特点是：以"闻如是"开头，把佛译为众佑，把舍卫国译为闻物国，把菩萨译为开士，把祇树译为胜氏之树或胜树，把长者译为理家等。这种"格义"式译经，康僧会《法镜经序》对其译文给予很高的评价："钩深致远，穷神达幽。愍世蒙惑，不睹大雅，竭思译传斯经景摸。都尉口陈严调笔受。言既稽古，义又微妙。"《法句经序》又赞美说："审得其体，斯以难继。"支敏度《合维摩诘经序》评价支谦"其文微而婉，其旨幽而远"，又谓法护叔兰"研机极玄"；支遁《大小品对比要钞序》称："辞茂事广，喻引宏奥，虽穷理有外，终于玄同。"又谓"求之于言表，寄之于玄外"。"故使文流相背，义旨同乖，群义偏狭，丧其玄旨。"他主张译经当"浪神游宗，陶冶玄妙，推寻源流，观虚考实"。道安《人本生死经序》中评支谦译经"探玄畅滞，真可谓如室者也"。僧叡《思益经序》赞扬罗什译经："有蒙披释玄旨，晓大归于下。"其《毗摩罗诘提经义疏序》又赞其译经为"正玄文，摘幽指，始悟前译之伤本，谬文之乖趣耳"。《法华经后序》中说："经流兹土，虽复垂及百年，译者昧其灵津，灵关莫之或启，谈者乖其准格，幽宗罕得而履。"全是玄学的概念。许由《高士传》评论魏时隐者焦先说："今焦先弃荣味，释衣服，离室宅，绝亲戚，闭口不言，旷然以天地为栋宇，暗然合至道之前，出群形之表，入玄寂之幽，一世之人不足以挂其意，四海之广不能以回其顾，妙乎与夫三皇之先者同矣。"深刻地反映了魏晋人士的精神状态和心理需求。如帛法祖"研味方等，妙入幽微"，"研精辩析，洞尽幽微"，"妙尽玄旨"等这类评论，都是玄学化的概念。僧肇更明确地以"玄"解佛，他在《佛说长阿含经序》中说："夫宗极绝于称谓，贤圣以之冲默；玄旨非言不传，释迦所以致教。""质直清柔，玄心超诣，尊尚大法，妙悟自然。"他在《维摩诘所说经注十卷序》中说："每寻玩兹典，以为栖神之宅，而恨支竺所出理滞于文，常恐玄宗坠于译人，北天之运，运通有在也。"直接将佛学等同于玄学。他还在《涅槃无名论》中说："玄道在于妙悟，妙悟在于即真"，也是将佛学直呼为道家玄学。僧祐《出三藏记集序》称："夫真谛玄凝，法性灵寂，而开物导俗，非言莫津。"既然评论家的理论指向如此，译师们自然不能超越这一旨趣。

3. 导向老庄自然化境

道家重视自然，老子说："人法地，地法天，天法道，道法自然。"（《道德经》）东汉人士运用老庄自然观品评人物之风十分盛行。刘劭《人物志》论人格理想时多采取道家自然无为思想，所谓"中庸之德，其质无名"；"人之质量，中和最为贵矣。中和之质，必平淡无味"。无名必平淡无味，然而最高才性已蕴于其间。又说："是故质性平淡，思心玄微，能通自然，道理之家也。""道理之家"代表才性的极致，而此"道理"与道家自然之说已经相通，所以刘劭论才性虽然不离儒家"中庸"之说，但实际开始向道家自然之性方面转移，而自然与名教关系的讨论正是玄学的重要课题。至于"无名"概念的提出，更成为玄学本体论讨论的理论前提。何晏《无名论》说："为民所誉，则有名者也；无誉，无名者也。若夫圣人，名无名，誉无誉，谓无名为道，无誉为大。则夫无名者，可以言有名矣；无誉者，可以言有誉矣。然与夫可誉可名者，岂同用哉！"认为一般事物都是可用名号称呼的，但有一种事物是无法给予相应的名号的，即圣人之名、圣人之誉。而圣人之无名无誉，亦可以算是另一种有名有誉，不过这种有名有誉，完全不同于一般事物的有名有誉。这段话与《老子》第一章的"道可道，非常道；名可名，非常名"及第二十五章的"吾不知其名，字之曰道，强为之名曰大"观念相通。老子认为"道"是万物之根源，是无形无状，无法具体言说的。如果可以具体言说的道，便不是真的道。王弼在《老子注·第一章》说："可道之道，可名之名，指事造形，非其常也。故不可道，不可名也。"但若不为之命名，便难以指陈，于是勉强将它命名为"道"。又说："名以定形。混成无形，不可得而定，故曰'不知其名'也。字之曰道夫名以定形，字以称可。言道取于无物而不由也，是混成之中，可言之称最大也。"意谓"道"只是一个权宜而用的名词，并不能说明道的全部内涵。同样，何晏也遵循老子之说，认为圣人体道而表现出的境界，是同样无法名之誉之的。若勉强名之誉之，也与具体事物的名之誉之大大不同。这显然与荀子的名实观不同。荀子提出"制名以指实"的原则，认为名为实所规定，名是用来说明实的，故同实者同名，异实者异名。客观事物有普遍和特殊、一般和个别的区别和联结，所以概念也有"共名""别名""大共名""大别名"之分。什么实用什么名，什么名代表什么实，并非一开始就是固定的，而是"约定俗成"的。荀况还将当时名家在名实关系上的种种混乱，归结为"三惑"：一者"惑于用名以乱名"，即用自己特定的"名"或"名"的特定含义，去乱大家公认的"名"或"名"的一般含义，是偷换概念。二者"惑于用实以乱名"，即用个别事实去乱一般概念，以偏概全。三者"惑于用名以乱实"，即违背大家共同使用名词、概念的习惯，利用名词、概念的不同来抹杀事实。

道安的评论思想充分显示了他追求自然的境界。他在《了本生死经序》中评支谦"为作注解，探玄畅滞，真可谓入室者矣。俊哲先人，足以折衷也"，表现出道安对"折中"理想的追求。他崇尚"混沌"之境，追求"大寂"和"无为"（《摩诃钵罗若波罗蜜经钞序》），明显受老庄影响。僧叡曾评论罗什所译《般若波罗蜜经》，"胡文雅质，按本译之。于巧丽不足，朴正有余矣"，"折中""朴正"均是自然状态的境界。传统思想崇尚人与自然的和谐，重视主体内心修养。孟子讲"尽心知性"，《周易大传》强调"穷理尽性"等，成为人们生活、行为的准则。《庄子》发展《老子》的"见素抱朴"思想，主张"解心释神"，认为人性自然、纯真、朴实，情欲和仁义都不是性，主张性不为外物所动，"任其性命之情"，保全本性。这种主张自我认识，体认天道的内倾性思维方式又启发人们"心外无物"的漠视外界的认知方式，促使人们转向内倾。它与传统的整体性思维强调人与世间万物本是同源同构、彼此感应的思维模式相呼应，因而自然认为，只要认识人和人类社会本身，就完全可以内在地把握世间万物。这种整体观加强了自然意识，因为人类与天地万物都源自一个共同的根源，支持自然界运转的所有要素以参与者的身份，都属于同一个有机的整体，在一个自发自生的生命程序之中互相作用。要素彼此之间，在此根源性力量的牵引下，构成一个环环相扣、相互通感且密不可分的统一整体，相互形成。

4. 导向中土古贤

古贤是古代先贤。《后汉书·方术传上·谢夷吾》说："方之古贤，实有伦序。"古代先贤代表着传统思想，是他们建立了中国传统学术文化，因此成为传统学术文化的代称。初期佛典汉译所使用的术语，大都是从当时学术界通用的中国古典文献中借来的。而评论在这方面起着引导作用。道安《道行经序》称译经当"委本从圣，乃佛之至诚"，以"圣"称释迦牟尼，其《摩诃钵罗若波罗蜜经钞序》中说："然般若三达之心，覆面所演，圣必因时，"僧肇也称译经当"恭承法言，敬受无差；黜华崇朴，务存圣旨"（《维摩诘所说经注十卷序》）。僧祐《出三藏记集序》称支谦译经"曲得圣义，辞旨文雅”。实则已将佛陀与中土圣贤并提，将佛说与圣旨同论，这与支谦将“释迦牟尼”译为“能儒”并无二致。道宣《续高僧传序》称佛学为“圣道”，与译者将“菩提”译为“道”同一意趣。译经与评论都直接采用传统思想概念，表明佛学的汉化是二者共同作用的结果。而译经是在评论的指导下发展的，评论不仅在宏观上为译经指示方向，也从微观上制约译经的选词和润饰，形成译本的特有面貌。

5. 导向汉地重文传统

汉地辞章重视文采，讲究简洁。译经评论承袭这一传统，将译经修辞目标指向文采和简洁。道安在《注经录序》中说：“《道行品》者，《般若》抄也。佛去世后，外国高明者所撰也。辞句复质，首尾互隐，为集异注一卷。”慧皎《高僧传》也说：“竺朔佛译出《道行经》，文句简略。”隋代法经等《众经目录》称：“并是重译，或全本别翻，或割品殊译。然而世变风移，质文叠举，既无梵本校雠，自宜俱入定录。”彦琮《众经目录》载：“佛法东行，年代已远。梵经西至，流布渐多。旧来正典，并由翻出。近遭乱世，颇失原起。前写后翻，质文不同。一经数本，增减亦异。致使凡人得容妄造，或私采要事，更立别名；或辄构余辞，仍取真号；或论作经称，疏为论目。大小交杂，是非共混，流滥不归，因循未定。将恐陵迟圣说，动坏信心，义阙绍隆，理乖付嘱。”靖迈《古今译经图记》称达摩笈多来华后，“至止未久，大通隋言”，其译经“义理允正，称经微旨”，“并文义清素，华质显正”。慧立《大唐大慈恩寺三藏法师传》称善无畏译《大毗卢遮那成佛神变加持经》：“其经具足梵文有十万诵。今所出者撮其要耳。沙门宝月译语，一行笔受承旨，兼删缀词理。文质相半，妙谐深趣。”这些观念显然不仅仅是对译本的一种感受，而且是评论者基于确定的观念体系，以先入之见的方式体察到的领悟，更是评论者所希望的辞章境界。其实，佛教学者们的著述，包括评论文字本身即是以汉地辞章学为基准的。刘遗民《致僧肇书》说：

> 见上人《般若无知论》，才运清俊，旨中沉允，推步圣文，婉然有归。披味殷勤，不能释手。真可谓浴心方等之渊，悟怀绝冥之肆，穷尽精巧，无所间然。但暗者难晓，犹有余疑，今辄条之如左。愿从容之暇，粗为释之。

僧肇《般若无知论》阐述般若智慧的性质、对象和意义，与玄学思辨有一定联系，具有很高的理论思维水平和形上特质。道宣《续高僧传》中综观一科内容的"论"，不仅笔锋驰骋，论列纵横，而且文辞锦绣，具有浓郁的文学色彩。僧璨《信心铭》下"论"曰："凡历古以来诠道之作多矣，至于穷彻法源，妙尽宗极，无出此篇。言约而义丰，旨深而词雅。"南宋宗鉴《释门正统》参照《史记》《汉书》体例编撰而成，全书共分为本纪、世家、志、传、载记五大类，大类之下又分为若干小类，有小序冠首，笔力纵放，词句绮丽，文辞含蓄，儒学风范十足。道宣《续高僧传》评慧远"文多清素，语恒劝善，存质去华，不存粉墨"。他评慧皎《高僧传》"创发异部，品藻恒流，详核可观，华质有据。而缉哀吴越，叙略魏燕，良以博观未周，故得随闻成采。加以有梁之盛，明德云繁，薄传五三，数非通敏，斯则同世相侮，事积由来。中原隐括，未传简录。时无雅赡，谁为谱之？致使历代高风，飒焉终古。……今余所撰，恐坠接前绪，故不获已而陈之。或博咨先达，或取讯行人，或即目舒之，或讨雠集传。南北国史，附见徽音，郊郭碑碣，旌其懿德。皆撮其志行，举其器略，言约繁简，事通野素，足使绍胤前良，允师后听。"昙噩《新修科分六学僧传》依照六学分类而成。其自序说，梁、唐、宋三传的文字，大率是六朝五季的风格，制体卑弱，缺古文的气息。宋代黄庭坚尝有意删除而未果，慧洪也仅仅润色了《梁传》，因此他就三传重新编修，而以慧、施、戒、忍辱、精进、定六学来分类，表示与旧有的十科分法不同。作者润饰文辞，斟酌改写，增删文句，使明白易懂。熙仲《历朝释氏资鉴跋》云："摭儒释群书，自开辟以来，迄于皇元一统，历代国朝佛法关系，隆替利害宿德与王臣机语契合，对辩唱酬，去华取实，笔而萃之。"《佛祖历代通载》云："所著《悬谈详略》五卷、《肇论略疏》三卷、《慧灯集》二卷，皆内据佛经，外援儒老，托譬取类，其辞质而不华。"其中对文质的评论和追求与对译本的文质的观点完全一致。

第二节　佛典汉译评论思想与佛学思想的一体化

佛典汉译评论本是与佛经翻译同时发生，共同繁荣的。在译介佛典时，译家从各类经本中发现了全新的文体类型，领略了梵文不同的思维方式与表达技巧，促进了胡、梵、汉等多种语言的交流和对比研究，从而促使译者和评论者深入思考各种语言的特征并逐步了解和掌握这些语言的基本特点，揭示出汉语没有的内容与形式，引起读者的重视。还有的佛学家尝试运用佛教的哲学、美学、文学观念来评论译本，从一个崭新的视角，挖掘出了翻译的深层意蕴。评论者的目的是为了规范译经活动，有效传译经典的佛法大义，不同时期评论者们提出了不同的翻译原则和思想，并随着译经事业的发展而不断完善。佛典汉译的发展，促进译经实践的成熟，并进而推动佛学义理的发展，于是佛典汉译评论最终与佛学义理结合起来，这些义理不仅规定着译者们的翻译实践，而且译经评论者们又几乎完全是以佛学义理学家姿态审视译本，这就不可避免地使其评论与佛学哲学及美学思想相一致。

一、评论观念与佛学思想高度一致

佛典汉译评论作为一种学术行为和理论思考，本身就是与佛学研究相联系的。如译经评论中的"折中"思想，并非仅指文质适中这一孤立的命题。慧远是较早明确提出翻译的"厥中"说的。他的"中"的含义就是"简繁理秽"，"质文有体，义无所越"（《大智论抄序》），"参通胡晋"，"详其大归"（《三法度论》）。其实，"中"的观念并不限于译本的文辞，它也是学佛的原则。杨亿《古清规序》说："师曰：吾所宗非局大小乘，非异大小乘，当博约折中，设于制范，务其宜也。于是创意别立禅居，凡具道眼者，有可尊之德，号曰长老，如西域道高腊长呼须菩提等之谓也。即为化主，即处于方丈，同净名之室，非私寝之室也。不立佛殿，唯树法堂者，表佛祖亲嘱受当代为尊也。所裒学众，无多少无高下，尽入僧堂，依夏次安排。"可见杨亿的"折中"是学佛的原则。慧远主张译本文质"折中"，也与他的佛学思想、成佛理念及佛学传播目标相一致，也与他梵汉文化融通，"内通佛理，外善群书"，善于"化兼道俗"的佛学实践相一致。慧远曾是道安学生，承袭道安"本无"思想，但又有所修正，这就是他的"法性"实有论。而慧远的"法性"与印度大乘精神并不相符，它不是以实相、空性为宗，而是以不变、实有为归宿，是他融合梵汉的结晶，表明慧远已脱离了道安"本无"的宗旨，也体现了他佛学上的"折中"立场。对于传统思想，慧远也在继承之中有所发展。《庄子》说："六合之外，圣人存而不论；六合之内，圣人论而不议；《春秋》经世先王之志，圣人议而不辩。"司马迁认为，庄子之学"无所不窥"（《史记·老庄申韩列传》）。但庄子的哲学思辨与孔子一样，孔子不言性与天道，他说："未知生，焉知死"（《论语·先进》）；"君子于其所不知，盖阙如也"（《论语·子路》）。且并不预设任何特殊之态度与主张。成玄英《庄子疏》云："六合者，谓天地四方也。六合之外，谓众生性分之表，重玄至道之乡也。夫玄宗（冈）（罔）象，出四句之端；妙理希夷，超六合之外。既非神口所辩，所以存而不论也。"而慧远则借题发挥，指出："'六合之外，存而不论'者，非不可论，论之或乖；'六合之内，论而不议'者，非不可议，议之或疑；'《春秋》经世先王之志，议而不辩'者，非不可辩，辩之或乱。此三者皆其身耳目之所不至以为关键，而不关视听之外者也。"其意图在强调人们的视听范围之外还有一个所不知的世界，即神的世界。这是与他的法性实在观相联系的。

在译经实践上，慧远曾因《大智度论》篇幅过大而予以删削，成《大智论抄》。这类删削虽不是直接译自原本，但仍属于翻译，在佛典汉译中，这种抄略式译经十分普遍。五老旧侣称其为"略抄式翻译法"（《佛教译经制度考》）。在古代经录中，有多部抄于《华严经》或《维摩经》的部类。有将已译的经典择要抄录而成的，也有在翻译的时候，略抄原典的重要部分而成的。其最具代表性的是《四十二章经》。《开元释教录》评此经说："旧录云：此经本是外国经抄，元出大部，撮要引俗，似孝经十八章云云。"另外常见的译经法还有"整文式翻译法"，即重译一种已经译过的经典所采用的方法。因为原典尚有阙如，或译语不佳。但其中某些部分的文字被认为善美，所以依照抄译。如《添品妙法莲华经》就是一字一句不改的抄译罗什译本，《四十华严》基本也是袭用《八十华严》。另有"撰述式翻译法"，即译师且译且编，融合了自己的思想。如玄奘所译《成唯识论》中许多是自己的观点，相当于一部自著。（吕澂《辩佛学根本问题》）还有"对译式翻译法"，这是大多数汉译经典采用的方法。译经评论讨论最多的也是这类翻译，是应逐语直译，还是应达意译，始终是评论关注的焦点。如罗什喜意译，着重表现原文的意义，而不拘泥于辞句的末节。他认为如果无助于表现原意甚至会有所妨害的语句，必要时可以删略，以使原意通畅。如他所翻译的《阿弥陀经》梵文形容极乐庄严之中，八功德水洋洋的状态，原句为："八功德水，充满齐岸，鸦亦可饮。"这种水满的形容词，在梵文为套语。如果将"鸦亦可饮"这种形容词直译为汉语则不甚适切。于是罗什只略译为"八功德水充满其中"，这是达意译法，也是罗什的译风。

慧远对般若学深有体悟，他在《大智论钞序》中说："生涂兆于无始之境，变化构于倚伏之场。咸生于未有而有，灭于既有而无。推而尽之，则知有无回谢于一法，相待而非原；生灭两行于一化，映空而无主。于是乃即之以成观，反鉴以求宗。鉴明则尘累不止，而仪象可睹；观深则悟彻入微，而名实俱玄。"就生灭、有无关系，持"相待""两行"的看法，表明其般若佛学观点。他又说："有而在有者，有于有者也；无而在无者，无于无者也。有有则非有，无无则非无。何以知其然？无性之性，谓之法性。法性无性，因缘以之生。生缘无自相，虽有而常无"，这正是般若有无双遣的方法。慧远的般若思想既是他的宣化，也是其佛教实践的指南，因此他的佛学研究一方面关注理论思考，同时更注重将理论化为社会民众的信仰自觉，使佛学成为信仰者的共同认识，并付诸宗教实践，最终成就佛果。他在《庐山出修行方便禅经统序》中指出，禅寂与智照"相济"，体现他注意理论和实践相结合的佛学理念。他在庐山深研佛学，广译经典，又建莲社，立誓往生西方，表明其对理论和实践相结合的重视。而成就佛果最现实的就是如何解决疾速与缓进。他在《答桓南郡书》中援引庄子对人生的感叹说："人生天地之间，如白驹之过隙。以此而寻，孰可久停？岂可不为将来作资？"意谓要成就佛果，摆脱轮回，脱离报应，而人生短暂。为此，他提出以"般舟三昧"为基本途径，认为它"功高易进"。他说："又诸三昧，其名甚众，功高易进，念佛为先。"(《念佛三昧诗集序》)，他在《庐山出修行方便禅经统序》中又说：

> 夫三业之兴，以禅智为宗。虽精粗异分，而阶藉有方。是故发轸分途，途无乱辙；革俗成务，功不待积。静复所由，则幽绪告微，渊博难究。然理不云昧，庶旨统可寻。

意谓以禅定引发智慧，以止观对治三业，这需要按照内在的规律，遵循必经的阶地，但可以通过不断的修行达到目的。这段话讲成佛实践，谈学佛方法，与他在《大智论钞序》中论翻译方法时，无论措辞还是语句都十分相似，因为学佛与成佛本是一致的。其在序中说"正典隐于荣华，玄朴亏于小成"，意谓纯正的文本会失于润藻，本可成大器者也会功亏一篑。将文本质地与成佛同论。"若开易进之路，则阶藉有由。晓渐悟之方，则始涉有津"，研习佛学，可寻找"易进之路"，便可"阶藉有由"。与"阶藉有方"都讲同一个道理，这样，他把学佛、成佛与翻译的文质结合起来了。慧远在评论僧伽提婆的翻译时，认为他的译文"虽音不曲尽，而文不害意。依实去华，务存其本。"但这还不是慧远自己的观点。他评论说："自昔汉兴，逮及有晋，道俗名贤，并参怀圣典。其中弘通佛教者，传译甚众。或文过其意，或理胜其辞。以此考彼，殆兼先典。后来贤哲，若能参通晋胡，善译方言，幸复详其大归，以裁厥中焉。"(《三法度序》)这与他在《大智论钞序》中所说很相似，"静寻索由，以求其本。则知圣人依方设训，文质殊体。若以文应质，则疑者众。以质应文，则悦者寡。是以化行天竺，辞朴而义微"。

(一)道安的佛学思想与译经评论

道安的般若学和禅学理论是在魏晋玄学背景下创立的,因而深受玄学影响,但又未过度偏离本义。这使道安的佛学在当时既有准确性一面,又掺杂着不纯,带有过渡性。确如僧叡所说:"经来兹土,乃以秦言译之。典谟乖于殊制,名实丧于不谨。致使求之弥至,而失之弥远,顿辔重关,而穷路转广,不遇渊匠,殆将坠矣。亡师安和上,凿荒涂以开辙,标玄指于性空,落乖宗而直达,殆不以谬文为阂也,嬥嬥之功,思过其半,迈之远矣。"(《大品经序》)揭示出道安佛学的开拓之功及其在性空理论上的建树,但也指出道安研究的不足及其原因:"自慧风东扇,法言流咏已来,虽曰讲肆,格义迂而乖本,六家偏而不即,性空之宗,以今验之,最得其实。然炉冶之功,微恨不尽。当是无法可寻,非寻之不得也。何以知之?此土先出诸经,于识神性空,明言处少。存神之文,其处甚多。《中》《百》二论,文未及此。又无通鉴,谁与正之。先匠所以辍章遐慨,思决言于弥勒者,良在此也。"(《毗摩罗诘提经义疏序》)

1. 道安的"十二因缘"与评论思想

安世高讲"十二因缘"的著作有《安侯口解十二因缘经》及《人本欲生经》。道安读安世高译籍,"每览其文,欲疲不能",可见其对此理论的兴趣之大。他在《人本欲生经序》中阐发原始佛学"十二因缘"说,将人的生命起源和过程按十二个相互联系的因果环节组织,将世界看成一个统一的联系体,形成初期佛学辩证、联系的人生观和宇宙观,体现出道安对此说的精通,这使他能够在翻译评论上运用辩证联系的观点,避免固执一端。这就是"洞照旁通","神变应会"。这种翻译思想也就是他的佛学思想。"十二因缘"思想赋予道安综合辩证的翻译观,使他具有明显的折中倾向。道安研究佛学,为经作注解,共有注疏序文十八篇,二十四卷,他的佛学思想都蕴藏于这些经序之中,其中有不少序文涉及对前人以及时人译经的总结和评论,对佛经翻译的不同方面作了理性分析,对翻译的认识日渐全面,其翻译评论较为成熟。他的综合辩证翻译思想辩证灵活,既不赞成像支谦那样文字求巧,要求译者尽最大可能来保存佛经原典"有意味的形式"和质朴的面貌,也赞赏支谶、世高"审得梵本",认为是"难系者也"(《摩诃钵罗若波罗蜜经钞序》)。同时他也很关注读者,希望译文易于接受和理解,尽可能使译文"传可众心",以免"深义隐没未通",因此译文可以"斥重省删,务令婉便"。道安也很重视原本,他认为翻译中的"从秦"不是迎合读者,更不是曲解佛经原义,原典的真理应重于读者的习惯。对于佛教学者,不加润饰的全译比起删削婉便的节译更具研究和参考价值。作为虔诚的信徒和译场组织者，道安"务在宣法"，希望译文忠于原文，译者把梵语原文尽可能完整地传达出来，以"委本从圣"。《比丘大戒》是道安初次经历的翻译，他在《比丘大戒序》中论及对戒律汉译的感受。他先是感觉从法和读到的戒律语言"烦直"，所以"意常恨之"。而对照摩侍的《比丘大戒》之后，又觉得"淡乎无味，乃真道味也"。慧常参与当时译务管理，他从戒律的特点出发，认为译文应保原文形式的完整性，不应删削润饰。道安也接受这一观点，赞同"案胡文书，唯有言倒时从顺耳"。他还指出，将来学者如欲求得先圣雅言，就应该"详揽"，并提醒译者，"便约不烦"的译文，就像"蒲萄酒之被水"，淡而无味。汤用彤在《汉魏两晋南北朝佛教史》中指出，与三国支谦等人译经力求文雅、专主意译、排斥音译不同的是，晋以后译经多主直译，先求信达，再求文雅。这也包括道安的观点在内。道安认为，如果译者精通梵（胡）汉，译技娴熟，译文既不"失实"，又更具可读性，可以有适当的删削文饰。道安允许《阿毗昙》译文"损可损"，因为译者是竺佛念，《僧伽罗刹集经后记》所允许的译者也是竺佛念。因为像竺佛念这样优秀的译者，不仅兼解"华戎音义"，而且精通"苍雅诂训"，"备贯风俗"，"洞晓方言"，被视为苻、姚二代"译人之宗"（《佛念法师传》）。可见，道安十分信赖他的翻译。

道安还意识到译文的文质，删削等，必须取决于原文的文质。在翻译诸如《摩诃钵罗若波罗蜜经》这样的大乘经典时，应该适当文饰；而在翻译《比丘大戒》及阿含、毗昙一类的小乘经典时，则必须求质，不能羼杂主观的思想，随心所欲地潜易原著的精神。道安采纳赵政翻译《鞞婆沙》时的观点，不能因为"胡经方质"而"改适今俗"，而应"案本而传"。可见道安是以原本特点为转移，辩证综合地翻译，灵活掌握翻译技巧。在《道行经序》中，道安认为，竺佛朔翻译《道行》虽然"因本顺旨"，"了不加饰"，但却"首尾隐者"。法护翻译《放光品》虽然"斥重省删，务令婉便"，但"钞经删削，所害必多"。最好是像支谶那样全译。在《合放光光赞略解序》中，道安更显示了他对译文繁简的灵活性。对于《放光》"斥重省删"的翻译，他既赞赏其"事事显炳"，便于读者理解，但又因为"从约必有所遗"而倍感遗憾。对于《光赞》"言准天竺，事不加饰"的翻译，他虽然批评它"辞质胜文"，给读者带来不便，却又赞赏它"事事周密"，令研读者"所悟实多"。和《道行》比较时，道安认为《光赞》删略得当，文字流畅更加达意，并赞之为"传译如是，难为继矣"。而与《光赞》比较时，又觉得删译不一定合适，认为"从约必有所遗"。可见，繁或简，文或质各有优劣。

对于《阿毗昙》译文中混杂的解释性"义辞"，道安并不是简单删除，而是在"事须悬解起尽之处，皆为细其下"(《阿毗昙序》)。竺佛念并非所有的翻译都"五失胡本"。如同属于小乘经典的《阿含》，在翻译《增一阿含》时，他"五失胡本"；而在翻译《长阿含经》时，他却"蠲华崇朴，务存圣旨"。可见，道安所论译文"五失胡本"，既与所译经典内容相关，更与译者学养相联系。

道安的这种译经思想当然与他的学养有关。他本是中华文化造就出来的中国佛学的一代大师，是本土成长起来的第一批佛教学者的卓越代表和领袖，"博物多才，通经名理"，于"内外群书，略皆遍睹"。道安的著述，广泛涉及诸子百家学说。他虽不通梵文，但能用比较不同译本的方法，较为准确地理解佛经。这样的学养结构使得他认为成佛非一蹴而就。道安的佛学思想也体现出包容性，认为大小乘俱是随机说法。慧皎《高僧传》载其"外涉群书，善为文章"。文章之学，既需要知识积累，也更需慧心慧解，需要对现实有超越的意识。不存在忽视知识修养的文章写作。只靠学习而才性不足，难成大家。从文章的这种特性而言，渐悟和顿悟均属偏执偏枯。唐代宗密《大方广圆觉修多罗了义经略疏》云："顿门必具渐。"此二者合则双美，离之两伤。佛学上折中于顿渐两边的立场，很自然地会被移用到文章学之中来。道安《合放光光赞序》分菩萨所现为法慧与真慧，然却"此两者同谓之智，而不可相无也"。显示其折中顿渐的现实态度。

2. "本无宗"与"案本"论

在般若学派中，道安创本无宗一派。本无宗主张"无在万化之前，空为众形之始"，"未有色法，先有于无，故从无出有"，就是《老子》"天地万物生于有，有生于无"的思想。道安非常推崇"般若"，他认为，"般若波罗蜜者，成无上正真道之根也"(《合放光光赞随略解序》)。而"正真之道"也就是"如""法身""真际"。而"如"就是如同这个样子，即"本末等尔"，本体和现象如一不二。"法身"指一，指常，指净。净也有"无"的含义，"有无均净"。以"净"为基础，才能持戒，行定，"于戒则无戒无犯，在定则无定无乱"。"真际"是无为而无不为的本体，"真际者，无所著也，泊然不动，湛然玄齐，无为也，无不为也"。道安也把般若本体等同于"真如""法性"，在论述本体和现象关系时，道安把"执寂御有"看作"有为之域"，反对从本体的空性来认识现象，而应"据真如，游法性，冥然无名者，智度之奥室也"，直接体现本体之无(《道行经序》)。这个"执寂御有"正是道安早期禅学中的观点，这反映了道安思想的变化，同时也可以明显看出道安思想体系中的道家、玄学思想痕迹。道安的佛学思想包括"本体论"和"禅数学"，都与魏晋玄学有着极为密切的联系。就其本体论而言，昙济《七宗论》说：

> 第一本无主宗，曰：如来兴世，以本无弘教，故《方等》深经，皆备明五阴本无，本无之论，由来尚矣。何者？夫冥造之前，廓然而已，至于元气陶化，则群象禀形，形虽资化，权化之本，则出于自然，自然自尔，岂有造之者哉？由此而言，无在元化之前，空为众形之始，故谓本无，非谓虚豁之中，能生万有也。

道安的禅数思想即以其"本体论"思想为基础，重在"崇本息末"，这也和魏晋玄学相联系。王弼最早从"本""末"角度，以本体论思想为基础，直接提出"崇本息末"。他以宇宙本体为客观存在的实体，认为这个实体因为"无形无名"，无任何限制，所以成为万物之"宗"。他在《老子指略》中提出"敦朴之德"，即清净无欲，无所尊尚的精神状态，由于与宇宙本体（道）相合，所以被王弼称为"本"。又提出"名行之美"，即仁义礼法等各种道德行为规范，由于与宇宙本体（道）相背，所以被王弼称为"末"。王弼在《老子》注中说："上之所欲，民从之速也。我之所欲唯无欲，而民亦无欲而自朴也。此四者，崇本以息末也。""崇本息末"的内涵显然是想改变"父子兄弟，怀情失直，孝不任诚，慈不任实"这一情性背离的伪妄思想，希望人的情感不为物累，应物而化，摆脱长期"流荡失真"的局限，重新回到它的本然状态。郭象也运用"本""末"分析和强调"崇本息末"，批评当时社会背本趋末、情性背离的世风。他在《马蹄》注中说："变朴为华，弃本崇末，于其天素，有残废矣，世虽贵之，非其贵也。"郭象所以反对人君的造作，同样是要人回到他的本然状态。虽然王弼所说的"本"是无偏尚，所说的"性"是人所共，郭象所说的"本"是无作为，所说的"性"是人相异，但二者都认为"崇本息末"的最后目的在与本性相合。郭象还认为，"独化于玄冥之境"，才是人的心境达到"崇本息末"所具备的特征，才算依照本性行事，也就是一种无所思虑的心理状态，"冥然以所遇为命而不施心于其间"。可见真正的"崇本息末"并不是首先放置一个"本"或"末"标准在心里，然后去"崇"或"息"，而是强调一种"无所别析"，"无心玄应，唯感之从"的精神状态。王弼认为"崇本息末"的终极状态就是"心无所别析"。嵇康认为应该是无"计"。

道安的论述，显然与这些思想相联系，只不过王弼、嵇康和郭象追求的是与人的本性相合，道安追求的是与包括人在内的万法的法身也即法性相合。显然，道安的禅数学，并不是直接衍生于大乘中观学派的"即有即无""非有非无"思想，而是经过了魏晋玄学"崇本息末"观念的影响。他只认识到万有的"无"，并未认识到它们的"非无"，他所说的"有无均净"和"两忘玄漠"，完全是基于人的心境而言。他还认为禅修的真正目的在于契入"无本""无为"而"开物成务"。"开物"是使天下兼忘我，"成务"是无事而不适（《地道经序》）。也就是要从禅修所得到的境界中，忘我、尽性而造成世界的安乐，不仅仅是追求个人精神上的享受甚至超自然力。其《大十二门经序》说："明乎匪禅无以统乎无方而不留，匪定无以周乎万形而不碍，禅定不愆，于神变乎何有也。"僧叡批评"六家偏而不及"，指未能达到即体即用、即有即无等"相即"的认识。僧肇《不真空论》批评说：

> 本无者，情尚于无多，触言以宾无，故非有，有即无，非无，无即无，寻夫立文之本旨者，直以非有非真有，非无非真无耳，何必非有无此有，非无无彼无？此直好无之谈，岂谓顺通事实，即物之情哉！

这里，僧肇高度概括并评论了道安"本无论"思想，准确转述并阐发了大乘中观理论。从僧肇的评述可以看出，尽管道安有关圣人应该具备的心境特征的描述与大乘中观学派的法性理论颇有相通之处，但它们得以衍生的佛理依据却并不尽同。这既有客观原因也有主观因素。客观上，在道安时代，大乘中观理论尚未翻译，自然不可能产生"即有即无，有无一体"的佛学思想。而主观上，道安的学养背景使他有意取法魏晋玄学。佛学自西汉传入，但直到东晋人们才对其本义有所了解，这实与当时学界精英为弘扬佛学而在理解时又掺杂传统思想，有意借鉴中国主流文化分不开。和王弼、郭象一样，道安也同样是在他的"本体论"思想基础上运用"崇本息末"这一概念的。道安认为："无在元化之前，空为众形之始"，在万物化生之前并不存在一个主宰天地万物的本体，万物都由因缘和合而成，没有自性，随缘生灭。所以以此为基础，道安也认为空无为本，万有为末，并进而提出"崇本息末"的原则。昙济《七宗论》载："夫人之所滞，滞在末有，宅心本无，则斯累豁矣。夫崇本可以息末者，盖此之谓也。"至于如何才能达到"崇本息末""宅心本无"，道安的禅数学明显经历了变化。先期是"灭有去累"，这是接受的安世高小乘禅思想，但道安又用"万法皆空"的般若思想对其有所改造。其《大十二门经序》中提出"防闲"与"念空"，认为摆脱"冶容"与"无色"的侵扰，并不在躲避形色，防止邪念，而在于从根本上认识这些形色的虚幻性，才能真正息淫绝有，行禅入定，"御有"，"了色"，再不受形、色世界的负累。表明道安的禅数学重在对"空"的觉识，认识了万法性空，就能从根本上入定，而不能仅仅依靠修禅。后期是"有无两忘"，这是接受魏晋玄学思想。其《道行经序》认为对于一切色法，只看到它的空无是不够的，而且连它的空无也要忘记，进入全然无想的状态。这也就是说，既摆脱了有，也摆脱了无，完全进入了块然无思的冥极状态，这才算真正进入了寂然无想的涅槃境界。可见，他所说的"既外有名，亦病无形"，并不意味着他已认识到了大乘中观学所说的"即有即无，有无一体"思想。随着佛学思想的变化，道安的翻译思想也经历过转变。

3. 道安的折中佛学与辩证的翻译观

道安的佛学折中于大、小之间，融会般若与禅学。魏晋玄学兴起，道安的禅学又吸收玄学思想。这种融合的折中佛学也体现在他对语言观点和翻译观念的折中。在语言上，道安主张言意互补。他在《道行经序》中说："然凡喻之者，考文以征其理者，昏其趣者也；察句以验其义者，迷其旨者也。何则？考文则异同每为辞，寻句则触类每为旨。为辞则丧其卒成之致，为旨则忽其始拟之义矣。若率初以要其终，或忘文以全其质者，则大智玄通居可知也。"这是借助庄子"得意忘言"而阐发般若义理。但他也认为般若义理的领悟不能没有语言的中介。他指出安世高译经，"言古文悉，义妙理婉，见其幽堂之美，阙庭之富或寡矣。安每览其文，欲疲不能。所乐而玩者，三观之妙也；所思而存者，想灭之辞也"（《人本欲生经序》）。正是安世高的语言技巧，完美地表现了佛旨大义。作为注释佛经的始祖，道安注解大小乘经典十余部，更是借助语言阐释佛理。

而道安阐发的"案本"思想，实际上也是融会梵汉的结晶。他在《鞞婆沙序》中提到当时参加译经的人都赞同"案本而传，不令有损言游字；时改倒句，余尽实录也"。在《比丘大戒序》中也提到当时译人"按梵文书，唯有言倒时从顺耳"。这是从忠实于原本一面说的，道安显然也很重视对于原本的忠实。他曾评论前人译经"五失胡本"，这是五种不符合胡本的译法。当时的译经，有的重在保持原文的面貌，叫作"具"，有时为了使文字简洁有所删削，叫作"缺"。在译业初起的东汉末年，各家的译风各有不同。梁启超认为安世高译经实比谶书为易读，谶似纯粹直译，高则已带意译色彩。他说："窃尝考之，世高译业在南，其笔受者为临淮人严佛调；支谶译业在北，其笔受者为洛阳人孟福、张莲等，好文好质，隐表南北气分之殊"。他还创造性地将早期重质的译经称为"未熟的直译"（"语义两未娴洽，依文转写而已"），将重文的译经称为"未熟的意译"（"顺俗晓畅，以期弘通，而于原文是否吻合，不甚借意"）。"未熟的直译"病在"时有不达"，"未熟的意译"病在"丽其辞，迷其旨"，两者均失于译者未能兼通梵汉。因此他认为："完全直译，因彼我文体悬隔太甚，必至难于索解，善参意译，乃称良工。"（《翻译文学与佛典》）道安在《合放光光赞随略解序》中通过比较《放光》与《光赞》两个译本，认为"《放光》于阗沙门无叉罗执胡，竺叔兰为译，言少事约，删削复重，事事显炳，焕然易观也。而从约必有所遗，于天竺辞反腾，每大简焉"。而"《光赞》，护公执胡本，聂承远笔受，言准天竺，事不加饰，悉则悉矣，而辞质胜文也。每至事首，辄多不便，诸反复相明，又不显灼也。考其所出，事周密耳，互相补益，所悟实多"。可见道安的翻译观较为折中，既重视"案本"，确保原文的权威地位，也关注通达，注意接受者的知识视野。

（二）僧叡的译经评论与佛学研究

僧叡是佛学思想史家和佛学思想评论家，被姚嵩誉为"邺卫之松柏"（慧皎《高僧传》）。自佛学传入，至后秦的三百余年间，僧学们的佛学传播，多致力于译经、讲经和佛典整理，以及经论注疏和论辩著述，尚未有学者通过对社会上流传经论的研究，寻绎出中国佛学的源流特色。只是到了僧叡，他以敏锐的洞察力和对比分析的辨别力，通过对佛学典籍的译本阅读、讲解和判断，对东汉到十六国的佛学思想史条分缕析出系统的看法，并作了比较恰切的评论。这使他的佛学能够"启发幽微"，"契然悬会"。姚兴赞其为"邺卫之松柏"，"四海标领"（慧皎《高僧传》）。而这种研究，自然使他熟悉译本，了解翻译，从而又成为一位杰出的翻译评论家。

1. 佛教思想史评论家与佛典汉译评论家的统一

赖永海在《中国佛教通史》中指出，僧叡以极其敏锐的眼光，精确把握佛学思想史的发展脉络，揭示出各个历史时期佛学思想的特色。他在充分肯定罗什中观学的同时，提出许多精辟见解，并预示佛学思想的发展方向。他站在思想史家立场上，全面评论佛学思想史，进而表达自己的佛学思想。他精研罗什大乘中观学，因而他可以评价其佛学及译经。他在《大品经序》中推崇罗什弘扬佛学的精神："鸠摩罗什慧心凤悟，超拔特诣，天魔干而不能回，渊识难而不能屈。扇龙树之遗风，振慧响于此世。秦王感其来仪，时运开其凝滞。"序中还表达了与罗什相似的般若思想认识。他说："摩诃般若波罗蜜者，出八地之由路，登十阶之龙津也。

夫渊府不足以尽其深美，故寄大以目之；水镜未可以喻其澄朗，故假慧以称之；造尽不足以得其崖极，故借度以明之。然则功托有无，度名所以立；照本静末，慧目以之生；旷兼无外，大称由以起。斯三名者，虽义涉有流，而诣得非心；迹寄有用，而功实非待。非心故以不住为宗，非待故以无照为本。本以无照，则凝知于化始；宗以非心，则忘功于行地。故启章玄门，以不住为始；妙归三慧，以无得为终。假号照其真，应行显其明，无生冲其用，功德骄其深。大明要终以验始，沤和即始以悟终。荡荡焉，真可谓大业者之通涂，毕佛乘者之要轨也。"文中通过解释经题"摩诃般若波罗蜜"，充分肯定般若智慧的意义，认为般若学贯彻的是中道思想原则，排除内外、本末、有无的对待。僧叡以般若思维，指出一切事物都只是"假号"，其本质都是"无生"。般若智慧的意义正在于"非心"则无所用心，"不住"则无所执着，"非待"则无分别认识，"无照"则获取最高智慧。他又在《中论序》中从中道实相角度指出，"中"揭示的是世界的本质"实"，世界的本质并非一般智慧所能认识，但可以借助玄论而获得体悟。他说："实非名不悟，故寄中以宣之；言非释不尽，故假论以明之。其实既宣，其言既明，于菩萨之行，道场之照，朗然悬解矣。"意谓《中论》要通过"假论"以"寄中"，由"名"而入"实"。《中论》的核心就是要阐明宇宙人生真相之"实"，这一真相就是诸法实相。

僧叡认为《大智度论》内容"渊博"，尽善尽美，无所不包，可以使人更全面把握中观学派理论。因此，一旦把握了《大智度论》的精神，即可"归途直达，无复惑趣之疑"。僧叡在《大智释论序》中说："其开夷路也，则令大乘之驾，方轨而直入；其辨实相也，则使妄见之惑，不远而自复。"意识到龙树晚年所作《大智度论》与《中论》相比，更注意从正面阐述"诸法实相"。所以他对该论评价极高，认为它实现了自己提出的"尽善尽美"要求。序中还指出罗什对《大智度论》也十分重视，"常仗兹论为渊镜，凭高致以明宗"，即以该论的精神作为考察其他佛经的标准，以此保证中观学说的理论纯洁性。这与罗什对照《大智度论》翻译《大品经》一样，"文虽粗定，以释论检之，犹多不尽，是以随出其论，随而正之。释论既讫，尔乃文定"（僧叡《大品经序》）。他在序中还进一步阐述世界本质的"无生"："夫万有本于生生，而生生者无生；变化兆于物始，而始始者无始。然则无生无始，物之性也。生始不动于性，而万有陈于外，悔吝生于内者，其唯邪思乎！正觉有以见邪思之自起，故《阿含》为之作；知滞有之由惑，故般若为之照。然而照本希夷，津涯浩汗，理超文表，趣绝思境。

以言求之，则乖其深；以智测之，则失其旨。"现象世界虽表现为万有"生生"，变化"物始"，但其本质归于无生无始。万物的本质是"实相""性空"，世界的本质是"空""毕竟空"，它超越生灭、始终等对待，所以说"无生无始，物之性也"。而《大智度论》的意义就是发扬般若智慧的寂照，非世俗智慧所能比拟，也非文字语言所能表述，向人们展示世界"无生"的真实相，消除人们万有生生，变化物始的错误认识。

佛典汉译史上，僧叡曾师事道安，十分敬佩道安佛学上的严谨。后入罗什译场，成为罗什译场主要助手，任笔受等职。罗什译经过程中，均予参正。罗什赞其"吾传译经论，得与子相值，真无所恨矣"（慧皎《高僧传》）。他吸取罗什中观学派般若学说中道思维的批判精神，同时运用这种思维评论罗什译籍。他在其序文中表达了对罗什译籍的准确性始终存在隐性疑虑，根本原因在于语言的障碍。他在《大品经序》中指出，佛典以梵文或西域文书写，其名词概念有固定的确切含义，汉语言文字有自己的文化背景，其概念的界定相对比较模糊，所以在翻译中，必然遇到文化差异带来的困境。慧皎《高僧传》说："沙门慧叡，才识高朗，常随什传写。什每为叡论西方辞体，商略同异。"这意味着，在僧叡进入罗什译场之初，就开始讨论"改梵为秦"中的语言文字。罗什解释译经的困难，认为原因出在"天竺国俗，甚重文藻"。潘桂明在《中国佛教思想史稿》中认为，这种解释显然没有切中翻译的要害和困难的实质。虽然以梵语书写的佛经多用偈颂，偈颂的特点是重文藻体韵，但是汉语言文字也很重视文藻体韵，魏晋时期诗词骈文盛行，与偈颂文体相当，不致"失其藻蔚"，"殊隔文体"。应该说，真正使改梵为秦而仅"得其大意"的是文化背景、思想观念和思维方式上的差异。正如僧叡所指出的："经来兹土，乃以秦言译之，典谟乖于殊制，名实丧于不谨。致使求之弥至，而失之弥远；顿辔重关，而穷路转广。""典谟乖于殊制"，就是指梵汉两种文化的经典系统有别，所以形成学术思想传统的差异，中土以儒家经典及其思想为主导，逐渐演化为稳定的民族文化传统，培养起独特的心理特征和思维习惯。"名实丧于不谨"，是指大小乘佛学的名词概念都有其准确含义，有严格的定义，名实相符，不相混淆。而把这些名词概念翻译成汉语时，由于文化思想上的距离，通常没有相互对应的概念，所以只能配之以相似的词汇，这就必然造成名实不符。如果意识不到这种民族文化的差异，就会"致使求之弥至，而失之弥远；顿辔重关，而穷路转广"。对翻译的这一认识，僧叡要比以往任何一位佛教学者都要深刻。罗什译籍能准确表达印度佛学实质，改变以往"格义"佛学，僧叡作为笔受，应该有他一份功劳。僧叡自谓"予既知命，遇此真化，敢竭微诚，属当译任"，并随处"参正"。而译《大智度论》时，僧叡在揭示出"胡夏既乖，又有烦简之异"的客观困难之后指出罗什虽然于译经尽了力，但为照顾汉地人士习惯，对原著删繁就简，又由于他"于秦语大格"，"隔而未通"，而不能完整地传达原本思想。没有对应的名词概念，则无法真实理解中观学精神；缺乏文化比较研究，则难以使译文整齐划一。"进欲停笔争是"，说明僧叡在《大智度论》翻译中，与罗什有过争论，但因罗什的坚持，最终无功而返。僧叡批评罗什译经的实质，集中在由梵汉语言不同而反映的文化差异上，即罗什缺乏对汉文化思想的确切了解和认识。在《思益经序》中，僧叡还举例评论说："思益"之译当系"特心"之误，"详听什公传译其名，翻覆辗转，意似未尽。良由未备秦言，名实之变故也。察其语意，会其名旨，当是持（特）意，非思益也……旧名持（特）心，最得其实。"并指出，罗什之所以有此误解，是因为他"未备秦言，名实之变"，即对汉语言文字不甚熟悉，对传统文化中的哲学概念缺乏把握。在《中论序》中，僧叡更是直率地批评罗什译《中论》时采用青目注。他认为，注释《中论》的有多家，青目"其人虽信解深法，而辞不雅中"，注文多"乖阙烦重"。在经罗什翻译后，虽然"经通之理尽"，但是毕竟"文或左右，未尽善也"。

2. "真本存焉"的佛学思想与评论理念的双重意义

僧叡在其《小品般若波罗蜜经序》中写道："此经之尊，三抚三嘱，未足惑也。有秦太子者，寓迹储宫，拟韵区外。玩味斯经，梦想增至。准悟大品，深知译者之失。会闻鸠摩罗法师，神授其文，真本犹存。以弘始十年二月六日请令出之。至四月三十日校正都讫。考之旧译，真若荒田之稼，芸过其半，未讵多也。斯经正文，凡有四种，是佛异时适化广略之说也。其多者，云有十万偈。少者六百偈。此之大品，乃是天竺之中品也。随宜之言，复何必计其多少，议其烦简耶。胡文雅致质，案本译之，于丽巧不足，朴正有余矣。幸冀文悟之贤，略其华而几其实也。""真本"指书籍的原本，也指书画的原作，僧叡用以指译本忠实可信。因为下文接着有"案本译之"一语，明显指的是翻译的忠实性。由此可以看出，僧叡的"真本"概念既是佛学理论，也是译经评论，二者相得益彰。他在《喻疑论》中曾追忆当年在罗什门下学习，向罗什请益："佛若虚妄，谁为真者？若是虚妄，积功累德，谁为其主？"正是僧叡思考良久而不得其解的佛性、法身、法性。表明他对般若学的未尽之义，有所反省。而罗什因未见明确的经证，未敢断言佛性之有。但因《法华》有"令众生开佛知见"义，亦未敢遽言佛性即无。这说明罗什本人也思考过众生有无佛性，只是他囿于所传般若性空义，未敢对佛性做出决定。僧叡《喻疑论》直指非《泥洹》者为"阐提"，极言涅槃佛性为本真。他说："此《经》云：泥洹不灭，佛有真我。一切众生，皆有佛性。皆有佛性，学得成佛。佛有真我，故圣镜特宗，而为众圣中王。泥洹永存，为应照之本。大化不泯，真本存焉。而复致疑，安于渐照；而排跋真诲，任其偏执；而自幽不救，其可如乎？"文中的"真本存焉"，正是佛性常在之谓。僧叡甚至还断定倘若罗什在世，得闻此正言，亦必会心府，深加信受。他说："什公时虽未有《大般泥洹经》文，已有《法身经》，明佛法身即是泥洹，与今所出，若合符契。此公若得闻此'佛有真我，一切众生皆有佛性'，便当应如白日朗其胸襟，甘露润其四体，无所疑也。"

罗什以龙树、提婆中观学为其佛学思想的根本，体现在思想方法上便是否定一切，坚持彻底批判的精神。僧叡则基于传统思想，并不一概否定一切，认为即使如《阿含经》之类的原始经典也都有相对意义。他说："正觉有以见邪思之自起，故《阿含》为之作；知滞有之由惑，故般若为之照。"《阿含经》是早期佛学经典，具有很强的针对性，其思想可以有效防止人们的"邪思"，即对"我"的执着。般若智慧则洞察万物性空、诸法实相，引导人们超越空有对待，破除一切世俗执着。僧叡在助鸠摩罗什译完《妙法莲华经》之后，见经中说实归本、云佛寿无量，便说："《法华经》者，诸佛之秘藏，众经之实体也。"他还比较《般若经》与《法华经》，认为"至如《般若》诸经，深无不极，故道者以之而归；大无不该，故乘者以之而济。然其大略，皆以适化为本，应务之门，不得不以善权为用。权之为化，悟物虽弘，于实体不足。皆属《法华》，固其宜矣。"僧叡的这一看法很深刻，因为罗什所传译宣说的中观般若学否定一切实体。僧叡已经意识到应该确立一个"实体"，而不能仅仅谈"空"。般若不但是"破"，而且还应有所"立"。只是应立的"实体"《法华经》虽然讲到如来寿量长远，却并未论及佛身是常，因此僧叡在《法华经》中找不到完满的答案。直到后来大乘《大般涅槃经》译出，人们看到"佛身是常，佛性是我"的经文，这时才豁然冰释。

僧叡的"真本"思想在其《喻疑》中有着明确的佛学含义。《喻疑》的核心思想是确认《大般泥洹经》的真实性，转入肯定涅槃佛性。文中说："今此世界以杂为名，则知本自离薄，本自离薄，则易为风波。风波易以动，不淳易为离，易动易离，故大圣随宜而进，进之不以一途，三乘杂化由之而起。《三藏》祛其染滞，《般若》除其虚妄，《法华》开一究竟，《泥洹》

阐其实化。此三津开照，照无遗矣。"《三藏》《般若》《法华》《泥洹》都是佛说，随根机而悟入不同，"优劣存乎人，深浅在其悟"，但它们并非并列关系，而是从"权化"到"实化"的递进关系，其实质是以《大般泥洹经》为归宿。因此《喻疑》十分推崇《大般泥洹经》："今《大般泥洹经》，法显道人远寻真本，于天竺得之，持之扬都，大集京师义学之僧百有余人，禅师执本，参而译之，详而出之。此经云：'泥洹不灭，佛有真我。一切众生，皆有佛性。皆有佛性，学得成佛。'"正是基于对于《大般泥洹经》的赞誉，他提出了"真本"概念。这个"真本"就是佛性，《喻疑》的思想就是消除人们对《大般泥洹经》的怀疑，因为它说了"泥洹不灭，佛有真我。一切众生，皆有佛性。皆有佛性，学得成佛"。他深信《大般泥洹经》与《法华经》一样，都是出自印度的"真本"。但遗憾的是，时而有"人情小惑"者，"嫌其文不便者，而更改之"。对此，他举朱士行当年出流沙求《大品》真本经过为例，说明对经典"真本"的怀疑是不必要的。《法华经》也是这样，出自西域于阗。他指出：《般若经》《法华经》《大般泥洹经》是"大法三门，皆有成证"，"大化三门，无极真体"，其经义不可怀疑，只是在前后、高低、深浅上有所不同。他在《喻疑》中，对《法华经后序》提出的尚属模糊的"实体"概念作了比较清晰的表述，认为"实体"，就是"不变之本"的"真性"，又是"应化之本"的"法身"，是佛的"真我"，是涅槃佛性。《大般泥洹经》所说"泥洹不灭，佛有真我"，指的就是实体的存在，此实体是"永存"的"应照之本"。基于这一永存不灭的"真我"，才能推出"一切众生，皆有佛性；皆有佛性，学得成佛"的结论。这一永恒不变的"真我"或"真性"，也就是慧远《形尽神不灭论》中所坚持的不灭之"神"。这也就意味着，僧叡的"实体"概念与慧远的"神"概念有着本质的一致性，即都基于传统思想及其肯定性思维方法。然而，佛性"实体"正是《大般泥洹经》疑惑者所批评的内容，以为它"不通真照"。僧叡则认为，"不通真照"是般若学诸法实相、中道涅槃思想，而般若空观与涅槃佛性是两个不同领域，要说明和解决的对象并不相同，所以不能以《般若经》批评《大般泥洹经》。般若智能的主要功能是"真照"，"照惑之明"相当于认识论领域的问题。般若真照以"大慧之明"揭示一切事物的虚妄，但没有说明"虚妄既尽"那"不变之本"的"真性"（潘桂明《论僧叡的佛学贡献》）。一切现象可以质疑，唯一真性却不能质疑，因为若连"佛之真我"也受到怀疑，那么学佛也就失去了意义。涅槃佛性是"无惑之性"，而"般若之明，自是照虚妄之神器，复何与佛之真我？"只有承认"一切皆有佛之真性"，才能"学不越涯，成不乖本"，佛学之信仰和实践才有坚实的基础。

3. 中道语言观与折中的佛学思想

僧叡在佛学界被誉为"通情"，表明他对佛学精义的领会之深，并已经完全进入了罗什的"天竺思维程序"。慧皎《高僧传》载其与罗什译经时就竺法护译《正法华经·受决品》中"天见人，人见天"一句改译史实，僧叡建议译为"人天交接，两得相见"。"其领悟标出皆此类也。后出《成实论》，令叡讲之。什谓叡曰：'此争论中有七变处文破毗昙，而在言小隐。若能不问而解，可谓英才。'至叡启发幽微，果不咨什而契然悬会。什叹曰：'吾传译经论，得与子相值，真无所恨矣。'"可见僧叡的"通情"是在经典解释上与罗什"契然悬会"，他不但能将"天见人，人见天"这样的经文在理解的基础上升华为"人天交接，两得相见"的经典语句，而且还能发现《成实论》这样的佛学论文中突破毗昙的地方。这种领悟和判断能力显然需要对佛经经文大义及内在发展理路的精熟理解。罗什之所以赞叹释僧叡是唯一可以同他传译的经论"相值"的人，原因就在于僧叡在解释经典或发挥经义方面同他"契然悬会"，完全符合他的"天竺思维程序"。僧叡倡导"夷有无，一道俗"，"涉中途，泯二际"，即"非有非无，有无不二，道俗不一"的龙树中观学。他的《中论序》很好地体现了他对中道哲学的理解，"中论有五百偈，龙树菩萨之所造也。以中为名，昭其实也；以论为称者，尽其言也"。他认为，"实非名不悟，故寄中以宣之；言非释不尽，故假论以名之"。并由此指出译者宾伽罗"虽信解深法，而辞不雅中"之弊。可见，僧叡的语言观，既注意到了语言的局限，也注意发挥语言的作用，正是一种"中道"的语言观。可以说，他的语言观与其佛学观和翻译评论观完全统一，其语言观已转化为佛学认识。他在《十二门论序》中更是体现了这一思维模式：

> 然则丧我在乎落筌，筌忘存乎遗寄，筌我兼忘，始可以几乎实矣，几乎实矣，则虚实两冥，得失无际。

这是对中道实相的体悟。"折中"本指儒家的调和二者，取其中正，无所偏颇，也称"折衷"。但佛学所用"折中"只是语言材料的相同，含义却是佛学的"中道"，意谓恰当地调和各种对立矛盾。"丧我在乎落筌"，"落筌"即落于言筌，拘泥于语言文字。"筌蹄"之喻是佛学语言观中常用的命题。"蹄"，"兔罝"；"筌"，"鱼笱"，都是捕鱼及兔的工具。《庄子·外物》说："筌者所以在鱼，得鱼而忘筌；蹄者所以在兔，得兔而忘蹄；言者所以在意，得意而忘言。"后常以"筌蹄"指实现某种目的的手段。慧皎《高僧传》说："原夫至道冲漠，假蹄筌而后彰；玄旨幽凝，藉师保以成用。"意为不落言筌，通过语言整体把握和领会佛学义旨，不停留在文字概念本身。清代黄与坚《苏州竹庵衍禅师语录序》说："大雄之教在在圆通，固未尝以文字为障碍也，后之学子何者为粘？何者为脱？若胶于名相，虽无字句不能谓之真空。"《十二门论》为龙树所著，罗什译，宣说中道理论，即"实相之折中"，盛谈"有无兼畅"。这种思想比较灵活圆融，在空与有的矛盾方面，注意辩证法，讲究统一融合，这对于处理翻译中的"文"与"质"有一定的指导作用，这使他的翻译思想比较折中。

潘桂明在《论僧叡的佛学贡献》一文中指出，僧叡在禅学智慧上也表现出折中思想。罗什重慧轻禅，僧叡则禅慧并重。慧皎《高僧传》载，叡常叹曰："经法虽少，足识因果，禅法未传，厝心无地。"意谓禅法尚未传播，放心不下。僧叡以前学习的是安世高系统的"大小十二门，大小安般"小乘禅法，"虽是其事，既不根悉"，因此希望能进一步修习大乘禅法。罗什入关后，僧叡便请其译出《禅法要解》三卷，"叡既获之，日夜修习，遂精练五门，善入六净"。很快就掌握了禅定的"五门""六静"，成为禅、慧双修的学僧。禅定和持律本非罗什佛学上的优势，禅经翻译和讲授也非罗什所愿，而是应僧叡等僧学的迫切要求。通过修习罗什禅法，"乃知学有成准"，修习有了理论的指导，就可以逐步深入。僧叡把禅法看作"向道之初门，泥洹之津径"，认为禅定的根本意义在于对心念活动的控制，并由此而引发般若智慧，获得对宇宙真理的彻底觉悟。人们一旦制止了驰求之心，便可"转昏入明"，由此更加深了对般若思想的深刻认识。他引经文所说"无禅不智，无智不禅"，是要强调禅定与智慧的联系，禅定修习是获得般若智慧的前提，而般若智慧又是觉悟真理的根本因素。由此形成禅智双修的根本立场，即"禅非智不照，照非禅不成"。基于"双遣双非""不执两边"的"中道"思维方法，僧叡又认为，明与无明是对待的，所谓"明虽愈于不明，而明未全也"。通过禅定而获得的般若智慧，能使主观精神达到绝对超越境界，而在获得这一境界之时，就应当放弃对般若功用的执着，"明全在于忘照，照忘然后无明、非明"。在放弃对般若功用执着之时，就无所谓明与非明的对待，所以说，明与无明对待"几乎息矣，慧之功也"。

（三）慧远的"渐顿"思想与翻译的"厥中"论

慧远站在中国文化本位的立场，继承发展了道安的思想，融摄印度佛学，多有新意阐发。他的治学自儒家始，中经道家，后皈依佛学，并以佛学为核心，吸收百家学说。在慧远的思想和著作中贯穿着他的会通儒、佛、道思想的内容。这种治学背景使他处处显示出中道思想。这种思想比较宽容，能融合，可以将诸种矛盾暂时调和。他在传授佛经时，引"《庄子》义为连类"（《高僧传·慧远传》），表明他的治学注重融合兼通，弥补一家的不足。也正是这种治学经历使他在学说思想上注重兼容并包，力主调和，较少偏执。

1. 佛学思想与"折中"观念

慧远曾在《与隐士刘遗民等书》中说："每寻畴昔，游心世典，以为当年之华苑也；及见老庄，便悟名教是应变之虚谈耳；以今而观，便悟……沉冥之趣，岂得不以佛理为先？苟会之有宗，则百家同致。""会之有宗，百家同致"的思想是会通儒释，沟通内外的基本理念，也是翻译折中思想的基础。如在关于沙门与王者关系上，慧远折中内外，既强调沙门不应敬王者，以保持佛学的出世性，维持佛学僧团的尊严和佛学的纯正，又主张佛学不能脱离王权，且有助于王化。他说："佛经所明，凡有二科：一者处俗弘教，二者出家修道。处俗，则奉上之礼、尊亲之敬、忠孝之义，表于经文。在三之训，彰于圣典，斯与王制同命，有若符契。此一条，全是檀越所明，理不容异也。"（《答桓太尉书》）在般若思想上，罗什译出《大智度论》后，姚兴致书请他作序，可以看出他学术上的精深和地位。罗什对他称赞备至："经言：末后东方当有护法菩萨。勖哉仁者，善弘其事！夫才有五备：福、戒、博闻、辩才、深智，兼之者隆，未具者凝滞，仁者备之矣。"他抄集罗什的代表译作《大智度论》为二十卷，为之作序。在序中指出《大智度论》是从"中道"出发，启迪智慧，中心是"以无当为实，无照为宗"。"无当"指无确定而实在的认识对象，"无照"指无主观着意的认识。既认识到对象本是虚无所有这一实理，主观上又无着意的活动，那么作为"智"之主体的"神"就不会为对象（所趣）所左右，"神"之"智"也不会再分别（所行）对象。一切邪思和是非观念都已熄灭，世俗认识和对佛学真理的认识也就统一了。这里，慧远用"二谛"统一来解释"中道"，于对象要求"无当"，对认识要求"无照"，符合《大智度论》解释的般若性空思想，改变了他早期"不废俗书"的治学方法。他著有《法性论》，主张"至极以不变为性，得性以体极为宗"，罗什认为"边国人未有经，便暗与理合，岂不妙哉"。表明慧远的佛学与经典所论相契合，没有偏离佛学主旨。慧远的"中道"表现在他对有无的辩证认识上，他认为：以有为有，有便会执着为有；以无为无，无便会执着为无。执着为有的有是非有，执着为无的无是非无。执着有与执着无都不符合事物的非有非无性质。因为"无性之性"是一切事物存在的本性，也就是法性。只有具有了一定的因缘条件，事物才得以产生，而因缘所生的事物是无自性的，因此虽然是有却又是"常无"，虽是"常无"，却并不断绝有。这就是"无性之性"（《大智论抄序》）。慧远依据缘起思想论述法性是"无性之性"，这和大乘佛学般若性空思想相一致，与罗什之学也相吻合，说明慧远已将法性论内涵引入中观学方向。他对佛学理论有着重大贡献的就是他所集中阐述的"神不灭"思想。在《神不灭》论中，他提出了一个与"识"颇为相似的"神"的概念，这一说法与原始佛学理论及大乘空宗般若性空学说都有较大的差异。因为大乘般若性空学说是不承认任何实在之物的，而慧远却明确肯定"形尽而神不灭"，"神"虽"无名"，但却"不灭""不穷"，是一种可以脱离"物"与"数"而"圆应无生"的最高精神实体。但他对般若空观的"中道"思想的准确理解，显示了他精深的佛学修养和对深奥精致的佛学理论会心的悟解。他还用折中学说，调和法性思想，融会"非有非无"与"无性之性"。慧远"折中"的翻译评论观写于《三法度序》和《大智论抄序》两文中。在《三法度序》中慧远提出："简繁理秽，以详其中。令质文有体，义无所越。"在《大智论抄序》慧远写道："提婆于是自执胡经，转为晋言。虽音不曲尽，而文不害义。依实去华，务存其本。自昔汉兴，逮及有晋，道俗名贤，并参怀圣典。其中弘通佛教者，传译甚众，或文过其义，或理胜其辞。以此考彼，殆兼先典。后来贤哲，若能参通胡晋，善译方言，幸复详其大归，以裁厥中焉。"《三法度序》和《大智论抄序》本是慧远对僧伽提婆所译《三法度论》和《大智论》所作的佛学阐发。经序作为佛学著述本质上为记叙各译经之经过及内容，相当于后来的书录解题、书目提要等。《三法度论》经过大乘学者僧伽先注释后传入中国。慧远所见到的本论，作者是婆素跋陀。此论在中国有二本异译《四阿鋡暮抄解》及《三法度论》。《四阿鋡暮抄解》由鸠摩罗佛提译出，《三法度论》由提婆重译。吴丹在《毗昙学对慧远佛学思想的影响》一文中指出，慧远在弘传因果业报学说时，受报主体有无是一个重要论题，因为佛学既主张无我，又主张有一个主体在来世受报，显然很矛盾。慧远为使劝人为善的因果业报说能够在理论上成立，首先是从佛典中寻找根据。《三法度论》所设依四部《阿含》内容，以德、恶、依三法为主纲，三法以下再区分三小类目：德（施、戒、修三真度）、恶（恶行、爱、无明三真度）、依（阴、界、入三真度），共计九真度（梵语 khanda 又译为犍度，意为类别），纲张目举分类阐释解脱之道的内容，十分符合于慧远的需求。因此，当提婆译出此论后，慧远即研习弘扬，并在后来与戴逵讨论因果业报说，作《三报论》及《明报应论》进一步充实自己的理论。从慧远《神不灭论》文中"形居神宅"或形灭无损于"神"的观点，也显示他为完善众生不断轮回受报理论而建立受报主体思想。这一点，与犊子部建立"非即蕴非离蕴补特伽罗"思想还是一致的。

慧远既深研般若，又重视毗昙，并对毗昙学实有观有所批评。他在《大乘大义章》第十四章《问实法有》中，就《大智度论》区分"实法有"和"因缘有"的差别性请教于罗什。《大智度论》中以"色香味触"为四大所造，为"实法有"，以"奶酪"为色香味触四者因缘和合而成，是"因缘有"。慧远认为，依照这种立论就成了"假依实"。他说："若视四大为实有，则依四大和合所成物，何以不是实有，而为因缘有？"四大无自性，无有定相；若有自性，则自为实有，不待因缘聚合。诸法缘起，故非实有，所以与因缘有无异。慧远的观点兼由缘起与性空两面，说明法性与万法间的关系，符合于般若空义。这实际上是对于《大智度论》中仍使用不少吸收转化自外道或印度原始思想的概念的批评，因为"四大""极微"等属于物质性概念。李幸玲在《格义佛学的翻转：毗昙学对慧远的启发》一文中认为，慧远还在《次问分破空》中，运用批判毗昙学的分析方法，以般若中道观批评小乘析空观落于以有、无两端论空的不当，并完整地引述《大智度论》原典文字，以佛学研究佛学，目的是说明不应追求唯名的假有之名。世间名言有两种：有相应实有的名言和无相应实有的名言。无相应实有的名言有其"名"而无其"事"。因此，《大智度论》作者认为不应执著于追求名言必须有相应的实有。《大智度论》即据此为立论基础，建立起"迭"的概念。肯定"迭"概念，是鉴于理论分析上有假名施设的必要性，但并不在于肯定"迭"是作为实有的最小单位而存在，而去要求有"迭"之名，就要有"迭"之实以供征验。慧远认为《大智度论》肯定有实有法，而想用析空观的方式达致空理，正是恰好证明无法以分析的方式达到理解诸法的真实性的。他引用《庄子·天下》"一尺之棰，日取其半，终始不竭"，说明在理论上不论分析到多小的单位，木棰是永远不会被竭尽的，以此说明想析空观致空理是不可能的。但如因此而肯定无实法，认为一切都是假名施设，否定世俗谛，则属于断见。因此，慧远主张应以不落两边，不离两边的"中道"观，观诸法实相。慧远对部派实有观点的批评，足以表明他深契于般若学的思想表现和中道思想成熟。比较慧远的佛学阐发与其对"折中"观点的表述，两者基本上是一致的。即慧远的佛学思想与译经观点都强调"折中"。

2."渐悟"思想与翻译"厥中"论

慧远对译经评论作出过独特的贡献。他注意吸取佛学与传统文化二家之长，主张"折中论"，倡导"质文有体，义无所越"。赞宁在《宋高僧传序》中说："顿渐两圆，文义双美。此之谓垂训因缘，岂非以无碍心，理事既全，融不二还，令全理之事，互相即入乎。"直接将"顿渐"与"文义"共论，揭示出二者的一致性。"顿悟"指无须烦琐仪式和长期修习，一旦把握佛学真理，即可顿然破除妄念，刹那成佛。湛然《法华玄义》界定顿悟为："直指初心，以为妙觉，唯尚顿门，成佛疾速。"顿悟强调修持过程的短暂和觉悟时间的快速。这个理论是中国佛教学者根据大乘佛学的"十地论"的修行原则提出的，其宗旨主要是为了解决当世能否成佛。中国佛学的顿悟成佛说涉及中国佛学所特有的佛性论和修养学说，从哲学认识论看，它包含了一些重要的认识论观念，如真理的整体性和片面性的关系、直觉思维与理性思维的关系、日常学习与顿然觉悟的关系、认识过程中量的积累与质的飞跃的关系等。慧远是律学派重要人物，于律部重要典籍《十诵律》的最后译出发挥了重要作用，且持戒严谨，这于宗教更具有一种敬畏的形式感，而这种形式感恰与顿悟速成存在着歧异。慧远对顿悟与渐悟有十分圆融的看法。其《维摩义记》分别阐释声闻藏与菩萨藏说："菩萨藏中，所教亦二，一是渐入，二是顿悟。"解释了菩萨藏中两种悟入的途径，实质是殊途同归，并非势不两立，尤其认为顿悟也须"久习大乘"，实质上否定了"顿"在时间上、功夫上躐等的可能性，其观点比较周全和通达。慧远作《大智论钞序》叙述自己的佛学渊源为上继龙树，下承罗什。而这一系开导众生的方法是："若开易进之路，则阶藉有由；晓渐悟之方，则始涉有津。"折中的办法，正有这种好处。梁武帝《注解大品序》说："所以龙树、道安、童寿、慧远，或以大权应世，或以殆庶教时，如说修行，况于细人，可离斯哉！"揭示了慧远、道安一系与龙树般若中道学的渊源。在顿渐思想上，道安与慧远属于折中派。

顿悟和渐悟之说包含着互补的关系，唐代王睿录《起信论疏笔削记》说："由是若不说渐位，则阶降何知；若不说顿门，则终卒难入，由是具说以备修行。"以般若学看待顿渐的折中之道，与中土固有的儒道间一类矛盾性质相似。儒家经学讲究师法，重视积累，尊重传统谱系，而魏晋玄学以老庄思想为主体，以直觉、直观的方式来把握世界，目击而道存，对儒家经学实有解构的作用。中唐代神清对慧远十分推崇，其《真俗符》说："故圣人妙体有无之间，能成有无之用，是谓至矣……但善文学者，得其徼而不得其数；善心学者，知其极而不知其象，守两崖而不泯，患在此焉。故滞有者滥于常，沈空者涉于断，与其涉断，宁与滥常。常则有法可修，断则无善不弃。弃则当乎邪见，修则渐乎道矣。今有封于丧有，取空为至极之门者，试问：此空为可取乎？为不可取乎？……大中之道，非圣人莫能庶几行之。礼曰：'中庸其至矣乎！'"批评当时的佛学思潮流于"废有求空"，而倾向于折中渐悟，尤其反对当时已经透露出来的借禅宗鄙弃一切的学风，认为应谨守常道，渐悟对于众生而言，远比顿悟显得更为有益。他认为空不能离开有，并将佛学《中论》思想与儒家的大中之道或中庸相提并论。

慧远的佛学思想是多层次的，他重视小乘毗昙学，注重禅修和净土信仰。他的般若学虽然同属道安"本无"宗，但又提出以"法性"为万法之本的思想，主张"至极以不变为性，得性以体极为宗"（《法性论》），并以"无"来规范这个法性，"无性之性，谓之法性。法性无性，因缘以之生"（《大智论钞序》）。在这个观点的基础上，慧远提出了"形尽神不灭论"。法性在人自身，体现为决定形体的神识或灵魂，它的特性表现为，"圆应无生，妙尽无名，感物而动，假数而行。感物而非物，故物化而不灭；假数而非数，故数尽而不穷"（《沙门不敬王者论》）。这种无生无灭、无名无穷的精神本体与具有生灭变化的具体现象之间的关系，犹如火与薪的关系，柴薪可以烧尽，而火是永恒的，"火之传于薪，犹神之传于形。火之传异薪，犹神之传异形"。这种灵魂不灭论，为佛学的因果报应论提供了理论依据，慧远据此进一步讨论了三报论，造业受报的主体就是这不灭的灵魂。这里实际上已经涉及了涅槃思想，在中国的传统思想中，"未有泥洹常住之说，但言寿命长远而已"（慧皎《高僧传》）。而慧远已意识到佛作为最高的存在，作为本体之"至极"，应该是"无变""无穷"的，没有生灭变化，永恒常住。这与道生的佛学方法一样具有创造性。

慧远的《沙门不敬王者论》表面上并不是评论译经，但仔细审视，文中一字一句都与翻译艺术息息相通。文章以问答形式阐述佛理，这些文字既显示慧远的哲学思想基础，同时也可以看出他的美学理想和文学观念。慧远明确指出神不是物、数，所以物虽灭而神不灭。通过对神的不可言传的微妙性的强调，既把神看作独立于物之外的，同时又认为神、物不可分。既主张神不是形，神高于形；又认为神可以表现形，传于形，即"感物而非物，假数而非数"。这种理论与翻译艺术的传神论相通，为翻译艺术的传神论提供了理论支持。"神以化传"，即神可以仰赖生命无限的新陈代谢而永传。翻译中的"传神"论的哲学基础应该说就在这里。"夫神者何邪？精极而为灵者也。精极则非卦象之所图，故圣人以妙物而为言，虽有上智，犹不能定其体状，穷其幽致。而谈者以常识生疑，多同自乱，其为诬也，亦已深矣。"神是精极、灵物，既没有确定的形状，也没有不变的名称，非耳目所能触及，所以"妙尽无名"。慧皎《高僧传》说："盖神也者，可以感涉不可以迹求。必感之有物，则幽路咫尺；苟术之无主，则渺茫何津?"可见，慧远对"神"的论述较为严密，条理也很清晰，这对于翻译艺术的"传神"说，无疑具有理论意义。因此可以说，"传神"理论至少对于艺术来说是相契合的，否则，所谓传达原文精神、风格、神韵、语气等说法，就无从谈起。如果按照范缜《神灭论》思想，神（精神）和形（形体）是互相结合的统一体："神即形也，形即神也，形存则神存，形谢则神灭。"那么，任何艺术追求传神，都将失去理论基础。

正是在这些看似并不是严格的翻译评论中，表达了作者对翻译艺术的追问和探求。对于如何再现，怎样体认原作形象具有理论指导价值。慧远说："仿佛容仪，寤寐兴怀，若形心目。……拟状灵范，启殊津之心；仪形神模……"这是说，体察出形象，使原本中的意境在胸中复活起来，这样便"真迹可践"。翻译中要体现原本的形象，无疑这是唯一的途径。慧远还在《万佛影铭》中对"神"作了进一步讨论：如"体神入化，落影离形"，"谈虚写容，拂空传像。相具体微，冲姿自朗"，"妙尽毫端，远微轻素。托彩虚凝，殆映霄雾。迹以像真，理深其趣"，"仿佛神境仪，依稀若真遇"，表明慧远对绘画艺术具有较深的理解和鉴赏力。慧远这样来论述"神"，与艺术创造显然有着相通之处。其中"神以化传"，"体神入化"，意谓"神"仰赖生命无限的新陈代谢而永传，这正是艺术中"传神写照"的理论基础。在《沙门不敬王者论》中慧远谈及"冥神绝境"，即所谓"神"是处于一种冥然无形的神秘状态。在《明报应论》中，慧远还谈到，"夫神形虽殊，相与而化，内外诚异，浑为一体"。这里，"相与而化"，又重在谈"化"。"化"是佛籍中常用的概念。佛学所谈"化身"，是说佛的本身为法身，世人不能看见；为了普度众生，在世上现身说法，都是佛的化身。后指事物之非原本者。"化境"，佛经中指可以教化的境域。《华严经疏》说："十方国土，是佛化境"。后指艺术的精妙境界，可与造化媲美。无论是"神""化"分用，还是"神""化"连用，无论是宗教的意义还是哲学的意义，由于它契合了艺术创造的原理，因此受到艺术的重视，这也就是翻译艺术中为何重视"传神"和"化境"的原因。佛理译论、哲学美学，融为一体，难以区分。

（四）僧肇的佛学思想与言意观

僧肇是著名佛学家和佛经翻译家。《魏书·释老志》载："罗什撰译，僧肇常执笔，定诸辞义。"由他参与详定的经论，千百年来，成为佛学者喜读的定本。由于僧肇在东晋佛学家中也是一个留心文章的人，很重视文辞的优美，因而其译笔华丽流畅。时人称他"既精教理，复擅文辞"，协助罗什译经是"相得益彰，庶无大过耳"。《维摩诘经》的翻译，深化了中国学人言意问题的讨论，促使人们的思想更加灵活通脱。僧肇认为《维摩诘》"其旨渊玄，非言象所测，道越三空，非二乘所议，超群数之表，绝有心之境，渺茫无为而无不为，罔知所以然而能然者，不思议也"。认为"岂可以形言权智而语其神域哉"。"然群生成寝，非言莫晓，道不孤运，弘之由人。"表明僧肇既看到了语言的有限性，又看到了借语言传递思想的必要性。他还在《维摩诘所说经注十卷序》中将其言意思想和佛学观结合在一起，其佛学语言观，也是传统言道思想，这种观念启发翻译方法，追求"其文约而诣，其旨婉而彰"。原典的深奥义趣"不可思议"，"非言象所测"，"至韵无言"，这是言和意之间的矛盾。何处解决这一矛盾，佛学的观点是"然群生成寝，非言莫晓"，这就从"言不尽意"转到了"非言莫晓"的方面，这样，言和意最终就可以统一起来。这是佛学中道的语言观和辩证的言意模式。由此才有可能探讨如何提高语言文字的水平，追求言外之意等一系列课题。"不二"思想也是《维摩诘经》的一个主题。"不二"即"无二"或"离两边"，指对一切现象应无所分别，或超越各种区别。佛学作为认识论和方法论，同时也作为不执"偏见"或"中道"的代名词。《维摩诘经·不二入法门品》列举三十一对矛盾，认为唯有用大乘思想统一各个对立面，并超出这些对立，才能达到佛学真理。最终对一切矛盾或差别境界，"无思无知，无见无问"，"无言无说"，皆不执着，以此表示公正全面。这种超越二元对立的思想和方法实际上对于处理翻译中的一系列对立概念，以及如何对待吸收佛学思想都有一定的指导价值。前期译经之所以"理滞于文"，以致有"玄宗坠于译人"之危，关键在于译者翻译思想上的拘泥和执着。而罗什则"既尽环中"，"务存圣意"，又能使"其文约而诣，其旨婉而彰"，这不能不说是其翻译观念的改变所致。

僧肇在《百论序》中主张"使质而不野，简而必诣。宗致划尔，无间然矣"。这正是翻译的中道，意为文和质处理得当。翻译以原本为基准，原本文，译文则文；原本质，译文则质；原本中，译文则中，一切以原本为转移，不宜由译者事先预设一个翻译标准或风格。正如阙名《四阿鋡暮钞序》所云："直令转梵为秦，解方言而已，经之文质，所不易也。"他又主张"文旨婉约，穷制作之美"。"婉约"即含蓄简练，文辞婉转，义旨深玄，是文章的极至。《百论》在义理上"理致渊玄"，在文体上"文旨婉约，穷制作之美"，这正是僧肇习惯将义理与审美结合起来考察问题的风格，所以他总是注意文字的运用。"风味宣流，被于来叶；文藻焕然，宗途易晓。"既有文学情趣，又"事不失真"。他在《佛说长阿含经序》中提出"蠲华崇朴，务存圣旨"，犹如僧祐《出三藏记集》所说："去华存实，务尽义本。"在言意上，僧肇主张"玄旨非言不传"，这是对"言"与"意"之关系较为正确的认识，并非完全是"书不尽言，言不尽意"。与僧祐"夫真谛玄凝，法性灵寂，而开物导俗，非言莫津"一样，表明了佛学家"不离语言，不着语言"的辩证语言观，也是辩证的翻译语言观。僧肇的《涅槃无名论》也不是纯粹的翻译评论，但更具美学意味。他说：

> 夫众生所以久流转生死者，皆由著欲故也。若欲止于心，即无复于生死。既无生死，潜神玄默，与虚空合其德，是名涅槃矣。既曰涅槃，复何容有名于其间哉！斯乃穷微言之美，极象外之谈者也。

文中论及"象外"之说，与"言外""味外味""余味"等命题同意。"穷""极"，均指达到极高境界。"极象外之谈"就是超越物相之外。《文选·游五台山赋》写道："散以象外之说，畅以无生之篇。"这里既指佛道、哲理，也指意境。文中还说："玄道在于妙悟，妙悟在于即真。即真则有无齐观，齐观则彼己莫二。所以天地与我同根，万物与我一体。同我则非复有无，异我则乖于会通。所以不出不在，而道存乎其间矣。何则？夫至人虚心冥照，理无不统，怀六合于胸中，而灵鉴有余；镜万有于方寸，而其神常虚，至能拔玄根于未始，即群动以静心，恬然渊默，妙契自然。所以处有不有，居无不无。居无不无，故不无于无；处有不有，故不有于有。故能不出有无，而不在有无者也。""玄道"即佛学精微玄妙的义理；"妙悟"即透彻之悟，敏慧善悟，佛学指迅速领悟佛理，其特点是以心灵的体验，而不能用概念推理去达到。"即"，就；"即真"，证悟佛法，达到认识真谛、实相。这同慧远的《沙门不敬王者论》等几篇文章专论哲学和艺术一样，僧肇这篇是专论哲学的。从这里可以看出佛教学者是如何运用佛学思想指导翻译评论的。僧肇《涅槃无名论》运用大乘中观学思想论述言意关系，明确提出"穷微言之美，极象外之谈"，正是翻译中追求"言外之意"的哲学基础。僧卫《十住经合注序》说：

> 抚玄节于希声，畅微言于象外，可以祛故纳新……故抚经静虑，感寻畴昔，每苦其文约而致弘，言婉而旨玄，使灵烛映于隐数，大宗昧于褊文，神标綷是以权范。

　　这里明确将佛学义理引入翻译评论。文中提出"有所不写","有所不传","名于无名","形于无形",这就是"至人环中之妙术"。翻译中的有所译和有所不译,也正是这一理论的运用。《维摩经》说:"不在方,不离方,非有为,非无为",也是翻译评论中不即语言,不离语言的辩证语言观。王僧儒《慧印三昧及济方等学二经序赞》说:"虽书不尽言,言非书不闻;言不尽意,意非言不称。"就是这一辩证语言观的体现。僧肇是中国佛学史上最先运用佛学中观理论论述有无关系的,他将一切现象看成假象,彻底否定有无。将"有无齐观","彼己莫二"的哲学思想运用于处理一切矛盾之中,显示其方法上的灵活圆通。在对"真"的论述中,僧肇也"首开衢路",作了最细致的阐发。"玄道在于妙悟,妙悟在于既真。"其《物不迁论》又说:"夫谈真则逆俗,顺俗则违真。违真故迷性而莫返,逆俗故言淡而无味。""真"的概念本是佛学谈佛性的,亦即谈本体论的。佛学对本体的追求,影响了译经评论中关于忠实性的观念,这就是追求"真翻译"。僧肇对"神""化"的论述同样深刻。他在《不真空论》中将"真""神""化"等几个重要概念结合起来论述,将哲学和美学共同讨论,有力地证明了佛学教理中丰富的哲理和审美理论,这正是译经评论可以借鉴的精华。僧肇之所以将佛学义理的论述融哲学和美学于一炉,这当然在于他文学上的造诣。其《答刘遗民书》既体现了他文学的修养,也反映了佛学的文学观。"君既遂嘉遁之志,标越俗之美,独恬事外,叹足方寸。每一言集,何尝不远喻林下之雅咏,高致悠然。……公以过顺之年,湛气弥厉,养徒幽岩,抱一冲谷,遐迩仰咏,何美如之。每亦翘心之欢也。……威道人至,得君念佛三昧咏,并得远法师三昧咏及序。此作兴寄既高,辞致清婉,能文之士,率称其美。可谓游涉圣门,扣玄关之唱也。"从这段文字可以看出,佛学的文学观追求的是一种"越俗之美","高致悠然","辞致清婉"的意趣。慧远也曾在《与隐士刘遗民等书》中说道:"每寻畴昔,游心世典,以为当年之华苑也。及见《老》《庄》,便悟名教是应变之虚谈耳。以今观之,则知沉冥之趣,岂得不以佛理为先?"佛学的"沉冥之趣"就是彻底否定外界客观世界而专突出主观精神的"冥移之功",与"辞致清婉"意趣相同,同属"越俗之美"。这对于了解佛经翻译理论中的审美旨趣和标准,所追求的境界以及所用概念,无疑具有启示作用。

　　(五)僧祐的"尊经妙理,湛然常照"——译本忠实性与佛性常住

　　僧祐在佛学经论文史各方面都有非凡的成就。他毕生孜孜于弘讲律学,精研律部,辩解入微,博涉经论,是望重当时的律学名家。慧皎《高僧传》说："达亦戒德精严，为法门栋梁，佑师奉竭诚。"研究律学，"竭思钻求，无懈昏晓，遂大精律部，有迈先哲"。自述"少受律学，刻意毗尼，旦夕讽持，四十许载，春秋讲说，七十余遍"。僧祐还是一位文章大师，著作等身。当时，反佛言论盛行，为了维护正法，他辑成《弘明集》十四卷，收录东汉至南朝梁五百余年间佛、道、儒三家论辩佛学的论文一百二十篇，这些文章都是"梁以前名流著作"（《四库提要》）。僧祐玩味于这些名流著作当中，自然对文章深有体悟。僧祐又是一位佛教艺文家，他擅长刻像艺术，曾主持"丈九金像"、石窟及多尊大佛雕造设计，庄严精美，展现了杰出的艺术天份。在佛教工艺上，僧祐在《法苑集》中集录许多有关佛教音乐、歌呗、法乐、梵舞、造像、雕制等文字，表现出对佛教艺术极大的兴趣和深厚的修养。文学理论批评家刘勰，即曾亲近僧祐十余年，从其学佛，博通佛教经论，并于定林寺撰制经证。在佛经翻译上，僧祐认为译经的要旨是"尊经妙理，湛然常照"。他在《胡汉译经音义同异记》中将"尊经妙理，湛然常照"作为译经准则，也是"佛性"。"湛然常照"是道生关于"顿悟"的学说，顿悟即寂鉴微妙，不容阶级，一悟顿了，与真理相契无间的豁然大悟。

般若学宣扬实相，理不可分，涅槃学主张直指人心，自见本性。道生将二者熔铸整合，提倡"顿悟"说。他说："夫真理自然，悟亦冥符。真则无差，悟岂容易？不易之体，为湛然常照，但从迷乖之，事未在我耳。"（宝亮《大般涅槃经集解》）"湛"即湛寂、清新、深窈。智者《法华玄义》说："空理湛然，非一非异，故当如如实相寂灭。"唐太宗《三藏圣教序》："妙道凝玄，导之莫知其际；法流湛寂，挹之莫测其源。""湛然常照"，湛然形容真心的清净，慧能所谓"本来无一物"。常照即"常显现"，显的意思就是破二障。《般若心经》谓"照见五蕴皆空"，就是勘破宇宙人生一切事理、性相、因果。道生认为悟就是要体悟最后的、终极的真理，这个最后的、终极的真理从理事关系上可以称为"理""真理"或"极"等，从真俗关系上也可以称为"诸法实相"、"第一义谛"等，根据"一切众生皆有佛性"的理论还可以称为"佛性"，都是终极意义上的最高本体。道生认为，真理湛然常照，本不可分，只是凡夫由迷惑而起乖异。然而真理既然不可分，故就悟入真理的极慧，自然也不允许有阶级。以不二的极慧照不分的真理，豁然贯通，涣然冰释，这便是道生的"顿悟"说。宝亮《大涅槃经集解》载："道生曰：'真理自然，悟亦冥符。真则无差，悟岂容易？不易之礼，湛然常照，但从迷乖之，事未在我耳。'"陈慧达《肇论疏》亦载："竺道生法师大顿悟云：'夫称顿者，明理不可分。'悟谓照极。以不二之悟符不分之理，理智悉称，谓之顿悟。"僧旻说："宋世贵道生，开顿悟以通经。"(道宣《续高僧传》)可见，僧祐的"尊经妙理，湛然常照"既是翻译的准则，也是佛学顿悟的内容，而且与翻译的文质相联系，在此基础上，指出"文过则伤艳，质甚则患野，野艳为弊，同失经体"。译经评论思想与佛学融为一体。

二、译经评论观念转化为佛学思想

佛学思想是诠释佛教的相关理论和观点，它以哲学方法论为总的指导，从理论的高度和宏观的视野上阐明佛教的性质和内容、特点和规律，建立起佛学的基本原理、概念、范畴以及相关的方法，与作为宗教信仰的佛教相对应，形成学术研究体系。这一体系包含各种思想资源，其中佛典汉译评论也是构成佛学思想体系的一个重要部分。

(一)道安的般若思想与语言观

道安对大乘佛学般若经典很重视，他从哲学理论的高度及修证的角度解说般若的性空、平等等思想，比较接近般若的真义。他创立的本无宗，是他的般若学思想体现。由于当时般若经典有限，译本质量不高，道安采用比较的研究方法探索般若经典及其义理，并从禅定、止观双修，尤其是中国文化背景，解说般若性空思想，使其般若学带有鲜明的特色。但也是这一特色，使他的语言观既非真正的佛学渊源，也不是纯粹的传统根底，而是两者的有机结合。

1. 道安的般若思想

道安是以佛学评论家身份从事佛学研究的。慧皎《高僧传》载僧先言："且当分析逍遥，何容是非先达?"意谓分析义理，自当纵横逍遥，而不是去评断先辈的是非。而道安认为："弘赞理教，宜令允惬，法鼓竞鸣，何先何后?"意指这不关辈份先后，而是何者较能允惬中理。表明评论的焦点是"先达"能否对义理作适切的诠解，也表明"先达"与"道安"在弘赞教理上的差异。道安后来明确批评"格义"，他说："先旧格义，于理多违。"所指"格义"就是对前人译解佛经的批评。汤用彤指出道安在其师佛图澄死后，舍弃格义之法，罗什来华后，乃有僧叡申其"格义迂而乖本"之说。(《汉魏两晋南北朝佛教史》)道安的评论既针对当时的佛学理解，也是对自己以往理解的自觉反省。蔡振丰认为，正是基于这种评论，道安表现了前后不同的佛学思想。前期大都指向返精归神的功夫论，与中国传统思想及康僧会一系的思想有形式上的相似。后期则不强调练精养神，转而强调主体之自由无碍。(《道安经序思想的转折及在格义问题上的意义》)道安的佛学思想与印度佛学并不完全符合，这种背离当源于格义方法。

道安在佛学评论上，借由编纂经录、整理翻译及从事经论的比较研究，为佛教义理的探寻，立下正确的方向。道安早期在处于胡族支配下的河北游学，东晋穆帝永和五年(349年)石遵请道安入居华林园，后率众避难到濩泽。蔡振丰《道安经序思想的转折及在格义问题上的意义》一文指出，此时期，道安主要研究《阴持入经》《地道经》及大小《十二门经》等小乘经典，并作著述序文，这些著述大致有相近的理论表现。其中《十法句经义经序》没有显示道安对佛之至道的说明，且认为佛经皆佛说，因而肯定以诸说并观的方法了解经义，反映出早期常见的解经方法之一。可见，道安在批评"格义"之前，尚不知各经及部派差异。《小十二门经》为当时通行本，是道安早期所接触的经本，它与《大十二门经》的内容相近，属于解说四禅、四等、四空的论书。但道安为这两经所写序文所表现的理论内容却有不同。《小十二门经》和《大十二门经》都是指导人们修习禅法的佛经，安世高擅长阐明禅数，所以他的译经也以禅、数最为完备。道安也说安世高"其所敷宣，专务禅观"；"特专阿毗昙学，其所出经，禅数最悉"。禅指禅法，即通过禅定静虑而领悟佛教之道，其方法很多。数指数法，即阿毗昙，是用数字把佛教中名目众多的名词概念加以分类论述，从而阐释佛教基本理论的一种方法。道安批评"格义"，是他通过竺道护接触了《大十二门经》后，所以说，《大十二门经序》是道安思想转变的重要著述。在《大十二门经序》中，道安已能基本把握佛学的精神，对缘起法有了充分理解，也改变了对禅定的看法，即并不强调返精归神的观念，而强调主体之自由无碍。这与他在《安般注序》中所表达的"无为故无形而不因，无欲故无事而不适"和《人本欲生经序》中所说"邪正则无往而不恬，止鉴则无往而不愉"传达的义理相近。总之，在《大十二门经序》之后，道安的理论重点开始转向主体无碍的观念，这不但改变了他对小乘经典的诠解，也为以后理解《般若经》打下了基础。

胡中才在《道安思想研究》中指出，安世高所译《地道经》为瑜伽观行之大要，是修行入门的重要阶梯，道安在《地道经序》中赞为"应真之玄堂，升仙之奥室"，表现出道安早期受东汉养生入道思想的影响。他在序中将此经名义析为道、地二者，以"无本之城""无为之墙"形容《地道经》所要传达的意义，用"修道"形容安世高，多用道家老子的词语。与《老子》理论相对照，道安袭用老子用来描述道的语言，所以他所用的"道"也不具形上生成万物的本体意义。其《阴持入经序》说："若取证则拔三结，住寿成道，径至应真。"认为成道既是烦恼与苦的解脱，也有延长寿命，证成罗汉的效用。养寿长生的思想与涅槃原意不合，而近于中国形神互养概念。由于道安不强调道的本体意义，所以他关注的是实践意义的道。他在《道行经序》中对"般若波罗蜜多"的意译是"智度"，将"般若波罗蜜多"视为"超越智慧之完成"而非"去至彼岸"。在道安所述的智度境界中，虽然用了道家老庄语言，但却不存有形上本体的意义，而只由境界义说非有（既外有名）非无（亦病无形），因此它与老庄玄学中本体论仍有不同。道安所论智度状态是"不有""不无"的无分别状态，这种无分别状态由人的般若智而说，不是就形上道体或本体而说。因此与般若所示"超越智"或"无分别智"相合。序中所指"神"与"谷神"仅表示为主体的精神境界义。他说"归精谷神"，"谷神"为不竭不满、寂寥无像、恍惚难测的形象语言，用以说明精神的最高境界。而这种境界是祛除蒙昧，离去秽海的涅槃境界。他认为道既为去苦的精神境界，"精"也就不指"精纯之气"，或者构成万物的细微元素，而指处于"石以淬璧，剥坚截刚，素质精染，五色炳灿"的精神状态。所以蔡振丰认为，"归精谷神"也就是"返精成神"，意谓弃绝痴爱，让精神脱离苦谛漏尽，回返于无本无为的精神境界之中。（《道安经序思想的转折及在格义问题上的意义》）

在襄阳传播佛学时期，道安研究般若义理，创立本无宗。方广锠《道安评传》认为，正是由于道安综合整理了前代般若、禅法、戒律等译籍，遂使原本零散的佛学思想，得以较完整的面目呈现于世，因此他被视为汉晋间佛学思想的集大成者，由此影响了汉地人士吸收佛学理论的基本模式，使佛学开始渗透进中国士大夫的生活和思想。道安研究般若学，着重差异的探讨，从而作出判断、举证，或将比较的心得注解出来，或补译旧经，再加以注解。由此形成研究般若义理的方法，即先把经典分章分节标清楚，再比较，"寻文比句"，用"析疑""甄解"的方法，对于每一种句义或一个名词加以分析推详，从而使得"文理会通，经义克明"。这也是格义方法的变通。他在《道行经序》中比较《放光》和《道行》时说："假无《放光》，何由解斯经乎？……今集所见为解句下。始况现首终隐现尾。出经见异。铨其得否。举本证抄敢增损也。"这是道安比较方法的三个层次：一是出经见异，铨其得否，即两经有异，则比较相异的部分，比较何种译句译得好。二是举本证抄，以大品《放光》解《道行经》，小品抄本中难以理解的地方，以大品解小品。三是增益，小品不易理解的地方，则用大品相应代替。《般若经》的研究对道安佛学的变化产生了巨大影响，使道安佛学思想开始从禅学转向般若学，对小品般若中第一义及权便思想，对大品般若中不住万法及有神通不贡高以及真如、法身思想的理解等，丰富了他的佛学内容。当然，道安的般若思维也不能完全摆脱传统模式。印度般若论法与世俗不同，不立相对二法，而由不离不即离二边的立场阐发缘起性空，所以是不生、不灭、不常、不断、不一、不异。而道安的般若思想是先立二边，再由二边相依而图超越，于相对中显平等相而臻于无相对。他举出的二边之例是慧与痴、辙与迹、可道之道与常道。依照道安思想，他的涅槃之道显然是由世俗的"二边"至"不入二"，然后达"一、常"，最后进至"无为"。可见道安的二边只是表面上近似二谛中道思想，但却不同于大乘佛学。所论真如、法身、真际义理，也正是般若思想所要破斥的。

2. 道安的语言观

道安的语言观念基本上属于玄学范围，特别是与王弼的言意理论相近。这是他的语言背景决定的，他精通汉语文字之学，但不懂梵语。他对译本语言的基本看法涉及梵汉语言的起源、性质、功能、发展以及运用等。无论是从原本还是从译本语言，道安游走于梵汉之间，既希望照顾读者，又力图忠实原本。

(1)语言概念与智的关系

道安在《合放光光赞略解序》中指出《放光经》的优点是"言少事约，删削复重，事事显炳，焕然易观"，缺点是"从约必有所遗，于天竺辞及腾每大简"。而《光赞经》"言准天竺，事不加饰"，能得天竺原貌，这是它优于《放光经》的地方。这个优点对普通读者而言也许是一种障碍，即"悉则悉矣，而辞质胜文也。每至事首，辄多不便，诸反复相明，又不显灼也"。但对于学者来说，将会"互相补益，所悟实多"。这是比较全面也比较成熟的语言观。《小品般若经》说："所言菩萨者，何等法义是菩萨？我不见有法名为菩萨。"意谓"真实的状态"不可以相应的语言来描述。因为用语言、思维表达事物真相，总不免有所增减，无法恰到好处。也就是说，透过语言所表达的只是被虚构的，"真实之道"与"虚构之道"本质相异。所以《小品般若经》对于真实的状态完全否定了"名实对应"的语言概念，也反对"寻名求实"或"依实立名"。道安基于《小品般若经》的语言观念而说"冥然无名"，表明他部分地理解了般若语言观念，因此他所建立的解经方法及对语言形式本身意义的追寻，不是力图超越语言，而是寻求语言背后的真义。这实际上就是传统的言意之辨模式。他说：

　　　且其经也，进咨第一义以为语端，退述权便以为谈首。行无细而不历，数无微而不极，言似烦而各有宗，义似重而各有主。璨见者庆其迹教而悦寤，宏喆者望其远标而绝目。陟者弥高而不能阶，涉者弥深而不能测，谋者虑不能规，寻者度不能尽。既杳冥矣，真可谓大业渊薮，妙矣者哉！然凡谕之者，考文以征其理者，昏其趣者也；察句以验其义者，迷其旨者也。何则？考文则异同每为辞，寻句则触类每为旨。为辞则丧其卒成之致，为旨则忽其始拟之义矣。若率初以要其终，或忘文以全其质者，则大智玄通，居可知也。

　　意在主张阅读经典不应执着于语句的文理、意旨，而应在"率初以要终"，"忘文以全质"中"统言之宗，寻义之主"。这种观点实与王弼"得象忘言，得意忘象"及其注《老子》《周易》时所主张的"统之有宗""会之有元"相一致，文字只是"得意"的必要凭借，任何事物都可以用"无"的本体解释。这与般若中观学"假名"观念部分相合。佛学"假名"有两种含义，一是"约定、教说、消息"，二是"虚假不实"的一切世俗法。在汉译佛典中，"假"有假借义，"名"为语言文字，合为假借约定俗成的语言文字来传播教义学说。显然，道安的语言观与此"假名说"相近，而与般若依四圣谛及一切世俗法为"假名有"的语言观有异。道安不仅将这一观点作为解经的方法，而且认为这是"大智玄通"的要径之一，可视为"冥然无名"的理论基础，这一基本立场更不同于般若思想。可见，道安的语言观不是基于性空思想，而是借般若观照"真如"，以全面肯定法性。他说："地含日照，无法不周；不恃不处，累彼有名。"即智度统摄诸法，含照无限，所以不能为形名所拘限，但也不是离于形名，所以说："既外有名，亦病无形。"又说："要斯法也，与进度齐轸，逍遥俱游，千行万定，莫不以成。众行得字而智进，全名诸法参相成者，求之此列也。"意谓名、字、诸法相依缘起，相互依持而平等无别。道安对语言与般若智的论述，表明他虽理解般若"无分别智"，但其无分别智并非建立在般若"一切法空"的立场上，而是建立在诸法缘起，相互成就基础上的。这就与般若存在着明显的距离。而他肯定法性，正与《老子》所说"圣人处无为之事，行不言之教，万物作焉而不辞，生而不有，为而不恃"肯定万物自身的价值相同。

　　（2）道安的语言的概念同于王弼的言意理论

　　支谶译《道行般若经·随品第二十七》说："诸经法但有字耳，无有处所，菩萨随般若波罗蜜教当如是。般若波罗蜜本无形但有字耳，菩萨随般若波罗蜜教当如是。般若波罗蜜本无所从生，菩萨随般若波罗蜜教当如是。般若波罗蜜本无有异，菩萨随般若波罗蜜教当如是幻化及野马，但有名无形。"这段话与罗什所译《小品摩诃般若波罗蜜经·随知品》在经文的次序上不同，近于"随知品"开头论假名的一段："佛告须菩提：一切法无分别，当知般若波罗蜜亦如是。一切法无坏，当知般若波罗蜜亦如是。一切法但假名，当知般若波罗蜜亦如是。一切法以言说故有，当知般若波罗蜜亦如是。又此说无所有，无处所，当知般若波罗蜜亦如是。一切法虚假为用，当知般若波罗蜜亦如是。"文中依假名观，认为一切言说虽可传达解脱成佛理论，但并不指代任何真实的事物。一切事物虽有名称，但言说只是"假名"，是不实的假名设施，它既不是从任何真实的事物而来，其自身也不是真实的事物。但人们常以为假名可以指代真实的事物，所以般若思想告诉人们真实的事物是离开语言的。般若思想认为，事物的真实是远离一切相状特征的空性，而名称所以能成立是基于相状特征。因此，事物的真实是超越言说的。"名实相应"论者认为可以寻名求实，依名立实，这是误以非存在的事物为存在，是妄执取相。道安不是依照般若思想将假名与真实的事物视为非存在的事物与存在的区别，而是看作"名言"与名言背后的"意义"的区别，因此他虽也反对名实的对应关系，但最终仍肯定"名"仍有指代"实"的作用，这一观点显然是王弼言意理论的影响。王弼主张"得象忘言，得意忘象"说，他的理论虽不主张名实对应的言尽意说，但他主张经由"忘言"而得言语背后的真义，没有把言看作虚假不实的"假名"，最终肯定言、象对意的导引和指称作用。

（3）道安语言概念与般若思想之异来自译本的影响

道安的语言观明显受到玄学言意理论的影响，因为他本身即是魏晋玄学思潮中的重要人物之一。但作为佛教学者，道安的语言观也基于当时译本的理解。如支谶译《道行般若经·随品》说："但有字，无有处所"；"本无形，但有字"。译本中"无形"及"无处所"原义可能为"空"，"离于一切名言征相"。这很容易理解为"语言"背后的意义，所以道安解释为"与进度齐轸，逍遥俱游，千行万定，莫不以成。众行得字而智进，全名诸法参相成者，求之此列也"（《道行般若经序》）。这种误读实基于《道行般若经·随品》中"不当字菩萨，当字为佛"的译句，这与般若思想视名、字为假名设施的观点相违背。对照罗什译《小品摩诃般若波罗蜜经·随知品》中说"虚空""无边""离集善相""离合和法""善不善不可得"，可知《道行般若经》对于假名有、性空之义的译语容易造成误读。在《合放光光赞略解序》中，道安也表达了与《道行经序》中同样的观点。他说："宜精理其辙迹，又思存其所指，则始可与言智已矣。何者？诸五阴至萨云若，则是菩萨来往所现法慧，可道之道也。诸一相无相，则是菩萨来往所现真慧，明乎常道也。可道，故后章或曰世俗，或曰说己也。此两者同谓之智，而不可相无也。斯乃转法轮之要目，般若波罗蜜常例也。"认为语言（辙迹、可道）及语言背后的意义（所指、常道）二者可以相互显义，是玄智的二面，不可分离。郭象注庄子的方法就是寄言出意。由于魏晋玄学对"言""意"的探讨，逐渐形成了"得意忘言"语言观，促使人们强调言外之意。陆机《文赋》说："课虚无以责有，叩寂寞以求音。"刘勰强调"文外曲致"，其《文心雕龙》说："隐也者，文外之重旨也；秀也者，篇中之独拔者也。"强调既要"意在言内"，也要深沉、含蓄、通于言外，二者相互结合。

（二）澄观的中道语言观与中道哲学

澄观为华严宗四祖，佛学造诣极为精深。清代德清《法界宗五祖略记》赞其"博览六艺图史，九流异学，华夏训诂，竺干梵字，四韦五明，圣教世典，靡不该洽"。澄观于空、有各宗穷究深讨，发幽显微，著述极丰，又奉诏参与不空、般若翻译天竺乌荼国所进《华严经》。澄观的翻译评论本是夹杂于佛学论文中的，文中关于翻译的论述实与佛学研究融为一体，难以分开。其《大方广佛华严经随疏演义抄序》说：

> 至圣垂诰，镜一心之玄极，大士弘阐，烛微言之幽致。虽忘怀于诠旨之域，而浩瀚于文义之海，盖欲寄象系之迹，无穷尽之趣矣。斯经文理，不可得而称也，晋译幽秘，贤首颇得其门，唐翻灵编，后哲未窥其奥，澄观，不揆肤受，辄阐玄微。偶溢九州，遄飞四海，讲者盈百，咸扣余曰，大教趣深，疏文致远，亲承指训，仿佛近宗，垂范千古，虑惑高悟，希垂再剖，得睹光辉。顺斯雅怀，再此条理，名为随疏演义。昔人云，人在则易，人亡则难，今为解释，冀遐方终古，得若面会，然繁则倦于章句，简则昧其源流，顾此才难，有惭折中，意夫后学，其辞不枝矣。

他指出译经"人在则易，人亡则难"，揭示传译之人与原著者的时空隔阂所带来的困难，译者不能与作者相对而谈，因而难以了解其本意。犹如道安研习前代译经时所感慨："每至滞句，首尾隐没，释卷深思，恨不见护公叉罗等。"他还指出"然繁则倦于章句，简则昧其源流，顾此才难，有惭折中"。"繁"，指繁复；"倦"，疲倦；"章句"，章节和句读；"简"，指简略；"源流"，原义。文句繁复杂沓会使译文失去可读性，表达简略删削会使原文义理尽失，而困难的是繁简得当，臻于"折中"。这是翻译中的"中道"学说。所以唐代照明《略释新华严经修行次第决疑论序》称《华严经》的翻译是"义理圆备"，再一次阐明了佛学"中道"思想在翻译中的意义。翻译中的"繁"和"简"都有其缺陷，"繁"相当于"质"，"简"约同于"文"，只有"中"才是最佳境界。彻底的"中观"是连"中"本身也不能执著的。明代宋濂《千严和尚语录序》说："禅师之道不实不虚，不有不无……并不落有无中边虚实者，固不可以语言文字求也。""不有不无，不中不边"，连"中"也应统一在有无之中。武则天《大乘八楞伽经序》中说："所言八楞伽经者，斯乃诸佛心量之玄枢，群经理窟之妙键，广喻幽旨，洞明深义，不生不灭，非有非无，绝去来之二途，离断常之双执，以第一义谛得最上妙珍。"总之，这种"非有非无，绝去来之二途，离断常之双执"的思维模式才是佛学的"中道"。

（三）道生的译经"圆义"论与"顿悟"说

道生对罗什倡扬的般若性空义理十分精通，法显译出六卷本《大般泥洹经》后，他著《佛性当有论》，综合自己对涅槃理论的深入理解与对般若实相的独特认识，创造性提出新的思想。涅槃经典认为：诸行无常，但佛性常住不变；诸法无我，但有佛性真我。真我即真如本体，亦即诸法实相。道生在研究佛学义理时，不守滞文，直达圆义，提出"一切众生皆有佛性，一阐提人也具佛性"的学说，使中国佛学以及中国学术发展都发生了实质性的变化。道生所提顿悟说，也在中国佛学史上有着极为重要的意义，"为中华学术开数百年之风气"（汤用彤《魏晋南北朝佛教史》）。印度大小乘佛学都认为渐修是顿悟的前提和基础，顿悟是渐修的最后次第才出现。西晋竺法护所译《渐备一切智德经》、后秦罗什所译《十住经》、东晋佛陀跋陀罗所译《华严经·十地品》，三译为同本异译，以及罗什所译《大智度论发趣品》《十住毗婆沙论》等都有关于菩萨成佛经历"十地"之说。可见，印度佛学十分重视修行的次第，对于修与悟都有详细的级别规定，构筑了一套严密的修行程序。但道生并不拘泥于印度佛学模式，他根据自己的体证，用新的方法阐释经典，首创顿悟学说。《宋书天竺迦毗黎国传》载："宋世名僧有道生。……立顿悟义，时人推服之。"方立天说："道生依据理不可分和佛性本有两个思想，认为因理不可分，故说顿；因佛性在我，故说悟，两说结合而立顿悟说。(《中国佛教直觉思维的历史演变道》)道生认为顿悟就是"反迷归极"，体证"第一义谛"，或者见性成佛。竺道生的思维方式，就是借用传统言意之辨。他说：

　　得无生忍，实悟之徒，岂须言哉……夫未见理时，必须言津，既见于理，何用言为，其犹荃蹄以求鱼兔，鱼兔既获，荃蹄何施？

《庄子外物》载：

　　荃者所以在鱼，得鱼而忘荃；蹄者所以在兔，得兔而忘蹄；言者所以在意，得意而忘言。吾安得夫忘言之人而与之言哉！

　　道生的表达模式与庄子完全一致，其顿悟主张显然契合中国传统儒道二家的思维方式。道生的佛学方法是"得意忘象""入理言息""象外之谈"，从言意之辨的角度反对拘泥文字名相。谢灵运在《辨宗论》中阐发道生学说时认为顿悟说"去释氏之渐悟，而取其能至；去孔氏之殆庶，而取其一极"，"阐提成佛"实际上是中国传统儒家"人人皆可为尧舜"的性善论和道家"道法自然"的翻版，反映了道生顿悟论融会梵汉，折中儒佛的实质。道生被称为"新论道士"，认为悟理证体无须过渡阶段，凡修行者皆可顿悟，最终超过了两家之上。这是他运用得意忘象方法创造的思想结晶。竺道生的顿悟成佛学说并不是一个孤立的命题，它与"一阐提人皆得成佛""善不受报""法身无色""佛无净土"等构成完整的体现，形成对旧说的评判。"一阐提人皆得成佛"，与印度佛学主张完全相反。"善不受报"从修行动机和最终目标论证作为"无为法"的修行，解脱之道不是外在的功德果报。"佛无净土"论以法身佛无佛国净土，为唯心净土、自性自度作了逻辑准备。"法身无色"批评了中土以灵魂比附法身的思想。"阐提成佛"是顿悟说的基本前提，为佛学简易化奠定理论基础。

三、作为佛学的重要部分丰富了佛学思想

　　佛典汉译评论本是佛教学者的言论和学说，不管是译经大师，还是佛学思想家、佛学史家的评论，都是对佛学思想的丰富和发展。

（一）刘勰的"惟务折中"

　　刘勰是文学理论批评家，更是著名的佛学家和译经评论家。他曾随佛教史学家僧祐居定林寺十余年，助其编定佛学经藏。"遂博通经论，因区别部类，录而序之。今定林寺经藏，勰所定也"；并"长于佛理，京师寺塔及名僧碑志，必请勰制文"。（《梁书·刘勰传》）刘勰精通《法华》《维摩》等重要典籍，自谓"咨亲出家，《法华》明其义；听而后学，《维摩》标其例"。他认为《妙法莲华经》调和大小乘的各种学说，思想极为"圆通"。

认为《维摩诘所说经》"通达佛道"。这也说明他受佛学影响之深。刘勰的佛学著述有《灭惑论》与《梁建安王造剡山石城寺石像碑》。他在文中所用"神""照悟""神理""圆通""化洽""神妙""神化""妙化""真境"等概念，也是他在《文心雕龙》中反复运用的。他在《剡山石城寺弥勒石像碑铭》说："夫道源虚寂，冥机通其感；神理幽深，玄德司其契。""种智圆照，等觉遍知。扬万化于大千，擒亿形于法界。"完全是从佛教美学角度讨论艺术的精彩之论。时有道士假托张融著《三破论》，批评佛教。刘勰随撰《灭惑论》运用佛学"二谛""三空""三乘""四等""六趣"及"六度"等理论，从哲学角度阐释儒、佛两家"异经同归"的旨趣。指出各家在最高的目的——"弥纶神化，陶铸群生"上是一致的，所异的是途径不一。他写道：

> 至道宗极，理归乎一；妙法真境，本固无二。佛之至也，则空玄无形，而万象并应；寂灭无心，而玄智弥照。幽数潜会，莫见其极；冥功日用，靡识其然。但言万象既生，假名遂立，梵言菩提，汉语曰道。其显迹也，则金容以表圣；应俗则王宫以现生。拔愚以四禅为始，进慧以十地为阶。总龙鬼而均诱，涵蠢动而等慈。权教无方，不以道俗乖应；妙化无外，岂以华戎阻情。是以一音演法，殊译共解；一乘敷教，异经同归。经典由权，故孔释教殊而道契；解同由妙，故梵汉语隔而化通。但感有精粗，故教分道俗；地有东西，故国限内外。其弥纶神化，陶铸众生，无异也，故能拯拔六趣，总摄大千。

意谓儒佛二者尽管设教有殊，语言不同，但其实理并无不一。"至道""真境"，是刘勰建立的佛学概念，是宇宙、自然的本原，具有生发宇宙、自然的根源性作用。所以，一切事物皆依"至道""真境"来显现、产生。但它们依赖于因缘和合，没有自性，所以是假相，以概念名言称之，则为假名。早期这种佛理境界"菩提"译为"道""智""觉""知"等。罗什译《大智度论》说："菩提，名诸佛道。"僧肇在《注维摩诘所说经》中说："菩提，佛道名也。"道生《注维摩诘所说经》说："道之极者，称曰菩提……菩提者，盖是正觉无相之真智乎。其道虚玄，妙绝常境。聪者无以容其听，智者无以运其知，辩者无以措其言，像者无以状其仪。故其为道也，微妙无相，不可为有；用之弥勤，不可为无。故能幽鉴万物而不曜，玄轨超驾而弗夷；大包天地而罔寄，曲济群惑而无私。至能导达殊方，开物成务，玄机必察，无思无虑。然则无知而无不知，无为而无不为者，其惟菩提大觉之道乎。"意谓"菩提"（"道"）不但具有本原和根源的性质，而且具有过程和终极的品质。佛学这种"弥纶神化，陶铸群生"的功能，无论夷夏、华戎，都能"总摄"三千大千世界。他还指出：

> 神化变通，教体匪一。灵应感会，隐现无际。若缘在妙化，则菩萨弘其道。化在粗缘，则圣帝演其德。夫圣帝、菩萨，随感现应。殊教合契，未始非佛。固知三皇以来，感灭而名隐，汉明之教，缘应而像现矣。

这里显示出刘勰完整的思想逻辑：一、至道（弥纶神化、陶铸群生）惟一，教体（方法、途径）匪一；应随着条件的变化而采取不同的方法，即"灵应感会，隐现无际"。二、"教体"有精粗之分，佛学"缘在妙化"，儒学"化在粗缘"，道学"非出世之妙经也"。表明佛学优于儒道。三、既然"教体""随感现应"，不同的条件下便应采取不同的"教体"。"太上"之道，三皇五帝的"德化仁教"，都是"应俗"化粗的机缘映射，而至道妙境的"教体"，应是般若性空的"动极神源"的"绝境"。"大乘圆极，穷理尽妙"，"圣人之教，触感圆通"，这使他在处理各种对立的矛盾时眼光总是不拘一隅，圆活无滞，左右逢源。刘勰对佛学的推崇源自他对佛学发展的把握，他对佛典汉译历程有过宏观梳理：

> 汉明之世，佛经始通，故汉译言，音字未正，浮音似佛，桑音似沙，声之误也。以屠为图，字之误也。罗什语通华戎，识兼音义，改正三豕，固其宜矣。五经世典，学不因译，而马郑注说，音字互改，是以昭穆不祀。谬师资于《周颂》，允塞宴安；乖圣德于《尧典》，至教之深，宁在雨字。得意忘言，庄周所领，以文害志，孟轲所讥。不原大理，惟字是求，宋人申束，岂复过此。

文中既有译人评论，也有译本评论。其中关于音义观点与玄奘思想基本一致。在论述翻译的文字里，刘勰基于对般若思想的理解，运用"文质""圆通""折中"等概念，不偏废一方，正反兼顾，论内容与形式时既注意到"文附质"，又强调"质待文"，显示了他思想中的辩证性，这正是佛学中道思想。他曾提出"擘肌分理，唯务折衷"，"神用一揆"，表明他折中的思想。"隔而化通"指打破隔阂，融会贯通。这正是翻译的功能和目的。"化洽"即洽化，普及教化之意。"洽"是佛经评论中一个重要概念，意谓"和"、融合、调和，指翻译中文质运用得圆通无碍。如《高僧传》所说，"水乳无乖，一味和合"，"其有文旨乖越者，熔冶成范"。清朝谭贞默《金刚经如是解序》说："只提如是我闻四字便摄全经，并摄全藏，若水入乳，若芥投针，梵语华言，拈来即合，引申触类，无境不融。"都是指翻译所达到的圆融状态。"妙化"即化境。"一音演法，殊译共解"，指佛以一个声音说法，众生可根据各自的根机去理解原义。《维摩诘经·佛国品》说："佛以一音演说法，众生随类各得解"。玄奘《大唐西域记·娑摩若僧伽蓝》说："举世界于掌内，众生无动静之想；佛演法性于常音，众生有随类之悟。"是说佛陀用普通的话语阐明佛法真理，让世上所有的生灵随其根机而有不同的觉悟。陈文帝《妙法莲华经忏文》说："法雨一味，得之者参差，法雷一音，闻之者差别。"亦是化用此意。

《文心雕龙·论说》篇中说："然滞有者，全系于形用；贵无者，专守于寂寥。徒锐偏解，莫诣正理。动极神源，其般若之绝境乎？"意思是，执着于"有"的完全着眼于形象和有用方面，看重"无"的专门主张寂寞清虚的境地；徒然作精辟的片面解释，没有谁能达到正确而全面的理论；探索到极深入的真理的究竟，只有佛法的最高境界。"神源"指神理的源头，最高理论。"般若"，佛学称智慧为般若，这里指佛法。刘勰信仰佛法，认为有也是空，空也是有，这就没有空有的矛盾。文中批评玄学"贵无"与"崇有"二说是"徒锐偏解，莫诣正理"，显示刘勰所持乃般若中观之见解。正因他对佛学义理的精湛造诣而十分崇尚佛家的"圆"说，他指出："及其品列成文，有同乎旧谈者，非雷同也，势自不可异也。有异乎前论者，非苟异也，理自不可同也。同之与异，不屑古今；擘肌分理，唯务折衷。"通过"折衷"，扬弃各家观点的片面性，吸收其合理因素，归纳整合出最完善的理论表述，达到文质副称。其《文心雕龙》"法式"即受印度佛学因明学影响和佛学成实论思想影响。范文澜指出："彦和精湛佛理。《文心》之作，科条分明，往古所无。自《书记》篇以上，即所谓界品也；《神思》篇以下，即所谓问论也。盖采取释书法式而为之，故能理明晰若此。"（《中国通史》）刘勰所提"唯务折衷"的"折衷"即"折中"，为判断、处理事物取正无偏之义。刘勰的文论思想兼取三学而力求态度公允、中正，对道、儒、佛思想各有褒贬，"同之于异，不屑古今"，不滞累于一家一派，或古或今。他的方法体现了佛学"是亦非是，非是亦是"的辩证法思想，使其学术见解既不停留在兼取两边，又离开两边的"中"。这就是刘勰方法论意义上的"圆该"，即"圆融"的为文、治学方法。"折衷"即折中，折之于"中和"。《章句》篇论制韵说："异若折之中和，庶保无咎。"《附会》篇论文理说："献可替否，以裁厥中。"都是说在去取、权衡之间，遵从"中和"原则。这些概念与慧远的折中说极为相似，其文学观和翻译评论观，本是在论述佛理中阐发的，也可以说是佛学研究的副产品，但这些论述又反过来丰富了佛学理论。它们从文学、美学以及语言学方面丰富了佛学思想，为佛学展开了、广阔了学术理路和情趣，开辟了博大的领域，也为佛学提供了多维的理论支持。

（二）玄奘的"圆融"思想

玄奘是法相宗创始人，其译经生涯十九年，前后改译旧经，新译梵本，共达七十四部一千三百三十卷。"自大教东流，翻译之盛，未有如玄奘者，虽滕兰澄什康会竺护之流，无等级以寄言，其彬彬郁郁，已布唐梵新经矣。"（《大慈恩寺志》）玄奘在翻译评论上，表面看来很少有专门论述，其实他的翻译思想都蕴藏在许多佛学论述之中，而且这些都是思想极为深刻的部分。如他在《启谢高昌王表》中说："但远人来译，音训不同。去圣时远，义类差舛。遂使双林一味之旨分成当现二常，大乘不二之宗析为南北两道，纷纷争论凡数百年，率土怀疑莫有匠决。"玄奘所论"音训"指注音释义，因为翻译的音训不同，致使佛旨乖戾，学者对佛学的理解产生歧义和分裂。而玄奘的经典翻译之所以准确无误，其中有一个很重要的因素是他注重音字翻译的精确。他的"五不翻"说明他对音训的重视。他在《大唐西域记·序论》中说："然则佛兴西方，法流东国，通译音讹，方言语谬，音讹则义失，语谬则理乖。故曰：'必也正名乎。'贵无乖谬矣。"翻译的声音既有失误，各地的方言又多讹谬，语音错误了于是语义就不对了，语言谬误了于是道理就乖违了。"必也正名乎"，语出《论语·子路》。孔子提出"正名"，本是从政治上讲名分，其内容是"君君，臣臣，父父，子子"（《论语·颜渊》）。荀子有《正名篇》，论名实问题，主张名定而实辨。"制名以指实"，指概念与实际的关系。引入翻译评论，则指名词概念的翻译须符合原文本义所指，但主要用于译名。玄奘重视这一思想，是他的翻译准确的其中一个原因。辽代幽州沙门行均所集《龙龛手镜》亦强调"释氏之教，演于印度，译播支那。转梵从唐，虽匪差于性相；披教悟理，而必正于名言。名言不正，则性相之义差；性相之义差，则修断之路阻矣"。梁启超《章士钊论翻译名义按语》指出，"翻译名义，译事之中坚也"。可见玄奘探索译名理论的意义。

玄奘的翻译评论涉及整个哲学思想、翻译评论观念以及翻译标准。在哲学思想上他坚持大乘思想的空有无执，融合众家。其《谢御制三藏圣教序表》说："玄奘识乘龙树，谬添传灯之荣，才异马鸣，深愧泻瓶之敏。所译经论，纰舛尤多。"实际上是说他精通大乘学说。他在《答摩诃菩提寺慧天法师书》中，对大乘如此评说："此立大乘之旨，彼竖半教之宗，往复之间，词气不无高下，务存正理，靡护人情。……至如理周言极，无越大乘……宜早发大心，庄严正见。"《谢赐假营葬启》中批评"专门竞执，多滞二谛之宗"的学风，反对治学上的"执"和"滞"。他所编译的《成唯识论》论证"我"（主体）、"法"（客体）不过是"识"的变现，都非真实存在，只有破除"我执""法执"，才能达到"成佛"的境界。从这里可以看出，玄奘的思想很少拘泥执着。

对于佛学美学中重要的概念，玄奘也反复论及。如"妙"就多次提到过。《谢许制大慈恩寺碑文及得宰相助译经表》中提到"允宣妙法"。《请御制大般若经序表》说道"愿斯妙善，仰资国祚……尘劫有涯，妙善无尽"。《谢皇后施袈裟杂务启》："闻诸圣典，未有穷神尽妙。"对"真"这一概念也极为重视。《重请御制三藏圣教序表》说："窃以神力无方，非神思不足诠其真；圣教元远，非圣藻何以序其源。"这是追求"真"翻译的理论。《谢御制三藏圣教序表》中还说："窃闻六爻探赜，局于生灭之场；百物正名，未涉真如之境。犹思远征义册，睹奥不测其神，遐想轩图，历选并归其美。"正是意识到前期翻译"未涉真如之境"，这才矢志西行，远寻真本。对"圆"的论述更加注重。《还至于阗国进表》中说："元奘往以佛兴西域，遗教东传。然则胜典虽来，而圆宗尚阙。""圆宗尚阙"，相当于晋代道生所说前期译经"鲜见圆义"的评价。在其《答中印度僧智光书》说："文盘节而克畅，理隐昧而必彰。"表明他在翻译总体上的把握是正确的。可以说，玄奘的翻译观念既隐藏在他的佛学研究中，又丰富了佛学哲理。

（三）法藏的"圆融"理论

法藏曾参与玄奘译场的翻译，后又参加实叉难陀主持的重译《华严经》的译场，新译《华严经》译出后，又助义净翻译《金光明最胜王经》，助菩提流志翻译《楞伽》《宝积》等经，武则天在其《御制大周新译〈大方广佛华严经〉序》里称道《华严经》译本是"重译之词馨矣"，"叹为观止"。法藏先后讲新、旧《华严经》三十余遍，撰述《华严经旨归》等多种著作。华严宗的理论主要是论证理与事，事与事之间的关系，其体系主要是"四法界"说。即事法界（一切事物与现象）、理法界（一切现象的最高本体）、理事无碍法界（世间一切事物与现象都统摄于宇宙的最高本体）、事事无碍法界（万事万物在本体上是相同的）。法藏在《华严发菩提心章》中说："事无别事，全理为事"，"能遍之理，性无分限；所遍之事，分位差别，一一事中，理皆全遍，非是分遍，何以故？以彼真理，不可分故。是故，一一纤尘，皆摄无边真理"。由于一切事物，皆摄尽无边无尽的理事圆融之"全理"，故虽然大小殊等，相状各异，但彼此之间在本体上并无差别，是你中有我，我中有你，相即相入，互为交涉，重重无尽的，这就是"事事无碍"。

虽然"圆融"一词是中国佛学家所创，但其根柢是印度大乘佛学中观思想，其中龙树的"中论"作为中观思想的浓缩，认为空与假、理与事形成不一不异的关系，圆融一体又不碍各别。故曰中道，"融摄一切，不舍万差分别"。这种圆融与佛学"随顺因缘"思想一致，即随从他人之意而不拂逆，是佛陀教化众生的随宜之法。佛经翻译的忠实思想，本质上也是一种"随顺"，即依据原本，但过于随顺原本，虽不失真，本土人士却罕能入内，这又需要随顺本土习惯，但又会失去经典原貌。《大乘起信论》论"真如"有二义：一是不变义，二是随缘义。不变义是指其为理性，随缘义是指其为事相。理为本体，事为相用，体用不二，圆融一体。《法华经》说："我此九部法，随顺众生说，入大乘为本，以故说是经。"《大法鼓经》说："随顺众生种种欲乐，而为演说种种经法。"法藏用中道阐释"随顺"，他在《法华玄论》中说："十二部经八万法藏皆是随顺俗，故有此言说。若不随俗则无言无不言，故有所言皆随俗说，谓世界悉檀。"以"圆融"思想解释"世界悉檀"，认为佛经是随顺俗世众生的教法，目的是对治众生的烦恼业障。道安曾说："不依国主则法事难立。"即随顺国主，因为国主体现和代表的是时代的主流文化；随顺国主，就是随顺情势。佛学在中国的传播和翻译历史实际就是佛学"随顺"中国人文精神的圆融史。

四、译经评论作为理论思辨直接推动佛学义理研究

译经评论与佛学研究看似是不同的学术行为，其实是联系在一起的，二者同属义学范围，都是针对佛学义理的探讨。佛典汉译评论作为一种理论思辨，既关注翻译的具体技巧，更注重从宏观思维考察翻译的质量、佛学传播的进程、译者们的译经动向、佛学思想的演变等。这一性质实际上与佛学家们的理论思辨相一致，两者经常处于融合之中。这一性质发挥了佛典汉译评论对于佛学研究的推动意义，促使中国佛学经历东汉、魏晋和隋唐三大时期，最终融入华夏文化体系。历代译经评论并非是真空中的思辨，它受到时代思想影响，与当时哲学及学术紧密相联，共同推动佛学发展。如智顗、吉藏、法藏、智旭等佛学建树很高的学者，都是建立在译本研究和评论基础之上的。没有对译本的研究和评论，其学

说便没有根基。而对经典译本的研究和评论是他们获得理论营养和创建新思想的活水源头。如支遁建立"即色"宗，即"色即为空，色复亦空"（《世说新语·文学》）。这是他基于深入研究当时译出的大小品《般若》，并作出独具特色的评论，写下长达万言的《大小品对比要钞》。支遁对《庄子·逍遥游》也深有研究，时人谓其"遁比向秀，雅尚庄老，二子异时，风尚玄同也"（《世说新语·文学》）。支敏度创"心无"宗，即"无心于万物"，实以心、物皆为"有"，表现出裴頠"崇有"一派思想。支敏度有《合维摩诘经序》及《合首楞严记》等像道安一样译本对比研究的著述，从这些译本的研究和评论中获取思想营养，创建自己的佛教学说。道生也是通过评论当时译本，从中受到启发，然后结合传统思想方法建立自己的佛学理论。他指出当时的译本因"译人重阻，多守滞文，鲜见圆义"，由此他借鉴玄学"得意忘言"方法，研思空有因果深至，立"善不受报""顿悟成佛"等学说。僧祐《出三藏记集》说他"笼罩旧说，妙有渊旨"。道生的佛学有自己的逻辑体系，是与他对译本的研习评论和他融会般若空观和涅槃佛性说精义以及传统思想的结晶。正是他对译本"圆义"的追寻，催发了他的佛学建树。僧肇研究支谦、竺法护译经，认为"支、竺所出，理滞于文，常恐玄宗坠于译人"，即使罗什初出诸经，因"方言未融"而"至今思寻者踟蹰于谬文，标位者乖忤于归致"（《百论序》），他认为"玄道在于妙悟，妙悟在于即真；即真则有无齐观，齐观则彼己莫二"（《涅槃无名论》），基于此提出"不真空"，即"非有非无"。僧肇因助罗什译经而深悟罗什"性空""中道"学说，其"非有非无"方法正符合《般若经》中的中道论证方法，即遮诠和相即的表述方法。玄奘的佛学建树也基于他对佛经译本的研习和评论，同样出于"勉思圆义"。他指出："远人来译，音训不同。去圣久远，义类差舛，遂使双林一味之旨分成当现二常，大乘不二之宗析为南北两道。"（《启谢高昌王表》)这是他印度取经求学的初衷，也是他佛学研究的动力。

（一）译经评论的经学形态与汉代黄老道术外衣下的佛学

"经学"一词，最早出自《汉书·倪宽传》："宽见上，语经学；上说之。"汉代，经学是阐释儒家经典之学。孔子定儒家经典为"六艺"，即《诗经》《尚书》《周易》《周礼》《春秋》《乐经》。儒家经学在中国学术史上是传统学术的主流，是古代学术的灵魂。汉代，经学是学术的核心，它贯穿于社会领域各个方面，形成以"经"治内外之学的思维模式。佛学传入中国之前，已形成以儒家为主体的思想文化体系。在这一思想文化体系中，也流行着对于天帝、祖先神的崇拜以及祭祀的宗教观念习俗、阴阳五行、黄老和神仙方术等。所以初入中土的佛学在这种文化氛围中被人们等同于黄老谶纬之学和神仙方术之道，将佛陀依附于黄老一同祭祀，将其学说当成鬼神报应之学，认为也是追求清净无为，长生不老，炼就神通的学说。佛学的精深教理在当时也不为人们正确理解，灵魂不灭和轮回报应的思想是人们理解的最初的佛学义理。

1. 经学影响下的佛典汉译

汉代佛学不为人们识其本来面目，原因在于译经的影响，也是译经评论促成的结果。因为知识阶层了解印度佛学，主要是通过译本。早期佛经译本虽然只有《浮屠经》和《四十二章经》，但已足以让汉地人士大致了解佛学的主要意旨。早期阐述佛学义理，评论佛学的著作是牟子的《理惑论》，他就是依据这些译本，把佛学视为"道"的一种，认为"道有九十六种，至于尊大，莫尚佛道也"。作者的目的在于融合佛学与传统文化，用传统思维和观念解释佛学，让读者接受起来更显得亲切而容易理解，也就更容易传播。如牟子把佛比作中国传说中的三种神：一种是道家所讲的"修真得道"的真人，一种是神仙家所说的"恍惚变化，分身散体"法术多端、神通广大的仙人，一种是"犹名三皇神，五帝圣"的神人、圣人。作者还批判那种把佛学的布施等修持与"不孝不仁"对立起来的观点，强调佛学的修行完全符合"仁"和"孝"。评论的引导自然助长人们包括译经者将佛学与黄老道术相结合。译经大师多沿用老庄思想及术语如"有""无""道""性""自然"等，由此促使佛学在传入中与黄老并立而为人所知。佛学的"道"也与老子《道德经》中的"道"非常相近，因此"尧舜周孔修世事也，佛与老子无为志也"。安世高用道家的吐纳译佛学的禅观，使他的"数息观"的修证方法与道教的呼吸吐纳、食气守一的养生之术相似。以佛学禅修为特点的禅学主张修安般定或数息观，所以佛学也被理解成"息意去欲"，因而"沙门者，汉言息也。盖息意去欲，而归于无为也"。禅学是佛典汉译中最早的典籍，禅法的主要观点是"执寂以御有，崇本以动末"（《安般注序》）。"乘慧入禅"，即是"达本者有有自空，畅无者因缘常寂。自空故不出有以入无，常寂故不尽缘以归空。……苟厝心领要，触有悟理者，则不假外以静内，不因禅而成慧"（《安般守意经序》）。所以方立天指出，道安禅学中的执寂御有、崇本动末等不假外求主张，实际上是王弼"崇本息末"和"反本"思想的"翻版"。（《中国佛教哲学要义》）支谶所译《般若道行品经》中传说的是般若空观，不有不无，不有有，不无无。而表述这一思想的译文是："心亦不有，亦不无"，"亦不有有心，亦不无无心"。借用中国道家名词概念翻译佛学名相，如把"波罗蜜行（到彼岸行)"翻译为"道行",将"如性(真如)"翻译为"本无"。康僧会用当时流行的天人感应的神学观点和儒家的善恶观说明佛学所说的善恶会有报应,其所译《六度集经》说:"昔者,波罗国王名波邓,治国以仁,干戈废,杖楚灭,图圈毁;路无呼暖,群生得所,国丰民炽,诸天叹仁。"这完全是孔孟宣扬的"王道乐土"。又曰:"昔者,菩萨为大国王,名曰察微,深睹人原始,自本无生……止欲空心,还神本无。"这显然是老子思想的翻版。他还用孟子的"正心论"比附佛学的"心性论"。支谦翻译了《大明度无极经》《大阿弥陀经》《本业经济》等三十六部佛经,所用方法就是用《老子》语句比拟经义,用中国固有的语汇翻译佛经名词。梁启超称赞他的译本"其文最为流便晓畅,然喜采老庄理解以入佛典,在译界中实自为风气","其抽象语多袭旧名,吾命之曰'支谦流'之用字法"。(《翻译文学与佛典》)

2. 经学思辩引导下的译经评论

由于译出的经典难以使学者了解佛学本意。为了读懂译文,理解和解释其深奥的义理,中国的佛教学者就以两汉经学的模式,开始了注疏译经和为译经作序的著述。道安首开此著述风气,"晋有道安,独兴论旨,准的前圣,商榷义方,广疏注述,首开衢路。……自斯跃后,祖习余风"(道宣《续高僧传》)。慧皎《高僧传》载,道安一生为译经疏注的著作共凡二十二卷。之后,慧远、僧肇、道生等又掀起晋宋之际疏注译经的高潮,一时名僧辈出,"融、恒、影、肇,德重关中;生、叡、畅、远,领宗建业;昙度、僧渊,独擅江西之宝;超进、慧基乃扬惭东之盛"(慧皎《高僧传》)。至梁武帝"制《涅槃》《大品》《净名》《三慧》"的带动下,疏注译经更成时尚,其中被称为"三大法师"的僧旻、法云、智藏时称"三杰"。讲经和译经疏注著作的盛行,形成南北朝时代众多学派。如成实师便是以研习和注疏罗什所译《成实论》而形成的学派,梁代的"三大法师"就是成实师的著名代表。如道宣所说:"时有三大法师云、旻、藏者,方驾当途,复称僧杰,把酌《成实》,齐骛先驱。"(《续高僧传》)

汉地学者的注疏及序文既研习佛理,阐发义学,也评论译本,品评译人。在译经评论中,经学思想随处可见。如后汉阙名《佛说法境经后序》说:"且夫世俗《诗》《书》《礼》《乐》,古之遗字,虽非正体,后学之后,莫敢改易,皆尊敬古典,转相承顺矣。况乎斯经之昭昭,神圣之所制,天上天下,群圣仙者,靡不稽首奉受,以为明式,学者益智,行者得度,其无数焉。而斯末俗晚学之人,见闻未广,而以其私意毁损正言,违戾经典,岂不怪哉!名言学佛而违佛教,斯复何求也?"明确将佛典与传统经典《诗》《书》《礼》《乐》相提并论，强调翻译的忠实。支谦《法句经序》亦借儒家"书不尽言，言不尽意"作为其理论基础，将评论纳入儒学范围。这些评论本身就在力图使佛学同化于华夏文化，使其最大限度地符合汉民族传统文化的观念，最大限度地淡化原文的陌生感，方便读者阅读与理解，从而有利于广纳信徒，促进佛学在中国的传播。汤用彤在《汉魏两晋南北朝佛教史》中说："佛教自西汉来华以后，经译未广，取法祠祀。其教旨清净无为，省欲去奢，已与汉代黄老之学同气。而浮屠作斋戒祭祀，方士亦有祠祀之方。佛言精灵不灭，道求仙却死，相得益彰，转相资益。"佛学的道术化使之顺利地进入中土，为佛学的汉化奠定了基础。尤其是译者，以通俗化形式，将中国人士对这些难以理解的陌生的新名词和异域文化的初次接触，与本土固有的思想概念相比拟，将打上异国文化烙印的佛学思想传播给汉地民众。如《正诬论》把"泥洹"比附成时人所熟悉的"无为"。从中不难看出译经评论所起到的引导作用。评论作为理论思辨，实际上也是佛学理论的思辨，它凭借译本的译弘，阐释佛学义理，同时也影响译者及其他佛学人士对佛学的看法。

（二）译经评论的玄学思潮与魏晋玄学化的佛学

汉代末年，中国思想界开始打破汉武时期罢黜百家，独尊儒家的传统，以周易、老、庄为中心的玄学逐渐成为学术主流。魏晋时期，儒家名教又受到批判，更加削弱了儒学的宗主地位，致使儒风发生变化。正如韩愈《原道》所说："周道衰，孔子没，火于秦，黄老于汉，佛于晋、魏、梁、隋之间，其言道德仁义者，不入于杨，则入于墨，不入于老，则入于佛。"玄学是一种以《周易》《老子》《庄子》三玄之说取代汉经学的儒学，以研究玄远幽深的学问为基本特征。郭象综合儒道思想，强调游外与弘内、内圣与外王统一，以纠正儒学的偏颇。知识士人的清谈是谈论老庄思想，佛学般若空宗思想传入中国，其"空无"学说与玄学"有""无"体用之学有一定相似之处，于是清谈家也转而为"老庄般若并谈"。正如汤用彤所说："夫《般若》理趣，同符《老》《庄》。"（《魏晋南北朝佛教史》）这样，佛学遂吸取玄学思想，在中国思想界形成了"大小品般若"与"三玄"交融的玄化佛学。佛学的玄学化，相应地中国佛学家也摆脱了以往视佛学为一种方士道术的观念，转而用玄学家的眼光看待佛学，诠释佛典教义。在玄学影响下，佛学由前一阶段的比附义理转为自由发挥思想，并运用为中土人士易于理解的儒家、道家等的名词、概念和思想，比附和解释佛学的名词、概念和义理。由此，佛学发展成为一门精致的义理之学。这一时期的佛学家，不仅通读佛学的经典，同时也是玄学家。道安创"本无"学派，以绝对的"无"解释佛学经义。他说："执道御有，卑高有差，此有为之域身。非据真如，游法性，冥然无名者，智度之奥室也。"（《道行经序》）真如法性的根本，就是这种存在但却不能言说的"无"，它与作为现象的存，"卑高"亦即体用不同。慧远《法性论》也主张"至极以不变为性，得道以体极为宗"，认为本体是永恒的法性，同道安佛学思想一致。

　　玄学本是经学与道学相结合的产物，其中论题是探讨本末、有无的关系，以"无"为体，以现象世界为用，用"无"体肯定了"自然"之用。佛学首先的议题是如何解释"佛"，用"性空"出离生死两端。这使得两者在哲学上可以沟通，在译经上的表现，就是此时期佛典汉译的"格义"方法。在佛学研究中，佛教学者就宇宙论和本体论的根本议题，自由阐发对"空"的理解，形成了六家七宗的不同学说，其中"本无""心无""即色"主要三家正与魏晋玄学中的"贵无""崇有"与"独化"三大学派相对应，其共同特点是用"无"来解释"空"。如道安主张以"无"为本，正是以接近何晏、王弼的"本无"派思想理解般若学，以玄学的观点剪裁佛学义理，套用玄虚贵无派的本体论和论证方式，建立他"本无宗"的般若学理论。而般若学主张"有""无"双遣以明"空"义，与玄学有本质的区别。"格义"方法的盛行，促使了"格义佛学"的诞生。"格义佛学"的学风也和玄学相似，不是关注佛学概念的解释和般若学本义的阐发，而是对般若思想的自由发挥。因此，佛理新说不断出现。这种"格义佛学"由于强化了佛学与中国传统文化思想的共通性，弱化了其间的差别及可能遇到的排拒，虽在某种程度上与佛典本意有违，但却更易于汉地人士吸收、采纳，从而使佛学获得了在中国立足、生根的心理基础。正如任继愈所说，般若学"介绍到中国后，当时的中国学者和僧众并没有完全按照印度原来的般若空宗理论理解它，而是用魏晋玄学唯心主义的观点去迎接"（《汉唐时期佛教哲学思想在中国的传播和发展》）。

　　在译经评论中，道安《阴持入经序》说过："以大寂为至乐，五音不能聋其耳矣；以无为为滋味，五味不能爽其口矣。""大寂""无为"均为道家思想概念，"寂"指静无声音。《庄子》上载："寂兮寥兮。""无为"在儒家指以德政感化人民，不施行刑治。《论语·卫灵公》说："无为而治者，其舜也与。夫何为哉，恭己正南面而已矣。"道家则指顺应自然，不求有所作为。《老子》说："是以圣人处无为之事，行不言之教……使夫知者不敢为也，为无为，则无不治。"《淮南子·原道》说："所谓无为者，不先物为也；所谓无不为者，因物之所为。"道安的评论便是比附道家思想。安世高译经深受黄老学影响，如《安般守意经》说："断生死，得神足。"而按小乘佛学思想，得道者会具足种种神通，但得神通并非都能"断生死"。"断生死，得神足"实际上是把佛学修习的最高目标归结为成神仙。康僧会曾在其序言中发挥这一观点，认为"得安般守意者"，可以"存亡自由"，"住寿命"。可见，佛经翻译之初受黄老学影响，致使人们将佛陀当作神仙看待是完全有根据的。直到道安，虽然已经了解其在佛学整体中所占的位置，指出"安般居十念之一，于五根则念根也"，但还是崇尚它可能达到的神通，将修禅当成神通法术。他在《安般注序》中指出译者受传统思想影响，致使经本汉化，而评论者同样以汉化姿态评论经本，指导译经，一同影响佛学中国化进程。

从儒学影响译经更可见出这一趋势。支谶所译《道行般若经》是佛学特别是般若理论的入门典籍，译本深受道家影响，将"波罗蜜行"译为"道行"，"如性"译为"本无"等。道安《合放光光赞随略解序》说："般若波罗蜜者，成无上正真道之根也。"将"波罗蜜"等同于"道"。"性空"是大乘佛学最重要的一个概念，它关涉佛学本体论和认识论。后译为"如""真如"与"实相""真实"等。支谶受《老子》影响译为"本无"，反映了当时译者及社会人士对佛学教义的理解程度，支谦译时仍用"本无"，至道安创"本无宗"。道安"本无"的意义，在其《合放光光赞随略解序》中已有表露："无所有者，法之真也。""法之真"即世界的真相、本性；"无所有"即空无所有。这是说，世界的本性就是空无所有的，所以称"本无"。因此他认为对待世界上一切事物的态度都应符合"本无"的宗旨，才能使"心""皎然不淄"，因为"本末等尔"，没有差别；"有无均净"，有无都是没有寄托的。何晏、王弼主张"天地万物，皆以无为本"，裴頠著《崇有论》批评"静一守本无"之说，表明"本无"是传统哲学的重要议题。道安在《道行经序》中说："仕行耻此，寻求其本，到于阗乃得。送诣仓垣，出为放光品，斥重省删，务令婉便。若其悉文，将过三倍。善出无生，论空特巧，传译如是，难为继矣。二家所出足令大智焕尔阐幽，支谶全本其亦应然。""善出无生"意为译本将原旨传达殆尽。而"无生"本道家思想。"有无相生"是道家哲学的重要命题，是说有生于无，无生于有，有和无是相互转化的。"无"指无形、无名等义，"有"指有形、有名等义。"道"是"有"和"无"的统一。在《老子》中，"有无相生"包含有"形而上"与"形而下"两层含义：在"形而上"一面，《老子》认为"天下万物生于有，有生于无"，即宇宙间的一切有形有名的具体事物皆源于混沌未分的实有之物（"有"），而"有"则本于无形无名的"无"。天下万物（有）又在运动变化中"复归于无物

（无）"。在"形而下"一面，任何具体事物（"有"）都是不断地从"无"中产生，又不断地由"有"转化为"无"。这种"有无相生"的过程"周行而不殆"。《庄子·至乐》说："察其始而本无生，非徒无生也，而本无形。"

1. 道安的佛学探索

道安所弘扬的主要是小乘佛学、禅学、般若学及戒律学等。小乘佛学方面，其《鞞婆沙论》和《阿毗昙序》表现出道安对小乘佛学的推崇。《比丘戒序》表现他对戒律的重视。慧皎《高僧传》称："安既德为物宗，学兼三藏，所制《僧尼轨范》《佛法宪章》，条为三例：一曰行香定座，上经上讲之法；二曰常日六时行道饮食唱时法；三曰布萨、差使、悔过等法。天下寺舍，遂则而从之。"这是中国佛学史上第一次制定僧规。并首次规定出家人皆姓释，慧皎《高僧传》说："初，魏晋沙门，依师为姓，故姓各不同。安每以为大师之本，莫尊释迦，乃以释命氏。后获《增一阿含》，果称四姓为沙门，皆称释种。既悬与经符，遂为永式。"慧皎又记载说："安每与弟子法迁等，于弥勒前立誓，愿生兜率。"表明道安又是弥勒净土信仰的先驱。道安的禅学观点是把四禅、四无量心、四空定之十门禅说成是"三乘之大路"。"三乘"即声闻乘、缘觉乘和菩萨乘，前二乘是小乘，后一乘是大乘。道安认为，三乘证果，都离不开十二门禅。在般若学中，其《道行经序》说："大哉智度，万圣资通，咸宗以成也。地含日照，无法不周，不恃不处，累彼有名。既外有名，亦病无形，两忘玄漠，块然无主，此智之纪也。夫永寿莫美手上乾，而齐之殇子。神伟莫美于凌虚，而同之涓滞，至德莫大乎真人，而比之朽种。高妙莫大乎世雄，而喻之幻梦。由此论之，亮为众圣宗矣。何者？执道御有，卑高有差，此有为之域耳。非据真如游法性，冥然无名也。据真如游法性，冥然无名者，智度之奥室也。"序中表露出道安思想的两大特点：一是用道家"真人"等名词概念论述般若；二是把空、有两宗结合在一起，提出"游真如据法性"。而大乘空宗主张一切皆空，并不承认真如法性。

道安创立"本无"宗，是其佛学研究和翻译研究完美结合的体现。道安的佛学研究帮助中国佛学摆脱了对传统玄学的附庸，结束了佛学在中国传播的初级阶段。基于对历代译本的研究，他创立了"本无"宗。而"本无"正是当时译本中所表述的概念。玄学主张"以无为本"，此"无"为宇宙本体，能生万有。而般若学认为整个宇宙由色和心构成，色和心都是因缘和合而成，虚幻不实，是空，此"空"为万物本性，人们只有通过佛学智慧"般若"否定一切现象为实有的世俗认识，才能把握"空"。但是宣说般若空观典籍的《般若道行经》为支谶所译，后支谦重译此经。他们都以道家的"无"来理解佛学的"空",或以"空"言"无",不符合原典的本来精神。加之解说"性空"的论书如《中论》《百论》还没有翻译,致使各家对般若性空的理解模糊不清,各有所偏。连道安一代般若大师,僧叡称扬他的学说最得性空实义,也慨叹他犹隔一层,当是"无法可寻",意谓道安没有接触中观学派理论的机会。所以任继愈《汉唐佛教思想论集》说:"他并不是故意与佛教哲学本来的意义相违背,但是由于时代的局限,他所理解的佛学只能是玄学化的佛教哲学。"

道安开创了中国佛学具有深远影响的义理之学,一生中著述了称作折中解、抄解、折疑、甄解、撮解的经注著作及《综理众经目录》《答沙汰难》《西域志》等各类著作十五种凡二十七卷。他为译经所撰写的序文达十五篇之多。印顺说:"自其流行于中国者言之,亦可为两期:一自汉魏,下迄隋唐,为承受思辨时期(约偏胜说)。传译而思辨之、条贯之,其特色为融贯该综,得则华贵宏伟,失则繁文缛节,如世家子。确树此一代之风者,襄阳释道安也。二上起李唐,下迄清季,为延续笃行时期,即所知而行之证之,其特色为简易平实,得则浑朴忠诚,失则简陋贫乏,如田舍郎。"指出在佛学流传中国的第一个时期,是中国人士对外来佛学的"承受思辨时期",也就是不断理解和译介外来佛学经典的时代。然而,这种理解和译介却是沿着华夏文化的思路一步步展开。魏晋时期,汉译佛经虽已初具规模,但对佛经经义的理解却又"多滞文格义",刚走出神仙方术之流的佛学,又被纳入中国玄学的范畴,成为一种比附中国思想如老庄一类的学问。道安通过对译本寻文比义的细致研究,发现前人译经,出于过分迁就汉地文化传统而造成五种过失("五失本")。这是道安对"格义"之学的纠正。"格义"之学反映出佛学为适应中国文化而作出的变通和努力。道安对"格义"的批评和纠正,表明他在充分理解印度佛学之后,发现"格义佛学"已远离印度佛学,并成为制约汉地学者研究佛学的瓶颈而阻碍了佛学的发展。

罗什译经之前,中土佛典的汉译名相既不符合原意,又互不统一。致使当时人士"但共嗟咏二家之美,不辩其理之所在"(《世说新语》)。道安批评和纠正"格义"佛学,力求正本清源,采用以佛法研究佛法,以佛学名相诠明佛理的方法解经,提倡研究毗昙学,认为这是佛学的基础,因为毗昙学重在解释佛典名义。魏晋佛学弘传,所以误失颇多,就是因为过去没有适当的诠释佛典名相的书。由于道安的倡导,在般若空观为主流的思潮中,毗昙学开始兴起。对于校正以往不当的思想比附,修正译本失真,都起到很大作用。道安指出毗昙学宏富深邃:"要道无行而不

由，可不谓之富乎？至德无妙而不出，可不谓之邃乎？"(《阿毗昙序》)
他说：

> 自佛即幽，阿难所传，分为三藏，篹乎前绪，部别诸经。小乘
> 则为《阿含》，四行中，《阿含》者，数之藏府也；阿毗昙者，数之苑
> 薮也。其在赤泽，硕儒通人，不学《阿毗昙》者，盖阙如也。……是
> 故般若启卷，必数了诸法，卒数以成经，斯乃众经之喉襟，为道之
> 枢极也，可不务乎？可不务乎？

阿毗昙论藏整理及解释法数名相，是佛典三藏中搜罗最详备的，因
此赤泽深善义学者莫不以修习阿毗昙为先。尤其是研读《般若经》，必定
要先熟悉法数，再超越法数表层之义，达到中观四句不落二边，最终荡
相遣执。道安把通晓毗昙学作为佛典修习的基本功夫和入道枢纽。阿毗
昙最初的形式是归纳《阿含》当中的一些佛学名相，后来渐渐地开始解释
名相，发展到后来成为以各部派义理解经的形式。道安曾因读《放光般若
经》而觉译语滞碍不顺，其中原因之一就是译语混乱。汉译佛典译语的统
一，是罗什入关以后，与译经助手整理、建立起一套较为固定译语，佛
典汉译才可谓较为具体而有规则可循。

2."六家七宗"的佛学

般若性空学是印度佛学空宗派的理论，是佛学最高智慧。性空也谓
缘起性空，认为万物由各种条件聚合而成，没有实在的自性。而般若学
的智慧，既能看到事物的本质，又能看到事物现象假的一面，成就非空
非假，亦空亦有的中道义。这种思辨方式又称中观学。但这一思想方法
在罗什入关译经之前是没有为汉地学者所了解的。僧叡在《毗摩罗诘提经
义疏序》中说："自慧风东扇，法言流咏以来，虽曰讲肆，格义迂而乖本，
六家偏而不即。"概括了这一较长时期中国佛学的面貌。文中将"格义"与
"六家"并提，明确称之为"讲肆"，这是研究佛学的方法。即"格义"拘于
佛学与传统哲学概念的对应互解，"六家"只求意趣而不拘泥于文字。汤
用彤认为，六家七宗都是"中国人士对于性空本无之解释也"。(《魏晋南
北朝佛教史》)"六家七宗"学者变佛学论题为玄学论题，以玄学来变更、
改造佛学的理论要旨，认为"心"或"物"为实有而非"性空"。玄学是继承
道家思想，融合儒家经学的治学方法。道家讲"无"，是道家哲学的本质
特征。老子哲学以"无为"为本，"无为"相对有为而言。老子最先提出
"无"范畴。《老子》说："无名，天地之始。有名，万物之母。""天下之物

生于有，有生于无。""道生一，一生二，二生三，三生万物。""一"指天地未分时的原始物质存在，是"有"。道生一，即"有"生于"无"。"道"与"无"都是产生天地万物的本体。老子继承西周无神论，明确提出"道法自然"。意思是，道的法则就是自然而然，提出"道常无为而无不为"，以说明自然与人为的关系。老子认为道作为宇宙本体自然而然地生成天地万物，就其自然而然来说，天道自然无为；就其生成天地万物来说，天道又无不为。无为与无不为，即有为，无为为体，有为为用。老子还把天道自然无为推衍为人道自然无为，提出"绝圣弃智"，"无为而治"，认为"有"与"无"互相依存，"无"比"有"更为根本。庄子进一步发展老子的"无"和"无为"思想，这就是"至人"与"逍遥"（《逍遥游》），即个人精神绝对自由的境界。庄子以"虚无"论"道"，将"无"解释为纯然无有。他说："泰初有无，无有无名。"认为作为宇宙本原的"无"即是"无有"。"无有"就是纯然一无所有。庄子还提出"无无"概念否定了一切，认为只有连"无"也没有，才能达到绝对虚无的境界。

魏晋玄学是以解决名教与自然如何统一为宗旨而发展起来的抽象玄远之学，是道家思想的发展，也是"有无"论题讨论的进一步发展。汤用彤概括玄学主旨说："夫玄学者，乃本体之学，为本末有无之辨。有无之辨，群义互殊。学如崇有，则沉沦于耳目声色之万象，而所明者常在有物之流动。学如贵无，则流连于玄冥超绝之境，而所见者偏于本身之静一。于是一多殊途，动静分说，于真各有所见，而未尝见于全真。"（《隋唐佛教史》）意谓玄学在纯思辨领域着力探讨本体和现象，由此展开有无、本末、体用辨析。但玄学所谈本体偏于实体之义，而般若学是在反对小乘有部"实体"观念中发展出来的思想，其"诸法实相"指的是宇宙万有的真实相状。般若学针对"色"而说"空"，目的并不是要为"色"的存在建立一个实体依据。"六家七宗"正是没有理解这一要旨，而以玄学所谈有无比附、解析般若思想。罗什入关译经，传播弘扬纯正的大乘般若学，再经僧肇准确地理解般若中观胜义，著《肇论》用佛学方法解释佛学，变玄学论题为佛学论题，由此结束了魏晋玄学的理论探索，开启了中国佛学的创新时代。

（三）译经评论的佛玄合流与南北朝独立的佛教义学

南北朝是一个思想激荡和学术自由的时代。本土思想和印度佛学相交融，各臻其盛。印度佛学经过罗什对大乘空观思想的译介，汉地学者开始了独立义学研究，形成了独立的学术思潮。罗什将"本无"一词改译为"真如"，又综合《般若》经论，而建立毕竟空义，使般若性空真义阐发无遗。又经僧肇建立不真空义，基本上摆脱了玄学的阴影，于是佛学从完全依附玄学开始走上独立形态的义理之学，并推动学派诞生，使中国佛学开始成熟。成熟的佛学又使中国佛教学者从汉魏时期理解和诠释印度佛学的传统中走出来，探寻中国佛学自己的发展道路，创造性地建立起中国本土的佛学体系。罗什译场助手多以弘扬佛学义理见长，又始终融会传统思想发挥义理，如僧肇以高度抽象的理论形式，总结了当时各种般若思想，圆满回答了般若学的各种错误理解。由此，佛学与传统文化的结合成为南北朝佛学发展的主流，在学术上人们称为"佛玄"时期（张岂之《中国思想史》）。

佛玄合流中的译经评论也呈现出佛学与玄学的会通。如僧肇《维摩诘所说经注十卷序》说："大秦天王隽神超世，玄心独悟，弘至治于万机之上，扬道化于千载之下，每寻玩兹典，以为栖神之宅，而恨支、竺所出理滞于文，常恐玄宗坠于译人，北天之运，运通有在也。"表明罗什佛学的纯正。而他在《涅槃无名论》中却明确表现了道家学说的趋向，他说："玄道在于妙悟，妙悟在于即真。即真则有无齐观，齐观则彼己莫二。所以天地与我同根，万物与我一体。同我则非复有无，异我则乖于会通。所以不出不在，而道存乎其间矣。何则？夫至人虚心冥照，理无不统，怀六合于胸中，而灵鉴有余；镜万有于方寸，而其神常虚，至能拔玄根于未始，即群动以静心，恬淡渊默，妙契自然。所以处有不有，居无不无。居无不无，故不无于无；处有不有，故不有于有。故能不出有无，而不在有无者也。"这又与庄子"齐物论"思想相同。庄子的"齐物"就是齐一万物，否认事物有质的稳定性、差别性和存在的真实性。僧肇论述佛学，不仅引述了《论语》《老子》《庄子》各家思想，还把《老子》《庄子》与《维摩》融会贯通，甚至在《佛说长阿含经序》中明确将佛旨等同于玄学。玄学即是研究幽深玄远议题的学说。他说："夫宗极绝于称谓，贤圣以之冲默，玄旨非言不传，释迦所以致教。""玄"这一概念最早出现于《老子》第一章："玄之又玄，众妙之门。"汉扬雄《太玄·玄摘》说："玄者，幽摘万类，不见形者也。"王弼《老子指略》说："玄，谓之深者也。"不过，他对佛理的理解和阐述基本上符合般若的本义。

可见，南北朝译经评论将佛学与玄学一同讨论，体现出佛玄合流姿态。译经评论的佛玄会通是此时期佛学发展的反映。一方面，罗什准确而系统地传译了印度佛学，另一方面汉地学者结合传统探索佛学中国化道路，促使佛学中国化。这样，罗什译介的般若中观学说，并未得到中国佛教学者的真心崇奉，主要是在形式上取得学术思潮主导地位。因为般若性空学说虽能赢得玄谈名士的谈论，但并不能满足学者追求义理的心理需求，佛学真正要立足于中土，必须结合传统文化创造新说。所以汉地学者如僧祐、僧叡、慧远等人的佛学，不断汲取中土学术思想资源，逐步在中国佛学思想界发挥着实质性的作用。如慧远在《大乘大义章》中根据《大智度论》提出十八个问题，涉及法身、实相、念佛三昧等，由此可以看出汉地学者和罗什在佛学上的差别，即汉地学者总是站在中国化的立场上理解佛学，而西域学者总是力图准确解释印度佛学原义。罗什本着般若性空的立场，以天竺思维模式思考佛学，关注的是般若学理论体系自身逻辑的自洽性和完满性，所以他认为慧远没有掌握佛学中观思想的奥秘和要义，而慧远思考的立足点并不单纯在于纯粹的佛学理论，他更为关注的是如何结合传统思想创立新说，来有效回答、指导和解决普通信众在日常佛教实践中所面临的课题。慧远全方位调和儒佛，折中内外，目的是使佛学进一步中国化。他提出"内外之道，可合而明"，表明他的佛学理论已经有了浓厚的中国特色，也标志着中国佛学与印度佛学的分离。正如谢灵运在《庐山慧远法师诔》中所说："释公振玄风于关右，法师嗣法流于江左，闻风而悦，四海同归……年遂从心，功遂身亡，有始斯终，千载垂光。"

1. 僧肇：摆脱玄学的尝试

真正把佛学与玄学从理论上区别开来的，是僧肇。慧远曾对佛学与玄学的不同有所认识，指出"儒道九流，皆糠糟耳"（慧皎《高僧传》），表明他在儒佛之间保持着一定的距离。但是这种认识很肤浅，并没有从理论上真正解释儒佛差异。僧肇是深得罗什所传般若性空学真谛的佛学理论家，他的《般若无知论》以庄子那种"波奇云诡，瑰丽奇谲"的哲理与诗意相结合的语言，运用带有辩证法意义的相对法，论证了出离生死两端，即体即用的"性空"哲学。他引用《维摩诘经》说："说法不有亦不无，以因缘故，诸法生。"认为"有"或"无"，都不符合因缘谛合，法性"不有亦不无"，出离生死两端，法性的"空"，就是"不真"。他认为六家七宗或偏执于"有"，或偏执于"无"，都偏离了佛学。（《不真空论》）汤用彤评论说："肇公之学，融合《般若》《维摩》经，《中》《论》诸论，而用中国论学文体扼要叙出。凡印度名相之分析，事数之排列，均皆解除毕尽。此虽为文字之更革，但肇能采掇精华，屏弃糟粕，其能力难免匹敌，而于印度学说之毕化，此类作品均有建树。"（《魏晋南北朝佛教史》）尹德蓉《从历史演进论佛教中国化》一文认为，僧肇的学说，综合了印度佛学和中国玄学，又"屏弃"了二者的"糟粕"，用严格的逻辑形式证明佛学经义，是一种独创，是佛学本体论的中国化。他通过"不真空"的论述，比较正确地运用了中观学的思辨理论，又巧妙地结合儒学及玄学思想，形成一个完整的哲学体系，初步实现了佛学的中国化。僧肇生活的时代，玄学的鼎盛期已过去，这也为他把般若学从依附玄学中摆脱出来创造了客观条件。

僧肇在其《肇论》中，批评当时对般若的三种误解。一是玄学尊"无"过于"有"，二是以形而上的"无"为依归，三是作为"有"的根据。《般若经》说"非有非无"，理论基础是因缘说，超越单纯的"有"和"无"，以相对关系看万事万物。僧肇以"不真空"解释"般若"，认为一切法非"实有"，而是"虚空"，这才符合大乘佛学思想。其实，僧肇也是将般若与玄学结合起来的理路。赞宁指出："僧肇征引而造论，宜当此消焉。"（《宋高僧传》）他在《肇论》将佛学对"涅槃"的冥想，改换为"物我同根、万物一体"的冥想，用老庄式的"无"代替天竺式的涅槃与般若的内容，而老庄的"无"，也在天竺式思维中变了质。正是借着这种融合，天竺式的涅槃冥想，顺利地被吸收，使他的佛学带上了鲜明的中国化特质。他还将老子的"无为而无不为，由无为还归至为的世界"观念，延伸至"不见之见、不闻之闻、不知之知"。（《涅槃无名论》）这正是中国式的"无"的体用论，既非印度佛学也非中土思想。在主体性的"无"，恒常不失；在本体的无，常在"有"的世界中表现其作用。这种新的思想标志着佛学依附阶段的终结，成为以后中国佛学各宗的基础。

2. 道生：寻求佛学真义的努力

佛学的哲学体系中，佛性论是宇宙本体论，成佛说是人生论，两者通过作为知识论的般若学统一起来。而在道生时代，有些佛教学者以般若学的"空"否定佛性涅槃的"有"，以"人无我"否定"佛性我"，这是将佛学的知识论与佛学的本体论对立起来。道生认为这样会完全否定佛性论，没有成佛的依据，使佛学人生论失去根据。如果没有佛学的人生论，也就没有佛学本身了，因为不存在只有知识论的哲学体系。涅槃类经典是论"有"的理论，属于中期大乘学说，在印度并不受学人重视。但传入中国后，立即受到中国学者高度重视，反映出中国学人重"有"轻"无"（至少是"有""无"并重）的文化心理。涅槃学强调"佛性我"的存在，道生认为"理既不从我为空，岂有我能制之哉？则无我矣。无我本无生死中我，非不有佛性我也"。（《注维摩诘经》）意谓不能用我这个自性否定佛性之理，因为佛性之理与自性的我是体用不二的关系，不是相互对立排斥的关系。"无我"即无自性是指事相之用的生灭变化，并不能由此推论出其本体的佛性或理也是无。承认佛性的普遍存在性不是"我执"，而是佛性本寂。

承认事相之我才是"我执"，因为事相之我由因缘聚合而成，其本身是假有，否定它正是说明佛性作为其本体的存在，是妙有。既然佛性之理是普遍的存在，不会成为"我执"而成为般若智慧可以取消的对象，它也就成为了最终体现佛性价值的客体，所以道生说"一切众生，皆当作佛"（《妙法莲华经疏》）。这就将般若学的知识论与佛性本体论与成佛人生论三论协调统一起来了，既为他在成佛的"顿悟"的方法论上廓清了理论障碍，也完善了佛学哲学体系。承认"佛性我"的存在，即肯定了涅槃境界，承认存在"真如""佛性"等最高的精神实体，这就接近于大乘佛学中的"有"宗。但在晋宋之前，一些佛学者往往把涅槃学与般若学对立起来而拒绝接受。道生首倡涅槃学，其涅槃佛性说和顿悟成佛说，扎根于中国文化土壤，其佛性学说与中国传统的人性论相契合，因而逐步流传开来。

道生的"顿悟"思想既没有背离佛学义旨，又结合了传统思想。孔子说："学而不思则惘，思而不学则殆。"指出了思与学的重要性。佛学在论述思与学时，认为"渐悟"和"顿悟"是密切相联的，"渐悟"即积累修行，心明累尽而达无我正觉境界；"顿悟"即顿然、当下的觉悟，不经次第、阶段而直下证入真理的觉悟。只有日积月累的修行，才有心领神会的彻底洞解。宗密说："既顿渐俱收，则迟速皆益。"（《圆觉经略疏》）统一了顿与渐。宗密明确地指出禅宗的顿悟是有条件的。他说："但为当时渐教大兴，顿宗沉废，务在对治之说，故唯宗无念，不立诸缘。"宗密意在调和顿悟与渐悟的矛盾，并因感于顿悟的难解，将它分为四种类型：一是顿悟顿修，二是顿悟渐修，三是渐修顿悟，四是渐修渐悟。永明延寿用四料简也把修行分为渐修顿悟、渐悟顿修、顿悟顿修和渐修渐悟四种，认为它们各有适应对象。

3. 慧远的"折中"佛学

"折中"是中国传统哲学范畴，既指异质相济以成新质，又指以一种因素为主，兼容其他成分。《尚书》载："人心惟危，道心惟危，惟精惟一，允执厥中。"传统思想影响了慧远的文质观。他在反复比较和仔细阅读前人和时人的译文之后，发现"圣人依方设训，文质殊体"，经文原本就有文质之分，如果译者"以文应质，则疑者众；以质应文，则悦者寡"。于是他倡导以梵经为依据，文质并重，提出应"简繁理秽，以详其中"，"质""文"两种译法都要掌握一定尺寸，"质文有体，义无所越"，各有所归，各有所用，此即"以裁厥中"（《大智度论钞序》），即两种翻译方法互相参考，并研究两种语言的基本规律，最后以一种适中的方法完成翻译。他还在《三法度序》中批评意译者"文过其意"，直译者"理胜其辞"，直译

"辞朴而义微","义微,则隐昧无象";意译"言近而旨远,旨迄则幽绪莫寻"。直译意译皆有缺点。慧远的"厥中"评论思想是与他的佛学思想一致的。在佛学上,慧远始终以折中观念建立自己的理论体系。佛学在传入之初,由于其教义与中国传统伦理道德的冲突而备受指责,为此,佛学不得不向儒家的伦理思想靠拢以缓和矛盾。慧远在《答桓太尉书》和《沙门不敬王者论》中用儒家思想和维护名教的传统理论解释佛学义理。他说:

> 佛经所明,凡有二科:一者处俗弘教;二者出家修道。处俗则奉上之礼,尊亲之敬,忠孝之义表于经文,在三之训于圣典,斯与王制同命有若符契。……出家则是方外之宾,迹绝于物,其为教也,达患累缘于有身,不存身以息患;知生生由于禀化,不顺化以求宗。……此理之与世乖,道之与俗反者也。

这样慧远就把佛学同中国传统政治伦理观念完全糅合在一起,既主张处俗弘教者尊亲忠孝,同时又倡导出家者"理与世乖,道与俗反",为佛学保留了一定空间。慧远还在《沙门袒服论》中提出:"袒服既彰,则形随事感,理悟其心,以御顺之气,表诚之体,而邪正两行,非其本也。是故世尊以袒服笃其诚而闲其邪,使名实有当,敬慢不杂,然后开出要之路,导其性于久迷。"其立论的根据仍然是儒家名教思想,他认为沙门右袒是佛学信仰者虔诚和行为端正的标志,促使僧侣们"动之于顺",忠于佛学教条。这样,慧远就将佛学伦理思想与儒家进一步统一,进一步推动了佛学的中国化进程。慧远还针对当时流行的般若性空学说,从折中的佛学观阐发"神不灭""法身""法性"等理论,不仅调和佛学内部理论,最大限度地完善了佛学理论,而且反映了当时的中国佛学思想家对佛学的一些重大理论议题的独立思考,也表明当时的中国佛学迫切地需要确立一个"实体"。慧远与当时佛学般若学派的学者不同,他不是侧重佛学与儒、道的区别和对立,而是着意强调三者的一致与统一,这就使他的影响能在佛学界各个领域里得到充分发挥,从而在翻译评论上提出兼顾文质的主张。慧远主张有神论,认为神是不灭的,所以灵魂才会轮回转化。这与佛学教义是相违背的,按照佛学般若学思想,如果承认有一个独立的、不灭的精神实体的存在,就会执着自我而产生种种烦恼,以致妨碍超脱轮回报应,不能成佛。佛学把这种执着称为"我执"。僧叡《毗摩罗诘提经义疏序》中说:"此土先出诸经,于识神性空,明言处少。存神之文，其处甚多。"这也是佛学遇到的理论上的难题，如果没有灵魂的存在，轮回说就很难成立。佛学认为，人的意识流是存在的，就看怎样转换。中国人士明确主张神不灭，显然是受到中国传统文化的影响，改变了印度佛学的义理。慧远指出"神有冥移之功"，"神之传异形"，既从法性本体论角度论证神不灭论，又在佛学与儒道关系上坚持佛学本位立场，强调佛儒合明。慧远不持门户之见的思想，既推崇佛法为"独绝之教，不变之宗"，又主张"内外之道，可合而明"，不仅调和佛学内部各流派的思想，而且调和佛学和传统儒学、玄学。

（四）译经评论的佛学思想与隋唐创造性佛学

隋唐两代文化，表面上是儒道佛三者并立，相互竞争融合，但实质上却是佛学为主导，次为道家，后为儒家。这种文化背景使隋唐佛学对译经评论影响至深，评论者站在佛学立场，在领会佛学义理本义基础上评论译人译本。学术与佛学本不同性质，但佛学在构建自身思想体系、论证最高理想时也需要带有哲学意义的讨论，从而使佛学及其学说的研究超越了单纯宗教信仰的范畴而具有了学术价值和理论意义。译经评论作为理论思考和学术行为，本身即是佛学研究的一部分，自然与佛学理论建构浑然一体。

1. 佛典汉译的创造性

唐代译经以玄奘为代表，既是忠实准确的印度佛学思想，又在义理研究上具有创造性。就忠实性而言，他如实译出印度佛学五性理论，虽然国内普遍接受了一切众生皆可成佛的观念。他翻译的《大般若经》六百卷，参与译场的学者建议"除繁去重"，删节翻译，但他仍"依广翻译"，"不敢更删，一如梵本"（《大慈恩寺三藏法师传》）。中国佛典汉译，真正地放弃"格义"当是玄奘实现的。他建立的"五不翻"就是遵循原义，纠正"格义"的具体措施。贞观年间玄奘以佛道"指归非一"而拒将道经译为梵文（道宣《集古今佛道论衡》）就可见一斑地表明他对"格义"的拒斥。玄奘研习的唯识学是佛学中比较完备的知识体系，也是学院派式的学术体系，在唯识学典籍中传统哲学词汇如"重玄"等完全消失。吕澂认为玄奘应用六朝以下字句偶正奇变的文体，再参酌梵文"钩锁连环"的方式融成一种"整严凝重"的翻译风格，既恰当地体现了印度佛教原典的结构，又符合中国的文法习惯（《慈恩宗》）。就创造性而言，玄奘的翻译本身即体现了创造性，他所译《成唯识论》本是印度十家注解《唯识三十论》的著作，他原本打算全部译出十家注解，窥基建议以护法的注解为主，以难陀、安慧等学说为对照，糅合十家之说为一书。不同之处以"有义"字样将诸家异说存列其前，将护法的正确结论放在后面，示正宗之所在，最后往往还加上一些玄奘自己的心得体会。吕澂在《论奘译观所缘释论之特征》中归纳出玄奘三大译经特色：

一、奘师译文与其谓为忠实之直译，无宁谓为畅达之意译。
二、奘师意译与其谓为信于原本，无宁谓为信于所学。
三、奘译所宗与其谓为护法之学，无宁谓为晚起变本之说。

吕澂指出玄奘的翻译"最擅胜的地方，在由于学力的深厚，和对于华梵语文的通澈，所以能够自在运用文字来融化了原本所说的义理，借以发挥他自己信奉的一家之言。换句话说，就是玄奘能很熟练而巧妙地拿一家之言来贯通原本，甚至于改动原本"(《慈恩宗》)。这里所说"发挥"，表明玄奘是在准确理解原典基础上，结合自己的理解和传统思想的创造。如他常在一节之后加上一个结语，使译文含有注释性的增益。只是这种发挥不再是神仙方术或老庄玄学，而是佛经原本和佛教的本初义理。玄奘法是相宗的开创者，这是他对于佛学中国化的贡献，法相宗理论深邃，是唐代佛学八大宗派中哲理性、思辨性、逻辑性最强的宗派。但法相宗作为印度大乘佛学发展成熟时期有宗唯识学说在中国的继承者，在论证中运用佛学因明(逻辑学)，体系严密精致，对中国学术思维产生了深远影响。正是译经实践和评论的创造性思维，促使隋唐佛学的创造性发展。

隋唐佛教学者辈出，有智顗、湛然、玄奘、窥基、慧能、神秀、神会、马祖、善导、道宣、善无畏、金刚智和不空等，他们的研究各有偏重，又相互激荡交融，共同完成了佛学中国化大业。而且隋唐两代的主要佛教学者已经多为中国人，如隋朝一代大师是安息人吉藏，但其师法朗、明法都是中国人。隋唐天台智者和法相宗大师玄奘，都是中国人。华严智俨系出天水赵氏，弟子法藏为华严宗的大师。这都表明当时佛学思想完全中国化了。在翻译上，按照"四朝高僧传"与《佛祖统纪》所载，真正由本土翻译家成为译业的主体的是玄奘、义净译场。他们佛学精深，华梵兼通，是堪称"具足"的大翻译家，不用传译，所以在他的译场中大多是中国佛教学者。初唐译业由于有玄奘、义净、实叉难陀与菩提流志四大家，不但在翻译内容上矫正前此的甚多误译，而且在取材上也能补充前此译业的不足。唐代有史称"八大翻译家"，他们是玄奘、义净、实叉难陀、菩提流志、善无畏、金刚智、不空、般若。其中玄奘、义净、不空为"佛经四大译师"之列。有六人所译经论，皇帝为其写序。唐代还有"开元三大士"之列的善无畏、金刚智与不空。善无畏、金刚智是将密教系统地输入中国的主要人物，他们所传的胎藏界、金刚界两部大法是中国密教的基础。善无畏译出《大日经》等二十余部，金刚智译出《金刚顶瑜伽中略出念诵法》等二十五部，皆为密教要籍。不空光大二师之学，奉诏在西明寺菩提院译出《金刚顶经》等一百一十部，包含一百四十三卷，也大都是密教典籍，译文"辞理文质相半，妙谐深趣"（赞宁《宋高僧传》）。

评论者对玄奘等大师译经的评论也体现了创造性思维与活力，这些充满创造性的评论也是激励他们佛学创造的一个重要因素。这些译经评论既忠于佛学又追求创造性思想，诱发和引导唐代译经及义解。辩机《大唐西域记·记赞》评玄奘："亲承梵学，询谋哲人。宿疑则览文明发，奥旨则博问高才，启灵府而究理，廓神衷而体道，闻所未闻，瑟所未得，为道场之益友，诚法门之匠人者也。是知道风昭著，德行高明，学蕴三冬，声驰万里。印度学人，咸仰盛德，既曰经笥，亦称法将。小乘学徒，号木叉提婆。大乘法众，号摩诃耶那提婆。斯乃高其德而传徽号，敬其人而议嘉名。至若三轮奥义，三请微言，深究源流，妙穷枝叶，奂然慧悟，怡然理顺，质疑之义，详诸别录。既而精义通玄，清风载扇，学已博矣，德已盛矣。"又说："妙穷梵学，式瓒深经，览文如已，转音犹响。敬顺圣旨，不加文饰。方言不通，梵语无译，务存陶冶，取正典谟，推而考之，恐乖实矣。"其译法有如"昔孔子在位听讼，文辞有与人共者，弗独有也。至于修《春秋》，笔则笔，削则削，游、夏之徒，孔门文学，尝不能赞一辞焉。法师之译经，亦犹是也。非如童寿逍遥之集文，任生、肇、融、叡之笔削。况乎园方为圆之世，斫雕从朴之时，其可增损圣旨，绮藻经文者欤？"唐中宗《根本说一切有部苾刍尼毗奈耶序》评义净"业该经史，学洞古今，总三藏之玄枢，明一乘之奥义"，"既闲五天竺语，又详二谛幽宗，译义缀文，咸由己出，指词定理，匪假于旁求，超汉代之摩腾，跨秦年之罗什"。唐代宗《仁王护国般若波罗蜜多经序》评不空"推校详译未周部卷，三藏学究二谛，教传三密，义了宗极，伊成字圆，褰裳西指，泛杯南海，影与形对，勤将岁深。妙印度之声明，洞中华之韵曲，甘露沃朕，香风袭予。既而梵夹远赍，洪钟待扣，伫延吹万之籁，率训开三之典"。这些评论已明显不同于前期的概念，而具有时代新的特征。

2. 义学研究的创造性

中国佛学发展史上，佛典汉译与义学研究是统一的。所以熊十力说："佛法东来，在奘师未出世以前，所有经论，总称旧译（亦云旧学）。奘师主译之一切理论，是谓新译（亦称新学）。旧学自后汉至唐初，代有翻译，而罕能达旨。惟罗什介绍般若宗大典，足资研讨。真谛传入唯识宗，颇有端绪，而苦其不完整。总之，旧译自罗什以外，都不曾作有计划与有体系的介绍，而大典复太少，偶有大典，其能达原著义旨者，盖不多见。奘师以旧译多阙多误为恨，而远走天竺……回国……以馈国人。"(《中国哲学史论文初集》)明确将"旧译"与"旧学"，"新译"与"新学"同论。隋唐义学研究的创造性，是在准确理解原典基础上的发挥和创新。这与魏晋南北朝时期的义学研究方法不同，佛学面貌也不同。在智顗天台佛学、吉藏三论佛学、法藏华严佛学以及玄奘唯识佛学之前，道安、慧远、僧肇、道生等，都是最有成就的佛学家，但他们的佛学基本上都没有脱离汉地玄学影响，都是不纯的佛学，尽管他们用功甚深至勤，他们也未能彻底抛弃概念文字的"格义"。这自然受译本因素影响。由于当时的译本对佛学"无常""性空"等重要概念内涵表达不清，道安也只能与当时大多数评论者一样，采用以老庄哲学中固有名词来比附佛学义理的"格义"方法，评论安世高系统的禅学。僧肇评论罗什译籍，也仍然是建立在对魏晋玄学三大流派综合利用及整体借鉴的基础上，包括他自己的佛学研究。当然，他们在研究佛学时，在不扭曲其本质精神的前提下，能将其与本土文化的矛盾降到最低。这本身即是佛学中国化的表现。僧肇在总结批评魏晋般若学各家观点的基础上，建立起自己系统的中道实相理论，其《肇论》的问世标志着中国佛学在理论思维方面已有长足进步，也表明中国佛教学者已具备独立开展佛学经论研究的能力。

罗什注重佛学义理，促进了当时佛学界的理论研究。因为佛学作为佛教的核心内容，需要义理上的探索，才具有哲学的意义。由罗什翻译而掀起的《般若》学热潮，是由《般若》类经典所宣扬的"一切皆空"的学说，也是大乘"性空"学说。般若学尚玄想、重思辨的特征可以满足学者士人谈玄说空的心理需要，因而般若思想在东晋之初蔚然形成士大夫阶层中的普遍思潮。但罗什求真求实遵守原典的学风并未左右汉地学者的趣尚，汉地学者总是力图借助传统政治制度、士族经济、思维习惯、生活方式、价值观念、伦理道德等阐发佛学。他们习惯使用道家的术语，诸如"有""无""有为""无为"等概念表达佛学观念。不过，这类概念的借用与先期"格义"已有所不同，先期"格义"只是语词的表面相似，而借用则所用语词与其表达的观念有内在联系。所以这些借用语并未造成对佛学的完全误解或曲解，结果是顺应了佛学中国化方向，促使印度佛学与儒道哲学的融合，催发中国形式的佛学的建立。如慧远以融合佛、道、儒思想的途径解释般若学"实相"(超时空本体)。"实相"即一切事物"常住不变"的真实相状。佛学认为世俗所认识的一切现象都是"假相",而世俗却认为是真实的。因此只有摆脱世俗的这种认识,才能显示事物的实相。其《沙门不敬王者论》对神灭论者提出批评,认为佛学的最高境界是断绝生死,"冥神绝境",使"神"达到一种不可知的超然境界。他认为,"神"非借助于形而成,它可以脱离形而独立存在。而且,神有如火之可以由此薪传于彼薪。薪有尽而火不灭,形有尽而神不灭。以此来说明人的精神、灵魂是因果报应的承受者,也是成佛的主体。慧远还把佛学因果报应说中国化。在传统思想中就存在善恶报应的思想。《周易》说:"积善之家,必有余庆;积不善之家,必有余殃。"东汉王充在《论衡》提到:"世论行善者福至,为恶者祸来,祸福之应皆天也。"印度佛学传入后,初期宣说"业报轮回"思想,认为由身、口、意三业所产生的善恶,必将得到相应的报应,从而引起人生的流转、轮回。慧远结合中国原有的善恶报应思想与印度佛学的轮回观,并把因果报应的显现由现世推及到过去、现在及未来三世,把报应的承受者由子孙后代转变为行为者自身,增强了因果报应说的威慑力,因果报应说遂成为中国佛学最有影响力的思想。

　　道生早年即受到慧远法性、法身论的影响,开始从般若学的兴趣转入涅槃学的研究,通过对《大般涅槃经》的考察,在涅槃佛性论方面多有所建树,提出一系列新的佛学命题。道生是罗什译场的重要助手,十分熟悉译经过程及译经内容。他采取"得意忘言"的思想方法,发挥传统言意之辨,创造性提出"顿悟"及"佛性"等观点,推动了佛学中国化。他在《大般涅槃经集解》中说:"文字语言,当理者是佛,乖则凡夫。于佛皆成真实,于凡皆成俗谛。"他认为,对于佛学经典的理解不应停留在文字语言上,而应透过文字语言去揭示本质的内容。只有"彻悟言外","忘筌取鱼",才能发现经文未说出的"真谛"。这样,道生沟通了本体论与心性论,在大乘佛学的理论框架内论证了人的本性源于世界的本体,超凡入圣在于使自己本有之性显发,由此推动了中国思想界对心性论的探索研究。印度佛学教义,无论是"见道"(悟解)或是"修道"(践行),都必须遵循一定的阶级地位,所以是渐进的方法。而道生以"理不可分"为"顿悟"说的主要理论依据。他在论涅槃佛性时说:"如来理圆无缺,道无不在。"《妙法莲华经疏》)文字语言只是工具,能否有助于获取真理,在于使用是否"当理"。虽然他采取不死守佛经文句而达到"彻悟言外"的方法,但始终没有背离佛经的基本精神。"一阐提人皆得成佛"的论点是在对六卷《泥洹经》"剖析经理,洞入幽微"基础上提出的,是"此语有据"的。"顿悟成佛"观点也是在"校阅真俗,研思因果"后建立的。僧旻说,"宋世贵道生，开顿悟以通经"(僧祐《出三藏记集》)，可见，道生的"顿悟"是以"通经"为目的，以"通经"为手段实现的。

正是道生借助玄学的"言意之辨"，发挥佛学的微言大义，阐发自己的理论要旨，使佛学脱离中国传统哲学的依附而走上相对独立的发展之路。他的治学思路启发了以后的佛教学者摆脱语言文字的束缚，力求使印度传来的佛学经过创造性的转化和吸收，建立起自己的思想体系。尤其是吸收传统儒道两家重视心性修养的思想，着重阐发心性理论。隋唐佛学宗派，就是以建立自成一家的学说体系为宗旨，保证自宗思想理论的独立地位。三论宗吉藏时人誉为"四海标领，三乘明匠"，特别注重概念的辨析，追求理论的推进和思维的清晰。天台宗学人吸收道教的丹田、炼气等思想，作为本宗的修持方法。在智顗止观学说体系中，沿着《起信论》提供的思维模式，彻底摆脱概念文字的"格义"，表现出佛学思想民族化特色。智顗以高度的理论自觉和哲学思辨，纠正传统格义方法，不再重复僧肇的般若学和道生的涅槃学，而是通过一系列哲学命题的阐述，建立自己的佛学体系。华严宗学人吸取《周易》思想和儒家道德，作为本宗思想体系的内容。禅学理论的形成，以南北朝时代《涅槃经》的佛性说、《般若经》的性空幻有说、《楞伽经》的如来藏说为基础，结合道家的自然无为、玄学家的得意忘言和儒家的心性学说，创立以"不立文字""教外别传"和"性净自悟"为宗旨的宗派。

3. 译经评论的创造性

译经评论基于佛学真义，又不失创造性思维，由此推动唐代佛学繁荣，各宗派学者纷纷著书立说，阐发哲学奥义，内容涉及广泛，思想丰富，形成由宇宙生成论、本体论、认识论和心性论构成的完备的佛学体系，并成为占据主导的意识形态。隋唐佛学别开生面的中国理论，是创造性佛学的显著特征。隋唐是中国佛学成熟的时期，体现在佛学已与传统儒、道思想拥有鼎足而立的文化思想地位。中国学者自己创立的带有鲜明民族特色的八大宗派，在对佛学义理准确理解的基础上，创造性地建立了各自的理论和实践体系，标志着佛学民族化最终完成。范寿康指出："隋唐以前的佛教偏向于翻译与理解，而隋唐时代即是我国人士把外来的佛学加以融化，把自己的义理加以创造的时代了。换句话讲，隋唐以前是翻译佛教的时代，而隋唐时代却是同化佛教的时代了。佛教在于当时受了彻底的中国化，佛教哲学的组织或体系，经了隋唐诸大师的努力，大有青出于蓝之概。"(《中国哲学史论》)如吉藏描述"二谛"所用的"有""无"概念，这是佛学讨论的中心课题，与道家讨论的中心论题也有相似之处，都是突出"有""无"。但这种相似只是表面上的，其真实的意图却在于阐发佛学的性空和中道。被称为"教下三家"的天台、唯识、华严三宗，是中国化程度较高的宗派。三论宗创立者吉藏，人称其著述"貌像西梵，言实东华"，意即从表面上看他是在讲印度的经论，而实际上讲的却是自己的中国佛学。道宣的律宗将佛学的戒律和儒家的礼教融于一体，认为"入道，即以戒律为事；居俗，则以礼义为先"（《续高僧传》）。华严宗则继承中国文化天人合一、体用无间的思想，形成佛学式的辩证理论。其"圆教"理论，注重调和统一，不仅融合佛学内部各派，吸收新形成的禅宗一派的见解，而且调和佛学和儒道等的思想，表现出统一内外的倾向。宗密的《华严原人论》明确提出"三教同源""会通本末"。

隋唐佛学的成就，各宗的融合以及内外学术的会通，直接得益于唐代诸多理论家们的理论研究。而学者们的理论资源来以玄奘、义净、不空等为首的唐代译家，通过重译旧典和新译印度最新的佛学思想，准确而系统地将印度佛学教义理论输入中国。在译经大师的背后，是译经评论的引导和规范。这些评论的创造性首先表现在思想和概念的独创和新颖。无论是思路的选择上，或者在思考的技巧上，或者在思维的结论上，都表现出一定程度的首创性和开拓性。其次是灵活性。翻译在多数情况下需要根据原本，从一个思路转向另一个思路，从一种意境进入另一种意境，这便需要灵活运用方式、方法、程序、途径等。所以评论会注意从这方面总结规律，及时给予引导。评论思维也呈多向度，对某一论题或现象的思考，不拘泥于一点或一条线索，较少约束，这实际上是评论者们对佛学的理解，佛学自身以开放的心态融合诸宗和外学的结果。第三是强调艺术性。隋唐以下的译经大师，译经已属于创造性思维活动，译经大师技巧灵活多变，思想开放，追求艺术性地传达原本意旨，这也是艺术性的译经评论所促成的。第四是重理论思维。在前期评论基础上，这时期的评论理性认识，系统化和精细化的思维形式更高。不再如前期那样带有浓烈的主观随意性和感情色彩。评论本身的创造性，为译经实践开辟了新的局面，把译经和佛学推向了一个新的高度。

（五）译经评论的理学思辨与宋代融合性佛学

宋代，社会文化发生了深刻变化。宋人接续唐人重振儒学，攘斥佛老思绪，兴起"尊王攘夷"思潮（《通志·氏族略》）。但体现儒学的经学却不能适应时代需要，所谓"儒门淡薄，收拾不住，皆归释氏尔"（陈善《扪虱新话》）。为此，宋人力图直接从儒学元典中阐发出"大道精微之理"（范育《正蒙序》），从而使佛学复兴。而这一"大道精微之理"就是既能解释世界本原又可回应现实的本体论和心性论。于是宋人以原始儒学为主体，以重新解释的方式，吸收佛学精华，建立起比佛学更有思辨性和系统性的本体论和心性论，这就是"理学"。宋代理学，"摆落汉唐，独研义理"（《四库全书·经部总叙》）。理学融合儒道佛三家，其核心是"理"，此"理"是"天理"和"性理"的统一。佛学原本专注于义理的研究，促使学人朝向理性方向发展。"理"不仅是哲理之理，还包括义理之理，禅理之理等。它既是哲学范畴，又是一种学术思想和思维模式，而且还是一种审美情趣。宋代佛学已融入本土思想之中，禅教各家的理论组织也与一般思想界接触融合，各有建树。佛教学者也很注意与传统文化的调和，如契嵩《辅教篇》以佛学五戒比附儒家五常，又说儒佛都教人为善，有相资善世之用。儒家也讲调和，张商英、李纲等都主张佛与儒在教化上不可偏废。尤其在几大重要的哲学范畴上如理事、心性等，常常融会儒家经典《中庸》来作解释，这些都使学者在思想上、修养上更多地注意"理趣"。这种理趣与重修辞、重辞章倾向不同，它主要关注理性情趣，侧重于反思和思辨精神，具有明显的理性化倾向。以"理"为人的心灵秩序的内在准则，渗透到佛典鉴赏阅读和评论中，也以"理"为重，带有鲜明的理性化色彩。

1. 儒佛道融会的理学

隋唐时期，中国佛学因政治的统一而趋于教理的统一，佛学的各大宗派对不同的学说兼容并包，这些宗派最为关注的"心性""理事"，本就是中国传统文化中的论题。宋代理学"性即理"命题的提出，就是三家心性学说长期融合的最终产物。宋明理学包括程朱理学和陆王心学，真正从理论上完成了儒佛道三家的融合，也使儒佛道三家融合达到了一个新的更高的水平，成为儒佛道高度融合的理论形态。理学以儒家社会政治学说、伦理道德原则为核心；有关宇宙生成、万物化生的观点来自道家；吸收佛学的哲学思辨、心性学说及精神修养方法。如《大乘起信论》以禅宗和华严宗为载体，将其本体论思维模式渗透到宋代理学。如程朱理学接着华严宗"四法界"的思想，构筑以"天理"为本原的哲学体系。其"理一分殊"源自华严宗的"一多相摄"，但此"理"即是儒家的伦理纲常之"理"，也是宇宙万物之"理"，这实际上是用华严宗的认识论论证儒家的本体论。陆久渊和王守仁的"吾心便是宇宙""心外无物""明心见理"借鉴了唯识宗的"有识无境"和禅宗的"明心见佛"。但它所要说明的却是天理本体就是人心的良知，忠孝节义、三纲五常本为人心所固有，不假外求。王守仁的"人的良知就是草木瓦石的良知"等命题，是天台宗湛然"无情有性"说的直接继承，其目的是宣说儒家伦理顺乎自然，万古长青。可见宋明理学只是放弃了佛学中的物质层面，而完全继承了其精神和理论的层面，因此，他们所讲的"理"和"心"实际上是借"理学"语言表达的佛学。

佛学传入之前，中国哲学范畴中的"理"只用于表达事物运行的具体原理、规则，并无本原的含义。华严宗则把"理"从"事"中抽象出来，成为事之外独立存在的"界"，且代表事物的统一性。澄观说："理法名界，界即性义，无尽事理，同一性故。"（《华严法界玄镜》）程朱理学吸收了这个思想，提出"动物有知，植物无知，其性自异，其理则一"（《伊川学案》）。朱熹还借用唐代禅学家玄觉《永嘉证道歌》"月印万川"之喻来论证纲常名教与天理"理一分殊"的关系。指出："然虽各自有一个道理，却又同出于一个理……释氏云：'一月普现一切水，一切水月一月摄。'这是那释氏也窥见得这些道理。"（《朱子类语》卷十八）"月印万川"的比喻生动、形象地说明了理一与分殊的含摄关系。程朱理学还特别强调"理在气中"，"理在事中"，把天理这个本原安置在现实世界中，指出："至显者莫如事，至微者莫如理，而理事一致，显微同源。"（《二程全书》）这是借用了华严宗的"理事无碍法界：具性、分义，不坏事理，性分无碍故"（澄观《华严法界玄镜》卷上）。同时，宋明理学首先也为佛学家所利用，明末"佛教四大家"之一的真可在其理论中，就特别表现出陆王心学思想。他说："天地可谓大矣，而不能置于虚空之外。……故以心观物，物无大小；以物累心，心不能觉。惟能觉者，始知心外无物。"（《紫柏尊者文集》）从观点到语言，都是王阳明"心外无物"的借鉴。这从一个侧面说明，佛学真正融入了中国文化精神之中。但这又不是佛学的泯灭和消失，而是佛学的更新和再生，是提高和升华。这从明末佛学四大家的以佛释儒，力图佛化儒学的理论中可以看出，明中后期的禅宗更是与王门后学融为一体。

宋及以下的中国佛学，还有一个新的趋势，就是开始走向平民化和世俗化，这就是以讲求实践的禅学和净土成为中国佛教学主流。禅学直接去掉止观和四法界，将一切主观和客观世界统一到无区别的一心。慧能认为"但离一切相，性体清静"，"世人性本清净，万性自性，便修于善行"（《坛经》）。禅学借道家和玄学"得意忘言"的直感顿悟式思维修养自身，改变了印度禅学的内涵。随着南宗禅的继续发展，又衍化出"五家七宗"。"五家七宗"与佛学初盛时期的"六家七宗"风格大异，正说明宋以后佛学的变化。中国禅宗的创立，标志着佛学儒家化的完成，它既以印度佛学的基本教义为出发点，又以中国传统思维方式改造了它，使佛学最大限度地适应中土士人及民众的文化心理需要。净土思想提倡持名念佛，简单易行，深受社会欢迎，因此也影响广泛，流传久远。宋永明延寿禅师主张禅净双修，提出禅净合一和净土归向的理论，模糊了佛学内部分歧，消融了禅门特色。明末佛学四大家融合诸宗，发扬净土，提倡"融混佛教"。"融"即融合统一，"混"即诸宗混杂，"归极净土"。智旭即力倡禅净合一、归趋净土。他认为："念佛法门，至圆至顿，高超一切禅、教、律，同摄一切禅、教、律，不复有泣歧之叹也。"（《灵峰综论》）因此，在禅净共修中，应"以净土为主，参究助之"，只有这样，才真正符合"古人本意"。表明明清以后，禅宗虽依然是独立宗派，但实际上已为净土宗的念佛实践所取代，而且其他各宗教也是如此。因此在某种意义上说，中国化佛学的最终归宿和结晶是净土。

　　2. 理学参与译经评论的特点

　　理学思辨浸润下的译经评论显示出两大特点：一是注重理性，二是强调知识。注重理性就是按照伦理性和真实性原则对译文作出诠释和评判，无论是切己致思的"心解"，还是自己理解的"活参"，都不违背"理义大本"。如澄观在《大方广佛华严经疏序》中说："事理双修，事得理融，念念圆融。"澄观十一岁出家，他一方面广学律、禅、三论、天台、华严各宗的教义，一方面又研究佛家以外的各种学说。他曾参与翻译《守护国界主陀罗尼经》任证义，协助般若翻译《华严经》，由他审定，译成四十卷，亦名《大方广佛华严经疏抄》。范骧《准提三昧行法序》说："经咒自地婆诃罗译而外，有金刚智、不空、崛多、玄奘、天息灾、法贤、金刚幢诸译，句引不同。转读有注，音含长短，字有轻重，世师漫作声势，多乖梵韵，则指决字声之难也。经说念诵观行……穷理而无理障，证空而不堕空，一义差别则遍考群经，一字参差则研究经岁……"宋濂《七严和尚语录序》说："第近年以来，传者失真，澜倒波随，所趋日下，司法柄之士，复轻加印可，致使鱼目混珠，扬眉瞬目之顷，辄曰彼已悟矣，何其易悟哉？""强调知识"就是以"博极群书"作为译人译本的基本要求，考察译本是否获得原典的"立言本意"。徐芳《天界觉浪盛禅师全录序》说："事理圆毕，出来增减不得。"智素《成唯识论音响补遗自序》说："若但分析而不融通，法成差异，若不分析而事成混滥，又无可融通，则性相历然而非异，事理融即而非同，非异非同，圆中妙理。"王肯堂《成唯识论俗诠序》说："《成唯识论》是玄奘大师最后糅译，囊括诸论，渊涌义海，融畅奥博，无与为俦。"十分赞赏译本博大的知识体系。守一《成唯识论订正刻题词》说："奘师传译东归，卷束为十，文字简奥，句义幽密。"顾起元

《成唯识论俗诠序》亦云："慈恩所译大乘经论六百五十七部，如大般若楞伽等经，其文多远畅流便，读之无钩棘喉吻者，独成唯识论以百卷之梵文蔑为十卷，辞约意丰，曲折要眇，读者即钻厉岁月，研味字句，如乍入回溪复径中，第见窈窕柴池之形，猝未遽了，细心寻而蹑之，迄不能遽谙其处也。前代耆旧多所纽绎，疏抄而外，实繁有人，乃义学寖微，遗文坠典泯而不出，尝举以质之导师，深以为憾。……天亲护法之颂论得慈恩而梵夹始通，慈恩之译得高原而真文逾显，岂非识海之津涉，知藏之键钤也与！"

（六）译经评论的心学理路与元明儒道佛三学之融通

心学从本质上说也是理学，但对理学有所补充。首先，程朱理学虽注重发挥经典义理，但在朱子学成为主流意识形态之后，又再度变为"训诂辞章"之学。（顾宪成《小心斋札记》）《四书章句》便是典型的例子。其次，朱子学对南宋政权作用甚微，明初虽然重视朱子学，却没有带来新的气象，于是心学转向个体内心世界的省察。晚明士大夫佛学就是维系并配合丛林心性的讨论，使以《大乘起信论》为代表的传统思维重新获得高度重视。他们在批评"天理"的同时，放弃朱子学的"格物致知"的认识层面，为了追求类似禅学的审美快感，实现对现实等级秩序和世俗礼仪的超越，将心性学还原为简截的直觉思维。这表明，当时的佛学虽然通过心性学的阐述指出了儒家核心价值转换的可能，并提供了与"个性解放""思想启蒙"相似的精神自觉，但并没有超越心性学本身的思维范畴。比如它的内向性往往在"理性精神"形式下充满着非理性本质，因为内向化的思维多是与过度的任性相联系的。心学的目标在于以"心"致"理"，即陆学的基本命题："心即理"（《宋元学案》）。《象山全集》说："人皆有是心，心皆具是理，心即理也。"关注"心性"是以儒家为主要代表的中国传统思想的一个重要特点，由此形成伦理人性学说，以探求成为贤圣的依据，或主张性善，或主张性恶，或主张善恶俱。其中占正统地位的是孔孟以下的性善论，认为人性本善，通过学习和道德修养使本性扩充发展，就可以成为贤圣。

心性论本是传统思想的重要范畴，也有着悠久的历史。儒学认为，圣人为使社会和谐，有秩序，最重要的是教人向善。为了使人向善，就必须研究使人向善的根据，即研究人的本性。《尚书·大禹谟》载："人心惟危，道心惟微。惟精惟一，允执厥中。"被儒家奉为"十六字心传"。孔子主张人性相近，后天使人变得不同。孟子提倡"仁政"学说和性善理论，认为人性本善，人心中本来就具有仁义礼智诸种德行的基础，人之为恶，只是丢失了自己本来的善心，因此求学的途径就是找回那丢失了的善心，即"求放心"。人性本善，所以"人皆可以为尧舜"(《孟子·告子》)。程朱学派主张人的本性就是气中之理，即天理，为"性即理"论；而陆王学派则主张心就是理，为"心即理"论。而理就是天理，天理和天同义。因此，天就在我心，不须他求。陆九渊受禅学影响，明确以"心"为宇宙本体。在《大乘起信论》中，众生心"摄一切世间法出世间法"(《大乘起信论》)。陆九渊的"心"与《起信论》的"心"虽然用的语言不同，但是致思方向与获得的结论基本上相同。(鲍博《陆九渊与禅学关系管窥》)除禅宗与华严宗外，隋唐以后佛学的本体论思维大多受《大乘起信论》思想影响。周敦颐、张载、二程、朱熹、陆九渊的本体论思想，也受《起信论》"一心二门"本体论思维模式影响。"一心二门"与"无极太极""太虚即气""天理本体论""理本体论""心本体论"等命题，相辅相成。宋明理学提出"致良知"，谈"心外无物"，"心外无理"，主张"乃知天下之物本无可格的，其格物之功本在心身上做"(王阳明《传习录》)。把一切严格限制在人心、人性之中。陆王心学在本体论上承袭禅学思想，把禅学语言变成"宇宙便是吾心，吾心便是宇宙"。甚至论及"心外无理"时所举例子"如镜中观花"，也来自禅学"身是菩提树，心如明镜台"。这种借助主体对客体的反映能力，把客体说成是主体内部的存在，与禅学将客体与客观存在等同的思维方式相互一致。

心性也是佛学的重要理论基础。心性理论在佛学用语中为"性灵"，即生命之灵，泛指"心"，特指"神"。谢灵运说："六经典文，本能在济俗为治耳，必求性灵真奥，岂得不以佛经为指南耶?"(《答宋文帝赞扬佛教事》)意谓欲求人生心神奥秘，必须依靠佛经。雍正皇帝说："初时惟知从佛教经典上研求，而未知心性中向上一事。"(蒋维乔《中国佛教史》)《六祖坛经》的基本思想即是依"自性本自清净"，宣说"明心见性"，"顿悟成佛"，也就是在心性上最终解决了成佛的途径。禅学在中国哲学史上的重要作用就是推动中国哲学从本体论转向心性论。禅学认为："本性是佛，离性更无别佛。"(《坛经·般若品》)人性就是人成佛的全部依据。"心生则种种法生，心灭则种种法灭。"(《古尊宿语录》)宇宙万法皆由心生，心是宇宙万物的本原。所以，一切哲学都可以在人心中解决。隋唐时代已形成派别众多的丰富多彩的心性论体系。

在佛学传入初期，夷夏之辨、形神之争、文质之论始终是思想界的论题，随着涅槃经典的翻译和研习，涅槃佛性说开始受到重视，使涅槃学也取代了般若学，学者从关心传统人性出发，把探讨佛性理论视为人生意义和学术课题的核心，佛学终于找到使儒道两家认同的新论题。真谛译出《大乘起信论》后，佛教学者又借助传统思维，完全成为儒道共同接受的思维理论。《大乘起信论》调和当时的各种心性见解，认为"心"以永恒清净的真如为体，以具有思虑功能并与烦恼相俱的阿梨耶识为"相"为"用"，修行的要旨是直探心源，舍染返净。禅宗五家就是借助《金刚经》《维摩经》以及《起信论》《楞严经》《圆觉经》等，继承传统思想，在慧能思想基础上，发扬心性"本觉"的如来藏思想原理，运用般若"智慧"，探求个体内向性的"自信"和"自由"。宗炳《明佛论》说："中国君子明于礼义，而暗于知人心，宁知佛心乎？今世业近事，谋之不臧，犹兴丧及之，况精神我也？"意思是，儒家学说强调宗法礼义和世俗伦理，却忽视精神和人性本质，与佛学涅槃佛性论相比，存在着理论方面的重大差异。佛学心性思想受玄学和儒家的影响，统一本体论和心性论，以阐明成佛的根据和可能性，形成"明心见性""即心即佛""知心为体""性体圆融""无情有性"等心性之学。佛学本是倡导内在超越的学说，极为重视人的主体性思维。而内在超越和主体思维离不开心性修养，因此佛学具有鲜明的心性旨趣。富有理论色彩和民族化的天台、华严和禅宗，即侧重于心性修养，注重内在超越。僧祐《弘明集后序》说："若疑人死神灭，无有三世，是自诬其性灵，而蔑弃其祖祢也。"其"性灵"指生命本真的自然天性。本来，佛学中的"心"不是一般人用以思维计较的"妄心"，更不是生理意义的心，而是超越时空的永恒的"真心"，即真如本性。而传统儒学中所说的"心"指的则是现实人生中的人心。智圆说："士有履仁义、尽忠孝者之谓积善也。"（《闲居编》）宗杲用"忠义心"来解释佛学的菩提心，说"予虽学佛者，然爱君忧国之心与士大夫等"（《大慧语录》）。佛学的心性论源自"众生皆有佛性"的《佛性论》。但是《佛性论》这本重要的典籍却没有梵本，因而许多佛教学者认为它根本不是来自印度的佛学思想，而是中国的佛学大师们为因应中国固有的人本思想，以极具创意的方式将印度佛学中的概念与儒道思想结合而成的产物。南北朝时期，佛性思想与重视心性修养的中国固有文化旨趣相吻合而日益发展，以致佛性论等同于心性论而成为当时时代哲学主题的标志。特别是佛学心性理论精密深玄，超过了儒道的理论思辨，因为儒道对人性的本源虽也有涉及，如用"天""天命"或"元气"来加以说明，但理论总显得很肤浅。佛学弥补了儒道学说在这方面的不足。

儒道佛三家思想之所以能够如此水乳交融地融合，在于学者在理论上寻找契合点，即"心性"论。佛学自传入汉地，就已开始寻求心性理论在连接儒佛道三家思想中的作用，以融合佛学与传统文化。至唐朝，王通著《中说》，主张"三教可一"，认为三家既"不可废"，又各有缺陷。陆九渊说王通"浑三家之学"，使"浮屠、老子之教，遂与儒学鼎立于天下"（《陆九渊集·策问》），表明其理论在融会三家中有着承前启后的历史作用。王通的"三教可一"主张，经过唐代思想家的实践与改造，最终成为宋明理学利用的思想资料。宋代契嵩、智圆从理论高度调和儒佛，他们不像早期学者那样，简单地在文字层面上或社会功能上寻找相似之处，而是在心性论上找到理论契合点。契嵩坚持"心生万法"宗旨，认为心是宇宙本原，又具有"本觉"的特征，是佛学和其他一切世俗道德体系的终极依据。他说："《坛经》之所谓心者，亦义之实，仁之实也。"（《辅教编·坛经赞》）认为《坛经》所讲的人心，就是儒家的仁、义，因而百家圣人都从心出发建立理论。"古之有圣人焉，曰佛，曰儒，曰百家，心则一，其迹则异。夫一焉者，其皆欲人为善者也；其异焉者，分家而各为其教者也。"（《辅教编·广原教》）各家圣人不过是从不同角度发明本心，殊途同归，皆为劝人向善。在此理论基础上，提出三教同源，儒释融合，说明佛学的儒学化达到了一个更高的层次。宋代以后的佛教学者直接从理想人格和伦理道德的理论基础即心性论入手，倡言"三教同心"说，比"三教同源"说更具有理论上的深刻性。特别是宋代学术重心"向内转向"的背景，使"心"成为儒道与佛学的共同理论支点。这种心性学说中，既有儒家心性论，也有涅槃学派和地论南派的心性清净论，相当于人性论中的性善论；地论北派的心性论相当于性恶论；摄论学派和《大乘起信论》的心性论，与人性论中的性俱善恶论相近。佛学的心性论启发了儒家探讨人的本性与世界万有的共同的普遍性本源，建立新的天道性命学。真可说："学儒而能得孔氏之心，学佛而能得释氏之心，学老而能得老氏之心……且儒也，释也，老也，皆名焉而也，非实也。实也者，心也。心也者，所以能儒能佛能老者也。……知此乃可与言三家一道也。而有不同者，名也，非心也。"（《紫柏老人集》）认为儒、道、佛三家所不同的是名称，相同的是心，是本心，极其明确地点明了"心"即思想意识，是三家成就理想人格的共同根据，强调三家都以"不昧本心"为共同宗旨，都以"直指本心"为心性修养的共同途径。这样，印度佛学作为追求出世解脱的学说，传入中国后在儒家重人事、重心性和重主体及其修养的思想影响下，抽象的佛性与具体的人心人性结合起来了，推展出中国化的佛性论和心性学说。天台宗的一切众生本具空假中三谛性德与儒家的性善论，华严宗的理事说与传统哲学的体用说及"理"范畴，禅宗的即心即佛与儒家的反身而诚等，无论从思想内容还是从思想方法上，都可以看到它们的相通之处。

佛学"心性"化的思维理路促使译经评论关注译人心境与译本质量之间的关系，反映出"心学"独有的内省倾向的影响。如宋濂说："道存诸心，心之言形诸书，日诵之，日履之，与之俱化，无间古今也。"(《师古斋箴序》)王阳明以"心即理"取代程朱理学"性即理"，标志着汉地学者的追求由客观外部世界转向主观内心世界。这种转变以内心的返照来求得真知，从而对佛典接受和评论产生了直接的影响。这种评论并不特别注重译本的忠实，或是评价译本的社会功利，而是追求译人及读者心灵的展示，审美情趣的满足和主观精神境界的实现。译经评论超越语言的藩篱，将重心放在译人对原本的心解，关注译本提供的精神空间，抒发阅读和接受时的心领神会、率性而为和超然悟入，注重读者的独特领悟。如景隆《缁门警训重刊序》说："将使人人因言以见事，因事以见理，因理以见心，因心以见性……此又事理互融……"裴休《大方广圆觉修多罗了义经序》说："道无形，视者莫能见；道无方，行者莫能至；况文字乎？在性之而已，岂区区数万言而可诠之哉？"明成祖《大方广佛华严经序》云："至道无形，至理有要，盖者以一而为众，以众而为一……行布万象之灿明，圆融海波之一味，总贯于一，奚有差别？事理交彻而两忘，性相融通而无尽，若圆镜之互照，犹明珠之相含。故悟之者得圆至功于顷刻……朕间窥真谛，略究旨归，求千训于一言，索群象于一字，深叹如来之道甚深广大。……最胜之法，真实之义，非名言之可穷，岂小机之可解？直须了悟自心，圆信成就……"这些评论直指人"心"，改变了以往针对原本、译本、语言以及历史的研究。建立在这一基础之上的译经评论显示出以下两个特征：

1. 溯本求源

评论者倾心于更加原始的佛陀思想和言说，表现出求古心态。如惟则《大佛顶首楞严经会解序》认为："世尊成道以来五时设化，无非为一大事因缘，求其总摄化机，直指心体，发宣真胜义性，简定真实圆通，使人转物同如来，弹指超无学者，无尚楞严矣。"杨亿《景德传灯录序》说："若乃别加润色，失其指归，既非华竺之殊言，颇近错雕之伤宝，如此之类，悉仍其旧。况又事资纪实，必由于善叙，言以行远，非可以无文。"表达出论者追求原文本旨的愿望，只是这种求本与初期译经评论的求忠实不同，它是求佛陀本心，并非拘泥语言文字，更非崇拜经本。王崇简《明觉聪禅师语录序》云："故致鱼者必资之筌，求兔者必资之蹄；执筌以为鱼，据蹄以为兔，固为不可；欲离筌而取鱼，舍蹄而搏兔，亦乌能哉？然而演西来大意，使人因言证悟，悟因言入，言入悟空，盖亦难矣……不即语言，不离语言，所谓真正语。"既追求"西来大意"，得佛陀真精神，又不拘泥文字，不失去自我。蒋之奇《楞伽阿跋多罗宝经序》说："人始溺于文字，有入海算沙之困，而于一真之体乃漫不省解。"高珩甚至强调："必尽晓圣人之言，而后能得圣人之意。"他赞扬房融运笔"文字入妙"（《楞严经贯摄序》），因为这时的评论对于文、质、中的看法已大不同于前期。如王日休《佛说大阿弥陀经序》说："其大略虽同，然其中甚有差互，若不观省者。又其文或失于太繁而使人厌观，或失于太严而丧其本真，或其文适中而意则失之。……然佛说经，非若吾圣人所说也，吾圣人所说，或深其文而丛其意，使人索之而愈见其多，或简其文而晦其意，使人思而后得，佛则不然。"对于"中"也不拘泥，这与慧远的"厥中"观念大异其趣，真正是佛家之中道。正如宋濂所说："禅师之道，不实不虚，不有不无，不中不边……并不落有无中边虚实者，固不可以语言文字求也。"（《千严和尚语录序》）

2. 超然悟入

佛学心性之学细致地阐发了人的本性、欲望、烦恼等的性质和转换。在宇宙论上，佛学不仅提出现象和本质皆空的学说，还着重阐发了以个人的意识和共同的"真心"为本体的学说。在认识论上，佛学以其直觉思维方式和主体与客体的关系学说，形成强调主体、自我意识和主观能动性的学说。禅学的道路是超越印度佛学经论的"不立文字"之路，注重师承，灯灯续焰，师资印证，单传如来正法眼藏，亲证涅槃妙心；倡导"教外别传"，强调宗通，不在教通，在证道而不是教道。其实，达摩即以《楞伽经》弘传禅法，说："我观汉地，唯有此经。仁者依行，自得度也。"（《景德传灯录》）所以这个禅学依然是根据《楞伽经》《金刚经》《维摩经》《龙吉祥般若经》《摄大乘增上心品论》等经论，构筑自己的思想体系。如同禅学一样，评论者提倡直指本心，去探索人的内心世界的真谛，寻求主体价值之所在。范骧《准提三昧行法序》说："经咒自地婆诃罗译而外，有金刚智、不空、崛多、玄奘、天息灾、法贤、金刚幢诸译，句引不同。转读有注，音含长短，字有重轻，世师漫作声势，多乖梵韵，则指决字声之难也。经说念诵观行……穷理而无理障，证空而不堕空，一义差别则遍考群经，一字参差则研究经岁……"谭贞默《金刚经如是解序》评玄奘译经说："若水入乳，若芥投针，梵语华言，拈来即合，引申触类，无境不融。"他把高质量的译经水平的产生归结于心境梵语华言的稔熟。汪道昆则更明确地说："慨自白马入都，始或以侏俪逆耳，译者以意逆志，未必皆得其心。"(《弘明集序》)明确以"心"得作为衡量译者功底的标准。因为"初祖不立文字，直指人心；大师不离文字，亦指人心，其揆一也"(贺烺《紫柏老人集跋》)。慧能作为中国佛学南宗禅的宗祖，他在理论上最大的贡献就是佛性论(人性论)中的即心即佛和方法论中的顿悟成佛。《坛经》旨归即"即心即佛，顿悟见性"八字。佛学最终通过"心"与传统文化融合。

参考书目

曹仕邦：《中国佛教译经史论集》，台北，东初出版社，1990。

陈士强：《佛典精解》，上海，上海古籍出版社，1992。

陈文英：《中国古代汉传佛教传播史论》，天津，天津古籍出版社，2007。

范寿康：《中国哲学史通论》，北京，生活·读书·新知三联书店，1983。

范文澜：《中国通史》，北京，人民出版社，1978。

方广锠：《佛教大藏经史》，北京，中国社会科学出版社，1991。

方豪：《中西交通史》，长沙，岳麓书社，1992。

方立天：《中国佛教哲学要义》，北京，中国人民大学出版社，2002。

冯天瑜等：《中国学术流变》，上海，华东师范大学出版社，2003。

冯天瑜等：《中华文化史》，上海，上海人民出版社，2005。

高令印：《中国禅学通史》，北京，宗教文化出版社，2004。

葛兆光：《中国思想史》，上海，复旦大学出版社，1998。

郭朋：《中国佛教思想史》，福州，福建人民出版社，1995。

洪修平：《中国佛教文化历程》，南京，江苏教育出版社，1995。

黄忏华：《佛学概论》，北京，商务印书馆，1935。

黄忏华：《中国佛教史》，北京，东方出版社，2008。

蒋述卓：《佛教与中国文艺美学》，广州，广东高等教育出版社，1992。

赖贤宗：《佛教诠释学》，北京，北京大学出版社，2009。

赖永海：《中国佛教通史》，南京，江苏人民出版社，2011。

赖永海主编：《中国佛教百科全书》，上海，上海古籍出版社，2000。

蓝吉富：《佛教史料学》，台北，东大图书股份有限公司，1997。

蓝吉富主编：《中华佛教百科全书》，台北，中华佛教百科文献基金会，1994。

李富华，何梅：《汉文佛教大藏经研究》，北京：宗教文化出版社，2003。

李际宁：《佛教大藏经研究论稿》，北京，宗教文化出版社，2007。

李尚全：《汉传佛教概论》，北京，东方出版社，2008。

李泽厚：《中国古代思想史论》，北京，人民出版社，1986。

李泽厚、刘纲纪：《中国美学史》，合肥，安徽文艺出版社，1999。

李志夫：《中印佛学之比较研究》，北京，中央文物供应社，1986。

刘保金：《中国佛典通论》，石家庄，河北教育出版社，1997。

吕澂：《中国佛学源流略讲》，北京，中华书局，1979。

马祖毅等：《中国翻译通史》，武汉，湖北教育出版社，2007。

牟钟鉴、张践：《中国宗教通史》，北京，社会科学文献出版社，2003。

潘桂明：《中国佛教思想史稿》，南京，江苏人民出版社，2009。

祁志强：《佛教美学》，上海，上海人民出版社，1996。

任继愈主编：《中国佛教史》，北京，中国社会科学出版社，1981。

任继愈主持：《中华大藏经》，北京，中华书局，1994。

沈福伟：《中西文化交流史》，上海，上海人民出版社，2006。

石峻等：《中国佛教思想资料选编》，北京，中华书局，1983。

苏晋仁：《佛教文化与历史》，北京，中央民族大学出版社，1998。

苏树华：《中国佛学各宗要义》，北京，中华书局，2007。

苏渊雷、高振农选辑：《佛藏要籍选刊》，上海，上海古籍出版社，1994。

苏志雄：《历代大藏经序跋略疏》，北京，宗教文化出版社，2011。

孙昌武：《中国佛教文化史》，北京，中华书局，2010。

孙钦善：《中国古文献学史》，北京，中华书局，1994。

魏承恩：《中国佛教文化论稿》，上海，上海人民出版社，1991。

巫白慧：《印度哲学》，北京，东方出版社，2000。

吴立民主编：《禅宗宗派源流》，北京，中国社会科学出版社，1998。

许明：《中国佛教经论序跋记集》，上海，上海辞书出版社，2002。

《续修四库全书》编委会：《续修四库全书(宗教类各卷)》，上海，上海古籍出版社，1998。

(清)严可均：《全上古三代秦汉三国六朝文》，北京，中华书局，1965。

杨维中：《经典诠释与中国佛学》，北京，宗教文化出版社，2006。

姚卫群：《佛学概论》，北京，宗教文化出版社，1998。

业露华：《佛学与佛教》，上海，上海古籍出版社，1996。

阴法鲁等：《中国古代文化史》，北京，北京大学出版社，1998。

袁行霈等：《中华文明史》，北京，北京大学出版社，2006。

张德钧等：《佛教圣典与释氏外学著录考》，台北，大乘文化出版，1968。

张国刚等：《中国学术史》，北京，东方出版中心，2002。

张荣明主编：《道佛儒思想与中国传统文化》，上海，上海人民出版社，1994。

张学涛主编：《大藏经研究汇编》，台北，大乘文化出版，1978。

张勇、蔡乐苏等：《中国思想史参考资料集》，北京，清华大学出版社，2005。

中国大百科全书出版社编辑部：《中国大百科全书·宗教卷》，北京，中国大百科全书出版社，1988。

中国孔子学会编辑委员会组编：《国学通览》，北京，群众出版社，1994。

〔日〕大正一切经刊行会编：《大正新修大藏经》，台北，新文丰出版公司，1996。

〔日〕水野弘元著，刘欣如译：《佛典成立史》，台北，东大图书股份有限公司，1996。

〔日〕小野玄妙著，杨白衣译：《佛教经典总论》，台北，新文丰出版股份有限公司，1983。

〔美〕唐纳德·洛佩兹等编，周广荣等译：《佛教解释学》，上海，上海古籍出版社，2009。

后 记

"佛典汉译评论"这一概念是我在长期研究中国古代翻译理论过程中提炼出来的。翻译界或佛教界多以"佛经翻译理论"称之。但仔细研究会发现古代的译经大师或佛学家们并未有意识地建构佛经翻译理论，而是直接面对汉译佛经所做的评论，许多评论逐步形成共识，被人们当作理论原则，如道安的"五失本""三不易"本是评论前期译经的总结，以后僧叡等人便作为原则信守了。有很多理论原则又是在评论中建立的，这表明了佛典汉译评论和理论形成的一体化。

"千年译经运动"无论从哪一方面说，都值得研究，如任继愈主编的《中国佛教史》、赖永海主编的《中国佛教通史》、方立天的《中国佛教哲学要义》、潘桂明主编的《中国佛教思想史稿》、郭朋的《中国佛教思想史》等，虽然多从史的角度梳理中国佛教的发展和演变，但论述中也有思想和评论。我重在研究其中的译经评论，因为它直接指导译经实践，直接关系着译经实践的发展、走向和成熟。《礼记》说："三王之祭川也，皆先河而后海；或源也，或委也。此之谓务本。"研究佛经翻译中涉及的各个领域，不论是中国翻译理论，还是中国佛教，都是"务本"之举。我的这一研究作为国家社科项目申报成功后，专家给予了充分肯定，认为"该成果收集了大量佛学著述，通过系统梳理，对后汉到元明清时期的佛典汉译评论，进行了全面总结，深入探讨了佛典汉译评论的发展历程，揭示了其本质特征和独到的评论体系，归纳了佛典汉译评论的九大范畴和四大命题，详细论述了佛教、佛学、佛经翻译及佛典汉译评论之间的相互关系，对于人们了解佛典汉译评论在佛学中国化进程中的作用，有较大的启迪意义，对于人们准确认识中国古代的翻译理论，有着重要的资料价值和理论价值。"这是专家提出的可贵的意见，我研究的初衷也是希望自己的努力能够为学者在了解古代翻译理论方面提供一点帮助。

图书在版编目（CIP）数据

佛典汉译评论与佛学中国化 / 赵秀明著 . —北京：
北京师范大学出版社 , 2020.9
（国家社科基金后期资助项目）
ISBN 978-7-303-26149-9

Ⅰ . ①佛⋯　Ⅱ . ①赵⋯　Ⅲ . ①佛经 – 翻译 – 研究
②佛学 – 研究 – 中国　Ⅳ . ① B948

中国版本图书馆 CIP 数据核字 (2020) 第 136170 号

佛典汉译评论与佛学中国化
FODIAN HANYI PINGLUN YU FOXUE ZHONGGUOHUA

赵秀明　著

策划编辑：禹明超　　责任编辑：王　宁
美术编辑：王齐云　　装帧设计：王齐云
责任校对：陈　民　　责任印制：陈　涛

出版发行：北京师范大学出版社	开本：787mm × 1092mm　1/16	版次：2020 年 9 月第 1 版
印刷：北京京师印务有限公司	印张：65.75	印次：2020 年 9 月第 1 次印刷
经销：全国新华书店	字数：1100 千字	定价：160.00 元（全两册）

北京师范大学出版社

http://www.bnup.com
北京市西城区新街口外大街 12-3 号
邮政编码：100088
营销中心电话：010-58805602
主题出版与重大项目策划部：010-58805385

反盗版、侵权举报电话：010-58800697
北京读者服务部电话：010-58808104
外埠邮购电话：010-58808083
本书如有印装质量问题，请与印制管理部联系调换。
印制管理部电话：010-58808284